KB037784

충무공

이순신,

대한민국에 告함

2008

충무공 리순신, 대한민국에 告함
- 미래 지도자를 위한 李舜臣의 전략

2008년 11월 17일 초판 인쇄
2008년 11월 25일 초판 발행

지은이 / 최두환
발행자 / 박홍주
발행처 / 도서출판 푸른솔
영업부 / 장상진
관리부 / 이수경
표지디자인 / 이근산(커뮤니케이션 감)
편집부 / 715-2493
영업부 / 704-2571~2
팩스 / 3273-4649
주소 / 서울시 마포구 도화동 251-1 근신빌딩 별관 302
등록번호 제 1-825

값 38,000 원
ISBN 978-89-86804-59-1

충무공

이순신, 대한민국에 告함

- 미래 지도자를 위한 충무공 李舜臣의 전략

최두환 지음

푸른솔

충무공 리순신 동상

진해 · 창원 · 마산 시민들의 성금으로 1952년 4월 13일에 경남 진해시 북원로터리에 세운 대한민국 최초의 충무공 리순신 동상.

축사 : 역사의 현장을 돌아보며

역사란 무엇인가? 그것은 과거의 사실을 현재에 새롭게 비추어 해석해 보는 거울이라고 하는 말이 가장 적절할 것 같다. 이것은 하나의 사실을 보는 사람마다 해석을 달리 할 수 있다는 말이며, 그 시대의 흐름이 반영된다는 말이다. 사람은 언제나 자신의 생애를 통하여 형성된 가치관과 신념에 의하여 어떤 패러다임에 젖게 된다. 그리고 그 패러다임은 어떤 사물을 통찰하는 데 많은 영향을 미쳐 그 본질을 쉽게 꿰뚫어볼 수 있게도 하지만, 아예 배타적 아집의 성에서 안주해버리게도 한다.

나는 일찍이 아시아의 서남쪽 아라비아 반도 동부에 있는 아랍에미리트 대사를 지내면서 지난날 세계에 알려진 '고려' 의 자부심을 갖고 근무한 적이 있는데, 그 Corea를 한껏 자랑했다. 그런 역사에 자부심을 가질수록 결국 조그마한 한반도로서는 과거의 찬란했던 세계적 문화를 이 공간에 채울 수 없는 뭔가의 허전함을 감출 수 없었다. 또 한때 짧은 기간이나마, '충무공 해전 유물 발굴단' 의 거북선 유물 발굴 사업에도 자문위원으로 참여한 적이 있다. 지금 생각해도 만감이 교차하는 역사 찾기 운동이었음에 뿌듯함을 느낀다. 거북선 실체 발굴에는, 지금도 경상남도에서 특별 프로젝트를 추진하고 있지만, 그 당시엔 임진왜란 당시의 유물로 보이는 불랑기 자포 1점 속엔 격목에 다져진 흑색화약까지 들어 있었고, 파열되어 분리된 지자총통의 포구 부분과 약실 부분을 함께 찾아냄으로써 당시 수군의 함포사격 훈련 현장을 직접 본 것처럼 감격스러웠다. 또 별승자 총통 등을 다수 인양한 바가 있어, 흥분을 감추지 못하는 매우 보람된 유물발굴이었으며, 지금도 매우 자랑스런 일이라 생각한다.

이런 일들도 지금에 와서 역사의 깊이를 생각해보면, 그런 보람된 업적과는 차원을 달리하여 역사의 근원을 좀더 깊이 있게 고찰하지 못하고, 코리아의 세계적 문화에 대한 긍지와 자부심도 지금까지의 학습효과에 따라 관습과 타성에 젖어 진실의 언저리에서 맴돌며 판단한 것 같다는 생각이 드는 것도 부인할 수 없다.

왜냐하면 나의 지식이 비록 깊지는 못할지라도, 우리는 임진왜란이 『산해경』과 아무런 관련이 없는 것으로만 알고 있고, 그것을 중국의 전설로만 치부하고, 조선의 역사적 산물의 지리서로서의 가치를 파악하지 못하며, 그 구조 안의 중심에 조선이 들어 있는 기록도 그저 서술된 글자일 뿐, 조선의 역사로 엮어내지 못했다. 게다가 우리 역사의 중심에 『삼국사기』에 실린 얼음이 '2자' 나 언 "호로하 전투"라든지, 『조선왕조실록』에 실린 "이오로 전투"는 조선의 전쟁사에서 빛 바랜, 교과서에서도 다루지 않는, 외면당하는 가치없는 사료로 여겨 거들떠보지 않았던 것도 사실이다. 왜냐하면 그곳들은 한반도와는 지리적으로 너무도 동떨어진 공간 아시아의 중심에서 일어났던 전쟁사이기 때문이다. 그래서 그 해석을 너무도 자의적으로 하여 역사적 사실로서의 가치를 도출해내지 못했으며, 무관심의 대상이 되게 한 것도 부인할 수 없다.

여기서 잠시 역사를 짚어보고 넘어가야 할 것이 있다. 최두환 박사는 임진왜란과 충무공 리순신에 관해 평생을 연구한 사람이며, 그동안 여러 책을 펴냈다. 특히 『충무공 리순신 전집』을 펴내어 '백상출판문화상' 까지 받은 바 있는 저명한 학자이다. 최두환 박사는 지난날 칠천량에서, 광양만에서 임진왜란 유물을 탐사한다고 땀을 흘렸던 추억에서 이제는 아시아 대륙으로 역사의 현장을 걸어가고 있으며, 선조의 말을 빌려 "리순신은 양자강과 회하 유역에서 왜적을 방어했다"는 새로운 주장을 하고 있다.

이 말은 그가 지어낸 것이 아니라, 우리들이 고전으로 여기는 바로 『리충무공전서』 속에 선조 임금이 한 말에서 그 근거를 찾으며, 『난중일기』에 보면 충무공이 그토록 아팠다는 내용이 많았던 것도 그 원인이 바로 아열대 · 열대의 습한 환경 때문이었음도 분석해냈다. 더구나 명량수로의 수중철쇄 작전이 한반도에서는 설치 자체가 어렵다는 많은 사람들의 문제제기도 삼지원(三枝院) 울두목[鳴梁項]은 장강 유역 호북성 지강현(枝江縣) 울두홍(熨斗衖)=(熨斗陂: 윤두피)과 같은 곳이라고 다산 정약용의 『경세유포』에서 찾아내기도 하였다.

임진왜란은 만력의 란 가운데 왜적[일본]이 일으킨 반란에 지나지 않으며, 그 '朝鮮' 이란 말 자체가 말하듯이 'Asia' 라는 말이므로, 이 낱말 자체로서는 의심의 여지도 없다.

최 박사는 나와의 대화에서 가끔씩 '중국이 조선' 이라고도 하고, '아시아가 조선' 이라는 말을 하기에 나는 매우 호기심을 가지고 '나의 체험의 현장에서 허전함을 채울 수 있겠구나' 하고 생각하면서도 그때마다 의도적으로 외면했던 적이 있었다. 그런데 그는 아랑곳하지 않고 계속 도전해온 것에 대해 이런 역사의 바탕 때문인 것을 이제야 그 뜻이 진정 어디에 있었는지 알 만하며, 이젠 그런 말들이 현실로 다가와 이렇게 책으로 엮어냈다.

최 박사는 무엇보다도 심도 있는 '충무공 리순신의 리더십' 을 펴낸 바가 있고, 그의 전략 · 전술을 『충무공 리순신, 대한민국에 告함 - 미래 지도자를 위한 李舜臣의 전략』이라는 제목으로 충무공의 핵심 사상의 가장 어려운 과제를 해결하여 이제 펴냄으로써 쌍벽을 이루는 대작을 이루게 되었다. 이야말로 "충무공 李舜臣學" 을 정립해내는 쾌거라 할 수 있다.

충무공은 실로 국가의 어려운 시기를 슬기롭게 이겨나간 전략 · 전술 · 휫손의 대가였다.

이제 역사학은 "아시아는 하나의 조선" 이라는 새로운 패러다임에서 접근되어야 할 학문이라고 주장하는 최 박사의 역사관에 눈과 귀를 기울일 필요가 있고, 이 책에서 대한민국에게 전하는 메시지가 단순히 일개 충무공의 전략을 뛰어 넘어 조선의 역사는 결코 한반도로서는 수용할 수 없는 광활한 터전을 가졌던 나라였으며, 세계의 역사를 진실과 사실에 바탕을 두고 새롭게 접근해볼 필요가 있다.

"아시아가 조선" 이라는 역사관은 아직은 인식의 공감을 받기엔 많은 높은 벽이 놓여 있지만, 역사의 진실에 다가가는 모습을 지켜본다는 의미에서도 독자 여러분에게 한번 읽기를 권하며, 이 책의 간행을 축하하는 바다.

2008년 7월

박선호 (前 아랍에미리트 대사)

추천사 : 발화점을 넘어서서

역사학은 과거의 주제를 오늘에 다루는 학문이며, 미래가 투영되는 거울이므로, 그 사실의 가치와 교훈이 담기게 된다. 그래서 나는 어려운 이 요청을 우회적으로 거부하려 했지만, 역사적 사실의 가치와 그 의미를 되새겨보는 계기로 삼고자 이렇게 추천사에 응하였다. 그러나 역사 지식의 패러다임을 바꾸는 데에 있어서 먼저 독자들의 양해를 구하고자 한다.

과거는 의미없는 것이 아니라, 현재 속에 여전히 살아있는 과거가 되기 위해서는 누군가에 의해서 역사적 사실로 충분한 새로운 해석이 있어야 한다. 그래야 그것이 값진 역사사실이 되기 때문이다.

우리들에게 잘 알려진 임진왜란이 과거의 활동이며, 쓸모없는 것이 된다면, 그 방면의 연구자가 이면에 존재하는 진실된 교훈을 알아내지 못했기 때문이다.

지금까지 전문가라고 할지라도 대개 우리들의 상식 선에서 임진왜란은 명나라에게는 조선에 군사적 · 경제적으로 과다한 지원을 함으로써 끝내 멸망하는 원인이 되었고, 일본은 풍신수길의 개인적 야망으로 조선을 침략했으며, 조선은 정치지도자들의 부패와 당쟁으로 일본에게 침략을 받아 7년 동안 막대한 피해를 입은 것으로 이해하고 있다.

본서의 저자 최두환 박사는 지금까지 임진왜란과 충무공 리순신을 30년 이상을 연구해온 전문가이다. 그런데 본서에서 이제까지 생각과는 다르게 임진왜란은 그 명칭부터 "만력의 란"이라고 고쳐 불러야 한다는, 우리의 상식을 뛰어넘는 새로운 역사적 패러다임을 제시하였다. 그리하여 중국대륙이 근세조선의 터전이며, 아시아가 조선이며, 중국이란 말이 조선의 중앙정부이며, 일본은 조선의 인정받지 못한 변방의 무사집단으로서 이들이 중국과의 조공의 길을 확보하려 했던 도전이 임진왜란이라고 역발상의 관점에서 제기하고 있다. 또한 전국에서 반란이 일어나게 된 주요 원인을 중앙조정이나 지방조정의 관리들의 지도력 발휘가 백성들로 하여금 도리어 불평불만을 증대시켜 민중이 봉기한 것으로 진단하였다.

그러나 이 임진왜란의 배후에 유럽세력인 포르투갈 · 에스파냐 · 네덜란드가 개입되었으며, 이 때문에 명실공히 아시아를 뒤흔든 국제전쟁이라고 분석하였다. 이것은 동쪽에서는 풍신수길의 왜란이며, 그 시기에 조선 전국이 서쪽엔 양응룡이, 서북쪽엔 보바이가, 북쪽엔 누르하치가 반란을 일으켰지만, 모두 실패하고, 뒷날에 누르하치만이 청조(淸朝)를 세우는 데 성공하였다고 주장하였다. 즉 아시아와 동북지역을 하나로 묶는 역사관을 제시하고 있다.

최두환 박사는 경영학 · 역사학의 경계를 깊숙이 넘나들면서 충무공 리순신과 임진왜란에 관하여 많은 저서를 펴낸 바 있으며, 특히 방대한 『충무공 리순신 전집』(1질 6권)을 펴내어 '백상출판문화상' 을 받은 바 있고, 매우 난해한 『초서 난중일기』를 처음으로 완역까지 하였고, 최근에는 『리더십의 발견: 충무공 리순신의 휫손』을 펴낸 바 있다.

최 박사는 우리 국립경상대학교 대학원 동양사 전공 박사과정에 또다시 도전해온 만학도로서 어려운 원문 독해를 솔선하여 발표함을 볼 때, 오히려 더 원숙하고도 집요한 학구열에 많은 사람들이 감동받기도 하였다. 이제 그 결실의 하나로 사람의 마음을 움직여 싸우면 이겼다면서 『충무공 리순신, 대한민국에 告함 - 미래의 지도자를 위한 李舜臣의 전략』을 상재하게 되었다.

언젠가 "왜? 또 '동양사' 를 전공하고자 합니까?" 라는 질문을 한 적이 있다. 당시 최두환 박사는 지금까지 한반도 중심의 조선 역사에서 [아시아 = 조선]이라는 패러다임은, 언제나 기존의 틀[구조] 안에서 보는 관습에서 떨쳐 나와, 여느 사람들의 생각을 뛰어 넘어섰기에 누구에게서나 늘 비난과 지탄을 받고 무시되는 대상이 되었다. 그리하여 진정한 논평과 비판을 받는 비평의 대상으로 삼기를 꺼리며 외면해왔던 것을 고백하지 않을 수 없다. 왜냐하면 대개의 내용들이 상식의 선에서 벗어나 있으며, 단편적인 대화로써 깊이 있게 다루는 시간을 갖지 못했기 때문이라고 대답한 적이 있다.

이제 여기에 올려진 글 한 뜸 한 뜸, 그 조각마다 우리들이 늘 애써 도외시해왔던 원전 속에 있는 사료들의 집합이다. 또 지금까지 저만치 소외시되었던 역사의 편린들이 이렇게 새로운 피라밋을 이루었다. 앞으로 "아시아는 하나의 조선" 이라는 패러다임의 추구에 더 커다란 반향을 일으킬 것이라 생각한다.

자연은 어떤 경우에도 순리에 따르듯이, 아무리 극소수의 주관적 지식의 생산일지라도 합리적 · 논리적 · 과학적 타당성에서 인정받아 축적되면 그것이 보편성 · 객관성을 갖게 된다. 단지 다수의 결정으로 합의되는 민주주의 시대에는 결국 다수에 의해 주류를 이루어 지배되므로, 이 연구성과가 이제 시작단계에 있어 아직은 다수에게 인정받기에는 멀고도 험하지만, 일단 주사위를 던져 많은 질책을 기꺼이 받겠다고 최 박사는 강조하고 있다. 이는 어쩌면 통상적 상식에서 보면, 지나친 만용이며 학문하는 태도가 아닐 수 있지만, 올바른 학문을 수용하고 도전하는 적극적인 태도일 수 있다고 여겨진다. 많은 날카로운 지적과 편달이 최박사의 그동안의 많은 연구 업적과 더불어 새로운 학문정립에 큰 도움이 되었으면 한다.

우리는 시간과 공간의 역학관계가 전략임을 간과해버린 오류가 있기에, 애써 번역된 『조선왕조실록』등의 원전을 다시 번역하고 해석해야 하며, 인문지리학적 문제를 소홀히 해왔던 기초학문의 현주소에 반성을 촉구하지 않을 수 없다. '마음이 없으면 보아도 보이지 않는다' 는 속담도

이 책을 통하여 딱 들어맞는 말이 될 것이다.

중국대륙에 있었던 "만력의 란" 이 조선의 역사라는 논리적 전개에 대하여 대개 어리둥절하겠지만, 이런 충격은 이 글을 읽어 내려감으로써 흥미진진하게 느끼면서 서서히 완화되고, 새로운 관점의 하나로 이해될 것이다. 뿐만 아니라 현재 중화인민공화국의 동북공정은 허구이며, 정치적으로 계산된 행위임을 분명하게 알 수 있으며, 이에 대하여 역사적 진실의 축적으로 대응해야 할 것이다.

이런 의미에서, 그리고 새로운 역사의 도전을 위하여 이 책을 한번 읽기를 권한다.

2008년 5월

강길중 (국립경상대학교 인문대학장, 동양사학 교수)

머리말 : 미래를 위한 제언

이 책에 인용된 사료는 우리 주변에서 흔히 볼 수 있는 것들이며, 대부분 학자들이 취사선택 과정에서 버려지고 취급하지 않은 것을 엮은 것인데, 그 결과는 이렇게 다르다.

력사를 공부함에 있어 인물과 사실 그리고 시간은 유기적인 관계 속에서 전개된다. 그런 배경에서 력사적 인물을 다룰 때에는 부분으로 전체를 평가하는 글을 쓰면, 정작 본래의 전체는 본의 아니게 퇴색이 되어버려 진정한 학문연구 결과라고 말하기 어려운 경우가 종종 있다.

그래서 글을 쓰기가 어렵고 힘들게 느껴져서 이 한 권의 책이 되기에까지 30년이 더 걸렸다. 특히 평생동안 화두로 삼아왔고, 나의 인생의 목표로 여겼던 충무공 리순신에 관한 글은 더욱 그렇게 여겨졌다. 리순신과 임진왜란의 무대는 떼놓을 수 없다. 그 중요한 임진왜란의 무대를 지금까지 학계에서는 주로 '중국[대륙] · 조선[반도] · 일본[렬도]' 과의 3국관계로 다루었다. 그러나 『조선왕조실록』에서는 이와 더불어 '인도[天竺] · 류구(琉球) · 샴[暹: 태국] · 미얀마[緬] · 파주[播州: 티베트 남부] 등 남아시아와 동남아시아 국가들이 조선의 동맹군으로서 1593년부터 참전하여 일본군을 무찔렀다고 되어 있다. 또 해귀(海鬼)라 하여 흑인(黑人)도 조선의 무대에 등장한다.

이런 연유로 이 책에 나오는 조선 동맹군의 군사들이 리순신과는 직접적인 관련이 있든 없든, 임진왜란과 전혀 무관하지는 않을 것이다. 그러므로 전쟁에서 사용된 전략 · 전술을 다루면서 이런 요소들을 결코 소홀히 할 수는 없으며, 거기에 임진왜란 발발의 원인이 담겨져 있다고 볼 수 있다. 그리하여 이 글에서는 전략적 요소가 우리들의 력사적 지식과 상충되는 사실이 있더라도 력사적 가치가 있음을 판단하여 그 의미를 밝히면서 전체적인 사실을 가능한 한 많이 다루기로 하였다.

그리고 이들 나라의 군사들이 조선에 동원된 데에는 분명 정치 · 경제 · 문화의 공유가치(share value)를 가지고 있었을 것이며, 공통된 지리적 영향을 받았을 것이다.

이 책에서는 력사적 사료를 다시 조명하고 '력사의 패러다임을 새롭게 보자' 는 의도에서 지금까지 력사적 사실로 다루지 않았던 것과 임진왜란의 숨겨진 사실을 찾아 규명해 보고자 하였다. 과연 '임진왜란은 어떤 성격을 지닌 것인가?'와 같은 화두가 바로 그것이다.

과연 풍신수길이 전국통일을 이루었다고 하여 무모하게 그런 전쟁을 일으켰는가? 그에게 충성한 공신들에게 보답하기 위해서라고? 아니다. 일본의 조선침략 배후에는 포르투갈 · 에스파냐 등 유럽 세력의 선교활동과 교역을 앞세운 무력지원이 있었으며, 그러한 식민지 팽창정책이 조선에까지 영향을 미쳤다고 볼 수 있다.

'보려는 마음이 없으면 보이지 않는다.' 는 말이 있듯이, 우리는 임진왜란을 마치 '단순 사건' 으로만 알고 있지나 않는지, 이 책을 통하여 한번 짚어볼 필요가 있다. 소경왕이 그 일행의 피난길을 '서쪽[西幸/西遷]' 으로 택한 까닭이라든가, 리순신이 일본군의 '서진(西進)' 을 막아낸 그 길목의 위치라든가, 형개 · 왕사기 · 마귀 등이 녕하 보바이 반란을 평정하고 이어서 임진왜란에도 참전하며, 류정 · 마귀 · 진린 · 동일원 등이 정유재란에 참전하고 이어서 사천의 양응룡 반란 진압에도 참전하는 까닭은 어떤 지리적 관계가 있었는지 시간과 공간의 문제를 함께 고찰할 필요가 있다. 이런 광범한 접근이 전략문제 해결의 필수이며, '아시아는 하나의 조선' 임이 밝혀질 것이다.

우리는 충무공 리순신을 존경하는 만큼이나 그의 전략 · 전술에 대해 다시 도전할 필요가 있다. 이것이 조선의 력사를 밝히는 지름길일 수 있으며, 연구할만한 가치가 있는 것이기에, 지속적으로 충무공의 학문적 진수(眞髓)를 캐내려고 하는 사람이 많아야 한다. 임진왜란에서 승리한 리순신의 전략 · 전술의 교훈은 미래의 지도자에게 꼭 필요한 교훈인 것이다.

바다를 통한 전략사상을 실천한 사람으로 특징있는 위인은 해양사상과 해군전략 분야에 관한 지식과 업적으로 구분할 수 있으며, 그런 사람을 손꼽으라면 누구보다도 리순신이랄 수 있다.

현대적 의미에서 해양전략 요소에는 해양통제를 하고, 현존함대전략 · 결전전략 · 함대봉쇄전략에 따라 해양전력투사가 이루어진다. 이러한 전략적 요소들은 이미 400년 전에 리순신이 주장한 '5단계 전략' 에서 찾아볼 수 있다. 그가 바다의 역할을 강조했던 것은 조선이 가야할 미래의 해양정책을 선행했던 것은 아닐까? 분명 리순신은 해양전략을 중요하게 여긴 사상가로서 선구자적 역할을 했으며, 그의 진수라고 할 수 있는 전략은 무엇보다도 현존함대전략과 결전전략일 것이다. 그 대표적인 사례는 한산대첩과 명랑대첩이라 할 수 있다..

그리고 리순신의 전술 운용적 측면에서는 수륙합동으로 공격하기도 하고 건의도 하였지만, 우리가 믿는 것은 오직 수군뿐이라고도 강조한 데서 그가 훌륭한 전술가임을 알 수 있다. 또한 해군 우위 전략으로서 해전을 수행한 것을 보면, 무엇보다도 해전의 특성을 파악하고 있었으며, 현대에 적용하고 있는 전쟁의 원칙으로 비교해보더라도 목표 · 집중 · 지휘통일 · 기동 · 공세 · 정보 · 경계의 원칙 및 사기 앙양 등 시공(時空)을 초월한 느낌이 들 정도로 탁월한 전략가요 전술가였다. 또 그는 부하와 백성을 진정으로 섬기는 최고의 모범적인 지도자였다.

그래서 리순신은 '만력의 란' 때의 왜란에서 그가 지휘한 해전을 모두 이긴 력사적 사실도 중요하지만, 더 중요한 것은 그가 실행한 전략과 전술이 현대의 것에 비하여 조금도 뒤떨어지지 않으며, 현대에도 그런 전략 · 전술 개념이 유효하게 사용되고 있다는 사실이다. 즉, 그는 전략사상의 선구적 역할을 하여 전쟁사(戰爭史)에 길이 남을 신화를 남겼다.

그리고 현대의 해양 강대국이라는 나라들도 임진왜란을 전후로 하여 세계화로 나가는 팽창전략에 입각하여 바다를 우선하는 정책을 수행했기 때문에 세계를 주도하고 있음을 볼 때, 리순신이 이미 400여 년 전에 수행했던 해양 전략적 사상은 결코 가볍게 여길 수 없는 참으로 신선한 착상이며, 이는 앞으로도 교훈을 삼을 수 있는 분야이기도 하다.

이제 바다를 통하여 나라를 구했던 리순신의 교훈을 통하여 대한민국은 더욱더 발전의 길로 다시 나아가야 할 것이다.

끝으로 나라 안팎으로 경제가 어려운 시기에 대한민국에는 진정 리순신 같은 지도자가 필요하다며, 이 책의 출판을 위해 애를 써주신 푸른솔 임직원 여러분들의 노고에 진심으로 감사드린다.

그동안 늘 어려운 살림살이에도 '경영학' 박사에 더하여 또 '동양사학' 박사과정의 공부를 할 수 있도록 인내하며 헌신적 뒷받침을 해준 내자 석태옥에게 진심으로 고마움을 전한다.

그리고 이제야 비로소 이 글을 글답게 여기며 기뻐하실 아버지 영전에 삼가 바칩니다.

2008년 4월

진해 구산성마루에서 지은 최두환

일러두기

1. 필자는 지명과 성명에 '두음법칙'을 적용하지 않았으며, 아주 일부에서만 현행의 두음법칙을 적용하였다. 왜냐하면 맞춤법에 있어서 북한 · 중국과는 한 가지라도 통일이 되어야 하고, 분명 미래의 통일을 위해서나 중국과 함께 "아시아는 하나의 조선"이라는 패러다임에서 보면 두음법칙은 불필요한 규제 · 제약일 따름이다. 더구나 남해 충렬사의 입구 비문에는 '리순신'이라 되어 있다. 또 조선사람과 중국사람일지라도, 하나의 문장 속에 '李舜臣'과 '李如松'에서 같은 '李'임에도 전자는 '이', 후자는 '리'로 쓴다. '劉克良'과 '劉綎'에서 '유'와 '류'로 쓰고, 지명의 경우에 '薊遼'와 '遼東'은 아예 '요'로 잘못 쓰게 되는 현상은 일본에 의해 1932년 12월에 〈조선어 맞춤법 통일안〉이 완성된 뒤부터의 잘못된 언어정책에서 나온 것이다. 또 이미 2007년 8월 1일부터는 '호적 예규'를 고쳐 두음법칙의 예외를 두어 시행했기 때문이다. 다만 기존 책이름에 들어있는 '이순신'은 그대로 두었다. 나아가 앞으로는 국어 발전의 걸림돌인 이 두음법칙을 폐지하고, 오히려 '표준발음법'에 포함시켜야 마땅하다.

2. 외국 이름[인명 · 지명] 표기에서 중국 고유명사 표기법은 신해혁명(1911년)을 기점으로 그 이전은 우리 한자 독음으로, 이후는 중국어음으로 표기하는 것을 원칙으로 하고 있으나, 이 책에서는 우리 한자 독음으로 표기했으며, 일본인의 경우에도 우리 한자 독음으로 표기로 하였다. 예를 들면, '豊臣秀吉'은 '풍신수길'로 하였고, 필요에 따라 인용문의 경우 '도요토미 히데요시'를 썼다.

3. 녕하 · 신강성 등 위구르 지역은 소리를 한자로 빌어 썼으므로, 그 지방 소리[한자]로 표시했다. 즉 '보바이[哱拜]' 등으로 하였다.

4. 가능한 한 한글로 표기했으며, 꼭 필요한 경우에는 '한글(한자)'로 나타냈으며, 그 반대의 경우도 있으며, 필요시에는 아예 한자로만 쓰기도 하였다. '한글'과 '한자'가 동일하지 않을 때에는 '[ ]'로 표시하였다.

5. '리더십'이란 외래어는 그에 대응되는 순수한 한글로서 '휫손'이 있으므로, 앞으로는 이 글자를 쓰기로 한다.

6. '거북선[龜船]'이란 용어는 그 용도가 본디 '전투함'이므로, 『리충무공전서』속에 '龜艦'이란 말도 있고 하여 이 책에서는 '왜적선을 거북하게 한다'는 의미를 새겨서 '거북함'이라고 부른다. 다만 본디 인용문의 경우에는 그대로 '거북선'으로 두었다.

7. 숫자는 '천' 단위에서 콤마(,)를 붙이지 않고, '만' 단위로 하였다.

8. 인용문의 경우, 그 원문을 각주에 밝혀놓았으며, 다만 『난중일기』는 그 책을 구하여 참고하기 쉬우므로, 꼭 필요한 경우를 빼고는 각주나 원문을 생략하였다.

9. 각주에는 가능한 원문을 밝혀두어 지식의 폭을 넓힐 수 있게 하였으며, 본문과의 사실관계를 찾아볼 수 있게 하였다.

10. 각 장마다 특이한 사실을 두 가지씩 설명해둠으로써 력사적 사실을 알기 쉽게 해 두었다.

차 례

도표 목차

제 1 장

우리들에게 충무공 리순신 같은 사람이 왜 필요한가?

• 출처: 정형모 화백이 그린(1977년) 구군복(具軍服)의 충무공 리순신

제 1 장

우리들에게 충무공 리순신 같은 사람이 왜 필요한가?

충무공 리순신(忠武公 李舜臣: 앞으로 리순신이라 부름)을 통하여 전략·전술을 말하고자 하는 것은 그가 해전을 통한 국난극복의 영웅이기 때문이며, 특별히 그의 해양전략적 사상이 『난중일기』와 『임진장초』에 녹아있기에 이를 체계화할 필요가 있기 때문이다.

이 시기에 리순신의 전략·전술은 왜 필요한가?

우리 대부분은 외국의 전략·전술에는 밝지만, 정작 우리와 가까이 있는 영웅 리순신에 대해서는 일대기(一代記) 내지 전기(傳記)뿐이며, 그의 전략과 그 사상을 다룬 적이 거의 없다. 그러나 다행히 리순신에게는 훌륭한 업적이 있고, 남아있는 문헌으로도 그의 전략사상을 체계화하는 것이 가능한 일이다.

그렇다면 리순신의 전략·전술을 다루어야 할 이유는 무엇인가?

전략·전술은 전쟁에서 싸워서 이기는 기술이다. 100년에 한 번 일어나지 않아도 빈틈없이 준비해야 하는 것이 전쟁이다. 또 전쟁은 적에게 강제적으로 우리들의 의지를 관철시키는 데 사용되는 폭력행위이므로,[1] 적국의 전쟁의지를 무력화시키는 정치 수단의 연장이기도 하

1) Carl von Clauzewitz, *On War*, edited and translated by Michael Howard and Peter Paret,(Princeton: Princeton University Press, 1984); 孟恩彬 옮

다.

정치수단으로서의 전쟁은 무력전쟁·사상전쟁·경제전쟁·무역전쟁 등의 이름을 붙여가며 현실생활에서는 아무런 부담도 없이 마음대로 쓰고 있다. 그러나 실로 전쟁은 목숨을 담보한 피의 대가를 요구한다. 그래서 반드시 이겨야 한다.

지금껏 우리가 임진왜란과 더불어 리순신에 대한 연구가 대개 영웅사관이나 인물사관에 의해 침략군을 물리친 개인적 활약이나 성공담에 초점을 맞추거나 민족주의적 입장에서 임진왜란을 보아왔기 때문에 아시아 력사, 적어도 중앙아시아와 그 이동쪽에서 벌어진 다국가 사이의 국제적 성격의 전쟁이 차지하는 중요성을 전혀 인식하지 못하였다. 임진왜란은 단순한 구도의 중국·조선·일본의 삼국전쟁이 아니며, 유럽의 포르투갈·에스파냐·네덜란드 등이 선교활동과 무역이라는 이중구조적 활동을 통하여 일본을 앞세워 아시아에 심대한 충격을 일으킨 전쟁이다. 일반적으로 일본학자들은 대륙침략의 선구적 업적을 미화하는 수단으로 풍신수길을 영웅화하며, 중국학자들은 많은 병력과 물자를 지원하여 조선을 도와 왜적을 물리쳤다는 우월적 대국적 입장을 서술함으로써 서세동점이 시작된 세계의 흐름 속에서 진행된 임진왜란의 본질에 다가서지 못하고 있다.

16세기에는 아시아의 기존질서를 무너뜨리고, 아시아 제국의 천자/황제라는 중앙집권적 패권에 도전한 영웅호걸들이 많았다. 동쪽에서는 풍신수길이 패권을 장악하려고 7년에 걸쳐 반란을 주도했지만 실패하였고, 서쪽에서는 귀주의 양응룡이 반란을 일으켰지만 실패했으며, 북쪽에서는 임진왜란과 더불어 타타르〔韃靼〕 사람 보바이가 반란을 일으켰지만 이내 진압되어 실패했다. 다만 만주의 누르하치만이 녀진족의 지도자로서 1583년부터 오래도록 노략질과 조공의 고무줄 협상을 통하여 끝내 그 후손에 의해 반란에 성공하였다.

이런 지도자들이 유교의 이상적 국가관을 가졌으면서도 그 유교의 세계관에 도전하는 모순적 행위는 비록 지도층이 사회적으로 많은 부

김, 『전쟁론』 (서울: 일신서적출판사, 1990), p. 21.

조리가 있었다고 해도 기존질서를 교란·붕괴시키도록 꼬드기고 부추기는 외부세력, 즉 유럽에 영향을 받았다고 말하지 않을 수 없다.

이런 복잡한 나라 안팎의 정세 속에서 "만력의 란"은 명실공히 국제전쟁이라 할 만하며, 그 중심에 리순신이 있었다.

리순신은 많은 해전을 통하여 다 이겼다. 그리고 백성들로부터 존경을 받았다. 당시 소경왕(昭敬王)도 자신의 부족한 지도력을 숨기려고 그에게 죄를 주어 죽이려 했다가 나라가 정유재란으로 더 어려워져 죽이지는 못하고 백의종군까지 시켰다. 그럼에도 리순신은 그런 모욕을 참고 고통을 견디고 울분을 삭이고 죽고 싶은 자신을 끝내 이겨냈으며, 왜적까지 쳐부수어 국가를 지켜냄으로써 조선은 존재할 수 있었다.

풍신수길과 그 일당들이 죽어서도 이길 수 없었던 사람이 누구였던가? 그가 바로 리순신이었다. 그의 국난극복의 비결은 무엇일까?

E. H. 카(Edward H. Carr: 1892~1982)의 말을 빌리자면, "지난날의 활동은 력사학자가 그 배후에 깔려 있는 교훈을 해석할 수 없다면, 력사학자에게는 쓸모없는, 즉 무의미한 것이나 다름없다."[2)]

이 말을 다시 해석하자면, 현재의 활동을 기록한 것이 력사로서 과거로 남을진대, 그 과거의 활동에 대하여 현재의 삶에 새로운 해석이 있지 않는 한, 그 력사의 가치는 우리에겐 아무런 의미가 없다는 말이다. 리순신의 력사도 현재 우리들에게 가치부여가 되기 위해서는 새로운 해석이 필요하다.

여기에서 새로운 력사해석의 필요성이 요구되는 비밀을 찾아보자.

임진왜란 때에 바다에서의 전략·전술은 과연 어떤 것이며, 그것이 현대 해군의 것과는 무엇이 다른지, 그리고 리순신 그가 살았던 시대는 어떠했으며, 과연 해전에서 승리할 수 있었던 비결은 무엇이었는가? 그리고 우리는 정말로 리순신의 전략·전술을 벤치마킹해도 될 것

---

2) Edward Hallett Carr, *What Is History*, 1961 revised edition edited by R. W. Davies,(Harmondsworth: Penguin, 1986); 시사영어사편집국 역,(YBM 시사영어사, 1995), pp. 40~41. "A past act is dead, i.e. meaningless to the historian, unless he can understand the thought that lay behind it."; 김승일 옮김, 『역사란 무엇인가?』(서울: 범우사, 2003 3쇄), p. 39. 번역문을 필자가 새로운 의미로 고쳤음.

인가?

이런 문제들을 하나씩 짚어보아야 할 것이다. 그러고 나서 우리는 우리의 미래를 다시 설계해야 할 것이다.

이제 정조대왕이 『리충무공전서』를 간행하기에 앞서 직접 지은〔御製〕 비문(碑文)에서 그 의미를 되새기면서, 이 책을 펴내고자 하는 까닭으로 갈음하고자 한다.

> 우리 장하신 선조들께서 나라를 중흥시킨 공로에 기초가 된 것은 오직 충무공 한 분의 힘으로 유지되었으니, 이에 충무공에게 특별히 비명을 짓지 않으면서 누구의 비명을 쓸꼬.
>
> … 1794년 10월 4일에 비를 세우다.[3)]

3) 『李忠武公全書』御製. "以基我烈祖中興之功者 維忠武一人之力 是賴不於忠武特銘之 而誰銘. … 崇禎紀元後三甲寅十月初四日立"

1. 충무공 리순신의 전략·전술을 무엇하려고 연구하는가?

이 세상에는 잘난 사람, 못난 사람, 가진 자, 못 가진 자, 행복한 사람, 행복하지 않은 사람 할 것 없이 층층이 많은 사람들이 살고 있다.

지난날을 돌이켜보면, 우리들의 가슴을 설레게 하고 존경받는 전설적 영웅들이 있었지만, 그렇지 못한 정치적 영웅도 있는가 하면, 국가의 적극적인 지원도 없이 온갖 고난을 겪으면서 오직 나라를 위하여 헌신했던 영웅들도 있었다.

그런 많은 사람들이 우리들에게 교훈적 인생을 보여주고 있음이 분명한데, 어떤 사람을 내 마음 속의 스승으로 삼고, 그의 삶을 통하여 나의 인생을 빛나게 할 것인가 하는 것은 우리들에게 영원한 숙제일 것이다.

이러한 숙제를 풀 수 있다면, 우리의 인생은 이미 절반의 성공을 한 셈이라고 볼 수 있다. 여기에 바로 리순신이 있으며, 이 리순신을 통하여 우리들이 가진 인생 숙제의 실마리를 찾을 수 있을 것이다. 리순신의 교훈에서 핵심은 무엇보다도 리순신의 전략·전술이며, 이 책에서 우리들이 배우고자 하는 목적인 것이다.

그런데 우리는 리순신을 어떤 성격의 영웅으로 인식하고 있는가?

그저 임진왜란에서 싸움마다 모두 이겼다는 것이라든지, 당시에 가장 뛰어난 무기체계인 거북함〔龜艦〕을 만들었다는 것이라든지, 그 바쁜 전쟁 가운데서도 『난중일기』를 빠짐없이 남겼다는 것이라든지, 시조 '한산섬'을 지었다는 것이라든지, 또 가슴에 적탄을 맞고도 싸움이 끝나고 나서야 그 탄환을 칼로 뽑아냈다는 것으로 알고 있는 것이 리순신에 대한 우리의 인식의 전부는 아닐까? 만약 그렇다거나 더 깊은 지식을 가지고 싶다면, 정말로 이 책을 잘 읽어야 할 것이다.

그런데 정작 우리 모두가 잘 알고 있다고 생각하는 리순신이지만, 이런 질문을 던지고 싶다.

리순신은 '전략가'인가? '전술가'인가? 이런 질문에 사람들은 대개 '전술가'라고는 한결같이 쉽게 답을 하면서도, '전략가'라고 말하는 사람은 거의 드물 것이다.

몰라서일까? 아니면 정말 리순신은 전술가적 역량만을 수행했을까?

첫째는 전략이나 전술이라는 용어를 정확하게 알지 못하는 데서 그럴 수 있고, 둘째는 리순신을 제대로 잘 알지 못한 데서 대답을 얼버무릴 수 있다.

여기서 정확하게 대답할 수 없는 이유들을 굳이 변명해주자면 아마도 다음과 같은 말을 할 수 있을 것이다.

첫째는 현재의 직장 생활 내지는 자기 사업을 수행하기에 바쁘기 때문에 따지지 않고 지낸다.

둘째는 초등학교 때부터 어린이들이 읽게 만든 《난중일기》 또는 《위인전기집》 같은 곳에서 한번쯤 읽었기 때문에 더 이상의 연구는 하지 않아도 리순신에 대해 잘 알고 있다고 생각하는 것이다.

셋째는 지금까지 리순신에 관해 남들이 의도적으로 성역화한 것이 많기에 특별히 연구의 필요성을 느끼지 못하고 있다.

바로 이런 바쁘다는 이유, 본인은 대충 알고 있다는 이유 때문에 리순신을 존경은 하되 깊이 있게는 알지 못하는 아이러니를 초래하고 있는 것이다. 이것은 지식의 깊이를 다지는 일에 아무런 도움이 되지 못한다. 초등학교 때나 사춘기 때 《위인전기집》을 읽은 것으로 인해 나이가 들어도 그 분야에 대해 더 깊이 있게 연구하지 않고 살아간다면, 죽는 순간까지 사춘기 때의 지식수준에 머물 수밖에 없다. 대학교 이상을 나왔거나 관련 전문분야에 종사한다고 하면, 더 많은 연구로써 지식을 쌓아야 할 것이다. 한번쯤 경험을 했다고 해서 그만둘 것이 아니라 계속해서 그 학문적 진수를 캐내려고 하는 사람이 많아야 한다.

이런 학문적 자세는 리순신에 대해서도 마찬가지다. 우리의 삶이 바쁠지라도 세계적 영웅인 리순신의 업적을 세계에 선양하는 미덕을 가져야 할 것이다.

우리는 리순신을 존경한다고는 할지라도 그 깊이를 모르고 있다. 그래서 리순신에 관한 글을 쓰더라도, 한때는 리순신에 대한 존경심이 정치적 수단으로 이용된 적이 있다보니, 이제는 그 반대급부로 리순신에 관하여 사실에 입각하기보다는 부정적인 측면이 부각되는 글들까지 나오게 된 것이 아닌가 여겨진다.

그러나 무슨 말을 하더라도 리순신은 임진왜란에서 많은 공로가 있는 대표적인 인물이다. 임진왜란과 더불어 그에 관한 연구가 상당히 있기도 하지만, 아직 리순신의 전략·전술에 관한 책은 없다. 이것은 그만큼 우리가 연구할 여지가 많음을, 그만큼 연구가 깊이 있게 다루어지지 않았음을 보여주는 것이다.

암행어사 박문수(朴文秀: 1691~1756)가 호조판서 시절에 임금에게 보고한 글이 있어 이 기회에 한번 되새겨본다.

> 적을 막아내는 방법에는 온통 장수다운 쓸모있는 사람을 얻었는가 아닌가에 달려 있습니다. 같은 통제영〔統營〕인데도 원균이 장수가 되니 군대 전체가 결딴나 버렸고, 리순신이 장수가 되니 가는 곳마다 누구도 맞서지 못했습니다.[4)]

국가를 지킴에 있어서 지휘관 한 사람의 능력이 얼마나 중요한지를 가장 적절하게 표현한 말이며, 리순신의 능력을 가장 잘 드러낸 비평이라고 본다. 리순신이 전사한 지 150년이 지나서도 그의 능력과 업적은 이렇게 청사(青史)에 빛나고 있었다.

바로 '가는 곳마다 누구도 맞서지 못할〔所向無敵〕' 사람이 진정으로 이 시대에 필요한 것이다. 그래서 임진왜란 당시에 함께 싸우면서 그 능력을 지켜보았던 도독 진린(陳璘)도 리순신더러 "하늘을 날줄로 삼고 땅을 씨줄로 삼는 - 천하를 경영할 줄 아는 인재〔經天緯地之才〕"라고 했던 말이 오늘날에 더더욱 우리의 마음을 끌며 뭉클하게 한다.

그런데 요즘의 연구에서, 비록 일부이긴 하지만, 리순신의 신중한 출전태도와 확실한 군사전략에 따라 행동했던 것에 비중을 두기보다

---

4) 『영조실록』 권71 영조26년 7월 계묘(3일). "戶曹判書朴文秀上書 略曰 … 禦敵之道 全在於將帥之得人與否耳. 一統營而元均爲將 則全軍覆沒 李舜臣爲將 則所向無敵."

도리어 항명(抗命)이라는 말로써 끝내 유죄를 인정해야 한다거나, 이기고 지는 것이 군대에서는 '당연지사'라는 말이 있음에도, 작전의 결과에서 전과(戰果)가 다소 적었다는 이유를 들어 그것을 패배한 작전으로 해석하여 고의적으로 리순신의 업적을 폄하(貶下)시킨다면, 이것은 진정한 학문적 자세를 더 다듬어야 할 문제인 것이다.

또 심한 것이 리순신을 격하시키는 것은 말할 것도 없지만, 칠천량 해전에서 삼도수군이 궤멸당한 패전의 책임자인 원균을 오히려 영웅화하는 소설을 쓴 대학 교수도 있는가 하면, 시대의 흐름에 영합하여 영웅사관에서 탈피한다는 명분을 내세우면서도 "李舜臣과 元均은 서로 功을 다투는 경쟁자이었다"는[5] 식으로 동일선상에 놓고 풀이함으로써 리순신에 대해 어떻게 해서든지 흠집을 찾아내고야 말겠다는 태도를 보이고 있다.

이런 사회적 병리현상은 아마도 리순신에 관한 전략적 사고에 깊이 접근하지 못한 처사이거나, '망상적(delusional) 관계장애(disorder of relation) 증후군(syndrome)'에 속한 사람이라고 진단하지 않을 수 없고, 늘 좁은 식견에서 국제정세의 흐름에 어두워 유럽의 음흉한 움직임이 아시아의 세계에 도전하고 있음을 전혀 간파하지 못한 때문이라 생각한다.

아무래도 좋다. 그렇다면 과연 어떤 사람이 진정한 우리들의 모델이 되겠는가? 나는 누구를 선택할 것인가?

리순신의 연구는 곧 임진왜란연구의 핵심적 내용이 아닐 수 없다. 그렇지만 식민사관은 임진왜란의 력사적 의의를 다음과 같이 평가하기도 하였다.

> 임진왜란은 일반적으로 조선시대사를 전기와 후기로 하는 계기가 되고 있으며, … 지난날의 한국사 서술과 인식이 정체성(停滯性)·타율성(他律性) 등 부당한 이름으로 왜곡되어 있다고 지적 비판되고 있는 지금에, … 1592년에 임진왜란이 일어났을 때는 관군은 거의 그 기능을 발휘하지 못하였고, 이 정쟁을 담당하여 그것을 승리로 이끌어 간 원동력은 의병이라 불리는 민병이었다. 이 점에 있어서도 임진왜란의 의의는 다시

---

5) 李貞一, 『壬辰倭亂 硏究』(中央大學校 大學院 博士學位論文, 1989. 6), p. 26.

평가되어야 할 것이다.[6)]

이것은 임진왜란의 력사적 의의를 평가함에 있어서 소극적·단편적 접근에서 비롯되었다고 보며, 특히 한반도에 엮어진 식민사관 속의 구겨지고 일그러뜨려진 이야기〔小說〕를 지식〔知識〕으로 인식하고 바라본 결과라고 하지 않을 수 없다.

왜냐하면 좀 더 넓은 시각이나 생각으로 원전(原典)에 담겨 있는 글 속에서 우리들이 다루지 않았던 조선의 사실들 – 천축(天竺)·면전(緬甸)·섬라(暹羅)·해귀(海鬼)·이오(伊吾)·복건(福建)·락수(洛水)·수양(睢陽)·회양(淮陽)·강회(江淮)·광주양(光州洋)·도산(島山)·유포(酉浦)·장무만연(瘴霧蠻烟)·장독(瘴毒)·구묘(九廟)·칠묘(七廟) 등등과 풍신수길의 현상수배 지역과 중국방어를 위한 조선군 배치 지역 – 을 다시 찾아 새롭게 조명해보면 임진왜란의 원인과 그 성격을 밝혀낼 수 있으며, 조선이 결코 한반도에 국한되지 않는다는 것이며, 그것들의 지리적 위치는 중국대륙, 아니 드넓은 아시아라는 판도에서 일어났음을 알 수 있기 때문이다.

그러면 정말 사실은 얼마만큼이나 다를까? 과연 조선의 사실들을 어떻게 보아야 할 것인가?

이런 질문의 해답을 찾아보자! 이런 바탕위에서 리순신의 전략·전술의 가치는 진정 새롭게 조명되어야 한다. 그리고나서 현실을 다시 들여다보자! 얼마나 같고 다른지를. 그리고 어떻게 해야 할지를 생각해보자!

---

6) 姜萬吉, 「壬辰·丙子 兩亂의 意義」 『韓國史의 再照明』(서울: 民聲社, 1993 중판), pp. 330~335.

2. 이 시대에 어떤 모델의 전략·전술을 활용할 것인가?

모델은 많은 사람들의 선망의 대상이다.

그러면 우리는 무엇을, 어떤 것을 부러워하며 갈망하고 있는가?

권력? 재산? 명예? 행복? …

이런 것은 어느 누구나 모두 다 가지기를 바라며, 적어도 어느 한 가지라도 남보다 더 많이 누리기를 바란다. 그것은 보통 인간의 욕심이기 때문이다. 그렇다면 어떻게 해야 할까?

이런 욕구를 채우기 위해서는 누구를 먼저 비교나, 선망 대상으로 볼 것인가?

우리들이 대개 존경하고 따르고 싶은 인물 가운데 리순신을 손꼽지만, 그는 정작 자신의 처지를 어떻게 보았을까?

> 오늘은 단오절인데, 멀리 와 천리나 되는 땅의 끝 모퉁이에서 종군하느라고 어머니 영연(靈筵)에 예를 못하고, 곡하며 우는 것도 내 뜻대로 못하니, 무슨 죄로 이런 보답을 받는고! 나 같은 사정은 고금을 통하여도 짝이 없을 것이다. 가슴이 갈가리 찢어지누나! 다만 때를 못 만난 것을 한탄할 따름이다.(1597년 5월 5일 일기)

이렇게 세상에서 불행하기로 말한다면, "나 같은 사정은 고금을 통하여도 짝이 없을 것이다."고 하면서 그 자신보다 더한 사람이 없다고 한 것을 보더라도, 비록 그가 '삼도수군통제사'(종2품)라는 매우 높은 직위에 올랐어도 권력·재산·명예·행복 등을 어느 한 가진들 만족하게 누리지 못했음을 알 수 있다.

그렇다면 우리는 리순신에게서 무엇을 배울 것인가? 물론 그의 휫손,[7] 즉 리더십은 이미 『리더십의 발견: 충무공 리순신의 휫손』(충무공리더십센터, 2007)에서 밝혔으니, 여기서는 무엇보다도 그의 전략·

---

7) '휫손'의 사전적 의미만으로도 '리더십'의 의미를 능가한다. 즉 '사람을 포용하는 능력, 사람을 다루는 솜씨, 물건이나 일을 다루는 수완.'의 뜻이다.〔국어대사전〕

전술이 어떤 것인지를 밝혀서 이 어려운 시대에 그것이 우리들에게 도움이 되기를 바라는 마음 간절하다.

리순신에 대한 평가는 여러 차례 나와 있지만, 그 중 1921년의 영국인 발라드(G. A. Ballard)의 평가를 새겨볼 필요가 있다.

> 그의 이름은 서구 력사가들에게는 잘 알려지지는 않았지만, 그의 공적으로 보아서 위대한 해상지휘관들 중에서도 능히 맨 앞줄을 차지할 만하다. 리순신 제독은 광범위하고 정확한 전략판단과 해군전술가로서의 특출한 기술을 갖고 있었으며, 탁월한 휫손과 전쟁의 기본정신인 그칠 줄 모르는 공격정신을 아울러 가지고 있었다. 그가 지휘한 모든 전투에 있어서 그는 언제나 승리를 끝까지 추구하였으며, 그 반면에 그 용감한 공격이 결코 맹목적인 모험은 아니었다는 점은, 넬슨 제독이 기회가 있는 대로 적을 공격하는 데 조금도 주저하지 않다가도 성공을 보장하기 위해서는 세심한 주의를 게을리 하지 않았다는 점에서는 유사하다. 리순신 제독이 넬슨 제독보다 나은 점을 가졌으니, 그것은 기계발명에 대한 비상한 재능을 갖고 있었다는 점이다.[8)]

분명 발라드는 세계에서 으뜸가는 해군영웅이라는 넬슨보다도 리순신을 더 훌륭한 사람으로 표현하고 있다.

또한 같은 시대 사람인 일본의 해군중장 좌등철태랑(佐藤鐵太郎: 사토오 데츠다로, 1866~1942)이 대좌(대령)이였던 1908년에 해군병학

---

8) G. A. Ballard, *The Influence of The Sea on The Political History of Japan.* Chapter 2「The Korean War of the 16th Century」(New York; E. P. Dutton & CO., 1921), pp. 50~51. "Admiral Yi-sun, whose achievements entile him to a place in the very front rank of great naval commanders, although his name is scarcely known to the historians of the West. With a wide grasp of a strategic situation and remarkable skill as a naval tactician, Yi-sun combined a spirit of leadership always animated by the principle of the uncompromising offensive, the only true spirit of war. His mere presence in any engagement seemed always sufficient to ensure victory, but his headlong attacks were never mere blind adventures, for he resembled Nelson in omitting no precautions to secure success, although he never hesitated to strike hard when the occasion arose. Moreover, in addition to his other gifts, he possessed an unusual talent for mechanical invention, which placed him far ahead of all his Eastern contemporaries as a naval architect, and contributed materially to his successes in war."
※ Yi-sun → Lee Sunseen(李舜臣)

교(요즈음의 해군대학)에서 강의를 맡고 있었을 때 지은 교재인 『제국국방사론(帝國國防史論)』에서 이렇게 말했다.

> 옛부터 장군으로서 기습과 정공 및 분산과 통합의 묘법을 다한 자는 한 둘에 지나지 않는다. 나폴레옹이 "全体로써 그 部分을 쳤다"고 하는 것도 이 뜻에 틀림없다. 그런데 해군장군으로서 이를 살피면 먼저 동양에 있어서는 한국의 장수 리순신, 서양에서는 영국의 장수 넬슨을 들지 않으면 안 된다. 리순신은 실로 개세(蓋世)의 해장(海將)이다. 불행히도 생을 조선에서 태어났기 때문에 용명(勇名)도 지명(智名)도 서양에 전하지 않고 있지만, 불완전하긴 해도 임진왜란에 관한 문헌을 보면, 실로 훌륭한 해군장군이다. 서양에 있어서 이에 필적할 자를 찾는다면 네덜란드의 장수 드 롸이테르(de Ruyter: 1607~1678) 이상이 되지않으면 안 된다. 넬슨과 같은 사람은 그 인격에 있어서도 도저히 어깨를 견줄 수 없다. 이 리순신 장군은 장갑함(거북함)을 창조한 사람이며, 300년 이전에 이미 훌륭한 해군전술로써 싸운 전쟁지휘관이었다.[9]

그는 이렇게 영국의 최고 영웅 넬슨마저 조선의 리순신과 어깨를 나란히 할 수 없음을 지적해 놓았던 것이다. 말하자면 세계에서 으뜸가는 영웅이 리순신임을 말한 것이다.

이런 훌륭한 영웅을 난도질하는 도마 위에 올려놓고 왈가왈부하는 것 자체가 잘못 되었다고 하지 않을 수 없다. 앞으로는 임진왜란을 통하여 리순신이 행했던 전략·전술을 더욱 논리적으로 전개하는 것이 더 시급하고도 중요할 것이다.

우리 해군에서는 6·25동란이 진행되고 있음에도 『한국해양사』라는 책을 지었는데, 그 서문에서 육당 최남선은 다음과 같이 세계 각국의

---

9) 佐藤鉄太郎, 『帝國國防史論』, (東京: 水文社, 1908), p. 399. "古來ノ戰將ニシテ奇正分合ノ妙用ヲ盡シタルモノ必ズシモ一二ニ止ラズ。「ナポレオン」ガ「全ヲ以テ其ノ分ヲ擊テ」ト云ヒタルモノ意識ニ外ナラヌノデアル。サリナガラ海軍將官トシテ之ヲ看レバ、先東洋ニアツテハ韓將李舜臣、西洋ニ在テハ英將「ネルソン」ヲ推サナケレバナラヌ。李舜臣ハ實ニ蓋世ノ海將デアル、不幸ニシテ生ヲ朝鮮ニ享ケタレバコソ、勇名モ智名モ西洋ニハ傳ラヌノデアルガ、不完全ナガラモ征韓ニ關スル紀傳ヲ看レバ實ニ立派ナル海將デアル。西洋ニ於テ之レガ匹敵者ヲ求ムレバ聢カニ蘭將「デロイテル」以上ト謂ハナケレバナラヌ。「ネルソン」ノ如ハ其ノ人格ニ於テ到底比肩スルコトガ出來ヌ。此ノ李將軍ハ實ニ裝甲艦ノ創造者デアル、三百年以前ニ於テ既ニ立派ナル海軍戰術ヲ以テ戰ヒタル戰將デアル。"

바다 쟁탈전을 비롯하여 바다와 조선력사를 언급했다.

세계적 력사는 페니키아인이 독특한 배를 만들어서 지중해로 떠나와서 通商과 植民으로 沿海 各地에 활동하던 때로부터 시작되었다고 하였다. 그러면서 서양 고대력사상에서 큰 사건이라고 한다면, 살라미스・펠로폰네소스・포에니의 모든 싸움과 같이 죄다 바다에서 일어난 일이었다고 하였다.
이것은 바다의 중요성과 그 역할에 대하여 언급한 것이다. 그는 여기서 다시 중요한 말을 한 것이 있다. 우리는 기억해 두어야 할 그런 말일 것이다. 말하자면 바다를 잊어버린 朝鮮이 어떻게 變貌하였던가이다.
첫째는 朝鮮民族에게 雄大한 氣象이 없어졌다.
둘째는 朝鮮나라와 및 그 人民을 가난하게 하였다.
셋째는 文弱에 빠져 버린 것이다.
그래서 끝내는 나라를 잃었다는 것이다.[10]

이 네 가지 지적은 우리나라가 모처럼 국민정신을 활발하게 배양하기에 가장 좋은 원동력이 될 바다를 가졌건만, 이를 제대로 이용하지 못하였다는 것이다. 그리고 조선국민으로 하여금 바다를 인식하고 바다와 친근하여서 그 기상을 웅대하게 하고, 그 마음을 활달하게 하고, 그 이상을 마음껏 펼쳤던들 조선의 사회와 그 력사는 분명히 지금의 그것과 같지 않았을 것을 말한 것이다.

정확한 지적이라고 본다.

또 임진왜란 당시에 조선에 와서 선교 활동을 한 스페인 신부 세스뻬데스(Gregorio de Cespedes)의 편지에 이런 글이 있다.

꼬라이인들은 탈탈족과 오랑캐들과 수많은 싸움을 가졌으며, 이를 잘 방어하였다. … 이들 세 개의 국가들이 꼬라이인들과의 전쟁에서 승리를 거둔 적이 있으나, 아직도 꼬라이인들을 정복할 수가 없었다.[11]
절망에 빠진 꼬라이인들은 서로를 위로하며, 강력하고 거대한 배를 타고

10) 최남선, 「바다를 잊어버린 국민」 『한국해양사』(서울: 해군본부, 1955), pp. 13~41.
11) 박철, 『세스뻬데스』(서울: 서강대학교 출판부, 1993 재판), p. 227.

바다를 떠다니며, 일본으로부터 오는 모든 배들은 섬멸하였는데, 꼬라이인들은 바다에 관한 한 일본인보다 더 훌륭한 장비와 재능을 가졌다. 그래서 꼬라이인들은 일본인에게 많은 피해를 입혔다.[12)]

'꼬라이(Coray)'는 요즘은 다들 'Korea'라고 쓰지만, 유럽사람들이 실토했듯이, 정관사가 붙은 'The Corea'[13)]이다. 그리고 우리가 여기서 찾을 수 있는 중요한 말은 세스뻬데스의 지적처럼 일본인에게 이길 수 있었던 것은 꼬리아인들이 일본인보다 훌륭한 장비와 재능을 가졌다는 것이다.

우리는 진정 이 말을 기억해두자.

그래서 만약 세계에서 가장 위대한 해전의 영웅을 말해보라고 한다면, 나는 서슴없이 리순신이라고 할 것이다.

왜냐하면 세계의 많은 훌륭한 영웅들이 있다고 하더라도 그들에게는 나라에서 적극적으로 지원해준 덕으로 적과 싸워 이길 수 있었으며, 그 공로로 세계에서 훌륭한 영웅이라고 말하고 있기 때문이다.

나폴레옹이 그렇고, 넬슨이, 드 롸이테르가, 동향평팔랑(東鄕平八郎: 도고 헤이하치로)이, 제갈량(諸葛亮) 등이 다 그렇고 그렇다. 국가에서 지원해주지 않은 그 어떤 영웅이 있었는가?

그러나 리순신은 이와 정반대다. 나라에서는 아무 것도 해준 것이 없다. 오히려 방해하지 않거나 구속・백의종군이라도 시키지 않았더라면, 건강이라도 더 나빠지지는 않았을 것이며, 제 명대로 살 수가 있었을 것이다.

어떤 정치적 의도도 없이 리순신은 정의를 실천하다가 파직을 세 번

---

12) 위의 책, p. 296.

13) Charles H. Eden, *China: Historical & Descriptive with an Appendix on Corea*, (London: Marcus Ward & Chandos Street, 1880), p. 281. "Of all the countries of the Far East, Corea - or, as it used to be the fashion to call it, 'the Corea' - is the least known to Europeans."
Isabella Bird Bishop, *Korea & Her Neighbours*, London: John Murray, 1898, p. 21. "In the winter of 1894, when I was about to sail for Korea (to which some people erroneously give the name of 'The Korea'), many interested friends hazarded guesses at its positions, …"

이나 당했으며, 백의종군도 두 번이나 해야 했던 비운의 영웅이다. 군량을 나라에서 받아서 전쟁을 치른 것이 아니고, 오히려 둔전(屯田)을 쳐서 거기서 나오는 곡물을 나라에 바쳐야 했다. 병기 등 무기를 나라에서 보급 받아서 전투를 한 것이 아니고, 리순신이 직접 거북함〔龜艦〕을 만들고 총통을 개량하기도 하고 제조도 하여 전투에 사용하였다. 또 군사들을 나라에서 많이 지원해 주어서 싸워 이긴 것이 아니다. 있는 군사를 잘 조련하였다. 원균의 칠천량패전이 있은 뒤부터는 나라에서는 수군을 없애고 육군에 합류하여 싸우라고 했지만, 분연히 떨쳐 일어나 스스로 군사를 모집하였다.

이렇게 군수물자라든지 병력 등을 국가에서 지원받지 않고, 현장에서 확보하고 추진 보급하는 예는 세계 어디에서도 찾아볼 수 없는 희귀한 전쟁의 력사이다.

우리가 지금 리순신을 통해서 교훈을 삼고자 하는 것은 임진왜란을 통하여 그가 해양 전략가로서나, 전략 사상가로서의 조건을 갖추었는가 하는 것이며 만약 그런 조건을 갖추었다면, 전략 사상가로서의 리순신의 이론을 체계화하는 노력이 필요하며, 이 연구가 그러한 노력의 밑거름이 될 수 있을 것이다.

이 책에서는 임진왜란, 즉 만력의 란의 전장 환경을 이해하고, 리순신이 수행한 해전에서 승리의 비결이 무기체계의 우수성에서 비롯되었다는 사실과 전술진형 운용의 효용성을 검토함으로써 그가 주장해온 전략적 행위가 충분히 전략 사상가로서의 조건을 갖추고 있음을 『난중일기』 『임진장초』를 기초로 하여 밝히고자 한다.

3. 리순신의 생애, 그 전략사상 형성의 배경을 돌아보며

(1) 리순신의 성장 터전

리순신(1545. 3. 8~1598. 11. 19)은 한성부(漢城府) 건천동(乾川洞)에서 태어났으며,[14] 충청도 아산(牙山: 牙州・仁州)[15] 백암리(白岩里)에서 자랐다고 한다.

출생하고 자라난 환경에서는 해양에 관해 관심을 가졌을만한 어떤 자료도 발견할 수가 없다. 어렸을 적엔 여느 아이들처럼 개구쟁이였고 병정놀이나 하는 골목대장이었다.

다만 리순신과 함께 전투에 참가한 라대용(羅大用: 1556~1612년)은 전라도 라주(羅州)에서 태어나 자라면서 방죽골에서 놀면서 물방개・풍뎅이를 보고서 거북함을 만든 계기가 되었다고 한 것처럼[16] 리순신도 그런 강가에서 놀았던 기억이 바다에 관한 전략으로 발전이 되었을 것으로 추측은 가능하지만, 전혀 알 수가 없다.

오직 리순신은 장가들고 나서 22살이 되어서야 무예를 익혔다는 것과 32살에 무과(武科)에 급제했다는 것이 젊었을 때까지 기록의 전부이다. 무인(武人)이 되는 와중에 병법(兵法)을 익히는 과정에 '수전(水戰)'이니, '주전(舟戰)'에 관한 것이 있는데[17] 이에 대한 것에도 얼마만

14) 리순신의 출생을 '평안도 삭주'라고 되어있는 소설도 있다. 『壬辰錄』(國立圖書館所藏), pp. 7~8. "각셜 잇ᄯᅢ 평안도 삭쥬ᄯᅡ희 ᄒᆞᆫ ᄉᆞ람이 잇스되 승언 니요 명은 순신이라 별호ᄂᆞᆫ 츙무공이라 부모를 일즉 이별ᄒᆞ고 시년이 이십셰라"; 蘇在英, 『壬辰錄 硏究』(고려대학교대학원 박사학위논문, 1980), p. 131. 단 乾川은 乾州/乾縣과 관련이 있다.

15) 아산군의 형승이 『신증 동국여지승람』 권20에 "수많은 산봉우리가 서로 얼크러져 우뚝 솟아있고〔群峯錯峙〕, 두 시냇물이 에돌아 흐른다"는 말에서 보면, 한반도에서는 해발 400m 미만의 야산뿐으로서 서로 얼크러져 우뚝 솟아 있다고 볼 수 없으며, 사천성 "아주(雅州: 雅安縣, 북위 30° 동경 103°)"와 흡사하다. 이곳에 협금산(夾金山)의 이랑산(二郎山: 해발 3437m), 대상령(大相嶺)의 아미산(峨眉山: 해발 3099m)이 있다.

16) 김노금, 『거북선을 만드신 나대용 장군』(월간아동문학사, 1999), pp. 19~37.

17) 『吳子兵法』「應變」. "此謂水戰無用車騎."

큼의 관심을 가졌는지도 알 수 없다. 그러나 결과로 보아서는 이미 그런 병법에도 통달했고, 그 중요성을 인식하고 있었다고 보는 것이 타당할 것이다.

이런 근거는 칠천량 해전에서 삼도수군이 왜적에게 궤멸하자, 그 소식을 들은 리순신은 "우리나라에서 미더운 것은 오직 수군뿐인데, 수군마저 이와 같이 희망이 없게 되었으니, 거듭 생각할수록 분하여 간담이 찢어지는 것만 같다."고[18] 『난중일기』에 기록된 것으로써 알 수 있다.

(2) 최초의 해군생활 발포 만호와 파란의 벼슬

리순신은 임진왜란에서 나라의 운명을 홀로 지탱한 우리 겨레의 은인이므로 우리 력사에서 위대한 인물로 일컬어지지만, 세계에서는 그가 싸움마다 이겼기 때문에 그 뛰어난 전략·전술을 높이 평가하여 세계적 영웅으로 손꼽는다.

리순신의 일생에 관하여는 영의정 리항복(李恒福)이 지은 〈충민사기(忠愍祠記)〉[19], 리분(李芬)이 지은 〈행록(行錄)〉, 리식(李植)이 지은 〈시장(諡狀)〉에 잘 나타나 있다.

리순신은 한성부 마르내골(乾川洞)에서 태어났으며, 28살(1572년; 선조5)에 처음으로 훈련원 별과(訓練院 別科) 시험에 응시하였으나 합격하지 못했다. 그때 리순신은 말타고 활쏘기〔騎射〕 시험 종목에서 말을 달리다가 말이 넘어지는 바람에 말에서 떨어져서 왼쪽다리가 부러졌다. 말하자면 골절상을 입었던 것이다. 그러나 그는 곧 일어나 버드나무 껍질을 벗겨 상처를 싸매고 태연했다고 하니, 시험관을 포함하여

18) 『난중일기』 정유년 7월 16일(을미). "我國所恃 惟在舟師 舟師如是 無復可望 反覆思之 憤膽如裂如裂."

19) 리항복(李恒福: 1556~1618년): 이조참판·형조판서·대사헌·병조판서·우의정을, 1600년 1월에 도체찰사 도원수로서 령남과 호남을 순무하고 영의정이 되었으며, 1601년 1월에 〈충민사기〉를 지었다.

보는 사람마다 감탄하였다고 한다.

그는 재수를 하여 32살(1576년; 선조9) 봄에 식년무과(式年武科)에서 병과(丙科)로 합격하였으며, 그것도 10달 만에야 12월에 함경도 동구비보(童仇非堡)의 권관(權官: 종9품, 요즘의 하사급)으로 임명되었다. 이 권관의 벼슬길이 리순신에겐 공직의 첫 출발이었다.

리수광(1563~1629)이 지은 『지봉류설』(권4 관직부 장수)에 이런 말이 있다.

> 우리나라에는 무예에 종사하는 사람들이 비록 활쏘기・말 달리기는 익히면서도 병법에 관한 책을 읽지 않으니, 훌륭한 장수가 나오지 않는 것은 당연하다.[20]

리수광은 리순신보다 18살 아래인데, 이런 동시대 사람의 글로 판단해 보면, 이미 조선중기의 무인들은 학문을 겸비하지 못했던 것이 보편적이었던 모양이다.

그런데 이 병과의 정식시험에서 필기시험・실기시험을 마치고, 면접 - 무경강독(武經講讀)시험이 있었다.

> 면접시험관: 자방(子房) 장량(張良)이 신선 적송자(赤松子)를 좇아 놀았다고 했으니, 장량이 과연 죽지 않았겠는가?
> 리순신: 사람이 나면 반드시 죽는 법입니다. 또 통감강목(通鑑綱目: 사마광이 지음)에는 '임자 6년(B.C. 189)에 류후(留侯) 장량이 죽었다'고 했으니, 어찌 신선을 따라가 죽지 않았을리가 있겠습니까? 그것은 단지 거짓 핑계하여서 한 말이었을 겁니다.[21]

이 내용은 한나라 고조 류방(劉邦)의 공신 장량에게 병서를 써준 황석공(黃石公)의 이야기에 나오는 대목인데, 리순신은 조금도 서슴없이 대답하니 시험관들이 놀랐다고 한 것으로 보아 리순신은 독서량이 많

---

20) 李睟光, 『芝峰類說』 卷4官職部 將帥. "我國業武者 雖習弓馬不讀兵書, 宜將才之不出也."

21) 『리충무공전서』 권9 부록1 行錄.

았음을 알 수 있다. 즉 문무를 겸비하였던 것이다.

그는 35살(1579년; 선조12) 2월에 훈련원 봉사(訓練院 奉事: 종8품)로 영전하였는데, 8개월이 지나자 10월에 충청[22] 병마사의 군관(軍官)이 되었다.

그는 36살 때(1580년; 선조13) 7월에 전라도[23] 발포 만호(鉢浦萬戶: 종4품)로 되니, 이것이 수군(水軍: 요즘의 해군)과 최초로 맺어진 인연이었다. 그것도 해안기지의 지휘관이라는 보직을 맡았던 것이다. 그런데 1년 반 만인 38살(1582년; 선조15) 1월에 한성에서 군기경차관(軍器敬差官: 임시로 지방에 보내어 민정을 살피던 벼슬) 서익(徐益)이 리순신이 근무하는 이 발포에 와서 보고는 군기가 엉성하다고 파직시켰다. 그렇게 된 까닭은 이전에 훈련원에서 함께 근무하였을 적에 서익은 리순신의 직속상관인 병조정랑(兵曹正郎)이었는데, 그의 개인적 인사청탁〔不法昇進 要求〕을 들어주지 않고 거부했던 것에 대한 보복 조치였다.

그러나 리순신은 그 해 5월에 다시 훈련원 봉사로 복직되었다.

그는 39살(1583년; 선조16) 7월에 함경도[24] 병마절도사 리용(李戫) 장군의 군관이 되었다가, 10월에 건원보(乾原堡; 慶源郡) 군관이 되어 호족[25] 울지내(胡族 鬱只乃)의 침입을 막아내어 공을 세웠다. 한달 뒤 11

---

22) 정약용, 『經世遺表』 卷3 天官修制 郡縣分隷 "경기(京畿)를 봉천성(奉天省)이라 하고, 다음 남쪽은 사천성(泗川省)이다. … 사천성은 지금의 충청도(忠淸道)이다." 여기서 "泗川省=四川省"이다.

23) 위의 책. "그 다음〔사천성(泗川省)〕 남쪽은 완남성(完南省), 또 남쪽은 무남성(武南省)이다. … 완남성·무남성은 지금의 전라도(全羅道)이다."

24) 위의 책. "서울에서 북쪽은 현도성(玄菟省), 또 북쪽은 만하성(滿河省)이다. … 현도성·만하성은 지금의 함경(咸鏡道)이다."

25) 『성종실록』 권252 성종22년(1491) 4월 11일(병진)에 "임금이 영안도관찰사 허종(許琮)이 임금에게 답하기를, '골간(骨看) 올적합(兀狄哈)이 성밑에 살고 있는데, 그들이 조산보(造山堡)를 노략질할 때에 골간을 거쳐서 왔으나, 얼마 되지 않아서 달아났으니, 정황이 의심스럽습니다.'고 했다." 『중종실록』 권21 중종9년(1514) 10월 13일(임인)에 "홍문관 리빈(李蘋)이 장계하기를, … '경흥(慶興)지방은 북쪽으로 두만강에 이르고, 동쪽으로 대강에 이르러 경원(慶源)과는 멀리 떨어져 있습니다.'고 했다." 『명종실록』 권16 명종9년(1554) 5월 19일(무오)에 "함경북도절도사 리사증(李思曾)이 장계하기를, '야인 라시합(羅時哈)이 보고하기를, 골간(骨幹)의 오랑캐들이 … 14·15일에서 20일 사이에 조산보(造山堡)와 경흥 등지에서 노략질하자고 약속했습니다.'고 했습니다." 그리고 『한어대사전』에 '骨利幹'이 나오고, 『中國歷史地圖集』 권5에는 예니세이강 상류 앙가라강·오카강과 바이칼호 주변〔북위 53° 동경 110±20° 중심〕에 '骨利干'이 있는데, 이곳은 옛날에 '키르기스〔Kyrghis: 丁

월에 훈련원 참군(參軍)으로 승진됐으나, 15일에 부친 리정(李貞)이 별세하여 고향 아산으로 가서 휴직했다.

그는 42살(1586년; 선조19) 1월에 복직하여 사복시 주부(司僕寺主簿)가 된지 16일만에 함경도 조산보 만호(造山堡萬戶)가 되어 북방의 호적을 막는 중책을 맡았다. 이곳은 수군이 담당하였는데 리순신으로서는 두 번째 수군과의 인연이다. 이어서 43살(1587년; 선조20) 8월에 러시아와의 국경지대인 두만강[26] 언저리 녹둔도의 둔전관(屯田官)을 겸임하였다. 이 곳에서는 병선(兵船)을 관리하였다. 이때에 국방을 강화하는데 필요한 병력을 증강해줄 것을 요구했으나 병마절도사 리일(李鎰)이 거절하여 뜻을 이루지 못했다. 그런데 그해 가을에 호족이 많은 군사로써 쳐들어와서 많은 양민이 학살을 당하는 피해를 입었는데, 이때 리순신은 홀로 맞서 싸워 포로 60여 명을 도로 찾아오기도 했다. 그러나 절도사 리일은 피해의 책임을 리순신에게로 돌려 그를 옥에 가두고 사형에 처할 것을 상소했다. 그런데 리순신은 무죄로 판명되었음에도 보직에서 해임되어 백의종군을 하게 되었다. 또 그해 겨울부터 이듬해(1588년; 선조21) 1월에 경원부 시전(時錢) 부락의 오랑캐들이 또 노략질하여 오자, 이들을 물리쳐 공을 세워 특별사면이 되었다.

그는 윤6월에 함경도 북변의 생활을 마치고 귀향하여 지내다가, 이듬해 45살(1589년; 선조22) 2월에 전라순찰사 리광(李洸)에게 발탁되어 군관이 되었다. 5월 초순부터 7월까지 일체 비가 오지 않아 냇물이 다 말라버렸고 습지도 모두 말랐다. 높고 건조한 땅은 마치 불길이 지

令·黠戛斯·結骨)'이며, 여기서 골간은 한자로 骨看=骨幹이며, 여기에 '利'가 덧붙여져서 骨利幹=骨利干이며, 이도 또한 같은 지명임을 알 수 있다. 호족은 이 지역에 사는 오랑캐이다.

26) '두만강'은 다른 말로 '豆滿·圖們·土們·土門·統門·Tumen〔투먼〕'이라 쓰고 있으며, '백두산'에서 발원하여 정북쪽인 온성(穩城)을 거쳐 녹둔도(鹿屯島)를 지나 바다로 들어간다. 예니세이(Yenisei)강 유역의 예니세이스크(Yeniseisk)를 온성(왼세이〉외니세이〉예니세이)이라고 보면, 그 강의 발원지는 사얀〔Sayan: 薩彦〕산맥(해발 3491m)인데, 이 지방 말로 '투먼'은 '많다〔萬〕', '사얀'은 '백산(白山)'이며, 곧 '백두산'이다. 그 샛강들에는 앙가라(Angara)강, 오카(Oka)강 등이 있으며, 이 많은 샛강들을 '투먼'이라고 하는데, 그 흐름의 모습이 마치 사슴뿔〔鹿角〕처럼 뻗어 있으니, '녹둔(鹿屯)'이라고 할 만하다. 사얀산맥 동쪽에 바다 같은 바이칼호가 있다.

나간 듯하고 푸르기도 하고 하얀 두잠 잔 누에 크기의 큼직한 누리[황충(蝗蟲)]가[27] 날마다 번져서 식물의 뿌리를 먹어 식물이 말라죽었다. 전주・광주・영광・임실・김제・태인・무장・무안 등의 전라도 고을이 대체로 다 그랬다.[28] 이 누리는 하루에 80km까지 떼지어 날아간다.

리순신은 그해 11월에는 선전관을 겸했다가, 12월에 정읍[29]현감(井邑縣監: 종6품)이 되었다.

(3) 전라좌수사 임명과 임진왜란

리순신은 46살 때(1590년; 선조23) 7월에 평안도[30] 고사리진 첨사(高沙里鎭僉使: 종4품)가 되고, 한 달 만에 만포진 첨사(滿浦鎭僉使)로 임명되었으나, 조정에서 대간(臺諫)들이 반대하여 끝내 부임하지 못하고 정읍현감에 그대로 유임되었다.

그는 47살(1591년; 선조24) 2월에 진도 군수(珍島郡守: 종4품)로 임명되었으나, 부임하기도 전에 가리포 첨사(加里浦: 莞島 종3품)로 자리를 옮기게 되었으며, 이것도 부임하기 전에 그 달 12일에 전라좌도수군절도사(麗水: 정3품 당상관)로 부임했다. 이때부터 리순신은 이미 소문이

---

27) 이 전라도 지역에는 2년전 1587년 7월에도 무안 지역에 누리의 피해가 있었다. 이 '누리[황충]'는 한반도에 사는 '메뚜기'처럼 폴짝거리며 겨우 2~3미터 나는 것이 아니라, 사막지대에서도 자라며, 구름처럼 떼지어서 고을에서 고을로, 1000리나 먼 성(省)을 넘어 대륙을 횡단하기까지도 한다.[최두환, 『토산물로 본 조선』(도서출판 경남, 2006), pp. 84~100.]

28) 『선조실록』 권23 선조22년 7월 계해(8일). "全羅監司李洸書狀 大槪去五月初旬以後 一不下雨 川源俱渴 乾濕皆暵 高燥之地 如經火燒 蝗蟲如二眠蠶 或靑或白 日漸熾發 食根枯損 全州光州靈光任實金堤泰仁茂長務安等官 大槪一樣."

29) '정읍'은 『신증 동국여지승람』 권33 및 권34에 보면, 고부군(古阜郡)에 붙기도 했던 초산현(楚山縣)이며, '고부군'은 옛날에 "안남도호부(安南都護府)"를 두었던 곳인데, 이 '안남현'은 『중국고금지명대사전』에 보면, 장강 남쪽 호남성 "화용현(華容縣)"이므로, 그 남쪽의 동정호 북쪽 남현(南縣)과 안향(安鄕)의 어름에 있었을 것이다.

30) 위의 책. "서울에서 서쪽은 송해성(松海省)이고, 또 서쪽은 패서성(浿西省), 또 서쪽은 청서성(淸西省)이다. … 송해성은 지금의 황해도(黃海道)이다. … 패서성・청서성은 지금의 평안도이다." 이 글에서 보면 평안도는 서울에서 곧장 서쪽에 있다.

돌고 있었지만, 반드시 전쟁이 일어날 것임을 짐작하고서 군사를 훈련시키고 장비를 갖추어 대비하였는데, 특히 그는 거북함〔龜艦〕을 창제하여 전쟁을 이길 수 있게 하였다.

여기서 잠깐 리순신이 바다에 대한 전문지식을 쌓을 수 있는 가능성을 유추해볼 필요가 있다.

그는 36살(1580년) 6월부터 18개월 동안 발포 수군만호를 했고, 42살(1586년) 2월부터 조산보 만호 겸 녹둔도 둔전관을 18개월 동안 역임해으며, 그 뒤에는 47살(1591년) 2월부터 전라좌수사로 근무한 적이 있다. 임진왜란이 일어나기 전에 그가 바다와 관련된 근무지에서의 기간은 4년 2개월에 지나지 않는다.

이 정도의 기간으로써 리순신의 해양전략사상을 논할만한 충분한 이론적 기초를 닦은 근무이거나, 그런 기간으로 보기에는 석연치가 않다. 왜냐하면 발포 만호(종4품)를 수행할 때에도 이유야 어쨌든 군기강 해이(軍紀綱解弛)라는 죄목으로 파직이 되었을 뿐 아니라, 그 뒤에 조산보 만호 겸 녹둔도 둔전관을 수행했을 적에도 오랑캐[31] 니탕개의 침입을 물리치면서 피해가 있었다 하여 파직이 되었기 때문이다. 이후로 10년 동안은 리순신은 거의 육상근무를 하였기 때문에, 더 이상 수군의 중요성을 인식할 만한 여유는 없다고 생각된다.

그런데 두 곳에서 비록 파직이 되긴 했지만, 빈틈없이 열심히 근무하였던 바, 전라도 감사(監司=관찰사) 손식(孫軾)이 순시하여 리순신에게 공연한 트집을 잡으려고 병법에 관한 책〔兵書〕을 끄집어내어 어려운 내용을 질문하기도 하고, 또 진치는 도형(圖形)을 그려보라고 했을 적에도 너무도 자세하게 잘 그렸으므로, 그 감사가 벌주기는 커녕 감탄하고 칭찬했다[32] 고 한다.

---

31) '오랑캐(Orangkai: 兀良哈·烏梁海)'는 예니세이 강의 상류에 있는 백산〔白山: 사얀(薩彦)〕산맥의 남쪽과 당노산(唐努山: Tannu Ola/唐麓嶺·儻魯山) 북쪽의 지역이며, 더 넓게는 오이라트〔Oirat: 瓦剌〕〔북위 52° 동경 95°중심 반경 1200㎞〕를 말하며, 무려 러시아 이르티슈강의 동쪽 옴스크에서 고비사막까지, 알타이산에서 바이칼호의 동쪽 야블로노브산맥 서쪽까지의 땅이다.

32) 최두환, 『전설을 낳은 사람 영웅 리순신』(서울: 연경문화사, 1998), p. 38. 『리충무공전서』 권9 부록1 行錄, (서울: 成文閣, 1992. 再版), p. 259. "監司孫軾…命因講陣書畢 使圖陣形 公握筆圖寫甚整. 監司俯案熟視曰 是何筆法之精也."

물론 옛날에는 선비가 갖추어야 할 덕목의 하나로서 "지도를 그리는 방법도 선비의 학문으로서 몰라서는 안 된다."는[33] 것이 있었다. 그렇다고 선비라 해서 다 지도를 잘 그릴까?

어쨌든 이런 기록으로 보아, 비록 리순신은 바다와 관련된 지역을 모두 4년이라고 하는 짧은 근무기간일지라도 인근지역까지 확실하게 파악하고 있었다고 볼 수 있으며, 그 짧은 세월 속에서도 바다에 관련한 지식이 매우 깊이 있었음을 알 수 있다.

그리고 리순신이 전라좌수사에 부임한지 만 14개월 만인 48살(1592년; 선조25) 4월 14일 새벽에 왜군 20여만 명이 기습하는 왜란이 터지면서 그들은 파죽지세로 북상하더니, 19일 만인 5월 2일에 한성이 함락었다.[34] 소경왕은 의주로 파천하고, 6월 13일에는 평양이 함락되는 등 왜군에 의해 우리 강토는 짓밟혀 아수라장으로 변했다.

이때 리순신은 1591년 2월 13일 전라좌수영 여수에 부임하니, 이때부터의 그의 행적은 매우 중요하다고 하지 않을 수 없다. 임진왜란이 일어나기까지의 14개월 동안 그의 행적은 다른 지휘관들과 비교하여 너무도 특이하다. 무엇보다도 거북함을 발명해내고,[35] 총통을 손질하기도 하고 제조도 하며, 예하 부대를 순시하고, 성(城)을 보수하고, 전투 장구(戰鬪裝具)를 점검하는 등등으로[36] 보아 바다에서 싸워 이길 수

---

33) 李瀷(1681~1763),『惺湖僿說』卷1 天地門 地圖描寫. "描畫地圖亦士學之不可廢者."

34) 서울이 함락되는 이동 소요기간은 력사에서는 19일 걸렸다. 서울은 '漢城' 또는 '王京'이라고 했으므로, 대륙의 섬서성 '장안'일 수도, 하남성 서울 洛陽일수도 있다. 1일 최대 이동거리로 3식(息=90里), 즉 34㎞를 기준한다면, 한반도에서는 부산에서부터 서울까지 직선거리 350㎞인데, 산길을 고려하여 20% 더해주면 420㎞로서 13일 걸리며, 산동성 동평현에서 장안까지는 690㎞인데 산길 20%를 더하면 828㎞로서 25일 걸리고, 동평현에서 낙양까지는 360㎞인데, 20%를 더하면 432㎞이니 13일 걸리니, 보름이면 충분하다. 함락에 19일 소요된 이동거리로 보면 서울을『명사』에선 줄곧 '王京'이라 했으니, 이곳은 '洛陽'일 것이다.

35) 최두환,『忠武公李舜臣全集』제6권「원형 거북선과 학익진의 비밀」, (서울: 우석출판사, 1999), p. 32에 "임진왜란 당시에 운용되었던 거북선은 리순신이 창제한 발명품이다."고 했다.

36) 위의 책, 제4권「충무공 리순신의 생애」(서울: 우석출판사, 1999), p. 66에 "1592년 1월 1일부터 4월 22일까지 110일 동안의 일기를 분석해 보면, 점검·순시가 15회(18.5%), 활쏘기가 29회(35.9%), 대포쏘기·거북함 등과 관련한 준비사항이 15회(13.6%), 부정·비리 등을 조사한 일이 5회(6.2%)로서 전비태세를

있는 여러 방책을 세워 만약에 있을지도 모를 전쟁에 대비하였다.

그리고 임진왜란이 일어나는 날까지 일련의 평소 과업진행 상태를 살펴보면, 그는 쉬지 않고 전쟁준비를 했다는 것을 알 수 있다. 임진왜란이 일어나는 날 4월 13일에 경상도[37] 부산진첨사 정발(鄭撥)은 절영도에 사냥갔다고 했지만, 리순신은 그의 일기에서 활을 쏘았으며, 임진왜란이 터지기 하루 전날에는 배를 타고 나가 처음으로 만든 거북함의 대포(지자포·현자포) 쏘는 시험을 했다는 것이다. 이러한 사실을 볼 때 우리는 리순신의 빈틈없는 과업수행을 간과해서는 안 될 것이다.

리순신은 평소에 전쟁에 대비하여 준비해 왔음을 알 수 있다.

4월 15일에 역시 소문대로 왜란이 터졌다는 긴급공문을 경상우수사 원균에게서 받고서 왜구의 침입을 알게 되었으며, 가슴 아파하면서 싸울 준비를 하고는 장수들의 마음을 통일하고서 조정의 출동명령을 기다리고 있었다.

그때 경상우수사 원균은 수군 만여 명으로써 왜적을 방어하다가 초기에는 왜적선 10여 척을 쳐부수기도 하였으나, 왜군의 예봉이 4월 하순(29일경)에 경상우수영 함대를 공격해 오니 패전하여 다시 싸우지 못하고 도망하려고 하였다.

이때 그 휘하의 옥포만호 리운룡과 률포만호 리영남[38] 등이 따지니,

확립하는 일이 무려 66.7%를 차지하며, 부하들과 술 마신 것이 6회(7.4%)였음을 볼 때 리순신은 평소에 전비태세를 확립하는 데 빈틈없이 하였다."고 했다.

37) 정약용, 『經世遺表』 卷3 天官修制 郡縣分隸 "경기를 봉천성이라 하고, … 동남쪽은 령남성(嶺南省)이고, 그 서쪽은 황서성(潢西省)이다. … 령남성·황서성은 지금의 경상도(慶尙道)이다."

38) 李榮煥, 『李英男 將軍 傳記』(忠南: 鎭川文化院, 1984), pp. 62~64. 본관이 양성(陽城)인 리영남(李英男)은 1566년(명종21) 2월 13일에 태어나 1584년(선조17) 3월에 식년무과(式年武科)에 급제하여 선전관이 되었다가 훈련원첨정(訓鍊院僉正: 종5품)으로 승진되었으며, 1589년(선조22)에는 선전관 겸 태안군수(泰安郡守: 종4품)로 발령되었으나 부임하지 못하고 도총부경력(都摠府經歷: 종4품)으로 전임되었다.[1] 1592년 임진왜란이 일어났을 때에는 률포만호(栗浦萬戶: 종4품)였는데, 5월에 경상우수영 철수와 률포만호 폐지로 소비포권관(所非浦權管: 종9품)이 되었으며, 1595년 5월에는 태안군수(泰安郡守: 종4품)로 발령되었으나, 사헌부의 반대로 부임치 못하고, 7월에 강계부판관(江界府判官: 종5품), 1596년에 장흥부사(長興府使: 종3품)에, 1598년 3월에 가리포첨사(加里浦僉使: 종3품) 겸 조방장에 제수되어 해로통행첩(海路通行帖)을 실행할 것을 건의하였고, 노량해전에서 전사하

도망을 단념하고 비장(裨將: 참모) 리영남[39]을 시켜 전라좌수사 리순신에게 구원을 청했다. 여기에 등장하는 두 명의 '리영남'은 한자는 '李英男'으로 같으나 서로 전혀 다른 사람이다.

리순신은 5월 4일부터 9일까지의 제1차 출동에서 옥포·합포·적진포 해전을, 5월 29일부터 6월 10일까지의 제2차 출동에서 사천·당포·당항포·률포 해전을, 7월 6일부터 13일까지의 제3차 출동에서 한산도·안골포해전을, 8월 24일부터 9월 2일까지의 제4차 출동에서 부산포해전을 모두 다 크게 승리함으로써 우리나라에서 아직까지 누려보지 못했던 전과(戰果)를 올렸다.

특히 한산도해전과 부산포해전은 유명한 싸움이며, 이로 말미암아 왜군은 결정적 치명타를 입었고, 반면에 리순신은 완전히 해상활동 영역을 확대함으로써 제해권을 장악했던 것이다. 비록 부분적이긴 하지만 적어도 가덕도에서 그 서쪽으로의 해상만큼은 리순신이 장악하고 있었다.

그간의 육상 전투는 중국 군사가 지원하러 왔고, 의병(義兵)·승병(僧兵) 등이 벌떼같이 일어나 관서(關西)·관북(關北)까지 치달았던 왜군이 차츰 후퇴하면서 노략질·분탕질을 계속하였고, 그와 동시에 화친(和親)을 요구하여 사실상 휴전으로 돌입하였다.

이 같은 정세의 변화에도 불구하고 그 동안 리순신은 군비를 정비하며, 나머지 적들을 소탕하였다. 49살(1593년; 선조26) 7월 14일 한산도로 전라좌수영을 옮겨 왜적 침략의 길목을 막으면서 조정에 삼도의 수군을 총괄할 수 있는 직책이 필요하고 지휘본부를 한산도로 삼겠다고 하니, 조정에서는 삼도수군통제사를 신설하여 리순신을 8월 1일 임명하고(10월 9일 받음) 전라좌수사를 겸임하게 하였다. 이에 리순신은 연

였다.

39) 위의 책, pp. 78~79. 본관이 전의(全義)인 리영남(李英男)은 1571년(辛未)에 태어나 1640년(庚辰)에 죽었는데, 이 사람은 1588년(선조21)에 무과에 급제하였다가 특별한 관직없이 지내다가, 1590년에 경상우수영 원균 수사의 비장(裨將: 참모)을 하다가 전라좌수사 리순신에게 원군요청 심부름을 하였던 것이며, 1597년 7월에 칠천량해전에서 배설(裵楔)과 함께 도주하였으며, 나이 53살인 1623년(인조1)에 세째아들(咸吉)을 낳아 슬하에 아들 셋, 딸 둘을 두었다. 뒤에 가덕진첨사(加德鎭僉使) 및 첨지중추부사(僉知中樞府事)를 지냈던 사람이다.

해안에 둔전을 두고 소금을 굽는 등 장기전에 대비하여 자급자족의 태세를 갖추면서 전비태세 강화에 심혈을 기울였다.

삼도수군통제사가 된 리순신은 50살(1594년; 선조27) 3월에 왜의 수군이 노략질을 심하게 하므로, 3월 4일 삼도수군을 이끌고 나가 당항포 해전에서 왜적선을 무찌르니, 이는 휴전회담이 한창 진행중에 있었던 성과였다.

그러던 중 52살(1596년; 선조29) 9월에 그 동안의 휴전교섭이 깨어지자, 일본군은 이듬해 1597년 1월에 다시 침공해 왔다. 왜군은 리순신을 매우 두려워하여 제거하고자 하여서, 조선에 먼저 도착한 소서행장(小西行長)·종의지(宗義智) 등이 조선의 사정에 밝은 요시라(要時羅)를 이용하여 모략을 꾸몄다. 조선 조정은 이에 놀아나 통제영 한산도에서 길목을 잘 지키던 리순신이 하옥되는 비극이 일어났다.

(4) 마지막 전투와 전사

마침내 조선 조정에서는 요시라의 간계를 간파하지 못했을 뿐 아니라, 간신배들의 농간에 속아 리순신이 53살(1597년) 2월 26일에 관직에서 파면되어, 정들었던 한산도를 떠났으며, 이때 삼도수군통제사는 원균이 그 뒤를 이어 이틀 뒤에 부임하였다.

정유재란(丁酉再亂)은 이미 1월 하순에 시작되고 있었는데, 조정에서는 리순신을 한성으로 옮겨 3월 4일에 감옥살이를 하게 하였다. 국문은 심하여 리순신은 고문 끝에 사형을 받는 처지에 놓였으나 판중추부사 정탁(鄭琢) 등의 간곡한 반대로 사형만을 면하였으며, 4월 1일 특별사면으로 풀려 나옴과 동시에 '백의종군'을 하게 되었다.

리순신은 경상우도 초계에 있던 도원수 권률(權慄)의 휘하에 예속되어 부임하던 중 고향 아산에 들렀을 적에 4월 13일 어머니의 부음을 듣고 통곡하였다. 리순신은 장례를 치르지도 못하고 금부도사의 독촉을 받아 4월 19일 일찍 부임지로 떠났으며, 6월 4일에 초계에 이르렀다.

지원된 중국 군사와 더불어 전투는 다시 본격적으로 벌어져 온 산과 온 들이 쑥대밭이 되고 있는 데다 설상가상으로 7월 16일에 칠천량[40] 해전에서 원균이 거느린 수군이 전멸하였다. 원균은 고성군 춘원포(春原浦=秋原浦)[41]로 후퇴하다가 전사하였으며, 통제영인 한산도마저 잃었다.

이때 리순신은 도원수 권률의 휘하에 있으면서 칠천량 패전의 소식을 들었으며, 권률이 몸소 와서 대비책을 강구코자 위촉하니, 현지를 돌아보고 난 다음에 결정하자고 하고는 남해연안을 답사하고 있었다. 조정에서는 백의종군하던 리순신을 7월 22일에 다시 통제사로 복직시켰으며, 열흘 후인 8월 3일 진주[42] 정성(鼎城) 너머 손경례(孫景禮)의 집에서 통제사 복직 교서(敎書)를 받았다.

리순신은 계속하여 남해연안을 다니면서 군사와 전선을 확보하니, 군사는 120명이고, 패잔선 12척이 있었다. 리순신은 이를 인수하고서 전비태세를 갖추었다.

왜군의 움직임은 매우 빨라져 수군을 서쪽으로 이동시켜 서울을 우회 공격코자 하였다. 9월 16일 리순신은 왜선 133척(일본 자료에는 330척, 리분의 행록에는 333척)과의 명량(鳴梁)해전에서 31척을 쳐서 무찔렀다. 이 한 번의 해전으로 칠천량 패전의 치욕을 두 달 만에 씻을 수 있었으며, 우리의 제해권을 다시 차지하게 되었다.

그 뒤 리순신은 수군 통제영이 없어 서남부 해안의 당사도·법성포·군산도[43] 등지로 왕복하다가, 10월말부터 보화도(寶花島)를 본영으

---

40) 이 '칠천량'은 『신증 동국여지승람』 권32에 漆川島가 거제현 동쪽에 있다고 했는데, '漆川=七川=柒川=漆水=柒水'이다. 거제, 즉 관성현(菅城縣)에 류림하(柳林河)·중거하(中渠河)·남거하(南渠河)가 흐르는데, 이 '渠'는 '柒'의 변형이다. 이 강의 상류, 산동성 하택현(荷澤縣), 관현(菅縣) 서북쪽에 칠원(漆園)이 있다.

41) 이 '춘원포'는 고성현 동쪽 20리에 있다. 고성현(固城縣)은 하남성 '고성현(考城縣)'이다.

42) '진주(晉州)'에는 『신증 동국여지승람』 권30에 보면, '大也'가 동쪽 40리(=15㎞)에 있고, 『중국고금지명대사전』(1931, pp. 950~951)에 보면, 본디 '晉'에서 나왔는데, 이를 따로 '악(鄂)'이라 불렀으며, '晉州'를 호북성 무창(武昌)인 '악주(鄂州)'라고도 하는데, 『中國歷史地圖集』 제7책(1996 2刷, p. 66-67)에는 대야현(大冶縣) 북쪽(35㎞)에 있다. 이 '大冶'가 같은 소리의 곧 大也川部曲의 '大也'이다.

로 하였다.

일본에서는 1597년 8월 18일에 풍신수길이 병으로 죽자, 왜군은 철수하게 되었다.

리순신은 54살(1598년: 선조31) 2월에 고금도로 수군진을 옮겼다. 여기서 전비태세도 가다듬고, 한편으로는 장기작전 태세를 갖추니 몇 달 만에 백성들이 만여 호에 이르렀으며, 군비와 시설도 당당하던 한산도 통제영 그 당시를 능가하게 되었다.

중국의 제독 류정(劉綎)은 9월 중순에 순천에[44] 있는 소서행장의 군대가 철수한다는 보고를 받고, 9월 20일부터 육상에서 이를 공격하고, 진린(陳璘) 제독과 리순신은 해상에서 왜군의 퇴로를 막게 하였다. 그런데 육상에서 공격명령을 내리지 못했고, 해상에서만의 일방적 공격이 있었다.

이에 소서행장이 철수할 수 없게 되자, 뇌물로써 류정 제독과 화의를 꾀하여 10월 10일에는 류정의 육군이 철수하였다. 수군 제독 진린도 왜군의 뇌물 공세에 빠져 금토패문, 즉 "왜를 치지 말라"고 하면서 리순신에게 칼을 빼 들고 덤비며 협박까지 했다.

리순신은 끝까지 항거하며 진린을 설복시켰으며, 드디어는 11월 19일 왜군과의 마지막 결전인 노량해전(露梁海戰)을 벌여, 왜군에 대한 최후의 일격을 가하게 된다. 남해도 노량 푸른 바다에서 친히 부하들을 독려하면서 선두에 나가 적진 속으로 쳐들어가 싸우다가, 왜놈의

---

43) '군산도(群山島)'는 『신증 동국여지승람』 권34 만경현(萬頃縣) 서쪽 바다 가운데 있고, 와보도(蝸步島)·궁지도(宮地島)·망지도(望地島)·횡건도(橫建島)·허내도(許乃島)·가외도(家外島)가 군산도 가까이 있는데, 조수가 물러나면 육지와 연결된다고 했다. 그러나 현재 한반도 서쪽 만경시(萬頃市) 서쪽엔 선유도(仙游島)를 중심으로 '고군산군도(古群山群島)'가 있지만, 와보도 등의 섬은 없고, 육지에서 12.5㎞나 떨어진 깊은 수심의 바다 위에 있어 조수가 아무리 빠져도 육지와 연결되지 않는다. 요즘은 새만금 간척사업으로 가장 동쪽에 있는 신시도(新侍島: 해발 188m)까지 연결되어 있다. 이것은 력사와 현재의 지리와 맞지 않는 부분이며, 群山島(周六十里)는 君山島(周七里)와 크기는 다르지만, 그 이름을 같이 보면, 이 섬은 호남성 악양현(岳陽縣) 동정호(洞庭湖) 가운데 있다.

44) 이때의 '순천(順天)'을 보면, 동일원이 사천(四川)의 파주(播州)에서 양응룡 반란군을 진압하고 있고, 류정과 리순신이 사천(泗川)에서 소서행장과 대치하고 있는 상태이니, 四川=泗川이며, 이곳은 '순경부(順慶府)'와 '중경부(重慶府)'지역인데, 『신증 동국여지승람』 권40에 '남쪽에 바다가 붙어있다'고 했으니, 곧 파주(巴州)인 '중경〔북위 29.6° 동경 106.5°〕'이라고 본다.

유탄에 맞아 리순신은 최후를 장렬히 마쳤다. 마지막 숨을 거두며 부하 장수에게 "내 죽음을 군사들에게 지금 알리지 말라! 끝까지 잘 싸우라!"는 유언을 남겼고, 끝내 조선수군은 싸움에서 승리하게 된다.

제독 진린은 함께 참전한 리순신을 평하여 "하늘을 날로 삼고 땅을 씨로 삼아 온 천지를 다스릴 인재요, 하늘을 깁고 해를 목욕시키는 천지에 가득 찬 공로〔經天緯地之材 補天浴日之功〕"라고까지 칭찬했다.

일본의 학자 덕부저일랑(德富猪一郎)은 리순신의 전사를 평하여, "그는 이기고 죽었으며 죽고 이겼다. 임진왜란에서 조선의 책사(策士)·변사(辯士)·문사(文士)들은 많지만 전쟁에 있어서는 참으로 하나의 리순신으로써 자랑을 삼지 않을 수 없을 것이다. 또 일본 수군의 장수들도 리순신에게는 살았을 적에 기를 펼 수 없었다. 그는 실로 조선의 영웅일 뿐 아니라, 동양삼국을 통하여 제일의 영웅이었다."고 솔직하게 칭찬하였으며, 동향평팔랑(東鄕平八郎)은 러·일전쟁의 승리 축하연에서 소감을 말할 때 "나를 영국의 넬슨에게 비길 수는 있으나 리순신에게 비기는 것은 감당할 수 없는 일이다."고까지 하였다.

이러한 말은 리순신이 넬슨을 능가하는 영웅임을 말해준다.

1605년 군공(軍功) 평가에서 선무(宣武) 일등공신(一等功臣)으로 추대되고, 리순신 전사 45년이 되는 1643년(인조21)에야 '충무(忠武)'라는 시호를, 그 뒤에 우의정 및 좌의정, 영의정까지 추증되었다.[45)]

이처럼 우리는 지금 리순신을 '성웅·영웅'이니, '력사의 면류관'이니, '민족의 등불' 등등으로 부르면서 존경하고, 부러워하고, 그런 인물이 되고자 본받으려 하고 있다.

그러나 리순신 자신은 그 당시에 "자기만큼 초라하고", "복이 없는 사람이며", "죄를 많이 지은 사람이 없을 것"이라고 한탄하였다.

이런 자격지심 같은 표현은 아마도 조선건국과 유지의 밑바탕에 례양(禮讓)을[46)] 으뜸으로 삼았기 때문일 것이다.

---

45) 전라남도 여수시에 세워져 있는 "統制李公水軍大捷碑"는 "萬曆四十三年五月", 즉 1615년에 오성부원군 리항복(李恒福: 1556~1618)이 찬술하여 세운 비라고 하는데, 그 비문 첫줄 맨 아래에 '謚忠武', 즉 시호 충무가 새겨져 있다. 그 시호는 리순신 전사 후 45년이 되는 1643년에 내려졌으니, 비문 찬술된 뒤에 그 시호가 새겨진 것은 후대에 거짓 작성된 것이니, 이 비문은 거짓으로 판단한다.

이와 같이 리순신의 일대기는 파란만장한 일생이라는 말 그대로였으며, 실로 충성심이 지극하였을 뿐 아니라, 부모에 대한 효성도 남이 따를 수 없을 만큼 지극하였으며, 개인적으로 인품 또한 훌륭하였음을 그의 일기와 장계[47] 등으로써 충분히 알 수 있다.

특히 리순신은 공직생활 22년 중에 해상지휘관 9년 반, 임진왜란 7년 동안, 뭍에서든 물에서든 그 스스로 전투에 임하여 작전전략을 수립하였고, 장수들의 마음을 일체화시켜 "사람의 마음을 움직여 싸우면 이기는" 일사불란한 지휘체제를 완성한 훳손을 우리가 본받는 것이 당연하다.

---

46) 박정현(1561~1637), 「응천일록(凝川日錄)」 6, 인조 10(1632)년 6월 20일, "東方雖小, 本以禮讓立國".

47) 국보 제76호는 '난중일기 · 임진장초 · 서간문'을 통틀어 붙여진 것인데, 특히 『임진장초』는 리순신의 친필이 아니고, 뒷날 리태상(李泰祥: 1701~1776)이 삼도수군통제사(제122대)를 지낼 적에 전해내려 오던 장초를 베껴 쓴 것이고, 현재 남아 있는 『난중일기』는 친필초고라고 하지만, 매우 많은 곳에 거의 날마다 첨가 내지 수정된 글이 있으며, 조카 이름에 성(姓)을 함께 쓴 것은 관습에 맞지 않고, 정유년(1597)의 8월이 크고(30일), 9월이 작은(29일) 것은 사실과 다르며, 무엇보다 글씨체가 서로 다른 곳이 많으므로, 리순신 자신이 직접 쓴 것이 아니며, 뒷날에 누군가 베끼고 고쳐 쓴 것으로, 정작 리순신의 원문 『난중일기』와 『임진장초』는 남아 있지 않다.

새롭게 보는 조선 팔도

리순신과 류성룡은 동향

여기서 뒷날에 리순신을 전라좌수사로 천거하는 데 큰 역할을 했고, 리순신이 가장 어려웠을 적에 그를 변호해 주었던 서애 류성룡(柳成龍: 1542~1608)의 말에서 리순신이 그와 어떤 관계인지 살펴보자.

소경왕: 리순신은 어떠한 사람인지 모르겠다. … 당 지방 벼슬아치〔唐官〕들이 못하는 짓이 없이 조정을 속이고 있는데, 이런 버릇을 우리나라 사람들도 모두 답습하고 있다. 리순신이 부산 왜영을 불태웠다고 조정에 속여 보고하였는데, 영의정이 이 자리에 있지만, 반드시 그랬을 까닭이 없다. 지금 비록 그의 손으로 가등청정의 목을 베어온다 해도 결코 그 죄를 용서해줄 수 없다.

류성룡: 리순신은 저와 한동네〔同里〕 사람이어서 어려서부터 아는데, 직무를 잘 수행할 사람이라 여겼습니다. 그는 평소에 대장(大將)되기를 희망했습니다.[48)]

소경왕: 나는 리순신의 사람됨을 자세히 모르지만, 성품은 지혜가 적은 듯하다. … 그런 사람은 가등청정의 목을 베어오더라도 용서할 수 없다.

류성룡: 신의 집이 리순신과 같은 동네〔洞內〕에 있기 때문에 신이 리순신의 사람됨을 깊이 알고 있습니다.

소경왕: 서울〔京城〕 사람인가?

류성룡: 그렇습니다.[49)]

---

48) 『선조실록』 권84 선조30년 1월 무오(27일). "上曰 舜臣未知其如何人. … 唐官欺罔朝廷 無不爲之 此習 我國人皆爲薰習. 李舜臣以燒釜營 瞞告于朝廷 領相在此 此必無之理也. 今雖手持淸賊之頭 斷不可贖其罪矣. 成龍曰 舜臣同里人也. 臣自少知之 以爲能察職者. 平日希望 必爲大將."

49) 위의 실록. "上曰 予未詳知舜臣之爲人. 性似少慧 …. 如此之人 雖得淸正之頭 不可容貸. … 成龍曰 臣家與舜臣洞內 故臣深知舜臣之爲人. 上曰 京城人乎. 成龍曰 然矣."

이는 부산왜영(釜山倭營)을 불태운 것을 허위보고 했다고 리순신을 꾸짖는 장면에서 나온 말인데, 이 대신들의 거짓말 때문에 적장의 목을 베어와도 바꿀 수 없는 잘못이라는 대목에서, 같은 말을 되풀이한 것으로 보아, 류성룡도 그 허위보고를 인정할 수밖에 없는 분위기가 되었지만, 류성룡은 끝내 리순신의 진심을 믿었고, 결코 그가 거짓말하지는 않았을 것이라는 데에는 소극적 변호로써 이렇게 했던 것이다.

소극적이면서도 가장 강력한 신뢰성에 바탕을 둔 말은 '한동네〔同里〕/같은 동네〔洞內〕'라는 말이다. 이것은 고향이 같다는 것인데, 류성룡은 '경상도 의성현(義城縣) 사촌리(沙村里)' 외가에서 태어났는데, 풍산(豐山) 류씨(柳氏)는 6대조 때부터 안동(安東) 하회(河回) 마을에서 살았으며,[50)]1599년〔58살〕 2월에 '향리 河回'로 돌아왔다고들 한다.

그렇다면 류성룡은 한성부 건천동의 리순신과는 '한동네〔同里〕' 사람이 될 수 있는가? 임금 앞에서 반복해서 말한 류성룡이 거짓말했는가? 아니면 우리들이 잘못 알고 있는 걸까?

'경상도와 서울을 한동네로 설명'하는 력사의 현장을 그냥 넘어가거나, 그대로 진실로 인식하는 것은 전혀 이성적이지도, 합리적이지도 못하며, 이대로는 전혀 믿을 수 없는, 뭔가 크게 뒤틀린 력사의 현장이다. 이를 한번 바로잡아 보자.

'河回'는 '河曲'(하곡)의 변형이며, 이곳은 산서성 포판현(蒲坂縣) 남쪽 영제현(永濟縣)이다.[51)] 황하가 하동(河東) 영제현에서 꺾여 동쪽으로 흐른다. 이 지역까지가 옛날에 서울〔京師: 長安〕 한성부였다.

리순신의 본관이 '덕수(德水)'인데, '德水'는 '황하'를 따로 부르는 말이므로,[52)] '건천동(乾川洞)'은 황하줄기의 유역에 있어야 마땅하며, 바로 그곳이 옛날에 서울 한성부였던 것이다. 그렇다면 "乾川洞"은 "乾州/乾縣"을 다르게 표현한 것이며, 이곳은 섬서성 장안의 서북쪽에 있는 건현이다.

이렇게 하여 河曲과 乾州는 대동강(大同江), 즉 한수(漢水)라는 황하가

---

50) 이덕일, 『설득과 통합의 리더 유성룡』(서울: 력사의아침, 2007), p. 408. 李章熙, "李舜臣·權慄 발탁해 국난극복, 嶺南學派의 師表로 우뚝 섰다" 『西厓 柳成龍, 救國의 指導力』(西厓柳先生逝去四百周年追慕事業準備委員會, 2007), pp. 11~12.

51) 『中國古今地名大辭典』(上海: 商務印書館, 1931) p. 514.

52) 위의 책, p. 1160. "德水: 黃河別名."

있는 벌판과 함께 있어 '한동네'가 되는 것이다.

이렇게 약간은 마음에 와 닿지 않는 낯선 지리적 문제를 다루는 것은 앞으로 임진왜란의 현장을 파악하고 전략적 문제를 다루는 가장 기초적인 문제를 제기한 것이다. 그래서 나는 사고의 틀을 '긍정적'에서 '비판적'으로 패러다임의 변화가 있어야 력사가 발전한다고 본다.

선조와 신종(만력황제)은 동일인

선조(宣祖: 李鈞/昖 1552~1608) 때의 력사 자료를 보면, 명 신종과 조선 선조 이 두 사람은 서로 어린 나이(신종 11살, 선조 16살)에 즉위한 것과 세자책봉 등의 정치적 관계가 흡사하다. 1589년(선조22)에 동인의 정여립(鄭汝立)은 모반사건으로 말미암아 정계에서 제거되었지만, 여전히 동인세력은 유지되었다.

그때 소경왕은 신성군(信城君: 李珝, 인빈 김씨의 둘째아들)을 총애하여 세자책봉을 늦추자, 서인의 좌의정 정철(鄭澈)은 1591년에 신성군을 세자로 책봉하자는 건저의(建儲議) 사건을 일으킨다. 세자책봉을 건의한 것 때문에 동인〔李滉·曺植〕의 세력은 서인에 대한 온건파와 강경파로 나뉘어 남인〔李滉 중심〕과 북인〔曺植 중심〕의 대립이 생겼다.

임진왜란이 일어나자, 1592년에 광해군 리혼(李琿: 1575~1641)이 세자로 책봉됐음에도 불구하고, 소경왕은 영의정 류영경(柳永慶)과 몰래 인목왕후(仁穆王后) 김씨(1584~1632)의 아들 영창대군(永昌大君: 1606~1614)으로 왕세자를 바꾸려 했지만, 소경왕이 죽자 1608년에 광해군이 즉위했다. 그 뒤 대북파들의 농간이라 하여 이듬해에 친형 림해군(臨海君 李珒: 1572~1609)과 인목대비의 부친 김제남(金悌男)을 죽였으며, 1613년에 인목대비를 서궁(西宮)에 가두고, 영창대군도 서인으로 만들어 강화(江華)에 위리안치했다가 강화부사 정항(鄭沆)이 침실에 불을 때고 뜨겁게 하여 태워 죽였다.[53] 이를 증살(蒸殺)이라고도 한다.

이렇게 광해군이 친형을 죽이고, 인목대비를 가두었으며, 영창대군을 죽

53) 『광해군일기』 권74 광해군 6년 1월 병인(13일).

이는 패륜을 저질렀다는 이유로 서인 일파는 집권당 대북파를 몰아내고, 1623년에 능양군(綾陽君: 李倧 1595~1646)을 왕으로 옹립하는 인조반정을 일으켰으며, 이후 1627년 정묘호란, 1636년 병자호란으로 이어졌다.

이것은 명사에 있는 동림파와 비동림파의 당쟁이 조선의 동인과 서인의 당쟁과 흐름이 같으며, 마침 명조가 멸망하여 청조로 교체되는 것과 때를 같이 하여 조선의 정권이 인조반정이란 무력으로 교체되는 것과 같은 맥을 이룬다.

림해군 리진〔李珒: 소경왕의 맏아들(서자)〕의 살해와 광종〔신종의 맏아들〕의 홍환안이 비슷하고 '광해군'을 폭군으로 몰아붙인 암군(暗君)과 '희종'을 무능의 암군이라는 것이 비슷하다. 소경왕의 셋째아들 이름이 鈞이 이듯이, 신종의 셋째아들 이름도 翊鈞이며, 둘 다 당파정치를 하느라 무능했으며, 그들이 죽자 光海君과 光宗이 등극하는데, 둘 다 세자책봉에 비슷한 문제가 있었다. 광종에 이은 희종(熹宗)까지의 재위기간〔7년간〕은 광해군〔15년간〕보다도 짧으나, 그 이름은 소리도 뜻도 비슷한데, 즉〔光〕+〔熹〕≈〔光海〕가 된다. 놀랍게도 이 두 임금의 력사는 완전 짝퉁인 것이다.

여기서 제기되는 새로운 문제는『선조실록』(總序)에 선조를 가르켜 "宣宗昭敬王諱昖"이라고 나와 있지만, 공(昖)은 소경왕(昭敬王)으로 조선제국(朝鮮諸國: 조선의 여러 나라)의 하나의 제후(諸侯)이며, 균(鈞)은 황제를 가르키는 것으로 선조(鈞=翊鈞=宣宗=宣祖=皇帝)를 말함이다. 따라서 선조의 또 다른 력사적 인물이 '神宗'보다 '萬曆帝'로 더 익숙하게 불리는 까닭은 묘호(廟號)가 날조된 때문일 것이다. 더구나 광해군의 경우, 묘호와 시호가 없음에도 불구하고, 존호가 48자〔體天興運俊德弘功神聖英肅欽文仁武敍倫立紀明誠光烈隆奉顯保懋定重熙睿哲莊毅章憲順靖建義守正彰道崇業大王〕나 되고, 게다가 'Great King'이라는 '大王' 칭호까지 붙여져 있다. 태조는 26자, 인조는 20자, 효종은 24자, 영조는 70자로[54] 이루어진 존호를 썼음을

54) 太祖康憲至仁啓運應天肇通光勳永命聖文神武正義光德大王(26자).
仁祖開天肇運正紀宣德憲文烈武明肅純孝大王(20자).
孝宗欽天達道光毅弘烈宣文章武神聖顯仁明義正德大王(24자)
英祖莊順至行純德英謨毅烈章義洪倫光仁敦禧體天建極聖功神化大成廣運開泰基永堯明舜哲乾健坤寧配命垂統景曆洪休中和隆道肅莊彰勳正文宣武熙敬顯孝大王(70자)

보면, 광해군이 그만큼 훌륭하고 업적이 많다는 뜻이다. 반면에 신종·광종·희종은 존호가 모두 한결같이 21자로 되어 있다.[55)]

이런 현상은 의도적으로 급조된 흔적이다.

선조가 리연이 아님을 밝힐 수 있는 증거를 보자.

(1) 먼젓번에 정신(正臣) 조헌(趙憲)이 임금에게 상소〔封事〕할 때에 말하기를, "어리석은 무리〔頑雲〕들이 흩어지지 않고 천자〔天日〕를 항상 어둡게〔陰〕 한다."고 한 것은 목종의 조정〔穆廟〕의 신묘년(辛卯年: 1591)간에 해당합니다.〔1733. 12. 12〕[56)]

(2) 의창군(義昌君)은 목묘(穆廟)의 왕자이며, 낙선군(樂善君)은 장릉(長陵)의 왕자인데, 예전에 대군으로서 대군의 뒤를 잇고, 왕자로서 대군의 뒤를 잇는 일이 있었기 때문에, 우리 성조(聖祖)께서 낙선군으로 의창군의 뒤를 잇게 하셨는데, 을해년(1755) 이후로 두 왕자의 봉사(奉祀)를 안흥군(安興君)이 섭행하였으니, 지금 생각하면 마음이 씁쓸하다. 안흥군이 이미 능창대군(綾昌大君)·린평대군(麟坪大君)의 제사를 받들게 되었으니, 나중에 다음 왕손이 봉군되기를 기다려서 예전에 낙선군의 뒤를 잇는 성조의 뜻을 지킨다면 세 왕자를 연달아 위차(位次)가 어긋나게 되는 단서가 없어질 것이다.〔1760. 12. 22〕[57)]

위의 (1)은 중봉 조헌이 상소했던 때를 말하며, 그때는 임진왜란 1년 전으로 여기서 말한 1591년(신묘년)인데, 이때가 만력19년임에도 엉뚱하게 '목묘(穆廟)'라고 했으니, 목묘는 륭경(隆慶: 1567~1572)이므로, 년대가 맞지 않으며, 오히려 신종(神宗)의 만력(萬曆: 1573~1620) 기간에 해당된다. 여기서 '穆廟'는 신종의 조정 '神廟'라야 옳게 되며, 선조(1568~1608)의 력사에 묘호가 잘못 사용되었음을 알 수 있다.

---

55) 神宗範天合道哲肅敦簡光文章武安仁至孝顯皇帝(21자).
光宗崇天契道英睿恭純憲文景武淵仁懿孝貞皇帝(21자).
熹宗達天闡道敦孝篤友章文襄武靖穆莊勤悊皇帝(21자).

56)『영조실록』영조9년 12월 기미(12일). "先正臣趙憲封事曰 頑雲不解 天日常陰 蓋當穆廟辛卯年間也."

57)『영조실록』권96 영조36년 12월 임진(22일). "義昌卽穆廟王子 樂善卽長陵王子 昔有以大君繼大君 以王子繼大君之事 故我聖祖 以樂善君繼義昌君之後 而乙亥以後 兩王子奉祀 安興攝行 尙今思之 心猶酸矣. 安興旣奉綾昌麟坪兩大君之祀 日後待次王孫封君 遵昔年繼樂善後之聖意 則三王子將連繼 而可無位次之端."

그런데 여기서 중요한 문제가 발생한 것은 위의 (2)에서 의창군이 목묘, 즉 목종의 아들이다. 조선 력사에서는 의창군이 선조의 후궁인 인빈(仁嬪) 김씨의 넷째아들 리광(李珖)이라고 해설되어 있다. 그런데 비록 오랜 세월이 흘렀다지만, 이 『영조실록』에서 '선묘(宣廟)'라 하지 않고, '穆廟'라고 했던 것은 그만한 까닭이 있을 것이다.

이것은 '선종/선조'는 '신종'과 함께 거짓된 묘호가 되며, 이 '목종'이 조선의 중앙조정의 임금, 즉 조선의 황제이며, 그가 년호 '륭경'과 '만력'을 썼던 것이 된다. 그래서 목종의 주재후(朱載垕: 세종 朱厚熜의 3子)는 가공인물이며, 신종의 주익균(朱翊鈞: 주재후의 3子)은 조선의 임금 '선조'로 나오는 리균(李鈞)과 동일하며, '선조'의 무덤을 '목릉(穆陵)'이라 한 것이 이를 입증하며, '穆朝'는 곧 선조 李鈞의 조정인 것이다.

또 낙선군은 장릉(長陵)의 아들이라 했는데, 장릉은 정원대군(定遠大君) 리부(李琈: 1580~1619)의 무덤이며, 그는 시호를 공량왕(恭良王), 묘호를 원종(元宗)으로 추존되었다 장릉은 그 아들 능양군(綾陽君) 리종(李倧: 1595~1649)이 인조(仁祖: 1623~1649)로서 뒷날 죽자 함께 묻힌 곳이다. 그러면 장릉은 리부·리종 두 사람을 가리키게 되는데, 이 가운데 누구를 가리킬까?

'대군'의 뒤를 이었다는 것은 '리종'이어야 마땅한데, 리종은 실제로 '리부'의 맏아들이므로, 당연히 봉사(奉祀)하는 것이며, 후손이 없어 뒤를 이어 봉사한다는 말에는 어울리지 않는다. 그리고 후손 없는 의창군의 뒤를 잇게 하는 것은 그 아들들이라야 하는데, 건너뛰어 그 손자 뻘되는 낙선군 리숙(李潚: ?~1695; 인조의 여섯째아들)이라는 것에는 그 계보가 정상적이라고 할 수 없다. 그것도 낙선군이 인렬왕후(仁烈王后) 한(韓)씨의 아들로서 소현세자(昭顯世子)·봉림대군(鳳林大君: 孝宗)·린평대군(麟平大君)·룡성대군(龍城大君)처럼 적통이 아닌, 후궁의 귀빈(貴嬪) 조(趙)씨의 아들이라는 점은 인빈 김씨의 자식들〔성(珹: 義安君)·후(珝: 信城君)·부(琈: 定遠君=元宗)·광(珖: 義昌君)〕에 대한 배려이며, 공빈(恭嬪) 김씨의 자식들〔진(珒: 臨海君)·혼(琿: 光海君)〕과의 차별화라고 볼 수 있다.

특히 한 지붕 아래 두 집안, 즉 공빈 김씨와 인빈 김씨 사이에 갈등이 심했고, 광해군의 퇴출과 함께 그의 생모 공빈왕후(恭嬪王后)도 그냥 공빈으로 내리고 완전히 몰락되었으며, 이것이 광종(光宗: 1620)·희종(熹宗: 天啓 1621~1627)·장렬제(壯烈帝: 崇禎 1627~1644)로 이어져 명조(明朝)가 끝난다. 광해군 리혼이 1641년에 죽었다는 것이 한 왕조를 끝맺는 시기가 겨우 3년 차이뿐이라는 데에 동일인의 력사 조작이 엿보인다.

제 2 장

바다에서의 전략과 전술은 어떤 것이 있는가?

• 출처: 십경도 – 한산진에서의 생활

제 2 장

바다에서의 전략과 전술은 어떤 것이 있는가?

1. 전략·전술의 개념

(1) 전략이란

전략(戰略: strategy)의 정의는 전략가의 수만큼이나 다양하다. 여기서 몇몇 사람들이 말한 것을 살펴보자.

클라우제비츠(Carl von Clausewitz): 전략은 전쟁목적을 달성하기 위해 전투력을 사용하는 방법이다.[58]

콜린스(John M. Collins): 전략은 전시·평시를 막론하고 국가이익과 국가목표를 달성하기 위하여 국가의 모든 힘을 통합하는 기술이다.[59]

얼(Edward M. Earle): 전략은 전쟁 자체와 전쟁 준비와 전쟁 수행을

58) Carl von Clauzewitz, *On War*, edited and translated by Michael Howard and Peter Paret, (Princeton: Princeton University Press, 1984); 孟恩彬 옮김, 『전쟁론』(서울: 일신서적출판사, 1990), p. 119.
59) John M. Collins, *Grand Strategy*, (국방대학원 譯, 1979), p. 62.

다루는 것이다. 이를 협의로 정의한다면, 전략이란 전역(戰役: campaign)에 대한 계획과 지도 및 부대지휘술(部隊指揮術)이다.[60)]

이러한 전략의 의미를 되새겨보면, 그 대상은 적과의 전쟁이며, 그 목표는 국가의 모든 자원을 통제하는 기술을 의미한다.

전쟁이란 "나의 의지를 적에게 강요하기 위한 폭력행위"라고 클라우제비츠가 말했듯이, 적국을 아국의 의지와 요구대로 순응토록 하기 위한 군사력의 사용인데, 여기에는 정치적 목적과 규모에 따라 다양한 형태가 있다. 대체로 총력(total)전쟁·전면(all-about)전쟁·제한(limited)전쟁·혁명(revolutionary)전쟁 등이 있다.

총력전쟁은 교전국가들이 국가의 존망을 걸고 모든 수단과 자원을 사용하는 투쟁이다.

전면전쟁은 한 국가가 상대국가를 멸망시킬 목적을 가진 양국 간의 전쟁인데, 가능한 모든 수단을 전부 사용하지는 않는 전쟁이다.

제한전쟁은 양측이 제한된 목표를 가지고 제한된 자원, 즉 재래식 무기만을 쓰며, 제한된 지역 안에서 소수의 병력에 의한 무장충돌이다.

혁명전쟁은 내전(civil war)이라고 하는데, 정부와 비정부 집단 사이의 싸움이다. 이것은 전쟁을 국가 간의 무력충돌로 본다면 정부 입장에서는 쿠데타(coup d'etat)·내란(內亂)에 해당된다.

이러한 전쟁에서 사용하는 무기나 활동방법에 따라 핵전쟁·재래식 무기전쟁·게릴라전 등으로 부르는데,[61)] 이러한 전쟁을 관리, 즉 기획·조직·지휘·조정·통제하는 것이 전략이다.

그래서 전략은 다양한 성격의 전쟁에서 승리하기 위한 수단과 방법을 효율적·효과적으로 사용하는 행동계획일 수밖에 없으며, 결국 전략은 전쟁에 대하여 인적·물적 자원으로써 공격과 방어를 관리하는 것을 말한다. 즉 전략은 전쟁의 관리다.

이러한 맥락에서 전략이 추구하는 목적을 달성하기 위해서는 건전한

---

60) Edward M. Earle, *Makers of Modern Strategy*; 郭徹 譯, 『新戰略思想史』(서울: 麒麟社, 1980), p. 10.
61) 손주영, 『강좌 전략론 Ⅲ』(해군사관학교, 1996), pp. 74~86.

전략개념이 수립되어야 하며, 적어도 목표가 달성될 때에 기대했던 만큼의 효과에 도달할 수 있는가 하는 적합성(suitability) 여부를 판단하고, 가용한 자원과 수단으로 목표 달성이 가능한가 하는 가능성(feasibility) 여부를 판단하고, 그 다음에 목표를 달성할 가치가 있는지 비용 대 효과의 판단하는 용납성(acceptability)을 검토하여 전략의 수행에 따른 정당성을 보장해야 한다.[62)]

해양전략이란 군사력의 운용을 바다를 중심으로 이루어지는 전략을 말한다. 이 부분에 관해서는 해양전략적 환경 및 해전의 특성을 통하여 뒷장에서 설명하고자 한다.

(2) 전술이란

전술(戰術: tactics)은 전략의 하위개념이며, 그 정의 또한 다양하지만, 여기서 몇 가지만 살펴보자.

> 브리태니커 백과사전: 전술은 전투에서 싸우는 기술이다.
>
> 얼(Edward M. Earle): 전투시에 상황에 따라 임무달성에 가장 유리하도록 부대를 운용(배치·이동·전투력 행사)하는 기술이다.
>
> 미국 작전 요무령(FM100-5. 1986): 전술은 가용 전투력을 사용하여 교전 또는 전투에서 승리할 수 있는 특정 방법이다.

이렇게 전술의 정의를 보면, 그 대상은 전장에서 적군과의 전투이며, 그 목표는 승리를 위한 기술, 즉 전투기술을 의미하므로, 결국 전술은 전투력, 즉 개인 및 집단이 무기를 사용하여 집중·기동·기습으로 공격과 방어하는 기술이다.

우선 전투진형을 보면, 요즘에는 횡렬진·종렬진·사열진·쐐기진·역쐐기진·원형진 등이 있는데, 옛날에는 일자진(一字陣)·장사진(長蛇陣)·어린진(魚鱗陣)·첨자찰진(尖字札陣)·학익진(鶴翼陣)·원진(圓陣)·곡진(曲陣)·

62) 김종민, 『전략과 해양전략』(서울: 이성과 현실사, 1992), p. 48.

직진(直陣)·예진(銳陣) 등이 있었다.[63]

공격전술을 보면, 요즘에는 원거리에서 함포공격·유도탄공격·어뢰공격 등이 있는데, 옛날에는 함포전(艦砲戰)·당파전(撞破戰)·충돌전(衝突戰) 등을 펼치면서, 원거리 공격으로 화포공격·활쏘기가 있었다. 이 화포에는 천자총통·지자총통·현자총통·황자총통·별황자총통·완구〔대/중/소〕 등이 있었는데, 여기에 대장군전·장군전·차대전·피령전·철환·조란환·비격진천뢰·단석 등을 쟁여 쏘았다. 근거리에서의 공격으로는 상대선박에 올라가 칼쓰기 등이 있었다.

여기서 전투진형과 공격전술을 적절히 이용하고, 적군의 상황과 현장 지형에 따라 가장 효과적인 방법을 선택하여 융통성 있게 타격력을 높이도록 사용하여 적군을 무력화시키는 것이 전술 운용이다.

(3) 전투력은 전략전술의 전체집합

우리들이 전략이니, 전술을 아무리 말해봐야 결국 그것은 싸워서 이기기 위한 하나의 방편에 지나지 않는다. 아군이 적군과 싸워서 이길 수 있는 힘의 세기, 즉 전투력이 전략·전술의 핵심이다.

전투력은 정신력(사기/군기)·물질력(병력/무기/장비)·조직력(교리/편성/운용)의 집합이며, 시간은 기상(더위/추위/맑음/비/눈/폭풍/태풍/조류)·밤낮(밝음/흐림)·시기(이동/속도/D-day/H-hour) 등이 고려되어야 하며, 공간은 지형·지물과 전투공간에 좌우된다.

이 전투력은 시간과 공간을 적절히 이용함으로써 발휘될 수 있다. 이러한 전투력은 전투요원의 훈련정도·전투경험·전투기술의 수준〔質〕과, 인원·장비의 많고 적음〔量〕에 따라 결정된다.

그래서 전투력 지수는 전투력의 수준과 전투력의 량에 비례하므로, $S=K \cdot N^2$ 〔S=전투력 지수, K=전투력의 수준, N=전투력의 량〕으로 표현

63) 최두환, "충무공 리순신의 陣法 운용과 신호체계" 『임진왜란과 이순신 장군의 전략전술』(문화관광부·전쟁기념관, 1998), pp. 37~96.

할 수 있다.[64] 이것은 전투요원이 1/2로 줄어들면 전투력의 수준을 4배로 증강시켜야 대등하게 된다는 말이다. 그만큼 전투요원의 손실은 곧 패배와 직결된다. 그러므로 열악한 조건에서 적은 병력으로 대첩을 이루는 것은 확률적·산술적으로도 매우 어렵다는 계산이 나온다.

그리고 그 전투력의 세기는 전투요원의 집중과 속도에 달려 있다. 우수한 전투력도 집중하면 효과가 크지만 분산하면 효과가 매우 낮아지게 된다. 그러므로 $E=mC^2$ 〔E=에너지, m=질량, C=속도〕을 적용하여 $F=mC^2$ 〔F=힘, m=전투요원, C=이동속도〕을 이용할 수 있다. 즉 전투력의 세기는 전투요원이 증가할수록 산술급수적으로, 이동속도가 빨라질수록 기하급수적으로 증대된다.[65]

이러한 전투력의 발휘는 기본적으로 S=VT 〔S=거리, V=속도, T=시간〕에서부터 시작되며, 육상에서의 병력의 이동은 옛날에 1일3식〔一日三息〕으로서 1息=1舍=30里=11.34㎞(=30×378m)이므로, 1일에 90리, 즉 34.02㎞가 기준이었다. 하루에 100리 길을 간다 해도 37.8㎞이다.

그런데 해상에서의 전투원의 이동은 선박의 이동과 동일하며, 노를 저을 때에는 최대 3노트(=5.556㎞/h)이며, 돛을 쓰면 바람의 세기에 따라 다르지만, 항해 가능한 속도는 대체로 9노트(=16.668㎞/h)이다. 조류의 세기는 배의 이동속도에 절대적으로 미치므로, 조류가 11노트(=20.372㎞/h)이면, 배의 이동속도도 마찬가지다. 야간항해는 가능하며, 안개가 끼면 낮이라도 불가능하다.

여기서 한 가지 알아두어야 할 것이 있다. 그것은 거리의 개념이 소멸되면, 공간의 개념은 이미 존재하지 않는다. 1887년에 파리와 브뤼셀 사이를 연결한 전화가 최초의 국제선이 된 뒤로, "전화는 뇌의 구조를 변화시킨다. 인간은 더 멀리 있는 일까지 경험하고, 더 넓은 규모로 생각하면서, 더 고상하고 더 폭넓은 동기에 의해 살아갈 충분한 자격을 갖게 되었다."는[66] 말은 이젠 공중전화·이동전화·화상전화·인

64)『軍事理論硏究』(육군교육사령부, 1987), p. 401.
65) 위의 책, p. 404.
66) Gerald Stanley Lee, Crowds: *A Moving-Picture of Democracy*, (New York, 1913), p. 13; 스티븐 컨 지음, 박성관 옮김,『시간과 공간의 문화사 188

터넷을 포함하여 공간을 더 이상 멀게 의식하지 않게 되어 거리를 극복한 것을 뜻한다.

더구나 자전거가 1893년에 등장함으로써 "우리를 옥죄던 지평선의 한계는 파괴되고, 자연은 정복되었다."고[67] 한 말은 이젠 땅에서 엔진의 발명으로 자동차·전차·기차·전동차·자기부상차·고속전동차 등을, 바다에서 목선·철선·잠수함·항공모함·호화여객선 등을, 하늘에서 비행기·비행선·우주왕복선 등을 포함하여 우주의 공간까지를 아예 새로운 공간으로 인식하게 되었음을 뜻한다.

이러한 현실에 익숙한 요즘의 우리들은 아예 '거리'의 개념을 망각하고 있는지도 모른다. 그래서 빨라야 기병(騎兵)과 마차(馬車)뿐일 때는 직접 몸으로 달려 전령(傳令: 전달/보고)했던 힘든 거리 개념을 이제 우리는 너무 가볍게 보거나, 아예 고려하는 것조차도 빠뜨리는 경우가 있는 것 같다.

16세기의 전략·전술에서의 공간은 단순한 지명과 지명을 이어주는 1차원적 거리 개념에서 시간과 속도가 산출될 뿐이다. 요즘의 새로운 거리·공간 개념의 틀에서 되돌려서 생각하지 않으면, 어떤 가치도 알맞게 도출해낼 수 없으며, 아무런 의미가 없게 된다는 사실을 우리는 다시 명심하지 않으면 안 된다.

임진왜란을 통하여 국가의 발전을 생각해볼 때, 그것은 어떤 경우에도 전략의 발전에서 비롯되며, 작은 공간에서 큰 공간으로의 나아가는 법칙의 테두리에서 진행된다.

바닷길은 해외에 식민지를 획득하는 새로 등장한 영역이다. 따라서 력사상 등장했던 제국들, 즉 그리스와 로마, 포르투갈과 에스파냐, 영국과 프랑스 등의 나라는 무력에 의한 팽창의 연속이었던 력사를 갖고 있다. 한때 정화 함대가 유럽까지 항해했지만, 공간의 팽창으로 이어지지는 못했으며, 유럽인들의 발길이 폭력을 가지고 아프리카·아시아에까지 미쳤다. 16세기 당시에는 모든 경제적·사회적·문화적 발전의

0~1918』(서울: 휴머니스트, 2004), p. 521.

67) Maurice Leblanc, *Voici des ailes!,* (Paris, 1898), p. 147; 스티븐 컨 지음, 박성관 옮김, 위의 책, p. 524.

중심지가 아시아였다.

여기서 그 당시에 조선은 그들의 오랜 폭력을 적절히 대처하여 극복하였지만, 약 250년이 흐른 1830년부터 아시아는 식민지배의 소용돌이에 또 휘말렸다.

2. 해양전략적 환경

(1) 해양력의 기능

해양은 영해의 범위를 벗어난 넓고 먼 바다까지이며, 자원이 풍부한 곳일 뿐 아니라, 이용을 잘 하기만 한다면, 국제적 지위의 확보 및 선양에 훌륭한 공간이 될 수 있다. 이 말은 바다 위〔海上〕와 바다 밑〔海底〕까지를 포함하는 말이다.

바다!

이것은 듣기만 하여도 청춘이란 말만큼이나 가슴을 뛰게 하는 매력이 있다. 생각만 하여도 냅다 뛰어가고 싶고, 바라보기라도 하면 뭔가 맺힌 마음이 탁 트이는 시원한 느낌에 얼굴에 주름살을 펴 보이며 미소와 함께 휘파람이 나오는 꿈의 화선지가 바로 바다다.

바다는 나라와 나라의 경계도 되지만, 나라와 나라를 이어주는 길이며, 바다를 지배할 수 있는 유일한 길이기도 하다. 그 바다의 지배는 세계의 지배를 뜻할 수 있는데, 그 시작은 때때로 그렇게 거창한 것도 아니다. 아무리 작고 멀고 구석진 바다라 할지라도 거대한 대양의 연결고리가 된다. 그러므로 범세계적인 명성이나 존중을 받고자 하는 자는 바다와 함께 해야 한다. 그렇게 할 때만이 그는 세계를 지배할 수 있는 희망을 가질 수 있다.[68)]

우리나라는 옛날부터 바다를 잘 이용했을 때는, 고구려를 비롯하여 어떤 나라든 부강하였다. "특히 西洋古代歷史上에 있는 큰 사건이라는 것은「살라미스」「펠로폰네수스」「포에니」의 모든 싸움과 같이 죄다 바다에서의 일이다. 특히「로마」와「카르타고」와의 싸움은 전수

---

68) Friedrich Ratzel, "Das Meer als Quelle der Völkergrösse", *Eine politische Studie*(2nd ed. Munich/ Berlin, 1911); Andreas Dorpalen(ed.), *The World of General Haushofer,*(New York: Kenniskat Press, 1966), pp. 110~125; 全雄 편역,『地政學과 海洋勢力理論』(서울: 韓國海洋戰略硏究所, 1999), pp. 22~25.

히 海軍의 競爭이였음은 고쳐 말할 것도 없다."고[69] 했다.

세계 력사를 보더라도 이 또한 마찬가지다. 멀리 찾아볼 것도 없이 근래에 세계 도처에 식민지를 두었던 영국이라든지, 지금의 미국이 그렇다. 모두 바다를 차지하려는 행위의 결과였다.

근세 이전의 바다를 이용한 '해양력(海洋力)'이란 엄밀한 의미에서 '해상력(海上力)'으로서 '바다 위에서의 활동'이었다.

이것을 넓은 의미에서 보면, "해상력(sea power)이란 一國의 海軍力뿐만 아니라, 한 나라의 海上에 있어서의 總力量(total strength)과 海岸線의 延長·海外基地와 植民地 그리고 通商에 대한 利益도 포함되어야 한다."는[70] 말에서 '해상력'은 결국 해양력과 같은 말이다. 'sea power'란 말의 설명에 걸맞은 낱말은 역시 '해양력'이다.

그런데 "해양력(maritime power)이란 군사적으로나, 통상(通商)의 목적으로 해양을 사용할 수 있도록 하는 능력이며, 적에게는 그 목적으로 사용할 수 없도록 하는 능력을 말한다."고[71] 하였다.

그 표현의 방식이 약간 다를 뿐 결국 'sea power'나 'maritime power'는 같은 의미의 '해양력'이라 할 수 있으며, 그것은 "해양을 사용하고 통제하는 국가의 능력"이라는[72] 말로 대변될 수 있다.

그래서 해양력(maritime power)의 기능은, 력사적으로 볼 때에, 해양통제(control of the sea)를 함에 있어서 자국의 사용을 획득·유지하고, 적국의 사용을 거부하는 것이다.[73]

그런데 이 해양통제라는 말은 해양을 사용하고 통제하는 능력 또는 상태에 대해 시대의 흐름에 따라 무기체계의 변화가 있고, 또 그 사

---

69) 崔南善,「바다를 이저버린 國民」『韓國海洋史』(서울: 大韓軍事援護文化社, 단기 4288), pp. 13~41.

70) William Oliver Stevens and Allan Westcott, *A History of Sea Power*; 金一相 譯,『世界海戰史』(서울: 淵鏡文化社, 1979), p. 11.

71) Herbert Richimond, *Statesmen and Sea Power*,(Oxford: Clarendon Press, 1946), p.ix; 임인수·정호섭 共譯,『歷史를 轉換시킨 海洋力 - 戰爭에서 海軍의 戰略的 利點』(서울: 韓國海洋戰略硏究所, 1998), p. 24.

72) 海洋戰略硏究部,『世界海戰史』(海軍大學, 1998), p. 7.

73) S. W. Roskill, ed., *The Strategy of Sea Power*, (Collins London, 1962); 李允熙·權復寅 共譯,『海洋戰略』(서울: 淵鏡文化社, 1979), p. 14.

용자의 주장에 의하여 거의 비슷한 뜻임에도 용어를 다르게 써 왔다. 이것은 곧 제해권(制海權: command of the sea)・해양통제권(海洋統制權: control of the sea)・해양통제(海洋統制: sea control)・해양거부(海洋拒否: sea denial)가 그것이다.[74)]

해양력의 본질에서 본 해양전략(maritime strategy)이라면 오로지 바다를 통해서만 전략의 요소들이 결정되므로, 제해권이란 말은 해양교통(海洋交通: maritime communication)을 통제하는 것을 의미한다는 전통적 주장이 분명해진다.[75)] 제해권 즉, 해양통제권이란 국가가 자국의 경제 또는 안전보장을 유지하는 데 필요한 정도의 해양사용을 확보하고, 또한 적국에 대하여는 그러한 해양사용을 거부하는 상태를 말한다. 그리고 교전 중인 한 국가가 해양을 사용함에 있어서 우세한 입장에 도달하였을 때, 특히 자국의 목적을 위하여 해양을 사용하고, 적국이 해양을 사용하지 못하도록 거부할 수 있을 때, 그 국가는 해양통제권을 획득하였다고 말할 수 있다.[76)]

결국 해양전략은 "국가목표를 달성하고 국가정책을 수행하기 위하여 평시 및 전시에 국가의 해양력을 운용하고 해양을 사용하는 기술이며 과학이므로, 그 목표는 국가의 해양사용과 통제능력을 계속 보장하는 데 있다."는[77)] 말로 귀결된다.

그러므로 해양전략이라는 것은 적으로 하여금 해양의 이용을 못하도록 하는 것으로 볼 때, 어떤 지역에서 분쟁을 종결함에 있어서 전략적인 전환점을 명백하게 제공할 수 있어야 한다. 그렇다고 하여 전쟁을

---

74) 金鍾基, 「制海權의 觀點에서 본 李舜臣의 海洋戰略」 『海洋戰略』 第95號,(海軍大學, 1997. 6), p. 55.

75) C. E. Callwell, *The Effect of Maritime Command on Land Campaigns Since Waterloo,*(Edinburgh: William Blackwood and Sons, 1987), p. 29; 임인수・정호섭 共譯, 『歷史를 轉換시킨 海洋力 - 戰爭에서 海軍의 戰略的 利點』(서울: 韓國海洋戰略硏究所, 1998), p. 25.
海洋戰略硏究部, 『世界海戰史』(海軍大學, 1998), p. 9에서는 "제해권과 해양통제권은 같은 개념(구태여 구분하자면 제해권은 해양통제권보다 강화된 의미)이라고 해도 무방할 것이다."고 규정하였다.

76) 海洋戰略硏究部, 『世界海戰史』(海軍大學, 1998), p. 9.

77) 위의 책, p. 7.

한다면, 그것이 반드시 유리하다고는 할 수 없다. 그러나 해양전략이 압도적으로 핵심을 이룬다고 하더라도, 해군력만을 사용하는 것이 아니고, 명확한 공동 목표인 승리를 쟁취하기 위하여 해군과 더불어 육군도 적절히 작전을 전개한 일도 있었다.[78)]

해양력은 해군력 없이는 존재할 수 없으므로 해군전략은 필수적이다. 이렇게 바다를 통하여 국가전략에 의하여 결정된 국가목표 또는 해양전략의 목표를 달성하기 위하여 해군력을 운용하는 기술이요, 과학이 해군전략(Naval strategy)이다. 그리고 그 목표는 해양전략의 목표를 달성하기 위하여 해양통제권을 확보·유지 및 행사하는 데 있다.[79)]

그러므로 해양전략은 바다의 모든 자원을 이용하여 국가목표를 달성하는 상위의 개념이며, 해군전략은 군사전략의 의미를 가지므로 해양전략의 하위의 개념이다.

그래서 "해양전략 사상은 군사적 의미에서 볼 때, '해양력 우위의 사상이며, 해양을 지배할 수 있어야 대륙도 통제할 수 있다.'는 군사 사상적 맥락을 갖고 있다."고[80)] 할 수 있다. 이것은 해군이 지상전략을 지원할 수는 있으나 종속되지 않으면서 운용되어야 하며, 해양통제를 자국의 의지대로 할 수 있어야만, 해안에 병력을 투사(投射)하여 지상의 적군을 무력화할 수 있다는 것이다.

이런 해양전략 내지 해군전략에 대해서, 물론, 현 시점에서 400여년 전의 인물로서 리순신과 그 대표적 전쟁 임진왜란의 력사를 현대의 이론에 적용시킨다는 자체가 걸맞지 않다고도 할 수 있다. 그러나 그 당시에도 많은 병서(兵書)를 통하여 병법(兵法), 즉 전략·전술을 익혀 군사를 운용했기 때문에 어떤 군사사상을 가졌는지를 살필 수 있으며, 현대적 의미로서의 전략이라든가 전술이라는 말로써 구분이 전혀 불가능한 것은 아닐 것이다. 특히 『난중일기』에서 리순신의 병법에 관한

---

78) S. W. Roskill, ed., *The Strategy of Sea Power,* (Collins London, 1962); 李允熙·權復寅 共譯, 『海洋戰略』(서울: 淵鏡文化社, 1979), p. 19.

79) 海洋戰略硏究部, 『世界海戰史』(海軍大學, 1998), p. 8.

80) 姜永五, 『海洋戰略論』(서울: 韓國海洋戰略硏究所, 1998), p. 22.

지식의 깊이를 알 수 있는 부분은 다음과 같다.

첫째, "知彼知己 百戰不殆"(지피지기 백전불태: 적을 알고 나를 알면 백 번을 싸워도 위태롭지 않다)라는 말이다. 이것은 『손자병법』의 내용이다.

둘째, "必死則生 必生則死"(필사즉생 필생즉사: 죽고자 하면 살고, 살고자 하면 죽게 된다)라는 말이다. 이것은 『오기병법』의 "必死則生 幸生則死"(필사즉생 행생즉사: 죽고자 하면 살고, 요행히 살기를 바라면 죽는다)라는 말의 응용임에 분명하다.

셋째, "一夫當逕 足懼千夫"(일부당경 족구천부: 한 사람이 길목을 지키면 천 명이라도 두렵게 할 수 있다)라는 말이다. 이것은 『촉도난(蜀道難)』의 "一夫當關 萬夫足懼"(일부당관 만부족구: 한 사람이 관문을 지키면 만 명이라도 두렵게 할 수 있다)라는 구절과 대응되는 것임에 분명하다.

이것은 비록 단편적인 사실이지만, 무엇보다도 그가 사용했던 낱말에서 보건대, 『손자병법』 『오기병법』에 나오는 말에서 보듯이, 이미 고대 병법인 『무경칠서(武經七書)』에는 통달을 했고, 『독송사(讀宋史: 송나라 력사를 읽고)』 등의 기록으로 보았을 때, 리순신은 력사에 관한 지식도 상당히 높은 수준이었으며, 전략・전술에 통달했음을 짐작하고도 남음이 있다.

그러므로 현대의 이론에 한번 적용시켜 봄으로써 리순신이 지닌 군사운용의 이론적 배경을 체계화할 수 있을 것이다.

필자의 생각으로는 바다가 가지는 특성은 다음과 같다고 본다.

첫째, 바다는 한없이 넓으며, 누구든지 상당한 지배를 할 수 있는 공간이다. 실제로 그 면적은 지구의 71%에 해당되는 3억 6000만㎢나 된다.

둘째, 사람이 직접 걸을 수 없는 공간이며, 배를 통하여 이동해야 한다. 그러므로 많은 군사를 이동하고, 전투력을 발휘하려면 많은 전선(戰船)을 보유해야 한다.

셋째, 조류와 바람으로 말미암아 사람이 가만히 있다 하여 물 위에 있는 배까지 움직이지 않는 것이 아니며, 언제나 대지속력(對地速力)을 가지고 있어 표적의 방향이 바뀐다. 그러므로 배에 전진속력이 없으면 포축선(砲軸線), 즉 사선(射線)의 유지가 거의 불가능하다.

넷째, 조석(潮汐) 때문에 수심의 높낮이가 변하므로, 저조(低潮) 때에는 배가 좌초될 수 있다. 반면에 저수심 지역이라고 하더라도 고조(高潮) 때에는 그곳에서 배가 활동할 수도 있다.

다섯째, 바다에는 파도가 일기 때문에 사람의 힘으로는 도저히 감당할 수 없는 경우가 많다.

여섯째, 바다는 육지보다 가시거리(可視距離)가 멀기 때문에 언제나 상대적으로 눈으로 보는 거리가 멀다고 여길지라도 실제 배가 위치한 거리는 그보다 이미 훨씬 가까이 있다.

일곱째, 배는 언제나 요동하기 때문에 특별히 배에 익숙한 전문가로써 운용되어야 한다.

이러한 바다의 특성이 있기 때문에 해전에 미치는 영향은 그만큼 다양하며, 그만큼 어렵다. 바다에 대한 전문적인 지식을 갖추지 않으면 안 되며, 그 전문적인 지식 내지 기술의 습득에는 오랜 동안 시간이 필요하다.

이 같은 바다[海洋]에 대해 그것을 사용하기 위한 능력은 해양력(海洋力: maritime Power)이다. 이것은 군사적·정치적·경제적으로 통제할 수 있는 힘을 말한다. 그 통제하는 수단에 따라 군함(軍艦: battle ship)에 의해서 이루어지면, 그것을 군사적 해양력(軍事的 海洋力: military maritime power)이라고 하며, 군함을 제외한 상선(商船: merchant ship) 등에 의해서 이루어지면, 그것을 통상적 해양력(通商的 海洋力: commercial maritime power)이라 한다.

이러한 해양력을 강력하게 유지할 수 있는 것은 마한(Alfred T. Mahan)이 말했듯이, 국가의 해양력에 미치는 6가지 주요 조건들, 곧 "지정학적 위치·자연적 생산물·기후 등을 포함한 물리적 구성(physical conformation)·영토의 넓이·인구·국민성향 및 국가제도를 포함한 정부의 성격"에[81] 따른다는 것이다. 이것은 곧 유리한 위치

81) Alfred Thayer Mahan, *Influence of the Sea Power upon History* 1660~1783, pp. 28~29ff.

를 어느 나라가 점유하느냐에 따라 우세한 해양력을 발휘하여 국력을 신장시킬 수 있다는 것이다.[82)]

마한의 이러한 해양력에 미치는 조건에서 빼놓을 수 없는 필수요건은 곧 그 나라에는 바다가 있어야 한다는 것이다. 바다가 있는 나라에서 위와 같은 조건들을 얼마나 유리하게 정책으로 발휘하느냐 않느냐에 따라 국력이 신장될 수 있다.

그러나 이 책에서는 해양력에 미치는 모든 영향력을 언급할 수는 없으므로, 중점적으로 주장하고자 하는 것은, 단지 군사적 해양력에 국한되며, 그것도 해전을 수행하는 수단이 된 군함(軍艦) - 전선(戰船), 즉 판옥선(板屋船) 등으로써 임진왜란 때에 왜적을 물리친 역할을 이론적으로 정립하고자 한다.

그렇다면 그 수단에 있어서 시공(時空)의 차이가 있고, 과학문명(科學文明)의 차이가 있겠지만, 그 운용에 있어서 기본 사상은 크게 다르지 않을 것이다. 그래서 그 해양력을 유지하는 요소는 과거의 해전 상황을 현대 이론으로써 해석될 수도 있을 것이다.

그 해양력의 특성(attribute of maritime power)에는 기동성(機動性: mobility)・다양성(多樣性: versatility)・지속성(持續性: sustained reach)・탄력성(彈力性: resilience)・운반능력(運搬能力: lift capability)・유지(維持: poise)・수단(手段: leverage)・합동성(合同性: joint attributes)・연합성(聯合性: combined attributes) 등을[83)] 들 수 있다. 이러한 요소는 무엇보다도 바다라는 환경과 조건에서 특징되는 것으로써 고려되어야 할 것들이다.

리순신을 바다를 통한 사상을 가진 사람으로 특징 지을 수 있는 요소는 크게는 해양사상과 해군전략 분야로 구분하여 볼 수 있다. 여기서 해양사상으로 볼 수 있는 것은 해양을 경영함으로써 군량을 확보하고 백성의 살림을 안심하고 살 수 있게 했다는 것이며, 해군전략으로

82) C. E. Callwell, *The Effect of Maritime Command on Land Campaigns Since Waterloo*, (Edinburgh: William Blackwood and Sons, 1987), p. 29; 임인수・정호섭 共譯,『歷史를 轉換시킨 海洋力 - 戰爭에서 海軍의 戰略的 利點』(서울: 韓國海洋戰略硏究所, 1998), p. 26.

83) 姜永五, 전게서, pp. 51~55.

볼 수 있는 것은 해양사상에 입각하여 해군을 전략적으로 운용함으로써 전쟁에서 유리한 전장을 확보하여 승리했다는 데 있다. 전술적 문제는 물론 전략의 하부구조이므로 여기서는 생략한다.

(2) 해양전략의 요소

해양전략의 하위 개념은 해군전략이며, 그 요소들은 군사전략의 한 분야다. 그래서 군사전략으로서의 해군전략이라는 이론이 성립되지 않으면, 해양전략은 아무런 의미가 없게 된다.

그 해군전략의 이론의 바탕에는 지상 중심과 해양 중심이라는 활동무대로 구분된다. 그것은 곧 대륙전략사상(大陸戰略思想)과 해양전략사상(海洋戰略思想)이다.

대륙전략사상은 해양거부(海洋拒否: sea denial)에 해군전략의 중점을 두며, 해양전략사상은 해양통제(海洋統制: sea control)에 해군전략의 중점을 둔다.

말하자면 대륙전략사상은 지상군 중심의 해군운용에 기초하고 있다. 이것은 곧 생활공간의 확보와 경제적 자립을 위하여 해양보다는 대륙으로 진출해야 하며, 이를 위해서는 지상전략에 중점을 두고, 해군전략은 지상전략에 종속되어 해양거부(sea denial)를 실시해야 한다는 사상이다.

이런 대륙전략사상을 가진 사람들은 라첼(Friedrich Ratzel: 1844~1904)·매킨더(Halford J. Mackinder)·하우스호퍼(Karl Ernst Haushofer: 1869~1946) 등이며, 이들은 정치와 지리와의 관계를 고찰한 지정학자(地政學者)이다. 이들이 그 이론을 실제로 세계에 적용하려고 한 것은 19세기 중반에 독일이 강력한 독립국가로 등장하여 심장지역 우위론(心臟地域優位論)에 매료되면서 본격화되었다.[84)]

이렇게 대륙전략사상에 기반을 둔, 해군의 임무는 연안방어(沿岸防

84) 姜永五, 전게서, p. 21.

禦)・통상파괴(通商破壞)로써 적으로 하여금 해양의 사용을 거부하는 역할을 한다.

임진왜란이 일어나기 직전에 조선 조정(朝廷)의 대신들이나 신립(申砬: 1546~1592) 장군 등은 방왜육전론(防倭陸戰論)을 주장하였다. 그것은 곧 사실상 현대적 의미로 볼 때에 대륙해군전략에 입각하여 전쟁을 수행한 것이다.

그러나 조선 조정에서 임진왜란을 대처해 나간 과정을 보면, 확고한 대륙전략사상에 입각한 것이라고는 볼 수 없다.

(3) 현대 해양전략에서 본 임진왜란

해양전략사상(thought of maritime strategy)은 대륙전략사상에 대하여 정반대의 입장으로 주장되는 전략사상이다. 이 해양전략사상은 영국・미국이 중심이 되어 해양학파 마한(Alfred Thayer Mahan: 1840~1914)과 꼬르베트(Julian S. Corbett: 1854~1923) 등의 해양통제 이론에 따라 현대 해양강국들의 해양중심 전략이 전개되었다. "바다를 지배하는 자가 모든 것을 지배한다.(He who commands the sea has command of everything)"는 테미스토클레스(Themistocles)의 말처럼 마한도 "해양을 지배하는 자가 세계를 지배한다."는[85] 사고를 가졌다.

특히 마한이 주장한 전략의 요소는 중앙위치(中央位置: central position)・내선(內線: interior lines)・교통선(交通線: communication)의 3가지 전략(three elements of strategy)이었다. 이들의 요소는 무엇보다도 적국에 비하여 유리한 위치에서 신속하게 병력을 집중하고 운용할 수 있는 것을 말한다.[86]

또 꼬르베트는 해양전략의 주요 관심은 전쟁계획에서 육군과 해군의 상호관계를 결정하는데 있다고 하면서 제해권을 확보하는 것을 목표로

---

85) 『바다 그리고 해군』(해군본부, 1994), p. 18.

86) Alfred Thayer. Mahan, *Naval Strategy*, (Cambridge: The Cambridge University Press, 1911), pp. 31~53.

삼았다.[87)]

해양전략은 넓은 의미에서는 바다를 통한 국가전략이며, 좁은 의미에서는 해군전략이다. 이것은 해군력으로써 바다를 장악하고 통제하여 적군의 바다를 통한 이용을 억제 내지 사용불가토록 하는 것을 말한다. 말하자면 요즘 세계 여느 나라에서 쓰고 있는 현존함대전략・결전전략・봉쇄전략(출항통제전략)・통상파괴전략이 바로 그것이다.

그러므로 이때의 해군 임무는 해양을 사용하고 통제함에 있어서, 해양전략 요소는 고전적 의미에서 제해권이라던 해양지배(command of the sea)와 현대적 의미에서 해양통제(sea control)가 있으며, 그 전략의 목적을 달성하기 위한 부속 전략으로서 결전전략(決戰戰略: decisive battle)・현존함대전략(現存艦隊戰略: fleet in-being)・함대봉쇄전략(艦隊封鎖戰略: fleet blockade) 등이 있으며, 이들의 세부 전략의 결정에 따라 해양전력투사(海洋戰力投射: maritime power projection)가 이루어진다.[88)] 이런 사상은 해양에 관한 한 매우 발전된 이론이다.

결전전략은 적의 함대가 존재한다는 자체가 항상 위협이 되므로, 그 규모에 관계없이 가용한 세력을 집중하여 적을 격파(destroying)한다는 개념이다.[89)]

이 전략의 전투사례는 살라미스(Salamis: BC.480. 9. 23) 해전, 레판토(Lepanto: 1571. 10. 7) 해전, 트라팔가(Trafalgar: 1805. 10. 21) 해전, 대마도(Tsushima: 1905. 5. 27) 해전, 진주만 공격(Air Raid of Pearl Habor: 1941. 12. 7)[90)]에서 적용되었다.

---

87) Julian S. Corbett, *Some Prinsiples of Maritime Strategy,* (Annapolis: Naval unstitute Press, 1988), pp. 16~97.

88) 姜永五, 전게서, p. 27.
金鍾基, 『海洋戰略槪論』, (海軍本部, 1994), p. 65에서 꼬르베트(Corbett)의 해양전략의 중심 사상은 "制海權의 獲得(securing command)方法에는 決戰(obtaining a command)과 封鎖(blockade)가 있다. 制海權의 競爭(disputing command)方法에는 現存艦隊(fleet in-being)와 魚雷攻擊이나 攻勢的 機雷敷設을 이용한 小規模逆襲(minor counter-attack)이 있다. 制海權의 行使(exercising command)方法에는 侵攻에 대한 防禦, 通商에 대한 攻擊 및 防禦, 그리고 軍事遠征의 攻擊 및 支援이 포함된다."고 했다.

89) 金鍾基, 『海洋戰略槪論』 (海軍本部, 1994), p. 48.

90) '진주만 공격'이란 명칭은 미국에서 부르는 이름이며, 일본에서는 '하와이 해전'이

현존함대전략을 수행하는 이유는 상대적으로 열세한 함대가 결전을 하지 않고 세력을 보존함으로써 적의 전투 또는 공격 의지를 발휘할 수 없도록 견제(diverting)한다는 개념이다.[91)]

이 전략은 비치헤드(Beach Head: 1690. 7. 10) 해전에서 영국의 허버트(Arthur Herbert) 제독이 지휘한 영국·네덜란드 연합함대가 뚜르빌(Anne Hilarion Tourville)이 지휘한 강력한 프랑스 함대와 전투를 벌일때 사용되었다. 이때 허버트가 지휘한 중위함대(中衛艦隊)가 전투를 기피함으로써 프랑스 함대에게 패하였다.

비록 패전의 책임으로 군법에 회부되었지만, 허버트가 연합함대사령관으로서 전투를 기피하지 않으면 안 되었던 이유를 다음과 같이 진술하였다.

> 우리 함대가 존재하는 한, 적은 어떠한 공격도 감히 도모하지 못할 것이다.[92)]

이 말에서 현존함대(fleet in-being)라는 용어가 처음으로 사용되었다. 이것이 전략으로 자리 잡을 수 있었던 것은 허버트 제독이 "Fleet in-being"했다는 근거를 통해서이다. 허버트 제독은 전투하기 이미 열

라 한다. 그런데 우리나라에서는『世界海戰史』(金一相 譯, 연경문화사, 1979), p. 481에서는 '眞珠灣 攻擊'으로 새겼고,『世界海戰史』(해양전략연구부 편저, 해군대학, 1998), pp. 283~284에서는 '眞珠灣 奇襲'이라 하면서 "일본은 결정적인 기습공격으로 초전에 승기를 굳히고 단기결전으로 전쟁을 종결시키면 勝算이 있다고 보았다."고 했으며, 金鍾基의「制海權의 觀點에서 본 李舜臣의 海洋戰略」『해양전략』(제95호, 해군대학, 1997), p. 59에서는 "眞珠灣 奇襲은 日本 海軍이 決戰을 추구했던 例"라 했고,『第2次世界大戰 海戰史』(李丁洙 著, 남영문화사, 1981), p. 114에서는 '眞珠灣 奇襲'이라 하면서 그 이유를 "眞珠灣의 攻擊은 戰爭이 아니었다고 하는 사람이 있다. 日本海軍은 戰爭을 하였지만 美國은 戰爭을 하지 않았기 때문이라고 한다."고 했다. 엄밀한 의미에서는 후자를 수용할 만하지만, 일본의 입장에서는 "항공모함 6척·전함 2척·중순양함 2척·경순양함 1척·구축함 11척·유조선 8척·잠수함 30척 및 항공기 432대"로 기습 공격한 것은 '決戰' 戰略의 본보기라 할 수 있다.

91) 金鍾基,『海洋戰略槪論』(海軍本部, 1994), pp. 49~50.

92) P. H. Colomb, *Naval Warfare, vol. I*, (Annapolis: Naval Institute Press, 1990), p. 154. "Whilst we had a fleet in being they would not dare to make an attempt."

흘 전인 1690년 6월 29일에 "우리 함대가 프랑스 함대를 감시하고 있는 동안, 그들은 막대한 손실을 각오하지 않는 한, 해상이나 육지에 대하여 어떠한 행동도 감히 도모하지 못할 것이다."고[93] 한 편지를 정부에 보냈다. 그래서 교전 회피의 목적이 어디에 있었다는 이유가 밝혀져 허버트 제독은 무죄로 풀려난 적이 있다.

물론 현존함대전략의 예는 도거 뱅크(Dogger Bank: 1915. 1. 24) 해전과 유틀란드(Jutland: 1916. 5. 31) 해전이 있었는데, 독일함대는 영국함대를 견제하는 역할을 달성하기는 했지만, 영국함대를 점진적으로 약화시키려 했던 원래의 의도대로 달성하지는 못했다. 그만큼 이 전략은 결정적인 승패의 역할에는 미치지 못하는 한계가 있다.

함대봉쇄전략은 적국에서 결전을 회피하고, 현존함대전략을 고수하는 함대를 무력화시키기 위하여 항만 내에 봉쇄(containing)하는 전략을 말한다.[94]

이 전략은 18세기 이후에 이용되었던 영국·오스트리아의 왕위계승 전쟁(1738~1748)과 영국·프랑스의 7년 전쟁(1756~1763)에서 찾을 수 있다. 이때는 모두 영국이 프랑스 주요 항구를 봉쇄하였는데, 이로 말미암아 상대국은 요새함대(要塞艦隊: fortress fleet) 전략이 대두되었다.[95]

이러한 전략의 유형에서 지금부터 400년 전의 해전인 임진왜란을 적용하여 분석할 수 있을 것이다. 시대와 전투환경, 무기체계의 변화로 그 전략 자체가 적용되지 않는 것도 있고, 아예 처음부터 용어까지도 같은 전략이 있어 현대에도 적용이 가능한 것도 있을 것이다.

---

93) Ibid.
94) 金鍾基, 『海洋戰略槪論』(海軍本部, 1994), p. 50.
95) 金鍾基, 「制海權의 觀點에서 본 李舜臣의 海洋戰略」『海洋戰略』(海軍大學, 1997), p. 61.

3. 동양에서의 전략·전술

(1) 무경칠서(武經七書)

무경칠서라 일컫는 일곱 가지 병서는 『손자병법(孫子兵法)』·『오자병법(吳子兵法)』·『사마법(司馬法)』·『육도(六韜)』·『삼략(三略)』·『울료자(蔚繚子)』·『리위공문대(李衛公問對)』인데, B.C. 1000년경부터 B.C. 600년경에 이르기까지의 군사학 사상가들이 당시에 그들이 겪었던 수많은 전란을 통하여 터득한 치병(治兵)·용병(用兵)의 기술을 적은 것이다.

이런 병법은 뒷날에 남창(南昌) 사람 장황(章潢: 1526~1607)의 『도서편(圖書篇)』에 이어, 회음(淮陰) 사람 왕명학(王鳴鶴)의 『등단필구(登壇必究)』(1599)와 리온(李縕)·최국량(崔國亮)의 『단구첩록(壇究捷錄)』(1655)과 박영세(朴永世)의 『백전기법(百戰技法)』(1882)으로까지 발전시켜 이어졌다. 특히 『백전기법』의 경우에는 인용된 병법이 『손자병법』에서 60건, 『오자병법』등에서 22건, 『논어』, 『서경』, 『후한서』등에서 5건, 출처가 불분명한 것 7건이 되어 『무경칠서』에서 88%나 되는 것은 그만큼 그 내용이 19세기 말까지도 현실에서 전략적·전술적으로 중요한 가치를 지니고 있음을 의미한다.

리순신의 이런 군사전문가적 지식이 탁월했음을 알 수 있는 것은 그의 전쟁수행 방법이 『병법』의 인용에서 쉽게 알 수 있다.

> 1592년 6월 14일. 가덕에서 수색하던 날, 그대로 부산 등지로 향하여 왜적의 씨를 말리려고 했으나, 연일 많은 왜적을 만나 바다 위를 다니면서 싸우는 통에 군량이 벌써 떨어지고, 군사들도 매우 시달렸고, 싸우다 다친 사람도 많았으므로, 우리들의 피로한 세력으로써 편안히 숨어 있는 적과 대적한다는 것은 실로 지휘관의 좋은 방책이 아닐 것입니다.[96)]

---

96) 『임진장초』 장8 「二度唐項浦等四處勝捷啓本」 및 『리충무공전서』 권2 장계18 「唐浦破倭兵狀」. "加德搜討之日 仍向釜山等處 欲殲厥種 而連遇大賊 轉鬪海上 兵糧已盡 士卒困憊 戰傷者亦多爲白去等 以我之勞 敵彼之逸 實非兵家之良算 … 萬曆二十年六月十四日."

이것은 『손자병법』의 군쟁(軍爭)편에 "以佚待勞"(이일대로)가 나오며,[97] 또 시계(始計)편에 "佚而勞之"(일이로지), 즉 "적군이 편안하게 쉬고자 하면 이를 방해하여 피로케 만든다."는[98] 것이 승리의 비결이라고 했던 전쟁 수행 원칙에 따른 말들이다. 병력을 매우 효율적으로 운용하는 개념이므로, 리순신은 이에 통달·능숙했음을 알 수 있다.

이 〈병법〉의 적용은 여러 상황에서 보이기도 한다.

> 1593년 7월 1일. 반드시 왜적들은 우리 군사를 유인하여 좌우와 뒤를 에워쌀 것이니, 우리의 생각으로는 길목만 굳게 지킨다면, 우리가 피로해진 적군을 기다려서 선봉을 먼저 쳐부순다면, 비록 100만이 넘을 왜적일지라도 기운이 빠지고 마음도 풀이 죽어 도망칠 틈도 없을 것입니다.[99]
>
> 1594년 6월 26일. 우리 군사들은 편히 앉아서 고달픈 적을 맞이하는 것이니, 그 형세가 마땅히 백 번을 싸워도 이길 수 있다. 하늘이 또한 도와주고 있으니, 비록 수로에 있는 왜적이 500·600척을 합하여 오더라도 우리 군사를 당해낼 수는 없을 것이다.[100]

전쟁에서는 싸워서 이기더라도 그 원칙은 언제나 병력운용이 효율적·효과적이어야 한다. 군사들이 피로하게 되면 제 힘을 발휘할 수 없기 때문에 패배의 원인이 된다. 그러므로 리순신은 싸워 이길 수 있는 전쟁, 즉 "승산이 많을 때에 승리할 확률이 크다"는[101] 사실을 알고, 언제나 싸워서 이길 수 있는 여건을 확실하게 만들었으며, 그런 뒤에 충분한 승산이 있고, 자신이 섰을 때에 모두 한결같이 목숨을 걸었다.

---

97) 『孫子兵法』 軍爭篇 第7 "以近待遠 以佚待勞 以飽待飢 此治力者也."

98) 『孫子兵法』 始計篇 "佚而勞之", 「虛實篇」에 "敵佚能勞之"라 하여, "적이 편안하면 이를 방해하여 피로하게 한다."고 한 것과, 이 책 「軍爭篇」에 "以逸待勞"라고 한 兵法에서 活用한 말이므로, 리순신은 이런 병법에 이미 통달했음을 알 수 있다.

99) 『임진장초』 장33 및 『리충무공전서』 권3 장계14 「逐倭船狀」. "必其誘引我師 左右繞後之計是白在果 臣等之意 堅守要路 以逸待勞 先破先鋒爲白在如中 數百萬之衆 氣喪心挫 退屯無暇叱分不諭 … 萬曆二十一年七月初一日."

100) 『난중일기』 계사년. "六月二十六日己酉 … 我軍則以逸待勞其勢當可百勝天且助順 水路之賊雖合五六百隻不能我軍矣."

101) 『孫子兵法』 始計篇 第1 "勝者得算多也. … 多算勝 少算不勝."

그리고는 싸워 이겼던 것이다.

> 1592년 6월 14일. 왜적들은 높은 곳이며, 우리는 낮은 곳으로서 지세가 불리하고, 날도 저물어가므로, 신(리순신)은 장수들에게 약속하기를 '저 왜적들이 매우 교만한 태도를 보이므로, 우리가 만약 짐짓 물러나는 척하여 나가면, 저들은 반드시 배를 타고 우리와 서로 싸울 것이다. 그때 우리는 왜적을 바다 가운데로 끌어내어 힘을 합쳐 공격하는 것이 가장 좋은 방책이다.'고 단단히 약속하였다.[102)]

이것은 지형지물을 이용한 원칙을 말한 것으로 『손자병법』에 "험난한 지형에는 아군이 먼저 차지하고, 반드시 높고 양지바른 곳에서 적군을 기다려야 한다. 만약 적군이 그런 험난한 지형을 차지했다면 철수하고 공격하지 말아야 한다."는[103)] 말을 쉽게 풀이한 것이다.

이상에서 살펴본 바와 같이, 이것을 휫손으로 보면, "전문가적 권력이 과제를 수행하거나 중요한 문제를 해결하는 최선의 방법에 대한 독특한 지식은 부하・동료・상사에 대해 잠재적 영향력이 된다."는[104)] 말에서 알 수 있다. 또 리순신의 권력도 해전에서의 직무경험과 전문성・기술・지식에 바탕을 두며, 이러한 영향력이 높았으므로 부하들은 지도자 리순신에 대해 존경과 복종으로 이어져서 왜적을 격파하는 데 큰 효과를 보았던 것이다.

> 1592년 7월 15일. 견내량은 지형이 매우 좁고, 또 암초가 많아서 판옥전선은 서로 부딪치게 될 것 같아서 싸움하기가 곤란할 뿐만 아니라, 왜

---

102) 『임진장초』 장8 「二度唐項浦等四處勝捷啓本」 및 『리충무공전서』 권2 장계18 「唐浦破倭兵狀」. "加之以彼高我低 地勢不利 日又向暮 臣若與諸將曰 彼敵極有優侮之態 我若佯退而去 則彼必乘船與我相戰 我當引出中流合擊 此甚良策是如 臣約後 … 萬曆二十年六月十四日"

103) 『孫子兵法』 地形篇 第10 "險形者 我先居之 必居高陽以待敵 若敵先居之 引而去之 勿從也."(험탄한 지형에는 아군이 먼저 차지하고, 반드시 높고 양지바른 곳에서 적군을 기다린다.)는 말이 있다. 이런 상황이 만약 반대라면, "若敵先居之 引而去之 勿從也"(적군이 그런 험한 지형을 차지했다면 철수하고 공격하지 말라.)고 하였다. 李舜臣은 이런 戰爭 原則을 철저히 지켰던 것으로 볼 수 있다.

104) Gary Yukl, 『현대조직의 리더십 이론』 이상욱 옮김,(서울: 시그마프레스, 2004), p. 181.

적은 만약 형세가 궁지로 몰리면, 기슭을 타고 육지로 올라갈 것이므로, 한산도 바다 한가운데로 끌어내어 모조리 잡아버릴 계획을 세웠습니다. … 이렇게 종일토록 하여 그 배들을 거의 다 쳐부수자, 살아남은 왜적들은 모두 육지로 내려갔는데, 육지로 내려간 왜적을 모조리 잡지는 못했습니다. 그러나 그곳 백성들이 산골에 잠복해 있는 자가 매우 많은데, 다 타버린 왜적선이 궁지에 빠진 도둑으로 되면, 잠복해 있는 백성들도 아주 결딴이 날 재앙을 면치 못할 것이므로, 잠깐 1리쯤 물러 나와 밤을 지냈습니다.[105)]

여기서 '궁지에 몰린 도둑'의 원문이 '窮寇'인데, 이것은 『손자병법』에서 상황에 따라 적절하게 바꾸면서 대응해야 한다는 9가지 변칙〔九變〕의 하나로 '窮寇勿逼'이란[106)] 말이다. 리순신은 사소하다고 생각될 수 있는 것까지도 고려하면서 빈틈없는 작전을 했을 뿐 아니라, 더 이상의 일본군의 공격의지를 무력화시키기에 충분했다.

이러한 빈틈없이 전개했던 리순신도 마지막 해전 노량관음포에서 끝내 왜적을 궁지에 몰아 넣어 공격하는 바람에 자신이 그 적탄에 맞아 전사하는 비운(否運·非運·悲運)의 력사를 남겼다. 국가를 위한 역할을 다했다고 판단했기 때문에 더 이상의 존재가치가 없어서였을까?

(2)『병장설(兵將說)』및『진법(陣法)』

『병장설』은 세조(李瑈: 1417~1468)가 지휘관들에게 군대를 운영하는 기술을 가르치고, 지휘관의 자질을 향상시키기 위하여 1461년 10월에 지은 것이다.

---

105)『임진장초』장9「三度閑山島勝捷啓本」및『리충무공전서』권2 장계33「見乃梁破倭兵狀」. "見乃梁 地形俠〔狹〕隘 又多隱碘〔嶼〕 板屋戰船 自相觸搏 固難容戰叱分不諭 賊若勢窮 則依岸登陸絃如 閑山島洋中引出 以爲全捕之計 … 如是者終日 同船亦爲幾盡撞破 餘生倭賊等 盡爲下陸 而下陸之賊 未及盡捕爲白在如中 同境民居竄伏山谷者甚多 盡焚其船 致成窮寇 則竄伏之民 未免魚肉之禍爲白乎去 姑退一里許經夜 … 萬曆二十年七月十五日."

106)『孫子兵法』九變篇 第8.

이 『병장설』은 원칙과 융통성 발휘의 지혜를 다루었으며, 특히 지혜〔智: 인의에 바탕하여 적군의 형세를 판단하고 지형의 이점을 살피는 것〕·응용〔用: 지휘통신도구와 체계 및 편성을 밝히고, 절제를 바르게 하며, 무장·무기를 잘 다루는 것〕의 원리를 밝혔으며, 지휘관들이 갖추어야 할 덕목과 수련과 의리의 세 분야에서 버려야 할 폐단으로써 인품을 3등급〔상·중·하〕으로 나눔으로써 지휘관 스스로 깨닫게 하여 상품의 인물이 되도록 하였다.

여기에 사례로 든 것을 보면, '오자·손자·울료자·리위공문대·사마법·육도' 등의 병법과 '좌씨전·서경' 등의 주로 대륙에서의 력사적 사실을 많이 인용하였으며, 금·녀진·몽고와의 용병술에 대하여 언급하였다.

『진법』은 1398년(태조7)에 정도전(鄭道傳)의 『진법』과 1421년(세종3)에 변계량(卞季良)의 『진도법(陣圖法)』과 1433년(세종15)의 하경복(河敬復)·정흠지(鄭欽之)·정초(鄭招)·황보인(皇甫仁) 등의 『계축진설(癸丑陣說)』과 1452년(문종2)의 문종의 『오위진법(五衛陣法)』으로 발전되었는데, 모두 군사들의 훈련과 적진에서의 대응방법을 구체적으로 서술된 '전술운용교범'이다.

예를 들어 깃발의 운용을 보면, 먼저 깃발에 대한 설명과 아울러 노래(깃발노래〔旗麾歌〕)로서 암기케 하여 잘못된 행동을 줄이려 하였다.

대장기〔麾〕의 운용에는 응(應: 반복으로 행동으로 응답)·점(點: 땅에 대지 않고 일으키는 동작)·지(指: 땅에 대었다가 일으키는 동작)·휘(揮: 휘두름)·언(偃: 깃발을 눕힘)·거(擧: 깃발을 쳐듦)의 6가지가 있다.

부대깃발〔旗〕의 운용에는 응(應)·점(點)·지(指)·보(報: 보고함)·휘(揮)의 5가지가 있다.

예하 지휘관을 소집하는 초요기(招搖旗)의 운용에는 립(立: 대장기와 함께 깃발을 세움)·언(偃)의 2가지가 있다.

전투의 요령에는 간단한 신호에 의해 이루어져야 한다. 요즘의 전쟁원칙에서 단순성(simplicity)을 강조하는 것도 여기에 있다.

일단 명령은 나팔로써 내린다. 모든 지휘부의 영문 앞이나 행영(行營)하는 곳에서 불게 되어 있다. 조선초기(1492년)에는 영각(令角)·전

〈표Ⅱ-1〉 깃발의 신호 규정

신호	요령	뜻
立	발을 꽂아 세운다.	집결하라. 명령을 받아라.
偃	깃발을 눕힌다.	호령에 위장(衛將)이 응한다.
指	땅에 닿은 뒤에 다시 일으켜 세운다.	
點	땅에 닿지 않게 약간 아래로 내렸다가 일으켜 세워 앞을 가린다.	적이 느리게 온다.
磨	왼쪽으로 흔든다.	적이 급하게 온다.
周身磨	몸을 왼쪽으로 돌려 휘젓는다.	적이 많다.
三磨三捲	세 번 왼쪽으로 흔들고, 세 번 감아부친다.	무사하다.
揮	오른쪽으로 돌린다. 휘두른다.	해산하여 돌아가라.

※ 근거: 文宗, 『五衛陣法』(국방부전사편찬위원회, 1983), p. 347.

각(戰角)·촉각(促角)·보각(報角)이 있었다.

영각은 호령을 내리고자 할 때에 경계의 뜻으로 불며, 전각은 작은 나팔로서 불고, 촉각은 나아가거나 물러나게 할 적이면 큰 나팔을 급히 불고, 교전시에는 작은 나팔을 급히 분다. 보각은 대장이 호령하지 않고, 위장(衛將) 스스로가 전각을 부는 것이다. 나머지도 이 예와 같다.[107)]

조선후기(1798년)에는 신호 나팔을 반드시 세 번에 걸쳐 불었다. 요즘의 15분 전, 5분 전에 나팔을 부는 것과 매우 비슷하다. 이것은 임진왜란 때에 "나팔을 세 번씩 불었다."고 한 『난중일기』에 5회나 적힌 것을[108)] 보더라도, 우리 해군의 력사는 매우 깊다고 할 수 있으며, 매우 효과적으로 부대를 운용했다고 할 수 있다..

107) 文宗, 『五衛陣法』(국사편찬위원회, 1983), p. 203.

108) 『난중일기』 계사년 2월 초6일(신묘). 밤 3시에 첫 나팔을 불고, 동틀 무렵에 둘째 나팔과 셋째 나팔을 불었다. 2월 초9일(갑오)에 첫 나팔을 불고, 둘째 나팔을 불고 나서 다시 날씨를 보니, 비가 많이 내릴 것 같았다. 그래서 출항하지 않았다. 갑오년 2월 13일(임술) 오후 6시쯤에 첫 나팔을 불자 출항하여 한산도로 돌아왔다. 병신년 1월 4일(신미) 밤 2시쯤에 첫 나팔을 불었다. 먼동이 틀 때에 출항하였다. 정유년 10월 29일(병술) 밤 2시쯤에 첫 나팔을 불었다.

〈표Ⅱ-2〉 나팔신호 요령

신호	뜻	난중일기(해상에서)
두호(頭號)	군사들은 일어나서 행장을 갖추고, 밤을 지어라.	초취(初吹): 출항 준비
이호(二號)	군사들은 밥을 먹고, 행장을 갖추고, 문을 나가 진칠 책임구역을 물어 집결하라.	이취(二吹): 출항 직전
삼호(三號)	지휘관은 일어나 문을 나서서 진칠 적에 이르러 각각 나아갈 곳을 임시로 정한다.	삼위(三吹): 출항

※ 근거: 『兵學指南演義』 (1)(국방군사연구소, 1995), pp. 43~45와 『난중일기』 에서.

리순신은 나팔부는 것을 초취(初吹)·이취(二吹)·삼취(三吹)라고 하였는데, 이것은 뒷날에 만들어진 『병학지남(兵學指南)』의 두호(頭號)·이호(二號)·삼호(三號)와 마찬가지다.[109)]

진설〔陣說: 1433년(세종15 계축)〕의 전투훈련〔敎場〕에서 다음과 같은 노래를[110)] 지어 부르게 하였는데, 이것은 군사들의 행동을 쉽고도 일사불란한 통일을 요구한 것이었다.

대장깃발의 빛깔은 다섯 가지, 부대깃발의 빛깔도 다섯 가지,
대장깃발로 지휘하고, 부대깃발로 응답한다.
중군은 황색, 후방은 흑색, 전방은 적색,
왼쪽을 청색, 오른쪽은 흰색,
동남서북으로 대장깃발이 가리키는 방향에 따라
들면 서고, 눕히면 앉고,
흔들면 모두 싸우고, 늦추거나 빠르게 하여 맞추어가네.

그리고 북과 징을 치는 것에도 군사들의 행동을 통제하였으며, 이것도 노래(북치면 나아가고, 징치면 물러나는 노래〔鼓進金退歌〕)가 있다.

북 한 번 치면 벌여서고,

109) 『兵學指南』 (1), (국방군사연구소, 1995), p. 44.
110) 『兵將說·陣法』 (국방부전사편찬위원회, 1983), p. 244.

두 번 치면 결진한다.
세 번 치면 나아가고,
네 번 치면 빨리 걷고,
다섯 번 치면 재빨리 달려가 맞아 싸운다.
삼군의 전진함이 모두 이와 같다.

징 한 번 치면 싸움을 늦추고,
두 번 치면 싸움을 그치고,
세 번 치면 등을 뒤로 돌리고,
네 번 치면 빨리 물러서며,
다섯 번 치면 급히 달려 본진으로 돌아온다.
삼군의 후퇴함도 모두 이와 같다.

이러한 절차는 육군뿐만 아니라 수군에서도 거의 같이 운용되었을 것이다. 특히 깃발의 사용은 전투진의 형성과 그 변화에 가장 중요한 역할을 하므로 기함(旗艦: 지휘함)을 중심으로 펼쳐지는 진형은 그 진행방향에 따라 소속된 배들은 방위에 따른 색깔로서 정해진다. 이것은 요즘의 '기류신호(旗旒信號)'로 발전되었다고 볼 수 있다.

(3) 『기효신서(紀效新書)』를 임진왜란에 적용

병법은 전략·전술의 원칙을 말한 것인데, 그 지역을 중심으로 그런 원칙을 운용한 사례가 언급되어 있으므로, 뒷날에 교훈을 삼을 적에는 그런 원칙에 따르자는 경우가 있고, 정작 그 지역에 그 원칙을 따라야 한다는 경우가 있다. 전자는 병법의 일반 원칙이 기준되며 대개 『무경칠서』가 여기에 해당되고, 후자는 그 지역이 기준되며, 특히 봉래(蓬萊) 사람 척계광(戚繼光: 1528~1587)이 지은 『기효신서(紀效新書)』가 여기에 해당된다.

그렇다면 이 『기효신서』가 얼마만큼 중요했으며, 임진왜란에 어떻게 적용되었는지를 보자. 교훈을 삼아도 그 지역에 해당되는 것이라면 가장 유효할 것이다.

홍성민: 남쪽지방 군사[南兵]들은 한 사람이 100명을 당해낼 수 있다[一當百]고 합니다.

윤두수: 남쪽지방 군사들은 5000명이나 6000명일지라도 해낼 수 있습니다.[111)]

임진왜란이 일어나고 반년이 지났을 무렵, 아직은 중국군사들이 도착하지 않았지만, 1592년 10월 19일에 임금 앞에서 그들이 전쟁에서 발휘할 능력을 말한 것이다.

여기서 '남쪽지방 군사[南兵]'란 중국의 장강 이남쪽 군사들을 말하는데, 이들이 어떻게 일당백의 능력을 발휘할 수 있을 것이라고 말할 수 있는가? 그것은 특히 절강성 군사들이라야 가능한 말이다. 왜냐하면 그곳 군사들이 척계광의 『기효신서』로 무장되었기 때문이며, 이로써 그가 옛날에 이미 왜구를 물리치는 데 큰 효과를 거두었기 때문이다.

리연: 중국[天朝]의 남쪽지방 군사들은 용맹이 있는가?

리항복: 군사를 부리는 것은 왜적과 같으며, 나아가고 물러나며, 치고 찌르는 것이 극히 신묘한데, 방금 멀리서 왔으니, 아마 피곤할 텐데도 오히려 연습을 그치지 않는다고 합니다.

리연: 중국 군사[砲手]를 5000명 이하로는 청하지 않는 것이 좋겠다.

리항복: 중국군[天兵]이 비록 겁을 먹기는 해도 왜적이 많은 곳에 들어가면 우리나라 사람보다 용감합니다.[112)]

이제 왜란이 벌어진 지 4개월째인데, 역시 중국군사들은 남쪽지방에서 징병되었으며, 용감하기도 하고, 쉬지 않고 훈련을 하고 있다고 했으며, 어쨌거나 조선 군사들보다는 용감하다고 했다.

---

111) 『선조실록』 권31 선조25년 10월 을사(9일). "洪聖民曰 南兵一當百云. 尹斗壽曰 南兵則雖五六千 可以有爲."

112) 『선조실록』 권29 선조25년 8월 정유(10일). "上曰 天朝南軍 有勇乎. (李)恒福曰 用兵如倭 進退擊刺極爲神妙 今方遠來 想必疲困 而猶且鍊習不已云. … 上曰 請兵不下五千爲可. … 恒福曰 天兵雖[怯] 入於賊藪 則勇於我人."

이들이 과연 왜적을 만나 얼마만큼의 용맹을 떨칠 수 있겠는가?

> 사간 리유징(李幼澄)이 아뢰었다. 소신(=리유징)이 … 서일관(徐一貫)을 문안하고는 평양에서의 접전한 일에 대해 물었습니다. … 그가 돌아온 뜻을 알아봤더니, 이 왜적은 남쪽지방의 포수가 아니면 제압할 수 없으므로 포수 및 각종 전투 기계를 징발하려면 먼저 이곳에 도착하여서 남쪽지방 군사들을 기다렸다가 한꺼번에 전진할 것이라고 하였습니다.[113)]

이제 왜란이 벌어진 지 3개월째인데, 왜적을 당해낼 수 있는 세력은 역시나 중국남방 군사들이라고 했으며, 동원된 중국군사들이 평양에서 싸우다 패하였기 때문에 다시 동원되는 군사들은 남쪽지방에서 와야 하며, 포수와 각종 전투장비도 잘 갖추어서 그들과 동시에 전진해야 한다고 했다.

이러한 남방 군사들이 얼마만큼의 능력을 가졌는가?

> 이(평양) 전투에서 남쪽지방의 군사〔南兵〕들이 날래고 용감하게 싸웠기 때문에 이들을 힘입어 이길 수 있었으나, 중국 군사〔天兵〕들은 죽거나 다친 사람이 많았으며, 굶주려 부르짖으며 피를 흘리는 사람들이 길에 잇따랐다.[114)]

1593년 1월의 평양성 전투의 결과를 말한 것인데, 비록 죽거나 다친 사람들이 많았다고는 하지만, 역시 그 승리의 요인에는 남쪽지방 군사〔南兵〕, 즉 장강 이남의 군사들이 있었다고 하였다.

바로 여기에 척계광의『기효신서』의 비법이 있다.

> 전일 훈련도감에서 간행한『기효신서』(8책)는 척계광이 절강(浙江)에 있을 때의 초본이고, 지금 내려주신『기효신서』는 최근에 군사를 복건

---

113)『선조실록』권28 선조25년 7월 기묘(22일). "司諫李幼澄啓曰 小臣承命問安于徐一貫. 問平壤接戰之事. … 且探其回來之意 則此賊非南方砲手不可制 欲調砲手及各樣器械 先到于此矣 待南兵一時前進云."

114)『선조실록』권34 선조26년 1월 병인(11일). "是戰也 南兵輕勇敢戰 故得捷賴此輩 而天兵死傷者亦多 呼飢流血 相繼於道."

지역〔閩中〕으로 옮긴 때의 후본입니다. 따라서 임금께서 내려주신 후본을 간행해야 마땅한데 앞엣것과 같지 않은 것은 교감하도록 하여 첨부하는 것이 타당할 것 같습니다. 또『련병실기(鍊兵實紀)』(9책)는 실로 오랑캐를 막는 큰 원칙인데, 수레에 화기(火器)를 싣고서 오랑캐의 군마를 차단하는 방법, 기병과 보병을 거진(車陣) 속에 숨겨두었다가 적이 패배할 때를 기다려 나는듯이 달려가 무찌르는 방법 등이 그 대략입니다. 이것은 우리나라의 진법과도 부합되는 점이 많은데, 이른바 수레란 화거(火車)를 말하고, 기병과 보병은 기통(騎統)과 보통(步統)을 말하니, 참으로 이 법을 쓰려면 실제로 태조때부터의 진법을 참고해서 써야 할 것입니다. 서울에는 이 두 가지의 법을 시행하여 그 규모를 세우고, 경기도・충청도・전라도・경상도의 4도에는『기효신서』의 법을 가르치고, 강원도・황해도・평안도・함경도의 4도에는『련병실기』의 법을 가르쳐서, 일체 중국〔中朝〕에서 남쪽과 북쪽을 방비하는 제도와 똑같이 하는 것이 마땅하겠기에, 훈련도감이 현재 한교(韓嶠)로 하여금 거(車)・기(騎)・보(步)의 조련하는 규정을 짓도록 하였습니다.[115]

이 내용은 임진왜란이 끝난 지 6년이 지난 1604년 12월 16일에 훈련도감에서 보고한 것인데, 병법은 지역의 특성에 따라 다르게 적용하는데, 경기도・충청도・전라도・경상도의 4도에는『기효신서』의 법을 적용해야 하는 것이라고 말하였다.

여기서 초본이니, 후본이라는 말은 1584년〔만력12〕과 1595년〔만력23〕의 것을 말한다.[116]

그리고 그『기효신서』가 만들어진 것은 절강 지역과 복건 지역의 특성에 따른 것임도 언급되었으니, 그 지역에 적용한다면 매우 유효할 것인데, 이런 병법이 임진왜란이 일어난 지역에 절강・복건 지역의 특

---

115)『선조실록』권182 선조37년 12월 신유(16일). "前日都監印行紀效新書 則戚繼光在浙江時初本也, 內下新書 則最後移師閩中時後本也. 當以內下後本 更爲印行 而與前本不同者 亦令考校 或爲添附似當. 鍊兵實紀則實是防胡大法 車載火器 阻截虜馬 又以騎步 藏在車陣之內 俟其敗北 飛追鏖殺 此其大略也. 與我國陣法 亦多符合 所謂車則火車是也 騎步則騎統步統是也. 誠用是法 則實亦參用祖宗之法. 自京中 行此兩法 立其規模 京畿忠淸全羅慶尙四道 則敎以新書之法 江原黃海平安咸鏡四道 則敎以實紀之法 一如中朝南北防備之制 亦爲宜當. 都監方令韓嶠 撰次車騎步操鍊規目矣."

116) 平山子龍 校正,『紀效新書』(江都: 青藜閣梓, 寛政10年戊戌 1798), p. 3. "此書有二本 一者萬曆十二年所刊也 一者萬曆二十三年所刊也.

성에 맞게 만들어진 『기효신서』가 유효할지는 다음의 글에서 보자.

> 사신은 논한다. 태평을 누린 지 200년 동안에 군정이 닦이지 않아 비록 기병·보병·정병·갑병 등이 있었으나, … 변란이 일어난 뒤에 임금께서 가르치지 않은 백성을 사용하여 전쟁을 하게 하면 백성을 죽음의 구렁텅이에 버리는 것이 된다는 것을 근심하여 굳세고 씩씩한 사람을 모집하여 관청을 설치하여 교육·훈련을 시키되 류성룡·리덕형이 이를 주관하도록 하고, 또 명나라〔唐〕 교관을 불러다가 가르쳤는데, 대개 가르치는 병법은 중국의 명장 척계광이 지은 『기효신서』이다. 마음을 단단히 먹고 조련시킨 지가 이제까지 3년인데 군량이 부족할까 걱정하여 임금께 올리는 음식〔御膳〕을 줄여서 공급하고, 해를 지낼 방책이 없을까 걱정하여 궁내의 곡식을 내어 나누어 주었다.[117)]

이것은 척계광이 지은 『기효신서』의 병법을 류성룡·리덕형이 주관하여 교육·훈련시켰으며, 그것도 3년이나 되었다고 했으니, 시작한 것은 1593년이다. 이것은 소경왕이 1593년 9월 25일에 "척계광이 지은 『기효신서』를 몇 부 사오게 하라. 그러나 이 책은 자세한 것과 소략한 것이 있으니, 되도록이면 왕세정이 서문을 쓴 것을 사오게 하라."는[118)] 것으로 보아 『기효신서』는 임진왜란 때에 대개 1584년의 처음본〔初本〕에 의해 1593년부터 교육·훈련되었음을 알 수 있다. 그리고 이때문에 설치한 관청이 곧 '훈련도감(訓練都監)'인 것이다.

그만큼 이 『기효신서』는 임진왜란을 대처하는 매우 중요한 병법이었으며, 이것은 특히 지리적으로 절강의 왜적을 물리치기 위한 병법이기 때문에 그 지역에 대하여 가장 유효한 전략·전술로 보아야 한다. 그래서 임진왜란에서 『기효신서』가 적용되었다는 말은 그런 전략·전술의 일반원칙을 말한 것이 아니고 그 지역의 대응책을 말한 것이다.

---

117) 『선조실록』 권67 선조28년 9월 기묘(10일). "史臣曰 昇平二百年 軍政不修 雖有騎步正甲之兵, … 變亂之後 自上悶其不敎而棄之 募聚精壯 設局敎訓 以柳成龍李德馨主之. 又請唐敎師以敎之 蓋其法 中朝名將戚繼光所著紀效新書也. 銳意操鍊 三載于今 憂其饋餉之不足也 則減御膳以供給之 愍其卒歲之無術也 則出內藏而俵給之."

118) 『선조실록』 권42 선조26년 9월 병자(25일). "傳曰 戚繼光所撰紀效新書數件 貿得而來.. 但此書有詳略 須得王世得作序之書貿來."

이러한 병법에 대해 조선의 지도층에서는 얼마만큼의 관심을 가졌는지 그 단편을 알 수 있는 글이 있다.

> 전에 평양이 수복되었을 때에 임금이 도독 리여송에게 가서 고맙다는 말을 하고, 중국군사〔天兵〕의 앞뒤 승패가 다른 점을 물으니, 도독 리여송이 말하기를, "전에 온 장수는 항상 북방의 오랑캐〔胡〕를 방어하는 전법을 익혔기 때문에 왜적과의 싸움이 불리하였고, 지금에 와서 사용하는 것은 척계광 장군의 『기효신서』인데, 곧 왜적을 방어하는 법이라서 전승하게 된 것입니다."고 하였다. 임금이 그 『기효신서』를 보여달라고 하니, 도독 리여송은 깊이 보관하고 내놓지 않았다. 임금은 몰래 역관으로 하여금 도독 휘하의 사람에게 사오게 하였다. 임금이 해주에 있을 때 『기효신서』를 류성룡에게 보이면서 말하기를, "내가 천하의 서적을 많이 보았지만, 이 책은 실로 이해하기 어렵다. 경은 나를 위해 설명해주어 그 법을 본받게 하라."고 하였다.[119)]

이 말은 1594년 2월의 것이지만, 그 행위는 이보다 훨씬 이전임을 알 수 있고, 평양전투가 있었던 1593년 1월 8일 이후의 일이다. 그런데 그 병법의 차이에서 승리한 중요한 원인은 바로 척계광의『기효신서』의 운용에 있었으니, 이 또한 전술 운용의 일반원칙의 적용이라기보다는 절강지역 방어 전술의 지역확대의 개념으로서 임진왜란에 적용된 중요 사례인 것이다.

하지만 여기에 모순이 한 가지 발견된다. 그것은 도독 리여송이 임금에게 보여주지 않았기 때문에 역관으로 하여금 몰래 사오게 했다고 했지만, 임금은 그 이전에 이미 해주에 있으면서 그 『기효신서』를 보았다고 했다. 그러니 1593년 1월 이전에 소경왕과 류성룡은 이 『기효신서』의 존재와 내용을 알고 있었다고 보아야 마땅하며, 1584년 초판의 『기효신서』는 비밀문서이고, 절강지역의 병법이라는 한계 때문에,

119) 『선조수정실록』 권28 선조27년 2월 경술(1일). "初平壤之復也. 上詣謝都督李如松 問天兵前後勝敗之異. 都督曰 前來北方之將 恒習防胡戰法 故戰不利. 今來所用 乃戚將軍紀效新書 乃禦倭之法 所以全勝也. 上見戚書 都督秘之不出. 上密令譯官 購得於都督麾下人. 上在海州 以示柳成龍曰 予觀天下書多矣 此書實難曉. 卿爲我講解 使可效法."

어디에서 누구나 얻어보기에는 제한되었겠지만, 적어도 관심있는 국가 지도층들은 알고 있었을 것이라 생각한다. 그래서 소경왕〔李昖〕도 자신이 지난날 해주〔강소성〕에 있었을 적에 그 『기효신서』를 보았다고 했던 것이다.

따라서 그 병법이 훌륭하다는 사실을 알았기 때문에 1593년 10월에 왜적 방비에 새로운 관심을 보이며, 왜적이 침입해오는 길목에 포대를 설치하고 싶다는 말을 한 것이다.

> 임금: 포루(砲樓)를 해주(海州)에다 설치하고 싶은데, 제도가 어떠한지 모르겠다.
> 류성룡: 왜적이 룡산창(龍山倉)에다 포루를 설치했는데, 대체로 연대(烟臺)의 제도와 같았고, 또 『기효신서』에도 기록되어 있습니다. 성 밖의 둘레에 소와 말을 가두는 울처럼 담을 쌓되, 윗부분에는 큰 총통의 구멍을 뚫고, 아랫부분에는 작은 총통의 구멍을 뚫는데, 1000보(=1.26㎞)에 하나씩 설치하여 적이 가까이 오면 일시에 모두 쏘게 합니다. 그리고 해자〔壕〕 안에다 만들기 때문에 적이 감히 무너뜨리지 못합니다.[120)]

여기서 포루(=砲臺: battery)를 설치하고 싶다는 해주(海州)나 왜적이 포루를 설치했다는 룡산창(龍山倉)은 조선 땅을 말한 것이 분명할진데, 연대(烟臺)가 산동성 동쪽 끝의 북쪽에 있어 이곳과도 가까이 있다. 그러므로 이곳을 결코 한반도 서울 룡산(龍山)이라고 할 수 없으다. 따라서 이곳은 산동성 룡산점〔龍山店: 봉래현(蓬萊縣) 동남 50리 장선하(張仙河)의 상류[121)]이다.

포루의 설치 목적은 왜적의 공격을 막는 데 있을 것이다. 그런데 그런 목적을 가진 곳이 '해주'라면 바다에서 이 '해주'쪽으로 왜적의 침범이 있어야 마땅하다. 황해도 남쪽으로는 임진왜란 내내 해주만〔북위

---

120) 『선조왕실록』 권43 선조26년 10월 임인(22일). "上曰 砲樓欲設於海州 而未知其制如何. 成龍對曰 倭賊設砲樓於龍山倉 大槪如烟臺之制. 且紀效新書有之. 城外周回築垣如牛馬墻 上穿大銃筒穴 下穿小銃筒穴 千步置一 賊犯近 則一時俱發. 且設於壕內 故賊不敢毁矣."

121) 『중국고금지명대사전』(상해: 상무인서관, 1931), p. 1259.

38.1° 동경 127.5°〕으로 왜적의 침입은 없었으니, 왜적의 침입로는 아닌 것이다.

그렇다면 왜적의 침입이 가능한 지역이라야 되므로, 그곳은 봉래현 룡산창・연대가 가까이 있는 지역으로 보아야 할 것이며, 그곳 '해주'는 강소성 '동해군(東海郡)'의 동쪽 련하(漣河)의 하류의 해주만(海州灣)에 있는 해주〔海州: 북위 34.5° 동경 119.2°〕라야 마땅하다.

그러니 임금이 말한 해주니, 영의정 류성룡이 말한 룡산창이니, 연대가 곧 조선의 땅이고 그곳에 왜란이 났던 곳이며, 그곳에 왜적들이 포루를 설치했던 곳이라고 『기효신서』의 내용을 들먹이면서 위와 같은 사실을 확인해준 것이다.

> 류성룡이 아뢰기를, 료동 경략은 료동・계주・산동 등지를 모두 주관하는지라, 이렇게 하면〔조공을 허락해놓고 사신을 못 오게 한다면〕 반드시 뱃길을 막는 일이 있게 될 것입니다.[122)]

임진왜란이 1년 반이 지난 시기일지라도, 우리의 상식으로는 왜적은 한 번도 한반도 압록강을 넘어간 적이 없다. 그런데 1593년 윤11월 2일의 이 기록은 그런 왜적을 무찌르는 임무를 띤 료동 경략이 주관하는 지역이 '료동・계주・산동 등지'라고 했으니, 이미 왜적들은 이 지역에서 노략질을 하고 있었다는 말이다.

이렇게 임진왜란의 터전이 중국대륙의 동부・동남부 지역으로 나오는 문헌 『선조실록』에서 새로운 력사를 확인해야 한다.

> (1) 임금이 말하기를, … 중원에 지난 1577년쯤에 혜성이 하늘을 가로질렀는데, 혜성은 바로 우리나라에서 치우기〔병란이 일어난다는 별자리〕라고 하는 것으로, 김상(金相)이 말하기를, "이 혜성이 기성(箕星)과 미성(尾星)에서 나와서 두성(斗星)과 우성(牛星)에 닿았는데, 기성은 연(燕)의 분야이고, 두성・우성은 월(越)의 분야인데, 10년이 지나면 조선에 병란을 당할 것이다."고 했다. 또 최우(崔遇)에게 말하기를, "지금 천

---

122) 『선조실록』 권45 선조26년 윤11월 임오(2일). "成龍曰 經略遼薊山東等處 無不主管. 若如此則必有防水路之事矣."

체의 현상〔天象〕을 보니 4월이면 왜적이 물러갈 것이다."고 했었다. 내가 일찍이 김상을 천문학을 아는 사람이라고 생각했는데,(1593년) 4월에 왜적이 과연 물러가니, 내가 기이하게 여겨 묻는 것이다.[123)]

(2) 리항복이 아뢰기를, 원외랑 류씨도 역시 "이번에 별자리에 이상한 현상이 있었지만, 그대 나라〔조선〕과는 아무 상관이 없다."고 하였고, 김상도 "10월 이후에는 그대 나라가 침략을 면하게 될 것이다. 이 혜성은 중국〔大國〕의 우환을 가리킴이니, 외환이 있을 뿐 아니라 내란마저 있을 것 같다."고 하였습니다.[124)]

(3) 김응남이 아뢰기를, "… 신이 1577년에 천체를 관측했을 때에 치우성이 기성과 미성 사이 연의 분야에 나타났는데, 그 길이가 10자 남짓이었습니다. 사람들이 모두 '20년 뒤에 반드시 큰 화가 있을 것이다'고 하였는데, 그 뒤에 중국〔中原〕에 들어갔더니, 모든 벼슬아치들이 흰옷을 입고 사흘 동안 일식(日蝕) 때와 마찬가지로 기도하였다고 하였습니다.[125)]"

이 사료들의 공통은 1577년(정축)의 천체의 현상을 점친 것이며, 그 천체 관측자가 치우성(蚩尤星/蚩尤旗)을 보고 어떤 지역의 반란, 임진왜란이 일어날 것을 예측한 것이 들어맞았다는 것을 말한 것이다.

여기에 거명된 이름 가운데서 특이한 것이 위의 (1)(2)에서는 김상(金相)이며, 위의 (3)에서는 아예 '김응남'이 했다고 말했다. 그렇다면 위의 〔김상〕=〔김응남〕이라는 말이 된다.

이렇게 되면 위의 (1)과 (3)으로서는 문제가 발생하지 않지만, 위의 (2)로서는 그가 '중국 사람'이 되므로, 그가 한 말이 중국에 관계되는 것이다. 다만 "그대 나라와는 관계가 없다."는 말은 마치 조선이 '그대 나라(=한반도)'로 인식하도록 꾸며진 말에 지나지 않으며, 변란(왜란)이 일어나는 지역이 '중국대륙'이고, 그곳이 실제로는 '그대 나라(=조

---

123) 『선조실록』 권38 선조26년 5월 무오(5일). "上曰 … 中原往往丁丑年間 彗星經天 我國之所謂蚩尤旗也. 金相曰 此星出於箕尾 觸於斗牛 箕是燕分 斗牛越分 十年後朝鮮受兵. 又言於崔遇曰 今觀天象 倭賊四月當出云. 予嘗謂相知天文之人 四月賊果退 予故奇而問之."

124) 『선조실록』 권41 선조26년 8월 신묘(10일). "恒福曰 劉員外亦曰 此星雖有變 於爾國不關. 相曰 十月後 爾國當免侵 而此星指大國而爲憂 非徒外患 似有內難云."

125) 『선조실록』 권76 선조29년 6월 임술(26일). "應南曰 … 臣於丁丑年測候之時見之 蚩尤星生於箕尾之間 燕之分也 其長十餘尺. 人皆謂二十年之後 必有大禍云云 其後中原入去 則百官白衣三日祈禱 如日蝕之時云云矣."

선)이라는 말이다.

그리고 그런 예측을 지방의 천문관측소에서 김응남이 했는데, 그 예측이 5년씩〔임금은 10년, 김응남 20년〕의 오차가 있긴 했지만, 매우 근접하였으며, 그런 관측과 예측을 한 지 15년 뒤에 실제로 반란이 있어났으므로, 매우 정확성을 자랑하고 있고, 또 그런 일이 있을 때엔 임금을 포함하여 모든 벼슬아치들이 소복을 입고 하늘에 잘못을 아뢰는 구식례(救食禮)[126]를 하였는데, 김응남이 중국에 가봤더니 과연 그렇게 하였다는 것이다.

그렇다면 김응남이 치우성 관측이 있은 뒤에 중국에는 왜, 무엇하러 갔을까? 그리고 그 중국에서는 왜 구식례를 하고 있었을까? 이것은 물론 중국 안에서도 몇 몇 반란이 있긴 했지만, 분명 뒷날의 '만력의 역'이라 불리는 '임진왜란' 때문일진대, 그런 현상이 벌어질 곳이 바로 중국대륙이었다는 말과 같으며, 그곳이라는 말이다. 김응남 자신도 바로 중국대륙에 살았던 사람이기 때문에 그 조선의 지방에서 그 조선의 중앙정부로 가봤던 것이다.

그리고 여기에 '일식'현상이 언급되었으니, 아예 『난중일기』에 적힌 것이 지리적으로 어떤 의미가 있는지를 좀더 밝힐 필요가 있다.

(1) 1594년〔갑오〕 4월 1일〔양력 5월 20일〕 맑다. 일식이 있는 날인데, 일식이 일어나지 않았다.〔日食 當食不食〕[127]

(2) 1596년〔병신〕 윤8월 1일〔양력 9월 22일〕 맑다. 일식이 있었다.〔日食〕

위의 (1)에서는 분명 일식현상이 일어날 것이라는 천체현상을 관상감(觀象監)에게서 통보받아 알고 있었든지, 아니면 리순신 스스로 알아

---

126) 구식례: 구식(救蝕)·구일식(救日蝕)·구일식의(救日蝕儀)라고도 하며, 일식이나 월식 때에 임금이 모든 당상관들을 거느리고 흰옷〔소복〕을 입고, 월대(月臺: 궁전 앞 섬돌)에서 해나, 달을 향해 기도하며 자숙하는 의식이다.

127) 최두환, 『새번역 초서체 난중일기』(해군사관학교, 1997), p. 193에 "매일 먹는 밥인데도 밥을 먹지 못했다."고 새기면서, p. 194의 그 각주에는 "日食은 日蝕으로 해석될 수 있다."고 한 바가 있다.

냈더라도, 날씨도 맑았음에도 일식이 일어나지 않았다는 것이다.

그런데 이 1594년 5월 20일〔양력〕의 일식이 있었다는 사실은 1770년(영조46)에 『동국문헌비고(東國文獻備考)』(140책)에 이어 이를 더 보완하여 1908년(륭희2)에 『증보문헌비고(增補文獻備考)』(50책)가 편찬되었는데, 위의 (2)와 함께 '일식'이 있었다고[128] 적혀 있다.

그렇다면 위의 (1)에서 리순신은 '일식'을 보지 못했다고 했고, 정부에서 공식적으로 간행한 자료 『동국문헌비고』에서는 '일식'이 있었다고 하였으니, 이는 하나의 천체현상을 서로 상반되게 본 것이다. 그러면 리순신이 있는 양자강과 회하〔江淮〕 지역에서는 보지 못했던 일식이지만, 『관상감』의 자료를 믿는다면 조선의 다른 지역, 즉 중앙아시아의 이서 지역에서는 볼 수 있었다는 말로 보아야 한다. 물론 계산에 의한 천체현상에 위의 두 날짜의 일식은 있었던 것으로 나온다.[129]

그러면 임진왜란이 있었던 시기의 일식 기록을 찾아보자.

〈표Ⅱ-3〉 임진왜란 때의 일식현황

일식날짜[양력]	천측 계산	조선왕조실록	증보문헌비고	난중일기
1589.1.1 [2.15]	○	○[日有食之]	○[日食]	-
1589.6.2 [8.11]	○		○[補][日食]	-
1590.7.1 [7.31]	○		○[日食]	-
1593.11.1 [11.22]	○		○[日食]	[일기가 빠진 기간]
1594.4.1 [5.20]	○		○[日食]	○[日食當食不食]
1596.윤8.1 [9.22]	○	○[巳正日有食之未時復圓]	○[日食]	○[日食]
5년 동안 6회	6회	2회	6회	2회

학계에서 천측으로 계산된 일식 가운데, 1592년 12월 3일의 것은 다른 문헌에 없기 때문에 제외했지만, 여기서 언급하는 6회는 『증보문헌비고』에도 동일하게 나오며, 단지 『선조실록』에는 2회만 실려 있는데, 『난중일기』에 언급되는 1594년의 일식마저 실려 있지 않다.

---

128) 『增補文獻備考』卷4 象緯考7.

129) http://www.kotenmon.com/star/emap/index.html

〈표Ⅱ-4〉 일식현상의 자료 [Time, Penumbra, Umbra: UT]

일식 날짜		1589.2.15	1589.8.11	1590.7.31	1593.11.22	1594.5.20	1596.9.22
First Cont-act	Penumbra	22:6:13.6	4:39:53.2	5:17:36.8	20:50:23.7	0:55:14.1	1:31:20.1
	Umbra	23:6:32.9	5:48:18.2	6:24:10.0	21:53:23.5	2:11:35.0	2:33:41.2
	Location	110.0d E 12.4d N	7.1d E 11.0d S	14.8d W 27.8d N	122.9d E 11.9d N	44.1d E 22.9d N	49.2d E 59.8d N
Great-est Eclipse	Time	0:40:22.3	7:39:6.9	8:15:42.1	23:50:10.8	3:21:22.9	4:5:9.4
	Location	167d1.6'E 13d33.7'N	61d20.8'E 8d11.5'S	61d31.9'E 38d50.3'N	177d26.0'E 25d26.8'S	94d1.5'E 64d53.5'N	132d57.1'E 26d49.0'N
	Ratio	1.0344	0.9450	0.9574	0.9488	1.0141	1.0346
	Gamma	0.45444	−0.40717	0.35033	−0.09061	0.76778	0.50844
	Duration	3:17.2	7:24.5	4:38.2	5:46.5	0:57.8	2:50.2
	Width	129.5km	221.3km	165.5km	188.8km	75.4km	133.6km
Last Cont-act	Umbra	2:14:1.5	9:29:47.3	10:7:20.4	1:46:59.7	4:30:55.5	5:36:57.7
	Location	130.8d W 40.1d N	117.8d E 34.5d S	123.1d E 10.5d N	111.6d W 21.4d S	117.7d W 61.2d N	176.1d W 1.2d N
	Penumbra	3:14:28.8	10:38:14.1	11:13:54.9	2:50:2.9	5:47:14.3	6:39:6.2

※ 일식 날짜에 http://www.kotenmon.com/star/emap/index.html로 산출하였음.

그렇다면 이 일식현상을 가지고 일식대(日蝕帶)를 지도 위에 그려보면 조선의 일식 관측지, 즉 조선의 강역을 대강이나마 판단할 수도 있을 것이다. 왜냐하면 개기일식은 2~3년에 한 번씩, 일식의 좁은 띠의 너비가 20~30km 정도밖에 되지 않아 아주 제한된 지역 안에서만 볼 수 있고, 게다가 일식의 지속시간은 불과 몇 분, 아니 겨우 1~2분만에 끝나기도 하여, 한 지역에서의 일식은 아주 짧은 시간으로서 끝나지만, 지구 위에서의 천체현상으로 보는 일식대는 매우 길게 나타나며, 그것이 대륙을 지나고, 대양을 건너가기도 한다.130)

그리고 〈표Ⅱ-4〉의 일식현상에서 보듯이 특히 1594년 4월 1일[5월 20일]의 일식대는 서남아시아 사우디아라비아의 메디나 동쪽에서부터 카스피해를 가로질러 중앙시베리아를 지나 캐나다의 북부 그레이트 슬레이브(Great Slave) 호수가 있는 곳까지 이어진다. 바로 이 일식현상

130) 나일성·이정복, 『일식과 월식』(서울: 한국겨레문화연구원, 2002), pp. 21~22.

은 결코 한반도에서는 볼 수 없으며, 적어도 중앙아시아의 서부 지역에서나 가능하다.

그리고 『난중일기』와는 상관없이 임진왜란이 일어나기 전에 있었던 일식현상으로서 『증보문헌비고』에 기록된 날이 1590년 7월 1일〔양력 7월 31일〕의 일식대를 지도 위에서 살펴보면, 아프리카의 북서쪽 서-사하라(Western Sahara)에서부터 페르시아만을 가로질러 인도 북부와 방글라데시 및 벵골만을 거쳐 미얀마·태국·캄보디아·베트남을 지나 보르네오 북쪽 바다에까지 이어진다. 이 일식현상도 한반도에서는 결코 보이지 않으며, 적어도 서남아시아와 남아시아 그리고 동남아시아에서나 볼 수 있다.

〈그림-1〉 일식으로 본 조선의 강역 판단

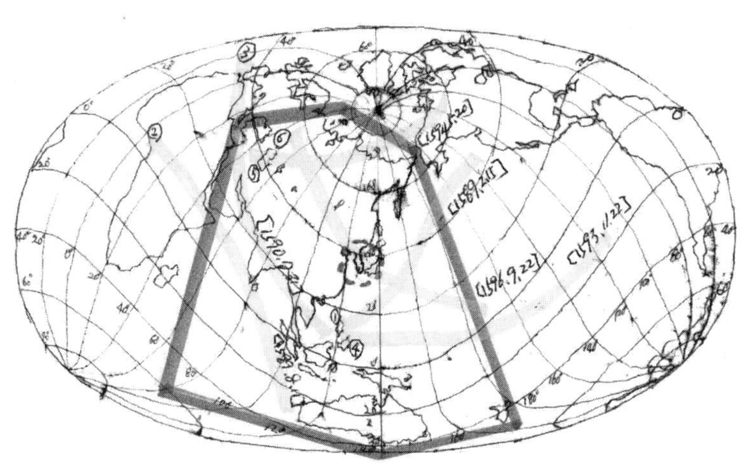

※ 근거: http://www.kotenmon.com/star/emap/index.html의 자료로써 그렸음.

그리고 이보다 1년 전의 1589년 6월 21일〔양력 8월 11일〕의 일식은[131] 아프리카 중서부의 카메룬에서부터 인도반도 남쪽 바다를 거쳐 오스트레일리아 서쪽 바다에까지 이어지는데, 이 일식대는 서남아시아

---

131) 『燃藜室記述』 別集 卷15 天文典故 災變祥瑞에는 『增補文獻備考』와 같은 내용인데, 단지 『增補文獻備考』에서 선조22년(1589년) "〔補〕 6월 2일의 일식"은 실려 있지 않다.

와 남아시아인 인도남부 그리고 인도네시아 섬들에서나 겨우 볼 수 있는 천체 현상이었다.

그렇다면 1596년 윤8월 1일〔9월 22일〕에 한반도 및 북동아시아에서 일식을 볼 수 있는 것을 포함하여 조선의 일식관측은 문헌으로써는 분명 현실적으로 있었던 사실을 기록한 것이다. 그러므로 조선의 일식 관측지는 아시아 전체를 아우르지 않으면, 『조선왕조실록』이든, 『증보문헌』이든, 조선정부에서 공식적으로 기록한 문헌들이 모두 신뢰할 수 없는 거짓이 될 수밖에 없다. 그러나 이러한 문헌들이 '참〔진실〕'이 되기 위해서는 아시아 자체가 조선의 강역이라는 설명으로써 가능하게 된다.

이렇게 임진왜란 때의 일식을 정확하게 볼 수 있었던 것은 1596년의 하나뿐이고, 나머지는 볼 수 없었던 현상에서 조선의 강역을 아시아 자체로 판단해 보았으니, 그렇다면 아예 조선의 마지막 시기 대한제국 때는 어땠는지 한번 살펴볼 필요가 있으며, 그에 따른 강역의 판단도 매우 중요할 것이다.

1896년부터 한일합방이 된 해까지 15년 동안의 일식현황을 〈표Ⅱ-5〉에서 보면, 대체로 천측 계산에 의한 것과 조선의 여러 문헌의 것을 종합하면, 마지막의 2회〔1909/1910년〕를 빼면 일치한다. 한국천문연구원에서 확인한 『조선시대 일식도』에서 4회〔1899/1900/1905/1910년〕는 "한반도〔서울〕에서는 볼 수 없음"이라고 했지만, 조선정부의 공식기록인 『승정원일기』 『고종실록』 『증보문헌비고』에서는 "일식이 있었다."는 사실이 적혀 있다. 다만 실제 눈으로 볼 수 없는 경우는 구름이나 안개가 끼었거나, 밤일 때다.

"일식이 지구 반대편에 있었다."거나, "일식이 지평선 너머에서 일어났다."는 현상이 일어나는 것은 그리니치 표준시(GMT), 즉 세계시(Universal Time: UT)로서 판단할 수 있는데, 『승정원일기』와 『증보문헌비고』에서는 "日食在地下"라고 표현되어 있다.[132] 이것은 "地中食"

132) 『국역 승정원일기』 및 『국역 증보문헌비고』에서의 "일식이 지하에서 있었다."는 것은 잘못된 표현이다.

〈표Ⅱ-5〉 대한제국 때의 일식현황[1896~1910]

일식날짜	천측계산	승정원일기	고종실록	증보문헌	독립신문	조선일식도 비고
1896.8.9	○	○[午申日食]	○[日食]	○[日食地下]	○	○
1898.1.22	○	○[卯時日食]	-	-	-	○
1899.12.3	○	-	-	○[日食地下]	-	-
1900.5.28	○	○[日食地下]	○[日食]	○[日食地下]		○ 볼 수 없음 2
1901.11.11	○	○[日食]	○[日食]	-		○
1902.10.31	○	○[日食]	○[日食]	-		○
1903.3.29	○	○[日食]	○[日食]	-		○
1903.10.16	[9.21남극]	-	○[日食]	-		-
1904.3.17	○	○[未酉日食]	○[日食]	-		○
1905.8.30	○	○[日食]	○[日食]	-		○ 볼 수 없음 2
1907.1.14	○	-	○[日食]	-		○
1909.6.17	○	-	-	-		○
1910.11.2	○	-	-	-		○ 볼 수 없음 3
15년 13회	13회	8회	10회	3회	1회	12회
1899.1.11	○	-	○[12日日食]	-	-	○ 볼 수 없음 1

(지중식), 즉 일식이 지구의 반대편에 있었다는[133] 말과 같으며, 그 일식은 160.8dE-20.4dN, 즉 미크로네시아의 웨이크(Wake) 섬 근처에서부터 73.3dW-9.2dS, 즉 남아메리카의 콜롬비아와 브라질 서북쪽의 경계에 있는 아마존강까지 이어진, 적도 선상을 따라 좁은 띠를 이루었다. 이 자료에서 알 수 있듯이 역시 이 날의 일식은 동경 160.8° 이동쪽 태평양에서 일어났기 때문에 한반도와는 전혀 상관이 없다.

그리고 〈그림-2〉 일식으로 본 대한제국의 강역 판단에서 보면, 12회의 일식대가 한반도를 직접 지나간 것이 없으며, 대체로 동경 120° 이서쪽에서 일어났고, 1900년의 경우는 아예 아시아에서는 일식이 일어나지 않았고, 서-아시아의 땅끝에서나 겨우 볼 수 있는 일식현상을 『고종실록』에서는 "일식이 있었다."고 했고, 다른 문헌에서는 "日食在地下"라고 하여 조선에서 관측된 일식이 실제로 조선의 강역 밖에서 있

133) 『선조실록』 권179 선조37년(1604) 윤9월 1일(무인). "卯時日有地中食."〔아침 묘시(05:00~07:00)에 태양이 지중식(해돋기 전의 일식)에 있었다.〕고 했다.

었다는 사실을 적어놓았다. 1905년의 경우에도 서남아시아의 땅끝에서 일식이 끝나는 현상은 서-아시아의 동부 지역에서부터조차도 그 일식 현상을 보이지 않는 것인데, 일식이 있었다는 사실을 기록해둔 것은 역시 조선의 강역을 그만큼 확대하지 않으면, 조선의 공식기록은 결코 신뢰를 받을 수 없는 거짓이 될 뿐이다.

특히 1899년 12월 3일과 1903년 10월 16일의 일식은 남극대륙을 지나는 것이므로 "일식이 지구 반대편에 있었다〔日食在地下〕."는 말은 과거에도 이론적으로나 계산에 의한 일식을 말했을 수가 있을지라도 "일식이 있었다〔日食〕"는 말은 관상감에서 어느 지방의 관측의 결과를 적었다고 보아야 하므로, 그 지역까지를 조선의 강역으로 판단하지 않을 수 없다.

그리고 1896년의 경우는 한반도의 북쪽 지방에서는 부분일식을 조금 볼 수 있었겠지만, 우선 『독립신문』 제51호(1896년 8월 1일 토요일) "잡보"에 실린 내용부터 보자.

〈그림-2〉 일식으로 본 대한제국의 강역 판단

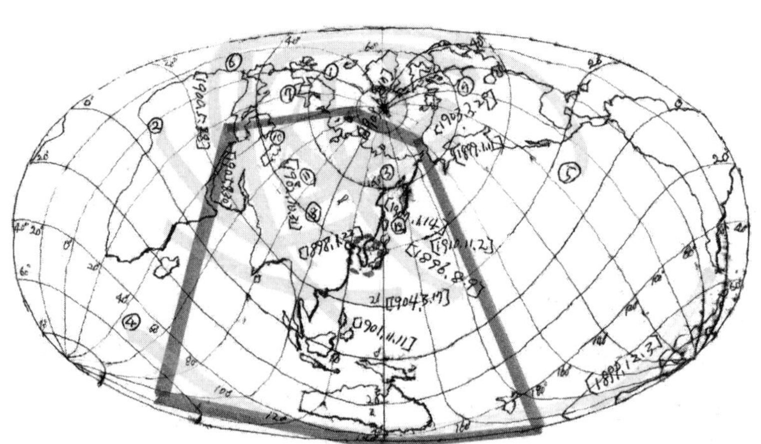

※ 근거: http://www.kotenmon.com/star/emap/index.html의 자료와 『조선시대 일식도』 (한국천문연구원, 2002)로써 종합하여 필자가 그렸음.

팔월구일 오젼 십일시즘에 동양 북방으로 일식이 잇슬 터이니 만일 일식 ᄒᆞᄂᆞᆫ ᄒᆡ를 …. 이번에는 동양북방이(달이 해를) 뎨일 ᄀᆞ리는 ᄭᆞ돍에 일본 북편과 희삼위 북편은 아죠 캄캄ᄒᆞ여질 터이요 죠션은 죠곰 남방으로 나아즌 ᄭᆞ닭에 반즘 어둘 터이라 텬문학에 유의 ᄒᆞᄂᆞᆫ 학ᄉᆞ들은 미국과 구라파에셔 일식 ᄒᆞᄂᆞᆫ 구경을 ᄒᆞ랴고 일본 북편으로 만히 왓다더라 …

이 일식 예보가 실제로 일식이 있었던 날(1896. 8. 9) 이후에 『독립신문』에서 전혀 언급이 없다. 이 일식의 시작은 유럽의 북서쪽 끝에 있는 스칸디나비아반도에서부터 시베리아를 지나 연해주·사할린·북해도를 거쳐가며, 이 날의 일식현상은 또 아주 캄캄, 즉 온그림자(Umbra)로 보이는 최대식(Greatest Eclipse)의 시작이 5:9:6UT, 즉 1896년 8월 9일 14:09:06에 132d10.1′E-54d24.7′N, 즉 아무르(Amur) 지방의 셀렘진스크(Selemdzinsk)가 있는 곳인데, 미국과 유럽학자들이 일본 북쪽에 모였다는 것은, 일본렬도 북부에 있는 북해도가 아니라, 이미 이 시기에 한반도의 북쪽 두만강 너머 지방을 일본땅으로 인정해준 것은 아닌지 의심스럽긴 하지만, 한반도로써 조선땅이라는 말을 하기보다는 '일식' 기록을 종합해볼 때에 아시아에서 보이는 그 일식이 일어난 중앙아시아 그 땅들이 조선임을 알 수 있다.

이렇게 대한제국 때의 15년(1896~1910) 동안 13회나 되는 일식 현상이 한반도를 단 하나도 지나가지 않았다는 사실은 이보다 300년 전의 임진왜란 때에도 6회의 일식 가운데 단 한 번만 한반도를 지나가는 일식이 있었고, 그 밖의 다른 것들은 아시아의 넓은 지역에서나 관측이 가능하였던 사실과 더불어 조선의 강역을 판단하는 좋은 기초자료가 될 것이다.

그러므로 조선에 관한 천문분야(天文分野)도 이런 관점에서 새롭게 보아야 한다.

1591년 3월 1일. 전의 교수 조헌이 소장을 올렸는데, … 미성과 기성의 분야에 형혹성(熒惑星)이 바야흐로 나타났으니, 이것은 실로 우리나라에 먼저 침범해올 조짐이며, 동남쪽 지방에는 두려워 떨지 않는 달이 없으니, 이것은 령남·호남 지역이 침략을 당할 징후입니다. 이들이 아직은 남쪽 섬들과 뱃길을 빼앗지 않고 있으나, 먼저 경기도와 황해도 지방으로 달려올 까닭은 없습니다. 신 조헌의 생각으로는 현재 이름난 장수를 일찍 뽑아서 몰래 亞父에게 국방의 임무를 맡겨 군사들을 날쌔게 무장시켜 무관(武關)을 거쳐 곧바로 내려가서 왜적이 침입해올 때 빼앗으려 할 지역에다 은밀히 배를 불태울 도구를 준비를 하는 것만 못합니다.[134)]

임진왜란이 일어나자, 의병장을 지낸 조헌(趙憲: 1544~1592)은 1589년 길주(吉州)에 유배되었다가 이듬해 풀려났는데, 1591년에 일본 사신이 오자, 옥천(沃川)에서 서울로 가 대궐 앞에서 일본 사신을 처단하고 국방력을 강화할 것을 상소했었다.

바로 이 숫장에서 보듯이, 미성·기성의 분야에 정쟁의 조짐이 나타나 그 동남쪽 지역이 령남·호남 지역에 왜적의 침략을 받을 수밖에 없다고 했다. 그 동남쪽은 분명 두성·우성 분야로 절강성·복건성 지역이다. 그리고 중요한 것은 훌륭한 장수를 뽑아 책임을 맡기어 '무관〔武關: 섬서성 상현(商縣) 동쪽 185리〕'으로, 즉 왜적이 쳐들어올 곳으로 보내야 한다고 했다. 그 나머지의 말들, 아부(亞父)가 주나라 기발〔棄發(武王)〕의 아들이든, 항우(項羽)의 범증(范增)이든, 이런 것은 그저 비유일진대, 무엇보다도 '무관'이란 곳에 '왜적'의 침략에 대비하여 군사를 보내야 한다는 것이었다.

그리고 그 기성·미성·두성·우성의 지역이 연(燕)지방에서 월(越)지방이라고 했다. 이것은 시대에 따라 조금씩 다르게 설명하고 있다. 『사기(史記)』 권27 천관서(天官書)에 보면, 전체적인 분야를 알 수 있다.

이런 천문분야가 조선의 임진왜란과 어떤 관계가 있는가? 한서(漢書)·진서(晉書)·당서(唐書)에 실린 분야도를 종합하여 적은『연려실기술(燃藜室記述)별집(別集)』에서 보면, 분명 이와 거의 같은 지역을 말하고 있다.

---

134) 『선조수정실록』 권25 선조24년 3월 정유(1일). "前敎授趙憲上疏, … 尾箕之分, 熒惑方臨, 是實也先入寇之兆. 東南之地, 無月不震, 是嶺湖受兵之象. 未有不爭南島舟路, 而先趨畿海之理. 臣之愚意, 莫如早擇一代名將, 暗推亞夫之轂, 輕裝簡士, 由武關直下, 俾於賊來必爭之地, 暗備燒船之具."

〈표 II -6〉 『사기』 속의 28수의 천문분야

성좌	角/亢/氐	房/心	尾/箕	斗	牛/女	虛/危	室/壁
지역	兗州	豫州	幽州	江/湖	楊州	靑州	幷州
비고			燕	越			
성좌	奎/婁/胃	昴/畢	觜/參	井/鬼	柳/星/張	翼/軫	
지역	徐州	冀州	益州	雍州	三河	荊州	
비고							

※ 출처: 『史記』 卷27 天官書 第5 分野.

> 이〔한서 · 진서 · 당서〕로써 본다면, 우리나라(조선)는 마땅히 미성 · 기성의 분야에 속할 것이다. 그러나 세상에서 전하기를, "우리나라가 비록 미성 · 기성의 분야에 속하였으나, 그 남쪽은 오(吳) · 월(越) 지방과 같은 분야이다."고 하니, 두성 8도가 이미 미성 · 기성과 더불어 석목(析木) 분야에 들어간다. … 또 지금 충청도 이상의 여러 도는 모두 미성 · 기성의 분야가 되고, 호남 · 령남은 마땅히 기성 · 두성의 분야가 된다.[135)]

앞에서 『선조실록』 이나 『사기』 에서는 다 같이 미성 · 기성이 유주와 연 지방이라고 했음에 비하여, 이 『연려실기술』 에서는 아예 그 미성 · 기성 분야가 우리나라(조선)이며, 기성(箕星)을 기준으로 그 이북은 충청도와 이상의 지역으로, 그 남쪽은 전라도 · 경상도 지역이라고 했다. 그러면 적어도 대충 보아서 장강(長江) 이남에 호남과 령남, 즉 전라도 · 경상도가 있다는 것이 된다.

이것이 『기효신서』 와 맞아 들어가는가? 이 『기효신서』 가 절강과 복건 지역을 중심으로 왜구(倭寇)를 물리치기 위해 만들어진 병법이므로, "절강 동쪽지역의 조석 판단〔浙東潮候〕"을[136)] 하는 요령을 적은 것은 지역의 특수성에 맞도록 한 것이며, 이 절강 동쪽이 곧 양자강〔장강의 하류〕 남쪽이다.

물론 이 절강과 복건지역이 척계광의 근무지였으므로, 그 지역의 적

135) 『燃藜室記述 別集』 권15 天文典故. "以此觀之 我國宜通爲尾箕分. 後世傳我國 雖屬尾箕分 其南牛與吳越同分. 盖斗八度已與尾箕 同入析木之次. … 今忠淸以上諸道皆爲尾箕分, 湖嶺兩南 則當爲箕斗分."

136) 『紀效新書』 卷18 治水兵篇.

극적인 활용은 두말할 것 없다. 병법의 내용에서도 부분적으로 녕파(寧波)・소흥(紹興) 등의 군사들이 해야 할 일이 명시된 것도[137] 그 지역의 전술이며, 이 또한 천문분야의 두성에 해당되는 절강 동쪽지역인데, 역시 위의 『선조실록』에서 언급한 것과도 부합되는 부분이다.

임진왜란에 적용한 병법으로서, 『선조실록』으로 보면 좀 늦기는 했지만, 천문분야로서 지리적으로 비추어보면, 『기효신서』가 이미 사실적으로 조선에서 적용되고 있었던 것이며, 그 지역에 대한 병법이므로 가장 유효하였음도 짐작할 수 있다.

그래서 척계광의 『기효신서』를 다시 구하여 간행하려고 애썼던 까닭이 여기에 있는 것이다.

'절강병법(浙江兵法)'이라고도 하는 이 『기효신서』의 주요 병법은 속오법(束伍法)・긴요조적호령간명조관(緊要操敵號令簡明條款)・림진련좌군법(臨陣連坐軍法)・유병취요금령(諭兵聚要禁令)・교관병법령금약(敎官兵法令禁約)・비교무예상벌(比較武藝賞罰)・행영야영군령금약(行營野營軍令禁約)・조련영진기고(操練營陣旗鼓)・출정기정재도행영(出征起程在途行營)・장병단용설(長兵短用說)・등패총설(籐牌總說)・단병장용설(短兵長用說)・사법(射法)・권경첩요(拳經捷要)・포성제기도설(布城諸器圖說)・정기금고도설(旌旗金鼓圖說)・수초(守哨)・치수병(治水兵)의 18편이다.

다시 쉽게 말하면, 이 책에는 군사들의 모집 절차, 월급 액수, 군사 배치의 기본원칙, 전투대형의 조직, 통일적인 무기의 규격, 군수물자의 조달, 병사와 군관의 의무, 군대깃발〔軍旗〕과 군대신호〔軍號〕, 전략과 훈련 계획, 군대예절, 군법회의의 규칙, 전투시의 식량 조리방법 등의 내용이 매우 상세하게 실려 있다.

이러한 병력운용과 전술이 왜구를 방어하는 유효한 병법이라는 것이며, 임금이 애써 구해오라고 했던 것이다.

그리고 우리들이 '무예'라면 대개 『무예도보통지(武藝圖譜通志)』를 말하는데, 특히 근래에 창・칼을 쓰는 법이나, 궁술(弓術: 활쏘기)이니,

137) 『紀效新書』卷8 操練營陣旗鼓篇 第8 39면. "一附寧紹操練生兵陣圖 其號令俱如見行並不重註."

권투・격투법을 들먹이는 내용들이 바로 이 '장병단용・단병장용・사법・권경첩요'에 모두 있는 것이다. 그만큼 그 방법과 요령이 구체적이고 실용적이었으며, 적군의 침략에 대응하기에 편리하였던 것이다. 그리고 『무예도보통지』의 18기(技)는 한반도에서는 그 맥이 끊겼느니, 어쩌니 변명하지만, 지금도 중국대륙에서는 똑같은 무술로써 수련하고 있다.

특히 부대편성에서 전통적으로 조선군의 '卒-伍-隊-旅-統-部-衛'이던 것을 '隊-旗-哨-司-營'으로 재편하였다. 이것은 중앙군에는 훈련도감, 지방군에는 속오군(束伍軍: 束伍分守法)을 두었는데, 지방에서 동원된 장정(량인・천민)들을 그 지방에 편성하여 각각 3~5 단위〔1隊(11명)-1旗(3隊)-1哨(3旗)-1司(5초)-1營(5司: 2700명)〕로 묶어서 군대편제에 편입시켰다.

여기서 편제의 기본단위가 되는 1대(隊)는 살수(殺手: 칼・창)・사수(射手: 활)・포수(砲手: 조총・포)로 구성되는데, 살수 1대는 대총(隊總) 1명에 등패(籐牌) 2명, 낭선(狼筅) 2명, 긴창(長槍) 4명, 당파(鏜鈀: 창끝이 세 갈래인 창) 2명, 화병(火兵) 1명으로 모두 12명이며, 사수 1대는 대총 1명에 활꾼 10명, 화병 1명이다.

아! 우리 선조 조정〔宣廟〕에서는 이소사대의 외교활동으로 황제〔皇極〕를 감동시켰는데, 황제〔明天子〕는 왜구의 침략에 격노하여 마침내 강소와 절강〔江浙〕 지방의 왜구 방어병력을 대대적으로 동원하였으니, 만약 이 병력이 아니었다면 왜적을 섬멸하지 못했을 것이다. 절강병이 처음에 압록강〔鴨江〕을 건너왔을 때에 방패와 낭선, 긴 창과 당파의 기예는 모두 우리나라에서는 처음 보는 것이었으며, 그들이 잘 맞지 않고서 진격할 것이라고 의심하지 않는 사람이 없었다. 그러나(절강군이) 평양〔箕城〕으로 바짝 다가가서 먼저 화포를 쏘고, 이어서 불화살을 쏘아 연기가 하늘을 뒤덮으니, 마침내 왜적들은 기가 꺾였으며, 또 순식간에 긴 창과 짧은 당파를 사용하는 군사들을 보내어 각기 운용방식에 따라 사용하였다. 만약 적들이 먼저 돌진해오면 낭선부대를 집중시켜 대기하고, 만약 적들이 머물러 있으면, 방패부대가 전진하자, 왜적들은 마침내 크게 무너져 달아났다. 그리하여 평양으로부터 한양 도읍에 이르기까지 길가에 있던 여러 진영의 왜적들은 구름 걷히듯, 자리를 걷어치우듯이 말끔히 흩어졌

으나, 그 운용법이 지극히 신묘하여 진실로 천하에 무적임을 알 수 있었다.[138)]

강소성과 절강성의 군사들을 동원하여 임진왜란에 운용하였으며, 그들은『기효신서』의 요령에 따라 근접무기 - 방패·낭선·긴창·당파를 사용하였다. 이 방법이 일본의 조총부대와 검술의 위력을 능가하였다는 말이다.

그러나 이런 중요성과 관심에 비하여 리순신의 장계에는 부대편성에서 '령장(領將)·통장(統將)·부장(部將)·위장(衛將)'의 명칭이 나오는 것으로 보아 전래의『제승방략』에 의한 것이며,『기효신서』의 편성이 운용되었다고 볼 수 없지만, 전술적 차원의 원칙면에서는 크게 다르지 않다.

138) 李象鼎,『兵學指南演義서』序. "粤惟我宣廟事大之誠 感動皇極 而明天子爲之赫怒 遂大徵江浙禦倭之兵 若非此兵 不能殲此賊也 當浙兵之初渡鴨江也 牌筅槍鈀之技 皆我國之初見 莫不疑其齟齬及其進 薄箕城先放火砲 繼以火箭 煙焰蔽空 賊遂奪氣 輒出長槍短鈀之屬 各以其法用之 賊若先突 則叢筅以待 賊若乍住 則擁牌以進 賊遂大潰 自箕城到漢都 沿路諸營之賊 雲捲席撤蕩焉若洗 可知其法之極神妙 而誠爲天下無敵也."

충무공 리순신 관련 문헌

《리충무공전서》

『리충무공전서(李忠武公全書)』(14권 8책)는 충무공 리순신에 관한 특집이며, 왕명으로 류득공(柳得恭)이 감독·편집하여 교서관(校書館)에서 1795년(정조19)에 간행되었으며, 임진왜란과 리순신의 전략·전술·리더십 등을 연구하는 기본 텍스트이다. 이 특집에는 정조의 윤음(綸音)을 비롯하여 교유(敎諭)·사제문(賜祭文)·도설(圖說)·세보(世譜) 등(卷首)을 싣고, 시·잡저(권1), 장계(狀啓)(권2~4), 난중일기(권5~8), 부록(권9~14)이 수록되어 있다. 특히 권수의 도설에는 거북선 그림이 그려져 있는데, 통제영귀선(統制營龜船)과 전라좌수영귀선(全羅左水營龜船) 그림이 그려져 있고, 한자 694자의 설명문이 있는데, 거북선의 실체를 밝히는 가장 권위있는 사료로 평가된다.

이 책은 대략 여섯 차례의 복간이 있었는데, 1918년 최남선(崔南善)이 구두(句讀)를 찍어 신문관(新文館)에서 2권으로 간행하였다. 1916년에 일본에서 체제를 매우 달리하여 『原文知譯對照李舜臣全集』(上下卷)으로 펴낸 바가 있는데, 이것은 현존 『李忠武公全書』의 체제와 다르며, 李芬 의 〈行錄〉이 없고, 崔有海의 〈行狀〉이 맨 앞에 나와 있다. 또 1934년에는 서장석(徐長錫) 등이 6권으로 청주에서 중간한 바 있으며, 1960년에 리은상(李殷相)의 국역주해(國譯註解)로 간행되었다. 특히 이 한글 번역문은 한문 원문과의 의미전달이 다른 부분이 많이 있어 력사의 진실을 추구하는 학도들은 반드시 원문을 확인하기를 권한다. 리순신에게 왜적을 방어하라는 선조의 명령은 '강회〔江淮〕', 즉 장강과 회하였음이 그대로 적혀 있다.

《난중일기》

충무공 리순신의 일대기는 장일호 감독이 1977년에 김진규·정애란·황해 등의 배우들을 출연시켜 대종상 최우수 작품상(제16회)을 받았던 액션영화이며, 1979년에는 대만에 수출하기도 하였다.

본디 『난중일기』는 리순신이 임진왜란 7년 동안(1592. 1. 1~1598. 11. 17: 2539일)에 있었던 진중의 일들을 적어놓은 지휘활동 일지이다. 『난중일기』라는 명칭은 1795년에 정조대왕의 명령으로 『리충무공전서(李忠武公全書)』(14권)를 편찬할 때에 붙여진 것(권5~권8)이며, 이에 실린 날짜는 1593일간이 남아 있다.

그리고 아산 현충사에 소장되어 있는 리순신의 『친필 초고본 일기』(국보 제76호: 1959년 1월 지정)는 모두 7책 205장인데, 빠진 날짜는 임진년 1월 1일~4월 30일, 을미년 1년 및 무술년 10월 8일~10월 12일 간이다. 특히 5책과 6책은 같은 정유년 일기이고, 8월 4일부터 10월 18일까지 65일 간은 기록이 중복되어 있으며, 일부 내용이 약간씩 다르며, 없거나 많이 적혀 있기도 하다.

이 『친필 초고본 난중일기』는 1930년대 조선사편수회에서 펴낸 『朝鮮史料叢刊』(제6집)에서 해서체(楷書體)로 대비해놓기도 하였다. 그런데 이 『난중일기』가 우리들의 관심을 크게 끈 사건이 있었다. 1968년 12월 말에 어느 파렴치한의 해외 밀매반출의 시도로 분실되었다가 용감한 의인의 신고로 열흘 만인 1969년 1월에 도로 찾게 되는 과정으로부터 시작되었으며, 그때 비로소 50질을 복사하여 여러 기관에 배포하기도 했다.

『난중일기』의 날짜 별로 남아 있는 것과 빠진 것을 보면 다음과 같다.

- 임진년(48세): 1592. 1/1~8/27 (빠짐: 4/23~30, 5/5~28, 6/11~8/23, 8/28~12/29)
- 계사년(49세): 1593. 2/1~9/14 (빠짐: 1/1~29, 3/23~4/29, 9/16~윤12/30)
- 갑오년(50세): 1594. 1/1~11/28 (빠짐: 11/29~12/30)
- 을미년(51세): 1595. 1/1~12/20 (빠짐: 12/21~12/30)
- 병신년(52세): 1596. 1/1~10/11 (빠짐: 10/12~12/29)

· 정유년(53세): 1597. 4/1~12/30 (빠짐: 1/1~3/30)
· 무술년(54세): 1598. 1/1~11/17 (빠짐: 1/5~9/14, 10/13~11/7)

이 『친필 초고본 난중일기』는 노산 리은상이 완역했다고(현암사, 1968) 했지만, 실제로는 9곳 62장의 번역이 빠져 있으므로 '완역'이라고 할 수 없다. 이 빠진 부분을 포함하여 자은 최두환의 『새 번역 초서체 난중일기』(해군사관학교, 1997)가 명실공히 최초로 완역본이 되며, 『충무공 리순신 전집』(1질 6권)의 제1권에도 〈완역 초서체 진중일기〉 (우석출판사, 1999)라는 이름으로 실려 있다.

《임진장초》

『임진장초(壬辰狀草)』는 임진왜란 때에 충무공 리순신이 직접 썼거나, 예하 참모들이 쓴 것을 옮겨 쓴 장계를 말하는데, 실은 리순신의 친필은 하나도 없다. 1776년에 통제사 리태상(李泰祥)이 한산도에 근무할 적에 그 통제영에 내려오던 보고서 장초(狀草)를 모두 다시 베껴 써서 보관해 두었다.

이것이 1792~1795년에 『리충무공전서』를 편찬하는 과정에서 교유서(教諭書)·장계(狀啓)라는 이름으로 나뉘어졌다.

『임진장초』는 『친필 초고본 난중일기』와 더불어 국보 제76호이며, 그 기간은 임진년 한 해에 국한되지 않고, 임진·계사·갑오년 동안에 보고했던 것이다. 현존하는 것은 78건이며, 그동안 발견되지 않았던 것으로서 『선조실록』 등에서 31건을 가려 뽑아 포함하면 모두 109건이다.

『임진장초』는 왜란 당시의 전쟁 상황과 관련된 보고문서이며, 그 내용은 전투를 위한 작전계획, 전투경과 및 결과, 진중의 경비, 군량확보 및 보급, 전진의 정보, 인사조치 등 군사 관련 사항이 망라되어 있다. 그래서 임진왜란 및 충무공 리순신 연구에는 매우 중요한 자료로 평가된다.

『임진장초』는 조성도, 리은상이 이미 번역했었지만, 군사용어에서 '長片箭'을 '긴 편전' 등으로 잘못 번역된 것이 있어, 이를 '장전(長箭)과 편전(片箭)' 등으로 바로잡아 펴낸 것이 『충무공 리순신 전집』의 제3책 〈완역 · 원문 임진장초: 충무공 리순신의 보고서〉(우석출판사, 1999)다.

지명 관계 문헌

《세종실록 지리지》

조선의 지리지에는 경제 · 사회 · 군사 · 산업 · 지방제도 등이 자세히 기록되어 있는데, 『세종장헌대왕실록(世宗莊憲大王實錄)』(8권 8책: 148권~155권)은 『경상도 지리지』(1425년)를 비롯한 8도의 지리지를 모아 세종 14년에 편찬한 『신찬팔도지리지(新撰八道地理志)』(1432년)를 수정하고 정리하여 1454년(단종2)에 만들어졌다.

그 구성은 제148권부터 경도한성부(京都漢城府), 구도개성류후사(舊都開城留後司), 경기도, 충청도, 경상도, 전라도, 황해도, 강원도, 평안도, 함길도의 순으로 되어 있고, 내용은 대체로 한반도에 어울리도록 재편되었지만, 평안도편에는 "옛 장성〔古長城〕을 세속에서는 만리장성(萬里長城)이라 전해온다."고 했으며, 한성(漢城)이나 봉경(封境)의 경우는 결코 한반도 어디에도 맞지 않는 내용이 실려 있다.

그리고 그 내용에서 산천, 궐토(厥土), 풍기(風氣), 토의(土宜), 호구, 군정(軍丁), 성씨, 간전(墾田), 토산과 토공(土貢), 약재, 목장, 염소(鹽所), 철장(鐵場), 도자기소, 고적, 역전, 조운 등의 20개 항목에 관하여 자세히 서술된 것은 조선의 지리와 지형을 연구하는데 결정적인 부분이 있다. 특히 여러 토산물 가운데에는 한반도에서 전혀 생산되지 않는 것들이 많이 있다.

《신증동국여지승람》

『대명일통지(大明一統志)』(60권: 1461년)의 체제에 따라, 1481년(성종 12)에 『동국여지승람(東國輿地勝覽)』(50권)이 완성되었다. 이를 다시 1486년에 증산(增刪)·수정(修訂)하여 『동국여지승람』(35권)을 간행하고, 1499년(연산군5)의 개수를 거쳐 1530년(중종25)에 리행(李荇)·홍언필(洪彦弼)이 증보하여 『신증동국여지승람(新增東國輿地勝覽)』(55권 25책)이 완성되었다. 역대 지리지 중 가장 종합적인 내용이 담겨 있어 정치·경제·사회·문화와 더불어 특히 향토사 연구에도 필수불가결한 자료로 높이 평가되고 있다.

내용은 경도(京都), 한성부(漢城府), 개성부(開城府), 경기도, 충청도, 경상도, 전라도, 황해도, 강원도, 함경도, 평안도 순으로 되어 있다.

이 책머리에는 각 도의 전도(全圖)가 실려 있는데, 모두 한반도 그림이며, 이어서 연혁·풍속(風俗)·묘사(廟社)·능침(陵寢)·궁궐·관부(官府)·학교·토산·효자·열녀·성곽·산천·역원(驛院)·교량·명현(名賢)의 사적과 제영(題詠) 등이 실려 있다.

여기서 풍속과 토산물은 『세종실록 지리지』와 비슷하며, 권 53의 주목에는 "장성(長城)은 높이와 너비가 25자(5.2m) 씩이며, 속칭 만리장성이라 한다."고 했다. 또 그 내용도 한반도와는 매우 어울리지 않는 것들이 많이 있어 과학적 검증이 필요하다. 특히 폐현(廢縣)이 많은 것은 넓은 지역의 지명을 한반도에 담을 수 없기 때문에 축소시킨 방편이라고 보며, 지명의 변천이란 명분을 붙여 여러 지역에 있는 지명들을 하나로 묶어 처리한 것들이 많다.

이 책은 1906년(광무10) 일본인 후치카미〔淵上貞助〕가 서울에서 활판본으로 간행했고, 1912년에 고서간행회(古書刊行會)에서 또 활판으로 간행하였고, 1958년 동국문화사(東國文化社)에서 영인본으로 간행하였다.

《중국고금지명대사전》

1931년(중화민국20)에 중국의 사수창(謝壽昌)・장려화(臧勵龢) 등이 각종 력사서(歷史書), 지리지(地理志) 및 인명사전(人名辭典) 등을 인용하여 '상무인서관(商務印書館)'에서 발행한 책이 『중국고금지명대사전(中國古今地名大辭典)』인데, 처음에 상해(上海) 및 홍콩에서, 같은 출판사 이름으로 대만(臺北市)으로 옮겨져 출간되고 있다.

중국대륙의 고을과 성(城), 군현(郡縣)과 여러 곳에 있는 산천(山川) 등의 지명이 중국・조선・일본의 력사 변천에 따라 바뀌면서 옮겨진 것을 일일이 고증하여 무수한 종류를 찾고, 나라마다 중요 군사기지, 국방 관계, 외교적 중요 실적 등을 통하여 발전되는 과정을 검정했다. 특히 명승지의 발견과 이름, 그리고 명사 등을 수록하였다고 했지만, 여러 곳에 왜곡의 흔적이 많이 남아 있으며, "장성(長城)은 길이 5410리이며, 만리장성이라 부른다.〔號萬里長城〕"고 했다. 그런데 그 지명들의 현재 위치를 보면, 중국은 파미르고원이 있는 동경 75° 이동쪽에, 조선과 관계되는 것은 대개 동경 120° 이동쪽에 있지만, 상당한 내용은 청해호(青海湖)가 있는 동경 100° 이동쪽에도 발견이 된다. 이런 현상은 몇 차례에 걸친 력사의 조작과정에서 나타나는 것이며, 본디의 조선 지명들을 흩어버린 것에 지나지 않는다.

그래서 이 『중국고금지명대사전』으로 조선 지명을 확인하면 거의 동경 115°의 중국 동부지역에 조선의 지명이 많이 나타나게 되는 현상은 바로 이때문이다. 그러므로 진실은 추구하는 학도들은 매우 유의해야 하며, 반드시 지리적 상관관계와 력사적 기준점이 되는 상대 지명과의 관계를 정확하고도 명확하게 비정해놓지 않으면 안 된다.

제 3 장

임진왜란 직전의 방위전략(防衛戰略)은 어떠했는가?

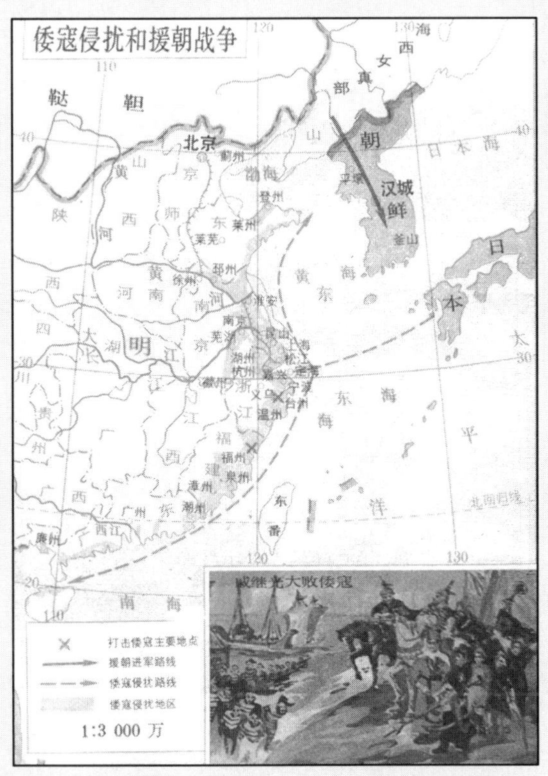

• 출처: http://home.olemis.edu/~gg/hstrymap15221598.jpg

[왜구의 침입이 일본열도에서 중국대륙 동부해안지역에 침범했는데, 임진왜란에서 조선을 구원해주는 중국지원군은 한반도로 화살표대로 이동하고 있으니, 침입과 대응방향이 잘못되어 있다.]

제 3 장

임진왜란의 방위전략(防衛戰略)은 어떠했는가?

임진왜란은 조선의 국난 가운데서 손꼽히는 사건인데, 그 내용을 우리는 대개 단순히 일본이라는 왜적의 침략으로 알고 있다. 그러나 좀 더 깊이 있게 그 과정을 알아보면 매우 복잡한 상황이 내재되어 있고, 더더욱 국제적 성격을 띠고 있으며, 더 넓은 지역에서 벌어진 것임을 알게 된다.

이러한 문제제기의 시도는 우리들의 주변에 언제나 그득하지만, 전혀 인식하지 못하고 있기 때문에, 비유로서 하나의 이름・사물・사건을 말하는 것인데, 이를 알지 못하고 있음을 빗댈 때에 보통, "로미오는 아는데 줄리엣은 모르겠다."는 말을 쓴다. 이것을 좀더 부연하자면 "임진왜란은 알지만 포르투갈의 무역은 모르겠다."는 말과 전혀 다르지 않으며, 좀 더 비약한다면, "조선은 아는데 중국은 모르겠다."는 것과도 같다.

역시 하나를 알고 둘은 모른다가 아니라, 모두 전혀 모른다는 말이다. 이런 비유에 가까운 한 가지를 보자.

박정희 대통령의 살아생전에 마이클 키온(Michael Keon: 1929~?)

이 지은『박정희 대통령 전기(朴正熙大統領傳記) - 내 일생 祖國과 民族을 위해』란 책이 있다. 거기에 짧지만 간단히 소개된 한민족의 기원을 보면, 뭔가 어렴풋한 실마리를 찾을 수 있을 것 같고, 뭔가 문제의 가닥을 잡아낼 수 있을 것 같은 중요한 글이 있다.

한민족은 이 지구상에서 가장 오랜 역사를 가진 문화집단들 중의 하나다. 현재와 같은 위치에 자리잡은 것은 기원전 약 3세기로 추측되는데, 인류학자들 중에는 그들이 동양인종이 아니라, 원래는 코카서스 거주지까지 도달했다고 보는 이도 있다. 언어학적으로는 한국어는 터어키語·蒙古語·퉁구스語와 같이 알타이語系의 제4분파를 이루고 있다는 견해가 지배적이다. 어디에서 이주해 왔든간에 한반도에 처음으로 정착한 이 민족의 조상들은 이곳이 좁은 대로 풍요하게 살 만한 땅이라고 생각했을 것이다.[139)]

여기에 우리가 사는 한반도와 고대 조선의 뿌리를 함께 말했는데, 지금은 한반도에 우리들이 살고 있지만, 이 민족의 뿌리는 백인종(白人種: Caucasian)이 사는 코카서스(Caucasus)에서부터 연유되어 이동해 왔음을 말하고 있다.

과연 이런 이동의 과정이야 지금으로서는 밝히기가 매우 어렵지만, 결코 불가능한 것도 아니며, 과학적으로 접근하여 DNA-검사를 통하면 선명하게 알 수 있을 것이다.

그러나 위의 말은 그 조선의 력사가 말해주는 이동의 력사도 포함되겠지만, "고구려인(高句麗人)에게는 전쟁이 하나의 생활방식이었다. 날마다 생활필수품을 얻기 위해 적어도 일부는 정복(征服)에 의존해야만 했다."는[140)] 고구려를 설명한 전쟁 력사의 특성이 키타이〔Khitai: 契丹〕의 침략의 력사와 동질성을 갖고 있음을 볼 때, 그보다는 오히려 흑해와 카스피해의 사이에 있는 코카서스(Caucasus), 즉 카프카즈(Kavkaz) 그곳에

---

139) Michael Keon, *Korean Phenix A Nation from the Ashes*,(New Jersey: Englewood Cliffs, 1977); 金炳益 譯,『내 일생 祖國과 民族을 위해』(서울: 知識産業社, 1977), p. 26.

140) 위의 책, p. 45.

뿌리를 두고 파미르고원이 있는 천산산맥 주변의 지역이 조선의 중심지를 이루는 력사라고 보여지는 물꼬 역할이 될 수 있는 서술이라고 본다.

과연 그럴 수 있겠는가? 아마도 대부분이 불가능한 말이라고 단정지을 것이다. 그러나 앞으로 전개될 조선의 력사에서 그 가능성의 여부를 떠나 아예 사실로 나타날 것이다.

그래서 앞으로의 문제해결을 위하여 먼저 조선이 가졌던 국가방위체제의 개념과 무기체계를 살펴보고, 해전과 임진왜란의 특성과 임진왜란 통사(通史)를 간추려 봄으로써 상식을 벗어난 지식에 접근할 수 있을 것이다.

1. 조선의 국가방위 체제의 개념

조선의 국가방위 체제는 크게 중앙군과 지방군으로 나뉜다. 중앙에는 병조(兵曹)・오위도총부(五衛都摠府)・비변사(備邊司)・훈련도감(訓鍊都監)이 있었고, 지방에는 진관(鎭管) 체제에 의한 감영(監營)・병영(兵營)・수영(水營)・속오군(束伍軍)이 있었다.

병조는 6조(曹: 吏・戶・禮・兵・刑・工)의 하나로서 군사업무 담당기관이며, 무과(武科)의 선발(選拔)・군무(軍務)・의위(儀衛)・우역(郵驛)・병갑(兵甲)・기장(器仗) 및 출입문〔門戶〕의 빗장〔關〕과 자물쇠〔鑰〕를 단속하는 행정을 맡았다.[141)]

오위도총부는 서울을 좌・우・전・후・중의 다섯으로 나누어 8도의 무사들과 함께 궁성과 도성을 지키는 중앙의 군사조직이다.

비변사는 중앙행정부의 장〔判書/領事〕과 참모〔參判/判事/知事〕로써 전쟁을 수행하기 위한 의결기관으로서 토의하고 결정하는 하나의 태스크포스(task force)의 역할을 하되, 군사지휘권은 없었다. 이들이 외교・산업・교통・통신 등의 주요 국정 전반에 걸쳐 다루게 되자, 국가 최고 행정기관인 의정부와 6조는 실권이 없어 제구실을 하지 못하였다.

훈련도감은 척계광의 『기효신서』를 바탕으로 절강병(浙江兵)의 훈련법인 삼수기법(三手技法: 砲手・射手・殺手)을 익히기 위하여 중앙정부 안에 만들어진 것인데, 주로 화포(火砲)를 연습하였다.

속오군은 대규모 침입을 막기 위하여 중앙의 훈련도감 설치와 함께 지방에 설치되었으며, 지방의 진관체제가 다시 정비되면서 척계광의 『기효신서』에 나타난 속오법(束伍法)과 삼수기법(三手技法)에 따라 량인(良人)・공천(公賤)・사천(私賤)으로 조직되었다. 이들은 일본의 조총(鳥銃)에 대응할 수 있는 포수(砲手)를 양성하기 위한 것이라고 해도 지나치지 않는다. 이들은 병농일치제에 따라, 평상시에는 농사와 무예 훈련을 하다가, 유사시에는 소집되어 국가방어에 동원되는 체제로서 국가의 물질적 급여는 없었고, 다만 부분적으로 보인(保人)의 지급이

---

141) 『만기요람』 군정편2 兵曹.

이루어졌다.

지방의 감영(監營)은 각 도의 관찰사(觀察使)가 집무하는 관청이며, 곳에 따라 병마사를 겸하였으며, 병영(兵營)은 병마절도사(종2품)가 지휘하는 곳, 수영(水營)은 수군절도사(정3품 당상관)가 지휘하는 곳을 말하는데, 이를 바탕으로 진관체제가 이루어진다.

진관체제는 세조(1455~1468) 때부터 확립된 방어체제인데, 주진(主鎭)·거진(巨鎭)·제진(諸鎭)으로 나누며, 병영·수영을 주진이라 하고, 첨절제사(종3품)가 거느린 군영을 거진이라 하며, 만호(종4품)와 절제도위(종6품)의 군영을 제진이라 하여 어떠한 소규모 전쟁에도 신속하게 대처할 수 있는 자전자수(自戰自守)의 체제였다.

제승방략은 진관의 병력이 적으므로, 해당 진관이 대규모 침입을 막기 위하여 중앙에서 군대를 이끌고 내려온 장수의 지휘를 받는 체제다. 기동함대의 성격을 지녔지만, 중앙에서 내려온 지휘관이 실질적으로 그 부대를 다스리지 못하였으며, 임진왜란 때에는 아무런 효과를 보지 못하였다.

(1) 오위도총부(五衛都摠府)와 비변사(備邊司) 및 훈련도감 체제

• 오위도총부

궁성과 도성을 지키는 중앙의 군사조직으로 오위(五衛)가 있는데, 이것은 고려 때에 삼군도총제부(三軍都摠制府)였던 것을 1393년에 태조 리성계가 의흥삼군부(義興三軍府)로 고치고, 1409년에 태종 리방원이 1409년에 진무소(鎭撫所)로 고친 것이다. 또 이것을 1446년에 세종 리도(李祹)가 삼군진무소(三軍鎭撫所)라고 했다가, 1451년 문종이 삼군을 오위로 고쳤는데, 세조 리류(李瑈)가 1466년에 오위도총부(五衛都摠府)라고 하였다.

〈표III-1〉 오위(五衛)에 소속된 지방 군사

소속	義興衛	龍驤衛	虎賁衛	忠佐衛	忠武衛
역할	中衛	左衛	右衛	前衛	後衛
中部	서울 中部・開城府 京畿: 楊州・廣州・水源・長湍	서울 東部 慶尙: 大邱	서울 西部 平安: 安州	서울 南部 全羅: 全州	서울 北部 永安(咸吉): 北青
左部	江原: 江陵・原州・淮陽	慶州	義州・龜城・朔州・昌城・昌州・方山・麟山鎭	順天	三水・惠山
右部	忠淸: 公州・洪州	晉州	成川	羅州	穩城・慶源・慶興・柔遠・美錢・訓戎鎭
前部	忠州・淸州	金海	寧邊・江界・碧潼・碧團・滿浦・高山里・渭原・楚山・寧邊鎭	長興・濟州	鏡城・富寧・會寧・鍾城・高嶺・潼關
後部	黃海: 黃州・海州	尙州・安東	平壤	南原	永興・安邊

※ 근거: 『선조실록』 권71 선조29년 1월 신묘(24일) 및 『만기요람』 군정편1에서 필자가 종합.

임진왜란 때에는 '오위도총부'란 말이 나오지 않아 '오위(五衛)'만 있는 것처럼 보이지만, "1606년 10월 2일에 김수를 오위도총부 도총관으로 삼았다."는[142] 것과, 그 훨씬 뒷날에도 "임금(영조)이 오위도총부에 나아가 옛날을 추억하고 감회에 젖었다."는[143] 기록으로 보아 '오위도총부'가 오래도록 존재하였으며, 1882년(고종19)의 군제개혁이 될 때까지 운용되었다.

오위의 운용은 병조(兵曹)에 소속된 것인데, 태조때부터 지방의 군사를 오위에 소속시켜 평상시에는 군사훈련을 하고, 유사시에는 병력동원이 쉬워 그 법이 매우 좋았다. 그래서 각기 살고 있는 곳에 따라 전위(前衛)・중위(中衛)・좌위(左衛)・우위(右衛)・후위(後衛)의 5위에 소속시켜 무사들과 함께 합하여 대오를 편성하고, 번을 나누어 서로 돌려가며 서울에 와서 숙위하였다.[144]

142) 『선조실록』 권217 선조40년 10월 신유(2일). "以金睟爲五衛都摠府都摠管."
143) 『영조실록』 권123 영조50년 7월 무오(7일). "上幸摠部 追感昔年摠管."
144) 『선조실록』 권87 선조30년 4월 정축(17일). "祖宗朝以京外軍士 分屬於五衛 平

하나의 '오위'는 '중위 · 좌위 · 우위 · 전위 · 후위'로 구성되어 있는데 그 이름은 의흥위(義興衛) · 룡양위(龍驤衛) · 호분위(虎賁衛) · 충좌위(忠佐衛) · 충무위(忠武衛)이며, 각 위에는 중부 · 좌부 · 우부 · 전부 · 후부의 '오부(五部)'로 구성되어 있다.

이런 구조를 『선조실록』과 『만기요람』(군정편)에서 종합하면 〈표Ⅲ-1〉과 같다.

오위의 임무는 기본적으로 왕궁을 숙위(宿衛: 밤샘하여 지킴)하는 것이다. 오위에서 각 1부씩 번을 들며, 저녁이 되기 전에 병조에서 야간 근무할 곳과 시간을 배정하여 결재를 받으면 위장(衛將)은 점검을 받고 나누어 받아가서 도성(都城)의 안팎을 순찰하고 이상유무를 보고하였던 책임이 막중한 직책이었다.[145]

그래서 임진왜란이 일어나기 1년 전에도 오위의 장수를 추천〔擬望〕할 때에 나이가 많고 노쇠하거나 질병이 있는 사람을 함부로 뽑았다고 사간원에서는 이들을 파직시킬 것을 건의한[146] 까닭이 여기에 있다.

그런데 이런 함량 미달의 인물들은 임진왜란이 일어나자, 모두 달아나 버리고 나타나지 않기도 하고, 어떻게 해서든 임금에게만 잘 보이려고 행재소에 가 있는 자도 있어[147] 그 직분을 다하지 못하였다.

● 비변사(備邊司)

비변사는 비국(備局) · 주사(籌司)라고도 하는데, 1517년(중종12) 6월 27일에 축성사(築城司)를 고쳐 비변사(備邊司)148)라 일컬었는데,[149] 이

時則有操鍊之規 有事則易於調發 其法甚美. … 各以所居 屬于前中左右後五衛 與聽用武士相合 編爲隊伍 分番相遞 宿衛京城."

145) 『만기요람』 군정편1 衛制.

146) 『선조실록』 권25 선조24년 4월 정미(12일). "司諫院啓 三廳五衛之將 爲任至重 近來不究本意 雜擬苟充 宿衛不嚴 極爲寒心. … 五衛將李頤壽 年甚衰耗. … 五衛將鄭復始 身有疾病 不能行步 請竝命遞差."

147) 『선조실록』 권31 선조25년 10월 경인(4일).

148) 이 "備邊司"라는 낱말이 『세종실록』에도 나오기도 한다.

149) 『중종실록』 권28 중종12년 6월 신미(27일). "改築城司 稱備邊司."

것은 3주일 전 6월 6일에 축성사라는 이름을 없앴기 때문에 다른 이름으로 바꾸고자 건의했던 명칭에서 비롯되었다.[150)]

'축성사'는, 『조선왕조실록』에서 보면, 1500년(연산군6)부터 평안도·함경도 지역에 성을 쌓아 적의 환란(患亂)을 막기 위하여 설치한 조직이다.[151)] 그러나 그 전에도 이미 장성(長城)을 쌓았고, 『세종실록』(권154 지리지)에서는 "세속에서는 '만리장성'이라 한다.〔俗稱萬里長城〕"는 말까지 있으며, '축성대감(築城大監)'이란 말까지 있는 것으로 보면, 그 유래는 오래된다고 볼 수 있다.

그런데 '비변사'는 '중앙과 지방의 군국기무(軍國機務)'의[152)] 역할을 하였다는 말에서 보듯이, 북로남왜(北虜南倭)의 동정을 빨리 파악하기 위하여 설치되었으며, 중앙〔天府〕의 의도에 따라 지방〔王府〕의 정보, 특히 군사적 관계의 동향을 중앙정부에 보고했던 정보 조직이었다.

특히 이 조직은 그 담당자가 장관급에 해당되는 도제조(都提調)는 때에 따라 전임의 관리〔原任〕로 의정이 관례대로 겸임하였으며, 차관급인 제조(提調)는 재상(宰相: 2품 이상의 벼슬)으로서 변방에 관한 지식이 있는 사람이 겸임하며 정원은 없다. 그래서 吏曹·戶曹·禮曹·兵曹의 판서 4명 및 강화 류수(江華留守)로서 상례적으로 겸임하였으며,[153)] 사무

---

150) 『중종실록』 권28 중종12년 6월 경술(6일). "巡察使安潤德仍啓曰 築城司之名已罷 當改以他號 使三公監領 然後易於辦事也. … 鄭光弼金應箕申用漑議曰 … 以備邊司稱號爲當."

151) 『연산군일기』 권36 연산군6년 2월 을유(1일). "築城司提調李季仝계 咸鏡道魚面加乙坡地 宜急築城 以防賊患. 但今農務方殷 不可勞民 請姑設木柵 以待秋成. 從之." 『연산군일기』 권56 연산군10년 12월 신미(15일). "傳曰 築城司固當設之 三司亦可董役."

152) 『만기요람』 군정편1 備邊司. "中外軍國機務."

153) 『선조실록』 권44 선조26년(1593)부터 권101 선조31년(1598)까지의 비변사 '有司堂上'을 보면, 中樞府의 領事·判事·知事·同知事, 敦寧府 領事, 議政府의 領·左·右, 六曹의 判書(吏·戶·兵·刑·工) 및 參判(吏·戶·兵), 承文院의 承旨(都·左·同副)였다. 이때에 령중추부사에 심수경(沈守慶), 판중추부사에 최홍원(崔興源)·정곤수(鄭昆壽)·윤두수(尹斗壽), 지중추부사에 김수(金晬)·정탁(鄭琢), 동지중추부사에 리정형(李廷馨), 령돈녕부사에 리산해(李山海), 령의정에 류성룡(柳成龍), 좌의정에 김응남(金應南)·리원익(李元翼), 우의정에 김명원(金命元), 리조판서에 김응남, 호조판서에 김명원·한응인(韓應寅), 병조판서에 리항복(李恒福)·심충겸(沈忠謙), 형조판서에 김명원·리덕형, 공조판서에 리덕형, 리조참판에 김응남·리정형, 호조참판에 성영(成泳), 병조참판에 강신(姜紳)·류영경(柳永慶), 도승지에 장운익(張雲翼), 좌승지에 로직(盧稷), 동부승지에 리수광(李睟光)·윤형

담당 당상관은 3명인데, 제조로서 군사에 관한 일에 지식이 있는 사람을 추천하여 임명한다. 낭청(郞廳=備邊郞: 종6품)은 12명인데, 3명은 문과출신, 1명은 무비사(武備司)의[154] 낭청이 겸임하고, 나머지 8명은 무과출신이다.

1592년(선조25)에 처음으로 부제조(副提調)를 두었는데, 통정대부(정3품 당상관) 가운데서 군사업무를 잘 아는 사람을 추천하여 임명하였는데, 리정구(李廷龜: 1564~1635)·박동량(朴東亮: 1569~1635)이 맨 먼저 이 임무를 맡았으며, 뒷날에는 훈련대장으로 제조를 상례적으로 겸임하였다.[155]

그래서 리순신과 관계된 내용을 보면 다음과 같다.

(1) 비변사의 공문으로 리경록(李慶祿)과 리순신(李舜臣) 등을 잡아올 것에 대한 보고서를 임금께 바쳤다.〔1587. 10. 16〕[156]

(2) 비변사에서 무신들을 불차채용(不次採用)한다고 하자, 리산해(李山海)는 … 리순신을, … 정언신(鄭彦信)은 … 리순신을 추천하였다.〔1589. 1. 21〕[157]

이 두 사료를 보면, 비변사가 하는 일에서 국방업무에 소관된 사람의 잘잘못에 대한 보고를 하거나, '군사 통수권'을 가지지 않고, '인사 추천권'을 가지고 있음을 알 수 있다.

(尹泂)·권희(權憘) 등이었다.

154) "武備司"는 軍籍·馬籍·兵器·戰艦·軍士의 點考와 査閱, 武藝의 訓練, 宮殿의 護衛·巡察, 城堡·鎭戍·防禦·征討·軍官 및 軍人의 파견, 당번 배정, 給料·휴가, 侍衛軍丁·復戶·火砲·烽燧·改火·禁火·符信·更籤 등의 사무를 맡았다.〔만기요람 군정편1 兵曹〕

155) 『만기요람』 군정편1 備邊司. "都提調 以時原任 議政例兼. 提調 以宰臣 知邊事者 兼差. 無定額. 又以吏戶禮兵四曹判書及江華留守 例兼. 有司堂上三員 以提調之 知軍務者 啓差. 郞廳十二員 三員文臣 一員兵曹武備司郞廳兼 八員武臣. 宣祖壬辰 始置副提調 以通政中諳鍊兵務者 啓差. 李廷龜朴東亮 首先爲之 後以訓鍊大將 例兼提調."

156) 『선조실록』 권21 선조20년 10월 신미(16일). "備邊司公事 李慶祿李舜臣等拿來事 入啓."

157) 『선조실록』 권23 선조22년 1월 기사(21일). "備邊司武臣不次可用 李山海薦…李舜臣… 鄭彦信薦…李舜臣."

(1) 전라수사 리순신은 수군을 동원하여 남의 도에까지 깊숙이 들어가 적선 40척 남짓을 격파하고, 왜적의 머리 2급을 베었으며, 빼앗겼던 물건을 도로 찾은 것이 매우 많았다. 비변사가 포상해줄 것을 보고하여 청하니, 임금이 가자(加資: 정3품 이상의 품계로 올림)하였다.〔1592. 5. 23〕[158)]

(2) 비변사가 아뢰었다. 전라우수사 리억기가 좌수사 리순신, 경상우수사 원균과 협동하여 적선 39척을 쳐부수었습니다. 왜적의 목을 베어 바친 것은 단지 9급이지만, 왜란이 일어난 뒤로 전투에서 이긴 공이 이보다 더한 것이 없습니다. 리억기를 특별히 포상해주소서.〔1592. 7. 9〕[159)]

(3) 비변사가 아뢰었다. 경상수사 원균의 승첩을 알리는 보고서는 바로 얼마전 리순신이 한산도 등에서 승리한 것과 한때의 일입니다. 싸움에 임해서는 앞서는 자가 있고, 뒤따르는 자도 있으며, 공에는 크고 작은 것이 있어서 그 차등이 있기 마련입니다. 그러나 이곳에서는 확실히 알기가 어려운 일입니다. 적을 벤 것으로써 대략을 논하면 힘을 다하여 혈전했음에는 의심이 없습니다. 다시 1등에 참여된 이는 마땅히 별도로 포상하여야 할 듯합니다.〔1592. 8. 24〕[160)]

이 사료로 보면, 비변사는 전투현장에서 있었던 공적의 많고 적음에 대하여 파악하여 보고하고, 포상해줄 것을 건의하는 역할을 하였다. 특히 위의 (3)의 경우는 리순신과 원균의 갈등관계가 표출되는 처음 사건이기도 하다. 여기서 비변사의 입장은 지휘권・인사권이 없으며, 그 사실관계의 확인과 그 결과의 보고에 있음을 알 수 있다.

(1) 비변사가 아뢰었다. 도원수 권률의 장계를 보건대, "너댓 척이 출몰하는 왜적선은 오히려 쫓아가 무찌를 수 있는데, 좌도・우도의 수사들이 서로 잊어버린 것처럼 버려두니, 통제사 리순신 이하 모두 허물을 캐어

---

158) 『선조실록』 권26 선조25년 5월 임오(23일). "全羅水使李舜臣 趁發舟師 深入他道 撞破賊船四十餘隻 斬倭二級 所掠之物 多數還奪. 備邊司啓請論賞, 上命加資."

159) 『선조실록』 권29 선조25년 7월 병인(9일). "備邊司啓曰 全羅右道水使李億祺 協同左水使李舜臣 慶尚右水使元均 撞破賊船三十九隻. 雖其獻馘只九級 而賊變後戰捷之功 未有過於此者. 億祺特加論賞."

160) 『선조실록』 권29 선조25년 8월 신해(24일). "備邊司啓曰 慶尚道元均獻捷啓本 卽頃日李舜臣閑山島等島一時事也. 臨戰首從 功之大小 必有差等於其間. 而在此的知爲難. 以斬馘論大概 戮力血戰則無疑. 再參一等 似當別爲褒賞."

물어서 죄를 주도록 명하소서."라고 하였습니다. 수군이 바다에 오래 있는 것은 사람으로서 견디기 어려운 일이므로, 조정이 접때에 잠시 군사들을 쉬게 하여 사기를 돋우도록 허가하였으나, 지난해 싸움에서 이긴 것을 아뢴 뒤로는 한번도 적을 무찌른 일이 없으므로, 도원수가 죄주기를 청하는 것은 어쩔 수 없는 일이니, 장계한 대로 허물을 캐어묻고 타이르고 격려하소서. 임금이 이에 따랐다.〔1593. 윤11. 6〕[161)]

(2) 비변사가 아뢰었다. 리순신과 원균은 본래 사이가 좋지 않아서 서로 헐뜯고 있습니다. 만일 법으로 다스린다면 마땅히 둘을 죄주어 내쳐야 할 것입니다. 그런데 리순신은 왜란이 일어난 초기에 병선을 모아 왜적의 길을 막아 목을 벤 공로가 많았고, 원균은 처음에 리순신과 협력하여 역시 왜적의 선봉을 꺾는 성과를 올렸으니, 이 두 사람의 충성과 공로는 모두 가상합니다. 임금께서 특별히 잘 화합시켜 진정시킬 수 있는 대책을 생각하시어 급히 선전관을 보내어 글을 내려 국가의 위급함을 우선으로 돌보라고 권하십시오. … 혹자가 말하기를 "두 사람은 틈이 벌어질대로 벌어졌으니, 원균을 갈아치워야 그들의 분쟁을 가라앉힐 수 있다."고 합니다. 어떻게 처리해야 하겠습니까?〔1594. 11. 28〕[162)]

이 두 사료는 군사업무를 담당하는 사람의 잘못한 일에 대하여 처벌을 해야 한다고 임금에게 건의한 내용이다.

위의 (1)에서 보면 도원수 권률의 상황판단이 올바르지 않음을 임진왜란의 경과를 보면서 알 수 있다. 이미 일본은 조선의 수군 때문에 해상보급로가 차단되어 육상에서의 진격이 더 이상 어려워져 강화회담을 주도하면서 전투를 회피하고 장기전으로 돌입한 지도 1년이나 되었는데, 더 이상 싸우지 않고 왜적을 무찌르지 않는다고 죄를 묻는다는 것은 전쟁을 지휘하는 지휘관답지 않은 판단이다. 비변사에서 그런 도원수 권률의 판단에 따르고, 임금도 그렇게 따랐다는 것은 그만큼 전

161) 『선조실록』 권45 선조26년 윤11월 병술(6일). "備邊司啓曰 伏見都元帥狀啓 四五隻出沒賊船 猶可追勦 而左右水使 置諸相忘之域 統制使李舜臣以下水使 竝命推考科罪云. 舟師久在洋中 人所難堪. 朝廷頃者 暫許其休兵養銳 而前年奏捷之後 一無勦賊之擧 元帥之請罪 在所不已. 依狀啓推考飭勵. 上從之."

162) 『선조실록』 권57 선조27년 11월 임인(28일). "備邊司啓曰 李舜臣元均 素不相能 互相詆訐. 若繩以律 則所當兩罪而竝斥. 第舜臣則當變初 收聚兵船 遮遏賊路 多有斬馘之獻. 元均則初與舜臣協力 亦有摧陷先鋒之效. 二人忠勞 俱足嘉尙, 自上特念調制進定地策 急遣宣傳官下書 責之以先國家之急. … 或以爲 兩人嫌隙已成 可遞元均 以息其爭. 何以處之."

략적 식견과 정보판단이 부족했음을 알 수 있다.

그리고 위의 (2)는 리순신과 원균과의 갈등을 다룬 말인데, 두 사람의 공로를 인정해주되, 국가의 위급한 상황에서 돌이킬 수 없는 갈등관계를 임금이 나서서 해결해줄 것을 비변사에서 보고하였다. 이러고 보면 비변사는 군사에 관하여 보고하는 업무를 수행한 것이다.

(1) 중국 정부가 군사를 내어 구원하려고 왜적의 정세와 우리나라의 형세를 조목조목 물었다. 비변사가 조목에 따라 진술하였다.〔1592. 11. 11〕[163)]

(2) 비변사가 아뢰었다. 수군의 병력을 증원하기 위한 사항을 신들이 반복해서 생각해보았지만, 좋은 계책을 얻지 못했습니다. … 도원수 및 수사 원균과 통제사 리순신에게 글을 내려, 이제부터 왜적에게 있다가 나오는 사람과 떠도는 사람들을 모두 거두어들여 해변의 기름진 땅에 정착하여 농사짓게 하고, 장정은 잡역을 면제하고, 격군에 충원하면 흩어졌던 백성들은 죽음을 면할 수 있고, 수군은 외롭고도 약한 데 이르지 않을 것입니다. 그러나 그것이 편안한지 아닌지를 멀리서 알 수 없으니, 도원수로 하여금 정확하게 헤아려 속히 아뢰게 하소서. 임금이 이에 따랐다.〔1594. 8. 23〕[164)]

비변사는 군사에 관한 모든 정보를 가지고, 대내·대외의 관계에 처리하였으며, 어떤 지휘권도 행사한 것이 보이지 않는다.

그리고 수군을 강화시킬 방안을 강구하여 임금에게 제시하기도 하였다.

(1) 비변사가 아뢰었다. 리순신의 보고서를 보건대, 각 고을 목장의 말을 몰아다가 잘 길들여서 육전에 쓰게 하되 본 고을의 감목관과 함께 수를 헤아려서 각 장사들에게 한 필씩 주고 낱낱이 장부에 적어 두었다가 성공을 기다려 영구히 지급하고자 하였습니다.〔1592. 8. 16〕[165)]

---

163) 『선조실록』 권32 선조25년 11월 정묘(11일). "天朝將發兵救援 條問倭情及我國形勢. 備邊司條列以陳."

164) 『선조실록』 권54 선조27년 8월 무진(23일). "備邊司啓曰 水軍添兵一事 臣等反覆思度 未得善策. … 請下書于元帥及水使元均統制使李舜臣 今後賊中出來人及流離人等 盡數收入分運 安集於海邊膏腴之處 俾令耕種 丁壯則蠲除雜役 充爲格軍 則遣民得免於兇鋒 舟師無至於單弱. 然其便否不可遙度 令元帥商確料理 急速啓聞. 上從之."

(2) 비변사가 아뢰었다. 전쟁이 그치지 않았는데 군량이 모자라 판출할 방법이 백방으로 생각해 보아도 곡식을 얻어낼 도리가 없습니다. … 전에 병마사와 수사가 둔전하게 한 일을 이미 리순신의 장계에 따라 각 동에 공문을 보냈습니다. 각 진보의 첨사·만호와 각 고을의 수령들은 광활한 목장이나 관개할 수 없는 둑과 묵어서 거칠어진 논밭〔陳荒田畓〕을 가려내어 둔전을 만들고 형편대로 농사짓게 하되, 그 중에 곡식을 가장 많이 수확한 사람을 도마다 각 1명씩 뽑아 승진시키고, 서용(敍用)하기도 하고, 포상하기도 한다면, 사람들이 모두 다투어 권면하게 되어 번거롭게 하지 않고도 일이 잘 될 것입니다. 이런 뜻으로 팔도의 관찰사들에게 공문을 보내어 즉시 시행케 하되, 각 고을과 각 진의 둔전 경작 장소를 적어서 보고케〔啓聞〕 함으로써 뒷날 상고할 수 있게 하는 것이 어떻겠습니까?〔1593. 10. 17〕[166)]

리순신은 임진왜란이 한창인 때에도 군량을 확보하기 위해 노력했음이 엿보인다. 전쟁이 1년이나 지나고 있으며, 언제 끝날지도 모르는 상황에 군량이 떨어진다면 곧 패배를 뜻한다.

그래서 비변사에서 군량확보에 그토록 골머리 앓았던 것인데 그 방안이 리순신의 보고서에 이미 적혀 있었다. 그 방법대로 그대로 쓰는 것이 어떻겠느냐고 임금에게 의중을 떠보았는데, 당연히 잘 살펴서 하라고 하였다.

비변사가 아뢰었다. 육지에 주둔한 왜적들은 진영이 이미 견고하고 무리들이 심히 많아서 우리의 피폐하고 잔약한 병졸과 무딘 병기로서는 왜적이 있는 진영 하나라도 깨뜨리기에 그 형세가 참으로 어렵습니다. 오직 수군을 가지고 해로를 가로막아 그 보급로를 끊는다면, 적의 형세가 자연히 위축될 것입니다. … 이제 거제의 적들을 공격하여 지탱하지 못하

165) 『선조실록』 권29 선조25년 8월 계묘(16일). "備邊司啓曰 李舜臣啓本 欲以各官牧場馬 驅出馴養 以爲陸戰之用 本官監牧官 一同量數驅捉 各其逢授將士 一一置簿 待其成功 仍爲永給."

166) 『선조실록』 권43 선조26년 10월 정유(17일). "備邊司啓曰 兵或不解 糧餉告缺 百計措辦 得粟無路. … 前者兵水使屯田事 則已因李舜臣狀啓 行移各道矣. 至於各鎭堡僉使萬戶 各邑守令 擇取閑曠牧場 不能灌漑堤堰 陳荒田畓 作爲屯田 隨使耕種 其中得粟最多者 每道各一人 或陞敍褒賞 則人皆競勸 不煩而事擧矣. 此意移文于八道監司 劃卽施行. 各其邑鎭屯田起耕之處 開錄啓聞 以憑後考如何."

게 하면 웅천으로 가서 그곳의 적들과 서로 합칠 것이니, 수군이 동쪽으로 가는 데에 장애물이 없을 것입니다. … 거제의 형세를 신들도 직접 본 적이 있습니다. 영등포와 옥포 사이에는 수풀이 하늘에 닿고, 풀과 나무들이 무성한데, 거제 사람 중에는 사냥하는 사람이 많습니다. 만약 이들을 모두 모아서 밤낮으로 적진의 좌우에서 무찌르게 하여 나무하는 왜적들을 쏘아 죽인다면, 거제의 왜적들은 반드시 달아날 것입니다. 이것이 최상의 꾀인데도 그럭저럭 날만 보내어 지금까지도 일정한 계책이 없으니, 참으로 통탄스럽습니다. 급히 선전관을 보내어 이 뜻을 가지고 수군 통제사 리순신에게 통지하는 것이 어떻겠습니까? 임금이 답하기를, 매우 마땅하다 속히 거행하라.〔1594. 9. 19〕[167)]

비변사에서는 앞에서 말한 것처럼 수군의 강화방안뿐 아니라, 왜적의 동향을 파악하고 있으면서 왜적을 무찌를 방책을 강구하여 임금에게 건의하였다.

수풀이 하늘에 닿고, 풀과 나무들이 무성한 영등포와 옥포 사이의 거제는 기름진 땅이 아니면, 이런 표현은 있을 수 없으며, 그런 곳에는 짐승들이 많아 사냥하는 사람들이 많은 까닭에 그들을 이용하여 왜적들을 쏘아 죽이게 하는 묘안을 찾아내기도 하였던 것이다.

이렇게 비변사는 직접적인 지휘권을 가지지 않으면서 중앙과 지방의 군사관계를 보고하고, 또 방안을 강구하여 임금에게 보고하는 역할을 하였다.

• 훈련도감(訓鍊都監)

훈련도감은 훈국(訓局)이라고도 하는데, 임진왜란이 일어난 지 1년 반쯤이 지난 1593년 8월에 리연의 의지가 담겨 있는 군사훈련의 임시

---

167) 『선조실록』 권55 선조27년 9월 갑오(19일). "備邊司啓曰 陸地屯處之賊 營壘既固 徒衆甚多 在我以疲殘弱卒 齟齬器械 攻破一屯 其勢固難. 唯以舟師 橫截海路 絶其糧道 則賊勢自縮. … 今宜侵撓巨濟之賊 使其不支 而與熊川之賊相聚 則舟師東向之路無阻. … 且巨濟形勢 臣等亦有目見者. 永登玉浦之間 林木參天 草樹藏蔽 而巨濟之人多有射獵者. 若悉數聚集 晝夜剿擊於賊陣左右 使賊之樵蘇者 輒被射殺 則巨濟之賊 必遁矣. 計不出此 遷延度日 至今無一定計 良可痛嘆. 請急遣宣傳官 以此意 知會于舟師統制使李舜臣 如何. 答曰 堪當. 斯速爲之."

기구로 설치되었다.

비망기에 이르기를, "오늘의 적세가 매우 염려되는데 전부터 일을 처리하는 것이 느슨하여 왜적의 난리를 겪는 2년 동안 군사 1명을 훈련시키거나, 기계 하나라도 수리한 것이 없이, 중국군사〔天兵〕들만을 바라보며, 오직 왜적이 물러가기만을 기다렸으니 불가하지 않겠는가. 접때에 훈련시킬 것을 전교하였으나, 나의 말이 시행되지 않았다. 그러나 이처럼 세월만 보내며 망해가는 것을 기다리고 있어서는 안 될 것 같다. 이제 산릉도감(山陵都監)의 일도 이미 끝냈으니, 나의 생각에는 따로 훈련도감을 설치하여 합당한 인원을 임명시켜 장정들을 뽑아 매일 활쏘기를 익히고, 대포를 쏘기도 하여 모든 무예를 교육훈련시키고자 하니, 의논하여 처리하라."고 하였다.〔1593. 8. 19〕[168)]

리연의 의도를 적어서 승문원 승지에게 전해준 글, 즉 비망기(備忘記)로 보면, 조선군 스스로 정예군을 양성해보겠다는 의지가 국가통수권자에 의해 발동이 되었다. 그러나 그것은 이미 임진왜란이 일어나기 전에 시도되고 실천이 되었어야 옳았다. 그래도 난리를 겪으면서 평양전투에서 이기고 나서 그나마 정예군사 양성의지를 나타냈으니 다행이라 본다.

이 『선조실록』의 기록으로만 보면 소경왕 리연의 의지가 담겨진 훈련도감의 설치로 보이지만, 『만기요람』에 보면, 참장(參將) 락상지(駱尙志)의 아이디어 제공이 결정적 역할을 하였으며, 이것을 류성룡이 받아들인 결과이다.

락상지가 일찍이 령의정 류성룡에게 말하기를, "조선이 바야흐로 미약한데, 왜적이 오히려 국토 안에 있으니, 이때에 군사들을 훈련시키는 것이 가장 급합니다. 중국군〔天兵〕이 철수하기 전에 기예를 배우고 익히면 몇 년 만에 정예롭게 될 수 있고 왜적을 막아낼 수 있습니다."고 하자, 류성

---

168) 『선조실록』 권41 선조26년 8월 경자(19일). "備忘記曰 今日 賊勢有萬可虞. 備邊司自前處事弛緩 經賊二年 未嘗鍊一兵 修一械 只望天兵 惟竢賊退 無乃不可乎. 前日鍊兵事傳教 而予言不得施矣. 雖然似不可如是悠悠 以待其亡. 今山陵都監已畢. 予意別設訓鍊都監 差出可合人員 抄發丁壯 日日或習射 或放砲. 凡百武藝 無不教訓事 議處."

룡은 곧 행재소에 달려가서 보고하고, 또 금군(禁軍) 한사립(韓士立)으로 하여금 70명 남짓을 모아서 락상지에게 가르쳐달라고 청하니, 락상지가 휘하의 장륙삼(張六三) 등을 발탁하여 교사로 삼아서 곤봉(棍棒)·등패(籐牌)·랑선(狼筅)·장창(長槍)·당파(鎲鈀)·쌍수도(雙手刀) 등의 기술을 익혔다.[169)]

이것은 곧 평양전투 직후에 있었던 락상지와 류성룡 사이의 대화였고, 이로 말미암아 류성룡은 소경왕 리연에게 이 사실을 보고하여 훈련도감이 만들어지게 되었던 것이다.

그래서 류성룡이 훈련도감의 도제조로서 맨 처음을 맡을 수 있었던 것이다.

그리고 이들이 가졌던 무기는 "곤봉(棍棒: 길이 7자, 그 끝에 2치 되는 칼날이 있음)·등패(籐牌: 방패)·랑선(狼筅: 길이 15자, 10·5층의 가지가 있음)·장창(長槍: 길이 15자)·당파(鎲鈀: 길이 7자의 삼지창)·쌍수도(雙手刀: 자루 길이 1자5치, 날의 길이 5자) 등"이었는데, 실제 임진왜란 때의 목격담을 보자.

(1) 임금이 승정원에 전교하였다. 참장 락상지가 성 안에 와 있으니, 정예병을 가려 검술을 배우게 하라.〔1592. 10. 7〕[170)]

(2) 사간원에서 리유징이 아뢰었다. … 신(=리유징)이 길을 가다가 남쪽지방의 군사〔南兵〕들이 오는 것을 보았는데, 모두 보병이었고, 그들이 가진 기계는 모두 편리하고 빠른 것으로서 왜적의 총통·화포 따위의 여러 도구들을 많이 가지고 있었습니다. 그 사람들은 모두 날랜 모습이었는데, 착용한 수건과 신이 료동이나 북경 사람과는 같지 않았습니다. 유격 락상지란 자가 거느리고 왔는데, 그 사람은 무게 88근의 큰 칼을 잘 쓰고, 힘은 800근을 드는 까닭에 '락 천근'이라 부른답니다. 남쪽지방 군사〔南兵〕들이 강을 건널 때에 저는 미처 보지 못했으나, 하인들이 보았

---

169) 『만기요람』 군정편2 訓鍊都監. "(駱)尙志嘗于相臣柳成龍曰 朝鮮方微弱 而賊猶在境上. 此時鍊兵最急. 迨天兵未回 學習技藝 數年可成精銳 可以禦倭. 成龍馳聞於行在. 且使禁軍韓士立招募 得七十餘人 請敎於駱. 駱撥帳下張六三等爲敎師 習棍棒籐牌狼筅長槍鎲鈀雙手刀等技."

170) 『선조실록』 권31 선조25년 10월 계사(7일). "上敎政院曰 駱參將來在城中 可抄精銳 學其劍術."

> 는데, 모두 배에 오르려 하지 않고, 단지 가지고 있던 물건만 배 안에 넣고는 헤엄쳐 건넜으며, 어떤 이는 가졌던 물건을 풀지도 않고, 휴대한 채로 헤엄쳐 가는 사람도 있었는데, 매우 쉽게 건넜다고 합니다.〔1592. 8. 13〕[171)]

중국 장수들이 도착하자, 그들에게서 무술을 익히려고 애를 많이 썼음을 알 수 있다. 더구나 무척 힘이 세어 88근(=5.28kg)[172)] 되는 큰 칼이나, 800근(=48kg)되는 무게를 쉽게 다루는 것이라든지, 날랜 모습에서 휴대한 물건을 그대로 가지고 헤엄쳐 가는 모습을 보면, 남쪽 지방 군사〔南兵〕들이 매우 강인해 보였고, 이런 면에서 이들을 배우고 싶은 마음이 간절했을 것이다.

그래서 훈련도감을 설치함에 있어서 소경왕 리연은 규칙을 제시해주었다.

> 훈련도감의 규칙을 전교하였다. 화포를 되풀이하여 익히는 것은 당연히 해야 하지만, 화약이 넉넉지 못하니 화포만을 익힐 것이 아니라, 기사(騎射)・보사(步射)나, 펄쩍 뛰며 몽둥이로 때리고〔擊〕 칼로 찌르기〔刺〕・뒤쫓아가기〔追逐〕・빨리 달리기〔超走: 구보〕 등을 모두 익혀야 한다. 그러나 그 성과는 가르치는 자가 성심으로 진력하고, 배우는 자가 게을리 하지 않는 데에 달려 있으니, 때때로 포상하여 그들을 격려하고 권장할 따름이다. 옛날에 척계광이 군사를 가르칠 적에 그 방법이 매우 많았으나, 모래주머니를 발목에 달고 달리도록 하고, 그 모래의 무게를 점점 높이는 것을 상례로 삼았었다. 그러므로 군사들이 전쟁에 임하여 엄청나게 날랬으니, 이것이 그 방법의 하나다. 대개 사람의 성품에는 각기 장점이 있으니, 사졸을 훈련시키는 데에도 여러 가지 방법으로 가르쳐야 할 것이다.〔1593. 8. 22〕[173)]

---

171) 『선조실록』 권29 선조25년 8월 경자(13일). "司諫李幼澄啓曰 … 臣路上見南兵來到 皆是步軍 所持器械 皆便捷 多帶倭銃筒火砲諸具. 其人皆輕銳 所著巾履 與遼東北京之人不同. 有駱遊擊者領來 其人善使八十八斤大刀 力擧八百斤 號爲駱千斤云. 南兵渡江時 臣則未及見 下人等見之 皆不肯上船 只持所持之物於船中 游泳而渡 或有不捨所持之物 而游泳者 極爲從容渡涉云矣."

172) 1근(斤)을 요즘 대개 600g으로 치지만, 본디 1斤=16兩이며, 1냥=3.75g이므로, 3.75g×16=60g이다.

173) 『선조실록』 권41 선조26년 8월 계묘(22일). "以訓鍊都監事目 傳曰 鍊習火砲 固

이미 척계광의 비법이 이렇게 파악되었으며, 그 비법을 조선의 군사들에게 훈련시킬 것을 요구하였다.

> 훈련도감을 설치하고 류성룡을 도제조로 삼았다. 전에 평양이 수복되었을 때, 임금이 도독 리여송에게 가서 사례하고, 중국군사〔天兵〕들이 지난날 지고 이겼던 다른 점을 물으니, 도독이 말하기를, "전에 왔던 북방의 장수는 항상 오랑캐〔胡〕를 방어하는 전법을 익혔기 때문에 싸움이 불리하였고, 이제 와서 쓰는 전법은 척계광 장군의 『기효신서』인데, 이것은 곧 왜적을 방어하는 법이라서 모두 이긴 것입니다."고 했다. … 훈련도감의 설치에 대해서는 또한 헐뜯는 말들이 많았지만, 류성룡이 굳은 의지로 담당했기 때문에 겨우 없어지지 않았다.〔1594. 2. 1〕[174)]

훈련도감의 총수인 도제조는 맨 처음에 류성룡이 맡았다.[175)] 류성룡의 강력한 의지가 담긴 내용인데, 이 훈련도감의 뿌리는 척계광의『기효신서』에 바탕된 것이며, 이것은 오로지 왜적방어의 전술이었던 것이다. 그래서 중국군사들이 와서 왜적과 싸워 이길 수 있었다.

이렇게 설치된 훈련도감은 삼수군(三手軍), 즉 포수(砲手: 포쏘기)·살수(殺手: 창·칼쓰기)·사수(射手: 활쏘기)로 구성되었으며, 전문기술을 가진 특수부대의 성격을 지녔다.

> (1) 류성룡이 종사관 리시발(李時發: 1569~1626) 등과 토론하고 해석하여 강론하였으며, 유생 한교(韓嶠)를 낭관(郎官)으로 삼아 전담시켰다. 또 중국 장수〔天將〕에게 물어서 삼수(三手: 射手·砲手·殺手)의 기술을 단련시키는 방법을 가르쳤으며, 부서를 나누어 연습하여 모두 척계광의

當爲之 然火藥未敷 不必偏習火砲 如騎射步射 或踴躍擊刺 或追逐超走 皆可爲之 惟在教之者 誠心盡力. 而習之者 日日不怠 時加賞格 以激勸之而已. 昔戚繼光之教士 其法非一 而囊沙懸於足 使之習走 點加其重 以爲常 故臨戰趫捷無比 卽其一也. 蓋人性 各有所長 訓鍊士卒 宜多方以教之."

174) 『선조수정실록』 권28 선조27년 2월 경술(1일). "設訓鍊都監 以柳成龍爲都提調. 初平壤之復也 上詣謝都督李如松 問天兵前後勝敗之異 都督曰 前來北方之將 恒習防胡戰法 故戰不利. 今來所用 乃戚將軍紀效新書 乃禦倭之法 所以全勝也. … 都監之設 亦多譏議 而成龍堅意擔當 故謹得不罷."

175) 『만기요람』 군정편2. 훈련도감의 설치연혁에서 보면, "대신 윤두수를 그 사무를 주관케 하였다가 얼마 뒤에 류성룡에게 그 사무를 대신케 하였다.〔以大臣尹斗壽領其事 尋命成龍代領.〕"고 하였다.

제도대로 하니, 몇 달 만에 완성되었다.[176]

(2) 비변사가 아뢰었다. 근래에 훈련도감을 별도로 설치하여 화포를 훈련시키고 있습니다. 당초 비방하는 사람들은 모두 우리 실정에 맞지 않아서 이루기 어려울 것이라고 하였으나, 두어 달 뒤에는 제법 효과가 있게 되어 그 가운데 기예가 이루어진 자는 절강(浙江)의 솜씨가 월등한 사람과 다름이 없으니, 이로써 군사훈련을 하지 않으면 안 된다는 것을 알았습니다. … 그리고 지방의 관찰사·병마사·수사의 영문 및 각 고을에서 각기 인원의 많고 적음에 따라 형편대로 모집하여 포수가 되기 원하는 사람에게 총 쏘는 법을 가르치되, 한결같이 요즘 훈련도감에서 권장하는 규정에 의거하기를 바랍니다.〔1594. 3. 1〕[177]

모두 어렵다고들 비방을 한 사람들이 있었지만, 몇 달이 지나자 수준이 올랐으며, 척계광의『기효신서』대로 절강지역의 훌륭한 군사들만큼 삼수병의 기술을 익혀보니, 그동안에 깨닫지 못했던 훈련의 필요성을 느꼈다고 하였다.

참으로 일찍 깨달았다. 그것도 왜란이 벌어지고 만2년이 지난 때에 이런 교훈이 나왔다는 것이 놀랄 따름이다.

결국 이 말은 곧 임진왜란의 대비가 제대로 이루어지지 않았음을 간접적으로 알 수 있는 대목이다. 훈련되지 않은 군사로는 싸워 이길 수 없는 것이다.

여기서 훈련도감에서 훈련된 포수로 하여금 각 지방에서 얼마만큼 이 규정을 따랐는지는 알 수 없다. 특히 리순신의 경우엔 훈련도감의 규정에 따랐다는 말은 없으며, 이보다 훨씬 전부터 그 스스로 점검하고 훈련하여 모두 함포전으로써 왜적과 싸워 이겼다.

---

176)『만기요람』군정편2 訓鍊都監. "(柳)成龍與從事官李時發等 討論講解. 又以儒生韓嶠爲郎專掌 質問于天將 敎以三手射手砲手殺手鍊技之法. 部分演習 悉如戚制 數月而成."

177)『선조실록』권49 선조27년 3월 기묘(1일). "備邊司啓曰 近者別設都監 訓鍊火砲. 當初議者 皆以爲齟齬難成 數月之後 亦頗有效. 其中成材者 與浙江之善手者無異 以此知鍊兵之不可不爲也. … 且外方監兵使水營及各官 各異人衆多寡 隨便抄集 願爲砲手之人 敎習放砲 一依近日訓鍊都監勸奬之規."

(2) 진관체제(鎭管體制)의 붕괴

진관체제라는 것은 행정단위 '읍(邑)'을 군사조직 '진(鎭)'으로 파악하고, 그 규모에 따라 병마사(종2품)가 있는 곳을 주진(主鎭), 첨절제사(종3품)가 있는 곳을 거진(巨鎭), 동첨절제사(종4품)와 그 이하의 부대를 제진(諸鎭)으로 구분한다. 첨절제사 이하의 지휘관은 지방수령이 겸임하며, 거진을 중심으로 주위의 작은 고을을 제진으로 묶어 진관(鎭管)으로 편성하여 관할한 전국적인 방위망이었다. 특히 남해안에는 군사기지로서 영(營)과 진(鎭)을 두었는데, 이는 내륙을 보호할 필요가 있었기 때문이다.

제승방략이라는 것은 1555년 을묘왜변(乙卯倭變)이 있은 뒤에 지역 수령, 즉 순변사(巡邊使)・방어사(防禦使: 종2품)・조방장(助防將)・도원수(都元帥: 종2품) 및 병마사(兵馬使: 종2품)・수사(水使: 정3품)들에게 담당할 구역을 지정해주고, 자신의 진관 영역에서 사고가 생기면, 그 지역으로 병력을 이동시켜 그곳을 방어케 하였다.[178] 이것은 요즘의 기동방어 전략과 비슷하다.

여기서 조선이 고수한 국방전략은 기본적으로 육군 중심이었다. 그것이 진관제제였든, 제승방략체제였든, 상관이 없이 수군의 존재가 무시된 채 해양전략의 개념은 없었다.

왜냐하면 왜군은 해상에서는 싸움을 잘하고, 육상에서는 싸움을 잘하지 못하므로, 왜군의 방어는 육상에서 하면 된다는 논리의 방왜육전론(防倭陸戰論)이라는 기본 전략의 틀에서 벗어나지 않는 한, 육군이 수군에게 적극적으로 지원하지 않는 상태, 그런 전략이 구상되거나, 육군과 수군이 함께 작전하려는 계획이 실행되지 않은 상태에서는 수군의 역할은 매우 한정될 밖에 없을 것이며, 육군 또한 결정적인 승리를 보장받지 못할 것이다.

---

178) 陸軍士官學校 韓國軍事硏究室,『韓國軍制史 近世朝鮮後期篇』(육군본부, 1977), pp. 23~24.

성몽정(成夢井)이 의논드리기를, 이제 남방은 성지(城池: 성과 그 주위의 해자)가 점차 완성되어가고, 군사들이 분발할 줄 알게 되었으니, 만약 장수를 잘 선발하여 군사를 훈련하며, 봉화와 후망을 신중히 한다면, 1척의 배가 오는 것도 분명히 볼 수 있을 것이며, 그들이 오는 것을 미리 알고 미리 대비한다면, 이기는 것은 우리에게 있는 것입니다. 저 적들은 기일을 약속하여 군사를 모아야 하고, 바람을 기다려서 바다를 건너와야 하는데, 우리 군사들은 육지에 있으면서 그들의 가는 방향을 살펴서 곳에 따라 변에 대응한다면, 노고와 경비는 저들에게 있고, 승리는 우리편에 있을 것인데, 무엇이 두려워서 돌려보내고 강화를 요구하자는 논의가 이같이 급급합니까? 들으니 바다의 도적에 대한 방비는 육지로 오는 도적보다 쉽다고 합니다. 그들이 배를 출발시키는 데는 반드시 바람을 살펴야 하니, 역풍이 불면 떠날 수 없고, 비나 눈이 오면 배가 떠날 수 없으며, 배를 멈추는 데는 반드시 처소가 있으니, 바위 벼랑 아래엔 정박할 수 없고, 얕은 물가에는 정박할 수 없습니다. 이러하니 우리 군사는 휴식할 때가 있고, 적군의 길과 요충지를 쉽게 알아낼 수 있습니다.[179]

이 말은 1510년 10월 17일에 성몽정(1471~1517)이 어전회의에서 중종에게 보고했던 것인데, 육지의 성을 중심으로 방어하면 왜적의 동태를 쉽게 알 수 있고, 그들이 배를 타고 물 위에서 많은 어려움을 겪게 되니 그 피로한 왜적을, 그것도 그들의 침입지역이 한정되어 있기 때문에 육지에서 막아 싸우면 된다는 논리다. 이것이 바로 방왜육전론이다.

병조에서 아뢰기를, 수군〔舟師〕은 우리나라의 장기(長技)가 아닙니다. 대저 왜구를 사로잡지 않는다 하여 우리의 드레진 위엄이 손상될 것은 없으며, 물길〔水路〕로 달아나는 것을 쫓다가 뜻하지 않게 한 번이라도 패하게 되면, 우리의 위엄을 크게 손상하는 것입니다. 그러므로 빈틈없는 계획을 하려면 마땅히 편안히 있으면서 적이 지치기를 기다려야 합니다.

---

179) 『중종실록』 권12 중종5년 10월 경자(17일). "成夢井議 臣謂… 今南方城池漸完 士卒知奮 約能選將鍊兵 謹烽火候望 則隻船之來 歷歷可見. 知其來而預爲之備 是制勝在我. 彼賊約期聚兵 待風渡海入寇 我軍在陸 審其去向 隨處應變 是勞費在彼 制勝在我. 有何所懼 而遣還求知之議 如是汲汲乎. 聞海寇之備 易於陸寇. 其發船必候風 風逆則不能發 雨雪則不能發. 其泊舟必有處 巖崖則不得泊 淺渚則不得泊 是則吾軍休息有時 賊路要害易知."

… 전교하기를, 병조가 보고한 것이 과연 내 뜻에 맞는다.[180)]

중종 6년(1511) 12월 17일의 시점에 조선에서는 국방담당기관 병조(兵曹)의 말처럼 수전(水戰)에 서투르므로, 패배할 위험이 있기 때문에 조선군이 익숙한 기전군(騎戰軍)으로 왜적이 상륙하기를 기다렸다가 배위에서 지친 왜적을 제압하는 것이 효과적이라는 방책이라고 했고, 국군통수권자인 중종도 동의했다.

그러므로 이런 육전 중심의 국방전략은 수군에게는 매우 불리한 운용이 될 수밖에 없었으며, 수전을 하게 될 경우에는 반드시 먼저 보고해야 했다. 그래서 설사 왜적과 싸워 이겼더라도 먼저 보고하지 않았다는 이유로 죄로 다루기도 하였다. 이런 전략의 배경도 경상도 병마사 류담년(柳聃年)이 그 전에 가덕도(加德島) 해전에서 병선 100척 남짓으로 왜적선 30척 남짓과 싸워 크게 이겼음〔생포 40명, 화살에 맞고도 산 자가 12명, 죽은 자가 20명〕에도[181)] 불구하고, 조정에서는 수군이 허가받지 않은 경솔한 행동을 했다고 해서 잘못된 작전이라고 꾸짖었으며,[182)] 많은 대신들도 이에 동조하였다.

이것은 어떠한 해전도 수군에겐 불가능하게 만들었으며, 겉으로는 수군의 육군 전력화(陸軍戰力化)에 있지만, 실제적으로는 수군 무용론(水軍無用論)이며, 해양방위의 취약성을 그대로 드러내고 있는 것이다.[183)]

그래서 임진왜란이 벌어졌을 때에 왜적이 부산에 상륙하자, 부산진·동래성이 무너지면서 이내 서울까지 함락된 것은 전략의 잘못된 선택에서 비롯된 것이다.

---

180) 『중종실록』 권14 중종6년 12월 계사(17일). "兵曹啓曰 舟師非我國長技. 大抵不擒倭寇 無損我重威. 若追逐於水路〔不〕幸一致敗大損我威. 欲爲萬全之計 當以逸待勞. … 傳曰 兵曹所啓 果合予意."

181) 『중종실록』 권14 중종6년 12월 을미(19일). "今觀柳聃年捕倭啓本 生擒者四十 被射而生者十二 死者二十 今斬之數不少 可謂有功矣."

182) 『중종실록』 권14 중종6년 11월 을미(19일). "傳曰 事非危急 而不待朝廷回報 輕用舟師 涉險追討 非萬全之計 下諭爲當. 然前年亦已戒諭 而今又輕動不可矣."

183) 姜性文, 『임진왜란 初期陸戰과 防禦戰略 연구』(韓國學中央硏究院 韓國學大學院 박사학위논문, 2006), p. 42.

비변사의 의논이 왜적들이 해전에는 능하지마는 육지에 오르기만 하면 민활하지 못하다 하여 육지방비에 전력하기를 주장하고 대장 신립(申砬)은 수군을 철폐하자고 청하여 마침내 호남과 령남의 큰 고을의 성들을 증축하고 수보하도록 명령하였다.[184)]

이와 같이 임진왜란에 대비하는 중앙 조정은 아예 당시의 수군이 육군을 지원하는 개념으로 운용하는 체제로 되었음을 말해준다. 이러한 사실을 뒷받침하는 것이 그 당시에 이름난 장수가 했다는 말에서도 찾을 수 있다.

신립은 소경왕이[185)] 즉위한 1567년에 무과에 급제하여 도총부 도사(都摠府都事)를 거쳐 1583년에 온성[186)]부사(穩城府使)가 되어 오랑캐 니탕개(尼湯介)의 침입을 격퇴하고, 두만강을 건너가 야인(野人)의 소굴을 소탕하고 개선하였으므로, 함경북도병마절도사가 되었으며, 1590년에 평안도병마절도사가 되었으며, 임진왜란이 일어나기 바로 전 해에는 한성부판윤(漢城府判尹)이 되었던 사람이다. 당시에 매우 유능한 장수로 인정받았던 지휘관이었다. 바로 그런 사람이 수군을 없애고 육상전투에만 전념하도록 주장했다. 곧 이런 사람의 말 한 마디에는 그 영향

---

184) 『선조수정실록』 권25 선조24년 7월 1일.
『리충무공전서』 권13 부록5「宣廟中興志」. "宣祖二十四年辛卯七月備邊司議倭長於水戰 若登陸則便不利 請專事陸地防守 大將申砬請罷水軍乃 命湖南嶺南大邑城增築修備."

185) "선조(宣祖)"라는 조선 제24대 임금인 리균(李鈞)의 묘호(廟號)는 광해군(光海君) 8년(1616) 8월 4일(임인)이며, 그가 훙서(薨逝)하자, 만력(萬曆) 36년(1608) 2월 1일(무오)에 묘호를 선종(宣宗)이라 하였다. 그런데 1624년에 만들어진 『光海君日記』에는 광해군 8년 이전에도 여러 차례 '宣祖'라는 이름이 나온다.

186) 온성(穩城): 서경순(徐慶淳)이 정사 서희순(徐憙淳: 삼종형)을 따라 진위진향사(陳慰進香使)의 종사관으로 연경에 갔다온 사실을 기록한 『몽경당일사(夢經堂日史)』(5권4책)제4편 을묘년(1855) 12월 22일에 "대개 우리나라는 … 경도(京都)를 중심으로 사방의 방위를 정한다면 온성이 정북쪽〔子〕이 되고, 해남이 정남쪽〔午〕이 되며, 정서쪽〔酉〕은 풍천이요, 정동쪽〔卯〕은 강릉이다."고 했고, 정약용은 『茶山詩文集』 卷11 穩城論에서 "온성은 매우 북쪽에 위치한 서늘한 지역이고, 탐라는 남쪽에 위치한 무더운 장독〔炎瘴〕이 있는 지역이다. 온성은 여름날이 탐라보다 길다고 하는 사람이 있다."고 했으며, " 『신당서』 위구르〔回紇〕전에 '몽고의 사막 북쪽에 키르기스〔Kirghiz: 骨利幹/黠戛斯/堅昆丁令/吉利吉斯〕라는 곳이 있다. 이곳에는 해가 지고 나서 양고기를 삶기 시작하면 고기가 익을 때쯤〔3시간〕이면 해가 뜬다.'고 했다." 이곳은 예니세이(Yenisei)강 유역 적어도 북위 58° 동경 92°의 예니세이스크(Yeniseisk)일 것이다. 온성〈온셩〈왼셩〈온세이〈왼세이〈외니세이〈예니세이.

력도 만만찮았을 것이다.

(3) 제승방략(制勝方略)의 대두

당시 조선의 주력함(主力艦)은 판옥선(板屋船)이었으며, 이 판옥선은 수영(水營)마다 25척 정도를 배치하여 진관체제(鎭管體制)의 자전자수(自戰自守)하는 향토방위 개념으로 방어하다가, 기동방어 개념이 가미된 제승방략체제(制勝方略體制)로 전환되기도 하였다.

진관체제가 이 제승방략으로 발전하게 된 것은 함경북도의 북쪽 변방에서 오랑캐 침입에 초동조치하는 긴급대응배치 작전계획으로서 1588년(만력16, 선조21) 3월 3일에 함경북도병마절도사 리일(李鎰: 1538~1601)이 '제승방략을 시행할 것을 청하는 장계'에[187] 육진대분군과 삼읍분군의 배치가 언급되면서부터다. 적변이 발생하게 되면, 종성(鍾城)·부녕(富寧)·회녕(會寧)·경원(慶源)·온성(穩城)·경흥(慶興)의 그 육진을 오위(五衛: 前·後·中·左·右)로 나누고, 명천(明川)·길주(吉州)·부녕(富寧)의 삼읍에는 삼위(三衛: 左·中·右)로 나누어서 함경북도 병마절도사가 중심이 된 1개 도의 전병력을 동원한 체세도서 방어와 공격을 담당하였다.[188] 유사시 초동배치의 이동원칙에 따라 그 임무를 비교해보면 〈표Ⅲ-2〉와 같은데, 특히 중위장 중심의 편성에 좌위장의 일부를 전투조직으로 편성하여 운용하였다.

---

187) 「制勝方略」卷2, 『朝鮮史料叢刊』第12, 朝鮮史編修會 編, 昭和11(1936), pp. 33~34. "請行制勝方略狀."

188) 「制勝方略」卷2, 『朝鮮史料叢刊』第12, 朝鮮史編修會 編, 昭和11(1936), pp. 29~33. "六鎭: 穩城(右衛將)·鍾城(前衛將)·會寧(中衛將)·富寧(後衛將)·慶源(左衛將)·慶興(後衛將: 高嶺) 三邑: 明川(右衛將)·吉州(中衛將)·富寧(左衛將)."

〈표Ⅲ-2〉 제승방략과 리순신의 전투배진

制勝方略의 配置		1차 출동	2차 출동	3차 출동	비고
六鎭大分軍	三邑分軍	옥포해전	사천해전	견내량해전	
先鋒將	先鋒將	先鋒將 斥候將(左・右)	先鋒將 斥候將(左・右)	先鋒將 斥候將(左・右)	前衛隊로 運用
前衛將 左部將 前部將 中部將 遊軍將 右部將 後部將					
右衛將 左部將 前部將 中部將 遊軍將 右部將 後部將	右衛將 左部將 前部將 中部將 遊軍將 右部將 後部將				
大將	大將	大將	大將	大將	座船임
中衛將 左部將 前部將 中部將 遊軍將 右部將 後部將	中衛將 左部將 前部將 中部將 遊軍將 右部將 後部將	中衛將 左部將 前部將 中部將 遊軍將 右部將 後部將	中衛將 左部將 前部將 中部將 - 右部將 後部將	中衛將 左部將 前部將 中部將 遊軍將 右部將 後部將	
左衛將 左部將 前部將 中部將 遊軍將 右部將 後部將 捍後將 監司(留鎭將) 繼援將(一・二・三) 斬退將 突擊將(左・右) 別都將 輜重將	左衛將 左部將 前部將 中部將 遊軍將 右部將 後部將 捍後將 - 繼援將 斬退將 突擊將(左・右)	捍後將 留鎭將 - 斬退將 突擊將	捍後將 留鎭將 - 斬退將 突擊將(左・右) 別都將(左・右)	捍後將 - - 斬退將 突擊將(左・右) 別都將(左・右)	左突擊將은 龜船突擊將임
後衛將 左部將 前部將 中部將 遊軍將 右部將 後部將					

※ 출처: 『制勝方略』(민창문화사, 1994), pp. 29~32; 『임진장초』 장7~9를 종합했음.

이런 조직은 그 형태로 보면, 사실상 '대장'이라는 총지휘관은 '중위장'과의 역할에 큰 차이를 보일 수 없으며, 단지 좌위장의 역할의 일부와 선봉장에 대한 지휘권의 통합지휘라는 것이 특이할 뿐이다.

이것은 곧 6진 대분군도, 3읍 분군도 아니며, 겨우 3읍 분군의 일부를 적용한 형태인데, 만약 완전한 오위(五衛)나, 삼위(三衛)의 형태로 배진을 운용했다면, 물론 그럴 만한 세력도 없었지만, 요즘과 같은 통신수단이 다양하지 않고, 거의 시각(視覺)에 의한 매우 제한된 상태에서는 매우 복잡하고, 혼돈스러워 지휘에 큰 부담을 가져왔을 것이다 하지만 바다에서의 함정의 운용에 있어서 배진을 '1위(一衛)+α'로 단순화하여 기동력을 높인 가장 효율적인 전투조직이었을 것이다.

이러한 특수한 전투조직이 임진왜란이 끝나는 때까지 운용되었음을 보면, 훈련도감에서 시도했던 척계광의 절강병법(浙江兵法)에 따른 속오법(束伍法)과 삼수기법(三手技法)도 전혀 적용되지 않았으므로, 리순신만의 특이한 조직이었다.

그리고 임진왜란이 있을 것이라는 정보에 따라 그 대비책은 겨우 지휘관의 임면(任免)과 각 성(城)의 보수(補修)였으며, 각 기지로 순찰하여 점검한 결과는 매우 나빴다고는 했지만, 그 후속 조치는 강화되기는커녕 도리어 더 소홀했었다.

임진왜란이 일어나자, 어떤 전략개념에 의해 군사들을 운용했는지를 보자.

> 당시에 조정에서는『제승방략』이란 책을 만들어 "적을 상륙시킨 뒤에 맞아 쳐수부라."고 하였으므로, 변방 장수들이 바다 가운데서 막을 생각을 하지 않았더니, 각 고을이 뿔뿔이 헤어져 흩어지고, 관병(官兵)들은 곳곳에서 달아나 붕괴되었다.[189)]

왜적들이 쳐들어오는 길목을 지키지 않고, 그들의 상륙을 허용한 것이 조선의 매우 결정적 잘못된 전략임을 조정이 깨닫지 못했던 것이

189) 申炅,『再造藩邦志』1. "時廟堂 撰制勝方略 使之下陸 然後剿擊 故邊將無意遮遏于洋中 及列郡瓦解 官兵處處奔潰."

여실히 나타난다.

여기서 임진왜란 당시에 영의정 겸 도체찰사(兼都體察使)였던 류성룡(柳成龍: 1542~1607)의 말을 한번 들어보자.

> 우리나라 건국 초기에는 각 도의 군병을 모두 나누어 진관에 예속시켜 일이 있으면 진관이 속읍의 군사들을 통솔하여 …, 도내의 여러 고을을 분할하여 순변사·방어사·조방장·도원수 및 그 도의 병마사·수사에게 각각 예속시켰는데, 이 조직이 제승방략이라는 것이다. 여기에 여러 도가 모두 이 조직을 본받았기 때문에 이에 진관의 명칭은 비록 있으나, 그 실은 서로 연결되어 있지 않으니, … 많은 군사도 한번 무너지면 다시 수습하기 어렵다. … 바라건대 다시 조종으로부터 전해오던 진관제도를 부활 정비하는 것이 급선무다.[190)]

이와 같이 류성룡은 제승방략에 문제점이 있음을 파악하고, 진관체제로 환원할 것을 건의했지만, 받아들여지지 않았다. 류성룡의 이런 문제제기는 그의 '산성론(山城論)'에 뿌리를 두고 있다.

> 옛날에는 오랑캐〔胡人〕들의 장기(長技)는 말발굽에 있고, 왜인들의 장기는 단병(短兵)에 있고, 우리는 성 위에서 활과 화살로써 이들을 막아내고도 남음이 있었다. 그러나 이제는 왜인들이 조총(鳥銃)을 써서 그 미치는 거리가 화살보다 10배나 된다. 그리고 무릇 성을 에워싸는 데는 반드시 성첩(城堞)의 높고 낮음과 해자〔壕塹〕의 옅고 깊음을 둘러보고 나서 수천 자루의 조총으로 성을 향해 마구 쏘아대니, 성 안에서는 쥐새끼처럼 엎드려서 기어다니느라 고개를 감히 들지도 못하는데, 하물며 이들을 막아낼 수 있겠는가? 이럴 때 다른 적군들은 이 기세를 타고 곧장 달려들어 나무·돌·짚단 따위를 마구 던져 참호〔壕〕를 메우면 그 높이가 성과 같게 되므로, 순식간에 성이 무너진다. … 대개 산성은 높은 자리에 있어 아래에 있는 적군의 장기가 이에 도달하려면 소용이 없고, 비록 조총을 가졌어도 하늘을 향해 쏘는 것에 지나지 않으니, 힘껏 쏘아 올린

---

190) 柳成龍, 『懲毖錄』 南晩星 譯,(서울: 玄岩社, 1975. 4版), pp. 45~46. "國初各道軍兵皆分屬鎭管 有事則鎭管統率屬邑 … 割道內諸邑 散屬邑巡邊使防禦使助防將都元帥及本道兵水使 名曰制勝方略 諸道皆效之 於是鎭管之名雖存 而其實不相維繫 … 大衆一潰 難可復合 … 不如更修 祖宗鎭管之制."

탄환은 떨어져도 사람을 다치게 하지 못하니, 이것이 첫째로 유리한 조건이다.[191)]

이것은 북쪽 오랑캐의 기마병(騎馬兵)의 공격에 대비하고, 남쪽 왜적의 침입에 대비할 수 있는 방편이 그들의 장기를 모두 쉽게 대항할 수 있는 것이 화살에 의한 산성방어(山城防禦)라고 하였다. 이것은 결국 소극적 방어로서, 리순신의 함포전의 이점을 알았을 터임에도, 여기서는 하나의 지점을 중심으로 방어하는 개념인데 막강한 화포의 운용이 결여되어 있다. 게다가 『만기요람』에도 해안방어〔海防〕과 수군〔舟師〕에 관해 언급했으나, 어떤 전략적 운용개념은 전혀 없다.

바로 이런 전략의 개념은 대륙전략사상에 기인된 것이라 할 수 있다. 물론 고대의 병법이 모두 육군 중심이지 수군 중심으로는 발전되지 않은 데서도 그 영향이 있다. 그러나 바로 그 수군 중심의 군사전략 운용의 발단을 400여 년 전의 리순신에게서 찾을 수 있다.

1592년 4월 16일. 신(리순신)도 군사와 전선을 정비하여 바다 어귀에서 사변에 대비하였습니다. … 그런데 제가 관할하는 전라좌도는 경상도 지방과 바다를 끼고 서로 붙어 있는 지역으로서 적들이 침범하는 중요한 길목의 요충지입니다. 만약 이곳을 침범당하면, 앞으로 방비에 필요한 잡색군을 징발하기 어려울 것입니다. 그러므로 소속된 고을에서 급히 뽑혀온 한·두 패의 군사를 우선 독촉해서 성을 지키고 해전을 맡는 일에 각각 보충시켜 모든 것을 정비하여 사변에 대처하고 있습니다.[192)]

4월 27일. 제승방략(制勝方略)에 의해서 거느리고 갈 예정으로 처음에는 경상도로 구원하러 출전할 때 바닷길〔海路〕을 지나게 되는 "본영 앞바다

191) 『萬機要覽』軍政編4 附關防總論. "古者虜之長技在馬足 倭之長技在短兵 我在城上以弓矢制之 而有餘矣. 今則倭用鳥銃及遠之力十倍於弓矢. 凡圍城必先環視城堞高卑壕塹淺深 數千鳥銃向城亂放. 城內守卒方且鼠伏膝行 不敢出頭. 況敢禦之耶. 他賊乘勢直進 以木石草束 亂投塡壕高與城齊 頃刻陷城. … 夫山城居高臨 下敵之長技到此盡失 雖有鳥銃 不過向天 而放力盡 卽他不足以傷人 此一利也."

192) 『임진장초』 장3 및 『리충무공전서』 권2 장계2「因倭警待變狀(3)」. "臣段置 軍船整齊 江口待變爲白乎旀 … 臣矣所管左道段 慶尙道一海相接之地以 賊路要害 道內尤最爲白去等 犯境之後 添防雜色乙 勢未及調發是白乎等用良 所屬各官奔赴 一二運軍士 爲先催促 添防守成 水戰岐等如 整齊待變爲白臥乎事是良尓 … 萬曆二十年 四月十六日."

로 일제히 도착하라!"고 급히 통고하였습니다.[193]

리순신은 임진왜란이 발발했다는 소식을 듣고서 자신의 지리적 이점·불리점을 알고 있었고, 방비의 난점 때문에 쉽게 움직일 수 없으며, 일의 우선순위를 따져 성을 지키고, 전선을 정비하여 해전 준비에 나섰음을 알 수 있다.

그리고 군사이동은 제승방략에 따랐는데, 이것은 당시의 국가전략·군사전략이었으며, 전시·평시에 적용된 방어체제였다. 지휘권이 이미 부여되어있기 때문에 더 이상 지체할 아무것도 없었다.

임진왜란 때에 리순신이 운용한 편성은 '제승방략'에 근거한 것인데, 이것은 본디 주진(主鎭)을 중심으로 그 아래에 거진(巨鎭) - 제진(諸鎭)을 통할하는 자전자수(自戰自守)의 진관체제를 변형한 것이다.

다시 말하자면 진관체제는 지휘권·작전권이 독립된 지역방위 체제에서 병선이 소형화되고, 방왜육전론(防倭陸戰論)이 대두하자, 수군의 해양방위 능력이 그만큼 약화되었기 때문에 출현한 것이다.

193) 『임진장초』 장4 및 『리충무공전서』 권2 장계3 「赴援慶尙道狀(1)」. "幷以依方略領率次以 初亦慶尙道馳援時 海路所經是白在 本營前洋以 一齊准到亦 星火行移爲白置."

2. 조선의 무기체계는 어떤 것인가

(1) 거북함〔龜艦〕과 판옥선(板屋船)

임진왜란 당시 군선의 종류는 『난중일기』에서 보면, 〈표Ⅲ-3〉와 같이 모두 23개다.

군선은 그 용도에 따라 붙여진 그때 그때의 이름이며, 대개 싸움하는 배인 전선(戰船), 돌격임무를 수행하는 거북함〔龜船·龜艦〕, 정보를 수집·전달하는 배인 협선(挾船) 등으로 구분될 수 있다.

〈표Ⅲ-3〉 『난중일기』에 나타난 군선의 종류

명칭	출처	비고
天字船	壬辰 1月 18日	"呂島天字船回去" 즉 1번으로 운용되는 배
戰船	壬辰 2月 1日	"戰船上飮酒"
船	壬辰 2月 3日	"乘船出去" "下船" "發船" "騎船"
循環船	壬辰 2月 3日	"金鰲島防踏循環船被捉"
龜船	壬辰 2月 8日	"捧龜船帆布二十九疋"
舟	壬辰 2月 24日	"乘舟促櫓"
迎逢船	壬辰 2月 26日	"防踏迎逢船出待"
戰艦	壬辰 4月 20日	"整理戰艦來援"
疊入船	壬辰 5月 2日	"防踏疊入船三隻回泊", 첩입 지역을 왕래하는 배
板屋船	壬辰 5月 3日<草書>	"忠淸水使戰船二隻入來"등 戰船으로도 씀.
探候船	癸巳 2月 14日	"營探候船來"
伺候船	癸巳 2月 28日	"加德僉使伺候船幷二隻"
挾船	癸巳 5月 18日	"新造挾船兩隻無釘云". 上級 指揮官 訪問時 사용
左別船	癸巳 6月 3日<草書>	"移船左別船"
上船	癸巳 6月 3日<草書>	"還上船就寢房"
伏兵船	癸巳 6月 26日	"伏兵船報變"
搜討船	癸巳 7月 15日	"蛇梁搜討船…入來"
探船	甲午 2月 12日	"營探船入來"

軍糧船	甲午 7月 21日	"興陽軍糧船入來"
巡邏船	乙未 11月 24日	"巡邏船出去"
糧船	丙申 7月22日<草書>	"乘興陽糧船"
傳令船	丁酉 9月 14日	"送傳令船于右水營"
探望船	丁酉10月13日<草書>	"探望船載任發英來"(全書本에는 "探船"임)

전선(戰船)은 거북함〔龜艦/龜船〕 및 판옥선(板屋船/板屋戰船)으로 구분되어 있고, 귀함은 돌격선(突擊船)으로, 판옥선은 기함(旗艦: 天字船·上船), 전투함〔戰艦·戰船·伏兵船·搜討船〕, 정보선〔伺候船·探船·探望船·巡邏船〕, 보급선〔짐배: 糧船·軍糧船〕, 특별임무선〔左別船·傳令船·迎逢船·疊入船〕, 보조선〔挾船〕 등등으로 운용되었다.

다음은 여러 장계(狀啓), 즉 보고서를 보면, 군선의 명칭이 약간 다르게 나타난다. 이것은 곧 임진왜란 당시에 운용된 군선은 수행해야 할 임무에 따라 매우 다양했음을 말해준다. 과연 임진왜란 때에 조선수군이 사용한 전선은 어떠한 것이었는가 하는 것을 이순신 자신이 보고한 장계(狀啓)에서 보면 〈표Ⅲ-4〉와 같이 모두 35개다.

〈표Ⅲ-4〉 「장계」에 나타난 군선 종류

명칭	출처	비고
歲遣船	因倭警待變狀(草本 狀一)	"必是歲遣船" 對馬島主에게 朝鮮에 來往을 許諾한 貿易船
軍船	因倭警待變狀(草本 狀一)	"軍船整齊"
軍兵船	因倭警待變狀(草本 狀一)	"軍兵船整齊" 軍船+兵船의 뜻임
舟楫	赴援慶尙道狀(草本 狀四)	"整理舟楫" 戰船의 뜻임.
兵船	赴援慶尙道狀(草本 狀四)	"率各浦兵船"
戰船	赴援慶尙道狀(草本 狀四)	"五鎭浦戰船"
戰艦	赴援慶尙道狀二(草本 狀五)	"所屬戰艦都集之數"
板屋船	玉浦破倭兵狀(草本 狀七)	"板屋船二十四隻"
挾船	玉浦破倭兵狀(草本 狀七)	"挾船十五隻"
鮑作船	玉浦破倭兵狀(草本 狀七)	"鮑作船四十六隻"

輕快船	玉浦破倭兵狀(草本 狀七)	"率輕快船"
小船	玉浦破倭兵狀(草本 狀七)	"令小船載來"
板屋一船	玉浦破倭兵狀(草本 狀七)	"騎板屋一船"
板屋二船	玉浦破倭兵狀(草本 狀七)	"騎板屋二船"
板屋大船	玉浦破倭兵狀(草本 狀七)	"板屋大船容戰甚難"
龜船	唐浦破倭兵狀(草本 狀八)	"別制龜船"
探望船	唐浦破倭兵狀(草本 狀八)	"探望船進告"
探見船	唐浦破倭兵狀(草本 狀八)	"探見善定送"
望船	唐浦破倭兵狀(草本 狀八)	"同望船還來"
小艇	唐浦破倭兵狀(草本 狀八)	"合乘小艇"
板屋戰船	見乃梁破倭兵狀(草本 狀九)	"板屋戰船有相觸搏"
先運船	見乃梁破倭兵狀(草本 狀九)	"先運船五十九隻"
傳令船	見乃梁破倭兵狀(草本 狀九)	"令傳令船"
捍候船	釜山破倭兵狀(草本 狀十一)	"營한候船船格軍"
虞候船	釜山破倭兵狀(草本 狀十一)	"營虞候船射夫"
統船	(草本 狀十五)	"鉢浦統船將"
伏兵船	(草本 狀二五)	"伏兵船將"
火船	討賊狀(狀二五)	"措備火船"
伺候小船	(草本 狀三三)	"伺候小船五十二隻"
伺挾船	請沿海軍兵糧器全屬舟師狀 (草本 狀四五)	"伺挾船一百五十隻" 伺候船+挾船의 뜻임
伺候船	請沿海軍兵糧器全屬舟師狀 (草本 狀四五)	"伺候船六十隻"
把守船	(草本 狀五一)	"把守船格軍"
舟艦	(草本 狀五七)	"大作舟艦之命" "戰艦"의 뜻임
戰兵船	(草本 狀六九)	"戰兵船一隻追到"
載船	(草本 狀七三)	"載船出送"

이 또한 『난중일기』에서와 마찬가지로 그때 그때의 필요에 따라 붙여진 이름이며, 또 望船·探望船·探見船·把守船 등의 군선은 그 이름에서도 알 수 있듯이 적을 탐지 내지 정보를 수집·전달하는 용도로서 같은 임무를 수행했을 것이라 여겨지며, 戰艦[194]·戰船·板屋船·戰兵船

194) 戰艦이라는 용어는 1372년(공민왕22) 10월에 "王…觀新造戰艦 又試火箭火筒"이

<표Ⅲ-5> 전선의 종류 명칭 분류

種類	構造에 따른 名稱	機能에 따른 名稱
板屋船	板屋船, 板屋大船, 板屋戰船	戰船, 戰艦, 上船, 天字船
龜船	龜船	戰船, 突擊船
挾船	挾船, 小船	伺候船, 伺挾船, 伺候小船, 兵船, 探候船, 統船
鮑作船	小船	鮑作船

· 舟艦 등의 軍船은 싸움에 소요되는 임무를 수행하였을 것이다.

이렇게 『난중일기』에 나오는 23개의 군선, 「장계」에 나오는 35개의 군선은 서로 중복된 이름이 많은데, 이런 군선들을 종합하여 분류해보면, 임진왜란 당시의 군선 네 종류로 볼 수 있다.

그리고 임진왜란 당시의 모든 수군을 알기 위하여 왜란이 일어난 지 1년이 지난 1593년 5월 14일 이순신이 써 올린 '請湖西舟師繼援狀'에 따르면, 전라도 전선의 수는 모두 202척(좌수영 戰船 42척, 伺候小船 52척, 우수영 戰船 54척, 伺候小船 54척)으로 늘어났다. 그 해 윤 11월 11일에 써 올린 전선건조 계획을 보고한 '請沿海軍兵船糧器全屬舟師狀'에는 무려 500척(戰船 250척, 伺候船·挾船 250척)에 군사 3만 1000명을 확보하였다. 다만 충청도 120척(戰船 60척, 伺候船 60척)은 회답이 없다 하여 더 이상의 척수 확인이 불가하였다.

그리고 정유재란이 일어나기 두 달 전의 기록을 보면, 180여 척이다.

> 비변사에서 아뢰기를, 도원수 권률의 장계를 보건대, 지금 한산도에 도착한 수군의 배가 134척이고, 이미 떠났으나 도착하지 못한 것이 대여섯 척이며, 따로 만들어 20일 사이에 일을 끝낸 것이 48척이라고 하였습니다. 통틀어 계산하면, 앞으로 180여 척에 달할 것인데, 이것은 바로 판옥선들입니다. 이 밖에 병선의 수는 가히 기세를 돋울 만한 것이 틀림없이 많을 것입니다.[195]

라고 하였으며, 이것은 임진왜란이 일어나기 210년 전에 이미 나와 있다.

195) 『선조실록』 권88, 선조30년 5월 임인(12日). "備邊司啓曰 伏見都元帥權慄狀啓 舟師時到閑山者一百三十四隻 已發未到者五六隻 別造而二十日間畢役者四十八隻云 通

또 이러한 배들을 운용하는 병력은 임진왜란이 일어 난지 5년이 지나는 1597년에 부체찰사(副體察使) 한효순(韓孝純)은 "전선이 134척, 격군이 1만 3200명이었다."[196] 고 하였다.

그러면 이러한 전선은, 앞에서 이미 구분했듯이, 곧 板屋船・龜船・挾船・鮑作船으로 구분된다.

판옥(板屋)이라는 이름으로 배를 만들어 '2층 구조선'을 만들어 노군과 포요원을 분리하였던 것이다. 이런 판옥선의 수를 임진왜란 때에 정확히 얼마인지 알 수는 없지만, 리순신의 『장계』 및 『선조실록』 등에서 찾아보면, 최대 180척까지 보유했으며, 그 내용은 〈표Ⅲ-6〉과 같다.

그런데 이 판옥선의 특징은, 요즘의 상륙함처럼, 상부구조의 맨 위 갑판이 텅 비어 있어 널찍하다. 그래서 그곳에 함포를 양쪽 현측으로 설치해 놓더라도 반대쪽으로도 총통을 발사할 수 있어 어떤 방향에서도 전화력을 집중적으로 발휘할 수 있다는 것이 특징이다.

임진왜란 당시에는 거북함이 3척이었다.[197] 이것은 조선과 일본의 기록을 비교하면서 진위 여부를 가려야 할 것이다.

〈표Ⅲ-6〉 임진왜란기의 판옥선 척수

시기	척수	출처
1592년 9월 17일	74 척	釜山浦破倭兵狀
1593년 8월 10일	100여 척	陳倭情狀
1594년 3월 10일	200여 척	陳倭情狀
1597년 2월 일	180여 척	『선조실록』 권88 선조30년 5월 12일(임인)
1597년 8월 18일	12 척	『리충무공전서』 권9 行錄, 거북함으로 改粧됨
1597년 9월 16일	13 척	『선조실록』 권94 선조30년 11월 10일(정유)

(1) 라대용(羅大用)은 현령으로서 임진년 난리를 당하게 되자, 충무공

計則將至於一百八十餘隻 此乃板屋大船也 此外兵船之數 可以助張形勢者其數必多."

196) 『선조실록』 권88 선조30년 5월 계묘(13日). "大概三道戰船在陣中者 一百三十四隻 格軍萬三千二百餘名云."

197) 鍋島家藏, 『高麗船戰記』 (임진년 7월 9일) "大船の內 三艘目くら船鐵にて要害."

리순신을 따라 거북선(龜船) 3척을 만들었다.[198]

(2) 1597년 8월 18일에 회령포에 이르러 전선은 10척뿐이다. 리순신은 여러 장수들에게 명령하여 판옥선을 모두 거북함(龜艦)으로 꾸며서 군세를 돋우게 하라고 하였다"[199]

위의 사료는 모두『리충무공전서』에 있는 것인데, (1)에서는 거북함이 3척이며, 라대용이 당시에 현령이었다고 했으나, 실제로는 군관(軍官)이었다. 말하자면 전라좌수사 리순신의 참모로서 거북함을 만들었다고 한다면, 이 자료가 정확하다고 볼 수 있다.

그런데 위의 (2)는 리분의「행록」에 있는 것인데 거북함이 10척이라고 볼 수 있지만, 이 배들이 6일 만에 "8월 24일에 어란진에 도착하였다"는 것은, 시간적으로 7일 간도 되지 못하는 여유를 고려한다면, 곧 적어도 판옥선 10척 모두를 거북함 모양으로 보이도록 꾸몄다(粧作)"고 하였지, 실제로 거북함으로 만들지는 않았다고도 볼 수 있는 글월이다.

그러나 임진왜란이 끝나고, 그 뒤에 거북함의 건조는 200년 동안 계속 늘어나 1770년에는 무려 40척까지 증가하였다가, 1807년에도 30척이나 전국에 배치되었으며, 1817년까지 18척이나 있었음을 알 수 있다.

그런데 이같이 훌륭한 역할을 한 거북함이 조선후기 1847년(헌종13)에는 거북함의 명칭이 '第貳號 龜船'[200]이라는 것으로 보아 번호를 매기어 수 척이 있었음을 말해준다.

이것은 지금부터 거슬러 계산하더라도 겨우 150년 전까지도 거북함이 존재하였다는 기록문서다. 실제로 거북함 등 전선들이 없어진 때는

198)『리충무공전서』권14 부록35. "羅大用以縣令 當壬辰亂 從李忠武舜臣 粧龜船三隻."

199)『리충무공전서』권9 부록22 行錄. "十八日到會寧浦 戰船只十艘 公全羅右水使金億秋 使收拾兵船 分付諸將 粧作龜艦以助勢."

200) 許暹,『湖左水營誌』(全羅左水營聖域化事業推進委員會,1992), p. 25. "第貳號龜船本板長周尺肆拾柒尺."

〈표III-7〉 거북함의 척수 추이

시기	경상도		전라도		충청	경기	계	출처
	좌도	우도	좌도	우도				
1592년(선조25)	-	-	3	-	-	-	3	壬辰狀草
1716년(숙종42)	1	1	1	1	1	-	5	羅州牧志
1744년(영조20)	6	3	2	1	1	1	14	續大典
1770년(영조40)	14	3	10	7	5	1	40	東國文獻備考
1793년(정조17)	-	-	10	3	-	-	?	湖南廳事例
1794년(정조18)	-	-	10	6	-	-	?	軍國總目
1809년(순조9)	13	3	7	1	5	1	30	萬機要覽
1817년(순조17)	5	-	7	· -	5	1	18	船案
1787년(정조11)	-	-	10	-	-	-	?	全羅左水營誌

※ 출처: 金在瑾, 『韓國船舶史研究』(서울大學校出版部, 1984), p. 196.
崔永禧, "龜船考" 『史學 第3輯』(1958), p. 12.

신식군대를 만든 1895년이며, 이때에 조선수군이 몽땅 없어져 해상방어에 치명적인 결과를 초래했던 것이다.

이런 전선의 인원에 따른 임무에 대하여 숙종(肅宗: 1674~1720) 때의 전선(戰船)의 정원수를 보면, 선장(船長) 대신에 선직(船直)이 2명이 있으며, 기패관(旗牌官) 대신에 무상(無上/舞上)[201]·타공(舵工)·요수(繚手)·정수(碇手)라는 이름이 다르다. 포요원의 경우, 사부(射夫)·화포장(火砲匠)은 그 수가 다르지만 포수(砲手)는 꼭 같으며, 노군(櫓軍) 또는 능노군(能櫓軍)은 거북함의 경우는 같으나, 전선(戰船)은 그 인원수가 약간 다르다.

거북함에 관한 설명 가운데서 가장 많은 자료가 바로 『리충무공전서』에 기록된 거북함 특집의 「도설(圖說)」이다.

201) '무상'을 '돛을 올리는 요원'이라고 설명한 학자도 있는데, 이것은 '요수(繚手)'와 혼돈된 설명이 된다.

<표III-8> 숙종 때의 선군액수(船軍額數)

배 이름	밑판 길이	계	船直	舞上	舵工	繚手	碇手	射夫	火砲匠	砲手	捕盜將	櫓軍
戰船	70자	169	2	2	2	2	2	18	10	24	2	100
統營上船	90자	194	2	2	2	2	2	22	14	26	2	120
水使船, 邑鎭戰船	65자	178	2	2	2	2	2	20	12	24	2	110
龜船		148	2	2	2	2	2	14	8	24	2	90
統營龜船		158	2	2	2	2	2	14	8	24	2	100

※ 출처: 『水軍變通節目』(肅宗朝30~42年: 1704~1716년)
金在瑾, 「임진왜란중의 조·일·명 軍船의 特性」 『壬亂水軍活動硏 究論叢』(海軍軍史硏究室, 1993), p. 234.

여기에는 당시에 만들어진 것으로 보이는 통제영 거북선(統制營 龜船)와 전라좌수영 거북선(全羅左水營 龜船)의 45°로 투시한 그림과 치수가 모두 694글자로 거북함의 크기를 비롯한 규모가 자세하게 설명되어 있다.

이 기록은 거북함의 생김새와 만듦새, 전투 성능과 각 구조의 기능을 알아볼 수 있는 유익한 자료다. 이것을 바탕으로 하여 리순신이 창제한 거북함의 생김새와 만듦새를 짐작할 수 있을 것이다.

'통제영 거북선'의 해설부터 살펴보기로 하자.

이 거북함에는 그 설명문과 그림에 관해서 살펴보면, 설명대로 그림이 그려져 있지 않음을 알 수 있다. 먼저 기록된 문헌에서 상이점을 찾아보자. 중점으로 다룰 부분은 〔숫자〕로 표시하였다.

거북함을 만드는 기준은 다음과 같다.
밑판은 10쪽을 이어 붙였다. 그 길이는 64자 8치이다. 이물쪽의 너비는 12자, 한판의 너비는 14자 5치, 고물쪽의 너비는 10자 6치다. 좌우현의 현판-뱃전은 각각 판자 7쪽을 이어 붙였다. 그 높이는 7자 5치며, 맨아래의 첫판자의 길이는 68자요, 차츰 더 길어져서 맨 위 7째 판자에 이르러서는 길이가 103자가 되며, 판자의 두께는 4치씩이다.
〔1〕 이물짐판은 4쪽을 이어 붙였다. 그 높이는 4자요, 2째 판자는 좌우

에 현자포 구멍 하나씩을 뚫었다.

〔2〕 고물짐판은 7쪽을 이어 붙였다. 그 높이는 7자 5치요, 윗너비는 14자 5치며, 아랫 너비는 10자 6치인데, 6째 판자 한가운데 지름이 1자 2치 되는 구멍을 뚫어 키를 꽂게 되어 있다. 좌우 뱃전에는 난간을 만들었다. 그 난간머리에 멍에목을 만들었다. 그 바로 이물 앞에 닿게 되어 있어 마치 소나 말의 가슴에 멍에를 메인 것과 같다.

〔3〕 난간을 따라 판자를 깔고, 그 둘레에 패를 둘러 꽂았으며, 패 위에 또 난간을 만들었다. 그래서 뱃전 난간 위에서부터 패 위 난간에 이르기까지의 높이는 4자 3치이다.

〔4〕 패 위 난간 좌우에 각각 11개의 덮개판자를 비늘처럼 서로 마주 덮고, 그 뱃등에 1자 5치쯤 틈을 내어 돛대를 세웠다 뉘었다 하기에 편리하도록 하였다.

〔5〕 뱃머리(이물)에는 거북머리를 만들었다. 그 길이는 4자 3치, 너비는 3자다. 그 속에서 유황 염초를 태워 벌어진 입으로 연기를 안개같이 뿜어내어 적을 혼미케 한다. 좌우의 노는 각 10개다.

〔6〕 좌우의 패에 각각 22개의 대포구멍을 뚫었으며, 12개의 문을 만들었다.

〔7〕 거북머리 위로 2개의 대포구멍을 뚫었고, 그 아래에 2개의 문을 만들었으며, 문 곁에는 각각 대포구멍 1개씩이 있다.

〔8〕 좌우 등판에는 또 각각 12개의 대포구멍을 뚫었으며, '龜(귀)'자 기를 꽂았다. 좌우 겻집〔鋪版; 甲板〕 아래에 방이 각각 12칸인데, 2칸은 철물을 쟁였고, 3칸은 화포와 활과 화살과 창과 칼 등을 나누어서 두고, 19칸은 군사들이 쉬는 곳으로 되어 있다.

왼쪽 겻집 위의 방 1칸은 장교들이 있는데, 군사들이 쉴 때에는 겻집 아래에 있다가 싸울 때는 겻집 위로 올라와 모든 총구멍에 대포를 걸어 놓고 쉴새없이 쟁여 쏜다.[202)]

---

202) 『리충무공전서』 卷首 圖說7～8. "龜船之制底版俗名本版聯十長六十四尺八寸頭廣十二尺腰廣十四尺五寸尾廣十尺六寸左右舷版俗名杉版各聯七高七尺五寸最下第一版長六十八尺以次加長至最上第七版長一百十三尺並厚四寸艫版俗名荷版聯四高四尺第二版左右穿玄字礮各一舳版俗亦名荷版聯七高七尺五寸上廣十四尺五寸下廣十尺六寸第六版正中穿穴經一尺二寸挿舵俗名鴟左右舷設欄俗名信防欄頭架橫梁俗名駕龍正當艫前若駕牛馬之臆沿欄鋪版周遭植牌牌上又設欄俗名偃防自舷欄至牌欄高四尺三寸牌欄左右各用十一版俗名蓋版又龜背版鱗次上向而覆罅其脊一尺五寸以便竪桅艫設龜頭長四尺三寸廣三尺裏爇硫黃焰硝張口吐煙如霧以迷敵左右櫓各十左右牌各穿二十二礮穴設十二門龜頭上穿礮穴下穿二門門傍各有一礮穴左右覆版又各穿十二礮穴挿龜字旗左右鋪版下屋各十二間二間藏鐵物三間分藏火礮弓矢槍劒十九間爲軍兵休息之所左鋪版上屋一間船將居之右鋪版上屋將校居之軍兵休則處鋪版下戰則登鋪版上納礮于衆穴粧放不絶."

그러면 전라좌수영 거북선의 특징을 알아보자.

1795년도에 거북함 특집을 만들면서 리순신이 이 거북함을 만든 곳이 전라좌수영(여수)이었으며, 이제(1795년) '좌수영 거북선'이 '통제영 거북선'의 제도와 약간 서로 다른 것이 있기에 좌수영의 제도를 아래에 붙여 써둔다고 밝혀두고 있다.[203)]

> 전라좌수영 거북선은 재는 길이의 기준에 있어서 길이나 너비가 통제영 거북선과 대략 같다.
> 〔1〕 다만 거북머리 아래에 도깨비머리를 새겼다.
> 〔2〕 등판 위에는 거북무늬를 새겼다. 좌현과 우현 쪽에는 각각 2개의 문이 있다.
> 〔3〕 거북머리 아래에는 포구멍이 2개 있고, 현판에는 좌현과 우현에 포구멍이 각각 1개 있다.
> 〔4〕 현란에는 좌현과 우현에 포구멍이 각각 10개 있다. 또 등판의 좌현과 우현에 포 구멍이 각각 6개 있다. 노는 좌현과 우현에 각각 8개씩이다.[204)]

일단 이 전라좌수영 거북선은 임진왜란 당시의 거북함이 아니라는 것부터 전제되어야 한다. 1795년의 전라좌수영에 있었던 거북함이며, 그 크기가 일단 통제영에 있었던 것과 같은데, 그 모양이 다른 부분만 언급했다는 것이다.

특히 거북머리〔龜頭/龍頭〕 아래에 도깨비머리〔鬼頭/鬼面〕를 새겼다는 의미는 적군에게 공포심을 유발케 함과 아울러 왜적선과 부딪쳐 깨뜨리는 역할을 했을 것이다.

> 거북함이 한 차례 충돌하고 나면, 사방 3자(90㎝) 크기의 큰 구멍이 뚫어졌다. 일본선은 침수되기 시작했다.[205)]

---

203) 『리충무공전서』 卷首 圖說10. "公之創智制船寔在於全羅左水營而今左水營龜船與統制營船制略有異同故付見其式于下."

204) 『리충무공전서』 卷首 圖說10. "全羅左水營龜船尺度長廣與統制營龜船略同而但龜頭下又刻鬼頭覆板上畵龜紋左右各有二門龜頭下礮穴二舷板左右礮穴各一舷欄左右礮穴各十覆板左右礮穴各六左右櫓各八."

일본의 작가 가다노 쓰기오〔片野次雄〕가 말한 이 글에서 볼 때에 도깨비 머리는 분명코 충돌용 돌기물〔충각(衝角): Ram〕에 해당할 것이다. 이것은 곧 좌수영 거북선에 거북머리 아래에 하나의 불룩하게 튀어나온 돌기물은 도깨비 머리이며, 그 도깨비머리를 이물 맨 앞에 새겨 박아서 적을 해칠 수 있게 한 것으로 볼 수 있다.

> 상고하건대 충무공 행장에 이르되, "리순신이 좌수사가 되어서, 왜가 장차 쳐들어올 것을 알고 지혜를 써서 큰 배를 만들고, 배 위에는 판자로 덮고, 판자 위에는 '十'자 모양의 좁은 길을 내어 사람이 그 위를 겨우 다닐 만하게 하고, 그 밖에는 칼송곳을 깔았는데, 이물에는 용머리요, 고물에는 거북꼬리이며, 총구멍은 전후좌우에 각각 6개씩으로 큰 탄환을 쏘는데, 적을 만나면 거적으로 위를 덮어 칼송곳을 가리고 선봉이 되며, 적이 배에 오르려 하면 이 칼송곳 끝에 부딪치며, 와서 엎어지면 한꺼번에 총을 쏘아 가는 곳마다 휩쓸지 못하는 일이 없어, 크고 작은 싸움에 이것으로 공적을 거둔 것이 심히 많으며, 그 모양이 엎디어 있는 거북과 같으므로 이름을 거북함이라고 하였다."고 하였다.
> 중국 화옥(華鈺)의 해방의(海防議)에 이르되, "조선의 거북함은 돛대를 세우고 눕히기를 임의로 하고 역풍이 불건 썰물이건 마음대로 간다."고 하였는데, 그것이 바로 충무공의 창제한 배를 가리킴이다. 그런데 모두 아울러 그 치수에 대해서는 자세히 말한 것이 없다. 지금 통제영 거북선이 대개 충무공의 옛 제도에서 된 것이나, 또한 약간의 치수 가감은 없지 않다.[206]

이 내용은 거의 비슷한 내용이다. 그러나 엄밀히 보면, 다른 부분이 있다. 이것은 인용한 출처가 분명 충무공 행장이라 했으나, 리분의 행록과 크게 다르지 않다는 것이다. 충무공 행장은 본디 승지(承旨) 최유

---

205) 片野次雄, 『李舜臣と秀吉—文祿慶長の海戰』(東京: 誠文堂新光社, 1983), p. 162. "龜甲船のひと突きで、ときには三尺(九0センチメートル)四方の大穴があいた。日本船 はそこからたち浸水した。"

206) 『리충무공전서』 卷首 圖說. "按忠武公行狀云公爲全羅左水使知倭將猘創智作大船船上覆以版版上置十字細路以容人行悉以錐刀布之前龍頭後龜尾銃穴前後左右各六以放大丸遇賊則編茅覆上以掩錐刀以爲先鋒賊欲登船則離錐刀欲來掩則一時銃發所向莫不披靡大小戰以此收績者甚夥狀如伏龜故名龜船 皇明華鈺海防議云朝鮮龜船布帆竪眠惟意風逆潮落亦可行卽指公所創之船也然而並未詳言其尺度今統制營龜船盖出於忠武舊制而亦不無從而損益者."

해(崔有海: 1588~1641)가 쓴 것이므로, 이를 바탕으로 한 것임을 알 수 있다.

그렇다면 앞으로 거북함의 크기는 판옥선을 먼저 살펴보면 될 것이다. 판옥선을 찾아보기 전에 이순신의 특집인 『리충무공전서』에 있는 거북함에 관한 자료를 살펴보자.

『리충무공전서』의 거북함 특집에 있는 이 설명은 통제영 거북선인데, 그 치수가 정확히 나와 있다. 곧 길이는 밑판이 64자 8치이며, 현측이 68자고, 주갑판 길이가 113자다. 그리고 너비는 이물이 12자, 허리쪽이 14자 5치, 고물이 10자 6치다.[207)]

이 배는 이물쪽이 넓고 중앙이 불룩하게 넓으며, 고물쪽이 좁은 꼴의 배이다.

이 배의 높이는 현측에서 7자 5치라고 하였다.

그리고 배의 크기에 있어서는 최근의 자료에 있는 내용으로써 비교해보자.

허섬(許暹)의 『호좌수영지(湖左水營誌)』(1847)에는 각 함정의 건조년대가 1700±40년 정도이며, 『리충무공전서』는 1792+3년에 간행된 것이다. 허섬의 기록 시기가 비록 후대이긴 해도 거북함의 건조 시기를 나타낸 것은 『리충무공전서』의 건조 시기보다도 뒤떨어지지 않는다. 즉 적어도 30년 이상 앞설 수 있다.

그러므로 이것은 내용으로는 거의 같은 건조 시기라 할 수 있을 것이다. 그렇다면 크기의 기준이 되는 길이의 기준〔尺〕이 주척(周尺: 指尺)임을 배제할 수 없다.[208)] 그러나 패란의 높이가 4자 3치를 주척으로

207) 덕수 리씨 종가에 '머리 없는 거북함〔無頭龜船〕' 그림이 전해 오는데, 이것은 「리충무공전서」를 편찬한 1795년 쯤보다 늦은 시기로 본다. 거기에 적힌 내용 가운데 "배밑 길이는 50자요, 너비는 25자가 된다. 뱃몸의 길이는 65자요, 방패문은 좌우로 26이라. 안으로 감춘 것이 89요, 밖으로 내보인 것이 47이다."가 있다.

208) 金在瑾, 『거북선』(서울: 正宇社, 1992), p. 101에는 "영조척(營造尺) 1자 30.65㎝이 사용되었다."고 하였다. 그러나 朴興秀, 「李朝尺度에 關한 硏究」 『大東文化硏究 第4輯』 및 『한국사 10』(국사편찬위원회, 1984), p. 540에서는 이 영조척의 길이가 경국대전(성종24년)에는 31.21㎝이고, 정조16년(1792)에는 31.25㎝이므로, 임진왜란 당시의 길이를 31.21㎝로 보아야 할 것이다. 주척의 길이는 21.04㎝이다.

할 경우 90.47㎝로는 노를 저을 수 있는 공간도 되지 못하므로, 영조척인 31.21㎝로 기준할 수밖에 없다.

그런데 이 판옥선(판옥전선 또는 전선)이란 일반 배[209] 겻집〔鋪板: 甲板〕- 갑판 위에 판자로 겻집을 하나 더 깔아 만들어 올려놓은 2층 구조〔용골에서부터는 삼층구조〕의 집이라는 뜻이다. 이 판옥선의 특징은 비전투원, 특히 노군(櫓軍)과 전투원〔포수(砲手)·사수(射手)·화포장 등〕과를 분리하여 전투원이 상장(上粧)의 2층 겻집〔상갑판(上甲板)〕 위에서 마음껏 싸울 수 있게 하고, 비전투원인 노군과는 분리됨으로써 그들에게서 방해를 받지 않는 데 있다.

이 판옥선은 무엇보다도 전투능력을 최대로 발휘할 수 있게 만들었다는 데 그 특징이 두드러진다. 이러한 특징을 최대로 활용하여 만든 것이 또한 거북함일 것이다. 그렇다면 적어도 거북함은 판옥선의 상장인 2층 겻집〔鋪板〕을 제거하지는 않고, 그 위에 새로운 둥근 겻집을 만들어 거북등처럼 배를 만들었을 것이다.

이러한 맥락에서 추론하면, 임진왜란 당시의 거북함은 전투원과 비전투원이 분리된 공간에서 활동할 수 있는 '3층 구조'의 배였다.[210] 또 여기에는 판옥선의 장대(將臺), 즉 함교가 제거되지 않고 그대로 쓸 수 있는 상태로 만들어졌을 것임을 알 수 있다.

왜냐하면 만약에 상장 겻집(上粧鋪板)을 제거하거나, 장대인 판옥을 제거한다면, 그 작업의 공정(工程)은 새로 만들 정도의 공수(工手)가 더 많이 필요하게 되기 때문이다. 또한 만약 판옥선을 고쳐서 상부 겻집〔갑판〕을 제거하고서 상장 겻집을 둥글게 만든다면, 이것은 또한 배로서의 견고성에서도 문제가 야기될 것이며, 장대가 없음에 따라 지휘내지 배의 조종〔操艦〕이 매우 힘들게 되기 때문이다.

---

209) 조선 초기에 맹선(猛船)·병선(兵船)·조선(漕船=漕運船)을 운용했는데, 이들의 배는 같은 형태며, 용도에 따라 약간씩 손을 보아 만든 평저선(平底船)이다. 조운선은 갑판이 없으며, 맹선·병선은 갑판이 있어 군사들이 그 단층의 한 갑판 위에서 전투원과 비전투원이 함께 활동하였다.

210) 덕수 리씨 종가의 '머리 없는 거북선(無頭龜船)'에는 "거북딱지가 변하여 장대가 되니, 3층에 하나를 더한 것이다. 그 위에다 좌대를 만들어 장막을 두른다.〔甲變爲臺 三層加一 上設座幕〕"가 있다.

그러므로 구조상으로 볼 때, 거북함은 '3층 구조(三層構造)'의 배이며, 장대〔함교〕는 겻집〔갑판〕과는 다른 특별한 구조물이 높게 되어 있었다고 할 수 있다. 이렇게 하여 노젓는 사람과 포를 쏘는 사람은 분리되어 각자의 임무를 충실히 해내었다고 볼 수 있다.

여기서 주목해야 할 부분이 있다. 그것은 이러한 노로써 무척 빨랐다는 것이다. 1795년에 간행된 『리충무공전서』에서 거북함이 "역풍이 불건 썰물이건 마음대로 간다"고 하였지만, 그보다 150년 전에 신경(申炅: 1615~1653)이 쓴 『재조번방지(再造藩邦誌)』(1693)에 이런 글이 있다.

> 좌·우·전·후로는 화포를 많이 싣고 종횡으로 출입하여 베짜는 북과도 같고, 물오리 같기도 하였다.[211)]

우리는 여기서 거북함의 진행방향을 '후진'도 할 수 있다는 말로 해석된다. 이것은 현재의 모양과 위치에서 전통 한국 노로써는 후진은 불가능하다. 그래서 거북함의 노가 후진을 할 수 있으려면 서양식 노처럼 곧은 노이며, 이 노를 내심방 현측 중앙에 위치시켰다고 주장하는 학자도 있다.[212)]

본디 우리의 전통 노의 운용은 작은 배에는 고물 뱃전에 놋좆을 꽂아 놓고, 노를 거기에 끼워서 물고기 꼬리처럼 좌우로 흔들어서 전진력을 갖는다. 이것은 실제로 후진이 불가능하게 된다. 그러나 큰 배에는 키를 고물에 달며, 고물쪽 좌우 뱃전에 삼판을 덧대어 그 겻집 위에 구멍을 내고, 그 구멍 앞쪽과 뒷쪽에 놋좆을 꽂아 놓고, 전진하려면 앞쪽의 놋좆에, 후진하려면 뒤쪽의 놋좆에 노를 끼워 저으면 추진력을 가지게 된다.

이것은 노의 위치로 보아서는 전진력이 생기는 것이며, 배 모양에서 그 노군과 노의 위치가 반대쪽으로 옮겨진 위치해 있으므로, 그대로 후진하는 것이 된다.

그래서 거북함이 전진·후진도 가능하여 종횡무진으로 항해할 수 있

---

211) 申炅, 『再造藩邦誌』 2. "左右前後 多載火炮 縱横出入 如梭如鳧."
212) 張學根, 『韓國海洋活動史』(海軍士官學校, 1994), p. 320.

었던 무적함이었다.

(2) 화기(火器)의 성능과 변화

임진왜란 때에 왜적을 물리치는 결정적 역할을 한 무기는 고려 때부터 전래되어 세종대왕 때에 개량된 것이다. 『세종실록』에 보면, 세종 27년(1445년 3월)에 대대적인 화포개량 사업을 벌였으며, 그 결과로 사정거리는 2배 정도였다.

그리고 〈표Ⅲ-10〉에서 보는 바와 같이, 조선 초기에서 중기 이후로 올수록 그 규모가 점점 커져서 임진왜란 당시보다는, 천자총통의 경우 2.4배, 지자총통의 경우에는 무려 4.7배나 커졌음을 알 수 있다.

여기서 그 명칭에서도 알 수 있듯이, '화포'라는 이름을 '총통'으로 바꾸었고, 천자화포가 천자총통으로, 지자화포가 지자총통으로, 황자화포가 황자총통으로 고치어 불렀음을 알 수 있다. 또 한 총통에는 화살을 1발이 아니라 4발까지 장전하여 쏘아 그 명중·살상효과를 높였음도 알 수 있다.

〈표Ⅲ-9〉 조선 초기 화기 명칭과 성능

종전의 성능		개량한 뒤의 성능		
화포 명칭	사정거리	1발 1화살	1발 4화살	화약량
天字火砲	400~500步	1300步	1000步	감량
地字火砲	500步	800~1000步	600~700步	동일 량
黃字火砲	500步	800步	500步	동일 량
架字火砲	200~300步	600步	400步	동일 량
細火砲	200步	500步	-	동일 량

※ 출처: 『조선왕조실록』 권107 세종 27년 3월 30일(계묘).

〈표Ⅲ-10〉 대형총통의 크기 변화

	임진왜란 시			
	全長	內圓徑	外圓徑	무게
天字銃筒	130cm	13cm	22.5cm	296kg
地字銃筒	89.5cm	9.6cm	15.4cm	92kg
玄字銃筒	79cm	7.2cm	13.8cm	85kg
黃字銃筒	52cm	4.2cm	7.6cm	7.8kg
別黃字銃筒	89.2cm	5.8cm	12.8cm	65kg
	조선 후기 [단위) 길이: 尺-寸-分(cm), 무게: 斤(kg)]			
	全長	內圓徑	外圓徑	무게
天字銃筒	6-6-3(138)	0-5-6(11.7)	1-3-0(27)	1209(724.5)
地字銃筒	5-6-7(118)	0-5-0(10.4)	1-1-0(23)	724(434.4)
玄字銃筒	4-0-1(83.5)	0-2-9(6.0)	0-6-9(14)	155(93)
黃字銃筒	3-6-4(75.8)	0-2-2(4.6)	0-6-0(12.5)	130(78)
別黃字銃筒	-	-	-	-

※ 출처: 육군박물관 등 유물 실측자료 및 『戎垣必備』·『訓局新造兵器圖說』로서 종합했음.

이렇게 개량된 총통이 임진왜란 때까지 큰 변화없이 전해져온 것 같다.

리순신이 전라좌수사로 부임하면서 군선을 빈틈없이 보수하는 동시에, 그때까지도 해전에서는 주로 많이 사용되지 않았던 화기(火器), 즉 천자·지자·현자·황자·별황자 총통 등의 대형총통은 물론 승자·차승자·소승자·별승자·대승자·중승자 총통 등의 소형총통과 이들 총통과 함께 사용된 대장군전·장군전·차대전·피령전·장전·편전·화전 및 철환 등을 준비하였으며,[213] 이런 화기들을 효과적으로 운용하기 위하여 많은 량의 화약을 계속 준비하였다.

이리하여 군선에 탑재된 많은 총통들이 임진왜란 때에 해전에서 조선 수군이 어떤 방법으로 운용하였기에 승리할 수 있었는지에 대하여

213) 『亂中日記』에는 임진왜란이 일어나기 전까지(1.1~4.15) 이순신이 예하 부대를 13회에 걸쳐서 점검·검열하고, 활·포 등을 연습한 것은 29회로 戰備態勢를 갖추기 위한 노력이 모두 42회나 보인다.

먼저 총통의 일반적 성능을 살펴보자.

天·地·玄·黃 등의 문자가 붙은 총통은 구경과 중량 등의 크기에 따라 천자문의 순서대로 순차적으로 붙여진 명칭이며 겉으로 본 생김새는 모두 비슷하다.

(3) 대형 화기

- **천자총통(天字銃筒)**

천자총통은 임진왜란 때에 해상에서 사용한 총통 중에서 가장 크며, 판옥선이나 거북함에 장착되었다. 이것의 사정거리는 화약 30냥으로 대장군전을 쓸 때에는 900보였다.

『화포식언히』에 보이는 제원은 다음과 같다.

> 天텬字자銃츙筒통애ᄂᆞᆫ 中듕藥약線션이 ᄒᆞᆫ오리오 火화藥약이 셜흔 兩냥이오 檄격木목이 여ᄃᆞᆲ치니 大대將장軍군箭전을 노호라 살므긔 쉰엿근식兩냥이오 九구百ᄇᆡᆨ步보ᄅᆞᆯ 가ᄂᆞ니라

대장군전을 석화시(石火矢)라고 하는데,[214] 조선 후기에는 더 개량되었는데, 1813년에 간행된 『융원필비(戎垣必備)』에 대장군전을 쏘면 사정거리가 1200보이고, 조란환 100개, 수철연의환 1개를 발사하면 10여리를 나간다고 했다.[215]

그런데 『화포식언히』 에는 철환(鐵丸)을 사용한다는 말이 없지만, 『신기비결(神器秘訣)』 에는 중연자(中鉛子) 100개를 쓴다고 한 것으로[216] 보아 임진왜란 때에도 대장군전과 마찬가지로 철환을 사용하였

214) 壬辰倭亂 從軍 記錄인『高麗船戰記』에 우리의 大將軍箭을 '石火矢', 將軍箭을 '棒火矢'라고 불렀다. 中村質,「壬辰倭亂に關する諸問題」『第2回 國際海洋力 심포지엄 發表論文集』(海軍海洋研究所, 1991), p. 72.

215)『戎垣必備』."熟銅鑄重 一千二百九斤 中藥線一條 火藥三十兩 檄木長七寸 圓徑四寸六分 放大將軍箭箭重五十斤去一千二百步用水鐵鉛衣丸 則去十餘里."

음을 알 수 있다.

그러나 이 천자총통의 사정거리는 위력은 막강하였던 것 같다.[217)]

리순신이 이 천자총통을 사용한 기록은 많지 않다. 1592년의 「장계」에만 보이며,[218)] 부산포해전(1592년 9월 1일)이 있은 뒤부터는 그 기록을 찾아볼 수 없다. 그 이유는 아마도 군선에 적재하여 운용하는데 불편하였거나,[219)] 재료의 부족으로 주조하기 어려웠기 때문에,[220)] 그보다 작은 크기인 지자·현자 총통으로 대체되었을 것이다. 즉 이 천자총통의 무게는 296kg이며, 지자총통의 무게는 73kg이다. 따라서 천자총통 1문으로써 성능이 비슷한 지자총통 4문을 만들고도 남는 양이다.

그리고 당시에는 총통을 비롯한 전비태세를 갖추는 데 경제적으로 어려움이 많았다는 사실은 리순신이 천자총통을 부산포해전 이후로 사용하지 않았던 이유를 그의 장계한 내용에서 충분히 짐작할 수 있다.

> 지자총통 한 자루 무게가 150여 근이나 되며, 현자총통 한 자루 무게도 역시 50여 근이나 되는데, 이 같은 물력이 남김없이 말라진 오늘날에 있어서는 비록 官廳의 힘으로도 손쉽게 변통하기가 어려워 배를 만드는 일은 거의 끝났으나, 각종 기구들이 한꺼번에 되지 않아 참으로 걱정입니다.[221)]

---

216) 『神器秘訣』 天字銃. "每一位 火藥三十兩 中藥線五寸 中鉛子一百枚."

217) 『명종실록』 권19 명종10년 7월 甲寅條에 보면, "全羅觀察使 金澍(1512~1563)는 倭船을 擊破시키는데는 大將軍箭보다 나은 것이 없다."고 하였다.

218) 『임진장초』 장8. "… 天地字銃筒"; 장11. "… 天地字將軍箭皮翎箭長片箭鐵丸"

219) 천자총통을 전선에서 더 오랫동안 운용하지 않은 이유는 첫째 1문의 무게가 300kg이나 되어 전선에 적재하여 운용하는 데 불편하였거나, 둘째는 무게가 무거우니 재료 또한 너무 많이 들어 총통을 제조하는 재료인 鐵이나 靑銅이 부족하여 더 이상 만들지 못했을 것이다.

220) 『명종실록』 권19 명종10년 7월 甲寅條에 "銃筒은 주조할 銅鐵이 없어 寺刹의 鐘을 거두어서라도 주조코자 건의하였지만, 鐘은 불가하고, 다만 鍮器는 사용하여도 가하다는 윤허가 내리기도 하였다."고 하였으며, 『명종실록』 권21 명종11년 12월 丙申條에는 兵曹에서 "賊船을 깨뜨리는 데에는 銃筒보다 나은 게 없기 때문에 備邊司에서 조치하고 있으나, 全羅·慶尙·忠淸·京畿는 부득이 천자·지자 총통이라야 되겠지만, 기타 도에서는 之次(玄字)銃筒이라도 되겠다 하여 지금까지 사들인 鐵이 6萬斤이 넘으니, 이제 사들이는 것은 保留하자."는 조치가 있기도 하였다.

221) 『임진장초』 장43. "… 地字銃筒一柄之重多至一百五十餘斤 玄字一柄之重亦至五十餘斤 則當此物力殫竭之餘 雖以官家之力 難易卒辦船役幾畢 器具不齊 極爲悶慮 … 萬曆二十一年閏十一月十四日."

- 지자총통(地字銃筒)

지자총통은 두 번째로 큰 총통이며, 장군전을 쏘거나 조란환 200개를 쏘며 사정거리는 800보였다. 『화포식언히』에서 지자총통의 제원은 다음과 같다.

地디字ᄌᆞ銃춍筒통애ᄂᆞᆫ 中듕藥약線션이 ᄒᆞᆫ오리오 火화藥약이 스므兩냥이오 土토隔격이 세치니 새알만ᄒᆞᆫ 鐵텰丸환 二이百ᄇᆡᆨ낫츨 ᄡᅳ라 或혹 將장軍군箭젼을 ᄡᅳᆯ제이든 檄격木목이 여ᄉᆞᆺ치니 살므긔 스므아홉근여ᄃᆞᆲ兩냥이오 八팔百ᄇᆡᆨ步보롤 가ᄂᆞ니라.

임진왜란 직후에 기록된 『신기비결』에는 피사체를 중연자(中鉛子) 60개 쓴다고 하였다.[222] 이 총통은 조선 태종 때부터 그 이름이 보이며,[223] 이 포가 임진왜란 때에 줄곧 수군의 주포로 사용되었던 것이다. 그 당시의 무게는 150근이었다.[224]

- 현자총통(玄字銃筒)

현자총통은 세 번째로 큰 총통이며, 피사체로 차대전을 쓰면 800보, 은장차중전(隱藏次中箭)을 쓰면 1500보이며, 조란환 100개를 쏠 수 있다. 그런데 『신기비결』에는 소연자(小鉛子) 30개를 쓴다고 하였다.[225] 『화포식언히』에서 현자총통의 제원은 다음과 같다.

玄현字ᄌᆞ銃춍筒통애ᄂᆞᆫ 中듕藥약線션이 半반오리오 火화藥약이 넉兩냥이오

222) 『神器秘訣』 地字銃. "每一位火藥二十兩中藥線五寸 中鉛子六十枚."

223) 『세종실록』 권107 세종27년 3월 辛卯에 "太宗이 자주 擧動하여 火砲 쏘는 것을 구경하였다. 李叔蕃과 崔海山 등이 그 일을 맡아보았으며 비록 마음쓰는 것은 지극했으나, 천자・지자 火砲는 화약만 많이 들고 화살은 500보를 넘지 못하였다."라는 말이 보인다.

224) 『리충무공전서』 권3 장계35 「請下納鐵公文兼賜硫黃狀」. "地字銃筒一柄之重多之一百五十餘斤玄字一柄之重亦之五十餘斤."

225) 『神器秘訣』 玄字銃. "每一位 火藥四兩 中藥線五寸 小鉛子三十枚"

檄격木목이 네치니 次ᄎᆞ大대箭젼을 노흐라 八팔百ᄇᆡᆨ步보를 가ᄂᆞ니라 鐵텰丸환 ᄡᅳᆯ적이어든 土토隔격이 두치오 鐵텰丸환이 一일百ᄇᆡᆨ낫이오 或혹 隱은藏장次ᄎᆞ中듕箭젼 ᄡᅳᆯ적이어든 火화藥약이 석兩냥이오 檄격木목이 세치니 一일千쳔五오百ᄇᆡᆨ步보롤 가ᄂᆞ니라.

현자총통은 특히 거북함의 미르 아가리〔龍頭口〕에 장착하여 적선을 향해 가장 먼저 철환을 발사하여 적선을 무찌른 것으로써 차중전(次中箭)·은장차중전(隱藏次中箭)을 쏘기도 했다.

이것은 그만큼 다른 총통보다 운용하기에 용이하면서도 그 위력도 상당히 있었기 때문으로 보인다. 특히 이 현자총통의 사정거리로 보았을 때, 그보다 구경이 더 큰 지자총통과 거의 같은 데서도 알 수 있다

- **황자총통(黃字銃筒)**

황자총통은 대형총통 가운데서 가장 작으며, 피령차중전(皮翎次中箭)을 쓰면 사정거리가 1100보이고, 조란환 40개를 쏠 수 있다.

『화포식언히』에는 황자총통의 제원은 다음과 같다.

黃황字ᄌᆞ銃춍筒통애ᄂᆞᆫ 中듕藥약線션이 半반오리오 火화藥약이 各각 석兩냥이오 檄격木목이 세치니 皮피翎령次ᄎᆞ中듕箭젼을 노흐라 一일千쳔一일百ᄇᆡᆨ步보를 가ᄂᆞ니라 或혹 鐵텰丸환 ᄡᅳᆯ적이어든 土토隔격이 ᄒᆞᆫ치닷분이오 鐵텰丸환이 마은낫이라.

그런데 『신기비결』에는 소연자(小鉛子), 즉 조란환 20개를 쏜다고 되어 있다.[226] 이 황자총통은 천자총통과 마찬가지로 1593년 이후에는 기록이 보이지 않는다. 그 이유는 임진년의 해전을 겪으면서 천자총통이나 황자총통이 운용상 효과가 적었을 것이기 때문이다. 즉 천자총통은 너무 무거워 운용하기 어려웠던 반면에, 황자총통은 상대적으로 너무 작아서 그 위력이 대단치 않은 소형총통이나 별 다름이 없었기 때

226) 『神器秘訣』 黃字銃. "每一位 火藥三兩 中藥線五寸 小鉛子二十枚."

문이었을 것이다.

황자총통은 조선 후기에 오면, 그 규모는 없어지고, 별황자총통이 황자총통으로 그 이름까지 바뀌었다.

• 별황자총통(別黃字銃筒)

별황자총통은 황자총통을 개량하여 만든 것이다. 포의 중간쯤에 포를 걸 수 있는 포이(砲耳)가 있고, 총통의 뒷쪽에 있는 약통 뒤에 손잡이인 모병(冒柄)이 있어 포를 상·하·좌·우로 선회시킬 수 있는 것이 특징이다.

이것은 곧 현대적 포술운용법과 비슷한 것이며, 당시로서는 획기적인 발전이라고 볼 수 있는 부분이기도 하다. 이 별황자총통은 피사체로 조란환 40개를 쏠 수 있고, 피령목전(皮翎木箭)을 쓰면 사정거리가 1000보였다. 이것을 가죽깃〔皮翎〕 대신에 차대전(次大箭) 크기의 철령목전(鐵翎木箭)으로 만들어 시험발사를 했는데 그 사정거리는 마찬가지였다.

『화포식언히』에 보이는 별황자총통의 제원은 다음과 같다.

> 別별黃황字ᄌ銃춍筒통애ᄂᆞᆫ 中즁藥약線션이 半반오리오 火화藥약이 넉兩냥이오 土토隔격이 ᄒᆞᆫ치닷分분이오 鐵텰丸환이 마ᄋᆞᆫ낫이라 或혹 皮피翎령木목箭전을 노흘적이어든 檄격木목이 세치니 一일千쳔步보롤 가ᄂᆞ니라.

• 불랑기(佛狼機)

이 불랑기는 다른 총통과 구별되는 한 가지가 있다. 그것은 크기별로 다섯 종류가 있으며[227] 각기 1호부터 5호까지의 제원을 정리하면 〈표Ⅲ-11〉과 같다.

---

227) 『화포식언히』 「佛狼機」. "佛불狼랑機긔ᄂᆞᆫ 다ᄉᆞᆺ號호ㅣ시니 每ᄆᆡ號호애 각각 다ᄉᆞᆺ子ᄌᆞㅣ니 每ᄆᆡ子ᄌᆞ애 각각 ᄇᆞ리예 ᄇᆞᄃᆞ시 鉛연子ᄌᆞ ᄒᆞᆫ낫ᄎᆞᆯ ᄡᅳᄂᆞ니라"

불랑기는 후장식(後裝式) 대포인데, 특히 요즘의 탄창과 같은 역할을 하는 자포(子砲)를 썼다. 『화포식언해』에는 다섯 개〔五子砲〕"이지만, 『신기비결』에는 "아홉 개"[228]라고 한 것으로 보아, 임진왜란 때에는 자포를 아홉 개 사용했을 것이다.

그리고 운용하기에 다소 쉬운 작은 불랑기포로 군선에서 사용했다고 보이는 5호 불랑기(五號佛狼機)는 다음과 같다.

> 五오號호애ᄂᆞᆫ中듕藥약線션이 半반오리오 火화藥약이 두兩냥이오 土토隔격이 닷分분이오 鉛연丸환이 ᄒᆞᆫ낫이라.

불랑기포는 1517년(중종12) 유럽의 포르투갈 상선이 광동(廣東)에 와서 처음으로 전해졌는데, 이를 모방하여 많이 제조하여 실전에 사용하였으며, 임진왜란 때 1593년 1월에 평양성 전투에서 중국 군사들이 사용하였다.

〈표Ⅲ-11〉 불랑기의 종류

種類	藥線	火藥量	土隔	被射體
佛狼機1호	中藥線 半條	13냥	1치5푼	납탄알 1개
佛狼機2호	中藥線 半條	7냥	1치5푼	납탄알 1개
佛狼機3호	中藥線 半條	4냥5돈	8푼	납탄알 1개
佛狼機4호	中藥線 半條	3냥	7푼	납탄알 1개
佛狼機5호	中藥線 半條	2냥	5푼	납탄알 1개

※ 출처: 『화포식언ᄒᆡ』 佛狼機에서 종합한 것임.

228) 『神器秘訣』 佛狼機習法. "佛狼機每一位 子銃九門 每子銃一門 火藥二兩 中藥線四寸 中鉛子二三枚"

병조판서 리덕형: 평양성을 함락시킬 때 보니, 비록 금성탕지라 하여도 어쩔 수 없었습니다.

소경왕: 무슨 기구로 함락시키던가?

리덕형: 불랑기·호준포·멸로포(滅虜砲) 등의 기구를 사용하였습니다. 성에서 5리(=1500보=1.89㎞)쯤 떨어진 곳에서 여러 포를 일시에 발사하니 소리가 하늘을 진동하는 것 같았는데, 이윽고 불빛이 하늘을 치솟으며 모든 왜적들이 붉고 흰 깃발을 들고 나오다가 모두 쓰러졌습니다. 그러자 중국 병사들이 우르르 성으로 들어갔습니다.[229)]

이 대화는 1594년 3월 20일의 것이지만, 척계광의 병법『기효신서』와 관련되어서 한 말이다. 이 불랑기를 포함한 포들의 위력이 매우 컸으며, 그 뒤로도 많이 사용했다.[230)]

다만 이 불랑기포를 해전에서 사용했던 기록은 없지만, 해전에서도 사용이 가능하다.

그리고『화포식언히』에는 자포에 연환을 1개 쓴다고 되어 있으나,『신기비결』에는 중연자 2~3개를 쓴다고 하였다.[231)]

이 불랑기의 운용법은『화포식언히』나『신기비결』에 의하면, 불랑기에 화약을 넣고 이를 다지는데 토격(土隔), 즉 찰흙으로 화약통을 막아서 연환을 사용하는 것으로 되어 있는 데 비하여, 이 자포에 격목(檄木)이 들어 있는 것으로 볼 때, 목전(木箭)을 사용했을 가능성이 높다. 아마도 철환이나 연환보다는 목전의 위력이 컸기 때문이 아닌가 여겨진다.

『신기비결』에는 불랑기의 발사방법이[232)] 상세히 기록되어 있는 것으

229)『선조실록』49권 선조27년 3월 무술(20일). "(李)德馨曰 平壤陷城時見之 則雖金城湯池 亦無奈何. 上曰 以何器陷之乎. 德馨曰 以佛狼機虎蹲砲滅虜砲等器爲之. 距城五里許 諸砲一時齊發 則聲如天動 俄而火光觸天 諸倭持紅白旗出來者 盡僵仆 而天兵騈闐入城矣."

230)『현종실록』권8 현종5년 3월 을출(3일). "강화류수 조복양이 아뢰기를, '강화부에서 가지고 있는 화기 중에 이른바 불랑기라는 것이 바로 대포인데, 소포처럼 자주자주 쏠 수가 있어 실로 화기 가운데서 으뜸가는 화기입니다. 경상도 병영 및 통영으로 하여금 동래에 쌓아둔 동철을 가져다 몇 백 자루 더 만들어 보내게 하소서.〔江華留守趙復陽曰 本府所儲火器中 所謂佛狼機 乃大砲之類 而能數放如小砲 實是第一火器. 請令慶尚兵營及統營 取東萊所置銅鐵 加造數百柄以送.〕"

231)『神器秘訣』佛狼機. "子銃一門 火藥二兩 中藥線四寸 中鉛子二三枚."

232)『神器秘訣』佛狼機. "每一位子銃雨門 每子銃一門 火藥二兩 中藥線四寸 中鉛子二三枚. 鉛子大小多小及藥線大小寸數隨宜 勿拘他倣 此裝法 先取子銃 一洗拭 二入藥線

로 보아 조선의 불랑기는 1593년부터 1603년 사이 10년 간 중국의 운용원리를 본따서 운용하였을 것이라고 여겨진다.

• 완구(碗口)

완구라는 것은 박격포의 일종으로 생각할 수 있다. 세종 때에는 총통완구 한 가지뿐이었으나, 중기에 들면서 大·中·小·小小 완구의 4종으로 발전되었다.

임진왜란 때에 해전에서 완구를 군선에 탑재했다는 직접적인 기록은 없다. 그러나 1593년 4월 웅포해전 때에 리순신이 적주둔 해안진지를 진천뢰(震天雷)로 공격하였다는 기록이 보인다.[233] 진천뢰(震天雷)/비진천뢰(飛震天雷)의 운용은 완구가 아니면 발사할 수 없는 것이므로, 배에서 운용했음을 말해준다. 특히 대형총통인 천자·지자·현자·황자·별황자 총통 및 불랑기 등은 평사포임에 비하여 완구는 구경에 비하여 부리〔嘴〕가 짧아 곡사포다.

현재 함정에서는 포술운용에서 곡사포의 운용이 어렵기 때문에 모두 평사포를 사용하고 있는 데 비하여, 임진왜란 때에 곡사포인 완구를 사용했다는 것은 매우 특이하다고 할 만하다.

『화포식언히』에 보이는 완구의 제원은 다음과 같다.

> 大대碗완口구애ᄂᆞᆫ 中즁藥약線션이 ᄒᆞᆫ오리오 火화藥약이 셜흔냥이오 檄격木목이 다ᄉᆞᆺ치니 團단石셕을 노ᄒᆞ라 돌므긔는 닐흔근이니 三삼百빅七칠十십步보롤 가ᄂᆞ니라.

三下藥線 四下覆紙 五下送子輕 六下鉛子 七下土用力堅藥以滿子銃口爲准 子銃九門裝法皆同 九子裝完將子銃一門入母銃內模館使軍其子母銃 牙肩相銜處用濕布塗隙 以障火烟之比透 又用手報銃屬柄用 一隻眼平視後照星對前照星 前照星對對賊宗中燃發. 機架之頭須凸須圓使母銃倏高下倏左倏右之際制使流制然後乃得隨意發打賊. 子銃一門放訖又放第二門至九門輪放不絶. 一法子銃內勿入子 以其子幾箇裹紙先入母銃口內塞駐次入子銃燃發."

233) 『리충무공전서』 권3 장계6 「討賊狀」. "三月初六日 更進挑戰砲丸矢石 比前益張且放震天雷於山岸賊屯."

中듕碗완口구애ᄂᆞᆫ 中중藥약線션이 ᄒᆞᆫ오리오 火화藥약이 열석냥이오 檄격木목이 네치니 團단石셕을 노호라 돌므긔ᄂᆞᆫ 셜흔너근이니 五오百빅步보ᄅᆞᆯ 가ᄂᆞ니라.

小쇼碗완口구애ᄂᆞᆫ 中듕藥약線션이 반오리오 火화藥약이 여듧냥이오 檄격木목이 두치닷분이니 團단石셕을 노호라 돌므긔 열ᄒᆞᆫ근ᄒᆞᆫ냥이니 五오百빅步보ᄅᆞᆯ 가ᄂᆞ니라.

小쇼小쇼碗완口구애ᄂᆞᆫ 中듕藥약線션이 세치오 火화藥약이 ᄒᆞᆫ냥여듧돈이오 檄격木목이 ᄒᆞᆫ치닷분이니 水슈磨마石셕 ᄒᆞᆫ나ᄅᆞᆯ 곳ᄂᆞ니 틀ᄌᆞᄅᆞ 남글 구디 잡고 노호라.

대완구는 현존하는 유물은 없다. 무게 74근의 단석(團石)을 발사하였다는 기록으로 보아 세종 때 둘레 3자3치7푼의 동그란 돌, 즉 단석 74근을 총통완구에 발사한 것과 같으므로, 대완구의 총 무게는 이와 비슷한 203근(윗부분 104근, 아랫부분 99근)이었을 것이다.[234)]

그리고 중완구는 무게가 34근인 것으로 보아 단석의 직경은 220~260㎜정도로 추정된다.[235)] 특히 보물 제859호인 중완구는 바다에서 인양되었다는 데 의미가 있다.

여기서 대완구·중완구는 대형화기에 해당되고, 소완구·소소완구는 소형화기에 해당되지만, 그 형태의 분류로 보아 여기에 그대로 포함시켰다.

소완구는 단석의 무게가 11근 1냥이므로 크기는 중완구의 3분의 1 정도인 것 같다.

소소완구는 현존 유물이 없으며, 너무 작기 때문에 발사할 때에 손으로 잡을 수 있는 나무자루가 있는 것이 특징이다. 이것은 피사체로 단석을 쓰지 않고 자연석인 수마석(水磨石)을 사용하였다.

---

234) 『國朝五禮序例』 卷4 兵器圖說.

235) 총통완구의 단석의 직경이 3자 3치 7푼(33.53㎜: 74斤)인데, 이것을 밀도로써 무게를 계산하면, 0.00376근/㎤를 적용할 때 중완구의 단석은 34근이므로, 밀도가 0.004~0.006근/㎤인 것으로 가정하면 직경은 220~260㎜가 된다.〔『韓國武器發達史』(國防軍史研究所, 1994), p. 496〕

(4) 소형 화기

승자총통은 개인휴대용 소형총통이다. 비슷한 크기지만, 그 종류는 다양하며, 대・중・소・차・별・쌍 승자총통 등인데 대표적인 것이 승자총통이다.

- **승자총통(勝字銃筒)**

승자총통은 특히 리순신이 전라좌수사로서 경상도 해역에 전투지원 나갔을 적에 대・중 승자총통을 사용하였다는 기록으로[236] 보아 함재무기로서 유효적절히 운용되었음을 알 수 있다.

당시 승자총통의 명칭이 『신기비결』에는 대・중・소 승자총통으로, 『화포식언히』에는 勝字・次勝字・小勝字로 나와 있으며, 리순신의 기록에는 大・中 승자총통은 있어도 次・小・別 승자총통이라는 명칭은 나오지 않는다. 그러나 別勝字銃筒과 함께 勝字銃筒・次勝字銃筒・小勝字銃筒이 여천시 백도 근해에서 충무공해전유물발굴단에 의해 인양된 바, 그 명문에 '壬辰年'이 새겨진 것으로 보아 승자총통류가 함재무기로서 운용되었음을 알 수 있다.

『화포식언히』에 의하면 그 제원은 다음과 같다.

> 勝승字ᄌᆞ銃츙筒통애는 中듕藥약線션이 세치오 火화藥약이 ᄒᆞᆫ냥이오 土토隔격이 여ᄉᆞᆺ분이오 鐵텰丸환이 열다ᄉᆞᆺ낫이라 혹 皮피翎령木목箭젼을 노ᄒᆞ니 六륙白빅步보롤 가ᄂᆞ니라 檄격木목이 업스니라.

승자총통은 철환을 쏠 수 있으며, 또 피령목전(皮翎木箭)을 쏘기도 하였는데, 격목을 쓰지 않고 토격만을 사용하였던 것이 대형총통과 다른 점이다.

『화포식언히』에 의하면, 승자총통은 철환을 15개 장전하도록 되어

---

236) 『리충무공전서』 권5 일기15 임진6월 "初二一庚子晴 … 以片箭及 大中勝字銃筒 與雨亂射 倭將中箭 墜落…."

있다.

• 차승자총통(次勝字銃筒)

차승자총통은 승자총통보다 구경이 조금 작은 총통인데, 『화포식언히』에 의하면 차승자총통의 제원은 다음과 같다.

> 次ᄎᆞ勝승字ᄌᆞ銃츙筒통애ᄂᆞᆫ 中듕藥약線션이 세치오 火화藥약이 다ᄉᆞᆺ돈이오 土토隔격이 세분이오 鐵텰丸환이 다ᄉᆞᆺ낫이라.

• 소승자총통(小勝字銃筒)

소승자총통은 철환을 대체로 3개씩 사용하였다. 그런데 소승자총통이 나머지 총통과 다른 것은 바로 근대식 소총과 비슷하게 손잡이용 개머리판이 붙어 있으며 총열 끝과 앞에 가늠자가 붙어 있는 것이다. 『화포식언히』에 의하면, 소승자총통의 제원은 다음과 같다.

> 小쇼勝승字ᄌᆞ銃츙筒통애ᄂᆞᆫ 小쇼藥약線션이 세치오 火화藥약이 세돈이오 土토隔격이 두분이오 鐵텰丸환이 세낫이라.

• 별승자총통(別勝字銃筒)

별승자총통은 승자총통을 변형하여 구경을 작게 하고, 총의 부리를 길게 하여 명중률을 높이도록 한 것이다. 그러나 별승자총통에 대한 것은『화포식언히』『신기비결』『화기도감의궤』 등에 전혀 언급되어 있지 않다.

별승자총통은 재질이 청동이고, 전체의 평균 길이 75.82㎝, 구경은 16㎜, 약통의 길이 15.44㎝, 모병의 길이 10.66㎝, 무게 3.5㎏이며, 마디〔竹節〕는 대체로 8개다.

• 정철총통(正鐵銃筒)

정철총통은 리순신이 조총을 본떠서 승자총통을 개량한 우수한 개인 휴대용 작은 화기다.

(1) 정철총통은 전쟁에 가장 긴요한 것인데도 우리나라 사람들은 그 만드는 법을 잘 알지 못하였다. 이제야 온갖 연구를 하여 조총을 만들어 내니, 왜의 총보다도 나았다. 명나라 사람〔唐人〕이 와서 진중에서 시험사격을 하고서는 잘 되었다고 칭찬하지 않은 이가 없었다. 이미 그 묘법을 알았으니, 도내에서 같은 모양으로 넉넉히 만들어 내도록 순찰사와 병사에게 견본을 보내고 공문을 돌려서 알게 했다.[237)]

(2) 신이 여러 번 큰 싸움을 겪으면서 왜인의 조총을 얻은 것이 매우 많았으므로, 항상 눈앞에 두고 그 묘리를 실험하였더니, 총신이 길기 때문에 그 총구멍이 깊고, 깊기 때문에 폭발하는 힘이 맹렬하여 맞기만 하면 반드시 부서지는데, 우리나라 승자나 쌍혈 등의 총통은 총신이 짧고 총구멍이 얕아서 그 맹렬한 힘이 왜의 총통만 같지 못하며 그 소리도 웅장하지 못하므로 위의 조총을 언제나 만들려고 하였습니다. 그런데 신의 군관 훈련주부 정사준(鄭思竣)이 이 묘법을 생각해 내어 대장쟁이 낙안 수군 리필종(李必從)·순천 사삿집종 안성(安成)이 본영에 피란하여 와서 사는 김해 절종 동지(同之), 거제 절종 언복(彦福) 등을 데리고 무쇠〔正鐵〕를 두들겨 만들었는데, 총신도 잘 되었고, 총알이 나가는 힘이 조총과 꼭 같습니다. 총구멍에 불을 붙이는 기구가 조금 다른 것 같으나, 며칠 안으로 다 마쳐질 것입니다."[238)]

위의 두 사료는 『난중일기』와 『임진장초』의 것인데, 리순신은 총통의 명중률을 높이고 그 성능을 향상시키기 위하여 여러 문제점을 정확히 분석하여 새로운 조총을 제조했다.

그리고 그때 개발한 총통의 성능이 적어도 일본의 조총 못지 않았다고 했다. 이러한 분석과 연구는 발명가 이상의 열정이라고 하지 않을

---

237) 『리충무공전서』 권5 일기47 계사 9월. "十四日乙丑晴正鐵銃筒最關於戰用而我國之人未詳其造作妙法今者百爾思得造出鳥筒則最妙於倭筒唐人到陣試放無不稱善焉已得其妙道內一樣優造事見樣輸送巡察使兵使處移牒知委."

238) 『임진장초』 장35.

수 없다.

그러나 유감스럽게도 그 정철총통이 유물로는 현재로 남아 있는 것이 없지만, 이런 기록을 통하여 우리는 리순신이 발명가적 횟손임을 엿볼 수 있다.

3. 해전의 특성과 임진왜란 통사(通史)

(1) 해전의 특성

해전은 먼저 해상교통(海上交通)의 발전과 직접적인 관계가 있다. 해상교통의 발전은 배[船舶]의 발달과 병행하여 왔으며, 배는 곧 수군(水軍), 즉 해군의 기본이요, 강이나 바다에서의 싸움을 벌이는 데 있어서 가장 중요한 무력(武力)의 요소다.

이러한 배는 인류에게 언제부터 사용되었을까?

영국의 저명한 소설가·언론인·사회학자·력사학자인 웰스(Herbert G. Wells: 1866~1946)의 말을 빌리면, 3만 년 전으로 보며, 신석기 시대에는 통나무나, 짐승가죽 주머니에 공기를 가득 넣어 물 위를 저으면서 다녔을 것이다. 가죽으로 덮고 틈새를 메운 바구니 세공의 배는 이집트나 수메르에서 오랜 시대부터 사용되고 있었으며,[239] 돼지가죽[豚皮]·소가죽[牛皮]·양가죽[羊皮] 등의 짐승의 통가죽에 몸을 얹어 지금까지도 중국의 황하(黃河)·장강(長江: 大江)의 상류에서 하류로 헤엄쳐 이동해오기도 한다.[240]

부력(浮力)을 이용한 물체, 즉 나무나 짐승가죽의 이용은 통나무[獨木舟·마상이(馬上伊/亇尙/麽相/馬上)]에서 뗏목[筏船]으로, 나무배[木船: 널빤지 덧댐]로, 뒷날에 쇠배[鐵船]로 발달하여 지금에 이르고 있다.

나무배의 사용이 더 오랜 기간이었을 테지만, 1555년(을묘왜변)을 기점으로 2층 구조 맹선(猛船)에서 3층 구조의 판옥선(板屋船)으로 발전했고, 1592년에는 이 판옥선 구조에서 윗부분에 덮개를 씌워 무장한 거북함[龜艦/龜船]이 리순신에 의해 발명되기도 하였다.

맹선·판옥선·거북함은 그 나름의 특수한 능력을 가졌으며, 그 당

---

239) Herbert George Wells, *A Short History of the World*, New York: MacMillan, 1922; 지명관 옮김, 『웰스의 세계문화사』 (서울: 가람기획, 2003), p. 69.

240) 『韓國海戰史』 上,(해군본부정훈감실, 1962), p. 4.

시로서는 왜적선의 능력을 능가하는 전투함이었다. 상대적으로 우수하고 막강한 능력을 갖추어야 적군과의 싸움에서 이길 수 있음을 력사가 말해주고 있다. 배 자체는 말할 것도 없고, 다른 무기체계도 마찬가지다. 특히 배에는 이동이 불가능한 무기도 적재하여 함포로 운용할 수 있다.

그래서 핵잠수함을 만든다느니, 순양함을 만든다느니, 핵무기를 개발한다느니, 세계 나라마다 무기경쟁을 하고 있는 것이다. "평화를 원하거든 전쟁에 대비하라!"는 말이 력사의 현장에 살아 있다.

력사에는 가정이 없다고들 한다. 만약 임진왜란이 일어나기 전에 리순신의 해양사상으로 똘똘 뭉쳐진 조선의 국방체제였다면, 그리고 제대로 전쟁 대비를 했더라면, 정말 가공할 힘으로써 세계무대에서 크게 활약할 수 있었을 것이다.

이것은 앞으로도 우리나라가 해양 전략적 사고에 의해서 해군의 발전과 더불어 국가의 발전을 도모해야 한다는 명제(命題)로서 성립된다. 이를 입증하기 위하여 리순신이 평소에 해전의 이점을 강조한 것을[241] 이해함으로써 해전의 특성과 수군 운용의 장점을 잘 터득하게 될 것이다.

이러한 리순신의 해양경영 측면에서 수군의 중요성과 그 역할을 강조한 것이 돋보인다. 조선 수군 유지의 필요성에 대해서는 여러 차례 강조되어 있다.

해전은 바다에서 적군의 세력을 무력화시키는 것이다. 물론 육상세력을 활용하는 것을 배제하지 않는다. 그러나 그 주무대는 바다다.

(2) 임진왜란의 특성

임진왜란은 바다를 건너오는 왜적에 대해 조선은 먼저 바다에서 왜적을 맞아 싸워야 하고, 육지에 올라온 왜적을 쳐부수어야 하는 전략·전술을 병행해야 한다는 것과 더불어 중국과 동맹국의 군사를 지

---

241) 『리충무공전서』 권3 장계22 條陳水陸戰事狀(1593. 9. 14).

원받아 연합작전을 수행한다는 특성이 있다.

그래서 임진왜란을 "16세기말의 동아시아를 뒤흔들어 놓은 국제전쟁이었다."고[242] 하고, "전대미문의 국제전쟁이 발발했다."고도[243] 한다.

이 "동아시아를 뒤흔든 전대미문의 국제전쟁"이란 그저 과시한 포장에 지나지 않으며, 진정 어떤 상황이기에 이런 뜻이 합당하겠는가? 장기간이었던 점도 있지만, 비록 "아시아에 심대한 충격을 가하였다."라는[244] 말을 했어도, 이것은 한반도로서는 전혀 어울리지 않으며, 그만큼 참전 규모가 컸었다.

말하자면 일본을 저지하기 위하여 조선과 중국이 연합작전을 수행하였는데, 그 기간이 무려 7년이나 걸렸다. 그런데 그 전쟁의 결과는 너무도 흐지부지하여 종결되지도 않았다. 그리고 과연 일본이 무엇 때문에 임진왜란을 일으켰는가?

우리에게 임진왜란에서 가장 관심이 있는 부분은 아마도 '원균과 리순신과의 갈등 관계'나, '소경왕은 왜 전쟁영웅 리순신을 제거하려 했는가?' 하는 부분일 것이다. 우리는 이렇게 감정의 불씨를 붙이는 문학적 해설로 우리 력사를 온통 '수수께끼'로[245] 만들어 큰 틀의 력사에 접근하지 못하고 있다.

이런 질문을 풀어가기 전에 먼저 우리 스스로를 돌이켜보면, 광복 직후에《한국사》를 처음 배우면서 보았던 글이 있다.

> 全羅左水使 李舜臣이 水路를 끼고 敵의 西進을 막기에 全功을 어드니 大局이 아주 문허지지 아니하기는 오로지 舜臣의 功이얏다. … 日本軍도 平壤以西로 前進할 수 업더니 …"[246]

---

242) 崔永禧,「壬辰倭亂에 대한 理解의 問題點」『韓國史論』22 — 壬辰倭亂의 再照明,(서울: 國史編纂委員會, 1992), p. 3.

243) 蔣非非・王小甫・翁天兵・趙冬梅・張帆・徐万民,『中韓關係史』古代卷,(北京: 社會科學文獻出版社, 1998), p. 290. "16世紀末, 朝鮮半島上爆發了一次空前規模的國際戰爭."

244) 정두희・이경순,『임진왜란 동아시아 삼국전쟁』(서울: 휴머니스트, 2007), p. 19.

245) 이덕일・이희근,『우리 력사의 수수께끼』(서울: 김영사, 1999).

246) 崔南善,『故事通』(京城: 三中堂, 檀紀4280), p. 142.

여기서 '그 西進'의 의미를 '江/河'로 대입시키려는 엄두도 내지 못해 보고, 그저 '남해' 바다만 생각했지, 진정한 그 의미를 알지 못하고 그냥 넘어 가버렸다.

또 대학에서는 대개 '교양국사'라는 이름으로 배웠던 임진왜란의 글 가운데 약방의 감초처럼 언제나 나오는 대목이 있다.

> 戰國時代의 內亂을 수습한 과대망상의 豊臣秀吉은 … 통일 후의 軍事力을 海外로 방출시켜 國內安定과 통일을 더욱 공고히 할 목적에서 또한 海外見聞에 자극되어 大陸侵略의 야욕을 갖고 우리나라(=조선)에 征明假道를 내세우며(1592년) 4월 14일 釜山에 침입했다. … 임진왜란이 國內外에 준 영향은 … 國際的으로는 東北亞細亞는 물론 타일랜드 등 東南亞 국가까지 동원되는 大戰亂이었다. 大陸에서는 明이 亡하고, 淸이 일어나는 계기가 되는 동시에 國際文化를 교류시킨 가장 큰 전쟁이었다.[247)]

여기서 임진왜란의 원흉에게 '과대망상'이란 정신병 진단결과를 붙여주는 것은 일본의 전쟁범죄, 또는 모반죄(謀反/謀叛罪)에 대한 회피를 위해 풍신수길에게 덮어씌운 면죄부 역할에 동조하는 행위가 아닐 수 없다. 그런 과대망상 환자가 일본 국내 통일을 위한 공로자들에게 대륙침략의 교량으로서 조선을 침략했다는 말이 쉽게 알아들을 수 있는 말은 아닌 것이다. 그런데도 우리는 그렇게 배워서 믿고 있고, 아무런 의심없이 어떤 연구 발표회에든 인용하기도 한다.

그리고 임진왜란이 준 영향 가운데서 타일랜드〔泰國: 暹羅〕니, 미얀마〔緬甸: 미얀마〕 등의 동남아시아 국가들이 참전했던 사실에 대해서는 아무런 설명이 없다. 그리고 이 전쟁으로 말미암아 그저 하나의 나라가 망하고, 전혀 다른 나라가 일어서는 줄로만 알았지, 조선의 중앙조정〔中朝/天朝〕의 명칭이 바뀌는 줄을 우리는 몰랐다.

그리고 고등학교 때에 처음 배우는 짤막한 내용이지만 다음과 같은 글이 있다.

---

247) 李鉉淙, 『韓國의 歷史』 (서울: 大旺社, 1991 10판), p. 281; p. 285.

> 조선 초에는 류쿠, 시암, 자바 등 동남아시아의 여러 나라와도 교류하였다. 이들 나라는 조공 혹은 진상의 형식으로 기호품을 중심으로 한 각종 토산품을 가져와서 옷, 옷감, 문방구 등을 회사품으로 가져갔다. 특히 류쿠와의 교역이 활발했다.[248)]

이렇게 배운 것을 우리는 그냥 외우기만 했지, 지금까지도 그 배경과 의미에 대해서는 외면하고 있다. '류쿠'는 '류구(琉球)'[249)] 이고, '시암'은 '샴〔Siam: 暹/태국〕'이다. 조선은 어떤 지리적 자연환경이기에 류구〔북위 24° 동경 122°〕・태국〔북위 14° 동경 97°〕・자바〔남위 7° 동경 107°〕와의 이런 생활필수품의 교환이 있었을까? 과연 어떤 정치적・경제적・지리적 관계였을까?

이것은 여기서 '임진왜란'을 풀면서 알게 될 것이며, 뒷날에 대만이 네덜란드에 점령당하고, 필리핀이 에스파냐(=스페인)에게 점령당하고, 베트남이 프랑스에 점령당하고, 인도가 영국에게 식민지가 되며, 홍콩이 영국에 할양되며, 병인양요・신미양요가 일어나는 것들도 모두 같은 맥락의 '조선(朝鮮)'에서 이루어지는 것이며, 국제 정치적인 문제보다는 무역에 의한 경제적인 문제에 더 무게가 있으며, 이 무역경제 활동에는 선교사들에 의한 종교적 식민지 지배가 더 지배적이었다.

또 일단 여기에는 중국・조선・일본과 더불어 류구(琉球)・샴〔暹〕・미얀마〔緬〕・파주〔播州: 西藏〕・인도〔天竺〕 등의 동남아시아와 남아시아 국가들이, 하물며 흑인〔海鬼〕들까지도 조선의 연합군으로서 1593년부터 참전하여 일본군을 무찔렀다. 이것이야말로 국제전쟁인 것이다.

---

248) 국사편찬위원회・국정도서편찬위원회, 『고등학교 국사』(교육인적자원부, 2003), p. 110.

249) '류구(琉球/流求/瑠求)'를 요즘은 류큐제도〔琉球諸島〕라 하여 오키나와〔沖繩島: 북위 26° 동경 128°〕를 포함한 남서쪽에 있는 여러 섬들을 포함하여 일컫고 있는데, 『宋史』 卷491 列傳250 外國7 流求國엔 "류구국은 천주(泉州)의 동쪽에 있으며 섬〔海島〕이 있는데 팽호도(彭湖島)라 하며, 연깃불이 서로 보인다.〔流求國在泉州之東 有海島曰彭湖 烟火相望〕"고 했고, 『元史』 卷210 列傳97 外夷3 瑠求에는 "류구는 남해의 동쪽에 있으며, 장주(漳州)・천주(泉州)・흥주(興州)의 네 고을 지경 안에 팽호렬도(Penghu Is.)가 류구와 서로 마주하고 있어 보통 때에는 서로 왕래하지 않는다.〔瑠求在南海之東. 漳泉興福四州界內彭湖諸島 與瑠求相對 亦素不通〕"고 했다. 그렇다면 이 류구는 정확히 '대만 섬'이다.

그런데 ‘국제전쟁’이란 이름에 걸맞게 되려면 일단 우리의 눈을 세계로 돌려야 한다. 그렇게 하여 지금까지 다루지 않았던 포르투갈과 에스파냐와 네덜란드가 포함되어야 마땅하다. 왜냐하면 이들을 보면 포르투갈은 이미 1517년부터, 에스파냐는 이보다 약간 늦은 1521년에, 네덜란드는 1542년에 동남아시아와 중국남부 지역에 진출하여 선교활동과 아울러 무역활동을 하였으며, 이들의 상선(商船: 장삿배)은 무기를 탑재한 무장상선으로서 언제든지 무기를 사용할 수 있었기 때문이다. 실제로 에스파냐 출신의 포르투갈 신부 세스뻬데스는 일본군에 들어가 종군활동을 하였다. 특히 에스파냐는 선교활동과 더불어 아예 식민지 활동에 나섰다.

그렇다면 임진왜란은 무엇 때문에 어디에서 일어났는가? 여기에는 뭔가 공통의 문제가 있을 것이며, 지도자의 통치에 따른 백성들의 불편·불만이 공동으로 영향을 받았을 것이다. 그 통치력은 분명 정치적 부정부패에 있고, 경제적으로서는 생산물 및 무역에 관한 문제일 것이다.

그리고 중국대륙에는 먼저 같은 시기에 녕하·사천 지역에 반란이 일어나고 있었고, 아울러 거의 동시에 임진왜란이 일어나는데, 사천 지역에는 1600년에 일어나 평정되었지만, 이내 회수(淮水)와 탕수(碭水: 강소성 북쪽 탕산현) 사이 지역 및 절강(浙江) 지역에서 조고원(趙古元)·조무민(趙撫民)·당운봉(唐雲峯) 등이 광세(鑛稅)·상세(商稅)·염세(鹽稅) 때문에 반란을 일으키기도 했다.[250] 이것은 국가에서 가렴주구(苛斂誅求)를 했다는 말이다.

특히 서양 외세와 결탁한 일본의 이러한 침략에 대항하여 조선의 지방〔王府〕에는 관군〔王師: 육군·수군〕이 투입되고, 전국에서는 유학(儒學)을 배운 백성들은 의병이 되어 들고나 왜적과 맞섰던 것이다.

---

250) 『선조실록』 권126 선조33년 6월 을해(4일). “中原地方 近以礦稅鹽三課 民怨騷然 物貨不通 關津蕭條. 淮碭之間 劇賊趙撫民趙古元唐雲峯等 妖術聚衆.”
『선조실록』 권129 선조33년 9월 임술(22일). “趙古元叛於浙江 黨與布滿一路 將至十萬餘兵. 今已擒楊應龍 古元亦將擒矣.”

〈그림-3〉 임진왜란의 구조도

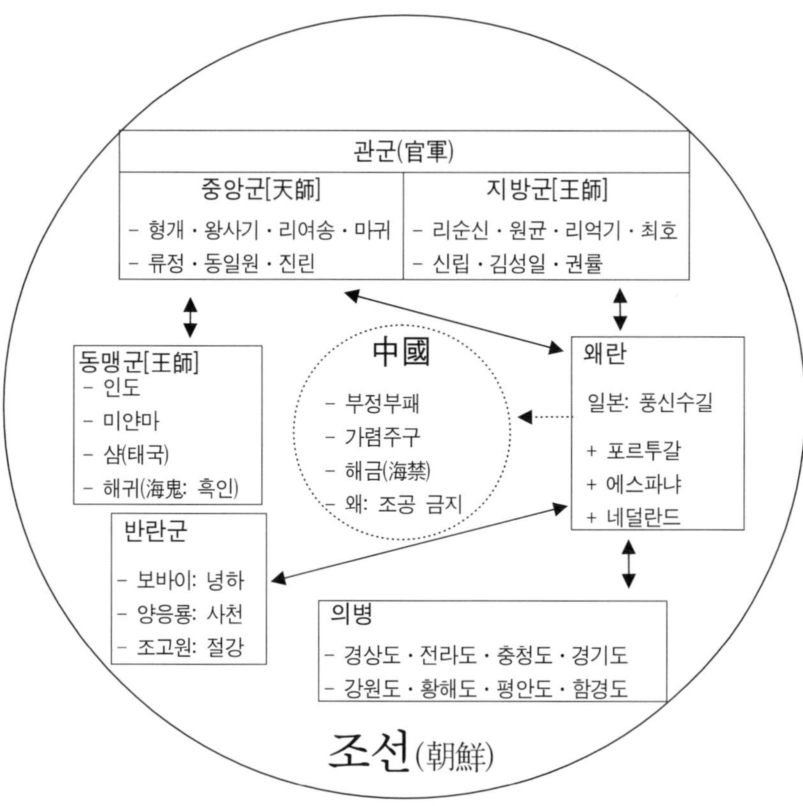

※ 근거: 『명사』 권320 및 『선조실록』 의 내용으로 종합하여 필자가 작성.

그런데 보통 무지렁이들은 일본군에 붙기도 하였는데, 이것은 부역(賦役)이 너무 번거롭고 무거워 살림이 거들나자, 부모와 처자식들을 부양해 나갈 방도가 없었기 때문이었으며,[251] 조선의 중앙정부〔天府〕에는 중국군사〔天師/天兵〕는 조선 지방의 관군과 합동작전을 펴는 한편, 녕하 · 사천 · 절강 · 강소 등지의 민중봉기, 즉 반란의 진압에도 투입되

251) 『선조실록』 권51 선조27년 5월 임진(15일). "全羅監司李廷馣馳啓曰 道內盜賊竊發 或數百作倘. 羅州南平南原光州任實全州金堤扶安古阜泰仁興德井邑高山礪山錦山等地尤甚 白晝攻劫 略無畏忌. … 竊思此盜 不過兵興三載 賦役煩重 蕩失家業 父母妻子不得相保 喪其良心 盜弄潢池中耳. 若寬其力役 開其自新之路 則龍蛇赤子 只在一轉移間."

기도 하였다. 임진왜란은 지금까지의 지식보다 훨씬 복잡하며, 지도자들의 부정부패로 말미암아 전국이 민란·봉기로 얼룩진 어렵고도 어두운 력사적 사실의 현장이다.

> 생원 류숙(柳潚)이 상소하였다. … 아! 오늘날 형세는 급박합니다. 적들이 오래 뜰에 버티고 있건만, 싸워 지킬 방책이 없는가 하면, 백성들은 구렁텅이에 쓰러지고, 아비와 자식들이 서로 잡아먹으려는 실정이어서 나라가 막 뒤집어질 판국인데, 신하된 입장에서 어찌 입을 다물고 말이 없이 전하를 저버릴 수 있겠습니까? … 무릇 나라를 다스림에 있어 그 누군들 임금의 가르침에 감화되지 않겠습니까만, … 저번에 전하께서 토목공사를 일으키자 민심이 떠났고, 왕자들이 논밭을 널리 차지하자 민심이 떠났고, 궁인들이 방납(防納)을 전담하고 장사한 이익〔市利〕을 독점하자 민심이 떠났고, 역적의 옥사가 잇달아 일어나 무고한 사람이 죄를 모면할 수 없자 민심이 떠났고, 북쪽 지방민을 추쇄(推刷)할 때 그 해로움이 친족의 친족, 이웃의 이웃에 미치자 민심이 떠났고, 가까이는 서울 안의 백성, 멀리는 팔도의 백성들이 아우성치지 않는 자가 없어 이마를 찌푸리고 서로 말하기를, "우리 임금이 우리를 이처럼 학대한다."고 하니, 그들의 마음이 떠난 지 이미 오래되었습니다. 그러므로 문을 열어 적을 받아들이고 욕이 왕자들에게 미치게 하고, 사나운 자를 도와 포악한 짓을 하여 그 해독이 외이(外夷)보다 심하였습니다. … 지금은 개나 쥐 같은 무리들이 작당하여 작게는 백명, 크게는 수백명으로 없는 데가 없습니다. 경기도와 황해도는 절반이 도적의 소굴이 되고, 충청도와 전라도는 전부 도적의 소굴이 되었으니, 왜구의 걱정이야 급한 것이 아닙니다.[252]

이것은 임진왜란이 벌어진 지 2년 반이 지난 시점에서 왜적의 침범으로 곤경에 처해 있는 것보다 백성들이 중앙정부, 즉 임금과 정치 지

252) 『선조실록』 권58 선조27년 12월 갑자(21일). "生員柳潚 謹上言于主上殿下 … 嗚呼 今日之勢急矣. 賊據門庭 戰守無策 民盡丘壑 父子相食 國之顚隮 將在轉頭間 則爲臣子者 豈可含糊忍默 以負殿下哉. … 凡在陶甄 孰不浹洽. … 頃者殿下 興土木而民心離 王子廣占田澤而民心離 宮人專防納權市利而民心離 逆賊之獄連起 無辜者 亦不得脫而民心離 推刷北民之際 害及於族之族 隣之隣而民心離. 邇而都下之民 遠而八道之民 罔不嗷嗷然 蹙額而相告曰 吾王之虐我也如是. 其心之離 厥惟舊哉. 是以開門納賊 辱及王子 助桀爲虐 毒甚外夷. … 今則狗鼠輩 嘯聚爲徒 小則百 大則數百 無處無之. 京畿黃海 半歸萑蒲之藪 忠淸全羅 摠入逋逃之淵. 噫 倭寇之憂 非所急也."

도자들로부터 마음이 떠나 있다는 사실이 더 무서운 것이라고 말하고 있다. 게다가 왜적들과 마찬가지로 경기도・황해도・전라도・충청도가 거의 모두 도적의 소굴이 되어버렸다는 것이다.

그 까닭이 어디에 있는가? 이미 류숙의 상소문 안에 들어 있듯이 백성들에게 무거운 노역의 부담 때문이고, 왕실과 그 지도층의 부정부패 때문이었다.

왜적의 침입과 백성들의 불만의 행동표출에 대해 조선의 관군이 투입된 작전에 관해서는 리순신의 역할을 중심으로 이 글을 전개하므로, '제4장 리순신이 살았던 시대의 환경을 생각하며!'에서 다루었다.

어쨌든 왜적은 바다를 통하여 조선을 지배하려고 했다는데, 수륙병진 전략(水陸竝進戰略)으로 일본 육군은 서울로 직접 올라가고, 수군은 배로써 서해로 올라가 육군을 지원한다는 것이었다.

여기서 일본의 '수륙병진 전략'이라는 용어는 '황하와 장강을 통하여 서쪽으로 진격'하는 것이 아니라면, 반드시 재고되어야 할 문제다. 왜냐하면 그 용어대로라면, 한반도에서는 왜적이 부산에 상륙하자마자, 그들의 수군을 서진(西進)시켰어야 옳다.

그러나 그들은 육군과 함께 수군을 서울까지 진군하였다가, 남해에서는 그들 수군이 조선의 리순신 함대에 의해 계속 패하게 되자, 서울까지 진군한 그 수군들이 후퇴하여 7월 8일의 견내량해전에 참전했기 때문이다. 수군〔배〕으로써 서울까지의 이동이 정말 가능할까? 그냥 육군처럼 운용된 수군이었을까? 만약 서울까지 수군이 이동할 수 있었다면, 부산~서울간 연결된 강(江)이 있는 지역이어야 하며, 열흘(6.6~6.14) 안에 도달할 수 있는 공간이어야 한다.

특히 수군 협판안치(脇坂安治)・구귀가륭(九鬼嘉隆)・가등가명(加藤嘉明) 부대는 전선을 합포해전(5월 7일)에서는 5척, 적진포(5월 8일)에서는 13척, 사천해전(5월 29일)에서도 13척으로 리순신 함대와 싸워 모두 패하였는데, 이들 수군 1600명이 6월 5일 룡인(龍仁)[253] 전투에 참가

253) '룡인(龍仁)'은 『신증 동국여지승람』 권10 룡인현에 다른 말로 '룡구(龍駒)・구성(駒城)・거서(巨黍)・처인(處仁)'라 하며, '한주(漢州)'에 소속시켰다고 했고, 왕도(王都)와 붙어 있다고 했고, 협판안치의 수군이 이동해간 곳을 고려하면, 황하의

하여 조선군〔전라관찰사 리광 2만 명, 전라방어사 곽영 2만 명, 충청순찰사 윤선각 8000명, 총 약 5만 명〕을 패퇴시켰고,[254] 그 여세로 풍신수길의 명령에 따라 리순신 제거작전을 계획하여 이들이 다시 6월 14일에 부산[255]에 도착하여, 19일에 웅천으로 와 7월 8일에는 견내량해전에 참가하게 되니, 특히 협판안치와 그 군사들이 지난 5월 29일에 사천해전에서 패했으면서도, 6월 5일까지 '6일' 만에 한성까지 갔다가, 다시 14일까지 '9일' 만에 움직인 거리는, 지리적 거리로 보아, 그 짧은 시간으로 한반도의 공간으로서는 이동이 불가능하다.

게다가 『선조실록』에도 나와 있듯이, "바다 속의 거제도 등지를 나누어 점거하고 있는 왜적이 수로를 따라 전라도 남쪽으로 해서 서해로 나오면 중심지인 충청도·경기와 황해·평안도 등이 모두 염려가 되므로 배신(陪臣: 천자에 대한 제후의 신하) 리순신 등으로 하여금 전선과 수군을 거둬 모아서 거제현 서쪽 한산도 어구에서 지키게 하였다."고[256] 했고, "지난 임진년에 왜적이 육지로 해서 평양에 이르고 또 수군 수만 명으로 전라도를 침범하여 서해로 도는데 마침 본국의 수군이 한산도 앞바다에서 막아 다행히 이겼고 왜적이 패배해 물러갔으므로 수륙으로 함께 올라오는 형세를 이루지 못하였다."고[257] 했다.

이런 기록으로 보면, 1597년 이전까지 한 번도 왜적이 서쪽으로 옮겨가지 못하였으므로, 수륙병진 전략이라는 말은 맞지 않는다.

여기서 왜적은 1592년에 700여 척에 15만 8700명, 1597년에 500여 척에 14만 1500명으로 부산에 먼저 침공해왔다. 이렇게 30만 명이 넘

샛강 락하(洛河) 섬서성 락남(洛南)으로 가는 중요 역참〔要驛〕인 하남성 로씨현(盧氏縣) 서쪽에 있는 룡구채(龍駒寨)일 것이다.〔중국고금지명대사전, p. 1272.〕

254) 李炯錫, 『壬辰戰亂史』 上, (서울: 壬辰戰亂史刊行委員會, 1967), pp. 291~331.

255) 이 '부산'은, 『신증 동국여지승람』 권32 동래현에 보면, 동평현(東坪縣)에 있는데, 그 산아래 21리에 부산포가 있다고 했다. 이 동평현은 산동성 태안시(泰安市) 서쪽〔북위 36.5° 동경 116.5°〕에 있다. 이곳에 있는 호산(瓠山)을 보산(報山)이라고 하는데,〔중국고금지명대사전, p. 839〕 그 발음이 〔pao〕이고, 서양사람들은 'Pousan'이라고도 하는 바, 이 산일 것이다.

256) 『선조실록』 권93 선조 30년 10월 계해(6일).

257) 『선조실록』 권54 선조 27년 8월 을축(20일).

는 대규모의 왜적이 쳐들어온 전장 환경에서 조선 수군이 싸워서 이길 수 있는 비결은 무엇일까?

리순신이 주장한 해군전략 가운데서 진수(眞髓)라고 할 수 있는 전략은 무엇보다도 결전전략(決戰戰略)이다. 리순신의 견내량해전·명량해전을 대표적인 결전전략으로 볼 수 있으며, 이것은 거북함에 돌격임무를 수행케 하여 맨 먼저 적진에 투입시켜 선제공격을 하면서 적진(敵陣)을 흐트려 놓는 것이었다.

특히 견내량[258] 해전으로 말미암아 조선의 삼도수군 전선 56척(리순신 24·원균 7·리억기 25)이 한산도 앞바다에서 왜적선 73척 가운데 47척을 격침시키고 12척을 나포해 버렸으니, 일본의 전쟁의지를 완전히 꺾어버렸다는 것이다. 그로부터 일본 수군은 해전을 아예 회피하여 도망이나 가면서 육상에서 성(城)을 쌓는 등 오히려 방어전으로 돌입하여 버렸을 뿐 아니라, 부산포해전에서는[259] 일본 수군의 세력이 월등히 우세했음에도 불구하고 바깥 바다로 나와 싸우려 하지 않았다는 것이다. 그래서 일본 수군은 서해(西海)로의 진출이 좌절되어, 수륙병진 전략이 물거품으로 돌아갔던 것은 리순신의 결전전략이 적중하였던 데 있으며, 그 전략이 400여 년이 지난 현대에도 해군에서는 결전전략(決戰戰略: Decisive battle)이라는 이름이 쓰이고 있다.

이 견내량 해전에서 리순신의 결전전략이 적중하였고, 그 영향이 일본에게 얼마나 치명적이었는가 하는 것에 대해서는 영국의 발라드(G. A. Ballard)가 한 말에서도 증명이 되고도 남는다.

> 이 해전으로 일본이 중국을 침략하려던 야욕은 급속히 끝을 맺었다. 이것은 위대한 조선의 제독이 세운 빛나는 전공 때문이었다. 불과 6주일이라는 짧은 기간에 그는 전 세계 해전사상 일찍이 그 전례를 찾아볼 수 없는 연전연승의 전공을 세웠다. 그는 적의 전투함대를 파멸시키고, 적

---

258) 이 '견내량'은 거제와 고성 사이, 즉 산동성 관현과 고성현 사이므로, 조현(曹縣)의 북쪽을 흐르는 백화하(白花河)일 것이다.

259) 이 부산포 해전에서는 1592년 8월 28일부터 9월 1일까지 조선의 삼도수군 협선을 포함하여 모두 173척으로 왜적선 470척 가운데 158척(부산포에서만도 128척)을 격침시켰다.

의 병참선을 차단하고, 적의 수송선단을 소탕하여 육전에서 승리를 하고 있는 적 육군의 태세를 위태롭게 만들었으며, 적의 야심에 찬 계획을 완전히 괴멸시켰다. 넬슨·블레이크 또는 장 보르라 할지라도, 가끔 잔혹한 외국의 압제를 받았던 아주 작은 나라에서 태어난, 외국에 잘 알려지지 않은 이 지휘관보다 더 많은 일을 할 수는 없었다. 리순신의 명성이 그의 조국 이외에서는 알려지지 않은 것은 유감된 일이다.[260]

이렇게 전략가인 발라드가 리순신의 훌륭한 점을 바르게 평가한 데는 동의한다. 그러나 그가 말한 '불과 6주일'이라는 말은 아마도 2차 출동이후의 안골포해전까지의 기간인 것 같다. 이런 산출 기준은 너무 애매하다. 왜냐하면 리순신이 해전한 기간만 따지더라도 26일 간(1차 7일, 2차 11일, 3차 8일)으로 4주일 정도이다.

어쨌든 연전연승하던 일본군을 리순신 함대가 전투를 시작하고서 겨우 4주일 만에 침략야욕을 분쇄하였다는 데는 일본군 전체에 사형선고를 내린 것이라 할 수 있다. 여기에 바로 견내량해전의 전략적 의의가 있는 것이다. 그 이후로 일본군은 전략이 완전히 바뀌어 수세적이고, 거의 방어적 전투로 일관하였다.

임진왜란 초기에 일본 함대가 침공할 적에, 조선 수군은 가덕 응봉 봉수감고의 신속한 보고가 있었음에도 불구하고 대응을 적절히 하지 못한 것은 전쟁준비의 수준에서 미흡했다는 지적으로 볼 수 있다. 특히 전쟁준비의 미흡으로 볼 수 있는 것은 '부산진 전투도'라든지, '동래성 전투도'를 보면, 거기에는 성 위에서 화살을 쏘기는 하지만, 화력이

---

260) G. A. Ballard, op. cit. "As regards its materiel, at least, the convoy was practically annihilated, and all prospects of a Japanese invasion of China was brought abruptly to an end. This was the great Korean admiral's crowning exploit. In the short space of six weeks he had achieved a series of successes unsurpassed in the whole annals of maritime war, destroying the enemy's battle-fleets, cutting his lines of communication, sweeping up his convoys, imperilling the situation of his victorious armies in the field, and bringing his most ambitious schemes to utter ruin. Not even Nelson, Blake, or Jean Bart could have done more than this scarcely known representative of a small and often cruelly opressed nation; and it is to be regretted that his memory lingers nowhere outside his native land, for no impartial judge could deny him the right to be accounted among the born leaders of men."

센 총통(銃筒)은 단 1문도 보이지 않는 데서 알 수 있다.

만약 부산 앞바다에서 대마도 근해까지를 정탐하고, 해상세력을 적절히 운용할 수 있는 체제가 갖추어져 있었다면, 어떤 방법으로든 처음부터 결전전략이 수행될 수 있었을 것이며, 왜군이 상륙하기 전에 바다에서 격멸할 수 있었을 것이다. 그 당시 경상도 수군은 전쟁준비뿐만 아니라, 전방 기지에서의 경계임무까지도 소홀했던 탓에, 왜적을 맞아 제대로 싸워보지 못하고 한나절도 못되어 궤멸되어 버렸던 것이다.[261)]

그리고 명량해전 때에는[262)] '尙有十二 微臣不死(상유십이 미신불사)'의 정신이 말해주듯이 이 또한 리순신을 통하여 일본으로 하여금 전쟁을 포기하게끔 리순신은 왜적을 무력화시켰다. 즉 용어 자체로 보면 '현존함대(現存艦隊)'라고 하지는 않았지만, '상유(尙有: 아직도)'가 분명한 '현존(現存: 있다)'의 뜻이며, '12(十二)'라는 것은 '전선(戰船)의 수'가 엄연한 '함대(艦隊)'라는 표현인 이상, 그것은 곧 '현존함대전략(現存艦隊戰略: fleet in-being)'으로 바꾸어 말할 수 있다. 곧 같은 뜻의 말이다.

리순신의 '尙有十二'라는 전략이 현대에 와서는 현존함대전략으로서 유효한 해군전략으로 쓰이고 있다. 그리고 이때에 전선 13척으로써 과감한 결전전략을 수행하여 싸워 대첩을 거두었다. 그만큼 리순신은 전략면에서 이미 탁월하였고, 시대를 앞선 전략가였음을 알 수 있다.[263)]

---

261) 『임진장초』 장4 및 『리충무공전서』 권2 장계3 「赴援慶尙道狀 (1)」에 이미 하룻만에 "부산진이 무너지자, 이내 부산·동래·양산이 함락되었다."고 했다.

262) 명량해전은 『선조실록』 권94 선조30년 11월 10일(정유)에 보면, 근래 조선의 리순신이 전선(戰船) 13척·초선(哨船) 32척으로 왜적선 333척 가운데 31척을 격침시켰다. 그 해전한 날짜는 『난중일기』에 음력 9월 16일(갑진)로 되어 있지만, 실제로는 9월 17일(갑진)이다. 왜냐하면 『난중일기』에 정유년 8월 30일(戊寅), 9월 1일(己卯)로 잘못 적힌 데서 찾을 수 있다. 『선조실록』과 『음양력대조표』에는 8월은 29일(丁亥)까지인 작은 달이고, 9월 1일이 무자(戊子)인 30일(丁巳)까지로 큰 달이다. 그러므로 9월 갑진(甲辰)은 17일이 된다. 최두환, 『새번역 초서체 난중일기』(해군사관학교, 1997), p. 444에 날짜의 잘못된 것을 지적해 두었다.

263) 김현기, 『현대해양전략사상가』(서울: 한국해양전략연구소, 1998), p. 85에 "실제 병력운용상 어려움을 이 제독의 독특한 전략·전술의 창출로 극복해 나갔다. 이를 위하여 현존함대 전략과 함대결전 전략의 적시적 운용으로 전쟁을 수행했다." 고만 했다.

리순신은 바다에 애착을 가지고 있었기 때문에 그 바다로 말미암아 해전을 하면 반드시 이로운 점이 더 있다고 강조하고 있다.

> 제가 여러 장수들에게, "저 적들이 매우 교만한 태도를 갖고 있으므로, 우리들이 만약 거짓으로 물러나면, 적은 반드시 배를 타고 우리와 서로 싸우려 할 것이니, 이때에 우리는 적을 바다 복판으로 끌어내어 합력하여 격멸하는 것이 가장 좋은 방책이다."고 단단히 약속한 뒤에 배를 돌려 1리(一里: 378m)도 못 나오자, 왜적 200여 명이 진에서 내려와서 반은 배를 지키고 반 남짓은 언덕 아래 모여서 총을 쏘면 날뛰는데, 만일 싸우지 않으면, 도리어 약한 것을 보일 뿐 아니라, 마침 조수가 밀려들어 점점 배들이 들어갈 수 있게 되었습니다.[264)]

이 사료는 사천해전 때에 리순신이 왜적선을 유인하여 바다 한복판에서 결전하려고 꾸민 전략이었다. 이런 전략은 바다의 특성에서 설명된 것에서 찾을 수 있을 것이다. 수심이 얕으면 큰 배는 좌초될 위험에 빠진다. 바닷사람들은 가장 먼저 이런 바다의 특성을 잘 이용한다.

이미 리순신은 왜적들의 심리를 꿰뚫어보고 있었고, 또 바다의 환경을 파악하고 있었으므로, 리순신의 전략에 따라 왜적들은 끌려들어져 그대로 바다 복판으로 나왔다. 그 결과는 리순신이 승리가 뻔하다. 왜적선 13척을 몽땅 쳐부수었다.

이 글에서 우리는 리순신이 생각한 해전의 특성을 찾을 수 있다.

첫째, 전장(戰場)이 바다라는 것이다. 비록 항만을 끼고 있고, 왜적들이 내륙에서 만행을 저지르고, 재물을 약탈하더라도 끝내 그들은 바다로 나올 수밖에 없다는 것이다.

둘째, 바다로 나올 때는 배라는 수단으로 이동해야 하며, 그 배는 행동에 제약을 받기도 하지만, 여러 곳으로 쉽게 이동도 가능하다는 것이다.

---

264) 『리충무공전서』 권2 장계1 「唐浦破倭兵狀」. "臣若與諸將曰 彼敵極有傴侮之態 我若佯退而去 則彼必乘船與我相戰 我當引出中流合擊 此甚良策是如 臣約後 回船未一里 賊倭二百餘名 自陣下來 爲半守船 半餘屯聚岸下 放炮踴躍爲白去乙 若不與戰 則反爲示弱叱分不諭 汐水將至 漸可容船乙仍于."

셋째, 적군이 항만 안에 들어 있을 때에, 우군이 항만 깊숙이 진입하게 되면, 적의 공격을 받아 피해를 입을 수 있다는 것이다.

넷째, 끝내 적을 수군만으로 무찌르고자 하면, 바깥 바다로 유인해야 한다는 것이다. 어떤 유인작전을 펴든 그들을 끌어내어야 한다는 것이다.

다섯째, 적을 공격함에는 수군은 육군과 합력으로 적을 격멸한다는 것이다. 이것은 합동작전을 의미한다.

여섯째, 바다 가운데서 싸우는 것은 속이지 않고 정정당당하게 싸우는 것이다. 이것은 '결전'을 한다는 것이다.

해전의 이런 특성은 곧 이런 전술적 운용의 측면에서 그 우열이 승패를 가름한다고 볼 수 있다. 그래서 리순신은 함포전으로써, 왜적에 비해 상대적으로 사정거리가 먼 대형함포를 중심으로 전투를 수행하였던 것이다.

특히 리순신은 대표적으로 견내량해전에서만 학익진으로 적을 섬멸한 것으로만 알고 있으나, 상당히 많은 해전에서 학익진으로 함포전(艦砲戰)을 수행하였다.

> 저의 어리석은 생각으로는, 만약 저 적들이 형세가 궁하여 배를 버리고 상륙하면, 모조리 섬멸하지 못할 것을 염려하여, "우리들이 거짓으로 포위를 풀고 퇴군할 것을 보이어 진을 후퇴시키면, 적들이 반드시 그 틈을 타서 배를 옮길 것이니, 그때 좌우에서 쫓아 공격하면 거의 섬멸할 수 있을 것이다."고 전령한 뒤에 퇴군하여 한쪽을 풀어주자, 층각선이 과연 열어준 길을 따라 나왔습니다.[265)]

이 사료는 당항포 해전에서 왜군에 대해 고도의 심리전을 폄과 아울러 왜적선을 유인하여 쳐부순 내용이며, 이때 증도(甑島) 앞바다에서도 학익진을 폈다.

그리고 그 공격방법은 짐짓 후퇴하는 체하다가 적들이 우리에게 유

265) 『리충무공전서』 권2 장계1 「唐浦破倭兵狀」. "臣之妄意 以爲彼若勢窮棄船 登陸恐未盡殲 而我當佯示退兵 解圍去陣 則彼必乘隙移舟 而左右尾擊 庶可盡殲事傳令後退開一面 則層閣之船 果由開路而出."

리한 위치에 오면, 그때에 재빨리 되돌아서 왼쪽에서 공격하고 오른쪽에서도 공격한다는 것이다. 바로 이것이 '학익진'이라는 것이다.

이렇게 학익진을 운용한 결과에는 적선에게 치명적인 타격을 주므로, 우군에게는 약간의 피해가 있을 뿐, 거의 일방적 승리로 해전을 마무리짓는다는 것이 특징이기도 하다.

왜적들은 마을에서 분탕질을 하고 있고, 일부는 배에서 지키고 있었다. 리순신은 이런 왜적을 유인하여 바다 가운데서 결전을 벌였다.

> 한산도는 거제[266]와 고성[267] 사이에 있으며,[268] 사방에 헤엄쳐 나갈 길이 없고, 적이 비록 육지로 오르더라도 틀림없이 굶어 죽게 될 것입니다. 그래서 먼저 판옥선 대여섯 척을 시켜서 선봉으로 나온 적선을 뒤쫓아서 습격할 기세를 보였더니, 여러 배의 적들이 일시에 돛을 달고 쫓아 나오므로, 우리 배는 거짓으로 물러나 돌아 나오자, 적들도 줄곧 쫓아왔습니다. 바다 가운데 나와서는 다시 여러 장수들에게 명령하여 학익진을 벌려 일시에 진격하여 각각 지자·현자·승자 등의 각종 총통을 쏘아서, 먼저 두세 척을 쳐부수자, 여러 배의 왜적들이 사기가 꺾이어 도망하였습니다. 여러 장수나 군사들이 이긴 기세를 뽐내어 앞을 다투어 돌진하면서 화살과 화전을 번갈아 쏘니, 그 형세가 바람과 우레 같아, 적의 배를 불사르고 적을 사살하여 일시에 거의 다 없애 버렸습니다.[269]

이 사료는 통상 한산대첩(閑山大捷) 또는 한산도 전양해전(閑山島前洋海戰)이라 부르는 견내량해전(見乃梁海戰)의 한 장면을 말한 것이다.

---

266) '거제'는 다른 이름으로 '관현(管縣)·상군(裳郡)'인데, 이 '管'은 '菅'으로도 바꿔 쓰기도 하는데, 이곳은 '산동성 금향현(金鄕縣)과 성무현(城武縣) 어름'에 있다.〔중국고금지명대사전, p. 933〕

267) '고성'은 다른 이름으로 '고자국(古自國)·고주(固州)·철성(鐵城)'인데, '鐵=甾=淄=검다'이므로, '치현(甾縣)은 하남성 고성현(考城縣) 동남쪽'에 있다.〔중국고금지명대사전, p. 342〕 '考'는 '固'를 변형한 것이다.

268) '한산도'의 위치는 한반도에 맞게 고쳐진 것이며, '寒山'이라고도 하는데, 이 이름은 여러 곳에 있지만, '강소성 동산현(銅山縣' 북위 34° 동경 117°) 동남쪽 18리' 에 있다.〔중국고금지명대사전, p. 891〕

269) 『리충무공전서』 권2 장계1 「見乃梁破倭兵狀」. "同(閑山)島在於巨濟固城之間 四無游泳之路 雖或登陸 餓斃丁寧乙仍于 先使板屋船五六隻 追逐其先鋒之賊 揚示掩擊之狀 則諸船之倭 一時懸帆追逐次 我船佯退而還 彼賊逐之不已 及出洋中 更令諸將鶴翼列陣 一時齊進 各放地玄字勝字各樣銃筒 先破其二三隻 則諸船之倭 挫氣退遁 而諸將軍吏 乘勝踴躍 爭先突進 箭丸交發 勢若風雷 焚船殺賊 一時殆盡."

※ 거제 관성의 위치

해전 가운데서도 이처럼 통쾌하게 승리한 사례를 찾기도 힘들 것이다. 왜적을 유인해 오는 작전도 일품이거니와, 적과의 해전을 한꺼번에 해치웠다는 것은 세계에서 내로라하는 영웅 제갈량(181~234)도, 넬슨(Horatio Nelson: 1758~1804)도, 드 롸이테르(Michiel Adriaanszoon de Ruyter: 1607~1678)도, 동향평팔랑(東鄕平八郎 도고헤이하치로: 1847~1934)도 이와 같이 멋들어지게 해내지는 못했던 전투 장면이다.

'자랑스럽다'거나 '청사에 길이 빛난다'는 말은 이런 데서 제격이다. 이것은 리순신이기에 해낼 수 있었으며, 바다이기에 가능했던 것이다. 그래서 "바다를 제패한 자가 세계를 제패한다."는 말도 어울릴 수 있는 말이 된다. 리순신을 존경하고 그의 사상을 본받으려 하는 까닭이 여기에 있다.

그러나 해전에서의 계속적인 승리에도 불구하고, 승리했던 지역을 지속적으로 확보하지 못하고, 군수적재를 위하여 본영(本營)으로 되돌아갔다가 이미 승리했던 그 지역에 와서 적군과 다시 싸우기도 하였다. 이것은 현대 해양전략 측면에서 보면, 봉쇄전략(封鎖戰略)이라는 인식이 존재하지 않은 것이거나, 아니면 그런 봉쇄전략을 펼 수 없는 환경이었을 것이라고 볼 수 있다.

그러나 리순신은 전략의 핵심을 이미 알고 있었기 때문에 봉쇄전략의 일종인 길목(choke point)을 확보하고, 이 길목을 지켜 왜적 수군의 이동을 유리한 위치에서 해양을 통제함으로써 적군의 행동을 압도하였다는 것은 괄목할 만한 해양전략 사상의 발로(發露)라고 하지 않을 수 없다.

이처럼 리순신의 해양사상은 현대적 군사사상 내지 전략사상을 갖추고 있지 않으면 전혀 불가능한 것을 그가 실현했기 때문에 현대전략사상가를 능가할 정도로 훌륭했던 것임을 알 수 있다.

(3) 임진왜란 통사(通史)

임진왜란을 개략적으로 전개해놓고, 리순신이 기록했던『난중일기』등이 력사로서 풀이되어야 명실공히 리순신의 전략·전술의 가치를 도출해낼 수 있을 것이다. 그 임진왜란을 이미『명사』와『선조실록』등의 내용을 보충하여 정리한『프랑스 신부가 쓴 중국대륙의 조선왕국: 조선통사』에서 발췌하였다. 사료 내용의 검증을 위하여 필요한 것에 대해 각주에 원문을 밝혀놓았다.

그리고 이 임진왜란은 반드시 앞에서 언급한 〈그림-3〉의 임진왜란 구조도의 틀 속에서 이루어진 것임도 명심하여 전쟁도, 하나의 통치지역 안에서 다양한 세력이 함께 벌어진 사건임을 보아야 한다.

가) 사천지역, 녕하 지역, 절강 지역에 반란이

1590년에 귀주(貴州)·사천(四川) 지역에서 양응룡(楊應龍)이 흉악한 24가지의 큰 죄를 지었다고 보고해왔다. 이듬해(1591)에 양응룡이 배반〔叛離〕했다.[270)]

1591년 11월에 임금에게 말하기를, "왜의 두목 관백 평수길(平秀吉)

270)『明史』卷320 列傳200 四川土司1 播州宣慰使.

이 내년 3월에 쳐들어오겠다고 공공연하게 말하였습니다."고 하므로, 병부에 조칙을 내려 해안의 방비를 더욱 튼튼히 하도록 하였다.[271] 이때 평수길은 66주를 통일하고, 류구(琉球)와 남만(南蠻)을 항복시켰다.

1592년(만력20) 3월에 녕하(寧夏)에서 관직을 물러난 부총병 보바이〔哱拜〕·류동양(劉東暘)·허조(許朝)·토문수(土文秀) 등이 순무도어사의 당형(黨馨)과 부사 석계방(石繼芳)을 죽이고, 령주(靈州)를 빼앗아 성을 의지하여 반란을 일으켰다. 11일(임신)에 총독군무 병부상서 위학증(魏學曾)이 녕하로 진격하고, 여름 4월 15일(갑진)에 총병관(總兵官) 리여송(李如松)과 마귀(麻貴) 등이 녕하·섬서의 반란군을 진압하는 임무를 맡아 6월 19일(정미)에 여러 군사들이 녕하로 진군하니 적들이 하투부(河套部: Ordos)로 유인하여 침범했는데, 관군들이 이들을 쳐서 무찔렀고, 9월 16일에 녕하의 반란을 평정하였다.[272]

그리고 일본의 지도자 평수길(平秀吉)이[273] 4월에 조선을 침략했다. 그는 처음에 살마(薩摩: 사쓰마/Samo) 지방의 어느 주민의 종이었는데, 어떤 이는 그를 중국 복건성 사람이라고 하며,[274] 뒷날에 어물의 소매상이 되었다. 어느 날 평수길은 어떤 나무 아래에서 잠들어 있을 때, 관백(關白)이었던 직전신장(職田信長: 오다 노부나가)이라는 산성(山城=

---

271) 『明史』卷320 列傳208 外國1 朝鮮. "萬曆19年 11月奏 倭酋關白平秀吉 聲言明年三月來犯 詔兵部申飭海防 平秀吉者 薩摩州人 初隨倭關白信長 會信長其下所弑 秀吉遂統信長兵 自號關白 刦降六十餘州 朝鮮與日本對馬島相望 時有倭夷往來互市."
『明實錄』萬曆 19년 11월 丙寅에, "朝鮮國王李昖具報 本年五月內 有倭人僧俗相雜 稱關白平秀吉 併呑六十餘州 琉球南蠻皆服 明年三月間 要來侵犯 必許和方解 有旨着兵部申飭沿海隄防 該國偵報具見忠順 加賞以示激勸"이라 했고, 11월 癸酉에는, "兵部題據朝鮮咨報 倭賊入犯似眞沿海防汛將兵 務要遠哨堵截外洋 毋得各省互相推諉 巡撫未赴任者 着作急催促從之."
『明史』卷322 列傳210 外國3 日本. "改元文祿 幷欲侵中國 滅朝鮮而有之 召問故時汪直遺黨 知唐人畏倭如虎 氣益驕 益大治兵甲繕舟艦 與其下謀 入中國北京者用朝鮮人爲導 入浙閩沿海郡縣者用唐人爲導 慮琉球洩其情 使毋入貢."

272) 『明史』卷20 本紀20 神宗1. "二十年…三月戊辰 寧夏致仕副總兵哱拜 殺巡撫御史黨馨 副使石繼芳 據城反. …壬申 總督軍務兵部尙書魏學曾 討寧夏賊. …六月丁未 諸軍進次寧夏 賊誘河套部入犯 官軍擊却之. …九月壬申 寧夏賊平."

273) Du Halde, *The History of China, Emoire of China, Chinese-Tartary, Corea and Thibet,* (London: J. Watts, 1741)에서는 'Ping sieou Kii'라고 했음.

274) 『再造藩邦志』1. "或云秀吉中國福建人."

궁성(宮城)]의[275] 일본 장수가 사냥을 가던 중에 그를 우연히 만났다.

직전신장은 평수길을 죽이려고 했으나, 평수길이 자신을 심복으로써 달라는 청원서를 진술하여 간청하자, 관백(직전신장)은 평수길을 종마 사육장의 감독관으로 삼았으며, 일본어로 나무 아래에서 온 사람이라는 뜻으로 한자 '木下'(목하·무하)이름을 지어주었다. 일본말로 '기노시타 도키치로(木下藤吉郎), 또는 하시바 히데요시(羽柴秀吉)'이라고 하였다. 평수길이 직전신장의 인정을 받게 된 발단은 아주 단순한 일에서부터다. 즉 그가 직전신장 장군의 신발을 담당하는 심부름꾼이 되었다. 그는 추운 겨울에 그 장군의 신발을 품에 품고 있다가 따뜻한 신발을 내놓는 등 정성을 다하자, 결국 그의 오른팔이 되어 점점 상승가도(常勝街道)를 달렸다. 직전신장은 그에게 어떤 직위를 주어서 모든 비밀업무를 위임하였다. 그리고 만약에 직전신장이 평수길의 조언을 따랐다면 아마도 단시일 내에 20개 이상의 작은 지방의 지배자가 되었을 것이다.

직전신장이 그의 고문인 명지(明智: 오기치)에게 살해되자, 평수길은 재빨리 직전신장의 군대를 거느리고 직전신장의 죽음을 복수하러 나아가, 명지(오기치)를 죽이고, 권력을 차지하여 직전신장의 뒤를 이어 관백이 되었다. 그는 풍신(豊臣)[276]이란 성을 썼으며, 잔꾀와 무력으로 66개의 작은 지방들을 정복하고서, 둘로 나누어 동쪽의 것을 대판관(大板關), 서쪽의 것을 적간관(赤間關)이라 불렀다. 이 두 관에는 각각 수십 척의 전선이 있는데, 큰 배는 노가 36개, 그 다음 것이 30개, 그 다음 것이 20개였다. 또 복건성 사람〔閩人〕들이 그곳에 있어 복건성 배〔閩船〕를 만들게 가르쳐 주었으며,[277] 이것들로써 뒷날에 임진왜란을 일으켰다.[278]

---

275) '山城'은 아마도 미야쇼〔Meacho: みやじょう(宮城); 일본의 동북지방 후쿠지마(福島) 북쪽 고을, 요즘은 미야기(みやぎ)로 읽음〕일 것이다.

276) '秀吉'은 어렸을 적에 그 꼴이 원숭이를 닮았다 하여 '猿猴'라고 했으며, 성을 처음에 '木下'로 했다가, '羽柴'로, '平'으로 바꿨으며, 이름도 처음에 '藤吉' '藤橘'로 했다가, 관백이 되자, '秀吉'로 하였다.

277) 『再造藩邦志』 1. "分爲二關 東號曰大板關 西號曰赤間關. 二關各有戰艦數十艘. 其舟櫓大者三十六枝 次者三十枝 又次者李二十枝. 又閩人教造閩船."

나) 풍신수길의 조선 침략에 소경왕과 그 일행은 서쪽으로 피난〔西幸〕

1592년 여름 5월에 풍신수길은 조선을 침공할 계획을 세우고서, 2명의 사령관 소서행장(小西行長)과 가등청정(加藤淸正)에게 권한을 위임하고, 그들 각자에게 대규모 함대를 내주었다. 이들은 4월 13일(임인)에 부산(釜山/富山)에 상륙하여 큰 마을 부산・동래를 함락하고 여러 길로 나누어 서쪽으로 올라가[279] 림진강(臨津江)을 몰래 건넜다.

이때의 조선은 태평시대가 오래 이어져,[280] 조선 사람들은 오랫동안 지독히 깊은 평화를 즐기고 있었고, 게다가 모두 전쟁을 경험하지 않았고, 군대는 전쟁을 익히지 않은 데다가, 전쟁의 고통에 익숙하지 않았고, 리연(李昖: 선조)은 향락과 방탕한 생활에 푹 빠져서 자신을 돌보는 것조차도 전혀 생각하지 않았고, 국방을 경비하는 일에 게을리 하였다.

소경왕은 4월 17일 오후 4시 무렵〔晡時: 申時〕에 섬오랑캐〔島夷〕들이 갑자기 쳐들어와 난을 일으켰다는 보고를 받자, 긴급조치로 리일(李鎰)을 순변사(巡邊使)로, 신립(申砬)을 삼도순변사(三道巡邊使)로 임명했지만, 가서 패하자, 리연은 둘째 아들 리혼(李琿: 뒷날에 광해군)에게 통수권을 맡긴 채 왕성(王城)을 버리고[281] 서둘러 왕궁을 빠져나가 서쪽으로 달아났다.[282] 4월 29일 밤에는 궁중의 호위병들도 달아났으며, 30

---

278) 『明史』 卷320 列傳208 外國1 朝鮮 "萬曆十九年十一月, … 平秀吉者, 薩摩州人. 初隨倭關白信長. 會信長爲其下所弑, 秀吉遂統信長兵, 自號關白, 刦降六十餘州."

279) 『懲毖錄』 卷1 釜山陷落. "是日(4월13일) 倭船自對馬島蔽海而來 望之不見其際 釜山僉使鄭撥出獵絶影島 狼狽入城."

『明史考證攟逸』. "按一統志 釜山在朝鮮東萊州南二十一里 西北去國城千四百里 濱大海與日本對馬島相望."

『리충무공전서』 綸音 御製神道碑銘(正祖19년: 1794). "壬辰倭大擧入 拔釜山東萊 分道西上."

280) 李舜臣, 『陣中日記』(草書)의 갑오년(1594) 11월 28일 맨 뒷장에 적힌 시를 보면, "昇平二百年 載文物三千姿 經年防備策" 곧 "나라가 태평한 지 200년이요, 문물의 화려함이 3000이라네. 몇 해를 원수 막을 꾀뿐인 걸."이라고 했다.

281) 『明史』 卷320 列傳208 外國1 朝鮮. "昖棄王城." '王城'은 '洛邑'과 '開京'의 두 곳인데, 전자는 지금의 하남성 낙양현(洛陽縣)이고〔중국고금지명대사전, p. 173〕, 후자는 '開州・皇都'라고 하는 지금의 하남성 개봉현(開封縣)이다.〔위의 책, p. 954〕 임진왜란 때의 이 '王城'은 '開封'이다.

일 새벽에 인정전(仁政殿)을 나와 홍제원(弘濟院)을 거쳐 벽제관(碧蹄館)에서 점심을 먹고, 저녁에 림진강(臨津江)[283]에서 배를 탔다.

그리고 이튿날 5월 1일(경신)에 개성부(開城府)에 들어가[284] 3일에 떠나, 5월 7일(병인)에 평양에 가서 6월 11일까지 33일간을 지내다가 녕변(寧邊)[285]으로 떠났다.[286] 6월 21일(기유)에 의주(義州)[287]로 달아나 피신하고서 비굴하게 황제에게 자신을 그의 백성으로 받아주고, 그의 왕국을 하나의 지방으로 삼아줄 것〔內屬〕을 애원했다.[288]

그러는 사이 5월 18일에 장연 현감(長淵縣監) 김여률(金汝嵂)은 림진강 전투에 척후장으로서 800명 남짓의 군사를 거느리고 있었고, 류극량(劉克良) 등은 왜적과 교전하는 것을 보고서도 군사를 가지고도 구원하지 않고 있다가 곧이어 무너져 도망쳤다. 그러자 왜적들은 군대를 나누어 풍덕(豊德)과 여러 다른 지방들을 기습하였다.[289]

---

282) 『선조실록』 권71 선조29년 1월 무자(21일). "司憲府啓曰 壬辰大駕西幸以後."
『선조실록』 권198 선조39년 4월 일뭇(24일). "至于壬辰 倭賊猝至 大駕西遷."

283) '림진강(臨津江)'은 『신증 동국여지승람』 권12 장단도호부에 '습천군(隰川郡)'에 있었던 옛날의 '습(隰)' 땅 습성현(隰城縣)이며, 이곳은 지금의 하남성 무척현(武陟縣) 서남쪽 15리〔북위35° 동경 113.4°〕에 있다.

284) '개성부'는 『선조실록』 권26에 나온 것인데, 반도 력사에 맞추어진 것으로 보이며, 『명사』에는 나오지 않는 지명이다. 王城, 즉 開京(=개봉)에서 이틀 동안에 이동할 수 있는 곳은 낙양(洛陽), 즉 경주(慶州)이다. 개봉과 낙양 사이의 거리는 180㎞이다.

285) '녕변'은 『신증 동국여지승람』 권54에 '迎州·延州·延山府'라고도 했는데, 이 곳은 지금의 섬서성 연안부(延安府: 延安郡, 북위 36.6° 동경 109.4°)이다.〔중국고금지명대사전, p. 383〕

286) 『선조실록』 권27 선조25년 6월 기해(11일).

287) '의주'는 위주(威州)를 바꾸어놓은 위화도(威化島), 즉 요즘의 녕하성 중위(中衛)·중녕(中寧)이 있는〔중국고금지명대사전, p. 608〕 남쪽에 있는 고을이고, 『신증 동국여지승람』 권53에서 '보주(保州)·화의(和義)', 즉 和義州라 했으니, 지금의 감숙성 어름에 있다.〔위의 책, p. 437〕

288) 『明史』 卷320 列傳208 外國1 朝鮮. "萬曆二十年夏五月 秀吉遂分渠帥行長清正等 率舟師逼釜山鎭 潛渡臨津 時朝鮮承平久 兵不習戰 昖又湎酒弛備 猝島夷作難 望風皆潰 昖棄王城 令次子琿攝國事 奔平壤 已復走義州 願內屬."
『明史』 卷320 列傳210 外國3 日本. "朝鮮望風潰 清正等遂偪王京 朝鮮王李昖棄城奔平壤 又奔義州 遣使絡繹告急 倭遂入王京 執其王妃王子 追奔至平壤 放兵淫掠."
『明史紀事本末』 卷62 援朝鮮. "朝鮮王李昖湎於酒 弛備 吉乃分遣其渠行長清正等 率舟師數百艘 逼釜山鎭 五月潛渡臨津 … 時朝鮮昇平久 怯不諳戰 皆望風潰 朝鮮王倉卒棄王京 令次子琿攝國事 分平壤 已復走義州 願內屬."이라 했다.

289) 『선조실록』 권29 선조25년 8월 3일 경인(3일).

다) 중국에서 파병하다

조선의 중앙조정에서 4월 17일 전쟁발발 소식을 들은 지 49일 만에 중국군이 처음으로 출발했는데, 광녕 유격(廣寧遊擊) 사유(史儒)와 원임 참장(原任參將) 곽몽징(郭夢徵)이 기병 1000명을 거느리고 6월 7일에 출발하고, 독전 참장(督戰參將) 대조변(戴朝弁)·왕수관(王守官)은 병사 1000명 남짓〔군사 1029명, 말 1093필, 천총·파총 등 10명〕을 거느리고 10일에 출발하여 림반관(林畔館)[290]에 6월 18일(병오)에 도착하니, 전쟁이 일어나고 두 달 만에 지원군이 도착했다.

이때 선조는 곤룡포에 익선관으로[291] 어울리지 않게 차려 입고, 사유와 곽몽징을 만나자, 이들이 "평양을 일찍 구원하지 못한 것이 한스럽습니다. 총병 조승훈이 의주에 도착하면 우리들이 돌아가서 총병 조승훈과 의논하여 정하겠습니다. 귀국은 어떻게 할 계획입니까?"라고 하니, 리연은 "한 나라의 존망이 대인들의 진퇴에 달렸으니, 삼가 지휘를 받겠습니다."고 했다.[292]

청원사(請援使) 리덕형(李德馨)이 6월 17일 10시쯤〔巳時〕에 의주에 도착하니, 마침 일본군은 6월 8일에 대동강을 건너[293] 6월 15일에 평양을 봉쇄했다. 그들은 이미 궁궐을 점령하여 무덤〔陵〕을 파헤치고, 보물

---

290) 선천(宣川)에 있는 '임반관'은 광녕(廣寧) 유격 사유가 도착한 곳이니, 광녕이 지금의 감숙성 장현(漳縣) 서남쪽 5리에 있다고 했으니〔중국고금지명대사전, p. 1158〕 그 동쪽 선천이며, 곧 선주(宣州)가 조선 평양 서북쪽인데〔중국고금지명대사전, p. 610 원문 東北은 잘못〕, 이것은 섬서성 호현 서북쪽에 있어야 마땅하다.

291) '곤룡포(袞龍袍)'는 천자(天子)가 '정복'으로 입는 예복이다. 선조가 이런 옷을 입었으니, 곧 천자였다. 그리고 '익선관(翼善冠/翼蟬冠)'은 황제/임금이 '평복'으로 입을 때에 쓰는 관〔모자〕이다.

292) 『선조실록』 권27 선조25년 6월 병오(18일). "史郭兩將曰 不能早救平壤 是可爲恨. 祖摠兵到義州 俺等當還 與祖爺講定. 貴國何以爲計. 上曰 一國存亡 係大人進退 所指揮願謹領受." 여기서 '두 달'만에 조선에 도착했음에도 이보다 더 빨리 평양을 구원하지 못하여 한스럽다고 한 것은 '한반도' 상황이 아니며, 어떤 계획을 '귀국'이 가졌는지 묻는 그 '귀국'은 조선의 의주 지역에 있는 어떤 '제후국'을 의미하는 것이다.

293) 대동강을 건너면 바로 평양인데, 선조와 그 일행이 6월 11일에 이 평양을 떠났고, 일본군이 6월 8일에 대동강을 건넜으니, 이들 모두가 3일 동안 한 지역에 있었던 꼴이 된다.

을 강탈하고, 임금의 모후(母后)와 왕손(王孫)들 그리고 관리들을 사로잡았다. 팔도(八道)는 거의 완전히 점령되었고, 일본군은 압록강을 건너서 료동으로 진격할 계획을 하였다. 조선의 임금은 황제에게 특사를 잇달아 보내어 신속한 원군(援軍)을 요청했다.

6월 27일에 병부에서는 곧 조선에 다다르면 오래뜰〔門庭〕을 지킴으로써 나라를 존속하는 데 의지해야 한다고 청했고, 7월 3일에는 중국은 왜적을 막아내는 데는 오래뜰에서 처리해야 하며, 무릇 국토의 끝〔邊鄙: 국경〕은 중국의 오래뜰이라고 했다.[294]

라) 평양성 전투

황제는 설반(薛潘)을 보내어 대의(大義)를 다시 일으킬 것을 유시하고, 10만 대군이 전속력을 다해 도착할 것을 약속했다. 그런데 왜병이 벌써 평양에 다다랐기 때문에 조선의 임금과 신하들은 더욱 다급해져서 의주에서 안전하지 못하다고 생각하고서, 애주(愛州)[295]로 피신하였다.

유격 사유·왕수관 등이 군사를 이끌고 평양에 진격하였고, 부총병 조승훈(祖承訓)은 3000명(군사 1319명, 말 1529필)의 지원군을 이끌고 6월 19일에 압록강을 건너와서[296] 이를 도왔다. 이들은 7월 17일 동틀 녘에 평양[297]으로 돌격, 성에 대포를 쏘고 관(關)을 부수면서 길을 나누어 쳐들어가 몸을 돌보지 않고, 하루 만에 이틀길을 달려 대정강〔大定江: 옛날의 대녕강(大寧江)/박천강(博川江)〕에 도착하여 전투를 독려하였다. 그러나 지리를 잘 알지 못했고, 장마가 져서 말이 제멋대로 굴어 말을 듣지 않아 마침내 전사하였고, 간신히 도망가 버렸다.[298]

---

294) 『明實錄』 萬曆 20年 7月 庚申. "中國禦倭當于門庭 夫邊鄙中國門庭也."

295) 애주(愛州)는 『몽어 노걸대』에서 보면, 의주(義州)와 같은 발음인 〔애주, aichu〕 이다. 같은 지명의 다른 표기다.

296) 『선조실록』 권27 선조25년 6월 무신(20일).

297) '평양'은 『신증 동국여지승람』에서 따로 '호경(鎬京)·장안(長安)·류경(柳京)' 이라고 했으니, 이곳은 지금의 섬서성 장안 서쪽 '호현(戶縣)'이다.

298) 『선조실록』 권28 선조25년 7월 정축(20일) "承訓一日之內疾馳 到大定江 將全軍

사유가 사졸들보다 앞장서서 천총 마세륭(馬世隆)・장국충(張國忠) 두 무관과 함께 손수 적병 수십 급을 베었으나, 이들은 그 지역에 어두운 데다, 큰 폭우가 쏟아졌으므로, 사유와 마세륭・장국충 두 사람이 탄환에 맞아 전사하였다. 따라서 제군(諸軍)이 후퇴하여 무너졌다.[299)]

중앙 조정은 크게 놀라 송응창(宋應昌)을 경략(經略), 즉 총사령관으로 삼아 파견하였다.[300)]

7월에 병부에서 의논하여 험요한 곳에 주차(駐箚)하여 중앙군사〔天兵〕를 기다리도록 하고, 전국에 알리어 임금을 호위할 군사를 불러모아 회복을 도모하였다. 이때 왜병은 이미 왕경(王京)[301)]에 들어와서 무덤을 파헤치고, 왕자와 배신을 사로잡고, 왕부의 창고〔府庫〕를 약탈하여 팔도가 거의 함락되니, 하루에도 여러 번 압록강을 건너 구원병을 청하는 사신이 길을 이었다.[302)]

조정의 의견은 조선이 바로 나라〔중국〕의 울타리 역할이 되어야 하므로, 왜적이 쳐들어 온 곳에서 싸워야 한다는 것이었다. 그리하여 행인(行人)[303)] 설반(薛潘)을[304)] 파견하여 리연에게 쇠한 대의(大義)를 다시 일으킬 것을 유시하고, 10만 대군이 곧 도착한다고 큰소리쳤다. 그런

回去."
『明史考證攟逸』. "按明史紀事本末 史儒師至平壤 不諳地利 且霖雨 馬奔逸不止 遂戰死."

299) 『선조실록』 권28 선조25년 7월 정축(20일). "先時副總兵祖承訓 遊擊將軍史儒王守官等 進至平壤以十七日黎明 進迫平壤砲城斬關分道 以入奮躍督戰 史儒身先士卒與千摠馬張二官手斬賊累十級 儒及馬張二人中丸而死 諸軍退潰."

300) 『明史』 卷320 列傳208 外國1 朝鮮. "七月兵部議令駐箚險要 以待天兵 號召通國勤王 以圖恢復 而是時倭已入王京 毀墳墓 劫王子陪臣 剽府庫 八道幾盡沒 旦暮且渡鴨綠江 請援之使絡繹於道 廷議以朝鮮爲國藩籬 在所必爭 遣行人薛潘諭昖以興復大義 揚言大兵十萬且至 而倭業抵平壤 朝鮮君臣益急 出避愛州 遊擊史儒等 率師至平壤 戰死 副總兵祖承訓統兵渡鴨綠江援之 僅以身免 中朝震動 以宋應昌爲經略."

301) '王京'은 '王城'이며, 王城은 洛邑이며, 지금의 하남성 낙양현(洛陽縣)이다.〔중국고금지명대사전, p. 173〕

302) 『明史』 卷20 本紀20 神宗1. "(萬曆二十年)五月 倭犯朝鮮 陷王京 朝鮮王李昖奔義州求救."

303) 行人: 빈객을 접대하거나 列國에 사명을 받드는 벼슬.

304) 薛潘(설반)을 설번(薛藩)이라고도 한다. 『明實錄』 萬曆 20년 8월 壬辰에, "賜行人薛藩品服奉勅 宣諭朝鮮"이라 했고, 『선조실록』 선조 25년 9월 己未에, "特差行人司行人薛藩 特諭爾國王"이라 하였다.

데 왜병이 벌써 평양에 다다랐기 때문에 조선의 임금과 신하들은 더욱 다급해져서 애주(愛州)로 나가 피난하였다.

중국군은 대규모로 접전했는데, 소서행장과 다른 일본의 장군들은 꾀 많고 노련한 장교들로서 중국 사람들에게 넌지시 일본인들은 중국 군대를 공격할 의도가 없다고 알렸지만, 이는 오직 일본이 시간을 벌기 위한 것이었다.

8월에 왜병이 풍덕군(豐德郡) 등의 고을에 침입했음에도, 병부상서(兵部尙書) 석성(石星)은 계책을 세우지도 못하였다. 사람을 보내어 왜군의 동정을 정탐하면서[305] 일본군의 동향이 파악될 때까지 교전을 연기해야 한다고 했다. 이때 절강성 가흥(嘉興) 사람 심유경(沈惟敬)이 모집에 응했다. 심유경이라는 사람은 저잣거리의 건달이었다.

마) 풍신수길이 대마도에서 독려

그러는 사이에 풍신수길은 대마도까지 와서는 그의 군사들을 격려하였다. 일본군은 조선의 궁궐에서 요새를 쌓고, 그가 파견한 소서행장과, 다른 지휘관들과 가장 중요한 주둔지에는 어떤 공격도 받지 않도록 경계하라는 임무가 주어졌다.

심유경(沈惟敬)은 일본의 정세를 관찰하는 임무를 맡았으며, 평양에 도착했다. 접대하는 예법이 아주 형편없었다. 소서행장은 심유경을 특별한 존경심을 가지고 맞아들였으며, 무릎을 꿇고 말했다.

소서행장은 능청스럽게,[306] "중앙 조정〔天朝〕에서 다행히 진격을 중지하고 가만 있으면, 우리는 여기에 더 오래 머무르지 않을 것이며, 오래지 않아 꼭 돌아갈 것입니다. 대동강을 경계로 삼아서 평양 서쪽에 있는 모든 지역을 조선[307]에 모두 속하게 될 것입니다."라고 하니, 심

---

305) 『明史』卷320 列傳208 外國1 朝鮮 "八月 倭入豐德等郡 兵部尙書石星計無所出 議遣人偵探之."

306) 『明史紀事本末』에서는 '行長詭曰'이라 하여 원문의 '紿(태: 속이다. 의심하다)'와 다르다. '詭(궤: 속이다. 이상하게 여기다)'라는 뜻은 정좌(正坐)와 궤배(跪拜)의 차이에서 일어날 수도 있을 것이다.

307) "평양 이서 지역을 조선에 속할 것이다. 〔以大同江爲界 平壤以西盡屬朝鮮耳〕"는

유경은 들은 대로 보고하였다.

조정의 의견에 왜는 속임수가 많아 믿을 수 없으니, 송응창 등에게 진군토록 재촉해야 한다고 하였다. 그러나 석성은 심유경에게 매우 미혹되어 그를 유격으로 임명하고, 군전(軍前)에 나아가되, 가을 동안에 결행토록 했다.[308)]

이 무렵에 풍신수길은 산성주(山城州: 궁성)의 임금자리를 찬탈하여 태합왕(太閤王)의 칭호를 가졌다.

겨울 10월 16일(임인)에 리여송 제독이 계주(薊州)·료주(遼州)·보정(保定)·산동(山東)의 군무(軍務)를 맡았으며, 방해어왜총병관(防海禦倭總兵官)으로 충원되어 녕하지역의 타타르〔韃靼〕[309)] 사람 보바이〔哱拜〕의 반란을 평정한 여세를 몰아 그는 6만 명의 군사를 거느리고 료동을 지나, 험준한 봉황산(鳳凰山)을 넘었는데, 원정길에서 말들은 피땀으로 흠뻑 젖었다. 12월 25일에 압록강의 강변에 도착했을 때 조선의 산들이 시야에 들어왔다. 경략 송응창은 바로 저곳이 세습 영토를 회복하기 위하여 우리의 용맹에 달려 있는 곳이라고 했다.

이듬해 1593년 1월 19일에 리여송은 여러 장수들을 독려하여 전쟁에 나아가게 하여 평양에서 왜적을 공격하여 이겼다. 소서행장이 대동강을 건너 달아나 룡산(龍山)으로 돌아가니, 잃었던 황해·평안·경기·강원 4개의 도가 모두 수복되었다. 가등청정도 달아나 왕경으로 돌아갔다. 리여송은 이미 승리했기 때문에 날쌘 기병(騎兵)으로 하여금

『明史』卷320 列傳208 外國1 朝鮮에 실려 있고, 이와 정반대의 뜻으로 "평양 이동 지역을 조선에 넘겨줄 것이다〔return shortly to Japan ; the River Ta tong tchiang shall be the Boundary of our Conquests, and we will give up to the Coreans all that lies East of Pinjam.〕"는 글이 Du Halde의 『The General History of the China』에 실려 있다.

308) 『明史』卷320 列傳208 外國1 朝鮮. "八月 倭入豐德等郡 兵部尙書石星計無所出 議遣人偵探之 於是嘉興人沈惟敬應募 惟敬者市中無賴也 是時秀吉次對馬島 分其將行長等守要害爲聲援 惟敬至平壤 執禮甚卑 行長紿曰 天朝幸按兵不動 我不久當還 以大同江爲界 平壤以西盡屬朝鮮耳 惟敬以聞 廷議倭詐未可信 乃趣應昌等進兵 而星頗惑於惟敬 乃題署遊擊 赴軍前 且請金行間."

309) '타타르(Tatar/Tartar)'란 이름은 볼가강·카마강을 낀 '타타르 공화국(Tartarstan: 북위 55° 동경 49° 중심)'과 우랄-알타이의 사이 투란(Turan)지역에 '타타르스크(Tatarsk: 북위 55° 동경 76°)'가 있는데, 이 이름이 서세동점기에 동경 120° 이동의 만주에 옮겨졌다. 본디 타타르〔달단〕라는 만주는 투란지역에 있는 것이 맞다.

급히 벽제관(碧蹄館)에 이르렀다가, 그만 싸움에 패하여 물러나 개성(開城)에 주둔하였다. 이 사실은 『리여송전(李如松傳)』에 모두 적혀 있다.[310)]

바) 왜란 2년째 1593년

1593년 1월에 심유경은 처음 조치로서 소서행장을 속여서 그를 설득시킴으로써 중국 사람이 승인증을 임금으로부터 그 일본의 통치자 풍신수길에게 가져왔으며, 그들 사이에 합의한 것이 그 달 7일에 제독 리여송이 승인증명을 소서행장에게 건네줄 것이라고 하였다. 4일에 군대가 숙녕관(肅寧關)[311)]에 도착하자, 소서행장은 20명의 관리를 보내어 승인증을 받으려 했다.

> 1월 8일에 리여송 제독이 기성(箕城: 평양)에 진격하자, 왜장 소서행장이 장대선(張大膳)을 시켜서 청하기를, "중국군사〔天兵〕가 잠시 물러나 주면, 복건(福建)에서 표문을 받들고 공물을 바치겠다."고 하였는데, 제독이 답하기를, "너희들이 항복하려고 하면 2000명이 성 바깥에 나와서 나의 명령을 받아라!"고 하였다.[312)]

이것은 윤근수가 임금께 보고한 것인데, 왜장 소서행장이 통역관 중국사람 장대선을 시켜서 협상을 했는데, 그 협상 내용은 "중국군사를 잠시 물러나게 하면 복건성에서 표문을 받들고 공물을 바치겠다."는 것이었다. 이것은 전쟁을 독려한 풍신수길의 조선침략 지휘본부가 복건성의 복주부(福州府) 민현(閩縣)에 있었음을 말해준다.

---

310) 『明史』 卷320 列傳208 外國1 朝鮮. "十二月 以李如松爲東征提督 明年正月 如松督諸將進戰 大捷於平壤 行長渡大同江 遁還龍山 所失黃海平安京畿江原四道並復 淸正亦遁還王京 如松旣勝 輕騎趨碧蹄館 敗退開城 事具如松傳."

311) '숙녕관'은 평안도 숙천(肅川)에 있는데, 이것은 감숙성 숙주(肅州)를 고친 것이며, 여기에 숙녕현(肅寧縣)이 있다.〔중국고금지명대사전, p. 1120〕

312) 『선조실록』 권34 선조26년 1월 갑자(1일). "尹根壽來啓曰 聞初八日 李提督進戰于箕城 倭將使張大膳請曰 願暫退天兵 奉表納貢于福建. 提督答曰 爾等欲降 則二千出城外 聽我命可也."

1월 11일(병인)에 황제가 보냈다는 각 영에 배치한 군사 수효는 다음과 같다.

계주・료주・보정・산동 등지에서 왜적을 막아낼 리여송(李如松)의 휘하에서 방시춘(方時春)이 거느린 친병(管下親兵)과 리녕(李寧)이 거느린 마병(馬兵) 1000명, 중군(中軍)의 중협(中協)에 양원(楊元)이 거느린 군사 2000명, 우영(右營)에 리여백(李如栢)이 거느린 군사 1500명, 장세작(張世爵)이 거느린 군사 1500명, 선부 동로(宣府東路)의 임자강(任自强)이 거느린 선부(宣府)의 마병(馬兵) 1000명, 료동(遼東)의 리평호(李平胡)가 거느린 마병 800명, 사대수(査大受)가 거느린 마병과 보병(步兵) 3000명, 료동(遼東)의 왕유익(王有翼)이 거느린 마병 1200명, 료동 동로(遼東東路)의 손수렴(孫守廉)이 거느린 마병 1000명, 보정・계주의 진〔保定薊鎭〕 왕류정(王維貞)이 거느린 마병 1000명, 창평 우영(昌平右營)의 조지목(趙之牧)이 거느린 마병 1000명, 계주진〔薊鎭〕의 리방춘(李方春)이 거느린 마병 1000명, 의주위(義州衛)의 리여매(李如梅)가 거느린 마병 1000명, 료진(遼鎭)의 리여오(李如梧)가 거느린 마병 500명, 료동 총병 휘하〔遼東摠兵標下〕의 양소선(楊紹先)이 거느린 마병 500명, 장응충(張應种)이 거느린 마병 1500명, 절강・직례〔浙直〕 락상지(駱尙志)가 거느린 보병 3000명, 대녕(大寧)의 장기공(張奇功)이 거느린 마병 1000명, 산서(山西)의 진방철(陳邦哲)이 거느린 마병 1000명, 절강의 오유충(吳惟忠)이 거느린 보병 3000명, 선부・대동・팔위〔宣大八衛〕 송대빈(宋大贇)이 거느린 마병 2000명, 남병(南兵)의 왕필적(王必迪)이 거느린 보병 1500명, 대동(大同)의 고책(高策)이 거느린 마병 1000명, 절강의 섭방영(葉邦榮)이 거느린 마병 1500명, 산동의 전세정(錢世禎)이 거느린 마병 1000명, 가주・호주・소주・송강〔嘉湖蘇松〕의 척금(戚金)이 거느린 보병 1000명, 대동의 곡수(谷燧)가 거느린 마병 1000명, 선부의 주홍모(周弘謨)가 거느린 마병 1000명, 계주(薊州)의 방시휘(方時輝)가 거느린 마병 1000명, 양하(陽河)의 고승(高昇)이 거느린 마병 1000명, 건창(建昌)의 왕문(王問)이 거느린 마병 1000명, 보정(保定)의 량심(梁心)이 거느린 마병 1000명, 진정(眞定)의 조문명(趙文明)이 거느린 마병 1000명, 섬서(陝西)의 고철(高徹)이 거느린 마병 1000명, 산서의 시조경(施朝卿)이 거느린 마병 1000명, 보진 건준(保眞建遵)의 갈봉하(葛逢夏)가 거느린 마병 2000명이다. 여기서 평양을 공격하여 함락시킬 때 4만 3500명을 썼고, 추가로 도착한 군사가 8000명이다.[313)]

이 평양전투에 참가한 군사들은 여러 곳에서 동원되었는데, 모두 5만 1500명이었다. 리여송이 탄 말은 포탄에 맞아 죽었다. 그리고 오유충(吳惟忠)은 가슴에 조총 탄알이 관통했으나, 계속해서 그의 부하들을 독려했다.

리여송은 빠른 말을 갈아타고, 성시(城市)의 해자(垓字)를 달리면서, 진두지휘를 하였다. 그는 계속적으로 그의 군대를 마구 밀어붙이자, 마침내 중국군은 성벽을 차지했으며, 일본군은 그 요새에서 퇴각하였다.

한밤중에 소서행장은 많은 군사를 이끌고, 대동강을 건너, 룡산(龍山)으로 피신하였다. 중국군이 당일 전투에서 참수한 것이 1285급이고, 사로잡은 것은 왜적 2명과 통역관〔通事〕 장대선(張大膳)이고, 빼앗은 말은 2585필, 획득한 왜적의 살림그릇〔器物〕은 455건, 구출된 본국의 남녀 포로는 1015명이었다. 중국군이 승세를 타고 불을 놓아 건물을 모두 불태우니 많은 왜적이 숨어들었다가 타죽어 그 냄새가 10리에 뻗쳤다. 나머지 적들은 풍월루(風月樓)의 작은 성으로 숨어 들어가니 총병이 땔나무와 마른 풀을 운반하게 해서 사방에 쌓아놓고 화전을 쏘게 하여 일시에 타버려 모두 다 재가 되거나, 대다수는 강에 뛰어들어 빠져죽었다.[314] 리녕과 사대수(査大受)는 정예군 3000명의 선두에 서서, 잠복을 하였다가 물러나는 도망자들을 잡으려 하였다. 그들은 362명을 놓치고, 일부를 생포하였다.

리여송 제독은 평양을 탈환하고는 승승장구하여 1월 10일 밤에 개성부에 들어왔다. 본부의 사족(士族)과 백성들이 굶주리는 것을 보고 은(銀) 100냥과 쌀 100섬을 내어 장세작을 시켜 나누어주어 진휼하게 하고, 패(牌)로써 류정의 군대를 재촉하여 군대를 전진시킬 계책을 하였다. 26일 림진강(臨津江) 하류로부터 여울을 건너가서 파주(坡州)에 진주하였다. 27일 이른 아침에 직접 경성(京城)의 도로 형세를 살피기 위해 단기(單騎)로 벽제를 향해 달려갔다.

---

313) 『선조실록』 권34 선조26년 1월 병인(11일).
314) 『선조실록』 권35 선조26년 2월 을미(10일).

당시 경성에는 아직 수 만의 적이 있었는데, 제독이 먼저 보낸 사대수·조승훈 등이 정예로운 기병 3000여 명을 거느리고 우리나라의 양주 방어사 고언백(高彦伯)과 함께 가다가 영서역(迎曙驛) 앞에서 적을 만났다. 사대수는 고언백과 함께 군사를 풀어 급습하여 적의 수급 600여 급을 베었는데, 여러 장수들은 이로 인하여 더욱 적을 가볍게 여겼다. 적장은 그 선봉이 사대수에게 격파되었다는 소식을 듣고 전군을 거느리고 숫돌고개〔礪石峴〕에 와서 진을 쳤다. 사대수는 적병의 형세가 큰 것을 보고 벽제로 물러나 진을 쳤는데 적병은 산과 들에 흩어져서 어느덧 점점 압축해왔다.

제독은 때마침 길에서 고언백의 군관을 만나 적군의 형세를 자세히 듣고 벽제로 달려가다가 노상에서 말이 거꾸러지면서 떨어져 얼굴을 다쳤다. 이때 남방의 절강 포병〔南浙砲兵〕은 모두 도착하지 않았고, 휘하의 정예로운 기병 1000여 기만 있었는데, 제독은 즉시 이미 도착한 군사들만 지휘, 들판에 진을 치고 적과 대진하였다. 먼저 신기전을 쏘아 1차 교전에서 왜적이 약간 물러갔으나, 중국군의 숫자가 적다는 것을 안 뒤에는 좌우로 흩어져서 죽음을 무릅쓰고 돌격하며, 곧바로 중앙을 향해 공격해왔다. 중국군은 병기와 갑주(甲冑)도 전혀 없이 맨손으로 육박전을 하였다. 제독이 휘하의 날랜 장수 수십 인과 직접 달리면서 쏘았으나 지탱할 수 없는 형세였다. 병사들을 사방으로 물러나게 하고 제독이 뒤에서 대응하며 귀환하는데, 적군 3000여 명이 곧바로 제독에게로 압축해오니, 제독이 쏘면서 퇴각하였다. 적군이 마침내 예기를 타고 마구 살상하니, 중국군이 전사자가 수백 명이었다. 리비어(李備禦)와 천총 마세륭이 모두 적에게 죽음을 당하자 제독은 말에서 내려 통곡하였다. 벽제에 있던 우리나라의 양곡은 거의 다 흩어져 없어졌다.

이에 앞서 제독은 군량이 부족하므로 군사를 반으로 나누어 그 반은 동파(東坡)에 머물러 두고, 반만 강을 건너게 하였는데, 이때에 와서 형세가 위급하게 되자, 황급히 사람을 보내 후군을 재촉하여 불렀다. 그러나 후군이 겨우 옹암(甕巖)을 지났을 때, 전군(前軍)이 이미 패전해 돌아왔다. 왜적이 추격하여 혜임령(惠任嶺)에 이르러 대군을 바라보고는 감히 고개를 넘지 못하고 달아나 도성으로 되돌아갔다. 당시 중국군은 멀리 와서 피로하고 또 말에 역질(疫疾)이 있어 죽은 군마(軍馬)가 1만 2000필 남짓이나 되었고, 벽제에서 패하게 되자, 사상한 말이 매우 많았다. 얼마 있다가 가등청정이 함경도로부터 되돌아와 경성에 와서 진을 합치자, 적세가 더욱 성해지니, 제독은 이때문에 감히 재차 군사를 일으킬 계획을 하지 못하였다.[315)]

1월 27일 정오에 관군(官軍)이 초병의 거짓 보고에 넘어가 "왜적은 이미 물러가고 경기는 텅 비었다."고 하며 전진하다가, 미리 매복해 있던 왜적에게 중간이 끊겨 포위되었다. 목을 벤 왜적은 겨우 120명 남짓인데, 중국군의 사상자는 1500명 남짓이나 되었다. 제독 리여송은 지금 림진강 가에 머물고 있는데, 눈이 오는데도 기어이 개성으로 후퇴하여 진치겠다고 하였다.[316)]

그리고 1593년 2월에 참전한 리여송 제독 휘하의 중국 장수들의 명단은 다음과 같다.

제독 중군 방시춘(方時春), 참장 리방춘(李芳春), 유격도사 방시휘(方時輝), 유격 주홍모(周弘謨), 부총병 임자강(任自强), 유격 전세정(錢世禎), 참장 양소선(楊紹先)·소국부(蘇國賦), 유격 대조변(戴朝卞)·리녕(李寧)·조문명(趙文明)·량심고(梁心高)·고철(高澈)·시조경(施朝卿)·척금(戚金)·왕승은(王承恩)·장기공(張奇功)·심유경(沈惟敬), 참유(參遊) 동양중(佟養中)·호란(胡鸞)·리욱(李郁)·조지목(趙之牧), 원임도사 리진중(李鎭中), 유격 고승(高昇), 부총병 사대수(査大受), 참장 락상지(駱尙志), 참유 섭방영(葉邦榮)·갈봉하(葛逢夏), 독전장 도사(督戰將都司) 왕필적(王必迪)·양대유(楊大有)·오몽표(吳夢豹), 유격 장모(張某), 참장 주역의(周易義), 참장 리여매(李如梅), 참유 리여오(李如梧), 무거 지휘(武擧指揮) 리여남(李如楠), 동지 정문빈(鄭文彬), 지현(知縣) 조여매(趙如梅), 지휘 황응양(黃應陽), 비어(備禦) 왕개(王玠) 이상 41인이다.

---

315) 『선조실록』 권35 선조26년 2월 경인(5일).
316) 『선조실록』 권35 선조26년 2월 경인(5일).

2월 8일에 리녕・조승훈・갈봉하 등이 군사를 거느리고 가서 매복하고, 총병은 양원(楊元)・리여백(李如栢)・장세작(張世爵) 등 부장 3명과 함께 대로로 나아가니 왜적들은 사방으로 도망하다가 리녕 등 복병의 요격을 입었다. 참획한 수급이 395과(顆), 사로잡은 왜적이 3명이었고, 나머지 적들은 병기를 버리고 놀라 어지러이 달아나 절령(岊嶺)서쪽이 모두 평정되었다.

2월 10일에 소경왕은 신안관(新安館)에 가서 궐패(闕牌)를 설치하고, 백관을 거느리고 재배(再拜)한 뒤에, 녕하(寧夏) 평정을 하례한 표문과 평양을 탈환한 데 대한 주본(奏本)을 사신 리조판서 한준(韓準)에게 친히 전하였다.[317)]

3월 10일에 중앙조정〔中朝〕의 관원 동지(同知) 정문빈(鄭文彬), 지현(知縣) 조여매(趙汝梅), 참군(參軍) 려응종(呂應鍾)이 의주에서 왔는데, 임금이 숙녕관에서 접대하면서 그들과 나눈 말에서, "왜적이 평양에서 패전하고부터 간담이 다 떨어져서 녕파부(寧波府)로 들어와 중원(中原)에 공물을 바치기를 원하고 있으니, 그 길을 빌려주어 공물을 바치게 한다면 감히 귀국(=조선)에 전쟁을 걸지 못할 것이나, 지금 만약 싸우려고만 한다면 2~3년이 못 가서 귀국이 다시 병화를 입게 될 것입니다."고 하였다.[318)]

리여송은 유격 리녕(李寧)에게 명령하여 소서행장이 보낸 일본 관리 20명을 붙잡아서, 산 채로 데려오게 했다. 그러나 그들은 매우 담력있고 용감하게 방어했기 때문에 단지 3명만 붙잡을 수 있었다. 소서행장은 심유경에게 따지면서 이 같은 사태는 폭력을 의미하며, 폭력이 필요하다고 하자. 심유경은 정확하게 통역관들을 이해시키기 못한 데서 우연히 일어난 일이었다고 말했다.

소서행장은 남달리 신뢰하는 소서비(小西飛)를 심유경과 함께 따라보내 리여송을 칭찬했다. 리여송은 그들을 환대하고서 돌려보냈다. 6월에 그 군대가 평양 부근에 도착했다. 소서행장은 성채 위에 앉아서,

---

317) 『선조실록』 권35 선조26년 2월 을미(10일).
318) 『선조실록』 권36 선조26년 3월 을축(10일).

미르〔龍〕 모양이 그려진 깃발들을 들고, 총진군하는 모습을 볼 수 있었다.

3월 무렵에 첩자가 말해주기를, "왕경(王京)에는 20만 명의 일본군이 있으며, 그것도 태합(太閤: 풍신수길)이라는 일본의 임금이 그들을 지휘하러 직접 올 예정이며, 게다가 식량도 풍부하다."는 것이었다. 중국군으로서는 그곳에 불지를 절호의 기회였다. 일본군은 그들이 모든 종류의 비축물이 부족하여 위태롭게 되었음을 알고, 다시 화친회담을 심유경의 중재에 의해 추진하기 시작하였으며, 심유경은 수도(首都)를 그들에게 넘겨주려고 설득하면서, 강화회담은 4월에 18일에 서명되었다.

그러자 왜적이 과연 4월에 왕성(王城)을 버리고 물러갔다. 이때에야 한강(漢江) 이남 1000여 리의 조선 고토(故土)가 다시 안정되었다.

병부에서 말하기를, "마땅히 임금으로 하여금 환도(還都)하여 지키게 하고, 우리의 각 진(鎭)에 있는 군대는 오랫동안 중원(中原) 밖에서 피로하였으니, 차제에 철수하여 돌아오게 하는 것이 좋겠습니다."고 하므로 이를 허가하였다.[319)]

이에 송응창이 상소하기를, "부산이 비록 바닷가 남쪽에 있다고 하지만, 당연히 조선의 강역입니다. 왜적이 만약 우리의 철군을 엿보고 있다가 갑자기 다시 침범한다면 조선은 지탱할 수 없을 것이고, 앞서 세운 공도 모두 없어지게 됩니다. 지금 군대를 잘 다스려 협력하여 지키

---

319) 『明實錄』萬曆 21년 6월 甲申朔. "兵科給事中 侯慶遠題 倭奴中途築壘固險 爲久駐計 我師追躡已度王京三百里 獨苦無糗糒 臣竊謂初我師出境 無敢謂百全必克者 堅平壤一捷開城再捷 頗以倭爲易與 於是有碧蹄之敗 因敗而懲持重自保 於是乎有許和之議 倭奉約而南 又見謂師老氣竭惰歸可乘 於是平有尾擊之說 竊怪我與倭何讐也 誠不忍屬國之剪覆 特爲勤數道之師 挈兩都而手援之 朝鮮存亡興滅 義聲赫於海表 我之爲朝鮮者亦足矣 而復爲之苦戰 以橫挑已講之倭 恐非完策也 朝鮮誼不與倭共戴天 則五合六聚而撓之以貿首爲快不惜 其他勢也 倭欲歸 弗得計 大創追兵未可平行無虞 則蒙死不顧亦勢也 今我助朝鮮以鬪假 朝鮮推大國以爲鋒 而我又欲尤用朝鮮之衆 以爲嘗兩軍爭便 倭得張疑以持我 而幷銳以走朝鮮 朝鮮不支我師 亦難獨立矣 憑怒求戰致毒 必深何可不慮害也 王者之師 不趨小利 不徼小勝 我以德植朝鮮 以信屈倭奴 全歸而歸 所獲實多 若旋結言 而旋倍之 是謂不祥 卽馘數千百級不足以稱武 而厮輿有一不備 適足以損重 而貽羞烏不審權也 伏念倭旣不能殄之 而除本則莫若縱之 以成信朝鮮不可 輕動亦不可 中棄則莫若少留銳師 以爲之聲援 宜函勅兵部 諭東征文武諸臣 毋狃敵 毋信降 毋忘希奇捷 毋不慮隱患 朝廷以完師爲功 不以深入多殺爲右 要以早休士馬 速紓東顧而已 上是之勅兵部 不必議覆 馳示東征官 令其從長酌處 但以旋師退賊爲功 毋得惶惑自擾以誤大計."

는 것이 가장 좋은 방책입니다. 이는 곧 철군하는 의논을 하는 것이니, 마땅히 조금만 머뭇거리게 하다가 왜군이 완전히 돌아갈 때까지 기다리면서 남아서 지킬 군사를 고려해야 합니다."고 하였다. 이에 병부에서 논의하여 강소와 절강의 군사 5000명을 머물게 하되 요충지에 나누어 주둔케 하였다. 그리고 리연에게는 군사들을 모아서 훈련시키고 군대를 내실 있게 하여 남의 도움에만 의지하지 말도록 유시하였다.[320)]

4월 21일에 우리나라의 성지(城池)를 수복함에 있어서는 평양을 수복한 이후로 여러 곳에 주둔해 있던 적이 소문만 듣고도 멀리 달아나서 서쪽으로는 대동강으로부터 동쪽으로는 벽제관(碧蹄館)에 이르기까지의 500여 리가 이미 모두 수복되었다. 함경도에 나누어 점령해 있던 적들도 모두 서울로 후퇴해서 대략 평안·황해·경기·강원·함경도 등의 35개 군읍(郡邑)이 수복되었다. 우리나라를 다시 일으켜 열에 대여섯은 수복하였으니, 황은(皇恩)에 감사해서 밤낮으로 눈물을 흘렸다.

경략 송응창은 안주(安州)에 진주하고, 제독 리여송은 파주(坡州)에 진군하여 벽제역에서 싸우다가 불리하자 후퇴하여 개성(開城)에 주둔하였다.

27일에 중국 군대는 왕경(王京)의 70리 이내에 도착했다. 조선 사람들은 일본군이 그곳을 포기하고 퇴각하였다는 정보를 제공했다. 리여송은 그 보고를 믿고, 가볍게 차린 날랜 기병(騎兵)의 선두에 서서 벽제관의 주둔지로 향하였는데, 이곳은 그 도시에서 30리쯤 떨어져 있다. 리여송은 대석교(大石橋)라는 다리 쪽으로 쏜살같이 달려가자, 말이 비틀거리며 넘어져 그는 타박상을 앞이마에 입었는데, 거의 죽을 뻔했다. 그때 일본군들은 잠복한 곳에서 재빨리 달려 나와 그를 에워쌌다.

군사들이 죽을힘을 다해 싸웠는데, 화살을 다 써버려 왜적이 앞에서 리여송 장군을 잡아매려는 순간으로 매우 급하게 되었다. 그때 참모

---

320)『明實錄』萬曆 21년 6월 丙午. "以朝鮮克復 量留江浙砲手五千 分屯要害 御史段尙繡言其不可 上曰朝廷以大義存恤小邦 念其新遭殘破 准暫留兵 待倭衆退盡之後 自應使之自守 該部傳諭國王 速還王京 練兵積餉 保境安民 毋得專恃內援 因循畏法 以貽後憂."

리유승(李有昇)은 제 몸으로 리여송 앞을 가로막으며 여러 명의 왜적에게 칼날을 들이댔다. 마침내 쇠갈고리 모양의 낫에 맞아 넘어지자 왜적이 팔다리를 잘라버렸다. 그때 양원(楊元)의 원병(援兵)이 도착하여 적의 포위를 풀고 나왔다.

장수와 병사들은 모두 조금의 희망도 없이 정오가 될 때까지 10시간 동안 싸웠다. 그래서 전동(箭筒: 화살통)에는 화살이 거의 텅 비었다. 어떤 일본군 장수가 금빛 갑옷을 입고서 총사령관 리여송에게 달려들었다. 부총병 리유승(李有昇)은 리여송에게 자신의 몸으로 막아내면서, 많은 일본군을 죽였다. 그러나 리유승 자신은 물론이고 용사(勇士) 80여 명이 죽음을 당하였다. 리여백과 리녕은 리여송을 에워싸고서, 오랫동안 매우 용감하게 싸웠다.

그런데 군사들이 채 교전하기도 전에 적병이 갑자기 뒤에서 일어나 산 위에 진을 쳤는데, 거의 1만여 명이 되었다. 중앙조정〔中朝〕의 군사는 단검(短劍)에 기마(騎馬)뿐이었고, 화기(火器)가 없었으며, 길이 험하고 진흙이 쌓였으므로, 제대로 말을 달리지 못하였다. 이에 왜적이 긴 칼을 휘두르며, 좌우에서 돌격해 들어오니, 그 예봉을 대적할 수가 없었다.

제독이 사대수(査大受)에게 후위(後衛)를 맡게 하고, 길을 뚫고 빠져나갔다. 그 뒤 대군이 잇따라 이르니, 적이 바라보고는 도로 달아났다.[321)]

마침내 리여매(李如梅)는 금빛 갑옷을 입은 일본 사람을 화살로 맞추자, 그는 완전히 쓰러졌다. 그와 동시에 양원은 그들을 구하러 와서 일본군을 쳐부수면서 그들을 패주시켰다. 그러나 가장 용감하다는 중국군대가 이번 교전에서 패하였으며, 단 한 사람도 다리를 통과하여 도망가지 않았다. 폭우가 쏟아지고, 마을 곳곳에는, 폐기물들로 가득 찼으며, 땅바닥엔 빙판이 늘어나고, 온 지역이 단지 진흙으로 메워져서, 중국 기병대는 활동하기가 어려웠다.

일본군은 이와 반대로 유리한 자리를 차지하고 있었다. 그들은 강을

---

321) 『선조수정실록』 권27 선조26년 1월 병진(1일).

전방에, 산을 후방에 끼고 있었고, 그들의 진영들은 교신을 서로 할 수 있었다. 그들은 내성(內城)에 총탄을 장전한 다양한 살상무기를 충분히 갖추고서, 그들 앞에 나타나는 적군들에 대해 오차 없이 죽였다. 중국 기병들은 개성으로 퇴각할 수밖에 없었다.

6월 29일(임자)에 제독 리여송이 올린 게첩(揭帖)과 표(票: 쪽지)에 의하면, 왜적이 경성을 버리고 도망갔다. 왜는 처음에 군사 16만 명을 파견하였고, 다음에는 20여만 명을 파견했으며, 다시 30여만 명을 더 파견하고, 또 다음에는 40여만 명을 더 출발시켰다.

리여송은 휘하의 장수들에게 명령하여 계속 진격해야 하며, 멈추지 말라고 했다. 8일에는 새벽녘에 총공격이 개시되었다. 주공격은 남동쪽에서 있었다. 일본군은 처음에 중국군을 잘 막아내었다. 리여송은 맨 먼저 달아나던 병사를 직접 죽이고, 성을 공격할 사다리를 설치케 했다. 그은 양원(楊元)과 몇몇 병사들을 보내어 작은 서쪽 문을 올라가게 했으며, 동시에 리여백은 큰 서쪽 문에 올라갔다.

임금: 성에 오를 때에 사다리를 타고 올라가던가?

리원익: 리여백이 말했는데, "이미 사교(沙橋)를 만들어 놓았고, 또 빈 가마〔空石〕를 많이 모아 모래를 채워 쌓아 놓았다."고 했는데, 남쪽 장수들은 대답도 하지 않았으며, 끝내 그 다리는 사용하지 않았습니다. 그리고는 성벽의 돌을 붙들고 오르는데, 적이 위에서 목을 베면, 남병(南兵)은 손으로 그 시체를 내려놓고 계속해서 올라갔습니다.[322]

6월 22일부터 29일까지의 진주성 전투에서 대나무로 높은 사다리를 많이 만들고, 그 사다리에다 진흙을 발라서, 성 안을 압박하고, 그 위에서 대포를 쏘아대어 탄환이 비처럼 쏟아지므로, 성 안에서 탄환을 맞아 죽은 자가 하루에 100여 명씩이나 되었다.

7월 12일(갑자)에 해평부원군 윤근수(尹根壽)가 보고하였다.

심유경이 이 말을 듣고 소서비를 힐책하기를, "네가 나와 함께 온 것은

322) 『선조실록』 권35 선조26년 2월 을사(20일).

> 조공을 바치고 강화하기 위해서인데, 지금 다시 진주를 공격하는 것은 무슨 이유이냐? 장차 송응창·리여송 두 어른이 우리의 말을 믿지 않게 된다면 화를 예측할 수 없으니 이 일을 장차 어찌 하겠느냐?"고 했다는 것입니다. 그리고 또 말하기를, "2일에 적의 진영에서 나오는 비어(飛語: 유언비어)를 들으니, 한강(漢江)을 경계로 서쪽은 대명(大明)에 붙이고, 동쪽은 일본에 소속시키기로 하고서 강화(講和)를 비로소 정했다고 하였다. 제독이 이 말을 듣고 크게 노하여 이 적을 섬멸하지 않아서는 안 된다고 하고서 정병 1만 3000명을 선발해 놓고서 때를 기다려 출동하려 한다."고 하였습니다.[323)]

그리고 7월 16일에 총병 류정이 가등청정이 진주공격에 항의하였다.

> 만약 깨닫지 못하고 고집을 부려 병란(兵亂)이 점점 심해지면 우리는 반드시 오미복선(烏尾福船)·루선(樓船)·백조(栢艚)·룡조(龍艚)·사선(沙船)·창선(艙船)·동교소소(銅鉸小艄)·해도(海舠)·팔라호선(叭喇唬船)·팔장선(八槳船) 등을 조발(調發)하여 수군(水軍) 100만을 싣고 멀리 해안을 차단하여 너희들의 돌아갈 길을 막고 군량 수송로를 끊을 것이다. 그렇게 한다면 결전도 하기 전에 너희들은 도서(島嶼)에서 자멸(自滅)하여 한 사람도 살아서 돌아가지 못하게 될 것이다.[324)]

일단 여기 언급된 중국배 '오미복선·루선·백조·룡조·사선·창선·동교소소·해도·팔라호선·팔장선 등'은 바다로 나와서 싸울 수 있는 것이 아니라, 모두 강배〔江船〕다. 강 위에서 싸웠던 것이다.

일본군은 골목길마저 깨끗하게 손질해놓고 리여송을 맞이하였는데, 그는 자기 군대를 전투대형으로 정렬시키고, 그들을 마을 안으로 행진시켰다. 중국 장수들이 일본군에게 약간의 모욕감을 안겨주자, 일본인은 중국의 술책을 알아채고는, 중국군에게 즉시로 방어 태세를 갖추었다.

---

323) 『선조실록』 권40 선조26년 7월 갑자(12일).

324) 『선조실록』 권40 선조26년 7월 무진(16일).
安邦俊, 『隱鋒野史別錄』(도서출판 일출, 1996), p. 167. "晉州敍事: 若復執迷兵 難遂寢 必發烏尾福船·樓船·柏槽·龍槽·沙船·艙船·銅鉸小艄·海舠·八喇唬·八槳等船, 裝載百萬, 邀截海崖, 斷汝歸路, 絶汝糧餉, 不待決戰, 爾將自斃島嶼, 片甲不還矣."

평양은 남동쪽에 강으로 방어되고, 서쪽에는 가파른 산으로 평양을 방어하며, 북쪽에는 우뚝한 언덕이 있는데, 이 언덕은 가장 중요한 주둔지여서, 일본군이 지키고 있었다. 리여송은 그쪽에 약간의 군대를 보내어 작은 교전을 일으키게 하여, 일차 돌진한 뒤에 물러나도록 명령을 하여, 일본군을 그곳에서부터 유인하려고 했다. 야간에 일본군은 리여백(李如柏) 진영을 공격하였으나, 반격을 당하여 손실을 입었다.

7월 19일에 리여백은 부개〔富浦〕 고을(=부평현)을 폭풍을 이용하여 점령하였다. 거기에서 그는 165명의 일본군을 죽였다. 이번의 승리를 통해 일본으로부터 조선의 4개 지방, 즉 황해・평안・경기・강원을 되찾았다. 가등청정은 함경도의 지배자가 되었으나, 개성(開城)이 중국군의 손아귀에 들어갔다는 소식을 듣자마자, 그는 그의 주둔지 함경도를 포기하고, 왕경(王京)으로 퇴각하였다. 한강(漢江)과 충청은 그에게는 보루와 같았다.

7월에 왜군이 부산에서 서생포(西生浦)로 옮겨가고, 왕자와 배신을 돌려 보내왔다. 그때 군대가 너무 오랫동안 더위와 비바람에 쏘였는데다가, 철군한다는 소문도 있어서 군사를 오래 묶어둘 수 없는 형편이었다. 송응창이 류정(劉綎)의 사천(四川) 군사와, 오유충(吳惟忠)・락상지(駱尚志) 등의 남쪽 군사를 계주(薊州)・료주(遼州)의 군사들과 합쳐서 모두 1만 6000명을 머물도록 건의하니, 이를 듣고 류정을 경상도의 대구(大丘)에 나누어 포진케 하였다. 그리고 달마다 지급하는 군량 5만 냥을 호부(戶部)와 병부(兵部)에서 지급토록 하였다. 그런데 이보다 먼저 탕고(帑庫)를 열어 군사비용으로 쓴 것이 벌써 수백만 냥이나 되었다.

그래서 조정의 대신들이 말하기를, "안으로는 텅 비었으면서도 겉으로만 번드레하는 것은 좋은 계책이 아니니, 잔류한 사천(四川)의 군사는 류정이 훈련시키도록 하고, 군량은 그 나라에서 스스로 조달하게 하십시오."라고 건의하였다.[325)]

---

325) 『明實錄』 萬曆 21년 9월 戊辰. "經略奏留兵一萬六千 防守朝鮮 月該餉五萬餘兩 皆戶兵二部出給 而朝鮮量助衣鞋食米等費(兵)部議 向者該國請留銃手五千 糧餉自措 今何增至三倍 而餉又何出也 虛內實外殊非長策 據議川兵五千 原在請留之數合無 卽以

이에 따라 오유충 등의 군대는 철수하고, 류정의 군대를 남아 있게 하여 지키라는 조칙을 내렸다. 조선의 세자 림해군 리진(李珒)에게는 전라·경상도에 머물라는 유시를 내리고 고양겸(顧養謙)을 경략으로 삼았다.[326)]

9월에 리연은 삼도(三都: 三京)가 이미 수복되었고, 강역이 회복되었으므로, 은혜에 감사하는 표문을 올렸다.[327)] 그러나 이때에 왜적은 오히려 부산을 점거하고 있었으므로, 석성(石星)은 더욱 강화 교섭을 주장하였다.[328)] 병부주사 증위방(曾偉芳)이 말하기를, "관백의 큰 무리는 이미 돌아갔지만, 소서행장은 아직 남아 기다리고 있어서, 우리 군대가 철수하지 않을 것을 알고, 감히 하나의 화살이라도 더 버리려 하지 않고 있습니다. 돌아가 관백에게 보고하여 권토중래할 것을 보고하려 해도 바람이 불리하게 불고, 겨울이 되어 추위에 고생할 것이 예상되고 있다. 그래서 강화가 되어도 돌아가고, 강화가 되지 않아도 돌아갈 것입니다. 앞서 심유경이 왜군의 진영에서 강화 교섭을 하고 있을 적에도 함안·진주가 차례로 함락되었으니, 강화를 꾀한다고 해도 내년

劉綎加署都督僉事 管率訓練 錢糧該國自辨 若該國君臣息緩如前或掣肘 令劉綎從實具奏 川兵徑自撤回 不復再爲料理 從之."

『明史紀事本末』卷62 援朝鮮. "宋應昌乃請戍全羅慶尙 議留劉綎川兵五千 吳惟忠駱尙志南兵二千六百 合薊遼共萬六千人 聽劉綎分布慶尙之大邱 而兵部尙書石星一意主款 謂留兵轉餉非策 應昌師老無成功 亦願弛責 然策倭多詐 恐兵撤變生 已而命沈惟敬入倭營促謝表 急圖竣役 乃幷撤吳惟忠等兵 止留綎兵防守."라 했다.

『經略復國要編』卷11 與副將劉綎書 萬曆 21년 9월 22일. "只宜修整險隘 訓練朝鮮人馬爲緊… 盖一萬六千之數 朝議均謂太多 本兵屢書盡欲撤回 止留執事部下五千足矣 本部力爲主持不致竟撤 何得更望."; 위의 책, 報石司馬書 萬曆 21년 9월 25일. "留兵一萬六千 臺下屢謂宜撤止留劉綎五千 某非欲遵命…."

326) 『明史』卷320 列傳208 外國1 朝鮮. "七月 倭從釜山移西生浦 送回王子陪臣 時師久暴露 聞撤勢難久羈 應昌請留劉綎川兵 吳惟忠駱尙志等南兵 合薊遼兵共萬六千 聽綎分布慶尙之大丘 月餉五萬兩 資之戶兵二部 先是發帑給軍費 已累百萬 廷臣言虛內實外非長策 請以所留川兵命綎訓練 兵餉令本國自辦 於是詔撤惟忠等兵 止留綎兵防守 諭朝鮮世子臨海君珒居全慶 以顧養謙爲經略."

327) 『明實錄』萬曆 21년 9월 丙寅에, "朝鮮國王李昖 三都既復 疆域再造 上表謝恩進方物"이라 하여, "朝鮮國王李"(조선국왕 리)가 더 적혀 있고, "방물(方物: 특산물)을 바쳤다"고 했다.

328) 『明實錄』萬曆 21년 9월 戊辰에, "兵部尙書石星言 利以誘之者 兵家之勝算 假以便宜者御將之微權 經略宋應昌始末講貢之繇 恢復朝鮮之故 大抵以撻伐爲以許貢爲權 惟冀成功無嫌詐計 而其遣使往探行間損金 則臣星實與之謀焉…"이라 하여, 강화교섭으로 전쟁을 속결해야 한다고 주장했다.

에 공격하지 않으리라는 것은 희망일 뿐입니다. 그러므로 강화가 되어도 오고, 강화가 되지 않아도 쳐들어올 것입니다. 마땅히 조선에 명령하여 스스로 지키게 하고, 죽은 사람에게 제사지내고, 유족에게는 위문하면서 군사를 훈련하고, 군량을 쌓음으로써, 스스로 강해지기를 도모해야 할 것입니다."고 하였다. 황제는 이 말을 옳게 여겨[329] 리연에게 칙유한 것이 매우 지극하였다.[330]

10월 30일에야 급제 리홍로(李弘老)가 올린 상소문에서, "흉악한 이들 적은 그 의도가 큰 데에 있습니다. 첫째는 중국의 조정을 침범하려는 것이고, 둘째는 땅을 나누어 화친하려는 것입니다. 관서(關西: 평안도)와 령북(嶺北: 강원도·함경도)의 왜적이 표리(表裏)가 되어 향응하고 있고, 해서(海西: 황해)와 기보(畿輔: 서울 가까운 곳; 경기)의 적은 서로 앞뒤가 되어 구원하고 있어서, 한참 확장되어 가는 기세가 마치 타는 불이 더욱 뜨거워지는 것과 같습니다."고 했다.[331]

---

329)『明實錄』萬曆 20년 9월 庚午의 끝에는, "上以疏內料度 倭奴去來情形 及留兵一節 須待朝鮮自請良 是下所議行"이라 하였다.

330)『明史』卷320 列傳208 外國1 朝鮮. "九月 昖以三都既復 疆域再造 上表謝恩 然時倭猶居釜山也 星益意主款 九月 兵部主事曾偉芳言 關白大衆已還 行長留待 知我兵未撤 不敢以一矢加遺 欲歸報關白捲土重來 則風不利 正苦冬寒 故款亦去 不款亦去 沈惟敬前於倭營講購 咸安晉州隨陷 而欲恃款冀來年不攻 則速之款者 正速之來耳 故款亦來 不款亦來 宜令朝鮮自爲守 弔死問孤 練兵積粟 以圖自强 帝以爲然 因敕諭昖者甚至."

『明實錄』萬曆 20년 9월 庚午. "兵部職方司主事曾偉芳奏 臣竊睹倭奴款貢之害 三尺竪子類能言之 乃當事諸臣 猶躊躇而不能決 非謂不款則倭不去乎 臣則曰款亦去 不款亦去 又非謂倭不款而去 將必復來乎 臣則曰款亦來… 今大衆已還 僅遣小西飛三十餘人 至王京乞貢 行長留一枝以待 知吾一兵未撤 其不能以此日 一矢相加遺也明甚 欲歸報關白捲土重來 則風帆不利 正冬苦寒勢又不能 故曰 不款亦去… 沈惟敬前在倭營 見與爲媾 咸安 隨陷晉州垂拔 而欲恃此許款 冀來年之不復攻 則速之款者 速之來耳 故曰 款亦來 夫不款無憂其不去 則何必借款以市其去 款之難保 其不來 則何必重款以餌其來 今日之計則惟欲其貢 而嚴其守顧 以朝鮮而守朝鮮 則易中國爲朝鮮守… 仍以則諭王 令… 撫遺民 弔死問孤 練兵積粟 號召諸路忠義及父屠子戮 願啗倭肉之民 與共爲計… 如田單宗人守莒 即墨克復全齊… 臣願當事者亟圖之也"; 위의 책 萬曆 20년 9월 丙子. "皇帝勅諭 朝鮮王國李昖 昨者 王以大兵驅倭出境還歸舊國 上表進方物來謝 朕心深用嘉悅 念茲復國重事不可照常報聞… 大兵且撤 王今自還國 而治之尺寸之土 朕無與焉 其可更以越國救援爲常事 使爾國恃之 而不設備 則處堂曆火行侵 自及猝有他變 朕不能爲王謀 已是用預申告戒 以古人臥薪嘗膽之義相勉 其尚及令息肩外侮再展國容之時 墓地瘡痍 招流散 遠斥堠 繕城隍 厲甲兵 實倉廩 毋湛於酒色 毋荒於遊盤 毋偏信獨任以闕下情 毋峻刑苦役以叢民怨 庶幾殷憂憤恥之後 先業可興 大讐可雪 此則繼自令存下治亂之機 在王不在朕 王其戒之愼之 故諭."

331)『선조실록』권31 선조25년 10월 병진(30일).

그리고 병조판서 리덕형은 천총 소응충(邵應忠)을 만나서 했던 말을 1593년 12월 29일에 임금에게 다음과 같이 아뢰었다. "오유충(吳惟忠)·락상지(駱尙志)의 군대가 팔거(八莒)에 있다가 충주(忠州)에 도착해서는 3~4일을 지낸 다음, 바야흐로 서울로 들어갈 것입니다. 대체로 평양성을 공격한 뒤 남쪽 병사들의 공로가 많았는데도 상을 받지 못하여 사람마다 분한을 품은 탓이라고 했고, 이어서 각 군대가 이미 돌아갔으니, 류정의 군대 5000명으로 어떻게 홀로 팔거를 지킬 수가 있겠습니까. 또 심유경이 이미 왜의 진영으로 들어갔으니, 며칠 지나면 통보가 올 것입니다."고 아뢰었다.[332]

사) 왜란 3년째 1594년

1594년 1월에 리연이 김수(金晬) 등을 보내어 방물을 바치고 사은하였다. 례부낭중(禮部郎中) 하교원(何喬遠)이 상주하기를, "김수가 눈물을 흘리며 말하기를, '왜구가 창궐하자, 조선에서는 손 쓸 사이도 없이 6만여 명이나 희생되었소. 왜의 언사가 오만 무례함에도 불구하고, 심유경은 왜에게 오가면서 화친(和親)이라 하지 않고, 번번이 걸항(乞降)이라는 말을 쓰고 있다.'고 하였습니다. 신은 삼가 만력 19년(1591) 중국에서 사로잡혀 갔던 허의후(許儀後)가 보내온 내지서(內地書)와 왜가 류정에게 보낸 답서 및 여러 해 동안 침구해온 데 대한 대응책으로 특별한 칙서를 내리시어 급히 봉공(封貢)을 중지시키기를 바랍니다."고 하였다. 이에 황제는 병부에 조칙하여 논의하였다. 이때 조정의 대신들이 다같이 상소하여 모두 봉공을 중지하고, 싸우거나 지키는 방도를 논의해야 한다고 하였다.[333]

---

332) 『선조실록』 권46 선조26년 12월 무인(29일).

333) 『明史』 卷320 列傳208 外國1 朝鮮. "二十二年正月 昖遣金晬等進方物謝恩. 禮部郎中何喬遠奏 晬涕泣言 倭寇猖獗 朝鮮束手刃者六萬餘人 倭語悖慢無禮 沈惟敬與倭交通 不云和親 輒曰乞降 臣謹將萬曆十九年中國被掠人許儀所寄內地書 倭夷答劉綎書 及歷年入寇處置之宜 乞特敕急止封貢 詔兵部議 時廷臣交章 皆以罷封貢 議戰守爲言."

『明史紀事本末』 卷62 援朝鮮 萬曆 21년 10월. "十月 總督顧養謙力主撤兵 許之 因疏請封貢 上命九卿科道會議 時御史楊紹程奏臣考之 太祖時 屢卻倭貢 慮至深遠 永

심유경이 화친한답시고 일본과의 회담에서 오고간 것을 살펴보면, 결국 땅의 할양에 있다. 1594년 1월 27일에 리덕형이 임금에게 "신이 나온 뒤 하루는 유격 심유경이 항표(降表: 항복문서)를 얻어 가지고, 왜의 소장(小將)을 데리고 이미 팔거현으로 향하였다."고[334] 보고했다. 심유경은 평양에서 화친할 적에 조선의 한강 이남의 4도(道)를 떼어 주기로 하였다고[335] 했다. 왜적과 약속하기를, 대동강 이하는 너희들 마음대로 하라고[336] 했다. 4도〔四道〕는 경기도·충청도·전라도·경상도이며, 이 지역이 대동강·한강 남쪽지역인 것이다.

리여송은 그 왕경에 들어가서는, 거기에 4000말 이상의 쌀과 몇 더미의 꼴을 쌓아놓았다. 일본군은 소서비를 심유경과 함께 딸려 보내어 중국 주재 대사로서 그들의 항복문서를 받아오게 했다. 그러나 그들은 함안(咸安)과 진주(晋州)를 공격하였다. 그리고 가혹하리 만치 전라도 지방을 쉴새없이 공격하여, 출입구는 별로 없었으며, 그저 남원부로 가는 길뿐이었다.

2월에는 조선 조정에서는 중국의 많은 군사의 지원과 함께 산동(山東)에서 군량을 보내줄 것을 걱정했는데, 리연은 "우리나라에서 스스로 꾀하여보지는 않고 오직 중국의 배로 실어주기만 바라면 되겠는가. 만약 표류할 염려가 있다면 중국의 배가 표류하는 것이 더욱 미안하다. 그리고 도사 장삼외(張三畏)가 중국에는 바다로 나가지 못하는〔下海之禁〕 법이 내려졌기 때문에 작은 배만 있고 큰 배는 전혀 없다고 하였으며, 또 왜적이 중국의 남쪽·북쪽 변방을 침노할 계획이 있다고 하

樂間 或一朝貢 漸不如約 自是稔窺內地 頻入寇掠 至嘉靖晩年 而東土受禍更烈 豈兆封貢爲厲階耶 令關白謬爲恭謹 奉表請封之後 我能閉關拒絶乎 中國之釁必自此始矣 且關白弑主簒國 正天討之所必加 彼國之人方欲食其肉而寢處其皮 特刦於威而未敢動耳 我中國以禮義統禦百蠻 而顯令此簒逆之輩叨天朝之名號耶 宜急止封議 勅朝鮮練兵以守之 我兵撤還境上以待之 關白可計日而敗也 是時廷臣禮部郎中何喬遠 科道趙完璧王德完逯中立徐觀瀾顧龍禎陳維芝唐一鵬等交章止封 而薊遼都督御史韓取善亦疏 倭情未定 請罷封貢 兵部尙書石星 恐不能羈縻關白 甚張皇 終主封貢不已." 여기서 '九卿科道會議'는 萬曆 22년 5월 戊寅에 열렸으며, '何喬遠'이 上奏한 封貢是非는 『明實錄』 萬曆 22년 5월에 있었던 것을 말한 것이다.

334) 『선조실록』 권47 선조27년 1월 병오(27일).
335) 『선조실록』 권47 선조27년 1월 병오(27일).
336) 『선조실록』 권47 선조27년 2월 계축(4일).

였다. 만약 그렇다면 중국 조정도 처리하기 어려울 것이어서 비록 이미 주기로 허락한 군량이라 할지라도 주지 않을 것이니, 더욱 급히 실어오지 않을 수 없다. 번갈아 남쪽과 북쪽 변방을 침노한다면, 이 왜적들은 기공법(奇攻法)과 정공법(正攻法)을 쓰는 셈인데, 이 정도 꾀라면 군사를 잘 지휘한다고 할 수 있다."고[337] 했다.

6월에 풍신수길에게 봉공하는 문제가 논의되었는데, 류성룡이 곧바로 봉공(封貢)을 청하는 것은 다들 그래서는 안 된다는 여론을 보고하자, 리연은 "나 또한 어찌 비변사가 왜노를 위해 봉공을 청한다고 하겠는가. 다만 나의 뜻은 '봉공' 두 자를 빼더라도 오로지 봉공을 청하기 위한 것이 되어서다. 고양겸(顧養謙)의 말은 분명히 봉공을 청하는 뜻이다. 중국사람들도 반드시 이와 같이 볼 것이다."고 하니, 류성룡은 봉공을 허락해 달라는 말을 절대로 해서는 안 된다고 하였다.[338]

7월에 일본군은 부산의 문을 통해 서생포에 옮겨가서, 조선의 왕손들과 고위 관리들을 넘겨주었다. 조선의 임금은 그 황제에게 겸손하게 간청하여 일본이 바치는 조공을 받아들이고자 했으며, 풍신수길에게 그가 바라는 대로 일본의 임금으로 봉하려 했다.

8월에 고양겸(顧養謙)이 강화(講和)·봉공(封貢)에 대하여 보고하기를, "공물 바치는 길은 넝파(寧波)로 하는 것이 좋고, 관백을 일본의 임금으로 봉하는 것이 좋으니, 소서행장을 타일러서 왜군을 이끌고 모두 돌아간 뒤에 봉공을 약속대로 하도록 해야 합니다."고 했다.[339]

9월에 리연이 나라를 보전할 수 있도록 해달라고 청원하였다. 황제는 이런 요청에 대하여 신하들의 반대를 물리치고, 어사 곽실(郭實) 등

---

337) 『선조실록』 권48 선조27년 2월 병자(27일). "上曰 我國不自靖 而唯欲使上國 載船以送可乎. 若以漂沒爲慮 則上國之船漂沒 尤爲未安也. 且張都司云 中國有下海之禁 故只有小船 而大船則絶無云矣. 且賊有交侵上國南北邊之謀云. 若然則天朝亦難處之 而雖已許之穀 亦必不給 尤不可不汲汲載來也. 交侵南北 此賊奇正之謀. 謀及此則可謂善用兵矣."

338) 『선조실록』 권52 선조27년 6월 을축(18일). "(柳)成龍曰 直請封貢 則皆以爲不可爲也. 上曰 予亦豈以備邊司爲倭請封乎. 但予意雖去封貢字 今此奏聞之行 似是專爲請封. 昨見奏草 有顧養謙 … 此其意明是請封也. 中原人 亦必如是見之矣. 成龍曰 許封 決不可爲."

339) 『明史』 卷320 列傳208 外國1 朝鮮 "(二十二年)八月, 養謙奏講貢之說, 貢道宜從寧波, 關白宜封爲日本王, 諭行長部倭盡歸, 與封貢如約."

을 파직시키고 나서, 소서비〔小西飛: 내등충준(內藤忠俊)〕에게 입조하도록 조칙하고, 많은 관인을 소집하여, 몸소 논의하여서 3개의 항을 결정하였다.

이것은 다음 세 가지 조건에 입각하여 받아들여졌다.

첫째, 일본은 그들이 조선에서 점령했던 모든 지역을 돌려주며, 그들의 소굴로 돌아가게 한다.

둘째, 풍신수길은 봉국(封國)으로 임금이 되면 그는 어떤 사절도 중국에 보내지 않으며, 공물바치는 것과는 연결시키지 않는다.

셋째, 일본은 맹세코 조선에 어떤 공격도 감행하지 않는다고 맹세한다.

왜(倭)의 사신들은 모두 이 조건을 따르겠다고 하였다.[340)]

그런데 이 사실은 도독부가 복건 순안(福建巡按) 류방예(劉芳譽)에게 통보한 글이다. 그 내용에 "근래 신(臣)이 장천〔漳泉: 장주(漳州)·천주(泉州)〕 지방을 돌아보았다. 사해(四海)의 장사꾼 황가(黃加)·황지(黃枝)·요명(姚明)·요치구(姚治衢) 등은 사세용(史世用)과 허예(許預)가 배를 타고 일본에 가서 관백이 살고 있는 성터에 가서 무역을 하다가 뒷날에 대우주(大隅州)로 돌아왔는데, 사세용과 허예는 사이가 좋지 않아 이미 살마주(薩摩州)로 돌아가 버렸으므로, 편지를 부치지 못하고 내가 먼저 돌아왔다. 가지고 있던 원서(原書)를 감히 사사로이 가지고 있을 수 없어서 천주부(泉州府)에 전해주고 왔다."고[341)] 하였다.

1594년 12월에 일본의 풍신수길에 대해 봉공(封貢)의 논의가 정해지자, 황제는 림회후 리종성을 정사(正使)로 삼고, 도지휘 양방형(楊方亨)을 부사(副使)로 삼아 심유경을 대동하고 일본에 가게 하면서 풍신수길에게는 금인(金印)을 주고, 소서행장은 도독첨사(都督僉事)로 임명케 하였다.[342)]

---

340)『明史』卷320 列傳208 外國1 朝鮮 "九月 昖請許保國 帝乃切責羣臣阻撓 追褫御史郭實等 詔小西飛入朝 集多官面議 要以三事 一勒倭盡歸巢 一旣封不與貢 一誓無犯朝鮮 倭俱聽從以聞 帝復諭於左闕 語加周復."

341)『선조실록』 권55 선조27년 9월 병술(11일).

342)『明史』卷320 列傳208 外國1 朝鮮 "(萬曆二十二年)十二月, 封議定, 命臨淮侯李宗城充正使, 以都指揮楊方亨副之, 同沈惟敬往日本, 王給金印, 行長授都督僉事."

아) 왜란 4년째 1595년

1595년 9월에 리연이 둘째아들 리혼(李琿: 光海君)을 후사로 삼겠다고 보고하였다. 앞서 리연의 서자인 맏아들 리진(李珒: 臨海君)은 왜적의 수중에 떨어지자 놀라고 두려워서 우울병을 얻었지만, 둘째아들인 광해군 리혼(李琿)은 흩어진 군사와 백성들을 끌어모아 현저한 공적을 세웠기 때문에 후사로 삼겠다고 한 것이다.

례부상서 범겸(范謙)이 말하기를, "대통을 잇는 것이 대의(大義)이고, 장유(長幼)는 분수가 정해져 있는 것이니, 분수에 어긋나는 것은 옳지 않습니다."고 하므로, 결국 후사를 인정하지 않았다. 지금에 와서는 영락(永樂) 년간의 공정왕(恭定王)의 선례를 들어 거듭 주청하였지만, 례부의 신하들의 상주에 의하여 허락하여 주지 않았다.[343)]

자) 왜란 5년째 1596년

1596년 3월 16일에 심유경은 바다를 건너갔는데, 이보다 앞서 소서행장과 같이 선물을 전달하고, 아리마(阿里馬)의 딸과 결혼하여 벌써 자식까지 두고 일본에서 살았다. 리종성에게도 여자들을 많이 붙여주었다. 그 결과로 리종성이 대마도에 도착하자마자, 통치자 종의지(宗義智)는 소서행장의 양녀(養女)를 아내로 삼아, 사신들의 약점을 샅샅이 알고 있었기 때문에, 2~3명의 미녀들을 구해 오라는 명령을 내리니, 리종성은 번갈아 그 미녀들을 막사(幕舍) 안으로 보냈다.

---

343) 『明史』 卷320 列傳208 外國1 朝鮮. "二十三年九月 昖奏立次子琿爲嗣 先是 昖庶長子臨海君珒陷賊中 驚憂成疾 次子光海君琿收集流散 頗著功績 奏請立之 禮部尙書范謙言 繼統大義 長幼定分 不宜僭差 遂不許 至是復奏 引永樂間恭定王例上請 禮臣執奏不從."
『明實錄』 萬曆 23년 9월 庚午朔. "朝鮮國王李昖 以長庶子臨海君李珒 久陷賊中 雖獲生還 驚憂成疾 不堪繼嗣 次子光海君李暉(琿) 收集離散 功績茂著 已奉勅諭 駐箚全慶地方 經理防禦 請立爲嗣 禮臣范謙執奏 繼統大義 長幼定分 不宜僭差 奉旨移文止之 至是復以擧國臣民啓狀上陳 且引永樂年間 本國恭定王例 以請事下所司 禮科薛三才駁其非制 且不宜以播遷之餘 輕率立少 失宗社大計于是 禮臣復奏 李昖以次子請封業 奉明旨報罷 令復執有功之說 謂出自通國之公 卽所奏盡實 臣等何由知之 卽謂世亂先有功亦宜俟其邦家綏靖而徐議 令日似未可遽許 詔曰可."

이렇게 되자, 리종성은 매우 만족하였다. 그러나 나중에 동치자 종의지의 부인이 대단한 미인이라는 것을 알고서, 건방지게도 종의지에게 그녀를 요구했다. 그러자 그는 참지 못하고 분노했다. 이러한 위급한 때에, 한 일본의 신사 륭(隆)은 사주재(謝周梓)의 누이의 아들인데, 리종성의 행동을 비난하고 나섰다. 그는 륭을 죽이려고 했지만, 그는 어떤 신호를 일본 임금의 수행원에게 보냈기 때문에, 리종성은 재빨리 달아나 죽음을 피하였다. 그렇지 않았다면 죽음을 피할 수 없었다.

리종성은 떠나면서 모든 것을 남겨두고, 심지어 사신의 새서〔璽書: 인장(印章)〕까지도 버리고 죽으려 했다. 그는 밤새도록 방황하고, 자포자기하여 나무에 목매달았다. 그러나 그를 뒤쫓던 자들이 제때에 와서 그를 구하였다. 그는 경주(慶州)로 피하여 그곳에서 황제의 명령에 따르기로 했다. 그래서 황제는 리종성의 비행을 보고받고서, 양방형(楊方亨)을 그의 처소로 보냈다.

풍신수길은 3일 동안 금식하고 목욕했다. 그리고 나서 그 읍성에서 나와 황제의 특사를 만나러 갔다. 그는 15번을 엎드려서 절하고, 통례의 의식을 통해 임금으로 봉해졌다. 조선의 임금은 축하해 주고자 제후와 세자 광해군(리혼)을 보내려 했다. 그러나 그가 가장 총애하는 림해군 리진(李珒)의 간언에 따라, 그는 단지 광해군에게 두 번째 서열의 어느 고을 부지사를 보내면서, 평직(平織)의 비단 몇 필을 선물로 주었다.

1596년 4월 23일(기미)에 소경왕과 접반사 우참찬 리항복(李恒福)과의 대화를 보자.

소경왕: 우리나라의 민심은 어떠한가?

리항복: 경상좌도는 모두 놀라서 움직이나, 전라도의 광주(光州)・라주(羅州)는 영문(營門)이 가깝기 때문에 놀라지 않으며, 전라도 이남 및 호서(湖西)는 모두 분주합니다. 호남(湖南)은 인심이 안정되지 않아서, 만약 변고가 있으면, 도체찰사로 하여금 군사를 훈련시키려 하여도 불가능할 것입니다.[344)]

344) 『선조실록』 권74 선조29년 4월 기미(23일).

풍신수길을 일본 임금으로 봉하는 문제도 소경왕과 리항복 사이에 위의 같은 날에 대화가 오고갔다.

소경왕: 저 수길(秀吉)은 곧 동황제(東皇帝)니, 서황제(西皇帝)니 하고 일컫던 사람이라, 임금〔王〕으로 봉하는 것을 필시 귀하게 여기지 않을 것이다. 중국이 한번 고명(誥命)한 뒤에 적이 반드시 물러가리라는 말은 실로 망언이다. 동쪽의 일본왕을 봉하는 것이 무엇이 좋을 바가 있겠는가. 과연 봉사가 이루어지기를 바란다면, 지난 겨울에 사신이 왜영에 들어갔는데, 왜 아직까지 맞아가지 않겠는가. 정사 리종성이 탈출한 것은 그르지만, 정사의 의심은 역시 옳다.

리항복: 황제의 칙서를 김해(金海)의 풀밭 속에 버렸는데, 왜노가 그것을 습득하여 평조신(平調信)에게 주고, 평조신은 이를 부천사(副天使: 양방형)에게 주었습니다. 룡절(龍節)도 정사 리종성이 품고 가지 않았으니, 필시 잃었을 것입니다.[345)]

풍신수길은 이런 광경에 약이 올랐다. 그는 특사 심유경에게 말했다. "만약 두 왕자〔림해군 진과 순화군 보〕, 세 대신〔황정욱(黃廷彧)·김귀영(金貴榮)·황혁(黃赫)〕과 삼도(三都)·팔도(八道)를 생각하지 않았다면, 중앙 조정〔天朝〕과의 모든 약속을 지켜서 도로 주었을 것이다. 지금 벼슬이 낮은 사람을 사신으로 하여 하찰 것 없는 물품을 가지고 와서 하례하려 하니, 우리 일본을 욕보이는 것이냐? 아니면 중앙 조정을 욕되게 하는 것이냐? 당신의 지도자는 내가 조선을 정복했고, 게다가 내가 그 왕국을 황제에게 넘겨준 것이 아니라, 단지 황제에 대한 배려 때문이었음을 벌써 잊었는가? 황제가 나 풍신수길을 누구라고 여기기에 이러한 선물과 당신 따위의 사신을 보냈는가? 이것으로 나나 황제를 모욕하고 있는가? 그가 이렇게 행동했으므로, 나는 석만자(石曼子: 시만쯔)의 통솔하에 조선에 얼마간의 군대를 주둔시켜서, 황제가 당신의 지도자인 임금에게 문책케 할 것이다. 중앙 조정의 처분을 기다렸다가 철수하여 돌아가겠다."고 하였다.[346)]

---

345) 『선조실록』 권74 선조29년 4월 기미(23일).
346) 『明史』 卷320 列傳208 外國1 朝鮮 "語惟敬曰 若不思二子三大臣三都八道悉遵天

그 다음날 풍신수길은 조공을 바치기 위하여 고급의 선물들을 준비했으며, 동시에 두 개의 청원서를 주었는데, 하나는 황제에게 보낼 그의 사은문을 담은 것이고, 다른 하나는 조선의 임금에 대한 처벌의 요구사항이었다.

그러나 풍신수길은 그 뒤 1596년 9월 2일에 책봉을 받고, 이튿날 3일에 봉왕례(封王禮), 즉 연향례(宴香禮)를 거행하였다.[347]

1596년 5월에 리연이 또다시 상소하여 리혼(李琿)을 후사로 세워줄 것을 청원하였으나, 례부가 불가함을 고집하였으므로, 논의한 바와 같이 조칙하였다. 이 무렵 이 나라가 왕세자를 세우지 않아 나라 안팎의 의혹을 사고 있으니, 례부상서 범겸은 조선이 책봉을 바꾸는 일을 위해 세 차례나 상소하여 고집한다고 말했다.[348]

9월에 책봉사가 일본에 이르렀다. 이에 앞서 심유경은 부산에 이르러 사사로이 풍신수길에게 망포(蟒袍)・옥띠(玉帶)・익선관(翼善冠)・지도(地圖)・무경(武經)・준마〔良馬〕 등을[349] 바친 적이 있었는데, 리종성이 욕심이 많고 음란하다 하여 왜군 장수에게 쫓겨나자, 옥새를 찍은 문서를 버리고 밤중에 달아나 버렸다. 이 일이 뒤에 알려지자, 체포하여 심문하였다. 이에 양방형으로 정사로 삼고, 심유경에게 신기영(神機營)의 벼슬을 주어 부사로 삼았다. 이렇게 하여 책봉사가 이르니, 관백은 조선 왕자가 사례하러 오지 않고, 단지 두 사람을 보내는 데 그쳤을 뿐 아니라, 백토주(白土紬: 흰색의 견직물인 방물)를 받들고 하례토록 한 것에(관백이) 노하여 그 사신의 일행의 접견을 거절하였다.

관백이 심유경에게 똑같이 말하기를, "만약 두 왕자(림해군 진과 순화군 보), 세 대신〔黃廷彧・金貴榮・黃赫〕과 삼도(三都)・팔도(八道)를 생각

朝約付還 今以卑官微物來賀 辱小邦邪 辱天朝邪 且留石曼子兵於彼 候天朝處分 然後撤還."

347) 『선조실록』 권82 선조29년 11월 무술(6일).

348) 『明史』 卷320 列傳208 外國1 朝鮮. "二十四年五月 昖復疏請立琿 禮部仍執不可 詔如議 時國儲未建 中外恫疑 故尙書范謙於朝鮮易封事三疏力持云."

349) 『明史紀事本末』 卷62 援朝鮮. "驅壯馬三百南戈厓騎從陰獻秀吉 取阿里馬女與倭合."
『明實錄』 萬曆 25년 2월 己巳 御史 周孔敎의 石星彈劾上疏. "倭之所小馬耳 星又以名馬五百匹 棄之以資倭 此何爲者 此其誤四也."

하지 않았다면, 중앙 조정〔天朝〕과의 모든 약속을 지켜서 도로 주었을 것이다. 지금 벼슬이 낮은 사람을 사신으로 하여 하잘 것 없는 물품을 가지고 와서 하례하려 하니, 우리 일본을 욕보이는 것이냐? 아니면 중앙 조정을 욕되게 하는 것이냐? 그곳 조선에 석만자(石曼子: 여기서는 島津忠恒)의 군사를 주둔시키고 있으니, 중앙 조정의 처분을 기다렸다가 철수하여 돌아가겠다."고 하였다.

이튿날 공물을 올리고 조선에서 파견한 사신이 표문 2통만을 가지고 책봉사를 따라 바다 건너 조선으로 돌아왔다. 조정의 의견으로 조선에 사신을 보내어 표문을 받아 검토하니, 그 1통은 사은에 대한 것이고, 다른 1통은 천자가 조선을 처분해 주기를 바라는 것이었다.[350)]

당초 양방형이 거짓으로, "지난해 부산에서 바다를 건너가니, 왜적이 대판(大阪: 오사카)에서 책봉을 받아서 곧 화주(和州) · 천주(泉州)로 돌아간다."고 보고하였다. 그러나 왜는 한창 조선을 비난하며, 부산의 군대는 그대로 머무르게 하고, 사은의 표문을 뒤에까지도 보내지 않아 양방형은 헛걸음만 하고 돌아왔던 것이다.

그런데 지금에 와서야 심유경이 비로소 표문을 내놓았는데, 문체를 살펴보니 조잡하기 짝이 없고, 앞서 풍신수길의 도서를 함부로 사용하였으며, 정삭(正朔: 曆法으로서 제왕이 새로 나라를 세우면 歲首를 고쳐서 새 달력을 천하에 발포함)을 받들지도 않고, 신하로서의 예를 갖추지도 않았다. 그리고 관전(寬奠)의 부총병 마동(馬棟)이 "가등청정이 병선 200척을 거느리고 기장영(機張營)에 진을 치고 있다."고 보고하자, 양방형은 비로소 사실의 진상을 바로 끄집어내 밝히면서 심유경에게 죄를 미루고, 아울러 석성이 손수 쓴 여러 통의 편지를 제출하였다. 이에 황제는 매우 노하여 석성과 심유경을 붙잡아다 조사하여 문책하도

350) 『明史』 卷320 列傳208 外國1 朝鮮. "九月 封使至日本 先是 沈惟敬抵釜山 私奉秀吉蟒玉翼善冠地圖武經良馬 而李宗城以貪淫爲倭守臣所逐 棄璽書夜遁 事聞逮問 乃以方亨充正使 加惟敬神機營衛副之 及是奉冊至 關白怒朝鮮王子不來謝 止遣二使奉白土綢爲賀 拒其使見 語惟敬曰 若不思二子三大臣三都八道悉遵天朝約付還 今以卑官微物來賀 辱小邦邪 辱天朝邪 且留石曼子兵於彼 候天朝處分 然後撤還 翌日奉貢 遣使賚表文二道 隨冊使渡海至朝鮮 廷議遣使於朝鮮 取表文進驗 其一謝恩 其一乞天子處分朝鮮."

록 명하였다.

병부상서 형개(邢玠)에게 계주(薊州)·료주(遼州) 지방을 총독시키고,[351] 마귀(麻貴)를 비왜대장군(備倭大將軍)으로[352] 임명하여 조선(朝鮮)을 경리케 하였다. 또한 첨도어사 양호(楊鎬)를 천진(天津)에 주재시켜서 경비를 맡게 하고, 양여남(楊汝南)·정응태(丁應泰)에게는 군대의 전방에서 일을 돕도록 하였다.[353]

차) 왜란 6년째 1597년 정유재란

1597년에 가등청정이 조선에 일본 배 200척의 선단으로 침략함으로써, 전쟁이 즉각 재개되었다. 마귀(麻貴)는 중국 군대의 총사령관이 되었다. 5월에 형개(邢玠)가 료주(遼州)에 이르자, 소서행장은 성터에 다락집을 세우고, 가등청정은 씨부침하는가 하면, 섬오랑캐들은 물을 길러 쌓으면서 조선 지도를 구하고 있었으므로, 형개는 끝내 군사를 움직이기로 뜻을 굳혔다. 마귀는 압록강의 동쪽을 향하여 떠났는데, 휘하의 군사는 겨우 1만 7000명이었으므로, 증원병을 요청하였다.[354] 6

---

351) 『明史』 卷73 志49 職官二 都察院附總督巡撫. "總督薊遼保定等處軍務兼理糧餉一員 嘉靖二十九年置 …或稱提督." 세종(世宗)의 년호 가정은 1522~1566년간이므로, 이때는 1550년이다. 총독은 제독이라고도 불렸다.
『明史』 卷21 本紀21 神宗2. "二十五年…三月…己未 兵部侍郎邢玠爲尚書 總督薊遼保定軍務 經略禦倭."

352) 『明史』 卷76 志52 職官五 總兵官에, "凡總兵副總兵 率以公侯伯 都督充之 其總兵掛印稱將軍者 云南曰征南將軍 大同曰征西前將軍 湖廣曰平蠻將軍 兩廣曰征蠻將軍 遼東曰征虜前將軍 宣府曰鎭朔將軍 甘肅曰平羌將軍 寧夏曰征西將軍 交阯曰副將軍 延綏曰鎭西將軍 諸印 洪熙元年制頒 其在薊鎭貴州湖廣泗川及僨運淮安者 不得稱將軍掛印"이라 하여 對倭戰爭中에 수여한 지휘관 칭호에 備倭大將軍은 없다. 그리고 將軍·前將軍·副將軍은 있어도 大將軍은 없다. 아마도 임시 관직명 '備倭將軍'을 승격시켜 운용된 듯하다.

353) 『明史』 卷320 列傳208 外國1 朝鮮. "初方亨詭報 去年從釜山渡海 倭於大版受封 卽回和泉州 然倭方責備朝鮮 仍留兵釜山如故 謝表後時不發 方亨徒手歸 至是惟敬始投表文 案驗潦草 前折用豐臣圖書 不奉正朔 無人臣禮 而寬奠副總兵馬棟報淸正擁二百艘屯機張營 方亨始直吐本末 委罪惟敬 幷呈石星前後手書 帝大怒 命逮石星 沈惟敬案問 以兵部尙書邢玠總督薊遼改麻貴爲備倭大將軍 經理朝鮮 僉都御史楊鎬駐天津 申警備 楊汝南丁應泰贊畫軍前."

354) 『明史』 卷320 列傳208 外國1 朝鮮. "(萬曆二十五年) 五月 玠至遼 行長建樓 淸正布種 島倭窖水 索朝鮮地圖 玠遂決意用兵 麻貴望鴨綠江東發 所統兵僅萬七千人 請濟師."

월에 왜의 병선 수천 척이 부산에 정박하여 조선의 군수 안홍국(安弘國)을 죽이고, 량산(梁山)·웅천(熊川)으로 차츰 조여들자, 심유경은 영병(營兵) 200명을 거느리고 부산을 들락거렸다. 형개가 겉으로는 위로하고 도와주는 척 하면서 양원에게 격문을 보내어 심유경을 기습하여 체포하고는 묶어서 마귀의 진영에 갔으니[355] 향도(嚮導)가 비로소 끊어졌다. 심유경은 일본의 첩자였는데, 체포되었다. 7월에 형개는 조선의 군대가 오직 수전(水戰)에 익숙하니, 상소하여 사천(四川)·절강(浙江)의 군사를 모집하고, 아울러 계주(薊州)·료주(遼州)·선부(宣府)·대동(大同)·산서(山西)·섬서(陝西)의 군사 및 복건(福建)·오송(吳淞)의 수군을 정비하도록 하며, 류정에게는 사천(四川)의 군사 및 한중(漢中)의 군사를 통솔하여 공격 명령을 기다릴 것을 청하였다.

마귀는 은밀히 선부와 대동의 군대가 오기를 기다렸다가 왜의 수비가 미비한 틈을 타서 부산을 덮치면 소서행장을 사로잡을 수 있고, 가등청정을 내쫓을 수 있을 것이라고 보고하였다. 이에 형개는 좋은 계책이라 여겨 양원(楊元)은 남원(南原)에 진을 치고, 오유충은 충주(忠州)에 진을 치도록 격서를 띄웠다.[356]

7월에는 또 왜가 량산(梁山)과 삼랑(三浪)을 탈취하고, 드디어는 경주(慶州)에 들어갔으며, 한산(閑山)을 침공하였다. 통제사 원균(元均)의 군대가 궤멸하면서 끝내 한산을 잃고 말았다. 한산도(閑山島)는 조선의 서해(西海)로 가는 길목의 첫머리이며, 오른쪽으로는 남원으로 가는 길을 막아 전라도의 바깥 울타리가 된다. 그런데 한 번 수비를 그르치고 보니, 연안 해역에 방비가 없어져, 천진(天津)·등주(登州)·래주(萊州)

---

355) 『明史』 卷320 列傳208 外國1 朝鮮. "六月 倭數千艘泊釜山 戮朝鮮郡守安弘國 漸逼梁山熊川 惟敬率營兵二百 出入釜山 玠陽爲慰藉 檄楊元襲執之 縛至貴營 惟敬執而嚮導始絶."

356) 『明史』 卷320 列傳208 外國1 朝鮮. "玠以朝鮮兵惟嫺水戰 乃疏請募兵川浙兵 調薊暸宣大山陝兵 及福建吳淞水師 劉綎督川漢兵聽剿 貴密報候宣 大兵至 乘倭未備 掩釜山 則行長擒 清正走 玠以爲奇計 內檄楊元屯南原 吳惟忠屯忠州."
『明實錄』 萬曆 25年 7月 丙辰. "總督邢玠條上用兵方略言 先是 總兵麻貴密報候宣大兵至 乘倭未備 先取釜山 臣謂一取釜山 則行長擒 清正走 自是奇着時 該鎭尙未至平壤 楊元吳惟忠甫至王京 擬遣二將 分屯全羅之南原慶尙之大丘 慶州大將軍駐王京 居中調度 已聞 南原城北盡樵芻 不繕 慶尙一道 半爲賊據 孤軍難入乃檄."

에는 돛만 올리면 쳐들어 올 수 있게 되었다. 그래서 우리 수군 3000명이 비로소 그 왜의 무리〔旅〕를 막아야 했으며, 차례로 이어서 한산도가 무너지자, 경략은 왕경(王京) 서쪽의 한강과 대동강을 지켜서 왜군이 서쪽으로 내려오는 것을 억제함과 아울러 조운(漕運)하는 길을 방비하도록 격서를 띄웠다.[357)]

8월 12일에 가등청정은 남원성을 포위하여 주야로 공격하였다. 남원부사는 전투를 지휘했으나, 바로 첫 접전에서 맨발로 달아났다. 부총병 양원(楊元)은 화살도 떨어지고 힘도 다하였는데, 16일 밤에 적이 남문으로 기어오르자, 부총병은 사태가 다급하여 단지 병졸 300명 남짓만을 이끌고 서문으로 빠져 나오다가 탄환 두 발을 맞았으며, 겨우 10여 명만이 살아 돌아와 겨우 죽음을 면하였다.[358)]

이 사실에 대하여 『선조수정실록』에는 매우 다르게 적혀 있다.

> 처음에 적장 평행장(平行長)과 평의지(平義智) 등이 군사를 나누어 진격해와 성을 몇 겹으로 포위하였다. 이때 총병 양원(楊元)과 총병 중군(中軍) 리신방(李新芳)은 동문에 있고, 천총(千總) 장표(蔣表)는 남문에 있고, 모승선(毛承先)은 서문에 있고, 병마사 리복남(李福男)은 북문에 있으면서 서로 여러 날 동안 버티었다. 적병이 나무와 풀로 참호를 메우고 밤을 틈타 육박해 올라와 어지러이 탄환을 쏘아대니, 성안이 크게 혼란하였다. 이에 양원은 휘하 몇 사람과 포위망을 뚫고 달아나 겨우 죽음을 면하였고, 중국 군사와 우리 군사는 모두 죽었다. 리신방·장표·모승선, 접반사 정기원(鄭期遠)·리복남, 방어사 오응정(吳應井), 조방장 김경로(金敬老), 별장 신호(申浩), 남원부사 임현(任鉉), 판관 리덕회(李德恢), 구례현감 리원춘(李元春) 등이 모두 전사하였다. 남원이 함락되자, 전주(全州) 이북이 한꺼번에 와해되어 어찌 해볼 수가 없게 되었다. 후에 중국에서는 양원을 죽여 우리나라에 조리돌리었다.[359)]

---

357) 『明史』 卷320 列傳208 外國1 朝鮮. "七月 倭奪梁山三浪遂入慶州侵閑山 統制使元均兵潰 遂失閑山 閑山島在朝鮮西海口 右障南原爲全羅外藩 一失守則沿海無備 天津登萊皆可揚帆而至 而我水兵三千甫抵旅 順閑山破 經略檄守王京西之漢江大同江 扼倭西下 兼防運道."

358) 『선조실록』 권91 선조30년 8월 병자(18일).

359) 『선조수정실록』 권31 선조30년 9월 기축(1일).

전주(全州)는 남원에서 얼추 100리밖에 되지 않는 곳에 있는데, 일본군에 의해 포위되어 점령되었으며, 일본군은 이미 전라(全羅) 지방을 엄청나게 쉴새 없이 공격했다. 조선의 궁궐은 왕국의 중심부에 있다. 그 궁궐의 동쪽에는 조령(鳥嶺)과 충주(忠州)가 있으며, 궁궐의 서쪽에는 남원과 전주가 있는데, 이곳은 그 좁은 관문을 차지하고 있다. 그 때문에 궁궐을 지키고 있는 이 두 고을은 어떤 의미로는 일본군에 의해 봉쇄되었다. 가등청정과 소서행장은 퇴각하였는데, 소서행장은 충청이란 고을, 즉 조선의 수도에서 600리 떨어진 거리에 있고, 가등청정은 경상, 즉 400리 떨어진 곳에 있었다.

병부에서 보낸 자문에는 "경상도를 따라 나아가면 전라도의 남원인데, 그곳은 성이 퍽 높고 커서 지킬 만하므로, 해국이 현재 서쪽으로 장수를 두어 방어하고 있다. 이곳은 전라도의 문호이자, 곧 류정이 나중에 옮겨 진주한 곳이며, 또한 충청·경기 등 여섯 도의 외번(外藩: 바깥 울타리)이 된다. 다시 나아가면 전주가 되는데, 또한 성이 있어 지킬 만한 곳이고, 전라도의 당오(堂奧: 대청마루 안)가 된다. 전라도를 보존하고자 한다면, 반드시 남원을 보호하여야 되는데, 이는 마치 대문을 지키는 것과 같아서, 대병이 이곳에 주둔하여 전라도와 더불어 함께 제압하지 않을 수 없다. 여기서 다시 물러나 전주를 지킨다면 마치 당오를 지키는 것과 같은데, 이상의 두 곳도 왕경 일대에 도달할 수 있다. 이는 전라도 둔수(屯守)의 대략적인 형세이다."고[360] 하였다.

중국군은 그곳을 포위했지만, 일본의 지원군이 도착했다는 소문을 듣고, 사령관 양호(楊鎬)는 달아나고, 군사들을 남겨두었다. 그러자 중국군은 뿔뿔이 흩어졌으며, 일본군은 그들 중 1만 명 이상을 죽였다. 나중에 다시 조사한 바로는 2만 명이 죽었음이 밝혀졌다. 양호는 파직되었고, 재판에 회부되어 처벌을 받았다.

11월에 형개가 군사를 징용하여 많이 모으니, 황제는 내탕금(內帑金)을 풀어 호궤(犒饋)하고, 형개에게 상방검(尙方劍: 간사한 사람을 마음대로 베라는 임금이 내린 칼)을 내리는 한편, 어사 진효(陳效)로서 그 군대

---

360) 『선조실록』 권87 선조30년 4월 신사(21일).

를 감찰케 하였다. 형개는 여러 장수를 불러모아 삼협(三協)으로 편성하였다. 양호는 마귀와 함께 좌협(左協)과 우협(右協)을 거느리고, 충주(忠州)·오령(烏嶺)에서부터 동안(東安)을 향하여 경주(慶州)로 내달아 가등청정을 집중 공격케 하였다.

리대간(李大諫)을 소서행장에게 보내어 가등청정을 구원하러 가지 않겠다는 약속을 받아내게 하는 한편, 중협(中協)을 파견하여 의성(宜城)에 진을 치게 하여, 동쪽으로는 경주를 돕고, 서쪽으로는 전라도의 왜를 견제하도록 하였다. 그리고 남은 군사로써는 조선에 집결하여 같은 진영을 쓰면서 순천 등지를 공격하는 체 하여 소서행장이 동쪽을 구원하는 것을 견제하도록 하였다.[361)]

12월에 군대가 경주에 집결하였다. 마귀는 황응사(黃應賜)를 가등청정에게 파견하여 뇌물을 주며, 화의를 맺고는 많은 군사를 이끌고, 그의 진영으로 갑자기 들이닥쳤다. 이때 왜군은 울산(蔚山)에 진을 치고 있었는데, 성은 산세의 험준함을 이용하였으며, 성 가운데로 흐르는 한 줄기의 강은 부채(釜寨)로 통하고, 육로로는 언양(彦陽)을 거쳐 부산(釜山)을 통과하였다. 마귀는 오로지 울산을 공격하고자 하여도 부산에 있는 왜군이 언양을 거쳐 구원하러올까 두려워한 나머지 모의군사〔疑兵〕를 많이 벌려 놓았다.

한편으로 또 장수를 파견하여 그들의 물길을 끊은 뒤에 드디어 왜군의 보루(堡壘)로 바짝 다가갔다. 유격장 파새(擺賽)가 날랜 기병(騎兵)으로 왜군을 복병이 있는 곳까지 들어오게 유인하여 400명 남짓을 목베고, 그 장수를 사로잡았다. 이긴 기회를 타고 두 곳의 울짱을 공략하여 빼앗으니, 불에 타 죽은 왜군이 헤아릴 수 없었다. 마침내 그들은 도산(島山)으로 달아나서 잇달아 3개의 성채를 쌓았다. 이튿날 유격 모국기(茅國器)가 절강(浙江)의 군사를 이끌고 먼저 성채에 올라가 연거푸 성채를 무찔러 목 베거나 사로잡은 왜병이 매우 많았다. 이에 왜

---

361) 『明史』 卷320 列傳208 外國1 朝鮮. "十一月 玠徵兵大集 帝發帑金犒軍 賜玠尙方劍 而以御史陳效監其軍 玠大會諸將分三協 鎬同貴率左右協 自忠州烏嶺向東安 趨慶州專攻淸正 使李大諫通行長 約勿往援 復遣中協屯宜城 東援慶州 西扼全羅 以餘兵會朝鮮合營 詐攻順天等處 以牽制行長東援."

군은 성의 안전한 곳에 숨어서 공격을 피하였다. 도산(島山)은 울산(蔚山) 높이만 하고, 돌로 쌓은 성이라 매우 튼튼하였다. 그래서 우리 군사가 위로 공격하다가 손상을 많이 입었다.

여러 장수들이 이를 두고 의논하기를, "왜는 물의 공급이 어렵고, 군량을 잇기가 어려워지면 손도 못 쓰고 앉아서 곤란을 당하게 되니, 가등청정을 싸우지 않고도 사로잡을 수 있다."고 하였다. 양호 등도 이를 옳다고 여기고, 군사를 나누어서 10일 간을 밤낮으로 에워싸고 있었다. 왜군은 굶주림이 심하여 거짓으로 항복을 약속했던 것을 모르고, 공격을 늦추어 주었더니, 얼마 안되어 소서행장의 구원병이 많이 들이닥쳐 군대의 후방을 에워싸려고 하였다.

양호가 명령을 내리지 않고 말을 몰아 서쪽으로 달아나니, 여러 군사들이 모두 무너지고 말았다. 마침내 군대를 거두어 왕경(王京)으로 돌아오니, 사졸로서 죽은 자가 2만 명이나 되었다. 황제는 이 보고를 받고 몹시 노하여 양호를 파직시켜 심문케 하고, 천진 순무(天津巡撫) 만세덕(萬世德)으로 대신케 했다. 상세한 사실은 『양호열전(楊鎬列傳)』에 있다.[362]

12월 23일 10시쯤〔巳時〕에 마귀(麻貴) 제독의 차관(差官)이 보고하기를, "중국군사〔天兵〕들이 가등청정의 별영(別營)을 무너뜨렸는데, 그 날 밤 가등청정이 서생포에서 울산으로 들어왔습니다. 중국군사〔天兵〕들이 바야흐로 도산(島山)을 포위하고 공격하는데, 적군은 높은 둔덕에 있고, 아군은 낮은 곳에 있었기 때문에 사상자가 퍽 많았습니다. 그러나 23~24일의 싸움에서 마(麻)・주(周) 두 천총(千總)만이 탄환을 맞고 죽었을 뿐, 죽은 군병은 30명도 안 됩니다. 수로(水路)를 따라 온 왜적들은 중국군〔天兵〕에게 쫓긴 나머지 배가 뒤집혀 물에 빠져 죽은 자가

---

362) 『明史』 卷320 列傳208 外國1 朝鮮. "十二月 會慶州 麻貴遣黃應賜賄淸正約和 而率大兵奄至其營 時倭屯蔚山 城依山險 中一江通釜寨 其陸路由彥陽通釜山 貴欲專攻蔚山 恐釜倭由彥陽來援 乃多張疑兵 又遣將遏其水路 遂進逼倭壘 遊擊擺寨以輕騎誘倭入伏 斬級四百餘 獲其勇將 乘勝拔兩柵 倭焚死者無算 遂奔島山 連築三寨 翌日 遊擊茅國器統浙兵先登 連破之 斬獲甚多 倭堅壁不出 島山視蔚山高 石城堅甚 我師仰攻多損傷 諸將乃議曰 倭艱水道 餉難繼 第坐困之 淸正可不戰縛也 鎬等以爲然 分兵圍十日夜 倭饑甚 僞約降緩攻 俄行長援兵大至 將繞出軍後 鎬不及下令 策馬西奔 諸軍皆潰 遂撤兵還王京 士卒物故者二萬 上聞之 震怒 乃罷鎬聽勘 以天津巡撫萬世德代 事詳鎬傳."

수천 명이나 되었습니다."고[363] 하였다.

카) 왜란 7년째 1598년

1598년 1월에 형개가 앞서의 전투에서는 수군이 적어서 공을 세우지 못하였다고 하면서, 강남(江南)의 수군을 더 많이 모집하여 바다의 배를 이용하여 지구전을 펼 계책을 논의하였다. 2월에 도독 진린(陳璘)은 광주(廣州)의 군사를, 류정은 사천(四川)의 군사를, 등자룡(鄧子龍)은 절강(浙江)의 군사와 직례(直隷: 직할시)의 군사를 이끌고 앞서거니 뒤서거니 대었다. 형개는 군대를 삼협(三協)으로 나누고, 수로를 사로(四路)로 하여, 노선마다 대장(大將)을 배치하였다. 중로(中路)는 리여매(李如梅), 동로(東路)는 마귀, 서로(西路)는 류정, 수로(水路)는 진린이 맡아서 각기 자기의 관할 지방을 지키면서 기회를 노려 토벌하도록 하였다.

이 무렵 왜군 역시 세 군데로 나누니, 동로(東路)는 가등청정으로 울산에 주둔하고, 서로(西路)는 소서행장으로 속림(粟林)·예교(曳橋)에 주둔하여 보루를 몇 겹으로 쌓았으며, 중로(中路)는 석만자가 맡아 사주(泗州)에 주둔하였다. 소서행장의 수군이 번갈아 쉬면서 군량을 운반하러 드나들기를 빠른 말 달리 듯하였다. 우리 군대가 기일을 약정하고 일제히 진군하는데, 얼마 지나지 않아서 료양(遼陽)에서 리여송이 패하여 죽었다는 보고가 있어 리여매를 돌아오게 하여 그 자리에 부임시키고, 중로(中路)는 동일원(董一元)으로 교체하도록 조칙하였다.

정응태가 양호의 죄상을 캐게 되니, 리연이 이를 황제에게 직접 심판하도록 회부하여 진무(鎭撫)를 독려해주어 적을 토벌하는 일을 마칠 수 있도록 해달라고 청원하였으나, 황제는 이를 허락하지 않았다. 또 정응태는 양호가 지난날 조선으로 하여금 성을 쌓도록 한 것으로 양호의 죄를 성립시키면서, "견고한 성곽을 가지고 바라던 바를 성취하게 되면, 조선에 대한 뒷날의 우환거리를 만드는 것이 된다."고 하였다.

---

363) 『선조실록』 권95 선조30년 12월 병술(30).

이에 대해 리연이 해명하자, 황제는, "여러 해를 두고 군대를 동원하고, 군대를 보내는 것은 그대 나라가 평소에 충성스러웠고, 신의가 있었기 때문입니다. 사람들의 구설에 혼자 의심하지 마십시오."라고 하였다.[364)]

1598년 9월에 군대를 여러 길로 나누어 진격하였다. 류정은 소서행장의 진영으로 바짝 다가가 소서행장과 자주 만날 것을 약속하고서도 이튿날에 성을 공격하여 92명을 목베었다. 진린의 수군은 왜적선을 에워싸고 공격하여 왜선 100척 남짓을 무찔렀다. 소서행장이 몰래 기병 1000명 남짓을 출동시켜 반격하니, 류정은 불리하여 물러가고, 진린도 배를 버리고 달아났다.

마귀는 울산에 이르러 왜군을 목베기도 하고, 사로잡기도 하였으나, 왜군이 거짓으로 물러가면서 그를 유인하였다. 마귀는 텅 빈 보루에 들어갔다가 복병이 일어나 끝내 패하고 말았다. 동일원은 진주로 진격하여(20일 아침에) 이긴 기세를 타서 강을 건너 성채 2곳〔망진채(望晋寨)・영춘채(永春寨)〕을 연달아 불질렀다.

왜군은 물러나 사주(泗州)의 옛날 그들 소굴에서 지켰다. 여기서 싸워서 전사자를 많이 내어 성을 함락시키고, 앞에 있는 새로 쌓은 성채〔곤양채(昆陽寨)〕로 바짝 다가갔다. 그 성채는 삼면이 강을 끼고, 한쪽 면은 뭍으로 통하는데, 바닷물을 끌어들여 해자를 만들었고, 바다의 배가 성채 아래 정박한 것이 1000척 남짓이나 되었다. 김해(金海)와 고성(固城)에도 성채를 쌓아 좌익(左翼)과 우익(右翼)으로 삼았다.[365)]

진린은 광동의 옹원현(翁源縣)사람이다. 가정(嘉靖) 말기에 지휘첨사

---

364) 『明史』卷320 列傳208 外國1 朝鮮. "(萬曆) 二十六年正月 邢玠以前役乏水兵無功 乃益募江南水兵 議海運爲持久計 二月 都督陳璘以廣兵 劉綎以川兵 鄧子龍以浙直兵先後至 玠分兵三協 爲水陸四路 路置大將 中路如梅 東路貴 西路綎 水路璘 各守汛地 相機行剿 時倭亦分三窟 東路則淸正據蔚山 西路則行長據粟林曳橋 建砦數重 中路則石曼子據泗州 而行長水師番休濟餉 往來如駛 我師約日並進 尋報遼陽警 李如松敗沒 詔如梅還赴之 中路以董一元代 當應泰之劾鎬也 昖請回乾斷 崇勵鎭撫 以畢征討 上不許 又應泰曾以築城之議 爲鎬罪案 謂堅城得志 啓朝鮮異日之患 於時昖奏辨 帝曰 連年用兵發餉 以爾國素効忠順故也 毋以人言自疑."

365) 『明史』卷320 列傳208 外國1 朝鮮. "九月 將士分道進兵 劉綎進逼行長營 約行長爲好會 翌日攻城斬首九十二 陳璘舟師協堵擊 毁倭船百餘 行長潛出千餘騎掖之 綎不利退 璘亦棄舟走 麻貴至蔚山 頗有斬獲 倭僞退誘之 貴入空壘 伏兵起遂敗 董一元進取晉州 乘勝渡江 連燬二寨 倭退保泗州老營 鏖戰下之 前逼新寨 寨三面臨江 一面通陸 引海爲濠 海艘泊寨下千計 築金海固城爲左右翼.

(指揮僉使)였으며, 1592년에 조선에서 전쟁이 일어나자, 진린이 왜적의 정보를 잘 알고 있었으므로, 첨주신기칠영참장(添註神機七營參將)에 임명되었다. 그가 조선에 이르자 신추우부장(神樞右副將)으로 고쳤다. 또 달리 이유도 없이 도독첨사(都督僉使) 대리에 뽑혀 부총병관(副總兵官)에 충원되어 계주진(薊州鎭)을 지켰다. 이듬해 1593년 1월에 진린이 직접 계주(薊州)·료주(遼州)·보정(保定)·산동(山東)의 군사를 거느려서 바다에서 왜적을 막아라는 조서를 받았으며,[366] 진린이 광동사람이라 일본의 정세를 가장 잘 알았으므로, 이미 1592년에 조선에 투입되었고, 또 1596년에는 옛 관직대로 광동의 군사 5000명을 거느리고 조선에 지원했다.[367] 류정은 어왜총병관으로 삼아 한주(漢州: 成都府)의 토병을 독려하여 토벌케 하였다. 1598년 2월에 조선에 다다르니, 양호·리여매가 이미 패하였다. 경략 형개는 이내 군사를 나누어 삼로(三路)로 하였다. 중앙은 동일원으로, 동쪽은 마귀로, 서쪽은 류정으로 하되 진린은 오직 수군을 거느렸다. 류정은 수원(水源)[368]에 진을 쳤다.[369]

또 왜적도 삼로(三路)로 나누었는데, 서쪽은 소서행장이 순천에 머물고, 해자와 성채를 매우 튼튼히 하였다. 류정은 이들을 꾀어서 붙잡으려고 심부름꾼을 보내어 기회를 잡고 있었다. 심부름꾼은 세 번이나 오갔는데, 류정은 늘 단기(單騎)로 도중에서 기다리고 있었다. 소서행장은 이를 엿보고 알고서 편지를 보내어 8월 1일에 만나기로 약속하였다. 그날이 되자, 류정의 부하가 그 꾀를 퍼뜨려 소서행장은 몹시 놀라 숨어버렸다. 류정은 나가 공격했으나 이득이 없었다. 감군참정 왕

---

366) 『明史』卷247 列傳135 陳璘傳. "陳璘字朝爵廣東翁源人 嘉靖末指揮僉使… 萬曆…二十年朝鮮用兵 以璘熟倭情 命添註神機七營參將 至則改神樞右副將 無何 擢署都督僉使 充副總兵官 協守薊鎭 明年正月詔以本官統薊遼保定山東軍 禦倭防海."

367) 『明史』卷247 列傳135 陳璘傳. "二十五年…起璘故官 統廣東兵五千援朝鮮."

368) '수원'은 『신증 동국여지승람』 권9 수원도호부에 "한남(漢南)·매홀군(買忽郡)·수성(水城/隋城)·수주(水州)"라고 했으니, 이는 水城=隋城=水州=隋州이며, 隋=隨이므로, 이곳은 호북성 덕안부(德安府)의 운수(涢水) 유역의 '隨州'이며, 이를 또 '漢南'이라고 했는데, '隨州'가 '漢東郡(한동군)'인 것은〔중국고금지명대사전, p. 1251〕바로 수원이 이곳임을 말해준다.

369) 『明史』卷247 列傳135 劉綎傳, "詔綎充禦倭總兵官 提督漢土兵赴討 又明年二月抵朝鮮 則楊鎬李如梅已敗 經略邢玠乃分軍爲三 中董一元 東麻貴 西則陳璘專將水兵 綎營水源."

사기는 화가 나서 그 중군을 붙잡아 묶었다. 류정은 두려워서 힘써 싸워 이들을 쳐부수었다. 왜적이 물러나 감히 나오지 못하였다. 여러 장수들이 세 방향으로 나아가니, 류정은 도전하여 이들을 쳐부수며 왜적을 몰아서 큰 성으로 들어갔다. 이미 왜적들은 풍신수길이 죽었다는 소문을 듣고서 달아나려 했다.[370)]

등자룡은 강서성 풍성현(豊城縣) 사람이다. 1598년에 조선에 지휘관으로 임용되었는데, 옛날 관직 부총병으로서 수군을 거느리고 진린을 따라 동정(東征)에 나섰다. 왜적의 장수가 바다를 건너와 숨으니, 진린은 등자룡을 보내어 조선 통제사 리순신과 함께 수군 1000명을 지휘하여 3척의 큰 배를 부리어 전봉(前鋒)으로 삼아 부산 앞바다에서 왜적을 쳤다.[371)]

그리고 사로(四路)의 진군명령은 9월 19일 내려졌다.

중로(中路)는 어왜총병관(禦倭總兵官) 리여매(李如梅: 1만 4000명)가 진주(晉州)에서 사천(泗川)의 도진의홍(島津義弘)을 공격한다.

동로(東路)는 도독(都督) 마귀(麻貴: 2만 4000명)가 경주(慶州)에서 동래(東萊)를 거쳐 울산성(蔚山城)의 가등청정(加藤淸正)을 공격한다.

서로(西路)는 제독(提督) 류정(劉綎: 1만 3000명)이 룡두산(龍頭山)・곡성(谷城)을 거쳐 왜교(倭橋)의 소서행장(小西行長)을 공격한다.

수로(水路)는 어왜총병관 진린(陳璘: 1만 3000명)이 통제사 리순신(李舜臣)과 함께 좌수영(左水營) 앞바다에 출진(出陣)한다.

이들의 병력이동은 중앙조정에서 그 력사(役事)를 정중하게 여겨 네 대장군의 인수(印綬)를 나누어주었다. 이에 장군 마귀와 장군 동일원이 계주(薊州)・료동(遼東)・운곡(雲谷)의 기병과 보병을 거느리고 왔으며, 장군 류정과 장군 진린이 오(吳)・월(越)・민(閩)・촉(蜀)의 육군을 거

---

370)『明史』卷247 列傳135 劉綎傳, "明年(26년)二月…倭亦分三路 西行長據順天 壕砦深固 綎欲誘執之 遣使請與期會 使者三反 綎皆單騎俟道中 行長覘知之 乃信期以八月朔定約 至期 綎部卒洩其謀 行長大驚逸去 綎進攻失利 監軍參政王士琦怒 縛其中軍 綎懼 力戰破之 賊退不敢出 諸將三道進 綎挑戰破之 驅賊入大城 已賊聞平秀吉死 將遁 綎夜半攻奪粟林曳橋斬獲多 石曼子引舟師救 陳璘邀擊之海中 行長遂棄順天 乘小艘遁."

371)『明史』卷247 列傳135 鄧子龍傳, "鄧子龍豊城人…二十六年 朝鮮用師 詔以故官領水軍 從陳璘東征 倭將渡海遁 璘遣子龍偕朝鮮統制使李舜臣督水軍千人 駕三巨艦爲前鋒 邀釜山南海."

느리고 왔었다. 군사를 단속하는 것은 좌우도 참정(左右道參政) 왕사기(王士琦)와 참의(參議) 량조령(梁祖齡), 부사(副使) 두잠(杜潛)이 맡았고, 군량 감독은 민부랑(民部郎) 동한유(董漢儒)가 전담하였다. 직임에 따라 직무를 펴는 데 이르러서는 운동(運同) 오량새(吳良璽) 등이 맡았고, 진을 나누어 서로 힘을 합하는 것은 부총병 해생(解生) 등에게 맡겨 각각 유사(有司)를 두어 기무(機務)를 함께 돕도록 하였다. 이에 날짜를 정하여 군사들과 맹세하고 사로(四路)로 다투어 진격하였다.[372)]

류정은 오종도(吳宗道)를 대표로 임명하여 소서행장를 회담에 초대하였다. 따라서 다음날 소서행장은 약속한 대로 50명의 기병(騎兵)만 대리고 참석하였다. 그들은 우호적인 방식으로 회담을 진행하였다.

류정은 이에 만족하고, 주도면밀하게 그의 군대를 매복해놓았다. 소서행장을 붙잡기 위하여 류정은 명령을 내리기만 하면 된다. 류정은 자신의 장수들 중에 한 사람에게 그의 처소와 명함을 쓰도록 했다. 이렇게 류정으로 가장한 사람은 소서행장을 각별하게 환대하였다. 그리고 류정 자신은 평범한 병사인 척하였다. 그들은 식탁에 앉자마자, 소서행장은 류정을 바라보면서, 류정은 병사처럼 변장했음에도, 술병과 술잔을 손에 쥐어 주었다. 그리고 소서행장는 말하기를 "이 병사가 불행하게도 류정이 아니라면, 나는 매우 잘못 보고 있다."고 했다. 류정은 이 말을 듣고 허를 찔려 놀라 막사를 나오면서, 약속된 신호를 보냈다.

소서행장은 매복을 알아채고서, 즉시 말 위에 올랐으며, 그의 수행원들은 기병대를 삼각형으로 형성하여 번개같이 달아났으며, 중국군 사이를 떠밀고 나가면서, 양쪽에서 일본군에게 대항하는 모든 병사들을 죽이며, 그렇게 하여 무사히 빠져 나왔다. 다음날 소서행장은 류정에게 환영해 주어서 고맙다는 뜻을 전했으며, 류정은 불미스러운 대포의 폭발을 애써 사과했다. 소서행장은 그러한 사과에 만족한 체하면서, 이튿날 류정에게 아낙네의 장옷을 보냈다.

---

372) 『선조실록』 권118 선조32년 10월 정축(1일).

파) 광주양(光州洋) 유포(酉浦) 해전

1598년 9월에 군대를 여러 길로 나누어 진격하였다. 류정은 소서행장의 진영으로 바짝 다가가 소서행장과 우호적 회합을 약속하고서도 이튿날에 성을 공격하여 92명을 목베었다. 진린의 수군은 왜선을 에워싸고 공격하여 왜선 100척 남짓을 무찔렀다. 소서행장이 몰래 기병 1000여 명을 출동시켜 반격하니, 류정은 불리하여 물러가고, 진린도 배를 버리고 달아났다.[373)]

류정은 즉시 공격을 감행하였으나 성공하지 못하였으며, 중국군은 거의 모두 궤멸되었다.

10월에 동일원이 장수를 보내어 사면에서 성을 공격하면서 화기(火器)를 사용하여 성채 문을 쳐부수니, 군사들이 앞을 다투어 나아가 울짱을 뽑아내었다. 이때 갑자기 진영 안에서 화약이 폭발하여 화염이 하늘을 뒤덮었다. 왜군은 이 기회를 타고 돌진해오고, 고성의 왜군도 들이닥치니, 군사들은 끝내 크게 무너지면서 달아나 진주로 돌아왔다. 황제는 이 보고를 받고, 두 유격을 참수하여 진영에 돌리게 하고, 동일원 등에게는 그 죄를 용서해 주겠다는 조건으로 싸워서 공을 세우라고 하였다.

풍신수길이 죽었다는 소식이 들려왔는데, 그 사망은 1598년 7월 17일이었다. 그 소식을 들은 일본군은 일본으로 철수할 것을 고려하게 되었다.

이 달에 복건 도어사(福建都御史) 김학증(金學曾)이 "7월 9일에 풍신수길이 죽었으니, 여러 곳에 있는 왜군이 모두 돌아갈 뜻을 가지고 있었는데, 우리 군사가 바다와 육지에서 이긴 기세를 타고 번갈아 공격하여 중로군(中路軍)과 동로군(東路軍)은 불리했으나, 수로군(水路軍)은 크게 이겼습니다."고 임금께 보고하였다.[374)]

---

373) 『明史』 卷320 列傳208 外國1 朝鮮. "(萬曆二十六年) 九月 將士分道進兵 劉綎進逼行長營 約行長爲好會 翌日攻城斬首九十二 陳璘舟師協堵擊 毁倭船百餘 行長潛出千餘騎掖之 綎不利退 璘亦棄舟走."

374) 『明史』 卷320 列傳208 外國1 朝鮮. "十月 董一元遣將四面攻城 用火器擊碎寨門

11월 17일에 진린이 첫 패배를 하였다. 가등청정이 배를 내어 먼저 달아났다. 도진의홍(島津義弘: 石曼子)은 사천에서 광주양으로 빠져나갔다. 마귀는 드디어 도산(島山)·유포(酉浦)[375]에 들어갔고, 류정은 예교(曳橋)를 공격하여 탈환하였다. 석만자(石曼子)는 수군을 이끌고 소서행장을 구원하려 하자, 진린이 이를 맞아 쳐부수었다. 19일 10시쯤에 노량 관음포 앞바다에서 리순신은 전사하였고, 왜적선은 온전한 채로 도망간 것이 겨우 50척이었다.

11월 24일에는 소서행장·종의지(宗義智)·흑전장정(黑田長政)·과도승무(鍋島勝茂)·모리길성(毛利吉成)·이동우병(伊東祐兵)·립화종무(立花宗茂)·사택정성(寺澤正成)·송포진신(松浦鎭信)·유마청신(有馬晴信) 등 여러 곳의 왜군이 돛을 달고 부산포에서 철수하여 모두 돌아갔다.[376]

왜가 조선을 어지럽힌 지 7년 동안에 잃은 군사가 수십만이나 되고, 소모한 군량이 수백만이나 되었다. 이리하여 7년간 계속되었던 전쟁이 끝났다.

왜군과 싸워 이겼다는 소식이 이르자, 파주(播州)의 묘족 군사〔苗軍〕 양응룡(楊應龍)이 다시 반란을 일으켰으므로, 이에 류정(劉綎)에게 사천의 군사〔川兵〕를 거느리고 먼저 떠나게 하고, 마귀·진린·동일원의 장수 3명에게는 거두어 돌아오게 하였다. 군문 형개는 경리 만세덕(萬世德)을 머무르게 하여 뒤처리를 하게 할 것을 아뢰고, 또 대장 한 사람이 서울에 진을 치고 있게 할 것을 청하였다.[377]

兵競前拔柵 忽營中火藥崩 煙焰漲天 倭乘勢衝擊 固城倭亦至 兵遂大潰 奔還晉州 帝聞命斬二遊擊以徇 一元等各帶罪立功 是月福建都御史金學曾報 七月九日平秀吉死 各倭俱有歸志."

『再造藩邦志』5. "會福建都御史金學曾報 平秀吉七月初九日死 各倭酋業有歸意. 我師因水陸乘勝交擊 而中路東路不利 水路大捷."

375) '酉浦'는 사천성과 호남성 어름의 유수〔酉水: 유계(酉溪)〕 유역의 유양현(酉陽縣)에 있는 포구다. '島山'은 '島口'와 같은 말로 보면, 호북성 가어현(嘉魚縣) 서남쪽 80리 장강 남쪽에 있는 포구인데, 여기에 적벽산(赤壁山)이 있는데, '유포'와 너무 멀다. '島'는 '烏'〔오〕를 잘못 옮겼을 가능성이 있으며, 유양현을 거쳐 부주(涪州)에서 장강에 들어가는 '烏江(오강: 黔江)' 유역의 지명일 것이다.

376) 『明史』卷320 列傳208 外國1 朝鮮. "十一月 淸正發舟先走 麻貴遂入島山酉浦 劉綎攻奪曳橋 石曼子引舟師救行長 陳璘邀擊敗之 諸倭揚帆盡歸."

377) 申炅, 『再造藩邦志』5. "捷音纔至 而播州苗軍楊應龍復反 乃命劉綎督川兵先發 麻陳董三帥 率令撤回 軍門奏留經理萬世德善後. 又請大將一員屯王京."

1601년〔만력29, 선조34〕 2월에 경리 만세덕이 뒤처리에 관한 여덟 가지 상소문을 올렸다. 그 가운데 하나는, 요긴한 길목을 지키는 것이며, 조선은 삼면이 바다에 닿아 있고, 부산과 대마도는 서로 바라다 보이는 곳인데, 돛을 올려 반나절이면 동쪽으로는 기장(機張)과 울산(蔚山)에 들어올 수 있고, 서쪽으로는 한산(閑山)과 당포(唐浦)에 들어올 수 있으며, 들어오는 길이 반드시 우리 등주와 래주〔登萊〕를 거쳐가게 되어 있는데, 부산에서 바라보면 손바닥을 가리키는 곳이며, 거제는 다음으로 가까우니, 각기 많은 군사로써 지키게 해야 한다고 했다. 또 하나는, 내치를 가다듬어야 하는데, 나라가 동남쪽은 바다에 닿고, 등주(登州)와 려순(旅順: 산동의 莒州)은[378] 성문 바깥〔門外〕이 되고, 진강(鎭江)은 길목〔嚛喉〕이 되니, 구원군을 더 주는 것은 마땅하지만, 철수시키지 말아야 한다고 했다.[379]

이번 전쟁에 절강·섬서·호광·사천·귀주·운남·미얀마의 남북쪽 군대를 징발한 것이 22만 1500명 남짓이고, 식량으로 소비된 은이 약 583만 2000냥 남짓이며, 쌀과 콩을 사들인 은이 또 500만 냥으로서 실제로 쓴 본디 은과 쌀이 수십만 섬이었다.[380]

임진왜란을 통하여 당시 전국 328개 고을 가운데서 181개 고을(55.2%)이 피해를 입었으며, 농지면적이 150여만 결(結)[381]이었던 것

---

378) 이 『再造藩邦志』 6의의 '登旅順'은 『明史』 권320 列傳208 外國1 朝鮮에 "以登旅爲門戶"이므로, '登州·旅州'로 보아야 하며, 『漢語大詞典』 6(上海: 漢語大詞典出版社, 1994 3刷), p. 1586에 '旅: 通莒. 地名.'이다.

379) 申炅, 『再造藩邦志』 6. "一守衝要. 朝鮮三面距海 釜山與對馬島相望 揚帆半日 可以東入機張蔚山 西入閑山唐浦 途所必經我登萊 釜山瞭望如指掌 而巨濟次之 各守以重兵. … 一修內治. 國家東南臨海 登旅順爲門外 鎭江爲嚛喉 應援宜添不宜撤."

380) 申炅, 『再造藩邦志』 6. "徵浙陝湖川貴雲緬南北兵 通二十二萬一千五百餘人 費粮銀約五百八十三萬二千餘兩 交易米豆銀又費三百萬兩. 實用本色銀米數十萬石."

381) 1결〔結: 경(頃)〕=100부〔負: 무(畝)〕=1만 평(坪)=1만 발〔把: 보(步)〕. 1평=6자×21㎝(사방)=1.26m(사방)=1.5876㎡; 1결=1만 평=1만5876㎡(126m 사방)=0.015876㎢(0.126㎞ 사방).

조선의 농지 150만 결=2만3814㎢이던 것이 임진왜란 후에 30만 결=4762.8㎢이었다. 한반도(1992년)가 조선으로 보면, 몽땅 면적이 22만 277㎢이니, 최대 10.81%가 농지로 계산된다. 그리고 사방 1보가 1평(坪)인데, 요즘은 cgs 단위의 ㎡를 3.3으로 나누는데, 이것은 1자=30.3㎝, 1보=1.818m로 계산하면, 1결=1만 보〔1.818m(=6×30.3㎝) 사방=1만×3.3051㎡=3만 3051㎢(사방 181.8㎞)로서 1.44배의 차이가 난다. 1자=30.3㎝를 기준삼은 것은 영조척(營造尺: 31.21㎝)에 가까운 1ft를 환산한 것이므로, 잘못된 것이다.

이 1/5인 30여만 결로 격감되어 전란으로 말미암아 국토는 황폐되어 이를 극복하는 데 많은 시간과 노력을 들이지 않을 수 없게 되었다.[382)]

382) 徐仁漢, 『壬辰倭亂史』 (서울: 國防部戰史編纂委員會, 1987), pp. 268~269.

일본군의 선봉대는 포르투갈인

포르투갈과 네덜란드 등의 서양세력은 임진년에 중국대륙 연안지역 항구의 무역을 빙자하여, 임진왜란을 일으킨 일본의 배후 역할을 했던 것이며, 일본은 이들 외세를 이용하여 조선침략의 선봉 역할을 한 것이다. 나는 당당히 이 문제를 제기한다.

> 바로 이 무렵 히데요시가 병석에 누웠던 것은 하나님의 특별하신 뜻이며 섭리였습니다. … 선하신 하나님께서 바라시는 대로 이 사건이 좋은 결과로 끝나도록 조처해 주셨습니다. 주 하나님께서 늘 성스럽게 배려해 주셨던 것처럼 12년 동안에 걸친 몹시도 기나긴 고난의 폭풍을 이읏고 눈부신 위안과 희열의 빛으로 바꾸어 주시는 것이라고 생각했습니다.[383)]

이것은 프란시스코 빠시오 신부가 포르투갈에 풍신수길의 임종에 관하여 보고한 보고서의 내용이다. 이 글에서 중요한 것은 풍신수길의 죽음을 하나님의 뜻으로 보았고, 그 죽음이 곧 그들이 몹시도 갈구해왔던 것이라고 말했다는 것이다.

왜? 무엇 때문에 그랬을까? 그가 "중국에서 포르투갈 배가 도착하면 돌아가는 첫 편에 죠앙 로드리게스 신부 및 그 밖의 포르투갈 인과 통상에 필요한 몇 사람을 제외하고, 일본에 있는 예수회 선교사 전부를 마카오〔澳門〕로 추방하도록 명령"했기[384)] 때문이었을까?

---

383) 오만·장원철 옮김.『프로이스의「일본사」를 통해 다시 보는 임진왜란과 도요토미 히데요시』(서울: 도서출판 부키, 2003), p. 335.
384) 위의 책, p. 335.

아고스띠뇨는 빼앗은 선박을 이용해 무사히 강을 건너 중국과 접경지대에 있는 평양(平壤: Cidade de Pean)이라고 불리는 주요 도시에까지 도달하였다. 그 도시에서 중국과의 국경까지는 이틀 정도의 거리였다.[385)]

이 강은 '대동강'일진대, 그곳 '평양(Pean←삐앙)'이 중국과 접경지대에 있고, 그 국경까지가 이틀거리라고 하였다. 이 말을 잘 새겨보아야 한다.

그리고 평양성을 빼앗은 사람이 '아고스띠뇨(Agostinho)'라 했다. 우리는 그를 대개 '소서행장'으로 알고 있다. 정말로 이 둘은 세례명을 붙인 동일 인물일까?

'아고스띠뇨, 쁘로따지오, 주스토, 바라톨로메우, 프란시스코, 시메온, 돈 안드레이, 산쵸, 제로니모, 비센테' 등의 세례명은 일본 이름으로 '고니시 유키나가〔小西行長〕, 아리마 하루노부〔有馬晴信〕, 다카야마 우콘〔高山右近〕, 오무라 스미타다〔大村純忠〕, 오토모 소린〔大友宗麟〕, 구로다 요시타카〔黑田孝高〕, 아마쿠사 다네모토〔天草種元〕, 오무라 요시아키〔大村喜前〕, 고테다자에몬 야스이치〔籠手田左衛門安一〕, 히비야 헤이우에몬〔日比屋兵右衛門〕 등이라 하였으니, 우리는 이들이 서양 이름(세례명)을 가진 동일 인물로 알고 있다.

그러나 이런 세례명을 가진 사람들은 실제로 포르투갈 사람들이라고 보아야 하며, 결코 동일 인물일 수 없다. 단지 서양이 침략세력으로 인식될까봐 력사를 재편하면서 동일 인물로 만들어 그들의 이름을 빼버렸을 것이라 생각한다.

1592년 5월 초하루. 이른 아침에 고니시〔小西〕・가토〔加藤〕의 양군은 같이 서울로 향해서 진격하기로 약속되었다. 그럼에도 불구하고 교활하고 책략으로 가득 차 있으며, 아고스띠뇨의 영광과 명예를 가능한 한 최대한으로 헐뜯고 파괴하고자 하였던 위선자 도라노스케는 그와 함께 가던 히젠노쿠니의 총사령관 나베시마 나오시게에게도 아무 말도 하지 않고, 남보다 앞서 서울에 첫 번째 입성하는 업적을 이루고자 아무도 몰래 밤중에 출발하였다.[386)]

---

385) 위의 책, p. 238.
386) 위의 책, p. 215.

이 문장을 곰곰이 보자. 여기에 '가토 기요마사〔加藤清正〕'를 '도라노스케'〔虎之助〕라, '고니시 유키나가〔小西行長〕'을 '쓰노카미도노〔津の守殿〕'라 했으니, '아고스띠뇨'를 '고니시'와 동일 인물로 본다면, 이것은 억지라고밖에 볼 수 없다. 이것은 분명 서로 다른 이름이므로, 논리적으로 같은 맥락을 이루려면 '쓰노카미도노'라고 해야 마땅한데, 여기서 '아고스띠뇨'라고[387] 한 것은 풍신수길에 대해 같은 경쟁 상태에 있는 '포르투갈 사람〔신부/선교사〕'일 가능성이 있다.

왜냐하면 동아시아에는 특히 반드시 지켜야 할 사회의 규범이 '례(禮)와 의(義)'의 중화사상(中華思想) 문화로 뭉쳐져 있어, 이름 하나, 털끝 하나도 함부로 하지 않았기 때문이며, 16세기 당시 사람들에게 외국인의 이름으로 부른다는 것은 긍정적으로 받아들이지 않았을 것이며, 또 포르투갈 이름으로 바꾼 그런 사람들의 정신 상태를 풍신수길이 과연 얼마나 신뢰했을까 하는 문제가 있다. 그 자신에게 그런 세례명이 없듯이, 그는 아마도 그런 사람들을 신뢰하지 않았을 것이다.

그리고 일본 근강(近江) 출신의 굴행암(堀杏庵호리교안: 1585~1643)이 지었다는『朝鮮征伐記(조선정벌기)』(1659년판 일본 고카이 도서관 소장)에는 다음과 같이 기술되어 있다.

> 덴쇼 20년(1592) 두 번째 달에, 가토 고즈에노카미(기요마사), 고니시 세쓰노카미(유키나가), 그리고 다른 장수들은 이키 섬에서 쓰시마 섬으로 건너갔다. … 히데요시 공은 7명의 감시역〔目付〕들을(부대에) 딸려 보냈는데, 그들은 오타 고겐고(가즈요시, 이후 히다노카미로 불림), 모리 분고노카미(시게마사), 다케나가 겐스케(다카시게), 가키미이즈미노카미(가즈나오, 원견화천수일직, 1600년 사망), 모리 민부노타유(다카마사), 하야카와 슈메노카미(나가마사), 구마가에 구라(노조)나오(모리)〔熊谷內藏(允)直(盛), 1600년 사망〕였다. 도도 사도노카미 다카도라(藤堂佐渡守高虎, 1556~1630)는 조급한 성격의 사내였다. 다른 이가 먼저 점령하는 일을 막기 위해, 그는 당도(唐島)를 공격하기로 결정했다. 그는 한밤중에 남몰래 그의 배를 띄우고, 휘하 1500명의 병사들과 함께 섬 앞에

387) 朴哲,「16세기 한국 천주교회사 史料 硏究」『外大史學』第7輯,(한국외국어대학교, 1997), p. 434에 '아우구스띤(小西行長)'이라고 했는데, 원문엔 '小西行長'이 없으므로, 이 두 이름이 동일인이라고 볼 수 없다.

닻을 내리고 있던 조선 경비선에 재빨리 기어올랐다.[388)]

이 기록은 임진왜란이 벌어지는 초기의 상황이며, 여기에 기록된 인물들은 우리들의 눈과 귀에 익어 있는데, '가토 기요마사'는 '가토 고즈에노카미'로, '고니시 유키나가'는 '고니시 세쓰노카미'로, '도도 다카도라'는 '도도 사도노카미 다카도라' 등으로 되어 있다. 한자 이름을 일본식으로 발음된 것을 지적하는 것이 아니다. 당시에 그들이 '세례명'을 쓰고 있지 않았다는 것을 말하는 것이다. 이것은 곧 세례명과 일본식 이름과는 별도의 인물임을 말해준다. 세례명을 일본식 이름으로 연결시킨 것은 세월이 많이 지난 뒤의 일임에 분명하다. 게다가 포르투갈 사람들은 교토〔京都〕와 오사카〔大坂〕를 행진까지 하였다.

> 다음날〔1591년 2월 24일〕 아침 포르투갈 인들은 매우 아름다운 복장을 하고서 행렬을 지어 출발했다. 교토에 도착하기까지 이 진기한 행렬을 보려고 사방에서 모여든 사람들로 인한 번잡함은 대단한 것이었다. … 군중들은 일행에 속한 한 사람, 한 사람을 마치 하늘에서 내려온 부처, 곧 우상과 같은 것이라고 수군거렸다. 그들은 평소에 포르투갈 인을 그다지 평가하지 않았기 때문에 그러한 광경은 그들에게는 뜻밖의 일이었다. 포르투갈 인들은 매년 나가사키〔長崎〕 항에 오는 것이 관례였다.[389)]

임진왜란이 일어나기 14개월 전의 일이며, 조선통신사 황윤길 일행이 일본 교토〔京都〕에 갔던 동일한 시기다. 이때에는 풍신수길이 조선을 침략할 것이라고 천하에 동원령까지 내린 상태인데, 이런 때에 행렬을 지어 다니는 포르투갈 사람들에 대한 일본인들의 눈에는 당연히 이들이 조선침략에 참전하는 것임은 짐작하고도 남는 일이다. 아마도 그들의 행렬 가운데에는 '조총'이 어깨에, 하늘을 찌를 듯이, 메어졌을 것이다. 그래서 일본인들의 우상이 온 것처럼 수군거렸던 것이다.

행렬이란 한두 명으로 하는 것은 아니다. 적어도 수백 명, 아니 수천 명은 되었을 것이다. 이 무렵에 포르투갈 사람들이 엄청나게 많이 드나들었

---

388) W. J. Boot, "〈조선정벌기(朝鮮征伐記)〉속의 임진왜란"『임진왜란 동아시아 삼국전쟁』(서울: 휴머니스트, 2007), p. 267.

389) 위의 책, p. 72.

음을 알 수 있다. 조총으로 무장하고, 그 조총을 일본에 주어가면서 평화로운 무역을 위하여 행진을 했을까?

> 아고스띠뇨는 크고 작은 선박들과 그가 대마도에 도착한 뒤에 다른 선박을 추가하여 700척이 넘는 선박을 거느리고 출진하게 되었다. 그는 각지로부터 일본 군대가 더 신속하게 출동할 것을 열망하면서 출진하였고, … 사제가 머물던 지방의 천주교도들은 가능하면 사제에게 고해를 하고, 성체(聖體)를 받고서 이번 원정을 위해서 최선의 준비를 하려고 노력하였다. 그리고 으레 모든 사람들은 몸소 출두하든가, 또는 편지를 통해서 사제들에게 자신들은 생명을 내걸고 전장으로 가는 것이기 때문에, 하나님께 기도할 때, … 희생을 바쳐서 기도를 올리고 싶다고 청원하였던 것이다.[390]

이것은 임진왜란에 임하는 군사들이, 비록 일부는 아닐지라도, 거의 모두 천주교도들로 이루어졌음을 뜻한다. 그리고 그들은 모두 "자신들의 생명을 내걸고 전장으로 간다."고 했다. 이렇게 비장한 각오를 하고 떠나는 장면은 세스뻬데스가 웅천에 와서 군사들의 사기를 돋우어주는 그런 '거룩한 선교 활동'은 결코 아니었다. 그들은 '목숨 걸고 출전'하였고, 남겨진 처자식들은 하나님에게 맡긴다고 기도하였다.

> 그때〔1592년 20만의 병력으로 조선에 침입〕 日本軍의 대부분은 천주교 신자였으니, 도요토미 히데요시〔豊臣秀吉〕는 일본 안에서 예수 그리스도의 종교를 없애버리기로 비밀히 결심하고, 특히 천주교 신자인 將軍과 다이묘〔大名〕들을 이 전쟁에 이용하였다. 만일 이들이 이기면, 점령한 땅을 그들에게 領地로 주고 일본 안에 있던 천주교인들을 좋아하건, 싫어하건, 거기로 옮겨가도록 할 것이요; 만일 지면, 援兵을 보내지 않고 그대로 내버려두어, 공공연한 迫害를 한다는 역겨움을 당하지 않고도 그들을 없애버리게 될 것이라고 생각하였다.[391]

이 글은 물론 임진왜란이 끝난 지 276년이 지난 1874년에 쓰인 것이므

---

390) 위의 책, pp. 191~192.

391) Charles Dallet, *Histoire de L'Église de Corée*, Paris: Librairie Victor Palmé, 1874; 安應烈·崔奭佑 譯註, 『韓國天主敎會史』 上,(서울: 분도출판사, 1979), p. 280.

로, 천주교 활동에 대한 의미를 부각시키려는 왜곡은 있을 수 있지만, 일단 일본의 조선침략군 속에는 대부분이 '천주교 신자'였다는 것은 분명하다.

그렇다면 풍신수길이 그토록 애물단지처럼 귀찮게 여겼던 이런 '천주교 신자들'로써는 싸워서 이길 수 없으며, 그렇게 비난과 배척의 대상이 되어 참전하는 사람이 목숨을 내걸고 싸웠을 턱이 없다. 앞뒤가 맞지 않는 말이다. 그러니 그들이 죽든지, 살든지 1회용의 군사였다면, 일본 사람이었을까? 포르투갈 사람〔선교사〕이었을까? 당연히 후자가 맞을 것이다.

원숭이와 흑인이 싸운 임진왜란

『선조실록』에는 원숭이〔원노(猿猱)・원유(猿狖)・원후(猿猴)・미후(獼猴)・노확(猱玃)・저원(狙猿)〕가 수없이 언급된다. 원숭이는 대개 나무에 오르는 것을 가르치는〔敎猱升木〕 것을 다루지만, 그 글자를 보면, 狖는 긴꼬리 검은 원숭이〔黑猿〕이고, 猿=猨은 긴팔원숭이이고, 狙는 개코원숭이이고, 猱는 나는 원숭이이고, 獼・玃・猴는 모두 사천・광동의 산에 사는 덩치 큰 원숭이〔大猿〕를 말한다. 이들의 역할에 대해서는 지금까지 전혀 다루어지지 않는데, 막상 조선의 지리를 다룬 『재조번방지』니, 『성호사설』과 『택리지』(충청도)에서는 "원숭이를 교란작전에 이용"했음이 언급되어 있다.

> (1)(1593년 2월) 또 미후(獼猴)로 활과 화살을 가지고 말을 타고 앞에서 길을 인도하는데, 적진 중에 들어가서 말굴레를 풀어놓기도 하였다.[392)]
>
> (2) 류정(劉綎)이 동쪽 왜란 평정 때에 수십 종의 해귀(海鬼)를 이끌고 나왔다. 그들은 남번(南番: 촉중 땅)에서 왔는데, 얼굴이 새까만 것이 귀신처럼 생겼고, 바다 밑으로 헤엄을 잘 쳤으며, 거의 두 길이나 되는 키 큰 사람이 수레를 타고 왔다. 또 두 마리 원숭이〔獼猴〕가 활과 화살을 허리에 차고 앞장서서 말을 몰아 적진 속으로 들어가 적의 말고삐를 풀었다는 것이다.[393)]

---

392) 『재조번방지』 2,(민족문화추진위원회, 1973), p. 46. 계사년 2월 "又以獼猴服弓矢騎馬前導, 亦能入賊中解馬韁."

393) 李瀷, 『星湖僿說』 卷23 經史門 劉綎東征, 56면. "劉綎之東也 率海鬼數十種 出南

(3) 1597년에 경리 양호(楊鎬)가 10만 군사를 거느리고 평양에 와서는 한양까지 700리 길을 행군하여 이틀날 밤에 도착했다. 양호는 부총병 해생(解生), 유격 파새(擺賽), 유격 파귀(頗貴), 참장 양등산(楊登山) 등 네 장수로 하여금 철갑을 입은 말 탄 군사〔鐵騎〕 4000명과 말 탄 원숭이 수백 마리를 거느리게 하여 소사하(素沙河) 다리 아래에 잠복하게 하였다. 그때 왜적들이 직산(稷山)에서 북쪽으로 움직이는 숲처럼 올라오고 있었는데, 그들이 100보쯤 되는 곳에 다다르자, 말 탄 원숭이들을 먼저 풀어놓았다. 원숭이들은 말을 타고 채찍질하면서 왜적들을 향해 달려갔다. … 적진에 가까이 간 원숭이들은 곧 말에서 내려 왜적들의 복판으로 뛰어들었다. 왜적들은 원숭이들을 사로잡으려 하였으나, 원숭이들은 요리조리 잘도 빠지면서 적진을 교란시켰다. 이 틈을 타서 해생 등은 마침내 철갑을 입은 말 탄 군사〔鐵騎〕들이 진격하니, 왜군들은 총과 활을 제대로 쏘지도 못하고 크게 패하여 남쪽으로 달아났는데, 쓰러진 주검이 들판을 덮었다.[394)]

위의 (1)은 류정(劉綎)이 흠차통령천귀한토관병참장(欽差統領川貴漢土官兵參將)으로서 사천(四川)·귀주(貴州)·파촉(巴蜀) 지역〔북위 27° 동경 103° 중심〕의 군사 5000명을 거느렸는데, 거기엔 해귀(海鬼: 흑인) 수십 명과 원숭이〔獼猴〕가[395)] 포함되었다. 이 원숭이들을 적진 속에 풀어놓아 말 굴레를 풀게 하는 작전을 썼다. 위의 (2)에서도 같은 내용인데 겨우 원숭이 두 마리를 이용했다고 했지만, 그보다도 더 많았을 것이다. 위의 (3)에서도 마찬가지로 다른 중국 장수들도 수백 마리의 원숭이를 동원하여 원숭이가 기병(騎兵: cavalry man)처럼 왜적에 돌진하는 기발한 작전을 폈으니, 그 작전이 실현될 만한 장소나 터전은 바로 중국대륙인 것이다.

그런데 위의 (2)에 이어 리익(李瀷: 1681~1763)은 경주(慶州)에서의

番 面深黑如鬼 能泅行海底 有長人幾二丈 乘車而來 有兩獼猴 帶弓矢騎馬前導 能入賊中解馬韁."

394) 李重煥, 『擇里志』(朝鮮光文會, 1911), p. 30. "宣廟丁酉 … 經理 楊鎬率十萬兵新次平壤. … 自平壤至漢陽七百里 而一日二夜馳到. 使㺚將解生解生擺(貴)〔賽〕〔頗〕貴楊登山等四將 率鐵騎四千 挾弄猿數百騎 狙伏於素沙橋下. 原盡處望見倭自稷山 如林而北上 未知百餘步 先縱弄猿 猿騎馬執鞭 鞭馬突進. … 逼猿卽下馬 入陣中. 倭欲擒擊 猿善躱避 貫穿一陣 陣亂. 解生等遂縱鐵騎急蹂之. 倭不及施一銃矢 而大崩潰南走. 伏屍蔽野."

395) 『재조번방지』 2를 번역한 권덕주·김용국은 이 '미후(獼猴)'를 "사천·광동(廣東)·광서(廣西) 산중에서 나는 원숭이의 일종"이라고 해석하였다.

왜적토벌에 대한 류정의 작전을 나무라고 있다. 그것은 바로 해귀와 원숭이 부대의 활용문제다.

> 류정은 경주에서 왜적을 공격할 때에, 한 치의 공도 세우지 못했다. 왜 해귀(海鬼)를 시켜 물속으로 들어가 왜선(倭船)의 밑을 뚫어 침몰하도록 하지 않았으며, 또 무엇 때문에 원숭이를 시켜 적진 속으로 들어가 불을 놓고, 문을 열어 젖히지 못했는가?[396)]

여기서 해귀(海鬼: 흑인)의 작전과 원숭이의 작전이 왜란 때에 얼마나 유효했는지를 알 만하며, 경주에서 류정이 그런 작전부대를 효율적으로 활용하지 않았음에 대한 유감을 비판했다. 그런데 경주가 지리적으로 어떤 곳인데, 왜적선에 대해 잠수하여 배밑바닥〔船底〕를 뚫지 않았다고 하는 것은 배가 드나드는 큰 강이 있는 경주라야[397)] 이 말이 가능하다.

그리고 그 전투는 비록 육상에서만의 상황이지만, 이 또한 통쾌한 승리를 한 전투다.

이것은『선조실록』(권30/31)에 나오는 1597년 9월의 직산의 소사평(素沙坪) 전투의 상황과도 같다. 단지 여기엔 '원숭이'를 교란작전으로 활용했음이 더 언급되어 있는 것이 다르다.

원숭이에 관한 기록은 조선 후기의 초의선사(艸衣禪師: 1786~1866년)가 다닌 길에도 있었다.

산을 오르되 가파른 산을 오르지 말게	登山莫登逶迤山
가파른 산은 물과 나무가 고만고만하기 때문일세.	逶迤之山凡艸樹
그대는 보지 못했는가	君不見
가섭봉이 흰구름 위로 치솟아	迦葉崚嶒白雲
위로 곧장 은하수에 들어 비바람을 토해내는 것을.	上直入銀漢吐風雨
매달린 솔, 거꾸러진 참나무 사람에게 잡으라 하고	懸松倒柞許人攀
무너진 언덕, 떨어진 돌 가는 길마다 얽혀 있네.	崩崖落石縈細路
애서 한 발짝 나아가려면	强欲一步進

---

396) 李瀷,『星湖僿說』卷23 經史門 劉綎東征, 57면.

397) '경주(慶州)'는 '동경(東京)'이고, 동경은 '락양(洛陽)'이라는 개념에서 보면 황하(黃河)의 샛강 '락수(洛水)'와 그 유역에 있는 도시의 공략지역으로서 가능하다.

이미 세 걸음 물러나 있고	已覺退三步
위태로운 돌다리에 몇 번이나 무릎 꿇고	危磴幾屈膝
기울어진 사다리를 여러 번 놀라며 건넜네.	側棧屢驚度
절벽이 험난하여 비노(飛猱)도 발붙이기 어렵고	絶驗難寄飛猱足
높은 산줄기 하늘 나는 새도 거꾸로 처박히네.	嵩峻倒墜戾天羽
마침내 마루를 오르는 것은 사람의 힘이 아니라	終凌絶頂非人力
산신령이 계셔 몰래 도와주었기 때문이라.	知有山靈冥祐護
몇 만 길인지 알 수 없이 우뚝 솟은 벼랑은	不知幾丈之穹隆
깎아지른 벼랑 아래엔 당이나 있는지 모르겠네.	峭壁下臨無地
눈은 아찔, 발은 새콤, 내려다볼 엄두를 못 내고	目眩足酸不敢俯
늘어선 산, 솟아오른 봉우리 다투듯이 서려 있네.	列岳攢峯爭盤紆
나는 놈, 기는 놈 그 형세를 셀 수 없네.[398]	騰驤起伏勢難數

초의선사가 충청도 가섭사(迦葉寺)를 다녀간 길에는 사다릿길이 너무도 높아 하늘을 나는 새〔天羽: 鳥〕도 날아가다 거꾸로 처박히고, 하도 가파르기에 나는 원숭이〔飛猱(비노)〕도 발붙일 틈이 없어, 날짐승·길짐승도 모두 어떻게 할 방도를 모른다고 했다.

그렇게도 오금이 저려서 걸을 수가 없고, 엉금엉금 기어가면서 아래쪽으로 내려다보면 눈이 아찔하여 눈뜰 엄두도 내지 못하는 가파른 사다릿길이 놓인 가섭봉 언덕은 하늘을 날아가는 원숭이가 있는 곳이다.

운남성 빈천현(賓川縣) 계족산(雞足山) 동북쪽에 가섭동(迦葉洞)이 있는데, 그 산은 초목으로 덮여 어두컴컴하며, 기암괴석에 여러 모양이 교묘하게 새겨져 있다.[399] 그렇다면 이 계족산이 가섭산이다. 왜냐하면 그 산마루에 가섭(迦葉) 돌문〔石門〕이 하늘로 트여져서〔洞天〕 붙여진 이름이며, 부처의 큰 제자 음광가섭(飮光迦葉)이 부처가 입은 옷을 가지고서 미륵이 오기를 기다린 곳에 절이 있어 초의선사가 그곳에 갔던 것이다.

이렇게 충청도에 원숭이가 있다면, 당연히 전라도에도 원숭이가 많이 있어야 마땅하다. 또 사천·광동·광서 지방에 사는 덩치 큰 원숭이로써 임진왜란의 왜적들에게 교란작전을 썼다면, 원숭이 관리〔먹이·목사리·

398) 草衣意恂, 「草衣詩集」 第2卷 『한글대장경 草衣集 外』(동국대학교 부설 동국역경원, 1997), pp. 88~89. “가섭봉(迦葉峯)에 올라”

399) 『中國古今地名大辭典』 p. 669. “迦葉洞: 在雲南賓川縣雞足山東北三十里. … 草木蒙蔽, 奇石萬狀, 彫鏤巧妙.”

우리(檻: cage) 등]의 특별한 계획도 수립되어야 한다.

결론적으로 충청도에서 전라도까지 여러 종류의 수없이 많은 원숭이가 살고 있었고, 전투에도 흑인과 원숭이를 참전시켰던 조선은 중국대륙 남부를 그 영토로써 지배했다는 것을 짐작할 수 있다.

제 4 장

리순신이 살았던 시대의 환경을 생각하며!

• 출처: 십경도 – 휴가 가서 홀어머님께 효도

제 4 장

리순신이 살았던 시대의 환경을 생각하며!

우리가 임진왜란이 있었던 16세기 시대를 생각하면서 잊지 말아야 할 것이 있다. 특히 국가의 생사가 걸린 전략을 다룬다면 지리적 문제는 반드시 다루어야 할 분야다.

그렇다면 지리적 문제에서 무엇을 잊고 다루지 않았는가?

우리가 듣고 본 지식정보 가운데서 의심해보지 않으면 의문은 없을 진대, "16세기 중반에 일본이 대륙의 동남해안 지방에서 명의 안전을 위협했다는 사실은 참으로 이해하기 힘든 일이다."라는[400] 중국 사람의 말을 한번 이해하려 노력해보자.

여기서의 일본은 '일본렬도'를 가리키며, 명은 '중국대륙'을 가리킨다. 이것을 지도에서 보면, 일본은 턱없이 좁은 국토와 적은 인구를 가진 나라로서 중국대륙과는 비교도 되지 않으므로, 오히려 명이 일본을 침략하는 것이 더 가능하게 보인다. 더구나 일본이란 나라는 수십 년 동안 법과 질서가 깡그리 무너진 패거리 집단의 무정부 상태였으니까 말이다.

400) 레이 황(Ray Huang: 黃仁守) 지음, 박상아 옮김, 『1587년 아무 일도 없었던 해』(서울: 가지않는길, 1997), p. 239.

리순신이 살았던 시대를 다시 생각해보자. 과연 무엇이 이처럼 불가능하다고 생각되는 사실을 현실로 이루어지게 했던 것일까? 아니면 어떤 문제의 고리가 있기에 그것이 가능했던 현실에서도 우리들이 알지 못하는 무엇이 있지는 않을까?

정말로 '1587년은 아무 일도 없었던 해'였을까? 임진왜란 5년 전의 일이다.

왜구는 밀무역선으로 어떤 때는 하루에 1200척 가량이 해안선을 따라 샴(태국)까지 이르는 무역통로를 오갔으며, 해적 두목들은 내륙에 선박을 정박시키고 연안지방의 권세가로 행세하면서 마을 사람들을 잡아다가 심문하기까지 했으며, 숙련된 무술과 소규모로 편성된 부대로써 육상에서 전투를 벌여 뛰어난 보병전술로 승리하기까지 하였다.

군사력으로는 매우 취약한 중국에 무역활동을 계속 통제하자, 연안지방에서 무역에 종사하는 사람들은 불만이 높아졌고, 이에 일본은 전국을 휩쓸며 전투력을 가다듬었다.

포르투갈 사람들은 주로 중국대륙 남동부에서 무역을 했는데, 일본에게 조총을 건네주며 환심을 샀다. 이것이 순수한 무역이었을까? 그 이면을 읽어내면 어떤 진실이 나올까? 무기가 거래되었고, 일본은 그 조총으로 훈련하며 새로운 전술을 익혔다. 조총도 대량으로 만들어냈다.

중앙조정에서는 당쟁이라는 이름의 권력싸움으로 매우 분열되고, 부패되어 있어 왜적의 노골적 침략 의도에도 매우 소극적 태도를 보였다. 침략 의도를 확인한답시고 일본에 마지못하여 통신사를 보냈지만, 그들이 갔다와서는 임금 앞에서 거짓보고로써 사실을 반박하자, 조정에서의 여론은 왜적이 쳐들어오면, 육전으로 무찌를 수 있으니, 수군을 없애야 한다고까지 했다.

여기서 리순신의 선택은 무엇이었는가?

1. 중국의 혹세무민과 바다로 나가는 것을 금지〔海禁〕하는 정책

(1) 조공(朝貢)무역 강화와 개인무역 활동 통제

명 태종은 황제로서 유례없이 전후 5차례에 걸쳐 몽골지방을 몸소 공격하였으며, 동방의 타타르부와 서방의 오이라트부를 정복하여 성공을 거두었다. 그는 중국과 몽골을 통일하고 지배한 원제국을 재현하려 했으므로, 정책면에서 보면 원 세조의 계승자로 볼 수 있다. 그러나 이러한 적극적인 대외원정은 4년 동안 정난(靖難)의 변을 일으킨 국내의 비난을 대외로 돌리려고 한 것이었다.

그리고 태종은 1404년 1월에 운남 곤양에서 태어난 이슬람교도인 무하마드 싼바오〔馬三寶〕에게 중국 이름으로 정화(鄭和: 1371~1434)라 하고, 1405년(영락3)에 그를 파견하여 배 62척에 2만 7000명을 태우고, 조선・월남(베트남)・섬라(태국)・진랍(캄보디아)・자바・수마트라・스리랑카・인도・이란(호르무즈)과, 사우디아라비아의 오만(도파르)・예멘(아덴)과, 아프리카 동부 소말리아의 모가디슈(木骨都束), 케냐의 말린디 등지의 남해원정을 단행하였으며, 그 뒤로 7차에 걸쳐 28년 동안 10만 해리(=18만 5200km)의 대항해를 하는 대외무역 정책을 폈다.

여기에 언급되는 많은 나라들 가운데는 임진왜란과도 관련있는 나라들도 있다.

그리고 태조는 대외무역을 국가가 통제하는 정책을 취함으로써 조공(朝貢)무역을 강화하고, 개인의 무역활동을 규제하였다. 이것이 해상교역의 금지령 곧 해금령(海禁令)인데, 중앙조정〔中朝〕에 대한 국내의 반대세력과 외부세력과의 결합을 경계한 조치였다.

조공은 일종의 무역과 같은 역할을 했는데, 감합(勘合: 조공선과 밀무역선을 구별하기 위한 원부와 함께 찍는 도장)과 표문(表文: 조공선을 보낸다고 임금에게 보고하는 문서)의 배타적 형식으로 이루어졌기 때문에 조공을 빼고는 모든 개인 무역은 밀무역으로 간주하였다.

이런 조공체제는 강소성・절강성・복건성 등의 연해지가 원조(元朝) 말기에 장사성(張士誠)・방국진(方國珍) 등 군웅 잔당들의 은둔지로 이용되었기 때문이며, 그들의 세력확대를 우려하여 연해지역의 위소(衛所)를 증가시키고 연해주민들의 해외밀항과 어업활동을 금지시켰다. 이와 아울러 조공선을 관장하기 위하여 녕파(寧波)・천주(泉州)・광주(廣州)의 3곳을 개항하고 시박사(市舶司: 해상무역을 담당하는 관청)를 두어 조공무역에서 생긴 이익을 중앙정부에서 독점하게 되었다.

그런데 영종(英宗: 1436~1449/1457~1464)의 토목보(土木堡) 사건(1449년 7월)으로 말미암아 해금(海禁) 정책은 한층 강화되었으며, 조공선을 빼고는 외국상선의 내항과 연해민의 도항(渡航)을 못하도록 '바다로 나가는 것을 금지〔下海之禁〕'하는[401] 정책은 가정(嘉靖: 1522~1566) 때까지도 계속되었다.[402]

이런 시기에 지주들의 가혹한 억압과 착취에 반대하는 전호(佃戶)의 반-지주투쟁〔抗租〕이 있었고, 노복들의 신분해방운동〔奴變〕이 화중(華中) 이남과 화북(華北)의 일부에 광범위하게 전개되면서 농민과 노비들의 봉기가 계속되었다. 이것은 만력년간의 농민들이 상품생산자로서 변신하여 지주와의 예속관계가 크게 완화된 신분을 가지면서 지주에 저항하는 전호들의 집단운동이라는 특징을 지닌다.[403]

---

401) 『중종실록』 권62 중종23년 8월 을사(6일). "假令四十八人 盡爲搜捕 非我國所能得情也 而處決在於中原也. 然聞中原嚴田獵下海之禁 而此人等 持私網山行云. 若直奏于中原 則遼東大人 被不能撿下之罪."〔설사 48명을 모조리 붙잡더라도 우리나라에서 실정을 알아낼 수 있는 것이 아니라, 처결이 중국에 달렸습니다. 그러나 듣건대 중국은 사냥하러 바다에 나가는 금지법이 엄하다는데, 이 사람들은 개인의 그물을 가지고 사냥왔다고 했으니, 만일 그대로 중국에 보고한다면 료동 대인이 단속을 잘못했다는 죄를 입을 것입니다.〕
『중종실록』 권88 중종33년8월 기미(19일). "右議政金克成議 沿海居民 往來絶島 逢倭死傷 非一再矣 邊將畏罪 而不以直啓 死傷之家 慮有下海之禁 而不以實告."〔우의정 김극성이 의논드렸다. 바닷가에 사는 백성들이 외딴섬에 왕래하다가 왜적을 만나 죽거나 다치기도 한 것이 한두 번이 아니었는데, 변방 장수들이 죄를 겁내어 곧장 보고하지 않고, 죽거나 다친 사람의 집에서도 바다로 나가지 못하게 하는 법을 염려하여 사실대로 고하지 않습니다.〕

402) 申龍澈 등 14명, 『東洋의 歷史와 文化』(探究堂, 1996 5판), pp. 267~268. 東洋史學會 編, 『槪觀 東洋史』(서울: 지식산업사, 1993 18쇄), p. 228.

403) 강길중・박종현・정재훈, 『中國 歷史의 理解』(경상대학교출판부, 2003), p. 262.

〈그림-4〉 조선의 책봉(冊封) 및 조공(朝貢) 구조도

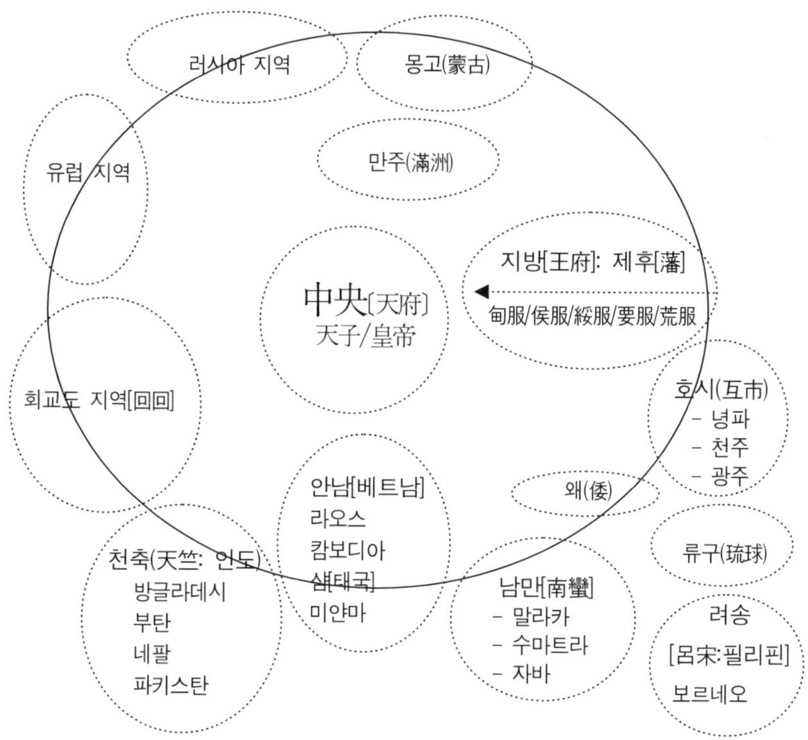

※ 근거: 『명사』 권320 및 『선조실록』의 내용을 종합하여 필자가 작성.

그러나 이런 시대적 변화의 요구와 중앙조정의 부패로 인한 납세 강요 및 해금정책으로 말미암아 중국연해 주민들의 생계는 매우 곤란하게 되었다. 또한 연안의 선장과 선원은 생계를 위해 어쩔 수 없이 해적질을 강요받는 결과를 낳았으며, 왜구들과의 결탁을 불러일으켜 밀무역과 무장상인 집단화 및 약탈이 이어져 많은 후유증을 낳기도 했다. 이런 해적들은 상해 앞바다의 주산군도(舟山群島)에 근거지를 두고, 1550년 이후에는 왜구의 약탈이 진짜 침략이 되기도 하였으며, 1552년에는 절강 지방의 내륙 도시들을 공격하였고, 다른 해적들은 양자강을 거슬러 올라갔다. 해적 소탕책임자들은 현상금과 사면을 통한 매수를 통하여 해적소굴을 소탕하는 공방전을 벌였다. 역시 "조선 정부의 해안방어(海防)에 대한 기본적 인식은 海禁策으로부터 비롯되었다."

는[404] 말이 비로소 설명이 가능해진다.

중국 남부 해안에 대한 일본인들의 괴롭힘은 16세기 말에 일본이 정치적으로 재통일을 이루었을 때에야 비로소 줄어들었는데, 일본의 재통일은 곧 중국에 대한 더 커다란 위협이 되었으며, 일본군이 중국을 침공한다는 정보도 이미 공공연하게 퍼져 있었다.[405] 따라서 종래의 중국이 중심이 되어 진행되던 동아시아의 국제무역은 침체되었고, 중국을 제외한 주변국가들만으로 무역활동을 전개하는 결과를 가져왔다.[406]

물론 이때의 유럽세력들은 상선에 무장까지 하고 연안 항구에 들어와 선교활동과 함께 무역을 자행하고 있었다. 이 시기의 중심세력은 포르투갈로 이미 동남아시아에 진출해 있었다.

이처럼 나라 안팎의 사정으로 보아, 만력의 역, 즉 임진왜란은 이미 예견된 반란이었다. 일본의 전쟁준비에 관한 자료를『조선왕조실록』에서 찾아보면 중국에선 이미 복건성 사람 허의후(許儀後)를 통하여 보고를 받았었다.

> 허의후는 복건 사람이다. 그는 포로가 되어 왜국 살마주(薩摩州)에 끌려갔다가 그 두목의 총애를 받고 그 지방에 오랫동안 머물러 있었다. 그때 그는 관백이 장차 쳐들어갈 것이라는 소문을 듣고 그와 친분이 있는 미균왕(米均旺)을 은밀히 보내어 절강성에 글을 보내어, "관백 평수길이 여러 나라를 차지하였으나, 관동(關東)만을 아직 차지하지 못하고 있던 차, 1590년(경인) 1월에 여러 장수를 소집해놓고 10만 명의 병사를 거느리고 출정하도록 명하는 한편 그들을 주의시키기를, '성을 쌓아 사면을 막아놓고 지키도록 하라. 나는 바다를 건너 大明을 습격하겠다.'고 하고, 이어 비전주(肥前州) 태수에게 배를 만들도록 하였습니다. … 내년 1592년(임진)에 일을 일으켜 3월 1일에 출범, 해서도(海西道) 9국을 선봉으

---

404) 姜性文, 앞의 논문, p. 36.

405) John K. Fairbank, Edwin O. Reischaur, Albert M. Craig, *East Asia Tradition and Transformation,* Revised Edition,(Houghton Mifflin Company, Harvard University, 1990); 김한규·전용만·윤병남 옮김,『동양문화사』(을유문화사, 1996 9쇄), p. 257.

406) 申採湜,『東洋史槪論』(三英社, 2003 14刷), p. 546.

> 로 삼고, 남해도(南海道) 6국과 산양도(山陽道) 8국으로 응원토록 하였으며, 온 나라 사람을 다 데리고 가게 하여 부자형제 중 한 사람도 남겨두지 못하게 했습니다." … 이어 방비의 편의에 대해 말하기를, "많은 군사를 먼저 출동시켜 조선을 습격하여 벼슬아치들을 모두 죽인 다음, 火兵을 좌우·사면에다 매복시켜 그들이 오기를 기다렸다가 사면에서 공격하도록 하고, 산동(山東)·산서(山西)에서 군사를 출동시켜 그들의 뒤를 공격하는 등 바다와 육지에서 공격하여 밤낮없이 살륙하면 관백을 사로잡을 수 있을 것입니다."고 하였다.[407)]

이 내용이 『선조실록』에 들어 있는데, 한반도가 조선이라면 전쟁에 대한 정보가 중국대륙에서 한반도로 역수입된 결과가 된다. 어쨌든 허의후의 보고에는 일본은 이미 1590년에 10만의 군사들을 소집해 놓았고, 공격 시기까지도 매우 구체적으로 언급되었으며, 중국은 병력을 산동성·산서성 지역으로 출동하여 공격할 것이라고 했으니, 그 전쟁 지역은 처음부터 중국대륙이었으며, 예견된 전쟁이라기보다는 아예 전쟁 의도를 조선에 통고해놓은 상태라고 보아야 한다.

일본의 동원이 이루어진 뒤로부터 2년이 지나서는 임진왜란이 벌어졌다.

(2) 북로남왜(北虜南倭)의 근심

처음에는 환관이 정치에 참여할 수 없도록 했지만, 영종(英宗: 1435~1449) 때의 환관 왕진(王振: ?~1449)은 사례감(司禮監)을 맡아 모든 권력과 정보를 장악하고 그 권력으로 탐관오리를 비호하는 부정부패를 자행하면서, 오이라트 부족과 내통해 무기를 판매·공급하기도

---

407) 『선조수정실록』 권25 선조24년 5월 을축(1일). "許儀後者福建人也 捕虜入倭國 薩摩州爲守將所愛 久留國中熟 聞關白將入寇 潛遣所親米均旺 投書于浙省 曰關白平秀吉幷呑諸國 惟關東未下 庚寅正月集諸將 命率兵十萬征之 且戒曰築城圍其四面 而守之 吾則欲渡海 侵大明 遂命肥前州太守造船 … 來年壬辰起事 三月初一日開船 以海西九國爲先鋒 以南海道六國 山陽道八國應之 傾國而行父子兄弟 不許一人留家 … 仍備禦便宜云 先發大兵 襲擄朝鮮 盡殺其官長 伏火兵於左右四面畔竢 其來重圍四面攻而殺之 山東山西各出兵 以擊其後 水陸互攻日夜並殺 則關白可以生擒矣."

했다. 몽골의 오이라트(Oirat/Oyirad: 瓦剌) 부족인 에센(也先: ?~1454)이 남침하자, 왕진은 영종에게 이를 정벌할 것을 건의했지만, 이미 그를 통하여 많은 정보가 새어나가 정치적·군사적 약점이 드러났다. 1449년(정통14)에는 중국과 몽고 사이의 조공무역과 상사(賞賜: 임금이 내리는 상)에서 갈등이 발생하자, 에센과 탈탈부카〔脫脫不花〕는 군사를 나누어 료동(遼東)과 대동(大同)에서부터 중국으로 진격해왔다. 그러자 그해 8월에 영종이 직접 거느린 50만 대군이 대동 북쪽 토목보(土木堡)에서 에센이 거느린 오이라트 군에게 전멸되고, 왕진은 부하 근위장교에게 살해되었으며, 영종 자신은 포로가 되어 사막으로 끌려갔다.

이에 중앙조정에서는 그의 아우〔기옥(祁鈺)〕 성왕(郕王)을 황제로 즉위시키니 이가 경제대종(景帝代宗: 1449~1457)이며, 영종 기진(祁鎭)을 태상황으로 추대하면서 적극적인 항쟁에 나서자, 1450년 8월에 몽고 오이라트는 중국과 화의를 맺고서 영종을 풀어줬지만, 중국의 권위는 크게 실추되었다.[408)] 영종은 돌아와 1457년에 복위하였다.

이 사건을 『조선왕조실록』 실록에서는 어떻게 설명하고 있는가?

함길도 관찰사와 도절제사에게 유시하기를, "지금 온 관압관 당몽현(唐夢賢)의 사목에는 황제가 료동에 칙서를 내려서 말하기를, '선부(宣府) 참장 양준(楊俊)이 올해 1450년 2월 15일에 관군을 거느리고 … 서울〔京〕에 도착하였다. 또 오랑캐 가운데 따라서 돌아온 총기 고빈전(高斌全)이 상세히 말하기를, 「지금 오이라트(Oirat: 瓦剌)의 사람과 말들이 네 길〔四路〕로 나누어 에센〔也先〕은 대동과 선부를 공격하고, 아라지원(阿剌知院)은 영평 등지를 공격하고, 탈탈부카왕〔達達不花王〕은 료동을 공격하며, 또 한 부대는 감숙성에 와서 공격하기로 기한을 정하여 약속하였다.」 고 하는데, 하물며 지금 선부가 적신 희녕(喜寧)을 사로잡아 서울로 보냈으므로, 이 적(=Oirat)이 반드시 분노하여 그들이 오는 것이 반드시 빨라질 것이니, 염려하지 않을 수 없다. 그대들은 마땅히 빈틈없이 방어하도록 하라.'고 하였으므로, 그대들은 상세히 알아서 방어하는 일에

---

408) 강길중·박종현·정재훈, 앞의 책, p. 261.
郝維民·齊木德道爾吉, 『內蒙古通史綱要』(北京: 人民出版社, 2006), p. 299.

빈틈없이 하고 경계하여 조금도 게을리 하지 말라. 또 이 함경도는 지경이 저들(=Oirat)의 땅에 이어져 있고, … 비밀히 듣고 보아서 만약 확실한 정보를 얻는다면, 재빨리 평안도에 보고하고, 한편으로 재빨리 장계를 올려라."고 하였다.[409)]

함경도 관찰사와 도절제사에게 명령을 내린 사람은 '문종' 임금이다. 타타르의 오이라트가 침입해온 곳은 산서성 북부의 대동(大同)과 선부(宣府)이며, 그 시기가 1450년 2월이다. 황제가 내린 칙서로 보면 이것은 앞에서 말한 '토목보 사건'을 말한 것인데, 여기서 내려진 조치를 보면, 오이라트 지경에 함경도 땅이 붙어 있다고 했고, 그들의 동태를 잘 파악하여 평안도와 조정(조선 정부)에 재빨리 보고하라고 했다. 이 지시사항은 오이라트 오랑캐들이 료동·영평·감숙·대동·선부 지역으로 침투해 온다고 하면서도, 조선을 침략해오는 사실을 강조하고 있다는 사실이다.

이것은 지금까지 우리들의 력사지식과 엄청난 충돌·모순이 아닐 수 없다. 왜냐하면 에센이 있는 오이라트는 아다시피 북위 54° 동경 80° 중심의 ±8° 정도의 범위에 있는 지역이며, 비슈발리크(Bishbalik)가 있는 오브강(Ob R.: 鄂畢河) 상류의 지역이다.

그렇다면 이런 지리적 특성을 가진 중앙아시아지역에 평안도·함경도가 있다는 말이다. 비록 중국과 조선의 이 력사 서술에서 분명 같은 시기의 동일한 사건을 말한 것이며, 이 『문종실록』 속에 에센이 침범해온 사건은 토목보 사건이며, 분명 조선의 임금이 토목보 사건을 다룬, 강 건너 불 보는 관망의 태도가 아닌, 직접 조치했던 조선 속의 력사적 사건이다. 그렇다면 포로로 된 것은 '영종'은 아닌 것이다.

포로된 임금이 '영종'이 정말 맞다면 그는 '황제'가 아닌 북쪽 지방의

---

409) 『문종실록』 권1 즉위년 3월 정사(13일). "諭咸吉道監司都節制使曰 今來管押官唐夢賢事目 皇帝勅遼東云 宣府參將楊俊 於本年二月十五日 率領官軍 … 到京. 又虜中隨回摠旗高斌俊備說 即今瓦剌人馬 分爲四路 也先自來攻大同與宣府 阿剌知院攻永平等處 達達不花王來攻遼東. 又有一支人馬 來攻甘肅 刻期約定. 況今宣府 又行擒獲喜寧解京 此賊必奮怒 其來必速 不可不慮. 爾等當謹愼備禦. 卿等知悉 一應防禦諸事日加戒嚴 毋或少弛 以備不虞. 且本道境連彼土, … 秘密聞見 如得的實 一則飛報平安道 一則疾速啓達."

우리들에게 알려지지 않은 어떤 '제후'일 것이다. 그렇지 않다면 '세종'이 포로가 되었다는 말이다. 이 부분은 앞으로 력사가 더 밝혀야 할 과제다.

이건 일단 지리적으로 산서성 북부의 내몽고 지역으로 야센 일당들이 내려온 사건이다.

한편 15세기 후반에는 몽골지방에 다얀칸〔達延汗〕이 나타나 새로운 세력을 이루었으며, 그가 죽자, 그 손자 군비리크〔袞必里克〕・알탄〔俺答〕이 다시 몽골부족을 규합하여 오르도스〔鄂州〕 지역을 거점으로 세력을 펼쳤다. 그리고 1521년(正德16, 중종16)부터 북쪽의 하북・산서 지방에 대한 침공을 강화시켰다가, 명에서 몽골의 국경무역 요구를 들어주어 일시적 화의를 성립시켰다. 즉 1570년에 大同을 비롯한 요충지에 馬市를 개설하고, 알탄을 순의왕(順義王)으로 봉했으며, 그 자손에게도 관작을 부여하였다.

이때 몽골에서는 중국의 비단・쌀・보리・쇠・소금 등의 생활필수품을 가져갔고, 중국은 몽골로부터 금・은・말・소・양 등을 수입하였다.

몽골의 침입으로 중국은 사회경제적 타격을 입어 북방의 방비에 지출하는 군사비 경운년례은(京運年例銀)이 해마다 증가하였다. 그것은 결국 농민의 조세부담으로 되어 온 국민에게 큰 피해를 가져와 농민반란의 원인으로 작용하였다.[410)]

특히 녕하(寧夏) 지역에 몽골〔韃靼〕의 무관 보바이〔哱拜〕 등이 반란을 일으키자, 4월 15일(갑진)에 리여송(李如松) 제독을 섬서토적군무총병관(陝西討賊軍務總兵官)으로 삼았는데, 무신으로서 제독이 된 것은 리여송이 처음이었다. 리여송이 먼저 쳐들어가고 소여훈(蕭如薰)과 마귀(麻貴)・류승사(劉承嗣) 등이 뒤를 이어서 보바이 일당을 모두 죽이니, 9월 16일(임신)에 모두 평정되었다.[411)]

이 보바이의 반란은 바로 임진왜란이 일어난 그 시점이었고, 그 반란군을 평정하기에 5개월이 걸렸으며, 이 반란군들을 평정했던 그 리

---

410) 위의 책, pp. 552~553.
411) 『明史』 권238 列傳126 李如松 및 『明史』 권20 本紀20 神宗1. "二十年九月壬申寧夏賊平."

여송과 마귀가 그 군사들을 이끌고 또 조선에 바로 이어서 파견된다.

그런데 이 보바이 반란이 황제가 보았을 때에 북방〔朔方〕이고, 조선의 관리들이 보았을 때에도 북방〔北賊〕이었다.

(1) 료동진무 계련방이 와서 녕하를 평정했다는 조칙을 반포하니, 임금이 신하들을 거느리고 교외에 마중하고 이어서 계련방을 접견하였다. 조서에는, 짐이 태조 때부터 대업을 이어받아 중화〔華〕와 사이〔四夷〕의 임금이 되어 안팎이 태평스러운 지가 20년인데, 어찌 변란이 갑자기 삭방(朔方)의 부근에서 일어날 줄이야 예상이나 했겠는가. 역적 보바이〔哱拜〕와 보층인〔哱承恩〕 부자는 본디 씨를 없애야〔夷種〕 하는데, 거짓으로 관직에 올라 속으로 모반하려는 마음을 가지고 평소에 힘세고 사나운 것을 믿었다. 이에 배반한 무리 류동양(劉東暘)·허조(許朝)·토문수(土文秀) 등과 엮어서 군사를 돌보고 외적을 막는 방책이 잘못 되어 식량이 부족하게 되었다고 큰소리치면서 기회를 틈타 부추겨 무리지어 반역을 꾀하였다. … 령주(靈州)를 빼앗아 버티면서 관중〔關〕·섬서〔陝〕를 엿보며 중원을 범하려 했으니, 실로 귀신과 사람들이 모두 분노하고 죄악이 하늘에까지 다다랐다.〔1593. 2. 4〕[412)]

(2) 사간원이 아뢰었다. 북적(北賊)이 창궐하여 더욱 심하게 독기를 부리니, 풍패(豊沛)의 땅이 더러운 무리들에게 물들었고, 두 왕자까지 사로잡혔는데도 조정은 처음부터 끝까지 조처한 일이 하나도 없습니다. 중국장수〔天將〕가 기성(箕城: 平壤)을 소탕하고 이들 도적을 깊이 염려하여 한 갈래의 군사로써 토벌하려고 했는데, 군량과 꼴을 준비하지 않아 기회를 잃게 하였으니, 조정〔廟〕의 계책이 매우 잘못되었습니다.〔1593. 2. 2〕[413)]

여기서 위의 글 (1)은 중국의 입장이며, 중국대륙 안의 사건을 황제가 말한 것인데, 보바이 반란이 삭방, 즉 북방 지역이라고 했다. 그리

412) 『선조실록』 권35 선조26년 2월 기축(4일). "遼東鎭撫桂聯芳來 頒平靈〔寧〕夏騰黃詔書 上率群臣于郊外 仍接見桂聯芳. 詔曰 朕纘承丕緒 君主華夷 內安外寧 玆二十載 何期變亂之事 忽起朔方之間. 逆賊哱拜哱承恩父子老 本以夷種 冒竊冠裳 包藏禍心 索恃姜狼. 乃構叛卒 劉東暘許朝土文秀等 倡言撫禦乖方 糧餉虧剋 乘機煽禍 群造反謀. … 欲奪靈州 以成犄角 謀窺關陝 而犯中原 誠神人共憤 而罪惡滔天者也."

413) 『선조실록』 권35 선조26년 2월 정해(2일). "司諫院啓曰 北賊猖獗 肆毒尤甚 豊沛之地 盡染腥膻 至於兩王子被擄 而朝廷自始至終 無一措處之事. 及天將蕩平箕城 深以此賊爲慮 欲以一枝兵進討 而芻糧不備 致失事機 廟謀之不臧甚矣."

고 글 (2)는 조선의 사간원의 관리가 한 말인데, 똑같은 보바이 반란을 말한 것이며, 그것을 북방의 도적이라고 했다. 둘 다 그 반란군의 방향이 '북방'이라는 것이다. 그렇다면 중국과 조선의 중심은 동일선상에 있게 된다.

그런데 글 (2)에서는 그 북방이 '풍패의 땅'이라고 했다. 풍패는 알다시피 한(漢)나라 고조 류방(劉邦)의 고향이다. 즉 양쪽 모두 북방 지역이 동일한 지리적 위치를 말하고 있는 것이 특이하다.

그리고 시기적으로는 임진왜란이 일어난 지 10개월이 지나는 시점인데, 보바이 반란은 평정되었다지만, 아직도 그 연장선상에서 백성들의 반란이 일어나 있음을 말하고 있다.

(1) 함경북도병마절도사 정현룡(鄭見龍)이 보고하였다. … 영건보(永建堡) 휴악(鵂嶽) 부락 …, 경원(慶源) 지역 다호리(多戶里) …, 종성부(鍾城府) 동건(童巾) 덕하동(德下洞) … 세 부락의 오랑캐들을 일시에 섬멸하여 한 놈도 남은 자가 없고, 아군은 한 명도 죽은 자가 없이 266명의 머리를 베어 개선하였습니다. 지나는 부락마다 목을 움츠리고 바라보는 자들이 모두 혀를 내둘렀으며, 승리의 소리가 미치는 곳이면 두려워하지 않는 자가 없습니다. 그리하여 나라의 수치를 크게 씻고 아울러 변방의 백성의 원한을 모두 풀었으니, 이번 거사의 승첩은 모두 조정의 계획에서 나온 것입니다. 함경도 북쪽 변방〔北鄙〕의 안정이 이로부터 시작된다면 풍패의 옛 고을의 땅이 진작됨을 다시 보게 될 것이니, 변방의 백성의 다행함이 한이 없습니다.〔1594. 2. 11〕[414)]

(2) 상중에 있는 사람 전적을 지냈던 리상신(李尙臣)이 상소하였다. 신은 금년(1594) 2월에 함경도 순안어사(巡按御史)로 나가 일을 다 마치기도 전인 8월에 부친의 상을 당하여 돌아왔습니다. … 신이 당초에 부임할 때에 변방의 오랑캐〔藩胡〕가 변란을 일으켰기 때문에 … 6진으로 달려가 명을 받들어 선포하였고, 북쪽 관리로서는 회녕부·부녕부 등에 소속된 16보와 남쪽 관리로서는 갑산진·삼수진과 소속된 18개 곳에는 돌

414) 『선조실록』 권56 선조27년 10월 을묘(11일). "咸鏡北道兵馬節度使鄭見龍馳啓曰 永建堡鵂嶽部落 … 慶源境 … 多戶里等部落 … 鍾城府境童巾德下洞 … 三部落所據之醜 一時殲盡 無遺噍類 我軍無一名致死 斬級二百六十六. 全師凱還. 所經部落 縶引面觀望者 咸皆吐舌 兵聲所及 無不振慴 大雪國恥 洩盡邊人之憤 此擧克捷 無非廟算. 北鄙之寧靖 若自此而始 則豊沛舊鄉 再覩王靈之振 索民之幸 極矣."

아올 때 순찰하려고 했으나, 불행히도 행영에 돌아와서 부친의 부음을 듣고는 일찍 돌아왔습니다. … 어사 1명을 오래도록 도내에 머물게 하여 중국의 순안어사처럼 간적을 규찰하고, 고질적인 병폐를 혁파하도록 한다면 어찌 도움이 되지 않겠습니까. 그렇지 않고 여러 진영이 중요한 요충지인데, 모두 무관들의 손에 맡겨 두려워하여 무기를 거두어들이지 않고, 탐학을 오래도록 방치해 둔다면, 오랑캐와 백성의 병폐는 제거될 날이 없을 것이며, 풍패의 고을이 더욱 손댈 곳이 없게 될 것입니다.〔1594. 10. 16〕[415)]

임진왜란이 진행된 지 2년이 되는 때에 위의 글 (1)에서는 북방, 즉 함경북도 지역에 아군의 피해가 전혀 없이 오랑캐의 반란군을 266명이나 죽였다. 그곳이 또 '풍패' 지역이라고 했다. 태조 리성계의 고향이라서 이런 고사(故事)를 빌려다 쓴 것인가? 아니면 그곳이 진짜 풍패인가?

그리고 글 (2)에서는 함경도 지방을 돌아다니며 살피는〔巡按〕 관리가 처음 부임한 1594년 2월 당시에 이미 그곳엔 오랑캐〔野人〕들이 6진을 괴롭히고 있었다.

그래서 그곳에 순안어사를 오래 근무케 하여 그곳 백성들과 가까이 지내며 순찰을 강화하고 고질적인 병폐를 없앤다면, 풍패의 고을이 순화될 것이라고 하였다. 그러니 그 풍패의 고을은 조선의 북방 지명이며, 태조 리성계의 고향인 것이다.[416)]

임진왜란이 한창 진행 중임에도 왜적에 대한 말은 없고 북쪽 오랑캐 문제만을 다루는 것은, 조선의 땅에 왜적과 더불어 북쪽 지방의 오랑

---

415) 『선조실록』 권56 선조27년 10월 경신(16일). "喪人前典籍李尙臣上疏曰 臣今年二月 以咸鏡道巡按御史 未及竣事 八月聞父喪入來. … 臣當初受任時 藩胡反側 … 臣馳往六鎭 奉以宣布 至於北官之會寧富寧等府屬十六堡 南官之甲山三水等鎭及屬堡十八處 擬於歸時巡審 不幸回到行營 聞父經還. … 御史一員 長留道內 如中朝巡按之例 其於糾察奸贓 革去弊瘼 豈無裨益. 不然而諸陣重地 皆授武弁之手 無所畏戢 長其貪虐 則夷民弊瘼 無一可祛 而豊沛之鄕 益無着手處矣."

416) 『세조실록』 권42 세조13년 6월 계해(30일). "吉州軍民等 眩於逆順 反以李施愛爲是 見諭書 以書回啓曰 今奉諭書 伏審聖旨 竊以本道豊沛之鄕 太祖龍興之地 與國同休戚."

『성종실록』 권188 성종17년 2월 병신(22일). "義盈庫令尹坡等五人輪對. 坡啓曰 咸興乃國家豊沛之鄕 祖宗陵寢所在."

캐들이 함께 반란을 일으켰다는 말이며, 이들을 따로 조치하고 있었다는 말이다.

(1) 사헌부가 아뢰었다. … 6진 일대는 풍패이므로, 그 지역을 지키지 않을 수 없고, 그곳 백성을 함부로 죽여서는 안 됩니다. 보호하여 지킬 계획은 생각지 않고, 먼저 간신히 살아남은 백성을 살상하였으니, 앞으로 보전하기 어렵게 된 걱정은 말로 다할 수 없습니다. 김종득(金宗得)의 죄가 여기에 이르렀으니, 종사에 관계됩니다.〔1605. 5. 29〕[417)]

(2) 사간원이 아뢰었다. … 함경도 관찰사 송언신(宋彦愼)은 이처럼 국가의 어렵고 위태한 때를 당해서 마땅히 근신하고 절약하여 국사에 마음을 다해야 할 것임에도, … 풍패의 지역을 점점 피폐하게 만들어 장차 수습할 수 없게 하였으니, 북쪽 지방의 책임을 결코 이 사람에게 맡겨서는 안 됩니다. 파직시키소서.〔1598. 2. 3〕[418)]

왜적들의 반란과 관계없이 조선의 북방 지역은 매우 중요하며, 태조 리성계의 고향이 있는 지역이라 조정에서 많은 관심을 가지고 있었다. 또 그곳에는 오랑캐들이 많은 불만을 가지고 있는 곳이므로, 특별히 다루어야 할 곳이었다.

관북(關北) 지방은 바로 태조 리성계의 고향인 함흥이고, 이곳이 풍패 지역으로서 조선의 북쪽 지방이며,[419)] 앞에서 말했던 것처럼 녕하에서는 보바이〔哱拜〕 일당들이 반란을 일으켰던 지역이다.

이렇게 이 지역의 반란을 진압하여 피로에 쌓인 리여송에게 꼭 한 1달째인 1592년 10월 16일(임인)에 계주·료주·보정·산동 군무로서 방해어왜(防海禦倭) 총병관에 임명하여 조선을 구원케 하였다. 리여송이 겨우 95일이 지난 1593년 1월 19일(갑술)에 "평양에서 왜적을 공격

---

417) 『선조실록』 권187 선조38년 5월 임인(29일). "憲府啓曰 … 六鎭一帶 豊沛之鄕 其地不可不守. 其民不可浪殺. 不思保守之計 先喪孑遺之民 前頭難保之憂 有不可盡言. 宗得之罪 至此而有關於宗社."

418) 『선조실록』 권97 선조31년 2월 무오(3일). "諫院啓曰 … 咸鏡監司宋彦愼 當此國家艱危之日 所當勤愼節約 盡心國家 … 使豊沛之地 漸至凋弊 將不可收拾. 北門鎖鑰 決不可付諸此人. 請命罷職."

419) 『광해군일기』 권7 광해군 즉위년 8월 경오(16일). "關北雖豊沛之鄕."

하여 이겼다"[420] 는 것을 한반도까지의 이동거리 2900㎞(=7672리)로 계산하면, 전쟁물자(화포·화약·활·화살·식량·옷 등등)를 준비할 겨를도 없이 순수히 이동해온 것만으로 계산해도 85.3일(=2900÷34.02㎞/d)이 되므로, 이보다 더 심한 강행군은 없을 것이다.

그리고 북쪽 몽골지역에서의 침입이 진행되고 있을 때에, 동남 해안지방에는 倭의 노략질이 계속되었다. 세종이 즉위하자, 왜의 조공사절이 1523년에 중국에 왔으나, 정통성 문제를 둘러싸고 조공사신 사이에 대립이 있었고, 여기에 패배한 大內[오오우치]파의 심부름꾼이 녕파(寧波) 부근 연해의 고을[州縣]에 불을 지르고 약탈하는 사건이 일어났다. 이를 계기로 조정에서는 조공무역의 통제를 강화하고 개인의 밀무역(密貿易)의 단속을 엄중하게 하자, 정상적인 무역이 막히게 된 왜의 상인들은 약탈무역을 자행하게 되었다. 이것이 이른바 명조 말기의 왜구의 발단이었다.

최초의 밀무역 중계지로 나타난 것은 절강의 녕파(寧波)에 가까운 섬 쌍서(雙嶼)이며, 그 기원은 분명하지 않지만, 홍무(洪武: 1368~1398) 초부터 약간의 상습적 무역이 행해지고, 또 그것이 강남, 특히 소주(蘇州)의 번영에 간접적으로 기여함이 적지 않았을 것이다.

중국에서 경제의 호경기는 절강·복건·광동의 해안을 중심으로 외국무역에 의해 다량의 은이 들어오게 된 때문이다. 이 은의 공급원은 일본이며, 이때문에 일본은 갑자기 매우 각광을 받았다.

14세기 중엽부터 왜구는 고려에 침입하여 쌀과 백성들을 약탈하고 대륙 해안으로 행동범위를 넓혔다. 1401년에 족리의만[足利義滿: 아시카가 요시미쓰]은 중앙조정[中朝]에 사신을 보내어 통교를 하여 황제에게서 "日本王源道義"[源道義는 足利義滿의 본디 姓과 法名]이란 칭호와 더불어 역서(曆書)를 받았다. 이것은 중국황제에 대한 제후로서의 복속을 의미하며 조공을 할 수 있게 되었음을 말한다. 그래서 족리의만은 1403년에 '日本國臣源'이라며 신하의 예를 황제에게 바쳤다.

---

420) 『明史』 권20 本紀20 神宗1. "二十年冬十月壬寅 李如松提督薊遼保定山東軍務 充防海禦倭總兵官 救朝鮮. … 二十一年春正月甲戌 李如松攻倭於平壤 克之."

왜구의 피해가 늘자, 조선에서는 그 근거지를 대주(對州: 對馬島)로 보고, 세종은 1419년(세종1)에 대군으로 동정(東征)을 하였으며, 대마도주 종〔宗: 소오〕씨에게 정식 통교자로 인정하여 도서(圖書)라는 동인(銅印)을 주었고, 1426년에 종정성(宗貞盛)의 요청으로 교역항을 3포, 즉 염포·부산포·제포로 제한하였다.

그러나 이 3포에 거주하는 일본인들이 밀무역을 하였기 때문에, 조선에서는 이들에 대한 통제를 강화하자, 이에 거류민들이 불만을 품었다. 결국 1510년(중종5)에 종성홍(宗盛弘)이 군사 300명을 거느리고 쳐들어와 부산진첨사 리우증(李友曾)을 죽이고 웅천성을 점거하자, 조정에서는 황형(黃衡)과 류담년(柳聃年) 장군을 보내어 적장을 죽이고 한 달 만에 평정하였으니, 이것이 곧 삼포왜란이다.

이즈음에 지방의 수호대명(守護大名: 슈고다이묘) 세천〔細川: 호소가와〕는 계〔堺사카이: 大阪〕의 상인과 대내(大內: 오오우치)는 박다(博多: 하카다)의 상인과 맺어 그 경영권을 둘러싼 싸움이 벌어져 1523년(嘉靖2: 大永3)에는 그들이 보낸 파견선이 녕파에서 충돌하였다. 그때문에 중국에서는 무역을 일시 금지시켰으나, 그 뒤로 대내가 독점하게 되었다.[421]

그러나 종래에는 별로 중요하게 여기지 않고 간과되어 왔던 밀무역에 대해서 가정(嘉靖: 1522~1566) 때에 들어와서부터 급속히 금지하는 방침이 명확히 제기되었다. 이에 대해 포르투갈 사람들은 남양(南洋)으로부터 북상하여 쌍서의 밀무역에 끼어 들었으며, 이에 관한 보고 등이 중국 관헌들의 신경을 자극하였다.[422]

왜구는 수십 명이 떼를 지어 소부대를 이루어 해안을 약탈한 뒤에 재빠르게 달아나고, 때로는 내륙 깊숙이 침입하기도 하였다. 강소·절강·복건·광동 등 동남 연해주 지역에 왜구들이 창궐하여 많은 피해를 입었다.

이들은 동남해안을 주름잡으며 약탈을 일삼았는데 해적(海賊)이라고

---

421) 연민수, 『일본력사』(서울: 도서출판 보고사, 1999 3쇄), p. 115~117.
422) 미야자키 이치시다 지음, 조병한 옮김, 『中國史』(역민사, 1997 17쇄), p. 355.

볼 수 없는 까닭은 그들이 해안에 상륙하여 내륙에 군사기지를 세우고 성벽 도시를 포위하는 짓을 수십 년 동안 계속했기 때문이다.

그런데 이들 약탈자 왜구는 모두 왜인이 아니고, 그 가운데 왜인〔眞倭〕은 10명 중에 서너 명에 지나지 않았으며, 중국인〔僞倭〕이 오히려 예닐곱 명이었다고 한다. 이는 중국인 가운데 생활이 곤란한 농민·어민이 왜구에 가담하여 앞잡이 노릇을 한 자가 많았고, 중국의 동남 해안지대의 향신(鄕紳: 향촌 신사)과 지주 가운데서도 해상세력을 구축하고, 왜구로 변장하여 해적활동을 하였기 때문이다. 정부에서는 장군 주환(朱紈)을 파견하여 밀무역의 거점인 장주항(漳州港)을 1547년에 소탕하였다.

이들 무역선 가운데는 길이 100자, 너비 30자, 두께 7치에 이르는 배도 있어 군함보다도 큰 것도 있었다. 이런 배로써 밀무역이 조공무역보다 오히려 더 활발하게 이루어져 어떤 때는 매일 1200척 가량의 배들이 해안선을 따라 샴만〔Bay of Siam〕에 이르는 거대한 무역통로가 형성되었다.[423)]

이런 해상세력과 중국군대 사이에 충돌이 일어났다. 밀무역으로 이익을 챙긴 중국의 상인들은 부패한 지방관과 결탁하여 주환을 실각시켰다. 왜구의 잔당은 왕직(汪直)을 중심으로 다시 격렬한 약탈무역을 자행하였으나, 조정에서는 호종헌(胡宗憲: 1512~1565)을 총독으로 삼아 토벌을 단행하여 왕직을 체포하였다. 또 척계광(戚繼光: 1528~1587) 등의 활약으로 왜구가 주력을 복건지역의 대만과 가장 가까운 평해위(平海衛: 북위 25.2° 동경 119.3°)에서 격파하여 40여 년간 계속되던 왜구의 화를 꺾게 되었다.[424)]

일본의 중국침략에 대한 생각이 어떠했는지를 보자.

> 우리 조정의 적국이며 밖으로부터의 근심거리는 오직 남왜북로(南倭北虜), 즉 남쪽에는 왜, 북쪽에는 오랑캐입니다. 사나운 일본은 큰 바다의 가운데에 살고 있으니, 어찌 배에 군량을 싣고 중원으로 쳐들어올 수 있

423) 레이황 지음, 박상이 옮김, 위의 책, p. 244.
424) 위의 책, pp. 553~554.

> 겠습니까? 또 어찌 복건과 절강에서 중국을 잠식해올 수 있겠습니까? 이것은 오직 조선이 동쪽 국경에 붙어 있으니, 우리의 왼쪽 겨드랑이에 가까우며, 평양의 서쪽에는 압록강이 이웃해 있으며, 진주는 등주・래주와 맞대고 있는데, 만약 일본군이(조선을) 빼앗아 차지한 뒤에, 조선 사람들을 군사로 삼고, 조선 땅을 차지하여 보급기지로 삼아 무리를 지어 훈련하고서 중앙조정〔天朝〕을 칠 기회를 노리며, 나아가 배로 물건을 실어 나르는 길〔漕運〕을 끊고 모든 창고를 점거하여 우리의 군량을 운송하는 길을 끊어버리고, 물러나더라도 전라도・경상도를 차지하여 평양을 지키면서 우리 료동을 넘보면 1년도 지나지 않아서 서울〔京師〕이 가만히 앉아서 곤경에 빠지게 될 것이니, 이것이 국가의 커다란 근심거리입니다.[425)]

이것은 1596년에 조선에다 대병력을 파견해줄 것을 황제에게 요청한 려곤(呂坤)의 상소문의 일부이다. 중앙조정〔天朝〕가 처한 형편은 남쪽의 일본군, 북쪽의 오랑캐가 있다는 것인데, 그 일본이 바다 한가운데 있다고 했다. 이 설명으로써 일본은 마치 태평양 서쪽 구석에 있는 것으로 인식이 가능하다.

그런데 한반도엔 평안도 평양 서쪽엔 황해인데, 그 평양의 서쪽에 압록강이 있다는 말이라든지, 황해와 전라도를 너머에 있는 진주가 등주와 래주와 맞대고 있다는 말은 조선이 한반도라는 지리적 상황으로서는 전혀 어울리지 않는다. 특히 등주・래주와 맞대고 있다는 이 말은 황하 하류의 화북평원(華北平原: 동경 115°)을 기준으로 그 서쪽 산서성에 있는 진성(晉城)이나, 진양(晉陽=太原)이 진주라야 가능한 말이 된다.

그리고 배에 물건을 실어 나르는 길〔漕運〕을 끊는 문제에서는 한반도 북쪽의 지리의 상황 설명이 되지 않으며, 이것은 황하의 수로라야 가능하다. 그렇다면 평양과 압록강의 지리적 위치는 황하의 상류와 그 유역

---

425) 呂坤, 「憂危疏」 『去僞齋集』卷1 奏疏(奎章閣 4842). "我朝敵國外患 惟南倭北虜 稱雄倭居大海之中 豈能航糗糒豕突中原 又豈能自閩浙蠶食上國哉 惟是朝鮮附在東陲 近吾左掖 平壤西隣鴨綠 晉州直對登萊 儻倭奴取而有之 藉朝鮮之衆爲兵 取朝鮮之地爲食 生聚訓練 窺伺天朝 進則斷漕運據通倉而絶我餉道 退則營全慶守平壤而窺我遼東 不及一年 京師坐困 此國家之大憂也."

의 도시로서 위수(渭水)와 그 유역에 있는 호경(鎬京: 平陽)인 것이다.

그러고 보면, 일본이란 지리적 위치는 태평양 서쪽 구석진 곳이 아니라, 중국대륙의 동부 지역인 산동성・강소성・절강성・복건성에 사는 집단의 부류인 것이다.

> 그런데 혹시 1명이라도 백성이 원망하는 것을 이용하여 반란을 일으키면 현재 번성한 도적들이 서로 불러 모여들고, 메아리처럼 호응하여 멀든 가깝든 막론하고, 혼란하지 않는 곳이 없게 될 것입니다. 게다가 남쪽의 왜와 북쪽의 오랑캐〔南倭北虜〕가 또 틈을 타고 쳐들어오게 되면 순식간에 손댈 수 없을 정도로 여지없이 무너질 것입니다.〔1589. 4. 1〕[426)]

이 숏장은 임진왜란이 일어나기도 3년전에 중봉 조헌이 도끼를 지고 거적자리를 깔고 궐문에 엎드려 명을 기다리면서 죽기를 각오하고 올렸던 것이다.[427)] 이런 건의에 대하여 임금과 조정대신들은 당연히 반기지 않았으며, 도리어 이 숏장이 간독(奸毒)하고 흉험(兇險)하다며, 관작을 삭탈하고 멀리 귀양보내자고 하니, 임금이 허락하기까지 하였다.

조헌의 각오가 얼마나 대단했으며, 그의 판단이 얼마나 옳았는지를 알 수 있다. 조헌이 말한 남왜북로(南倭北虜)의 사이에 있는 조선은 앞에서 려곤(呂坤)이 상소했던 것과 동일선상에서 파악되어야 할 강역이며, 한반도로써는 력사를 수용할 수 없다.

(3) 견아상제(犬牙相制)와 순망치한(脣亡齒寒)의 국방개념

중국〔中國・中朝・天朝〕의 국방체제는 지방의 제후들이 방어해 준다는 번국(藩國)체제이며, 지방에 반란이 일어나면 중앙의 군사〔天軍・天兵〕를 파견하는 것이었다. 이를 순망치한(脣亡齒寒)의 개념이라 하는데,

---

426) 『선조실록』 권23 선조22년 4월 정축(1일). "而倘有一夫 乘民怨倡亂 則現行旁午之賊 嘯聚響應 無遠近不亂. 南倭北虜 又若乘釁 則土崩瓦解."

427) 위의 실록. "仍持斧席藁 伏闕門待命."

즉 입술이 없어지면 이빨이 시리다는 것이다. 입술이 곧 제후〔藩·지방〕요, 이빨이 곧 중앙〔중국〕이라는 논리다.

이런 국방개념은 어디에서부터 비롯될까? 그것은 아마도 서로 얼기설기 섞여 있다는 견아상제(犬牙相制)에서라고 생각한다.

> (1) 고려의 강역은 남쪽으로는 료해(遼海)로 막히고, 서쪽으로는 료수(遼水)와 맞닿아 있으며, 북쪽으로는 글안의 옛 땅과 붙어 있고, 동쪽으로는 금나라와 맞닿아 있다. 또 일본·류구·탐라·흑수·모인 등의 나라와 더불어 개의 이빨처럼 이리저리 서로 섞여 살고 있다.[428)]
>
> (2) 우리나라의 군현제도는 지형에 따르기도 하고, 요충지에 따르기도 하여 개의 이빨처럼 서로 맞물린 형세로 되어 있습니다. 그러나 거리가 멀리 떨어져 폐단이 매우 심한 경우에는 어쩔 수 없이 백성들의 소망에 따라서 바로잡았으니, 영양과 순흥 등의 고을이 그렇습니다. 옛 영풍현은 안변의 한쪽 구석에 위치하여 안변과의 거리가 수백 리인데, 높은 산이 빙 둘러 있고, 중앙에는 큰 들판이 열려 있어 수천 호의 주민들이 매우 부유롭게 살지만, 지방 정부〔官府〕가 너무 멀리 떨어져 원통한 일이 있어도 하소연을 할 수 없습니다.[429)]

고려의 강토 경계는 남쪽에 남해가 아닌 료해(遼海)가 있고, 그 동쪽에 동해가 아닌 금나라〔大金〕가 있다고 했다. 금나라 서쪽의 조선에 "일본·류구·탐라·흑수·모인 등의 나라와 더불어 개의 이빨처럼 이리저리 서로 섞여 살고 있다."고 했다는 말이 매우 특이하다. 그렇다면 서쪽에 있다는 료수(遼水: 遼河)는 북위 43° 동경 120° 선상에 있는 시라무렌(Siramüren: 西拉木倫河·西喇木倫河·潢河=黃河)이 될 수 없으며, 대륙 중심의 훨씬 서쪽에 있어야 됨을 알 수 있다.

그리고 조선의 행정구역을 이루는 군현이 지형의 특성에 따라 개의 이빨처럼 들쑥날쑥하게 이루어졌다고 했다. 100리는 37.8㎞인데, 수백

---

428) 徐兢, 『宣和奉使 高麗圖經』 卷3(乾道三年: 1167). "封境 高麗南隔遼海 西距遼水 北接契丹舊地 東距大金 又與日本琉球聃羅黑水毛人等國 犬牙相制."

429) 『정조실록』 권33 정조15년 9월 신묘(19일). "我國郡縣之制 或因形便 或因關阨 以爲犬牙相制之勢 而至若道里隔遠 爲弊滋甚者 亦不可不從民願而釐正之 英陽順興等邑是也. 永豐舊縣在安邊一隅 相距數百里 周以高山 中開大野 數千戶居民 極其富盛 而官府絻遠 有寃莫訴."

리를 300리로 본다면 116.4㎞가 되는데, 이 거리는 한 고을의 끝에서 끝까지가 되어 백성들의 편의에 어려움이 있고, 어떤 정보교환이 신속하게 이루어질 수 없음을 말하고 있다.

이런 행정체제가 임진왜란 이전에도 마찬가지였을 것이므로, 결국 왜란의 상황이 지방정부에까지 보고되는 것이 지연될 수밖에 없으며, 중앙조정까지도 마찬가지라고 본다.

그래서 임진왜란이 터졌을 때에 중앙군사를 파견할 때에 당연히 논의가 있었으며, 조선의 가치를 먼저 따졌다.

> 조선과 중국은 입술과 이의 관계인데, 이것은 류구(琉球)의 국가들과는 비교도 안 된다. 예로부터 입술이 없으면 이가 시리다는 말이 있듯이 공생해야 한다. 조선은 중국에서 잃으면 안 되는 울타리다.[430)]
>
> (1592년 7월) 중국조정의 의견은 조선이 중국의 울타리 구실을 하는 제후국이므로, 반드시 병란이 있는 곳에서 싸워야 한다는 것이었다. 그리하여 행인 설반을 파견하여 리연에게 대의로써 다시 일으킬 것을 타일렀으며, 10만 대군이 곧 도착할 것이라고 큰소리쳤다.[431)]

이것은 조선과 중국의 국방관계를 말한 것인데, 서로 사람들은 인체에 비유하여 '순망치한(脣亡齒寒)'의 개념으로 보았으며, 중국의 입장에서 본 조선의 가치관이다. 즉 중국을 외부의 적으로부터 막아주는 울타리 역할을 하는 것이 조선이므로, 이를 잃으면 안 된다고 하였다. 그래서 그 필요한 가치관을 지키기 위하여 중국의 군사를 10만 명이나 조선에 지원할 것이라고 하였다.

> (1592년 11월) 료동도사 장외삼이 말하기를, "중원은 료동이 튼튼함을 믿고, 료동은 귀국이 울타리(왕실을 수호하는 제후)로 믿고 있으니, 순망치한의 형세인데, 어찌 왜구가 날뛰어도 토벌하지 않고 있겠으며, 귀

---

430) 『明經世文編』 卷402 宋應昌 「愼留撤酌經權疏」; 蔣非非 等 6名, 앞의 책, p. 292. "蓋朝鮮與中國, 勢同脣齒, 非若琉球諸國泛泛之可比也. 脣亡齒寒, 自古言之, 休戚與共, 是朝鮮爲我中國必不可失之藩籬也."

431) 『明史』 권320 列傳208 外國1 朝鮮. "廷議以朝鮮爲國藩籬 在所必爭. 遣行人薛潘諭昖以興復大義 揚言大兵十萬且至."

> 국의 위급함을 보고 구원하지 않겠는가?"라 했다.[432]

> (1592년 12월) 나(소경왕)의 생각에는 대국의 힘을 빌리지 않으면 결코 나라를 지킬 수 없을 것이라 생각된다. 중국이 어찌 우리나라를 버리고 천하를 다스릴 수 있겠는가. 비유컨대 사람의 몸에서 왼팔을 끊어 버리고도 온전한 사람이라고 할 수 있겠는가.[433]

조선과 중국의 관계를 하나의 신체와 같으므로, 그 하나라도 잃으면 온전할 수 없다는 상호의존적 보완관계로서 중국은 조선을 버릴 수 없을 것이라는 의존적 국방으로 보지만, 상황에 따라 그 의미를 달리하여 중국 사람들은 자신의 자주적 국방을 할 수 있다는 입장을 보이고 있다.

이런 경우에 중국으로서는 자신들이 베푼 은혜에 대한 보답을 바라는 것이며, 조선으로서는 전략적 중요성을 강조함으로써 중국에게서 확실한 지원을 받아내려는 의도로 풀이된다. 그래서 '순망치한'의 개념은 경우에 따라 그 의미가 달리 해석되기도 하지만, 그 표현의 깊이를 보면 조선이 상당히 의존하고 있음이 드러난다.

> (1597년 5월) 료동지휘관 양원도 중앙조정에서 여러 차례 출병한 것은 단지 조선을 구하기 위한 것이며, 조선 사람들은 조선이 중국의 울타리이기 때문에 구원해주지 않을 수 없다고 말하는데, 이것은 매우 옳지 않다. 만약 왜적들이 압록강을 건너온다면 중국에서는 충분히 이를 막아낼 수 있으며, 뭘 두려워할 것이 있겠는가. 요즘 타타르인〔㺚子〕들이[434] 중국과 국경에 이어져 있어도 중국은 오히려 막아냈는데, 하물며 왜적을 막아내는 데서야.[435]

---

432) 『선조실록』 권32 선조25년 11월 계미(27일). "遼東都事張三畏曰 中原恃遼東以爲固 遼東恃貴國以爲藩蔽 脣之則齒寒 豈可縱倭寇而不討 見貴國之急而不救乎."

433) 『선조실록』 권46 선조26년 12월 경술(1일). "予以爲非藉大國之力 決不能立國 上國亦豈可棄我國以爲天下. 譬如一人之身 其能斷左臂而成人乎."

434) '타타르(Tatar/Tartar: 韃靼 · 達達)'는 대개 'Chinese Tartary/Russian Tartary/Tartaryen/Tartarie/Tartares'라는 글자를 북위 50° 선상에 동경 120°의 동쪽의 땅에다 표기하여 말을 할 때마다 반드시 '만주' 땅이라고 하지만, 본디 볼가강 중류에 카잔(Kazan: 북위 55° 동경 50°)이 수도인 타타르스탄(Tatarstan: 타타르 공화국)과 투란(Turan)의 중심지 발하슈호의 북쪽 타타르스크(Tatarsk: 북위 55° 동경 76°)를 아우르는 지역이다.

비록 임진왜란이 5년이나 진행되는 상황에서도 끝내 료동지휘관의 중국〔天朝〕 군대의 출병이 조선을 구하기 위한 것이라고 말한 명분이 바로 '조선이 중국의 울타리'였다. 그럼에도 왜적들이 압록강을 건너 중국으로 간다 해도 중국은 이를 막을 충분한 능력이 있다고 했다. 그런 능력은 이미 지난날 막강한 타타르들, 즉 녀진족들의 침입도 막아 냈다는 것이니, 왜적쯤이야 두려워할 존재가 아니라는 것이다.

그런데 그런 녀진족들이 임진왜란이 일어나자, 조선을 도와 왜적을 치겠다고 나섰다.

(1) 일본인이 조선을 침략하자, 충성스럽고 용감한 대장부로 자처한 누르하치가 "명조(明朝)에 보고하여 군사를 거느리고 강을 건너 왜군을 쳐 죽여서, 황조(皇朝)에 충성으로 보답하려 한다."고 했다.[436]

(2) 병부가 료동도사를 시켜 자문(咨文)을 보내왔다. 그 글에, 건주녀진의 공이(貢夷)와 마삼비(馬三非) 등이 하는 말에 따르면, "우리 땅은 조선과 경계가 서로 이어져 있는데, 지금 조선이 벌써 왜노들에게 침탈되었으니, 며칠만 지나면 건주를 침범할 것이다. 누르하치 휘하에 본디 마병 3·4만, 보병 4·5만이 있는데, 모두 용맹스런 정예군으로서 싸움에 익숙하다. 이번 우리가 조공(朝貢)하고 돌아가 우리 도독에게 말씀드리면, 그(누르하치)는 충성스럽고 용감한 대장부라서 반드시 화를 낼 것이며, 정예군을 뽑아 한겨울에 가에 얼음이 얼기를 기다렸다가 곧바로 건너가 왜노를 정벌하여 죽임으로써 황조(皇朝)에 공을 바칠 것이다."고 했습니다. 아, 고마운 말과 충의가 가상하여 그들 말대로 행하도록 윤허함으로써 왜적의 환란을 물리치고자 하지만, 단지 오랑캐들의 속사정은 헤아릴 수가 없고, 속마음과 말은 믿기가 어렵습니다. 더구나 저들이 마음대로 할 수 있는 일들이니 선뜻 따라 믿기가 어렵습니다.〔1592. 9. 17〕[437]

---

435) 『선조실록』 권88 선조30년 5월 신축(11일). "(楊元)又云 天朝之屢次出兵 只爲救援朝鮮 而朝鮮之人以爲 朝鮮乃中國之藩籬 不得不救云 此言甚不是 假使倭入鴨綠江 而天朝自能禦之 有何懼乎 今㺚子與中國連境 而中國猶能制禦 況禦倭乎."

436) 蔣非非 等 6名, 앞의 책, p. 299. "日本人侵朝鮮後, 以勇忠好漢 自居的奴爾哈赤向明朝標示願意率兵 '渡江剿殺倭奴, 報效皇朝.'

437) 『선조실록』 권30 선조25년 9월 갑술(17일). "兵部令遼東都司利咨 有曰 今據女眞建州貢夷馬三非等 告稱 本地與朝鮮 界限相連 今朝鮮旣被倭奴侵奪 日後必犯建州.

(3)(1592년 9월 14일) 윤두수가 아뢰었다. 자문을 보았더니, 건주위의 누르하치가 와서 구원해줄 것이란 말이 있습니다. 그 말이 사실이라면 우리나라(조선)는 멸망할 것입니다.[438)]

누르하치(Nurhachi)는 한자로 '老乙可赤/老兒可赤/奴兒哈赤/奴爾哈赤/老酋/老賊'로 나타내며, 성은 애신교로(愛新覺羅: Aisin-gioro)인데, 위의 (1)에서처럼, '明朝/皇朝'에 보고하여 왜적을 무찔러 '충성심'을 보이려고 하였으니, 이는 분명 조선에 손해될 일은 결코 아닌 것이다. 게다가 위의 (2)의 료동도사마저도 긍정적 태도를 보이지만, 건주녀진[439)]과 조선이 국경을 마주해 있고, 왜적에 대한 위협을 대처하기 위한 조치를 취한 것임에도, 그들 오랑캐의 속사정을 헤아리기 어려우므로 그들의 요구를 선뜻 들어주는 것에 회의적인 반응을 보이고 있을 따름이다.

그런데 조선의 입장에서는 그것도 임진왜란이 6개월이나 지났고, 임금도 의주로 피난간 상태에서, 위의 (3)의 뒷부분에 보면, 건주녀진의 군사들의 왜적 격퇴에 대한 지원에 대해 펄쩍 뛰면서 전혀 다른 해석을 하고 있으며, 누르하치의 군대가 오게 되면, 조선은 멸망하게 될 것이라고까지 말했다.

서로의 입장 차이가 왜 이렇게 클까? 과연 조선멸망에 이를 큰 피해가 있는 걸까? 임진왜란 이전의 일을 잠시 보자.

(1589년 7월 12일) 평안도병마사의 서장에, 만포진 첨사의 보고에 의하면, 건주위의 오랑캐 동평자(童坪者) 등 18명과 동해고(童海考) 등 16명 및 동다지(童多之) 등 48명이 귀순해 와서 말하기를, "건주좌위 추장 누르하치 형제가 건주위 추장 리이난(李以難) 등을 휘하로 만들고서 누르

奴兒哈赤部下 原有馬兵三四萬 步兵四五萬 皆精勇慣戰. 如今朝貢回還 對我都督說之 他是忠勇好漢 必然威怒 情願揀選精兵 待嚴冬氷合 卽便渡江 征殺倭奴 報效皇朝. 據此情詞 忠義可嘉 委當允行 以攘外患 但夷情回測 心口難憑 況事在彼中 遽難准信."

438) 『선조실록』 권30 선조25년 9월 신미(14일). "尹斗壽曰 … 且以咨文見之 則有建州衛老乙可赤來救之言. 若然則我國滅亡矣."

439) '건주(建州)'는 몽고명으로 카라호토〔喀喇城: 黑城·墨城〕이니, 흑수(黑水)·흑해(黑海)라는 말과 관련된 지명으로서 '현지주(玄池州: 북위 48° 동경 83.5°)'일 것이다. 그 동북쪽에 '현지(玄池: 齋桑泊. Zajsan L.)'가 있다. 바로 이 동쪽에 알타이산〔金山〕이 있다.

하치는 스스로 임금이라 하고, 그 아우는 선장(船將)이라 하면서, 활과 화살 등의 물건을 많이 만들고, 그 군사를 4운〔四運〕으로 나누었는데, 1운은 환도군(環刀軍), 2운은 철퇴군〔鐵鎚軍〕, 3운은 곶치군〔串赤軍〕, 4운은 능사군(能射軍)이라 하여 가끔 연습을 하고, 여러 오랑캐를 으르대고 견제하여 그 명령에 따르는 자에게는 술을 주고, 어기는 자에게는 머리를 베면서, 장차 중국〔中原〕을 보복할 계획을 세우고 있다."고 하였는데, 이른바 여러 오랑캐들의 말이 다 똑같습니다. 모린(毛麟)은 이미 건주위를 거느리고 와서 복종했고, 온화위(溫火衛)는 복종하지 않아 서로 공격하고 있으니, 누르하치의 사나운 상태를 이것으로써 짐작할 수 있습니다.[440)]

(2) 우리나라의 자문에는, … 본국의 서북쪽 일대는 건주삼위(建州三衛)와 국경이 붙어 있어 조상 때부터 여러 차례 그들로부터 환란을 받았습니다. 역대 임금들께서 만리를 훤히 내다보는 탁견에 힘입어 1479년(성화15, 성종10)에 헌종순황제(憲宗純皇帝)께서 크게 화내시어 군사를 출병시키면서 본국〔함경도〕에 칙유하여 힘을 합쳐 정벌하여 그들의 두목 리만주(李滿住)를 잡아 목베었습니다. 그로부터 저 도적들의 남은 자손들이 늘 분한 생각을 품고서 매번 우리나라 강가의 근처에 와서 노략질을 자행했습니다. 본국이 항상 국경의 방어에 애쓴 보람으로 겨우 막았습니다만, 이들 오랑캐가 본국에 항상 원한을 품은 것은 한 시대에 그치는 것이 아니어서 사나운 마음으로 틈을 엿보아온 지 오래되었습니다. 그들 무리 마삼비 등이 왜적을 토벌한다는 거짓명분으로 병부에 아뢰면서 겉으로는 양순하게 듣는 체하고 있으나, 속으로는 으르렁대며 물어뜯으려는 계획을 품고 있습니다. 만일 그들의 소원을 들어준다면 예측할 수 없는 화가 발생할 것입니다.〔1592. 9. 17〕[441)]

위의 글 (1)을 보면, 이미 누르하치도 어떤 불만을 가지고 있어 '보

---

440) 『선조실록』 권23 선조22년 7월 정사(12일). "平安兵使書狀 滿浦呈內 建州衛彼人童巾者等十八名 童海考等十六名 童多之等四十八名 歸順出來言內 左衛酋長老乙可赤兄弟 以建州衛酋長李以難等爲麾下屬 老乙可赤則自中稱王 其弟則稱船將 多造弓矢等物 分其軍四運 一曰環刀軍 二曰鐵鎚軍 三曰串赤軍 四曰能射軍 間間鍊習 脅制群胡 從令者饋酒 違令者斬頭 將爲報讎中原之計. 云云. 名曰 衆胡之言 如出一口. 毛麟率建州衛已服從 溫火衛未服從 自相攻擊 老乙可赤桀驁之狀 據此可知."

441) 『선조실록』 권30 선조25년 9월 갑술(17일). "本國有曰 … 西北一帶 與建州三衛境界相連 自祖先以來 屢被其患. 欽蒙列聖明見萬里 乃於成化十五年 憲宗純皇帝 赫怒發兵 勅諭本國 協行征討 捕斬渠魁滿住. 自後彼賊餘孼 常懷憤恨 每到本國沿江地面竊發爲寇. 小邦常勤防戍 僅得遮遏 此虜蓄怨小邦 非止一世 悍昧伺隙 積有年紀. 即有其黨馬三非等 假名征倭 稟告兵部 陽示助順之形 陰懷狺噬之計. 若遂其願 禍在不測."

복〔報讎〕의 차원'에서 중국을 공격할 계획을 세웠으며, 이에 따라 군사훈련도 시켰으며, 주변의 다른 녀진족들을 공격하여 복종시키고 있었다.

이것이 누르하치의 야심이 드러난 대목인데, 그 까닭은 바로 위의 (2)에서 보듯이, 1479년에 건주녀진 리만주를 공격하여 목벤 것 때문에 그 복수를 하려는 것이다. 그래서 이미 1583년부터 조선의 북쪽변방을 침범해왔던 것이므로, 그들이 거짓명분을 내세워 왜적을 치겠다는 것에 대해 조선에서는 이미 그 속셈을 간파하고 있었던 것이다.

여기서 건주녀진의 리만주(李滿住)가 만수르(Mansur)와 동일인임이 확인되면, 건주녀진의 위치도 알 수 있을 것이다.

(1) 만주는 리만주에서 비롯되었으며, … 명조 중엽에 … 만수사리 황제다.[442)]

(2) 1524년 만수르는 2만 군대를 이끌고, 숙주(감숙성)를 포위했는데, … 투르판 세력의 군사 공세는 계속 되었고, 명조는 결국 1529년에 하미 왕가의 재건을 단념하고, 만수르의 통공 요구를 받아들였다. … 만수르가 동쪽에서 명조에 대해 성전(지하드)을 벌이고 있을 때, 그의 아우 술탄 사이드는 사촌 동생이자, 훗날 무갈 제국을 건설하는 바부르의 비호아래 카불에서 3년을 보낸 뒤에, 동-투르키스탄으로 돌아와 그 서부를 지배하고 있던 두글라트 부족을 추방하고 1514년에 칸에 즉위하였다.[443)]

이 두 사료를 서로 엮어서 판단해보면, '명조 중엽'이 '1524~1529년'의 시기고, 만수사리가 리만주이며, 곧 모굴리스탄 만수르가 되며, 그 활동지역이 동-투르키스탄으로 발하슈호와 아랄해 지역임을 알 수 있다.

(1) 위구리스탄에 있는 투르판・카라샤르(찰리쉬)・쿠차 등지에서 아흐마드의 큰아들 만수르 칸(Mansur Qan)은 아버지가 죽은 뒤에 군주로

---

442) 『중국고금지명대사전』(上海: 商務印書館, 1931), pp. 1098~1099. "滿洲: 李滿住所居. … 明朝中葉. … 曼殊師利大皇帝."

443) 고마츠 히사오 등 7명 지음, 이평래 옮김, 『중앙 유라시아의 역사』(서울: 소나무, 2005), pp. 331~332.

인정되었고, 그 지역을 40년 동안 지배하였다(1503-1543). … 만수르는 모굴리스탄(일리와 율두즈)과 위구리스탄을 지배하였다.[444)]

(2) 모굴리스탄, 즉 탈라스, 추 강〔楚河〕 상류, 이식쿨, 에비 노르, 그리고 마나스(Manas)에 있던 유목민들은 한동안 무정부 상태가 지난 뒤에 차가타이의 왕통을 다시 수립하였다. 이 지역의 으뜸가는 몽골 씨족은 두글라트(Dughlat) 인들이었는데, 그들은 모굴리스탄의 이식쿨 주위와 그 당시에는 알티샤흐르(Alti-shahr), 즉 '여섯 도시〔六城〕'로 알려진 카쉬가리아에 큰 영지를 갖고 있었다.[445)]

앞에서 말한 리만주가 만수르인 이 황제〔칸〕가 지배했던 지역은 위구리스탄・모굴리스탄인데, 위의 (1)의 중심지는 북위 43° 동경 85°이고, 위의 (2)의 중심지는 북위 45° 동경 75°가 되며, 이 두 지역의 사이, 즉 '쿠차'에서 그 이서 쪽 카쉬가르〔疏勒: 喀什噶爾〕까지에 카쉬가리아(Kashgharia)가 있으므로, 그 지역을 아우르는 지역이 바로 만주(滿洲)이며, 만수르, 즉 리만주가 지배했던 건주녀진이다. 즉 만주는 아랄해 동쪽에서 발하슈호 주변의 카자흐 고원이 있는 북위 45° 동경 80° 중심의 반경 1000㎞의 지역이다.

이렇게 이곳의 건주녀진들이 이미 100년이 지난 일에 대해 앙심을 품고 있다가 이제 와서 임진왜란을 맞아, 그것도 임금이 피난을 가 있고, 전시지휘가 제대로 운영되지 않은 행재소〔임시 지휘소〕를 운영하고 있는 상황에서 그들이 중국을 공격하겠다는데, 조선에서 그토록 더 떠

---

444) René Grousset, *The Empire of The Steppes: A History of Central asia*, Translated from the French by Naomi Walford,(New Jersey: Rutgers University Press, 1970), p. 497. "In Uiguristan, Turfan, Kara Shahr(Jalish), and Kulcha, Ahmed's eldest son Mansur-Khan had been recognized as khan on his father's death, and he was to reign over this region for forty years(1503-43). … Mansur would govern Mogholistan(Ili, Yulduz) and Uiguristan."; 김호동・유원수・정재훈 옮김, 『유라시아 유목제국사』(서울: 사계절, 2002 6쇄), pp. 689~690.

445) Ibid., pp. 343~344. "The nomads of Mogholistan - that is, of the Talas, upper Chu, Issyk Kul, Ili, Ebi Nor, and Manas - had, after a period of anarchy, re-established Jagataite royalty. The chiet Mongol clan of the region was that of the Dughlats or Duqlats, who possessed large domains both in Mogholistan, round the Issyk Kul, and in Kashgaria, which was then known as Alti-shahr, "the Six Cities."; 김호동・유원수・정재훈 옮김, 위의 책, p. 489.

들썩한 까닭이 어디 있겠는가? 또 그들의 힘을 빌려 왜적을 치겠다는데, 조선이 그토록 불안해하며 반대하는 까닭이 무엇이겠는가?

윤두수: 요즈음 심유경이 하는 일을 보니, 화평을 허락하여 적군을 퇴각시키는 것으로 조선을 구하였다는 명성을 얻으려고 하고 있습니다. 중국〔中原〕에서도 힘이 약하여 누르하치를 시켜 왜적을 제거하려 하고 있습니다.
호조판서 리성중: 누르하치가 나오는 것을 부득이 빨리 막아야 합니다. 료동에 자문을 보내거나 조정의 관리를 파견하는 것이 좋겠습니다.
임금: 만일 누르하치를 출동시키라는 칙서가 내리게 되면 어떻게 하겠는가? 중국군〔天兵〕이 한번 꺾이고서 다시 오지 않는다면 사이(四夷)들이 뭐라고 하겠는가?
대사헌 리덕형: 누르하치가 얼음이 언 뒤에 3만의 군사를 거느리고 강가에 이르러, "우리는 황제의 칙서에 따라 왔다."고 한다면 거절하기가 어려울 것입니다.〔1592. 9. 14〕[446)]

북쪽 지역의 왜적을 물리치는 일에 누르하치의 군사들을 활용하려는 중국의 의도에 반대입장을 취하면서 누르하치 군사가 출병하지 못하도록 조선이 중간에서 외교를 펴고 있다.

그런데 여기서 임금〔上〕의 말은 '사돈 남 말하듯'하고 있다. 더구나 조선의 입장에서는 왜적을 물리치는 일이라면 무엇이든 마다하지 않아야 될 판국인데, 유독 누르하치의 군대에 거부감을 가지고 반대하는 것은 그 조선 자체가 중국이기 때문이다. 그래서 누르하치 군대와 중국군이 함께 나가 싸워 만약 이기지 못하게 되면, 사방의 제후들, 즉 사이(四夷)들로부터 체면이 서지 않는 일을 했다는 핀잔을 받게 될 것이라는 걱정을 하고 있다. 이를 두고 오지랖도 넓다는 말이 나올 만하다. 어쨌든 누르하치 군대가 와서 거짓말을 하더라도 거절할 수 없는 처지가 조선인 것이다.

---

446) 『선조실록』 권30 선조25년 9월 신미(14일). "斗壽曰 近見沈惟敬事 則欲爲許和退兵 以賭得救朝鮮之名矣. 中原力弱 亦欲以老乙可赤除倭賊. 戶曹判書李誠中曰 老乙可赤出來之事 不可不速拒. 或移咨遼東 或遣朝官 可也. 上曰 萬一降勅 則奈何. 天兵一番挫衄 而不爲更來 則四夷謂之如何. 大司憲李德馨曰 老乙可赤 氷凍後 率三萬兵渡江邊曰 余遵皇勅而來云 則拒之亦難矣."

조선이 누르하치 군대의 왜적토벌의 참전에 반대입장을 내세운 것은 조선의 중앙정부 중국에 대한 도전을 염려했기 때문인 것이다.

결국 누르하치는 1583년 뒤부터 임진왜란 내내 북방지역에 도전해왔으며, 남쪽의 왜적만큼의 걱정거리였다. 리순신의 건원보 만호, 조산보 만호, 녹둔도 둔전관 시절에, 누르하치의 위력으로 보아 울지내・니탕개도 마찬가지의 녀진족이니, 그 영향 아래에서 줄곧 있었던 침입일진대, 그렇다면 과연 누르하치와 리순신의 만남 - 맞서 싸운〔對敵〕은 없었을까?

(1) 건주의 추장 누르하치가 강계부에 글을 보내어 도망한 사람을 몽땅 돌려줄 것을 청하였다. 국경 부근에 사는 녀진 부락을 번호(藩胡)라 하는데, 국경에서 멀리 떨어져 사는 심처호(深處胡)들은 노략질을 하는 경우가 있었지만, 글을 보내어 공문으로 요청한 일은 없었다. 그런데 이때에 와서 건주의 오랑캐들이 집단으로 번성하기 시작하여 강계부사(江界府使) 허욱(許頊)에게 글을 보내 우호관계를 맺고 왕래하기를 청하는가 하면, 귀화한 사람을 몽땅 돌려보내줄 것을 청하였다.〔1595. 7. 1〕[447)]

(2) 비변사에서 다시 보고하였다. 누르하치에 관한 일은 저희들도 매우 염려하고 있었는데, 임금의 명령을 받들어 그 오랑캐〔夷狄〕들의 정황에 대하여 적군의 계략을 깨뜨려〔伐謀〕 이길 수 있는 방책이 구체적으로 갖추어져 있어 진실로 받들어 시행해야 되겠습니다. … 그러나 반드시 중국조정〔中朝〕의 명령이 떨치지 못하고, 료동이 먼저 무너진 뒤에 많은 오랑캐들이 여기저기서 나온 자가 1000명・1만 명으로 떼지어 얼음을 타고 강을 건너 멀리까지 깊숙이 들어왔으니, 마치 고려 때의 홍건적과 같습니다.〔1595. 8. 13〕[448)]

(3) 비변사가 보고하였다. 회녕(會寧) 등지의 번호(藩胡)들이 적호(賊胡)에게 노략질당하였다는 보고를 받으니, 한심스럽습니다. 단지 입술이 없으면 이가 시릴 것이 염려스러울 뿐 아니라, 장차 번호들의 형세가 부득

---

447) 『선조수정실록』 권29 선조28년 7월 임신(1일). "建州胡酋奴兒哈赤通書江界 請刷還逃口. 女眞部落散處近塞者 稱爲藩胡. 深處胡時或作賊 而未有書契關請. 至是 建州胡團聚始盛 投書于江界府使許頊 請通好往來 又請刷還向化人口."

448) 『선조수정실록』 권66 선조28년 8월 계축(13일). "備邊司回啓曰 老乙可赤事 臣等亦甚致慮. 伏承聖教 其於夷狄情形 伐謀制勝之策 詳備無餘 固當遵奉施行. … 然必待中朝威令不振 遼東先壞然後 大虜之汎濫散出者 或千萬爲群 乘氷渡江 長驅深入 如前朝紅巾之賊 是也."

이 오랑캐에게로 들어가게 된다면 뒷날에 차마 말할 수 없는 재앙이 있을 것입니다. 본도(함경도)의 수령과 변장들을 속히 가려 뽑아 보내어 후회하는 일이 없게 하소서.〔1598. 3. 12〕[449)]

임진왜란이 진행되는 가운데 건주녀진의 사람들이 무역과 조공을 하는 국경 가까이 사는 번호(藩胡)와 그보다 더 멀리 떨어진 심처호(深處胡)들도 조선과 관계개선을 요구하면서 서로 왕래하기를 청하기도 했지만, 귀화인까지 돌려보내 달라는 것은 갈등을 조장하여 노략질 내지 침략의 빌미를 찾으려는 행위다.

그리고 누르하치 오랑캐에 대한 대책을 미리 잘 수립하여 대응해야 하겠다고 했는데, 이미 그들은 1000명씩, 1만 명씩 떼를 지어 깊숙이 쳐들어오기도 하였다. 이때는 이미 중앙조정의 명령은 위엄이 땅에 떨어져 오랑캐의 침투양상은 지난 고려 때의 '홍건적'을 방불케 하였다.

그래서 회녕부 지방은 그 오랑캐들에게 노략질을 당하여 조선의 입술이 없는 처지가 되었기 때문에 유능한 지휘관을 뽑아 보내어 후환을 없애도록 비변사에서 청했던 것이다.

이런 사실에서 보면, 중앙아시아의 서북부에 있는 함경도 지방의 건주녀진의 울지내・니탕개・누르하치 등의 침범과 노략질은 임진왜란과 관계없이 조선의 중앙조정〔中國/中原〕에 대한 불만을 해소하고, 자신들의 야망을 실천하기 위한 행위였으므로, '임진왜란'이란 단순한 명칭보다는 '만력의 란'으로 부르는 것이 더 어울린다.

(4) 조정의 부정부패(不正腐敗)

명조(明朝)의 양세법(兩稅法)은 여름과 가을로 나누어 하세(夏稅)・추세(秋稅)로 거두어 들였는데, 민전(民田)은 규정액 이외의 추가 징세를

449) 『선조실록』 권98 선조31년 3월 정유(12일). "備邊司啓曰 觀會寧等處藩胡 爲賊胡所焚掠之報 極爲寒心. 不但齒寒之可慮 將來藩胡之勢 不得不折入於其胡 則他日之禍 有不可言者. 本道守令邊將 急速遴擇 勿貽改龐之患."

부담시켰고, 부역 착취도 료향(遼餉)·초향(剿餉)·련향(練餉)의 삼향(三餉)이 추가되어 민생의 부담이 날로 가중되었으며, 재산이 없는 농민에게도 납세를 강요하는 등 폐단이 컸다. 이때문에 명조 말기에는 토호와 신사들의 대토지 소유로 토지겸병이 심하여 조씨(趙氏)·저씨(楮氏)·묘씨(苗氏)·범씨(范氏) 등 4대 지주의 전조(田租) 수입은 북방의 10년분의 군량이 될 정도였다.

이렇게 신종(神宗: 朱翊鈞 1562~1620) 때에는 조정의 부정부패와 대지주들의 토지겸병과 부역의 가중부담으로 농민들의 떠돌이〔流民化〕 현상은 계속 늘어났다. 조정의 부정부패는 무엇보다도 내각의 대학사(大學士) 장거정(張居正: 1525~1582)의 사망과 관련이 깊으며, 이어서 황태자 책봉에서도 비롯되었다.

장거정은 10살의 어린 나이에 즉위한 신종을 보필하는 책임정치의 중심에서 환관을 엄정히 통제하였으며, 공정한 세금을 거두기 위한 기초작업으로 전국의 토지를 측량〔丈量〕하고, 조세부담의 공평을 기하기 위하여 일조편법(一條鞭法)을 시행하여 국가재정이 매우 충실하게 되었다. 하지만,[450] 그가 병으로 죽자, 부민(富民)들의 원한이 터져 나왔으며, 신종도 그동안에 쌓인 불만을 보복하듯이, 그를 신사층의 이익을 파괴한 독재자로 몰아붙여 그의 생전의 작위를 빼앗고, 재산도 몰수하였으며, 그의 일족을 유배시켰다. 또한 환관을 지방에 파견하였는데, 이들이 광사(鑛使)니, 세사(稅使)니 하면서 천자의 칙명이라면서 지방관을 무시하고 광산을 개발한 광세(鑛稅)와, 장사에 따른 상세(商稅)를 징수하자,[451] 환관들의 이런 망동에 반대하고, 잔혹한 억압과 착취에 농민들이 반항하여 여러 곳에서 폭동이 일어나기도 하였다.

그리고 1581년(만력9)에 성혼(成渾: 1535~1598)이 내자첨정이 되자, 임금께 올린 상소에 이런 글이 있다.

---

450) 張守軍, 『中國古代的 賦稅與勞役』(北京: 商務印書館出版, 1998), pp. 55~57.
451) 張守軍, 위의 책, p. 78. "明神宗時期, 礦稅·商稅徵斂極爲苛重. 從萬曆二十四年(公元1596年)起, 朝廷派許多宦官到各地出任礦監和稅監, 他們巧立名目, 肆意掠奪工商業者."

천하의 정치는 천자〔임금〕에게서 나오지만, 천하의 일은 천자〔임금〕 혼자서 맡아 다스릴 수 있는 것은 아닙니다. … 신〔성혼〕이 오직 백성의 곤궁과 피폐에 관해 말하자면, 신이 직접 온갖 어려움을 겪었기 때문에 그 점을 잘 알고 있습니다. 삼가 생각건대 우리 동방 지역은 … 근년 이래로 풍속이 사치하여 참으로 너무 지나치게 재물의 한계를 넘어섰습니다. 더구나 부역의 무거움이 옛날에도 없었는 데다가, 사·농·공·상 4민 가운데, 농민이 가장 빈곤한데도 여러 군역의 고달픔과 수월함이 고르지 못합니다. 요즘의 정치는 편의함을 잃어서 백성들이 생업이 없기 때문에, 부역이 수월한 자는 겨우 보존하고, 고달픈 자는 떠돌게 됩니다. 이리하여 친인척의 이웃에까지 침해가 미치고, 점점 해독이 만연되어 한 사람이 부역을 피하여 도피하면, 온 마을이 텅 비게 되는데, 근본이 날로 소모되어 감당할 수 없는 근심이 있게 됩니다. 차과(差科: 노역·부세의 배정)의 분배가 내려져 수색할 즈음이면, 몰아치고 다그치는 것이 더욱 혹심하여 산 속에까지 두루 파급됩니다. 따라서 애절한 우리 백성들은 가난과 굶주림 속에 시달리고 있으니, 이들의 시름겹고 고통스러운 것은 차마 말할 수가 없습니다. … 신은 매번 이웃 마을에 밥짓는 연기가 끊긴 지 오래인데도 관리들의 잇따른 호통소리를 들을 때마다 마음이 떨리고, 불안하여 방황하면서 크게 한숨짓지 않을 수 없습니다.[452)]

이 『선조실록』 속에는 비록 혹세무민했다는 글이 이 하나뿐이고, 왜란이 일어나기 10년 전이지만, 이 상소문에서는 분명 그 당시의 군역·노역·부역이 많고, 세금도 혹독하여 벼슬아치들의 독촉에 못 이겨 백성들이 가난과 굶주림에 시달리고 있고, 매우 힘들게 살고 있음을 지적하였다. 이런 상태는 마치 폭동이 일어날 수 있을 수준이었음을 짐작하고도 남음이 있다.

특히 1587년(만력15)을 전후하여 많은 파산농민들이 무리를 지어 대항

452) 『선조수정실록』 권15 선조14년 4월 1일(갑오). "以成渾爲內子僉正. 渾上疏曰… 天下之治, 固出於一人, 而天下之事, 則非一人所能獨任也. … 臣惟生民困瘁之說, 則臣親經歷, 備嘗疾苦, 其所以知之者深矣. 竊以, 東方之域, … 近年以來, 風俗奢侈, 公私之費, 日洩於華靡之習者, 固已太踰其物力之分矣. 而況賦役之重, 在古無比, 四民之中, 農民最困, 且諸色軍役, 苦歇不均. 近緣政失便宜, 民無恒産, 歇者僅存. 苦者流離. 侵及族隣, 輾轉蔓毒, 一人逃役, 閭里盡空, 根本日傷, 元氣日耗, 有不勝其憂者矣. 差科之下, 逮捕之際, 驅催程督, 愈深愈酷, 遍及於深山窮谷之中. 哀我赤子, 憔悴於窮餓之水火, 愁冤痛苦, 有不忍言. … 臣每聞, 比隣炬火久絶, 追呼旁午, 未嘗不蹙然動心, 而彷徨大息也."

했다. 하남 지방의 급현(汲縣)・기현(淇縣)・안양(安陽)・탕현(湯縣) 일대의 농민들은 조운선을 겁탈해 곡식을 탈취하는 폭동을 일으켰고, 강소・안휘・복건 일대의 소작인들은 항조투쟁을 전개했다. 소주(蘇州)의 경우는 소작인들이 소작료 납부를 거부하고, 지주가 강제로 징수하려고 하면 죽이기까지 했다. 항조운동이 경제적 측면에서 반봉건투쟁이라면, 농민봉기는 정치적 영역으로 발전해간 것을 의미한다.[453)]

그리고 본래 신종에게는 장남 상락(常洛)이 있었으나, 1586년(만력14)에 총애하는 정귀비가 아들 상순(常洵)을 낳자, 그를 편애하여 오래도록 태자를 책봉하지 않았다. 이를 둘러싸고 장남 상락을 빨리 태자로 책봉할 것을 주장하는 반내각파(反內閣派: 東林派)의 대립이 격화되었다.

이와 같은 조정의 분열은 1601년(만력29)에 동림파의 주장대로 장남 상락〔뒷날 光宗〕을 황태자로 책봉한 뒤로 삼안(三案: 梃擊・紅丸・移宮)과 결부되어 치열한 당쟁으로 확대되었다.[454)]

정격안(梃擊案)이란 1615년(만력43)에 소주(蘇州)의 괴한 장차(張差)가 몽둥이를 들고 자경궁(慈慶宮)에 침입한 사건인데, 이 사건을 둘러싸고 동림파는 철저히 조사하여 주동자를 엄벌할 것을 주장했다. 하지만, 황제는 비동림파의 주장대로 단순사건으로 처리하고, 근무평정〔京察: 都目政事〕에서 오히려 동림파를 제거하였다.

홍환안(紅丸案)이란 1620년(만력48) 7월에 황제가 죽고, 태자 상락(常洛: 1582～1620)이 즉위하니 광종(光宗)이다. 광종은 병약하고 이질을 앓고 있었는데, 홍로시승 리가작(李可灼)이 지어바친 붉은 환약〔紅丸〕을 먹은 뒤 9월 1일에 사망하니, 등극한 지 1달만이었다.

이궁안(移宮案)이란 광종의 맏아들 유교(由校: 1604～1627)가 9월 6일(경진)에 즉위하니 16살의 희종(熹宗: 1620～1627)이다. 그 유모 선시(選侍) 리씨(李氏)가 황제와 함께 건청궁에서 살았는데, 동림파는 이들의 동거를 반대했다. 그러나 황제가 리선시와 함께 살 것을 강력히

---

453) 강길중・박종현・정재훈, 앞의 책, pp. 261～262.
454) 曺永祿,「萬曆・天啓間의 黨爭의 격화와 科道의 政局주도」『中國近世政治史研究』(지식산업사, 1988), p. 246.

원하자, 동림파는 할 수 없이 1620년 9월 5일(기묘)에 리선시를 인수전(仁壽殿)으로 옮겨 정치에 개입하지 못하게 하였다. 당시에 황태자〔광종〕의 책봉을 주장했던 동림파가 이때 득세하였는데, 비동림파와 정치 전반에 걸쳐 예리하게 대립하고 논쟁이 벌어졌다.

이 삼안(三案)은 모두 돌발적으로 일어난 사건이었다. 그러나 만력년간 말기에 조정대신 사이에 대립과 분쟁이 계속되어 왔으며, 사건처리에 대의명분을 앞세우면서 오히려 파당을 갈라 치열한 당쟁을 일삼았다. 또 불법적인 가렴주구의 사회모순이 드러남에도 불구하고, 이런 정치현실에서 희종은 어리석어 환관 위충현(魏忠賢)에게 정사를 맡기니, 정치는 매우 문란해지니, 결국 명조(明朝)의 멸망을 가져왔다.[455]

그리고 뻔한 이야기지만〔쎄뚜뷔(C'est tout vu)〕, 이런 정치현상은 백성들에게 얼마나 가혹했는지를 오희문(吳希文)의 『쇄미록(鎖尾錄)』에서 여실히 보여주고 있다.

> 김수(金睟)가 재차 경상도 관찰사〔慶尙監司〕로 부임하니 가혹한 정치가 맹호(猛虎)보다 심하며, 임금의 은덕〔聖澤〕이 막혀서 미치지 못해 허물어지는〔土崩〕 꼴이 이미 왜란 전에 나타났다. 그들이 침입해오자, 자기의 몸부터 감추어 한 지방의 지도자〔守將〕로 하여금 한 번도 싸울 수 없게 하였으며, 성문을 열어 큰 적을 맞아들이는 것이(他에) 뒤질까봐 두려워했고, 대저 倭가 우리나라를 멸망시키는 것을 기뻐하는 것 같았다.[456]

이 말 한 마디로써 조선의 정치현장을 충분히 느낄 수 있으며, '다소 과격한 표현'으로 진단할 수도 있겠지만, 민심은 정치지도자들의 곁에서 떠나 있음을 읽을 수 있으며, 백성들의 원한을 알만도 하다. 오죽하면 우리나라가 멸망되기를 더 바랐던 것일까. 더구나 그런 현상이 임진왜란이 일어나기도 전에 이미 일어나고 있었다는 말이다.

이 말이 곽재우와 김수와의 개인적 인간관계의 불협화음에서 나왔다는 말을 해서는 안 될 것이다. 이미 일본의 침입과 관군의 무너짐과

---

455) 申採湜, 앞의 책, pp. 557~558.

456) 吳希文,『鎖尾錄』第1 壬辰 8月上, pp. 64~66; 郭再祐上疏,(國史編纂委員會刊, 韓國史料叢書 第14號); 李章熙,『郭再祐研究』(서울: 養英閣, 1983), p. 49.

민심의 흐름 등을 몸소 체험했던 경상도 초유사 김성일(金誠一)이 장계했던 내용에서 더 명확히 알 수 있다.

> 근래에 부역(賦役)이 번거롭고도 무거워 백성들이 마음놓고 살 수가 없으며, 형벌(刑罰)도 매우 가혹하여 군졸과 백성들이 마음 속에 원망스러움을 품고 있어도 하소연할 길이 없으니, 그들의 마음이 떠나 흩어져버린 지 오래되었습니다.[457]

민심이 떠나버린 까닭이 부역·형벌의 가혹한 집행에서 비롯되고, 물론 그 자신도 이런 책임에서 조금도 벗어날 수 없는 사람이지만, 백성들의 불만을 들어주지 못하는 정치지도자들의 태도에 있었음을 지적했다.

잠깐 머리를 북쪽으로 돌려보자.

주르친(女眞: Djurchin) 또는 주르치(女直: Djurche)는 조선의 지배를 받던 숙신(肅愼)·직신(稷愼)·쥬신(珠申)·물길(勿吉)·말갈(靺鞨)·읍루(挹婁)로 불리던 만주(滿洲) 지방 사람들이었다. 11세기 말에는 완안부(完顔部)의 영가〔盈歌: inggu; 우구내(烏古迺: ugunai)의 다섯째아들〕는 주위의 여러 부족을 평정하고, 큰아들 우야소〔烏雅束: uyasu〕 때에는 함흥(咸興) 지방까지 그 세력을 떨쳤는데, 언제나 고려를 부모의 나라〔父母之國〕로 섬기며, 말〔馬〕과 가죽〔毛皮〕 등을 바치고, 대신 쌀·베〔布〕·무명〔木〕 등의 생활필수품을 얻어갔다. 이것은 전형적인 조공체제다.

우야소의 아우 아구다〔阿骨打: aguda〕가 녀진족을 통일하고 1115년(예종10)에 금(金)나라를 세웠다.

조선 때에는 야인(野人)녀진은 경제적 욕구가 충족되지 않을 때에는 수시로 침입하여 인명과 재산에 손실을 끼쳤는데,[458] 가장 멀리 있는 이 야인녀진이 조선의 조공·귀화·무역 허용과 벼슬까지 주었음에도

---

457) 『선조실록』 권27 선조25년 6월 병진(28일). "慶尙道招諭使金誠一馳啓曰 … 近來賦役煩重 民不聊生 刑罰又從而太酷 軍民怨氣滿腹 無路可訴 其心離散已久."

458) 尹乃鉉·朴成壽·李炫熙, 『새로운 한국사』 (서울: 삼광출판사, 1989), p. 335.

침입이 잦았다. 그래서 1460년(세조6)에는 신숙주(申叔舟)로 하여금, 1491년(성종22)에는 허종(許琮)으로 하여금, 1436년(세종18)에는 최윤덕(崔潤德)·리천(李蕆)으로 하여금 녀진을 소탕하기도 했다.

1477년(성종8)에도 야인녀진은 서계(西界)·동계(東界)와 지경이 서로 잇닿아 있어 변방 방비의 방책이 모름지기 매우 조심해야 하였다.[459)]

그리고 건주녀진(建州女眞)의 누르하치(1539~1626)는 1583년(선조16)부터 활동하기 시작하여 1593년(선조26)에는 해서녀진(海西女眞)과 몽골의 연합군 3만 명을 혼하(渾河)[460)]에서 여러 부락을 공격하여 기틀을 잡았다.[461)] 1596년에도 틈을 엿보아 군사를 일으키려고 했고,[462)] 조선과 우호동맹을 맺기를 청하기도 했다.[463)] 이때에 1611년부터 경원부(慶源府) 아산보(牙山堡)에서 번호(藩胡)를 노략질했으며,[464)] 인조반정의 배경[465)] 세력으로 등장하게 되는데, 이것이 곧 청조(清朝)의 시작이다.

녀진족들이 활동하는 이 북쪽 지방은 태조 리성계의 고향 함흥이 있는 곳이고, 리성계 가문의 지역적 기반이 옷치긴 집안(Otchigin ulus)

---

459) 『성종실록』 권82 성종8년 7월 임인(17일). "兩界與野人連境 隄備之方 須當謹愼."

460) '渾河'는 "상간하(桑乾河)·동가강(佟家江)·혼강(混江)·소료하(小遼河)·호노호하(瑚努呼河)"로도 불리는데, 여러 곳에 있다. 이것은 『중국고금지명대사전』에 나온 "綏遠烏喇特境"〔북위 41.5° 동경 108.5°〕이 아니라, 『중국력사지도집』(제5책, p. 42-43)에 나온 '渾河州'〔북위 48° 동경 92°〕로 보아야 한다. 이곳은 알타이산〔金山〕과 한가이산〔Khangai: 杭愛山〕의 어름에 있고, 건주(建州)가 몽고명으로 카라샤르(喀喇城: 黑城·墨城)인데, 거기에 카라호〔哈臘湖·哈臘烏斯湖: 黑水湖〕가 있다. 그러나 해서녀진이 있는 곳은 그 서쪽의 현지(玄池: 齋桑泊, 북위 48° 동경 84°)로 보아야 한다. 이 상류의 우룬꾸(烏倫古: Ulungur) 강은 그 동쪽에 있는 알타이산에서 시작된다.

461) 李鉉淙, 『韓國의 歷史』(서울: 大旺社, 1991 10판), p. 279.

462) 『선조실록』 권74 선조29년 4월 기해(3일). "老乙可赤 伺釁欲動者 非日月矣."

463) 『선조수정실록』 권30 선조29년 2월 무술(1일). "金希允喩以勿與朝鮮相失生釁 奴兒哈赤等皆謝不敢 且請與朝鮮結盟相好."

464) 『광해군일기』 권44 광해군3년 8월 기묘(12일). "老兵搜掠藩胡于慶源牙山堡境."

465) 인조반정의 직접적인 원인을 대개 광해군의 비범한 정치적 역량의 발휘에도 불구하고, 그의 폐륜적 행위, 즉 림해군 살해 방관, 영창대군 살해 명령, 인목왕후 유폐로 들지만, 이것은 반정의 주도세력〔西人〕들의 명분일 따름이며, 그보다 더 절박한 정치적·경제적 상황으로 보아야 한다.

의 통치지역 안에 있었다.[466] 또한 조선을 건국함에 있어 “중인(中人) 출신의 사대부와 무인들이 하층민・야인(녀진)의 지지세력을 통해 나라를 세웠으므로, 그들의 지위를 향상시키고, 국가수입의 기반을 늘려 신분질서를 개편하였다.”는[467] 말에서 알 수 있듯이, 퉁두란티무르(佟豆蘭帖木兒: 李之蘭)를 포함한 녀진족들의 역할이 컸다. 따라서 이들의 자존심・자부심 또한 대단하여 그들에게 회유정책을 펴지 않을 수 없는 정치적 부담을 늘 안고 있었다.

그래서 이들은 언제나 조선조정에 대하여 불만이 있으면 노략질로 대신하여 그들의 의사를 표시하여 왔다. 평안도병마사 리괄(李适: 1587~1624)과 구성부사(龜城府使) 한명련(韓明璉: ?~1624) 등도 인조를 등에 엎고 정치적 역할을 확대하려고 혁명에 동참하여 성공시켰는데, 오히려 소홀히 대우받자, 반란을 일으킨 것이다. 녀진족들은 조선이 배금향명(排金向明)의 정책을 적극적으로 추진하여 그들 후금을 배신한 꼴이 되었으므로, 정묘호란・병자호란을 일으켰던 것이다.

그러나 이것은 국가 간의 전쟁이 아니라, 정치적 반격으로 조선의 중앙조정에 대한 경각심을 촉구한 행위에 지나지 않는다. 왜냐하면 그 두 차례의 호란을 통하여 비록 그들이 조선의 중앙조정에 해왔던 삼배구고두례(三拜九叩頭禮: 3번 절하고 9번 머리를 조아리는 례)를 인조가 삼전도(三田渡)에서 했을지라도,[468] 더 이상의 다른 정치적 항복의 강요가 없었고, 단지 경제적 행위의 세폐(歲幣)를 내려주는 것으로 끝냈기 때문이다. 이 ‘세폐(歲幣)’는 중국이 대대로 북방의 유목국가에 해마다 음력 10월에 일정액의 물자를 주는 외교적 친화정책이므로, ‘바치는’ 것이 아니라 ‘내려주는’ 것이다. 1637년(崇禎10. 崇德2) 1월 28일에 룡골대(龍骨大)가 가져온 칙서에 “세폐는 황금(黃金) 100냥, 백은(白銀) 1000냥, 물소뿔활〔水牛角弓面〕 200부, 표범가죽〔豹皮〕 100장, 차(茶) 1000포(包), 수달가죽〔水獺皮〕 400장, 청서가죽〔青鼠皮〕 300장, 호초 10

466) 尹銀淑,『蒙・元 帝國期 옷치긴家의 東北滿洲 支配』(江原大學校大學院 博士學位論文, 2006), p. 227.

467) 尹乃鉉・朴成壽・李炫熙, 위의 책, p. 344.

468)『인조실록』권34 인조15년 1월 경오(30일). “上行三拜九叩頭禮.”

말, 허리 차는 칼〔好腰刀〕 26발, 소목(蘇木) 200근, 큰종이〔好大紙〕 1000권, 순도(順刀) 10발, 작은 종이〔好小紙〕 1500권, 오조룡석(五爪龍席) 4령, 여러 모양 화석(花席) 40령, 백저포(白苧布) 200필, 여러 빛깔 비단〔綿紬〕 2000필, 여러 빛깔 세마포(細麻布) 400필, 여러 빛깔 세포(細布) 1만필, 베〔布〕 1400필, 쌀〔米〕 1만포(包)를 정식으로 삼는다."고 했다.

그리고 1639년(인조17, 태종 숭덕4) 9월에는 "심양의 팔왕이 몰래 은자 500냥을 보내오면서 무명・표범가죽・수달가죽・날다람쥐가죽・꿀・잣 등의 물품을 무역할 것을 요구하니, 조정이 허락하였다."는[469] 것에서 보듯이, 이렇게 조선의 조정이 무역의 허가권을 가지고 있었던 것은, 종속국(從屬國)이 아니라, 종주국(宗主國)이기에 가능한 것이다.

임진왜란의 발발은, 일찍이 배워서 아는 사건들로서 정말 '새로울 것이 없는 것〔데자뷔(dejà vu): 旣視感〕'이지만, 녕하의 보바이 반란, 사천의 양응룡 반란, 절강의 조고원 반란이나, 건주녀진 누르하치의 침입이나, 풍신수길의 임진왜란도 동일선상의 정치・경제・사회의 맥락에서 하나의 하늘 아래, 통치를 받는 같은 땅 위에서 벌어진 '만력의 란'이었던 것이다.

469) 『인조실록』 권39 인조17년 9월 병인(12일). "瀋陽八王 密送銀子五百兩 要貿綿布豹皮水獺皮青鼠皮淸蜜柏子等物 朝廷許之."

2. 주변국가들만의 무역활동과 일본의 통일

(1) 유럽의 동방진출과 무역

유럽 세력이 아시아로 진출한 시기는 조선 중엽이며, 인도를 지나가는 항로의 발견은 포르투갈의 식민주의자들에게 기쁨을 주어 마치 미칠 듯하였다.[470)]

세계경제의 동시적 변화!

그것은 중국의 경제가 성장하면서 유럽인은 중국까지 항해할 수 있는 기술이 필요해졌고, 중국시장에 들어갈 수 있는 순은(純銀)을 보유했다. "16세기에 세계경제의 중심은 유럽이 아니었다. 이때는 생산하는 중국, 소비하는 유럽의 관계가 역전되기 몇 백 년 전이다. 유럽은 기술의 힘과 마약 거래로 서서히 우위를 얻게 되었다."[471)]

이 마약거래의 절정은 곧 영국이 무기로써 인도·홍콩을 식민지로 만든 1840년대다.

이보다 333년 일찍 1511년에 말라카를 침략한 포르투갈 사람들은 중국의 동남 연해지역을 엿보다가 1517년(정덕12)에 광주(廣州)에 들어왔으며, 얼마 지나지 않아서 복건(福建)·절강(浙江)지역을 차지하였으며, 1553년에 마카오(Macao: 澳門)로 옮겨 거류지로 정하고, 무역거점을 삼아 중국과 동양 및 서양과의 삼각무역을 크게 벌이며, 특히 일본을 상대로 국제무역에 종사하였다. 에스파냐 사람들은 마닐라를 점령한 뒤에 중국을 정복하려고 획책하였다.[472)]

---

470) 呂景琳,『中國封建社會經濟史』第4卷第8編 明代(1368-1644年)(濟南: 齊魯書社·文津出版社, 1996), p. 30. "通航印度的航路的發現, 使葡萄牙植民者欣喜若狂."

471) Timothy Brook, *The Confusions of Pleasure: Commerce and Culture in Ming China,*(California: The Regents of the University of California, 1998); 이정·강인황 옮김,『쾌락의 혼돈: 중국 명대의 상업과 문화』(서울: 도서출판 이산, 2005), p. 33.

472) 呂景琳, 위의 책, p. 31. "西方列强的興起, … 1511年侵占了滿剌加國的葡萄牙便開始窺伺明朝的東南沿海, 1517年(明正德十二年) 企圖進入廣州, 而後轉掠浙江福建. 到1533年(明嘉靖三十二年), 葡萄牙人移居澳門, 建立貿易據點, 大作中國東洋西洋的

한편 포르투갈의 귀족 마젤란(Ferdinando Magellan: 1470~1521)은 에스파냐 선박을 거느리고 1565년에 멕시코를 떠나 태평양을 건너 필리핀의 민다나오(Mindanao: 棉蘭老) 섬과 사바(Sabah: 宿務) 섬을 점령하고, 1571년에는 루손(Luzon: 呂宋) 섬의 마닐라를 점령하여 이곳을 동방식민지 통치의 중심지로 삼았다.[473)]

이미 '佛狼機/佛朗機'〔불랑기/fọ́lángjī〕란 이름의 대포〔炮〕가 중국에 들어왔는데, 그 어원은 'Frank'이며, 그 뜻은 서부 유럽사람, 특히 포르투갈·에스파냐 사람을 일컫던 이름이다.

> 통역관 리석(李碩)이 중앙조정〔中朝〕에서 듣고 본 일을 아뢰었다. "포르투갈〔佛朗機國〕이 말라카〔滿剌國〕 때문에 길이 가로막혀 명조〔大明〕가 들어선 때부터 중국(中國)과 왕래하지 못했는데, 이제 말라카를 점령하고 와서 제후로 승인〔封〕해줄 것을 요구했습니다. 례부(禮部)에서는 이에 대하여 의논하기를, '조정에서 봉해준 나라를 마음대로 점령하였으니 허락할 수 없다.'하고 알현을 허락하지 않았지만, 그들을 관대〔館待: 영빈관에서 머물며 접대〕하는 것은 다른 나라와 다르지 않았습니다. 그들의 외모는 왜인과 비슷하고, 의복의 제도와 음식의 절차는 보통 사람들과는 같지 않았습니다. 그래서 중국〔中原〕 사람들도 '지금까지 못 보던 사람이다.'고 했습니다. 황제가 여행하러 나갈 적에는 타타르〔韃靼〕·회족〔回回〕·포르투갈〔佛朗機〕·참파〔占城〕·라마(剌麻) 등 나라의 사신을 각각 두세 명씩 뽑아 호종하게 하면서 그들의 언어를 익히기도 하고, 그들의 기예를 살펴보기도 하였습니다."[474)]

이 보고는 1520년 12월 14일인데, 이미 포르투갈 사람들이 동남아시아에, 그것도 말라카〔滿剌國=滿剌加: 말레이 반도〕를 식민지로 삼았다는

三角貿易. 西班牙在占領馬尼拉之後也 在策劃征服中國."

473) 위의 책. "葡萄牙貴族非爾南多麥哲倫(1470-1521) 率領西班牙船隊從西班牙出發. … 1565年 西班牙遠征軍從墨西哥出發, 橫斷太平洋, 侵占菲律濱的棉蘭老島和宿務島, 1571年占領呂宋島的馬尼拉, 在這里建立了它在東方植民統治中心."

474) 『중종실록』 권41 중종15년 12월 무술(14일). "通事李碩 以中朝聞見事啓曰 佛朗機國爲滿剌國所遮攔 自大明開運以來 不通中國. 今者滅滿剌國 來求封. 禮部議云 擅滅朝廷所封之國 不可許也. 不許朝見 而其館待之事 無異於他國. 其狀貌有類倭人 而衣服之制 飮食之節 不似人道. 中原人以爲 從古所未見者也. 皇帝凡出游時 與韃靼回回佛朗機占城剌麻等國之使 各擇二三人 使之扈從 或習其言語 或觀其技藝焉."

말이며, 그렇게 점령한 땅에 대해 그들을 제후국으로 인정해달라고 중국에 요구해 왔다고 했다. 중국은 이들의 요구를 들어주지 않고 알현까지도 허락하지 않았다.

이들 포르투갈〔佛朗機〕이 있는 위치는 과연 어딜까? 당시의 인식을 보자.

> 중종: 전에는 오지 않았던 나라들도 이번에는 모두 와서 조회하였다고 하는데 사실인가?
> 주청사(奏請使) 신상(申鏛): 그것은 이른바 포르투갈〔佛朗機〕이라는 나라입니다. 그들의 지도를 상고해보니, 서역(西域) 지방 서남쪽 사이에 있는 나라였습니다.[475)]

포르투갈 사람들이 상주하였던 지역은, 이 말대로 보면, '서역의 서남쪽'이니, 이것은 인도 서부와 파키스탄 지역이 되므로, 이미 이 지역도 그들이 차지하고 있었음을 알 수 있다. 또 앞에서 '말라카〔滿剌國〕'의 점령을 보면, 역시 동남아시아의 말레이반도와 수마트라, 자바 등지까지 차지했음을 알 수 있다.

이런 설명으로는 유럽의 서쪽 끝에 있는 포르투갈과는 지리적으로 차이가 있기 때문에 납득되지 않는데, 리수광의 『지봉류설』의 글에서 찾을 수 있다.

> 불랑기(佛浪機)라는 나라는 섬라(暹羅: 태국)의 서남쪽 바다 가운데 있으며, 서양의 큰 나라다. 그 나라의 화기를 불랑기라고 부르며, 지금 군사에 종사하는 사람들이 쓰고 있다.[476)]

태국〔泰國: 섬라〕의 서남쪽에 있는 나라가 불랑기고, 그곳을 '서양(西洋)'이라 표현하고 있다. 이것은 유럽의 서양인들이 동남아시아에 상주

---

475) 『중종실록』 권41 중종16년 1월 정축(24일). "上曰 前所不通之國 今皆來朝然耶. 鏛曰 此所謂佛朗機國 考其地圖 則在西域之界 西南之間."
476) 李睟光 『芝峰類說』 卷2 諸國部 外國. "佛浪機國 在暹羅西南海中 乃西洋大國也. 其火器號佛浪機 今兵家用之."

하고 있으면서 무역에 종사하고 있음을 말한다. 그곳에서 수입된 무기가 또한 '불랑기'인 것이다.

이런 포르투갈 상인들은 중국의 견직물·도자기·차 등을 가져갔으며, 그 대신에 대량의 은이 중국에 흘러 들어와 은본위 화폐경제를 발전시키는 계기가 되었다. 이 은의 공급원으로서 갑자기 각광을 받으며 등장한 것이 바로 일본이었다.

> 사간원이 다음과 같이 아뢰었다. "태조 때부터 왜인을 맞아들인 것이 이제까지 200년이 되었으나, 수령들이 결탁하여 사거나 팔았다는 말은 듣지 못했습니다. 그런데 요즘에 와서는 탐욕스런 풍조가 크게 일어나고 교활한 방법들이 마구 생겨나 이익이 있는 일이면 온갖 꾀를 다 내어 차지하려 들고 있습니다. 왜구들이 해로를 통하여 중국〔上國〕을 노략질한 뒤에는 진주〔明珠〕와 보배〔寶貝〕며 진기한 비단, 금·은 등이 부산포에 모두 모이게 됩니다. 이때문에 수령이나 변방의 장수 및 장사치들까지도 쌀이나 베를 수레에 싣거나 몸에 지니고서 끊일 사이 없이 부산포로 몰려듭니다. 심지어는 다른 지방의 수령들까지도 배로 운반해 오거나 육지로 싣고 와서 물건들을 바꾸며, 남녘 백성들의 명맥이 왜구의 손아귀에 모두 들어가 있습니다. 만약 이 폐단을 크게 혁신시키기 않으면 훗날에도 끝없이 일어날 걱정이 이루 말할 수 없을 것입니다. 첨사 류충정(柳忠貞)은 한 진영의 주장으로서 금하고 방지해야 함에도 오직 자기에게 이익이 돌아오는 것만 알고 교역하게 하였으니, 매우 무상합니다. 그를 파직시켜 후임을 각별히 가려서 보내주길 바랍니다."[477]

1564년 10월 23일의 이 사간원의 장계를 보면, '태조 때부터〔祖宗朝: 맨 첫 임금〕 지금(1564)까지 200년'은 그 나라의 시작이 '1364년'인데, 이것은 홍무(洪武: 1368~1398)의 시작이 곧 '태조 리성계'의 시작으로 봐야 한다.

---

477) 『명종실록』 권30 10월 임진(23일). "諫院啓曰 祖宗朝接待倭人 二百年于玆 未聞守令交手買賣者 而近年以來 貪風大振 巧猾橫生 利之所在 百計圖之. 自倭寇通海路賊上國之後 明珠寶貝珍錦繡金銀 盡萃於釜山浦 故爲守令爲邊將 及其商賈之人 載持米布 絡繹輻輳於本鎭 甚至於他道守令 船運陸輸 交易物貨 使南方生民之命脈 盡入於倭寇之手. 若不痛革其弊 他日無窮之患 有不可勝言. 僉使柳忠貞 以一鎭主將 所當禁戢防閑 而惟知利入於己 故令交市 極爲無狀. 請罷其職 各別擇差."

그렇다면 이 장계에서 '상국(上國)'이라는 '중국'은 곧 '조선'이 되며, 또 왜구의 중국〔上國: 조선의 중앙정부 관할지역〕 침입에 이어서 모여드는 장소가 부산포다. 이곳에 '은(銀)'을 비롯한 진기한 물건들이 매우 많이 교역되고 있음을 알 수 있다. 이것도 역시 밀무역인데, 녕파와 가까이 있는 곳임을 알 수 있다.

왜냐하면 녕파지역에 유럽인들의 무역이 번성했기 때문이다. 녕파의 지부(知府)가 1542년(가정21)에 쌍서(雙嶼: 북위 29.7° 동경 122.1°) 무역에 대하여 최초의 탄압을 했다. 이듬해에 녕파로 향하던 포르투갈 사람들이[478] 왜구의 두목 중국인 왕직(王直)의 배를 타고 처음으로 일본에 와서 종자도(種子島)에서 조총을 전하고 있지만,[479] 이것은 일본 상인이 쌍서로부터 데리고 온 자일 것이다. 처음에 중국에서는 쌍서의 무역 근거지 자체를 무력으로 탄압하는 행동으로 나오지 않았는데, 뒷날에 지방관에게 맡기는 것으로는 실효가 적다고 보아 중앙정부에서 도어사(都御史) 주환(朱紈)을 특파하여 중국인 밀무역자를 검거하기 시작했던 것이다.[480]

이들의 무역선에는 물론 카톨릭교의 선교사들이 함께 따라왔다. 특히 예수회〔Jesuit: 제수잇교단〕 선교사들이 앞장서서 동방으로 진출하였는데, 이들은 종교개혁으로 상실한 구교의 교세를 새로운 세상인 아시아에서 만회하려고 최신 학문과 기술을 가진 선교사를 파견하게 되었다.[481]

특히 예수회〔The Society of Jesus〕는 동방 해상무역의 또 다른 명분으로 1541년에 인도 고아(Goa)에 진출하였으며, 포르투갈은 이미

---

478) 조총을 일본에 전해준 사람의 이름을 보면, 나종우, 「왜란의 발발과 조선의 청병외교」 『한·중국제학술회의 임진왜란기 조·명 연합작전』(서울: 국방부군사편찬연구소, 2006), p. 16에 "1543년 8월에 포르투갈인 제이모토(Zeimota)·모타(Mota)·페익소타(Peixota) 등에 의한 총포의 전래"라 하였다.

479) 스카와 히데노리(須川英德: 요코하마 국립대학교 교수), 「十六·十七世紀東アジアにおける經濟秩序の變化」 『이순신연구논총』 통권 제4호,(순천향대학교 이순신연구소, 2005), p. 111. "新規參入者であるポルトガル人も1543年には倭寇頭目と名指しされていた中國人王直の船に便乘して日本に來航(… 火繩銃も傳えられた)."

480) 미야자키 이치시다 지음, 조병한 옮김, 앞의 책, pp. 355~356.

481) 崔昭子, 『東西文化交流史硏究—明·淸時代西學收容—』(三英社, 1987); 申採湜, 『東洋史槪論』(三英社, 2003 14刷), p. 595.

1510년에 고아에 진출하여 그곳에 총독부를 설치하고, 인도양과 남양의 무역을 독점할 야심으로 점차 그 세력을 동쪽으로 확대시켰다. 1514년엔 포르투갈 탐험대가 광동〔마카오〕에 도착하여 경제적·정치적 지원을 받는 것에 비해, 실론(Ceylon)·페구(Pegu: 미얀마 남부) 등지에서 활약하던 도미니쿠스회(Dominicans: 1216년 창설)나 프란체스코회(Franciscans: 1209년 창설)는 포르투갈과 경쟁적 입장에 있는 에스파냐로부터 지원을 받고 있었으므로, 동양 선교는 경쟁적이었고, 상호 갈등과 마찰을 자아냈다.

그러자 포르투갈 선원 핀토(Mendes Pinto)와 선장 알바레스(Jarge Alvares)에 의해 일본에 대한 선교에 관심을 갖게 되어 사비에르는 토레스(Cosme de Torres) 신부, 페르난데스(Joaõ Fernandez) 수사와 일본인 안지로(安次郎) 등과 함께 1549년 8월 15일에 일본 가고시마〔鹿兒島〕에 도착하여 일본에 기독교 선교를 시작했다.

1543년에 일본까지 진출한 포르투갈의 해상활동은 더욱 활발하였으며, 동남아시아의 연해지역을 왕래하면서 대만을 'Ilha Formosa〔아름다운 섬〕'라 일컬으며 항해하였다. 1557년에 마카오〔澳門〕을 강점한 포르투갈은 이곳을 거점으로 삼아 중국을 압박하였고, 1571년에 마닐라 시를 건설한 에스파냐도 이곳을 동아시아 무역의 근거지로 삼아 활발하게 활동을 펴나갔다. 그리고 에스파냐령 남아메리카에서 산출된 은(銀)을 중국에 대량으로 끌어들였는데, 은전병용(銀錢併用)으로 일본의 동전(銅錢) 수입처였던 복건을 비롯한 동남 연해지역에서 순식간에 은이 전(錢)을 대신하게 되었다.[482] 이로 말미암아 중국에서 급격히 증대한 은화 사용은 도시경제와 멀리 떨어진 나라〔遠隔地〕와의 교역의 발달, 부농경영(富農經營)과 수공업(手工業)에 있어서의 제조공업(manufacture)의 발생 등을 가져왔다. 이러한 변화는 경제의 새로운 국면을 창출하여 중국 내부의 경제를 급성장시켜 '자본주의의 맹아'라고까지 평가된다. 그리고 아울러 일본의 풍신수길은 일본선의 동남아시아 왕래와 포르투갈·에스파냐,

482) 스카와 히데노리(須川英德: 요코하마 국립대학교 교수), 「十六·十七世紀東アジアにおける經濟秩序の變化」 『이순신연구논총』 통권 제4호,(순천향대학교 이순신연구소, 2005), p. 113.

더 나아가 네덜란드와의 통상을 허가해 나갔다.[483)]

1521년부터 에스파냐는 필리핀〔呂宋: Luzon〕 제도와 보르네오의 북부지방에 들어와 식민지로 삼았다. 『명사』에 보면, 이즈음에 광동 출신의 림봉(林鳳)은 혜주(惠州)・조주(潮州) 일대의 농민・어민과 합세한 1만 명 정도의 규모로 총병 호수인(胡守仁)이 이끈 토벌군에게 밀려 1574년에 팽호와 대만을 거쳐 필리핀까지 갔으며, 11월에 루손 섬 부근에서 에스파냐 함대와 전투를 했다. 그리고 400명 정도를 이끌고 마닐라를 공격하며 활동하다가, 이듬해 1575년 8월에 대만으로 돌아왔다. 1581년에는 에스파냐의 통치를 벗어나 독립을 선포한 네덜란드가 적극적으로 대외무역에 뛰어들었고, 1588년에는 영국이 에스파냐의 무적함대를 무찌름으로써 영국과 네덜란드가 원동지역에서 오히려 포르투갈과 에스파냐를 능가할 만큼 강자로 부상하였다.[484)]

이런 활동의 과정에 벨테브레(Weltevree: 朴淵)가 조선에 표류해 와서는 귀화하여 훈련도감에 소속되어 서양식 대포의 제조법과 조총법을 가르쳐 주었으며, 하멜(Hamel) 일행은 제주[485)]에 표류하여 조선에 15년 동안 억류되었다가 네덜란드로 되돌아간 적이 있다.[486)]

그리고 예수회 선교사로서 처음 동아시아에 들어온 사람은 프란시스코 사비에르(Francisco Xavier)다. 그는 1549년에 일본에 도착하여 1551년 말에 일본을 떠나 인도 고아(Goa)로 돌아왔고, 1552년 4월에 고아를 떠나 중국에 대한 포교활동을 위해 마카오로 향했는데, 그 해 8월 하순에 광동만 앞바다의 상천도(上川島: 북위 21.7° 동경 112.8°)에 도착하였으나, 병에 걸려 거기서 죽었다.

그 뒤로 사비에르의 유지를 이어 많은 선교사들이 들어왔는데, 가고(Balthazar Gago), 실바(Edaldo Silva) 등이 일본에 왔고, 4년 뒤에

---

483) 위의 논문, p. 115.

484) 김영신, 『대만의 역사』 (서울: 知永社, 2001), pp. 49~50.

485) 제주(濟州)는 『림하필기(林下筆記)』 권35 「벽려신지(薜荔新志)」에 "전라도 행정구역 가운데, …동평부(東平府)는 제주(濟州)이다."고 했으니, 이곳은 광동성 광주(廣州) 관할 지역이다.

486) 국사편찬위원회・국정도서편찬위원회, 『고등학교 국사』 (교육인적자원부, 2003), p. 318.

빌렐라(Gaspar Vilela), 프로이스(Luis Frois), 디아스(Antonio Diaz) 사제 등이 일본에 정착하여 선교활동이 활기를 띠었다. 1573년에 발리냐니(Alexandro Valignani: 范禮安)가 40명의 선교사들을 이끌고 마카오에 도착했으며, 그 뒤에 발리냐니의 요청으로 루지에리(Michael Ruggieri: 羅明堅)는 마테오 리치(Matteo Ricci: 利瑪竇)를 중국에 인도했다.[487] 1570년에 약 3만 명의 크리스천〔切支丹, 吉利支丹: Christão〕이었던 것이 1587년에는 20만 명에 이르렀다. 그런 예수회 선교사들 중에서 마테오 리치는 우리들에게 많이 알려진 사람이다. 그는 1582년에 마카오〔Macao: 澳門〕에 상륙하여 포교를 하였으며, 처음 활동한 곳이 광동 부근이었다.[488] 1582년 12월 27일에 루지에리와 마테오 리치는 광동성 수도인 조경부(肇慶府)의 지부사(知府事)를 방문하여 동관천녕사(東關天寧寺)에 거주할 수 있고, 선교할 수 있다는 허락을 받아 1585년에는 천화사(遷花寺)라는 천주교회를 지었다. 1589년에 마테오 리치는 소주(韶州)로 가서 6년 간 머물면서 학자 구태소(瞿太素)·장양묵(張養默)·리심제(李心齊)를 만나 도움을 많이 받아 많은 저술을 하였다. 그리고 1595년에 북경을[489] 처음으로 방문했고, 거기서 형부상서 소대향(蕭大享), 형부시랑 왕여훈(王汝訓) 등의 고위 관리와 학술적으로 많은 대화를 나누었고, 리지조(李之藻)·서광계(徐光啓)·풍응경(馮應京) 같은 학들도 만났다.[490]

포르투갈 선박들은 광동에서부터 히라토〔平戶〕·나가사키〔長崎〕를 중심으로 무역을 하였으며, 1584년에는 에스파냐 사람들이 히라토 항에 드나들었다. 이때 포르투갈·에스파냐 사람들은 말레이시아·수마트라·자바·보르네오 등지에 식민지를 두었으며, 이를 남만인(南蠻人)이

---

487) 한국기독교사연구회, 『한국 기독교의 역사 I』(서울: 기독교문사, 1992 6판), p. 49.

488) 崔昭子, 앞의 책, p. 596.

489) 마테오 리치가 '북경'에 갔다는 말이나, '남경'이란 말은 그가 그 동안 머물렀던 것과 그 행적으로 보아, 하북성 중심지에까지 갈 까닭이 없으며, 광동성의 '소주(韶州)'와 '광주(廣州)'에서 가까운 도시에 갔을 것이다. 그러면 그들이 만났다는 유명 인사들도 바로 그 지역 광동성 사람들일 것이다.

490) 한국기독교사연구회, 앞의 책, p. 51.

라 했고, 이들과의 무역을 남만무역이라 하였다. 이들의 아시아에 대한 무역은 통상적인 교역을 넘어 무장상선에 의한 계획적인 식민지 확보에 있었다.

이런 시기에 일본은 풍신수길이 통치했으며, "기리스단 역사 기간 중에 일본의 조선침략 전쟁인 임진왜란이 일어났다."는[491] 점에서 기독교 선교사들의 일본을 통한 조선침략과 관계가 있는 것이다.

여기서 잠깐 카톨릭 선교단체들의 활약에 대한 비판을 보고 넘어가자.

(1) 아무튼 예수회를 비롯한 가톨릭 선교단체들의 동양 선교가 복음을 전한다는 순수한 신앙적 동기와 함께 서방 여러 나라 세력의 동양 진출이라는 세속적인 동기가 함께 어울려 추진되었다는 점을 지적할 수 있다. 이러한 상황에서 추진된 선교였기 때문에 피선교지 국민들로서는 선교사들의 활약을 서방 제국의 침략 행위로 받아들일 수도 있었던 것이다.[492]

(2) 임진왜란·병자호란을 통해 접촉되기 시작했던 천주교회는 비록 서구 제국주의 세력의 침략선봉으로 오해받아 척사적 보수세력으로부터 잔혹한 박해를 받았다. 그러나 소외되었던 민중계층을 기반으로 한 종교로 정착되면서 조선후기의 사회변동을 가능케 한 세력으로 등장했던 것이다.[493]

(3) 한편 후발 제국주의로 발돋움하던 일본이 대륙침략을 노골화하는 시기였다. 따라서 이 시기에 열악한 대부분의 아시아 나라들은 서구열강의 식민지로 전락하고 있었다. 이러한 세계사적인 배경하에서 아시아 지역에 전파된 기독교는 거의 예외없이 제국주의 침략의 도구 내지 수단으로 이용되었던 것이 사실이다.[494]

이 글은 기독교·천주교의 선교활동이 식민지의 도구와 수단으로 쓰인 침략행위였음을 그들 스스로 고백한 셈이다. 그렇다면 선교활동의

491) 위의 책, pp. 45~48.
492) 한국기독교사연구회,『한국기독교의 역사Ⅰ』(서울: 기독교문사, 1992 6판), p. 45.
493) 위의 책, p. 120.
494) 위의 책, p. 292.

목적이 만천하에 드러난 것이며, 16세기에 일본・조선・중국에 들어왔던 선교활동 또한 마찬가지로 침략행위의 일환이었던 것이다.

위의 내용은 전근대적 사실과 연결된 기독교 자체에서 분석한 것인데, 이렇게 카톨릭 선교활동의 기본개념을 알아야 앞으로 계속 전개되는 임진왜란의 진행을 파악하고 분석함에 도움이 될 것이다.

더구나 일본은 16세기 중엽에 직전신장(職田信長: 오다 노부나가)에 의해 전국의 통일이 이루어졌으며, 강력한 통일국가를 이루는 데에 포르투갈・에스파냐 등 서구에서 들여온 신무기가 큰 역할을 담당하였다. 그 조선 침략의 선봉장 중 한 사람인 소서행장(小西行長: 고니시 유키나가)은 이름난 크리스천이었으며, 세례명이 아우구스티노(Augustino)였다고 한다. 과연 그럴까? 이에 대해서는 나중에 다시 언급한다.

전쟁이 오래 계속되자 소서행장은 본국 일본에 편지를 보내어 예수회 신부들에게 종군 사제를 보내달라고 하였다. 이에 예수회 부관구장 고메스(P. Gomez) 신부는 에스파냐 출신의 예수회 신부 세스뻬데스와 일본인 수사 후칸 에이온(不干: Foucan Eion)을 1594년에 조선에 보냈으며, 이들은 1595년 4월에 조선을 떠남으로써 1년 조금 넘는 동안에 일본 침략군의 종군사제 활동을 하였다.[495)]

그리고 천주교도들에 대한 풍신수길의 기본 입장이 어떤지를 한번 보자.

> 그때 일본군의 대부분은 천주교 신자였으니, 도요토미 히데요시〔豊臣秀吉〕는 일본 안에서 예수 그리스도의 종교를 없애버리기로 비밀히 결심하고, 특히 천주교 신자인 將軍과 다이묘〔大名〕들을 이 전쟁에 이용하였다. 만일 이들이 이기면 점령한 땅을 그들에게 領地로 주고 일본 안에 있던 천주교인들을 좋아하건 싫어하건 거기로 옮겨가도록 할 것이요, 만일 지면 援兵을 보내지 않고 그대로 내버려두어, 공공연한 迫害를 한다는 역겨움을 당하지 않고도 그들을 없애버리게 될 것이라고 생각하였다. 조선에서 전쟁이 오래 계속 되자, 천주교 신자 將軍과 다이묘들, 특히 그들 중 지위가 가장 높고 열심인 빙고(肥後)의 領主, 大提督 아우구스티띠노(쯔가미도노〔津守殿〕: 小西行長), 아리만도노(有馬殿: 有馬晴信)는 日本

495) 위의 책, pp. 57~58.

예수회 長上에게 신부 한 분을 보내주기를 청하였다.[496)]

이런 사실을 보면, 풍신수길은 이미 전쟁을 통하여 천주교도들을 버리려 했던 것이며, 물론 선교사의 이름으로 알려져 있지만, 그 안에 포르투갈을 포함한 유럽인이 포함되어 있다.

그리고 소서행장 혼자만이 세례명을 가지고 있고, 다른 장수들은 천주교를 믿지 않는 것처럼 보이지만, 무엇보다도 일본군 대부분이 천주교 신자라는 말에 특히 더욱 더 주목할 필요가 있다.

여기서 잠시 시기를 19세기로 당겨서 선교사들의 이동로를 한번 확인해보자.

태국에서 활약하던 프랑스 출신의 브뤼기에르(B. Bruguiére) 신부가 1829년에 조선에서 선교할 것을 자원하였는데, 그의 이동과 조선에 들어오기 직전의 위치를 고려해볼 필요가 있다.

브뤼기에르가 조선교구 초대 교구장에 임명된 것이 1832년 7월이었는데, 그는 싱가포르·필리핀·마카오를 거쳐 중국 사천(四川)에 도착하여 조선으로 입국할 기회를 찾았다. 그는 사천으로 오다가 신부 모방(P. P. Maubant), 샤스땅(J. H. Chastan)을 만나 합류하였다.[497)]

여기서 중요한 것은, 브뤼기에르 신부가 어디를 거쳐서 왔든 문제될 것은 없겠지만, 그가 마지막에 중국 '四川'에 있었고, 중요한 것은 거기서 '조선'으로 들어올 기회를 엿보고 있었다는 말이다. '사천'까지 가는 길이 '마카오'에서 서북쪽으로 일부는 강(西江·尋江·黔江·紅水河)을 이용하든 말았든, 육지로만 갈 수 있는 길(직선 거리 1380㎞)이 있고, 동지나해를 거쳐 양자강을 거슬러 장강을 따라(물길로 3420㎞) 갈 수 있다.

그런데 그 거리가 만만찮게 매우 멀다는 사실이다. 그 먼 곳에서 다

496) Charles Dallet 原著, 安應烈·崔奭祐 譯註, 『韓國天主教會史』 上,(서울: 분도出版社, 1979), p. 280.
497) 한국기독교사연구회, 앞의 책, p. 97.

시 그 길로 나와서 한반도로 이동해올 기회를 엿본다는 것은 어불성설이다. 그 중국 '사천'에서 '조선'으로 가는 기회를 찾았다면 그가 가고자 했던 조선은 그 사천성 동북쪽에 있는 섬서성 남부지역일 것이다. 둘러가는 것이 질러가는 것이라는 말일까?

(2) 중국 동부 및 남부의 해안지역과 일본의 무역

전쟁상태가 계속되는 동안에는 무역은 완전히 두절되어 버리므로, 무역업자들은 남쪽으로 내려가 복건의 아모이〔Amoi: 廈門〕 앞바다 오서(浯嶼) 및 더 남쪽의 남오서(南澳嶼)에 새로운 근거지를 설치하여 밀무역을 시작했다.

그러나 이 새로운 밀매장도 중국의 감시에서 벗어날 수 없었다. 곧 정부의 순시선단이 남오서에 밀어닥쳐 지금까지 평화로운 교역장은 곧 피투성이의 수라장으로 바뀌었다. 이에 대하여 밀무역 측에서도 반격으로 나와 복건 연안 일대에까지 이른바 왜구의 침략이 미치게 되었다.

전선이 확대되자, 중국 측에서도 대응에 곤란을 느끼게 되었다. 현지의 상비군만으로는 부족해서 다른 지방으로부터, 이른바 객군의 도움을 요청했지만 이 객군은 규율이 문란하여 그것이 빚는 재해는 왜구보다도 더 심했다고 한다. 그리하여 일어난 반성은 도대체 왜구의 원인은 무엇인가 하는 검토였으며, 결국 그것은 다름 아닌 쇄국주의라는 결론에 도달했던 것이다.[498)]

왜구로 말미암아 산동성・강소성・절강성・복건성 등지의 해안방비는 강화되었다. 물론 이런 왜구는 모두 왜인〔眞倭〕이 아니고, 겨우 열 명에서 너 명에 지나지 않으며, 오히려 중국인〔假倭〕이 예닐곱 명이 되었다. 이들은 생활이 곤란한 농민・어민이 왜구에 가담하여 앞잡이 노릇을 한 자가 많았고, 중국의 동남해안 지역의 향신(鄕紳)과 지주 가운데서도 해

498) 미야자키 이치시다 지음, 조병한 옮김, 앞의 책, p. 356.

상세력을 만들어 왜구로 변장하여 해적활동을 하였기 때문이다.

중국에서 이렇게 해금(海禁)의 강화와 조공(朝貢)의 강화는 유럽과 일본으로 하여금 조선과의 결탁으로 밀무역을 꾀하면서 1553년에는 중국 연안지역에서 약탈을 자행하도록 만들었다. 왜구는 점점 절강지역의 주산군도(舟山群島), 복건지역의 아모이, 광동지역까지 약탈하였으며, 1555년에는 내륙까지도 습격하여 중국은 심각한 피해를 입었다.

이에 호종헌・유대유(兪大猷: 1504~1573)・척계광 등이 해적토벌에 주력하여 비로소 안정을 되찾는 듯 했으나,[499] 왜구는 끊이지 않았으며, 그 그늘에 포르투갈・에스파냐・네덜란드 등의 서양 상선〔黑船〕도 끼어 있었다.

해금 정책의 강화는 결과적으로 해양으로의 진출을 막고 내륙의 안정만을 도모하였지만, 오히려 당파에 의한 내분에 휩싸였다. 반면에 유럽인들로 하여금 그들의 무기와 자본에 의한 폭력적 질서 속에서 내륙에서의 활동으로부터 해양으로의 세계화를 추구하는 활동에 활력을 준 셈이었다. 그래서 아시아 조선은 늘 그들의 도전적 선교활동과 강요된 무역에 문을 열어주어 그들에게 침략적 교두보를 제공해주게 되었고, 끝내 유럽세력의 팽창을 도와준 셈에 되어 19세기 말에 와서는 와해되는 계기가 되었다.

정책의 선택에서 "험한 바다를 통한 대외강화의 길로 나갈 것인가?"아니면 "안정적 내륙의 대내강화로 다져나갈 것인가?" 하는 문제는 발전과 쇠망의 상반된 력사의 교훈으로 그 해답을 보였다. 우리는 진정 어떤 정책을 선택할 것인가?

(3) 일본의 전국(戰國) 통일과 조공(朝貢) 요구

- 풍신수길의 전국통일

499) 申龍澈 등 14명, 앞의 책, p. 274.

일본은 겸창(兼倉: 가마쿠라) 막부가 망하자, 유배당했던 후제호(後醍醐고다이고: 1318~1339) 천황이 경도(京都: 교토)로 가서 천황 친정체제를 수립했으나, 많은 문제점이 있었다. 은상을 바라고 교토로 온 무사들은 불공평한 논공행상에 대해 불만을 품었으며, 새로 권력을 장악한 궁정귀족과 무사들의 일관성 없는 행정은 친정체제를 실추시켰다. 또 이러한 혼란 속에서 추진된 궁전의 확장 공사는 농민에 대해 무거운 세금을 부과함으로써 백성의 불만을 더욱 사게 되어, 3년도 못되어 후제호의 친정체제는 붕괴되었다.

그러나 후제호 천황은 교토를 탈출하여 길야(吉野: 요시노)에서 다시 즉위하자, 일본에서는 교토의 북조(北朝)와 길야의 남조(南朝)가 대립하게 되어 57년 간이나 지속되었는데, 결국 교토의 북조의 주도로 종결되었다.[500)]

이런 문제는 일본열도 안에서의 갈등이라기보다는 그런 상황이 홍무년간에 중국조정 안에서 비슷하게 벌어진 것을 마치 패러디한 것 같다.

또 실정〔室町: 무로마치〕 막부 때에는 많은 수호대명들의 직접적인 도전을 받아 응인〔應仁오닌: 1467~1477년〕의 란이 있었으며, 이로 말미암아 막부의 통제권이 사실상 붕괴되었고, 천황의 지위도 실추되어 정치적 권위와 실권을 완전히 상실한 왕실은 궁정재정의 곤궁 때문에 상황(上皇)을 둘 여유조차 없었으며, 1500~1521년 및 1526~1536년 사이에는 즉위식을 거행하지도 못할 정도로 곤궁하였다. 그뿐 아니라, 천황은 글씨를 팔아 생계를 연명할 정도였기 때문에 궁전의 담이 무너져도 수리할 수 없어 거의 폐허로 되어버렸다.

이러한 상황은 하급무사들이 상급무사들을 제거하고 새로운 대명(大名: 다이묘)들이 주도권을 거머쥐는 전국대명(戰國大名)의 출현을 가능케 했다. 이 시기를 일본에서는 전국시대(戰國時代: 1467~1568) 또는 하극상의 시대라고 한다.

이 전국시대는 1568년에 직전신장〔職田信長: 오다 노부나가〕이 정권을

500) 위의 책, p. 176.

장악함으로써 끝맺었으며, 그 뒤에 풍신수길〔豊臣秀吉〕이 직전신장의 뒤를 이어 전국 66주를 통일하였다.[501] 풍신수길은 그 통일한 세력으로 해안지방의 불만을 이용하여 중앙조정에 반란을 일으켰던 것이다.

그런데 임진왜란이 진행되던 시기의 전개되는 상황으로 지리적 위치를 판단해보자.

> 1595년 2월 10일. 유격 진운홍(陳雲鴻)의 접반사 리시발(례조판서)이 서계하였다. "저는 지난 1월 12일에 일찌감치 유격 진운홍을 따라 유천에서 출발하여 밀양을 지나 김해에 정박하였는데, 죽도의 진영에 있는 小將〔소서행장의 친동생〕이 배 위에서 와서 보고 식사를 청하여 그대로 그곳에 잤습니다. … 16일 아침에 유격 진운홍이 통역〔通事〕 림씨〔林氏: 절강 온주 사람〕를 불러서 소서행장에게 말을 전하게 하기를, '너희들이 당초에 부산으로 물러가 있으면서 책봉을 요구하고 조공을 요구하였으니, 중앙조정〔天朝〕에서 어떻게 믿을 수 있겠는가. 또 봉공의 문제를 놓고 6科와 13道에서 옳거나 그름에 대한 논의가 한창 진행되고 있었다. 그때 마침 복건(福建)에서 왜선을 붙잡았다는 보고가 들어왔고, 녕파(寧波)에서도 왜선을 붙잡음으로서 조정에서는 더욱 왜국을 믿지 않았는데, 오직 석성 노야만이 너희의 거짓이 없는 심정을 통찰하였다. 또 왜선을 조사를 해보니, 풍랑에 표류한 것이지, 도적질하기 위해 온 것이 아님이 분명하였다. … 다만 너희들이 실제 소식을 기다리다 못해서 애가 탈까봐 염려한 때문에 특별히 두 유격을 보냈으니, 하나는 소서비를 데리고 서울〔京〕에 들어가고, 하나는 부산에 머물러서 타일러서 철수해 돌아가도록 하라.'라고 하여 일을 독촉하였습니다."[502]

이 사료의 앞부분에는 지명 '유천(楡川)[503] · 밀양(密陽) · 김해(金海) · 죽

---

501) 위의 책, pp. 177~178.

502) 『선조실록』 권60 선조28년 2월 계축(10일). "陳遊擊接件使李時發書啓, 正月十二日, 早隨遊擊, 自楡川起身, 過密陽, 泊金海, 竹島營小將, 來見於船上請飯, 仍宿其所. … 十六日早, 遊擊招林通事, 傳說行長曰, 爾等當初, 退住釜山, 討封討貢, 天朝從何取信. 且六科十三道, 是非長短, 論議崢嶸. 其時, 適有福建奏捉倭船, 寧波亦捉倭船, 朝廷尤用不信, 而獨石老爺, 洞察爾情無僞, 且査倭船, 則係是風漂, 明非作賊而來. … 但恐爾等未待實信, 情意勤苦, 故另差二遊擊, 一則押小西飛進京, 一住釜山, 宣諭督回."

503) '楡川'이란 이름은 강원도 강릉시 저동(苧洞)에 있는 경포호(鏡浦湖: 鏡湖)의 서쪽에 있는 작은 시내이고, 경상남도 밀양군 상동면 남천강(南川江)의 상류 유천이

도(竹島)'가 보여 마치 한반도의 경상우도지역을 가리키는 것같이 보인다.

그러나 여기서 1595년 1월 16일의 대화를 보면, 그 의미가 전혀 다르다. 즉 소서행장에게 전해줄 유격 진운홍의 말은 그가 왜란이 진행되고 있는 "조선에 있으면서 중국대륙의 동부 복건과 절강 녕파에서 왜선을 붙잡았다."는 보고를 받았다는 자체가, 그 보고하는 시스템으로 보아, 임진왜란의 현장이 바로 중국대륙의 동부지역이고, 그곳에서 벌여졌던 것이다.

게다가 그 붙잡은 왜선이 도적질한 것이 아니라, 풍랑에 표류했다는 것으로 판정한 것은 일본을 두둔하기 위한 말일 뿐이지, 왜적선이 아닐 수 없으며, 그런 배를 붙잡았다고 해서 복건・절강의 일을 '한반도' 경상우도에 있는 장수에게 보고할 필요도 없는 것이다.

그리고 이렇게 임진왜란 터전이 중국대륙 동부지역으로 해석이 되어야 『조선왕조실록』의 번역문 "소서비를 데리고 경사에 들어가고"라는 말이 성립되는 것이다. 즉 이 '경사'의 원문 '京'은 '京師'일진대, 현대의 상식으로 '하북성 北京'이 아니라, 섬서성 '長安'이다.

그리고 6科는 6部・6曹와 같은 성격의 吏科・戶科・禮科・兵科・刑科・工科를[504] 가리키는데, 이것이 어느 수준에서 운용되었는지는 언급되어 있지 않지만, 가장 높은 '都給事中'이 정7품인 것으로 보아 6曹보다도 더 작은 지방정부의 조직임을 알 수 있고, 13道라는 것은 13省과 같은 말로서 山東・山西・河南・陜西・湖廣〔호남・호북〕・江西・浙江・福建・廣東・廣西・貴州・四川・雲南이다.[505] 여기에 동쪽으로는 江蘇・安徽・河北・遼寧・吉林・黑龍江과 서북쪽에 寧夏・甘肅・青海・新疆과 북쪽의 內蒙古가 빠져 있다.

그리고 강항(姜沆: 1567~1618)이 정유재란(1597) 때 일본에 잡혀갔

있고, 경상북도 대성면 유천리〔지금은 청도면〕가 있다. 『신증 동국여지승람』에는 고을・마을 이름으로서 '유천'은 없다.

504) 『明史』 卷74 志50 職官3 六科 1805面. "吏戶禮兵刑工六科. 各都給事中一人正七品, 左右給事中各一人從七品, 給事中, 吏科四人, 戶科八人, 禮科六人, 兵科十人, 刑科八人, 工科四人 並從七品. 六科, 掌侍從規諫補闕拾遺稽察六部百司之事."

505) 『선조실록』 권201 선조39년 7월 무진. "以備忘記傳于政院曰, 不識禮文, 又不見會典, 但更思之則其曰, 十三省各以謄黃, 頒布于所屬地方云者, 此卽中原地方, 非指海外藩國."

다가 3년 만에 도망해 와서는 일본에 끌려가서 견문한 풍속·지리·군사 정세 등을 기록한 『간양록(看羊錄)』에 이런 글이 있다.

> 1598년 5월에 모든 왜놈들이 령남(嶺南) 바다에서 다 돌아갔는데, 덕천가강(德川家康)은 한결같이 "조선은 큰 나라〔大國〕입니다. 동쪽을 치면 서쪽을 지키고, 왼쪽을 치면 오른쪽에 모인, 설사 10년 기한으로 싸운다고 해도 승산이 없습니다."고(풍신수길에게) 대답했다.[506)]

조선의 땅이 너무 넓고 커서 일본의 군사들이 조선을 공격하기에 매우 어렵고 힘들다고 했다. 특히 이 말은 왜적의 장수 덕천가강(도쿠가와 이에야스)이 그의 두목 풍신수길(그가 죽기 두 달 전)에게 했던 것이니, 실로 조선이 '큰 나라〔大國〕'였다. 이 큰 나라라는 말은 적어도 왜국보다는 훨씬 크다는 말이다. 게다가 너무 크고 넓기 때문에 아무리 공격해도 이길 수 없다는 말을 했다. 그 전쟁기간이 10년을 두고 싸우더라도 말이다.

> 지난해(1599) 8월에 복건성에서 상선이 와서 살마주로 가던 도중에 물가에 있는 왜졸들이 배를 타고 들어가 그 상선의 보물을 모조리 강탈하고는 사람만 남겨놓았는데, 천축(인도) 같은 나라는 왜국하고는 멀지만, 왜들의 내왕이 끊임이 없습니다. 복건성이나 남만·류구·려송(루손)에서 오는 상선은 도진의홍과 룡장사가 관리하고, 우리나라 왕래선박은 지마수 사택정성과 종의지가 관리합니다. 나귀·노새·낙타·코끼리·공작새·앵무새 등이 해마다 끊임없이 오고 있지만, 덕천가강 등이 으레 금·은·창검 등으로 비싼 값을 주고 사들이니, 장사꾼 처지에서 보자면, 무익한 것으로 유익한 것을 바꾸게 되므로, 즐겨 가져오는 것입니다. 그리하여 왜국 시장에는 당나라(唐=중국?)와 남만의 물건들이 언제나 두루 있으니, 왜국에서 난 것은 금·은을 제외하고는 별로 진기한 것이 없다고 합니다.[507)]

---

506) 강항 씀, 김찬순 옮김, 『간양록: 조선선비 왜국 포로가 되다』(도서출판 보리, 2006), p. 228. "戊戌五月 諸倭等 自嶺海盡撤還… 家康等皆曰 朝鮮大國也. 衝東則守西 擊左則聚右 縱使十年爲限 了事無期."

507) 위의 책, p. 237. "前年八月 福建路商船 來向薩摩州 水邊倭卒具船載兵甲奪其寶貨 只留其人,… 天竺等國 距倭奴絶遠 而倭奴往來不絶 福建商船及南蠻琉球

이 글의 저자 강항이란 사람은 1598년부터 1600년까지 왜국에 있었는데, 그 당시에는 '당(唐)나라'라는 것은 존재하지 않았다. 우리들의 지금까지의 지식으로는 그 당시의 서쪽지역에는 주원장이 세웠던 '명(明)나라'가 있었을 뿐이다. 지금까지의 번역문〔책〕에는 아예 그저 '중국'이라고만 되어 있다.

여기서 무역이 되는 품목에 "나귀 · 노새 · 낙타 · 코끼리 · 공작새 · 앵무새" 등이며, 또 "낙타 · 코끼리 · 공작새 · 앵무새"가 들어 있다. 모두 열대지방의 길짐승 · 날짐승들이다. 일본렬도에 이런 것들을 실어다 동중국해 · 대한해협을 건너면서 무역을 하는 문제에 이르면 적재 · 탑재와 수송에 관한 많은 의문점에 나타나게 되며, 이들의 생존문제에 접근하면 더더욱 불가능하게 된다.

그렇다면 '왜국'이 이런 나라들과 교역할 수 있는 지리적 위치는 어디일까?

남만(南蠻: 南蕃)은 두말할 것도 없이 수마트라 · 자바 · 인도네시아 등의 섬들이다. 려송(루손)은 필리핀이다. '唐'이라는 지역은 '중국'이라고 하더라도, 이것은 동경 80° 이동으로는 옮겨올 수 없는 처지이며, 그 지역의 동쪽 경계는 사천성 동부다.

그렇다면 이들의 지역과 왕래가 있을 수 있는 중심적 위치가 왜국(=일본)이 되며, 그 범위는 북위 20°±5°, 동경 115°±10°의 사이에 있게 된다.

이것은 곧 '천조(天朝)'가 중앙조정〔中朝〕이니, 이를 '중국'이라고 번역한다 해서, '대당(大唐) · 당선(唐船)'까지 '중국 · 중국배'라고 번역한다면, 과연 '중국'이란 의미와 그 정체성은 무엇이겠는가?

여기서 '唐'은 어디까지나 그저 '唐地域'일 따름이며, 혹시 '중앙조정을 대신한 이름'으로서 '天朝 · 中朝' 대신에 '당조(唐朝)'의 의미로 바꿔 썼다면, 그나마 조금은 납득이 갈 수 있다. 그것이 절대로 '中國'일 수는 없다.

呂宋等商船 則義弘龍藏寺句管 我國行船則正成及義智句管 驢騾駝象孔雀鸚鵡之來歲歲不絶而家康等 例以金銀槍劍重償之 以無益換有益 故彼亦樂來 倭市中俱唐物蠻貨 若其國所産 則除金銀外 別無珍異云."

• 조공 요구

일본이 전쟁을 일으킨 명분으로 다른 사실이 있다. 그들은 전쟁을 일으키기 전부터 줄곧 요구한 것이 중국에 대한 조공이었다. 이 사실을 간과하고서는 임진왜란을 풀 수 없다. 우선 풍신수길이 조선에 외교문서를 보낸 답서를 보자.

> (1) 일본국 관백(=풍신수길)은 조선국왕 전하께 글을 바칩니다. … 사람은 장생불사를 얻기 어렵고, 옛날부터 100년도 살지 못하는데, 어찌 답답하게 이곳(=일본)에 오래 머물러 있겠습니까? 불초는 나라가 멀고, 산과 바다가 가로막혀 있음에도, 한번 대명국(大明國: 中國)에 뛰어가고자 하는데, 바야흐로 그럴 때가 되었으니, 귀국(=朝鮮)은 이웃의 의리를 존중하여 우리나라(=일본)와 한 무리가 되어주면, 더욱 이웃나라로 수교할 것입니다. 황윤길은 이 글을 받은 뒤에야 떠났다.[508)]
>
> (2) 일본국 관백은 조선국왕 합하께 글을 바칩니다. … 본조(本朝)가 건국한 뒤로 조정의 정치가 성대하고, 낙양(洛陽)이 장엄하고 화려함이 오늘날보다 더한 적이 없었습니다. 사람의 한평생이 100년을 살지 못하는데, 어찌 답답하게 이곳에 오래 머물러 있겠습니까? 불초는 나라가 멀고, 산과 강이 가로막혀 있음에도 한번 뛰어가 곧장 대명국에 들어가 우리 조정의 풍속을 400주 남짓에 바꾸어 놓고, 천자의 도읍지〔帝都〕의 정치적 교화를 억만년토록 시행하고자 하는 것이 나의 마음입니다. 귀국이 앞장서서 중앙조정에 들어간다면, 미래를 생각한 것이니, 당장의 근심이 없을 것입니다.〔1591. 3. 1〕[509)]

이렇게『재조번방지』(申炅, 1659년)엔 왜적의 답서를 일부 조율하여 통신사 황윤길 등이 가져왔다고 했는데,『선조실록』(奇自獻, 1616년)에는 없고,『선조수정실록』(金堉, 1657년)에는 오히려 전혀 조율되지

---

508)『再造藩邦志』1. “日本國關白封書朝鮮國王殿下. … 人生難保長生 古來不滿百年 年焉能鬱鬱 久居此乎. 不屑〔肖〕國家之遠 山海之隔 欲一超大明國 方乎其時 貴國重隣之義 以黨于吾國 則彌可以修隣盟矣. 允吉等得此書 然後乃行.”

509)『선조수정실록』권25 선조24년 3월 정유(1일). “日本國關白封書朝鮮國王閤下. … 本朝開闢以來 朝政盛事 洛陽壯麗 莫如此日也. 人生一世 不滿百齡 焉鬱鬱久居此乎. 不屑〔肖〕國家之遠 山河之隔 欲一超直入大明國 欲易吾朝風俗於四百餘州 施帝都政化於億萬斯年者 在方寸中. 貴國先驅入朝 依有遠慮無近憂者乎.”

않은 내용이 실려 있는 것으로 보아, 거의 같은 시기에 만들어진 두 사료의 기록 자체에 신뢰성이 매우 떨어진다.

그러나 왜적이 쳐들어가겠다는 곳은 '대명국'이라고 했고, 그 명분은 100년도 못 사는 인생에 대하여 풍신수길의 개인적 영웅심리를 충족시키고자 하는 욕심에 맞추어져 있지만, 위의 (2)에서 "본조(本朝)가 건국한 뒤로 조정의 정치가 성대하고, 낙양(洛陽)이 장엄하고 화려함이 오늘날보다 더한 적이 없었습니다."고 한 것에서, 그 실제 사실여부를 떠나, '본조'와 '낙양'은 풍신수길 자신의 66주를 통일한 지역과 중심지로 보인다.

그리고 조선으로 하여금 앞장서 달라고 하면서 그렇게 해야 탈이 없을 것이라고 협박하고 있다. 그러나 이런 풍신수길의 답서와는 전혀 다른 왜란의 원인과 명분이 있다.

(1) 일본 적추 평수길이 관백이 되어 여러 나라를 병탄하자, 그 잔인하고도 포악함이 날로 심했다. 그는 항상 중국이 조공을 허락하지 않는 것에 앙심을 품고 일찍이 중 현소를 보내어 길을 빌려주면 료동을 치겠다고 요청했다.〔1592. 4. 13〕[510)]

(2) 황윤길 등이 동평관에 이르니, 현소 등이 과연 속삭여 말하였다. 중국이 오랫동안 일본을 끊고 조공을 받아주지 않으므로, 평수길이 이때문에 분한 마음을 품고 부끄럽게 여겨 전쟁을 일으키고자 하니, 귀국이 일본을 위하여 중국에 보고하여 조공 바치는 길을 터 준다면 귀국은 반드시 아무 탈이 없을 것이요, 일본의 66주의 백성들도 전쟁을 치르는 노고를 면할 것입니다.〔1590. 7.〕[511)]

바로 여기서 임진왜란의 원인은, 이제까지 우리들의 인식과는 달리, 처음부터 "중국이 일본의 조공을 허락하지 않은 때문"이라 했다. 일본에서의 중국에 대한 조공의 승인 문제가 그렇게도 중요했는가? 설사

510) 『선조실록』 권26 선조25 4월 임인(13일). "日本賊酋平秀吉爲關白, 幷呑諸國, 殘暴日甚. 常以天朝不許朝貢爲憤, 嘗遣僧玄蘇等, 乞假途犯遼."

511) 『再造藩邦志』 1. "(黃)允吉等至館. 玄蘇果密語曰 中國久絶日本 不通朝貢 平秀吉以此懷憤 而且恥之 欲起兵端. 貴國爲日本奏請 使貢路得通 則貴國必無事 而日本六十六州之民 亦免兵革之勞矣."

"고려가 원조의 군사에 앞장서서 일본을 쳐들어 왔으니, 그 보복으로 조선을 치는 것이 당연하다"는[512] 현소의 말은 어떻게 해서든지 조선을 침략하겠다는 것이며, 위에서 말한 '조공'의 문제와는 다른 정치적 보복의 차원에서 보아야 할 침략의 당위성을 부여한 말이라 본다. 이것은 앞으로 진행되는 여러 상황에 비추어 설득력이 없지만, '조공'을 빌미로 삼는 또 다른 배후 세력의 조종 또는 꼬드김에 의한 공세적 태도로 볼 수 있다.

여기서 잠깐 "길을 빌려주면 료동을 치겠다〔假途犯遼〕"라는 말에 대하여 그 의미를 살펴보고 가자. 途는 道와 같은 '길'이다. 犯은 滅과 같이 '공격/치다'이다.

이 말은 풍신수길이 "길을 빌려주면 괵나라를 치겠다〔假道滅虢〕"는 고사의 수법과 마찬가지다.[513] 이 말은 본디 『춘추좌씨전(春秋左氏傳)』 희공(僖公: B.C. 659~627) 때에 나온다.

주(周)의 춘추시대(B.C. 722~481)에 여러 제후의 나라로서 진(晉)·진(秦)·로(魯)·제(齊)·우(虞)·괵(虢)·초(楚)·정(鄭)·주(邾)·송(宋)·강(江)·황(黃)·량(梁)·형(邢)·적(狄)·현(弦)·진(陳)·위(衛)·허(許)·기(杞)·기(冀)·모(牟) 등등이 있었다. 이 나라들은 중앙정부인 주(周)의 량(閬) 혜왕(惠王: B.C. 677~652)에게 조공하였다.

> (1) B.C. 658년(희공 2) 5월 신사일에 우(虞)나라 군대와 진(晉)나라 군대가 북괵(北虢)의 수도 하양(下陽)을 공격하였다. 그러자 9월에 제(齊)·송(宋)·강(江)·황(黃)나라 사람들이 관현(貫縣)에서 동맹을 맺었다. … 진(晉)나라 순식(荀息)은 헌공(獻公)에게 "우(虞)나라에 길을 빌려 괵(虢)나라를 공격해야 합니다."고 요청했다.[514]
>
> (2) B.C. 655년(희공 5)에 진(晉)나라 임금은 다시 우(虞)나라에 길을 빌려 괵(虢)나라를 공격하려 하였다. 우나라의 궁지기(宮之奇)가 말하기를, "괵나라는 우리의 방패와 같은 울타리〔表〕요, 괵 나라가 망하면 우

---

512) 『再造藩邦志』 1. "玄蘇又曰 昔高麗導元兵擊日本. 日本以此報怨於朝鮮 勢所宜然."
513) 『星湖僿說』 卷23 經史門, 57면. 秀吉犯上國 "此不過假道滅虢之術."
514) 『春秋左氏傳』 僖公二年 "夏五月辛巳日 … 虞師晉師滅下陽. 秋九月 齊候宋公江人黃人盟于貫. … 晉荀息請 … 假道於虞 以伐虢."

나라도 멸망할 것입니다."고 하였다.[515)]

이렇게 하여 B.C. 655년 12월 1일에 끝내 진(晉)나라는 무도〔不道〕한 괵(虢)나라를 멸망시키자, 괵나라의 임금 추(醜)는 천자의 서울〔京師〕로 달아났고, 진나라 군대는 철수하면서 우(虞)나라에 머물면서 그 우나라를 습격하여 멸망시켰다.

이 고사에서 임진왜란의 구조와 비교하면, 周=中國〔中朝: 중앙조정〕, 晉=倭, 虞=朝鮮〔地方〕, 虢=遼로 설정해볼 수 있다. 이것은 결국 길을 빌려주면 함께 멸망된다는 교훈이므로, 조선이 일본에 길을 빌려주면 나중에는 끝내 공격을 받아 멸망하게 된다는 것이다. 그러므로 결코 일본에 길을 빌려줘서는 안 된다는 말이다.

이런 전략의 구도에서 보면, 진(晉)나라가 중앙정부 주조(周朝)를 공격한 것이 아니라, 같은 제후 괵(虢)나라를 치면서 중앙정부 주조를 압박했듯이, 왜(倭)의 공격 대상이 중앙정부 대명(大明)이 아니라, 료(遼)가 맞으며, '가도입명(假道入明)'[516)]이나, '왜적욕범상국(倭賊欲犯上國)'[517)]이라는 말은 옳지 않고, 모두 왜곡·날조된 것이며, '가도범료(假道犯遼)'가 옳다.

임진왜란에서 왜적이 "길을 빌려주면 료를 치겠다.〔假途犯遼〕"라고 한 말은 진격의 방향의 문제이겠는가? 아니면 공격전략의 방법의 선택에 있는 것인가?

일본이 중국이나 료를 치려면 그냥 그 방향으로 가면 될 것이다. 왜냐하면 전쟁은 합종(合從)으로 대항하든, 연횡(連衡)으로 섬기든, 그 당사국 사이의 문제기 때문이다. 그래서 한반도가 조선이라면 그 진격의 방향에 조선이 들어갈 문제는 아닌 것이다.

그런데 료를 치겠다면서 조선에 길을 빌린다는 것은 무엇을 뜻하는가? 그것은 진격의 방향의 문제가 아니라, 위의 고사처럼, 같은 중국

515) 『春秋左氏傳』 僖公五年 "晉侯復假道於虞以伐虢. 宮之奇諫曰 虢虞之表也. 虢亡虞必從之."

516) 李鉉淙, 『韓國의 歷史』 (서울: 大旺社, 1991 10판), p. 285.
한명기, 『임진왜란과 한중관계』 (서울: 역사비평사, 1999), p. 40.

517) 『선조실록』 권25 선조24년 10월 병진(24일); 권30 선조25년 9월 기미(2일).

대륙 안에서의 협력세력이 절실히 요구되었던 것이며, 바로 공격전략의 한 방법을 선택하는 문제인 것이다.

어쨌든 나중에 왜란이 진행되는 기간에도 이 '조공' 불허의 문제가 또 나온다.

(1) 리덕형(李德馨)이 거룻배〔扁舟: 돛을 달지 않은 작은 배〕를 타고 가서 평조신(平調信)과 현소(玄蘇)를 강 가운데서 만나 서로 위로하고, 안부를 물음이 평일과 같았다. 현소가 말하기를, "일본이 길을 빌어서 중국〔中原〕에 조공하고자 하는데, 조선이 허락하지 않은 까닭에 일이 이렇게 된 것입니다. 지금도 한 가닥의 길을 빌려주어서 일본으로 하여금 중국에 갈 수 있게 한다면 아무 탈이 없을 것입니다."고 하자, 리덕형이 그들이 약속을 저버린 것을 꾸짖으면서, 또 군사를 퇴각시킨 뒤에 강화회담을 하자고 하니, 평조신 등의 말이 자못 공손하지 못하여, 드디어 각각 헤어졌다.〔1592. 6. 10〕[518)]

(2) 류성룡이 아뢰었다. 가등청정과 소서행장의 뜻이 어찌 참으로 중국을 침범하여든 것이겠습니까? 그들의 소망은 조공의 길을 통하려는 것에 지나지 않을 것입니다.〔1593. 10. 22〕[519)]

이 사료들은 임진왜란이 벌어진 지 석 달째부터 16개월이 지난 시기임에도 일본의 사신이나 장수들의 의견은 조선의 대신의 생각과 꼭 같으며, 일본이 중국에 조공하는 길을 터준다면 아무런 일도 없는 것이 된다는 것이며, 진실로 중국〔中原〕을 공격하려는 것이 아님을 밝히고 있다.

그러나 일본 장수와 사신이 불손한 말을 했다는 말은 뭔가 다른 빌미를 찾아내려는 수작에 지나지 않으며, "중국에 조공"을 강조하는 의

---

518) 柳成龍, 『懲毖錄』 卷1. "(李)德馨以扁舟 會平調信玄蘇于江中. 相勞問如平日. 玄蘇言 日本欲借道 朝貢中原 而朝鮮不許 故事至此. 今亦借一條路 使日本達中原 則無事矣. 德馨責以負約, 且令退兵後議講解. 調信等 語頗不遜 遂各罷去."
『再造藩邦志』 1. "德馨然之. 乃以扁舟 會平玄兩酋于江中. 相勞問如平日. 玄蘇曰 日本欲借道 朝貢中原 而朝鮮不許 故事乃至此. 今亦借一條路 使日本達中原 則無事矣. 德馨責以負約, 且令退兵後議和. 調信等 語極不遜 遂各罷歸."
『선조수정실록』 권26 선조25년 6월 기축(1일).

519) 『선조실록』 권43 선조26년 10월 임인(22일). "成龍曰 淸正行長 其志豈眞欲犯中原哉. 所望不過通貢而已."

미가 또 다른 정치적 성격의 의미가 있음을 봐야 할 것이다.

> (1) 임금(=리연)이 말하였다. … 중원이 이미 공물을 바치게 하는 것〔封貢〕을 거절하였으니, 왜적이 만약 중원을 곧장 침범하려 한다면, 반드시 우리나라를 거칠 것이고, 중원이 왜적을 정벌하려고 할 때에도, 반드시 우리나라를 거칠 것이므로, 우리나라는 왜적의 싸움터가 되어 저절로 멸망되고 말 것이니, 어찌 통탄스럽지 않은가?〔1594. 7. 20〕[520)]
>
> (2) 평행장이 말하였다. … 남만・류구는 모두 외이(外夷)인데도 대명(大明)에 공물을 바치고 신하라 일컫는데, 일본만이 버림받는 나라가 되어 그 대열에 참여하지 못한다. 전에 이 뜻으로 조선에 요청하여 대명에게 전달하려고 했으나, 조선이 허락하지 않았으므로, 부득이 군사를 이끌고 나왔다. … 귀국이 만일 이런 의사를 중앙조정〔天朝〕에 전달하여 특별히 중앙사신〔天使〕을 보내와 작위를 봉해주게 한다면 소원이 이루어진 것이니 즉시 철군해 돌아갈 것이며, 귀국 사람을 빠짐없이 돌려보내줄 것이며 군량과 곡식도 넉넉히 보내줄 것이다.〔1594. 11. 1〕[521)]

일본은 이렇게 중국에 대해 조공하는 길을 터 보려고 목매달고 있음에도 중국이 이를 거절하였으니, 조선이 또 전쟁터가 될 수밖에 없음을 지적하였으며, 왜적이 임진왜란을 벌인 지 1년 반이 지난 시점에서도 이렇게 언급하고 있다.

이런 사실에 대해 풍원부원군 류성룡도 그렇게 알고 있었으며, 임진왜란에서 그들이 바다에서 패전을 거듭하자, 크게 떨치지 못하여 강화회담에 나섰던 것이다. 소서행장은 풍신수길에게 제후로 봉해주는 것도 말했는데, 그 진심이야 어디에 있든, 조공 문제와 직결된다.

조공은 대외무역, 즉 공공무역의 성격을 지니기 때문에 책봉관계를 가진 국가 간의 무역만을 인정하고, 그 밖의 사적인 무역을 금지함으로써 국외반출과 외국산물 수입을 국가관리 아래에 두었다.

---

520)『선조실록』권53 선조27년 7월 병신(20일). "上曰 … 中原已絶封貢 賊若欲直犯中原 則必由我國, 中原欲征此賊 亦必由我國. 我國爲賊場 自就糜滅而後已 豈不痛哉."

521)『선조실록』권57 선조27년 11월 을해(1일). "平行長…謂曰 南蠻琉球 皆是外夷而奉貢稱臣於大明 日本獨爲棄國 未參其列. 前以此意請朝鮮 欲達于大明 而朝鮮牢不肯許 不得已擧兵出來. … 貴國若以此意傳達於天朝 特遣天使 許賜封爵 則志願畢矣 卽當撤歸 貴國人無遺刷還 軍糧穀種 亦當優送."

중국 동남부에서는 16세기에 유럽세력의 활동과 더불어 상공업이 발달하여 도자기〔경덕진(景德鎭)〕이나, 섬유제품〔소주(蘇州)〕 등 많은 뛰어난 제품들이 만들어지고 있었다. 이러한 산지에 가까운 중국 남부 연안지역에서는 왜구를 포함한 중국 상인들에 의한 국제적인 무역 활동이 점차 전개되어 해금(海禁: 쇄국)정책은 유명무실하게 되어갔다. 그 결과 동남아시아에 가까운 광주(廣州)는 최대 해외무역항으로 발전했다. 더구나 16세기 후반에 전국의 동란을 종식한 일본에서는 사카이〔堺〕나, 하카타〔博多〕의 상인들이 직접 중국이나 동남아시아와 무역에 진출하고, 동남아시아 각지에 일본인 마을을 형성하는 정도로 되었다.[522)]

이 말은 결국 중국 동남부에 해외무역이 활발했으며, 일본인의 활약이 두드러졌으며, 이런 무역활동의 배경에 있는 유럽은 일본과의 자연스런 만남이 있었고, 1592~1598년의 임진왜란도 바로 책봉과 조공의 문제에 직결되어 있음을 알 수 있다.

이 책봉은 그동안 일본이 막강한 세력과 재물을 가졌음에도 인정을 받지 못했는데 제후로 인정받게 되는 것이며, 조공은 이와 아울러 그러한 조건에 부합하여 지방의 특산물을 중앙조정에 바침〔以小事大〕으로써 중앙조정으로부터 그들의 생활필수품을 받아올〔以大事小〕 수 있게 되며, 조선의 정치구조 시스템에 참여하는 것이다.

풍신수길이 일찍이 했던 말에서 "항상 중국이 조공을 허락하지 않는 것에 앙심을 품었다〔常以天朝不許朝貢爲憤〕"는 것이 바로 임진왜란을 일으킨 가장 직접적인 원인이 되는 것이다. 물론 그러한 침략의 힘을 보태준 것은 국제무역을 명분으로 앞세운 포르투갈·에스파냐·네덜란드의 적극적 지원이 있었기에 가능했던 것이다.

---

522) 池田榮史, 「琉球からまた中世東北アジアの交易路と交易品」 『14세기 아시아의 해상교역과 신안해저유물』(국립해양유물전시관, 2006), p. 232.

3. 이소사대(以小事大)에 바쁜 조선의 정치

조선의 국방체제의 큰 틀은 무엇보다도 이대사소(以大事小)・이소사대(以小事大)의 개념이라 하지 않을 수 없다. 여기에는 반드시 의리〔大義〕가 거론되며, 지방이 중앙을 섬기면, 중앙이 지방을 도와준다는 말이다. 즉 중앙과 지방, 천자와 제후와의 관계다.

> 어진 사람은 큰 나라일지라도 작은 나라를 섬길 수 있고〔以大事小〕, 지혜로운 사람은 작은 나라지만 큰 나라를 섬길〔以小事大〕 수 있다. 큰 나라임에도 작은 나라를 섬기는 것은 하늘의 도리를 즐거워하는 것이요, 작은 나라가 큰 나라를 섬기는 것은 하늘의 도리를 두려워하는 것이다. 하늘의 도리를 즐거워하는 사람은 천하를 보전할 수 있고, 하늘의 도리를 두려워하는 사람은 그 나라를 보전할 수 있다.[523)]

이 '이소사대・이대사소'의 개념은 앞에서 말한 '순망치한'의 국방개념과 같은 논리다.

그래서 임진왜란이 일어나게 된 경위를 적은 『선조실록』의 글에서 '이소사대'의 의미를 찾을 수 있다.

> 우리나라에서는 대의를 들어 준엄하게 거절하자, 왜적은 드디어 온 나라의 군사를 총동원하여 현소・평행장・평청정・평의지 등을 장수로 삼아 대대적으로 침입하였다.[524)]

바로 여기서 "일본이 료동을 치겠다."는 말에 "우리나라(=조선)에서 대의(의리)를 들어 준엄하게 거절했다."는 말이 나온다. 이 '의리'가 바

523) 『孟子』 梁惠王 章句下 "惟仁者 爲能以大事小. … 惟智者 爲能以小事大. … 以大事小者 樂天者也 以小事大者 畏天者也 樂天者 保天下 畏天者 保其國."
524) 『선조실록』 권26 선조25 4월 임인(13일). "我國以大義拒之甚峻, 賊遂傾國出師, 以玄蘇平行長平淸正平義智等爲將, 大擧入寇."

로 '이소사대'의 개념에서 논의된 명제이며, 이 역시 조선의 지방이 중앙을 섬긴다는 말이며, 그렇게 하면 중앙정부〔중국〕가 지방정부를 지켜준다는 말이다.

이것은 구조적 정치체제에서 비롯되는데, 중앙에 천자(황제)가 왕자 및 공신들로 하여금 지방의 제후〔王·公·侯·伯·子·男〕를 맡아 다스리게 하는 개념이다.

'조선'의 이런 구조의 근본 배경은 어떻게 형성되었을까?

그것은 『조선왕조실록』 어디에나 나오는 '朝鮮國王'을 띄어 써서 '朝鮮 國王'으로 읽어야 한다. 그것은 '조선의 국왕〔제후〕'이라는 말이다. 이 말과 관련된 다른 것을 보자.

(1) 황제의 사신이 곧 도착할 즈음에 임금이 대문 밖에 나가 기다렸다가 사신이 이르자, 읍하고, 계단을 올라 서로 사양하며 들어왔다. 경회루에 나아가 앉고서는 두 사신이 통역관〔通事〕를 시켜 붉은 종이로 된 단자 두 장을 올리면서 말했다. "… 그 단자에는 황제께서 공경히 하느님〔皇天〕께 태호(泰號)를 올리고, 이 의식을 내신 것은 원래 외국에 알리는 일은 없었습니다. 황제께서는 보좌하는 신하들에게 타이르시기를, '하늘의 도리는 외국이라고 차별하지 않는 법이니, 조선의 여러 나라〔諸國〕에 모두 조칙을 알려야 한다.'고 하였습니다."(1539. 4. 12)[525)]

(2) 1403년(영락 원년) 11월 1일에 조선의 여러 나라에 책력을 지어서 반포케 하였다.[526)]

여기에 '조선의 제국〔朝鮮諸國〕', 즉 '조선의 여러 나라'라는 말이 나오는데, 이것을 '조선과 다른 여러 나라'라고 해석할 수 없으며, 그 말 그대로 '조선에 여러 제후국들'이 있었다는 말이며, 위에서 '조선의 제후〔國王〕'이라는 말과 함께 쓰이는 말이다.

이런 사실에서 『조선왕조실록』 속에 "朝鮮國王 李諱/臣諱/某/臣姓某"라고 쓰면서 '피휘법(避諱法)'에도 어긋나게 그냥 이름이 온통 빠져 있다.

---

525) 『중종실록』 권90 중종34년 4월 기유(12일). "詔使將至 上出大門以待之 詔使至 相揖而陞階 相讓而入 至樓下就坐. 兩使令通事 進紅紙小單子二張.〔其單子曰 皇上恭上皇天泰號 乃出此典 元無詔外國故事. 上諭輔臣等謂 天道無外 朝鮮諸國俱當詔知.〕"

526) 『明史』 本紀. "永樂元年冬十一月乙亥朔 頒曆於朝鮮諸國著爲令."

이것은 조선에는 여러 나라들이 있었는데, 그런 여러 나라 가운데 하나의 임금〔제후〕 '리 아무개'인 것이다. 『조선왕조실록』 속에는 거의 모두 이런 꼴이다.

여기서 잠깐 '피휘(避諱)'에 관한 원칙을 『례기(禮記)』에서 알고 넘어가는 것이 좋겠다.

졸곡(卒哭: 죽은지 석 달이 지난 丁日/亥日에 지내는 제사)이 끝낸 뒤에는 이름을 휘(諱)라 한다.
그 례로써 혐명(嫌名: 소리가 같은 다른 글자)은 휘하지 않는다.
이명(二名: 두 글자 이름)은 다 휘하지 않는다.
부모가 살았을 적에 뵌 적이 있는〔逮事〕 손자는 조부모〔王父母〕의 이름을 휘하며, 부모를 뵌 적이 없는 사람은 조부모의 이름을 휘하지 않는다.
임금에게는 사휘(私諱: 개인적 부모 이름)함이 없다.
대부가 있는 곳에서는 공휘(公諱: 나라 사람이 모두 휘함)가 있다.
시경(詩經)·서경(書經)을 읽는 데는 누구의 이름도 휘하지 않는다.
정부〔官府〕의 문서를 쓸 때에는 휘하지 않는다.
사당〔廟: 사대봉사(四代奉祀)되는 고조(高祖) 이상〕의 조상에게는 휘하지 않는다.
부인(夫人: 제후의 아내)의 휘는 비록 임금 앞에서 대답할 때라도 신하는 휘하지 않는다.
부인(婦人: 선비의 아내)의 휘는 문을 나오지 않으면 휘하고 나와서는 휘하지 않는다.
대공(大功: 4촌 이내의 9개월 상기)·소공(小功: 6촌 이내의 5개월 상기)의 친족은 휘하지 않는다.
다른 제후의 나라〔國境〕로 들어갈 때는 그 나라의 금지되는 법〔禁法〕을 물어본 뒤에 들어간다.
제후의 나라 서울〔國都〕에 들어갈 때는 그 풍속을 물어본 뒤에 들어간다.
남의 가문에 들어갈 때는 그 집 선조의 이름을 물어본 뒤에 들어간다.[527)]

527) 『禮記』 曲禮下1. "卒哭乃諱 禮不諱嫌名 二名不諱 逮事父母則諱王父母. 不逮事父母 則諱王父母 君所無私諱 大夫之所有公諱 詩書不諱 臨文不諱 廟中不諱 夫人之諱雖質君之前 臣不諱也. 婦諱不出門 大功小功不諱 入境而問禁 入國而問俗 入門而問諱."

일단 '휘(諱)'는 같은 글자를 쓰지 않는 경우인데, 죽은 지 석 달이 지나야 붙여지는 이름이며, '朝鮮 國王 李諱'라고 쓴 것을 비판한다면, 이것은 위의 원칙에서 "정부의 문서에는 휘하지 않는다."는 것에 어긋난다.

그리고 이 '諱'라는 말은 인간관계에서 서로의 안면인식과 섬김의 여부에 달려 있고, 그 조상에 대한 존경심에서 이름을 함부로 부르지 않도록 함에 있고, 그 조상의 이름에 쓰인 글자를 후세 사람들의 이름에 쓰지 않는 것이다. 그것도 공직에 있는 경우이고, 상복(喪服) 기간에 한정해서이며, 더구나 임금에게는 '사휘(私諱)'가 없으니 만큼, 그렇다면 『조선왕조실록』 속엔 임금의 이름이 반드시 그대로 쓰여져 있어야 옳다.

그리고 앞의 글에서 언급된 '임금〔上〕'은 '조선의 어떤 지방의 제후'이고, '황제〔皇上〕'는 '중종〔李懌(리역)〕'이 되어야 마땅하다.

이러한 조선의 정치 시스템에서 임진왜란의 직접적인 원인은 바로 "중국〔조선의 중앙조정〕이 조공을 허락하지 않음"에 있었고, 조선의 해안지방〔海邦〕 일본이 조공할 수 있도록 건의한 이런 요청을 조선〔지방조정〕이 들어주지 않았던 것에 있었다.

그런데 여기서 좀더 깊이 생각하고 넘어가야 할 것은 전쟁이 진행되고 있는 상황에서 조선의 강토를 언급한 내용이 있다.

류성룡: 손 시랑의 3가지 계책도 아직 우리나라에 유리하게 보이지 않은데, 형세가 만약 궁지에 몰리게 되면, 단지 압록강을 지키기만 하겠다고 합니다. 저 왜적들이 절강(浙江)을 버려두고 우리나라를 거쳐가는 것은 좋은 계책이라 할 만합니다. 절강은 중국〔中國〕에서 꼬리와 같고, 우리나라는(중국에서) 머리와 같으니, 중국〔中原〕이 만약 우리나라를 지키지 못하면 료동이 반드시 먼저 흔들거려 천하의 판도가 위태롭게 될 것입니다.

임금〔리연〕: 총병의 철수하는 계책은 옳다. 그 뜻은 왜적이 만약 경상도를 거쳐 곧장 룡인 등지로 간다면, 반드시 좌우에서 적군의 침공을 받게 될 것이니, 서울〔京城〕에 와서 머무는 것만도 못하므로, 지금 철수하려는 것이니, 실로 장수다운 전략이다. 그러나 우선 그대로 머물러 있기를 청하는 것이 좋겠으니, 머물기를 청하는 자문(咨文)을 빨리 만들도록 하라.〔1594. 7. 20〕[528)]

우선 여기서 류성룡의 한 말을 보자. 〔중국〕=〔중원〕인데, 그 중원〔=중국〕에 있어서 절강은 그곳의 꼬리〔尾〕이고, 우리나라(=조선)는 그 중국에서의 머리〔首〕에 해당된다고 했다.[529)] 머리나 꼬리는 하나의 몸통을 일컫는 것이므로, 조선과 중국은 하나의 강역 안에서 설명되어야 한다. 꼬리는 '뒤·뒤끝·등뒤'를 뜻하며, '北'은 '등지다·등'이므로 '북쪽'에 해당되며, 머리는 '앞·먼저'를 뜻하며, '南'은 '前·앞'이므로 '남쪽'에 해당된다. 그래서 류성룡이 있는 그 조선 지방은, 한반도를 포함할지라도, 임진왜란 당시엔 절강의 북쪽에 있었다.

그리고 임금(=리연)이 말한 중국군의 철수하는 이동방향을 보면, 경상도 → 룡인(龍仁)인데, 이 길이 지리적으로 곧장 갈 수 있는 공간이어야 한다.

(1) 왜란은 훨씬 이전부터 진행되고 있었는데

그런데 우리는 왜란이 임진년(1592)부터라고 알고 있지만, 사실을 그보다 훨씬 전부터 왜구(倭寇)의 노략질이 있었다.

1555년 5월의 달량포(達梁浦)에 왜선 70척 남짓이 여염집을 노략질했고, 전주·령암·남평에 왜적 100여 급을 베었고, 6월에는 소주(蘇州)·송강(松江)·상해(上海)·가정(嘉定) 및 강동(江東)에 왜적이 노략질했으며, 9월에 제주(濟州)에서 왜구 54급을 베었다.[530)]

---

528) 『선조실록』 권53 선조27년 7월 병신(20일). "成龍曰 … 孫侍郎三策 亦未見有利於我國 而勢若窮蹙 則只欲把守鴨綠云. 彼賊捨浙江 而由我國 可謂善策. 浙江於中國如尾 我國如首. 中原若不守我國 則遼東必先搖動 而天下之勢危矣. 上曰 總兵撤還之計 是矣. 其意以爲 賊若由慶尙 直至龍仁等地 則必左右受敵 不如來往京城之爲得也. 今之撤回 實是將略 然姑爲請留可也. 請留之咨 宜速爲之."

529) 위 원문 "浙江於中國如尾 我國如首"의 완전한 문장은 "浙江於中國如尾 我國於中國如首"로 된다.

530) 『명종실록』 권18·권19 해당 년도.

〈표IV-1〉 『경국대전』에 나타난 수군 배치

함종＼도	경기	충청	경상	전라	강원	황해	영안	평안	계
대맹선	16(×80)	11(×80)	20(×80)	22(×80)	-	7(×80)	-	4(×80)	80(×80)
중맹선	20(×60)	34(×60)	66(×60)	43(×60)	-	12(×60)	2(×60)	15(×60)	192(×60)
소맹선	14(×30)	24(×30)	105(×30)	33(×30)	14(×30)	10(×30)	12(×30)	4(×30)	216(×30)
무군소선	7	40	75	86	2	10	9	20	249
계	57척	109척	266척	184척	16척	39척	23척	43척	737척 2만4400명

그리고 1586년에 녹도만호로 부임한 리대원(李大源: 1566~1587)은 임기가 되어 전라좌수사로 임명되었지만, 아직 현지에 인사명령이 도착하기 전에 왜적과 해전이 벌어졌다. 1587년 2월 10일에 이어 17일에도 전라도 흥양현(興陽縣) 손죽도(損竹島)에 왜적선 18척이 쳐들어와 사흘 동안이나 싸우다가 녹도만호 리대원이 전사하는 일까지 벌어졌다. 이때 지휘관이었던 수사 심암(沈巖)은 겁을 집어먹고 싸우지 않은 죄로 체포되어 파면되었던 사건이 있다.

이것은 임진왜란이 일어나기 5년 전의 일이다. 이러고도 "1587년 아무 일도 없었던 해"라는 력사로 몰아붙인다면, 그것은 거짓이다.

우리는 임진왜란 당시의 방비가 철저하지 못했음을 알고 있지만 군사력의 규모에 관해서는 어디에도 명확하게 밝혀져 있지 않다. 다만 『경국대전』에서 전선의 수를 추측해낼 수 있다. 조선의 함선(艦船)에는, 〈표IV-1〉에서 보듯이, 이미 태종 때에 언급된 거북선〔龜船〕의 이름마저 나오지 않는다. 말하자면 『경국대전』이 편찬된 1485년(성종16) 즈음에 이미 운용되지 않았다는 말이다.

이로부터 100년이 지난 임진왜란 직전의 시점에까지 전력 증강에 크게 발전이 없었으며, 무사안일의 사회풍조가 만연했음을 알 수 있다. 이것은 임진왜란이라는 예고된 전쟁을 치르는 나라로서 갖추어야 할 최소한의 책임을 다하지 않은 것이다.

오직 전라좌수사 리순신만이 무언가 다르게 주장을 했고, 무언가 다르게 업무를 추진해 나갔음을 알 수 있다. 그것이 또 조선 중기에 이르면, 맹선(猛船)이라는 전선(戰船)은 판옥선(板屋船)이라는 이름으로 바뀌어 임진왜란 때에 운용된다.

그리고 전선(戰船) 배치는, 〈표Ⅳ-2〉에서 보는 바와 같이, 다른 수군 기지에도 거의 같다고 볼 수 있다. 전선인 판옥선만을 계산한다면, 전라좌도 수군에 30척인데, 다른 기지에서도 거의 같다고 볼 때에 수사(水使)가 지휘하는 기지가 10개라면 모두 300척이 된다. 이것은 결국 『경국대전』의 세력이 임진왜란 당시에도 거의 같은 수준의 세력이 된다.

이렇게 각 수군 기지에 배치된 세력은 해당 관할구역을 장악하고 방어하였다. 그런데 이것은 인근 지역까지 지원이 쉽게 이루어지지는 않았으며, 임진왜란이 터졌어도 중앙에서 내려오는 군사도 육군에게는 있었지만, 수군에게는 없었다.

〈표Ⅳ-2〉 임진왜란 당시 전라좌수영 세력배치표

		전선(戰船)		사후선(伺候船)	계	비고
		판옥선	거북함			
본영 여수		6	1	6	13	(지휘본부)
오관(五官)(내륙기지)	순천	3	1	3	7	계 25척
	광양	2	-	2	4	
	낙안	2	-	2	4	
	보성	2	-	2	4	
	흥양	3	-	3	6	
오포(五浦)(해안기지)	방답	3	1	3	7	계 25척
	여도	2	-	2	4	
	사도	3	-	3	6	
	발포	2	-	2	4	
	녹도	2	-	2	4	
총계	(11개소)	30	3	30	63	계 63척

※ 출처: 『李忠武公全書』 卷2 狀啓1. pp. 9~51.

그리고 일본에서 사신을 통해 보내온 글의 내용을 본 중봉 조헌(趙憲)은 옥천(沃川)에서 흰옷을 걸쳐 입고 궁궐로 가서 1591년 3월에 올린 숏장의 많은 내용 가운데서 중요한 사실을 발견할 수 있다. 이 숏장은 물론 황윤길 등의 통신사가 일본을 다녀오자마자 쓴 글이다.

> 오늘의 사세는 국가의 안위와 성패가 매우 긴박한 상태에 있으니, 참으로 불안한 시기입니다. 속히 왜사(倭使)의 목을 베고, 중국〔天朝〕에 보고한 다음, 그의 팔다리를 류구 등 여러 나라에 나누어 보내어 온 천하로 하여금 분노케 하여 이 왜적을 대비하도록 하는 한 가지 일만이 전날의 잘못을 보완하고, 때늦은 데서 오는 흉함을 면할 수 있음은 물론, 만에 하나 이미 쇠망한 끝에 다시 부흥시키게 될 수 있기를 기대할 수 있을 것입니다. … 신은 황윤길의 배가 처음 대마도에 정박했을 때에 저들이 먼저 이 사실을 남양(南洋)의 여러 섬에 전파시켜 조선과 통교했다고 하면서 여러 섬들을 제재하여 통치코자 했을 것으로 생각됩니다. 그런데 절동·절서〔兩浙〕 지방의 장수와 아전들이 듣지 못했을 까닭이 있겠습니까? 따라서 황제〔天子〕에게 보고하지 않을 수 있겠습니까? 중국〔中朝〕에서 의심하고 있은 지 오래입니다. … 따라서 소주·항주에 말을 퍼뜨려 자신들이 이미 조선을 복속시키고 군대를 이끌고 왔다고 할 경우 노포(露布)를 급히 전한다면 달포쯤이면 서울〔京〕에 도달될 것입니다.[531)]

이 숏장은 임진왜란이 일어나기 13달 전인데, 왜적들의 의도를 꿰뚫고 있는 상황이 아니라고 할지라도, 여기에서 언급하고 있는 상황을 보면 그 의미가 매우 진지하며, 그 전개되는 지리적 범위가 매우 방대하다.

첫째, 왜적에 대한 불의를 지적했으며, 그 적개심의 표출을 왜적의 사신을 죽여야 하고, 그 사신의 팔다리를 류구(琉球)와 그 인근 나라에 나누어 주어야 한다고 했다. 그렇다면 그 공분(公憤)을 사도록 하는 곳

---

531) 『선조수정실록』 권25 선조24년 3월 정유(1일). "臣竊料 今日之事 安危成敗 只在呼吸之間 眞可謂不寧之時矣. 惟有亟斬虜使 飛奏天朝 分致賊肢于琉球諸國 期使天下 同怒以備此賊一事 猶可以補復前過 而庶免後時之凶 萬一有興復於旣衰之理. … 臣恐允吉之船 初泊對馬之日 彼必先播于南洋以謂 朝鮮之通聘 期以制服乎諸島矣. 兩浙將吏 其獨不聞 而不奏于天子乎. 中朝之致疑 固已久矣. … 其必揚言于蘇杭謂 已制服朝鮮 領兵以來 則露布急傳 半月奏京矣."

이 왜적들이 있는 곳이 되므로, 류구와 복건·절강 등의 지역이 왜적들이 있는 곳이 된다.

둘째, 조선통신사 배들이 대마도에 정박했다는 것만으로도 일본의 외교상의 목표를 달성한 것이며, 그 목적은 이미 남양(南洋)의 여러 섬에 널리 퍼뜨려 자신들의 위상을 높였다는 것이다. 남양은 글자 그대로 적도 이북의 바다이니, 대만에서부터 자바 섬까지의 섬들이 있는 곳을 말한다.

셋째, 절동·절서〔兩浙〕의 지도층의 사람들과 황제가 이런 갖가지 행태를 알고 있을 것에 대하여 우려하며 모두 보고해야 한다고 강조했다.

넷째, 일본의 의도는 소주·항주에 소문을 퍼드려 그들의 정치적 욕심을 달성하겠다는 것이니, 이는 일본의 통치력의 범위를 류구(琉球), 즉 대만(臺灣)에서부터 복건·절강까지 뻗치려 했던 것이다.

이런 것은 아직은 이루어지지 않은 상황이지만, 상당한 내용들이 이미 정치적으로 유효하게 진행될 수 있으므로, 그런 음모에 휘말리지 않도록 경계한 것이다. 그리고 그 지리적 범위가 모두 중국대륙 양자강 하류의 지방들이다.

(2) 통신사의 일본파견과 임금 앞에서 허위보고

일본에서는 몇 차례에 걸쳐 조선에 사신을 보내어 통신사(通信使: 일본에 파견하는 외교사절)를 보내줄 것을 요청했다. 조선정부에서 마지못해 통신사를 보낼 것을 결정내린 것은 일본 사신 현소(玄蘇)가 세 번째로 조선에 왔던 1589년 9월 21일이었다. 임진왜란 3년 전의 일이다.

통신사에 정사 황윤길(黃允吉), 부사 김성일(金誠一), 서장관 허성(許筬)·차천로(車天輅), 무관 황진(黃進)을 임명하였으며, 1590년 3월 6일 일본 사신 현소와 함께 한성을 출발하여 4월 29일에 부산포를 떠났다.

이들이 대마도에서 한 달 동안 머물고, 일본 교토〔京都〕에 7월 22에 도착하였는데, 풍신수길의 취락제(聚樂第)에서 그를 만나본 것이 일본에 온 지 3개월 반 만인 11월 7일이었고, 이때에 국서(國書)를 전달했다. 물론 풍신수길의 왜땅 평정을 축하하고, 앞으로 두 나라는 교린을 돈독히 해보자는 것이었다.

그런데 풍신수길의 태도는 매우 거만했으며, 그의 얼굴은 검고, 키가 작아 남보다 다른 점이라고는 보이지 않았는데, 다만 눈이 약간 빛나는 것 같았다고 『징비록』에 나와 있다. 이것은 전국의 전략·전술이나, 군사의 동태와 적의 의도를 파악한 것이 아니라, 한 사람의 거죽만 보고 온 것에 지나지 않으며, 국익에 전혀 도움이 되지 않은 행동이었다. 이것은 마치 2000년 6월 15일에 남북정상회담을 하고 돌아온 김대중 대통령은 김정일 국방위원장에 대해 평가하기를, "머리가 비상하고 탁월하며 논리정연하고 치밀한 성격이다. 업무에 대한 열성이나 집중력이 대단하고 다재다능한 인물이다."고 한 것과 별로 다를 것이 없다. 김 대통령은 그 뒤에 곧 현찰 8억 달러를 북한에 보냈고, 50억 달러어치의 각종 지원을 북한에 보냈는데,[532] 2년이 지난 2002년 6월 29일에 북한해군이 제2 연평해전을 일으켜 한국해군 고속정 1척이 침몰되고 6명이 전사, 19명이 부상은 입고 말았다. 적정에 관하여 국민에게나 아군에게 잘못 판단하도록 알리거나 전파하는 것은 두말할 것 없이 정치적 이적행위다.

그리고 이것은 류성룡이 통신부사로 갔던 김성일의 말을 듣고 그대로 쓴 것이지만, 일본의 최근세 학사 덕부소봉(德富蘇峰: 도쿠도미 소호)가 『일본국민사(日本國民史)』 속에는 풍신수길의 모습 그대로 집필한 묘사라고 보증한 것을 보면, 뒷날 황윤길·김성일 두 사신이 서로 반대되는 발언을 했다는 것도 여기에 실려 있다.

그들 사신 일행이 일본에서 돌아와 부산에 도착한 것이 이듬해 1591년 1월 28일이었다. 임진왜란이 일어나기 14개월 전이다. 이들이 한성에 도착한 것은 8월 초다. 이들이 선조의 어전에서 일본의 상황을 상반되게 보고했다.

---

532) http://www.cafe.naver.com/ucc4u/141; http://www.kbsusa.com:yankeetimes.com.

황윤길은 "일본의 출병이 있을 것"이라 했고, 김성일은 "신은 왜적에게 그러한 징조가 있는 것을 보지 못했습니다."고 했다. 또 황윤길은 "풍신수길은 눈이 빛나고 담략이 있어 보이더라."고 했고, 김성일은 "그의 눈이 쥐새끼와 같아 두려울 것이 없더라."고 하면서, "황윤길이 민심을 동요시키는 것은 옳지 않다."고 하면서, 상관인 정사 황윤길을 비난했다.

이렇게 적국에까지 가서 적정의 동태를 파악하고 오라고 한 곳을 다녀온 사신들이 서로 반대되는 의견을 보고했던 것이다. 그것도 전쟁이라는 크나큰 일을 앞두고 말이다. 그런데 이때 정부에서는 김성일더러 잘 했다면서 포상으로 통정대부(通政大夫: 정3품 당상관)의 벼슬로 승진시켜 주었다. 허위보고를 하여 정세를 오판하도록 한 대가가 그에게 주어지는 세상이었다.

조정 대신들마다 수군거렸지만, 대개 무사안일을 바라는 생각에 빠져 김성일의 거짓말에 동조하여 왜란에 대응하는 방향이 소극적 정책으로 되었고, 그냥 어물어물 넘어갔다.

이런 시기에 전라좌수사에 원균이 발령되었다가 취소되었고, 공석이 된 그 자리에 후임으로 리순신 임명되었다. 그 날이 바로 1591년 2월 13일이었다.

(3) 일본의 선전포고와 조선의 태도

일본에서는 전쟁을 위하여 만반의 준비를 하고 있었다. 그동안 3~4년에 걸려 일본 66주를 장악했다. 그런데 조선의 사신들이 일본에 갔다가 받아 가져온 회신 국서는 선전포고나 다름없었다. 임진왜란이 일어나기 꼭 1년 전의 일이다.

> 일본국 관백(풍신수길)은 조선 국왕 합하께 바칩니다. … 국가가 멀고, 산과 강으로 막혀 있음을 꺼리끼지 않고, 한번에 뛰어 곧장 대명국으로 들어가 우리 조정의 풍속을 400여 주에 바꾸어 놓고 제도(帝都)의 정치

로서 교화시킴을 억만년토록 베풀고자 하는 것을 마음 속에 두고 있습니다. 그러니 귀국이 앞장서서 조정에 들어가 준다면 앞일을 생각해볼 때 코앞의 근심은 없게 될 것이 아니겠습니까?[533)]

존칭어는 많지만, 그 대상에 따라 황제・황후에겐 폐하(陛下), 왕・왕비에게는 전하(殿下), 합하(閤下)는 정1품의 벼슬에게 하는 말이다. 국왕(國王)은 제후(諸侯: 황제에게 봉토를 받은 지방 임금)다.

여기서 벌써 호칭에서 '합하'라는 말이 외교에 합당한 말이 되지 않는 결례이거니와, "조정에 들어가 준다면〔入朝〕"이란 말은 일본과 함께 동맹관계가 되어 중앙정부에 반란을 일으키는 심부름꾼 역할을 하게 된다는 말이다. 다시 말하면 '항복'과 같은 말이다.

일본에서 이런 외교문서가 작성되었어도 통신사들은 책임을 다하지 않고 입씨름만 하다가 돌아왔다. '전하(殿下)'를 '합하(閤下)', '예폐(禮幣)'를 '방물(方物)'로 글자를 썼다고 하여, 이를 고쳐야 하고, '대명국으로 들어간다'니, '귀국이 앞장서서'라는 말을 고치지 않으면, 통신사 자신들의 죽음뿐이라면서 그런 글을 가져갈 수 없다고 했지만 전혀 달라지지 않았다. 그러자 그 문장 그대로를 가지고 돌아왔다. 그 통신사들은 직무유기를 했던 것이다.

일본의 의지는 확고부동했으며, 그런 문제가 발생했을 때에는 반드시 고칠 것을 관철시켰어야 마땅하며, 그 목적이 이루어지지 않을 때에는 그 자리에서 목숨을 내놓고 차라리 돌아오지 못한 귀신이 되었어야 했다. 그렇게 했다면 일본의 태도도 달라졌을 수도 있을 것이며, 임진왜란의 상황은 일어나지 않았을지도 모를 일이다.

더구나 통신사가 가져온 그 왜인의 답서〔倭答書〕에서 재미있는 문장 하나가 있다.

이윽고 천하를 크게 죄를 다스리며, 백성을 어루만져 보살피고, 어려서

533) 『선조수정실록』 권25 선조24년 3월 정유(1일). "日本國關白 奉書朝鮮國王閤下. … 不屑國家之遠 山河之隔 欲一超直入大明國 欲易吾朝風俗於四百餘州 施帝都政化於億萬斯年者 在方寸中. 貴國先驅入朝 依有遠慮近憂者乎."

부모 잃은 사람〔孤〕과 늙어 남편 없는 사람〔寡〕을 불쌍히 여기니, 참으로 백성들이 부유하고 재물이 넉넉하다고 중앙조정에 바치는 지방의 토산물이 전보다 만 배나 늘었습니다. 또 본조(本朝)가 건국된 뒤로 조정의 정치는 매우 훌륭하고, 낙양(洛陽)은 장엄하고 화려하여 오늘날보다 더한 적이 없었습니다.[534)]

이 말은 일본의 풍신수길이 반란군과 도적의 무리를 토벌하고 멀고 먼 섬까지 장악했다는 말에 이어서 나온 말이므로, 일본 안의 상황을 말한 것 같이 보이지만, 사실은 중국의 정치에서 '낙양'이라는 중심 지역이 혹세무민하며, 그들만이 사치하면서 질서가 문란했다는 것을 말한 것이다.

옛날에 반란을 일으키거나, 전쟁을 일으킨 원인에는 백성들에게 세금이 과중하거나, 기강이 문란했을 때였으며, 무사안일하고 평화로운 때는 결코 그런 일은 없었다. 그런데 "故民富財足"(고민부재민)을 "백성들이 부유하고 재물이 풍족하므로"라고[535)] 번역한다면, 반란·전쟁의 빌미가 될 수 없다. 그리고 그 바로 뒤의 문장 "土貢萬倍千古"(토공만배천고) 즉 "토공(중앙조정에 바치는 지방 토산물)이 전보다 만배나 늘었다."는 것은 백성들에게 과중한 세금을 만 배나 늘린 것이니 반란·전쟁의 빌미가 되고도 남으며, 앞 문장과는 정반대의 상황이다.

풍신수길과 그들은 '낙양'의 관할의 지배를 받았던 것으로 보인다. 그래서 전보다 1만 배나 되는 세금폭탄에 못 이겨 반란을 일으킨 것이다. 이것은 곧 모든 지방 제후들의 동맹을 유도할 만한 것이다.

이런 지리적 문제가 있는 임진왜란의 사실을 『조선왕조실록』에서 더 확인해보자.

"1592년(임진)에 관백〔풍신수길〕이 천정(天正) 황제를 죽이고 문록(文祿) 황제를 세웠는데, 지금 문록4년이다. 중앙조정〔天朝〕이 이미 관백을 봉하여 일본국왕으로 삼았으니, 문록과 함께 설 수 없다. 관백이 장차 여

534) 위의 실록. "旣天下大治 撫育百姓 矜悶孤寡 故民富財足 土貢萬倍千古矣. 本朝開闢以來 朝政盛事 洛陽壯麗 莫如此日也."

535) http://sillok.history.go.kr/inspection/inspection.jsp?mState=1.

주(與州) 지방으로 옮겨 거처하려 하는데, 여주는 녕파를 왕래하기 가까운 지방이다."고 하였습니다. … "산동 지방은 관백에게 복종하지 않는다고 하는 데 사실인가?"하고 물으니, "복종하지 않는 지방이 없다."고 하였고, "관백이 류규국을 복종시켰다고 하는데 사실인가?"하고 물으니, "류구국은 중앙조정에 조공하고, 많은 물건을 일본에 교역한다."고 하였습니다. 그가 말하기를 "포로로 잡은 조선 남녀를 일본에 전매하는데 미녀일 경우 30냥 남짓까지 받는다고 한다."고 하였습니다. "일본의 풍토가 절강에 비해 어떻다던가?"하고 물으니, "절강에 비해 좋은 편이고, 여염집들이 빽빽이 들어서 있으며, 밤에도 문을 닫지 않는다."고 하였습니다. 이상은 홍통사〔절강 사람〕와의 문답 내용이다.[536)]

이 사료는 임진왜란 현장에서 접반사 리시발이 유격과 림통사・홍통사와 직접 대면하여 그 결과를 임금에게 보고한 내용이다.

여기서 풍신수길이 정권을 장악하기 위하여 그들의 황제, 즉 천황을 살해했던 것이야 여기서 문제삼는 것이 아니며, 중앙조정에서 풍신수길을 일본국왕으로 임명한 사실도 크게 문제될 것도 아니다. 중요한 것은 그런 뒤의 사실에서 풍신수길이 거처할 장소가 '與州'라는 것이며, 그곳이 절강성 '寧波'와 왕래하기에 편리하다는 것이다. 녕파와 왕래가 편리한 곳은 녕파 부근일 수는 있어도, 일본렬도의 어떤 곳도 될 수 없다. 일본렬도의 서부 어느 지역이든, 한반도의 남서부 어디든 마찬가지의 환경이기 때문이다.

그리고 여기서 "산동 지방이 풍신수길에게 모두 복종하고 있다"는 말 자체가 1595년 2월 이전까지 이미 풍신수길의 지배를 받고 있었다는 말이 되므로, 임진왜란이 일어나기 전부터 풍신수길이 이미 그 지역에 있으면서 영향력을 행사하고 있었다는 말이다. 그러니 임진왜란은 중국대륙의 양자강 하류 그 동부지역에서 벌어졌다. 게다가 일본이 일본렬도가 아닐진대, 그 풍토가 절강성에 비하여 좋고, 풍속도 도둑이 없

536) 『선조실록』 권201 선조39년 7월 무진. "壬辰歲, 關白殺天正皇帝, 立文祿皇帝, 卽今文祿四年. 天朝旣封關白, 爲日本國王, 則與文祿不可共立. 關白將移居于與州地方, 與州往來寧波便近之地云. … 問, 山東不服關白云, 然耶. 曰, 無不服之地. 問, 關白取服琉球云, 然乎. 曰, 琉球朝貢于天朝, 而物貨則交賣於日本云矣. 言, 朝鮮男婦被擄者, 轉賣於日本, 若美婦人, 則至捧三十餘兩云. 問, 日本風土, 與浙江如何. 若比浙江還好, 閭閻撲地, 門不夜閉矣. 已上洪通事問答."

어 밤에도 문들 닫지 않는다고 했다. 사회환경이 좋다는 말인데, 앞으로 일본의 중심지를 명확히 밝힐 필요가 있다.

이렇게 산동 지방이 임진왜란을 일으킨 직접적인 지역이라는 것은 『선조실록』에 있다.

> 경상우도 관찰사 서성(徐渻)이 다음과 같이 장계를 올렸다. … 종의지(宗義智)가 나에게 또 말하기를, '산동(山東)의 모든 장수들이 관백(풍신수길)과 함께 군사를 일으켰는데, 이들 모두가 처음에는 어깨를 나란히 한 개국공신이었습니다. 이들은 모두 식읍이 없었는데, 소서행장 등이 성공하여 작위도 높아지고, 봉토도 광대해진 것을 보고, 다투어 관백에게 권하여 그가 거느리고 있는 군사를 징발해 조선을 쳐서 평정한 뒤에 중국〔天朝〕을 공경히 섬겨 일본에 공물을 실어오면 만세에 이익이 될 것입니다. 그러나 소서행장이 온갖 방법으로 말리고 있기 때문에 그 일이 아직 일어나지 않습니다. 오늘이라도 속히 대사를 결정하기 바랍니다. 그렇지 않으면, 소서행자의 말은 헛소리가 될 것이고, 산동(山東)의 여러 장수들의 참소가 있게 될 것입니다. 조선이 만약 이 말을 들으면 반드시 나더러 공갈한다고 하여 모두 내 머리를 자르려고 할 것입니다. 그러나 늦추게 되면 반드시 기회를 놓치는 후회가 있을 것이며, 그 뒤에야 비로소 내 말이 진심에서 나온 것임을 알게 될 것입니다.[537)]

이 말에는 참으로 중요한 뜻이 담겨 있다. 비록 1596년 3월의 글이지만, 임진왜란의 발단에 두 가지의 중요한 사실이 언급되어 있다.

그 첫째는 무엇보다도 종의지가 했던 말인데, 그들이 처음 음모하여 군사를 일으켰던 장소가 '산동(山東)'이라고 했으며, 그곳에 있는 장수들로서 모두 개국공신들이라고 했다.

이런 개국공신들이 풍신수길과 함께 조선을 침략하자고 했던 것이다. 그렇다면 처음부터 풍신수길은 산동(山東)에 살았던 사람이다. 그

---

537) 『선조실록』 권73 선조29년 3월 기사(2일). "慶尙右道監司徐渻馳啓曰 … 宗義智… 又曰 山東諸將與關白 同時起兵 皆是當初比肩之人 而乃開國勳臣也. 皆無食菜之地 又見行長等成功 爵位崇高 土地廣厚 爭權關白 發其所將之兵 討定朝鮮 恭事天朝 輸貢日本 則萬世之利也. 行長多方止之 故其事姑寢. 幸趁今日 速定大事. 不然 則行長之言歸虛 而山東諸將之讒 遂矣. 朝鮮若聞此言 必以我爲恐喝 而皆欲斫斷我頭. 然遲延 則必有不及事機之悔. 此後始知吾言之出於赤誠也."

러면 그가 태어났다는 "살마주(薩摩州)"는 산동성 등현(藤縣) 동남쪽 44리에 있는 지역이라는[538] 말이 옳은 것이다.

이 말이 사실일진대, 이것이 력사적 사실로서 인식될 수 있는 문제인가?

이 첫 번째 사실을 더 밝혀본다면, 존 로스(John Ross: 羅約翰 1842~1915)는 1872년에 만주지역에서 포교하면서 7년을 지내는 동안 그곳에 사는 조선 사람들과 접촉하면서 한글·한문을 익히고, 조선문화·중국문화를 익혀 1891년에 『History of Corea』(조선의 력사)를 지었다. 이 책은 한반도 중심의 지도로써 력사를 꾸몄으며, 앞에 소개된 목차(Contents) 대로 본문 속에 전혀 맞지 않게 적혀 있지만, "중국의 조선 구원(Chineese to the Rescue)과 17세기의 조선(Corea in Seventeenth Century)"에 서술된 임진왜란의 전개 부분에 다음과 같은 글이 있다.

> 그는 하시바(Fashiba: 柴羽/풍신수길)가 왕위를 노리리라곤 생각도 못했을 것이다. 그래서 그는 군인을 보내기는커녕, 아마 일본어에 능통한, 절강(浙江: Chikiang) 사람 심유경(Shun Weijing)을 보냈다. 왜냐하면 그 당시에는 Formosa(대만)를 거쳐가는, 일본(Japan)과 절강 사이의 고정 교통로였기 때문이다.[539]

여기서 원문의 'He'가 누구이든 - The Corean king(조선의 임금)/The command in chief(총병관)/This prayer(이 간청한 사람)일지라도, 그가 중국에서든, 조선에서든, 풍신수길이란 사람이 어떤 야망을 가진 사람인지에 대해서 관심이 없었다고 해도, 일단 왜란이 벌어져 한성·평양이 무너지고, 임금이 의주로 피난간 상황에서 보듯이, 풍전등화처럼 진행되

538) 『中國古今地名大辭典』(上海: 商務印書館, 1931), p. 1296. "薛州: 作薩州. … 故城在今山東藤縣東南四十四里."

539) John Ross, *History of Corea Ancient and Modern with Description of Manners and Customs, Language and Geography*, London: Elliot Stock, 62, Paternoster Row, 1891, p. 272. "He had perhaps not dreamed that Fashiba had designs on the dragon throne. He therefore, instead of an army, sent Shun Weijing a Chikiang man, who, it is most likely, could talk Japanese; for there was then constant intercourse, by way of Formosa, between Japan and Chikiang."

는 임진왜란에 대처하는 초기 과정에서 이를 해결하기 위하여 일본에 파견하는 사람을 선택함에 있어서, 절강(浙江) 사람 심유경을 이용했던 것은 그 절강지역에 일본어를 사용하는 부류들이 많았다는 것이며, 그 지역의 왜적들이 반란을 일으켰다는 말이다. 또 그곳에서 가까운 곳이 일본이라는 말이다.

그렇다면 절강어와 일본어 사이에 무슨 상관이 있는 걸까? 게다가 당시의 고정된 교통로가 "일본과 절강 사이에 있는 대만을 경유한다."는 것이다.

그리고 여기서 말한 지리적 교통로의 설명으로 보면, 절강은 북쪽이고, 그 남쪽에 대만(Formosa)이 있으니, 일본은 어떤 경우에도 절강과 대만의 연장선상에 있어야 한다. 그렇다면 대만을 경유할 수 있는 일본의 본토는 대만보다 남쪽에 있는 광동성과 그 이남 쪽(필리핀도 포함)이 되어야 하며, 일단 일본렬도는 그 고정 교통로 상에서 아무런 상관이 없다.

이 지리적 관계의 일본의 위치는 고대 일식현상을 분석하여 지리적 위치를 파악한 박창범 교수의 연구서『하늘에 새긴 우리 역사』에서 "일본은 남중국에서 남지나 해상에 걸치는 곳으로 나타났다. … 왜의 최적 일식관측지가 일본열도가 아닌 중국대륙 동부로 나타났다."는[540] 것과 일치된다. 이 연구 결과의 일본 일식 관측지의 중심은 광동성과 필리핀〔呂宋: Luzon〕과의 중간인데, 대만을 경유하는 절강에서 일본까지의 연장선에서의 일본은 결국 복건성·광동성이 된다.

이것은 위에서 풍신수길이 '산동' 지방에서 군사를 일으켰다는 것과는 또 다른 내용이다. 그렇다면 임진왜란은 한 곳에서 일어난 것이 아니라, 풍신수길이란 이름이 대표되는 집단들이 여기저기서, 특히 중국 동부 및 남부 해안의 지역에서 반란을 일으켰다는 말이다.

둘째는 그들의 조선 침략이 성공하면 '명나라'를 치러 가는 것이 아니라, 바로 '중앙조정〔天朝=중국〕'을 잘 섬기겠다고 했다. 이것은 조선의 한쪽 - 동쪽 지방을 차지하여 풍신수길의 봉토, 즉 통치영역을 넓

---

540) 박창범,『하늘에 새긴 우리 역사』(서울: 김영사, 2002), pp. 71~75.

히겠다는 것에 지나지 않는다. 그런데 문제는 소서행장이 조선을 치는 문제에 반대했다는 지적을 종의지가 알려온 것이다. 그래서 임진왜란을 일으킨 원흉 풍신수길과 그 일당을 붙잡으면 일본왕으로 봉하고 현상금을 은 1만 냥을 주겠다는 현상수배가 이 중국 동부·동남부·남부의 해안지역에 내리게 된 것도 당연하다.

풍신수길이 "중국을 잘 섬기겠다."는 말이 진실이 아닐지라도, 그 진의가 어디에 있는지 '표문(表文)'을 한번 보자.

> 1595년(만력23) 12월 21일 일본관백 신 평수길은 황공하여 머리를 조아리고 임금님께 글을 올려 청합니다. … 삼가 생각건대, 황제 폐하께서는 하늘의 큰 덕을 도우시고, … 하늘 같은 은혜는 넓고넓어 모든 백성들에게 두루 미치고 있는데, 일본은 아득히 먼 나라지만, 모두 중앙조정〔天朝〕의 백성들입니다. 여러 번 조선에 부탁하여 저의 뜻을 전달해 달라고 하였으나, 끝내 비밀에 부치고, 중국에 보고하지 않으므로, 호소하려 해도 길이 없었습니다. 그리하여 오랫동안 한을 품고 있던 터라서 부득이 원수를 맺게 된 것이지, 까닭없이 전쟁을 일으킨 것은 아닙니다. 그리고 조선에서 거짓된 마음을 가지고 허위로 천자의 청문을 더럽혔으나, 우리 일본은 충정을 자부하는 나라인데, 어찌 감히 왕사(王師)와 맞아 싸우겠습니까? 유격 심유경의 간곡한 충고가 있음에 따라 평양을 양도하였고, 풍신·행장 등이 정성을 바쳐 덕화에 부응하기 위해 한계를 넘지 않았습니다. 그런데 어찌 조선의 이간으로 전쟁을 일으킬 줄을 생각이나 했겠습니까? … 폐하께서는 해와 달이 비치는 것처럼 빛을 내리시고, 하늘이 덮어주고 땅이 실어주는 도량을 키우시어 관례에 따라 특별히 제후〔藩王〕에 책봉하시는 이름을 내려주신다면, 신 평수길은 큰 덕에 감격하여 정려(鼎呂)보다도 더 무겁게 생각할 것인데, 이 높고 깊은 큰 은혜에 보답하는 데에 어찌 몸을 아끼겠습니까? 대대로 제후〔藩籬〕의 신하가 되어 영원히 바닷지방의 공물을 바치면서 황국(皇國)의 기틀이 천년토록 크게 안착하고, 성수가 만세까지 길이 뻗어 나가기를 기원하겠습니다. 신 평수길은 하늘을 우러르고 황제를 우러름에 감격스럽고 두려운 마음 그지없습니다.[541]

---

541) 『선조실록』 권51 선조27년 5월 신축(24일). "倭表: 萬曆二十三年十二月二十一日 日本關白臣平秀吉 誠惶誠恐 稽首頓首 上言請告. … 伏惟皇帝陛下 天佑一德. … 天恩浩蕩 遍及遐邇之蒼生. 日本渺茫 咸作天朝之赤子. 屢托朝鮮而傳達 竟爲秘匿而不聞 控訴無門 飮恨有日 不得已而構怨, 非無謂而用兵. 且朝鮮詐僞存心 乃爾虛瀆宸聽

이 말이 풍신수길이 평소에 중앙조정〔중국〕을 잘 섬겨왔고, 공물을 바칠 수 있는 제후, 즉 '일본왕'으로 인정해 준다면 앞으로도 은혜에 감사하며 공물도 바치면서 잘 받들어 모시겠다고 하였다. 단지 이런 의도를 조선에서 중개역할을 해주지 않았기 때문에 전쟁을 일으킨 것이라고 변명하고 있다.

이 말대로라면 조선의 외교적 수완이 매우 좋지 않았다고 전쟁의 책임을 조선에 떠넘기고 있지만, 그 내막은 조선과 함께 중앙조정〔天朝〕을 치려고 했으나, 조선이 듣지 않아서 일본만이 반란을 일으켰다는 말이다.

그리고 그런 반란의 지역이 어딘지도 다시 생각해볼 내용이 함께 언급되어 있다.

> 하남 장도사 감찰어사(河南掌道事監察御史) 감사개(甘士价) 등이 삼가 의논하여 보고합니다. 동정(東征)하는 데에 있어 봉공(封貢)을 반드시 허락해서는 안 된다는 것은 참으로 연해 지방의 방비가 허술해지고, 왜적들의 계책에 빠지게 되며, 중국의 체모를 욕되게 하고, 조선의 인심을 잃게 될까 우려해서입니다. … 그리고 한결같은 마음으로 장수를 선발하고, 군사들을 훈련시켜 방어하는 계책을 세우고, 잠시 사천성 군사〔川兵〕들을 주둔시켜 조선의 군사를 거느리고, 왕성을 굳게 지키게 하소서. 한편으로 압록강과 관전(寬奠) 지방 일대에 대장 1명을 다시 두고, 결사대 1만 명을 더 모집하여 봉급〔月銀〕을 많이 주어서 조선을 응원하게 하고, 겸하여 왜적을 방어하게 하소서. 또 계주・보주・선주・대동・산서 등지에 모두 객병(客兵) 3만 명을 예비해 두었다가 적세에 따라 불시에 모집하여 파견하게 하소서. 천진(天津) 이남과 경주(瓊州)・애주(崖州) 이북의 연해안은 곳곳마다 일체 경비와 방어를 엄하게 한다면, 왜적이 감히 중국을 엿보거나 조선을 다시 침범하지 못할 것입니다.[542)]

若日本忠貞自許 敢爲迎刃王師. 游擊沈惟敬 忠告諭明 而平壤願讓 豐臣行長等 輸誠向化 而界限不逾. 詎謂朝鮮構起戰爭. … 伏望陛下 廓日月照臨之光 弘天地覆載之量 比照舊例 特賜冊封藩王名號臣秀吉 感知遇之洪休 增重鼎呂. 答高深之大造 豈愛髮膚. 世作藩籬之臣 永獻海邦之貢. 祈皇基丕着于千年 祝聖壽綿延于萬世. 臣秀吉 無任瞻天仰聖激切屛營之至."

542) 위의 실록. "河南掌道事監察御史甘士价等謹議 竊惟東征之役 封貢必不可許者 誠恐踈沿海之防 而墮倭奴之計. 辱中國之體 而失朝鮮之心也. … 一意選將鍊兵 爲防守計. 暫留川兵 督率朝鮮之兵 堅守王京 於鴨綠寬奠一帶 改設大將一員 添募死士萬人

임진왜란이 진행되는 2년째가 지나는 1594년 5월에 왜적의 방비에 많은 논의가 오갔다. 하남(河南) 지방의 어사 감사개(甘士价)가 보고한 내용에는 다음과 같은 세 가지 중요 문제가 있다.

첫째는 조선을 방어하는 데에 '사천성의 군사'를 주둔시킨다는 것이다.

둘째는 예비병력으로서 '계주・보주・선주・대동・산서〔薊保宣大山西〕 등지에 모두 객병(客兵) 3만 명'을 준비해 둔다는 것이다.

셋째는 왜적이 중국을 엿보지 못하고, 조선을 다시는 침범하지 못하게 하기 위하여 '천진(天津) 이남과 경주(瓊州)・애주(崖州) 이북의 연해안'을 빈틈없이 방어해야 한다는 것이다.

이 '천진'은 하북성의 중심지〔북위 39° 동경 117.5°〕에 있고, '경주・애주'는 열대 지방의 해남도(海南島: 북위 20° 동경 110.02°)에 있는 고을이다. 이 '천진'과 '해남도'와의 사이는 지도 위의 직선거리로도 2300㎞(=6032리)나 된다. 이 열대지방 '경주・애주'의 연해지방을 방어하는 것이 어떻게 중국을 엿보지 못하게 하고, 조선을 다시는 침범하지 못하게 하는 역할을 하는 지역이 될까?

이런 말의 출처가 누구에게서 나왔든지, 그 진의가 무엇이든지, 이런 지역들이 왜적들이 활동지역임에는 분명한 것이다.

어쨌든 이렇게 벌어진 임진왜란이 중간에 어떻게 진행되었는지도 한번 보자.

> 1596년 5월 3일. 임금〔선조〕이 말하기를, 내가 들으니 지난해에 왜인들이 복건(福建) 지방을 침범했다고 하던데, 사실인가? 침략하지 않았더라도 그들의 본색을 보였다 하겠거니와, 거짓이든 사실이든 내가 들은 지가 오래되었다.[543)]

이 사료는 임진왜란이 일어난 지도 벌써 4년이 지났음에도 선조가

厚加月銀 以應援朝鮮 兼防倭奴. 又薊保宣大山西等地 俱各預備客兵三萬 聽候不時調遣. 天津以南 瓊崖以北 沿海去處 一體嚴加備禦 則倭奴不敢窺伺中國 再犯朝鮮."

543) 『선조실록』 권75, 선조29년 5월 기사(3일). "上曰, 予聞前年, 倭人犯於福建云, 是耶. 雖不作賊, 而亦可謂之見形矣. 虛實間, 子聽之者久矣."

한 말이라곤 지난해, 즉 "1595년에 왜적들이 복건성을 침범했다."는 보고를 받은 것을 이제야 말하고 있다. 그러고는 그것이 당연한 것으로 끝내버렸다. 임진왜란이 이미 진행되고 있는데 중국대륙 동부에 또 왜적들이 침범했던 것이다. 한반도에 침범할 왜적들이 중국대륙의 복건지방에 쳐들어갔으니, 임금이 할 일이 없어서 그런 엉뚱한 말을 했겠는가? 이것은 일본인들의 행동으로 보아 정유재란의 예고된 행동이며, 그곳이 바로 중국대륙 복건지역이었던 것이다.

그래서 이런 말은 임진왜란이 끝난 뒤 1604년에도 이어진다.

> 제후〔藩臣〕로서 이미 흉악한 왜적이 보낸 글을 보건대, "한번 뛰어 바로 대명국으로 쳐들어가 우리 조정의 풍속으로 바꾸어 제도(帝都: 천자 도읍지)의 정치로서 교화시킴을 베풀고 싶은데, 귀국은 군사들을 거느리고 군영을 바라만 보라."고 하였다. 이는 대개 우리를 협박하여 함께 반역하자는 뜻이었는데, 이 말이 어떠한 말이라고 우리의 임금에게 보고하지 않을 수 있었겠는가?[544)]

임진왜란이 일어나기 1년 전에 풍신수길이 보내온 외교문서를 선조가 대신들 앞에서 다시 들먹인 것인데, 선조의 임금은 황제일 텐데 '吾君'〔우리 임금〕이라고 하였다.

그런데 이 사료의 맨 첫 글에 '제후〔번신〕'이란 말은 바로 '일본이 조선의 제후'라야 되는 문장이며, '大明國'이란 글자는 '國'이 붙을 수 없는 것이므로, 왜곡된 글이다.

어쨌든 임진왜란의 원인이 '조공(朝貢)'에 따른 문제였고, 그 해결을 위해 풍신수길이 군사를 동원한 조선 안의 반란이었던 것이다.

그런데 이런 조공 문제와 직접 관련되는 것은 그들의 거주지와 직결된다. 거주지가 통치지역 밖에 있다면, 조공관계가 이루어지지 않으며, 단지 외교상의 문제만 있을 뿐이다.

그런데 임진왜란의 원흉과 그들을 체포하기 위해서 현상수배를 한다

---

544) 『선조실록』 권178 선조37년 9월 계축(6일). "爲藩臣者 旣見兇賊貽書 欲一超直入大明國 易吾朝風俗 施帝都政化 貴國將士卒 望軍營 蓋脅我同逆之意. 此說何說 而顧可以不聞於吾君耶."

면, 그것은 당연히 임진왜란이 벌어졌다는 조선에서 이루어져야 체포의 가능성이 높을 것이다.

현상금(懸賞金)을 걸거나, 현상수배(懸賞手配)를 내릴 때에는 살인강도 등의 흉악범이나, 간첩 등을 붙잡는 수단의 하나로 사용되는데, 대상지역은 그 '범행장소'가 중심이 되며, 이를 전국에까지 확대하기도 한다. 범인이 외국으로 달아났다면, 표류인의 송환이 이루어지는 것처럼, 범죄인도의 교섭이 있을 뿐이다.

풍신수길과 그들을 붙잡기 위한 그런 사료는 『명사(明史)』에는 보이지 않지만, 『조선왕조실록』(권34)에는 1593년 1월 12일에 다음과 같은 글이 있다.

> 료동 도지휘사사(遼東都指揮司使)가 이자(移咨)하였다. … "흠차 경략 계주 료주 보정 등처 방해 어왜 군무 병부 우시랑 송응창〔欽差經略薊遼保定等處防海禦倭軍務兵部右侍郎宋〕의 자문 내용에 … 경략(經略)・총독(總督)에게 통보하고 제독 총병 리여송(提督總兵李如松)에게 넘겨주어 각 진(鎭)의 관군(官軍)에게 전하여 보이고, 아울러 조선의 군사와 장수에게 타일러 관백 평수길(平秀吉)이나 요승 현소(玄蘇)를 사로잡거나 목을 베어 와서 바치는 자가 있으면 먼저 의정(議定)한 상격대로 시행할 것입니다. 그리고 평수차가 이미 평수길의 지위를 계승하였으니 사로잡거나 목을 베는 자가 있으면, 평수길의 경우와 같이 하며, 평수가(平秀嘉)・평수충(平秀忠)・평행장(平行長)・평의지(平義智)・평진신(平鎭信)・종일(宗逸)을 사로잡거나 목을 베는 자는 은 5000냥을 상으로 주고, 지휘사(指揮使)를 대대로 계승하게 하며, 그 왜노 가운데서 중국과 관계 있는 사람이 위의 왜적을 사로잡거나 목을 베어 바치거나, 산 채로 포박하여 오는 자에게는 모두 전례에 따라 상을 주고 지위를 계승하게 하며, 만약 해외 각 섬의 두목으로 위에 열거한 각 왜노를 사로잡거나 목을 베어 와서 바치는 자에게는 즉시 그를 봉하여 일본국 왕(日本國王)으로 삼고 인해서 후한 상을 준다는 것을 계주(薊州)・료주(遼州)・보정(保定)・산동(山東)・절강(浙江)・복건(福建)・광동(廣東)・응천(應天)・봉양(鳳陽)의 각 무진 아문(撫鎭衙門)에 널리 보여서 일체로 시행하도록 하십시오.[545]

545) 『선조실록』 권34 선조26년 1월 정묘(12일). "遼東都指揮司使移咨曰欽差經略薊遼保定等處防海禦倭軍務兵部右侍郎宋, 咨案… 經略侍郎宋咨報, 倭奴分據各道, 酋首名目頗多, 擬將平秀次等, 亦定賞格, 用礪忠勇, 殊爲有見. 但酋首旣有大小, 賞格亦宜

임진왜란을 일으킨 원흉과 그들에게 현상수배를 내렸다.

〈그림-5〉 풍신수길과 그 일당 현상수배 지역

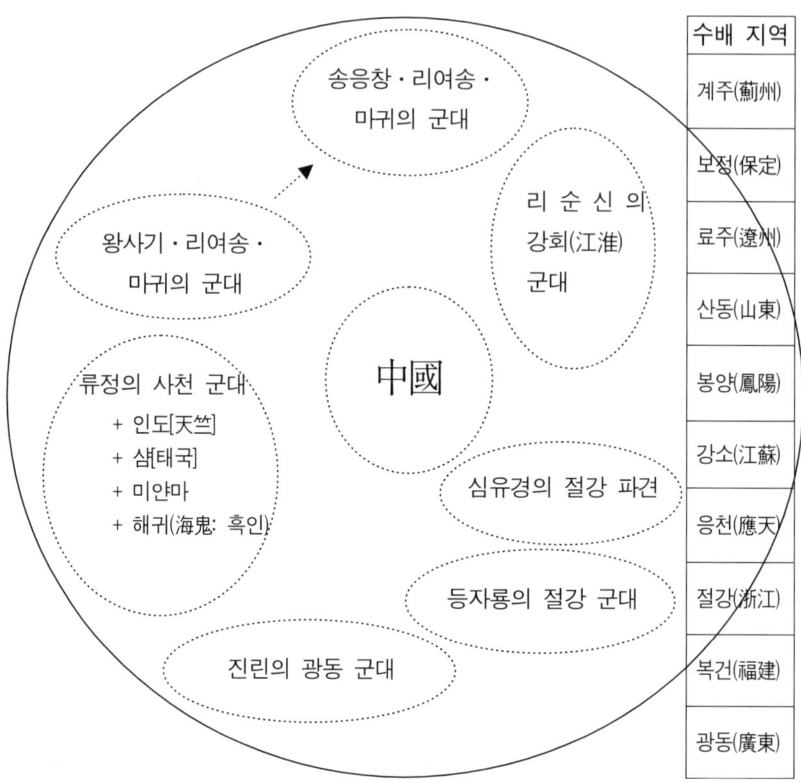

※ 근거: 『명사』 권320 및 『선조실록』의 내용으로 종합하여 필자가 작성.

이들 "관백 평수길(平秀吉: 풍신수길), 요승 현소 및 평수가(平秀嘉) · 평수충(平秀忠) · 평행장(平行長: 소서행장) · 평의지(平義智) · 평진신(平鎭

分別, 移文經略總督, 轉行提督總兵李, 傳示各鎭官軍, 幷諭朝鮮兵將, 有能擒斬關白平秀吉, 妖僧玄蘇來獻者, 照先議定賞格施行. 平秀次旣承襲平秀吉, 有能擒斬者, 與斬秀吉同. 其擒斬平秀嘉 · 平秀忠 · 平行長 · 平義智 · 平鎭信 · 宗逸者, 賞銀五千兩, 世襲指揮使. 其倭中有係中國人, 有能擒斬以上各倭賊首級與生縛者, 俱照前例陞賞世襲, 若海外各島頭目, 有能擒斬各倭來獻者, 卽封爲日本國王, 仍加厚賚, 移文薊 · 遼 · 保定 · 山東 · 浙江 · 福建 · 廣東 · 應天 · 鳳陽各撫鎭衙門一體施行."

信)・종일(宗逸)" 등을 잡는 자들에 대한 현상금을 걸었다. 거의 모두 평씨이니, 다들 한 집안인 모양이다.

그런데 그 뿌려진 전단(傳單: 삐라)이 한반도와는 전혀 상관이 없고, 이와는 전혀 다른 "계주(薊州)・료주(遼州)・보정(保定)・산동(山東)・강소(江蘇)・응천(應天)・봉양(鳳陽)・절강(浙江)・복건(福建)・광동(廣東)의 각 무진 아문(撫鎭衙門)"이었으니, 이곳은 중국대륙 동부와 동남부와 남부이며 바로 이 지역에 풍신수길과 그들이 있었던 것이다.

그렇다면 풍신수길과 그들이 있었던 곳은, 현재 지도 위에 그려보면, 동경 120° 선상의 중국대륙 동부 해안지역이고, 남쪽으로는 열대지방의 북회귀선이 있는 지역의 해안지역이다. 역시 중국대륙의 동부 및 동남부와 남부지역이다. 이것이 임진왜란을 일으킨 왜적들의 활동지역이고, 임진왜란의 터였던 것이다.

그렇다면 일본이란 위치도 이 지역의 범위 안에서 찾아야 하며, 물론 국가는 아니다. 또 같은 시기에 이와 같은 맥락의 사료를 보자.

> 리원익(李元翼)이 아뢰기를, "개성(開城)에 만약 이들 두 군대가 있었다면 벽제(碧蹄)의 전투에서 어찌 차질이 있었겠습니까?" 하였다. 상이 이르기를, "왜적이 매양 절강(浙江)의 소주(蘇州)・항주(杭州) 등지를 쳐들어왔을 때, 이들 군대가 없지 않았을 터인데, 여러 차례 함락된 변이 있었던 까닭은 무엇인가?" 하였다.[546)]

여기서 "임금이 왜적이 매양 절강(浙江)의 소주(蘇州)・항주(杭州) 등지를 쳐들어 왔다."라는 말은 예전에도 침입해왔던 지역임을 말한 것이며, 당연히 현재의 상황을 타개하기 위한 질문이다.

한반도의 상황을 해결하기 위하여 중국대륙 동부지역의 어떤 지명을 들먹여가면서, 설사 그럴 가능성도 전혀 없진 않겠지만, 상황에 맞지도 않는 말을 할 필요는 없을 것이다.

그러므로 임진왜란의 터전은 황하・양자강 유역에서 처음으로 발발

---

546) 『선조실록』 권35 선조26년(1593) 2월 을사(20일). "元翼曰: 開城若有此二軍, 碧蹄之戰, 寧有蹉跌之理乎. 上曰: 倭賊, 每寇浙江・蘇・杭等處, 此等軍, 非不在矣, 而有累陷之患, 何也.

했던 것임을 알 수 있다. 그리고 이 지역으로 쳐들어왔던 최초의 임진왜란의 원흉들을 체포하기 위하여 현상수배를 중국동부 및 동남부와 남부지역에 내렸으니, 바로 일본은 그런 지역을 벗어날 수 없는 것이다. 특히 절강과 복건지역은 왜적의 소굴이었다.

이런 때문에 왜적을 무찌르기 위하여 섬라(暹羅: 태국)와 류구(琉球: 대만) 등지의 열대지방 군사들까지 동원되었던 사실도 조선의 력사에서 새롭게 해석되는 것이다.

> 경략 접반사 윤근수(尹根壽)가 치계하기를, … 조선은 국토의 넓이가 동서로 2000리이고 남북으로 4000리입니다. 대체로 정북쪽의 장백산(長白山)에서 산맥이 일어나서 남쪽으로 전라도 경계에 이르러 서남쪽을 향하여 멈춰 있습니다. 일본의 대마도 등 여러 섬들은 조선의 동남쪽 모퉁이에 치우쳐 있어 부산진과 더불어 바로 마주하고 있으므로 왜선은 다만 부산진에만 올 수 있고 전라도를 지나 서해에 이르지는 못합니다. 이는 대개 전라도의 지형이 북쪽에서 남쪽을 향하다가 서쪽을 둘러 중국의 상진〔常鎭: 남직례(南直隸) 상주(常州)와 진강부(鎭江府)이다〕과 더불어 동서로 대치하기 때문인데, 동보〔東保: 산동(山東)과 보정(保定)이 아닌가 한다〕・계주(薊州)・료주(遼州)가 일본과 더불어 격절되어 바닷길을 통하지 못하는 것은 실로 이 조선국이 있기 때문입니다. 그러므로 일본이 산동・보정・계주・료주를 침범하려면 반드시 전라도 지방의 바닷길을 돌아야만 천진(天津)에 도달할 수 있습니다.[547]

이 글은 임진왜란이 일어난 지 15달이 되는 시점인데, 풀어야 할 의문스런 문제가 한 두 가지가 아니다.

첫째, "조선의 국토는 동서로 2000리, 남북으로 4000리"라는 것이다. 고려의 크기〔동서로 1만리〕보다 동서쪽으로는 일단 1/5 수준이며, 남북의 길이는 현재 대한민국의 3000리보다 1000리나 더 크다. 이것은 근

---

547) 『선조실록』 권39 선조26년 6월 임자(29일). "經略接伴使尹根壽馳啓曰:… 朝鮮幅圓, 東西二千里, 南北四千里. 蓋從正北長白山發脈, 南至全羅道地界, 向西南而止. 若日本對馬諸島, 偏在朝鮮東南隅, 與釜山鎭正對, 倭船止可抵釜山鎭, 而不能越全羅以至西海. 蓋全羅地界, 直北正南迤西, 與中國常鎭【卽南直隸常州鎭西府〔鎭江府〕也】東西對照, 而東保【恐是山東保定也】薊、遼, 與日本隔絶, 不通海路者, 實賴此朝鮮一國也. 故日本欲犯東保・薊、遼, 必須灣轉全羅地嵩, 方能達天津."

세조선의 크기가 아무래도 한반도의 압록강·두만강을 넘어 그 북쪽까지였다는 사실을 보여준다.

둘째, "일본의 대마도 등 여러 섬들은 조선의 동남쪽 모퉁이에 치우쳐 있어 부산진과 더불어 바로 마주하고 있으므로, 왜선은 다만 부산진에만 올 수 있고 전라도를 지나 서해에 이르지는 못한다."는 말은 바다를 아는 사람에게는 납득할 수 없는 내용이다. 한반도 전라도 서쪽은 서해(=황해)이고, 그 너머에 중국인데, 일본의 섬들이란 말이 여기에 왜 들어가야 하겠는가? 아무래도 상관없는 말이 아닐진대, 이렇게 번듯이 들어 있으므로 그럴 만한 까닭을 찾아야 할 것이다.

셋째, "전라도의 지형이 북쪽에서 남쪽을 향하다가 서쪽을 둘러 중국의 남직례(南直隸) 상주(常州)와 진강부(鎭江府)와 더불어 동쪽과 서쪽으로 대치하기 때문인데, 산동(山東)과 보정(保定)·계주(薊州)·료주(遼州)가 일본과 더불어 격절되어 바닷길을 통하지 못하고 조선국이 있기 때문이다."고 한 말은 그런 지명들이 있는 중국대륙의 동부의 동경 115°의 이서 쪽이 일단 조선의 임진왜란 지역임을 가리키고 있다.

넷째, "일본이 산동·보정·계주·료주를 침범하려면 반드시 전라도 지방의 바닷길을 돌아야만 천진(天津)에 도달할 수 있다."는 말의 의미가 『조선왕조실록』에 고스란히 남아 있는 "중국을 칠 테니 길을 비켜달라!" 또는 "료동을 칠 테니 길을 비켜달라!"면서 임진왜란의 가장 첫 요구로 내세운 까닭을 바로 이 후자의 말에서 설득력을 갖게 된다.

여기서 남직례는 두말할 것 없이 양자강 하류지역이다. 임진왜란이 끝나고 그 뒤처리와 앞으로 왜적의 침범에 대비한 군사강화 조치로써 중국을 보호하는 데는 조선이 길목을 막아야 하는데, 1601년과 1603년에는 그 군사를 진강(鎭江: 강소성 양자강 하류)을 포함한 중국동부 해안에 배치해야 한다는 말이 바로 이때문인 것이다.

> 1601년(만력29) 2월에 병부상서에서 앞으로 경계해야 할 진술〔經督條陳〕 7가지를 올렸다. …
> 1. 요해처를 수비할 것. 조선은 3면이 바다이고, 부산은 대마도와 서로 마주보고 있으며, 거제는 그 다음으로 중요하다. 많은 군대를 두어 각각

지키게 하고, 아울러 울산·한산 등지에도 모두 지키도록 해야 할 것입니다. …
2. 내치를 가다듬을 것. 나라의 동쪽과 남쪽이 바다에 닿고, 등주(登州)와 거주(莒州: 旅)를[548] 입구〔門戶〕로 삼고, 진강(鎭江)을 길목〔咽喉〕으로 삼고 있으니, 구원군을 모두 철수시키지 말아야 하며, 우리 스스로 견고히 하는 것이 조선 또한 견고히 하는 것이기도 합니다.[549]

이것은 임진왜란이 끝난 3년째에 중국의 병부상서에서 황제에게 건의하여 조선에다 공문〔詔勅〕을 보냈던 내용이다. 그 가운데 전자는 지금까지의 상식으로 판단될 수 있지만, 후자의 내치 문제에서는 전혀 상식에 어긋난다. 즉 이것은 조선을 견고히 해야 하는 조치에서 왜적이 침입해오는 길목에 군사를 주둔시켜 지켜야 함을 강조한 것이며, 그런 곳으로서 산동성 등주(登州)·거주(莒州: 旅), 강소성 진강(鎭江)을 지목하였다. 이곳에 군사들을 주둔시켜야 중국과 조선이 안전하게 된다는 것은 그 지역에서 활동하는 일본인들을 감시한다는 말이다.

이것은 단순히 3곳만을 들먹였지만, 『조선왕조실록』에서는 더 구체적인 내용이 있다.

흠차총독 계주·료주·보정 등처 군무 겸 리량향(理糧餉: 군량 담당) 경략 어왜 도찰원 우도어사 겸 병부 우시랑 건달(蹇達)이 적정에 관한 일로 보낸 자문의 내용은 다음과 같습니다. …
살펴보건대 섬의 왜추들이 임진년(1592)에 반란을 일으키자, 귀국(조선)은 위태롭기가 달걀을 쌓은 것과 같아, 중앙조정〔天朝〕에서 수백만 군량과 수십만 군사를 아끼지 않고, 7년 동안 그들을 몰아내어 팔도〔八路〕에서 깨끗이 소탕했음에도 다시 머물러 있어, 사방에 국경을 지키자, 해적들의 노략질이 수그러들었습니다. 귀국이 또한 군량을 공급할 수 없게 되자, 그제야 철군을 의논했으니, 황제의 거룩하고도 큰 인의야말로 예전에도 없었던

---

548) 『漢語大詞典』 6(上海: 漢語大詞典出版社, 1994 3刷), p. 1586. "旅: 通莒. 地名."

549) 『明史』 권320 列傳208 外國1 朝鮮. "(萬曆)二十九年二月 兵部覆奏經督條陳七事. … 一守衝要. 朝鮮三面距海 釜山與對馬島相望 巨濟次之 宜各守以重兵 幷蔚山閑山等處 皆宜戍守. … 一修內治. 國家東南臨海 以登旅爲門戶 鎭江爲咽喉 應援之兵不宜盡撤. 我自固 亦所以固朝鮮也."

일입니다. 그러니 중앙조정의 군사가 개선하여 돌아가고 난 뒤에는 나라를 보전하고 적을 막아내는 일을 귀국이 스스로 맡아야 할 것입니다. … 중국의 요해지 가운데, 계주·료동 등의 남군·북군 군사 수십만을 제외하고, 천진·등주·래주·려순·진강·복건〔閩〕·광주〔粤〕·절강·소주·양주 등의 곳에도 많은 군사를 주둔시켜 큰 진으로 일컫지 않는 데가 없습니다. 만에 하나라도 뜻밖의 일이 생기면 서로 연락해서 위세를 확장하여 성원하는 기세를 올릴 수 있는데, 귀국과는 의리가 한 몸이므로, 서로 구원하지 않을 수 없습니다.[550)]

이런 국방 논의가 있었던 1603년 6월 9일이면, 임진왜란을 끝낸 지도 거의 5년이 지났는데, 이때에 왜적으로부터 중국을 지키기 위하여 중국에서는 중국의 요충지, 즉 천진에서부터 복건성까지의 중국동부 해안지역을 조선의 군사들이 지켜주어야 한다고 했다. 이 지역은 임진왜란의 원흉과 그 일당을 붙잡으면 포상해 주겠다는 10년 전 1593년도에 현상수배를 내린 지역과 동일하다.

또 그런 지역이 지금에 와서 조선과 한 몸〔一體〕라고 했다. 이것이 과장된 요구일까? 아니면 적절한 조치였을까?

이것은 당연한 조치지만, 현재 반도조선의 력사관으로서는 이 『조선왕조실록』의 사료는 참으로 재미있고, 엉뚱하다.

그러나 서북쪽의 해면은 해양이 넓고 파도가 거세니 어찌 모두 그들의 뜻과 같이 되겠습니까. 그러므로 일본은 조선을 경유하지 않으면, 산동·보정·계주·료주 지방을 쉽사리 침범하지 못하는 것입니다. 간간이 한두 도적떼가 몰래 나타나는 것은 곧 왜선이 절강(浙江)·직례(直隷: 남직례 지방)·복건〔閩〕·광주(廣州) 지방으로 떠났다가 동남풍에 의하여 표류된 것이니, 항상 있는 왜선이라 할 수는 없습니다. 이는 하늘이 신경(神京: 長安)을 호위하기 위하여 이 조선국을 동남에서 서북 사이로

550) 『선조실록』 권163 선조36년 6월 갑오(9일). "欽差總督薊遼保定等處軍務 兼理糧餉經略禦倭 都察院右都御史 兼兵部右侍郞蹇 爲賊情事. … 查得 島酋自壬辰發難 貴國危如累卵. 天朝不靳數百萬之餉 拾萬之衆 搶攘七年 掃淸八路 復留 戍四防而海波偃息. 貴邦又不能供餉 乃始議振. 旅聖主弘仁大義 眞亘古無前 嗣逆以還 所爲保邦禦敵 貴邦自任之矣. … 至於中國諸要害 除薊遼諸鎭南北軍兵數十萬外 如天津登萊旅順鎭江閩浙蘇楊等處 亦無不宿重兵稱巨鎭. 萬一事出不虞 張聯絡之威 鼓聲援之氣 於貴邦義關一體 無不相救."

뻗게 하여 흉악한 일본 오랑캐로 하여금 연주(燕州)・계주(薊州)로 가는 여러 길에 뜻을 펴지 못하게 한 것으로, 실로 천험(天險)으로써 한계를 삼은 것인데, 관백은 간웅(奸雄)으로서 이런 연유를 익히 알고 있습니다. 조선은 계주・보정・산동 등과 더불어 서남방으로 단지 바다를 격해 있을 뿐인데 조선의 지형은 부산으로부터 의주에 이르게 되면 육로는 단지 료동〔遼左〕 한 길이 있어 산해관(山海關)에 이르고 수로(水路)는 천진이나 산동 등에 도달할 수 있는 길이 일곱 갈래가 있으니, 만일 순풍만 만난다면 가까운 곳은 하루나 이틀, 먼 곳은 사흘에서 닷새면 도달할 수 있고 그다지 어려운 곳은 없습니다. 그러므로 왜노가 한번 조선을 차지하여 급히 소굴을 만들고 군사를 나누어 중국을 침범하기는 참으로 용이한 일입니다. 우리가 육로에서 방어하면 수로를 지탱하기 어렵고, 수로에서 방어하면 육로를 지키기 어려워 국경 세 곳이 동요되면 경사(京師)가 흔들릴 것이니, 그 환난은 이루 다 말할 수 없을 것입니다.〔1593. 6. 29〕[551)]

이 글을 보고 우리는 곰곰이 생각해 보아야 할 여유를 가져야 한다. 마치 이 글들이 한반도가 조선인 것처럼 적혀 있지만, 결코 그렇지 않다는 것이다. 이 문장은 한반도 조선사를 이끌어온 강단사학자들이 단 한 번도 인용한 사실이 없다. 그러니 일반 사람들은 잘못된 력사의 진실을 알지 못한다.

첫째, "서북쪽의 해면은 해양이 넓고 파도가 거세다."는 말을 보면, 조선이 한반도라면 서북쪽의 해면의 해양이란 아무리 봐도 서해(=황해)일 수밖에 없는데, 그곳이 넓고 파도가 거세다는 말은 전혀 설득력이 없다. 오히려 동해라면 몰라도.

둘째, "일본은 조선을 경유하지 않으면, 산동・보정・계주・료주 지

551) 『선조실록』 권39 선조26년 6월 임자(29일). "西北海面, 海洋空闊, 安能一一如意. 故日本不由朝鮮, 則東保 薊, 遼實未易犯. 間有一二竊發者, 乃由倭船去于浙、直【指浙江及南直隸地方也】閩, 廣地方, 爲東南風飄泊使然, 非所以論倭之常也. 故天護衛神京, 亘此一國于東南 西北之間, 使日本兇夷, 不得逞志燕 薊諸路者, 實天險以限之也. 關白雄奸, 熟察此故. 蓋朝鮮與薊 保 山東相距, 止是西南一海, 若朝鮮自釜山以至義州, 陸行止有遼左一路, 以抵山海, 而水行有七路, 可達天津 山東等處. 若得順風, 近者一二日, 遠者三五日卽達, 無甚難者. 故此奴一得朝鮮, 遽爲巢穴, 分投入犯, 特易易耳. 吾禦於陸, 而水路難支; 吾禦於水, 而陸路不免. 三境動搖, 京輔震慴, 其患有不可勝言者."

방을 쉽사리 침범하지 못한다."는 말을 보자. 어찌 조선을 경유해야만 '산동·보정·계주·료주 지방'으로 침범이 쉽다는 말일까? 이것은 현재의 지리구도로 보면, 일본렬도에서 현해탄을 넘어 부산포에까지 이동을 해왔는데, 이만한 정도의 항해능력 수준을 고려한다면, 서쪽 바다를 지나 '산동·보정·계주·료주 지방'으로 갈 수 없다고 절대로 볼 수 없다. 이런 핑계는 일본이 중국동남부지역을 차지하고 있었다는 말을 나타낸다.

셋째, "한두 도적 떼가 몰래 나타나는 것은 곧 왜선이 절강(浙江)·직례(直隷: 남직례 지방)·복건〔閩〕·광주(廣州) 지방으로 떠났다가 동남풍에 의하여 표류된 것이니, 항상 있는 왜선이라 할 수는 없다."는 말은 왜적의 의미를 희석시키기 위하여 도적떼라는 말을 끼워넣은 것 같다. 게다가 왜적이 타고 다니는 왜선이 '절강·남직례·복건·광주 지방'으로 떠다니며 표류한다는 자체가 왜적들의 활동 근거지가 바로 그 지역이었다는 말이다. 일본렬도와는 차원이 다르다.

넷째, "하늘이 신경(神京: 중국 長安)을 호위하기 위하여 이 조선국을 동남에서 서북 사이로 뻗게 하여 흉악한 일본 오랑캐로 하여금 연주·계주로 가는 여러 길에 뜻을 펴지 못하게 한 것"이라는 말에서 조선의 지리적 위치를 대략이나마 알 수 있다. 그것은 〔神京〕=〔中國 長安〕이므로, 그 중국을 보호하기 위하여, 지방 제후의 조선국들 가운데 동남쪽에서 서북쪽으로 뻗은 지역이 임진왜란 당시의 조선이었던 것이다.

이것은 얼핏보면 마치 한반도가 동남쪽에서 서북쪽으로 뻗은 모양을 설명한 것처럼 보이지만, '연주·계주' 등지의 지리적 위치가 왜적의 침범을 막아준 결과를 가져왔기 때문에 이것은 중국대륙의 동부지역이지, 한반도와는 전혀무관하다는 사실이다.

다섯째, "조선은 계주·보정·산동 등과 더불어 서남방으로 다만 바다를 격해 있다."는 말은 위의 셋째 내용을 설명을 더욱 불필요하게 만든다. 이것은 조선이 중국대륙의 하북성·산동성 지역의 서남방에 넓은 평지〔=바다〕에 있다는 말과 같다.

그리고 이 뒤의 사료 내용도 마치 한반도가 조선인 것처럼 설명되어 있지만, 중국대륙의 동부지역으로 놓고 봐도 크게 무리가 가지 않는 이현령(耳懸鈴) 비현령(鼻懸鈴)의 기삿거리에 지나지 않는다.

이렇게 임진왜란의 원흉 풍신수길과 그 일당들을 체포하기 위하여 현상수배를 내린 지역이, 결국 그들이 중점적으로 활동하고 있는 지역으로 볼 수밖에 없는, 하북성을 포함하여 그 남쪽 바닷가로 쭈욱 내리뻗은 중국 동부지역, 동남부지역 및 남부지역이었던 것을 상기해야 한다.

이렇게 산동·보정·계주·료주 지방이 임진왜란과 직접적인 관련이 있는 까닭은 분명 지리적인 문제와 관련이 있다.

〈그림-6〉 조선 군사를 배치할 중국의 요충지

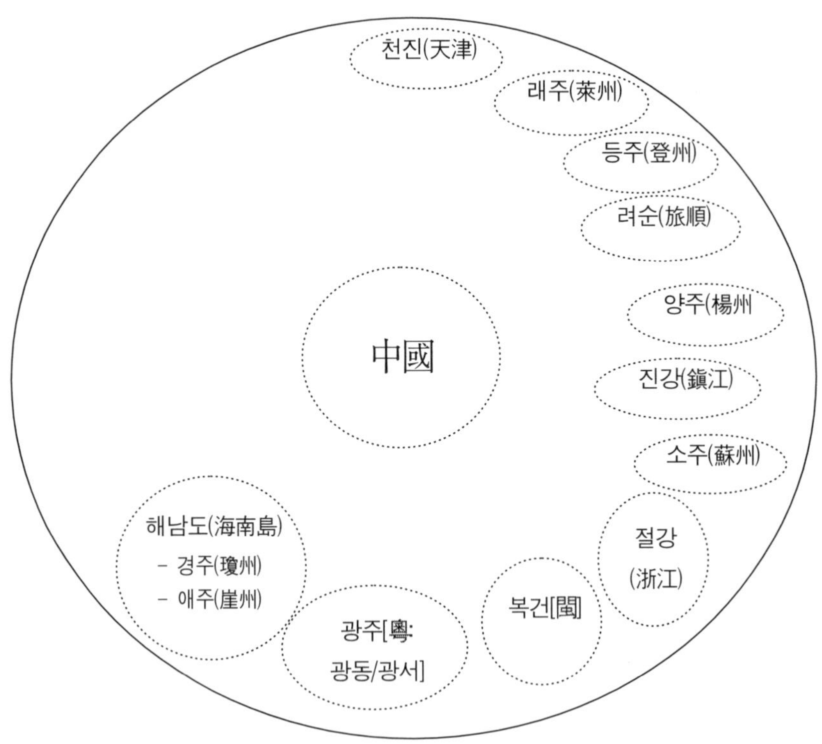

※ 근거: 『명사』 권320 및 『선조실록』의 내용으로 종합하여 필자가 작성.

비변사에서 아뢰기를, 삼가 녕국윤(甯國胤)이 가져온 자문 5통을 보았습

> 니다. 그 자문은 시랑 손광(孫鑛)의 것인데, … 연해의 일대가 더욱 긴요하다. 부산의 해변은 연해를 따라오면, 바로 내지(內地)를 통할 수 있으되, 두직례〔북직례 · 남직례〕 · 제주(齊州: 산동) · 절강(浙江) · 복건〔閩〕 · 광동〔粵〕에까지 닿을 수 있어 형세의 이어짐이 마치 긴 뱀이 1만리에 뻗친 것과 같으니, 그 요해지를 낱낱이 살펴서 방어에 털끝만큼도 물샐 틈이 없어야 한다. … 평양(平壤) · 왕경(王京) · 부산(釜山) 세 곳은 곧 조선의 중요한 지역이고, 성이 높고 못이 깊어 두려워할 것이 없는 곳이니, 각기 큰 성을 쌓는 것이 좋겠다. … 개성과 평양 두 곳에 관부를 열고 진을 세워 군사를 훈련시키고 둔전을 두어서 서쪽으로는 압록강 · 려순(旅順)의 군사와 접하고, 동쪽으로는 왕경 · 조령(鳥嶺)의 후원이 되게 하여야 한다. … 조령 이북은 다시 평정하여 안정되었으니, 한 치도 잃어서는 안 된다. 또 등주 · 래주를 통하여 료주(遼州)로 들어오는 뱃길이 있으니, 이 길로 군량을 운반하여 군대의 사기를 돋우는 밑천으로 삼고, 이 길로 군대를 수송하고, 수전(水戰)을 익혀서 오가는 사람으로 하여금 육로에 시달리는 일이 없도록 해야 한다.〔1597. 4. 13〕[552)]

이것은 비변사(=국방부)에서 도사(都司) 녕국윤(甯國胤)에게서 받은 글이지만, 그 글 속에 조선의 지리에 관한 설명이 있으며, 부산에서 중국의 내지(內地), 즉 내복(內服)이니, 기내(畿內)와 같은 말로서 천자가 있는 곳〔섬서성 長安〕에서 3000리 이내의 땅을 말하는 그 안쪽까지 들어갈 수 있다고 했고, 북직례(北直隸) · 남직례(南直隸) · 제주(齊州: 산동) · 절강(浙江) · 복건〔閩〕 · 광동〔粵〕에까지 갈 수 있다고 했다. 더구나 평양 · 왕경 · 부산이 조선의 매우 중요한 지역이라는 것은 하나의 강줄기에 늘어선 도시임에 분명하며, 이것이 서쪽과 동쪽의 개념에 비추어 압록강 · 려순과 왕경 · 조령이 서로 대칭되는 곳이어야 마땅하다.

그러면 임진왜란이 끝났을 때에 대신들과 임금과의 대화를 보자.

---

552) 『선조실록』 권87 선조30년 4월 계유(13일). "備邊司啓曰 伏見甯國胤賫來咨五道〔卽是侍郞孫鑛之咨也. 咨意大略 … 沿海一帶 尤爲喫緊. 釜山海澨沿遞而來 直循內地而達兩直齊浙閩粵 形勢聯絡 如萬里長蛇 在在審其要害, 防禦毫無滲淚. … 平壤王京釜山三處 乃朝鮮要地 城池高深 可恃無恐 各宜修建大城. … 開城平壤二處開府立鎭 練兵屯田 西接鴨綠旅順之師 東爲王京鳥嶺之援. … 鳥嶺以北 還定安集 不許尺寸有失. 又當通登萊入遼之海路 從此轉餉 以資軍興 從此渡軍 以講水戰 使往來之人 不疲于陸 云云."

대신: 아, 대의에 들어 왜적의 요청을 거절하고 흉악한 칼날을 대신 받으실 적에 이미 임금께서 말씀하시기를, “나는 하소연할 수 없다. 방책을 결정하여 종묘를 모시고 서쪽으로 가서 우리 임금의 곁에서 죽고 싶다.” 고 하였습니다. … 사해(四海)와 구주(九州)의 사람들이 전하께서 정의를 지킴에 흔들리지 않았고, 중국에 대해 왜적을 막아내어 가려준 것을 탄복하지 않은 자가 없으니, 천하가 후세에도 또한 부끄러움이 없습니다. …

임금: 경들의 말이 어찌 지나치지 않는가? 설사 참으로 그와 같다고 할지라도, 당초부터 기이한 일이 아니다. 제후〔諸侯〕로서 이미 흉악한 왜적이 보낸 글을 보건대, “한번 뛰어 곧장 대명국에 들어가 우리(=일본) 조정의 풍속으로 바꾸어 천자의 도읍〔帝都〕에다 정치로 교화시키고 싶은데, 귀국(=조선)은 병졸들을 데리고 군영을 바라보라.”고 하였다. 이는 대개 우리를 협박하여 함께 반란을 일으키자는 뜻이었는데, 이 말이 어떠한 말이라고 우리의 임금에게 보고하지 않을 수 있었겠는가?[553)]

대신들이 임금께 드린 말에서 반란을 일으키자고 풍신수길의 요청을 받아들이지 않음으써 전쟁이 일어나게 된 경위를 말한 것이고, 그때 임금과 그 일행들이 서쪽으로 피난갔던 것을 회상하면서, 그렇게 한 배짱이 정의를 앞세워 중국을 보호해줌으로써 천하의 사해와 구주의 사람들 - 온 세상 사람들이 탄복하였다고 하였다.

이 ‘사해와 구주’는 바로 중국대륙 자체를 말한다. 그렇다면 그 중국대륙 사람들이 감탄한 것은 한반도 임금과 군사들이 왜적을 막아주었기 때문일까? 대신과 임금이 말한 ‘우리 임금〔吾君〕’이라고 한 대상은 곧 ‘천자/황제’이기 때문에 임금〔李昖〕과 우리임금〔朱翊鈞〕 사이는 적어도 친척 관계에 있음을 알 수 있다. 동일 인물로 만들어진 李昖과 李均은 실제로는 서로 친척의 다른 사람이고, 이름꼴을 보면 李均이 곧 朱翊鈞과 동일 인물일 것이다.

그리고 그 일본이 사용한 말 중에서 ‘대명국’의 ‘國’을 붙일 수 없는

553) 『선조실록』 권178 선조37년 9월 계축(6일). “嗚呼 仗義斥賊 替受凶鋒 聲敎旣曰予不能辭 決策奉廟而西 欲死吾君之側. … 四海九州之人 莫不歎服 殿下守正 捍蔽中國 則天下後世 亦無愧矣. … 答曰 卿等之言 豈不過哉. 設使眞有如此 初非奇異之事. 爲藩臣者 旣見兇賊貽書 欲一超直入大明國 易吾國風俗 施帝都政化 貴國將士卒 望軍營, 蓋脅我同逆之意. 此說何說 而顧可以不聞於吾君也.”

말이다. 明=大明=皇明으로 '천자의 총명'일 뿐이며, 그가 있는 지역이 중국이니, 그곳에 곧장 쳐들어간다는 말에서 보면, 일본이 과연 섬〔島〕에서 한반도를 경유한 것일까? 아니면 중국대륙 자체일까?

그렇다면 전쟁이 진행되고 있는 상태에서 임금(=소경왕 리연)이 중국 도사(都司)의 말을 빌어 "왜적이 중국의 남쪽·북쪽 변방을 침노할 계획이 있다고 하였다."는[554] 말을 그 실현 가능성을 짚어보는 뜻에서도 아예 일본이 어딘지를 한번 알아보고 가자.

> 류성룡: 저네들끼리 화합하지 않는다는 말은 믿을 수 없습니다. 서로 밀고 당기면서 화친과 전쟁을 서로 고집하는 이것이야말로 정말 흉악한 꾀입니다.
>
> 임금: 이 말이 매우 타당한데 일찍이 생각지 못했다. 그런데 적병들이 중국의 남쪽 지방을 침범할 세력이 있는가?
>
> 류성룡: 남쪽과 북쪽으로 걱정이 반드시 없다고 단언할 수는 없습니다.
>
> 리덕형: 중국의 남방은 지세가 매우 험난합니다. 1580년〔경진〕에 왜노가 거주하여 7년이나 머물러 있자, 척계광이 몰아낸 뒤에 성과 해자〔城池〕를 쌓았는데, 매우 험고하답니다.
>
> 임금: 풍신수길은 지금 어디에 있으며, 군사들은 얼마나 되는가? 앞으로는 또 무엇을 하려는가? 중국 사람들은 반드시 이에 대해 알 것인데, 우리나라 사람은 막연히 알지 못하고 있다.〔1594. 7. 27〕[555]

이렇게 왜적들의 전략이나 행동을 거의 꿰뚫고 있는 류성룡의 말에 임금이 감탄하지만, 정작 그 왜적의 두목이 어디 있는지를 모르고 있다. 게다가 그 두목의 행처를 멀리 있는 중국사람들은 알 것이라고 판단하면서도 조선사람들은 막연하게만 생각하고 알지 못한다고 했다. 참으로 갑갑한 심정이 아닐 수 없다.

---

554) 『선조실록』 권48 선조27년 2월 병자(27일). "上曰 … 且張都司云 … 且賊有交侵上國南北邊之謀云."

555) 『선조실록』 권48 선조27년 2월 병자(27일). "成龍曰 自中不相和之言 不可信也. 自相推諉 而和戰交執 此固兇謀也. 上曰 此言極當. 曾未之思也. 此賊兵有犯中國南邊之勢乎. 成龍曰 南北挾攻之患 亦不可謂必無也. 德馨曰 上國南方 地勢甚難 庚辰年間 倭奴居之 七年留屯 戚繼光驅逐之後 築設城池 甚爲險固云. 上曰 秀吉 今在何處 軍兵幾何. 此後亦欲可爲. 中原人則必能知之 而我國之人 邈然莫知矣."

그리고 왜적이 '중국의 남방'을 침범할 것인가? 아닌가?에 대해서도 그 가능성을 배제하지 않으면서 그 '중국 남방'의 지세까지도 훤히 알고 있는 것이 참으로 기특하다. 또 14년 전인 1580년에 있었던 왜적이 난동을 부린 곳은 절강(浙江)지역인데, 그 '중국의 남방'이란 바로 이곳을 가리킨다.

• 조선이 일본과 공모

리곽: 위태로워 망하려 함이 눈앞에 닥쳤는데, 임금과 신하 사이에 무슨 숨길 것이 있겠습니까. 대저 인심을 수습하는 것이 상책입니다. 근래 나인〔宮人〕들의 작폐가 심해졌습니다. 내수사 사람들이 거짓 궁궐의 물건이라 칭탁하여 백성에게 원망을 사고 있습니다. 오늘의 변란이 생긴 까닭도 다 왕자궁(王子宮)에 있는 사람들의 작폐에서 연유된 것이므로, 인심이 원망하고 배반하여 왜적과 마음을 합치게 된 것입니다. 소문에는 왜적들이 와서는 하는 말이, "우리는 너희들을 죽이지 않는다. 너희 임금이 너희들을 학대하므로 이렇게 온 것이다."고 하였고, 우리 백성들도 말하기를, "왜적들도 사람인데 우리들이 어찌 집을 버리고 피할 필요가 있겠는가."하였답니다.

임금(리균): 경상도 사람들이 다 배반하였다는데, 사실인가?〔1592. 5. 3〕[556)]

이 말은 임금과 그 일행들이 서울을 막 떠나 벽제관(碧蹄館)에 이르러 대신들과의 대화에서 나온 것인데, 리곽은 작심을 하고 임금께 현실을 말한 것 같다. 왕자궁의 사람들이 민폐를 많이 끼쳤다는 말은 왕궁도 마찬가지라는 말이며, 그때문에 임진왜란이 일어났다 했다.

그리고 이런 부패한 지도층 때문에 백성들이 등을 돌린 것이다. 충청도 관찰사도 달아났다는 말과 아울러 경상도 관찰사 김수(金睟), 전

---

556) 『선조실록』 권26 선조25년 5월 임술(3일). "李 曰 危亡迫至 君臣之間 何可有隱. 大抵收拾人心爲上. 近來宮人作弊. 內需司人 假稱宮物 而積怨於民. 今日生變之由 皆緣王子宮人作弊 故人心怨叛 與倭同心矣. 聞賊之來也 言 我不殺汝輩 汝君虐民 故如此云. 我民亦曰 倭亦人也 吾等何必棄家而避也. … 上曰 慶尙道人皆叛云 然耶."

라도 관찰사 리광(李洸)도 백싱들의 원망을 받고 있나는 말을 함으로써 경상도 사람들이 다 배반했다는 것을 대신들이 이미 인정하고 있다.

> (1) 듣건대, 왜적이 우리나라에 들어온 뒤에 령남 사람들이 적의 향도로 투입된 자가 매우 많았으며, 혹은 붕당을 지어 만들고, 왜적의 말을 흉내내며, 마을에 마구 들어가니 사람들이 달아나 흩어지면 그들의 재산을 빼앗아가는 자가 또한 많았다고 한다.[557)]
>
> (2) 왜국에는 변방의 수비〔征戍〕나 요역(徭役)이 없다는 말을 듣고, 백성들은 마음 속으로 그것을 좋아했다. 왜적은 또 민간에게 명령하여 그들을 회유하니, 어리석은 백성들은 모두 왜적의 말을 믿어 항복하면 살 것이요, 싸우면 반드시 죽는다는 말을 믿었던 까닭에 바닷가의 백성들은 모두 머리를 빡빡 깎고 옷을 바꾸어 입고 그들을 따랐으며, 곳곳에서 왜적의 행세를 하는데, 왜노는 얼마 되지 않고, 그 절반이 배반한 백성이니 극히 한심스럽습니다.[558)]

이 사료들은 조선의 지방민들이 왜적과 함께 행동했다는 것인데, 위의 (1)에서 오희문의 말대로 보듯이, 특히 령남 사람들이 거짓왜〔假倭〕의 행위를 했고, 그들의 행패가 심했었음을 알 수 있다.

이러한 행위는 위의 (2)에 경상도 초유사 김성일의 계속된 장계 내용에서 말한 것과도 맥을 같이 하는데, 그렇게 하게 된 원인이, 물론 일본인들의 속임수에 놀아났지만, 일단 일본인들의 그럴 듯한 유혹에 끌렸던 것이며, 그런 유혹에 해당되는 일들을 오히려 조선의 백성들은 바라고 있었던 것인데, 조선의 정치지도자들은 그런 것에 소홀했음을 알 수 있다.

> 임금: 그 사람들이 왜적과 서로 안다 하니, 혹 왜적과 함께 도모한 사

---

557) 吳希文, 앞의 책, 第1 上卷, p. 11 壬辰南行日錄 8月. "聞倭賊入境之後 嶺南之人 投入嚮導者 甚多 或結爲朋黨 作爲倭聲 亂入閭里 人皆逃散 掠奪財産者 亦多云云."

558) 『선조실록』 권27 선조25년 6월 병진(28일). "聞倭國無征戍徭役 心已樂之 倭賊又出令民間以諭之 愚民皆信其語 以爲降則必生 戰則必死 故沿海頑民 皆剃頭易(眼)〔服〕而從之 處處作賊者 倭奴無幾 半是叛民 極可寒心."

람은 아닌가? 혹자는 평수길의 겨레붙이라고 하니, 혹 두 마음을 품은 올바르지 못한 사람은 아닌가?

윤근수: 만일 두 마음을 품은 바르지 못한 사람이라면 여기 왔겠습니까?

임금: 왜국에 왕래한다는 말은 무슨 말인가?

윤근수: 과장된 말입니다. 우리나라가 왜적과 마음을 합쳤는지를 의심하여 탐문하려는 것입니다. 공문을 돌려보려고 하였더니, 대답하기를, "군사들이 출동하기에 앞서 물길〔水路〕과 뭍길〔陸路〕의 형편을 살피려고 왔다."고 하였습니다.〔1592. 7. 2〕[559)]

여기서 임금과 신하 윤근수와의 대화를 보면, 이미 조선의 백성들은 그 마음이 조선의 정부를 떠나 등지고 있음을 알 수 있다. 그러니 임금이 백성들이 왜국에 왕래한다는 질문을 하게 되고, 윤근수는 그 말을 '과장'이라는 말로 변명하고 있다.

이러고 보면, 왜란이란 왜적의 반란뿐 아니라, 지도층에 대한 민심이반에 따른 민중봉기의 하나라고 보아야 할 것이다. 이런 까닭에 왜적들이 침략하자, 조선이 순식간에 무너질 수 있게 되는 것이다.

리덕형: 조선 팔도의 군사들〔兵馬〕이 강성함에도 수십 일도 못 되어 이 지경에 이르렀으니, 아마도 거짓 왜적〔假倭〕일 따름입니다.

임금: 거짓 왜적〔假倭〕이란 말은 우리나라 사람이 거짓으로 왜적이라고 일컫는 말인가? 왜적과 더불어 마음을 합한 것을 말한 것인가? 지난번에 총병 조승훈의 자문에도 모반을 꾀하는〔不軌〕 마음이라는 말이 있었는데, 이것으로 보면, 그들이 의심하는 것을 알 수 있다.〔1592. 7. 3〕[560)]

리덕형이 말했듯이 조선의 군사들은 막강했었다. 그럼에도 불구하고 왜적이 쳐들어오자, 19일 만에 서울이 함락되었던 까닭은 바로 조선

---

559) 『선조실록』 권28 선조25년 7월 기미(2일). "上曰 其人與倭相識云 無乃與倭同謀之人乎. 或言平秀吉之族屬云 無乃反側之人乎. 根壽曰 若反側之人 則豈來於此. 上曰 倭國往來之言 何謂乎. 根壽曰 誇張之言也. 大槪 疑我國之與倭同心 而欲爲探聽者也. 欲見文移 則答曰 欲出兵馬 以先覘水陸道路形勢而來云."

560) 『선조실록』 권28 선조25년 7월 경신(3일). "(李)德馨曰 朝鮮八道兵馬强盛 而曾不數旬 乃至於此 疑其爲假倭而云. 上曰 假倭之言 人假稱爲倭之云乎 抑與倭同心之謂乎. 頃者祖總兵咨文 亦有不軌之心之語 以此見之 則可知其疑之也."

백성들이 일본인으로 행세〔假倭〕하고 있다는 말이다. 말이 그렇지 실제로는 조선 팔도의 백성들이 다 들고 일어났다는 말과 다르지 않으며, 전국에 봉기가 일어났음을 인정하고 있는 것이다.

녕하의 보바이 반란, 사천성 파주의 양응룡 반란, 절강의 조고원 반란 등을 보면 과히 전국적이라고 할 만하다. 그러니 왜적은 반란의 성공을 점쳤을 것이라 생각한다.

> 임금: 왜적의 정세는 어떤가? 만약 조공 바치는 것〔封貢〕을 허락한다면, 과연 전쟁을 그만두겠는가? 아니면 반드시 중국〔中原〕을 침입하겠는가?
>
> 류성룡: 허의후의 생각대로 보면, 왜적이 고려(=조선)를 먼저 빼앗고 이어서 곧장 료동을 침범할 것입니다. 다만 우리나라에 물자가 몽땅 없어지면, 저들이 우리에게서 군량을 의존할 수 없습니다. 점차로 잠식하여 밑바탕을 튼튼히 하고 나서야 할 수 있기 때문에 올해에 반드시 중국을 침범할 것이라는 말을 믿을 수 없습니다.
>
> 임금: 군사를 일으키려면 반드시 먼저 화평을 청하는 것이 왜적의 상투적인 수법이다. 접때에도 통신사를 청하고는 군사를 일으켜 침범해왔으니, 그들이 화평을 청하는 것은 우리나라와 중국의 마음을 누그러지게 하려는 의도다. 저들의 장기는 바로 속이는 것이다.〔1594. 2. 27〕[561)]

여기서 '조공 바치는〔封貢〕 승인'의 문제는 중국의 천자에게 있지, 조선에 있지 않다. 그런데 그 조선의 임금이 그런 권한을 말한 것은 그가 곧 천자〔穆宗〕라는 말과 같다. 그리고 류성룡이 말했듯이, 복건성 사람 허의후의 생각을 비판한 것인데, 왜적이 조선을 먼저 치고 나서 이내 료동을 친다는 것은 불가능하다고 판단했는데, 이런 말을 보면, 류성룡은 어떤 공문을 통하여 허의후의 생각을 알아낸 것이 아니고, 통상 그와 만나 이야기를 나눌 수 있는 지리적 범위 안에 있음을 알 수 있다. 그리고 그 임금이 다시 군사를 일으킨다는 일본의 의도를 간

---

561) 『선조실록』 권48 선조27년 2월 병자(27일). "上曰 倭情如何. 若許封貢 則果罷兵乎. 必犯中原乎. 成龍曰 許儀後以爲 倭賊欲先取麗地 仍爲直犯遼東. 但我國蕩竭 彼無以因糧於我矣. 漸次蠶食 根深蔕固 然後方可爲也 則今年必犯中原之言 未可信也. 上曰 欲發兵 則必先請和 賊之情也. 前日請通信 而發兵來犯. 其請和者 欲緩我國及中原之心故耳. 彼之長技 乃狡詐也."

파한 것처럼 조선과 중국이 동중국해(東中國海: East China Sea)를 사이에 둔 나라가 아님을 알 수 있다.

그래서 이런 지리적 상황에서 임금도 총병 조승훈이 왜 그런 말을 했는지를 스스로 인정하고 있는 것이다. 역시 임진왜란은 그저 '왜적의 반란(倭亂)'이라고만 할 수 없으며, 녕하지역의 반란, 사천성지역의 반란을 포함하여 그저 '만력의 역〔萬曆之役〕'이라는 말이 더 올바른 표현이다.

> 류성룡: 류정 총병이 통역 류의빈(柳依檳)을 불러 말하기를, "손 경략의 차관이 나에게 '조선이 왜적과 마음을 합쳤다고 하는데 그런가?'하고 묻기에, 내가 답하기를, '전혀 그렇지 않다. 나도 왕부(王府: 지방정부)의 옛터를 보고 눈물이 흐르는 것을 감추지 못하겠는데, 더구나 국왕이겠는가? 아무려면 왜적과 마음을 합칠 까닭이 있겠는가?'라고 했다."고 합니다.
>
> 임금(리연): 이는 호(胡) 참장이 보고서를 가지고 간 것을 말한 것이 아닌가? 만약 그렇다면 이 말은 틀리지 않는 듯하다. 이른바 "마음을 합쳤다."는 것은 왜적과 함께 모의하여 중국〔中原〕에 반역하려고 한다는 뜻으로 말한 것이 아니라, 반드시 왜적이 조공 등등을 청하는 일로 마음을 합쳤다는 말이니, 매우 미안하다.〔1594. 9. 6〕[562)]

이 사료는 임진왜란이 일어난 지 2년 반이 지난 시기임에도 중국군 장수들이 조선에 대해 의심을 하며, "조선 사람들이 왜적과 마음을 합쳤다."는 말을 하는 것은 그만한 까닭이 있었던 것이며, 아무리 아니라고 부정해본들 현실은 왜적들에 의해서가 아니라, 조선사람들에 의해 전국에 많은 피해를 입었던 데서 임금 스스로 의심을 하고 있는 것이다.

이것은 설사 왜적과 마음을 합치지 않았다고 할지라도, 왜적의 '조공'

---

562) 『선조실록』 권55 선조27년 9월 신사(6일). "(柳)成龍曰 總兵招通事柳依檳言曰 孫經略差官 問於俺曰 朝鮮與倭同心云 然乎. 俺答曰 大不然. 俺見王府舊基 不禁淚下 況國王乎. 豈有與倭同心之理乎. 云云. 上曰 無乃以胡參將齎去奏本事言之乎. 若然則 斯言 似不遠矣. 所謂同心者 非謂與倭同謀 欲叛中原也 必以爲倭請貢等事 爲之同心也. 極爲未安."

요청 문제와 관련된 것이니, 이것은 순수한 민심의 동요가 아니라, 외부 세력의 지원에 의하여 민심이 움직이고 있음을 추측할 수 있다.

새롭게 보는 조선 팔도

선조황제와 제후 소경왕

뒷날 리순신의 「행장(行狀)」을 쓴 부교리 최유해(崔有海)의 상소(1630년 12월 4일)에 그가 지난번 등주(登州)에 표류했을 적에 호부낭중 송헌(宋獻)을 만났는데, 자주 보면서 나눈 대화가 있다.

송헌: 귀국 임금은 소경왕(昭敬王)과 어떤 관계인가?
최유해: 친손자입니다.
송헌: 왕자가 몇이고, 몇 번째 왕자의 아들인가?
최유해: 맏아들은 림해군(臨海君)인데 병으로 죽었고, 둘째아들은 광해군(光海君)인데 폐군이 되었고, 셋째아들은 정원군(定遠君)인데 어려서 죽었으며, 우리 임금은 정원군의 아들입니다. 우리 임금은 대의로써 종사를 바로잡으시고, 소경왕후(昭敬王后) 김씨의 명을 받들어 대통을 이으셨습니다.
송헌: 그러면 임금이 양자로 갔는가?
최유해: 곧바로 할아버지의 뒤를 이은 것입니다.[563)]

인조(仁祖: 1623~1649) 때 인물의 대화이니, 이 당시의 '귀국의 임금〔貴國王〕'이란 곧 능양군(綾陽君) 리종(李倧: 1595~1649)이며, 곧 시호 장목왕(莊穆王)인데, 묘호를 '仁祖'라고 한다.

림해군·광해군·정원군의 아버지가 '소경왕'이라 했는데, 그는 이미 '宣宗'(1608)이니, '宣祖'(1616)라고 정해졌는데, 구태여 '소경왕'이라고 말하는 까닭이 무엇이겠는가? 게다가 그 어머니가 '소경왕후 김씨'라 했는데,

563) 『인조실록』 권23 인조8년 12월 무신(4일). "副敎理崔有海上疏曰 … 前年漂到登州 與宋戶部屢得相見. 一日戶部問曰 貴國王於昭敬王 爲第幾親乎. 臣答曰 親孫也. 宋曰 王子幾人 而爲第幾王子之胤乎. 臣答曰 長子臨海君病卒 次子光海君乃廢君也. 次子定遠君早卒 而寡君乃定遠君之胤也. 寡君以大義定宗社 以昭敬王后金氏之命 入承大統矣. 宋曰 然則國王有繼嗣處乎. 臣答曰 直繼祖後矣."

정원군은 공량공(恭良公)·공량왕(恭良王)·원종(元宗)으로 추존이 된 리부(李玽: 1580~1619)로서, 그 생모는 '인빈(仁嬪) 김씨'로서 배다른 아우〔異腹弟〕인데,[564] 여기서는 한배 아우〔同母弟〕이니, '공빈(恭嬪) 김씨'의 소생 림해군·광해군이라는 말과는 매우 다르다.

'소경왕후'라는 말은 '소경왕'의 '왕후'라는 말이며, '선종(=선조)' 임금의 왕후 8명, 즉 '의인왕후·인목왕후·공빈·인빈·순빈·정빈(靜嬪)·정빈(貞嬪)·온빈'은 있어도 '昭敬'은 없다. 그렇다면 '소경왕'과 '소경왕비 김씨'는 '선조'와는 다른 체제 속의 '시호'이며, 이것은 조선의 여러 나라 가운데 경상도 지방의 제후임을 알 수 있다.

아주 뒷날의 일이지만, 1712년 7월 26일에 사은사(謝恩使) 박필성(朴弼成)·민진원(閔鎭遠)·류술(柳述)이 임금에게 보고했는데, 그때 민진원의 말에서 그 의미를 찾아보자.

> 신(민진원)이 소주(蘇州)에 이르렀을 때에 어떤 한 노인이 행동거지가 다른 오랑캐와 달라서 신이 불러다 그 성명을 물었더니, '朱'라고 대답했습니다. 또 성과 관향을 물었더니, '不敢言'〔감히 말하지 못하겠다〕 3자를 손바닥에 써 보이며, "나는 황친(皇親)이다."고 하였습니다. 더 물어 보았는데, 신종황제〔神皇〕의 넷째아들 이름이 '의연(毅然)'인데, 자기의 증조가 되고, 의연의 아들이 '사성(思誠)'이고, 사성의 아들 '륜(倫)'이 곧 자기 아버지라고 하였습니다. "조정이 바뀔〔革代〕 때 어떻게 화를 면했느냐?"고 물었더니, "나의 아버지가 동쪽으로 도둑들〔流賊〕을 치러갔다가 돌아오지 못하여 이내 이 땅에 살면서 정함장(丁含章)으로 이름을 바꾸었다."하고, 우리들의 옷차림을 살펴보더니 그리움이 느껴져 슬픈〔感愴〕 빛을 띠며 눈물을 떨구고 목메어 울었습니다. 또 "남쪽 지방에 경계하라

564) 후궁의 소생을 보면, 공빈(恭嬪) 김씨(1553~1577) 소생은 림회군 리진(李珒), 광해군 리혼(李琿)이고, 인빈(仁嬪) 김씨(1555~1613) 소생은 의안군(義安君) 리성(李珹: 1577~1588), 신성군(信城君) 리후(李珝: 1578~1592), 정원군(定遠君) 리부(李玽: 1580~1619), 의창군(義昌君) 리광(李珖: 1589~1645)으로, 순빈(順嬪) 김씨 소생은 순화군(順和君) 리보(李王土: 1580~1607)로, 정빈(靜嬪) 민씨(1567~1627) 소생은 인성군(仁城君) 리공(李珙: 1588~1628) 인흥군(仁興君) 리영(李瑛: 1604~1651)으로, 정빈(貞嬪) 홍씨(1563~1638) 소생은 경창군(慶昌君) 리주(李珘: 1596~1644)로, 온빈(溫嬪) 한씨 소생은 흥안군(興安君) 리제(李瑅: 1598~1624), 경평군(慶平君) 리륵(李玏: 1600~1673), 녕성군(寧城君) 리계(李琇: 1605~1666) 등 14남 11녀로 알려져 있다.〔『국사대사전』 및 『선조수정실록』 권11 선조10년 5월 무자(1일)〕

는 지시가 있다고 하는데 믿는가?" 하고 물었더니, "광동(廣東)의 해적(海賊)은 실제로 황명(皇明)의 자손이요, 장비호(張飛虎)·장만종(張萬鍾)은 모두 장수다. 바다 가운데 나타났다 숨었다 하면서 군대의 위엄을 크게 떨치니, 청조(淸朝)의 장수 4명이 싸움에 패하여 항복하고, 복건(福建) 땅을 이미 절반을 차지하였다."고 대답하였습니다. 오랑캐〔胡人〕는 한번 말하면 그 값을 요구하는데, 이 사람은 값을 요구하지 않고 그 비통한 마음〔愴感〕이 충성심에서 나오는 것 같습니다. 또 주인에게 물었더니, "그 사람이 바로 정함장이다."고 하였으니, 이름을 바꿨다고 하는 말도 믿을 수 있을 듯합니다. 다만 신종(神宗)의 아들은 곧 '태창(泰昌)'이며, 그 휘가 '상락(常洛)'인데, '의연'이 신종황제의 아들이라면 이름이 같지 않아 이것이 의심스러웠습니다만, 더 따져 묻지는 않았습니다.[565)]

이것은 사은사 민진원이 임금〔숙종〕 앞에 보고했던 내용이니 거짓은 아니라고 보이며, '신종'의 아들이 '상락'인데, '의연'이라고 한 것이 의심스럽다고 했지만, 바로 이 말에 문제가 있으며, 신종의 후손이란 말이 믿을 만하다고 한 것에서 사실을 찾아보자.

여기서 '의연'은 신종의 넷째아들이라고 했으니, '상락'과는 동일 인물로 볼 수 없다. 또 '상락'은 신종의 맏아들〔神宗長子〕이라 했지만, '서자 셋째〔庶三〕'부터 언급되는 것으로[566)] 보아, '광해군 리혼'이 서자 둘째이듯이, '광종 상락'도 '서자 둘째〔庶二〕'일 가능성이 있다.

그런데 민진원의 말은 계속 '상락'과 관련지어서 말한 것을 볼 때에, 그의 행적에 의심을 하고 있는 것이며, 1620년 7월에 즉위하여 9월에 죽었

---

565) 『숙종실록』 권51 숙종38년 7월 정미(26일). "閔鎭遠曰 臣到蘇州 有一老人 動止異於他胡 臣招來問其姓名 則答以朱言. 又問姓貫 則以不敢言 三字書掌以示曰 俺是皇親. 槪問之 則以爲神皇第四子名毅然 爲其曾祖 毅然子思誠 思誠子倫 則其父也. 問革代之際 何以得免禍耶. 曰 俺父東征流賊 不得還 仍居此地 變姓名爲丁含章也. 仍諦視臣等衣冠 有感愴色 墮淚嗚咽. 又問南方有驚云 信否. 答以廣東海賊 實則皇明之孫 張飛虎張萬鍾 皆其將也. 出沒海中 軍聲大振 淸將四人敗降 而福建地 已有其半云. 胡人一言 便索其價 而此人不爲索價 所其愴感 似出誠心. 且問於主人 則以爲其人乃丁含章云 變姓名之說 亦似可信. 但神宗子 卽泰昌而其諱常洛 毅然以神皇之子 名字不同 是可疑 而未及詰問矣."

566) 神宗 '朱翊鈞'의 아들은 8명인데, ①常洛(光宗: 1620. 8.1~9.1), ②〔未封〕, 庶③常洵(福恭王: 1601~1641), ④〔未封〕, 庶⑤常浩(瑞王: 1601~1644), 庶⑥常潤(惠王: 1601~1644), 庶⑦常瀛(桂端王: 1601~1643), ⑧〔未封〕이다. 여기에 책봉되지 못한 아들 3명이 있는데, 그 가운데 넷째 아들이 포함되어 있고, 常浩·常潤에겐 '地名'만 있고, '王名'이 빠져 있다.〔明史 卷104 表5 諸王世表5〕

다는 '泰昌'[567] 년호의 사용과 그 '光宗'의 신변에 문제가 있으며, 그가 당시에 죽지 않고 오히려 병환 때문에 폐위되어 격리〔또는 귀양〕되었다가 이보다 더 오래 살다가 죽었음을 알 수 있다. 광해군이 1622년에 폐위되었다가 귀양 가서 1641년에 죽었다는 것과 대비되는 부분이다.

그래서 소경왕(昭敬王)→광해군(光海君)→공량왕(恭良王: 추증)→장목왕(莊穆王) 등으로[568] 이어지는 시호는 경상도 지방의 제후〔임금〕이며, '宣祖' 등과 같은 묘호와 함께 쓰일 수 없는 것이니, 분리해야 마땅하다.

다시 이를 『조선왕조실록』에서 보면 다음과 같다.

헌강왕(康獻王: 李成桂)→공정왕(恭靖王)/공예왕(恭睿王: 芳果)→공정왕(恭定王: 芳遠)→장헌왕(莊憲王: 裪)→공순왕(恭順王: 珦)→공의왕(恭懿王: 弘暐)→장혜왕(惠莊王: 瑈)→회간왕(懷簡王)/의경왕(懿敬王)/덕종(德宗: 崇 추존)→양도왕(襄悼王: 平甫/晄)→강정왕(康靖王: 娎)→양로왕(讓老王: 㦕)→공희왕(恭僖王: 懌)→장경왕(章敬王: 岾)→공헌왕(恭憲王: 峘)→昭敬王: 昖)→광해군(光海君: 琿)→공량왕(恭良王: 琈 추존)→장목왕(莊穆王: 倧)→충선왕(忠宣王: 淏)→장각왕(莊恪王: 棩)→희순왕(僖順王: 惇)→각공왕(恪恭王: 昀)

567) 여기서 마치 '泰昌'이 이름처럼 쓰였지만, 년호이며, 실제로는 '1620년'의 년호로 쓸 수 없다. 왜냐하면 朱常洛이 1620년(庚申) 8월 1일(丙午)에 즉위하고 "내년을 태창 원년이라 한다.〔以明年爲泰昌元年〕"고 했는데, 그해 8월 20일(丙寅)에 병들고, 9월 1일(乙亥)에 죽었다고 했기 때문에 이 '泰昌'은 실행하지 못한 이름이며, 만약 사용했다면 '1621년'이 되어야 한다.

568) 제후의 시호로 보아야 하는 명칭을 보면, 金指南・金慶門의 《통문관지(通文館誌)》(12권6책: 1888)에, 康獻王→恭靖王→恭定王→莊憲王→恭順王→恭懿王→惠莊王→懷簡王/懿敬王(추존)→襄悼王→康靖王→讓老王→恭僖王→章敬王→恭憲王→昭敬王→光海君→恭良王(추존)→莊穆王→忠宣王→莊恪王→僖順王→恪恭王→莊順王→恪愍王(추존)→莊獻王(추존)→恭宣王→宣恪王→康穆王(추존)→莊肅王→忠敬王이며, 다른 명칭의 시호를 《조선강감(朝鮮綱鑑)》(昭和8년)와 John Ross의 《History of Corea》(1891), p. 366의 것을 번역하여 보면, 康獻(Kanghien)王(Great King)→恭靖(Goongching)王→恭定(Goongding)王→光德(Gwangdua)王*→恭順(Goongshwun)王→恭懿(Goongyi)王→惠莊(Whijwang)王*→懷簡(Hwajun)王→襄悼(Hiangdao)王→康靖(Kangjing)王→讓老(Yenshan)王→恭僖(Goongsi)王→榮靖(Yoongjing)王→恭憲(Goonghien)王→昭敬(Jaojing)王→光海(Gwanghai)君→恭良(Goonghiang)王→憲文(Hienwun)王*→宣文(Hienwun)王*→彰孝(Janghiao)王*→元孝(Yuenhiao)王*→宣孝(Hüenhiao)王*→顯孝(Hienhiao)王*→孝莊(Hiaojang)王*→莊孝(Jwanhiao)王*→成孝(Chinghiao)王*→孝愍(Hiaomin)王*→憲宗(Hendsoong)*→哲宗(Chuadsoong/Chiuljong)→高宗(DangJie)*이다.〔표시*는 전혀 표기가 다름〕 이렇게 서로 약간 다른 사실에서 보면, 조선에는 한 시대에 여러 제후〔임금〕들이 있었음을 알 수 있다.

→장순왕(莊順王: 昑)→각민왕(恪愍王: 繂 추존)→장헌왕(莊獻王)/장조(莊祖: 愃, 사도세자)→공선왕(恭宣王)→선각왕(宣恪王)→강목왕(康穆王)/익종(翼宗: 旲 추존)→철종(哲宗: 昪)→고종(高宗: 熙/載晄).

이처럼 이런 시호(諡號)는 제후(諸侯)에게 붙여진 것이며, 묘호(廟號)와 함께 쓰이지 않는 것이 원칙이다. 왜냐하면 특히 대군(大君)은 제후로 있다가 천자가 되어서 붕어했을 때에 묘호가 붙여지기 때문이다.

이런 정치적 배경을 바탕으로 지리적 의미를 되살려 임진왜란을 다시 보자. 늘 써 왔던 묘호(廟號)의 사용에 비하여 『조선왕조실록』에 숱하게 실린 시호(諡號)에서 그 의미가 새삼스러워질 것이다.

『해유록』으로 본 일본의 위치

중국대륙의 절강 지역에서 난동을 부린 왜적이 있었던 '일본'은 어딘가?

신유한(申維翰: 1681~1752)이 일본에 다녀온 기록물 『해유록(海遊錄)』(1719년)에는 '대마도(對馬島)'에 관한 글이 있다. 이 『해유록』을 처음부터 읽어보면, 마치 한반도 서울에서 부산을 거쳐 대마도, 일본렬도 강호(江戶)에까지 갔다고 돌아온 것으로 느낄 수도 있다.

그런데 그런 기행문에서 그가 정말 일본렬도에 다녀왔다면, 다음의 글이 지리적으로 맞아 들어가야 마땅하다. 과연 어디를 말하는지를 보자.

> 일본 땅의 지세를 보면, 중국〔天地〕의 정동쪽에 우리나라〔조선: 신유한이 있었던 지방〕와 나란히 함께 있으면서도 좀 높은 편이다. 오직 대마도는 우리나라의 남쪽에 있는데, 수로로 겨우 500리다. 그 마도(馬島: 대마도)에서 동북쪽으로 3000여 리를 가면 대판(大坂: 오사카)이고, 대판에서 동북쪽으로 1600리를 가면 강호(江戶: 에도)다.[569]

---

569) 신유한 씀, 김찬순 옮김, 『해유록: 조선선비 일본을 만나다』(도서출판 보리, 2006), p. 435. "日本地形 在天地之正東 與我國齊等而差高 唯對馬島在我國之南 而水路不過五百里 自馬島東北行三千餘里而至大坂. 自大坂東北行一千六百里而至江戶."

일본의 위치를 말하면서 '지형'이라고 했으니, 이것은 '지세(地勢)'로 보아야 한다. 이 어감으로는 일본이 지리적으로 일본렬도를 가리킨다고 할 수 없다. 그 까닭은 다음에서 찾을 수 있다.

첫째, 기존 번역문에서 그 일본이 '우리나라(조선)'의 정동쪽이라고 했지만,[570] 원문은 '천지(天地)'이므로, 이 말이 '한반도'를 가리킨다고 할 수 없다. 이 '天地'는 '天下의 中心', 즉 '中國'을 가리킨다. 그 中國은 물론 조선의 중앙조정이 있는 위치인 것이다.

둘째, 중요한 한마디는 원문 "與我國齊等"을 "우리나라와 방위가 같다."고 기존 번역이 되어 있지만, "우리나라와 함께 있다."고 보아야 한다.

셋째, 대마도에서 동북쪽(045°)으로 3000리(=1134km) 남짓에 대판(오사카)이 있다는 것은 현재의 지리적 구도로서는 거짓이다. 왜냐하면 대한해협의 중앙에 있는 대마도(쓰시마)에서 동북쪽에는 독도가 있을 뿐이다.

넷째, 그 대판에서 동북쪽으로 1600리에 강호(江戶: 에도·도쿄)가 있다는 말도 현재의 지리적 구도로서는 거짓이다. 그 기준이 되는 대마도의 위치에서 보면 동북쪽(045°)으로 4600리(=1738.8km)되는 곳이니, 그곳은 동해바다 중앙에 있게 되어 거기엔 바다 위에 사람이 살 수 없는 곳이다.

그래서 이것은 중국대륙의 동부지역을 말한다. 그리고 이 '우리나라'라는 말은 결국 신유한이 살았던 지방을 말하는 것이지, 국가(=조선)를 말하는 것이 아님을 알 수 있다.

> 지방의 거리를 보면, 동쪽의 륙오(陸奧: 무쓰/아오모리)에서 서쪽의 비전(肥前: 히젠)에 이르기까지 4200리(=1587.6km)이며, 남쪽의 기이(紀伊)에서 북쪽의 약협(若狹: 와카사)에 이르기까지 겨우 900리(=340.2m)이니, 이는 육지와 잇닿아 있는 땅이 동쪽에서 서쪽으로는 길고, 남쪽에서 북쪽까지는 짧다는 것을 보여준다.[571]

---

570) 위의 책, p. 286.

571) 위의 책. "言其地方 則東自陸奧至肥前四千二百里 南自紀伊 北至若狹 不過九百里 此其連陸之地 東西長而南北短."

여기서 말한 일본의 지형을 보면, 그 모양이 동서의 길이가 길고, 남북의 길이가 짧다는 말이다. 현재 지리적 구도는 일본렬도는 동북쪽에서 서남쪽으로 대각선으로 뻗어져 있다. 그러니 륙오와 비전의 방향이 동서쪽으로 뻗었다는 설명은 틀렸다.

그런데 그 길이 4200리(=1587.6㎞)는 지도에서 직선으로 재어보면 1380㎞가 되어 비슷하다고는 치더라도, 남북의 길이 900리(=340.2㎞)라고 한 것을 현재 지도에서 재어보면, 240㎞이므로 100㎞나 짧다.

이 일본의 길이는 동서의 길이(4200리)가 대마도에서 강호(도쿄)까지의 길이(4600리)보다도 짧다는 것은 또 무엇을 말하는가? 이것은 결코 일본렬도를 두고 한 말이 아님을 알 수 있다. 게다가 육지와 이어진 땅〔連陸之地〕이란 말은 결코 렬도일 수 없다. 이 말 '육지와 이어진 땅'이란 말은 일본이 있는 위치는 중국대륙의 동부지역을 말하는 것이다. 결코 그저 '섬 속의 육지'라는 말은 아닌 것이다.

일본의 크기가 동서쪽 길이가 4200리, 남북쪽 길이가 900리 되는 위치는 중국대륙의 복건성, 광동성, 광서성, 운남성 지역이며, 우이산맥과 남령산맥의 남쪽이라고 볼 수밖에 없으며, 이 남쪽 일본의 지리적 중심지는 북위 20°±5°, 동경 115°±10°의 사이에서 결코 벗어날 수 없다.

지리적으로 이렇게 보는 까닭은 비단 이뿐만이 아니다.

> 그 나라는 66개주로 나뉘었는데, … 함형(咸亨: 670~673) 때에 와서는 왜라는 이름을 싫어하여 일본으로 고쳤다. … 날이 있는 병기〔兵刃〕는 매우 예리하고, 알몸으로 나가 싸우며, 쌍칼〔雙刀〕를 잘 쓴다. 재빠르게 몸을 날려 적은 수로 많은 수를 이기며, 보전(步戰)에 능하고, 수전(水戰)에 겁을 먹는다. 칼 쓰고 조총을 쏘는 데는 정밀하나, 창과 활을 쓰는 데는 서투르다. … 남녀 사이에 얼굴을 예쁘게 꾸미는 자는 이빨을 까맣게 칠한다. 그 밖의 습속은 대략 남만과 비슷하다.[572)]

670년에 '왜'를 '일본'으로 고쳐 불렀는데, 이곳 사람들은 몸이 날래고 칼·쌍칼·조총을 잘 썼지만, 바다에 살면서도 오히려 수전〔海戰〕에는 겁

---

572) 『再造藩邦志』 1. "其國分爲六十六州. … 至唐咸(淳)〔亨〕中 惡倭名 改稱日本. … 兵刃極犀利 裸體赴鬪. 慣舞雙刀 輕儇跳躍 以寡勝衆 長于步戰 怮于水陣. 精于刀法鳥銃 而踈于鎗弓. … 男女冶容者 黑其齒. 其他俗習 略與南蠻同."

을 집어먹는다는 것이 납득하기 어려운 부분이다. 또 그들의 관습이 남만 사람들과 거의 같고 이빨을 검게 칠한다고 했다. 이빨이 검다〔黑齒〕는 것은 검정물감을 칠해서가 아니라, 장강 이남, 특히 남령산맥(南嶺山脈) 남쪽의 열대 지방에서 자라는 빈랑(檳榔) 열매를[573] 씹어먹으면 이빨이 까맣게 된다. 남만이 이 지역을 가리킨다.

이런 맥락에서 보면, 앞에서 언급한 바가 있는 풍신수길이 복건성 사람이라거나, 복건성 방식의 배를 만들도록 가르쳐 주었다는 말이 설득력을 가지게 된다.

그렇다면 일본이 우리나라의 정동쪽에 있다는 말과는 모순이 일어난다. 바로 여기에 함정이 있다. 이것은 단지 신유한이 보았던 것일 뿐, '왜(倭)'라는 일본은 북쪽의 천진에서부터 남쪽의 해남도에까지 이르는 중국대륙의 동부지역, 동남부지역, 남부지역에 흩어져 사는 중국(조선의 중앙조정)의 직접적인 통치를 받지 않는 집단, 무사들의 불량집단이 사는 지역을 가리키는 말이다. '막부(幕府)'란 말 자체가 그저 그들의 '야전지휘소'일 따름이다.

이런 맥락에서 임진왜란이 일어나기 6개월 전의 정보를 풀어보자.

> 일본국 사신 현소 등이 와서 대명을 치고자 하니, "우리나라(=일본)에게 길을 안내해 주시오!"라고 하였다. 이때문에 임금이 조정의 신하들과 의논하여 성절사 김응남이 갈 적에, 왜적이 중국을 침범할 뜻을 갖고 있다는 자문(咨文)을 례부(禮部)에 보냈는데, … "왜노들이 중국을 침범할 것이라는 말을 류구에도 퍼뜨리고, 또 조선도 이미 굴복하여 300명이 항복해 왔는데, 지금 배를 만들어 그들을 향도로 삼을 것이다."고 하였다.〔1591. 10. 24〕[574]

여기서 우선 낱말에 '咨文'이 나오는데, 이것은 "대등한 동급기관 또는 같은 기관끼리 오가는 공문"으로 '刺文'과 같다. 예를 들자면 禮部↔吏部,

---

573) 『本草綱目』 卷31 果部3. "檳榔 生南海. … 生交州愛州及崑崙. 今嶺外州郡皆有之."

574) 『선조실록』 권25 선조24년 10월 병진(24일). "日本國使玄蘇等之來也 言 欲犯大明 使我國指路. 上議于廷臣 聖節使金應南之去也 以倭賊欲犯上國之意 移咨于禮部 … 倭奴等以犯上國之言 亦布於琉球. 且言 朝鮮亦已屈伏 三百人來降 方朝鮮爲嚮導 云云."

禮部↔禮曹 등과 같으며, 이것은 동일한 통치의 행정체계 속에서 이루어지는 형태다.

이런 의미에서 上國은 곧 中國이며, 중국에 천자/황제가 통치하며, 中國에 대칭되는 제후국(諸侯國), 즉 번국(藩國)은 하나의 통치영역 안에서 이루어진 것이며, 김응남 편에 보낸 자문은 제후가 천자에게 보낸 공문이다.

그리고 왜란이 일어나기 전에 이미 심리적으로서 조선의 300명이 굴복했다는 말까지 보고한 것은 이미 조선이 "일본과 마음을 합쳤다.〔與倭同心〕"는 말을 조선이 인정해주고 있는 것이 돼버렸고, 복건성 사람 허의후보다도 늦게 보고함으로써 중국은 왜적의 침입정보를 이미 알고 있는 상태에서 이런 때늦은 보고는 줄곧 조선을 의심하게 되는 것이다.

그리고 왜적의 중국침범 의도를 류구(=대만: 동경 121° 선상)에 소문을 퍼뜨린다는 것은 일본이 일본렬도(동경 140° 중심 지역)에 있지 않고, 그 류구와 가까운 곳(동경 115° 중심 지역)에 있음을 말해주고 있다.

제 5 장

임진왜란과 충무공 리순신의 7대첩

- 부산포해전 -

- 명량해전 -

- 나의 죽음을 알리지 말라 -

• 출처: 십경도

제 5 장

임진왜란과 충무공 리순신의 7대첩

1. 끝나지 않은 전쟁, 그 임진왜란

일본은 임진왜란을 일으키고 7년이나 조선을 괴롭히고 살상을 자행하고 재물을 앗아갔다. 일본에서는 그들이 성공하지 못한 전쟁이라고 하니까, 한국에서는 사람들마다 이긴 전쟁이라고 한다.

전쟁은 적국의 전쟁의지를 무력화시키는 데에 목적이 있다. 그런데 이런 전쟁 목적을 조선이 단 한 번이라도 달성하였는지를 생각해봐야 한다. 일본은 왜란을 일으켜놓고 물러는 갔지만, 힘을 길러 1876년의 운양호 사건을 고의로 일으키고서는 병자수호조약을 맺더니, 한일병합을 이끌어냈다. 그런 과정 속을 보면, 1892년에 일본육군 보병대위 시산상칙(柴山常則)이 『文祿征韓 水師始末 朝鮮 李舜臣傳』(偕行社刊: 총 56면, 본문 47면)을 지었다.

말하자면 이것은 "임진왜란 해전의 처음과 끝 조선의 리순신전"이라는 말인데, 그 서문에서 "풍신수길의 패배의 원인은 육전에서도 커다란 실책이 있었지만, 오로지 수군(해군)의 실패에 있다."고 하면서, 그 본문의 셋째 페이지에서 "그(일본) 수군의 패배의 수치는 진실로 조선의 한갓 리순신 때문이다."고 하면서 분통을 터뜨렸다.

1890년대부터 일본에서는 모든 대화의 중심에 충무공 리순신이 있었으며, 좌등철태랑(佐藤鉄太郎: 1866~1942)은 영국과 미국에 파견되었다가 돌아와서는 1902년에 『帝國國防論(제국국방론)』을 저술하여 일본 해군대학에서 교재로 썼으며, 대한제국의 군대가 해산되는 1907년에는 『제국국방사론』을 출판하였는데, 거기서 "동양에서는 조선의 李舜臣 제독, 서양에서는 영국의 넬슨 제독"이라고 하여 일본의 미래는 해군에 있고, 해군이 국가전략의 핵심이며, 그 뿌리는 리순신의 전략·전술에 두었다. 임진왜란에서 일본이 패배하고 조선이 승리하는 데 가장 큰 영향력을 끼친 사람이었기 때문이란다.

일본의 최고 영웅으로 손꼽히는 동향평팔랑(東郷平八郎)은 1905년에 러시아 발틱함대를 대마도해전에서 승리했을 때, 그 비결이 리순신 연구에 있었고, 그가 애써 창작했던 T-전법도 리순신이 개발한 학익진(鶴翼陣)의 변형이라고 실토했었다.

그리하여 임진왜란의 연장선상에서 끝내 310년만에 일본의 승리로 이끌어냈으며, 리순신의 조국 조선을 일본의 식민지로 만들었던 것이다. 이렇게 일본은 철저히 리순신을 연구하고, 그의 삶을 교훈삼아 일본을 세계무대에 올려놓았다. 그 덕분에 일본은 천대받는 섬나라에서 해양국가로 발전하여 선진국 대열에 나란히 서 있다. 지금도 일본에서는 리순신을 조선사람들보다 더 존경한다면서, 풍신수길(豊臣秀吉)·리순신을 끊임없이 연구하고 있다.

우리는 지금 무엇을, 어떤 것을 연구하고 교훈 삼을 것인가?

그토록 일본의 전쟁지휘자들이 이기지 못한 리순신의 전략·전술은 무엇인가?

한마디로 리순신이 싸움마다 이겼던 가장 근원적인 비결은 사람들에게 감동을 주고, 스스로 만족하게 느끼게 하여 그들의 마음을 움직였기 때문이다. 그 감동의 뿌리에는 오직 백성과 부하를 위한 진실과 진심이 담겨 있었다.

> 이에(리순신에게) 통제사의 권한을 주고 찬바람과 추위〔전쟁〕의 준비를 단단히 하여, 군대의 위엄이 1000리 되는 서울 밖의 모든 지방〔服〕 먼 곳〔遠〕에까지 크게 떨쳐 바야흐로 특히 이웃 왜노를 벌벌 떨게 하였다. 그러나 조정의 명령은 늘 알기는 어렵고 알고 나면 행하기 쉬운 일〔知難行易〕에 빠져 곧 풍옥〔酆獄: 사천성 풍도현(酆都縣)에 있는 풍성옥(豐城獄)〕에다[575] 근거도 없는 죄인(리순신)를 파묻으려 했고, 마침내 (원균이 지휘한 삼도수군의) 큰 배〔艅艎〕들을 물 속에 빠지게 함은 진실로 조정의 정책이 잘못됨에서 비롯한 것이라, 정말로 나(소경왕 리연)는 충신을 저버린 것이 부끄러워 빨리 지휘권〔帥柄〕을 돌려주니, 그대는 충성스런 마음을 더욱 발휘하여 곧장 녕포(寧浦: 사천성 會寧浦)로 가서 불타다 남은 배를 거두고, 다친 군사들을 거두어 모아다 13척 군함으로써 겨우 광주양(光州洋) 앞에 진을 치니, 100만 명의 얼빠진 시체〔游魂〕들이 갑자기 물결 위에 피를 물들였다.[576]

이 글은 임진왜란이 끝난 뒤에 리순신을 '선무 1등 공신'으로 책정한 글에 나온 것인데, '비유컨대'나 '예컨대'라는 말이 없는 직설 문장이다. 그러니 리순신이 붙잡혀 갔던 곳이 바로 사천성 풍도현 풍성옥(豐城獄)인 것이다. 이곳은 충주(忠州)와 중경(重慶) 어름에 있다.

여기서 동쪽으로 가면서 녕포(=회녕포)를[577] 거쳐 명량해전, 즉 울두목〔鳴梁: 울두홍(熨斗谼)·(熨斗陂: 윤두피)〕에서 대첩을 거두었고, 이 뒤를 이어 노량해전에서 대첩했던 것이다. 모두 장강 줄기에서 일어난 일이다.

리순신의 휘하에 있었던 해남현감 류형(柳珩: 1566~1615)이 지냈던

---

575) 『漢語大詞典』 10. p. 697. "酆獄: 酆城獄. 酆城獄: 豐城縣獄. 相傳晉雷煥在此掘地得寶劍 贈張華. 張華與雷煥登樓 仰觀天文. 煥謂斗牛之間 頗有異氣 是寶劍之精上徹于天. 地在豫章豐城郡. 于是華補煥爲豐城令. 煥到縣 掘獄屋基 入地四丈餘 得一石函 光其非常 中有雙劍 一曰龍泉 一曰太阿. 其夕 斗牛間 氣不復見. 煥送一劍與華 留一自佩. 其後華誅 失劍所在. 煥死 其子華持劍 行經延平津 劍忽于腰間 躍出墮水 會合張華 曾失去的一劍 化成長達數長的兩條巨龍."

576) 『리충무공전서』 卷首 策宣武元勳敎書 "乃授統部之權 乃飭風寒之備 軍聲丕振於服遠 方慴膽於殊隣 朝命或廢於知難 卽埋寃於酆獄 迄致艅艎之失水 良由廟筐之乖 宜予慚負乎貞 良亟還帥柄 卿益勵乎忠憤 直抵寧津 掇拾灰燼之餘 收合瘡殘之卒 十三樓櫓纔結營於洋前 百萬游魂 俄染衁於波上."

577) 『중국고금지명대사전』 에는 '寧浦'가 '광서성(廣西省)'에만 나오지만, '사천성 어름〔四川境〕'에 '寧州(녕주)'가 있으므로, 바로 이곳일 것이다.

터가 이 '장강'을 끼고 있었음을 그가 평소에 느낌을 지은 "무산(巫山)의 제월당(霽月堂)에 부쳐"라는 시에서 바로 알 수 있다.

푸른 암벽이 100길이나 솟았는데	翠壁百丈起
아름다운 정자가 벼랑 위에 있네.	華堂臨上頭
우러러 하늘의 현묘함을 생각하고	仰窺玄象近
거침없는 장강의 흐름을 굽어 보네.	俯觀大江流

끝없는 하늘은 맑게 개었는데	遠際晴光滿
그 어름에 봄의 맑은 기운 서리었네.	中間淑氣浮
범인들은 다다를 수 없는데	凡人不可到
신선들만 놀고 있구나.	應許象仙遊[578]

이 '무산(巫山)'은 사천성과 호북성 어름에 '장강'의 중류〔북위 31.5° 동경 110°〕를 지나는 곳에 있다. 이곳의 정경을 곧 류형이 읊었음을 상기해볼 필요가 있다.

이 '장강'의 크기가 어떤지 포르투갈 신부 루이스 프로이스(Luis Frois)가 1563년부터 일본에 있으면서 48년 간(1549~1597)의 『일본의 력사(Historia de Japam)』를 기록한 내용에서 하나만 보자.

> 강 하류의 길이가 10레구아(legua)나 되는 수량이 풍부한 강을 중심으로 꼬라이와 중국이 나뉘어 있으며, 전하는 바에 의하면, 꼬라이에는 지나가기 어려운 거대한 사막이 있다.[579]

임진왜란의 터전을 이렇게 중국대륙으로 보는 또 하나의 근거는 바로 『선조실록』에서 소경왕과 그 일행의 행동과 이동경로를 보면 알 수 있다.

---

578) 『晉陽忠義世編附 石譚遺稿』(晉陽柳氏大宗會, 1976), p. 66. "忠景柳公珩諡狀: … 失舟師 無以遏兩湖 是無京畿也."

579) 朴哲, 『세스뻬데스 — 한국 방문 최초 서구인 —』(서강대출판부, 1993 재판), pp. 226~227.

(1) 사헌부에서 장계하였다. 임진년에 임금의 수레〔大駕〕가 서쪽으로 가신 뒤로.(1596. 1. 21)
(2) 류성룡이 아뢰었다. 임진년을 겪은 뒤로, 신이 늘 지난날을 생각하였는데, 임금께서 서쪽으로 가실 적에 배를 타고 가셨더라면 편리했을 듯합니다.(1596. 11. 7)
(3) 사신은 논한다. … 임진년에 왜적이 갑자기 들이닥쳐 임금의 수레〔大駕〕가 서쪽으로 가시게 되었다.(1606. 4. 24)[580)]

이렇게 소경왕과 그 일행은 피난길의 시작이 서울〔京〕에서 서쪽으로 옮겨갔다고 했다. 서울에서 의주로 간 길은 북북서쪽이다. 이것은 '北行/北遷'이라고 해야 마땅할 것이다. 그런데 그렇지 않고 '西行/西遷'이란 말은 그 피난길이 뱃길로 이어진 강이었다는 것이며, 그 서쪽에도 조선의 넓은 땅이 있다는 말이다.

이동하는 방향이나 방위를 편리한 대로 아무렇게나 쓰는 것은 아닌 것이다. 그 방향에 맞게 어울리는 지리적 조건의 임진왜란을 보자.

그런데 여기서 '大駕(대가)'를 '임금이 타는 수레'라고 풀이되지만, 그 피난뿐만 아니라, 보통 때에도 쓰였는데, '乘輿(승여)'라는 말이 또 나온다. 이것은 분명 "천자(天子 · 皇帝)가 타는 수레〔車馬〕"인데, 『조선왕조실록』에는 어디에서나 나오며, 「선조실록」에도 마찬가지다. 이것은 어디까지나 조선의 임금이 '천자 · 황제'라는 말과 같다.[581)]

---

580) 『선조실록』 권71 선조29년 1월 무자(21일). "司憲府啓曰 壬辰大駕西幸以後."
『선조실록』 권82 선조29년 11월 기해(7일). "成龍曰 自經壬辰年後 臣每思前事. 自上西幸而乘船以行 則恐或便好."
『선조실록』 권198 선조39년 4월 임술(24일). "史臣曰… 至于壬辰 倭賊猝至 大駕西遷."

581) 『선조실록』 권28권 선조25년 7월 임오(25일). "兩司啓曰 兩京連陷 君父播遷, … 聞乘輿出巡."
『선조실록』 권31권 선조25년 10월 기유(23일). "司憲府啓曰 大駕播越, … 乘輿西幸之時."
『선조실록』 권32권 선조25년 11월 경신(4일). "廟社蒙塵 乘輿播越."

〈표Ⅴ-1〉 임진왜란 해전과 리순신의 출전(리순신 지휘 ○, 원균 지휘 ×)

지휘	출동기간(일수)	해전 지역	참가세력		전과	피해	비고
			조선	일본			
○	1592.5.4~5.8(3)	옥포 · 합포 · 적진포(3)	91척	50여척	42척 격침	경상1	
○	1592.5.29~6.10(11)	사천 · 당포(2) 당항포 · 률포(2)	26척 51척	34척 33척	34척 격침 33척 격침	없음	
○	1592.7.5~7.13(9)	견내량 · 안골포(2)	56척	115척	89척 격침 12척 나포	전사 19 부상 114	
○	1592.8.24~9.2(9)	장림포 · 화준구미 · 다대포 · 서평포(4) 절영도 · 부산포(2)	173척	28척 472척	28척 격침 130척 격침	전사 6 부상 25	30명 도주
○	1593.2.1~3.8(38)	웅포(1)	89척	40척	100명 사살	통선 2척	전복
○	1594.3.3~4(2)	진해(1)	124척	10척	10척 격침	없음	
○	1594.3.5~6(2)	당항포(1)	124척	21척	21척 격침	없음	
○	1594.9.29~10.4(5)	장문포 · 영등포(2)	50여 척	117척	33척 격침	없음	
×	1597.3.8~9(2)	기문포(1)	140척	3척	18명 사살	전사 1	
×	1597.7.7~16(10)	절영도 · 가덕도(2) 칠천량(1)	268척 234척	500여 척	8척 불태움	34척 유실 256척 침몰	
○	1597.8.28(1)	어란진(1)	12척	8척	없음		도주
○	1597.9.7~9.9(3)	벽파진(1)	12척	13척	없음		도주
○	1597.9.11~9.17(7)	명량(1)	13척	333척	31척 격침	전사 2 부상 2	
○	1598.7.18(1)	녹도(1)	43척	3척	없음	없음	도주
○	1598.8.13(1)	절이도(1)	43척	100척	50척 격침 6척 나포	없음	71급벰
○	1598.9.15~10.9(25)	광주양: 장도 · 예교(2)	211척	41척	30척 격침 11척 나포	침몰 39척 전사 45 부상 5	唐船
○	1598.11.9~15(7)	광주양: 유도(1)	146척	300척	일방공격	없음	
○	1598.11.18~19(2)	노량 · 관음포(2)	146척	500척	200척 격침	전사 10 부상 2	50척 도주
16번 출동	138일	34곳 전투 (30곳: 리순신, 4곳: 원균)	1694척	2731척	749척 격침 29척 나포	침몰 295척 전사상 232	

※ 『임진장초』(국보 제76호); 『리충무공전서』 장계; 『선조실록』 에서 종합하였음.

임진왜란에서 리순신의 활약은 많지만, 여기서 다루는 그 범위는 모두 승리한 30곳에서의[582] 해전 가운데서 일본군의 활동에 막대한 영향을 주었고, 그 해전의 결과가 많은 전과를 획득했을 뿐더러, 왜적의 전략수행에 커다란 변화를 주었던 주요 해전, 즉 대첩을 사례로 선정하였다.

여기에 언급되지 않는 해전도 전략적·전술적 중요한 사실을 찾을 수 있지만, 대표적인 사례는 무엇보다도 '옥포대첩·사천대첩·한산대첩·당항포대첩·부산포대첩·명량대첩·노량대첩'의 일곱 가지 대첩이므로, 이것으로 한정하였다.

임진왜란은 시간적으로는 지나간 사건이지만, 지리적·공간적으로는 동경 125° 이동이냐, 동경 120° 이서냐에 따라 력사적 영토의 문제는 현재 진행형이다. 이 문제가 해결되면 근래에 대두되고 있는 동북공정(東北工程)이니, 장백산문화론(長白山文化論)이니, 백두산문화론(白頭山文化論)도 당연히 저절로 거짓으로 드러날 것이며, 불함문화론(不咸文化論)도 그 터전이 반드시 파미르고원의 천산(天山)이라야 설득력을 갖게 될 것이며, 아시아가 고대 조선의 터전이었음을 알게 될 것이다. 임진왜란은 아직도 살아 있는 전쟁이다.

임진왜란에서 좀 더 특이한 사실은 그 이전부터 북방지역에 오랑캐들이 침범하기도 했는데, 왜적이 쳐들어오자, 그 지역 백성들이 그들과 한통속처럼 되어버렸다는 것이다.

> (1) 왜장 가등청정이 북계(北界)에 들어오자, 회녕(會寧) 사람들이 반란을 일으켜 두 왕자〔림해군·순화군〕을 붙잡으니, 재상(2품 이상의 벼슬)들은 항복하였다. 이로써 함경남도·북도가 모두 적들에게 함락되었다. … 이튿날 토관진무 국경인(鞠景仁)이 무리를 모아 반란을 일으키고, 스스로 대장이라 일컬으며, 무장한 기병〔甲騎〕 500명으로 진을 쳤다. 그때 순변사 리영(李瑛)과 부사 문몽원(文夢轅)은 다락 위에 왔다가 깜짝 놀라 어쩔 줄을 몰랐다. … 국경인이 문서로 가등청정에게 보고하니, 청정은

582) 해전의 횟수에 대해서는 학자들마다 다르게 17전 17승, 23전 23승이라 하지만, 나는『오, 하늘이여, 이 원수를!』(도서출판 경남, 1998)에서 26전 26승이라고 한 적이 있는데, 이를 다시 수정하였다.

회녕부에 이르러 성 밖에 진을 치고는 홀로 수레를 타고 성에 들어와 여러 신하들을 본 뒤, 국경인 등을 꾸짖어 말하기를, "이 사람들은 바로 너희 임금의 친자식과 조정의 재상들인데, 어떻게 이렇게까지 어찌 이토록 곤욕스럽게 하는가?"하고는, 결박을 풀게 하고, 군중(軍中)에 두도록 하여 후하게 대접하였다. … 그리고 로토(老土)·온성(穩城)[583]·경원(慶源)·경흥(慶興)·경성(鏡城)의 여러 진보(鎭堡)의 토병들과 호족의 우두머리들이 모두 관리들을 붙잡고 배반하며 항복하였으므로, 왜적들은 칼에 피 한 방울도 묻히지 않고 점령하였다.〔1592. 7. 1〕[584]

(2) 북계(北界)의 번호(藩胡)들이 반란을 일으켜 경원부(慶源府)를 함락시켰다. 이때 변방의 장수들이 대부분 적임자가 아니어서 번호들의 부락에 조금씩 피해를 끼치면서 변방의 대비책이 오래 전부터 해이해졌다. 이에 오랑캐들이 원한을 품어 제멋대로 행동하며 반란을 생각했다. … 그때 종성(鍾城)의 오랑캐 률보리(栗甫里)와 회녕(會寧)의 니탕개(尼湯介) 등도 연락을 받고 호응하여 일시에 모두 배반했는데, 니탕개가 더욱 강성하였다.〔1583. 2. 1〕[585]

(3) 오랑캐 5000여 기병이 또 방원보(防垣堡)에 침범했는데, 만호 최호(崔浩) 등이 조전장 리천(李薦)·리영침(李永琛) 등과 강한 쇠뇌〔弩〕로 쏘니 적들이 예기가 꺾여 물러갔다. … 그러나 오랑캐들이 반년 동안 반란을 일으켜 여러 번 침입하였으나, 좌절만하고 실제로 소득이 없었으므로, 번호(藩胡)들 스스로 몹시 후회하면서 다시 모여 성심으로 복종하였다. 그러나 오직 률보리와 니탕개는 깊은 곳으로 달아나 다시 변방을 침입하였는데, 그 중에서도 니탕개가 가장 사나운 자로 이름났다.〔1583. 5. 1〕[586]

---

583) '온성'의 방위는 정북쪽이고, 『다산시문집』 제11권 온성론에서 "온성은 매우 북쪽에 있는 서늘한 지역이고, 탐라는 바다 남쪽에 있는 무더운 장독〔炎瘴〕이 있는 지역이다. 어떤 사람이 '온성의 여름날이 탐라의 여름날보다 길다'고 했는데, 이 말은 맞다. 몽고사막의 북쪽에 골리간(骨利幹: 키르기스)이 있는데, 이곳에서는 해가 지고 나서 양고기를 삶으면 그 고기가 익을 때쯤이면 해가 뜬다."는 말에서 보면, 『조선왕조실록』에 기록된 오로라〔赤氣〕가 발생하는 적어도 동경 90° 북위 60°쯤에 있는 예니세이스크(Yeniseisk)일 것이다.

584) 『선조수정실록』 권26 선조25년 7월 무오(1일). "倭將淸正入北界 會寧人叛 執兩王子 諸宰臣迎降 關南北皆陷于賊. … 翌日土官鎭撫鞠景仁聚徒作亂 自稱大將 以甲騎五百結陣. 時 巡邊使李瑛 府使文夢轅 在南門樓上 愕不知所爲. … 景仁以文書馳報于淸正 淸正至府 結陣城外 單輿入城 見王子諸臣 責景仁等曰 此乃汝國之親子及朝廷宰臣 何困辱至此. 解縛置軍中 饋供頗厚. …(老土穩城慶源慶興鏡城) 諸鎭堡土兵豪首皆執官吏叛降 倭人兵不血刃."

585) 『선조수정실록』 권17 선조16년 2월 갑신(1일). "北界藩胡作亂 陷慶源府. 是時邊將多不得人 稍侵漁藩落 而邊備久弛. 胡人怨驕思亂. … 於是 鍾城胡栗甫里 會寧胡尼湯介等 傳箭響應 一時皆反 尼湯介尤强梁焉."

임진왜란이 일어나기 10년 전부터 이렇게 북방의 함경도지역에서 오랑캐들이 반란을 일으켜 왔는데, 그 규모도 5000명이나 되었다. 그들은 임진왜란이 일어나 가등청정 군사들이 들어오자, 그들에게 붙어서 그곳의 관리들과, 그곳에 피난해왔던 왕자 림해군과 순화군을 붙잡아 묶어서 주었다.

북방 녀진족 번호(藩胡)들의 반란은 그 1583년 한 해에 끝난 것이 아니라, 임진왜란이 진행되고 있는 시점에도 반란을 그치지 않았다. 그것도 일본군에게는 그들이 전혀 힘들이지 않고, 칼날에 피 한 방울 묻히지도 않고, 그들이 회녕부 사람들을 모두 항복시켰다. 조선의 백성들 스스로가 이적행위를 한 셈이니, 참으로 이상한 전쟁이었다. 그 원인이 어디에 있는가? 그것은 조정정부에 대해 민심이 등돌린 것이며, 그 원인은 바로 가렴주구에 있었다.

여기에 오랑캐들의 반란의 원인을 아주 짧게 적어 놓았는데, "변방장수가 번호의 부락에 조금씩 피해를 끼쳤기" 때문이라고 했다. 번호들이 입은 '피해'가 무엇이겠는가?

'번호'는 곧 "북도의 오랑캐로서 강 건너 변보(邊堡) 가까이에 살며, 무역을 하고, 공물을 바치는 자들을 말한다. 산 너머 북쪽에 사는 여러 오랑캐로서 아직은 친근하게 지내지 않은 자들을 심처호(深處胡)라고 하는데, 그들 또한 때때로 변방에 찾아와 정성을 바치기도 하였다. 심처호가 변방에 들어오고자 하면, 번인들이 즉시 보고하고, 이들을 막거나 구원하는 역할을 하였다."[587]

이 번호들이 '무역하고 조공 바치는〔交貨納貢〕' 일을 했는데, 이런 일에 그곳 지방관으로 간 사람들이 조직적으로 개입하여 번호들이 많은

586)『선조수정실록』권17 선조16년 5월 임오(1일). "賊胡五千餘騎 又犯防垣堡 萬戶崔浩等 與助戰將李薦李永琛等 以强弩射之 賊挫銳而退. … 然賊胡叛亂半年 屢入見挫實無所得 藩種頗自悔 還集納款. 惟栗甫里尼湯介 遁入深處 亦復寇邊 尼湯介最號桀驁."

587)『선조수정실록』권17 선조16년 2월 갑신(1일). "北道胡人 居江外接近邊堡 交貨納貢者爲藩胡. 山北諸胡 未嘗親附者 謂之深處胡 亦時時款邊. 深處胡欲入邊 藩人輒告之 或遮防調捄."

손해를 입었음을 알 수 있다. 여기에는 번호들과 심처호들이 서로 견제하였는데, 이 심처호들마저 번호들과 함께 동조했던 것이며, 북쪽의 지방정부도 중앙정부 못지않게 부정부패가 그만큼 극심하였음을 알 수 있다.

장령(掌令)을 지냈던 안방준(安邦俊)이 보성에서 상소하였는데, … 선조 때〔宣廟〕에 국가를 맡은 대신이 깊이 있는 계획과 원대한 생각이 없이 녹둔도의 둔전으로 백성들을 내쫓고〔徙民〕 환곡을 한꺼번에 죄다 받아들여〔推刷〕 민심을 크게 잃었는데, 그 당시 여러 대신들은 역시 오늘날의 대신들과 마찬가지로 모두 그저 바라보기 만하고 자기 말만 억지로 끌어대어 조리에 닿도록 말하고〔附會〕 있었습니다. 오직 조헌(趙憲)만이 상소하여 그것이 불가함을 말했으나, 조정에서는 듣지 않아 끝내 1589년(기축) 변란이 있었습니다.〔1652. 5. 16〕[588)]

임진왜란이 끝난 지 54년이 지난 시기에 조정대신들의 태도를 비판한 안방준의 상소에서 보듯이, 임진왜란이 일어나기 3년 전인 1589년 녹둔도의 오랑캐 침입사건은 지방관리의 가렴주구에 있었고, 이런 잘못된 행정을 바로잡아야 된다고 바른말을 하는 대신들이 없는 현실정치를 말한 것이다.

여기에 안방준의 말대로 보면, 녹둔도 오랑캐 침입사건이 1589년에 있지만, 그 전부터 줄곧 있었으며, 이보다 2년 전에 리순신의 녹둔도 둔전관 때와도 관련이 있다.

1586년(병술: 42살) 1월에 조정에서는 오랑캐들의 반란이 심하고, 또 조산보는 오랑캐 땅에 바짝 가까우므로, 사람을 엄선하여 보내야 한다고 리순신을 만호로 천거하였다.
1587년(정해: 43살) 가을에 녹둔도 둔전의 소임을 겸하게 되었는데, 이 섬이 외따로 멀리 있으며, 또 수비하는 군사가 적은 것이 걱정스러워 여러 번 병마사 리일(李鎰)이게 보고하여 군사를 증원시켜달라고 청하였으

588) 『효종실록』 권8 효종3년 5월 병술(16일). "前掌令安邦俊在寶城上疏曰 … 宣廟朝當國大臣 無深謀遠慮 以鹿屯屯田 徙民推刷 大失民心 其時諸臣 亦如今之諸臣 率皆觀望附會. 惟趙憲疏陳其不可 廟堂不聽 終致己丑之變."

나 리일이 듣지 않았다. 그러자 8월에 적이 군사를 데리고 와서 리순신의 울짱을 에워싸는데, … 리순신은 리운룡(李雲龍)과 함께 추격하여 사로잡힌 우리 군사 60여 명을 도로 빼앗아 돌아왔다. … 병마사가 리순신을 죽여서 입을 막아 자기 죄를 면하려고 리순신을 가두어 형벌을 내리려고 하였다.[589)]

여기서 이제 두 가지 사실을 알 수 있다.

하나는 리일이 무엇 때문에 리순신을 죽이려고까지 했는가 하는 것인데, 그것은 단지 군사의 증원요청을 해주지 않은 것이라기보다, 오히려 자신의 부정부패 행위를 숨기려고 했음에 있었던 것이다.

다른 하나는 북쪽 오랑캐지역에서도 지방 관리들이 백성들에게 못살게 굴며, 많은 부정부패 행위를 하자, 오랑캐들이 그 가렴주구에 못이겨 반란을 줄곧 일으켜 왔다는 것이다.

여기서 상관의 부정을 직접 거론하지는 않고, 대개 군사증원 관계만 언급되어 있지만, 뒤늦게 조헌의 상소문에서 추정해보면, 병마사 리일은 부패한 관리였음을 알 수 있으며, 이때문에 반란이 일어났고, 이를 진압하다가 상당한 피해를 입자, 상관 리일의 무고로 리순신이 백의종군까지 했음을 알 수 있다.

그래서 오랑캐 니탕개 등의 반란은 끊이지 않고, 임진왜란 때에도 계속 이어졌던 것이다.

그렇다면 가등청정이 북계, 즉 함경도 지방을 함락시켰다는 말은 좀 더 분석이 필요하다.

(1) 왜장 가등청정이 북계(北界)에 들어오자, 회녕(會寧) 사람들이 반란을 일으켜 두 왕자〔림해군·순화군〕을 붙잡으니, 재상(2품 이상의 벼슬)들은 항복하였다. 이로써 함경남도·북도가 모두 적들에게 함락되었다.〔1592. 7. 1〕[590)]

589) 『리충무공전서』 권9 부록1 행록1. "丙戌正月 … 朝廷以胡亂方殷造山迫近胡地 當極擇遣之 薦公爲萬戶. 丁亥秋兼鹿屯島屯田之任 以本島遠且防守軍少爲慮 屢報於兵使李鎰 請添兵 鎰不從. 八月賊果擧兵 圍公木柵. … 公與李雲龍等追擊之 奪還被擄軍六十餘名. … 兵使欲殺公 滅口以免己罪 收公欲刑之."

590) 『선조수정실록』 권26 선조25년 7월 무오(1일). "倭將淸正入北界 會寧人叛 執兩

(2) 함경북도 병마절도사 정현룡(鄭見龍)이 보고하였다. … 강 북쪽에는 녀진족의 우두머리 니탕개와 률보리 등이 앞뒤로 벌받아 죽자 고립되어 후원하는 자가 없어 우리 변방에 함부로 들어오지 못하였는데, 1592년(임진)의 변란의 틈을 엿보아 해를 끼치려는 계획을 하였습니다. 각 진에는 병력이 그때만 해도 여전히 당당했기 때문에 감히 침범해 들어오지 못하다가, 지난해 기근과 전염병이 있은 뒤에 반란군들의 잔당이 들어와 난동을 부리자, 역수〔易水: 온성도호부 영건보(永建堡) 휴악(鵂嶽) 부락의 이라대(伊羅大)의 심복〕가 갑자기 도둑떼〔匪賊〕의 마음이 생겨 이라대와 안팎으로 계약을 맺어 멀거나 가까운 여러 종족들을 불러모으고 홀라온(忽刺溫)까지도 연결하여, 동관(潼關)을 지키는 농민을 연속하여 약탈하고, 영건보와 미전진(米錢鎭)의 성을 계속하여 에워싸니, 각 지역의 오랑캐 추장들이 모두 덩달아 준동하였습니다. … 세 부락〔온성부 영건보·미전진, 경원부 다호리(多好里), 종성부 동건(童巾) 덕하동(德下洞)〕의 오랑캐를 한꺼번에 섬멸하여 한 놈도 남은 자가 없고, 아군은 한 명도 죽은 자가 없이, 266명의 목을 베어 전군이 개선하였습니다. … 그리하여 국가의 수치를 크게 씻고, 아울러 변방의 백성의 원한을 모두 풀었으니, 이번 거사의 승첩은 모두 조정의 전략〔廟算〕에서 나온 것입니다. 함경도 북쪽 변방〔北鄙〕이 평온하게 다스려지는 것이 만약 이로부터 시작된다면, 풍패(豊沛)의 옛 고을은 조선 왕조의 권위와 덕망〔王靈〕이 진작됨을 다시 보게 될 것이니, 변방 백성들에게 다행이 되겠습니다.〔1594. 10. 11〕[591)]

왜적들이 반란을 일으킨 지 석 달 만에 함경도에까지 가서 왕자 2명을 사로잡고서 다시 풀어준 것이 너무 쉽게 얻은 업적 때문일까? 위의 (1)에서 함경도를 함락시켜 놓고, 가등청정이 그냥 되돌아 가버린 셈이 되었다. 이것은 전쟁의 목적에 전혀 부합되지 않는 결과다. 게다가 위의 (2)에서 보듯이, 그 뒤 2년이 지나서도 그 함경도 지방에는 왜적

王子 諸宰臣迎降 關南北皆陷于賊."

591) 『선조실록』 권56 선조27년 10월 을묘(11일). "咸鏡北道兵馬節度使鄭見龍馳啓曰 … 水上巨魁尼湯介栗甫里等 前後誅死 孤立無援 不能肆於我境 而壬辰之變 乘時睥睨 擬逞含沙之計. 各鎭兵力 時尙堂堂 不敢憑陵犯入 自上年飢饉 疾疫之後 叛賊餘孼 投入煽亂 易水遽生匪茹之心 與伊羅大 中外締結 嘯聚遠近諸種 至於接連忽刺溫之賊 潼關守護農民 連續搶掠 永建美錢相繼圍城 各境胡酋 無不相隨而動. … 三部所據之醜 一時殲盡 無遺噍類 我軍無一名致死 斬級二百六十六 全軍凱旋. … 大雪國恥 洩盡邊人之憤 此擧克捷 無非廟算. 北鄙之寧靖 若自此而始 則豊沛舊鄉 再覩王靈之振 塞民之幸 極矣."

이 아니라, 오랑캐들이 계속 반란을 일으켰고, 그걸 함경북도 병마사가 평정했으며, 녀진 땅인 경원부・온성부・종성부 지역을[592] '풍패'의 옛 고장이라고 하면서 태조 리성계의 고향으로 섬기고 있다. 이곳은 왜란과는 전혀 관계가 없는 반란을 평정한 것이므로, 이로써 보면 위의 (1)의 가등청정의 함경도 함락은 부정될 수밖에 없으며, 이곳은 애당초 그곳 오랑캐들만의 반란으로 보아야 마땅하다.

이 지역은 또한 녕하지역에서 보바이 일당이 임진왜란이 일어난 해에 반란을 일으켰다가 평정되었던 사실과 그 맥을 같이 한다.

여기서 다시 소경왕 리연이 서도(西道) 의주(義州)에 피난가서 읊었던 시가 있다. 많은 장수들과 대신들의 마음을 울렸다는 것인데 한번 보자.

나라는 갈팡질팡 어지러운데	國事蒼皇日
충신으로 나설 이 그 누구인고!	誰效郭李忠
빈주를 떠난 것은 큰 계획이요	去邠存大計
회복은 그대들께 달려 있나니	恢復仗諸公
관산의 달 아래서 통곡하노라.	痛哭關山月
압록강 강바람에 아픈 이 가슴	傷心鴨水風
신하들아! 오늘을 겪고 나서도	朝臣今日後
그래도 동인 서인 싸우려느냐!	尙可更東西[593]

이것은 제목이 "임금이 지은 글 누가 곽자의와 리광필처럼 충성하겠느뇨〔御製誰能郭李忠〕"이다. 이 싯귀에서 "국가가 갈팡질팡〔國事蒼皇〕"하든, "나라가 깨지고 가정이 망해〔國破家亡〕"버리든[594] 여기에 나오는 지

---

592) '경원부・온성부・종성부・회녕부'의 공통은 『신증동국여지승람』 권50에 보면, '아무하(阿木河・斡木河・五音會)' 유역에 있는 고을인데 적어도 이 몇 고을이 있는 곳이다. 이 아무하는 阿姆河・烏滸河・Amu Dar'ya라고도 하며, 파미르고원 남쪽 곤륜산 서쪽 끝에서 서쪽으로 흘러 아랄해〔Aral Sea/鹽海〕로 들어가는 강이다. 강북쪽・강남쪽의 '江'은 곧 아무 다르여(Amu Da'ya)가 된다.

593) 『초서체 난중일기』 계사년 9월 15일자의 뒤에 '去彬'을 '去邠'으로, '關西'를 '關山'으로 고친 글까지 두 번 실려 있다.

594) 李睟光, 『芝峰類說』 卷10 文章部3 御製詩 "國破家亡日 誰能郭李忠 去邠存大計 恢復仗諸公 慟哭關山路 傷心鴨水風 朝臣今日後 尙可更東西."

명은 소경왕과 그 일행들의 행처이지, 그저 비유로 쓴 것은 아니다.

"빈주〔邠/彬〕를 떠나다."에서 '빈주'는 대개 '서울'로 볼 수 있지만, 엄밀히 말하면 아예 그 빈주(邠州/彬州/豳州)이며, 섬서성 빈현(邠縣: 북위 35° 동경 108°)이다. 물론 주나라 태왕(太王) 공류(公劉)가 빈주〔豳谷〕에 도읍하였다가 고공단보(古公亶父) 때에 오랑캐〔狄人〕가 쳐들어와 그 빈주를 떠나 칠수(漆水)・저수(沮水)를 건너 량산(梁山)을 넘어 기산(岐山) 아래 고을〔岐山縣: 북위 34.4° 동경 107.6°〕로 옮겨가 살았다는 『룡비어천가(龍飛御天歌)』(제3장)의 고사를 인용하여 자신의 피난길을 미화했을 수도 있다.

그러나 소경왕이 통곡(痛哭・慟哭)했던 곳은 관산(關山: 隴山)이며, 그곳은 섬서성 롱현(隴縣: 북위 34.9° 동경 106.9°) 서쪽 80리의 진봉(秦鳳)의 요충지〔要害地〕라는 관산로(關山路・陝西路)이다.[595)]

그런데 정말 임진왜란이 끝났는지, 아니면 그것이 아직도 진행되고 있는지 일본의 군사적 행태를 잠시 보자.

> 도요토미 히데요시의 망상은 화이(華夷)질서의 례법과 원칙과는 행동이 상반되며, 그 시대에 매우 악명이 높은 서방 식민주의의 식민제국 건립과 꼭 같았다. 근대 일본 군국주의가 소위 '팔굉일우(八紘一宇: 8방을 덮어 집으로 삼음)' 등 허울좋은 명분으로 한국을 삼키고 중국을 침략하고 나아가서 아시아-태평양전쟁을 일으키고, 일본 패권하의 '대동아공영권'을 건립하려고 망상한 것도 본질적으로 보면, 도요토미 히데요시와 일맥상통하는 것이며, 화이질서와는 조금도 공통점이 없는 것이다.[596)]

역시 임진왜란의 연장선상에서 태평양전쟁이 일어났다는 것이며, 그 연장선상에서 한국의 식민지 시기가 있었던 것이다. 진정 임진왜란은

---

595) 『중국고금지명대사전』 p. 1356. "關山: 在陝西隴縣西八十里, 其山高嶺. … 爲秦鳳要害之地.". 이 책, p. 745 "秦鳳路: 陝西路條."

596) 陳文壽, 「壬辰戰爭後的中韓日關係」 『統制營開設四百周年紀念國際學術大會 史料集』(統營市, 2004), pp. 96. "豐臣秀吉的妄想 與華夷秩序的禮制原則 南轅北轍, 而與同時代臭名昭著的西方植民者之建構植民帝國 與出一轍. 現代日本軍國主義 以所謂'八紘一宇'等 冠冕堂皇的名目 呑併韓國 侵略中國 乃至發動亞洲-太平洋戰爭, 妄想建立日本霸權下的 '大同亞共榮圈', 這在本質上與豐臣秀吉一脈相承, 而與華夷秩序 毫無共同之處."

끝난 것이 아니었다.

그래서 이러한 지리적 배경과 일본의 도전적 군사활동을 바탕으로 임진왜란 7대첩의 내용은 무엇보다 리순신의 전투결과 보고서를 직접 보는 것이 더 실감날 것이며, 그 승리의 비결을 교훈 삼아야 할 것이다.

여기서는 다른 어떤 해설보다도 그 장계 자체의 내용을 소개하기로 하고, 제6장에서 그 전략·전술을 다루기로 한다. 전략·전술을 지휘하게 되는 휫손 분야는 이미 별도의 책, 즉『리더십의 발견: 충무공 리순신의 휫손』(충무공리더십센터)으로 간행했기 때문에 여기서는 생략한다.

2. 리순신의 7대첩

(1) 옥포대첩(玉浦大捷)

전라좌도수군절도사 리순신은 삼가 적을 쳐서 무찌른 일을 아룁니다.

전날에 받은 분부의 서장에 따라 경상우수사와 합력하여 적선을 쳐부수러 이 달 5월 4일 축시(丑時: 01:00~03:00)에[597] 출항하면서 본도 우수사 리억기에게 "수군을 거느리고 신[598]의 뒤를 따라오라!"고 공문을 보낸 사유는 장계하였습니다.

그날 그때에 수군의 여러 장수들과 판옥선(板屋船) 24척·협선(挾船) 15척·포작선(鮑作船: 어선) 46척(모두 85척)을 거느리고 출항하여 경상우도의 소비포(所非浦) 앞바다에 이르자, 날이 저물기로 진을 치고 밤을 지냈습니다.

5일에는 꼭두새벽에 출항하여 두 도의 수군들이 지난번에 모이기로 약속한 곳인 당포(唐浦) 앞바다로 급히 달려갔으나, 경상우수사 원균은 약속한 곳에 있지 않았습니다. 신이 거느린 경쾌선(輕快船)으로써 "당포로 빨리 나오라!"고 공문을 보냈더니, 6일 진시(辰時: 07:00~09:00)에 원균이 우수영 경내의 한산섬에서 단지 1척의 전선(戰船)을 타고 왔습니다. 그래서 왜적선의 많고 적음과 현재 머물고 있는 곳과 접전할 절차 등을 상세히 묻곤 했습니다.

그리고 경상우도의 여러 장수들인 남해 현령 기효근(奇孝謹), 미조항 첨사 김승룡(金勝龍), 평산포 권관 김축(金軸) 등은 판옥선 1척에 같이

---

597) 출항 시각을 『난중일기』 임진년 5월 4일에는 '질명(質明)'(먼동 틀 때: 04:30경)이라 하였다. 출전항로는 "출항하여 바로 미조항 앞바다에 이르러 다시 약속했다. 우척후(金仁英)·우부장(魚泳潭)·후부장(鄭運) 등은 바른 편으로 개이도(介伊島)를 둘러 찾아 치게 하고, 그 나머지 대장선들은 평산포·곡포·미조항을 지나갔다."고 하였다.

598) '臣'이란 말은 '제후의 아래에서 벼슬한 사람〔仕於公曰臣〕'을 말하며, '복(僕)은 대부의 집에서 벼슬하는 사람〔仕於家曰僕〕'을 말한다.〔禮記 禮運 第9〕

타고, 사량(蛇梁) 만호 리여염(李汝恬), 소비포 권관 리영남(李英男) 등은 각각 협선을 타고, 영등포(永登浦) 만호 우치적(禹致績), 지세포(知世浦) 만호 한백록(韓百祿), 옥포 만호 리운용(李雲龍) 등은 판옥선 2척에 같이 타고, 5일과 6일 사이에 자꾸 잇따라 왔으므로, 두 도의 여러 장수들을 한 곳에 불러모아 두 번, 세 번 약속을 명확히 하고서 거제도 송미포(松未浦) 앞바다에 이르자, 날이 저물기로 밤을 지냈습니다.

7일 꼭두새벽에 한꺼번에 출항하여, 적선이 머물고 있다는 천성(天城)・가덕(加德)으로 향하여 가다가 정오쯤 옥포(玉浦) 앞바다에 이르니, 우척후장 사도 첨사 김완(金浣)과 여도 권관 김인영(金仁英) 등이 신기전(神機箭)을 쏘아 사변이 났음을 보고하므로, 왜적선이 있음을 알고 다시금 여러 장수들에게, "덤벙대지 마라. 태산처럼 침착하라!(勿令妄動 靜重如山)"고 엄하게 전령(傳令)한 뒤에 옥포 바다에서 대열을 갖추어 일제히 나아가니, 왜선 30여 척이 옥포 선창에 흩어져 대어 있는데, 큰 배는 사면에 온갖 무늬를 그린 휘장을 둘러치고, 그 휘장 변두리에는 대나무 장대를 꽂았으며, 붉고 흰 작은 깃발이 어지러이 매달려 있고, 깃발의 모양은 번기(幡旗: 펄펄 나부끼는 표시기) 같기도 하고, 당기(幢旗: 旌旗) 같기도 하며, 모두 무늬 있는 비단으로 만들었으며, 바람 따라 펄럭이어 바라보기에 눈이 어지러울 지경이었습니다.

왜적의 무리는 그 포구 안에 들어가 분탕질하여 연기가 온 산을 가렸는데, 우리의 군선들을 돌아보고는 엎어지고 자빠지면서 허둥지둥 어찌할 바를 모르고 제각기 분주히 배를 타고 아우성치며, 급하게 노를 저었지만, 중앙으로는 나오지 못하고, 기슭으로만 배를 몰고 있었으며, 그 중에서 6척은 선봉으로 달려나오므로 신이 거느린 여러 장수들은 한결같이 분발하여 모두 죽을힘을 다하니, 배 안에 있는 관리와 군사들도 그 뜻을 본받아 서로 격려하며, 분발하여 죽기를 기약하였습니다.

그리하여 동쪽과 서쪽으로 에워싸면서 총통과 활을 쏘는 것이 마치 바람과 우레 같았습니다. 왜적들도 탄환과 활을 쏘다가 기운이 지쳐 배 안에 있는 물건들을 바다에 내어 던질 틈도 없었으며, 화살에 맞은 자는 그 수를 알 수 없고, 헤엄치는 자도 얼마인지 그 수를 알 수 없을 정도였습니다. 그제야 왜적의 무리는 한꺼번에 흩어져서 바위 언덕으로 기어오르면서 서로 뒤처질까봐 두려워하였습니다.

좌부장(左部將) 낙안 군수 신호(申浩)는 왜대선 1척을 당파(撞破)하고, 왜적의 머리 1급을 베었는데, 배 안에 있던 양날칼〔劒〕·갑옷·의관 등은 모두 왜장〔藤堂高虎〕의 물건인 듯하였습니다.

우부장 보성 군수 김득광(金得光)은 왜대선 1척을 당파하고, 우리나라 사람으로 사로잡혔던 1명을 산채로 빼앗았습니다.

전부장 홍양 현감 배흥립(裵興立)은 왜대선 2척을, 중부장 광양 현감 어영담(魚泳潭)은 왜중선(倭中船) 2척과 소선 2척을, 중위장 방답 첨사 리순신(李純信)은 왜대선 1척을, 우척후장 사도 첨사 김완(金浣)은 왜대선 1척을, 우부 기전 통장(騎戰統將)이며 사도진 군관인 보인(保人: 군에 직접 복무하지 않는 병역 의무자. 군사 비용을 나라에 바침) 리춘(李春)은 왜중선 1척을, 유군장이며 발포의 임시 만호〔假將〕인 신의 군관 훈련 봉사 라대용(羅大用)은 왜대선 2척을, 후부장 녹도 만호 정운(鄭運)은 왜중선 2척을, 좌척후장 여도 권관 김인영(金仁英)은 왜중선 1척을 각각 당파하였습니다.

좌부 기전 통장이며 순천 대장(代將)인 전 봉사(前奉事) 유섭(兪攝)은 왜대선 1척을 당파하고, 우리나라 사람으로 포로가 되었던 소녀 1명을 산 채로 빼앗았습니다.

한후장이며 신의 군관인 급제 최대성(崔大成)은 왜대선 1척을, 참퇴장이며 신의 군관인 급제 배응록(裵應祿)은 왜대선 1척을, 돌격장이며 신의 군관인 리언량(李彦良)은 왜대선 1척을, 신의 대솔 군관(帶率軍官)인 훈련 봉사 변존서(卞存緖)와 전 봉사 김효성(金孝誠) 등은 힘을 합해서 왜대선 1척을 각각 당파하였습니다.

경상우도의 여러 장수들이 왜선 5척을 당파하고, 우리나라 사람으로 사로잡혔던 1명을 산 채로 빼앗았습니다. 그래서 합하여 왜선 26척을 모두 총통(銃筒)으로 쏘아 맞혀 깨뜨리고 불태우니, 넓은 바다에는 불꽃과 연기가 하늘을 덮었습니다. 산으로 올라간 왜적의 무리는 숲속으로 숨어 엎드려 겁내지 않는 놈이 없었습니다.

신은 여러 전선에서 사부(射夫: 활쏘는 사람, 射手) 가운데서 용감한 자를 뽑아 산에 오른 왜적을 따라가 잡으려고 하였으나, 거제(巨濟)는 온통 산의 형세가 험준하고, 나무들이 울창하고 무성하여 사람들이 발붙일 수 없을 뿐 아니라, 당장 적의 소굴에 들어 있는데, 병선에 사부가 없으면 혹 뒤로 포위될 염려도 있고, 날도 저물어 가므로, 뜻을 이루지 못하고, 영등포 앞바다로 물러 나와 군졸들에게 나무하는 일과 물긷는 일을 시켜 밤을 지낼 준비를 하였습니다.

그런데 신시(申時: 15:00~17:00)쯤 "멀지 않는 바다에 또 왜대선 5척이 지나간다."고 척후장이 보고하므로, 여러 장수를 거느리고 이를 쫓아가 웅천땅 합포(合浦) 앞바다에 이르자, 왜적들이 배를 버리고 뭍으로 오르는 것이었습니다. 이에 사도 첨사 김완(金浣)이 왜대선 1척을, 방답 첨사 리순신(李純信)이 왜대선 1척을, 광양 현감 어영담(魚泳潭)이 왜대선 1척을, 그 부통(部統) 소속으로 방답진에서 귀양살이 하던 전 첨사 리응화(李應華)가 왜소선 1척을, 신의 군관인 봉사 변존서(卞存緖)·송희립(宋希立)·김효성(金孝誠)·리설(李渫) 등이 힘을 합하여 활을 쏘아 왜대선 1척을 모두 남김없이 깨뜨려서 불태우고, 밤중에 노를 재촉하여 창원땅 남포(藍浦) 앞바다에 이르러 진을 치고 밤을 지냈습니다.

8일 이른 아침에 다시 "진해땅 고리량(古里梁)에 왜선이 머물고 있다."는 기별을 듣고 곧 출항을 명하여 안팎에 있는 섬들을 협공(挾攻)으로 수색하면서 저도(猪島: 돝섬)를 지나 고성땅 적진포(赤珍浦)에 이르자, 왜의 대선과 중선을 합하여 13척이 바다 어귀에 줄지어 대어 있었습니다. 왜적들은 포구 안의 여염집을 분탕한 뒤에 우리 군사들의 위세를 바라보고서는 겁을 집어먹고 산으로 올라가는 것이었습니다.

이에 낙안 군수 신호는 그 부통(部統)의 소속인 순천 대장 유섭(兪懾)과 힘을 합하여 왜대선 1척을, 같은 부통장으로 고을에 사는 급제 박영남(朴永男)과 보인 김봉수(金鳳壽) 등이 힘을 합하여 왜대선 1척을, 보성 군수 김득광이 왜대선 1척을, 방답 첨사 리순신이 왜대선 1척을,

사도 첨사 김완이 왜대선 1척을, 녹도 만호 정운이 왜대선 1척을, 그 부통장으로 귀양살이하던 전 봉사 주몽룡(朱夢龍)이 왜중선 1척을, 신의 대솔 군관인 전 봉사 리설과 송희립 등이 힘을 합하여 왜대선 2척을, 군관 정로위(定虜衛) 리봉수(李鳳壽)가 왜대선 1척을, 군관 별시위(別侍衛) 송한련(宋漢連)이 왜중선 1척 등을 모두 총통으로 쏘아 깨뜨리고 불살랐습니다.

그리고 군사들에게 명령하여 아침밥을 먹고 쉬려고 하는데, 위의 적진포 근처에 사는 향화인(向化人) 리신동(李信同)이란 자가 우리 수군을 바라보고 산꼭대기에서 아기를 업고 울부짖으면서 내려오므로, 작은 배로 실어와서 신이 직접 적도들의 소행을 물어보니 다음과 같이 말했습니다.

> 그 왜적들이 어제 이 포구로 와서 여염집에서 빼앗는 재물을 소와 말에 싣고 가서 그들의 배에 나눠 싣고서는 초저녁에 배를 바다 가운데에 띄워 놓고 소를 잡아 술을 마시며 노래하고 피리를 불며 날이 새도록 그치지 않았습니다. 저는 숨어서 그 곡조를 들어보니, 모두 우리나라의 소리였습니다. 오늘은 이른 아침에 반쯤은 배를 지키고, 나머지 반쯤은 육지로 내려가서 고성으로 향하였습니다. 저의 노모와 처자는 적을 보자, 서로 헤어졌으므로 간 곳을 모르겠습니다.

이 말을 들으니, 민망하기 그지없고, 애원하기를 눈물로 호소하므로, 신은 그 정상이 가련하고 적에게 사로잡힐까 염려되어 데리고 갈 뜻을 밝히니, 그 사람은 노모와 처자를 찾아보아야 하기 때문에 따르려고는 하지 않았습니다.

그러나 모든 장수와 군사들이 이 말을 듣고는 더욱 더 분통을 터뜨리며, 서로 돌아보면서 기운을 돋우어 한마음으로 힘을 합하여 곧 천성·가덕·부산 등지로 향하여 적선을 섬멸할 계획을 세워 보았습니다. 그러나 위의 적선이 머물고 있는 곳들은 지세가 좁고 얕아서 판옥선과 같은 큰 배로서는 싸우기가 무척 어려울 뿐 아니라, 본도 우수사 리억기가 미처 달려오지 않아서 홀로 왜적 속으로 진격하기에는 세력이 너무나 외롭고 위태로와 원균과 함께 서로 마주하여 계획을 짜고,

별도의 기묘한 계획을 마련하여 나라의 치욕을 씻으려고 하였습니다.

그런데 본도의 도사(都事: 종5품, 감찰 사무를 보는 관리) 최철견(崔鐵堅)의 첩보가 뜻밖에 도착하여 비로소 상감께서 관서(關西)로 피난가셨다는 기별을 듣게 되어 놀랍고 통분함이 망극하여 오내(五內: 五臟)가 찢어지는 듯하고, 울음소리와 눈물이 한꺼번에 터져 종일토록 서로 붙들고 통곡하였습니다.

그래서 하는 수 없이 각자 배를 돌리기로 하고 초 9일 오시(午時)에 모든 전선을 거느리고 무사히 본영으로 돌아와서 이내 여러 장수들에게, "배들을 더 한층 정비하여 바다 어귀에서 사변에 대비하라!"고 알아듣도록 타이르고 진을 파하였습니다.

순천 대장(順天代將) 유섭(兪懾)이 빼앗아 온 우리나라 소녀는 나이 겨우 너댓살로서 그의 신상명세[根脚: 옛날 죄인의 생년월일·주소·부모 따위의 신원 일체를 적은 것]를 알 길이 없으며, 보성 군수 김득광이 빼앗아 온 소녀 1명은 나이는 좀 들었으나, 머리를 깎아 왜인 같았는데 여러 상황을 심문해 봤더니, 임진년 5월 7일 동래 동면 응암리(鷹巖里)에 사는 백성 윤백련(尹百連)으로서 나이는 14살이며, 아무 날 아무 곳에서 왜인을 만나 누구 누구와 같이 포로되었다가 그날 한창 싸울 때, 도로 붙잡혀 나오게 된 연유와 왜적들의 모든 소행을 비롯하여 생년월일과 신분 등을 아울러 진술하였는데, 심문 내용은 다음과 같습니다.

아버지는 다대포 수군 곤절(昆節)로서 왜란이 일어나자 생사를 알 수 없게 되었고, 어머니는 양가집 딸로서 이름은 모론(毛論)이나 지금은 죽었으며, 할아버지·할머니나 외할아버지·외할머니에 대해서는 아무것도 모릅니다. 소인은 기장현(機張縣)의 신선(新選) 김진명(金晋明)의 머슴인데, 날짜는 기억할 수 없으나, 지난 4월에 왜적들이 부산포에 와서 대었으며, 마을에서 맨 우두머리[戶首: 汗位] 김진명은 군령에 의하여 소인에게 군사 장비[軍裝]를 지우고 부산진으로 데리고 가는데, 마빌이현(馬飛乙耳峴)에 이르자, 왜적이 벌써 부산을 함락하였다는 소문을 듣고, 도로 소인을 데리고 기장현으로 달려가 성안[城內]에서 진을 쳤습니다. 그 뒤에 군졸들이 달아나 버리므로, 김진명도 자기네 집으로 저를 데리고 가서 하룻밤을 지내고 나니, 소인의 아버지와 친척들이 이곳으로 피난해 왔다가 우연히 길가에서 만나 그 고을(기장현) 경계의 운봉산(雲峰山) 속에 숨어서 8·9일 동안을 지냈는데, 왜적들이 무수히 함부로 쳐들어와 소인과 오빠 복룡(福龍: 卜龍) 등은 먼저 사로잡혔습니다.

해질 무렵에 부산성 가운데에 이르러 밤을 지냈는데, 오빠 복룡은 어디로 갔는지 알 수 없었고, 소인은 배밑창〔船粧〕에 넣어 두고서는 마음대로 움직이지 못하게 하였습니다.

날짜는 기억하지 못하나, 하루는 왜적선 30여 척이 김해로 향하여 떠나, 반쯤은 뭍에 내려 그곳에 도둑질하며 머물기를 5~6일이 지났으며, 이달 초 6일 사시(巳時: 09:00~11:00)에 한꺼번에 출항하여 률포(栗浦)에 와서 밤을 지내고, 7일 꼭두새벽에는 그곳에서 옥포(玉浦) 앞바다에 이르러 머물렀습니다. 그날 한창 싸울 때에 왜적의 배 안에 우리나라의 철환(鐵丸)과 장전(長箭)과 편전(片箭)이 비오듯 쏟아져 맞는 놈은 곧 넘어져서 피를 줄줄 흘리자, 왜적들은 그저 아우성치며 엎어지고 넘어지면서 어찌할 바를 모르다가 모두 물에 뛰어들어서 산으로 올라갔습니다.

소인은 말소리가 서로 통하여 사로잡혔습니다만, 어리석은 사람이라 배밑창아래〔粧下〕에 오래 있었기 때문에 다른 일들은 알지 못합니다.

위에 말씀드린 윤복련(尹福連: 百連)과 어린 계집 등은 순천·보성 등 관원에게 "각별히 보호하라." 하고 돌려주었습니다. 흉악하고 더러운 왜적들의 해독이 이토록 이르렀으니, 벌써 많이 살륙되고 약탈당하여 한편으론 어진 백성들도 어버이나 자식을 잃지 않은 사람이 없습니다. 뿐만 아니라 신이 이번에 연해안을 두루 돌아보니, 지나가는 산골짜기마다 피난민 없는 곳이 없으며, 우리 배를 한번 바라보고는 아이나 늙은이나 짐을 지고 서로 이끌며 흐느껴 울며 부르짖는 것이 다시 살아날 길을 얻은 것처럼 좋아하고, 혹은 왜적의 종적을 알려주는 자도 있었습니다.

이런 사람들은 보기에도 불쌍하고 가여워 곧 태워서 가고자 했으나, 너무나 많을 뿐 아니라, 전쟁에 나가는 배에 사람들을 가득 실으면, 배를 모는 데 편리하지 못함을 염려하여 그들에게 "돌아올 때에 데리고 갈 테니, 각각 잘 숨어서 왜적에게 들키지 않도록 조심하여 사로잡히는 일이 없도록 하라."고 알아듣도록 타이른 뒤에 왜적을 쫓으러 멀리 떠났습니다.

그런데 갑자기 서쪽으로 임금께서 난리를 피하셨다〔蒙塵〕는 기별을 듣고 어찌할 바를 알지 못하여 노를 재촉하여 그대로 돌아왔으나, 가엽고도 딱한 정은 오히려 더 잊을 수가 없습니다.

이들 피난민이 집을 나온 지 날이 오래되어 남은 곡식마저 바닥나서 굶어 죽게 되었습니다. 그래서 그 도의 겸관찰사에게 "끝까지 물어서 찾아내어 떠돌이들을 데리고 돌아와 구호하기 바랍니다."라고 공문을 보냈습니다.

대체로 보아 신이 거느린 여러 장수와 관리들은 모두 분격(憤激)하여 서로 앞을 다투어 적진에 돌진하면서 함께 대첩(大捷)하자고 기약하였습니다. 그래서 무릇 지금까지 해전에서 40여 척을 불태워 없앴으나, 왜적의 머리를 벤 것이 다만 둘뿐입니다. 그러나 신이 섬멸하고 싶은 대로 다 못한 것이 한층 더 통분하오나, 한창 싸울 때를 생각해보면 그럴 수밖에 없었습니다.

왜적선은 빠르기가 나는 듯한데, 우리 배를 보더니, 미처 달아나 숨지도 못하면, 으레 기슭을 따라 고기두름 엮은 듯이 배를 몰고 다니다가 형세가 불리하면 뭍으로 올라가 버리는 까닭에 이번에도 섬멸하지 못하여 간담이 찢어질 것 같아 양날칼〔劍〕을 어루만지면서 혀를 차고 탄식하였습니다.

왜적선에 실렸던 왜의 물건은 모두 찾아내어 다섯 칸 되는 창고에 가득 채우고도 남았으며, 그 나머지 자질구레한 잡물은 다 기록하지 못하고, 그 가운데서 전쟁에 쓰일 만한 물건을 골라서 따로 그 종류대로 모아 놓았습니다. 김해부의 하급 사무를 보는 인적사항 기록문서〔人吏官案〕와 군사 배치 문서〔分軍成冊〕 및 여러 가지 활·화살 등을 아울러서 조목조목 적었습니다. 왜선에 실린 물건 중에 우리나라의 쌀 300여 섬은 여러 전선의 굶주린 격군(格軍: 곁군, 노군, 흐드렛일꾼)과 사부(射夫)들의 양식으로 골고루 나누어주고, 의복과 목면 등의 물건도 싸움에 나가는 군사들에 나누어주어서 왜적을 무찌르고 나면 이익이 따른다는 마음을 생기게 하려는 바, 아직은 그대로 두고 조정의 조치를 기다립니다.

무릇 왜적들은 붉고 검은 쇠갑옷을 입고, 여러 가지 쇠투구를 쓰고 있었으며, 입 언저리에는 '말갈기'가 종횡으로 뻗쳐 있어서 마치 '탈바가지' 같았으며, 금빛 관〔金冠〕·금빛 깃〔金羽〕·금빛 가래〔金鍤〕·깃옷〔羽衣〕·우추(羽箒: 새의 깃으로 만든 비)·나각(螺角: 소라고동으로 만든 악기) 등과 같은 것들은 기이한 모양이기에 무척 사치하며, 귀신 같기도 하고 짐승 같기도 하여 보는 사람마다 놀라지 않는 이가 없었습니다. 또 성을 깨뜨리는 여러 기구로는 큰 쇠못〔大鐵釘〕·사줄(沙乼: 沙索) 같은 것도 역시 매우 흉측하고 괴상하였으므로, 군용 물품 가운데 가장 많이 쓰일 것 한 가지씩을 추려내어 봉하여 올립니다.

그 가운데서 쇠갑옷·총통 등의 물품과 낙안 군수 신호(申浩)가 벤 왜적 머리 1급은 왼쪽 귀를 도려서 궤 안에 넣고 봉하여, 처음 싸울 때 공로를 세운 신의 군관 송한련(宋漢連)과 진무 김대수(金大壽) 등에게 주어서 올려 보냅니다. 그 나머지 물건도 원 수량대로 기록해 놓았습니다.

한창 싸울 때, 순천 대장선(代將船)의 사부(射夫)이며 순천에 사는 정병(正兵) 리선지(李先枝)는 왼쪽 팔 한 곳에 화살을 맞아 조금 다친 것 이 외에는 아무도 다친 사람은 없습니다. 오직 경상우수사 원균은 단 3척의 전선을 거느리고 신의 여러 장수들에게 사로잡힌 왜적선에 활을 쏘면서 빼앗아가니, 사부와 격군 2명이 다치게 되었습니다. 이것은 주장으로써 부하들의 단속을 잘못한 일이니, 이보다 더 심한 것은 없을 것입니다. 뿐만 아니라 경상 지방 소속인 거제 현령 김준민(金俊民)은 멀지 않는 바다에 있고, 그가 관할하는 지역 안에서 연일 교전하고 있었습니다. 그래서 주장인 원균에게 빨리 오라는 격문(檄文)을 보내었으나, 끝내 그는 나타나지 않았습니다. 이런 꼴은 엄청나게 놀랄 일이니 조정에서 조처하시옵소서.

신의 어리석은 생각으로는 적을 막는 대책에서 수군으로써 작전하지 않고서 왜적을 따라 나아가거나 물러나더라도, 오로지 육전에만 힘을 다하여 성을 지켰기 때문에 나라의 수백 년 기업(基業)이 하루아침에 왜적의 소굴로 변해버린 것입니다. 생각이 이에 미치니 목이 메여 말을 할 수 없습니다.

왜적이 만약 배를 타고 우리 전라도로 침범해 온다면, 신이 해전으로써 목숨을 바쳐 이들을 맡겠습니다. 그러나 육지로 침범해오면, 우리 도의 군사들은 싸움말〔戰馬〕이 한 필도 없으니, 대응할 도리가 없습니다.

신의 생각으로는 순천의 돌산도(突山島)・백야곶(白也串)과 흥양의 도양장(道陽場)에서 기르는 말(馬) 가운데서 싸움에 쓸 만한 말들이 많이 있으므로, 넉넉하게 몰아내어 장수와 군사들에게 나누어주어서 살지게 먹이고, 달리기를 훈련시켜서 전쟁터에서 쓴다면 승첩할 수 있을 것입니다.

그런데 이것은 신의 독단으로 말씀드릴 일이 아니나, 사태가 급급하여 겸관찰사 리광(李洸)에게 감독관〔監捉官〕을 정해 보내게 하고, 말을 몰아내는 군사는 각 진포(鎭浦)에서 뽑혀온 군사를 동원하여 1~2일 기한으로 잡아와서 훈련시키도록 공문을 보냈습니다.

1592년 5월 10일 절도사 리순신이 삼가 아룁니다.

(2) 사천대첩(泗川大捷)

전라좌도수군절도사 리순신은 삼가 적을 쳐서 사로잡은 일을 아룁니다.

전날에 경상 지방의 옥포 등지에서 왜적선 42척을 불태워 없앤 상황은 이미 장계하였습니다. 부산의 왜적들은 서로 잇따르며 떼를 지어 점점 거제도 서쪽으로 침범하여 연해안 고을의 집집마다 불지르고 노략질하는 것이 하도 빨라 분하고 답답하기만 합니다.

한편으로 이 전라지방에 소속된 수군을 징집하고, 또 한편으로는 본도 우수사 리억기에게 "합력하여 적을 쳐부술 예정이니, 빨리 달려오시오."라는 공문을 보내면서 "물길이 멀기도 하거니와 바람이 부는 세기와 방향도 예측하기 어려우니, 6월 3일까지 본영 앞바다로 일제히 모여 구원하러 출전하자."고 하였습니다.

그런데 5월 27일 도착한 경상우수사 원균의 공문에 "적선 10여 척이 벌써 사천(泗川)·곤양(昆陽) 등지에 바싹 다가왔으므로 수사는 배들을 남해땅 노량(露梁)으로 옮겼습니다."고 하였습니다.

그래서 만일 3일에 모이기로 약속한 날까지 기다렸다가 출항하게 되면, 그 사이에 왜적 선단을 끌어들여 적의 형세를 키워줄까봐 염려되어, 신의 군관 전 만호 윤사공(尹思恭)을 유진장(留鎭將)으로 임명하고, 수군 조방장 정걸(丁傑)에게는 전라좌도의 각 진포(鎭浦)에 지휘할 사람이 없으므로 "홍양현에 머물러서 책략에 호응하여 사변에 대비하도록 하라."고 지시하였습니다.

그리고 5월 29일에[599)] 신은 홀로 전선 23척을 거느리고 우후 리몽구(李夢龜)와 함께 날짜를 앞당겨 출항하였습니다. 리억기에게는 이러한 모든 사연을 적은 공문을 보내고 나서 곧바로 노량 해상에 도착하니, 원균은 다만 3척의 전선을 이끌고 하동(河東) 선창에 옮겨와 있다가, 우리 수군을 보고는 노를 바삐 저어 와서 만났습니다.

왜적의 행방을 상세히 묻고 있을 때, 멀지 않은 해상에서 왜선 1척이 곤양에서 나와 사천(泗川)으로 향하여 숨어서 기슭을 따라 배를 몰고 갔습니다. 그래서 선봉에 있던 여러 장수들이 노를 바삐 저어 끝까지 따라가 전부장 방답 첨사 리순신(李純信)과 남해 현령 기효근(奇孝謹) 등이 그 배를 쫓아가 잡자, 왜적들은 뭍으로 내려가 버렸으므로, 배만을 깨뜨리고 불태워 버렸습니다.

사천 선창을 바라보니, 온 산이 구불구불하게 7~8리나 뻗었는데, 지세가 높고 험한 곳에 무려 400여 명의 왜적들이 장사진(長蛇陣: 요즘의 종렬진)을 치고, 붉고 흰 깃발들을 이리저리 꽂아놓아 사람들의 눈이 어지러울 지경이었습니다.

뭍에 오른 뒤 진중〔陣內〕에는 가장 높은 산꼭대기에 별도로 장막을

---

599) 『리충무공전서』 권9 行錄에 보면, 리순신이 이날에 "어떤 백발 노인이 공을 발로 차면서 일어나라 일어나! 적이 왔다."는 꿈을 꾸었으며, 곧 장수를 거느리고 노량 해상에 이르니 적이 과연 와 있었다고 한다. 이러한 리순신의 꿈은 명량대첩 하루 전날 정유년(1597) 9월 15일에는 "이날 밤 신인이 꿈에 나타나 가르쳐 주기를 '이렇게 하면 크게 이기고, 이렇게 하면 진다.'고 하였다."라고 쓰여 있다.

치고 분주하게 왕래하는데, 마치 무언가 지휘를 받는 것 같았습니다. 왜적선의 하는 꼴은 누각(樓閣)과 같은 것 12척이 언덕 아래에 줄지어 대었는데, 진을 치고 있던 왜인들이 굽어보며 양날칼을 휘두르며 우리를 깔보고 있었습니다.

그래서 여러 배들이 그 아래로 일제히 돌진하여 활을 쏘려고 하였으나, 화살이 미치지 못하겠고, 또 그 배들을 불태우려 하였으나, 벌써 썰물이 되어 판옥선(板屋船)은 큰 배여서 쉽게 곧장 들이받으러〔直衝〕 갈 수도 없었습니다. 더구나 왜적들은 높은 곳이며, 우리 편은 낮은 곳으로서 지세(地勢)가 불리하고,[600] 날도 저물어가므로 신은 여러 장수들에게 약속하기를 "저 적들이 매우 교만한 태도를 갖고 있으므로, 우리가 만약 짐짓 물러나는 척하여 나가면, 저들은 반드시 배를 타고 우리와 서로 싸울 것이다. 그때 우리는 적을 바다 가운데로 끌어내어 힘을 합쳐 공격하는 것이 가장 좋은 방책이다."라고 단단히 약속하고서 배를 돌려 1리(=378m)도 나오지 않았는데, 왜적 200여 명이 진친 곳에서 내려와서 반쯤은 배를 지키고, 반 남짓은 언덕 아래로 모여 총을 쏘며 좋아라 날뛰는 것이었습니다.

이제 만일 우리가 싸우지 아니하면, 도리어 약하게 보일 뿐 아니라, 마침 조수가 밀려들어 점점 배들이 들어갈 수 있게 되었습니다.

신이 일찌기 섬오랑캐〔島夷〕들의 침입이 있을 것을 염려하여 별도로 '거북선(龜船)'을 만들었습니다. 이물에는 용머리를 붙이고, 그 아가리로 대포를 쏘며, 등에는 쇠못〔鐵金尖: 鐵尖〕을 꽂았습니다. 안에서는 밖을 내다볼 수 있어도 밖에서는 안을 들여다볼 수 없으므로, 비록 왜적선 수백 척 속에라도 쳐들어가 대포를 쏠 수 있습니다.[601] 그래서 이

---

600) 이 말은 『孫子兵法』 「地形篇」에 "險形者 我先居之 必居高陽以待敵" 즉 "험탄한 지형에는 아군이 먼저 차지하고, 반드시 높고 양지바른 곳에서 적군을 기다린다."는 말이 있다. 이런 상황이 만약 반대라면, "若敵先居之 引而去之 勿從也" 즉 "적군이 그런 험탄한 지형을 차지했다면 철수하고 공격하지 말라."고 하였다. 리순신은 이런 전쟁 원칙을 철저히 지켰던 것으로 볼 수 있다.

601) 1643년(인조21)에 기록된 『선조수정실록』 권26 선조25년 5월 초1일(경신)에는 거북함의 기록이 처음으로 다음과 같이 나온다. "이보다 앞서 리순신이 싸움 준비를 크게 하면서 스스로 거북함을 만들 구상을 하였다. 그 구조는 배위에 판자를 펴서 거북등처럼 만들고 등위에는 +(열 십)자 모양의 좁은 길을 내어 우리 사람만 다니게 하고, 그 밖에는 몽땅 칼송곳을 꽂았다. 앞에는 용머리를 만들어 입은 총구

번에야 돌격장이 그것을 타고 나왔습니다.

거북함을 운용하는 요령은, 먼저 거북함으로 하여금 왜적선이 있는 곳으로 돌진케 합니다. 그 다음에 천자·지자·현자·황자 등 여러 종류의 총통을 쏘게 합니다. 그러면 산 위에서나 언덕 아래에서 배를 지키는 세 곳의 왜적들도 철환(鐵丸)을 쏘는데, 마치 비오듯이 마구 쏘아 댑니다.

그런데 간혹 우리나라 사람도 섞여서 쏘고 있었습니다. 이에 신은 더 더욱 분통이 터져 힘을 내어 노를 바삐 저어 앞으로 나아가 곧장 그 배를 공격하였습니다. 그러자 여러 장수들이 한꺼번에 구름처럼 모여들어 철환·장전(長箭)·편전(片箭)·피령전(皮翎箭)·화전(火箭) 등을 천자·지자 총통 등에 쟁여서 비바람같이 쏘았습니다. 저마다 힘을 다하니, 그 소리는 하늘까지 울려 퍼지고 땅까지 흔들거리게 하였습니다. 왜적들은 크게 다쳐 엎어지고 자빠지는 자와 부축하여 끌고서 달아나는 자가 얼마나 되는지 알 수 없었으며, 높은 언덕으로 도망쳐 진치고서는 감히 나와 싸울 엄두를 내지 못하는 것이었습니다.

그리하여 중위장 순천 부사 권준(權俊), 중부장 광양 현감 어영담(魚泳潭), 전부장 방답 첨사 리순신(李純信), 후부장 흥양 현감 배흥립(裵興立), 좌척후장 녹도 만호 정운(鄭運), 우척후장 사도 첨사 김완(金浣), 좌별도장 우후 리몽구(李夢龜), 우별도장 여도 권관 김인영(金仁英), 한후장이며 신의 군관인 전 권관 가안책(賈安策), 급제 송성(宋晟), 참퇴장 전 첨사 리응화(李應華) 등이 번갈아 서로 드나들면서 왜적선을 모조리 쳐부수었습니다.

김완은 우리나라 어린 계집 1명을 찾아냈고, 리응화는 왜놈 1급을 베었습니다. 그러니 왜놈들이 멀리 서서 물끄러미 바라보며 부르짖고

멍으로 삼고, 뒤에는 거북꼬리를 만들어 꼬리밑에도 총구멍을 내었으며, 오른쪽과 왼쪽에도 각각 총구멍 여섯 개씩 내었다. 군사는 밑바닥에 감추어 놓고, 사면으로 포를 쏘면서 가로세로 오락가락하는 것이 나는 듯이 빨랐다. 싸울 때는 떼풀을 엮어 덮어서 칼송곳이 드러나지 않게 하여 적이 배에 뛰어 오르면 칼송곳에 찔리게 하였으며, 적이 에워싸면, 총통을 일제히 쏘면서 적의 배들 속으로 마구 쳐들어가는데, 우리 군사는 상하지 않으면서도 향하는 곳마다 적들을 쳐부수었으므로 언제나 이기곤 하였다. 조정에서는 싸움에서 이겼다는 리순신의 보고를 보고 표창으로 가선대부의 품계를 올려 주었다."

발을 동동 구르며, 대성통곡하였습니다.

그래도 신은 여러 배에서 용감한 군사를 뽑아 진격케 하여 목을 베려고 계획했습니다만, 산속의 숲이 울창하고 빽빽하며, 날도 저물었기 때문에 도리어 피해입을까 두려워 적을 수색하거나 목베는 것을 못하게 하였습니다. 그래서 소선 몇 척을 남겨두고, 나머지는 끌어내어 다 잡아 없앨 계획을 세우고 밤에 배를 돌려 사천땅 모자랑포(毛自郎浦)로 옮겨 진을 치고 밤을 지냈습니다.

한창 싸울 때에, 왜적의 철환이 신의 왼편 어깨를 맞히고 등을 뚫었으나, 중상(重傷)에 이르지는 않았으며,[602] 신의 군관인 봉사 라대용(羅大用)도 철환을 맞았고, 전 봉사 리설(李渫)도 화살에 맞았으나, 모두 죽을 정도는 아니었습니다.

6월 1일 꼭두새벽에 경상우수사 원균이 신에게 말하기를, "어제 서로 싸울 때, 짐짓 남겨둔 왜적선 2척이 도망쳤는지를 알아 볼 겸 화살에 맞아 죽은 왜놈의 목을 베겠습니다."고 하였습니다.

---

602) 리순신이 제몸을 생각하지 않고 싸우는 모습이 보이는 사료를 보면, 『李忠武公全書』 卷1 「上某人書」 라는 편지에, "한창 싸울 때, 스스로 조심하지 못하여 왜적의 철환에 맞았으며, 비록 죽을 지경에는 이르지 않았으나, 어깨 뼈에 깊이 박힌데다가, 또 언제나 갑옷을 입고 있으니, 다친 구멍이 헐어서 진물이 늘 흐르기로 밤낮으로 뽕나무 잿물과 바닷물로써 씻건만 아직 낫지 않아 민망스럽습니다."고 하였다. 이 아무개는 유성룡이다. 위의 책 「行錄(1)」 에는 "… 그날 공도 철환을 맞아 왼편 어깨를 뚫고 등에까지 박혀서 피가 발 뒤꿈치까지 흘려 내렸지만, 몸은 그대로 활을 놓지 않고 종일 독전하다가 싸움이 끝난 뒤에 칼 끝으로 살을 쪼개고 철환을 파내었는데 깊이가 두어치나 되었다. 온 군중이 비로소 알고 모두들 놀라지 않는 이가 없었지만, 공은 그저 웃고 이야기해가며 태연하였다."라고 쓰여 있다. 『초서 진중일기』의 계사년 3월 22일 이후에 적힌 글을 보면, ① "적탄을 맞은 자리가 아파서 소식을 곧 알려 드리지 못했습니다. 죽을죄를 지었습니다.", ② "적탄을 맞은 자리가 아물지 않아서 곧 알려 드리지 못하고 답장을 보내지 못했으니, 죽을죄를 지었습니다.", ③ "적의 탄환을 맞은 자리가 아직도 낫지 않습니다.", ④ "지난번 접전할 적에 분투하였어도 조심하지 않고, 시석(矢石)을 무릅쓰고 먼저 나갔다가 적의 탄환을 맞은 자리가 심합니다. 비록 죽을 만큼 다치지는 않았으나, 어깨뼈까지 깊이 다쳐 진물이 줄줄 흘러 아직도 옷을 입을 수 없으며, 온갖 약으로 치료하지만, 아직 별로 차도가 없습니다.", ⑤ "몸을 돌보지 않고 먼저 시석(矢石)을 무릅쓰고 분투하다가 적의 탄환을 맞아 매우 무겁게 되었습니다. 비록 죽을 만큼 다치지는 않았으나, 어깨의 큰 뼈까지 깊이 다쳐 그 구멍에 진물이 줄줄 흘러, 아직도 옷을 입을 수 없으며, 뽕나무 잿물로 연일 씻으며, 온갖 약으로 치료하지만, 아직 별로 차도가 없습니다.", ⑥ "어깨뼈를 깊이 다쳐 아직도 활시위를 당길 수 없는 몸이 되었습니다."고 여섯 곳에나 적혀 있다. 이로 보아 상처가 매우 심했음을 알 수 있다.

이 말은 처음에 원균은 패한 뒤 군사없는 장수로써 작전을 지휘할 수 없었으므로, 교전하는 곳마다 화살이나 철환에 맞은 왜놈을 찾아내어 머리나 베는 일을 도맡았습니다. 그런데 그날 진시(辰時: 07:00~09:00)에 그곳을 들려와서 하는 말이 "왜적들은 육지를 경유하여 멀리 숨어버렸기 때문에 남겨두었던 배를 불태웠는데, 죽은 왜놈을 수색하여 목을 벤 것이 3급이며, 그 나머지는 숲이 무성하여 끝까지 찾아낼 수 없었다."고 하였습니다.

정오에 출항하여 고성땅 사량(蛇梁) 바다에 이르러 군사를 쉬게 하고 위로하며 진을 치고 밤을 지냈습니다. …

군사들의 심정을 위로하고 격려하여 당면한 일에 힘쓰도록 우선 공로를 참작하여 1·2·3등으로 나누어 별지에 자세하게 기록하였습니다. 또 당초 약속할 때, 비록 머리를 베지 못하더라도 죽음으로써 힘써 싸운 자에게 으뜸가는 공로자로 정한다고 하였으므로, 힘써 싸운 여러 사람들은 신이 직접 등급을 결정하여 1등으로 기록하였습니다.

1592년 6월 14일 절도사 리순신은 삼가 아뢰니다.

(3) 한산대첩(閑山大捷)

전라좌도수군절도사 리순신은 삼가 왜적을 잡아죽인 일을 아뢰니다. 지난 6월 10일에 받은 도순찰사(都巡察使) 리광(李洸)의 공문은 3일 수원에서 발송된 것인데, 그 내용은 다음과 같습니다.

5월 22일 작성된 좌부승지(左副承旨)의 서장에, "왜적선을 쳐부수는 것이 병가(兵家)가 가장 선책(善策)이다. 다만 왜적선이 몇 척이나 머물고 있는지를 알지 못하여 다시금 전라좌수사에게 '경상우수사와 함께 상의하고 협력하여 남김없이 격파하되, 다만 5~6척을 남겨두어 궁지에 몰린 도적들의 돌아갈 길이 되게 하고, 두 수사의 근처에는 머무르고 있음을 숨기고 있다가, 형세를 보아 추격하라.'고 명령하였으며, 전라우수사에게는 '병선을 정비하여 계속 지원하라.'는 일로 급급히 명령하였다."는 분부이신 내용입니다. 이 서장 안의 사연을 상고하여 경상우수사와 본도 우수사와 함께 약속하고 전례의 지휘에 따라 시행함이 좋을 것이다.

그런데 위의 서장을 받기 전에 경상 지방으로 가는 바닷길에 있는 왜적들이 경상우도의 연해안 땅으로 점점 집들을 불태우고 재산을 빼앗는 것이 벌써 사천·곤양·남해 등지까지 침범하였습니다. 그래서 본도 우수사 리억기와 경상우수사 원균 등에게 공문을 보내어 약속하고, 지난 5월 29일에 출항하여 사천 선창·고성의 당포 선창과 당항포, 거제도의 률포 앞바다 등지에서 머무를 수 있는 왜선을 모조리 잡아죽이거나, 좌도와 우도의 여러 장수들이 힘을 합쳐 무찌른 뒤에 6월 10일 본영으로 돌아온 상황은 이미 장계하였습니다.

그런데 위의 분부가 적힌 서장은 순찰사의 공문에 따라서 도착하였을 뿐 아니라, 떼를 지어 출몰하는 왜적을 맞이하여 모조리 무찌르고자, 서로 공문을 돌려 약속하며, 배들을 정비하고, 경상 지방의 왜적의 세력을 탐문하였는데, "가덕·거제 등지에 왜선이 10여 척, 혹은 30여 척이 떼를 지어 출몰한다."고 할 뿐 아니라, 본도 금산(錦山)의 땅에도 왜적의 세력이 크게 뻗치었는 바, 바다와 뭍으로 나누어서 침범한 적들이 곳곳에서 불길같이 일어나는데도, 한 번도 적을 맞아 싸운 적이 없어서 깊이 침범하게 되었습니다.

처음에 본도 우수사와 모이기로 약속한 이 달 7월 4일 저녁 때, 약속한 곳에 도착하였으며, 5일에 서로 함께 약속하고, 6일에는 수군을 거느리고 한꺼번에 출항하여 곤양과 남해의 경계인 노량(露梁)에 도착하니, 경상우수사가 깨진 것을 수리한 전선 7척을 거느리고 그곳에 머물고 있었습니다. 바다 가운데서 같이 만나 두 번, 세 번 약속하고, 진주땅 창신도(昌信島)에 이르니, 날이 저물어 밤을 지냈습니다.

7일에는 샛바람이 세게 불어서 항해할 수 없었는데, 고성땅 당포에 이르자, 날이 저물기로 땔감 베고, 물 긷는 일을 하고 있을 때, 피난하여 산으로 올랐던 그 섬의 목동 김천손(金千孫)이 우리 수군을 바라보고 급히 달려와서 고하는 내용에 "적의 대선·중선·소선을 합하여 70여 척이 오늘 미시(未時: 13:00~15:00)쯤에 영등포 앞바다에서 거제와 고성의 경계인 견내량에 이르러 머물고 있습니다."고 하였습니다.

그래서 다시금 여러 장수에게 지시하고, 8일 이른 아침에 적선이 머물러 있는 곳으로 바로 향했습니다. 바다 한복판에 이르러 바라보니, 왜대선 1척과 왜중선 1척이 선봉에서 들락거리며 우리 수군을 보고서는 도로 진치고 있는 곳으로 들어가는 것이었습니다. 뒤쫓아 들어가니, 대선 36척 · 중선 24척 · 소선 13척(모두 73척)이 대열을 벌려서 머물고 있었습니다.

그런데 이 견내량은 지형이 매우 좁고, 또 암초가 많아서 판옥전선(板屋戰船)은 서로 부딪치게 될 것 같아서 싸움하기가 곤란할 뿐만 아니라, 왜적은 만약 형세가 궁지로 몰리면, 기슭을 타고 육지로 올라갈 것이므로, 한산도 바다 한가운데로 끌어내어 모조리 잡아버릴 계획을 세웠습니다.

한산도는 거제와 고성(固城) 사이에 있는 데, 사방으로는 헤엄쳐 나갈 길이 없고, 왜적이 비록 육지로 오르더라도 틀림없이 굶어 죽게 될 것이므로, 먼저 판옥선 5~6척으로 하여금 선봉으로 나온 왜적선을 뒤쫓아서 엄습할 기세를 보였더니, 여러 배의 왜놈들이 한꺼번에 돛을 달고 뒤쫓아 나왔습니다.

우리 배는 짐짓 물러나는 척하면서 돌아 나오자, 왜적들도 줄곧 뒤쫓아 나왔습니다. 그래서 바다 가운데로 나와서는 다시금 여러 장수들에게 명령하여 '학익진(鶴翼陣)'을 벌려서 한꺼번에 진격하여 각각 지자 · 현자 · 승자(勝字) 등의 각종 총통을 쏘아서 먼저 2~3척을 깨뜨리자, 여러 배의 왜놈들이 사기가 꺾이어 물러나 달아나려 하였습니다. 그때 여러 장수와 군사와 관리들이 이기는 틈에 기뻐하면서 앞다투어 돌진하면서 대전(大箭)과 철환(鐵丸)을 마구 쏘니, 그 형세가 바람과 우레 같아, 왜적선을 불태우고, 왜놈을 죽이기를 한꺼번에 거의 다 해치워 버렸습니다.

순천 부사 권준(權俊)이 제몸을 잊고 돌진하여 먼저 왜의 층각대선 1척을 깨뜨려서 바다 가운데서 온전히 사로잡고, 왜장을 비롯하여 머리 10급을 베고, 우리나라 남자 1명을 산 채로 빼앗았습니다.

광양 현감 어영담(魚泳潭)도 앞장서서 돌입하여 왜의 층각대선 1척을 깨뜨려서 바다 가운데서 온전히 사로잡고, 왜장을 활로 쏘아 맞혀서 신이 탄 배로 묶어 왔는데, 죄를 묻기도 전에 화살에 맞은 것이 너무 심했고, 말도 통하지 않았으므로, 그대로 목을 베었습니다. 나머지 왜적들은 머리 12급을 베고, 우리나라 사람 1명을 산 채로 빼앗았습니다.

사도 첨사 김완(金浣)은 왜대선 1척을 바다 가운데에서 온전히 사로잡고, 왜장을 비롯하여 머리 16급을 베었습니다.

홍양 현감 배흥립(裵興立)은 왜대선 1척을 바다 가운데에서 온전히 사로잡고, 왜적의 머리 8급을 베었으며, 또 많이 익사시켰습니다.

방답 첨사 리순신(李純信)은 왜대선 1척을 바다 가운데에서 온전히 사로잡고, 왜적의 머리 4급을 베었는데, 다만 활로 쏘아 죽이는 데만 힘쓰고, 머리를 베는 일에는 힘쓰지 않았을 뿐 아니라, 또 2척이나 쫓아가서 쳐부수고 한꺼번에 불태워 버렸습니다.

좌돌격장 급제 리기남(李奇男)은 왜대선 1척을 바다 가운데에서 사로잡고, 왜적의 머리 7급을 베었습니다.

좌별도장이며 본영의 군관인 전 만호 윤사공(尹思恭)과 가안책(賈安策) 등은 층각선 2척을 바다 가운데에서 온전히 사로잡고, 왜적의 머리 6급을 베었습니다.

낙안 군수 신호(申浩)는 왜대선 1척을 바다 가운데에서 온전히 사로잡고, 왜적의 머리 7급을 베었습니다.

녹도 만호 정운(鄭運)은 층각대선 2척을 총통으로 쏘아 배 밑바닥까지 꿰뚫었으며, 이것을 여러 전선이 협공하여 불태우고, 머리 3급을 베었으며, 우리나라 사람 2명을 산 채로 빼앗았습니다.

여도 권관 김인영(金仁英)은 왜대선 1척을 바다 가운데에서 온전히 사로잡고, 왜적의 머리 3급을 베었습니다.

발포 만호 황정록(黃廷祿)은 층각선 1척에 부딪치며 깨뜨리는데, 여러 전선이 협공하여 힘을 모아 불태워 없앴고, 왜적의 머리 2급을 베었습니다.

우별도장 전 만호 송응민(宋應珉)은 왜적의 머리 2급을 베었습니다.

홍양 통장 전 현감 최천보(崔天寶)는 왜적의 머리 3급을 베었습니다.

참퇴장 전 첨사 리응화(李應華)는 왜적의 머리 1급을 베었습니다.

우돌격장 급제 박이량(朴以良)은 왜적의 머리 1급을 베었습니다.

신이 타고 있는 배에서는 왜적의 머리 5급을 베었습니다.

유군 1령장(遊軍一領將) 손윤문(孫允文)은 왜소선 2척에 대포를 쏘고, 추격하여 산 위에까지 올라갔습니다.

유군 5령장(五領將) 전 봉사 최도전(崔道傳)은 우리나라 사내아이 3명을 산 채로 빼앗았습니다.

그 나머지 왜대선 20척·중선 17척·소선 5척(모두 42척) 등은 좌도·우도의 여러 장수들이 힘을 모아 불태워 버렸는데, 대전(大箭)에 맞고 물에 빠져 죽은 자는 그 수를 헤아릴 수 없었습니다.

그리고 왜놈 400여 명 정도는 형세가 아주 불리하고 힘이 빠져 도망하기 어려움을 알고서, 한산도에서 배를 버리고 육지로 올라갔습니다. 그 나머지 대선 1척·중선 7척·소선 6척(모두 14척) 등은 한창 싸울 때, 뒤에 처져 있다가 불타는 배와 목베어 죽이는 꼴을 멀리서 바라보고는 노를 바삐 저어 달아나 버렸습니다. 종일 싸우느라, 장수와 군사들이 힘도 들고, 노곤할 뿐 아니라, 날도 해가 져서 어둑어둑하여 끝까지 추격할 수 없어서 위의 견내량 안 바다에서 진을 치고 밤을 지냈습니다.[603]

9일에는 가덕으로 향하려는 데, "안골포에 왜적선 40여 척이 머물러 대어 있다."고 탐망군이 보고하습니다. 드디어 본도 우수사 및 경상우

603) 견내량 앞바다에서 싸운 왜장(倭將)은 일본쪽 사료『高麗戰船記』『近世日本國民史』에 의하면, 주장은 협판안치(脇坂安治: 와키자카 야스하루)였다. 이 자는 7월 7일(조선력 7월 8일) 김해를 출발하여 견내량에 이르렀으며, 그 밖의 장수들은 협판안치의 가신(家臣)인 협판좌병위(脇坂左兵衛: 와키자카 사이헤이요)와 도변칠우위문(渡邊七右衛門: 와타나배 시치에몬) 및 진과좌마윤(眞鍋左馬允: 마나베 사이헤이요) 등이다. 이들 가운데 주장인 협판안치는 겨우 김해까지 구사일생으로 탈출하여 도망하였으며, 협판좌병위와 도변칠우위문은 전사하였고, 진과좌마윤은 부하 200여 명과 함께 한산도에 하륙하였다가 "선장으로서 배가 불탔으니,… 무슨 낯으로 여러 사람을 대하겠는가."하고 배를 갈라 자결하였다. 서양의 사료로서 스페인의 신부 Gregorio de Cespedes가 임진왜란 때 조선에 왔다가 쓴 글이 있는데,『세스뻬데스』(서강대학교불판부, 1993, p.297)에는 "이 해전에서 꼬라이인은 70척의 일본 함대를 수중에 넣었고 대부분의 일본인을 죽였으며, 나머지 일본인은 도망을 가서 모두 궤멸되었다."고 하였다.

수사와 함께 적을 토멸할 대책을 상의한 바, 이날은 날이 이미 저물고 맞바람〔逆風〕이 크게 불었기 때문에 나가서 싸울 수 없어서 거제땅 온천도(溫川島)에서 밤을 지냈습니다.[604)]

10일은 꼭두새벽에 출항하여 본도 우수사는 "안골포 바깥 바다의 가덕 변두리에 진치고 있다가, 우리가 만일 싸우기 시작하면, 복병을 남겨두고 급히 달려오라."고 약속하고, 신은 수군을 거느리고 학익진(鶴翼陣)을 먼저 펴서 나아가고, 경상우수사는 신의 뒤를 따르게 하여 안골포에 이르러 선창을 바라보니, 왜대선 21척·중선 15척·소선 6척(모두 42척)이 머물고 있었습니다. 그 가운데 3층짜리 집이 있는 대선 1척과 2층짜리 집이 있는 대선 2척이 포구에서 밖을 향하여 떠 있었으며, 그 나머지 배들은 고기 비늘처럼 줄지어 대어 있었습니다.

그런데 그 안골포의 지세가 좁고 얕아서 조수가 빠지면 땅이 드러날 것이므로, 판옥선과 같은 큰 배는 쉽게 드나들 수 없어 두 번 세 번 꾀어서 끌어내려고 하였습니다만, 그들의 선운선(先運船) 59척을 한산도 바다 가운데로 끌어내어 남김없이 불태우고 목베었습니다. 그 때문에 왜적들은 형세가 몰리게 되면 육지로 갈 양으로 험한 곳에 의거하여 배를 메어 두고서 벌벌 떨며 두려워서 나오지 않았습니다.

그래서 더는 지체할 수 없어 여러 장수들에게 명령하여 서로 번갈아 드나들면서 천자·지자·현자 총통과 다른 모양의 총통뿐 아니라, 장전(長箭)과 편전(片箭) 등을 빗발같이 쏘아 맞히고 있을 적에, 본도 우수사가 장수를 복병시켜 둔 뒤 급히 달려와서 합공하니, 군세가 더욱 강해져서, 3층집이 있는 대선과 2층집이 있는 대선에 실려 있던 왜적들은 거의 다 죽거나 다쳤습니다.

그런데 죽거나 다친 왜놈들을 낱낱이 끌어내어 소선으로 실어내고, 다른 배의 왜놈들을 소선에 옮겨 실어 층각대선(層閣大船)으로 모아들이는 것이었습니다.

---

604) 안골포 해전을 지휘한 왜장(倭將)은 일본쪽 사료로 有馬成甫, 『朝鮮役水軍史』(東京: 海と空社, 1942), p.101에는 『脇坂記』를 인용하여 "구귀가명(九鬼嘉明: 구키 요시다카)과 가등가명(加藤嘉明: 가토 요시아키)이었다. … 이들은 종일의 전투에서 겨우 목숨을 건져 밤중에 번선(番船)을 타고 거제도〔唐島〕로 갔다."고 하였으나, 『高麗戰船記』에는 "부산(釜山)으로 돌아갔다."고 하였다.

이렇게 종일토록 하여 그 배들을 거의 다 쳐부수자, 살아남은 왜적들은 모두 육지로 내려갔는데, 육지로 내려간 왜적을 모조리 잡지는 못했습니다. 그러나 그곳 백성들이 산골에 잠복해 있는 자가 매우 많은데, 다 타버린 왜적선이 궁지에 빠진 도둑으로 되면,[605] 잠복해 있는 백성들도 아주 결딴이 날 재앙을 면치 못할 것이므로, 잠깐 1리쯤 물러 나와 밤을 지냈습니다.

이튿날 11일에도 꼭두새벽에 도로 에워싸 보았습니다만, 그 왜적들이 허둥지둥 닻줄을 끊고 밤을 이용하여 달아나 숨었습니다. 그래서 어제 싸우던 곳을 탐색해보니, 전사한 왜적들을 12곳에 모아서 쌓아 불태웠는데, 거의 타다 남은 뼈다귀와 손발들이 흩어져 있고, 그 포구 안팎에는 흘린 피가 땅에 흥건하여 곳곳마다 붉게 물들었습니다. 왜놈들의 사상자는 이루 헤아릴 수가 없었습니다.

그날 사시(巳時: 09:00~11:00)쯤에 량산강(梁山江)과 김해 포구(金海浦口) 및 감동 포구(甘洞浦口)를 모두 수색하였으나, 아예 왜적의 그림자는 없었습니다. 그래서 가덕 바깥쪽에서 동래(東萊)·몰운대(沒雲臺)에 이르기까지 배를 늘여 세워 진을 쳐, 군대의 위세를 엄하게 보이게 하여 "왜적선의 많은지, 적은지를 탐망해서 보고하라."고 가덕의 응봉(鷹峯)과 김해의 금단곶(金丹串)의 연대(烟臺) 등지로 후망군(候望軍: 探望軍)을 정하여 보내었습니다. 이날 술시(戌時: 19:00~21:00)쯤 금단곶으로 보냈던 후망군(候望軍)인 경상우수영 수군 허수광(許水光)의 와서 다음과 같은 내용을 보고하였습니다.

> 금단곶 연대에 탐망하러 올라갔을 때, 산봉우리 아래 조그마한 암자에 한 늙은 중이 있기에 함께 연대로 가서 량산(梁山)과 김해(金海) 두 강의 으슥한 곳과 그 두 고을 쪽을 바라보니, 왜적선이 흩어져 대어 있는 수는 두 곳을 합하여 얼추 100여 척쯤 되어 보였습니다. 그 늙은 중에게

---

605) 원문의 '窮寇(궁구)'는 『孫子兵法』 「九變篇」에 있는 용병의 원칙 가운데서 "窮寇勿迫(궁구물박: 막다른 곳에 빠진 적은 끝까지 쫓지 말라)"는 것과 『鹽鐵論』 「詔聖」에 "死不再生 窮鼠嚙猫(사불재생 궁서설묘: 다시는 살아날 수 없는 죽게 되거나, 쫓기어 궁지에 몰린 쥐가 되면 도리어 고양이를 문다)"는 말에서 "약자라도 극도에 다다르면 도리어 강자에게 맞서 대든다."는 뜻으로 이를 경계해야 한다는 말이다. 서양 속담에는 "A baited cat may grow as fierce as a lion."이 있다.

왜적선의 동정을 물었더니, 대답하는 말에, "요즘에 와서는 날마다 50여 척이 떼를 지어 줄곧 11일 동안이나 본토(本土)에서 그 강(량산강 · 김해강)으로 들어왔다가, 어제 안골포에서 싸울 때, 대포 쏘는 소리를 듣고서는 간밤에 거의 다 도망쳐 돌아가고, 다만 100여 척이 남아 있다."고 말을 전했습니다.

이 말은 왜적이 두려워서 도망친 꼴임을 짐작할 수 있습니다.

그 달 11일 저물녘에 천성보(天城堡)로 나아가서 잠깐 머물면서 왜적으로 하여금 우리들이 오랫동안 머물 의도임을 보여 의심하도록 하고, 그러고 나서 밤에 군사를 돌려 12일 사시(巳時: 09:00~11:00)쯤 한산도에 이르니, 한산도에 내려갔던 왜적들이 연일 굶어서 걸음을 제대로 걷지 못하고, 피곤하여 강가에서 졸고 있었는데, 거제도의 군사와 백성들이 벌써 머리 3급을 베었고, 그 나머지 왜적 400여 명은 탈출하여도 빠져나갈 길이 없어 마치 새장 속의 새같이 되었습니다. 그런데 신과 본도 우수사는 다른 지방에서 온 지원 군사〔客兵〕로서 군량이 떨어졌을 뿐 아니라, "금산(錦山)에 왜적의 기세가 크게 떨치고 있어, 이미 전주(全州)까지 도착하였다."는 통지문이 잇달아 오므로, 그 섬(한산도)의 땅에 있는 왜적들은 "거제의 군사와 백성들이 힘을 합쳐 목을 베어 거두어서, 그 급수를 통고하라."고 그 도(경상)의 우수사와 약속하고 13일 본영으로 돌아왔습니다.

신의 여러 장수들이 벤 왜적의 머리 90급은 왼쪽 귀를 잘라서 소금에 절여 궤속에 넣어 올려 보냅니다. 그런데 신이 당초에 여러 장수와 군사들에게 약속할 때, "공로만을 바라는 생각으로 머리 베는 것을 서로 다투다가는 도리어 해를 입어 죽거나 다치는 예가 많으니, 이미 왜적을 죽이기만 했으면, 비록 머리를 베지 않더라도 마땅히 힘써 싸운 자를 제1의 공로자로 정한다."고 두세 번 거듭 강조하였기 때문에, 목을 벤 수는 많지 않을지라도, 경상 지방의 공로를 세운 여러 장수들은 소선을 타고 뒤에서 관망하던 자가, 왜적선 30여 척이나 쳐부수자, 떼를 지어 머리를 베었습니다.

대개 신의 여러 장수들이 목벤 것과 경상우수사 원균 · 전라우수사 리억기 등이 거느린 여러 장수들이 목벤 것을 합하면 얼추 250급이나 되고, 그동안 바다에 빠져 죽거나, 머리를 베고도 물에 빠뜨려 잃어버린 것도 얼마쯤 되는지 알 수 없습니다.

왜적의 물건 가운데, 그리 쓸데 없는 의복·쌀·포목 등은 싸웠던 군졸들에게 나누어주어서 마음을 위로하였습니다. 군용물 가운데 가장 쓸 만한 것을 추려내어 뒤에다 적어 놓았습니다.

중위장 순천부사 권준, 중부장 광양 현감 어영담, 전부장 방답첨사 리순신(李純信), 후부장 홍양현감 배흥립, 우부장 사도첨사 김완, 좌척후장 녹도 만호 정운, 좌별도장 전 만호 윤사공·가안책, 우척후장 여도군관 김인영, 좌돌격 거북함장 급제 리기남·보인(保人) 리언량, 좌부장 낙안 군수 신호, 유군장 발포 만호 황정록, 한후장 본영 군관 전 봉사 김대복(金大福)·급제 배응록 등은 싸울 때마다 제 몸을 생각하지 않고, 먼저 돌진하여 승첩을 거두었으니, 참으로 칭찬할 만합니다.

왜적의 물품은 길이 막히고 끊어져서 올려보낼 수가 없어 모두 본영에 보관해 두었습니다.

한창 싸울 때, 군졸들 가운데 본영 2호선의 진무 순천 수군 김봉수(金鳳壽)·방답 1호선의 별군(別軍) 광양 김두산(金斗山)·여도선의 격군이며 홍양 수군인 강필인(姜必仁)·림필근(林必斤: 必近)·장천봉(張千奉), 사도 1호선의 갑사 배중지(裵中之), 녹도 1호선의 홍양 신선(新選) 박응구(朴應龜), 강진 수군 강막동(姜莫同), 강진포 2호선의 격군인 장흥 수군 최강손(崔加應孫), 낙안선의 사부인 사삿집종 붓동(夫叱同: 筆同), 본영 거북함의 토박이 군사인 사삿집종 김말손(金末孫)·정춘(丁春), 홍양 2호선의 격군인 사삿집종 상자〔上左〕·절종〔寺奴〕 귀세(貴世)·절종 말련(末叱連: 末連), 본영 전령선의 순천 수군 박무련(朴無連: 戊年), 발포 1호선의 장흥 수군 리갓동(李加叱同: 機同), 홍양 수군 김헌(金軒), 홍양 3호선의 사삿집종 맹수(孟水) 등은 철환을 맞아 전사였습니다.

신이 탄 배의 격군인 토박이 군사 김국(金國)·박범(朴凡)·김연근(金延斤: 延近)·보자기 장동(張同)·고풍손(高風孫), 방답 1호선의 격군인 토박이 군사 강

돌매(姜乭每: 突每) · 수군 정귀련(鄭貴連) · 김수억(金水億) · 김사화(金士化) · 토박이 군사 정덕성(鄭德成) · 손원희(孫元希), 방답진 2호선의 격군인 정병 채흡(蔡洽) · 수군 량세복(梁世卜) · 하정(河丁) · 사부 신선 김열(金烈), 방답진 거북함의 격군인 수군 김윤방(金允方) · 서우동(徐于同) · 김인산(金仁山) · 김강적(金加應赤) · 리수배(李水背) · 송쌍걸(宋雙乞: 雙傑), 여도선의 파진군(破陣軍) 김한경(金漢京) · 토박이 군사 수군 조닐손(趙泥乙孫: 尼孫) · 선유수(宣有守) · 수군 리광해(李光海: 匡亥) · 림세(林世) · 윤희동(尹希同) · 맹언호(孟彦浩) · 전은석(田銀石) · 정대춘(鄭大春) · 방포장(放炮匠)인 서억세(徐億世) · 박춘문(朴春文) · 김금이근(金金伊斤: 錦近), 본영 1호선의 수군 정원방(鄭元方) · 보자기 리보인(李甫仁) · 토박이 군사 박돌동(朴乭同: 突同), 사도 1호선의 수군 최의식(崔衣食: 宜式) · 김금동(金今同) · 사공 박근세(朴斤世) · 최백(崔白) · 수군 김홍둔(金弘屯) · 유필정(兪必丁) · 리응호(李應弘) · 박언해(朴彦海) · 신철(申哲) · 강아금(姜牙金) · 군관 전광례(田光禮), 사도진 2호선의 군관 격군 정가당(鄭可當) · 정우당(鄭于當) · 오범동(吳凡同), 녹도 2호선의 군관 성길백(成吉伯) · 신선 김덕수(金德壽) · 수군 강영남(姜永男) · 주필상(朱必上: 必尙) · 최영안(崔永安) · 토박이 군사로 사삿집종 모노손(毛老孫) · 사부인 장흥 군사 민시주(閔時澍) · 격군 홍양 수군 리언정(李彦丁), 낙안 1호선이 격군이며 보자기 업동(業同) · 세천(世千) · 리담(李淡) · 손망룡(孫亡龍) · 낙안군 2호선의 사부 김봉수(金鳳壽) · 보자기 화리동(禾里同) · 장군(壯軍) 박여산(朴如山) · 사삿집종 난손(難孫) · 보성선의 무상(無上) 오흔손(吳欣孫) · 격군인 종 부피(夫皮: 孚皮), 흥양 1호선의 보자기 고읍동(古邑同: 高邑同) · 남문동(南文同) · 진동(進同), 관청의 종 지남(之南), 흥양현 2호선의 방포장 정병 리란춘(李亂春) · 사군(射軍)인 사삿집종 오무세(吳茂世) · 격군 사삿집 종 풍파동(風破同: 風自同) · 종 대복(大福) · 종 금손(金孫) · 보인 박천매(朴千每: 千梅) · 사삿집종 팔련(八連) · 종 흔매(欣每) · 종 매손(每孫) · 종 극기(克只) · 보인 박학곤(朴鶴昆: 鶴鯤), 광양선의 도훈도 김온(金溫) · 무상 김담대(金淡代) · 격군 선동(先同), 본영 거북함의 격군 토박이 군사 김연호(金延浩) · 종 억기(億只: 億基) · 홍윤세(洪允世) · 정걸(丁乞: 丁傑) · 장수(張水) · 최몽한(崔夢汗: 夢漢) · 수군 정희종(鄭希宗) · 조언부(趙彦夫: 彦孚) · 박개춘(朴開春) · 전거지(全巨之), 본영 3호선의 진무(鎭撫) 리자춘(李自春) · 조덕(趙得) · 박선후(朴先厚) · 장매년(張每年: 梅年) · 격군이며 보자기 리문세(李文世)・토박이 군사 김연옥(金年玉)・종 학매(鶴每: 鶴梅)・종 영이(永耳: 永馹)・박외동(朴外同), 발포 1호선의 토박이 군사 리노랑(李老郞)・리구련(李仇連)・수군 조도본(趙道本), 발포 2호선의 수군 최기(崔己)・김신말(金信末)・최영문(崔永文), 흥양 3호선의 사삿집 종 풍세(風世)・보자기 망구지(亡仇之: 馬仇之)・망기(亡己: 望己)・흔복(欣福) 등은 철환에 맞았으나, 중상에 이르지는 않았습니다.

이 사람들은 왜적의 시석(矢石)을 무릅쓰고 결사적으로 나아가 싸우다가 전사하기도 하고, 다치기도 하였으므로, 전사자의 주검〔屍身〕은 각기 그 장수에게 명하여 따로 작은 배에 실어서 고향으로 돌려보내어 장사 지내게 하였으며, 그들의 아내와 자식들을 휼전(恤典)에 따라 시행하라고 하였으며, 크게 다치지 않은 사람일지라도 약물을 골고루 주어서 충분히 치료할 수 있게 하라고 각별히 엄하게 신칙하였습니다.

녹도 만호 정운이 잡아온 거제 오양포(烏陽浦)의 보자기 최필(崔必: 弼)을 문초한 내용은 다음과 같습니다.

사로잡힌 지 오래되지 않았으니, 말소리가 서로 달라 무슨 말을 하는지 알아듣지를 못하였으나, 다만 "전라도의 군사가 전날 배를 불태우고 목을 베어 죽이더라."고 이따금 말하였으며, 양날칼〔劒〕을 뽑아 으스대는데, 그 말버릇과 낯짝을 보거나, 그 하는 꼬락서니를 살펴보면, 오로지 전라 지방으로 곧장 향할 계획으로 거제도의 견내량에 와서 머물고 있다가 패한 것입니다.

순천 부사 권준이 빼앗아온 서울 사는 보인 김덕종(金德宗)을 문초한 내용은 다음과 같습니다.

날짜는 기억하지 못하나, 6월 경에 그 수를 알 수 없는 왜적들이 4개 부대로 나누어 소인의 식구들을 몽땅 이끌고 서울에서 내려왔습니다. 2개 부대는 부산(釜山) 강가에서 진을 치고, 1개 부대는 량산강(梁山江)에 진을 치고, 또 1개 부대는 전라 지방으로 진격하려고 출발하였으나, 왜놈들의 말을 도저히 알아들을 수 없었고, 1개 부대는 경성(京城)에서 지금 진을 치고서 피난하여 숨은 사람들을 방(榜)을 내걸고 알리면서 남김없이 들어와 살게 하여 종같이 부리고 있으며, 소인을 데리고 오던 왜장은 저번에 싸울 때에 피살되었습니다.

유군 5령장(五領將) 최도전(崔道傳)이 잡아온 서울에 사는 사삿집종 중남(仲男)과 사삿집종 룡이(龍伊) 및 경상 지방의 비안(庇安)에 사는 사삿집종 영낙(永樂) 등을 문초한 내용은 다음과 같습니다.

왜놈들이 내려올 때, 룡인(龍仁)에 이르러, 우리나라 군대와 서로 만나 싸웠는데, 우리나라 사람은 군사를 뒤로 물렸으며, 김해강(金海江)에 이르러서는 왜장이 공문으로 여러 왜적들에게 알리는데, 마치 우리나라 장수들이 약속하는 모습과 같았습니다. 그리고 여러 왜놈들이 손을 들어 서쪽을 가리키면서 매번 '전라 지방'이라고 말하면서, 혹은 양날칼〔劍〕을 뽑아 물건을 내려치는 것이 마치 목을 베어 죽이는 모양이었습니다.

광양 현감 어영담(魚泳潭)이 잡아온 경상 지방의 인동현(仁同縣)에 사는 자그마한 남자 우근신(禹謹身)을 문초한 내용은 다음과 같습니다.

소인과 누이동생은 함께 피난하여 산으로 들어갔다가 같이 사로잡혀 서울〔京〕로 갔는데, 누이동생은 왜장에게 몸을 더럽혔습니다. 몇 월 몇 일인지는 기억할 수 없으나, 내려올 때, 우리나라 군대와 서로 만나서 첫날은 왜적이 이겼고, 둘째 날은 이기지 못하여 군사를 뒤로 물렸으며, 셋째 날은 우리나라 군사가 모조리 물러가 버렸기 때문에 곧바로 김해강으로 내려왔습니다. 타고 있던 배들은 어디서 온 것인지 알지 못합니다. 다른 곳에서 끌고 와서 어디로 향한다는 말들은 잘 알아들을 수가 없었습니다. 다만 손으로 서쪽을 가리키는 것은 틀림없이 '전라 지방'으로 향한다는 말이었을 것입니다. 왜장은 그날 싸울 때 활에 맞고 목이 베였습니다. 우리나라 군대와 싸울 때, 우리나라 사람이 항전하지 않으면 양날칼을 휘두르며 힘차게 날뛰었으며, 우리가 이기는 여세를 몰아 쫓으면서 활을 당겨 돌격하면, 반드시 모두들 슬슬 피하며 물러서는 데, 비록 왜장이 엄히 독전하여도 두려워서 감히 나오지를 못하였습니다.

웅천 현감 허일(許鎰)이 거느린 웅천 기관(記官: 지방 관청의 吏房의 아전) 주귀생(朱貴生)의 말하는 내용은 다음과 같습니다.

김해부 내에서 사는 내수사(內需司)의 종 리수(李水)도 이번 7월 2일 고을에 사는 그의 부모를 만날 일로 왔다가 하는 말에 "김해부 불암창(佛岩滄)에 와서 대어 있는 왜놈들은 전라 지방에서 싸울 것이다."고들 하는데, 배마다 방패가 있고, 그 밖에 느티나무 판자를 여러 장이나 덧대어 단단하게 만들었고, 그 안에서 서로 약속하고서 3개 부대로 나누어 흩어져서 대어 있었습니다. 김해성 안팎에 머물던 왜적들이 하룻밤에는 고기잡이 불을 바라보고도 겁내어 혹은 "전라도의 군사가 쳐들어왔다."고 하면서 크게 놀라 시끄럽게 떠들며, 어찌할 바를 모르고 동분서주(東奔西走)하다가 한참 지나서야 진정되었습니다.

이들 여러 사람을 문초한 내용이 비록 하나같이 믿을 만한 것은 못된다 하더라도 "3개 부대로 나누어 배를 정비하여 전라 지방으로 향한다."는 말만은 근거가 있는 것 같습니다.

이들 가운데, 첫째 부대의 왜적선 73척(14척 도주)은 거제도 견내량으로 와서 머물고 있다가, 이미 우리들에게 섬멸되었고, 둘째 부대의 왜적선 42척은 안골포 선창에 줄지어 진치고 있었으나, 역시 우리들에게 패하여 무수히 죽거나 다쳤으며, 겨우 밤에 달아났습니다. 만약 다시 그 무리를 끌고서 병력을 합세하여 멀리서 침범해오면, 마침내는 앞뒤로 적을 만나게 되는 것이니, 병력이 흩어져서 형세가 약해질까 그것이 극히 염려스럽습니다. 그래서 "군사를 다스리고 군대를 정비하여 창을 베개로 삼아 사변을 기다리다가, 다시 통고하면 즉시 수군을 거느리고 달려오라."고 본도 우수사 리억기와 약속하고 진을 파하였으며, 사로잡혔다가 도로 빼앗아 산 사람은 각각 그 빼앗은 관원에게 명하여 "구휼하고 편히 있게 하였다가 사변이 평정된 뒤에 고향으로 돌려보내라."고 알아듣도록 타일렀습니다.

여러 장수와 군사 및 관리들이 분연히 제 몸을 돌아보지 않고, 처음부터 끝까지 힘껏 싸워 여러 번 승첩을 하였습니다. 그러나 조정은 멀리 떨어져 있고 길이 막혔는데, 군사들의 공훈 등급을 만약 조정의 명령을 따를 것이라고 기다렸다가 나중에 결정한다면, 군사들의 심정을 감동시킬 수 없으므로, 우선 공로를 참작하여 1·2·3등으로 별지에 기록하였습니다.

당초의 약속대로 비록 머리를 베지 않았더라도 죽을힘으로 싸운 사람들은 신이 직접 본 그대로 등급을 나누어 결정하였음을 함께 기록하였습니다. 1592년 7월 15일 전라좌도수군절도사 리순신은 삼가 갖추어 아룁니다.

(4) 당항포대첩(唐項浦大捷)

다시 여러 장수들과 약속을 거듭 밝히고서 출항하려는 데, 본도 우수사 리억기가 전선(戰船) 25척을 거느리고, 신이 머물고 있는 곳으로 와서 모였습니다. 여러 전선의 장수와 군사들은 늘 후원이 없어 외롭고 힘이 약한 것을 염려하는데, 계속 싸우다보니, 바야흐로 피곤하게 된 터에 응원군을 맞이하게 되자, 좋아서 날뛰지 않는 이가 없었습니다.[606)]

신은 이내 리억기와 왜적을 쳐부술 대책을 토론하였는데, 곧 날이 저물어서 그와 함께 거제와 고성의 두 어름에 있는 착량(鑿梁) 바다로 가서 진을 치고 밤을 지냈습니다.

5일은 아침 안개가 사방에 꽉 끼었다가 해질 무렵에야 걷히기에, 거제로 도망쳐서 숨은 왜적을 토멸하려고 돛을 올려 바다로 나가는 데, 거제에 사는 귀화인(歸化人) 김모(金毛) 등 7~8명이 조그마한 배에 함께 타고 매우 기뻐하면서 와서 "당포에서 쫓긴 왜적선이 거제를 지나 고성땅 당항포(唐項浦)로 옮겨 대었습니다."고 말했습니다.

그래서 재빨리 당항포 앞바다에 이르러 남쪽으로 진해를 바라보니, 성(城) 바깥 몇 리쯤 되는 들판에 무장한 군사 1000여 명이 깃발을 세우고 진을 치고 있었습니다. 사람을 보내어 탐문해 봤더니, 함안 군수 류숭인(柳崇仁)이 기병 1100명을 거느리고 왜적을 추격하여 이곳까지

---

606) 『난중일기』 임진년 6월 4일에 "정오가 되니 우수사가 여러 장수들을 거느리고 돛을 올리고서 왔다. 진중의 장병들이 기뻐서 날뛰지 않는 이가 없었다. 군사를 합치고 약속을 거듭한 뒤에 착포량에서 밤을 지냈다."고 하였다. 그리고 이 날의 "領舟師懸帆而來壯士無不踴躍"까지의 내용은 하루 전날인 6월 3일에도 적었다가 일부를 지워져 있다. 우수사 리억기의 행동은 6월 4일일 것이다.

이르렀다는 것입니다.

그래서 곧 당항포 바다 어귀의 형세를 물어보니, "거리는 10여 리나 되고 넓어서 배가 들어갈만 하다."고 하기에 먼저 전선 3척 정도로 하여금 "지리가 얼마나 편리한지〔地利〕를 조사해 오되, 만약 왜적이 추격해오면 짐짓 물러나 왜적을 끌어내도록 하라."라고 엄하게 지시하여 보내고, 신들의 수군은 몰래 숨어 있다가 저격(狙擊)할 계획을 세웠습니다.

그러자 포구로 들여보냈던 전선이 바다 어귀로 되돌아 나오면서 신기전(神機箭)을 쏘아 변고를 알리며 "빨리 들어오라."고 하였으므로, 전선 4척을 바다 어귀에 머물러 복병하도록 지시한 뒤에 노를 바삐 저어 들어갔습니다.

양편 산기슭이 강을 끼고 20여 리나 되며, 그 사이의 지형은 그리 좁지 않아 싸울 만한 곳이었습니다.

그래서 여러 전선이 물고기를 꼬챙이에 꿴 것처럼 일제히 나아가면서 이물을 고물에 줄지어서 소소강(召所江) 서쪽 기슭에 이르자, 검정칠을 한 왜적선은 크기가 판옥선과 같은 것이 9척과 중선 4척 · 소선 13척(모두 26척)이 언덕을 따라 대어 있었습니다.

그 가운데 가장 큰 배 1척은 뱃머리에 따로 3층 판자집을 만들어졌고, 벽에는 단청(丹青)을 칠했는데, 마치 불전(佛殿)과 같았습니다. 앞에는 푸른 일산을 세우고, 누각 아래는 검게 물들인 비단 휘장을 드리웠고, 그 휘장에는 흰 꽃무늬를 크게 그렸는데, 휘장 안에 왜놈들이 수없이 벌려 서 있었습니다. 또 왜대선 4척이 포구 안쪽에서 나오더니, 한 곳에 모여서 모두 검은 깃발을 꽂고서 깃발마다 흰 글씨로 '南無妙法蓮花經(남무묘법연화경)'이라는 일곱 자가 써여 있었습니다.

우리 군사의 위세를 본 왜적은 철환을 마구 쏘는데, 마치 싸라기눈 같기도 하고, 우박 떨어지는 것 같았습니다. 그러나 여러 전선이 에워싸고서는 먼저 거북함을 돌입케 하여 천자 · 지자 총통을 쏘아 왜적의 대선을 꿰뚫게 하고, 여러 전선이 번갈아 서로 드나들면서 총통에 대전(大箭)과 철환(鐵丸)을 바람처럼, 우레처럼 쏘았습니다. 이렇게 한참

동안 싸웠더니 우리의 위무(威武)를 더욱 떨치었습니다.

그런데 신의 어리석은 생각으로 저 왜적들이 만약 형세가 너무 몰리게 되면, 배를 버리고 상륙하여 모조리 섬멸하지 못할 것을 염려하여 "우리들이 당장 짐짓 군사들이 퇴각하는 모습을 보이며, 에워싼 것을 풀고, 진형을 해산하면, 저들이 반드시 그 틈을 타서 배를 옮길 것이니, 그때 왼쪽·오른쪽·뒤쪽에서 공격하면 거의 섬멸할 수 있을 것이다."라고 전령한 뒤에 물러나 한 쪽을 터주자, 층각선이 아니나 다를까 터 놓은 길로 따라 나오는데, 검은색 돛을 둘씩이나 달았습니다. 다른 배들은 날개처럼 벌려 층각선을 끼고서 노를 바삐 저어 바다로 나왔습니다.

그래서 우리의 여러 전선은 4면으로 에워싸면서 재빠르게 협격(挾擊)하고, 돌격장(突擊將)이 탄 거북함이 또 층각선 아래로 돌파하면서 총통을 위로 쏘아[607] 층각선을 마구 부딪쳐 깨뜨리고, 여러 전선들도 화전(火箭)으로 그 비단 장막과 돛베를 쏘아 맞혔습니다.

그러자 맹렬한 불길이 일어나고, 층각 위에 앉았던 왜장은 화살에 맞아 떨어졌습니다. 다른 왜선 4척은 이 창황한 틈을 타서 돛을 올려 북쪽으로 달아나다가, 신과 리억기 등이 거느린 여러 장수들이 패를 갈라서 싸우면서 또 싹 포위하자, 왜적선 가운데 그 많던 왜적의 무리들은 물에 뛰어들기 바쁘고, 혹은 기슭을 타고 올라가며, 혹은 산으로 올라 북쪽으로 도망하였습니다.

군사들은 창과 양날칼을 잡고, 활과 화살을 가지고 저마다 죽을힘을 다해서 추격하여 머리 43급을 베었으며, 왜적선은 몽땅 불태워버린 뒤에, 일부러 배 1척을 남겨두고 왜적들의 돌아갈 길을 터 주었습니다. 그러나 이미 해가 져서 어둑어둑 하여 육상에 오른 왜적을 다 사로잡지 못하고, 리억기와 함께 어둠을 타서 그 바다 어귀로 나와 진을 치고 밤을 지냈습니다.

---

607) 스페인 선교사 Gregorio de Cespedes가 1593년 12월 28일에 조선의 웅천에 왔다가 해전 상황을 보고서 "배들은 철포를 사용하는데, 포탄을 쏘는 것이 아니라, 물고기의 꼬리 부분과 똑같은 형태로 끝이 뾰족하고 어른의 다리만큼의 굵은 화살을 발사했다."고 했다.〔박철, 『세스뻬데스』 (서강대학교출판부, 1993), p. 278〕 이것은 총통에 쓰이는 대전(大箭)을 말한 것으로 여겨진다.

6일 꼭두새벽에 방답 첨사 리순신(李純信)이 "당항포에서 산으로 올라간 왜적들이 반드시 남겨둔 배를 타고 새벽녘에 몰래 나올 것이라." 하여 그가 관할하는 전선을 거느리고 바다 어귀로 나아가서 왜적들이 나오는 것을 살피고 있다가 그 배들을 몽땅 잡았다고 급히 보고해왔습니다. 그 내용에 "오늘 꼭두새벽에 당항포 바깥 바다 어귀로 배를 옮겨서 잠깐 있는 동안 왜적선 1척이 과연 바다 어귀에서 나왔습니다. 그래서 첨사가 불의에 충돌하였더니, 1척에 타고 있는 왜적들은 거의 100여 명이었는데, 우리편 배가 먼저 지자·현자 총통을 쏘았으며, 한편으로 장전·편전·철환·질려포(蒺藜炮)·대발화(大發火) 등을 연달아 쏘고 던질 즈음에, 왜적들은 마음이 급하여 허둥지둥 도망하려 하였으므로, 요구금(要鉤金: 사조구)으로 바다 가운데로 끌어내자, 반쯤은 물에 뛰어들어 죽었습니다.[608] 그 가운데서도 약 24·25살 되는 왜장은 용모가 군세고 위엄〔健偉〕 있으며, 화려한 군복을 입고서 양날칼〔劒〕을 집고 홀로 서서 나머지 부하 8명과 함께 지휘하고 항전하면서 조금도 두려워하거나 거리낌이 없었습니다. 첨사는 그 양날칼을 집고 있는 자를 힘을 다하여 활을 쏘아 맞히자, 화살을 10여 대를 맞고서야 꽥 소리도 내지 못하고 물에 떨어졌습니다. 그래서 곧바로 목을 베게 하고, 다른 왜적 8명은 군관 김성옥(金成玉) 등이 합력하여 쏘고 목을 베었습니다.

그날 진시(辰時: 07:00~09:00)에 적선을 불태울 때, 경상우수사 원균과 남해 현령 기효근 등은 그곳으로 뒤쫓아 와서 물에 빠져 죽은 왜놈을 샅샅이 찾아내어 목을 벤 것이 50여 급에 이르도록 많았습니다. 왜선의 맨 앞쪽에는 따로 햇볕을 가리기 위하여 량방(凉房: 햇볕을 가리기 위하여 방이나 마루의 처마 끝에 차양을 덧달아 지은 집)을 만들었는데, 방 안의 장막이 모두 몹시 사치스럽고 화려하였으며, 곁에 있는 작은 궤 안에는 문서를 가뜩 넣어 두었기에 집어보니, 왜놈 3040여 명의

---

608) 박철, 『세스뻬데스』(서강대학교출판부, 1993), p. 297에는 "꼬라이인들은 그들이 항상 사용하던 쇠갈고리와 쇠사슬을 가지고 일본인들의 배들을 붙들어서 도망가지 못하게 하면서 얼마동안은 공방전이 진행되면서 일본인들을 최악의 상태로 몰아넣고 끝내는 일본인들을 완전히 굴복시켰다."고 하였다.

'분군기(分軍記: 군사 배치표)'였습니다. 줄줄이 적힌 이름 아래 서명하고, 피를 발라 둔 것이 틀림없이 삽혈(歃血)하여 서로 맹세한 문서인 듯합니다. 그 '분군 건기(分軍件記)' 6축과 갑옷·투구·창·양날칼·활·시위·총통과 범가죽으로 된 말안장 등의 물건을 올려 보냅니다." 고 하였으므로, 신이 직접 그 '분군 건기'를 살펴보니, 서명하고 피를 바른 흔적이 과연 보고된 바와 같았는데, 그들의 흉악한 꼴을 형언할 수 없습니다. 왜놈의 머리 9급 가운데서 왜장의 머리는 리순신(李純信)이 따로 표하여 올려 보냈습니다.

그런데 왜놈들의 깃발은 물들인 것이 서로 달랐습니다. 전날 옥포에서는 붉은 깃발이었고, 오늘 사천에서는 흰 깃발이고, 당포에서는 누른 깃발이며, 당항포는 검은 깃발인 바, 그 내용을 생각해보면 반드시 그들의 부대를 분간하는 데 있을 뿐 아니라, 삽혈하여 맹세한 글이 또 이와 일치되므로, 일찍부터 우리를 깔보고 반역할 마음을 품고서 군병(軍兵)을 준비한 상황이었음을 짐작하고도 남습니다.

그 날(6일)은 비가 내리고 구름이 끼어 바닷길을 분간할 수 없어 당항포 앞바다로 옮겨 머물면서 군사들을 쉬며 위로하고, 저녁 무렵에 고성땅 마루간장(亇乙干場) 바다 가운데로 옮겨서 밤을 지냈습니다. …

1592년 6월 14일 절도사 리순신은 삼가 아룁니다.

● 정헌대부 겸 삼도수군통제사 행 전라좌도수군절도사 리순신은 삼가 왜적선을 불태워 무찌른 일을 아룁니다.

거제(巨濟) 및 웅천(熊川)의 왜적들이 많이 떼를 지어 진해(鎭海) 및 고성(固城) 등지를 함부로 드나들면서 여염집을 불지르고, 사람들을 죽이고 재물을 약탈한다고 하였습니다. 그래서 그들이 오가는 기회를 이용하여 형세를 보아 쳐서 사로잡으려고, 3도의 여러 장수들에게 명령하여 "배들을 정돈하고 무기들을 엄히 갖추고, 한편으로 각처 산봉우리 꼭대기를 다니면서 보도록 탐망장(探望將)을 파견하여, 멀리 적선을 살피고 즉시 달려와 보고하라."고 하였습니다.

이 달 3월 3일 미시(未時: 13:00~15:00)에 도착한 고성땅 벽방산

(碧方山)의 탐망장 제한국(諸漢國) 등의 급보에 "당일(3일) 날이 밝을 무렵에, 왜적의 대선 10척・중선 14척・소선 7척(모두 31척)이 영등포에서 나오다가 21척은 고성땅 당항포(唐項浦)로, 7척은 진해땅 오리량(吾里梁)에, 3척은 저도(猪島)로 모두 향해 갔습니다."고 한 내용이었습니다.

신은 즉시 경상우수사 원균과 전라우수사 리억기 등에게 전령하여 다시금 엄하게 약속하고, 한편으로는 순찰사(『리충무공전서』에는 순변사) 리빈(李賓)에게도 전날에 이미 약속한 대로 "육군을 거느리고 빨리 달려와서 육지에 내린 왜적들을 모조리 쳐서 사로잡아라."고 통고하였습니다.

그 날 술시(戌時: 19:00~21:00)에 3도의 여러 장수들을 남김없이 거느리고, 한산(閑山) 바다 가운데서 출항하여 어둠을 타고 몰래 향해하여 이경(二更: 21:00~23:00)쯤 거제의 내면(內面) 지도(紙島) 바다 가운데서 밤을 지냈습니다.

4일에는 꼭두새벽에 전선 20척을 견내량(見乃梁)에 머무르게 하여 불의의 사태에 대비하게 하였습니다. 또 3도의 가볍고 빠른 배를 가려내어, 전라좌도에서는 좌척후장(左斥候將)인 사도 첨사 김완(金浣), 1령장(一領將) 로천기(盧天紀), 2령장(一領將) 조장우(曹將宇), 좌별도장이며 전 첨사(前僉使) 배경남(裵慶男)・판관 리설(李渫), 좌위좌부장(左衛左部將) 녹도 만호 송여종(宋汝悰), 보주통장(步駐統將) 최도전(崔道傳), 우척후장 여도 만호 김인영(金仁英), 1령장(一領將) 윤붕(尹鵬), 거북함돌격장〔龜船突擊將〕 주부 리언량(李彦良)을,

전라우도에서는 응양별도장(鷹楊別都將) 우후(虞候) 리정충(李廷忠), 좌응양장(左鷹揚將) 어란 만호(於蘭萬戶) 정담수(鄭聃壽), 우응양장(右鷹揚將) 남도 만호(南桃萬戶) 강응표(姜應彪), 조전통장(助戰統將) 배윤(裵胤), 전부장(前部將) 해남현감 위대기(魏大器), 중부장(中部將) 진도 군수 김만수(金萬壽), 좌부장(左部將) 금갑도 만호(金甲島萬戶) 리정표(李廷彪), 통장(統將) 곽호신(郭好信), 우위중부장(右衛中部將) 강진현감 류해(柳瀣), 좌부장 목포 만호 전희광(田希光), 우부장 주부(主簿) 김남준(金南俊)을,

경상우도에서는 미조항 첨사 김승룡(金勝龍), 좌유격장(左遊擊將) 남해 현령 기효근(奇孝謹), 우돌격장(右突擊將) 사량만호 리여념(李汝恬), 좌척후장(左斥候將) 고성 현령 조응도(趙凝道: 應道), 선봉장(先鋒將) 사천 현감 기직남(奇直男), 우척후장(右斥候將) 웅천 현감 리운룡(李雲龍), 좌돌격장(左突擊將) 평산포 만호(平山浦萬戶) 김축(金軸), 유격장(遊擊將) 하동 현감 성천유(成天裕), 좌선봉장(左先鋒將) 소비포 권관 리영남(李英男), 중위우부장(中衛右部將) 당포 만호 하종해(河宗海) 등 31명의 장수를 선발하고, 수군 조방장(助防將) 어영담(漁泳潭)을 인솔 장수로 삼아 위의 당항포와 오리량 등지의 왜적선이 머물고 있는 곳으로 몰래 급히 보내었습니다.

신은 리억기 및 원균과 함께 대군(大軍)을 거느리고, 영등포와 장문포의 왜적의 진친 앞바다의 증도(甑島) 바다 가운데서 학익진을 형성하여 한 바다를 가로 끊어서, 앞에서는 군사의 위세를 보이고, 뒤에서는 왜적의 퇴로를 막았습니다.

그러자 왜적선 10척이 진해 선창(鎭海船滄)에서 나와 연안에 바싹 붙어서 배를 몰고 가는 것을 조방장 어영담이 거느린 여러 장수들이 한꺼번에 돌진하여 좌우로 협공하였습니다. 6척은 진해땅 읍전포(邑前浦)에서, 2척은 고성땅 어선포(於善浦)에서, 2척은 진해땅 시굿포(柴仇叱浦)에서 모두 배를 버린 채 뭍으로 올라갔으므로, 모두 남김없이 쳐부수고 불태워 버렸습니다.

녹도 만호 송여종은 왜적선에 사로잡혀 있던 고성(固城)의 정병(正兵) 심거원(沈巨元)과 진해의 관비(官婢) 례금(禮今)과 함안의 양가집 딸 남월(南月) 등을 빼앗아 왔습니다. 그리고 사로잡혔던 2명은 왜적들이 머리를 베어 버렸습니다.

당항포에 들어가 대어 있던 왜적선은 대선·중선·소선을 아울러 21척인 데, 불타는 연기를 바라보고는 모두들 기운이 꺾여서 스스로 세력이 궁함을 알고 육지로 내려가서 진을 치는 것이었습니다. 그래서 순변사 리빈에게 다시금 독촉하는 공문을 보내고, 어영담에게 명령하여 그가 인솔한 여러 장수들을 거느리고 곧장 그곳 당항포로 향하게 하였습니다. 그러나 마침 저녁 조수가 이미 나가고 날조차 어두워서 진격하지 못하고, 위의 당항포 포구를 가로질러 막고서 밤을 지냈습니다.[609)]

이튿날 5일에는 꼭두새벽에 신과 리억기는 한 바다에 진을 치고 밖에서 들어오는 사변에 대응하고, 어영담은 여러 장수들을 거느리고 당항포구 안으로 바로 들어갔습니다. 그날 미시(未時: 13:00~15:00)에 도착한 어영담 등의 급보에 "왜적들은 모두 도망해 버렸고, 왜적선 21척에는 기와와 왕대〔王竹〕를 가득 싣고서 줄지어 대어 있었으므로, 모두 쳐부수고 불태웠습니다."고 알려 왔습니다.

전라우수사 리억기도 여러 장수들의 보고하는 바에 따라 역시 같은 내용으로 보고하는 것이었습니다. 이리하여 기운을 뽐내던 남은 왜적들이 감히 나와서 싸우려 하지 못하고 배를 버리고서 밤중에 도망쳐 버렸습니다. 이러한 때를 당하여 수군과 육군이 서로 응하면서 한꺼번에 합공했더라면 거의 섬멸할 수 있었을 것입니다.

그런데 바다와 육지에서 머물고 있는 군사들은 서로 거리가 멀리 떨어져 있기 때문에 쉽게 빨리 통하지 못하여 새장 속에 갇힌 왜적을 다 잡지 못한 것이 참으로 통분합니다. 고성 및 진해로 쏘다니던 왜적들이 이 뒤부터는 모름지기 스스로 뒤를 돌아보게 되어 멋대로 드나들지는 못할 것입니다.

그날 수군 총원이 모두 합세하여 한 바다에 가득 메워, 대포 소리는 하늘을 진동케 하며, 이리저리 진을 바꾸면서 엄습할 기세를 보였습니다.

그러자 영등포·장문포·제포·웅천·안골포·가덕 및 천성(天城) 등지에 웅거하였던 왜적들이 바로 공격받게 될 것을 겁내어, 복병하고 있던 임시 군막을 모두 제 손으로 불지르고, 무서워서 굴 속으로 기어들어가서 밖에는 그림자조차 얼씬거리지 못했습니다.[610)]

---

609) 『초서 진중일기』 갑오년 3월 4일에는 "밤 두 시쯤에 출항했다. 진해 앞바다에 이르러 왜선 6척을 뒤쫓아 잡아 불태워 버렸고, 돝섬(猪島)에서 2척을 불태워 버렸다. 또 '소소강에 14척이 들어왔다.'고 하므로, 조방장과 경상우수사 원균에게 나가 토벌하도록 전령했다. 고성땅 아잠포(阿自音浦)에서 진을 치고 밤을 지냈다."고 하였다.

6일에는 고성땅 아잠포(阿自音浦)에서 출항하여 순풍에 돛을 달고 앞뒤를 서로 이어 거제읍 앞에 있는 흉도 앞바다로 향하려고 할 적에 남해 현령 기효근이 "왜적선 1척이 영등포에서 나와 건너편 육지에 오르는 데, 그것은 중국 군사 2명과 왜놈 8명이었으므로, 중국 군사가 지닌 패문(牌文)을 함께 보냅니다."고 하였는데, 그 패문에 회답한 사유는 별도로 갖추어서 장계하였습니다.[611)]

대개 모든 장수와 군사들이 승첩한 기세로 기뻐 날뛰며 다들 사생결단으로 바로 돌진하려고 할 뿐 아니라, 주리고 파리하여 맥이 빠졌던 군졸들도 모두 즐거이 출전하여 왜적선 30여 척을 모두 불태우고 1척도 빠져나간 것이 없었습니다.

그대로 장문포와 영등포의 왜적들을 차차 무찌르려고 계획하였으나, 수군에 소속된 라주(羅州) 등 9고을은 더 만드는 전선은 그만두고, 도리어 원래 있던 전선까지도 모두 오늘까지 돌아오지 않고, 그 지방의 각 포구에서도 역시 각 고을의 수군을 징집해 보내지 않아서 정비되지 않고 있으며, 충청 수사 구사직(具思稷)도 지금까지 진에 도착하지 않아 군대의 위세가 매우 약할 것 같았습니다. 그래서 다시 형세를 보아서 진격하기로 하고, 이 달 3월 7일 한산 진중으로 돌아왔습니다.[612)]

3도의 여러 장수들이 왜적선을 불태워버린 수는 리억기와 어영담의

---

610) 『초서 진중일기』 갑오년 3월 5일에는 "겸 사복(윤봉)을 당항포로 보내어 적선을 쳐부수고 불태웠는지를 탐문케 하였더니, 우조방장 어영담(魚泳潭)이 긴급 보고한 내용에 '적들이 우리 군사들의 위엄을 겁내어 밤을 틈타서 도망했으므로, 빈 배 7척을 모조리 불태워 버렸다.'고 했다. 경상우수사(원균)의 보고도 같은 내용이었다. 우수사가 와서 볼 적에 비가 많이 퍼붓고, 바람도 몹시 불었다. 바로 자기 배로 돌아갔다. 이 날 아침 순변사에게서도 토벌을 독려하는 공문이 왔다. 우조방장과 순천·방답·배 첨사도 와서 서로 이야기하는 동안에 경상우수사 원균이 배에 이르자, 여러 장수들은 각각 돌아갔다. 저녁에 광양의 새 배가 들어왔다."고 하였다.

611) 이 패문에 대한 내용은 앞의 장계 66 〔왜군의 정세를 아뢰옵니다〕 및 『李忠武公全書』 卷1 雜著15~16 「答譚都司宗仁禁討牌文」에 있다. 이 패문의 회답을 작성할 때의 사정에 관해서는 『초서 진중일기』 갑오년 3월 7일에 "몸이 극도로 불편하여 꼼짝하기조차 어렵다. 그래서 아랫사람으로 하여금 패문을 지으라고 하였더니, 지어 놓은 글이 꼴이 아니다. 또 경상우수사 원균이 손의갑(孫義甲)으로 하여금 작성했음에도 그것마저 못마땅했다. 나는 병을 무릅쓰고 억지로 일어나 앉아 글을 짓고, 정사립(鄭思立)에게 이를 쓰게 하여 보냈다."고 하였다.

612) 『초서 진중일기』 갑오년 3월 7일에 " 오후 2시쯤에 출항하여 밤 10시쯤 한산도 진중에 이르렀다."고 하였다.

보고에 따라 상세히 정리하여 아래에 기록하여 올립니다.

왜적의 물건들은 약탈하면서 돌아다니던 왜적들이라서 별로 중요한 것이 없습니다. 다만 의복·양식·가마솥·나무그릇 등의 잡물뿐이므로, 수색해 온 군졸들에게 골고루 나누어 주었습니다.

오직 경상우수사 원균은 왜적선 31척을 그 지방의 여러 장수들이 모두 불태운 것처럼 공문을 만들어 보낸다고 하여 온 진에 있는 장수와 군사들이 괘씸히 여기지 않는 이가 없습니다. 조정에서 짐작해서 처리해 주시기 바랍니다.

1594년 3월 10일 삼도수군통제사 리순신은 삼가 갖추어 아룁니다.

전라 좌도와 우도 여러 장수들의 공적[613)]

절충 장군 수군 조방장 어영담 왜대선 2척 분멸(焚滅), 우척후장 훈련원 부정(副正) 겸 여도만호 김인영 왜대선 1척과 중선 1척을 분멸, 우부장 서부(西部) 주부 겸 녹도 만호 송여종 왜대선 1척과 소선 1척을 분멸, 우돌격장 훈련원 주부 리언양 왜중선 2척을 분멸, 좌척후장 절충장군 사도 첨사 김완 왜중선 1척을 분멸, 좌별도장 전 첨사 배경남과 훈련원 판관 리설이 합력하여 왜대선 1척을 분멸, 좌부보전통장 전 훈련원 봉사 최도전과 좌척후 1령장 정병보(正兵保) 로천기 및 2령장 정병보 조장수 등이 합력하여 왜소선 1척을 분멸, 계원장(繼援將) 수군 우후 리정충 왜대선 1척을 분멸, 전부장 해남 현감 위대기 왜중선 1척을 분멸, 좌응양장 훈련원 판관 겸 어란포 만호 정담수 왜대선 1척을 분멸, 우응양장 훈련원 판관 겸 남도포 만호 강응표 왜중선 1척을 분멸, 중위좌부장 훈련원 판관 겸 금갑도 만호 리정표 왜중선 1척을 분멸, 좌위좌부장 훈련원 판관 겸 목포 만호 전희광(田希光) 왜소선 1척을 분멸, 우위중부장 강진 현감 류해(柳瀣)와 우부장 주부 김남준(金南俊)이 합력하여 왜중선 1척을 분멸, 우척후 1령장 겸 사복 윤붕

613) 이 공적 내용은 원문에는 남아 있지 않으며, 『李忠武公全書』 卷4 狀啓24~25에 적혀 있는 것을 그대로 보충한 것이다.

(尹鵬)과 우응양조전장 충순위 배윤 및 중위좌부 보주통장 정병보 곽호신 등이 합력하여 왜소선 1척을 분멸하였습니다.

경상도 여러 장령들의 공적

우수사 원균 왜중선 2척을 분멸, 좌척후 1선봉장 사천 현감 기직남 왜대선 1척을 분멸, 좌돌격장 군기시 부정 겸 고성 현령 조응도 왜대선 1척을 분멸, 좌척후 선봉도장 웅천 현감 리운룡 왜대선 1척을 분멸, 유격장 하동 현감 성천유와 우부장 당포 만호 하종해가 합력하여 왜중선 1척을 분멸, 좌선봉장 훈련원 판관 겸 소비포 권관 리영남 왜대선 2척을 분멸, 우돌격도장 훈련원 정 겸 사량 만호 리여념 왜중선 1척을 분멸, 전부장 거제 현령 안위 왜중선 1척을 분멸, 우유격장 진해 현감 정항(鄭沆) 왜중선 1척을 분멸하였습니다.

(5) 부산포대첩(釜山浦大捷)

- 전라좌도수군절도사 리순신은 삼가 적선을 무찌른 일을 아룁니다.

경상 연해의 왜적을 세 번이나 왕래하여 무찌른 뒤로 가덕(加德)에서 서쪽으로는 왜적의 그림자조차 아주 끊어졌습니다.

그러나 각 지방에 꽉 차있던 왜적들이 날마다 점점 내려온다고 하므로 그들이 물러나 숨을 시기를 이용하여 수륙합공(水陸合攻)을 하려고 본도(전라도)의 좌도(左道)와 우도(右道)의 전선 74척과 협선(挾船) 92척을 갑절이나 엄하게 정비하였습니다. 지난 8월 1일 본영 앞바다에 이르러 진을 치고 거듭 약속을 다짐하였습니다. 그 달 8일에 선전관 안홍국(安弘國)이 가져온 분부의 서장을 받았을 뿐 아니라, 경상우도 순찰사 김수(金晬)의 공문 내용에 "상국(上國)을 침범한 왜적의 무리들이 낮에는 숨고 밤에는 행군하여 량산강(梁山江)·김해강(金海江) 등지로 잇달아 내려오는데, 짐꾸러미를 가득 실은 것으로 보아 도망치려는 낌새가 현저하다."고 하였습니다.

8월 24일에는 우수사 리억기 등과 함께 출항하여 수군 조방장 정걸(丁傑)도 함께 거느리고 남해땅 관음포(觀音浦)에서 밤을 지냈습니다.[614]

25일에는 미리 약속한 사량(蛇梁) 바다 가운데 이르러, 경상도 우수사 원균을 만나 왜적의 상황을 상세히 묻고 나서 다 함께 당포(唐浦)에 이르러 밤을 지냈습니다.[615]

26일은 바람이 불고 비가 내려 출항할 수가 없었습니다. 또 날이 저물어서야 거제도의 자루치(資乙于赤)에 이르러 밤을 이용하여 몰래 견내량을 건넜습니다.[616]

27일에는 웅천땅 제포(薺浦) 북쪽 바다에 있는 원포(院浦)에서 밤을 지냈습니다.[617]

28일에는 경상도 육지의 왜적을 정찰하러 보낸 사람이 와서 말하기를, "고성・진해・창원 병영(兵營) 등지에 머물고 있던 왜적들이 이 달 24・25일 밤중에 모두 도망했다."하였습니다.

이것은 반드시 산에 올라가서 망보던 왜적들이 우리 수군을 바라보

---

614) 『초서 진중일기』 임진년 8월 24일에는 "아침밥은 객사 동헌에서 정 영감(충청수사 정걸)과 같이 먹고 곧 침벽정(侵碧亭)으로 옮겼다. 우수사와 점심을 같이 먹었는데, 정 조방장도 함께 먹었다. 오후 4시쯤에 배를 출항하여 노질을 재촉하여 노량 뒷바다에 이르러 정박하다. 한밤 12시에 달빛을 타고 배를 몰아, 사천땅 모자랑포에 이르니 벌써 날이 새었다. 새벽 안개가 사방에 끼어서 지척을 분간키 어려웠다."고 하였다.

615) 『초서 진중일기』 임진년 8월 25일에는 "오전 8시쯤에 안개가 걷혔다. 삼천포 앞바다에 이르니 평산포 만호가 공장(수령이나 찰방이 감사・병마사・수사 등에게 공식으로 만날 때에 내는 관직명을 적은 편지)을 바쳤다. 당포 가까이에 이르러 경상우수사(원균)와 만나 배를 매 놓고 이야기했다. 오후 4시쯤에 당포에 정박하여 밤을 지냈다. 자정에 잠깐 비가 왔다."고 하였다.

616) 『초서 진중일기』 임진년 8월 26일에는 "견내량에 이르러 배를 멈추고서 우수사와 더불어 이야기했다. 순천부사 권준(權俊)도 왔다. 저녁에 배를 옮겨 각호사(角乎寺) 앞바다에서 밤을 지냈다."고 하였다.

617) 『초서 진중일기』 임진년 8월 27일에는 "령남수사(원균)와 같이 의논하고, 배를 옮겨 거제 칠내도(漆乃島)에 이르렀다. 웅천현감 리종인(李宗仁)이 와서 말하는데, '왜적의 머리 35개를 베었다.'고 한다. 어두울 무렵에 제포(濟浦)・서원포(西院浦)를 건너니, 밤이 벌써 10시쯤이 되어 자려는데, 하늬바람이 차겁게 부니, 나그네의 회포가 어지럽다. 이 날 밤 꿈자리도 많이많이 어지러웠다."고 하였다.

고서 위세에 기가 죽어 배를 숨겨둔 곳으로 급히 도망한 것일 것입니다.

이날 이른 아침에 출항하여 바로 양산과 김해의 두 강 앞바다로 향하는데, 창원땅 구곡포(仇谷浦)의 보자기 정말석(丁末叱石: 末石)이라 이름하는 사람이 사로잡힌 지 3일째 되는 그 날(28일)에 김해강에서 도망쳐 돌아와서 말하기를 "김해강에 머물고 있던 왜적선이 수삼 일 동안에 많은 수가 떼를 지어 몰운대(沒雲臺) 바깥 바다로 노를 바삐 저어 나갔는데, 도망가려는 모양이 분명하였으므로, 소인은 밤에 도망쳐 돌아왔습니다."고 하므로, 가덕도 북변의 서쪽 기슭에 배를 감추어 숨어 있게 하고, 방답 첨사 리순신(李純信)과 광양 현감 어영담(漁泳譚)으로 하여금 가덕 바깥쪽에 숨어서 "양산의 왜적선을 탐망하고 와서 보고하라."고 보냈습니다.

신시(申時: 15:00~17:00)쯤에 그들이 돌아와서, "종일 살펴보았으나, 단지 왜적의 소선 4척이 두 강 앞바다에서 나와서 바로 몰운대로 지나갔습니다."고 했기 때문에, 그대로 천성 선창으로 가서 밤을 지냈습니다.

29일에는 닭이 울 때 출항하여 날이 밝을 무렵에 두 강 앞바다에 도착하였는데, 동래땅 장림포(長林浦) 바다 가운데 낙오된 왜적 30여 명이 대선 4척과 소선 2척에 나누어 타고, 량산에서 나오다가 우리 수군을 바라보고는 배를 버리고 뭍으로 올라가는 것을 경상우수사가 거느린 수군들이 도맡아 쳐부수고 불태워 버렸습니다.

그런데 좌별도장인 신의 우후 리몽구(李夢龜)도 대선 1척을 쳐부수고, 머리 1급을 벤 뒤에 군사를 좌우로 나누어 두 강으로 들어가려 했으나, 그 강어귀의 형세가 매우 좁아서 판옥선 같은 큰 배는 싸우기에 마땅찮았습니다. 그래서 어두워질 무렵에야 가덕 북변으로 되돌아와서 밤을 지내면서 원균 및 리억기 등과 함께 밤새껏 대책을 강구하였습니다.

9월 1일 닭이 울 때 출항하여 진시(辰時: 07:00~09:00)에 몰운대를 지나가는데, 샛바람이 갑자기 일고, 파도가 거세어 간신히 배를 몰고 화준구미(花樽仇未: 龜尾)에 이르러, 왜대선 5척을 만나고, 다대포 앞바다에 이르러서는 왜대선 8척을, 서평포(西平浦) 앞바다에 이르러서는 왜대선 9척을, 절영도(絶影島)에 이르러서는 왜대선 2척을 만났는데, 모두 기슭을 의지하여 줄지어 머물고 있었습니다. 그래서 3도의 수사가 거느린 여러 장수와 조방장 정걸(丁傑) 등이 힘을 합쳐 남김없이 쳐부수었으며, 배 안에 가득 실린 왜의 물건과 전쟁 기구도 끌어내지 못하게 하고서 모두 불태웠습니다. 그러나 왜놈들은 우리의 위세를 바라보며 산으로 올라갔기 때문에 머리를 베지는 못하였습니다.

그리고 절영도 안팎으로 모조리 수색하였으나, 왜적의 종적이 없었으므로, 이내 소선을 부산 앞바다로 급히 보내어 왜적선을 자세히 찾으며 살펴라고 하였더니, "대개 500여 척이 선창의 동쪽 산기슭의 언덕 아래 늘어 서 있으며, 선봉에 나선 왜대선 4척이 초량목〔草梁項〕으로 마주 나오고 있다."고 하였습니다.

신은 곧 원균 및 리억기 등과 의논하기를 "우리 군사의 위세로써 지금 만일 공격하지 않고, 군사를 돌이킨다면, 반드시 왜적이 우리를 멸시하는 마음이 생길 것입니다."고 하는 결론이 지어져 독전기를 휘두르며 진격하였습니다.

우부장 녹도 만호 정운(鄭運), 거북함 돌격장 신의 군관 리언양(李彦良), 전부장 방답 첨사 리순신(李純信), 중위장 순천 부사 권준(權俊), 좌부장 낙안 군수 신호(申浩) 등이 먼저 곧바로 돌진하여 위의 선봉에 나온 왜대선 4척을 우선 쳐부수고 불태워 버리자, 왜적의 무리들이 헤엄쳐서 육지로 오르는데, 뒤에 있던 여러 배들은 곧 이때를 이용하여 이긴 기세로 깃발을 올리고 북을 치면서 장사진(長蛇陣)으로 앞으로 돌격하였습니다.

그때 부산성 동쪽 한 산에서 5리쯤 되는 언덕 아래 3곳에 진을 치고 있던 대선·중선·소선을 아울러서 얼추 470여 척이 우리의 위세를 바라보고는 두려워서 감히 나오지 않았습니다. 또 여러 전선이 곧장 그 앞으로 돌진하자, 배 안과 성 안과 산 위와 굴속에 있던 왜적들이 총통과 활을 가지고 모두 다 산으로 올라가서 6곳으로 흩어져서 아래로 내려다보면서 철환과 화살을 쏘는데, 마치 빗발과 우박이 쏟아지는 것 같았습니다.

그런데 편전(片箭)을 쏘는 것은 우리나라 사람 같았으며, 혹 대철환(大鐵丸)을 쏘기도 하는데, 크기가 모과〔木果〕만 하며, 혹 수마석(水磨石)을 쏘기도 하는데, 크기는 주발덩이만한 것이 우리 배에 많이 떨어지곤 했습니다.

그러나 여러 장수들은 한층 더 분개하여 죽음을 무릅쓰고 돌진하면서 천자총통에 대장군전(大將軍箭)을, 지자총통에는 장군전(將軍箭)을, 황자총통에는 피령전(皮翎箭)을, 활에는 장전(長箭)과 편전(片箭)을, 나머지 대형총통에는 철환(鐵丸) 등을 한꺼번에 쏘아 하루 종일 싸우니, 왜적의 기세는 크게 꺾였습니다.

그러자 적선 100여 척 정도를 삼도의 여러 장수들이 힘을 모아 쳐부수었습니다. 화살을 맞아 죽은 왜적을 토굴 속으로 끌고 들어간 놈은 그 수를 헤아릴 수 없었는데도, 배를 깨뜨리는 것이 더 급하여 머리를 베지는 못하였습니다.

여러 전선에서 용감한 군사들을 뽑아 육지로 가서 모조리 섬멸하려고 하였습니다. 그러나 무릇 성 안팎의 6~7개소에서는 진을 치고 있는 왜적들이 있을 뿐 아니라, 말을 타고 용맹을 보이는 놈도 많았습니다.

그리고 말도 없어 힘이 약한 외로운 군사를 경솔하게 육지로 보낸다면, 이것은 온전히 지킬 수 있는 좋은 계획〔萬全之計〕이 아니며, 또 날도 저물어가니, 왜적의 소굴에 있다가는 앞뒤로 적을 맞게 될 재앙이 염려되어, 하는 수 없이 여러 장수들을 거느리고 배를 돌려 한밤중에 가덕도로 되돌아와서 밤을 지냈습니다.

그런데 양산과 김해에 머물고 있는 왜적선은 혹은 말하기를, "점차 본토로 돌아간다."고 합니다만, 몇 달 지나지 않아서 후원군이 없어 그 세력이 날로 약해짐을 스스로 알고, 모두 부산으로 모이는 일이 없지는 않을 것입니다.

부산성 안에 있는 관사(官舍)는 모두 철거하고, 흙을 쌓아서 집을 만들어 이미 소굴을 만든 것이 100여 호 이상이나 되며, 성밖의 동쪽과 서쪽 산기슭에는 여염집이 즐비하게 연달아 있는 것도 거의 300여 호이며, 이것은 모두 왜놈들이 스스로 지은 집입니다. 그 가운데 큰 집은 층계와 희게 단장한 벽이 마치 불당(절)과 비슷한 데, 그 소행을 따져보면 극히 통분한 일입니다.

한창 싸운 이튿날(9월 2일) 또 다시 돌진하여 그 소굴을 불태우고, 그 배들을 모조리 깨뜨리고자 하였는데, 위로 올라간 왜적들이 여러 곳에 널리 쫙 깔려 있으므로, 그들의 돌아갈 길을 끊는다면 궁지에 몰린 도적의 꼴이 될까 염려되어, 하는 수 없이 바다와 육지에서 함께 진격하여야만 섬멸할 수 있을 것입니다. 더구나 풍랑이 거세어 전선이 서로 부딪쳐서 파손된 곳이 많이 있었으므로, 전선을 수리하면서 군량을 넉넉히 준비하고, 또 육전에서 대거 물러나올 날을 기다렸다가 경상 감사 등과 바다와 육지에서 함께 진격한다면, 남김없이 섬멸할 수 있기 때문에, 2일에 진을 파하고 본영으로 돌아왔습니다.

우후 리몽구가 벤 왜놈의 머리 1급은 본래 왼쪽 귀가 없었으므로 그 귀뿌리를 도려내어 소금에 절여서 올려 보냅니다.

그리고 정해년(丁亥年: 선조20; 1587)에 사로잡혔다가 빠져나온 본영의 수군 김개동(金介同: 介東)과 리언세(李彦世) 등을 문초한 내용에 "저희들을 잡아간 왜놈은 본래 왼쪽 귀가 없었는데, 이제 왜놈의 머리를 보니, 눈썹과 눈이 흡사하고, 이 왜놈은 또 비록 나이는 많지만, 스스로 두목이 되어 도적질을 일삼고 살인을 즐겼습니다."고 말하였습니다.

사량 권관 리여염(李汝恬)이 사로잡아 온 왜놈 오도동(吳道同)을 문초한 내용은 "왜놈 상관들은 온 가족과 아내를 데리고 온 뒤로 소인이 살고 있는 곳의 왜놈들은 모두 싸움터에 나가는 것을 싫어하여 산골로 피해 들어갔습니다. 그래서 6~7월 사이에 일본의 사신이 산을 수색하고 찾아내어 배 안에 가득히 실어서 그대로 이곳으로 보낸 것입니다. 요즘의 고려(高麗) 사람이 우리들을 많이 죽여 오래 머물 수가 어려울 듯하여, 본토(本土)로 돌아가려고 하던 차에 이렇게 잡히었습니다."고

하였습니다.

이런 교묘하고 간사스런 말을 비록 믿을 수는 없으나, 그의 나이가 어리며, 생김새도 약간 어리석게 보이므로, 어느 정도 그럴 듯한 점도 있었습니다.

무릇 이때까지 4번이나 출전하고, 10번을 싸워 모두 승리하였지만, 장수와 군졸들의 공로를 논한다면, 이번의 부산 싸움보다 더할 것이 없습니다. 전날에 싸울 때에는 왜적선의 수가 많아도 70여 척에 지나지 않았는데, 이번에는 많은 왜적이 소굴에 줄지어 대어 있는 470여 척 가운데로 전투진을 펼치고 위세를 갖추어 이기는 여세를 몰아 돌진하였습니다.

그래서 간략히 말하면, 두려워하지도 기운이 꺾이지도 않고, 하루종일 분한 마음으로 공격하여 왜적선 100여 척을 쳐부수었습니다. 왜적들로 하여금 마음이 꺾이고 쓸개가 떨어져나가 머리를 움츠리며 두려워서 벌벌 떨게 하였습니다. 비록 머리를 벤 것은 없으나, 힘써 싸운 공로는 먼젓번보다 훨씬 나으므로, 전례를 참작하여 공로의 등급을 결정하고 별지에 기록하였습니다.

순천 감목관(監牧官) 조정(趙玎)은 "비분강개(悲憤慷慨)하여 스스로 배를 준비하였으며, 단지 종과 목동만을 거느리고, 자원하여 적진으로 나아가 왜놈을 많이 쏘아 죽이고, 왜적의 물건도 많이 노획했습니다." 고 중위장 권준이 2번, 3번 보고해 왔는데, 신이 봐도 그와 같았습니다.

녹도 만호 정운(鄭運)은 왜란이 일어난 뒤부터 충의심에 복받쳐 왜적과 함께 죽기로 맹세하였는데, 3번에 걸쳐 왜적을 칠 때, 언제나 먼저 돌진하였습니다. 이번 부산에서 싸울 때에도 죽음을 무릅쓰고 돌진하다가 왜적의 큰 철환〔大鐵丸〕이 이마를 뚫어서 전사하니, 너무도 슬프고 통분합니다. 그래서 여러 장수 중에서 별도로 차사원(差使員)을 따로 정하여 각별히 호상(護喪)하도록 하였습니다. 아울러 그 녹도의 후임에는 달리 무예와 지략이 있는 사람을 빨리 임명하여 내려보내시기를 바라며, 우선 신의 군관 전 만호 윤사공을 임시 지휘관〔假將〕으로 정하여 보냈습니다.

한창 싸울 때에 철환(鐵丸)을 맞아 전사하고 중상을 입은 군졸은 다음과 같습니다.

방답 1호선의 사부인 순천 수군 김천회(金千回), 여도선의 분군색(分軍色)인 흥양수군 박석산(朴石山), 사도 3호선의 격군인 능성 수군 김개문(金開文), 본영 한후선의 격군이며 토박이 군사 종 수배(水背: 守培), 사공이며 보자기인 김숙련(金叔連) 등은 철환을 맞아 전사하였습니다.

신이 탄 배의 격군이며 토박이 군사 절종 장개세(張開世), 수군이며 보자기인 김억부(金億夫: 億富)·김갯동(金乻同: 開東), 본영 한후선의 수군 리종(李宗), 격군이며 토박이 군사 김강두(金江斗)·박성세(朴成世), 본영 거북함의 토박이 군사 정인이(鄭仁伊)·박언필(朴彦必), 여도선의 토박이 군사 정세인(鄭世仁), 사부 김희전(金希全), 사도 1호선의 군관 김붕만(金鵬萬), 사공이며 토박이 군사 수군 안원세(安元世), 격군이며 토박이 군사 수군 최한종(崔汗終: 翰宗)·광주 수군 배식종(裵植宗), 흥양 1호선의 격군인 보자기 북개(北介: 北開), 본영 우후선의 사부인 진무 구은천(仇銀千), 방답 1호선의 격괄군(格括軍) 종 춘호(春好)·종 보탄(甫呑: 輔灘), 방답진의 거북함 격괄군인 종 춘세(春世)·종 연석(延石), 보성 수군 리갓복(李加叱福: 加福), 보성선의 무상 흔손(欣孫) 등은 철환을 맞았으나, 중상에 이르지는 않았습니다.

신이 탄 배의 토박이 군사 수군 김영견(金永見)·보자기 금동(今同), 방답 거북함의 순천 사부인 신선(新選) 박세봉(朴世奉) 등은 화살을 맞아 조금 다친 것밖에는 달리 다친 데는 없습니다.

위에 적은 여러 사람들은 부산 싸움에서 날아오는 왜적의 시석(矢石)을 무릅쓰고 결사적으로 나아가 싸우다가 전사하기도 하고, 다치기도 하였으므로, 시체를 배에 싣고 돌아가 장사 지내게 하였습니다. 아울러 그들의 아내와 자식들은 휼전(恤典)에 따라 구호케 하였으며, 중상에 이르지 않는 사람들에게는 "약물을 골고루 주어서 충분히 구호하라."고 각별히 엄하게 신칙하였습니다.

왜적의 물품 가운데, 쌀·포목·의복 등은 싸웠던 군사들에게 상품으로 주었으며, 왜적의 병기 등의 물건은 모두 별도로 기록하였습니다.

태인현에 사는 무반(武班)의 서자(庶子)〔業武〕인 교생(校生: 향교의 유생) 송여종(宋汝悰)은 낙안 군수 신호가 다음 보직을 받기를 기다리는〔待變〕 군관(軍官)으로서 4번이나 왜적을 무찌를 때, 언제나 분격(憤激)하고 충정(忠情)하여 남들보다 앞장서서 자진하여 돌진하고 죽을힘을 다하여 힘껏 싸워 거듭 왜놈의 머리를 베었을 뿐 아니라, 이제까지 전공(戰功)이 모두 1등에 참록되었으므로, 이 장계를 지니고 가서 올리도록 보냅니다.

1592년 9월 17일 절도사 리순신은 삼가 갖추어 아룁니다.

별지: 왜의 물품 목록

왜의 갑옷 5벌 가운데 1벌은 금으로 만든 갑옷(金甲). 왜의 투구(兜鍪) 3개. 왜의 긴창(長槍) 2자루. 왜의 총통(銃筒) 4자루. 왜의 큰 남비〔大錠〕 4개. 왜의 말안장〔騎鞍〕 1부. 왜의 어치(於赤) 1부. 왜의 초상(超床) 1개. 왜의 갖가지 옷 7벌. 왜의 바라(婆羅) 2짝. 왜의 연철(鉛鐵) 230근. 왜의 대촉화살〔竹鏃箭〕 12부 5개. 왜의 장전(長箭) 5부 23개. 왜의 촉없는 화살〔無鏃箭〕 2부 11개. 왜의 화로〔伐爐〕 1개. 왜의 솥〔鼎〕 1개. 왜의 궤(櫃) 1개.

우리나라 장전(長箭) 9개. 낫 1자루. 지자총통 2자루. 현자총통 2자루. 대완구 1개. 조피(彫皮) 1령.

● 〔초서체 난중일기에 실린 글〕(참고: 〔 〕의 글은 지워진 것을 밝힌 것임〕

9월 초1일 밤 2시에 출항하여 몰운대에 이르니, 경상우수사가 먼저 그가 거느린 여러 장수들을 거느리고 와서 다대포 앞바다로 돌아가 대었습니다.

우수사 리억기·경상우수사 원균과 더불어 서로 약속하고서 절영도 남쪽 바다에 이르니 〔그 포구에서〕 부산〔적선〕을 바라보니, 좌우 산기스락에 적선이 무수하게 줄지어 대어 있을 뿐 아니라〔있거늘〕〔흙을 쌓고, 풀을 덮은 집을 새로 지어〕 좌우 산 중턱과 성안에 초가를 〔새로〕 지어 흙을 쌓고 담쌓는 것이 가득하거늘 신〔등〕은 울분을 참지 못했습니다. 〔약속케 하고서〕 여러 장수들을 이끌고 선봉이 되어 본도(전라도)로 달려들어 왔더니, 우수사는 본도 우수사와 경상우수사와 더불어 〔수사가 약속하여〕 말하기를, "신의 뒤를 이어서 서로 어긋남 없이 나왔다 들어갔다 하면서 천자·지자 각 총통을 연방 쏘아대어 왜적선 50여 척을 깨뜨렸는데, 날이 또 막 어두워졌습니다." 하였습니다.

적을 물리치는 일: 이전에 선전관 조명(趙銘)이 가지고 온 임금의 분부와 편지를 받고, 신은 소속 수군을 거느리고, 경상우수사 원균이 거느린 전선 3척과 더불어 옥포 등지로 거느리고 가서 적선 40여 척을 분멸한 것을 보고하였습니다. 지난 5월 27일에 도착한 경상우수사 원균의 공문에, 적도들이 수륙으로 침범하여 〔곤양·사천·남해 등지의 각 고을과 마을의 집집마다 분탕하여 도적질하며〕 우도의 여러 읍에는 적들이 그득하고, 곤양·사천도 함몰하여 패하였다고 하거늘, 신은 소속 수군 장수들을 한편으로는 불러모으고, 한편으로는 본도 우수사에게 공문을 보내어 우도는 수로가 멀고 바람의 방향에 따라 예측하기 어려우니, 넉넉잡아 6월 초3일까지 신이 있는 본영(여수) 앞바다에 모이기로 약속하고, 기일 안에 적과 싸우도록 하였는데, 〔경상우수사가 다시 연락해 온 내용에 곤양·사천 등 고을도〕 이미 〔함몰되었다고 하거니와〕 다시 기다렸다가 본도(전라)우수사가 기한대로 모이기로 하였습니다. 사세가 느리고 더디어질까봐 5월 29일 새벽머리에 신은 소속 수군을 거느리고 곤양·남해 땅 노량에 이르렀는데, 경상우수사 원균은 신의 수군을 바라보고는 전선 3척을 거느리고 왔습니다. 경상우수사 원균은 패군한 뒤로 군사 없는 장수이니, 별로 지휘할 것이 없거니와, 그날 정오쯤에 적선 1척이 곤양땅 중간의 태포(太浦)에서 장난치며 천가호(千家戶)를

분탕하는 것을 찾아내려다가 우리 수군을 바라보고 달아나려 하는데 여러 배가 일시에 몰아냈습니다.

왜적을 분멸하고 곧 바로 사천선창에 이르렀더니, 왜적들이 무려 350여 명이 산봉우리에 진을 치고 있고, 산아래에 줄지은 배들은 대선(大船) 7척 · 중선(中船) 5척(계 12척)이 깃발을 많이 꽂아두고서 날뛰고 있거늘, 거북함으로 하여금 돌진케 하고, 천자 · 지자 총통을 연이어 쏘아대며 여러 배들이 한꺼번에 진격하여 화살을 쏘고 탄환을 쏘는 것이 바람처럼 비처럼 어지러우니, 왜적들은 물러가 숨어버리고, 화살을 맞아 물에 빠지는 자와, 혹 끌어안고 산으로 올라가는 자가 셀 수 없이 많았고, 왜놈의 머리도 많이 베고 또 왜장의 머리〔4급〕를 베었으며, 배는 남김없이 다 분멸하였습니다.

이튿날 6월 초1일 고성땅 모사랑포에 진을 치고 밤을 보냈습니다. 6월 초2일 이른 새벽에 출항하여 경쾌선으로 하여금 왜적이 머물러 있는 곳을 찾아내게 하였더니, 그 회신 보고에, 당포에 왜대선 12척, 소선 20척(계 32척)이 머물러 대어 있는데, 천천히 육지에 내려 당포 고을의 집들을 분탕하고 있었습니다. 더러는 배 위에 있다고 보고하므로 다시 여러 장수들을 격려하여 한꺼번에 따라가서 소선 2척을 유인하였는데, 층루가 있는 대선과 여러 배들은 노를 저어 따라 나오는지라, 소리지르며 나발을 불게 하여 여러 장수들을 지휘하여 한꺼번에 둘러쌌습니다.

먼저 거북함으로 하여금 곧장 쳐들어가 연이어 천자 · 지자 총통을 쏘아 그 층루가 있는 대선을 깨뜨렸습니다. 왜적들은 스스로 그 힘으로는 우리를 당할 수 없음을 알고 도로 당포선창으로 들어가 육지로 내려가는데, 철환과 화살을 쏘는 것이 바람과 비처럼 나가니, 거의 다 맞아 다치거나 죽은 자도 많았으며, 〔머리를 베고〕 먼저 왜장과 그를 따르는 왜놈의 목 7급을 베었으며, 나머지 배들을 모두 불태웠습니다. 또 망보는 군사가 보고하기를, 왜대선 20척 소선 10척(계 30척)이 접때와 같다고 하거늘, 재촉하여 바다 가운데로 나가〔하였으되〕 찾아서 보니, 과연 그 말 대로였습니다. 왜적들은 우리 수군을 바라보고서는 물러나 숨으려고 견내량으로 향하였습니다. 날도 벌써 저물어서 그대로 머물러 밤을 지냈습니다.

이튿날 초3일에는 우리 수군을 정비하여 협공하고 찾아서 토벌하려다가 전혀 흔적이 없었으므로, 먼저 작은 경쾌선으로 하여금 적이 있는 곳으로 보내어 찾으려고 그대로 머물게 하여 〔떠나지 않고〕 우수사를 기다렸습니다. 초4일 정오쯤에 우수사가 수군을 거느리고 와서 대었습니다. 그와 더불어 견내량에서 약속하고 착량(鑿梁)에서 밤을 지내고서 출항하였습니다. 고성 20리쯤 못 미쳐서 섬 하나가 있는데, 한 사람이 나〔우리〕를 불러 말하기를, 왜적선 대중소 아울러 30여 척이 지금 고성땅 당항포에 들어와서 분주히 드나들고 있다고 하거늘, 그 당항포로(이 글 뒤에는 글이 없다.)

● 부산의 왜영을 크게 불태웠음을 아룁니다.[618)]

신(리순신)의 장수 가운데 계려(計慮)가 있고 담력과 용기가 있는 사람 및 군관・아병(牙兵)으로 활을 잘 쏘고 용력이 있는 자들이 있는데, 항상 진영에 머물면서 함께 조석으로 계책을 논의하기도 하고 그들의 성심을 시험하기도 하고 함께 밀약하기도 하였으며, 또 그들을 시켜 적의 정세를 정탐하게도 하였습니다. 그러던 터에 거제현령 안위(安衛) 및 군관 급제 김란서(金蘭瑞)・군관 신명학(辛鳴鶴)이 여러 차례 밀모하여 은밀히 박의검을 불러 함께 모의했습니다. 그랬더니 박의검은 아주 기꺼워하여 다시 김란서 등과 함께 간절하게 지휘하면서 죽음으로 맹세하고 약속하였습니다.

같은 달 12일 김란서 등은 야간에 약속대로 시간 되기를 기다렸는데, 마침 된하늬바람이 세게 불어왔습니다. 바람결에다 불을 놓으니, 불길이 세차게 번져서 적의 가옥 1000여 호와 화약창고 2개, 군기와 잡물 및 군량 2만 6000여 섬이 든 곳집이 한꺼번에 다 타고, 왜선 20

618) 이 내용은 1596년 12월 27일 〔양력 2월 12일〕〈기축〉 발송, 1597년 1월 1일에 기록이다.

여 척이 역시 잇따라 탔으며, 왜놈 24명이 불에 타 죽었습니다. 이는 하늘이 도운 것이지만, 대개 김란서가 통신사의 군관에 스스로 응모하여 일본을 왕래하면서 생사를 돌보지 않았기에 마침내 이번 일을 성공한 것입니다.

안위(安衛)는 평소 계책을 논의하다가 적에 대해 언급할 경우 의분에 분개하여 자신이 살 계책을 돌보지 않았으며, 그의 군관 김란서와 신명학 등을 거느리고 적진으로 들어가 갖가지로 모의하여 흉적의 소굴을 일거에 불태워 군량·군기·화포 등 여러 도구와 선박 및 왜놈 34명을 불태워 죽게 하였습니다. 부산의 대적을 비록 모조리 다 죽이지는 못했지만, 적의 사기를 꺾었으니, 이 역시 한 가지 계책이었습니다.

일본을 왕래하는 경상수영 도훈도 김득(金得)이 부산에 머물러 있었는데, 그날 밤 불타는 모습을 보고는 이 달 12일 밤 10시쯤에 부산의 왜적 진영 서북쪽 가에다 불을 놓아 적의 가옥 1000여 호 및 군기와 잡물·화포·기구·군량 곳집을 빠짐없이 잿더미로 만들었습니다.

그러자 왜적들이 서로 모여 울부짖으며 "우리 본국의 지진 때에도 집이 무너져 사망한 자가 매우 많았는데, 이번에 이곳에서 또 화환(火患)을 만나 이 지경이 되었으니, 우리가 어디서 죽을지 모르겠다."고 했다 합니다. 이 말을 믿을 수는 없지만, 또한 그럴 리가 전혀 없는 것도 아닙니다. 안위(安衛)·김란서·신명학 등이 성심으로 힘을 다하여 일을 성공시켰으니, 매우 가상하며, 앞으로 대처할 기밀의 일도 한두 가지가 아니니, 각별히 논상하여 장래를 격려하소서.

(6) 명량대첩(鳴梁大捷)

〔명량[619] 해전에서 대첩하였음을 아룁니다.〕[620]

---

619) 이 '명량'은 "만력 임진년과 정유년 난리에는, 오직 충무공 리순신의 힘을 입어서 왜적이 울두홍(熨斗谼)을 넘지 못했다."〔至萬曆壬辰丁酉之難 獨賴忠武公李舜臣之力 賊不踰熨斗谼.〕〔丁若鏞, 『經世遺表』 卷3 郡縣分隷〕고 했는데, 熨斗谼(울두홍)은 熨斗陂(울두피·윤두피)와 같으며, 이곳은 호북성 당양현(當陽縣)에서 흐르는 저수(沮水)·저장하(沮漳河)가 장강에 들어가는 곳이다.〔『中國古今地名大辭典』 (上海:

제독 총병부에 공문을 보내었습니다. 조선 국왕은 긴급해진 왜적의 적정을 알립니다. …

그리고 또 요즘 작은 나라의 신하인 삼도수군통제사 리순신이 급보를 보내왔는데, 그 내용은 이러합니다.

한산도(칠천량해전)에서 패전한 이후 전선과 무기가 거의 다 흩어져 없어졌습니다. 그래서 신(리순신)은 전라우도 수군절도사 김억추 등과 함께 전선(戰船) 13척과 정탐선〔哨船〕 32척을 모아 가지고 해남현 바닷길의 중요한 길목을 가로막고 있었는데, 적의 전선 130여 척이 리진포 앞바다에서 이쪽을 향하여 왔습니다.

신(리순신)은 수사 김억추, 조방장 배흥립, 거제현령 안위 등을 지휘하여 각각 전선을 정비하여 진도의 벽파정 앞바다에서 적들과 죽음을 무릅쓰고 힘껏 싸웠습니다. 그리하여 대포로 적선 20여 척을 쳐부수고 쏘아 죽인 것만도 대단히 많았는데, 바다에 빠져 떠있는 적 8명의 목을 베었습니다.

적선 가운데 일산과 붉은 깃발을 세우고 푸른 비단으로 장막을 둘러치고 있는 큰 배 한 척이 여러 적들을 지휘하여 우리 배들을 에워싸도록 하였습니다. 그런데 녹도 만호 송여종과 영등포 만호 정응두가 잇따라 도착하여 힘껏 싸워서 또 적선 11척을 파괴하니 적들의 기세가 크게 꺾이고 나머지 적들은 멀리 퇴각하였습니다.

부대 안에 투항해온 왜놈이 있었는데, 그는 붉은 깃발을 세운 적선을 가리켜 안골포에 있던 마다시의 배라고 하였습니다. 적들에게서 노획한 물건은 그림무늬가 있는 옷, 비단 옷, 옻칠한 함, 옻칠한 나무그릇, 긴 창 2자루입니다."[621]

商務印書館, 1931), p. 1182〕

620) 이 내용은 『선조실록』 1597년 11월 10일(정유) 기록이다.

621) 『선조실록』 권94, 선조30 정유 11월 정유(10일). 조선 조정에서 천조 군사 파견본부인 제독 총병부에 리순신의 장계를 이렇게 보내고 난 뒤에 이어서 당시의 상황을 평가하기를 "이미 여러 차례 공문으로 보고하고 조사한 것 외에 이번에 앞의 진에 근거해서 조사한 바에 의하면, 한산도(칠천량해전)에서 패배한 뒤로 남쪽 바닷길에서 적선들이 종횡으로 달려들 것이 걱정되었는데, 지금은 작은 나라의 수군이 다행히 약간의 승리를 얻는 바람에 적들의 선봉이 좀 꺾였으며, 이때문에 적선

(7) 노량대첩(露梁大捷)

• 〔이 자료는 리순신의 글에는 없으며, 『행록』과 『선조실록』에 있는 것을 뽑아 실었다.〕

11월 18일 〔양력 12월 15일〕〈기해〉 오후 6시쯤 적선이 남해에서 무수히 나와서 엄목포에 정박해 있고, 또 노량으로 와 대는 것도 얼마인지 알 수가 없다. 도독과 약속하고 밤 10시쯤에 같이 떠났다. 자정에 배위로 올라가 손을 씻고 무릎을 꿇고, "이 원수를 무찌른다면, 지금 죽어도 유한이 없겠습니다."고 하늘에 빌었다.

11월 19일 〔양력 12월 16일〕〈경자〉 밤 2시쯤에 노량에 이르렀다. 적선 500백여 척을 만나 아침이 되도록 크게 싸웠다. 직접 나서서 왜적을 쏘다가 적의 탄환에 가슴을 맞고 배 위에 쓰러졌다. 아들이 울음을 터뜨리려고 하고 군사들은 당황하여 어찌할 바를 모르고 있었다. 싸움이 한창 급하다. 내가 죽었단 말을 내지 마라. 이때 손문욱(孫文彧)이 곁에 있다가 울음소리를 내지 못하게 하면서 옷으로 시체를 가린 뒤에 그대로 북을 울리며 나가 싸웠다. 군사들은 리순신이 죽지 않은 줄로만 알고 기세를 올리며 더욱 공격하여 적을 마침내 대패시키고 말았다. 그래서 사람들은 다 말하기를, "죽은 순신이 산 왜적을 쳐부수었다."고 했다.

• 〔노량 관음포해전에서는 죽어서도 이겼습니다.〕

류정(劉綎)이 순천(順天)에 왜적이 있는 진영을 다시 공격하고, 통제사 리순신이 수군을 거느리고 그들의 구원병을 크게 패퇴시켰는데, 리순신은 그 전투에서 전사하였다.

이때 소서행장(行長)이 순천 왜교(倭橋: 曳橋)에다 성을 쌓고 굳게 지키면서 물러가지 않자, 류정이 다시 진공하고, 리순신은 진린(陳璘)과

은 서쪽 바다로 쳐들어 올 수가 없게 되었습니다."고 하였다.

해구(海口)를 가로막고 압박하였다. 소서행장이 사천(泗川)의 적 심안돈오(沈安頓吾)에게 후원을 요청하니, 심안돈오가 바닷길로 와서 구원하므로, 리순신이 진격하여 대파하였는데, 왜적선 200여 척을 불태웠고, 죽이고 노획한 것이 무수하였다. 남해(南海) 경계까지 추격해 리순신이 몸소 시석(矢石)을 무릅쓰고 힘껏 싸우다 날아온 탄환에 가슴을 맞았다. 좌우(左右) 참모들이 부축하여 장막 속으로 들어가니, 리순신이 말하기를, "싸움이 지금 한창 급하니, 조심하여 내가 죽었다는 말을 하지 말라."하고, 말을 마치자 절명하였다.

리순신의 형의 아들인 리완(李莞)이 그의 죽음을 숨기고, 리순신의 명령으로 더욱 급하게 싸움을 독려하니, 군중에서는 알지 못하였다.

진린이 탄 배가 적에게 포위되자, 리완은 그의 군사를 지휘해 구원하니, 적이 흩어져 갔다. 진린이 사람을 보내 자기를 구해준 것을 사례(謝禮)하려는데, 비로소 그의 죽음을 듣고는 놀라 의자에서 떨어져 가슴을 치며 크게 통곡하였고, 우리 군사와 중국 군사들이 리순신의 죽음을 듣고는 병영(兵營)마다 통곡하였다. 그의 운구 행렬이 이르는 곳마다 백성들이 모두 제사를 지내고, 수레를 붙잡고 울어 수레가 앞으로 나갈 수가 없었다.

조정에서 우의정(右議政)을 추증했고, 바닷가 사람들이 자진하여 사우(祠宇)를 짓고, 충민사(忠愍祠)라 불렀다.[622)]

---

622) 『선조수정실록』 권32 선조31년 11월 1일(임오).

리순신의 적벽대전

리순신이 싸운 바다는 어딘가?

우리들이 다 아는 바다지만, 리순신이 전사하자, 소경왕이 제문을 내린 것이 있다.

지난 임진년에 섬오랑캐들 마구 쳐들어와　粤自壬辰 島夷猖獗
모든 고을 무너질 제 막아낸 이 누구더냐.　列郡瓦解 兇鋒孰遏
그대가 이때에 나서서 수군을 거느리고　卿於是時 首提海師
단번에 적장을 죽여 우리 위엄 크게 떨쳤네.　一擧殪將 大張我威
한산섬에 진을 치자 왜적이 감히 엿보지 못하고　雄據閑山 賊莫敢窺
장강과 회하를 가로막음은 오직 그대에게 맡겼네.　蔽遮江淮 惟卿是倚
…
장군의 명령이 엄하여 사기는 저절로 드높으니　將軍令嚴 士氣自倍
화공전을 적벽에서 끊고 전쟁을 동해에서 없앴네.　煙消赤壁 氛豁靑海[623)]

이 제문에서 보듯이, 직접 소경왕이 섬오랑캐를 막은 사람이 리순신이고, 그 가로막은 장소를 '장강과 회하[江淮]'라 하였다. 이곳은 중국대륙 동부 지역인데, 리은상의 번역문에는 '… 한바다를 가로막음 그대 힘만 믿었더니'로[624)] 되었는데, 이것은 잘못이다. '한바다'는 '장강(長江)과 회하(淮河)'와 전혀 그 의미가 다르며, 전자는 일반화 해버린 문학적 표현이

---

623) 『리충무공전서』 卷首 諭書 "卒逝後 賜祭文(宣廟朝)".
624) 李殷相 譯, 『國譯註解 李忠武公全書』(서울: 忠武公記念事業會, 단기 4293년), p. 81; 『完譯 李忠武公全書』(서울: 成文閣, 1989), p. 75.

고, 후자는 력사적 사실의 지명이다. 또 '倚(의)'는 '의지하다/기대다/위임하다/맡기다'이다.

이 '장강과 회하'의 지역이 임진왜란의 터전이라는 말을 다른 사료에서 잠시 보자.

> 봉교(奉教)를 지냈던 정경세(鄭經世: 경상도 상주 사람)가 초유사 〔김성일〕에게 장계를 바쳤다.
> 작고 추한 것들이 중국을 어지럽히는 해독을 쌓아 수치스럽고 욕됨이 이미 종묘에까지 미쳤습니다. … 마침내 새나 다닐 험준한 요새지가 지켜지지 않아 령남의 백성들이 도륙되어 썩어 문드러지게 하였고, 임금〔鳳輦〕이 몽진하니, 빈교(邠郊: 섬서성 빈주)가 행색이 참담했습니다. … 우리 고을의 지형은 사실 우리나라의 하늘이 내려준 곡물창고〔天府〕입니다. 예의가 행해지고, 민간의 습속이 돈독하고 후한 것은 신라 1천년의 전해오는 풍속이 있음이요, 창고가 차 있고, 호구가 많은 것은 진한(辰韓) 70주의 중심지입니다. 크게 집중되는 여러 진을 모을 수 있고, 장강(長江)의 상류를 둘러 있으니, 하북(河北)지역이 비록 흩어지고, 수복되지는 못했다고는 하지만, 어찌 한 사람의 의사가 없겠습니까? 진실로 수양(睢陽)을 포기하고, 지키지 아니한다면, 이는 1천리 되는 장강과 회하〔江淮〕의 땅을 없애는 것입니다. 오늘날의 좋은 계략을 헤아려보건대, 이 성을 지키는 것만 못합니다. … 정병을 골라서 락수(洛水)의 나루터를 지켜서 바닷길로 수송해 돌아가는 뱃길을 끊고, … 버티게 하여 고개를 넘어 도망해 돌아가는 관문을 막습니다. 가까이는 락수의 동쪽〔洛左〕 여러 고을과 연락하고, 멀리는 호남이 큰 군영과 호응하여 성세를 합하여 멀리 몰고 간다면 군사들의 기세는 저절로 드높아질 것입니다.〔1592. 5. 20〕[625)]

여기서 령남, 즉 경상도가 무너지는 처참한 꼴과 임금의 몽진을 보면,

---

625) 『亂中雜錄』第1 42~43面,(民族文化推進會, 1977), pp. 24~25. 萬曆20年 宣祖25年 5月 "前奉教鄭經世慶尙道尙州人 上招諭使啓曰, 小醜稔猾夏之毒, 羞辱已及於宗祊. … 遂使鳥道失守, 糜爛嶺南生靈, 鳳輦蒙塵, 慘憺邠郊行色. … 竊念吾州之地形, 實爲我國之天府. 禮義行而民俗敦厚, 有新羅一千餘風, 倉庫實而戶口繁滋, 爲辰韓七十州都會. 襟領大維之列鎭, 控帶長江之上流, 河北雖散而莫收, 豈乏一人義士. 睢陽苟棄而不守, 是無千里江淮. 商量今日之良圖, 莫若此城之堅保. … 簡精卒而守洛水之津. … 塞踰嶺遁還之關防, 邇連洛左之諸州, 遙應湖南巨閫. 合聲勢而長驅., 士氣自倍."

그 임금〔鳳輦〕은 경상도를 다스렸던 제후로 보인다. 그리고 바로 그 경상도 지역이 진한(辰韓)의 터전에서 신라가 세워졌으며, 그곳 풍습을 말하고 있으며, 또 중국대륙을 가로지르는 장강(長江)의 상류에서부터 하류 양자강에까지, 그 북쪽의 회하(淮河)〔江淮〕를 가리키며, 황하의 남쪽에 있는 하남성의 수양(睢陽)을 반드시 지켜야만 한다는 말과 더불어 그 서쪽에 있는 락수(洛水)와 호응해야 하며, 멀리는 호남(湖南)과 함께 세력을 합하여야 한다고 하였다. 이 '수양', 즉 하남성의 수현(睢縣)은 그 서쪽의 개봉(開封: 개성)·락양(洛陽)·장안(長安)으로 들어가는 관문임을 보면 반드시 지켜야 한다는 말이 매우 설득력이 있다. 또한 락수(洛水)를 '낙동강'이라고 어디에서나 번역되어 있지만, 같은 소리의 '雒水'로서, 섬서성 진령(秦嶺)산맥 동쪽에 있는 락남현(雒南縣) 총령산(冢嶺山)에서 흘러나와 동쪽으로 하남성 락양(洛陽) 남쪽을 지나 황하로 들어가는 강이다.

이 정경세(鄭經世: 1563~1633)의 장계는 한반도의 상황을 설명한 것이 절대로 아니며, 비유한 것도 아니다. 리순신에게 장강과 회하 지역을 방어케 했다는 소경왕의 말도 이런 지리적 상황에서 임진왜란을 중국대륙의 동부지역이라고 단정지을 수 있는 것이다.

이런 력사적 사실에서 리순신이 견내량해전과 안골포해전의 그 한산대첩을 거둔 날에, 첫 출동의 옥포대첩에서부터 둘째 출동 률포해전까지 7번의 전투를 모두 이긴 공적을 표창하는 뜻에서 "정헌대부(正憲大夫: 정2품)를 내리는 교서"를 받았는데, 그 내용에서 비유로만 여겼던 말을 다시금 생각게 하는 것이 있다.

> 회하의 서쪽〔淮西〕 군사들은 배도(裵度)[626]를 얻어서 든든한 만리장성으로 삼았고, 양자강 동쪽〔江左〕의 백성들은 관중(管仲)[627]이 아니었으면 버릇없는 되놈이 될 뻔하였다.[628]

---

626) 배도: 자 중립(中立). 헌종(憲宗) 즉위년(806)에 중서시랑으로 회채(淮蔡)를 평정하여 진국공(晉國公)에 봉해졌는데, 30년 동안 나라의 안위를 맡아보다가 물러났다. 시호 문충공(文忠公).

627) 관중(?~B.C. 645): 이름 이오(夷吾). 춘추시대 제나라 환공(桓公: B.C. 685~643)의 신하로서 부국강병의 전략을 써서 오랑캐를 무찔러 큰 공을 세운 사람이다.

628) 『李忠武公全書』 卷首 教書 授正憲大夫教書; 『白湖全書』 卷23 事實 統制使李忠武公遺事 "淮西士卒 得裵度爲之長城 江左生靈 微管仲幾乎左衽."

이 인용문은 분명 1592년의 상황이 아니라, 그보다 훨씬 오래된 786년 전과 2235년 전의 일이니, 배도와 관중의 업적을 가져다 리순신에다 비유한 것임에는 틀림없다. 그런데 그것이 단순한 업적의 비유가 아니라, 비록 시기를 달리 하지만, 지리적으로 바로 그 지역 회하와 양자강에서 그들이 공로를 세웠듯이 리순신도 바로 그곳에서 큰 공을 세웠고, 리순신을 든든한 만리장성으로 삼았으니, 왜놈들을 물리칠 수 있었다는 말이다.

그리고 왜란이 일어난 지 다섯 달쯤 지나자, 상황은 매우 급박하게 돌아가고, 사기는 떨어지고, 민심은 등을 돌려 이를 추스를 필요가 있었다. 그래서 왕세자 광해군이 군사들과 백성들에게 격려하는 글이다.

군사와 백성들에게 타일러야 했기에 왕세자〔광해군〕는 다음과 같이 말했다.
하늘이 재앙을 내리니 섬오랑캐가 침범하여 여러 고을들이 무너지고, 장강과 회하〔江淮: 강소성과 안휘성〕가 보장의 험고함을 잃었으며, 옛 서울〔舊京〕이 함몰하자, 도성 사람들이 서리지비(黍離之悲: 나라가 망하여 옛 궁전터에 기장만이 무성함을 보고 슬퍼함)를 읊는다. 구묘(九廟: 천자)가 몽진하며 멀리 피난하였으며, 200년의 예악문물이 하루아침에 없어졌으니, 예로부터 드문 반란의 참혹함이다.〔1592. 9. 16〕[629)]

여기에 광해군과 그 지도자들이 거처했던 곳이 그저 '서울'이 아니라, '구묘(九廟)'를 말하며, 이는 '천자/황제의 조정'을 가리키고, '란여(鑾輿)'는 '천자의 수레', 즉 '천자'를 가리키는 말이다. 여기서 '九廟'를 정확히 알기 위하여 『례기(禮記)』의 글을 보자.

천자는 7묘(七廟)에 제사지내며, 3소〔昭: 父·曾祖父·五代祖〕·3목〔穆: 祖父·高祖父·六代祖〕과 태조의 위패를 합쳐 일곱이 된다. 제후는 5묘인데, 2소〔父·曾祖父〕·2목〔祖父·高祖父〕과 태조의 위패를 합하여 다섯이 된다. 대부는 3묘인데, 1소〔父〕·1목〔祖父〕과 태조의 위패를 합하여 셋이 된다. 선비는 1묘〔父〕이며, 서인은 침실에서 제사지낸다.[630)]

---

629) 『난중잡록』 2, 임진년 9월 16일. "曉諭軍民書, 王世子若曰, 上天降禍, 島夷作耗, 列郡潰裂, 江淮失保障之險, 舊京淪沒, 都人興黍離之悲. 九廟蒙塵, 鑾輿遠狩. 二百年禮樂文物蕩然, 一朝兵火之慘."

630) 『禮記』 王制5 "天子七廟 三昭三穆與太祖之廟而七, 諸侯五廟 二昭二穆與太祖之廟

여기엔 신위・위패를 모시는 수에 따라 그 권위와 신분이 나타나 있다. 여기 천자가 7묘를 쓰는데, 광해군이 말한 9묘란 더 이상을 말했으니 천자를 가리키지 않을 수 없다. 즉 '4소(1・3・5・7代 祖父)와 4목(2・4・6・8代 祖父)과 태조'를 합한 것임에 분명하다. 그만큼 조선의 제도가 대륙의 중심에 있지 않으면 이런 표현은 불가능하다.

이런 사회문화의 틀 속에서 봐야 조선의 지리적 생활문화가 전쟁에서도 함께 드러나며, 앞에서 언급된 회하(淮河: 淮水)의 유역에는 회양(淮陽)・회남(淮南)・회음(淮陰)・회안(淮安)이란 큰 고을들이 있는데, 한반도에는 강원도 북동쪽에다 '회양군(淮陽郡)'이 있지만, 이 임진왜란에서 정경세가 말한 '회하'와 1593년 12월 2일에 급사중(給事中) 오문재(吳文梓)가 왜놈들이 거짓과 간교함을 간파하고 상소한 내용에서 그 '회양'의 전략적 가치를 지적한 것을 좀 더 유심히 보고 임진왜란의 터전을 새롭게 인식하여야 한다.

> 등주(登州)와 래주(萊州)에서 천진(天津)에까지 미치는 땅은 멀고도 넓으며[遼闊], 또 태평스런 세월이 오래되었고, … 회양(淮陽)은 배로 물건을 실어 나르는[漕運] 길목[咽喉]인데, 지금 굶주린 백성들이 홍수의 재해[水災]에 곤경에 빠진 자들이 또 벌떼처럼 일어나서 내와 못[川澤]에 모여 있습니다.[631]

'등주・래주'는 산동성 북동쪽에 있는 고을로서 그 서북쪽 바다 건너에 '천진'이 있어 서로 매우 가까운데, 여기서는 그 거리가 "멀고도 넓다."고 했으니, 그 '천진[天津: 하늘 나루]'은 지금 지도에 있는 지명은 아닌 듯하다. 아마도 천자의 도읍지에서 가까운 나루라는 뜻에서 보아야 할 이름이다. 게다가 임진왜란 때의 '회양'을 한반도라고 보면 위의 상소문으로는 전혀 지리적 상황이 맞지 않으며, 그곳은 바로 '장강과 회하'라는 말과 맥을 같이 하며, 회하의 상류에 하남성 수양현(睢陽縣: 睢州・睢縣)[북위 34.5° 동경 115.1°]이 있고, 그 서남쪽 다른 샛강 상류에 회양현[북위 33.7° 동경 114.9°]이 있으니, 이렇게 보아야 모든 것이 옳게 풀어진다.

而五, 大夫三廟 一昭一穆與太祖之廟三, 士一廟 庶人祭於寢."

631) 『再造藩邦志』 3.(民族文化推進會, 1977), p. 60. "登萊以及天津, 地方遼闊, 且昇平日久. … 淮陽係漕運咽喉, 及飢民困水災者, 且蜂起, 屯聚川澤."

그리고 왜란이 끝나고 나서 호남에서 의병을 일으켰던 김천일(金千鎰: 1537~1593)의 공적을 의논한 내용을 잠시 보자.

> 전라도 관찰사 장만(張晩: 1566~1629)이 아뢰기를, "전라도 안의 나주 생원 강위호(江渭虎) 등 58명이 글을 써 올렸는데, '창의사 김천일은 호남의 유명한 선비로서 지난 임진왜란 때에 서울〔王城〕이 함락되어 임금〔大駕〕이 서쪽으로 파천하고, 왜적들의 기세가 맹렬하여 남쪽과 북쪽으로 가로로 나뉘어져 모두들 〈나랏일을 어떻게 할 수가 없다〉고 할 적에, 김천일은 제 몸을 생각지 않고 창을 베개삼아 분연히 일어나 동지를 규합하여 가장 먼저 대의를 주도하였다. 그리하여 곧바로 경기도〔畿邦〕로 달려가 장강과 회하〔江淮〕를 막아 끊고, 행궁으로 가는 길을 뚫었으며, 령남과 호남을 통제하였다.[632]'"

의병장 김천일은 진주성 싸움〔1593. 6. 29〕에서 전사하였는데, 그는 왜란이 일어났을 적에, 전라도에서 경기도 쪽으로 가서 양자강과 회하〔江淮: 강소성과 안휘성〕[633] 지역을 방어했다고 하였다. 이런 사실들로 보아 역시 왜란은 곧 중국대륙의 동부지역에서 일어났던 것이다.

또 적벽(赤壁)은 두말할 것 없이 '赤壁山'이며, 이 이름의 산은 호북성 남부의 가어현(嘉魚縣) 동북쪽에 있고, 무창현(武昌縣) 동남쪽 70리에도 있고, 황강현(黃岡縣) 성밖에도 있는데, 모두 장강을 낀 남쪽 언덕배기에 있으며, 옛날 류비(劉備)와 주유(周瑜)의 연합군이 조조(曹操) 군사를 화공전〔煙〕으로 물리친 그 력사의 현장인데, 리순신은 바로 그곳에서부터 일본까지의 동쪽바다〔青海: 東方之海〕까지 왜적〔氛〕을 쳐서 텅 비워 없애버렸다〔豁〕고 했다.

이것은 비유를 들어 한 말이 아니라, 리순신이 바로 그 지역 력사의 현장에서 활동했음을 말한 것이다. 또 이곳 서쪽에는 소동파(蘇東坡: 1036~

---

632) 『선조실록』 권180 선조37년 10월 병인(20일). "全羅監司張晩啓, 道內羅州生員江渭虎等五十八人書呈. 略曰 倡義使金千鎰湖南碩儒, 越在壬辰之亂, 王城失守, 大駕西巡, 賊勢充斥, 南北横分, 咸日國事無可爲矣. 千鎰妄身枕戈, 奮然而起, 糾合同志, 首倡大義, 直趨畿邦, 遮截江淮, 取路行宮, 控引嶺湖."

633) http://sillokhistory.go.kr/inspection/inspection.jsp?mState=1에서는 "강회(江淮): 양자강(楊子江)과 회수(淮水)의 약칭으로 여기서는 한강과 임진강을 뜻한다."고 했다. 그러나 이는 비유가 아니라, 바로 '양자강과 회하'로 보아야 옳다.

1101)가 읊은 적벽부(赤壁賦)에 나오는 형주(荊州)・강릉(江陵)・지강(枝江: 枝城)이 있다.

이 지역의 지명을 들먹이며 노래했던 은봉 안방준(安邦俊: 1573~1654)의 "귤을 노래하다〔詠橘〕"를 감상해보자.

푸른 잎에 봉오리가 같지 않지만	綠葉苞雖異
누런 빛 향내가 참으로 좋구나	黃香性則眞
회하를 건넌 지 오늘로 며칠 지났나	渡淮今幾日
지금도 동정호에 봄을 데리고 왔구나	猶帶洞庭春[634]

일단 안방준은 호남 오야리(梧野里)에서 태어났으며, 임진왜란 때에는 의병을 일으켰고, 정묘호란・병자호란 때에도 의병을 일으켰으며, 만년에 조정으로부터 공조참의 벼슬까지 임명했으나 모두 사양하며 끝내 릉주군(綾州郡)에서 은거했다. 그는 조선을 떠난 적이 없는 사람인데, 이렇게 회하(淮河)와 동정호(洞庭湖)를 넘나들며 살았던 사람이다.

이런 것은 분명 식민사관의 틀을 벗어나지 못한 리은상의 해설보다는 소경왕의 제문 그 자체가 더 옳다.

호남의 풍토병 장기/장독

중국대륙의 강 너비 '10레구아(=55.56㎞)'는 너무 지나친 것 같다. 대개 다른 신부들은 '3레구아(=16.67㎞)'라 했다. 이것은 양자강 하류의 너비와 같다. 게다가 조선 안에는 '사막'도 있다.

이 '장강' 이남에는 지리적 특성의 풍토병이 있다. 그것은 장기(瘴氣)・장독(瘴毒)이라는 병인데, 한반도에는 일체 없으며, 지금까지도 중국대륙 장강 이남 지역에는 발생되고 있다.[635]

---

634) 安邦俊, 『隱峯全書』 卷1 詩 五言絶句.
635) 『中國醫學大辭典』 (臺北: 臺灣商務印書館, 中華民國61年 1972 5版), p. 4140. "瘴毒: 我國南部近熱帶. 濕熱鬱蒸. 瘴癘尤甚."

이런 풍토병에 리순신이 걸렸을 것이라면서 소경왕이 전방에서 고생하는 장수에 대해 걱정하며 '병조좌랑(정6품)을 보내어 군사를 위로하고 잔치를 베풀어 격려해준 글'이 있다.

> 갑옷과 투구를 오래 입어 서캐가 생겼으리라. 어찌 창을 베고 누워 자는 괴로움을 견딜 수 있을 것이며, 바람찬 한데서 먹고 자며, 임기가 다 지나도 교체되지 못하여, 외로이 떠있는 몸이라, 나그네길에 쓰라린 회포가 있을진대, 장무만연(瘴霧蠻烟)으로 병들어 죽는 걱정도 많으리라.[636)]

이 글은 1596년(병신) 9월 15일에 내린 글인데, 오랜 전쟁통에 고생하는 모습이 역력하게 느껴진다. 그런데 이런 격려문 속에 '장무만연(瘴霧蠻烟)'이란 말은 아무데나 쓰는 말은 아니며, 이것은 '瘴雨蠻烟'과 마찬가지로, '중국 남방 지방〔蠻地〕'에 풍토병을 발생케 하는 고약한 기운〔惡氣〕이 올라 생긴 뿌연 안개와 가랑비〔烟雨〕를 말한다.

그렇다면 조선의 지리지에는 이런 자연환경이 있는가?

> 영암 동남쪽 바닷가에 있는 여덟 고을 가운데서도 해남과 강진은 제주〔耽羅〕를 왕래하는 길목이 되어서 … 이런 모든 지역이 아주 멀고, 남해와 가까워서 겨울철에도 초목이 시들지 않고, 벌레가 움츠리지 않는다. 산의 아지랑이와 바다 기운이 찌는 듯하여 장기(瘴氣)가 생긴다.[637)]
> 진주 동쪽은 … 바다와 가까워서 왜국과 이웃해 있고, 샘물에 흔히 열대지방에서 생기는 독기〔瘴氣〕가 있어 살 곳이 못 된다.[638)]

전라도의 남쪽 지방과 경상도의 남쪽 지방은 겨울에도 초목이 시들지 않고 벌레들이 월동준비하지 않는 지방이며, 장기(瘴氣)가 많은 장무만연(瘴霧蠻烟)한 곳이기 때문에 살만한 곳이 되지 못한다고 했다.

한국에서 유명한 『동의보감』을 지은 허준(許浚: 1546~1615년)은 특정한 질병이 발생하는 조선의 지형을 자세하게 적어둔 것이 있다.

---

636) 『리충무공전서』 卷首 敎書 "遣兵曹佐郞 勞軍犒饋 敎書 … 介胄生蟣虱 那堪枕戈之勞 餐宿犯風霜 未見及瓜而代 孤懸浮寄 有羈旅艱苦之懷 瘴霧蠻烟 多疾疫死亡之患."
637) 위의 책, p. 23. "靈巖東南海上有八邑 大同俗惟海南康津綰耽羅 出海之口 … 八邑俱地踔遠 逼南海 冬月草木不凋 蟲不蟄 山嵐海氣 蒸爲瘴癘."
638) 위의 책, p. 19. "晉州…東爲…迫海隣倭 水泉皆瘴 不可居."

> 안개·이슬〔霧露〕의 기운이 장기(瘴氣)가 되는데, 남방(南方)은 땅이 낮고 습〔卑濕〕하니, 산에서는 이내〔山嵐〕에 쏘이고, 물에 가까우면 축축하게 된다. 동남쪽의 광동성·광서성〔兩廣〕에는 산이 높고, 물이 나쁘며, 땅이 축축하고, 물거품이 더우면, 봄과 가을 이외에는 안개의 독에 쐬어서 한열(寒熱)이 번갈아 일어나고, 가슴이 답답하여서 먹고 싶지도 않으니, 이것은 장독(瘴毒)이 입과 코를 따라서 들어간 증상이다. … 남방은 땅이 따뜻하므로, 겨울〔太陰〕이라도 초목이 누렇게 시들지 않으며, 겨울잠〔伏蟄: 冬眠〕을 자는 만물〔物類〕은 들어가 숨지 않아 여러 독한 기운이 따스한 데서 나오는 것이므로, 령남(嶺南)에는 한봄〔仲春〕부터 한여름〔仲夏〕까지 청초장(青草瘴)이라는 증세가 유행하고, 늦여름〔季夏〕부터 첫겨울〔孟冬〕까지는 황모장(黃茅瘴)이라는 증세가 유행한다.[639)]

이것은 앞에서 말한 장기(瘴氣)라는 열대지방 풍토병의 발생지역이 '남방(南方)'이라 했고, '광동성(廣東省)과 광서성(廣西省)지역〔兩廣〕'은 지금 중국의 맨 남쪽지역에 있다.

이런 땅이름은 분명 중국 남부에 있는 지명들이며, 겨울에도 초목이 시들지 않는다. 물론 지금도 그렇고, 그런 풍토병도, 그런 지명도 있다. 그저 많은 책들을 인용하여 편집했기 때문일까?

그렇다면 허준은 그가 살았던 그 조선의 지형을 다음과 같이 말했다.

> 동남 지방은 낮고 습기(卑濕)가 많아 모두가 이런 장독(瘴毒)이 발을 통하여 걸리고, 서북쪽〔西北〕의 땅이 높고 메마른〔高燥〕 지방에는 좀처럼 없는 것이다.[640)]

이것은 지형이, 앞에서 말한 것처럼, 광동성·광서성만이 높은 것이 아니라, 서북쪽이 높다고 했다. 어쨌든 서쪽이 높고 동쪽이 낮은〔西高東低〕 지형이다. 여기서 "서북쪽이 땅이 높고 메마르다."고 한 것은 아무리 찾아봐도 한반도의 설명이 될 수 없다. 한국의 평안북도는 그 동쪽에 백두산

---

639) 許浚, 『東醫寶鑑』 卷3 「雜病篇」 〈濕〉(서울: 남산당, 1994, 4쇄), p. 413. "霧露之氣違瘴 南方土地卑濕 依山則觸嵐氣 近水則受濕氣. 東南兩廣 山俊水惡 地濕漚熱 如春秋時月外 感霧毒寒熱 胸滿不食 此瘴毒 從口鼻入也. …. 南方地煖 故太陰之時 草木不黃落 伏蟄不閉藏 雜毒因煖而生 故嶺南從仲春訖仲夏 行青草瘴 從季夏訖孟冬 行黃茅瘴."

640) 許浚, 위의 책, p. 301. "東南卑濕之地 比比皆是 西北高燥之地鮮."

이 있으며, 그래서 그 동쪽이 높고, 서북쪽은 결코 높지 않다. 허준이 설명한 조선의 지형은 한반도의 상황과는 정반대의 형세다.

이런 자연환경에서 근무여건은 매우 나쁜 아열대·열대 지방이며, 리순신은 이런 나쁜 환경에 오랫동안 노출되어 있었던 것이다.

리순신이 임진왜란 동안 『난중일기』에 남아 있는 141일 동안 176회나 아픈 그 원인도 바로 이때문은 아닌지도 생각해볼 일이다.

그리고 본디 일본이 조선의 강토 안에 있고, 그 조선의 경상도 땅에 있다는 근거는 『세종실록지리지』에 '대마도는 경상도 관할 땅'이라는 것에 더하여, 저 『택리지』의 경상도 편에 서술되어 있음에 일본이 일본렬도와는 상관이 없음을 알 수 있다. 즉,

> 밀양의 동남쪽에 동래가 있다. 동래는 곧 동남 바다를 건너오는 왜국인들이 육지에 오를 때에 첫발을 딛는 곳이다. … 왜국에는 온 지역이 열대지방의 개펄에서 일어나는 장기가 있는 샘〔瘴泉〕이 많아 풍토병이 있는데, 인삼을 물그릇에 넣으면 탁한 독기운이 없어진다. 그러므로 인삼을 가장 귀중하게 여기며, 먼 곳에 있는 왜인들은 대마도〔馬島〕에 와서 구해 간다. 우리 조정에서는 인삼을 일정한 량을 하사하며, 사사로이 팔지 못하게 하고 있다.[641)]

여기서 비록 동래는 그 동남쪽에서 바다를 건너오는 일본사람들이 있다고 했지만, 그것이 일본렬도라는 말은 아니다. 더구나 이 일본이 『택리지』의 경상도 편에 기록된 데도 의미가 있지만, 일본렬도에는 장기(瘴氣: 瘴毒)가 발생하지 않기 때문에, 이것은 조선 - 중국대륙의 동남부 지역을 말한 것이다.

641) 李重煥, 앞의 책, p. 17. "密陽東南爲東萊 卽東南海上 自倭登陸之初境也. … 倭一國多瘴泉 而有土疾 若以人蔘投水盂 則瘴濁融化 故最重人蔘深處 皆求得於馬島 朝家歲有頒賜定數而嚴禁私商."

제 6 장

충무공 리순신은 해전에서 어떻게 승리하였나?

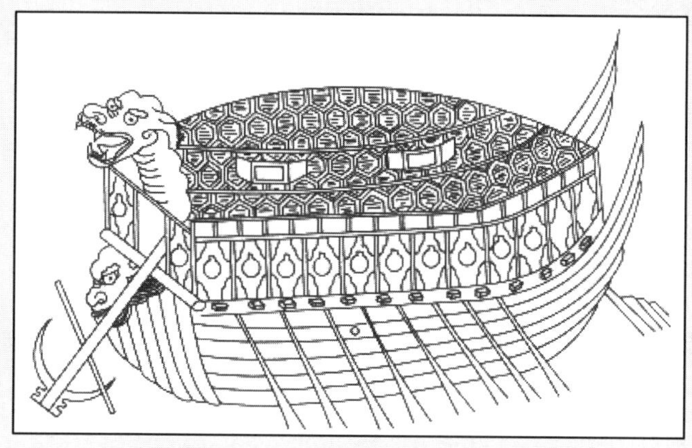

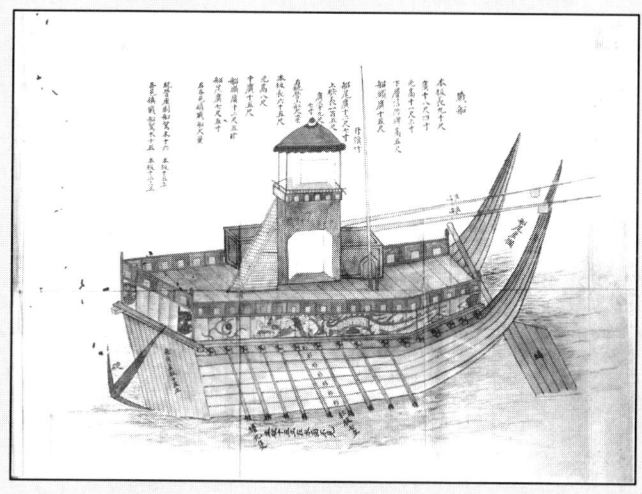

• 출처: 『리충무공전서』와 『각선도본』 (규장각소장)

제 6 장

충무공 리순신은 해전에서 어떻게 승리하였나?

1. 리순신의 해양 사상

(1) 리순신의 대적관(對敵觀)

전략(戰略)의 밑바탕에는 적개심(敵愾心) 내지 대적관(對敵觀)에서부터 발단이 된다. 전쟁의 목적이 적의 전쟁 의지를 무력화하는 데 있다는 것은 곧 대적관이 확고하지 않으면 성립될 수 없다.

그러면 리순신이 왜적에 대해 어떤 생각을 가지고 있었는가 하는 것을 살펴보자.

다음은 전쟁소강기인 1594년 3월 10일에 선유도사(宣諭都事) 담종인(譚宗仁)이 보낸 「왜적을 치지 말라는 패문(禁討牌文)에 답하는 글」이 있다.

> 왜놈들이 스스로 트집을 잡아 군사들을 이끌고 바다를 건너와서 우리의 무고한 백성들을 죽였습니다. 또 경도(京都: 서울)로 침범하여 흉악한 짓거리를 마구 자행하므로, 한 나라의 백성과 신하들의 통분함이 뼛속에

> 사무쳐 이 왜적들과는 같은 하늘 아래에서 살지 않기로 맹세하였습니다.[642)]

이 말은 왜적이 우리 백성을 죽였기 때문에, 그들은 우리의 적이 되었고, 그들과는 같은 하늘 아래에서 살지 않겠다는 굳은 결의가 담겨 있다. 반드시 왜적을 쳐부수겠다는 것이다.

게다가 적의 개념이 확고하게 된 이상 대적 행위 또한 분명했다.

> 남아 있는 흉악한 왜적들을 한 척도 돌아가지 못하게 하여 나라의 원수를 갚고자 합니다.[643)]

리순신은 왜적은 흉악하므로 왜적선을 단 1척도 돌아가지 않게 하겠다는 것이며, 그렇게 하여 무고하게 죽임을 당한 우리 백성들의 원수를 갚겠다는 것이다.

이와 같이 왜적선을 단 1척도 돌아가지 못하게 하겠다는 이 발상이 결전전략의 핵심이 아닐 수 없다. 그리고 리순신은 언제나 왜적을 전멸시키려고 했다. 그래서 머리를 베는 것보다는 적을 죽이기만 하면 승리한다는 확고한 신념이 있었던 것이다.

> 신이 당초에 여러 장수와 군사들에게 약속할 때, "공로만을 바라는 생각으로 머리 베는 것을 서로 다투다가는 도리어 해를 입어 죽거나 다치는 예가 많으니, 이미 왜적을 죽이기만 했으면, 비록 머리를 베지 않더라도 마땅히 힘써 싸운 자를 제 1의 공로자로 정한다."고 두세 번 거듭 강조하였기 때문에, 목을 벤 수는 많지 않을지라도, 경상 지방의 공로를 세운 여러 장수들은 소선을 타고 뒤에서 관망하던 자가, 왜적선 30여 척이나 쳐부수자, 떼를 지어 머리를 베었습니다.[644)]

---

642) 『리충무공전서』 권4 장계17 및 『임진장초』 장66. "倭人者開釁 連兵渡海 殺我無辜生靈 又犯京都 行兇作惡 無所紀極 一國民臣(臣民) 痛入骨髓 誓不與此賊共戴一天."

643) 위의 장계. "使殘兇餘孽 隻櫓不反."

644) 『임진장초』 장9 「三度閑山島勝捷啓本」 및 『리충무공전서』 권2 장계33 「見乃梁破倭兵狀」 에는 이 글의 바로 앞에, "방답 첨사 리순신(李純信)은 왜대선 1척을 바다 가운데에서 온전히 사로잡고, 왜적의 머리 4급을 베었는데, 다만 활로 쏘아 죽이는 데만 힘쓰고, 머리를 베는 일에는 힘쓰지 않았을 뿐 아니라, 또 2척이나 쫓아

그 노력의 정도는 리순신 자신의 눈으로써 공적(功績)을 파악하고 있으므로, 개인의 영달을 위해 목을 베지 말고, 나라를 위하여, 전쟁에서 승리하기 위하여 왜적을 많이 죽이는 데만 힘썼던 것이다. 리순신의 의도는 그대로 적중되었다.

이러한 사상의 배경에는 물론 국가관이 확고하기 때문이다. 국가관은 무엇보다도 국토 보존에 있다.

> 왜놈들이 머물러 있는 거제·웅천·김해·동래 등지 이 모두가 우리의 땅입니다.[645]

국가의 간성(干城)은 국토를 지키는 데 그 목적이 있다. 그 국토의 범위가, 국토의 관할 범위가 어디까지라는 것을 리순신은 분명히 인식시켜 주고자 하였다. 왜놈이 임시로 점령하여 머물고 있다고는 하지만, 그런 곳이 일본 땅은 아니라는 것이다.

조선에 쳐들어온 왜놈들이 머물고 있는 곳이 옛날부터 지금까지 우리 조상들이 살아온 터전이며, 우리 백성이 사는 곳이며, 그곳 모두가 조선 땅이라는 것을 분명히 밝혀 놓고 있다. 리순신은 바로 그런 땅까지 다 회복하여 지키겠다는 것이다.

이러한 국가를 지키기 위한 자신의 태도는 어떠했는가?

> 내가 리강(李綱)이라면 나는 어떻게 할까. 몸을 헐어 피로써 울며, 간담을 열어 젖히고서 사세가 여기까지 왔으니 화친할 수 없음을 밝혀서 말할 것이요, 아무리 말하여도 그대로 되지 않는다면 거기 이어 죽을 것이요, 또 그렇지도 못한다면, 짐짓 화친하려는 계획을 따라 몸을 그 속에 던져 온갖 일에 낱낱이 꾸려가며, 죽음 속에서 살길을 구한다면, 혹시 만에 하나라도 나라를 건질 도리가 있게 될 것이거늘, 리강의 계획은 이런데서 내지 않고 그저 가려고만 했으니, 이것이 어찌 신하된 자로서 몸을 던져 임금을 섬기는 의리라 할 수 있겠는가.[646]

가서 쳐부수고 한꺼번에 불태워 버렸습니다."고 한 것이 있다.

645) 『리충무공전서』 권4 장계17 및 『임진장초』 장66. "倭人屯據巨濟熊川金海東萊等地 是皆我土."

이 사료는 리순신이 1597년(정유) 일기에 적힌 「송나라 력사를 읽은 소감(讀宋史)」의 한 구절이다. 송조의 재상 리강(李綱)은 금나라로부터 침략을 받았을 적에 자신의 뜻이 조정에서 받아들여지지 않는다 하여 관직을 버리고 낙향하겠다고 한 대목에서 리순신은 자신이 그런 위치에 있다면 어떻게 행동할 것인가를 밝혀 놓은 것이다.

이 말에서 엿볼 수 있는 것은 신하된 자의 도리가 나라를 구하는 데 있음을 말했을 뿐 아니라, 그 방법에 있어서도 죽음 속에서 살길을 구해야 한다고 했다. 즉 자신의 안위(安危)·목숨 따위는 생각지 않아야 한다는 것이다.

> 신과 같이 어리석고 못난 사람은, 진실로 만 번 죽어도 달게 받겠습니다. 그러나 당장 나라가 다시 일으켜야만 할 이때에, 모두 우선 당장에만 편안하려고만 하여 이 지경에 이르렀으니, 뒷날에 후회한들 아무런 소용이 없을 것입니다. 자나깨나 생각해 보아도 어찌할 바를 몰라 원통하고 민망함이 그지없습니다.[647)]

이 사료는 1593년 11월 17일에 보고한 장계의 한 구절이다. 여기서도 자신의 죽음 따위는 이미 나라에 바친 지 오래되었다는 것이다. 이 나라가 이렇게 왜적의 침략을 받아 어렵게 된 것도 많은 사람들이 당장에 자신의 편안함에 안주하였기 때문이라고 지적하였다. 그래서 자신은 안주하며, 그렇게 하지 않겠다는 것이며, 어떻게 해서든지 왜적을 무찌르겠다는 것을 말한 것이다.

그런 리순신에게 있어서 그 사상의 저변에 어떤 전략이 내재되어 있을까? 대륙전략일까? 아니면, 해양전략일까?

---

646) 『리충무공전서』 권1 잡저17 「讀宋史」. "然則爲綱計 奈何毁形泣血 披肝瀝膽 明言事勢至此 無可和之理 言旣不從 繼之以死 又不然 姑從其計 身豫其間 爲之委曲彌縫 死中求生 萬一或有可濟之理 綱計不出此 而欲求去 玆豈人臣委身事君持義哉."

647) 『리충무공전서』 권3 장계36 「請沿海軍兵糧器全屬舟師狀」 및 『임진장초』 장45. "如臣駑劣 萬死固甘是白在果 當國家再造之日 全務姑息 一至於此 他日臍噬〔噬臍〕 決難追及 寤寐思惟 不知所爲 痛悶無極爲白置."

(2) 대륙 전략적 사상

전략사상 가운데서 대륙전략(大陸戰略) 사상을 리순신이 가졌는가? 하는 것도 확인해볼 필요가 있을 것이다.

대륙전략 사상이란 지상군을 중심으로 적국의 영토를 점령하는 것인데, 이에 따른 해군의 임무는 궁극적으로 지상군에 의해 격퇴시킬 수 있다고 보기 때문에 연안방어·통상파괴를 하는 해양거부 역할을 하게 된다.

이런 대륙전략적 사상으로 보면, 리순신에게서 그런 사례를 단 한 가지도 찾을 수 없다. 단지 리순신의 출발이 함경도 삼수(三水) 고을의 동구비보(童仇非堡) 권관(權官: 종9품)이었기 때문에 철저하게 지상군 중심의 전략사고가 자리 잡고 있었을 것이다.

더구나 결과이긴 하지만, 공직생활 22년 가운데 그 절반인 11년을 육상에서 근무하였으며, 이것은 공직생활의 초기에 해당된다. 이때는 전쟁이랄 만한 것은 없으며, 녹둔도 둔전관을 겸하고 있었을 적에 오랑캐의 침입으로 상당한 피해를 입기도 했지만, 약간의 공을 세우기도 했다. 물론 피해의 원인은 병력의 절대부족에 있었고, 그 원인진단도 이미 상관에게 보고한 바도 있었다.

이 녹둔도 사건은 중봉 조헌의 상소문에서 그 발생 원인의 일단을 찾을 수 있다.

> 녹둔도의 둔전은 강물을 등지고 농사짓고 있으므로, 공론이 크게 불가하다고 했음에도, 여러 사람의 의견을 배척하여 남관(南關)의 백성을 많이 죽였습니다. 또 태조 때〔祖宗朝〕부터 좋은 법을 무너뜨려 문관(文官)으로 하여금 간간이 북방 백성을 다스리게 하지 않고, 오로지 무인(武人)을 기용하여 횡포를 부리니, 백성들〔民夷〕의 마음을 크게 상하게 하였습니다. 그리하여 해마다 남녘의 곡식을 수송하고,[648] 남녘의 군사를 동원하

648) "남녘의 곡식을 수송"하는 것은 『선조실록』 권18 선조17년 1월 임진(14일)에 임금이 "전교하기를, 담당관리의 조치가 해이하여 올해의 둔전도 역시 기약하기 어렵게 되었으니, 북방의 일에 염려스러운 일 많다. 경상도의 곡식 수만 섬을 얼음이 녹는 대로 북도로 운송할 일에 대해 의논하여 보고하라."〔傳曰 有司措置解弛 今年屯

려 했으나, 내지(內地)의 힘만 고갈되었을 뿐입니다. 또 해마다 남녘의 승려들을 부려 부질없이 장성(長城)을 쌓으니, 사찰이 대부분 비고, 절반은 적의 무리에 붙게 되었습니다.〔1589. 4. 1〕[649)]

이 당시 1587년 8월에 녹둔도를 지휘한 경흥부사 리경록(李慶祿: 1533~1599)과 조산보 만호 겸 녹둔도 둔전관 리순신이 무신(武臣)이었는데, 조헌의 말은 지나치며, 리경록은 이듬해 오랑캐 침범에 공을 세웠으며, 뒷날에 김해부사(金海府使)・라주목사(羅州牧使)・제주목사(濟州牧使)를 지내면서 많은 전공을 세웠고, 리순신도 그 오랑캐 침범에 공로를 세웠으며, 임진왜란에서 가장 큰 공로를 세웠다.

그런데 그 '녹둔도'가 '강물을 등진〔背水〕' 곳이라고 했다. 강물을 등진다는 말은 한쪽이 뭍이며, 섬은 아니며, 단지 강물이 있는 고을이라는 말이다. 김정호(金正浩)의 『청구도(靑丘圖)』(p. 11)에 보면, 수빈강(愁濱江: 速平江) 하류 끝에, 조산면(造山面)과 해정면(海汀面) 동쪽 바다 위에 1586년에 둔전을 처음 설치했다는 녹둔도 "宣祖丙戌設屯 鹿屯"이라고 섬으로 그려져 있다. 그러나 여기서의 '島'는 결국 '외딴 지역'일 따름이다.

이 '바다 위의 섬'과 조헌이 말한 '강물을 등진' 것과는 그 의미가 너무 다르다.

어쨌든 이때에 녹둔도를 지키기 위해서 수군이 지원되어야 한다는 말은 없다. 이름 그대로 녹둔도가 섬〔島〕이라면 수군을 운용하는 어떤 대책이 마련되어 있어야 마땅할 것이다. 그런데 오직 병력확보라는 말만 있다. 이것은 육군만을 뜻하는 말이다. 육지에 근무할 때는 지상군 중심의 전략을 가졌을 것이라는 추측을 해볼 수 있는 부분이다.

그러나 임진왜란이 일어나자, 수군전략을 성공시키기 위해서는 지상

田亦將難期 北方之事 可虞者多矣. 慶尙道穀數萬石 解氷卽時移運北道事議啓.〕고 하였다.

649) 『선조수정실록』 권23 선조22년 4월 정축(1일). "鹿屯屯田 背水爲農 公議大以爲不可 而力排群議 大殺南關之民. 又壞祖宗朝良法 不使文官 間牧北民 專縱武人肆暴 大傷民夷之心. 徒欲歲輸南粟 歲動南兵 以竭內地之力. 又使歲役南僧 虛築長城 寺刹多空 半附賊黨."

군(地上軍: 陸軍)이 수군에게 지원을 해주어야 한다는 것은 여러 번 강조되고 있다.

이런 전략의 바탕에서 부산포의 왜적소굴을 무찌를 적에 육군이 수군에게 지원을 해야 한다는 전략사고가 나타났던 것으로 볼 수 있다. 만약 그 뒤에 조정에서 육군의 지원이 있었더라면 그 결과는 훨씬 달라졌을 것이며, 조선의 피해는 훨씬 더 줄어들었을 것이다. 이런 전략사상에 대해서는 해양전략적 사상에서 기초되었기 때문에 가능했던 전투결과 보고였다고 볼 수 있을 것이다.

(3) 해양 전략적 사상

리순신에게서 해양전략적 사상으로 무장되었다는 것은 참으로 특이하다고 하겠다. 왜냐하면 리순신의 첫출발이 바다를 통해서 일어난 것이 아니기 때문이다. 그의 공직생활 22년 가운데에서 비록 그 절반인 11년을 바다와 관련하여 근무하였다고는 하지만, 임진왜란 7년을 빼고 나면, 겨우 4년에 지나지 않음에도 불구하고, 그토록 탁월한 해양전략사상이 확고하게 자리했을까 하는 것이다.

바로 이 문제가 이 글의 핵심이다.

과연 리순신에게 해양전략 사상이 있었는가? 만약 그렇다면 어떤 경우에 어떤 주장을 했고, 어떻게 조치했기 때문에 해양전략 사상가로 부를 수 있는가?

리순신은 전라좌수사가 되자, 수군의 중요성을 더욱 확고하게 주장할 수 있었다고 볼 수 있다. 그것은 임진왜란이 일어날 조짐이 있자, 조정 안팎에서 왜적의 침입에 대비한 토론이 있었던 모양이다.

한편에서는 수군을 없애고, 육군만으로써 대비해도 가능하다는 주장이 조정에 있었던 것을 반박한 리순신의 논리는 곧 수군의 역할과 그 중요성이다.

리순신이 주장하는 논리가 어떤 것인지를 보자.

> 조정에서는 신립(申砬)의 장계에 따라 수군을 파하고 육전에 주력할 것을 계획하였다. 이에 리순신이 급히 장계를 올려, "바다에서 오는 적을 막는 데는 수군이 아니고 누가 한단 말입니까? 수전·육전 어느 한 쪽인들 파할 수가 없습니다."라고 강변하였다.[650)]

이것은 수군의 중요성과 더불어 해양전략의 중요성을 강조한 것이다. 조정에서 육전 중심으로 전략을 수행하겠다는 것에 정면으로 반박하면서 수군의 중요성도 강조하였다. 그 하나에 치우친 전략은 성공할 수 없다는 것이다.

이 말은 곧 정유재란 때에 삼도수군이 거의 궤멸하자, 조정에서는 수군이 너무 미약하여 적을 막을 수 없다고 판단하고, 육군과 합하여 왜적을 무찔르라는 명령을 내렸는데, 이에 정면으로 반박하였던 데서도 찾을 수 있다.

이때 반박한 말을 상기해보자.

> 임진년 이래 5~6년 동안 왜적이 호남으로 더 이상 침범하지 못한 것은 수군이 그 길을 막고 있기 때문이다. 아직도 우리에게는 전선 12척이나 있다. 또한 나도 죽지 않았다. 힘써 싸우면 할 만하다. 그런데 이제 와서 만약 수군을 없앤다면 이것은 왜적이 만 번 다행한 일로 여길 것이다.[651)]

왜적이 더 이상 침범해오지 못한 이유를 밝힌 이런 지적은 참으로 전략가다운 분석의 결과라고 하지 않을 수 없다. 그것도 보고할 당시에는 겨우 전투함이 12척뿐인데도 이런 주장을 편 것이다. 요즘 말로 하면 현존함대전략이라는 것이다. 12척이라는 것은 숫적으로는 몇 척이 되지 않는 세력이지만, 그것이 존재한다는 것만으로도 왜적의 기동

---

650) 『忠壯公鄭運將軍實紀』(光州: 忠壯公鄭運將軍崇慕事業會, 檀紀4325), p. 460. "朝廷因申砬啓辭罷舟師 而專陸戰 公馳啓 以爲遮遏海賊 莫舟師若也 水陸之戰不可廢 朝廷允從."

651) 『리충무공전서』 권9 부록1 行錄,(서울: 成文閣, 1992. 再版), p. 269. "朝廷以舟師甚單 不可禦賊 命公陸戰 公啓曰 自壬辰至于五六年間 賊不敢直突於兩湖者 以舟師之扼其路也 今臣戰船尚有十二 出死力拒戰 則猶可爲也. 今若全廢舟師 則是賊之所以爲幸."

에 엄청난 제한을 준다는 것이다. 그래서 호남으로 침범해오지 못했다는 것을 밝힌 것이다.

조정에서 지시한 대로 그 수군을 없앤다면 현존함대전략마저 포기하는 것이 된다. 만약 그렇게 한다면, 그것은 왜적의 의도에 말려드는 것이 되며, 승리의 기회를 상실하게 된다는 의미가 내재되어 있는 것이다.

그런데 리순신은 현존함대전략만이 아니라, 그 수로써도 한 달이 채 지나기도 전에 명량해전에서 결전을 벌여 무한대의 승리를 거두기도 했다. 즉 왜적선은 333척에[652] 비하여 조선수군은 13척이었고, 그것도 리순신은 단 1척도 잃지 않은 반면에 왜적선 31척을 쳐부수었으니, 무한대의 승리라고도 할 만하다. 이것은 현대의 숫적 우세에 의한 결전전략의 이론을 초월한 전략이었음을 알 수 있다.

이러한 전과를 획득할 수 있었던 것은 두말할 것도 없이 해양전략적 사상에서 기인된 것으로 볼 수 있으며, 그 이론적 배경은 그가 보고한 장계(狀啓)로써 해석이 가능하다.

그리고 임진왜란에 대비할 당시에 조정에서는 육전(陸戰) 중심으로 전략을 펴야 한다고 했지만, 수전(水戰)도 육전(陸戰)도 그 어느 한 가지도 없애서는 안 된다고 힘주어 말한 것은 그만큼 해양에 뿌리깊은 사상과 애착을 가지고 있음을 말해준다.

이러한 전략적 요소들이, 리순신이 주장한 말로써 간략히 살펴보자.

> 바다에서 오는 적을 막는데는 수군이 아니고 누가 한단 말입니까? 수전·육전 어느 한 쪽인들 파할 수가 없습니다.[653]

이 말은 분명 임진왜란이 일어나기 전의 일이다. 여기서 리순신이 이미 수군의 중요성을 갈파하였다. 이것은 리순신이 바다와 관련한 지

---

652) 有馬成甫, 『朝鮮役水軍史』(東京: 海と空社, 昭和17年), p. 255. "日本水軍の主力約三百三十隻(懲毖錄に二百餘艘とある)"

653) 『忠壯公鄭運將軍實紀』(光州: 忠壯公鄭運將軍崇慕事業會, 檀紀4325), p. 460에서 재인용. "以爲遮遏海賊 莫舟師若也 水陸之戰不可廢."

역에서 근무하였기 때문에 바다의 중요성을 강조할 수 있었다는 말로는 성립되지 않는다. 혹시 발포 기지나, 녹둔도 둔전관 시절에 수군의 중요성을 익혔거나, 평소의 바다를 향한 지식이었을지도 모를 일이다.

어쨌든 위의 이 말 한 마디가 리순신의 기본 전략사상이 바다를 통하여 이루어졌음을 알 수 있다. 비록 리순신이 해양전략으로써만 임진왜란에 대처해 나가야 한다는 주장을 한 것이 아니지만, 지상군 중심의 전략사고에 위험이 있음을 지적한 것이며, 수군의 중요성, 곧 해양전략의 중요성을 강조한 것이다. 그래서 리순신은 수군이든, 육군이든 어느 한쪽도 없애거나 가벼이 봐서는 안 된다고 주장했던 것이라 할 수 있다.

그리고 분명한 것은 리순신은 해양을 중심으로 전략사고가 확고하였음이 그의 일기나 장계의 곳곳에서 찾을 수 있다는 것이다. 이미 400여 년 전에 단호하게 해양전략 사상가로서의 요건을 갖추고서 갈파되었음을 알아야 한다.

그래서 결론부터 말한다면, 리순신은 해양전략 사상가로서의 선구자적 역할을 했다는 것이다.

> 새벽에 임금의 비밀분부가 들어왔는데, "수군과 육군의 여러 장병들이 팔짱만 끼고 서로 바라보면서 한 가지라도 계책을 세워 적을 치는 일이 없다."고 하였다. 3년 동안이나 바다에 나와 있는데 그럴 리가 만무하다. 여러 장수들과 맹세하여 죽음으로써 원수를 갚을 뜻을 결심하고 나날을 보내지마는, 적이 험고한 곳에 웅거하여 있으니, 경솔히 나아가 칠 수도 없다. 하물며, 나를 알고 적을 알아야만 백 번 싸워도 위태하지 않다고 하지 않았던가![654]

이 사료는 『난중일기』의 1594년 9월 3일(양력 10월 16일)의 일기에 적힌 내용이다. 중앙조정에서 수군의 활동사항을 알아주지 않는데 대해 믿어지지 않는다고 말하고 있다. 조정의 수군에 대한 불신은 해양

654) 『난중일기』 갑오년 9월 3일(무인). "曉有旨入來, 則水陸諸將, 拱手相望, 不爲奮一策 設一計 進討云云. 三年海上, 萬無如是之理. 誓與諸將決死復讐之志, 日復日復, 而第緣據險窟處之賊, 不可輕進, 況知己知彼, 百戰不殆云乎."

전략에 대한 무지(無知)에서 비롯되었음도 간과해서는 안 될 것이다.

리순신은 전쟁이 이제 소강상태에 들어가 있지만, 그동안 3년이나 바다에서 줄곧 고생을 하고 있었다는 것과, 여러 지휘관들과 원수 갚을 일을 수립하며 시일을 보내고 있다는 것과, 왜적의 행동이 험고한 곳에 있기 때문에 쉽사리 공격했다가는 패배한다는 교훈을 지적한 것이다. 그래서 『손자병법』의 원칙을 내세우고 있는 것이다. 적의 행동을 미리 파악하고서 싸워야 한다는 것이다. 그리고 우리의 처지와 능력을 다시 가다듬어야 한다고 했던 것이다.

• 해전이 더 쉽고 이롭다

무엇보다도 리순신의 해양전략 사상의 진수(眞髓)는 그가 보고한 장계 속에 들어 있다. 임진왜란이 일어난 지 1년 반이 지나자, 해전에 관해 상당한 그 동안의 체험을 통하여 1593년 9월 10일에 보고한「해전과 육전에 관한 일을 자세히 아뢰는 계본」의 내용에서 리순신의 해양사상을 쉽게 찾을 수 있다.

그러면 과연 리순신의 해양사상이 어디에 바탕을 두고 있는지를 알아보자.

> 해상과 육상에서 방비하는 계책에는 각각 어렵고 쉬운 점이 있습니다. 요즘에 와서 모든 사람들이 해전은 어렵고 육전은 쉽다고들 하여 수군의 여러 장수들이 육전으로 나가고, 연해안의 군졸들도 또한 육전으로 나가는데, 수군의 장수로써는 감히 제어할 수 없고, 전선의 사부와 격군도 조정할 길이 없으며, 여러 장수들의 용감하고 용렬함을 무엇으로 가려낼 수 있겠습니까. 저는 수군의 직책을 맡아 큰 싸움을 겪었으므로, 대략 해전과 육전의 어렵고 쉬운 점과 오늘의 급선무를 들어 망령되이 다음의 해전을 진술합니다. 삼가 갖추어 아뢰니 엎드려 조정의 명령을 기다립니다.[655)]

655)『임진장초』장36「條陳水陸戰事狀」. "水陸備禦之策 各有難易之勢 而近來人皆有水難 陸易之說 舟師諸將 盡出于陸戰 沿海之軍 亦出于陸戰 水軍之將 莫敢措制 戰船射格 無路調整 諸將勇㤼 又何從擇焉 臣備數舟師 累經大戰 略擧水陸難易之勢 及今日之急務 妄陳于後爲白臥乎事是尓 謹具啓文 伏候 敎旨."

이것은 해전과 육전에 관한 일에서 무엇보다도 사람들마다 해전이 어렵다는 것을 인식하고 있는 현실에서 연안의 군졸들이 모두 육전으로 차출되어서 가버리니, 배에는 노를 저을 군사마저 부족하여 수군의 처지가 매우 어렵다는 것까지 밝혀놓았다.

리순신은 수군에 관한 일을 수행해본 체험을 강조하고 있다. 게다가 해전을 겪어본 결과를 보면, 육전보다도 승리를 보장할 수 있는 장점이 있다는 것을 확신하고 있다.

이렇게 체험을 통한 군사지식과 전쟁기술을 중앙조정에서 분명히 알고 있어야 하겠기에, 모두들 해전을 어렵다고 꺼리거나, 도외시하려는 태도에 대해 해전의 방법이 더 용이하다는 점을 임금에게 납득시키면서 조정에서 적극적으로 지원해줄 것을 바라고 있었다.

> 우리나라 사람들은 겁쟁이가 10명 중에 8~9명이며, 용감한 자는 10명 중에 1~2명인데, 평시에 분별하지 않고 서로 섞여서 모여 있으므로, 무슨 소리만 들어와도 문득 도망해 흩어질 생각만 내어 놀래어 엎어지고 자빠지며 다투어 달아나니, 비록 그 안에 용감한 자가 있더라도 홀로 흰 칼날을 무릅쓰고 죽기로 돌격하여 싸울 수가 있겠습니까. 만일 정선한 군졸들을 용감하고 지혜 있는 장수에게 맡겨서 그 소질과 능력에 따라 잘 지도했더라면, 오늘의 사변이 반드시 이렇게까지 되지는 않았을 것입니다.[656)]

여기서는 우리나라 사람들의 태도와 대적 경계심에 관해 낱낱이 파헤쳐 지적한 말이다. 말하자면 군사들의 90%가 겁쟁이였으니 어떻게 할 도리가 없다는 것이다.

지금 우리들에게 이런 상황이 주어진다면 우리는 어떻게 하겠는가? 리순신은 매우 현실적이고도 실질적인 문제를 다루고 있다. 왜적이라는 말만 들어도 도망가는 형편이었으니, 얼마나 한심했을 것인지도 짐작이 가고도 남는다.

---

656) 위의 장계. "我國之人 㤼者十居八九 勇者十中一二 而平時不爲分辨 混雜相聚 故風聲之來 輒生逃潰之心 驚動無常 顚倒爭奔 雖有勇者 其獨能冒白刃 殊死突戰乎 若以精選之卒 付諸勇智之將 因其勢而利導之 則今日之變 必不至於此極."

그리고 전쟁의 패배의 원인은 교육과 훈련의 강도에 달려 있지,[657)] 수군이니, 육군에 있는 것도 아니라는 것이다. 그만큼 교육과 훈련이 중요함을 강조하고 있다.

그래서 리순신은 자기처럼 훌륭한 지휘관이 군사들을 제대로 훈련을 시켰더라면 이렇게까지 형편없게 되지는 않았을 것이라고 하였다. 모든 사람에게 소질과 능력을 키워야 한다고 했다. 그만큼 리순신은 자신만만했던 것임을 알 수 있다.

> 해전에서는 많은 군졸들이 죄다 배 안에 있으므로, 적선을 바라보고도 비록 도망해 달아나려 해도 도리가 없는 것입니다. 하물며 노를 재촉하는 북소리가 급하게 울릴 때, 만약 명령을 위반하는 자가 있으면, 군법이 뒤를 따르는데, 어찌 마음과 힘을 다하여 싸우지 않겠습니까. 거북함이 먼저 돌진하고, 판옥선이 뒤따라 진격하여 연이어 지자·현자총통을 쏘고, 또 따라서 포환과 시석을 빗발치듯 우박 퍼붓듯 하면, 적의 사기가 이미 꺾이어 물에 빠져 죽기에 바쁘니, 이것이 해전이 쉬운 점입니다.[658)]

이 기록에서 비로소 해전의 이로운 점을 설명하고 있다. 해전의 중요성은 바로 전략적 식견에서 나온 말이다. 또 적을 알고 나를 알면 백번 싸워도 위태롭지 않다는『손자병법』을 그대로 언급하고 있는 것이다.

배라는 특성은 무엇보다도 군사들이 모두 배 안에 들어 있다는 것이다. 이것은 앞에서 설명한 겁쟁이일지라도 도망을 갈 수 없는 환경이라는 것이다. 이러한 환경을 잘 이용하기만 하면 전투력을 발휘할 수 있다는 것이다.

---

657)『經書』「論語集註大全」卷之13〈子路〉第13,(서울: 成均館大學校 大東文化硏究院, 1965), p. 327 및 朱喜 集註,『四書集註』「論語」卷之7〈子路〉第13,(臺北: 學海出版社, 中華民國 71年 5版), p. 93 "子曰 以不敎民戰 是謂棄之. 以用也. 言用不敎之民 以戰必有敗亡之禍, 是棄其民也."

658)『임진장초』장36「條陳水陸戰事狀」. "至如水戰 則許多之軍 皆在船中 望見賊船 雖欲逃奔 其勢無由 況督櫓鼓急之際 如有違令者 軍法隨之 豈不盡心力而爲之 龜船先突 板屋次進 連放地玄字銃筒 又從以炮丸矢石 如雨如雹 則賊氣已奪 投死無暇 此水戰之易勢也."

리순신은 배를 타고 해전을 하는 것이 부하를 지휘하는 데 용이하다고 하였다. 이것은 육지에서 배수진을 친 것과 같은 효과가 있는 상황이다. 그러므로 죽기로 싸우게 되는 것이다. 그래서 리순신은 무엇보다도 해전이 쉽다는 것이다.

그리고 그 비법의 하나는 거북함을 이용한다는 것이며, 그 거북함을 먼저 투입시켜 기선을 제압한다는 것이다. 그러고 나서 주력함인 판옥선을 투입시켜 함포로 공격한다는 것이다. 이때 함포 공격에서 탄환을 마구 쏘아 적의 사기를 무참히 짓밟아버린다는 것이다. 적의 사기가 떨어지면 이긴다는 것을 알고 있었던 것이다.

리순신은 당시에 이런 전략사상으로 바다에서 전술을 구사했으니 이기지 않을 수 없는 것이다. 이런 전술은 현대에서도 함포 공격술에 적용되기도 한다.

리순신은 임진왜란이 터지자, 왜적과 맞아 싸웠을 적에, 언제나 왜적의 사정거리 밖에서 함포로 공격하였다.

> 그러나 전선의 수가 적고, 수군 중에서 빠져 달아나는 자가 요즘에 와서 더욱 심하니, 만일 전선을 많이 준비하고, 또 격군을 보충할 길이 열린다면, 비록 대적이 무수히 침범해 와도 능히 감당하며, 능히 섬멸할 수 있을 것입니다. 이제 적세를 보니, 남쪽으로 도망해온 뒤에 아직도 바다를 건너지 않고 령남 연해변의 고을들이 죄다 저들의 소굴이 되었으니, 그들의 소행을 살펴보매, 흉계를 헤아리기 어렵습니다. 만일 적들이 수륙으로 합세하여 일시에 돌격해오면, 이렇게 외롭고 약한 수군으로서는 그 세력을 막아내기 어렵고, 또 군량을 이어가기도 어려울 것이므로, 이것이 제가 자나깨나 걱정하는 것입니다.[659)]

중요한 것은 전선의 수에 있었고, 군사의 수에 있었다. 그런데 우리의 전선은 적고 수군마저 계속 육군으로 빠져나가니 걱정을 했다. 그래서 만약 중앙조정에서 군사를 지원해 준다면 열악한 상황을 반전시

659) 위의 장계. "然戰船數少 水卒之流亡 近來尤甚 若多備戰船 又開格軍充立之路 則雖大賊無數來犯 足以當之 足可殲滅 今觀賊勢 南遁之後 尙未渡海 嶺南邊鎭 盡爲窟穴 跡其所爲 兇計叵測 脫有水陸合勢 一時衝突 則以此孤弱舟師 勢難捍禦 兵食之繼絶亦難 此臣之寤寐悶慮者也."

킬 수 있다는 것이다. 더구나 령남지역은 왜적의 소굴이 되어버렸고, 군량마저 보급하기 어려워 군사들을 함부로 움직일 수가 없다는 것이다. 만약 몇 척 되지 않는 수군으로써 그 많은 왜적을 당해낸다는 것은 무모하다고 했다.

리순신은 바로 이런 것을 걱정하고 있었다.

> 수사(水使)는 수군의 대장인데, 무릇 호령을 내려도 각 고을 수령들은 소관이 아님을 핑계하고 전혀 거행하지 않으며, 심지어 군사상의 중대한 일까지도 내버려두고 빠뜨리는 일이 많이 있어 일마다 늦어지게 되니, 이런 큰 사변을 당하여 도저히 일을 처리하기 어려우니 사변이 평정될 때까지는 감사와 병마사의 예에 의하여 수령을 아울러 지휘할 수 있도록 함이 좋을 것입니다.[660)]

지휘관인 수사가 명령을 해도 듣지 않는 군대는 패배할 수밖에 없다. 그런데 그런 현상이 일어나고 있는 것은 조정의 명령이 육군 중심으로 운용되어 수군도 육군으로 뽑혀가고 있기 때문이라는 것이다.

그리고 전쟁을 하는 데는 단일의 명령체계가 이루어져야 하므로 수사는, 감사와 병마사가 지휘하는 것처럼, 인근의 지방 수령들을 아울러 지휘할 수 있도록 해야 한다는 것이다. 이런 지적은 현대에도 지휘일원화(指揮一元化)라는 것으로 항상 중요한 문제로 제기되기도 한다.

> 수군에 소속한 연해의 각 고을의 여러 괄장군(括壯軍)들을 통째로 수군에 소속케 하고, 군량도 수군에 속하게 하여, 전선을 곱절이나 더 만들게 하면, 전라좌도의 5 고을과 5 포구에는 60척을 정비할 수 있고, 전라우도의 15 고을과 12 포구에는 90척을 정비할 수 있으며, 경상우도에는 사변을 겪은 나머지라 조처할 방도가 없다고는 할지라도 그래도 40여 척을 정비할 수 있고, 충청도에서도 60척을 정비할 수 있을 것이므로, 합하면 250여 척은 될 것입니다. …
> 엎드려 바라건대, 조정에서는 잘 헤아려 사변이 평정될 때까지 연해의

660) 위의 장계. "水使以舟師大將 凡發號施令 各官守令等 稱非所管 專不擧行 至於軍政重事 多有廢却闕失之事 事事弛緩 當此大變 決難濟事 限事定 依監兵使例 守令幷以節制事妄料."

> 각 고을 괄장군과 군량 등을 다른 곳으로 옮기지 말고, 온전히 수군에 소속시키고, 수군의 여러 장수들도 이동시키지 말 것을 망녕되이 생각해 봅니다.[661)]

여기서 리순신은 아예 "수군에 속한 연해안 각 고을의 여러 종류의 괄장군(括壯軍)들을 전적으로 수군에 소속하게 하고, 군량도 수군에 속하게 하여 전선을 갑절이나 더 만들게 하면,"이라고 한 말은, 바다에 관한 한 전문적 지식을 가진, 수군 위주의 전략을 펴야만 전쟁에서 이길 수 있다는 말을 한 것이다.

게다가 각 고을에 할당된 것까지 합하여, 모두 250척 남짓 되는 전선을 건조하게 되면, 그 군세의 위엄으로써도 일본군을 이길 수 있다. 역시 바다를 지배하는 데는 전함이 필요하며, 바다를 지배하는 것이 적군을 지배하게 되어 이긴다는 것이다. 요즈음의 말로 "바다를 지배하는 자가 상업을 지배하고 상업을 지배하는 자가 세계를 지배한다."는 말과 대동소이하다고 볼 수 있다. 그만큼 리순신은 바다를 통한 해군 전략의 선각자임을 말할 수 있다.

이렇게 전쟁을 수행할 수 있는 환경이 조성되면 싸워볼 만하다는 것이다.

> 앞으로 이만한 병력을 지니고서 왜적의 동향을 듣는 대로 '우리 도'니 '남의 도'니 할 것 없이 즉시 응원하여 정세에 따라 추격하면 어디를 가든지 대응할 적이 없을 것입니다. 또한 왜적이 비록 많고 강하다 해도 그들 배는 물에 있으므로, 우리 배들이 앞뒤로 상응하여 적에게 대항하면 반드시 살고자 하는 마음으로 왜적은 뒷일을 염려하고 꺼려 마음대로 육지에 오르지 못할 것입니다.[662)]

---

661) 위의 장계. "舟師所屬沿海 各官諸色括壯軍 全屬舟師 粮餉又屬舟師 戰船倍數加造 則全羅左道五官五浦 可整六十隻 右道十五官十二浦 可整九十隻 慶尙右道則經亂之餘 措諸末由 然而可整四十餘隻 忠淸道可得六十隻 合之則二百五十餘隻 而將此兵威 聞賊所向 … 伏願朝廷 十分商量 限事量 沿海各官括壯軍 及軍粮等 勿移他處 全屬舟師 舟師諸將 亦勿遷動事妄料."

662) 위의 장계. "勿論彼我道 等時應授 相勢追擊 則所向無敵 且賊雖蕩蕩 其船在水 我船掎角 則必生顧忌之念 亦不得恣意下陸矣."

이것은 리순신이 이미 배로써는 배수진을 친 상태와 같으므로 군사들이 싸울 수밖에 없다는 것을 자신있게 피력한 것이다. 게다가 전쟁터는 나라이기 때문에 지휘권에 구애되어 관할권만을 주장하지 말아야 한다는 것을 강조하고 있다.

그리고 왜적이 많고, 강하다고 할지라도 물위에 있는 한, 우리가 물위에서 싸워 이길 수 있는 여건만 갖추어진다면, 우리는 언제나 승리할 수 있고, 왜적들은 언제나 패배하지나 않을까 두려워하면서 살 궁리만 하게 된다는 것이다.

이것은 육군이 해내지 못하는 것을 수군만이 해낼 수 있는 이점을 설명한 것이다. 곧 수군의 이용이 국난을 극복해내는 훌륭한 수단이라는 것을 강조하였다.

그래서 수군의 패배는 전쟁의 승리를 보장받지 못하는 요인이 된다는 것을 간접적으로 다음과 같이 말한 바가 있다.

> 우리나라에서 미더운 것은 오직 수군뿐인데, 수군마저 이와 같이 되었으니, … 더 더욱 원통하다.[663)]

일기에 이 글을 남긴 시기는 리순신이 도원수 권률의 휘하에서 백의종군하던 때다. 삼도수군통제사 원균이 지휘하여 절영도·부산포로 나갔다가 군사를 많이 잃었다는 말을 1597년 7월 16일에 들었는데, 그 날에 수군의 중요성을 말한 것이다.

더구나 이 날은 리순신이 칠천량해전 소식을 듣지 못한 상태에서 한 말이다. 그렇다면 그 수군이 칠천량해전에서 대패했다는 소식을 들었을 때는 그 심정이 어떻게 되었겠는가 하는 것은 짐작이 가고도 남을 것이다. 칠천량 패전 소식을 들은 것은 이틀이 지난 7월 18일이다. 이 때는 아예 그 패배했다는 사실을 믿기에는 너무도 어이가 없었던지, "통곡함을 참지 못했다. 통곡함을 참지 못했다."고[664)] 두 번이나 반복하

663) 최두환, 『새번역 난중일기』(서울: 학민사, 1996), p. 324 "丁酉7月16日乙巳… 我國所恃 惟在舟師 舟師如是 無復可望 … 尤極痛惋."

664) 『난중일기』 정유년 7월 18일(정유). "不勝痛哭 不勝痛哭."

여 일기에 적어 놓았었다.

비록 권률이 웅치(熊峙)·리치(梨峙) 및 행주(幸州)싸움에서 큰 공을 세웠으므로 "지휘관으로서 위엄만을 보였던 것은 아니며, 휘하 장졸들을 아끼며, 人和를 위해 성의를 다했다."고[665] 했다.

그러나 칠천량해전 때, 삼도수군의 패배의 원인은 해군전략을 무시한 도원수 권률의 강요에 의해 이루어졌다.[666] 그것은 칠천량 패전이 있자, 비변사에서는 권률더러 "도원수의 뜻은 육전을 중히 여긴 것입니다.(都元帥之意 則以陸戰爲重)"고[667] 한 데서 그 전략의 기조(基調)가 어디에 중점이 두어졌는지를 알 수 있다.

리순신은 수군을 얼마나 아끼고 길러 왔는데 하루아침에 다 잃는다는 것은 실로 입이 있어도 할 말을 잊을 수밖에 없었을 것이다.

리순신이 수군을 아낀 것만큼 임금도 리순신에게 건 기대가 컸다고 본다. 그런데 전쟁이 소강상태였음에도 소경왕은 적어도 리순신만큼은 계속적으로 전과를 올리기를 바랐던 모양이었다. 그러나 왜적이 다시 범해온다는 소문이 있음에도 기대만큼의 전과가 없자, 소경왕은 통제사라는 직책을 원균에게 주고자, 리순신의 허물을 억지로 들추기까지 하면서 1597년 1월 28일에는 비망기로 류영순(柳永詢)에게 이렇게 지시하였다.

> 우리나라에서 믿는 것은 오직 하나 수군뿐인데, 통제사 리순신은 나라의 중대한 임무를 맡고도 속임수만 부렸고, 적을 내버려둔 채 치지 않음으로써 가등청정이 안심하고 바다를 건너오게 하였다. 결국에는 붙잡아다 신문하고 용서하지 말아야 하겠지만, 한창 적들과 맞서 있기 때문에 아직 공을 세워 성과를 거두게 하였다.[668]

---

665) 李章熙, 『近世朝鮮史論攷』(서울: 아세아문화사, 2000), p. 236.

666) 『선조실록』 권133 선조 34년 1월 17일(병진). "임금이 말하기를, … 원균은 … 한산(閑山) 싸움에서 패전한 것으로 다투어 그에게 허물을 돌리지만, 그것은 그의 잘못이 아니라 바로 조정이 그를 빨리 들어가도록 재촉했기 때문이다. …도원수(都元帥)가 잡아들여 곤장을 치자, 그는 반드시 패할 것을 알면서도 들어가지 않을 수 없었던 것이다."

667) 최두환, 『전설을 낳은 사람 영웅 리순신』(서울: 연경문화사, 1998), p. 380.

668) 『선조실록』 권84, 정유년 1월 28일(기미).

이 사료에서는 분명 당시 소경왕 자신도 수군의 중요성을 인정하고 있었던 것 같다. 그러나 전과의 획득이 없고, 적군의 정보를 제대로 파악하지도 못한 상태에서, 적군을 치지 않는다는 이유로 리순신을 파직시켜야 한다는 명분을 만들었다. 역시 소경왕의 이중성격은 여기서도 나타난다.

우리나라에서 믿는 것은 수군뿐이라고 했는데, 그렇게 된 것이 누구 덕분인가를 알아야 한다. 그것은 바로 리순신이 있었기에 가능했던 것이다. 그럼에도 불구하고 은혜를 원수로 갚는다는 격언이 있듯이 소경왕은 오히려 리순신을 엄청나게 곤궁에 빠뜨렸던 것이다.

리순신과 우리 수군이 아니었더라면, 임진왜란의 승리는 불가능한 것이었다.

그리고 전략에서 빼놓을 수 없는 분야가 군사기획이며, 군수지원 분야다. 계획수립의 기획이 이루어지지 않으면 시행착오의 반복으로 전력(戰力)을 낭비하게 된다. 또 군수지원이 뒤따르지 않으면, 전쟁에 나간 군사들이 꼼짝없이 굶어죽게 된다. 비록 유리한 고지나, 지리적 유리한 곳을 빼앗았다고 하더라도 유지가 불가능하게 된다.

리순신은 바로 이런 부분까지 염두에 두고 작전을 실시했음도 찾을 수 있다.

• 군량을 넉넉하게 확보하다

전쟁의 승패는 식량의 보급에도 좌우한다. 바로 군량을 확보하는 것은 매우 중요한 전략의 한 요소다.

리순신은 호남에서 농사를 지어 군량을 확보하는 요람이며 나라의 초석이 되는 곳이라고 강조하였다. 그렇게 하면서 국방을 아울러 지킬 수 있는 계책이 확고하게 섰던 것이다.

군병들의 양식이 가장 급한 일인데, 호남 한 지방이 말로는 보전되었다 하지만, 모든 물자가 고갈되어 조달할 길이 없습니다. 저 생각에는 본도의 순천과 홍양 등지에 넓고 비어 있는 목장과 농사지을 만한 여러 섬이

> 많이 있으므로, 혹은 관청 경영으로 하든지, 혹은 민간에 주어서 배메기 하든지, 혹은 순천과 흥양에서 방비하고 있는 군사들로 하여금 들어가 농사짓는 데 전력하다가 사변이 있을 적에 출전하면, 싸움에나 지킴에나 방해됨이 없이 군량도 유익할 것입니다.[669)]

전쟁에서 군량의 보급은 매우 중요하다. 그래서 그 군량을 보충해주는 곳이 호남임을 말했고, 특히 순천과 흥양 등지는 목장뿐만 아니라, 농사짓기에도 매우 좋은 곳이어서 농민들에게 배메기, 즉 수확한 곡식을 반반으로 나누어 가지게 하였으니, 모두들 즐거이 일하였다.

리순신은 그가 생각한 바를 기록으로 남기고, 그것을 실행하기 위한 타당성 있는 논리라는 것을 상부에 보고하고, 아울러 친분이 있는 사람에게까지도 알렸다. 이것은 여론의 득을 보자는 것보다는 전략수행의 좋은 방편에 대한 적극적인 호응을 유도하였던 것이다. 많은 사람들이 좋은 방편을 알아서 스스로 협력해주면 그만큼 백성들도 부유로운 것이다.

리순신의 업적 가운데서 군량을 확보하는 또 다른 방편으로 '해로통행첩(海路通行帖)'을 발행하였다. 이것은 비단 군량뿐 아니라, 국가를 부강케 하는 방편이기도 하였다. 리순신이 1597년 12월 5일에 고하도로 진을 옮기고 나서 군인 1000명 남짓을 확보하긴 했으나, 군량을 확보할 길이 없어 늘 걱정하였다.

> 중앙조정〔天朝〕에서는 리순신은 보화도(寶花島: 고하도)로 진군하자, 군사가 1000여 명이나 되었는데, 군량이 모자라는 것을 근심하여 마침내 민간인에 명령하여 "삼도 연해안에 공사선(公私船)을 막론하고 통행첩이 없이 다니는 배는 간첩으로 인정하게 될 것이니, 누구나 다 통행첩을 받아야 한다."고 선포하고, 배의 크고 작음에 따라 그 통행첩의 값을 달리 받았는데, 큰 배는 3섬, 중간 배는 2섬, 작은 배는 1섬으로 규정하였다. 이때 피란민들은 모두가 곡식을 싣고 다니는 때라, 통행첩을 받아 가기만 하면, 자유로이 통행할 수 있기 때문에 서로 와서 규정대로 곡식을

---

669) 『임진장초』 장36 「條陳水陸戰事狀」. "軍兵之食 最爲先務 而湖南一方 各雖保全 勿力殫竭 調濟末由 臣意如本道順天興陽等地 多有閑廣牧場 諸島可耕處 或官屯 或給民幷作 或使順天興陽入防軍士 全務入作 而聞變出戰 則無害於戰守 有益於軍資."

> 바치고 통행첩을 타 가니, 열흘도 채 못 되어 군량이 1만여 섬이나 쌓이게 되었다는 것이다. 그리고 또 한편으로 백성들을 모집하고, 흩어진 군사들을 불러모으며, 또 구리와 쇠를 거두어들여 대포를 새로 만들고, 나무를 찍어다 배를 만들며, 백성들에게 각기 생업을 주어 장사도 하게 하여 소문이 파다하게 떨치고, 그리하여 섬의 형세가 도저히 그 많은 사람들을 수용할 수가 없이 되었다는 것이다.[670)]

리순신이 '해로통행첩'을 만들어 어민들에게 시행함으로써 어민들에게 어장을 확보해줌과 더불어 부족한 군량을 손쉽게 구할 수 있었던 것은 곧 바다가 있음으로써 가능했다. 바다는 무한 자원의 공간임을 리순신이 조금이나마 알았던 것일까? 어쨌든 바다는 국가를 번영시키는 거의 무한 공간임에 분명하다. 대한민국이 앞으로 나아갈 길도 바다를 통해서 이루어야 할 것이다.

그래서 리순신은 예상한 대로 많은 군량을 거두었는데, 한 달 만에 1만여 섬을 확보한 것은 하루에 333섬을 거둔 셈이니 통행선이 큰 배만으로도 하루에 111척이나 되었고, 중간 배라고 치면 167척이나 되었음을 볼 때 통행량이 적지 않았음을 알 수 있다.

당시는 전쟁 중이고 많은 어민들이 피란하러 이동하였기 때문에 가능할 수 있었던 것이겠지만, 군량확보 목적과 더불어 거기에 숨은 목적에는 간첩을 색출하는 것도 있었다. 게다가 리순신은 흩어진 군사를 끌어모으기도 했고, 그들로 하여금 대포를 만들게 하는 일을 시켜 전쟁준비에 몰두했다. 물론 백성들이 배부르게 먹이는 것도 게을리 하지 않았다.

이런 일들은 전략적 사고에서 비롯되지 않으면 불가능한 일들이라고 하지 않을 수 없을 것이다. 실로 리순신이기에 가능했던 것이다.

---

670) 『리충무공전서』 권13 부록5 紀實上 「宣廟中興志」. "天朝舜臣遂進軍寶花島 戰死已至千餘人 而患乏粮 遂作海路通行帖 令曰 三道公私船無帖 以奸細論 於是避亂船爭來受帖 舜臣以船大小差次使納來受帖 旬日間得米萬餘石 軍士又患無衣 舜臣乃諭避亂士民曰 汝等何爲來此 皆曰 恃使道來耳 舜臣曰 今天凍海寒 士皆墮指 安能爲汝防禦乎 汝旣有贏餘之衣 何不分我士卒 於是士民競輸餘衣 又募民輸銅鐵 鑄大砲 伐木裝船事 事皆辦."

• 우수한 무기체계를 확보하다

권력이 총구에서 나오듯이, 전쟁의 승리도 막강한 총구에서 나온다. 임진왜란 당시의 우리나라 총통의 성능은 과연 어느 정도였을까?

전쟁에서 아군의 피해를 최소화하고, 왜적선에게 그렇게도 많은 피해를 줄 수 있었던 비결은 과연 무엇이었을까?

이러한 사실을 알기 위해서는 우선 무기의 성능을 알아야 한다. 특히 리순신이 분석한 총통의 성능을 어떻게 보고했는지를 보자.

> 신이 여러 번 큰 싸움을 겪었습니다. 왜놈의 조총(鳥銃)을 얻은 것이 매우 많았으므로, 항상 눈앞에다 두고 그 묘리를 실험하였더니, 총신(銃身)이 길기 때문에 그 총구멍이 깊숙하고, 깊숙하기 때문에 탄환의 나가는 힘이 맹렬하여 맞기만 하면 반드시 부서집니다.
> 우리나라의 '승자(勝字)'나 '쌍혈(雙穴)' 등의 총통은 총신이 짧고, 총구멍이 얕아서 그 맹렬한 힘이 왜적의 총통만 같지 못하며, 그 소리도 우렁차지도 못하므로 조총을 언제나 만들어 보려고 하였습니다.[671)]

이 사료는 1593년 8월에 보고한 장계 내용이다. 노획한 조총을 머리맡에 놓고 밤낮으로 연구하였다는 말에서 조선시대 전통무기를 연구한 한 사람으로서 절로 고개가 숙여진다. 그 바쁘고 불확실한 상황 속에서도 무기의 성능을 향상시키려는 애쓰는 모습이 너무도 선하기 때문이다. 이런 노력하는 모습이 우리의 미래를 밝게 해주는 참된 교훈이 될 것이다.

여기서 리순신의 이런 지적은 우리나라 소형총통, 즉 개인화기의 성능이 왜 조총보다 못한가 하는 것에 초점이 맞추어져 있다. 그 원인은 총신이 짧고 총구멍이 얕기 때문이라고 지적하였다. 이것은 무기의 원리를 말한 것이다.

---

671) 『임진장초』 장35 및 『리충무공전서』 권3 장계21 「封進火砲狀」. "臣累經大戰 倭人鳥銃 所得優多爲白乎等用良 常伴目前 驗其妙理 則以體長之故 其穴深邃 深邃之故 炮氣猛烈 觸之者必碎 而我國勝字雙穴等銃筒段 體短穴淺 其猛不如倭筒 其聲不雄乙仍于 同鳥銃乙 每欲制造爲白如乎."

이런 분석은 현대의 포술 내지 병기를 취급하는 사람들에게서도 쉽게 분석될 수준 이상이라고 할 수 있다. 말하자면 무기 운용자의 수준을 뛰어넘은 무기 제작자, 곧 발명가의 지식 수준이라는 것이다.

> 정철(正鐵: 무쇠)을 두들겨 만들었는데, 총신도 잘 되었고, 총알이 나가는 힘이 조총과 꼭 같습니다. 심지 구멍에 불을 붙이는 기구가 비록 조금 다르지만, 얼마 안 가서 다 마쳐질 것입니다. 또 일하기도 그리 어렵지 않아서 수군 소속의 각 고을과 포구에서 우선 같은 모양으로 만들게 하였습니다.[672)]

이 사료는 조총을 본따서 정철총통을 만들었다는 것이다. 과거에는 총통은 대형이면 주물(鑄物)로 만드는 것은 말할 것도 없지만, 소형이라도 주물로 만들었는데, 여기서는 그 제조 방식을 전혀 다르게 하였다고 했다. 곧 "두들겨만들다〔打造=打製〕"고 했다. 이것은 요즘말로 '단조(鍛造: forging)'라는 것이다.

이 제조 요령은 열을 가한 쇠를 모루(anvil) 위에 놓고, 집게로 그 소재를 잡고, 망치로 두들겨대면 얇아진다. 그 얇게 된 철판을 계속 두들겨서 둥글게 감기게 하되, 중앙에 총구경 크기의 둥근 쇠막대를 심지처럼 넣어, 또 두들겨 감아 붙이고 나서 그 둥근 쇠막대를 빼내면 총신이 만들어진다.

그리고 그 성능이 날아가는 새도 맞춘다는 조총과 같다고 했다. 조총은 그만큼 위력이 있었다. 이런 내용은『난중일기』1593년 9월 14일에도 적혀 있다.[673)]

이런 무기가 한결같이 최대로 날아간 거리가 곧 유효하다는 것이다. 일본이 가장 자랑스럽게 생각하고, 조선군이 두려워한 것이 조총이었는데, 그런 두려움에서 조선 수군은 벗어나 있었다고 볼 수 있다. 조총의

---

672) 上揭書. "正鐵以打造爲白乎亦中 體制甚工 炮丸之烈 一如鳥銃 其線穴挿火之具雖似少異爲白良置 數日內畢造 功役亦不甚難 舟師各官浦良中 爲先一樣造作亦爲白乎旀."

673)『리충무공전서』권5「亂中日記」1, 49면. "十四日乙丑 正鐵銃筒最關於戰用而我國之人 未詳其造作妙法 今者百爾思得造出鳥 筒則最妙於倭筒 唐人到陣試放 無不稱善焉 已得其妙 道內一樣 優造事見樣 輸送巡察使兵使處 移牒知委."

사정거리는 불과 100m라고 했으니, 과히 비교될 수 없는 위력이다.

〈표VI-1〉에서 보는 바와 같이 '주병기(主兵器)'에서 그 종류와 크기 및 피사체의 무게 등에서 많은 차이가 있고, 조선의 병기가 월등히 우수했음을 알 수 있다. 특히 총통 - 대포의 경우 조선은 천자 철환이 13근, 즉 7800g과 일본은 대통 철환 375g은 20.8: 1로서 비교도 되지 않으며, 조선의 가장 작은 황자 총통의 철환 13냥, 즉 487.5g과 비교하더라도 1.3: 1이다. 조선의 총통은 실로 막강한 성능을 가졌었다.

일본에서는 대포라 하여 많이 썼다고 하지만, 조선에서는 황자 총통보다는 지자 총통을 많이 사용했다. 이것은 8근, 즉 4800g으로 13.4: 1이다. 이 역시 무기로서는 상대가 되지 않는다. 그리고 조총은 조선에서 정철총통을 만들어 그 성능이 같다고 했다.

무기로써 조선과 일본의 전력을 비교하면, 이미 조선의 승리가 뻔하다. 그런데도 불구하고 조선이 임진왜란 초기에 많은 피해를 입은 것은, 꼬집어 말하자면, 오로지 전쟁준비가 되지 않은 데 그 원인이 있다.

전쟁에서 이기려면, 무기의 성능을 높이고, 빈틈없는 전략을 구상하여 제대로 실천하기 위하여 리순신처럼 쉬지 않는 훈련이 필요하다. 빈틈없이 계획하여 실천함에 있어서 반대에 부딪치면 명확하게 설득시켰다. 명량수로에 수중철색의 설치가 불가능하다고 많은 사람들이 생각한다. 그런데 그 불가능한 원인이 유속 때문이라면 그 강한 유속을 활용·이용하면 된다는 방법을 알아듣게 가르쳐주어야 한다. 불가능한 상황을 극복해내지 못하면 성공하지 못한다. 그리고 끊임없는 개선·개발이 뒤따르고, 적극적으로 지원하는 것이 필요하다. 리순신은 이미 이런 사실을 알고 있었다. 그래서 리순신은 탁월한 전략가요, 전술가였다.

〈표VI-1〉 임진왜란시 조선·일본 전선 비교

구분	판옥선(板屋船)	아다께(安宅船)
선체	평저형 선체로 선회가 쉬우며, 회전반경이 작다.	첨저형 선체로 속력은 빠르나, 회전반경이 크다.
승조원	125명	90명 최대 300명 탑승
속력	3노트	3노트 이상
노	16~20개	80개
돛 운용	순풍과 역풍에도 운용	순풍에만 운용
장갑	두꺼운 판자(4寸)	얇은 판자 (關船은 대나무로 현측방어)(3寸)
주 병기	천자총통: 대장군전 50근, 철환 13근 지자총통: 장군전 33근, 철환 8근 현자총통: 차대전 7근, 철환 1근13냥 황자총통: 피령전 3근8냥, 철환 13냥 승자총통: 철환 4개 또는 장전 (구경이 13~30㎜로 소·중·별·차 승자총통으로 다양) 활: 장전·편전	오쓰쓰(大筒): 철환 375g 나카쓰쓰(中筒): 철환112.5g 고쓰쓰(小筒): 철환 75g 조총(鳥銃), 또는 뎃포(鐵砲) 구경 18㎜ 철환 37.5g 구경 14㎜ 철환 13.2g 활: 장전
보조병기	창·칼·대발화·질려포·완구	창·칼
공격술	- 총통발사: 교란·인명살상·선체파괴 - 불화살공격: 선체 불태움 - 화살공격: 인명살상	- 조총발사: 인명살상 - 화살공격: 인명살상 - 근접계류공격: 선체점령

※ 출처: 최두환, 『忠武公 李舜臣 全集』 제6권 「원형 거북선과 학익진의 비밀」 (서울: 우석출판사, 1999), p. 248.

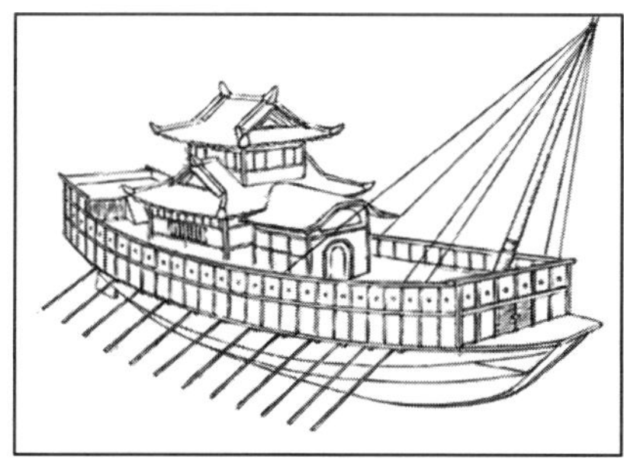

〈안택선〉

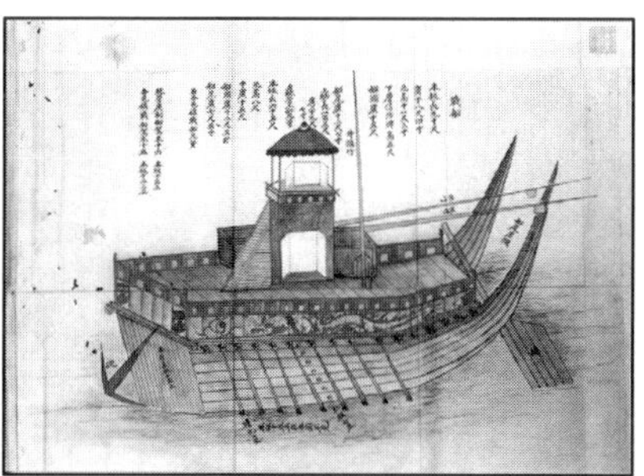

〈판옥선〉

2. 리순신이 실행한 5단계 전략

전략의 수행은 그 전략의 수준과 그 종류에 따라 변화무쌍하게 이루어지며, 어떤 상황에서도 단계나 절차의 의미는 없다 하지만 상대적 그 규모나 완급의 정도에 따라 전략의 수행 방법과 수단의 이용이 크게 다르게 적용될 수밖에 없다.

여기서는 현대전략의 수행을 말하는 것이 아니고, 지난 리순신이 실행했던 사실에서 도출한 교훈이 우연하게 현대의 용어와 동일하게 나타났다는 사실에서 다음과 같은 5단계 전략으로 요약된다.

리순신이 실행한 5단계 전략을 보면, 첫째, 강약점과 위기관리〔SWOT〕의 전환전략; 둘째, 하나의 존재가치 전략 - 현존함대전략; 셋째, 너와 나의 협력전략 - 동맹군·연합군과의 작전; 넷째, 우리 모두의 총력전략 - 결전전략; 다섯째, 비전의 만전전략이 그것이다.

(1) 강약점과 위기관리〔SWOT〕의 전환전략을 수행

우리들의 생활에서, 특히 적과 대치한 상황에서는 위기상황에 대처하는 관리능력이 뛰어나야 하며, 그런 위기관리에는 취약부분의 확인, 계획의 개발, 위기관리팀의 구성, 위기상황에 대한 훈련, 경험으로부터의 학습의 과정이 있다.[674] 기업의 강점과 약점, 기업내부의 상황을 분석하고, 외부환경의 기회와 위협요소를 분석하는 SWOT〔Strength(강점)·Weakness(약점)·Opportunity(외부환경의 기회)·Threats(외부환경의 위협)〕 분석을 통해 위기에 대처하여[675] 승리를 보장하는 강력한 대안으로 전환할 수 있는 전략(transformational strategy)을 갖추어야 한다.

이런 위기를 정상적인 상황으로 전환하기 위한 관리에는 그 위기를

674) 愼侑根, 위의 책, p. 477.
675) 장세진, 『글로벌시대의 경영전략』(博英社, 2000. 重版), p. 12.

미연에 방지하는 것이 효과적이므로, 중대한 위기가 닥쳐오기 전에 위기관리 과정을 적절히 조치해야 하며, 단순히 독립적으로 한 번 지나고 나면 끝나는 것이 아니라, 모든 조직의 영속을 위한 전략적 이점과 경쟁력의 기본이고, CEO(Chief Executive Officer)의 업무이므로,[676] 결국 전략적 접근에서 유효하게 개선될 수가 있으므로, 전략적 리더십(strategic leadership)이 필요하다. 우리는 지금 거북함에 대한 인식을 달리할 필요가 있다. 왜냐하면 『태종실록(太宗實錄)』에 적힌 1413년(태종13)의 기록에 거북함에 관한 글이 있다 하여, 리순신이 처음으로 거북함을 만든 것이 아니라, 실전에 운용하여 실효를 거둔 것일 뿐이라는 판단은[677] 잘못이다.

그러나 『경국대전』에도 나오지 않는 전해져 오지 않는 거북함이기에, 나는 리순신이 당시에 왜란이 발생할 것이라는 소문과 더불어 그럴 가능성을 판단하고서, SWOT 분석기법의 적용처럼, 외침에 대비하여 수군정비에 진력하면서, 전라좌수사로 부임하자마자 곧장 특수함 제작에 착수하여 발명하였던 결과가 바로 이 '거북함'이라고 본다.

> 공(리순신)이 수영에 계실 때에 왜적이 반드시 들어올 것을 알고 본영과 소속 포구에 있는 무기들과 기계들을 모조리 보수하고 또 쇠사슬을 만들어 앞바다를 가로막았다. 그리고 또 전선을 창작하니 크기는 판옥선만 하며 위에는 판자로 덮고 판자 위에 十字 모양의 좁은 길을 내어 사람들이 올라가 다닐 수 있게 하였다. 그 나머지는 온통 칼과 송곳을 꽂아 사방으로 발붙일 곳이 없도록 했으며, 앞에는 龍의 머리를 만들었는데 입은 총구멍이 되고, 뒤에는 거북의 꽁지처럼 되었는데, 그 꽁지 밑에도 총구멍이 있고, 좌우에는 각각 여섯 개씩 총구멍이 있는데 대개 그 모양이 거북 형상과 같기 때문에 이름을 거북함이라 하였다.[678]

---

676) 金龍夏, 앞의 책, pp. 90~91.

677) 趙成都, 「龜船考」 『硏究報告』 3,(海軍士官學校, 1965), p. 15.
崔永禧, 「龜船考」 『史叢』 3, 1958. 11. p. 5.

678) 『리충무공전서』 권9, 부록1 行錄 8~9면. "公在水營 知倭寇必來 本營及屬鎭戰具 無不修補 造鐵鎖橫截於前洋 又創作戰船 大如板屋 上覆以板 板上有十字形細路 以容人之上行 餘皆揷以刀錐 四無着足之處 前作龍頭 口爲銃穴 後爲龜尾 尾下有銃穴 左右各有六穴 大槪狀如龜形 故名曰 龜船."

여기서 맨 첫마디에 리순신은 왜란이 일어날 것을 예견하고 있었다는 말이 있다. 이것은 왜적에 대한 정보와 그들의 능력을 이미 파악하고 있었다는 말이며, 왜적선의 특성을 미리 파악하여 그것들을 능가하는 무기체계가 필요했던 것을 강조하고 있다.

예견의 뒷켠에는 적군의 능력에 초점이 맞추어진다. 그래서 리순신은 좌수영과 휘하 부대의 전쟁 도구를 보수하고 거북함 제작에 들어가면서 나머지 전선과 함께 수군의 재정비에 먼저 착수하였던 것이며, 그가 고정관념에서 벗어나 실용적인 특수 용도로도 쓸 수 있도록 거북함을 구상했던 것이다.

그러나 지휘관 리순신은 船工(배를 만드는 사람)도 아니고, 船手(뱃사공/선원)도 아니기에 그 스스로 다 만들었다고 할 수 없다. 그런데 그 휘하에는 조선술에 밝은 사람 라대용(1556~1612년)이 있었고, 그는 거북함 및 각종 무기제작 책임을 맡은 군관으로서 그의 아우 라치용과 함께 일하였다.[679] 결국 리순신은 휘하에서 종사하는 여러 사람들의 지식을 종합하여 하나의 최신형 비밀 전투함을 만들었던 것이다.

그러므로 리순신은 당시에 이미 신지식(新知識)의 경영인으로서 새로운 아이디어의 창출과, 구성원의 지식을 통하여 조직에 활용하였던 지식경영이었다고 할 수 있다.

더구나 거북함을 만드는 소요기간을 판단해보면, 1980년도 해군사관학교에 전시된 거북함 복원과정으로 유추해볼 수 있다. 그것은 거북함의 복원을 거론한 뒤부터 제작완료까지 소요기간(1979. 5. 1~1980. 2. 10)을 보면, 자료수집 및 설계 1개월, 재료구입 및 설계보완 2개월, 제작 8개월로 모두 11개월이 걸렸다. 여기서 자료수집 및 설계가 1개월밖에 걸리지 않은 것은 이미 거북함 복원을 위한(지금은 작고했지만) 조성도·김재근 등의 논문의 자료를 활용한 때문이다.

이런 사례를 볼 때, 임진왜란 직전에는 자료의 수집과 회의를 통한

---

679) 辛鎬烈 譯, 『遞菴 羅大用將軍實記』(서울: 遞菴 羅大用將軍記念事業會, 1976), p. 108.
朴炳柱, 「龜船의 建造 場所에 대하여」『軍史』第5號,(軍史編纂委員會, 1982), p. 190. "羅州牧志에, '羅大用이 粧龜船三隻하여 賦破有功하였다.'는 기록으로 보아 거북함을 만든 장소는 여수·방답·순천 세 곳에서 각 1척씩 건조했음을 알 수 있다."

수정보완 등을 고려한다면, 이보다 훨씬 더 많은 시일이 필요했을 것이므로, 적어도 12개월 이상이 걸렸다고 보면, 거북함 제작의 착수시기는 최소한 1591년 3월 이전이 된다.

이것은 곧 리순신이 전라좌수사로 부임하여 곧장 SWOT 분석이 이루어졌고, 두 달쯤 지날 즈음부터 거북함이 제작되었음을 알 수 있다. 이는 리순신의 추진사업 가운데서 무엇보다도 거북함의 제작에 최우선 사업목표를 두었음을 알 수 있다.

이러한 강력한 추진으로 거북함의 발명의 완성과 동시에 임진왜란을 맞아 사천해전 때부터는 줄곧 돌격선으로 이용되어 많은 전과를 거두었다.

이것은 력사적으로 획기적인 무기의 실전 배치였고, 해전에서의 돌격임무를 직접 수행하는 역할을 하였다는 데에 더 큰 의미가 있다. 게다가 에스파냐 선교사 세스뻬데스가 1593년 12월 28일에 조선의 웅천에 왔다가 해전상황을 보고서 "배들은 철포를 사용하는데, 포탄을 쏘는 것이 아니라, 물고기의 꼬리 부분과 똑같은 형태로 끝이 뾰족하고 어른의 다리만큼의 굵은 화살을 발사했다."고[680] 했다. 여기서 '다리만큼 굵은 화살'이라는 것은 대형의 천자총통에 장전하여 쏘는 대장군전(大將軍箭)을 말한 것이다.

어떤 상황에서도 적아의 능력분석으로 그 대안을 마련하는 것이 가장 기초적인 해법이다. 이 '거북함'의 능력과 그 운용은 두고두고 리순신의 이미지를 강화시켰다.

(2) 하나의 존재가치 전략: 현존함대 전략을 수행

순자(荀子)의 말처럼, "통 큰 사람의 학문은 남의 말을 들으면 귀로 들어와 마음에 붙어서 온몸으로 퍼져 천천히 행동으로 나타난다."는[681]

---

680) 박철, 『세스뻬데스』(서강대학교출판부, 1993), p. 278.
681) 『荀子』 卷1 勸學篇. "君子之學也 入乎耳 著乎心 布乎四體 形乎動靜."

것은 생각하는 마음이 깊어야 성공을 보장하는 전략을 수행할 수 있으며, 남의 말을 듣고 곧바로 입으로 말하면 그것은 그릇이 작아 전략가일 수 없다는 뜻으로 풀이된다.

그리고 노자(老子)의 말처럼, "참된 전략은 하나가 근원이 되어, 그 하나에서부터 둘이 되고, 그 둘이 셋이 되고, 그 셋이 만물이 생겨나게 한다."는[682] 것은 '하나'가 존재하지 않으면 천지조화를 일으킬 수 있는 동력, 전략이 발생하지 않는다는 말이다. 그래서 어떻게 해서든지 살아남아야 하고, 존재하고 있어야 미래를 도모할 수 있는 근원이 된다는 것이다.

이것을 군사전략에 응용하면 곧 현존함대전략이다. 이 전략은 존재한다는 자체만으로도 충분히 적이 함부로 행동하기 어렵게 한다는 것이다. 임진왜란 때에도 조선 수군의 전선(戰船)이 있다는 것만으로도 위협이 된다는 사상이 확고한 말을 찾아보자.

> 왜놈들이 가장 무서워하는 것이 수군인데, 수군으로써 싸움에 나서는 자가 하나도 없고 감사(監司: 관찰사)에게 공문을 보내어도 감독할 생각을 가지지 않으며, 군량조차 의뢰할 길이 없어, 온갖 생각을 해봐도 조처할 도리가 없으니, 해군의 일은 부득이 폐하게끔 되었습니다. 순신(李舜臣) 저 같은 한 몸이야 만 번 죽어도 아까울 게 없지마는, 나라 일을 어찌하오리까.[683]

이 글은 리순신이 친분이 있는 사람에게 보냈던 편지에 있는 글이다. 이 내용으로 보아 작성한 시기는 1597년 8월 중순쯤 될 것 같다.

리순신은 확실히 일본군이 조선수군을 매우 무서워하고 있다는 것을 이미 알고 있었던 것 같다. 그런데도 조정에서 수군이 약하다고 폐하라고 했으니, 리순신으로서는 가슴 아픈 일이 아닐 수 없었던 것이다.

이보다 한 달쯤 전인 1597년 7월 16일 칠천량해전 때에 수군통제사

---

682) 『老子』 第42章 道德經. "道生一 一生二 二生三 三生萬物."

683) 『리충무공전서』 권1 잡저 上某人書(2). "倭奴所畏者舟師 而水卒之赴戰者無一人 移文方伯 則略無檢督之意 軍糧尤無所賴 百爾思惟 罔知攸措 舟師一事勢將罷撤 如舜臣一身萬死無惜 其於國事何如."

원균, 전라우수사 리억기, 충청수사 최호 등의 지휘관이 전사하면서, 삼도수군이 거의 궤멸되었다.

당시 소경왕이 이 칠천량해전의 패배 사실에 대하여 대신들을 불러 모아 "장차 일을 어떻게 했으면 좋겠느냐?"고 물어보니, 아무도 대답하는 사람이 없었다고 했다.

소경왕은 더 큰 소리로 "대신들은 왜 대답을 못하는가? 이대로 내버려둔 채 아무 일도 하지 않을 작정인가? 대답을 하지 않으면, 왜적을 물리칠 수 있고, 국사를 잘 할 수 있단 말인가?"하고 통탄하며 힐책해 보았으나, 이것은 아무 소용없는 짓이었다. 나무란다고 될 일이 아니었다. 그 패배의 원인에 바로 소경왕 자신이 상황을 똑바로 보지 못하고 당파의 정쟁(政爭)에만 재미를 붙여 놀아난 잘못이 있다. 물론 임진왜란에 대한 대응에도 잘못이 있다.

이것은 조선 정부가 대륙적 전략사상에 빠져 수군의 전략을 전혀 이해하려 들지 않은 상태에서 전략적 계산이 없이 수군을 마구 운용했다가 낭패를 당한 뒤에야 자신의 책임만을 회피하는 말에 지나지 않는다. 물론 바다에서 힘껏 싸운 통제사 원균 한 사람만의 잘못이 아님을 간접 시인하기도 한 것이다.[684]

이때 경림군(慶林君) 김명원(金命元), 병조판서 리항복(李恒福)이 극력 주장하여 리순신을 삼도수군통제사로 다시 임명해야 한다고 건의하니, 소경왕은 허락했다.

> 그대는 충의의 마음을 더욱 굳건히 하여 나라를 건져주기 바라는 우리의 소원을 풀어주기 바라면서 이제 조칙을 내리니, … 수사 이하를 모두 지휘하여 규율을 범하는 자를 일체 군법대로 시행하려니와 나라 위해 몸을 잊고 경우에 따라 나가고 물러나고 하는 것은 이미 그대의 능력을 아는 바라, 내가 구태여 무슨 말을 많이 하리요.[685]

---

684) 『선조실록』 정유년 7월 22일 및 25일. "이번 일은 도원수가 원균을 독촉했기 때문에 이와 같은 패배가 있게 된 것이다."

685) 『리충무공전서』 卷首 「敎諭」 p. 7. 〈起復授三道統制使 教書〉 "堅忠義之心庶副求濟之望 … 水使以下並節制之 其有臨機失律者 一以軍法斷之 若卿殉國亡身 相機進退 在於已試之能 予曷敢多誥."

수군의 중요성과 리순신의 역할이 얼마나 중요했던가를 이 교서(教書)의 내용으로써 충분히 알 수 있다. 소경왕은 리순신에게 죄를 주고, 백의종군을 시킨 것에 사과하는 말을 이렇게 대신한 것이다. 더 이상의 변명할 말이 없다.

삼도의 수군이 칠천량 해전에서 거의 궤멸하게 되자, 전략적 사고에서 리순신을 따를 수 없었던 소경왕이나 조정 대신들이 할 말은 그것밖에 더 찾을 수 없었을 것이다.

그래서 소경왕은 이 명령서에 "지난번에 그대는 직함을 갈고 그대로 하여금 백의종군하게 한 것은 역시 사람의 모책이 어질지 못함에서 생긴 일이었으며, 그때문에 오늘 이같이 패전의 욕됨을 만나게 되었으니, 무슨 할 말이 있으리오. 무슨 할 말이 있으리오."라고[686] 하면서 '너무 미안하여 할 말이 없다'고 두 번이나 거푸 말했으며, 그 앞뒤에서도 그런 말을 했던 것이다.

이런 언행을 보면, 곧 리순신에게는 전략적 사고나, 군사 운용에 잘못이 없었고, 수군의 출전명령을 강요한 소경왕 자신의 전략이 잘못되었으며, 그를 구속시킨 것도 자신의 훼손에 잘못이 있음을 시인(是認)한 것이다.

그러므로 리순신을 다시 임용한 1597년 7월 22일 이전에 있었던 어떠한 조치도 리순신에게는 전혀 잘못이 없다. 우리는 이러한 사실을 분명히 알아야 한다. 그 잘못의 근원이 소경왕 자신과 수군까지 지휘한 도원수 권률에게 있음은 칠천량해전의 결과에서도 극명하게 나타난다. 그들은 수군의 실정도 파악하지도 못했을 뿐 아니라, 수군전략을 전혀 알고 있지 않았기 때문에 패전한 것이다.[687]

그래서 리순신더러 "전략적 딜레마에 빠졌다."라든지,[688] "출전거부는

686) 上揭書, "頃者遆卿之職 俾從戴罪之律者 亦出於人謀不臧而致 今日敗衄之辱也 尙何言哉尙何言哉."

687) 최두환, 『전설을 낳은 사람 영웅 리순신』(서울: 연경문화사, 1998), p. 380에 "권률은 … 특히 칠천량해전을 잘못 지휘하여 수군이 궤멸하고 나라가 다시 위기에 빠지는 결과를 가져오기도 하였다. 이것은 곧 권률이라는 사람이 수군전략에 관한 한 아는 것이 없었음을 의미하기도 한다."고 지적했다.

688) 姜永五, 『海洋戰略論』(서울: 韓國海洋戰略研究所, 1998), p. 112에 "癸巳年

항명이다."라든지,[689] 또 "리순신의 전투 의지 결여로 해로차단이 실패함으로써, 倭酋에게까지 수모를 당했다."는[690] 식으로 분석된 연구는 다시 고려되어야 할 전략의 기조(基調)라 할 수 있다.[691]

소경왕은 솔직한 이 사과문을 포함하여 전권을 위임하는 통제사 재임명 교서를 7월 22일에 지시하고, 23일에 관인을 찍어 선전관 량호(梁護)에게 보내어, 그 편에 8월 3일 리순신에게 전해졌다.[692]

그러나 리순신에게는 통제사의 재임명에 대해 숙배하면서 오직 충성으로 나라에 몸바칠 수 있음에 감사하면서 15일 동안 강행군하여 8월 18일까지 일행 15명(군관 9명, 군사 6명)을 거느리고[693] 전비태세의 재정비 작업에 나섰던 바, 경상우수사 배설(裵楔)의 전선 10척과 전라우수사 김억추(金億秋)의 전선 2척 등 모두 12척에 군사 120명을 거두었

의 웅포해전 때에도 왜 해군의 요새함대전략 때문에 해전을 실시할 수 없는 전략적 딜레마에 처했으며 이를 타개하기 위하여 실시한 海陸合同攻擊이었던 長門浦海戰도 배후로 공격한 義兵의 도주 때문에 실패했다."고 했다.

689) 姜永五,「李舜臣의 出戰拒否는 抗命이다」『壬亂水軍活動硏究論叢』(海軍軍史硏究室, 1993), pp. 496~497에 "가토오의 도해를 차단하라는 出戰命令은 소경왕이 직접 지시한 것이었기 때문에 리순신이 抗命의 죄목에서 벗어날 수 없었던 것은 대단히 불행한 일이 아닐 수 없다."고 했다.

김현기,『현대해양전략사상가』(서울: 한국해양전략연구소, 1998), p. 69에 "전략적 견해 차이로 인하여 결과적으로 가토오의 渡海를 차단하라는 조정의 出戰命令을 리순신 제독이 거부함으로써 가토오의 성공적인 渡海가 알려지자 리순신이 투옥되고"라고 했다.

690) 張學根,『韓國 海洋活動史』(海軍士官學校博物館, 1994), p. 277에 "전란 초기에 크고 작은 전투에서 연전연승하던 수군(리순신)이 가토오를 도해케 했다는 사실에 소경왕은 강한 배신감을 갖게되었고 그것이 統制使를 교체하는 주 요인이 되었다."고 분석하였다.

691) 1594년 9월 29일~10월 8일「장문포해전」에 대해서는, 최두환의『忠武公 李舜臣 全集』5「하늘에 맹세하니 강산이 떨고」,(서울: 우석출판사, 1999), p. 410에서 "왜군은 좀처럼 나와서 싸우려 하지 않아(리순신은) 전과를 거두지 못했다. 특히 10월 4일에는 곽재우·김덕령과 약속하여 수륙합동작전을 시도했지만, 이 또한 왜적이 싸움에 응하지 않아 거두지 못했다."고 했다. 그리고 1597년 가등청정(加藤清正)의 도해(渡海) 차단를 포함하여 "리순신의 죄목"에 관해서는, 최두환의『오 하늘이여 이 원수를』(마산: 도서출판 경남, 1998), p. 255 및 위의『忠武公 李舜臣 全集』5「하늘에 맹세하니 강산이 떨고」, p. 475에 "평소에 우리가 들어왔던 리순신의 죄가 하나도 성립되지 않는다."고 무죄를 밝혔다.

692)『난중일기』정유년 8월 3일.

693)『리충무공전서』권9 부록1 行錄에는 "公卽帥軍官九人 牙兵六人"이라 했으며,『난중일기』정유년 7월 18일에는 "余宋大立·柳滉·尹先覺·方應元·玄應辰·林英立·李元龍·李喜男·洪禹功發程"이라 했다.

다.

그런데 이때 리순신에게는 청천벽력 같은 명령이 떨어졌다.

> 이때에 조정에서는 수군이 무척 약하여 적을 막아내지 못할 것이라 하여 통제사 리순신에게 육지에서 싸우라는 명령을 내렸다.[694)]

이 명령은 당시의 조정으로서 수군에게 내릴 수 있는 최선이었을지 모른다.

그러나 리순신은 이런 말에 대하여 조정의 대신들이 전략적 식견이 부족하고, 수군에 관한 관심부족(關心不足)과 전략부재(戰略不在)임을 알고 있었는 듯하다.

이 명령은 아마도 선전관이 리순신에게 온 것이 "정유년 8월 15일 선전관 박천봉(朴天鳳)이 임금의 분부를 가지고 왔다."고 『난중일기』에 적힌 것으로 보아, 이 날로 보아야 할 것이다.

> 이제 신〔리순신〕에게 아직도 전선 12척이 있으니, 죽을힘을 내어 항거해 싸우면 오히려 할 수 있는 일입니다. 비록 전선은 적지만 신이 죽지 않는 한 적이 감히 우리를 업신여기지 못할 것입니다.[695)]

이 글은 분명 리순신이 조정대신들에 대해 수군의 중요성을 다시금 깨우쳐 주고자 했던 말로 보아야 할 것이다.

리순신은 조정에서 명령을 받은 당시에 남아 있는 "전투함이 12척이나 있다."고 한 말은 실로 너무도 미약한 세력이라고 하지 않을 수 없다. 이것은 분명 현대적 전략개념에 비추어보면, 숫적으로 볼 때, 현존함대전략의 진수라고 할 수 있다. 아직도 12척이 있다는 것을 강조했고, 리순신 자신이 아직도 건재하고 있음을 강조하였다. 존재한다는 것만으로도 적군의 기동에 제한을 준다는 것이 현존함대전략이다.

---

694) 『리충무공전서』 권9 부록1 行錄. "時 朝廷以舟師 甚單不可禦賊 命公陸戰."

695) 『리충무공전서』 권9 부록1 行錄. "今臣戰船尙有十二 出死力拒戰 則猶可爲也. … 戰船雖寡 微臣不死 則賊不敢侮矣."
『리충무공전서』 권10 부록2 行狀. "今臣戰船亦有十二 臣若不死 賊亦不敢侮我矣."

그래서 리순신은 그 적은 세력으로도 전투력을 발휘하기 위하여 경상우수사 배설, 전라우수사 김억추 등에게 명령하여 "전선을 거북함으로 단장하여 군대의 위세를 돋구도록 하라."고[696] 하고는 그대로 장계를 올렸다.

> 임진년 이후로 적이 감히 충청·전라 등 남방을 겁탈하지 못한 것은 실상 우리 수군이 그 세력을 막은 때문인데, 이제 만일 수군을 폐하면 적이 반드시 호남을 거쳐 한강으로 올라갈 것이요, 다만 순풍에 돛을 한번 달면 될 것이니, 그것이 신(리순신)의 두려워하는 바입니다.[697]

해군이 존속되어야 할 이유와 그 가치 및 그 효용론을 이미 400여 년 전에 주장하였던 것은 리순신이 전략적 사상가로서의 선구자의 말인 것이다.

중앙정부에서든, 지방정부에서든, 군사업무를 담당한 기관에서 이러한 해군전략의 부재에서 나온 명령을 내린 것은 비단 수군이 없다고 해서 빚어진 것이 아니다. 임진왜란이 일어나기 10개월 전인 1591년 7월에 이미 수군을 파해야 한다는 조정의 의견도 있었다. 물론 그것은 육군의 주동이었다.

> 비변사의 의논이 왜적들이 해전에는 능하지만 육지에 오르기만 하면 민활하지 못하다 하여 육지방비에 전력하기를 주장하고 대장 신립은 수군을 철폐하자고 청하여 마침내 호남과 령남의 큰 고을의 성들을 증축하고 수보하도록 명령하였다.[698]
>
> 조정에서는 신립(申砬)의 장계에 따라 수군을 파하고 육전에 주력할 것을 계획하였다. 이에 리순신이 급히 장계를 올려, "바다에서 오는 적을 막는 것을 수군이 아니고 누가 한단 말입니까? 수륙전 어느 한 쪽인들

---

696) 『리충무공전서』 권9 부록1 行錄 22면. "(丁酉年 8月) 18日 會寧浦戰船只十艘 公召全羅右水使金億秋 使收拾兵船 分付諸將 粧作龜艦 以助軍勢."

697) 『리충무공전서』 권13 부록5 「宣廟中興志」. "賊不敢直突者 實以舟師扼之也 臣一登陸 則賊必由西海 達漢水只憑一帆風 此臣所懼也."

698) 『리충무공전서』 권13 부록5 「宣廟中興志」. "宣祖二十四年辛卯七月備邊司議倭長於水戰 若登陸則便不利 請專事陸地防守 大將申砬請罷水軍乃 命湖南嶺南大邑城增築修備."

파할 수가 없습니다."라고 강변하였다.[699]

이렇게 육상의 지휘관들이 말할 때마다 리순신은 수군의 필요성을 강력히 주장하였으며, 수군 전략가로서 품위를 지키면서 우리 해군의 선구자답게 주장했다. 력사에는 가정이 없다고 하지만, 만약 당시에 수군을 없앴더라면, 우리나라는 과연 어떻게 되었을까? 참으로 수군의 중요성을 다시금 깨우쳐주는 교훈의 력사다.

(3) 너와 나의 협력전략: 동맹군·연합군과의 작전

전략은 전쟁에서 승리를 하기 위한 기본 방편이다. 그런 방편에는 헤아릴 수 없는 수단과 방법이 동원된다. 그리고 전투력을 증대시키는 방법에는 자국의 세력으로만 쓸 수도 있지만, 경우에 따라서는 동맹군·연합군의 세력도 동원된다. 옛날이나 지금이나 전혀 다를 바가 없다. 합종연횡(合縱連橫)이 바로 이런 것이다.

임진왜란 때에는 중국 군사가 지원되었다. 먼저 1592년 6월 중순에 중국정부〔明朝〕는 참장 대조변(戴朝弁)과 유격장군 사유(史儒)를 파견하였는데, 이들이 림반역(林畔驛)에 이르렀을 때는 이미 평양이 함락되었음을 알고, 잠시 의주로 옮겨 주둔하였다. 7월에는 중국정부에서 료동부총병 조승훈(祖承訓)에게 5000명의 군사를 거느리고 의주에서 오로지 국왕 리연을 호위케 하였는데, 조승훈은 이 말을 듣지 않고, 7월 17일에 사유와 조선군사 3000명만 이끌고 칠성문(七星門)에서 평양성을 진격했다가 사유가 전사하자, 조승훈은 료동으로 철수하였다. 중국정부는 그 뒤에 또 부총병 사대수(査大受)와 유격장군 갈봉하(葛逢夏)에게 기병 2000명을 거느리고 의주로 보내 국왕 리연을 호위케 하였다. 12월 하순에는 병부우시랑 송응창(宋應昌)을 경략으로, 리여송(李如

699) 『忠壯公鄭運將軍實紀』(광주: 忠壯公鄭運將軍崇慕事業會, 단기 4325), p. 460. "朝廷因申砬啓辭罷舟師而專陸戰　公馳啓　以爲遮遏海賊　莫舟師若也　水陸之戰不可廢　朝廷允從."

松)을 제독으로 하는 지원군 4만 명이 압록강을 건너왔다. 이듬해 1593년 1월 6일부터 8일까지 사흘 동안 평양성 전투를 하여 소서행장의 군사들이 토보(土堡)에서 달아나자, 평양성을 탈환하고, 10일에 개성을 수복하였다. 이 평양성 전투에 병마사 리일(李鎰)의 군사 4400명, 방어사 김응서(金應瑞)의 군사 7000명, 중국군 4만 3500명에 후속 지원 8000명으로 모두 6만 2900명이었다.[700)]

1593년 7월 22일에 일본군에 사로잡혔던 두 왕자〔림해군·순화군〕가 풀려나고, 경상도 동남해안 울산·동래·김해·웅천·거제를 제외하고 모두 수복하여 제법 안정된 국면이 되었다.

그러자 중국정부는 9월에 경략 송응창과 제독 리여송에게 중국으로 철군토록 하고, 류정(劉綎)·오유충(吳惟忠) 및 락상지(駱尙志)의 소속 부대 1만 명 남짓만 조선에 주둔케 하였다. 윤11월에 병부시랑 고양겸(顧養謙)이 료동에서 부임하여 송응창과 교대하였지만, 중국으로 철군하려고만 하니, 1594년 1월에 락상지 부대도 중국으로 철수하였으며, 일본과의 강화회담이 계속되었다.

강화회담이 결렬되자, 소서행장이 1596년 말에 부산에, 가등정청은 1597년 1월에 기장에 주둔하여 전쟁이 다시 일어났다. 이에 중국정부는 병부상서 형개를 총독군문(總督軍門)으로, 도찰원우첨도어사 양호를 경리조선군무(經理朝鮮軍務)로 삼고, 육군총병 마귀·류정·동일원과 수군총병 진린을 군사를 거느리게 하고 조선에 배치하였다. 5월에 부총병 양원이 료동의 기병 3000명을 선두 부대로 삼아 전라와 경상 지방의 요충지 남원에 주둔하여 일본군을 견제하였는데, 일본군은 8월 12일에 남원을 맹공격하여 함락시켰다.

이에 중국정부는 대군을 조선에 파견했는데, 경리 양호는 평양에서 한성으로 달려와 총병 마귀와 계략을 꾸며 부총병 해생(解生), 참장 양등산(楊登山), 유격장군 파귀(頗貴)와 우백영(牛伯英)을 파견하여 2000기를 거느리고 9월 7일 직산에서 왜적과 싸워 대첩을 거두었다. 이때

---

700) 楊通方, "壬辰·丁酉再亂時 明軍的 役割"『國際海洋力 심포지움 發表文集 — 壬辰倭亂과 海洋力』(海軍海洋硏究所, 1991), pp. 115~117.

소서행장은 순천에, 가등청정은 울산에, 도진의홍은 사천에 주둔하고 있었다.[701]

노량해전은 임진왜란 7년 동안의 마지막 전투이며, 일본으로서는 풍신수길의 사망으로 그들이 철군하는 과정에서 치르는 단말마에 해당된다. 리순신은 왜적선이 단 1척이라도 되돌아가게 보낼 줄 수 없다는 다짐을 하였다. 같은 하늘 아래에서 함께 살 수 없다는 말까지 했다.

일본수군은 임진왜란 첫 해에 15만 8700명의 병력과 700척으로 쳐들어 왔는데, 정유재란에서 마지막 철수하는 과정에서도 대선 500여 척, 수군 6만여 명이었다.[702]

그런데 이 왜적들을 대적할 연합군은 9만 명이 넘으며, 도착한 인원만도 1만 명에 가까웠다. 또 리순신이 지휘한 연합군은 조선의 전선이 83척, 수군이 9960명(1척에 120명으로 계산)이고, 〈표VI-2〉에서 보면, 중국 군사는 전라도에 도착한 8300명(내륙 포함하면 9480명)이었고, 수군이 전선 128척이었다.[703]

그런데 이 동원 인원 가운데 특이한 것은 "파랑국(波浪國) 사람 해귀(海鬼)"가 등장한다. 이에 대해 『조선왕조실록』에서 설명된 것을 잠시 보자.

---

701) 위의 논문, pp. 119~121.

702) 『리충무공전서』 권9 부록1 「行錄」과 『宣廟中興誌』에는 '賊船이 500여 척', 『선조실록』 선조31년 11월 을사(24일)에는 "水軍 提督 陳璘이 軍門 邢玠에게 보고한 바에 따르면, 賊船 100척을 拿捕하고 200척을 불태웠으며, 斬首 500급, 生捕 180여 명, 溺死者는 아직 물위에 떠오르지 않아 알 수 없으며, 李總兵〔李舜臣〕이 죽었다."고 했다. 그러므로 '賊船 100척 나포'는 믿기 어려우나, 300척 이상이므로, 필자는 모두 '500여 척'으로 본다.

703) 『선조실록』 권121 선조33년 1월 갑술(29日). "左議政兼四道體察使 李恒福이 말하기를 戰船〔板屋船〕은 3도를 모두 합쳐 80여 척이라고 합니다."고 했고, 『草書 亂中日記』 戊戌年 10月 7日의 뒷장에는 "沙船25隻, 號船77隻, 飛海船 17隻, 剗船 9隻"으로 모두 '128隻'이라 했다.

〈표Ⅵ-2〉 중국군의 편성표

	관직명	지휘관	병력 소재지	인솔된 병력	주둔지	비고
東路 陸軍	原任參將	楊登山	提督衙門	1200명 남짓	安東	
	遊擊	擺賽	大同	2500명	安東	
	都事	薛虎臣	眞定	3000명	安東	
	副總管	吳惟忠	南兵	3900명 남짓	永川 · 新寧	
	參將	王國棟	延綏	2000명	永川 · 新寧	
	遊擊	陳蠶	延綏	2100명 남짓	義城	
	遊擊	陳寅	南兵	4000명	義城	葉思忠+
	遊擊	頗貴	南兵	2500명	義興	解生+
	右營遊擊	陳愚聞	遵化 宣府	1500명 2000명	禮川 未到着	
	遊擊	彭信古	湖廣	3000명	未到着	
東路 水兵	遊擊	許國威	福建	1180명 남짓 1000명	迎日 · 長鬐 未到着	'海鬼' 參戰
	參將	王元周	吳松(江蘇吳淞)	1000명	未到着	
	把摠	李元常	吳松(江蘇吳淞)	1000명	未到着	
中路 陸軍	副總兵	李如梅	郝三聘	3000명	善山	塗寬+
	遊擊	葉邦榮	浙江	1600명	善山	
	原任遊擊	盧得功	安本立	2600명	星州高靈어름	
	遊擊	牟國器	浙江 密雲	2900명 1000명	星州高靈어름	
	原任副總	李寧	遼縣 浙江	2800명 4000명	尙州 未到着	
	副總兵	張榜	大同	2000명	未到着	
西路 陸軍	提督	劉綎	四川	土兵 1만 2000명	本營	
	原任副總	李芳春	遵化 陳國寶의 군사	1000명 1000명	南原	
	遊擊	牛伯英	三屯	1100명	南原	
	遊擊	藍芳威	浙江	3300명	南原	
	原任參將	李寧	大同	1000명	全州	
	遊擊	傅良橋	南贛	1500명	未到着	
西路 水兵	總兵	陳璘	廣東	5000명	本營	總指揮
	遊擊	季金	浙江	3300명	全羅地方	
	遊擊	張良相	廣東	3000명	未到着	
	遊擊	沈茂	浙江	3100명	未到着	
	遊擊	福日昇	狼山(河北懷來縣)	1500명	未到着	
	把摠	梁天胤	江北(四川巴縣)	3000명	未到着	
계(31명)		육군 22 수군 9	20개 지역	9만1080명 남짓	도착 6만 5480명 미도착 2만 5600명	도착 수군 9480명

※ 출처: 『선조실록』 권98 선조31년 3월 갑인(29日).

해귀(海鬼)라는 사람은 눈동자는 노랗고, 얼굴빛은 검으며, 팔・다리와 온몸도 검다. 턱수염과 머리카락은 검은 양털처럼 곱슬곱슬하며 짧게 고부라졌다. 이마는 대머리로 벗겨졌는데, 1필 되는 누른 비단을 복숭아〔蟠桃〕 모양처럼 서려서 머리 위에 올려놓았다. 바다 밑에 잠수하여 적선을 공격할 수 있고, 또 며칠동안 물 속에 있으면서 물고기들을 잡아먹는다. 중국 사람들에게도 보기 드물다.〔1598. 5. 26〕[704)]

이 설명대로 생각되는 사람은 영락없이 '흑인'이다. 머리 위에 얹은 것을 보면 이슬람교도〔回教徒〕의 터번(Turban)인 것 같다. 대한민국에선 이슬람교도들이 많지 않지만, 옛날 조선에서는 이슬람교도들도 정치에 많이 참여했으며, 중앙정부의 행사에도 참여했다.

그럼 '해귀(海鬼)'에 관해 임금과 유격 팽신고(彭信古)와의 대화를 보자.

팽신고: 데리고 온 사람들의 얼굴이 다른 신병(神兵: 중국 군사)을 나와서 뵙도록 하겠습니다.

소경왕: 어느 지방 사람이며, 무슨 기술을 가졌습니까?

팽신고: 호광(湖廣: 호남과 광동)에서 아주 남쪽에 있는 파랑국(波浪國)[705)] 사람입니다. 바다 셋을 건너야 호광 지역에 이르는데, 조선과는 거리가 15만리 남짓이 됩니다. 그 사람은 조총을 잘 쏘고 여러 가지 무예를 지녔습니다.[706)]

유격 팽신고가 고맙다고 인사하니 임금이 맞아들이며 자리에 앉았다. 해귀(海鬼) 3명이 계단 아래서 배알하니, 임금이 칼솜씨를 시험케 하고, 상으로 은 1냥을 주었다.[707)]

---

704) 『선조실록』 권100 선조31년 5월 경술(26일). "波浪國人 … 一名海鬼. 黃瞳漆面 四支手足 一身皆黑 鬚髮卷卷短曲 如黑羊毛. 而頂則禿脫 一匹黃絹 盤結如蟠桃狀 而着之頭上. 能潛於海下 可伐賊船 且數日能在水底 解食水族. 中原人亦罕見也."

705) 이 '波浪國'은 소리로 보면 'Poland(폴란드)'에 가깝지만, 16세기에 아시아로의 진출은 'Portugal(포르투갈/폴투갈)'이므로, 후자이며, 바로 '佛狼機/佛浪機'의 다른 표기일 것이다.

706) 『선조실록』 권100 선조31년 5월 경술(26일). "彭遊擊〔信古〕曰 帶來異面神兵 使之進見. 上曰 何地之人 而何技能爲耶. 遊擊曰 自湖廣極南波浪國人也. 渡三海 方抵湖廣也 距朝鮮十五萬餘里也. 其人善鳥銃及諸武藝."

707) 『선조실록』 권100 선조31년 5월 임자(28일). "彭遊擊〔信古〕曰 回謝, 上迎入就坐. 海鬼三人 拜於階下 上使試用劍 上銀一兩."

흑인 해귀를 데리고온 유격 팽신고는 1598년 5월 하순에 임금 앞에서 소개시켰고, 무예솜씨까지 시범을 보였다.

이들이 온 지역은 호광, 즉 호남과 광동의 남쪽 바다 건너 파랑국이라고 했으니, 이곳은 아마도 보르네오·자바·수마트라·말레이반도의 범위에 있을 것이다. 이 지역은 포르투갈이 광동 마카오를 중심으로 동방무역의 패권을 잡고 있었던 때이니, 포르투갈 사람과 함께 온 이곳 사람들을 데리고 온 것일 것이다. 그리고 이런 곳의 사람들이 뒷날 1603년〔계묘〕에 왜인을 따라 조선에 표착한 일이 있는 것도[708] 이 임진왜란과 무관하지 않을 것이다.

이렇게 온 군사들이 그 숫자가 얼마이든 그 지리적 문제와 이동가능성의 문제가 남는다.

그런데 노량해전이 있기 1년 반 전의 1597년 3월에 중국군들의 이동에는 사로병진전략〔四路併進方略〕을 폈다.

① 동로(東路)로는 평안도·강원도·경상좌도로,

② 중로(中路)로는 황해도·경기도·경상우도로,

③ 서로(西路)로는 충청도·전라도로,

④ 수로(水路)로는 서호(西湖)의 수군으로 구분하였다.

그리고 동로에 제독 마귀〔薊州·遼東·雲谷의 騎兵·步兵〕가 동래·울산성을, 중로에 부총병 리여매〔뒤에 제독 董一元〕가 사천성을, 서로에 제독 류정〔蜀·四川·吳·越·閩의 육군〕이 왜교성을, 수로에 도독 진린이 왜교성을 공격목표로 삼았다.[709]

여기서 특히 수군 진린 도독과의 작전은 리순신에게 지휘권이 그에게 있는 만큼 어려움도 적지 않았다. 그러나 공식적으로 어떻게 할 도리가 없었다.

이들 사로군(四路軍)의 진로를 대개 구체적으로 다루고 있지 않지만 유심히 살펴볼 필요가 있다. 과연 동로군이 '평안도·강원도·경상좌도'로 진격해 가려면 마식령(馬息嶺)산맥을 지나 태백산맥을 넘어야 하는

---

708) 李睟光, 앞의 책. "南番國人 萬曆癸卯年間 隨倭舶漂抵我境."

709) 『선조실록』 권98 선조31년 3월 갑인(29日).

데 그렇게 하여 동래·울산으로 갈 수 있으며, 실제로 그렇게 갔는지를, 그리고 중로군이 '황해도·경기도·경상우도'로 진격해 가려면 충청도(북도)를 거치지 않고도 갈 수 있는지를, 서로군이 '충청도·전라도'로 진격해 가려면 그 시작이 왜 충청도가 되는지를 구체적으로 알아보아야 할 것이다. 또 수로군은 동로·중로·서로의 조선 8도로 된 진격로와는 달리 '西湖'라고 했는데, 이것은 절강의 건덕현(建德縣) 서남쪽이거나, 항주(杭州) 서쪽 명성호(明聖湖)이거나, 강소성 상숙현(常熟縣)의 상호(尙湖)이거나, 송강현(松江縣)의 서남쪽 모호(瑁湖)이거나, 안휘성 부양현(阜陽縣) 서쪽 3리에 있는 것일 것이다.

그들의 진격로의 방향은 반드시 그 지휘관 마귀·리여매·류정의 출발지와 직접적인 관련이 있을 것이라는 전제가 붙지 않으면, 이 전략은 가치가 없다. 군사들의 이동을 살펴보고, 그 의미를 다시 부여할 필요가 있다.

> 주문사 정기원(鄭期遠)이 …(3월) 24일 산해관에 도착하였는데, 주사 양시현(楊時顯)이 "원임 부총병 양원(楊元)이 료동 군사 3000명을 거느리고 먼저 출발하고, 오유충(吳惟忠)이 남병(南兵) 3800명을 거느리고 나올 것이며, 대병(大兵)도 계속 조발(調發)될 것이며, 등주(登州)·래주(萊州)의 수군도 현재 배를 만들고 있으니, 뒤따라 나올 것이다."고 말했다. 27일 련산(連山)에서 유격 섭상(葉鱨)이 광녕(廣寧)순무 리화룡(李化龍)의 말을 전하는데, "양원이 료동 군사 3000명을 거느리고 먼저 출발하고, 오유충이 절강(浙江)군사 4000명을 거느리고 뒤이어 출발하며, 참장 계금(季金)이 배마다 군사 30명을 태운 200척의 수군을 거느리고 4월 초에 조선 평양에서 만나기로 약속하였다."고 말했다.[710]
>
> 계금(季金)은 흠차 통령 절강(浙江)·직례(直隸)수병 유격장군서 도지휘첨사로서 수군 3200명을 거느리고 1597년 10월에 바닷길을 지나 고금도(古今島)에 도착하였으며, 노량대첩에서 자못 많은 왜적을 베었는데 1599년 4월에 돌아갔다.[711]

---

710) 『선조실록』 권86 선조30년 3월 을묘(25일). "奏聞使鄭期遠書狀臣…二十四日到山海關 見主事楊時顯 則言 原任副總兵楊元 率遼東兵馬三千 爲先發行 吳惟忠領南兵三千八百出來 大兵亦陸續調發 登萊水兵 時方造船 當隨後出來云云. 二十七日 臣於連山途中 逢遊擊葉鱨 則言 因廣寧巡撫李化龍 楊元領遼東兵三千先發 吳惟忠領浙兵四千繼發 參將季金領舟師二百隻 每船載軍三十 四月初 約會于朝鮮平壤地."

> 3월 29일 수병총병 진린(陳璘)은 본영에서 광동병(廣東兵) 5000명을 거느리고, 유격 계금은 절강병 3200명을 거느리고 전라도 지방에 주둔하였다.[712)]

여기서는 참장 계금(季金)이 절강(浙江)의 수군 200척(1척에 30명씩 6000명)을 거느리고 4월초에 평양에서 만나기로 했는데,[713)] 3200명을 거느리고 전라도에 왔다. 그렇다면 그들은 서로군과 합동하여 작전을 벌여야 한다. 진린(陳璘)은 본영에서 광동성(廣東省)의 군사 5000명을 거느리고 조선에 왔었다.

그리고 진린의 휘하에 합류할 병력은 기록마다 다른데, 신흠(申欽)의 『상촌집(象村集)』(만력33년, 1605)을 보면, 〈표Ⅵ-3〉과 같이, 정유재란 때에 중국 군사가 3만 290명이었으나, 실제로 노량해전에 참가한 군사는 모두 2만 3990명이었다.

지원군의 이동에 대해 우리는 대개 그 지리적 거리 관계를 따지지 않고 넘어가는 경우가 많은데, 수군의 경우에 다음과 같이 광동성에서부터의 군사이동은 진린이 거느린 수군이므로, 일단 그 바닷길이 한반도 서남단까지 1650㎞이다. 연안으로 둘러오자면 2650㎞도 넘는다. 한반도 길이 850㎞의 3배가 넘는다.

이러한 해상이동은 마치 러시아의 발틱함대가 1905년에 아프리카 남단, 인도 남단을 거쳐 동지나해를 지나서 블라디보스톡으로 가다가 대마도 앞바다에서 일본군에게 기습당했던 이동을 연상케 하고도 남음이 있다.

---

711) 申欽, 『象村集』 卷57(서울대학교 奎章閣 所藏) 〈天朝詔使將臣先後去來姓名記〉. "(季金)以欽差統領浙直水兵遊擊將軍署都指揮僉使　領舟師三千二百　丁酉十月由海路到古今島 露梁之捷 斬獲頗多 己亥四月回去."

712) 『선조실록』 권98 선조31년 3월 갑인(29일). "水兵總兵陳璘 本營領廣東兵五千 遊擊季金 領浙兵三千三百 駐全羅道地方."

713) 趙慶男, 『亂中雜錄』 第3 丁酉 萬曆25年 宣祖30年 12月23日. "天將浙江遊擊季金領舟師數千 到泊湖西下陸 因到南原 陣于時羅山."

〈표Ⅵ-3〉 정유재란에 참전한 중국군의 수군

지휘관 성명	병력소재지	병력수	입국/출국	비고
坐營都司 陳九經	兩廣兵	2000명	1598.6～1599.	陳璘 휘하 세력 水兵 8590명 步兵 2000명 노량해전 참가
坐營中軍 沈璨	步兵	2000명	1598.6～1599.	
千摠 張汝文	狼山兵	4590명	1598.6～1599.	
票下遊擊 王元周	水兵	2000명	1598.9～1599.3.	
副摠兵 鄧子龍	水兵	3000명	1598.9～1598.11.19.	노량해전 전사
遊擊 沈懋[茂]	水兵	1000명	1598.10～1599.4.	노량해전 참가
遊擊 福日昇	水兵	1500명	1598.9～1599.4.	노량해전 참가
遊擊 梁天胤	水兵	2000명	1598.7～1599.4.	노량해전 참가
千摠 李天常	水兵	2700명	?～1600.10	노량해전 참가
遊擊 張良相	水兵	1500명	1599.～1600.10.	
遊擊 萬邦孚	水兵	2200명	1599.4.～1600.9.	
遊擊 白斯淸	水兵	1600명	1599.4.～1600.3.	
遊擊 吳宗道	水兵	-	1599.3.～1600.11	江華 駐屯
票下守備 李應昌	水兵	1000명	1599.8.～1600.10.	江華 駐屯
遊擊 徐成	水兵	-	?(病으로 交代)	(季金) 江華
遊擊 季金	水兵	3200명	1597.10.～1599.4.	노량해전 참가
계 16개 부대		3만 290명	노량해전 참가 2만 3990명	

※ 출처: 申欽, 『象村集』卷57(奎章閣 所藏) 〈天朝詔使將臣先後去來姓名記〉.

그리고 이들이 조선수군 리순신과 합류한 것은 1년이 지난 1598년 6월부터였다.[714] 무려 8개월이 걸렸다. 이들은 중국대륙 전역에 걸쳐 동로·중로·서로의 편성하여 1598년 3월에 서로군(西路軍)의 총병 진린이 광동병(廣東兵)을 거느리고 전라도에 왔으며, 동로·서로의 수군을

714) 『선조실록』 권101 선조31년 6월 정축(24일). "李舜臣 … 今天朝將官 數多下去 與之合陳 … 而今則旣與季遊擊同處 此事亦難爲之."

따로 편성하여 진린이 6개 지역의 9개 부대 2만 2080명을 지휘하게 되었다. 그러나 진린은 수군 9000명을 거느리고 4월 27일에 료동에 도착했고,[715] 7월 16일에 고금도에 있는 리순신과 합류했다.[716]

이러한 군사들의 합류에는 지리적으로 또 다른 의미가 내포되어 있음을 간과해서는 안될 것이다. 왜냐하면 특이한 사실로서 서로(西路)를 맡은 류정이 지휘했던 군사들 중에는 인도·태국을 비롯한 동남아시아 국가들이 포함되어 있기 때문이다.

> 1592년 9월 1일: 황제가 행인사 행인 설번(薛藩)을 보내어 조칙을 내리면서, … 어리석은 왜적〔小醜〕이 감히 횡행하므로, 다시 동남쪽 바닷가의 여러 진에 조칙을 내리고 아울러 류구(琉球)·섬라(暹羅) 등의 나라에 타일러서 군사 10만 명을 모집해서 동쪽으로 일본을 정벌하고, … 200년 동안 복건성과 절강성이 항상 왜적의 화를 당하면서도 료양(遼陽)과 천진(天津)에까지 이르지 않았던 것은 어찌 조선이 울타리처럼 막아주었기 때문이 아니었겠습니까?[717]
>
> 1592년 11월 15일: 황제의 직할 경략(經略)·료주(遼州)·계주(薊州)·보정(保定)·산동(山東) 등처의 왜적을 방어하는 군사담당 병부우시랑(兵部右侍郎) 송응창(宋應昌)이 보내온 격문에, … 이미 복건〔閩〕·광주〔廣〕 지역의 장수에게 섬라(暹羅: 泰國, Siam)와 류구(琉球) 등의 여러 나라들의 군사를 연합하여 배를 띄워 곧바로 일본 소굴을 치라고 명령했다.[718]
>
> 1592년 12월 8일: 정곤수(鄭崐壽)가 아뢰기를, "섬라 사신이 중국에 이르러 글을 올려 조선을 구원하기를 청하였는데, 중앙조정〔天朝〕에서 그

---

715) 『선조실록』 권100 선조31년 5월 경자(16일). "水兵陳璘軍九千餘名 四月二十七日到遼東 劉綎已到義州." 여기서 陳璘이 거느린 軍士 9000명은, 이 책, 권98 선조31년 3월 갑인(29일)과 『리충무공전서』 권9 부록1 행록1의 5000명과는 다른 意味가 있을 것이다.

716) 『리충무공전서』 권9 부록1 行錄 26면. "戊戌二月十七日移陣古今島 … 七月十六日天朝水兵都督陳璘 領水兵五千來到."

717) 『선조수정실록』 권26 선조25년 9월 정사(1일) "帝遣行人司行人薛藩 降勅… 蠢玆小醜 輒敢橫行 復勅東南邊海諸鎭 竝宣諭琉球暹羅等國 集兵十萬 東征日本, …二百年來 福浙常遭倭患 而不及於遼陽天津者 豈不爲朝鮮爲之屛蔽乎?"

718) 『선조실록』 권32 선조25년 11월 신미(25일) "欽差經略遼薊保定山東等處防海禦倭軍務兵部右侍郎宋應昌移檄曰… 已令閩廣將帥 連暹羅琉球諸國之兵 鼓艨艦揚帆檣直擣日本巢穴."

청을 들어 주었으므로, 명년 봄에 군사를 내어 일본을 정벌한다."고 하였습니다.[719)]

1593년 4월 10일: 병조판서 리항복(李恒福)이 "부총병 류정을 문안하였는데, 그의 얼굴빛은 비분강개하였으며, 왜인들의 속셈이 간사하여 결코 강화하기가 어렵다는 뜻을 강력히 진술하였다. 이어서 사용하는 각종 병기를 꺼내 보여주고, 거느리고 있는, 섬라(暹羅: 태국), 도만(都蠻), 조금 서쪽의 천축〔小西天竺: 印度〕, 륙번(六番: 사천 雅州), 득릉국(得楞國), 묘자(苗子: 苗族; 湘蜀黔滇兩粵之間), 서번(西番), 성채가 튼튼한 면국〔三塞緬國: 緬甸〕, 파주(播州: 티베트 남부 朗縣), 당파(鎲鈀: 파당) 등에게 귀화한 사람들을 좌우에 벌여 세우고 차례로 각각 자신의 묘기를 자랑하도록 하여 종일 구경시켰습니다."고 아뢰었다.[720)]

이렇게 류정은 인도·미얀마〔버마〕·태국·류구 등의 열대지방 국가들의 군사를 동원하고, 한중(漢中)·사천·운남·귀주·광주〔광서·광동〕·호남·복건과 장강 유역의 군사로써 호서〔충청도〕·호남〔전라도〕 지역을 담당하여 진린·리순신과 함께 순천왜교성 전투를 벌였다.

여기서 조선의 중국에 대한 울타리 역할의 지리적 위치는, 분명 지방이기는 하지만, 남쪽의 복건성·절강성과 북쪽의 료양 및 천진의 사이에 있었던 것이며, 이것은 경상도에 해당된다. 좀 더 깊이 연구할 필요가 있다.

이렇게 남아시아·동남아시아 국가들이 임진왜란에 참전하였다. 이런 나라로서는 특히 마바르〔Mabar〕·샴〔暹羅〕·쟈바〔爪哇國: 인도네시아 남위 12° 동경 110°〕 등에서 오가면서 토산물들이 조선에 수입되었다. 드물지만 일부 『한국사』에서 "이때 주목되는 것은 壬辰倭亂 때 샴·都蠻·天竺·三塞緬國·久邊國 등지의 사람들이 明軍 劉綎 부대에 소속되어 경상도 星州지방에서 倭賊과 싸웠던 일이다."고[721)] 설명되어 있다.

---

719) 『선조실록』 권33 선조25년 12월 갑오(8일) "(鄭)崐壽曰暹羅使臣到上國 上本請救朝鮮 天朝准其請 故明春當發兵 往征日本云矣."

720) 『선조실록』 권37 선조26년 4월 갑오(10일) "兵曹判書李恒福啓曰 … 且問安于劉副摠綎 聽 其辭氣慷慨極 陳倭情邪諼 決難講和之意 仍出示所用各樣軍器 又令所率暹羅都蠻小西天竺六番得楞國苗子西番三塞緬國播州鎲鈀等 投順人 列立于左右 次次各呈其技 終日閱視."

721) 李鉉淙, 『韓國의 歷史』(서울: 大旺社, 1991 10판), p. 258.

이런 중요한 력사를 우리는 『한국사』에서 거의 다루고 있지 않으므로, 이것을 실제로 『조선왕조실록』에서 직접 확인해보자.

> 1593년 5월 1일 제독 리여송이 왜적을 추격하여 문경까지 갔다가 되돌아왔다. … 왜적이 물러가고 나서는 군사를 나누어 해변에 주둔하였으며, 울산・서생포에서부터 동래・김해・웅천・거제에 이르기까지 꼬리에 꼬리를 물고 서로 이어졌는데, 16둔진이 모두 산과 바다를 의거하여 성을 쌓고 참호를 파서 오래 머물 계획을 하였다. 중앙조정〔皇朝〕에서 사천의 총병 류정을 연달아 파견했는데, 복건・서촉・남만 등지의 불러모은 군사 5000명을 거느리고 성주(星州)에 둔을 쳤으며, 절강의 장수 오유충은 선산・봉계에, 리녕・조승훈・갈봉하는 거창에, 락상지・왕필적은 경주에 둔을 쳤다. 이들은 사면을 빙 둘러서 서로 대치한 채 진군하지 않았는데, 군량을 호남・호서〔兩湖〕에서 거두어 험한 재를 넘어서 여러 진지에 흩어 주었으므로, 백성들의 재력이 더욱 어려워졌다.[722)]

이 사료의 내용은 임진왜란이 일어난 지 14개월째이며, 이때는 일본이 이미 해안에 성을 쌓아 장기전에 돌입하였던 시기다. 여러 조선 지명에 군사들을 주둔시켰는데, 불러모은 많은 군사들이 '복건・서촉(사천)・남만・절강' 등지였으니, 행군의 어려움을 고려해보면, 역시 한반도와는 거리가 멀다. 그러나 이들이 분명 성주(星州)・선산(善山)・봉계(鳳溪)・거창(居昌)・경주(慶州) 등지에서 전투에 참가했다.

그러면 여기서 그런 나라의 지리적 위치를 알아보자.

천축(天竺)은 남아시아의 인도〔印度; India〕인데, 조금 서쪽〔小西〕의 천축은 곧 옛날 이름의 신두〔身毒=信毒=信度=힌두: 북위 30° 동경 75°〕다. 그런데 『혼일강리력대국도지도(混一疆理歷代國都之圖)』(1402, 권근)와 『여지전도(輿地全圖)』(18세기말, 숭실대학교 박물관)는 유럽과 아프리카까지 포함된 이 지도인데, 중앙아시아와 남아시아에 다섯의 천축국〔五天

---

722) 『선조실록』 권27, 선조26년 5월 갑인. "提督李如松追賊, 至聞慶而回. … 賊旣退, 分屯於海邊, 自蔚山西生浦 至東萊金海熊川巨濟 首尾相連, 十六屯皆依山憑海, 築城掘壕, 爲久留計. 皇朝繼遣四川總兵劉綎, 率福建西蜀南蠻等處召募兵五千, 來屯星州. 浙將吳惟忠屯善山鳳溪李寧祖承訓葛逢夏屯居昌, 駱尙志王必迪屯慶州, 環四面, 相持不進, 粮餉取之兩湖, 踰越險阻, 散給諸陣, 民力益困."

竺國]이 있으며, 동천축국(東天竺國)은 미안마[緬甸] 북쪽, 티베트[西藏] 남쪽, 운남(雲南) 서쪽, 캘리컷[古俚] 동쪽에 있는 지역인데, 북위 30° 동경 96° 중심이다. 남천축국(南天竺國)은 지금의 인도 중부지역이다. 서천축국(西天竺國)은 캐시미르(克什米爾) 북쪽, 파미르[蔥嶺] 남쪽, 파파달산(吧叭達山) 서쪽, 옛 호르무즈[古忽魯謨斯] 동쪽에 있는 지역인데, 북위 40° 동경 72°~78°사이다. 북천축국(北天竺國)은 화전 북쪽, 쿠처[庫車] 남쪽, 아크쑤[阿克蘇] 서북쪽, 안디잔[安集延] 동북쪽, 발하슈호 남쪽에 있는 지역인데, 북위 40° 동경 76° 중심이다. 중천천국(中天竺國)은 힌두쿠시(溫都斯池・興都庫什) 북쪽, 화전(和闐) 남쪽, 곤륜산(崑崙山) 서쪽, 파파달산 동쪽에 있는 지역인데, 북위 38° 동경 76° 중심이며, 역시 그 중심지는 파미르고원이다.

마바르는 고려의 력사, 원나라의 력사 속에 '馬八兒國・馬八國'이란 이름으로 나오는데, 이곳은 인도 남동부[북위 13° 동경 79.5° 지역]에 있는 나라였다. 이 나라는 1298년[충렬왈24] 6월 10일에 토산물을 바쳐 오기도 했다.

샴[Siam=暹=暹羅=眞臘]는 아다시피 지금의 태국(泰國 Thailand: 북위 15° 동경 100° 지역)이다.

도만(都蠻)은 도장만(都掌蠻)/대패도장(大壩都掌)이라고도 하는데, 사천성 장강 유역의 남쪽 서주부 흥문현(興文縣: 북위 28.8° 동경 105°] 지역이다. 이 글자에서 보듯이 아마도 이 지역의 사람들을 옛날부터 모두 남쪽 야만으로 보았던 모양이다. 다만 대패(大壩)는 또 이와는 전혀 달리 운남성의 서쪽 미안마와 가까운 등충현(騰衝縣: 북위 25° 동경 98.5°) 서북쪽 120리에도 있다.[723]

면국(緬國: 緬甸)은 살윈(Salween)・이라와디(Irrawaddy) 강을 끼고 있는 요즘의 미안마(Myanmar: 미얀마・버마)이며, 이 서쪽이 바로 방글라데시・인도다. 이곳을 두고 성채가 매우 튼튼하다[三塞]고 했다.

륙번(六番)은 천전륙번초토사(天全六番招討司)를[724] 두었던 사천성 중

---

723) 『中國古今地名大辭典』(上海: 商務印書館, 1931), p. 84.
724) 『明史』卷311 列傳199 四川土司1. "天全古氐羌也. … 置丕硐門黎雅長河西魚通寧遠六軍安撫司. … 後改六番招討, 又分置天全招討司."

서부의 천문현(天文縣)과 아주(雅州) 지역〔북위 30° 동경 103°〕이다.

득릉국(得楞國)은 원조의 '등롱국(登籠國)', 명조의 '득랭국(得冷國)'이라 했는데, 이들은 득릉족(得楞族)이란 말에서 나온 것이며 몽족국(孟族國)이다. 몽(Mon)족은 지금 미얀마의 소수민족의 하나이며, 이라와디강과 페구(Pegu)산 주변〔북위 20° 동경 94° 중심〕에 35만 명이 살고 있다.

서번(西番)은 강(羌)·혼(渾)·토번(吐蕃)들이 사는 청해성 남쪽에서부터 사천성·운남성 서쪽 변방과 서강(西康)·서장(西藏) 즉 티베트가 있는 지역을 가리킨다.[725]

파주(播州)는 두 가지의 다른 이름이 있는데, 하나는『명사』에 보면 준의부(遵義府)라[726] 하여 큰 관청에 딸린 선위사(宣慰司: 지방행정관청)를 두었던 곳〔북위 27.7° 동경 106.9°〕이며, 다른 하나는『중국고금지명대사전』에 랑주(朗州)·랑현(朗縣)인데, 이곳도 파주선위사(播州宣慰司)를 두었던 준의군(遵義郡)이라 하여 위와 같은 귀주(貴州)에 있는 지명일 수도 있고, 또 지금까지 병력이 동남아시아의 서부지역에서 동원되는 됨을 보면, 티베트에 동남부 랑현(朗縣=朗營: 북위 29° 동경 93°)이라고도[727] 볼 수 있다.

이렇게 '播州'라는 이름을 전혀 다른 두 곳으로 보는 까닭은 다음과 같다. '준의부'는 대대로 양(楊)씨 집안에서 선위사사(宣慰司使)를 지내왔으며, 1573년(만력 원년)에 양응룡(楊應龍)이 뒤를 이어 치안유지를 맡으며 말과 목재〔大木·美材〕 등을 바치자, 1586년에는 도지휘사(都指揮使)가 되었다. 그러나 다른 묘족(苗族)들에 대해 지배권을 확장하여 해악〔24大罪〕을 끼쳐 사천성·귀주성의 사람들부터 고발되어 1592년에 중경(重慶)에 가서 심문을 받고 사형될 처지가 되자, 돈 2만 냥으로 속죄하기를 청했다. 어사 장학명(張鶴鳴)이 다그치자, 때마침 왜적이 조선에 침략하였다. 이에 천하에 군사를 모집했는데, 양응룡이 군사

725) 『中國古今地名大辭典』(上海: 商務印書館, 1931), p. 356.
726) 『明史』 卷312 列傳200 四川土四2. "播州宣慰司 遵義府卽播州."
727) 『中國歷史地圖集』 第7冊 元明時期,(北京: 中國歷史地圖集出版社, 1996. 2刷), p. 85~86.

5000명을 보내어 왜적을 치겠다고 자청하니 석방되었다. 군사들이 이미 떠났는데, 얼마 지나지 않아서 자신의 파병 보고를 파기하였다. 그러니 이곳 군사들은 조선에 참전하지 않은 것이며, 진짜 임진왜란에 동원된 파주는 딴 곳으로 볼 수 있다.

1594년에 병부시랑 형개(邢玠)로 하여금 귀주(貴州)를 통할케 했고, 이듬해 형개는 중경지부(重慶知府) 왕사기(王士琦)를 시켜 기강현(綦江縣)에 가서 양응룡을 체포하려 했다. 그러자 1597년 7월에는 양응룡이 관군을 죽이며 반란을 일으켜 호광(湖廣)의 묘족(苗族)까지 지배권을 뻗쳤다. 1599년에 귀주순무 강동지(江東之)가 도사 양국주(楊國柱)의 군사 3000명으로 양응룡을 공격하였으며, 동쪽 정벌, 즉 임진왜란에 나섰던 류정(劉綎)·마귀(麻貴)·진린(陳璘)·동일원(董一元)을 선발하여 남쪽 정벌에 나서서 장강의 샛강에 있는 기강현을 함락시키자, 양응룡은 투신자살하였고, 1600년 2월 12일에 평정되었다.[728]

이곳을 흐르는 강물의 상황을 목격한 이사벨라 버드 비숍의 글을 다시 보자.

> 1년 내내 반복되는 양자강 수면의 상승과 하강은 어느 정도 예측할 수 있다. 수면이 상승하는 원인은 아미산(峨眉山: 3078m) 절벽의 눈이 녹아서라기보다 남서 계절풍이 부는 기간에 운남성 지역의 하천이 범람하는 것이 더 큰 이유인 것 같다. 수면의 상승폭은 12m 정도이고, 특히 한구(漢口)에서 중경(重慶)에 이르는 구간에는 25m까지 올라간다. 1년 중 석 달 동안은 거대한 물살이 빠른 속도로 흘러내려 교통이 마비되고, 심지어 6월 초순부터는 수백 척의 대형 정크선이 중경과 만현(萬縣) 사이에서 발이 묶인 채 가을을 기다려야 한다. … 양자강의 수면 상승은 보통 3월 말에 시작되며, 8월 초에 최고점에 이르렀다가 12월부터 1월 말까지 서서히 낮아진다.[729]

여기서 장강의 유속이 수치로 얼마라는 언급은 없지만, 일단 빠른

---

728) 『明史』 권312 列傳200 四川土司2 播州宣慰司.

729) 이사벨라 버드 비숍 지음, 김태성·박종숙 옮김, 『양자강을 가로질러 중국을 보다』(서울: 효형출판사, 2005), p. 22.

속도라고 했고, 그 수면의 높이가 12m라고 했으니, 전라우수영 명량수로의 조고(潮高)가 최대 5.2m에서 11.5노트까지 흐르는 것을 보아도,[730] 이 정도만큼보다 결코 덜하지 않을 것이다.

> 양자강 상류에서 항행하는 것이 얼마나 장엄하고 위험한지는 아무리 과장해도 지나치지 않는다. 특정한 계절에는 더욱 그렇다. 양자강의 험난한 급류를 항행하는 정크선 가운데 매년 평균 500척이나 되는 배가 침몰한다. … 의창(宜昌)과 중경 사이의 800m 구간에 1000개 남짓의 급류와 협곡이 있는데, 겨울에는 이것이 지나친 평가라고 생각이 전혀 들지 않지만, 여름이 되면 수면이 8~9m 상승하면서 많은 급류가 사라지고, 시속 3노트 정도의 속도로 평온하게 흐르는 물줄기로 변해 급류라는 이름이 어울리지 않게 된다. 표석이 깔린 강기슭이나, 바위벽, 작은 섬들이 있는 구간에는 엄청난 량의 물이 비교적 폭이 좁은 수로로 몰리면서 8~10노트로 바다를 향해 거세게 흘러가면서 매우 위험한 소용돌이를 형성하기도 한다.[731]

강물의 흐름, 바닷물의 흐름이 협수로를 지나는 곳에는 비슷한 현상이 나타난다. 물살이 빠르다. 하필이면 한구에서 중경까지의 수로는 한반도 명량수로를 연상케 하며, 조고차・유속이 너무도 비슷하여 항해의 능력에 따라 이동에 많은 차이가 발생하게 되며, 이런 곳에서의 전투는 그 경험과 훈련만큼의 수준에 따라 달라질 수밖에 없다.

이 양응룡 반란사건이 명나라가 멸망되는 중요 사건의 하나인데, 바로 여기에서 임진왜란의 주역이랄 수 있는 류정・왕사기・마귀・진린・동일원 등이 1597년부터 1600년까지의 양응룡 반란진압과 겹친다. 즉,

> 마귀는 1592년의 녕하지역의 보바이〔哱拜〕 반란에 참전하여 북쪽으로 하란산(賀蘭山)에까지 따라가 평정했고, 1597년부터 조선에 와서 합동작전을 벌였다. 1598년에는 류정・진린・동일원과 네 길〔四路〕로 나누어 마

730) 최두환, 『강강수월래 연구』 (서울: 학민사, 1997), pp. 60~64.
731) 이사벨라 버드 비숍 지음, 김태성・박종숙 옮김, 앞의 책, p. 27.

> 귀는 동로(東路)를 맡았는데, 11월에 가등청정이 달아나자, 마귀는 도산(島山)·유포(酉浦)에까지 따라 들어가 2200명을 사로잡기도 하고 목베기도 하였다. 1599년 3월에 군사를 되돌려왔다.[732]

『명사』에 실린 이 글에는 마귀의 행적 가운데 1599년 3월 이후 1609년까지의 기록이 없고, 동일원의 기록은 정유재란의 종료되고서는 오래 살다 죽었다는 더 이상의 기록은 없다. 이로 보면 『명사』도 『조선왕조실록』도 동일한 지리적 성격을 지니고 있게 된다.

그렇다면 과연 이들 사료들이 어떤 성격을 지니는지를 보자.

> 좌부승지 리덕열(李德悅)이 총병 류정(劉綎)에게 잔치 베풀 일로 호남(湖南)에 갔다가 돌아와서 임금께 복명〔書啓〕하였다. 지난 6월 26일 아침에 신〔리덕열〕은 접반사 김찬(金瓚), 관찰사 홍세공(洪世恭)과 함께 총병〔류정〕에게 가서 뵈었더니, … 총병 류정이 "내가 여기 나온 것은 실로 우연이 아니다. 아비와 아들〔父子〕이 다 왜적을 소탕해야 한다는 것을 알고 일찍이 泗川 지방을 맡고 있던 중에, 본국〔조선〕에 병란이 있다는 소식을 듣고 자청하여 온 것이다. 군사와 군량이 다 넉넉할 때는 경략〔송응창〕이 싸우려고 하였으나, 제독〔리여송〕이 훼방을 놓았고, 또 군사 1만5000명만 남겨두면, 10만의 적군을 대항할 수 있는데도 황급히 철수하여 돌아갔다. 현재 남은 병력 5000명으로도 수만 명의 적군을 대항할 수 있으나, 죽은 군사〔物故〕들이 수백 명에 이르고, 의협심이 많은 사람〔好漢〕이 많이 않으니, 어떻게 임무를 수행할 것인가?"고 말하였다.[733]

이것은 1594년 6월 26일의 일인데, 총병 류정이 한 말을 보면, 비록 '泗川'이라고 기록되어 있지만, 그는 이미 '四川' 지방의 반란을 진압하는 작전을 하고 있었음에도, 조선에 왜란이 일어났기 때문에 그 조선의 호남(湖南)의 '泗川'에 그 아비와 함께 왔다는 것이다. 이 말은 그곳이

---

732)『明史』卷238 列傳126 馬貴.

733)『선조실록』권53 선조27년 7월 신사(5일). "左副承旨李德悅 以劉總兵燕享事 往湖南入來 書啓曰 六月二十六日朝 臣與接伴使金瓚 觀察使洪世恭 進謁總兵, … 總兵曰 我之出來 初非偶然. 父子皆曉剿倭之事 曾任泗川地方 聞本國有難 自請而來. 兵糧俱足之時 經略欲戰 而提督沮撓 且留兵一萬五千 可當十萬之敵 而遽爲撤還. 見兵五千亦可抵當數萬 而物故數百 好漢不多 何能有爲."

곧 류정의 고향이고, 조국이었기 때문이 아닐까? 그렇지 않다면 어째서 한반도 泗川으로 왔단 말인가.

그런데 또 류정은 그 '四川'으로 가서 양응룡의 반란을 진압하는 임무를 수행하는 것은 역시 〔泗川=四川〕임이 드러난다. 그렇지 않다면 중국대륙에는 적어도 5000리 이상을 헤집고 강소성 〔泗川=泗州〕에 왔을 것인데, 이렇게 멀고도 먼길을 다니면서 반란 진압작전을 수행케 한 것을 보면, 그곳엔 능력있는 장수가 이 정도 인원뿐인 모양이다. 그리고 그들의 작전행태나, 전략적 기동은 전혀 보이지 않는다.

이런 사실관계를 『조선왕조실록』에서 더 확인해보자.

> 윤근수가 아뢰기를, "류정은 山西 사람입니다. 이번에 泗川·貴州 병사와 섬라국 사람들이 모두 왔습니다. …"고 했다.(1593. 4. 4)[734)]
> 류성룡이 아뢰기를, "류정을 泗川으로 옮겨 임명하였다고 하는데, 중앙조정〔中朝〕에서 왜적을 공격할 뜻이 있다면 泗川으로 임명한 것에 대해서도 그 뜻을 알 수가 없습니다."고 했다.(1594. 10. 29)[735)]

이 말들은 임금에게 아뢴 것인데, 류정이 귀주·섬라(태국) 사람과 泗川 사람을 데리고 조선에 왔다고 했다. 이 泗川은 곧 四川省을 말한다.[736)] 류정은 조선에서 대구·곤양 등지에 1년 반을 지내다가, 사천성 파주 지역에 양응룡의 반란 때문에 泗川(=四川省)으로 옮겨가게 된 것을 말한다.

그리고 또 다른 진행사항을 찾아보자.

> 소경왕: 형개(邢玠) 군문과 류정(劉綎) 제독은 절친하다는데 사실인가?
> 리덕형: 소신이 전라도에 있을 때에 류정 제독의 일꾼〔家丁〕에게 들었

---

734) 『선조실록』 권37 선조26년 4월 무자(4일). "根壽曰(劉綎) 山西人也. 泗川貴州之兵及暹羅國人皆來."

735) 『선조실록』 권56 선조27년 10월 계유(29일). "成龍曰 … 劉綎移授泗川云. 中朝若有擊賊之意 則移授泗川 亦未知其意.."

736) 『선조실록』 권37 선조26년 4월 경술(26일). "督發劉綎川兵繼進."
『선조실록』 권98 선조31년 3월 갑인(29일). "西路劉提督本營 領四川土兵一萬二千."
『선조실록』 권115 선조32년 7월 경오(23일). "川兵者四川等軍兵 而劉綎管下也."

는데, 파주(播州) 토관 양응룡이 10만의 병력으로 험난한 곳에 웅거하여 반란을 일으켰는데, 이때 형개 군문은 경략이 되고, 류정 제독은 총병관이 되어 양응룡을 막았답니다. 왕사기(王士琦) 참정도 그 가운데 있었지만, 지세가 매우 험난해서 진격하지 못하자, 구차하게 사이좋게 지내기를 청하며 왜교(倭橋)의 일과 같이 하고, "1년에 은 200만 냥을 바치려고 한다."는 내용으로 속여서 보고하니, 중국〔皇朝〕에서 포상하여 류정 제독에게는 품계가 올려졌고, 왕사기 참정도 승진되었으므로, 이때문에 형개와 류정이 서로 절친하다고 합니다.

소경왕: 나도 그 내용을 아는데, 양응룡은 지금 다시 배반하였다고 한다. 이번에 3로〔三路〕의 일은 매우 터무니없다.[737)]

이것은 1599년 2월 1일의 대화이며, 마귀가 귀국했다는 시기와는 겨우 1달 차이로서 거의 동일하다. 더구나 '왜교의 일'이란 두 달 반 전인의 1598년 11월의 일이며, 이때 류정 제독이 왜교성의 적장 소서행장과 뇌물을 받고 길을 터준 사건을 말한 것이다.

그러면 아직은 조선에 남아 있는 상태인데, 류정・왕사기 등은 사천성 파주지역의 양응룡 반란에 이미 참전되어 있는 상태다.

게다가 사천성 파주에 있는 양응룡이 다시 배반했다고 소경왕까지 알고 있었다 하는데, 한반도로서는 이런 실시간의 사건을 알 수 없는 일이며, 리덕형이 전라도에 있었다는 그곳은 그 사천성과 가까운 곳임을 알 수 있다.

사천・귀주에서 양응룡이 1595년부터 대대적으로 반란을 일으켰는데, 이에 1차로 '형개・왕사기・류정'이 투입되었고, 2차로 '마귀・진린・동일원'이 투입되었다. 그런데 특히 '왕사기・류정'은 같은 시기에 사천・귀주・운남의 양응룡 반란 진압과 정유재란의 전라도 순천 예교(曳橋)・도산(島山)・유포(酉浦) 전투에도 참전하였다. 이 두 사건은 동시에 일어날 수 있어도 지리적으로 직선거리로도 2500㎞나 떨어져 있

---

737) 『선조실록』 권109 선조32년 2월 신해(1일). "上曰 軍門與劉提督相切云 是乎. 李德馨曰 小臣在全羅時 得聞於提督家丁 播州土官楊應龍 以十萬兵 據險稱亂. 是時邢軍門爲經略 劉提督爲總兵 禦應龍. 王參政亦在其中 而地勢甚險 不得進戰 苟且請和 無異倭橋之事. 一歲欲納二百萬兩銀子 以此意欺瞞上本 皇朝賞功 劉爺陞品 王參政亦陞職. 是故邢劉相切云矣. 上曰 予亦知之 應龍今復叛云矣. 今次三路之事 甚爲荒唐矣."

는 위치로는 동시작전은 불가능하다.

유포(酉浦)는 장강의 샛강인 동정호(洞庭湖)로 들어가는 원강(沅江)의 상류의 유양현(酉陽縣)에 있는 넓은 강의 포구임이 분명하다.

〈표VI-4〉 중국군의 국내 반란군 평정과 조선에 참전

중국 장수	녕하지역 (哱拜 亂)	사천지역 (楊應龍 亂)	임진·정유왜란	비고
형개(邢玠)	-	1594~1597	1597~1599.5	
왕사기(王士琦)	-	1595~1597 1599~1600	1595~1599.4	1595~1599 중복됨
류정(劉綎)	-	1593~1596 1599~1600	1592~1594.9 1597~1599.5	1593~1594 중복됨 순천·예교전투
마귀(麻貴)	1592.4~9	1599~1600	1597~1599.3	도산전투
진린(陳璘)	-	1599~1600	1593.3~6 1597~1599.4	나오고 있다 했음 리순신과 연합작전
동일원(董一元)	-	1599~1600	1597~1599.4	사천전투
리여송(李如松)	1592.4~9	-	1592.10~1598.4	1593.1.8 평양전투

※ 근거: 『明史』 卷238/239/247/312/320 및 『선조실록』 권32에서 필자가 종합한 것임.

그리고 이들 "군사들을 되돌려갔다.〔旋師〕"는 말은 처음부터 중국대륙 안에서 사천·귀주지역으로 갔다는 말이며, 조선에서 군사를 돌린 1599년 3월은 양응룡 반란이 진행된 기간 속에 있으므로, 이때 중국군들의 이동이 이루어진 '전라도'가 바로 그 '파주(播州) 지역과 그 주변'이라는 말이 된다.

이와 같은 사실은 어떤 사료보다 『조선왕조실록』에서 더 명확하게 알 수 있다.

임금〔上〕: 류정 대인이 황제의 명령을 받고 양응룡을 정벌하러 간다고 하는데, 그는 어떤 도적이며, 어느 지방에 웅거하고 있습니까?

허국위: 양응룡(楊應龍)은 사천(泗川)지방의 토호족〔土蠻〕으로서 태조 때부터 신하로 복종하다가, 반기를 들기도 하는 자인데, 그 병사는 20만 남짓합니다. 형개(邢玠) 군문이 일찍이 진압하여 안정시켰는데, 지금 다

시 반란을 일으킨 것입니다.

임금: 대인께서 양응룡 대인을 만나면 불곡(不穀: 임금·제후의 겸양)이 감히 잊지 못하고 있다는 뜻을 전해주시오.

허국위: 하명대로 하겠습니다.[738)]

이것은 1599년 4월 23일 소경왕과 유격 허국위(許國威)와의 대화인데, 여기에는 중요한 말이 있다. 앞에서 말했듯이 파주(播州), 즉 사천·귀주 지역의 반란을 양응룡이 일으켰다고 했는데, 이 『선조실록』에서는 '泗川'이라 했다. '四川'과 소리가 같은 〔사천〕인데, 이것은 본디 두 곳의 지명〔泗川≠四川〕을 조선의 력사에서는 하나로 묶은 것이며, 이제는 전자는 한국〔반도〕의 력사로, 후자는 중국〔대륙〕의 력사로 갈라놓은 것임을 알 수 있다.

이것은 『선조실록』 내용만을 보더라도, 조선의 력사에서 본디 '泗川'〔경상도/령남〕과 '四川'〔전라도/호남〕이 따로 있었으나, 반도에다 '泗川'〔경상도〕 하나만 남겨놓은 것이다.

그리고 양응룡이 일찍이 파주에서 일으킨 반란을 형개·왕사기가 진압하고서 정유재란에 참전한 것인데, 허국위가 돌아가면 그 반란의 주모자 양응룡에게 '大人'이라 부르며, 잊지 않고 있다며, 안부를 전해달라고 하는 것을 보면, 이 말을 한 '임금〔上〕'은 '선조 리연(李昖)'이 아니고, 어떤 다른 지방의 '제후'인 것 같다. 어찌 포악한 반란군에게 조선 임금의 이런 호의가 있을 수 있을까?

이것은 평소에 상당한 교분과 잦은 왕래가 있었던 데서 나올 수 있는 말이다. 그리고 사천지역 파주(播州)의 양응룡 반란을 평정했다는 진하표(進賀表)도 올리고, 황제의 조칙〔皇帝詔〕도[739)] 빠뜨리지 않고 보내왔던 것은 그럴 만한 가치가 있는 정치적·지리적·문화적 동일생활권이었음을 말해준다.

더구나 이미 조선에 와서 왜적 소서행장을 무찌르고자, 사천(泗川)에

---

738) 『선조실록』 권111 선조32년 4월 임신(23일). "上曰 劉大人奉旨 征楊應龍云 此如何賊 據何地方. 許國威曰 楊應龍泗川土蠻 自太祖朝 乍臣乍叛 其兵二十餘萬. 邢軍門嘗鎭定之 而今又叛矣. 上曰 大人見楊大人 道不穀不敢忘之意. 國威曰 唯命."

739) 『선조실록』 권136 선조34년 4월 임진(25일).

서 노량(露梁) 사이의 광주양(光州洋)으로[740] 도진의홍(島津義弘) 등 왜적들〔약 500척 1만 2400명〕이 몰려와서 끝내 온전한 배가 겨우 50척만 달아났다면, '泗川·光州洋'이란 지리적 문제가 남는다.

도진의홍은 정유재란에서 제5번(1만 명)을 거느리고, 남원성(8/16) 전투를 하고, 이듬해에 삼가(3/24) → 무주(4/8) → 함양 사근역(4/20) → 사천(10/1) 전투 → 노량(11/19) 해전으로 이어지며, 끝내 패하여 달아났다. 도진의홍 군대의 달아나는 이동을 보면, 진주 사천에 있던 도진의홍 군대가 1597년 8월에 남원성 전투를 하고, 어느 시기엔가 사천으로 갔다가 이듬해 3월에 북쪽의 삼가현·거창현에서 전투하고, 무주·함양을 거쳐 다시 사천으로 와서 노량해전까지 벌이게 되는데, 그 이동경로가 매우 미혹스러우며, 이 '泗川'은 임진년(1592)의 '泗川'과는 지리적 성격이 매우 다르다. 임진년 초기에는 사천·당포·당항포·률포라는 경상도 고성(固城) 땅이며, 정유년 이후로는 남원·무주라는 전라도〔호남〕 땅과 가까운 지역이고, 사천에서 남해 노량으로 이어지는 진주(晉州) 땅인데, 특히 여기에 '光州洋'이 들어있다. 이 '光州洋'은 한반도에는 그 명칭이 없다.

이 '光州'는 『신증동국여지승람』(권35)에서 다른 이름으로 '노지(奴只)·무주(武州)·무진(武珍/茂珍)·해양(海陽)·익양(翼陽)·익주(翼州)·화평(化平)·서석(瑞石)·광산(光山)'이라고 했는데, 이 많은 이름은 그만큼 많은 사연이 담긴 곳임을 말해주며, 그 가운데 특히 '武州'를 『중국고금지명대사전』에서 찾아보면, 지금의 호남성 상덕현(常德縣)을 '무릉(武陵)·랑주(朗州)·정주(鼎州)'〔북위 29° 동경 111.7°〕라 했다.

이 광주, 즉 무릉군의 동쪽에 '적사호(赤沙湖)·려호(蠡湖)·대통호(大通湖)·청초호(青草湖)'로 이루어진 바다만큼이나 넓은 '동정호(洞庭湖)'가 있으니, 이곳이 곧 광주양(光州洋)인 것이다. 물론 이곳이 '호남'이다. 그래서 1484년(성종15)에 '해양현(海陽縣)'을 두었다는 이름이 걸맞

---

740) 泗川朝明軍塚(경남도기념물 제80호 1985. 1. 14 지정) 碑文.
李炯錫, 앞의 책, p. 1120. "敵의 大艦隊가 泗川 南쪽에 있는 光洲洋을 通過하여 西쪽 露梁方面을 向하는"
李殷相, 『太陽이 비치는 길로』 下,(서울: 삼중당, 1973), p. 396.

게 된다.

그런데 광주가 '사천성 지경'에 있다고[741] 한 것은, 이곳과 가장 가까운 '동정호'를 가리키며, 이내 사천성의 파주(播州)로 양응룡을 진압하러 류정이 간다는 말도 곧 이 '泗川'이 중국의 '四川'이라는 말이 아니면 불가능하다. 또 동정호에서 파주까지만 해도 그 거리가 1000리나 된다.

그러나 같은 지명의 조선의 泗川에서 류정이 소서행장과 뒷날에 싸우기도 한다.

> 도사 설호신이 말하기를, "감군어사 류정 제독은 지금 광녕(廣寧)에 머무르고 있는데, 이달 20일쯤에 강을 건널 것입니다. … 류정 제독은 泗川의 군병을 거느리고 나오는데, 하루에 겨우 30리를 행군하면서 고생스럽게 험난한 길을 오고 있으니, 어찌 빨리 도착할 수 있겠습니까?"라 했다.(1597. 12. 24)[742]
>
> 우의정 리덕형이 장계하기를, "류정 제독이 … 3일에 수군이 조수를 타고 혈전하여 큰 총통으로 소서행장의 막사를 맞추자, 왜적들이 놀라고 당황하여 모두 동쪽으로 갔으니, 만약 서쪽에서 공격하여 들어갔다면, 성을 함락시킬 수 있었습니다. … 마침(동일원의 군대가) 泗川에서 패했다는 소식을 듣고는 마음이 혼란하여 후퇴를 결정하였으니, 더욱 통탄할 일입니다."고 했다.(1598. 10. 12)[743]

류정이 泗川(四川省)에 옮겨갔다가, 다시 泗川(조선)으로 와서 소서행장과 혈전을 벌이다가 적절한 지휘를 하지 못했다는 것을 말하고 있다. 여기서 말하는 그 조선의 사천은 결국 사천성인 것이다.

이렇게 중요한 사건에 '류정・마귀・진린・동일원' 등이 동정(東征:

---

741) 『중국고금지명대사전』(상해: 상무인서관, 1931), p. 286. "光州: 唐置羈縻州. 今闕. 當在四川境."

742) 『선조실록』 권95 선조30년 12월 경진(24일). "薛都司虎臣曰 監軍御史(劉提督)方駐廣寧 是月二十日間當渡江. … 提督則領泗川兵出來 步行一日 僅行三十里 艱難跋涉 何能速到."

743) 『선조실록』 권105 선조31년 10월 갑자(12일). "右議政李德馨馳啓曰 劉提督 … 初三日 水兵乘潮血戰 大銃中行長房室 倭人驚遑 俱就東邊 若從西邊進入 則城可陷矣. … 適見泗川敗報 事情已亂 決意退兵 尤爲痛泣."

임진왜란)에도, 남정(南征: 사천의 양응용 반란)에도 동시에 참전한 것이라든지, 풍신수길을 현상금을 걸며 현상수배했던 지역이 중국 동부·동남부 지역이라든지, 복건성 사람 허의후가 왜적의 정보를 제공한 것까지 이들 모두의 공통점은 크게 보아 중국대륙이다.

그리고 지명으로서의 당파(鏜鈀)라는 말은 좀더 확인이 필요하다. 미얀마·인도에서 군사들이 동원되는 것으로 보아, 특히 티베트 지명 다음에 언급되었으니, 아마도 그 한자를 바꾸었을 가능성이 있는데, 이것은 옛날 백랑국(白狼國)이라는 '巴塘'〔북위 30° 동경 99°〕일 가능성이 있다. 이곳은 장강의 상류 금사강(金沙江) 유역에 있다.

다음의 구변국(久邊國)은 좀 복잡하다. 『성종실록』에 그나마 구체적으로 나오는데, 거기에 보면, "구변국 임금 리획(李獲)은 나이가 이제 24살이다. 그 나라는 가로가 6일 거리이고, 세로가 10일 거리이며, 서쪽으로 5일쯤 가면 중국 배들이 정박하는 곳인데 구중(九重)이라 하고, 동쪽으로 1일 거리의 목해도(木海島) 안에는 어부들이 살고 있으며, 남쪽으로 순풍을 타고 7일 거리에 남만(南蠻)이 있고, 북쪽으로 2일 거리에 류구국(琉球國)이, 8일 거리에 살마주(薩摩州)가 있다. … 언어는 중국〔中朝〕과 류구국의 말이 섞여 있다. 관작은 임금을 중국에서 임명하고, 배신은 그 임금이 임명한다."고[744] 했다.

그러니 중국과 류구국의 말을 쓰는 이 나라는, 이름으로 '리획'을 쓰는 것을 보아도, 늘 중국의 통치를 받아왔으며, 북쪽으로 8일쯤 가면 '살마주'가 있다는 것을 빼고, 남쪽으로 7일 만에 남만에 갈 수 있고, 북쪽으로 류구국에 갈 수 있는 거리라면, 류구가 '대만'이므로, 그곳은 바부얀(Babuyan) 섬들〔카미구인(Camiguin)·푸가(Fuga)·달루피리(Dalupiri)〕 가운데 어느 하나일 것이다. 그 거리가 대만에서 루손섬까지의 사이가 350㎞이니, 6㎞/h로 항해한다면 꼬박 2일 동안 이동거리는 288㎞이니, 거의 비슷한 위치다.

744) 『성종실록』 권98 성종9년 11월 신미(14일). "久邊國主李獲 年今二十四. 其國東西六日程 南北十日程 西距五日程中國船泊處 地名九重 東距一日程木海島 內釣魚人居之. 南順風七日程南蠻 北距二日程琉球國 八日程薩摩州. … 言語雜以中朝琉球國之言. 官爵國主則中朝遙授 陪臣則國主授之."

그러나 앞에서 서쪽으로 5일쯤에 중국 배들이 대는 '九重'이라는 곳이라 했으니, 임진왜란에 인원의 동원이 쉽게 가능해야 하므로, 이 '구중'은 '구중성(九重城)'으로서 홍하(紅河: 洮河・元江) 상류의 운남성 대리현(大理縣)이며, 이곳에는 남조성(南詔城)의 이름으로 하미리(河尾里)・관읍리(關邑里)・태화촌(太和村: 대리현남 15리 太和城)・북국(北國)・반계리(蟠溪里)・탑교(塔橋)・마용성(摩用城)과 양차미성(羊苴咩城: 대리현 소재지)・사성(史城: 성북 40리)을 합하여 아홉인데,[745] 바로 이 지역〔북위 25° 동경 101° 중심〕일 것이다.

여기서 반계리가 사천성 인수현(仁壽縣) 동쪽의 곳〔북위 30° 동경 104.3°〕이[746] 아니더라도, 바로 이 남쪽엔 '도만', 즉 '도장만'이라는 홍문현 바로 서쪽 아주 가까운 곳에 공현(珙縣: 북위 28.8° 동경 104.7°)이 있으며, 이 '공현'은 '설주(薛州)=살주(薩州)=황지군(黃池郡)'이라 불린다.[747] 이 살주(薩州: さつま)가 곧 살마주(薩摩州: さつま)다. 이 설주, 즉 살마주에서 서남쪽에 있는 구중성, 즉 대리현까지 직선거리 540㎞이며, 장강의 뱃길로도 쉽게 갈 수 있는 곳이다. 그런데 산동성에도 같은 지명 '薛州'가 있다.

이런 남아시아와 동남아시아 나라들이 동원된 데에는 그만한 까닭이 있을 것이며, 그것이 곧 조선의 위상과 권위와 위력을 가졌기 때문이며, 그들을 부릴 수 있는 위치에 있었던 것이며, 지리적으로도 멀리 있지 않았기 때문이다. 지금도 사천성・운남성은 위에 언급한 동남아시아의 그런 국가들과 장강(長江)・란창강(瀾滄江)・누강(怒江)을 사이에 두고 국경을 맞대고 있다. 그래서 하나의 정치권・통치권의 넓디넓은 조선 안에서 벌어진 것이기에 가능했던 것이다.

이렇게 남아시아・동남아시아의 군사들과 함께 조선에서의 전쟁이 치러졌으며, 이들이 성주(星州)에서 참전은 했지만, 배를에 타고서 해전에 참가했다는 증거는 아직 없다. 그러나 일찍이 류정이 이들을 거

745) 『中國古今地名大辭典』(上海: 商務印書館, 1931), p. 10.
746) 위의 책, p. 1322.
747) 위의 책, p. 1296.

느렸다고 했으니, 마지막 전투가 벌어지는 광양만 순천왜성을 공격할 때에는 이들이 참전했을 가능성이 있다.

이때 류정과 진린과 리순신과의 관계를 잠시 보자.

> 통제사 리순신이 장계하기를, "진린 도독이 신을 불러, '육군은 류정 제독이 총괄하여 통제하고, 수군은 내가 당연히 총괄하여 통제해야 하는데, 지금 들으니 류정 제독이 수군을 관장하려 한다니, 사실인가?'하기에, 신은 모른다고 대답했습니다. 신이 수군을 거느리고 바다로 내려가서 기회를 틈타 왜적을 섬멸하려 해도 매번 도독에게 중지를 당하니, 걱정스럽기 그지없습니다."고 했다.[748)]

이것은 연합군과의 지휘권에 관계되는 문제를 말한 것이다. 서로가 지휘권을 총괄하려 드는 것으로 류정의 지휘 의도가 사실인지 알 수 없지만, 진린의 지휘 의도를 리순신에게 밝힘으로써 지휘권을 발휘하고 있고, 매번 통제하고 있어 리순신 자신은 제대로 지휘할 수 없음을 보고한 것이다. 어쨌든 융통성 있게 조용히 횟손을 발휘했다.

그리고 진린이 지휘권을 발휘할 의도에서 한 말로 보이듯이, 이미 리순신과 류정과의 관계가 상당히 밀접해 있고, 작전지역도 같은 구역에 있으므로, 남아시아 및 동남아시아 국가의 군사들과도 수륙합동작전으로서 관계가 있음을 알 수 있다.

그 뒤에 리순신은 진린과 함께 노량해전 때에 왜적선 500척에 대하여 우군 211척(=83+128)은 곧 2.5: 1이며, 왜적선이 비록 300척이라고 하더라도 1.5: 1로 우군이 열세한 상태였다. 세력이 비록 우세하더라도 패배하기 일쑨데, 군사적인 열세에도 불구하고 전투마다 승리한다는 것은 절대로 우연이랄 수 없다.

임진왜란 7년의 대미는 1598년 11월 19일의 노량관음포 대첩이다. 이 해전은 자신을 희생시켜 국가를 건진 세계전사의 압도적 대승의 백미이다. 그런데 이 날의 『난중일기』엔 그 내용이 없다. 『조선왕조실

---

748) 『선조실록』 권104 선조31년 9월 임진(10일). "統制使李舜臣馳啓曰 陳都督招臣謂曰 陸兵則劉提督總制 水兵則俺當總制 而今聞劉提督欲管舟師云 是乎. 臣對以不知矣. 臣整齊舟師 雖欲下海 乘機剿賊 每爲提督所抑止 不勝悶慮云."

록』에서 그 날의 상황을 보자.

> 왜적선 100척을 포획하고, 200척을 분멸했으며, 500급을 참수하고, 180여 명을 생포했다. 물에 빠져 죽은 자는 아직까지 떠오르지 않아 그 숫자를 알 수 없다.[749)]
>
> 류정이 순천의 적군의 진영을 다시 공격하고, 통제사 리순신은 수군을 거느리고 그들〔小西行長〕의 구원병을 크게 패퇴시켰는데, 그 바다 가운데서 리순신은 전사하였다. … 왜적선 200여 척을 분멸했으며, 죽이고 노획한 것이 무수하였다. 남해 경계까지 추격해 리순신이 몸소 시석을 무릅쓰고 힘껏 싸우다 날아온 탄환에 가슴을 맞았다. 좌우 참모들이 곁부축하여 장막 속으로 들어가니, 리순신이 "싸움이 지금 한창 급하니, 부디 내가 죽었다는 말을 하지 말라."하고, 말을 마치자 절명하였다. … 리순신의 조카 리완(李莞)이 그의 죽음을 숨기고, 리순신의 명령으로 더욱 급하게 싸움을 독려하니, 군중에서는 알지 못하였다.[750)]

연합군과 함께 왜적선과 싸우다 비록 리순신은 죽었지만, 지휘관인 그가 부재한 상황에서 그의 유언대로 끝내 승리하였다. 그는 일생을 걸고 바랐던 꿈을 실현하고서도 그 결실의 영광을 오히려 고스란히 후손들에게 넘겨주었다. 그래서 유훈적(遺訓的) 훗손이라고 명명하여 보았다. 그 부하들은 리순신이 숨을 거두는 순간에도 그가 남긴 말을 모두 그대로 행하였다.

군사들은 한결같이 리순신의 명령으로 알고 분전하여 크게 이겼다. 이러한 승리의 배경에는 전날의 한밤에 기도의 영험일지도 모를 일이다.

> 11월 18일. 이날 밤 자정에 배 위로 올라가 손을 씻고 무릎을 꿇고, "이 원수를 무찌른다면, 지금 죽어도 여한이 없겠습니다."고 하늘에 빌었

---

749) 『선조실록』 권106 선조31년 11월 을사(24일) "賊船一百隻捕捉 二百隻燒破 斬首五百級 生擒一百八十餘名 溺死者時未浮出 故不知其數."

750) 『선조수정실록』 권32, 선조31년 11월 임오(1일) "劉綎再攻順天賊營 統制使李舜臣 以舟師大敗其救兵 於海中舜臣死 … 焚賊船二百餘艘 殺獲無數 追至南海界 舜臣親犯矢石 力戰有飛丸中其胸 左右扶入帳中 舜臣曰 戰方急 愼勿言我死 言訖而絶. … 舜臣兄子莞秘其死 以舜臣令督戰 益急軍中不知也."

다.[751)]

절실하게 바라고 바라면 반드시 이루어진다고들 한다. 그래서 사람들은 기도를 한다. 기도는 대개 개인의 안위·영화·축복을 기원하는 행위인데, 리순신의 기도는 오직 국가를 위한 지도자·지휘관으로서의 기도였고, 이것이 리순신의 평소에 가졌던 연구보국(捐軀報國)의 신념이요, 의지였다. 또 그런 모습을 보임으로써 부하들을 감동케 했고, 심란한 군중을 하나로 뭉치는 역할을 했다.

조선수군은 칠천량에서의 패전으로 국운까지 패망 직전까지 치달았지만, 그 열악했던 환경에서 명량대첩에 이은 노량대첩은 조선수군의 우수성과 더불어 리순신의 휫손이 참으로 탁월했음을 입증하는 것이었다. 이러한 승리가 있기까지의 과정에서 조명연합작전에서 약간의 피해를 입기도 하였다.

> 10월 2일. 아침 6시쯤에 진군했는데, 우리 수군이 먼저 나가 정오까지 싸워 왜적을 많이 죽였다. 사도첨사(황세득)가 적탄에 맞아 전사하고, 리청일(李淸一)도 죽었다. 제포만호 주희수(朱義壽), 사량만호 김성옥(金聲玉), 해남현감 류형(柳珩), 진도군수 선의문(宣義問), 강진현감 송상보(宋尙甫)가 적탄에 맞았으나 죽지는 않았다.
> 10월 3일. 도독(진린)이 제독 류정의 비밀 서신에 따라 초저녁에 진군하였다. 자정에 이르러 명나라 배〔唐船〕[752)] 사선(沙船) 19척, 호선(唬船) 20여 척이 불에 타니, 도독이 엎어지고 자빠지는 꼴을 이루 말할 수 없다. 안골포 만호 우수(禹壽)는 적탄에 맞았다.

이것은 광주양(光州洋)의 유도(柚島) 해전 상황이다.

이 해전에 참전한 '사선' 등의 배들을 보면, 모두 '강배〔江船〕'이다. 이 '강배'의 특징은 무엇보다도 배 밑바닥이 평평한 평저선(平底船)이다.

---

751) 『리충무공전서』 권9 부록1 行錄 31면. "是夜三更 公於船上 盥水跪 祝于天曰 此讐若除 死卽無憾."

752) 『선조실록』 권105 선조31년 10월 임술(10일) "都元帥 權慄이 馳啓했는데, … 唐船 23척이 坐礁되어 倭賊이 불을 질렀는데, 죽은 자가 많았으며, 살아온 자는 140여 명이었다."

이 증언은 1894~1897년 사이에 중국을 탐험했던 이사벨라 버드 비숍(Isabella Bird Bishop: 1831~1904)이 지은 『양자강을 가로질러 중국을 보다(The Yangtze Valley and Beyond)』(1899)에 그녀가 1897년 3월 7일 사천성의 장강(長江)과 그 샛강 가릉강(嘉陵江) 상류를 지나면서 보았던 글에서 그 단편을 엿볼 수 있다.

> 홍경파현(Sing-king-pa Hsien) 위쪽으로 엄청난 배들이 물 위를 오가는 모습이 눈에 들어왔다. 배는 대부분 밑바닥이 납작한 평저선(flat-bottomed)으로 10~25톤의 화물을 실어 운반했다. … 홍경파현을 오르내리는 수로의 유속도 매우 빨라 운송에 별 어려움이 없었다.[753)]

그리고 앞에서 조명연합군이 10월 2일에는 왜적과 싸워 왜적을 많이 죽였지만, 인적 손실도 입어 2명이 죽고, 5명이 부상을 입었다. 이런 격전을 벌일 수 있었던 것은 리순신이 부하들의 죽음에 가치부여를 했고, 끝까지 그들에게 보상을 해주었기 때문이다.

> 사도첨사 황세득이 탄환에 맞아 죽었다. 황세득은 리순신의 처종형이다. 여러 장수들이 들어가 조문하였더니, 리순신이 말하기를, "황세득은 나랏일로 죽었으니 그 죽음이 영광스럽다."고 했다. 그런데 이때 류정 제독이 나가 싸우지 않기 때문에 격분해 마지않았다.[754)]

우리는 툭하면, "부하는 자신을 알아주는 상관을 위하여 목숨을 바치고, 여자는 자기를 사랑해주는 자를 위해 몸단장한다."는 말을 하는데, 정말 말을 실감케 한다. 이것 옛날 진(晉)나라 예양(豫讓)이 했던 말이다.[755)] 그러니 비단 리순신의 처종형에 한정하여 영광스런 죽음이라고 한 것이 아니라, 모든 사람들에게도 전쟁에서 힘써 싸우다 죽었으면,

---

753) 이사벨라 버드 비숍 지음, 김태성·박종숙 옮김, 앞의 책, p. 345.

754) 『리충무공전서』 권9 부록1 行錄 28~29면. "十一月初二日 … 蛇渡僉使黃世得中丸而死世得公之妻從兄也諸將入弔公曰世得死於王事其死也榮劉提督不肯進鬪都督憤怒不已."

755) 『史記』 卷86 刺客列傳 第26; 林東錫 譯解, 『人生秘策』(서울: 고려원, 1991 3版), p. 34. "豫讓曰 士爲知己者死 女爲說己者容."

그들의 죽음 또한 영광스럽다는 것을 말했던 것이었으니, 리순신을 따른 사람들은 어느 누구도 목숨을 아낄 리가 없었던 것이다.

그리고 10월 3일에 있었던 중국군 피해의 원인은 그 지휘관의 지휘 능력, 즉 리더십 부족이었음을 리순신은 지적하고 있다.

> 11월(10월) 3일. 리순신과 도독이 군사를 내보내어 한창 싸우는데 리순신은 조수가 물러가는 것을 보고 도독(진린)에게 잠깐 배를 돌리도록 했으나, 도독은 듣지 않더니, 사선 19척이 얕은 바닥에 얹히어 왜적에게 포위되고 말았다. 그러나 리순신은 그것을 그냥 보고 있을 수 없다면서, 배 7척을 내어 무기와 군사들을 많이 싣고 장수를 곧 보내며 경계하되, "왜적들이 우리 배가 얕은 바닥에 얹히는 것을 보기만 하면 반드시 기회로 잡아 한꺼번에 빼으려고 할 것이다. 그러니 너희들은 다만 힘써 싸우기는 하되 탈없이 하고, 조수를 보아서 곧 돌아오라."고 하였다. 우리 7척의 배는 한결같이 그 명령대로 하여 온전히 다 돌아왔지만, 사선들은 몽땅 가라앉고 말았다.[756)]

뱃사람에겐 저수심(低水深)은 조심해야 할 가장 위험한 요소이며, 이것은 배의 이동에 막대한 영향을 미치므로, 조수(潮水)는 기본 상식이다. 만약 이것을 조금이라도 소홀히 하면 평소에도 좌초되는 일이 종종 있는데, 전투와 같은 매우 급박한 상황에서는 이런 환경을 깜빡 잊고 적절히 대응하지 못하는 경우가 있으므로, 무결점의 작전은 결코 쉬운 일이 아니다.

여기서 리순신은 진린 도독에게 기동방법을 건의했으나, 듣지 않았기 때문에 그들의 사선·호선이 39척이나 좌초되고, 왜적에 의해 불에 타는 손실을 입었다. 여기에서도 보듯이, 리순신은 진실로 해양 전문가요, 탁월한 전략가·전술가였던 것임을 알 수 있다.

---

756) 『리충무공전서』 권9 부록1 行錄 29면. "十一月初三日公及都督遣兵酣戰公見潮退姑令都督回舟都督不聽沙船十九果挂於淺灣爲賊所圍公謂不可坐視發七船多載戰具及武士擇將送之戒曰賊見挂舟必欲乘機并取汝等但力戰自保潮至卽還七船一如公命遂以全歸沙船盡被剿滅."

(4) 우리 모두의 총력전략: 결전전략을 수행

리순신은 해전을 거듭해가면서 전략적 사상이 발전되었다고 할 수 있다.

왜적에 대한 조정에서의 입장은 "한 척도 돌아가지 못하게 하라[使隻輪不返]"고[757] 말한 것에서도 알 수 있듯이 결전의 의미가 강하다. 그래서 전쟁 3년째 접어든 1594년 3월에는 리순신이 "이미 수륙 합공(水陸合攻)으로 남아 있는 흉악한 왜적들을 한 척도 돌아가지 못하게 하여 나라의 원수를 갚고자 합니다."[758]고 하였으므로, 리순신은 이미 한 척도 돌려보내지 않을 작정을 했던 것임을 알 수 있다.

한 척도 돌려보내지 않겠다는 리순신의 전술은 선제기습공격으로 이루어지는 경우가 많았다. 그런데 리순신은 무엇보다도 왜적선이 있다는 포구(浦口)마다 찾아다니면서 바다로 나오지 않으면 유인을 해서라도 공격함으로써 일본수군의 전의를 아예 꺾어버리는 전법을 썼다.

리순신이 거북함을 이용하여 승리하였다는 전략의 적중은 전략가 키랄피(Kiralfy)의 평가에서 알 수 있다.

> 원래 육상의 인간이었던 풍신수길은 이 재액이 육군에 의한 것이 아니라, 함대의 실패에 의한 것이라 하여 육상과 해상의 그의 병력이 서로 지원하지 않았다고 말함으로써 일본전략의 육·해 양용의 성격을 밝혔다. 이 쓰디쓴 교훈이 일본인에게 가르친 것은 그들의 해군이론을 개정한 것이 아니고, 육상전투의 성공을 얻기 위해 시간의 낭비를 피하려는 어떤 수단을 빠뜨려서는 안 된다는 것이었다. 첫 침략 때에 한국에서 만약 거북함이 발명되지 않았다면, 황해의 북해안에 무적의 조선과 명나라의 군함이 있었다 하더라도, 이 작전은 성공했을 것이 틀림없다.[759]

---

757) 『리충무공전서』 권3 장계1에는 「分送義僧把守要害狀」 이며, 『임진장초』 장18에는 계사년(1593) 1월 26일에 발송하였다.

758) 『리충무공전서』 권4 장계16 「陳倭情狀」. "水陸合攻 使殘兇餘孽 隻櫓不反 擬雪國家讐怨."

759) Alexander Kiralfy, 「日本海軍戰略」 『新戰略思想史』 (서울: 麒麟苑, 1980), p. 493.

이 말은 곧 리순신이 당시에 어느 누구도 생각하지 못했던 최첨단무기인 거북함을 만들어서 운용하였기 때문에 일본군을 이길 수 있었다는 것이다. 역시 거북함의 위력이 있었다는 것을 말한 것이다.

리순신은 우선 적의 사기를 꺾어야 한다고 생각하고, 그 많은 왜적선을 당해낼 수 있는 것은 언제나 결전전략이라고 판단한 듯하다. 그런 결전을 위해서는 전비태세를 확립하는 것이었다.

리순신은 적군의 많고 적음에 따라 취하는 조치가 달랐다. 그가 경상도로 출전하러 갈 때에 왜적을 쳐부술 각오가 어떠했는가?

리순신도 사람이다. 어찌 두려움이 없었겠는가? 그런 두려움은 지혜와 용기로써 극복했을 것이다. 왜냐하면 그 첫마디가 숫적인 면에서 왜적선이 500여 척이라고 밝혀 놓았기 때문이다. 대번에 싸우려 들 수가 없다는 태도였다. 그래서 먼저 해야 할 일은 왜적의 사기를 꺾어놓는 것이었다. 그 방법은 곧 우리 수군의 위세를 당당히 가지는 것이었다. 두려움을 가지게 한다는 것은 전쟁의지를 사전에 꺾어놓는다는 것이다. 병법으로 따진다면 이 방법이 싸우지 않고도 이기는 최선의 방법이기 때문이다. 왜적선에게 두려움을 줄 수 있는 것은 새로운 무기체계의 위력을 보여서 간담을 써늘하게 해놓는 것이었다. 그것이 곧 거북함이다.

리순신의 결전의 의미가 어떻게 담겨 있는지를 보자.

> 매양 여러 장수들과 함께 계책을 논의하고, 의논을 채택하여 전선을 갑절이나 더 만들고, 연해의 괄장군(括壯軍)들을 남김없이 뽑아내어 사부와 격군을 정비하여, 1월부터는 세력을 합세하고 부(部: 전부·좌부·우부·중부·후부)로 나누어 곧장 부산 바다로 가서 길을 끊어서 맹세코 죽음으로써 한번 결전하겠다는 내용을 낱낱이 적어 장계하였습니다.[760)]

이 사료는 1593년 12월 29일에 올린 장계의 내용이다. 이 시기는 전쟁을 치른 지 한 해가 지나가고 있다. 그래서 새해 1월부터 세력을 다

---

760) 『리충무공전서』 권3 장계42 「請沿海軍兵糧器勿令遞移狀」 및 『임진장초』 장57. "每與諸將 論謀採議爲白乎旀 戰船倍數加造 沿海括壯軍 無遺抄發 射格軍整齊 正月爲始 合勢分部 直截釜山之海 誓死一決爲白良結 枚擧論啓爲白有如乎."

시 합하여 다시 편성하고서 바다로 나가 '결전'하겠다고 했던 것이다. 리순신의 기본 전략은 곧 결전전략임을 알 수 있다.

> 8월 초에 거느리고서 이 지방에서 나가도록 지휘를 이어받아 죽음으로써 결전했더니, 군량과 군기가 거의 경상도에서 다 써버렸습니다. 다시 나가 싸우고, 또 운반할 것이 염려되어 난감하기만 합니다.[761)]

이 사료는 『초서체 난중일기』 속에만 있는 글인데, 그것도 1593년 2월 이전에 있는 글이므로, 여기서의 8월이라는 말은 1592년 8월 말을 의미하며, 장림포 해전을 비롯하여 부산포 일대에서 있었던 해전을 말한다. 이때는 이미 한산대첩의 영향으로 일본수군은 겁에 질리어 바다로 나와서 싸우려 하지 않고 있었다.

그때에도 리순신은 결전을 했음을 강조하고 있다. 그 결전의 선도함은 거북함이었다.

여기서 우리는 리순신이 거북함을 어떻게 운용하였는지를 가장 선명하게 알 수 있다.

첫째, 거북함을 어떤 전투함〔戰船〕보다도 앞장서게 한다.

둘째, 거북함의 임무는 돌격함이다.

셋째, 미르 아가리〔龍口〕에서 총통으로 철환을 치켜 쏜다.

넷째, 다른 전선은 거북함의 뒤를 이어서 공격을 퍼붓는다.

다섯째, 전략의 기본은 결전(決戰)이다.

리순신은 거북함의 상징적 역할과 더불어 펼치는 전략은 매우 다양하다. 그 가운데서 일본군이 대개 수륙병진으로 기습공격을 해왔다고 했지만, 리순신은 그들을 쳐부수는데 수륙합동공격 작전을 수행한 것이 매우 특이하며, 제2차 세계대전의 노르망디 상륙작전이 있기 350여 년 전에 이미 리순신은 상륙작전을 수행하고 있었다. 전략적·전술적 탁월한 식견이었다.

---

761) 이 글들은 현존 『초서체 진중일기』의 1592년(임진) 8월 28일 뒤부터 1593년(계사) 2월 1일 사이에 다섯 장에 걸쳐 적혀 있는 글이다. "欲於八月〔間〕初 擧率馳進于使道前 承受指揮 以死決戰 而軍粮軍器 幾盡於慶尙再赴之戰 又有難運之慮."

> 대개 수륙으로 적을 치는 것이 모두 급한데, 근일에 와서는 의논이 분분하여 수군의 방책에 있어서는 열 가지 중에서 한 가지도 실시되지 못하니, 난리가 일어난 지 수년 동안 백방으로 계획이 처음부터 끝까지 한결같이 품은 소원이 도리어 허사로 돌아갔습니다. 저와 같은 못난이는 만 번 죽어도 달게 받겠으나, 당장 나라가 다시 만들어지는 날에 있어서 전혀 어름어름 넘기기로만 하여 이 지경에까지 이르렀으니, 뒷날에 후회한들 무슨 소용이 있겠습니까. 자나깨나 생각해 보아도 어찌할 바를 알지 못하여 원통하고 민망함이 그지없습니다.[762)]

이 사료는 리순신이 1593년 윤11월 17일에 보고한 '연해안의 군병기를 수군에게 전속시켜 줄 것을 청하는 장계'에 적힌 글이다.

이 글에서 보듯이 수군으로써 왜적을 무찔러야 하겠는데, 조정에서는 수군에 관하여 적극적으로 지원해주지 않기 때문에 결전전략으로 왜적을 소탕하겠다는 국방의지가 헛되게 돌아갈 것만 같다는 말이다.

(5) 비전의 만전전략: 길목차단 전략을 수행

전략은 싸워서 이기기 위한 수단과 방법의 집합이다. 그 집합된 선택의 의사결정은 매우 중요하다. 리순신은 언제나 싸워서 이길 수 있다는 확신이 섰을 때에 출동하여 대첩을 거두었다. 리순신과 함께 한 사람들의 기대가 자신이 안전할 수 있다는 것과 해낼 수 있다는 신념과 신뢰에서 희망을 걸었다. 그 몇 가지의 선택을 보자.

- **한산도로 전진배치하다**

리순신이 수행한 해전을 보면, 함대봉쇄전략은 쓰지 않았다. 주요

---

762)『리충무공전서』권3 장계2「請緣海軍兵糧器全屬舟師狀」."大槩水陸討賊 俱是急務 而近日以來論議紛紜 舟師策應凡百措事十未一施 變生數載百爾經營 終始如一之 願反歸虛地如臣駑劣萬死不固甘當國歌再造之日 全務姑息於此 噬臍決難追及 寤寐思惟不知所爲痛悶無極."

항만에 전함(戰艦)을 배치하여 봉쇄함으로써 적의 기동을 제한하는 것은 참으로 훌륭한 전략이지만, 리순신이 아무리 훌륭하다고 할지라도 400여 년 전의 사상으로는 미치지 못하였던 것 같다. 이 함대봉쇄전략은 문명의 발달에 따라 전략의 발전으로 볼 수 있을 것이다.

그러나 이 봉쇄전략에서 한 걸음 나아가면, 그 한 방편으로서 길목차단전략이 수행된다. 길목이란 곧 하나의 관문(關門)이고, Choke point다. 지브롤터 해협이라든지, 파나마 운하라든지, 베링 해협이라는 것 등등은 좁은 수로로서 모두 '길목'이 된다.

이런 사고에서 보듯이, 리순신은 이미 길목차단 전략을 수행하고 있었다. 무엇보다도 그가 해양전략 사상가로서의 으뜸가는 혜안(慧眼)을 가진 분이라고 볼 수 있는 표현은 우리나라를 하나의 대륙으로서만 본 것이 아니라, 더 넓은 바다를 알았다는 것이다.

> 호남은 나라의 울타리라, 만일 호남이 없으면, 그대로 나라가 없어지는 것입니다. 그래서 어제 진을 한산도로 옮겨 치고 바닷길을 가로막을 계획입니다.[763)]

리순신은 전략적 가치가 있는 지역을 호남으로 보았던 모양이다. 이것은 리순신이 1593년 7월 16일 지평(持平: 사헌부의 정5품) 현덕승(玄德升: 리순신보다 19살 어리다)에게 보낸 편지의 내용이며, 『난중일기』에도 계사년 7월 14일에 "한산도 둘포(頭乙浦)로 옮겼다."고 했다. 이것은 전라좌수사로서 전투를 지휘하는 과정에서 전략적 사고가 발전되었음을 말해준다. 곧 지리적 이점을 최대로 고려한 전략가적 주장이다. 현대적 용어로는 해상봉쇄전략이라 할 만하다.

그리고 리순신의 휘하에서 능력을 발휘했던 해남 현감 류형이 당시에 "수군을 잃고 보면, 호서(湖西)와 호남(湖南)을 막아낼 수가 없을 것이니, 이렇게 되면 경기(京畿)도 지킬 수가 없다."고[764)] 한 말도 평소

---

763) 『리충무공전서』 권15, 補遺(1). "湖南國家之保障 若無湖南 是無國家 是以昨日進陣于閑山島 以爲遮按海路之計耳."

764) 『晉陽忠義世編附 石譚遺稿』(晉陽柳氏大宗會, 1976), p. 66. "忠景柳公珩諡狀: … 失舟師 無以遏兩湖 是無京畿也."

리순신의 전략사상을 담은 것이다.

그러나 한산도로 전진배치한 것을 봉쇄전략이라고 할 수 없다. 그것은 적군이 이동해갈 수 있는 수로에 단순히 군사기지로써 운용된 것이므로, 하나의 길목차단 전략에 해당된다.

그래서 리순신의 전략의 발상은 전진배치이면서 길목에서 적의 진로를 막는다는 것이다. 매우 탁월한 착상이 아닐 수 없다. 삼도수군을 통제할 수 있는 기지를 한산도로 옮기고자 한 이유는 그 한산도가 전략적으로 요충지라는 것이다.

리분이 쓴 『행록』에는 이렇게 그 이유를 밝히고 있다.

> 1593년 7월 15일 충무공은 본영이 전라도에 치우쳐 있기 때문에 해상을 막고, 지휘하기가 어려우므로 마침내 진을 한산도로 옮기기를 청하여 조정에서도 이를 허가하셨습니다. 그 섬은 거제도 남쪽 30리에 있는데 산이 바다 구비를 둘러싸서 안에서는 배를 감출 수 있고, 밖에서는 그 속을 들여다볼 수 없으며, 또 왜선들이 전라도를 침범하려면 이 길을 거치게 되는 곳이므로 충무공이 늘 승리를 이룰 수 있는 곳이라고 하더니 이때 이곳으로 와서 진을 치게 된 것입니다.[765)]

리순신은 나라를 보전할 수 있는 호남으로 가는 길목인 한산도를 요충지라고 생각한 만큼, 한산도 앞바다는 왜적선 60여 척과 싸워 그 배들을 모두 침몰시킨 그야말로 대승전을 한 곳이기도 했다.

> 저의 어리석은 생각으로는 오늘날 왜적의 세력이 이처럼 덤비게 된 것은 모두 바다에서 막아내지를 못하고, 적으로 하여금 방자하게 상륙하게 하였기 때문입니다.
>
> 경상도 연해안 고을에는 깊은 참호와 성의 견고한 곳이 많은데, 성을 지키던 군졸들이 비겁하게 소문만 듣고 간담이 떨려 모두 도망갈 생각만 품었기 때문에 적들이 포위하면 반드시 함락되어 온전한 성이라고는 하나도 없는 것입니다. 지난번 부산 및 동래의 연해안 여러 장수들이 배들

765) 『리충무공전서』 권9 부록1 行錄 15면. “七月十五日 公以本營 僻在湖南 難於控制 遂請移陣於閑山島 朝廷從之 島在巨濟南三十里 一山包海曲內可以藏船 外不得以窺中 而倭船之欲犯湖南者 必由是路 公每以爲形勝之地也. 至是來陣.”

> 을 강하게 정비하여, 바다에 가득 진을 벌려 엄격한 위세를 보이면서 정세를 보고 힘을 헤아려 병법대로 진퇴하여 적을 육지로 기어오르지 못하게 했더라면, 나라를 욕되게 한 환란이 반드시 이런 극도에까지 이르지 않았을 것입니다. 생각이 이에 미치니 분함을 참을 수 없습니다.[766)]

이 글을 보고 알 수 있듯이 역시 리순신은 바다의 섭리를 잘 알고 있었던 사람이다. 우리나라 땅에 왜놈들이 발을 디뎌놓고 흉한 짓거리를 하게 한 것은 우리가 그들을 그렇게 하도록 막아내지 못하였기 때문이라고 하였다. 내 땅을 내가 제대로 잘 지켰어야 했다는 지적을 한 것이다.

이러한 전략적 사고는 하루아침에 정립된 것이 아니다. 왜적이 쳐들어 왔을 적에 그들을 무찌르고자, 리순신이 처음으로 출동하러 가기 직전에 보고한 내용을 보더라도, 이미 그때부터 싹트고 있었다고 보아야 할 것이다.

> 적들의 돌아갈 길목을 막아 끊어서 배들을 쳐부순다면, 적들이 후방을 염려하여, 바로 후퇴할 생각을 가질 수도 있을 듯하여, 오늘 5월 4일 첫 닭이 울 때에 출항하여 바로 경상도로 향합니다.[767)]

역시 바다의 길목이란 쳐들어올 때나 되돌아갈 때나 같은 길임을 생각할 때, 그 길목을 점령한다는 것은 훌륭한 전략이다. 리순신은 이미 임진왜란 초기부터 길목을 차단하는 전략적 해양사상을 가지고 있었던 것이다.

> 지난 6월 15일 창원에 있던 왜적이 함안으로 돌입한 뒤, 16일에 무려 800여 척이나 되어 부산과 김해에서 웅천・제포・안골포 등지로 옮기었

---

766) 『리충무공전서』 권2 장계1, 「赴援慶尙道狀(2)」. "臣之妄意 今之賊勢憑凌 皆出於不如水戰 使賊恣意登陸 而慶尙沿海郡縣必多深溝高壘之險 守成怮卒聞聲慄膽 咸懷奔潰之心 圍則必陷一無得全之城 向使釜山東萊沿海諸將 盛理舟楫蔽海列鎭揚示掩擊之威 相勢度力 進退有方 使不得攀緣陸路 則辱國之患 必不至於此極言念及此感慨激切."

767) 『리충무공전서』 권2 장계1 「赴援慶尙道狀(3)」. "要截其歸路撞破其船 則庶有顧忌直還之慮 今五月初四日鷄初鳴發船直向同道."

습니다. 그 밖에도 왕래하는 배들이 얼마인지 그 수를 알지 못하는데, 적이 수륙으로 함께 날뛰는 것이 서쪽으로 침범할 기색이 현저하므로, 리억기 및 원균 등과 함께 온갖 방책을 의논한 끝에 적의 길목인 견내량과 한산도 바다 가운데를 가로막아 진을 벌렸습니다.…
지난 6월 26일 선봉 적선 10여 척이 바로 견내량으로 향하여 오다가 우리들의 복병선에 쫓겨가고는 다시 나오지 않는데, 반드시 우리 군사를 유인하여 좌우와 뒤를 에워쌀 계책이었습니다. 저의 생각으로는 길목〔要路〕을 굳게 지켜 편안히 있다가 피로해진 적을 기다려서 먼저 선봉을 쳐부순다면, 비록 백만의 적이라도 기운을 잃고, 마음이 좌절되어 도망치기에 바쁠 것으로 보았습니다. 또한 한산 바다는 작년에 대적이 섬멸당한 곳이므로, 이곳에 진을 치고서 그들이 움직여 한마음으로 협력하여 치기로 죽기로써 맹세하였습니다.[768)]

이 사료는 1593년 7월 1일에 보고한 것으로서, 견내량의 전략적 가치를 다시 한 번 강조한 것이다. 더구나 견내량으로 통과하는 한산도 앞바다에는 1년 전 1592년 7월에 조선수군은 대첩을 하고 일본군은 대패를 한 곳이기에 정신적으로도 이미 리순신이 지휘한 조선수군이 우세한 전략을 구사했던 것이다.

이 역시 바다이기에 가능한 전략이기도 하다.

• 수중철색을 설치하다

리순신은 세력의 숫적인 면에서는 열세했던 때도 있었지만, 전장환경의 활용 측면에서는 언제나 우세한 입장에 서서 싸워 이겼다.

신의 어리석은 생각으로는 적을 막는 대책에서 수군으로써 작전하지 않

768) 『壬辰狀草』 狀33 「逐倭船狀」. "去六月十五日 昌原之賊 移突咸安之後 十六日 水路賊船 無慮八百餘隻 自釜山金海移泊于熊川薺浦安骨浦等處 其他往來船隻 不知其數是白在如中 水陸俱擧 顯有西犯之意乙仍于 擧李億祺元均等 百爾籌策 賊路要衝是白在見乃梁閑山島洋中 把截列陣爲白有如乎 …去六月二十六日 先鋒賊船十有餘隻 直向見乃梁爲白如可 爲臣等伏兵船被逐 更不出來爲白去等 必其誘引我師 左右繞後之計是白在果 臣等之意 堅守要路 以逸待勞 先破先鋒爲白在如中 數百萬之衆 氣喪心挫 退屯無暇叱分不諭 同閑山一海段 前歲大賊 就殲之地是白乎等用良 屯兵此地 以待其動 同心挾攻次以 決死誓約爲白齊."

> 고서 왜적을 따라 나아가거나 물러나더라도, 오로지 육전에만 힘을 다하여 성을 지켰기 때문에 나라의 수백 년 기업(基業)이 하루아침에 왜적의 소굴로 변해버린 것입니다. 생각이 이에 미치니 목이 메어 말을 할 수 없습니다. 왜적이 만약 배를 타고 본도(전라도)로 침범해 온다면, 신이 해전으로써 목숨을 바쳐 이들을 맡아내겠습니다.[769)]

특히 전투결과보고인 장계에서의 이 말은 곧 해상을 제패해야 왜적을 막을 수 있고 나라를 보전할 수 있다는 근대적 해군전략사상을 가지고 있었음을 보여주는 것이다.

"육지를 보전하기 위해서는 바다를 지켜야 한다."는 말의 반대는 바다를 지켜야만 육지, 곧 나라를 보전할 수 있다는 말이다. 바다를 지키기 위해서는 수군(인역·장비·물자·시설 등등)을 가벼이 여겨서는 안 된다는 것이다.

리순신은 그런 전략의 하나로서 수로에 장애물 - 수중철색을 설치하여 적선의 행동을 막거나 부자유스럽게 했다. 그 실례는 임진왜란이 일어나기 전에 여수[770)] 앞바다에 수중철색을 설치했을 뿐 아니라, 전쟁 중에는 시간이 매우 긴박함에도 명량수로[771)]에서 수중철색을 비스듬히 가로질러 설치함으로써 왜적선의 이동을 가로막으면서 크게 무찌를 수 있었던 것이다.

바다에서 일어나는 일은 반드시 바다에서 처리해야 한다는 말은 참으로 당연한 말이다. 그럼에도 불구하고 현실은 그렇지 않았다. 이 말은 임진왜란 초기에 왜적들이 바다에서 육지로 올라오지 못하게 하고,

---

769) 『리충무공전서』 권2 장계9 「玉浦破倭兵狀」 및 『임진장초』 장7 「初度玉浦勝捷啓本」. "臣之妄意 禦敵之策 不以舟師 作綜進退 而全務陸戰守城之備 使國家數百年基業 一朝變成賊藪 言念及此 哽塞無語 賊若乘船 移犯本道 則臣願以水戰 決死當之."

770) 이 '여수'는 리순신이 있었던 '고소대(姑蘇臺)'를 빼놓을 수 없으니, 이곳은 강소성 오현(吳縣) 서남쪽 고소산(姑蘇山) 위에 있다.〔중국고금지명대사전, p. 445〕 태호(太湖) 동쪽이다. 한반도에는 '고소산'이 없다.

771) 이 '명량'은 '明梁·鳴梁', '蔚島·熨斗(울두)'이라 하고, '울두목'은 대개 '鳴梁項'으로 쓴다. 『택리지』에서는 수중철색을 쓴 곳이 '삼지원(三枝院)'이라고 했다. 그런데 장강의 호북성 형주와 의창 사이의 '지강현(枝江縣)'이 있고, 여기에 '울두홍(熨斗谼)·울두파(熨斗陂)'가 있다. 〔枝〕가 같고 소리 〔울두〕가 같으며, '項'〔목/보〕은 '谼'〔큰골자기(大壑)〕, '陂'〔보〕와 그 뜻이나 소리 〔항/홍〕이 비슷하다. 이 지역엔 고사성어 '鐵鎖橫江'이란 말이 있다.

그 바다에서 무찔러 없앴더라면, 육지에서의 그런 불행한 일을 겪지 않았을 것이라는 점을 리순신이 임금에게 간접적으로 꾸짖어준 것이다.

> 저의 어리석은 생각으로는 적을 막는 방책에 있어서 수군이 작전을 하지 않고, 오직 육전에서 성을 지키는 방비에만 전력하였기 때문에 나라의 수백년 기업(基業)이 하루아침에 적의 소굴로 번지게 된 것입니다. 생각이 이에 미치니 목이 메어 말이 나오지 않습니다. 적이 만약 뱃길로 본도(전라도)를 침범해 온다면, 제가 해전으로써 결사적으로 담당하겠으나, 육지로 침범해 오면, 본도의 장사들은 싸움말이 한 필도 없어서 대응할 도리가 없습니다.[772)]

이 사료 또한 바다를 지켰더라면 국가의 수백년 기업을 온전히 지킬 수 있었을 것을 육전에만 힘쓰고 바다에 관해서는 관심 밖이었기 때문에 일어난 결과라고 지적하고 있다. 그리고 왜적의 상륙에 대비하여 육전을 하지 않을 수 없는 처지가 되었을 때 어떻게 해야 할 것인지에 대해서도 그 방책을 말하고 있다.

이때의 조선수군은 왜적보다 약간 앞질러갔고, 일본수군은 바싹 뒤따라 왔으니, 마치 숨바꼭질하듯 한 치 앞을 알 수 없는 긴장의 연속이었다. 그런 가운데서도 리순신은 왜적과 싸워 이길 방법을 강구해 나갔다.

> 공(리순신)은 수영에 계실 때에 왜적이 반드시 들어올 것을 알고 본영과 소속 포구에 있는 무기들과 기계들을 모조리 보수하고 또 쇠사슬을 만들어 앞바다를 가로막았다.[773)]
>
> 1597년 8월 18일. 리공(리순신)이 말하기를, "공(김억추)은 쇠사슬과 쇠갈고리로써 저 적선들을 깨뜨리시오! 명량은 물살이 본디 세차고, 진도

---

772) 『리충무공전서』 권2 장계1 「玉浦破倭兵狀」. "臣之妄意 禦敵之策 不以舟師 作綜進退 而全務陸戰 守成之備使 國歌數百年基業 一朝變成 賊藪言念及此 哽塞無語 賊若乘船 移犯本道 則臣願以水戰決死當之 而陸路移犯 則本道壯士 一無戰馬 策應末由."

773) 『리충무공전서』 권9, 부록1 行錄 8면. "公在水營 知倭寇必來 本營及屬鎭戰具 無不修補 造鐵鎖橫截於前洋"

> 어름에 오가는 길이가 60자 너비이니, 물 속 암반에 구멍을 뚫어 쇠갈고리를 걸어 맬 수 있을 것이오."라 했다.[774)]

> 명량은 전라우수영에서 3리(=1134m) 되는 곳에 있는데, 물살이 매우 세차고 물결소리가 요란하며, 양쪽 물가에 돌산이 서 있는데, 항구가 매우 좁다. 공(리순신)은 철색으로 물 가운데로 가로 걸었는데, 마치 항아리 모가지 같았다. 왜적선이 여기 닿으면 철색에 걸려 엎어 넘어진 자가 헤아릴 수 없이 많았다.[775)]

이 명량수로의 전투는 자연환경의 특성을 이용하여 리순신 자신의 특유의 전술적 지식으로 승리하여 상승효과를 거둔 대표적 사례다.

이 기록이 비록 『난중일기』에 나온 것은 아니고, 비록 후대의 사료이기도 하여, 위의 두 내용에는 신빙성이 좀 떨어진다. 또 수중철색의 설치에 부정적인 견해도[776)] 있긴 하지만, 그 기록자(리분·김억추 후손)는 정유재란 당시에 참전했던 사람들이기도 하고, 또 긍정적으로 재검토할 필요가 있다고 보는 견해도[777)] 있으므로, 수중철색의 설치 문제는 매우 의미있는 것으로 볼 수 있다.

또 하나의 부정적 견해로는 명량수로가 비록 좁다지만, 조류의 속도가 너무 빠르고 세기 때문에 배로써 건널 수가 없다는 것이다. 그러나

---

774) 『顯武公實紀』 卷2 行術,(光州: 錦江閣, 檀紀4303年), p. 85. "李公 … 謂公曰 公可以鐵鎖鐵鉤 破彼賊船 鳴梁水勢素急 珍島境 往來步數六十尺廣 可於水中層岩 橫穴掛鉤着之."

775) 위의 책, p. 104. "鳴梁在水營三里之地 而水勢悍急 波聲轟殷 兩邊石山 簇立 港口甚狹 公以鐵索 橫截於水中 如壺之項 賊船到此 掛索倒伏者 不知其數."

776) 李敏雄, 『壬辰倭亂 海戰史 硏究』(서울大學敎大學院 博士學位論文, 2002), pp. 156~158. "鳴梁海戰 전까지 철쇄가 가설되었을 가능성은 적다고 생각된다. … 李重煥의 《擇里志》… 김억추의 후손들이 20세기 초에 펴낸 《顯武公實記》… 등 후자는 최근에 만들어진 傳記로써 철쇄가설을 증명할만한 史料는 아니라고 판단된다."
임원빈, "명량해전 승리요인의 재조명"『세계화시대, 이순신 리더십을 생각한다』(순천향대학교 이순신연구소, 2008), p. 83. "'철쇄설치설'의 유력한 근거자료로 제시되는 이중환의 『택리지』와 『해남현지』는 1750년 전후의 자료로써 각 지방에 구전되어 오는 이야기를 채집하여 엮어낸 것이기 때문에 역사적 사실을 규명하는 자료로 사용하기에는 문제가 있다. … 또 다른 자료인 『현무공실기』는 1914년 김억추의 후손들이 펴낸 것이다. … 역사적 사실을 규명하는 자료로 채택하기에는 무리가 있다."

777) 趙湲來, 「壬亂海戰의 勝因과 全羅沿海民의 抗戰」 『鳴梁大捷의 再照明』(해남문화원, 1987), pp. 83~84.

이것은 한반도의 지리적 조건에 맞추어진 것이고, 또 유속이 세기 때문에 오히려 더 쉽다는 사실을 알아야 한다. 밧줄을 배 안에 사려 놓을 때에 가장 가늘고 가벼운 것을 맨 위에 두어 조류에 따라 키를 쓰기만 하면 반대쪽 언덕에 닿을 수 있다. 그리고 조류 방향이 바뀔 때에 목표한 수중철색을 설치할 위치까지 오게 하면 되는 것이다. 가능하다고 생각하는 사람은 아무리 어려울지라도 언제나 가능한 방법을 강구해낼 것이며, 그렇게 하여 성공할 것이다.

수중철쇄 설치에 대한 그 가능성이나, 후대 기록의 문헌에 대한 가치로써 부정적 견해를 제기하지만, 리순신 자신이 이미 『난중일기』에 몇 차례의 철쇄에 관해 언급한 바 있고, 전투결과 보고서〔장계〕에는 이미 남아 있지도 않고 『선조실록』에만 뒤늦게 적힌 것이라든지, 단지 그 날의 『난중일기』에 기록이 빠졌을 수도 없지 않을 것이다. 당시의 기록이 없다고 해서 력사적 사실을 규명하는 일에 배제될 수는 없으며, 비록 후대의 글일지라도, 승전요인을 탐구하고, 력사적 사실을 규명해내는 데 결정적 역할을 하는 것이면 증빙자료로서 충분한 가치가 있는 것이다.

이러한 력사적 사실을 규명해내는 과정에서 해석과 증빙자료의 중요성을 비교할 수 있는 한 가지를 본다면, 개빈 멘지스(Gavin Menzies: 1937～)의 『The Year China Discovered the World 1421 중국, 세계를 발견하다』(2002) 속의 정화(鄭和)함대의 세계일주 항해가 유럽의 콜럼버스의 아메리카 발견보다 71년 앞섰다는 사실의 입증이 그렇다. 정화는 일기를 남기지 않았지만, 『명사(明史)』 권304 열전192 환관1 정화에 단 2페이지의 글로 남아 있을 뿐이고, 원정에 동행했던 력사가 마환(馬歡)의 일기 『영애승람(瀛涯勝覽)』으로 그런 사실을 인정하고 있으며, 그 당시보다 80년 이상이나 지난 시기의 지도로서 1502년의 칸티노 세계지도, 1507년의 발트제뮐러 지도, 1513년의 피리 레이스 지도, 1542년의 진 로츠 세계지도 등등을 근거 자료로 제시하면서 결론으로 이끈 말에 우리는 주의할 필요가 있다.

그 뛰어난 중국인 제독들은 디아스보다 60년 먼저 희망봉을 회항했으며, 마젤란보다 98년 앞서 마젤란해협을 통과했고, 쿡 선장보다 300년 먼저 호주를 탐사했고, 남극과 북극은 최초의 유럽인보다 400년 앞서, 아메리카는 콜럼버스보다 70여 년 먼저 탐사했다. 위대한 제독 정화와 홍보, 주만, 주문, 양경은 기억해 기릴 만한 가치가 있는 인물들이다.[778)]

그래서 력사적 사실과 그 가치는 단순한 당시의 기록만으로 평가할 수 없으며, 그런 사실을 입증하기 위하여 다방면에서 끊임없이 창의적으로 발굴하는 노력을 해야 한다. 리순신의 명량해전의 승전 요인의 문제도 마찬가지다. 그러므로 명량해전의 승리의 수단으로써 쇠줄을 설치하지 않고서는 도저히 그 많은 적선들을 감당해낼 수 없는 것이 명량해전이라고 그 사용의 가능성을 강하게 주장한 바가 있다.

우리가 반드시 알고 넘어가야 할 것이 있다. 똑같은 세력, 똑같은 전투함, 똑같은 삼도수군의 부하들에 단지 그 지휘관만이 바뀐 상태에서 원균은 칠천량에서 패배했고, 리순신은 그 패배한 패잔선 12척으로 그것도 60일, 그가 아픈 날, 비바람의 나쁜 날씨 10일을 빼면 겨우 50일만에 전투능력을 강화시켜 명량해전에서 대첩을 이룬 것이다. 이것은 "판옥선의 막강한 능력, 좁은 수로의 지형지물의 이용, 필승의 신념"만으로써는 결코 풀리지 않는 수수께끼일 따름이다.

이런 실제 작전은 옛날에도 많았으며, 이미 『진서(晉書)』(王濬傳)에 보이듯이, 옛날부터 횡절(橫截)이니, 철쇄횡강(鐵鎖橫江)이니, 횡단강로(橫斷江路)라 하여 장강(長江: 大江)의 중류 강릉(江陵)이나, 파촉(巴蜀: 사천성)을 흐르는 강의 언덕에서 가로질러 물 속에 쇠사슬을 걸어놓고 적군의 배들이 건너가는 것을 막았던 력사적 사실이 그 가능성을 뒷받침해주고 있고, 또 거기에는 '울돌목'이 있다.

그리고 리순신은 이길 수 없을 때에는 끝까지 즉각 출전하지 않고, 싸워서 이길 수 있는 조건을 낱낱이 말하면서 시기를 늦추었다. 바로 그것이 정유재란이 시작되는 1597년 1월에 일은 이중간첩 요시라를

778) 개빈, 멘지스 지음, 조행복 옮김, 『1421 중국, 세계를 발견하다』(서울: 사계절 출판사, 2004), p. 466.

통하여 가등청정의 군사이동 정보를 주어 대대적인 리순신 제거작전에 그가 결국 구속되어 백의종군까지 하여 희생되었던 사건에서 알 수 있다. 임금 선조도, 도원수 권률도 모두 속았던 것을 리순신은 일본군의 작전에 결코 속아넘어가지 않았다.

이 사실은 곧 후임 통제사 원균이 지휘한 삼도수군이 5개월 후에 칠천량에서 궤멸한 것에서 충분히 알 수 있다. 아무리 주변의 강요가 있었더라도 결국 의사결정은 지휘관 한 사람에게 달렸으며, 그의 판단과 결정은 그 뒤에 일어날 수많은 '순조'거나, 아니면 '고난'을 초래하게 된다는 사실을 교훈으로 남는다.

■ 시 한수 감상

오열하는 듯 흐르는 청평의 물은 　　嗚咽淸平水
동쪽으로 흘어서 한강에 들어간다. 　　東流入漢津
두견새는 밝은 달밤에 울어 　　鵑啼明月夜
외로운 이 신하를 슬프게 하누나. 　　血泣一孤臣

무제: 오리(梧里) 이원익(李元翼: 1547~1634)

3. 결정적 승리로 이끈 전술

(1) 거북함을 선봉에 세운 돌격 및 당파 전술

전술은 전략과 마찬가지로 복합적으로 이루어진다. 특히 전쟁은 반드시 승리하지 않으면 안 되는 국가의 생명과 재산을 통째로 건 운명의 행위다.

리순신에게 자랑스러운 것은 첫 번째는 거북함을 만들었다는 것이고, 두 번째는 그 거북함을 돌격함으로 운용했다는 것이며, 세 번째는 그 거북함과 더불어 결전전략의 효과를 증대시켰다는 것으로 요약된다.

일본해군의 전략에 지대한 영향을 미친 거북함은 두 번째 출동이 있었던 선조 25년(1592) 5월 29일부터 당항포 등지에서 줄곧 결전전략(決戰戰略)을 수행하였다.

> 전라우수사(리억기)가 오지 않으므로, 홀로 여러 장수들을 거느리고 새벽에 출항하여 곧장 노량에 이르니, 령남우수사 원균이 와서 만났다. 적이 머물러 있는 곳을 물으니, "지금 선창에 있다."고 했다. 곧 쫓아가니 왜놈들은 벌써 뭍으로 올라가서 진을 치고 배는 그 산 아래에 매어 놓고 항전하는 태세가 매우 견고했다. 여러 장수들을 독려하여 일제히 달려들며 화살을 비 퍼붓듯이 쏘고 각종 총포들을 우레같이 쏘아대니, 적들이 무서워서 물러나는데, 화살을 맞은 자를 헤아릴 수 없을 정도였고, 왜적의 머리를 벤 것만도 많으며, 왜선 13척을 불살라 버렸다. 이 싸움에서 군관 라대용이 탄환을 맞았고, 나도 왼쪽 어깨 위에 탄환을 맞아 등을 관통하였으나, 중상은 아니었다.[779)]

779) 『난중일기』 임진년 5월 29일. "右水使不來, 獨率諸將, 曉發直到露梁, 則慶尙右水使, 來會約處, 與之相議, 問賊倭所泊處, 則賊徒今在泗川船倉云, 故直指同處, 則倭人已爲下陸, 結陣峯上, 泊列其船于峯下, 拒戰急固, 余督令諸將, 一時馳突, 射矢如雨, 放各樣銃筒, 亂如風雷, 賊徒畏退, 逢箭者不知幾百數, 多斬倭頭, 軍官羅大用丸, 余亦左肩上中丸, 貫于背, 而不至重傷, 射格之中丸者亦多, 焚滅十三隻, 退駐."

리순신은 거북함을 거느리고서 전투한 첫날의 전황을 이렇게 일기에 밝혀 놓았다.

전투는 사천선창 앞 해상에서 벌어졌다. 해전의 결과 일본배 13척을 무찔렀으며, 우군도 약간의 경미한 피해를 입었는데, 군관 라대용과 리순신 자신도 적탄을 맞았다는 기록이다. 치열했던 해전임을 말하고 있다.

이때 리순신은 자신이 직접 지휘하는 전선 23척을 참전시켰는데, 2차 출동을 끝낸 전투결과 보고서인 '당항포에서 왜적을 무찌른 장계' 속에 거북함이 처음으로 포함되어 있다. 역시 거북함은 이 사천해전에서 처음으로 실전 효과를 거둔 것이었다.

> 제가 일찍 일본 왜적들의 침입이 있을 것을 염려하여 별도로 거북함을 만들었는데, 앞에는 미르머리를 붙여 그 아가리로 대포를 쏘게 하고, 등에는 쇠못을 꽂았으며, 안에서는 밖을 내다볼 수 있어도, 밖에서는 안을 들여다 볼 수 없게 하였다. 비록 적선 수백 척 속에라도 쉽게 마구 쳐들어가 포를 쏠 수 있으므로, 이번 출전 때에 돌격장이 그것을 타고 나왔습니다.[780)]

리순신은 이 사천에서 거북함으로 말미암아 전과를 더 거두었다고 자랑하고 있다. 그가 창안하여 만든 세계적 전함이니 실로 으스대고도 싶었을 것이다.

그 전투 요령은 거북함으로 하여금 적선에 먼저 돌입하여 공격을 퍼붓는다는 것이다. 그리고 그 거북함을 "이번 출전 때에" 거기에 돌격장이 탔다고 했는데, 그 돌격장이 1차 출동 때에 판옥선으로 돌격함의 임무를 수행했던 사람으로 운용되었을 것이며, 실제로 그렇게 했던 그 사람이 바로 군관 리언량(李彦良)이었다. 역시 돌격임무를 수행하는 사람은 그런 돌격정신을 가진 사람을 계속 썼음을 알 수 있다. 리언량이 참전한 옥포해전과 사천해전에서의 돌격임무를 수행한 것으로 볼 때

780) 『임진장초』 장8 「二度唐項浦等四處勝捷啓本」. "臣嘗慮島夷之變 別制龜船 前設龍頭 口放大砲 背植鐵尖 內能窺外 外不能窺內 雖賊船數百之中 可以突入放砲是白乎等用良 今行以爲突擊將所騎."

그 성격은 매우 강직하고 과단성 있으며, 긴급한 상황을 재빨리 해쳐 나갈 임기응변 능력이 뛰어났다고 볼 수 있다.

이와 같이 리순신이 수행하는 결전전략을 원균은 알고 있지는 못한 것 같다. 리순신은 누구도 따르지 못하는 그 무엇, 싸워서 이길 수 있는 그 무엇을 알고 있었던 것이다. 원균은 나이로 따지면 리순신보다 5살이나 많고, 과거에 급제한 선후배를 따진다면 10년은 더 될 것이다. 정3품으로 된 것만 봐도 전라좌수사로 선조 24년(1591)에 원균이 임명은 되었으나, 부임하지도 못하고 부녕 부사(종3품)로 갔기 때문에 적어도 1달은 더 선임이 된다. 이즈음에 리순신은 겨우 정읍 현감(종6품)에 지나지 않았다.

또한 정3품의 계급을 요즘과 견주어 본다면, 아마도 준장 내지 소장의 계급에 해당될 것이다. 그럼에도 한참의 선배되는 원균에게 병법을 아니 모르니, 어쩌고저쩌고 하면서 리순신이 핀잔을 준다는 것을 보면, 원균은 선배로서의 권위를 이미 상실하였거나, 특히 병법에 관해 리순신보다 깊은 지식이 매우 부족하였다고 보아야 할 것이다.

원균이 얼마만큼 리순신에게 전쟁터에서부터 업신여김을 당하였는지를 『재조번방지』라는 책에서 알 수 있다.

> 사천(泗川)[781] 바다 가운데로 쫓아가니, 멀리 해상에 산이 하나 보이고, 100명의 적이 장사진(長蛇陣)을 치고, 그 밑에 11척의 배가 연안을 따라 줄지어 정박하고 있었다. 이때 아침 조수는 이미 쓸려 가고 항구의 물은 얕아서 배가 전진할 수 없으므로, 리순신이 말하기를, "이곳은 물이 얕고 바다가 좁아서 회선(回旋)하기 어려우니, 거짓 물러나는 척하고 적을 유인하여 바다의 넓은 곳에 이르렀을 때, 큰 배로 돌아서 치면 승전할 수 있다."고 했다. 원균은 분이 나서 바로 쫓아가 공격하고자 하였다. 리순신이 말하기를, "공(원균)은 병법을 모릅니다. 그렇게 해서는 반드시 패합니다."고 하고서, 곧 소라를 불고, 기를 휘둘러 후퇴하였다. 과연 1리를 못 가서 적이 배를 타고 쫓아왔다. 이윽고 좁고 험한 곳에 다다르자, 리순신이 북을 한 번 크게 쳐 여러 배가 일제히 돌아서서 바다 가운데

781) 이 '사천(泗川)'은 경상도의 것이며, 사주(泗州)·사현(泗縣)이며, 강소성 회하(淮河) 유역의 숙현(宿縣) 동남쪽에 있다.〔중국고금지명대사전, pp. 521~522〕

늘어서니, 바로 적선과 수십 보의 거리에서 서로 대하게 되었다.[782)]

리순신은 이 사천전투에서 있었던 전략수행 과정을 보면, 이 사천항 앞바다는 수로가 좁은 곳이기 때문에 결전을 할 수가 없었던 것처럼, 사천항 바깥의 넓은 곳으로 유인하여 결전전략을 수행하였던 것이다.

이것은 한 달 뒤에 치르는 견내량해전에서 수행했던 방법과 거의 꼭 같다.

원균더러 "병법을 모르는군요!(公不知兵)"고 한 이 말은, 전쟁 원칙면에서 보면, 곧 집중의 원칙을 적용할 공격 시기의 중요성과 결전전략의 효과에 대하여 전혀 모르고 있음을 지적한 것임에 분명하다. 그리고 리순신은 그러한 특성을 알고 있었고, 결전전략으로써 앞으로 왜적선을 쳐부수겠다는 것이다.

원래 결전전략이란 것은 적보다 세력이 우세할 때에 펼치는 전략의 한 종류이다. 그럼에도 불구하고 세력이 적보다 많지 않은 데도 결전전략을 수행한다는 것은 어떻게 보면 무모한 행위일지도 모른다. 그러나 리순신에게는 이길 수 있다는 확고한 신념이 서 있었던 것이다.

그리고 그 거북함의 활약은 리순신이 사천해전의 상황을 직접 설명한 내용에서 알 수 있다.

먼저 거북함으로 하여금 적선이 있는 곳으로 돌진하게 하고, 먼저 천자·지자·현자·황자 등의 여러 총통을 쏘게 하자, 산 위와 언덕 아래와 배를 지키는 세 곳의 왜적들도 철환을 비오듯이 쏘아대는 데, 간혹 우리나라 사람들도 섞여서 쏘고 있으므로, 저는 더욱 더 분하여, 노를 빨리 저어 앞으로 나아가 바로 그 배를 두들기니, 여러 장수들이 일시에 구름같이 모여, 철환·장전·편전·피령전·화전을 천자·지자 총통 등으로 비바람같이 마구 쏘면서, 저마다 힘을 다하여 천지를 진동하는데, 왜군들은 중상을 입어 엎어지는 자와, 부축하며 끌고 달아나는 자는 그

---

782) 『再造藩邦志』卷2. "追至泗川洋中 遙見海上一山 有賊百餘 長蛇而陣 其下有十一艘 緣岸列泊 是時早潮已退 港口水淺 海舟不得進 舜臣曰 此地海狹水淺 難於回船 不如佯退誘賊 至海濶處 我以巨艦回擊 則可以取勝矣. 均乘憤欲直搏戰 舜臣曰 公不知兵如此必敗 遂鳴螺揮旗 引退而走 行未一里 賊乘船逐之 旣到隘口 舜臣鳴鼓一聲 諸船一齊回棹 擺列於海中 正與賊船相對 纔數十步."

수를 셀 수 없을 정도였으며, 높은 언덕으로 물러가서 진을 치고서는 감히 나와서 싸울 엄두를 내지 못하게 하였다.[783)]

이 말 대로라면, 리순신의 결전전략에 의한 돌격 및 당파전술은 간단하고도 쉽다.

이 사천해전에서 거북함을 이용한 전투상황을 다시 정리하면, 철저한 화력 우세에 있었음을 알 수 있다.

거북함에는 천자·지자·현자·황자 총통 등 여러 화기를 탑재하였다. 결전전략을 수행하는데, 맨 먼저 거북함이 쳐들어가게 했다. 거북함에서는 탑재한 무기로써 공격하였다. 그 다음에 나머지 전선(戰船)으로써 연이어서 총공격하는 것이었다.

그 당시 사천해전을 전개하고 진행과정의 여러 상황을 설명한 내용을 살펴보자.

사천에 이르러 멀리 바라보니, 적진이 산 위에 뱀처럼 서린 듯하였다. 또 적선 12척이 바닷가에 대어 있는데, 공(리순신)은 아침 조수가 나갈 때라 큰 배가 물 얕은 항구로 들어가기 어려우므로 짐짓 패한 듯이 하여 꾀어내어 한 바다에서 쳐부순다면 섬멸할 수 있으리라고 판단했다. 드디어 나팔을 불며 배를 돌리니, 적이 예상한 대로 따라 나오므로, 거북함을 앞세워 여러 전함으로 쳐들어가니, 엎어지는 적선과 물에 빠지는 적들이 바다에 가득하고, 남은 적들은 해안에서 울부짖을 뿐이었다. 전투 중에 공도 또한 탄환에 맞아 팔에서 등을 꿰뚫었으나, 공은 끝까지 활을 들어 독전했으며, 싸움이 끝난 뒤에야 칼끝으로 탄환을 파내었더니, 온 군중이 놀라는 것이었다.[784)]

783) 『임진장초』 장8「二度唐項浦等四處勝捷啓本」. "先令龜船突進賊船 先放天地玄黃各樣銃筒 則山上岸下守船三屯之倭 亦放鐵丸 亂發如雨 間或我國人相雜發射爲白去乙臣益增憤勵 促櫓先登 直擣其船 則諸將一時雲集 鐵丸長片箭皮翎箭火箭 天地字銃筒等發如風雨 各盡其力 聲振天地 重傷顚仆者 扶曳奔走者不知其數 仍以退屯高陵 無敢有進前之意."

784) 『리충무공전서』 권10 부록2 行狀. "到泗川則遙見一陣 蛇盤于山 又十有二船 緣渚而泊 公曰 早朝已退 鉅艦難進於淺港 佯北誘之 擊於大洋 則可以剿之 遂鳴喇返船 賊果踵至 乃以龜船先之 以諸艦壓之 船之覆者 賊之漂者滿海 餘賊臨岸 叫呶而已 方戰公亦中丸 貫臂徹背 公猶手弓矢督之事 旣用刃挑出 一軍驚歎."

그런데 거북함을 처음으로 선보인 사천해전이 매우 치열하였던 것 같다. 왜냐하면 전과를 많이 올리기도 하였지만, 리순신 자신과 군관 봉사 라대용도 왜적의 철환을 맞았으며, 전 봉사 리설(李渫)도 화살에 맞는 등 전투현장의 지휘관 3명이 부상을 당하였다.[785)]

반면에 이 사천해전에서 우리 수군은 일본선 13척을 격파하여 모두 불태워 없애버리는 큰 성과를 올렸다.

> 왜적이 스스로 트집을 잡아 군사를 이끌고 바다를 건너와 죄없는 백성을 죽이고, 또 서울로 쳐들어가 흉악한 짓들을 저지른 것이 말할 수 없으며, 온 나라 신하와 백성들의 통분함이 뼛속에 맺혀, 이들 왜적과는 같은 하늘 아래에서 살지 않기로 맹세하고 있습니다. 각 도의 배들을 정비하여 곳곳에 주둔하고, 동서에서 호응하면서, 육지에 있는 장수들과도 의논하여 수륙으로 합동공격해서, 남아 있는 왜적들을 한 척의 배도 못 돌아가게 함으로써 나라의 원수를 갚고자 합니다.[786)]

이처럼 리순신은 왜놈들과는 같은 하늘 아래서 함께 살지 않기로 맹세했다. 이보다 더한 주적(主敵) 개념을 가진 국가관을 나타낸 말도 드물 것이다. 적군과 싸워서 이기는 비법이 다른 게 아닌 것 같다. 이렇게 주적 개념만 확고히 가져도 가능할 것 같다. 게다가 왜적선을 단 1척도 돌아가지 못하게 하겠다는 말은 자신의 의지가 얼마나 굳건한지 짐작이 간다.

---

785) 『초서 난중일기』 임진 5월 29일. "… 賊徒畏退, 逢箭者不知幾百數, 多斬倭頭, 軍官羅大用中丸, 余亦左肩上中丸, 貫于背, 而不至重傷, 射格之中丸者亦多. 焚滅十三隻."

786) 『리충무공전서』 권1, 잡저 「答譚都司宗仁禁討牌文」. "倭人自開釁端兵渡海 殺我無辜生靈 又犯京都行兇作惡 無所紀極 一國臣民痛入骨髓 誓不如此賊共戴一天 各道舟艦無數整理處處屯駐 東西策應 謀與陸地神將等 水陸合攻 使殘兇餘孽隻櫓不返擬雪國家之怨讐."

(2) 대포를 이용한 함포 전술

- 함포전의 실제

리순신이 직접 전투에 참가해서 남긴 기록 등을 보면, 총통의 운용 내용을 알 수 있다. 먼저 1차 출동 때(1592.5.4~5.9) 첫 해전인 옥포 해전을 보자.

> 그리하여 동서로 포위하면서 바람과 우레같이 총통과 활을 쏘기 시작하자 적들도 총환과 활을 쏘다가 기운이 지쳐 배 안에 있는 물건들을 바다에 내어 던지느라고 정신이 없었습니다. 화살에 맞은 자와 물 속에 빠지는 자도 그 수를 알 수 없을 정도였습니다. 적도들은 일시에 흩어져서 바위 언덕으로 기어오르면서 서로 뒤떨어질까봐 두려워하는 것이었습니다.[787)]
>
> 그 날 접전할 때에는 왜인의 배 안에 우리나라의 철환과 장전·편전이 비오듯 쏟아져 맞은 놈이 곧 넘어져서 피를 뚝뚝 흘리자, 왜인들은 아우성치며 엎어져 넘어지는 등 어찌할 바를 모르다가 모두 물에 뛰어 들어서 산으로 올라 도망쳤는데, …[788)]

이 옥포해전 때에 사용한 화기는 단지 총통과 활이라고 하였지만, 왜적선을 포위하고 집중사격을 가하여 왜적선을 26척이나 총통으로 맞혀 당파분멸하여 승리하였다.[789)]

동래 동면 응암리에 사는 백성 윤백련의 신문 내용 안에는 피사체를 총통으로 쏘는 철환 및 활로 쏘는 장전과 편전이라고 하였다. 이 가운데서 장전은 활로 쏘기도 하고 또 총통에 넣어 쏘기도 한다.

이 해전에서 포술이라고 한다면, 적선을 가운데 두고 포위하여 화력

787) 『임진장초』 장7. "東西衝抱放炮射矢 急如風雷爲白乎亦中 賊亦放丸射矢 及其力盡 以其舟中所載之物 投水不暇 逢箭者不知其數 游泳者亦不知其幾 一時潰散 樊山巖崖 猶恐居後爲白去乙."

788) 『임진장초』 장7. "當日接戰時 倭人船中 我 國鐵丸長片箭 交下如雨 則中之者卽仆 流血淋漓 倭人急噪顚倒 罔知所措 並只投水登山."

789) 『임진장초』 장7. "幷倭船二十六隻爲等如銃筒放中 撞破焚滅."

을 집중사격했음을 알 수 있다.

2차 출동 때(1592.5.29~6.10)에는 사천해전이 처음이었는데, 옥포해전과는 상황이 약간 다르며, 함포 운용술이 있기 전에 별도의 다른 작전을 구사하였다. 장계를 보자.

> 그래서 여러 배들(23척)이 그 밑으로 일제히 돌진하여 활을 쏘려고 하였으나, 화살이 미치지 못하였고, 또 그 배들(12척)을 분멸하려고 하였으나, 벌써 썰물이 되어 판옥선과 같은 대선이 용이하게 돌진할 수 없었습니다.[790)]
>
> 그래서 먼저 거북함으로 하여금 적선이 있는 곳으로 돌진케 하여 먼저 천지현황 등 여러 종류의 총통을 쏘자, 산 위와 언덕 밑과 배를 지키는 세 곳의 왜적들도 철환을 비오듯이 마구 쏘아댔는데, 간혹 우리나라 사람도 섞여서 쏘고 있는지라, 신은 더욱더 분하여 노를 빨리 저어 앞으로 나아가 바로 그 배를 두들겼습니다. 그러자 여러 장수들이 일시에 모여들어 철환과 장전·편전·피령전·화전들을 천자·지자 총통 등에 장전하여 비바람 같이 발사하면서 저마다 힘을 다함에 그 소리가 천지를 흔드는데, 왜적들은 크게 다쳐 엎어지는 자와 부축하며 끌고 달아나는 자는 그 수를 알 수 없었습니다. 높은 언덕으로 도망쳐 진을 치고서는 감히 나와 싸울 생각을 못하는 것이었습니다.[791)]

지형이 전투력 발휘에 영향이 지대함을 알 수 있다. 즉 사천만에는 그 시간이 썰물이라 판옥선처럼 큰 배의 운용이 어려워 왜적선을 공격하기 위해서는 그것들을 바다 가운데로 유인하여 결전을 하였다.

이때에는 공격의 기회를 잡아 거북함을 이용한 새로운 공격법으로 왜적선을 무찔렀던 것이다.

이때에 거북함이 최초로 해전에 등장하며,[792)] 그 전술은 거북함이 먼

790) 『임진장초』 장8. "五月二十九日 臣獨領戰船二十三隻 …諸船齊進其下 欲爲發射則矢力未及 欲焚其船 則潮水已退 板屋大船容易直衝不得."

791) 『임진장초』 장8. "先令龜船突進其賊船 先放天地玄黃各樣銃筒則山上岸下守船三屯之後 亦放鐵丸 亂發如雨 間或我國人相雜發射爲白去乙 臣益增憤勵 促櫓先登 直擣其船 則諸將一時雲集 鐵丸長片箭皮翎箭火箭 天地字銃筒等 發如風雨 各盡其力 聲振天地 重傷顚仆者 扶曳奔走者 不知其數仍以退屯高陵無敢進戰之意."

792) 『임진장초』 장8. "臣嘗慮島夷之變 別制龜船 前設龍頭 口放大炮 背植鐵尖 內能窺外 外不能窺內 雖賊船數百之中 可以突入放炮是白乎等用良 令行以爲突擊將所騎."

저 왜적선에 돌진하면서 천자·지자·현자·황자 등 여러 종류의 총통을 쏘았다. 거북함 공격에 뒤이어서 여러 군선들이 일제히 함포로써 공격하였다. 이 또한 일반 군선들도 철환을 먼저 쏘고 나서 거리가 가까워지면서 장전·편전·피령전을 쏘고, 활로 화전을 쏘았다.

이때 왜적도 철환을 쏘았다고 하였는데, 이 철환이 조총의 철환인지, 총통의 철환인지, 구분할 수 없지만, 아마도 조총의 철환일 것이다. 그 이유는 왜적선의 탑재무기로 총통이 등장하는 것은 한산대첩(1592.7.4~7.12) 이후부터이기 때문이다.

거북함의 특징 중에서 중요한 것은 무엇보다도 미르 아가리〔龍頭口〕에 있다. 거북함은 언제나 선봉에서 돌격임무를 수행하면서 이물의 미르머리에 설치한 현자 총통으로 철환을 쏘고 거리가 점점 가까워지면 천자 총통에 대장군전을, 지자 총통에 장군전 등을 쏘았다.

이것은 판옥선이 노천갑판에서 함수방향으로 총통을 발사하는 공격법을 그대로 유효하게 적용하였던 것이며, 다른 전선의 현측 공격과 마찬가지로 전방공격을 주로 이용하였다고 볼 수 있다.

이러한 함포 운용술은 당포해전(1592.6.2)이나 당항포해전(1592.6.5)에서도 거의 마찬가지다.

> 6월 2일 낮에 먼저 거북함으로 하여금 층루선 밑으로 곧장 쳐들어가 미르 아가리로 현자 철환을 치 쏘게 하고, 또 천·지자 총통과 대장군전을 쏘아 그 배를 당파하자 뒤따르고 있던 여러 전선들도 철환과 화살을 섞어 쏘았는데,…[793)]
>
> 신들의 위세를 본 왜적은 철환을 싸라기눈이나 우박이 퍼붓듯이 마구 쏘는데, 여러 전선이 포위하고 먼저 거북함을 돌입케 하여 천·지자 총통을 쏘아 적의 대선을 꿰뚫게 하고, 여러 전선은 서로 번갈아 드나들며 총통과 화살과 탄환을 우레처럼 쏘면서 한참동안 접전하여 우리의 위무를 더욱 떨쳤습니다.[794)]

---

793) 『임진장초』 장8. "先使龜船 直衝層樓船下 以龍口仰放玄字鐵丸 又放天地字大將軍箭 撞破其船 在後諸船 交發丸箭."

794) 『임진장초』 장8. "及見臣等兵威 亂放鐵丸 如霰如雹 諸船圍立 先使龜船突入 放天地字銃筒 貫徹大船 諸船迭相出入 銃筒箭丸 發如風雷 良久接戰 益振威武爲白如乎."

> 왜적의 배들은 날개처럼 벌려 층각선을 옹위하며 바다로 노를 재촉하였으므로, 우리의 여러 전선은 4면으로 포위하면서 재빠르게 협격을 가하고, 돌격장이 탄 거북함이 또 층각선 아래로 달려가서 총통을 치쏘아 층각선을 당파하고, 여러 전선이 또 화전으로 그 비단 장막과 돛배를 쏘아 맞혔습니다.[795)]

리순신은 언제나 거북함을 먼저 투입시켜 돌격임무를 수행하여 왜적의 전의를 상실케 하고 사기를 꺾었으며, 이어서 여러 군선이 접근하여 집중공격을 하였던 것이다.

이 같은 전법은 리순신만의 독특한 지휘법은 아니라, 그 휘하에서 군선을 운용하는 모든 지휘관들도 이런 방법을 이용하였다. 그 이튿날(6월 6일) 새벽에 방답첨사 리순신(李純信)이 올린 전과보고를 보면 여실히 나타난다.

> 우리편 배에서 먼저 지자 및 현자 총통을 쏘는 한편 장전과 편전・철환・질려포・대발화 등을 연달아 쏘고 던질 즈음에, 왜적들은 마음이 급하여 어찌할 줄 모르고 허둥지둥 도망하려 하였으므로, 요구금(要鉤金)으로써 바다 가운데로 끌어내자 반이나 물에 뛰어들어 죽었습니다.[796)]

조선수군이 사용한 이 총통은 지자・현자 총통이고, 피사체는 장전・편전・질려포・대발화였으며, 특히 질려포와 대발화가 이 해전에서 처음으로 나온다.

그리고 부산포해전(1592.9.1)의 상황을 보면 왜적도 총통을 가지고 공격해왔는데 그 내용은 다음과 같다.

> 470여 척의 왜적선들이 총통과 활을 갖고 거의 다 산으로 올라가 6개처에 분둔하여 내려다보면서 철환과 화살을 빗발과 우박같이 쏘았습니

---

795) 『임진장초』 장8. "他船段 翼挾層閣 中流促櫓次 諸船四面圍匝 挾擊猶亟 突擊將所騎龜船 又衝層閣之下 仰放銃筒 撞破其閣 諸船又以火箭射中 其紗帳與布帆."

796) 『임진장초』 장8. "我船先放地玄字銃筒 一邊長片箭鐵丸蒺藜砲大發火等 連續射投爲白乎亦中 賊倭等 奔遑罔措 退遁設計次 要鉤金以 牽出中洋 半餘投水沈死."

다. 그런데 편전을 쏘는 것은 우리나라 사람들과 같았으며 혹 대철환을 쏘기도 하는데, 크기가 모과만하며, 간혹 수마석(水磨石)을 쏘기도 하는데, 크기가 주발덩이만한 것이 우리 배에 많이 떨어지곤 했습니다.[797)]

이때에는 왜적이 대철환을 쏘았는데 "피사체의 크기가 모과만 하고 수마석이 주발덩이만 하다."고 한 것은 아마도 왜적이 임진왜란 초기 해전에서 조총[798)]만을 사용하던 것과는 달리 지자 총통 크기의 총통 내지 대완구·중완구 정도의 포를 사용한 것을 보여주는 것이다.

또한 부산포해전의 결과를 보고한 내용을 보면, "왜의 긴 창 2자루, 총통 4자루, 연철 230근, 죽촉전(긴 화살촉) 12부 5개, 장전 51부 23개, 살촉없는 화살 2부 11개, 조선의 장전 9개, 지자총통 2문, 현자총통 2문, 대완구 1문 등"[799)]을 획득하고 있다. 따라서 일본군도 조선의 총통과 일본 고유의 소통·중통·대통 등의 총통을 아울러 가지고 있었던 것을 알 수 있다.[800)]

무기의 운용은 부산포해전에서 보듯이, 전 화력을 집중공격하였음을 알 수 있다.

그러나 여러 장수들은 한층 더 분개하여 죽음을 무릅쓰고 다투어 돌진하면서 천자·지자 총통에다 장군전·피령전·장전·편전·철환 등을 일시에 일제히 발사하며, 하루 종일 교전함에 적의 기세는 크게 꺾였습니다.[801)]

---

797) 『임진장초』 장11. "大中小幷大槪四百七十餘隻… 則船中城內山上穴處之賊持銃筒挾弓矢與皆大登山 分屯六處俯放丸箭 如雨如雹至於發射片箭一如我國人 或放大鐵丸大如木果者 或放水磨石 大如鉢塊者."

798) 양재숙, 『다시 쓰는 임진대전쟁』(고려원, 1994), p. 202에 "鳥銃의 탄환은 내경 14㎜엔 무게 13.2g과 내경 18㎜엔 무게 37.5g인 두 종류를 쏘았다."고 하였다.

799) 『리충무공전서』 권2 장계51 釜山浦破倭兵狀. "…倭長槍二柄 倭銃筒四…倭鉛鐵二百三十斤倭竹鏃箭十二部五介倭長箭五部二十三介 倭無鏃箭二部十一介…我國長箭九介…地字銃筒2柄玄字銃筒二柄大碗口一…."

800) 양재숙, 앞의 책, p. 203에 "탄환이 75g의 고쓰쓰(小筒), 115g의 나카쓰쓰(中筒), 375g의 오오쓰쓰(大筒) 등의 大砲가 있었다. 그러나, 실전에서 그 위력은 떨치지 못했다."고 하였다.

801) 『임진장초』 장11. "諸將等益增憤惋 冒死爭突 天地將軍箭皮翎箭長片箭鐵丸 一時齊發 終日交戰 賊氣大挫."

이같이 부산포해전에서 조선수군의 주무기는 총통이었으며, 그 피사체는 '장군전 · 피령전 · 장전 · 편전 · 철환' 등이었다. 여기서도 "일시에 일제히 발사하며"하고 있는데, 사정거리 내에서 집중공격을 하여 왜적선 100여 척을 당파했다.[802)]

• 함포 운용술

함포는 거의 같은 요령으로 해전마다 운용되었다. 조선과 일본 양측이 다같이 행한 함포전에서 조선수군이 승리할 수 있었던 요인은 다음과 같다.

첫째, 일본 군선들이 아무리 많이 모여 오더라도 조선 군선이 그들 속에서 마음대로 드나들며 공격할 수 있을 만큼 일본 군선보다 견고했고 기동력도 우수하였다.

둘째, 조선수군의 총통이 일본군의 조총보다 우수하였다. 즉 사정거리가 길었고 파괴력도 상대적으로 컸다.

셋째, 왜적 장수들은 죽어도 이길 수 없이 리순신의 전술이 뛰어났다.

넷째, 거북함을 이용한 돌격전을 수행하였다.

다섯째, 전투함의 기동이 용이한 넓은 곳으로 유인하여 군선의 집중기동 사격을 했다.

여섯째, 사정거리가 상대적으로 긴 총통을 이용하여 원거리에서부터 공격하되 적선의 사정권 밖에서 화력을 집중하였다. 화력집중을 위한 전투진은 학익진이었다.

이러한 것들이 곧 임진왜란 때에 해전에서 조선 수군이 승리할 수 있었던 결정적 요인이라 할 수 있으며, 해전에서의 함포 운용술이 당시에 결정적인 승리 요인이 되었던 것이다.

다시 말하면 거북함을 포함한 조선 군선은 공용화기인 대형 총통과 개인휴대용 소형 총통 등을 탑재하였으며, 먼저 거북함을 이용한 돌격

---

802) 『임진장초』 장11. "四度釜山浦勝捷狀啓… 賊船百有餘隻量三道諸將竝力撞破."

공격을 감행한 뒤에 곧 이어서 여러 군선들이 뒤따라 들어가면서 모든 총통을 일제히 집중적으로 발사함으로써 왜적선을 무력화시킬 수 있었다.

그리고 일본의 새로운 화기인 조총도 조선수군의 총통보다 그 성능 면에서 차이가 있었다. 따라서 조선수군은 대형 총통의 사정거리를 최대한 활용하여 일본 군선의 주무기인 조총의 사정거리인 200m 안에 진입하지 않고 적어도 240~360m 밖에서 대전을 집중발사하는 방법을 구사하였던 것이다.

또한 총통의 발사대인 동차의 최저 고각이 17°이라는 결함으로 그 각도 이내에서는 대형 총통을 사용하기 매우 어려웠지만, 이를 보완한 최적의 전투방법이 학익진이다.

물론 이보다 근거리에서는 완구나, 개인소화기인 승자 총통과 같은 화기를 사용했으며, 대전의 최대 사정거리인 1㎞ 밖에서는 대형 총통에 철환을 넣어 발사하였다. 또 포이(砲耳)가 있는 별황자 총통이나 불랑기(佛狼機)로서는 적선에 겨누어 평사포로서의 장점을 최대한 이용하였다.

학익진을 펼칠 때에는 고각을 달리하는 대형 총통들을 순차적으로 발사함으로서 평사포를 곡사포처럼 운용하여 승리하였다. 특히 대전의 사정거리는 일본 군선의 공격권 밖이었으며, 조선수군은 진형 안에 있을지라도 어떠한 위치에 있든, 우군끼리의 피해를 입지 않았다는 장점도 있었다.

(3) 장사진으로 치고 빠지기 〔Hit & Run〕 전술

장사진(長蛇陣)은 그 글자에서도 느껴지듯이 배들이 한 줄로 쭉 늘어선 모양으로서 요즘의 종렬진(縱列陣: Column)과 마찬가지다.

이 종렬진은 고정된 적군에 대하여 공격하러 들어갔다가 사정권 바로 밖에서 빠져 나오는, 즉 드나들면서 마구 공격하는 치고 빠지기의

'Hit & Run'의 형태로서 가장 적절하다.

이러한 전술은 특히 안골포해전과 부산포해전에서 대첩을 거둔 데서 볼 수 있다.

> 안골포에 이르러 선창을 바라보니, 왜의 대선 21척·중선 15척·소선 6척(모두 42척)이 머물고 있었습니다. … 그들의 엊그제 배 59척을 한산도 바다 가운데로 끌어내어 남김없이 불태우고 목베었습니다. 그래서 더는 지체할 수 없어 여러 장수들에게 명령하여 서로 번갈아 드나들면서 천자·지자·현자 총통과 다른 모양의 총통뿐 아니라, 장전(長箭)과 편전(片箭) 등을 빗발같이 쏘아 맞히고 있을 적에, 본도 우수사가 장수를 복병시켜둔 뒤 급히 달려와서 합공하니, 군세가 더욱 강해져서, 3층집이 있는 대선과 2층집이 있는 대선에 실려 있던 왜적들은 거의 다 죽거나 다쳤습니다.[803)]

한산 앞바다에서 패전하고 달아난 왜적선 12척이 안골포(1592.7.10)로 들어갔는데, 그곳에 있던 28척과 합하여 모두 42척이 리순신 함대를 보고는 겁을 먹고 포구 밖으로 나오려 하지 않았다. 그래서 여기서 "번갈아 드나들면서" 공격했다고 했는데, 이 말은 곧 '장사진'의 형성이라야 만이 가능한 말이다.

> 우부장 녹도 만호 정운(鄭運)·거북함 돌격장 신의 군관 리언량(李彦良)·전부장 방답 첨사 리순신(李純信)·중위장 순천 부사 권준(權俊)·좌부장 낙안 군수 신호(申浩) 등이 먼저 곧바로 돌진하여 위의 선봉에 나온 왜대선 4척을 우선 쳐부수고 불태워 버리자, 왜적의 무리들이 헤엄쳐서 육지로 오르는데, 뒤에 있던 여러 배들은 곧 이때를 이용하여 이긴 기세로 깃발을 올리고 북을 치면서 장사진(長蛇陣)으로 앞으로 돌격하였습니다.
>
> 그때 부산성 동쪽 한 산에서 5리쯤 되는 언덕 아래 3곳에 진을 치고 있

803) 『임진장초』 장9 三度閑山島勝捷啓本 및 『리충무공전서』 권2 장계33 見乃梁破倭兵狀. "十日 … 到安骨浦 望見船滄 倭大船二十一隻中船十五隻小船六隻來泊 … 其先運船五十九隻乙 閑山島海中引出 無遺焚船斬殺乙仍于 勢窮則欲爲下陸之計 而據險結船 畏㤼不出爲白去乙 勢不得已 令諸將等 迭相出入 天地玄字銃筒 及各様銃筒是白沙餘良 長片箭等 如雨放中之際 本道右水使定將伏兵後 馳來合攻聲勢益倍 有屋大船及二層大船所載之倭 幾盡死傷."

> 던 대선·중선·소선을 아울러서 얼추 470여 척이 우리의 위세를 바라보고는 두려워서 감히 나오지 않았습니다. 또 여러 전선이 곧장 그 앞으로 돌진하자, 배 안과 성 안·산 위와 굴 속에 있던 왜적들이 총통과 활을 가지고 모두 다 산으로 올라가서 6곳으로 흩어져서 아래로 내려다보면서 철환과 화살을 쏘는데, 마치 빗발과 우박이 쏟아지는 것 같았습니다.[804)]

이 사료는 부산포해전(1592.9.1)에서 거북함을 앞세우고 모든 배들이 한 줄로 서서 부산포 내항까지 깊숙이 쳐들어가면서 대포를 쏜 것을 설명한 것이다.

이때에는 이미 왜적들은 한산 앞바다에서 패전한 뒤로 조선수군들과 직접적인 전투를 벌이지 않기로 명령받았으므로, 이 부산포에서는 그들이 압도적으로 배가 많았지만, 포구 밖으로 나오려 하지 않았다. 물론 그 까닭은 한산대첩으로 너무나 큰 피해를 입은 일본으로서는 해상에서 조선수군과 더 이상 해전을 하지 말라는 특별 명령이 있었기 때문이었다.

그래서 리순신은 왜적의 사정권에서 벗어난 곳까지 진격하면서 대포를 번갈아 쏘아댔다. 물론 이때의 전과는 예상을 뛰어넘는 숫자이며, 부산포 한 곳에서 128척이나 격침시켰다.

(4) 학익진으로 화력집중 공격 전술

학익진은 한산대첩뿐만 아니라, 실제로 거의 모든 해전마다 다 쓰였다. 이 학익진의 해전에서의 운용은 육지에서와 다르며, 육지에서는 횡렬진의 형태지만, 바다에서는 적진을 가운데 두고 반달모양으로 둥

---

804) 『임진장초』 장11 四度釜山浦勝捷啓本; 『리충무공전서』 권2 장계45 釜山破倭兵狀. "右部將鹿島萬戶鄭運 龜船突擊將臣軍官李彦良 前部將防踏僉使李純信 中衛將順天府使權俊 左部將樂安郡守申浩等 先登直進 同先鋒大船四隻 爲先撞破焚滅 賊徒游泳登陸次 在後諸船 仍此乘勝 揚旗擊鼓 長蛇突前爲白乎亦中 同鎭城東一山 五里許岸下 三處屯泊之船 大中小幷大槩四百七十餘隻 而望我威武 畏不敢出爲白如乎 及其諸船直擣其前 則船中城內山上穴處之賊 持銃筒挾弓矢 擧皆登山 分屯六處 俯放丸箭 如雨如雹."

글게 하여 화력을 집중시키도록 개발되었다.

그래서 함포술은 3차 출동 때인(1592.7.4~7.12) 한산해전에서는 더욱 특별한 학익진에서 더 빛이 난다.

> 먼저 판옥선 5~6척을 시켜서 선봉으로 나온 적선을 뒤쫓아서 엄습할 기세를 보이게 한 즉, 여러 배의 적들이 일시에 돛을 달고 쫓아 나오므로 우리 배는 거짓으로 물러나면서 돌아 나오자, 왜적들도 줄곧 쫓아 나왔습니다. 바다 가운데로 나와서는 다시금 여러 장수들에게 명령하여 학익진을 벌려서 일시에 진격하여 각자 지자·현자·승자 등의 각종 총통을 쏘아서 먼저 2~3척을 당파하자, 여러 배의 왜적들이 사기가 꺾이어 물러나므로 여러 장수나 군사와 관리들이 승리한 기세로 흥분하며 앞을 다투어 돌진하면서 화살과 화전을 섞어 쏘니, 그 형세가 바람과 우레와 같아, 적의 배를 분멸하고 적을 사살하기를 일시에 거의 다 해버렸습니다.[805)]

여기서는 판옥선을 먼저 운용했으며, 거북함을 운용했다는 언급이 없지만, 한산대첩 결과보고서인 장계의 내용을 보면 왜적의 철환에 맞아 죽은 자가 12척에 19명, 경상자가 19척에 116명이었음에 비하여 거북함에서는 2척에 18명의 사상자가 나와 상대적으로 많았는데 그 내용은 다음과 같다.

> 본영 거북함의 토병인 사삿집종 김말손·정춘이 철환에 맞아 전사했고, 방답 거북함의 격군인 수군 김윤방·서우동·김인산·김강치·리수배·송상걸과 본영 거북함의 격군인 토병 김연호·종 억지·홍윤세·정걸·장수·최몽한·수군 정희종·조언부·박개춘·전거지 등은 철환에 맞았으나 중상에 이르지는 않았다.[806)]

---

805)『임진장초』장9. "先使板屋船五六隻 追逐其先鋒之賊 揚示掩擊之狀 則諸船之倭 一時懸帆追逐次 我船佯退而還 彼賊逐之不已 及出洋中 更令諸將 鶴翼列陣 一時齊進 各放地玄字勝字各樣銃筒 先破其二三隻 則諸船之倭 挫氣退遁 而諸將軍吏 勝勝踴躍 爭先突進 箭丸交發 勢若風雷 焚船殺賊 一時殆盡."

806)『임진장초』장9. "營龜船土兵私奴金末孫丁春…中丸致死…同(防踏)鎭龜船格軍水軍金允方徐于同金仁山金加應赤李水背宋雙傑…營龜船格軍土兵金延浩奴億只洪允世丁乞張水崔夢汗水軍鄭希宗趙彦夫朴開春全巨之…中丸不至重傷爲白有在果."

이것은 곧 거북함이 판옥선보다 먼저 적진으로 나아가 공격함으로써[807] 오히려 상대적으로 많은 피해를 입은 것을 보여준다. 따라서 거북함은 군선 가운데서도 일반 전선과는 달리 돌격선으로서, 완전무결했다기보다는 주로 근접전에서 최선봉에 나서서 공격을 수행했음을 말해준다.

그리고 "학익진을 벌려서 왜적의 배를 불태워 없애고, 왜적을 사살하기를 일시에 거의 다 해버렸다."는 말은 순식간에 학익진을 벌려 적선을 중앙에 두고 에워싸고서 함포로써 공격하여 적을 무력화시켰던 것이다.

여기에 보이는 학익진법은 원래 지상군에서 운용하던 진형이었는데,[808] 해상에서 활용한 것으로써 양자가 서로 일치한다고 볼 수는 없다. 즉 학익진의 형태는 본래 횡렬진이었으나,[809] 해상에서 사용된 리순신의 학익진도[810]를 보면 굽어져 벌려진 모양의 언월진(偃月陣)[811]과 역쐐기진(Scissors formation)이 복합된 형태의 진형이라고 할 수 있

807) 韓兌淑 譯, 片野次雄 著, 1994, 「壬辰丁酉倭亂과 李舜臣 提督의 功勳」『해군』통권 제327호, 海軍本部, p. 55에 "거북선은 14척으로 늘어나 있었다. 목표지점은 閑山島西岸海上이었다. 리순신은 여기서 見乃梁수로에 板屋船 수 척을 미끼로 진입시키고 나머지 선대는 花島와 大竹島,海甲島 등의 섬 뒤에 숨겼다. 과연 일본선 73척은 미끼인 판옥선에 유혹되어 한산도 해상에 그 모습을 드러냈다. 리순신은 이때를 기다리고 있었다. 리순신은 鶴翼陣을 형성, 포진하고, 일제히 일본선대를 향해 돌진하였다. 거북선隊는 일본선의 脇腹을 공격하고, 板屋船隊는 실탄을 계속 날려댔다. 리순신의 지휘에 따라 조선수군의 진퇴는 일사불란했고, 74척 중 도주한 것은 불과 14척에 지나지 않았다."고 하여 거북선이 참전하였으며, 그것도 14척이나 기록되어 있다.

808)『兵將說·陣法』(國防部戰史編纂委員會, 1983), p. 205. "五陣(方陣·谷陣·銳陣·直陣·圓陣), 長蛇陳·鶴翼陣·偃月陣·魚鱗陣·鳥雲陣 등이 있다."

809)『兵將說·陣法』(國防部戰史編纂委員會, 1983), p. 207. "四統皆橫列則一部成鶴翼陣也 四統皆從列則一部成長蛇陳也 四統連合而句列則一部成偃月陣也 四統承縫而列則一部成魚鱗陣也 四統各聚而陣則一部成鳥雲陣也."

810) 李濟現,『忠武公 李舜臣과 古今島 忠武祠』(李忠武公遺蹟古今島 忠武祠 保存會, 1989)에 보면, 古今島 忠武祠(옛이름 關王廟, 誕報廟)에 소장된 "右水營戰陣圖帖(乾隆45年 庚子, 正祖4, 1780년: 가로 10.5㎝, 세로 28.5㎝)에 銳陣圖(復菱形陣)·直陣圖(復方陣)·圓陣圖(圓形陣)·曲陣圖(復方變形陣)·尖字禮圖(復쐐기陣)·二路行(護送從列陣)·左右禮(護送從列辰)·鶴翼陣 등이 있는데, 여기서 鶴翼陣은 前翼陣圖와 後翼陣圖의 두 가지가 있다.

811) '偃月陣'은 西洋의 'Convex Crescent(볼록陣), Concave Crescent(오목陣)'과 매우 비슷하다. 金一相, 「鳴梁海戰의 戰術的 考察」『壬亂水軍活動硏究論叢』(海軍軍史研究室, 1993), p. 219 참조.

다.

이 학익진을 형성하기 위해서는 그 이전에 아마도 장사진(종렬진)·어린진(復䥫기진)·첨자찰(復䥫기진) 등을 펼쳤을 것으로 여겨진다. 그리고 학익진은 반달모양(Half-moon)으로 되어 그 양익단의 반대측에 있는 우군은 사선(Line of fire)에 있기 때문에 현대적 포술 원칙으로는 사격이 금지되는 것이다.

그러나 대전을 쏘면 그 최대 사정거리가 800~1000보이고, 발사대인 동차의 구조상 수평사격이 불가하여 최소 사정거리가 240~360m였으므로[812] 실제로 적선과의 거리 240m 이내에서는 대형 총통으로써는 전혀 공격이 불가능하게 된다. 이러한 결함요소를 극복할 수 있는 진형이 바로 학익진이다.

다시 말하면 임진왜란 시의 전투함은 판옥선이고, 그것은 함포를 상갑판에 탑재하여 사용하므로 여장(女墻)을 제외하고는 장애물이 거의 없으며, 돛(帆)을 사용하더라도 이물 쪽의 총통을 사용할 수 있다. 실제 총통을 쏠 때에는 돛을 내린다.

그래서 조선수군이 왜적선의 조총 사정거리(200m) 밖에서 함수포를 최대한으로 이용하여 거의 원형에 가깝도록 진형을 형성하여 판옥선의 판옥, 즉 함교 전방의 총통을 이물 쪽으로 향하여 집중포격하였던 것이다. 이 방법은 학익진도의 배치가 적선을 향하여 둥그렇게 진을 벌려 있는 데서 알 수 있다. 물론 이보다 훨씬 원거리에서는 대형 총통으로 철환에 이어 대전을 발사하며, 근거리에서는 완구에 단석이나 비격진천뢰를, 소형총통에는 장전, 편전 등을 사용하게 된다.

이 학익진의 운용에 대하여 "적이 횡열진을 형성할 때, 아측이 학익진을 형성하게 되면, 선수포 사용에는 지장이 없으나, 중앙 부근선은 사거리가 양익(兩翼)보다 증가되고, 유효사거리를 유지하기 어렵게 되며, 사각(射角)이 넓어진다. 적이 장사진을 펼칠 때 학익진을 사용하는 경우에는 적의 선도선은 아선에 포위당하는 형태가 되며 집중공격을

812) 高角이 35°일 때, 각 총통의 사정거리를 이용하여 가장 이상적인 조건(공기저항 무시 등)의 공식 R=V/gsin2Θ. R:사정거리(M), g:지구중력가속도(9.8㎨), V:被射體의 初速(㎧)을 적용 산출. 〔해군사관학교 물리학 박사 류기상 제공〕

받게 된다. 따라서 적은 도망가거나 횡렬진을 사용하지 않을 수 없게 된다."고[813] 하였다.

이것은 그럴 개연성은 없지 않지만, 총통과 동차의 구조적 특성으로 볼 때, 학익진의 반월형 공격은 적이 어떤 진형을 펼치더라도 용이하게 물리칠 수가 있었다고 본다.

그래서 왜적선이 어떤 진형을 형성하더라도 조선수군은 그 조총의 유효 사정거리인 200m 이내에 들어가지 않고, 학익진을 펼치며, 1㎞ 이상에서는 철환을 쏘고, 200m까지는 대전(大箭)을 발사하였다. 그것은 곧 조선수군의 피해가 전과에 비하여 너무도 경미한 것에서도 입증된다.

그러므로 적군이 장사진일 때, 아군이 학익진을 사용하여 적을 포위・공격하는 공격위주의 전술로써 리순신은 남해안의 제해권을 완전히 장악하였다. 뿐만 아니라 조선에 주둔한 일본군 전체를 반신불수로 만들어 평양까지 진출한 소서행장이 한 발짝도 전진할 수 없게 한 결과를 가져왔을 만큼 중대한 의미가 있었다.[814]

이런 사실은 이미 임진왜란 때에 웅천에 상륙했던 세스뻬데스가 "그들(조선인)은 사기충천하여 일본인들을 기다렸고, 큰소리와 아우성을 치면서 일본인들을 공격하여 큰 피해를 입혔고, 일본 병사들의 상당수가 바다로 뛰어들었다. 꼬라이(조선)인들은 그들이 항상 사용하던 쇠갈고리와 쇠사슬을 가지고 일본인의 배들을 붙들어서 도망가지 못하게 하면서 얼마 동안은 공방전이 진행되면서 일본인들을 최악의 상태로 몰아넣고 끝내는 일본인을 완전히 굴복시켰다."는[815] 말에서 알 수 있다.

그리하여 이후부터 풍신수길은 일본 수군 장수들에게 지시하기를 해전을 중지하고, 거제도에 축성하여 웅거하면서 기회를 엿보아 육지로

813) 金一相,「鳴梁海戰의 戰術的考察」『壬亂水軍活動研究論叢』(海軍軍史研究室, 1993), pp. 219~220.

814) 德富猪一郎,『近世日本國民史豊臣氏時代』丁篇,(民友社, 1925), p. 661.

815) 朴哲,「스페인 선교사가 기록한 임진왜란」『忠武公李舜臣研究論叢』(해군사관학교 박물관, 1991), p. 228.

부터 조선수군을 쳐부수는 작전을 모색케 하였던 것이다.[816)]

그리고 조선수군의 총통에 대항하기 위하여 대형 총통 300자루를 따로 내 주기도 하였다. 이 같은 사실은 곧 일본수군의 조총이 조선수군이 사용하는 총통에 비하여 오히려 매우 열세였음을 입증하는 것이기도 하다.

그렇다면 조선은 우수한 무기를 갖추고도 왜적에게 그토록 피해를 많이 입었느냐는 질문이 있을 수 있다. 그것은 부산진 전투도, 동래성 전투도, 평양성 전투도에서 보듯이, 성곽의 어디에도 대포가 1문도 설치되어 있지 않다. 이것은 곧 전쟁준비가 활과 창과 칼 중심이었으며, 화력이 센 대형 총통을 활용한 방어태세가 전혀 이루어지지 않았음을 보여준다.

만약 어떤 성곽에서든지 대형총통과 완구 등을 설치하여 조란환 등을 쏘아댔더라면, 왜적들은 근접하기가 매우 어려웠을 것이며, 조선의 성들이 그렇게 쉽게 무너지지도 않았을 것이다.

(5) 수륙합동 공격 전술

리순신의 전략·전술은 매우 다양하다. 그 가운데서 일본군이 수륙병진으로 기습공격해 왔지만, 리순신은 그들을 쳐부수는 데 수륙합동 공격 작전을 수행한 것이 매우 특이하다. 제2차 세계대전의 노르망디 상륙작전이 있기 350여 년 전에 이미 리순신은 상륙작전을 수행하고 있었다. 전략적·전술적 탁월한 식견이었다.

> 지난 6월 15일 창원에 있던 왜적이 함안으로 돌입한 뒤, 16일에 무려 800여 척이나 되었으며, 이후 부산과 김해에서 웅천·제포·안골포 등지로 옮기었고, 그 밖에도 왕래하는 배들이 얼마인지 그 수를 알지 못하는데, 적이 수륙으로 함께 날뛰는 것이 서쪽으로 침범할 기색이 현저하므

816) 北島万次,『朝鮮日日記·高麗日記』(東京: 株式會社そしえてね, 1982), pp. 183~184.

> 로, 리억기 및 원균 등과 함께 온갖 방책을 의논한 끝에 적의 길목인 견내량과 한산도 바다 가운데를 가로막아 진을 벌렸습니다.…
> 지난 6월 26일 선봉 적선 10여 척이 바로 견내량으로 향하여 오다가 우리들의 복병선에 쫓겨가고는 다시 나오지 않는데, 반드시 우리 군사를 유인하여 좌우와 뒤를 에워쌀 계책이었습니다. 저의 생각으로는 요로를 굳게 지켜 편안히 있다가 피로해진 적을 기다려서 먼저 선봉을 쳐부순다면, 비록 백만의 적이라도 기운을 잃고, 마음이 좌절되어 도망치기에 바쁠 뿐 아니라, 한산 바다는 작년에 대적이 섬멸당한 곳이므로, 이곳에 진을 치고서 그들이 움직여 한마음으로 협력하여 치기로 죽기로써 맹세하였습니다.[817)]

이 사료는 1593년 7월 1일에 보고한 것으로서, 견내량의 전략적 가치를 다시 한 번 강조한 것이다. 더구나 견내량과 한산도 앞바다에는 한 해 전인 1592년에 우리는 대첩을 하고 일본군은 대패를 한 곳이기에 정신적으로도 우리가 우세한 전략을 구사했던 것이다.

이 역시 바다이기에 가능한 전략이기도 하다.

> 대개 수륙으로 적을 치는 것이 모두 급한데, 근일에 와서는 의논이 분분하여 수군의 방책에 있어서는 열 가지 중에서 한 가지도 실시되지 못하니, 난리가 일어난 지 수년 동안 백방으로 계획이 처음부터 끝까지 한결같이 품은 소원이 도리어 허사로 돌아갔습니다. 저와 같은 못난이는 만 번 죽어도 달게 받겠으나, 당장 나라가 다시 만들어지는 날에 있어서 전혀 어름어름 넘기기로만 하여 이 지경에까지 이르렀으니, 뒷날에 후회한들 무슨 소용이 있겠습니까. 자나깨나 생각해 보아도 어찌할 바를 알지 못하여 원통하고 민망함이 그지없습니다.[818)]

---

817) 『임진장초』 장계33. “去六月十五日 昌原之賊 移突咸安之後 十六日 水路賊船 無慮八百餘隻 自釜山金海移泊于熊川薺浦安骨浦等處 其他往來船隻 不知其數是白在如中 水陸俱擧 顯有西犯之意乙仍于 擧李億祺元均等 百爾籌策 賊路要衝是白在 見乃梁閑山島洋中 把截列陣爲白有如乎. … 去六月二十六日 先鋒賊船十有餘隻 直向見乃梁爲白如可 爲臣等伏兵船被逐 更不出來爲白去等 必其誘引我師 左右繞後之計是白在果 臣等之意 堅守要路 以逸待勞 先破先鋒爲白在如中 數百萬之衆 氣喪心挫 退屯無暇叱分不諭 同閑山一海段 前歲大賊 就殲之地是白乎等用良 屯兵此地 以待其動 同心挾攻次以決死誓約爲白齊.”

818) 『리충무공전서』 권3 장계2 「請緣海軍兵糧器全屬舟師狀」. “大槩水陸討賊 俱是急務 而近日以來論議紛紜 舟師策應凡百措事十未一施 變生數載百爾經營 終始如一之 願反歸虛地如臣駑劣萬死不固甘當國歌再造之日 全務姑息於此 噬臍決難追及 寤寐思惟

이 글은 리순신이 1593년 윤11월 17일에 보고한 '연해안의 군병기를 수군에게 전속시켜 줄 것을 청하는 장계'에 적힌 글이다.

이 글에서 보듯이, 수군과 육군이 함께 공격하는 것이 상책이지만, 육군의 지원이 없으므로 하는 수 없이 수군으로써 왜적을 무찔러야 하겠는데, 조정에서는 수군에 관하여 적극적으로 지원해주지 않기 때문에 결전전략으로 왜적을 소탕하겠다는 국방의지가 헛되게 돌아갈 것만 같다는 말이다.

그러나 우리는 일본을 염치없는 후안무치로만 몰아붙이기 전에, 우리가 할 일은 제대로 했는가? 하는 것에 반성하는 자세도 필요할 것이다. 일본의 입장을 옹호하려는 것이 아니라, 그런 틈새를 보여서도 안 될 것이며, 일이 잘못 되고 나면 돌이킬 수 없게 된다고 리순신은 강조하고 있다.

그리고 리순신의 기본 자세는 자신의 목숨 따위는 이미 나라에 바쳤으므로, 더 이상 연연하지 않는다는 것이며, 만 번 죽는 일이 있더라도 나라를 생각해야 한다며, 말로써 이러쿵저러쿵 이론(異論)이 분분해서는 안 된다고 했다.

어떻게 해서든지 리순신은 수륙으로 합동하여 공격하는 것이 최상의 방법이라고 하면서 적극적으로 육군이 지원해 주어야 한다고 했다.

> 10월 초2일. 육군과 협공하기로 약속하고 리순신은 도독의 수군들과 함께 나가 싸우다가 미처 결판을 내기도 전에 사도첨사 황세득이 탄환에 맞아 죽었다. 황세득은 리순신의 처종형이다. 여러 장수들이 들어가 조문하였더니, 리순신이 말하기를, "황세득은 나랏일로 죽었으니 그 죽음이 영광스럽다."고 했다. 그런데 이때 류정 제독이 나가 싸우지 않기 때문에 격분해 마지않았다.[819)]
>
> 초2일에 리순신이 공격할 적에 류정 제독의 군대는 성 아래 60보(126.24m) 근처까지 접근하였다. 왜적의 조총탄은 비오듯하였다. 류정

不知所爲痛悶無極."

819) 『리충무공전서』 권9 부록1 行錄 28~29면. "十一(sic)月初二日約陸軍挾擊公與都督舟師進戰未決蛇渡僉使黃世得中丸而死世得公之妻從兄也諸將入弔公曰世得死於王事其死也榮劉提督不肯進鬪都督憤怒不已."

> 제독은 끝내 지휘기를 세워두고서 독전하지 않았다. … 이러는 동안에 썰물이 되어 우리 수군은 철수하였다.[820)]
>
> 우리 수군은 초2일에 합세하여 왜적을 공격하였다. 육군은 수군이 싸우는 것을 관망만 하고 싸우지 않았으므로, 오로지 수군만이 공격전을 벌였다. 우리 수군은 목숨을 걸고 싸워 왜적의 시체가 언덕 아래에 어지럽게 흩어져 있기도 하고 겹겹이 쌓여 있었다. 우리 수군은 29명이 전사했으며, 중앙조정 군사〔天兵〕는 5명이었다.[821)]

이것은 육지에서 류정 제독이 예교성(曳橋城)을 공격하도록 되어 있었지만, 사천에서 연합군이 패배했다는 소식을 들었던 때문에 많은 피해를 입었다. 여기서 "육군과 수군이 협공하기로 약속"했다는 말은 곧 수륙합동 공격전략인 것이다.

그 결과야 별로 성과도 없이 전사자·부상자를 내게 된 것은 류정 제독이 리순신과의 처음의 약속을 지키지 않고, 육지에서의 공격명령이 떨어지지 않아, 육지에서의 공격이 이루어지지 않은 데서 빚어진 것이다.

그러나 리순신은 수륙합동 공격의 효과를 잘 알고 있었고, 그런 때문에 중앙조정 수군〔天兵〕과도 힘을 합하여 전력투구하였음을 알 수 있다.

---

820) 『선조실록』 권105 선조31년 10월 갑자(12일). "右議政李德馨馳啓曰 劉提督初二日攻城時 諸軍前進城下六十步許 賊之銃丸如雨 提督終不偃旗督戰. … 于時潮水漸落 水兵亦退."

821) 『선조실록』 권105 선조31년 10월 을축(13일). "水軍統制使李舜臣馳啓曰 初二日 舟師合勢討賊 知陸兵觀望不進 專力於舟師. 我軍血戰 賊屍狼藉岸下 或有枕積. 我兵逢致死二十九名 天兵五名云."

4. 현대 전쟁원칙에서 본 리순신의 전쟁원칙

전쟁에는 전쟁을 수행할 수 있는 갖가지 원칙이 있다. 그런 원칙이 절대적인 것은 아니겠지만, 대체로 그런 원칙이 준수되면 전쟁에 승리할 수 있는 확률이 높다는 것을 학술적으로 전개해놓은 것이다.

그런 전쟁의 원칙의 항목은 각 군(軍)에 따라 다르며, 해군도 각 나라마다 다르기도 하다. 특히 전쟁 원칙이라는 군사전술의 문제는 목표(目標)・기동(機動) 및 공세(攻勢)・집중(集中)・지휘통일(指揮統一: 통합)・기습(奇襲)・절제(節制)・정보(情報) 및 경계(警戒)・사기(士氣) 등의 원칙이 있다.[822)]

그러면 400여 년 전에 임진왜란을 승리로 이끈 리순신은 과연 어떤 전쟁원칙을 적용했을까? 물론 현대와 같은 전쟁원칙을 적용하지는 않았을 것이다. 그러나 고대병법이라고 하더라도『손자병법』을 비롯한 병법에는 그 나름대로의 원칙이 있다. 여기서는 고대병법을 적용한 리순신의 병법이 아니라, 현대병법으로 분석해보는 것이므로 여기서는 생략한다.

오직 여기서는 리순신이 해전에 적용했던 어떤 원칙을 그의 기록에서 찾아 현대 전쟁원칙으로 알아봄으로써 얼마만큼 훌륭한 전술가였던가 하는 것을 알 수 있을 것이다.[823)]

물론 〈표Ⅵ-5〉에 언급된 이러한 전쟁의 원칙들이 한 가지씩 독립하여 운용되지는 않는다. 또한 여기에 포함되지 않은 어떤 요소라 하여 그것이 전쟁에 적용되지 않는 것도 아니다. 원칙들마다 모두 연계되어 운용되기 때문에 전쟁원칙의 종합예술이라고도 할 만하다.

---

822)『해군기본교리』해교 0-1,(해군본부, 1996)을 참조.
823) 전쟁원칙을 리순신의 전략사상에 적용시킨 것은 姜永五의『海洋戰略論』(寒國海洋戰略硏究所, 1998), pp. 252~268에서도 언급된 바 있다.

〈표VI-5〉 전쟁원칙의 선택

원칙		미국	영국	한국	손자	클라우제비츠	풀러
목표	Aim		○		○		
	Objective	○		○	○	○	○
공세	Offensive	○	○	○	○	○	○
집중	Concentration		○	○		○	
	Mass	○				○	
기동	Maneuver	○		○			
	Mobility	○			○	○	
통합	Unity of Command	○		○			
협조	Cooperation/ Coordination		○		○		
보안	Security	○	○				
경계				○			
기습	Suprise		○	○			
단순성	Simplisity	○			○	○	○
융통성	Flexibility		○				
행정	Administration		○				
이용	Exploitation			○			
준비	Preparation			○			
사기	Morale		○	○			
절약	Economy of Force	○	○				

※ 출처: 姜永五,『海洋戰略論』(서울: 韓國海洋戰略研究所, 1998), p. 209.

리순신은 이러한 준비와 전략·전술 그리고 전쟁원칙으로써 왜적과 바다에서 싸워 30번의 해전을 치르면서 모두 이겼다. 그리고 임진왜란이 종결되었다. 이 원인은 무엇보다도 해전의 승리로 말미암아 일본군이 육지에서도 더 이상 버티거나, 싸울 의지를 상실하였다고 보아야 할 것이다.

풍신수길이 죽었기 때문에 더 이상의 전쟁은 무의미하니까 더 이상 싸우지 않고 물러간다는 표면상의 이유는 전쟁의 본질상 설득력이 없다. 싸워서 확고하게 피해가 크지 않고, 이길 수 있다는 보장만 된다면, 풍신수길이 죽었다 하여 철수할 까닭이 없는 것이다. 풍신수길이 죽었어도 계속 싸웠을 것이다.

싸워서 상대 나라를 차지할 수 있을 것임에도, 그러지 않고 전쟁을 포기하고 철수한다는 것은 패배했다는 말이다. 바로 임진왜란을 일으킨 일본이 그렇게 했으므로, 일본이 패배했던 것이다.

그러나 조선이 승리하였다는 말로 귀결되지는 않는다. 왜냐하면 승리의 뒤에는 전쟁의 책임문책이 따르는데, 조선에서는 배상도, 보상도 요구하지 않았고, 포로 몇 명만 돌아오게 한 것이 모두였기 때문이다. 그 행위의 주체도 국가가 아니라, 스님이었다.

임진왜란 때에 34번의 해전 가운데서 리순신이 지휘하였던 30번의 해전을 얼마만큼 이겼는지, 그 전과와 피해가 얼마나 되는지를 살펴보면, 그것이 과연 전쟁을 일으킨 나라의 전투활동 결과라고 하기에는 그 능력이 의심스러울 정도이다.

여기서 임진왜란 때에 리순신이 수행한 30번의 해전을 통하여 현대에 적용되는 16개의 전쟁원칙에서 어떤지를 서로 비교해보자. 비록 견해에 따라 전혀 달리 평가될 수도 있을 것이지만, 시공을 초월한 원론적 원칙의 차원에서 그 의미가 있을 것이다.

(1) 목표의 원칙

목표는 싸워서 이기기 위한 확실한 대상의 선정이다. 이것은 바로 주적(主敵)이 명확해야 한다. 하나의 화살은 하나의 과녁에도 맞히기가 쉽지 않다. 그런데 만약 2개 이상의 과녁에 쏘게 한다면, 분명 하나의 화살은 그 어느 하나의 과녁에도 맞히지 못할 것이다.

여러 개의 화살이라도 하나의 과녁을 맞히게 한다면 명중할 확률은 높지만, 비록 화살이 많을지라도 여러 개의 과녁에 맞히게 한다면, 그 또한 하나의 과녁마저 맞히기 어려울 것이다.

그러면 리순신은 공격대상에 대해 어떻게 보고 조치했는지를 보자.

1592년 5월 7일. “덤벙대지 말라! 태산처럼 침착하라!”고 하자, … 제가 거느린 여러 장수들은 한결같이 분발하여 모두 죽을힘을 다하니, 배 안에 있는 관리와 군사들도 그 뜻을 본받아 서로 격려하며, 분발하여 죽기를 기약하였습니다.[824)]

1592년 5월 4일. 지난번에 내륙에 있는 왜적들이 곧 경기지방으로 바싹 다가온다고 하였으므로, 신(리순신)과 제 관할 여러 장수들은 분발하지 않는 이가 없으며, 칼날을 무릅쓰고 사생결단할 것을 각오하였습니다.[825)]

전투하기 직전에 군사들의 마음을 다잡고, 또 싸우면서도 상황을 보아가면서 서로 다짐하는 이런 한 마디의 호령에 일사불란하게 움직인 군사들은 초기해전에서의 심리적 갈등과 공포심에도 불구하고 침착하게 대응할 수 있었고, 그로 말미암아 왜적을 전멸시키는 대승을 거둠으로써 임진왜란의 첫 해전인 옥포해전에서는 기선제압(機先制壓)을 함으로써 성공했던 것이다. 이것이 해전마다 승리하는 하나의 기틀이 되었던 것이다.

이것을 훗손 원칙에서 보면, 무엇보다도 긴박한 상황에서도 침착하게 여유를 가졌으며, 개인의 능력을 인정하고, 각자가 모두 자신의 책임을 다했다는 것이다.

1592년 5월 4일. 적들이 되돌아갈 길목을 막아 끊어서 왜적선을 쳐부숴버린다면, 후방을 염려하여 바로 후퇴할 생각을 가질 수도 있을 듯합니다.

1592년 5일과 6일. 사이에 자꾸 잇따라 왔으므로, 두 도(전라좌도·경상우도)의 여러 장수들을 한 곳에 불러모아 두 번, 세 번 약속을 명확히 하였다.

1594년 3월 7일. 왜적이 스스로 흔단을 일으켜 군사를 이끌고 바다를 건너 와, 죄없는 우리 백성들을 죽이고 또 서울로 쳐들어가 흉악한 짓들을 저지른 것이 이루 말할 수 없으며, 온 나라 신하와 백성들의 통분함

---

824) 『임진장초』 장7 「初度玉浦勝捷啓本」 및 『리충무공전서』 권2 장계9 「玉浦破倭兵狀」. “勿令妄動 靜重如山 … 臣矣所率諸將等 一心憤發 咸盡死力 舟中吏士 亦效其意奮勵激切 以死爲期.”

825) 『임진장초』 장6 및 『리충무공전서』 권2 장계9 「赴援慶尙道狀(3)」. “向內之賊將迫畿甸是如爲白去等 自臣以下諸將 莫不憤發 冒鋒刃決死生吪分不諭. … 萬曆二十年五月初四日.”

이 뼈 속에 맺혀, 이들 왜적과는 같은 하늘 아래서 살지 않기로 맹세하고 있습니다.
1594년 9월 3일. 여러 장수들과 맹세하여 죽음으로써 원수를 갚을 뜻을 결심하고 나날을 보내고 있다.

리순신은 언제나 주적 개념을 분명히 하였다. 이것은 전쟁에서 싸워야 하는 목표를 명확히 함으로써 군사들의 임무가 단순하고, 일목요연하게 되기 때문이다.

그리고 적의 의도를 간파하는 것이 매우 중요한데, 리순신은 왜적의 의도를 꿰뚫고 있었으므로, 왜적에 대해 아군의 사전행동이 가능하게 되어 군사들의 피로를 들어줄 수 있었다. 여기서의 약속은 부대마다 군사들의 각자의 임무를 명확히 한 것이다. 분명한 임무가 주어졌을 때에 그 임무의 수행은 그만큼 쉬워진다는 것을 리순신은 잘 알고 있었던 것이다.

또 리순신은 임진왜란이 일어났을 때부터, 전쟁소강기에 들었을 때도, 일본과 강화회담 중이거나, 일본군이 물러가겠다고 했을 때도 "원수와는 함께 살 수 없다."고 복수심을 불태웠다. 그러나 명나라 군사〔唐軍〕가 조선에 지원하러 와서, 비록 재물을 貪하고, 여인을 유린하고, 왜적의 목을 뺏어갔어도 적으로 간주하지 않았다. 이것은 리순신과 함께 모든 군사가 한결같이 조선을 침범한 왜적을 격멸하는 데 목표를 두고 있었기 때문이다.

적·아, 즉 적군과 우군의 구분이 분명했기 때문에, 침략해온 일본군에 대해 리순신은 말끝마다 "왜적선을 단 1척도 돌려보낼 수 없다."고[826] 했던 것이다.

리순신은 주적개념(主敵概念)을 확실히 심어주었다. 대개 성공자들의 특징은 발전적으로 원대한 구체적 목표를 가졌으며, 무엇보다도 행동가로서 위를 바라보며 무언가를 확실하게 해내기 위하여 그 목표설정과 목표달성의 원리를 다 활용하였다.

826) 『임진장초』 장18. "將次次進討期使隻輪不返… 舟師水戰鏖殺… 萬曆二十年一月二十六日."

조직의 목표를 달성하기 위해 개인이나 집단을 통해서 일정한 과업을 수행하는 과정이 조직관리다. 조직이 수행하고자 하는 요구수준이 목표이므로, 목표관리(Management by Objectives: MBO)라는 이름으로 1950년대부터 발전되었는데, 이것은 목표를 발견・설정・검정・수행・평가를 함으로써 목표달성을 하게 되는데, 리순신은 임진왜란에서 승리라는 가장 큰 절실한 목표를 가지고 있었기 때문에, 확실한 적개심의 대적관을 가진 횟손을 가졌다.

그래서 어떠한 왜적이라도 되돌아갈 수 없게 해야 한다고 강조하였다.

> 왜적이 스스로 트집을 잡아 군사를 이끌고 바다를 건너와 죄없는 백성을 죽이고, 서울로 쳐들어가 흉악한 짓들을 저지른 것이 말할 수 없으며, 온 나라 신하와 백성들의 통분함이 뼛속에 맺혀, 이들 왜적과는 같은 하늘 아래에서 살지 않기로 맹세하였습니다. 각 도의 배들을 정비하여 곳곳에 주둔하고, 동서에서 호응하면서, 육지에 있는 장수들과도 의논하여 수륙으로 합동공격해서, 남아 있는 왜적들을 1척의 배라도 못 돌아가게 하여 나라의 원수를 갚고자 합니다.[827)]

이처럼 리순신은 "우리의 주적(主敵)은 조선에 침범한 왜적이며, 그 왜놈들과는 같은 하늘 아래서 함께 살지 않기로 맹세"했을 뿐 아니라, 왜적선을 "단 1척도 살아서는 돌아가지 못하게 하겠다.〔隻櫓不返・片帆不返〕"는[828)] 말을 피력하였다. 이를 통하여 리순신 자신의 의지가 매우 굳건했음도 짐작할 수 있으며, 이보다 더 철저한 국가관을 나타낸 말도 드물 것이다.

이렇게 대적하는 주적의 개념이 확고히 자리 잡혔을 때라야 만이 조직구성원의 각자의 임무도 더 분명하게 되어 스스로 목표달성의 길로 나아가게 된다.

---

827) 『임진장초』 장66 및 『리충무공전서』 권1, 잡저 15면, 「答譚都司宗仁禁討牌文」. "倭人自開釁端兵渡海 殺我無辜生靈 又犯京都行兇作惡 無所紀極 一國臣民痛入骨髓 誓不如此賊共戴一天 各道舟艦無數整理處處屯駐 東西策應 謀與陸地神將等 水陸合攻 使殘兇餘孽隻櫓不返擬雪國家之怨讐."

828) 『난중일기』 계사년 3월 22일(정축). "大遁之賊 〔隻輪〕片帆不返."

> 도사 대인의 타이르는 패문이 뜻밖에 진중에 이르므로, 몇 번이나 읽어 보니, 순순히 타이르신 말씀이 간절하고 곡진하기 그지없습니다. 다만 패문의 말씀 가운데, "일본 장수들이 마음을 돌려 귀화하지 않는 자가 없고 모두 병기를 거두어 우리나라로 돌아가려고 하니, 너희들 모든 병선들은 속히 각각 제 고장으로 돌아가고, 일본 진영에 가까이 하여 트집을 일으키지 말도록 하라."고 하였는데, 왜인들이 거제·웅천·김해·동래 등지에 진을 치고 있는 바, 거기가 모두 다 우리 땅임에도 우리더러 "일본 진영에 가까이 가지 말라."함은 무슨 말씀이며, 또 우리더러 "속히 제 고장으로 돌아가라."고 하니, 제 고장이란 또한 어디 있는 것인지 알 길이 없고, 또 트집을 일으킨 자는 우리가 아닙니다. 왜적이라는 것은 일본에 있는 사람들인데, … 이제 강화한다는 것은 실로 속임과 거짓밖에는 아닙니다.[829)]

이 글은 리순신의 애국심과 더불어 호국의 의미를 우리들에게 되뇌게 해줌과 아울러, 마음으로부터 각성을 촉구하는 것 같다. 특히 왜적들의 의도가 무엇인지를 이미 간파한 것이라든지, 트집잡고, 빌미를 만든 것은 오직 왜적이며, 왜적들이 머물고 있는 한 치의 땅이라도 모두 우리 땅이라고 분명하게 강조하였다.

군대는 무엇보다도 지휘관의 확고한 대적태세에서는 어떤 양보·후퇴도 있을 수 없으며, 정책·전략을 다루는 기관·전문가에서부터 최말단에 이르기까지 《손자병법》에 나온 것처럼 "적을 죽이려면 적개심(敵愾心)을 불러일으켜야 한다."고[830)] 했다. 《병장설》에서 "병법의 큰뜻은 장병들을 어루만져 양성하고, 활쏘기와 말타기를 익히며, 신상필벌을 하고, 예의를 가르쳐서 부당한 경쟁을 없애며, 오로지 충효를 굳게

---

829) 『리충무공전서』 권1, 잡저 15~16면. 「答譚都司宗仁禁討牌文」 "都司大人宣諭牌文 不意到陣 奉讀再三 諄諄懇懇 極矣盡矣 但牌文曰 日本諸將 莫不傾心歸化 俱欲捲甲息兵 盡歸本國 爾各兵船 速回本處之方 毋得近駐日本營寨 以起釁端云 倭人屯據巨濟熊川金海東萊等地 是皆我土 而謂我近日本之營寨云者何也 謂我速回本處地方云地方亦未知在何所耶 惹起釁端者 非我也倭也 日本之人 變詐萬端 自古未聞守信之義也兇彼〔狡〕之徒 尙不稔惡 退據沿海 … 今之講和 實涉詐僞."

『임진장초』 장66은 『리충무공전서』 권4 장계 16~20면의 「陳倭情狀」과 같으며, 위의 史料內容과도 같은데, 단지 뒷부분에 "甚 謹昧死以復"가 아니라, "甚事 臣及元均李億祺 同狀着〔著〕名成送爲白有在果"(…하였습니다. 李舜臣과 元均 및 李億祺는 위의 答問에 이름을 같이 적어서 보냈습니다.)라고 적혔다.

830) 『孫子兵法』 第2 作戰篇. "殺敵者怒也."

지키고, 항상 적개심을 품게 하는 데 있다."고[831] 했듯이, 적개심으로 뭉쳐야 유사시에 승리를 보장할 수 있다.

적개심이 없는 조직·사회·국가는 반드시 패한다. 주적을 주적으로 보지 않고, 그들에게 이롭게 하는 행위는 반드시 패한다.

바로 이런 력사적·군사학적 교훈을 임진왜란에서 찾을 수 있으며, 리순신은 조선을 침범한 왜적을 주적으로 보고, 그들을 결코 돌려보내지 않고, 그들을 응징했으며, 오직 국토회복만이 순천의 살길임을 주장하고, 몸소 실천하였다.

이러한 애국·호국에 나선 리순신에게도 당시의 상황은 매우 노심초사하게 하고, 절박하였는지는 다음의 글에서 알 수 있다.

> 1594년 3월 7일. 몸이 극도로 불편하여 꼼짝하기조차 어렵다. 아랫사람으로 하여금 패문을 짓게 했더니 지어 놓은 글이 꼴이 아니다. 또 경상우수사 원균이 손의갑(孫義甲)으로 하여금 작성하게 했음에도 그것마저 못 마땅했다. 나는 병을 무릅쓰고 억지로 일어나 앉아 글을 짓고, 정사립(鄭思立)에게 이를 쓰게 하여 보냈다. 오후 2시쯤에 출항하여 밤 10시쯤 한산도 진중에 이르렀다.
>
> (위와 같은 날) 대개 모든 장수와 군사들이 승첩한 기세로 기뻐 뛰며 다들 사생결단으로 바로 돌진하려고 할 뿐 아니라, 주리고 파리하여 숨이 가빠하던 군졸들도 모두 기꺼이 출전하여 왜적선 30여 척을 모두 쳐부수고 불태웠으며, 1척도 빠져나간 것이 없다. 그리고 그대로 장문포와 영등포의 왜적들을 차차 무찌르려고 계획하되, 수군에 소속된 라주 이상 아홉 고을은 더 만들 전선과 본디 있던 전선도 모두 오늘까지 돌아오지 않고, 그 도의 각 진포에서도 각 고을의 수군을 징집해 보내지 않으므로, 정비되지 않고 있으며, 충청수사 구사직(具思稷)도 지금까지 진에 도착하지 않아 병력의 위엄이 고약할 것 같으므로, 형세를 보아서 진격하기로 하고, 한산도 진중으로 돌아왔다.[832]

---

831) 『兵將說』 諭將篇 其三 修勞篇. "兵法大旨 在撫養將士 習以弓馬 信賞必罰 敎以禮義 無所爭競 但秉忠孝 常懷敵愾."

832) 『리충무공전서』 권4 ·장계 23~24면. 「唐項浦破倭兵狀」 "大槪一陣將士乘勝踴躍皆欲決死生直突飢羸奄奄之卒亦皆樂赴倭船三十餘隻盡數焚滅無一隻網漏仍討場門永登之賊次次勦滅計料而舟師所屬羅州以上九官加造戰船及元戰船竝至今不爲回泊同道各鎭浦亦因各官水軍不齊捉送爲半整齊不得忠淸水使具思稷尙未到陣兵勢似爲孤弱相勢進勦次今三月初七日還到閑山陣中."

이때는 리순신이 개인적으로 건강이 그 전날부터 매우 나빠져서 눕기조차 힘들었지만, 사태의 심각성, 사건의 중요성 때문에 아픈 몸을 억지로 일으켜 세워 답장의 초안을 잡아주었다.

이것은 부하들의 잘못된 생각을 고치게 하고, 지휘관 자신의 확실하고도 정확한 국가관의 의지를 명확히 반영시키기 위한 것이었다. 더구나 이때는 1594년 3월 3일부터 7일까지 5일 간 당항포해전을 했던 때이며, 리순신의 이 같은 행동에 힘입어 군사들이 한결같이 즐거운 마음으로 기꺼이 전투에 스스로 용맹하게 나서는 모습이 엿보인다.

임진왜란 7년 가운데서 가장 어려웠던 시기는 무엇보다도 명량해전 때였다. 이때의 과업행동을 한번 살펴보자.

〈표VI-6〉 명량해전 직전의 리순신의 행적

과업내용	7월(12일 간)	8월(30일 간)	9월(16일 간)	계	
현장답사	18~29(12)	1~20(20)		22	92 (83.6%)
병치료	22(1)	21~23(3)		4	
해상 이동/포구 정박		24~27/29(6)	1~6/8~15(14)	20	
전투		28(1)	7/16(2)	3	
수색/정탐		6/16/26/30(4)	7/9/14/16(4)	8	
패전경과 청취	18/21/22(3)	9/12(2)		5	
공문서처리/전달	23(1)			1	
교서/장계		3/7/12/14/16(5)		5	
군량확보/걱정/말먹임	24(1)	3/8/17(3)	1/6/9(3)	7	
대책논의/담화/점검	26/28/29(3)	3~5/27(4)	7/8/15/16(4)	11	
위로/병문안	22/24/25/29(4)			4	18 (16.4%)
손님맞이/문안인사	24/25/28(3)	1/8/11~13(5)		8	
곤장/효시(梟示)		13/17/19/25(4)		4	
술마심/호궤(犒饋)		15(1)	9(1)	2	
계(14종 이상)	28가지	58가지	24가지	110가지	

※ 출처: 《난중일기》 1597. 7. 18~9.16(58일 간)을 필자가 종합한 것임.

그리고 리순신은 그날의 꿈을 지난날의 꿈과 비교하면서, 자신이 비범한 능력이 있는 것으로 자인했을지도 모른다. 어쨌든 그의 카리스마로 말미암아 1개월 전 8월 15일에 수군폐지에 대한 항명의 장계를 올렸던 것은 조정에서 전혀 거론되지 않았다. 그리고 그 뒤로는 조선수군의 재건이 이루어졌다.

리순신은, 〈표VI-6〉에서처럼, 칠천량패전 뒤에 현장답사를 시작한 날부터 참전했던 군사들에게서 전투의 패배원인을 들었고, 왜적의 정보를 계속 수집했으며, 수색/정탐을 비롯한 대책논의 등의 과업을 92가지(83.6%), 위로/손님맞이나 처벌한 것 등의 인간중심의 배려는 18가지(16.4%)로서 과업중심의 업무를 수행하였다. 이것은 패전을 만회할 수 있는 기간은 너무도 짧은 데다, 이내 해전에 투입할 그 작전세력이 2개월 전에 칠천량해전에서 패배했던 사람들이며, 이들이 전쟁공포증 환자들로 취급될 수 있기 때문에 더욱 조심스런 행동과 조치가 필요했다.

전투에서 비록 패배했을지라도, 그들은 목숨을 건 싸움을 했고, 단지 요행히 살아남았을 뿐이다. 나머지 사람들은 진절머리나는 해전에서 물귀신이 되었고, 국가에서 그들에게 무엇을 어떻게 해주는지를 눈여겨보고 있으며, 그 목숨에 대한 보상・배려가 이루어지지 않을 때에는 언제든지 최선을 다하지 않고, 어떻게든 도망갈 생각을 할 수 있었다. 그래서 전사자의 이름 하나도 잊지 않아야 하며, 그 목숨의 댓가를 보람되게 청사에 빛나도록 해주어야 하며, 물론 부상자에 대해서도 배려를 아끼지 말아야 한다.

그리고 마지막 전투이지만, 노량해전을 대첩으로 이끈 원동력, 즉 휫손 성과의 영향요인이 무엇인지를 알기 위해서는 마지막 전투 이전의 1598년 9월 1일~11월 19일(78일 간) 중에 『난중일기』에 기록된 40일 간의 행적에서 알 수 있다.

리순신의 이 40일 간의 행적을 살펴보면, 44가지의 과업내용이 〈표VI-7〉에서처럼 간추려지는데, 그 가운데서 전투행위를 포함하여 40가지(90.9%)가 과업중심의 업무를 수행했음에 비하여, 상대적으로 부하

〈표VI-7〉 노량관음포 해전 직전의 행적

<table>
<tr><th>과업 내용</th><th>9월(16일 간)</th><th>10월(12일 간)</th><th>11월(12일 간)</th><th colspan="2">계(40일)</th></tr>
<tr><td>해상/육상 이동</td><td>15/18/19/20/28(5)</td><td>9/10/12(3)</td><td>9/10/11(3)</td><td>11</td><td rowspan="9">40
(90.9%)</td></tr>
<tr><td>정박/머묾</td><td>16/17/29(3)</td><td>11(1)</td><td>12(1)</td><td>5</td></tr>
<tr><td>전투 행위/추적</td><td>20~22(3)</td><td>2~4(3)</td><td>13/17~19(4)</td><td>10</td></tr>
<tr><td>부대합류/시위</td><td>30(1)</td><td></td><td></td><td>1</td></tr>
<tr><td>전비태세 확인</td><td>25/26(2)</td><td>5(1)</td><td></td><td>3</td></tr>
<tr><td>군량 확보</td><td></td><td>7(1)</td><td></td><td>1</td></tr>
<tr><td>담화/대책 논의</td><td>27(1)</td><td>1(1)</td><td>14~16(3)</td><td>5</td></tr>
<tr><td>정보 수집/전달</td><td>24/26(2)</td><td>6(1)</td><td></td><td>3</td></tr>
<tr><td>공문서 처리</td><td>24(1)</td><td></td><td></td><td>1</td></tr>
<tr><td>법집행/곤장</td><td>23(1)</td><td></td><td></td><td>1</td><td rowspan="3">4
(9.01%)</td></tr>
<tr><td>편지/영접</td><td>25/27(2)</td><td></td><td></td><td>2</td></tr>
<tr><td>위로연/술마심</td><td></td><td></td><td>8(1)</td><td>1</td></tr>
<tr><td>계(12가지 이상)</td><td>21</td><td>11</td><td>12</td><td colspan="2">44 가지</td></tr>
<tr><td>비고(일기 누락)</td><td>1~14일(14일 간)</td><td>13~29일(17일 간)</td><td>1~8일(8일 간)</td><td colspan="2">39일 간</td></tr>
</table>

※출처: 『난중일기』 및 『선조실록』 권106 17면에서 필자가 종합한 것임.

들에 대한 배려(9.01%)는 매우 적었다. 이것이 전시에 적용된 리순신의 진정한 승리의 훳손이다.

특히 결전의 전투에서 승리가 그 목표이므로, 부대이동을 제외하더라도, 대책논의·전비태세확인·정보수집활동이 주류를 이루는 것도 과업지향이며, 그렇게 했기 때문에 승리했던 것이다.

리순신은 이미 전사하였지만, 아직은 전투가 한창 진행되고 있었고, 리순신의 전투수행 방법과 훳손의 발휘는 어쩔 수 없는 상황에서 그 유훈이 이어지는 전투에서 계속 유효했기에 왜적선을 크게 무찔러 승리했던 것이다. 이것이야말로 훳손의 진수요, 최종 목적이라고도 할 수 있다.

리순신은 언제나 위급한 사태에서도 결코 당황하지 않고, 최상의 수단과 방법의 선택을 결심하였다. 그리고 위험을 무릅쓰고라도 필요시에는 부하에게 과감하게 권한을 위임하는 데 주저하지 않으므로, 역시 위급・전투 상황에서 리더의 부재시에도 동일한 결과가 그 대행자에 의해 가능해진다는 사실을 알 수 있다. 즉 요즘의 최신의 휫손 이론이지만, 410여 년 전에 이미 리순신은 그렇게 행하고 있었던 것이다.

(2) 집중의 원칙

전쟁에서는 모든 군사작전의 궁극적 목적이 분명 적의 전투력을 완전히 굴복시키는 데 있다. 그래서 리순신은 옥포해전이 자기로서는 처음으로 겪는 전투이므로 상황판단의 확실성에 대한 자신감과 싸워서 이길 수 있는 방책의 성공 보장에 대한 강박관념이 확실하게 서 있지 않았다고 볼 수 있다.

그러므로 경상도의 지형과 물길에 대한 사정을 낱낱이 알려 달라고 하여 도상연습을 끝내었다. 또 경상우수사 원균을 만나 지역정보와 왜수군의 활동 내용에 대해 토의하고서, 그 지역에 밝고 자기 책임구역에 맨 앞장서 싸우기를 좋아하는 원균으로 하여금 적진 속으로 쳐들어가 무찌르고 그 승세를 타고 리순신 등이 일제히 공격하여 목표한 왜선에 돌격하여 적을 쳐부수었다.

옥포해전에서는 정보의 수집과 심리적 안정된 사기를 기반으로 공격목표에 대해 집중적으로 공격하였고, 그 뒤로도 줄곧 이러한 목표와 집중과 사기의 원칙이 성공함으로써 그 뒤로 견내량해전 등 다른 해전에서도 거의 비슷한 영향을 미쳤다고 볼 수 있다. 그래서 대첩을 거둘 수 있었던 것이다.

목표와 집중은 언제나 겉과 속, 안팎〔표리(表裏)〕과 같은 원칙이다. 하나의 목표에 세력 및 화력을 집중하기 위해서는 흩어진 적에게 공격을 하기보다는 바다 한가운데로 유인해내어 집중공격을 하였음도 볼 수 있다.

특히 정유재란 때에 가등청정의 군사가 침입해오는 정보에 따라 조정에서는 황신(黃愼)이 특사로 내려와서 리순신에게 출전명령을 전달했고, 또 도원수 권률(權慄)도 직접 리순신에게 와서 출전명령을 내렸음에도[833] 이에 대해 통제사 리순신은 출전할 수 없다는 자기의 의견을 끝까지 주장하였다. 그렇게 반대의견을 제시한 데는 다름 아닌 요시라의 말을 무엇보다 믿을 수 없다는 것이며, 이것은 정보의 부정확이기도 하지만, 게다가 공격 목표로 삼을 왜적선의 위치가 정확하지 않기 때문에 집중적으로 공격할 수 없어 승리를 보장할 수 없다는 것이다.

말하자면, "적은 부대로서 이동하면 기습당할 우려가 있고, 만일 큰 부대가 이동하면 적이 모를 리 없기 때문에 출전할 수 없다."고[834] 한 말은 참으로 정확한 판단이라 할 수 있다.[835] 목표가 분명해야 성공을 기대할 수 있다는 말이기도 하다.

(3) 공세의 원칙

공세는[836] 지휘관이 주도권을 장악하고 자신의 의지를 적에게 강요하고 자신의 의도대로 전투를 수행하여 결정적인 성과를 달성하고 행동의 자유를 획득하고 유지하는 데 필요하다. 이것은 공격이냐? 방어냐?의 선택의 기준이 되기도 한다.

이때에 리순신은 경상도 지역으로 출전하는 문제에 대하여 휘하의 지휘관들과의 의견 수렴 과정이 〈표VI-8〉처럼 나타나 있으며,[837] 팽팽

---

833) 『리충무공전서』 卷首 「敎諭」 〈命從水路邀襲賊船 諭書〉 및 『임진장초』 장4. "從水路邀襲賊船 使賊有顧後之慮 此甚良策 … 但兵家進退之際 必因機會 可無誤事."

834) 『선조수정실록』 권31 선조30년 2월 임술(1일). "多發戰艦 則賊必無知之 少則反爲所襲遂不行"

835) 김현기, 『현대해양전략사상가』 (서울: 한국해양전략연구소, 1998), p. 85에 "현대개념에서 마한의 함대 집중의 원칙을 적용하여 함대결전을 수행했더라면 조기에 왜군을 격퇴할 수 있었을 것이다."고 했다.

836) 『해군기본교리』 해교 0-1,(해군본부, 1996), p. 3-10.

한 의견의 제시가 있었고, 대다수가 신중론을 주장함에 비하여 리순신은 기본적으로 적극적인 출전을 주장했다.[838)]

이렇게 출전으로 결론지어진 것을 전쟁의 원칙에서 보면, 곧 전라좌수영의 수군이 어떻게 해야 할 것인가에 대한 공세의 원칙을 토의했던 것이다. 이것은 전라좌수영만의 방어가 아니라, 왜적이 쳐들어온 경상도로의 공세적 태세를 갖춰야 한다는 것이다.

〈표VI-8〉 출전에 대한 장수들의 주장

신중론(愼重論)	즉각 출전론(出戰論)=
낙안군수 신호 등 다수의 지휘관: 본도(전라도)를 수비하는 것이 옳고, 령남으로 들어온 도적들을 나가서 친다는 것은 우리의 책임이 아니다. 전라좌수사 리순신: 적의 기세가 마구 뻗쳐서 국가가 위급하게 되었는데, 어찌 다른 도의 장수라고 핑계하고서 제 경계만 지키고 있을 것이냐. 내가 시험삼아 물어본 것은 우선 여러 장수들의 의견을 들어보자는 것이었다. 오늘 우리 할 일은 다만 나가서 싸우다가 죽는 것밖에 없다. 감히 반대하는 자가 있다면 목을 베리라.	군관 송희립: 많은 왜적이 국경을 넘어 그 형세가 마구 뻗쳤는데, 가만히 외로이 성만 지킨다고 보전될 까닭이 없으니, 나가 싸우는 것만 못하다. 다행히 이기면 적들의 기운이 꺾일 것이고, 불행히 전사한다고 해도 신하된 도리에 부끄럼이 없을 것이다. 녹도 만호 정운: 신하로서 평소에 국록을 먹다가 이런 때에 죽지 않고 어찌 감히 앉아서 보고만 있을 것이냐.

※ 출처: 李芬, 「行錄」 『리충무공전서』 권9 부록1, 9면. 단, 여기서 리순신의 주장을 신중론에 포함시켰지만, 그 내용은 강력한 출전론에 해당된다.

---

837) 『리충무공전서』 권9 부록1 行錄 9~10면. "壬辰四月十六日 … 公急召諸將 咸集本營 議以進討之事 皆以爲本道舟師 當守本道 往討嶺南之賊 恐非其任. 獨軍官宋希立曰 大賊壓境 其勢長驅 坐守孤城 未有獨保之理 不如進戰 幸而得勝 則賊氣可挫 不幸戰死 亦無愧於人臣之義. 鹿島萬戶鄭運曰 人臣平日 受恩食祿 於此時不效死 而敢欲坐視乎. 公大悅厲聲曰 賊勢鴟張 國家岌岌 豈可諉以他道之將 而退守其境乎 我之試問者姑見諸將之意耳. 今日之事 惟在進戰而死 敢言不可進者 當斬之."

838) 李在範, 『元均正論』(서울: 啓明社, 1983), p. 290. "統制使原均 贈左贊成公行狀: 裨將 李英男往見全羅左水使 李舜臣 請與合力禦敵 舜臣辭以所守 各有界限不聽 往返至五六不已 會光陽縣監魚泳潭 順天府使權俊 馳詣舜臣 力贊下海之計 舜臣始許." (裨將 李英男을 全羅左水使 李舜臣에게 보내어 힘을 합해서 적을 방어하기를 청하였으나, "李舜臣은 지키는 바, 각기 限界가 있다"하고 듣지 않으므로 서로 의견이 대여섯 번이나 오고갔다. 이때 光陽縣監 魚泳潭, 順天府使 權俊은 李舜臣에게로 달려가서 바다로 나아가 싸울 것을 勸告하니 李舜臣이 비로소 許諾하였다.)

리순신의 결론적 말에서 공세의 원칙을 충분히 엿볼 수 있으며, "어찌 다른 도의 장수라고 핑계하고서 제 경계지역만 지키고 있을 것이냐. … 오늘 우리 할 일은 다만 나가서 왜적과 싸우다가 죽는 것밖에 없다."고 한 말이 얼마나 단호하며, 비장한 각오가 서 있는지도 알 수 있다.

이러한 공세의 원칙이 예하 지휘관들과의 토의에서 확고하게 지켜지게 한 다음, 임금에게 보고하였다.

> 1592년 4월 30일. 바라옵건대 한번 죽을 것을 기약하고 곧 범의 굴〔虎穴: 敵陣〕을 바로 두들겨 요망한 적을 소탕하여 나라의 수치를 털끝만큼이나마 씻으려 합니다. 그러니 성공하거나 실패하거나, 잘되거나 못되는 것은 저가 미리 짐작할 바는 아닐 것입니다.[839)]

이 말은 마치 무모하게 공격하러 나가겠다는 공세의 원칙만을 강조한 것이 아닌가 하고 생각할 수 있지만, 처음 옥포해전부터 마지막 노량관음포해전까지 어느 해전에서든지 무모한 공격은 없었으며, 빈틈없는 계획〔萬全之計〕을 세워 언제나 이길 수 있는 여건을 만든 다음에 나가 싸웠었다. 마치 『손자병법』에서 "이기고 나서 싸운다."는 말의 실천과 같다.

(4) 기동의 원칙

기동은 전투력을 결정적인 시간과 장소에 집중적으로 투입하여 아군에게 유리한 입장에서 적에게 충격을 주는 데 중요한 역할을 한다.[840)]

전투 환경에 가장 적합한 공격시간을 찾는 능력이 리순신에게는 누구에게서도 찾을 수 없을 만큼 두드러져 보인다. 특히 사천해전 때에

---

839) 『임진장초』 장5 및 『리충무공전서』 권2 장계5 「赴援慶尙道狀(2)」. "願以一死爲期 直擣虎穴 掃盡妖氛 欲雪國恥之萬一 而至如成敗利鈍 非臣之所能逆料是白乎事是良尒 謹具啓文. 萬曆二十年四月三十日."

840) 『해군기본교리』 해교 0-1,(해군본부, 1996), p. 3-10.

원균이 마구잡이로 쳐부수자는 말을 한 데 대해 그 말을 가로막으며, 주장한 내용을 보자.

공(원균)은 병법을 모릅니다. 그렇게 하면 반드시 패하게 됩니다.[841)]

이 말은 분명 원균의 공격전술이 무엇인가를 암시해준다. 그리고 리순신의 공격의 핵심이 어디에 있는지를 알 수 있다. 리순신이 이렇게 말한 속에는 분명 "우리의 전선은 크고, 지금 물이 빠져 좌초될 우려가 있다. 그들을 유인하여 쳐부수어야 한다."는 뜻이 담겼을 것이다. 무엇보다 전장환경에 따라 공격의 방법과 공격시기가 결정된다는 것을 알 수 있다.

이런 공격의 시기는 전선(戰船)의 구조에 따른 특성에서 전술의 변화가 종속된다. 조선군의 주력함대는 판옥선이다. 일본함대의 안택선(安宅船)보다 작지는 않지만, 무겁고 약간 속력이 떨어졌을지라도, 매우 견고했으며, 안전성이 있었다.

조선수군을 지휘하던 조정의 초기 실수는 기동함대 운용개념의 부재(물론 당시엔 이런 전략개념이 부재했다고 보지만)였다. 실제로 『제승방략』은 기동방어 전략이라고도 볼 수 있겠으나, 이에 관한 준비는 전혀 이루어지지 않았으며, 조정의 조치도 없었다.

그러나 삼도수군통제사라는 직책을 뒤에 만들어 리순신이 임명되어 삼도의 수군을 통합하여 지휘함으로써 기동함대 운용개념이 다소나마 확립되었다고 볼 수 있다.

그 좋은 증거가 바로 정유재란이다. 왜수군은 조선수군을 완전 격멸하려고 수륙병공(水陸倂攻)으로써 원균 함대를 칠천도에서 격멸한 뒤, 리순신 함대를 끝까지 추격하여 싸운 것이 명량해전인데, 여기서 리순신은 전선이 13척뿐일지라도 끝까지 해전으로 버텨 임진왜란 초기전투에서 치른 지휘통일과 유리한 위치로의 기동으로 승리를 보장할 수 있었던 것이다.

---

841) 『再造藩邦志』 卷2. "舜臣曰 公不知兵 如此必敗."

이런 것은 리순신이 결전전략이라는 공세적으로 전투선들을 운용한 것에서 훌륭한 전술가였음도 알 수 있다.

여기에 효율적 전투편성과 그 운용에 따라 승리가 좌우된다. 오래도록 연마해왔을 테지만, 출전에 앞서 4월 29일에 전투편성을 하고, 드디어 5월 4일 수군세력 모두 85척(판옥선 24, 협선 15, 보자기배 46)을 거느리고서 경상도로 떠났다.

> 중위장에는 방답첨사 리순신(李純信)을,
> 좌부장에는 낙안군수 신호(申浩)을,
> 전부장에는 흥양현감 배흥립(裵興立)을,
> 중부장에는 광양현감 어영담(魚泳潭)을,
> 유군장에는 발포가장 영군관 훈련봉사 라대용(羅大用)을,
> 우부장에는 보성군수 김득광(金得光)을,
> 후부장에는 녹도만호 정운(鄭運)을,
> 좌척후장에는 여도권관 김인영(金仁英)을,
> 우척후장에는 사도첨사 김완(金浣)을,
> 한후장에는 좌수영군관 급제 최대성(崔大成)을,
> 참퇴장에는 좌수영군관 급제 배응록(裵應祿)을,
> 돌격장에는 좌수영군관 리언량(李彦良)을 임명하였다.
> 이와 같이 모두 부로 나누어 약속을 거듭 명확히 하였으며, 선봉장은 우수사(원균)와 약속할 때에 그 도의 변방 장수〔邊將〕로 맡길〔差定〕 계획이며, 본영은 신의 우후(정4품) 리몽구(李夢龜)를 유진장으로 임명하고, 방답・사도・여도・녹도・발포 등의 5개 포구에는 신의 군관 중에서 담략이 있는 사람을 임시 지휘관〔假將〕으로 임명하여 엄하게 타일러서 보냈습니다.[842)]

842) 『임진장초』 장5 및 『리충무공전서』 권2 장계5 「赴援慶尙道狀(2)」. "所屬舟師中衛將防踏僉使李純信左部將樂安郡守申浩前部將興陽縣監裵興立中部將光陽縣監魚泳潭遊軍將鉢浦假將營軍官訓鍊奉事羅大用右部將寶城郡守金得光後部將鹿島萬戶鄭運左斥候將呂島權官金仁英右斥候將蛇渡僉使金浣捍後將營軍官崔大成斬退將營軍官裵應祿突擊將營軍官李彦良爲等如分部 申明約束爲白乎旀 先鋒將右水使約束時 同道邊將以差定計料 本營段 臣矣虞候李夢龜乙留鎭將差定 防踏蛇渡呂島鹿島鉢浦等五浦段 臣矣官中膽略人以假將差定 嚴勅起送爲白遣."

전투편성은 전쟁의 승패에 지대한 영향을 미치는데, 여기서는 중위장(中衛將)·전부장(前部將)·유군장(遊軍將)·후군장(後部將)·척후장(斥候將)·참퇴장(斬退將)·선봉장(先鋒將)·유진장(留鎭將)의 명칭들이 나온다.

이 편성은 『제승방략(制勝方略)』에 나오는 육진대분군(六鎭大分軍)의 오위(五衛), 즉 전부장(前衛將)·우위장(右衛將)·중위장(中衛將)·좌위장(左衛將)·후위장(後衛將)의 하나요, 이를 축소하여 쓴 삼군분군(三邑分軍)의 삼위(三衛), 즉 우위장(右衛將)·중위장(中衛將)·좌위장(左衛將)의 하나이며, 대장(大將)은 지휘관이 타는 기함(旗艦)인 좌선(座船)이다.

그리고 위(衛)·부(部)라는 이름의 전투조직은 위(衛)의 하부조직이 부(部)이인데,[843] 각각의 "左·前·右·中·後"를 두었으며, 이 편성은 전투의 경과와 그 지휘관의 능력에 따라 그 임무가 바뀌기도 하였다.

여기서 중위장(中衛將)이란 이름은 임진왜란이 일어나기 한 달 보름 전쯤 되는 1592년 2월 29일에 "순찰사의 공문이 왔는데, 중위장을 순천부사〔권준〕로 고쳐 임명했다고 하니, 한심하다."고[844] 한 것에서 보듯이, 인원을 차출하거나, 중요 보직자에 대해서는 현장 지휘관과의 협의·상의가 있어야 함을 지적한 것이다. 당시에 변방에서의 예하 지휘관에 대한 인사문제는 이미 전투편성 체제로 운용되고 있었기 때문이다.

이 전투편성을 리순신이 임진년의 최초에서부터 3번째 출전인 한산대첩 때까지의 것을 종합하여 비교하면 〈표Ⅵ-9〉과 같다.

리순신의 전투편성의 명칭에 나오는 용어가 바로 『제승방략』의 3읍분군의 전투진 영향에서 나온 것이다. 이렇게 임진년 4월 29일에 새롭게 편성해본 전투진은, 임진왜란의 발발소식을 듣고서 이 날까지 12일이 지났음에도, 보성·녹도 등지의 소집대상의 부대들이 지리적으로 원거리에 있고, 그들에게 소집명령을 전달하는 데도 소요시일이 3일 이상 걸린다고 했으므로,[845] 이들에게 모두 전파하는 데에만 적어도

843) 위의 책, p. 51.
844) 『난중일기』 임진년 2월 29일(경신). "巡使關來到 而中衛將改定順天云 可歎."
845) 『임진장초』 장4. "事在急急是白乎矣 舟師諸將內 與寶城鹿島等處 則遠在數三日之程 文移招集之際 其勢未易 必未及期紘如 他餘諸將 幷以本月二十九日 營前洋聚到 申

〈표VI-9〉 임진년 초기 전투편성표

구분	1차(5.4~5.9)	2차(5.29~6.10)	3차(7.5~7.13)	비고
大將船	全羅左水使 李舜臣	全羅左水使 李舜臣	全羅左水使 李舜臣	座船(=旗艦)
		帶率軍官奉事 卞存緖 羅大用 前奉事 李渫 宋希立 申榮海及第 金孝成 裵應祿		
中衛將	防踏僉使 李純信	順天府使 權俊	順天府使 權俊	中衛部隊運用
中部將	光陽縣監 魚泳潭	光陽縣監 魚泳潭	光陽縣監 魚泳潭	
前部將	興陽縣監 裵興立	防踏僉使 李純信	防踏僉使 李純信	
後部將	鹿島萬戶 鄭運	興陽縣監 裵興立	興陽縣監 裵興立	
左部將	樂安郡守 申浩	樂安郡守 申浩	樂安郡守 申浩	
右部將	寶城郡守 金得光	寶城郡守 金得光	蛇渡僉使 金浣	
遊軍將	鉢浦假將 羅大用	–	鉢浦萬戶 黃廷祿	
左斥候將	呂島權官 金仁英	鹿島萬戶 鄭運	呂島權官 金仁英	先鋒部隊運用
右斥候將	蛇渡僉使 金浣	蛇渡僉使 金浣	鹿島萬戶 鄭運	
左別都將	–	虞候 李夢龜	前萬戶 尹思恭 前萬戶 賈安策	
右別都將	–	呂島權官 金仁英	前萬戶 宋應珉	
斬退將	軍官 裵應祿	前僉使 李應華	前僉使 李應華	後衛部隊運用
捍後將	軍官 崔大成	前萬戶 賈安策 及第 宋晟	金大福 軍官 裵應祿	
(左)突擊將	軍官 李彦良	–	及第 李奇男	先鋒部隊運用
龜船突擊將	–	軍官 李彦良 及第 李奇男	軍官 李彦良	
右突擊將	–	–	及第 朴以良	
留鎭將	虞候 李夢龜	–	–	後方部隊運用
興陽統將	–	–	前縣監 崔天保	
遊軍一領將	–	–	孫允文	
遊軍五領將	–	–	前奉事 崔道傳	

※ 자료: 『리충무공전서』 권2 장계9~52면. 각 勝捷狀啓.
『亂中日記 分析을 통한 거북선 活動史』(海軍士官學校, 1994), p. 50.

明約束後 直赴同道計料爲白在果. … 萬曆二十年四月二十七日."(출전할 기일이 급한데다 수군의 여러 장수 중에 보성 및 녹도 등지는 3일이나 걸리는 먼 거리에 있기 때문에 통고하여 소집한다 해도 그곳 수군은 쉽게 모이지 못하여 반드시 기일 안에 도착하지 못할 것 같으므로, 그 밖의 여러 장수들만이라도 모두 이 달 29일 여수 앞바다에 모이게 하여 거듭 軍令을 밝힌 뒤에 즉시 경상도로 출전할 계획입니다. … 1592년 4월 27일).

10일은 걸리게 되어, 그 소집 날짜가 29일이 되는데, 이것은 그 날짜 29일 이전에는 전투함의 소집이 불가능한 상태에서 가장 최단시일 안에 이루어진 것이었다고 할 수 있다.

(5) 지휘일원화(=통합)의 원칙

전투부대에 있어서 가장 효과적인 지휘는 단일 지휘관에게 필요한 권한이 부여되어 지휘의 통일이 되었을 때다. 특히 전투에서 집중·공격·기동·경계·기습의 원칙 등을 조정·통합하여 작전목표를 달성하도록 행동을 통일하고 전투의지를 한 곳에 집중시켜 최대한의 전투력을 발휘하도록 하는 것은 곧 단일 지휘관에게 권한과 책임을 부여함으로써 달성될 수 있다.[846)]

이 지휘통일은 통합(統合)이라고도 하는데, 통합의 원칙은 부여된 목표를 달성하기 위하여 노력을 통합하는 것으로서 전 부대를 효과적으로 운용할 수 있는 지휘의 통합에 있어 필수적인 요소다. 지휘 및 노력의 통합은 전 부대의 협조된 활동에 의하여 공동목표로 지향하도록 단일 지휘관에게 권한을 부여함으로써 가장 효과적으로 달성될 수 있다고[847)] 하였다.

무엇보다도 전쟁을 하는 국가적 대사에서 일사불란한 지휘는 참으로 중요하다. 임진왜란 때에 처음으로 수행한 전투인 옥포해전을 볼 때, 전라수군이 좀 늦게 출항되어 지금까지도 약간의 불만 섞인 비판을 듣는다. 이런 비판의 소리는 지휘통일의 원칙을 소홀히 다룬 데서 나온 말에 지나지 않는다. 실제 리순신의 지휘통일에 대하여 고민한 흔적을 여기서 찾을 수 있다.

"조정은 멀리서 지휘할 수 없으니 도내에 있는 주장의 호령에 맡긴다."고

846) 『軍事理論硏究』(육군교육사령부, 1987), p. 285.
847) 『해군기본교리』 해교 0-1,(해군본부, 1996), pp. 3-10~3-11.

하시었으나, 신(리순신)은 다른 수사들과 마찬가지의 지휘관으로서 마음대로 처리하기 어려우므로, 겸관찰사 리광(李光) · 방어사 곽영(郭嶸) · 병마절도사 최원(崔遠) 등에게도 분부하신 사연을 낱낱이 알렸습니다.[848)]

이것은 임진왜란이 일어나자, 경상도로 출전 나가기 직전에 보고한 것이다. 이미 리순신은 단일 지휘에 염두를 두고 있었음을 알 수 있다.

이러한 일은 전투지휘의 시작이나 결과에서도 발생될 문제를 사전에 없애는 데 목적이 있었을 것이다. 그런데 실제로 그런 지휘권에 있어서 약간의 문제가 발생하였다. 옥포해전의 결과를 쓰는 과정에서 우선 원균은 자기의 작전구역이며, 합동작전을 하여 승리한 해전이므로 리순신에게 보고서 작성에 대해 이렇게 상의한 일이 있다.

원균: 누구의 공이 크든 간에 함께 싸워 이겼으니 연명(聯名)으로 장계를 올립시다.

리순신: 공(원균)과 더불어 힘을 합하여 대적을 무찔렀으나 아직까지 다 섬멸하지 못하였소, 이 같은 작은 전과를 구태여 행조(行朝)에 알릴 필요는 없다고 생각합니다. 내가 타도(他道)에서 창졸간에 달려오느라 미처 병기도 다 갖추지 못하고 왔으니, 왜적에게서 노획한 것을 써야겠소. 그러니 다음에 다시 장계를 논의하는 것이 좋겠습니다.

원균: 그럽시다.[849)]

원균은 리순신의 의견에 따랐다. 그러나 본영에 도착한 리순신은, 중앙조정의 상황이 불안하게 돌아감을 걱정하여 안정을 되찾도록, 사람을 시켜 원균이 왜선에서 노획한 금병풍(金屛風), 금부채〔金扇〕 등을 그의 장계에 적어 행조(行朝)에 보냈으니, 그 결과가 원균에게는 불만

---

848) 『리충무공전서』 권2 장계3 「赴援慶尙道狀(1)」 및 『임진장초』 장4. "朝廷不可遙制 在道內主將號令是如爲白有在如中 以臣之一主將獨擅爲難 兼觀察使李光防禦使郭嶸兵馬節度使崔遠等處 有旨內辭緣 枚擧通諭爲白乎旀."

849) 『선조실록』 권161 선조36년 4월 정미(21일). "大捷之後 均欲馳報行朝 舜臣紿曰與公戮力奔奴不足殲也 如此小捷 何足馳啓朝廷乎. 我自他道倉卒來援 兵器未備 所得於賊者 可相資也. 均從之 舜臣密令人 賚所得兵器及賊船所載金屛風金扇等物 馳啓行朝 誇伐戰功 盡歸于己. 時行朝方急 得報大喜 遙排舜臣統制使 使均受舜臣節制. 均由是大恚 遂不相協."

족스러워 따로 보고를 하게 됨으로써, 전공이 모두 리순신 스스로가 세운 양 과장되게 기록되었다.

이때 행조에서는 위급한 처지에 있었고, 승전보고를 처음 받은 것이므로, 리순신의 공을 높이 평가했고, 그 뒤 리순신을 삼도수군통제사로 삼았으니, 원균으로서는 불만을 품게 되고 크게 성내어 드디어 서로 협조하지 아니하였다.[850)]

이러한 사건은 리순신과 원균과의 지휘권 관계의 업무문제이지, 쟁공(爭功)의 문제로 돌리는 것은 불화(不和)를 조장하는 충동 행위에 지나지 않을 것이다. 불화의 원인은 리순신이 단일 지휘권으로 전쟁을 지휘해야 한다는 건의를 묵살하였기 때문에 빚어진 결과라 할 수 있다. 다만 그 동안에 왜적과 싸워서 이길 수 있었던 것은 단일 지휘권에 있었던 것이 아니라, 동등한 지휘권이 주어진 "주장(主將)의 지휘에 맡긴다."는 말의 불분명한 지시 때문이었다. 이것은 말하자면, 지휘권의 일원화라는 통합의 원칙이라기보다는 차라리 영국 해군의 전쟁원칙에 있는 '협조(cooperation)의 원칙'이 강조되었어야 할 것이다. 그것은 각 수군절도사의 지휘권의 협조 아래, 즉 전라좌수사 리순신·전라우수사 리억기·경상우수사 원균 사이에는 그토록 긴밀한 지휘권의 통합은 없었음에도 목표를 달성할 수 있었기 때문이다.

그러나 이 협조의 원칙이 임진왜란 초기에 적용되었다고 할지라도 지휘권으로 말미암아 끝내 불화로 치닫고 말았다. 그렇다면 현대의 지휘통합의 원칙보다는 임진왜란 당시에는 리순신이 지적한 것처럼 지휘통일의 원칙이 더 적중된 원칙이라고 할 수 있을 것이다.

연명으로 보고하자고 해놓고, 나중에 단독으로 보고했다는 이것이 정말 사실이라면, 아마도 리순신이 옥에 갇히는 죄목의 하나인 "남의 공을 가로채고 남을 죄에 빠뜨렸다는 죄"가 되기는 하지만, 이것도 원칙적으로는 지휘관에게는 누구든지, 아무리 합동작전이라고 하더라도 각자의 지휘권에 따라 보고의 책임이 있는 것이다. 그래서 리순신에게

---

850) 『선조수정실록』 선조25년 5월 1일. "初元均請舜臣援兵 敗戰欲聯名狀奏 舜臣曰目徐之乃夜自具狀奏備陳均失軍無依擊賊無功之將 均聞之大憾 自此各自奏功兩人構隙自此始."

는 단 한 가지도 죄가 성립되지 않는다.

임진왜란이 발발했다는 소식을 리순신이 들은 날은, 경상우수사 원균의 공문을 받은 1592년 4월 15일 해질 무렵이다. 이때는 이미 부산진과 동래가 함락되었고, 왜적선은 90여 척, 150여 척, 350여 척이라는 숫자에서 보듯이 부산포에 많이 대었다.[851)]

4월 20일에는 령남관찰사 김수의 공문을 받았는데 "내게 전선을 정비해 가지고 후원해줄 것을 요청해왔다."고[852)] 그의 일기에도 적혀 있다. 왜란이 벌어지자, 긴급보고가 여기저기서 어지럽게 오가고 있었다.

그리고 리순신은 경상도지역으로 출전하는 문제에 대하여, 앞에서 언급한 바 있지만, 리순신에게 곱지 않는 눈으로, 또 원균명장론(元均名將論)을 제기하는 사람들은 원균의 행장(行狀)의 내용을 근거로 "비장 리영남(李英男)을 전라좌수사 리순신에게 보내어 힘을 합해서 적을 방어하기를 청하였으나, '리순신은 지키는 바 각기 한계가 있다' 하고 듣지 않으므로, 서로 의견이 대여섯 번이나 오고갔다. 이때 광양 현감 어영담(魚泳潭), 순천부사 권준(權俊)은 리순신에게로 달려가서 바다로 나아가 싸울 것을 권고하니 리순신이 비로소 허락하였다."고[853)] 하면서 비난하지만, 이것은 리순신 휫손의 의사결정 과정을 제대로 파악하지 못한 기록이라 본다.

그리고 리순신은 임진왜란의 정보를 듣고 난 바로 이튿날에 전라좌도의 관할 수군으로서 경상도로 지원하는 문제에 대해 예하 장수들을 본영에 소집하여 결정하였는데, 그 과정을 휫손 측면에서 보면, 매우 결단성있는 모습이 보인다.

이런 출전의 논의가 의사결정 과정을 거쳐 4월 27일에 출전이 결정되어 이틀 뒤 29일에 출전하겠다고 보고했다.

---

851) 『난중일기』 임진년 4월 15일; 『임진장초』 장1.

852) 『난중일기』 임진년 4월 20일. "嶺南方伯移關 … 而整理戰艦來援事請啓云." 『임진장초』 장4. "如有右道生變 則登時來救事狀啓爲去乎 待朝廷命令爲乎矣."

853) 李在範, 『元均正論』 (서울: 啓明社, 1983), p. 290. "統制使元均 贈左贊成公行狀: 裨將 李英男往見全羅左水使 李舜臣 請與合力禦敵 舜臣辭以所守 各有界限不聽 往返至五六不已 會光陽縣監魚泳潭 順天府使權俊 馳詣舜臣 力贊下海之計 舜臣始許."

> 1592년 4월 27일. 출전할 기일이 급한 데다 수군의 여러 장수 중에 보성 및 녹도 등지는 3일이나 걸리는 먼 거리에 있기 때문에 통고하여 소집한다 해도 그곳 수군은 쉽게 모이지 못하여 반드시 기일 내에 도착하지 못할 것 같으므로 그 밖의 여러 장수들만이라도 모두 이 달 29일 여수 앞바다에 모이게 하여 거듭 군령을 밝힌 뒤에 즉시 경상도로 출전할 계획입니다.[854)]

그러나 전라우수영 군사들의 합류가 지연되고, 또 기상불량 등으로 4월 30일로 변경했다가, 최종 5월 4일로 정했다. 5월 1일의 『난중일기』에 진해루에 모인 세 지휘관의 의사다운 행동이 언급되어 있다.[855)]

이것은 리순신의 휫손 유형을 다루는 좋은 사례다. 리순신은 이미 전쟁이 일어난 이튿날에, 누구의 지시・명령이 없었음에도, 스스로 관할의 5관(순천・보성・낙안・광양・흥양)과 5포(사도・방답・여도・녹도・발포)의 지휘관들의 의견을 수렴하였다. 예하의 지휘관들은 한결같이 자신들의 관할구역인 전라도만 지키기만 하면 된다는 생각이었다.

이것은 민주적 절차처럼 모든 사람들의 의견을 들었기 때문에, 리순신은 그들의 의견을 존중은 했지만, 그 다수의 의견에 따르지는 않았다. 소수의 의견이지만, 그것이 옳을 때 지도자 자신의 의견을 포함하여 지도자의 결심・결정을 과감하게 선언함으로써 분쟁의 소지를 없애고, 일사불란한 지휘체제를 유지하는 카리스마를 보였다. 그리고 더 이상의 쓸데없는 군말들이 나오지 못하게 단속하고 추진하니, 모든 사람들이 죽기를 맹세하고 싸우기를 다짐하였다. 그렇게 해서 리순신은 그 구성원의 정신적 응집력을 집중함으로써 전투력을 최대화・극대화할 수 있었던 것이다.

그리고 리순신은 경상도로 가면 대두될 수 있는 경상우수사와의 지

854) 『임진장초』 장4. "事在急急是白乎矣 舟師諸將內 與寶城鹿島等處 則遠在數三日之程 文移招集之際 其勢未易 必未及期紘如 他餘諸將 幷以本月二十九日 營前洋聚到 申明約束後 直赴同道計料爲白在果. … 萬曆二十年四月二十七日."

855) 『난중일기』 임진년 5월 1일. "舟師諸會前洋 … 坐鎭海樓 招防踏僉使興陽倅鹿島萬戶 則皆憤激忘身 可謂義士也."(수군이 앞바다에 모였다. … 진해루에 앉아서 방답첨사・흥양 현감・녹도 만호를 불렀더니 憤激하며 제 한 몸을 잊어버리는 모습이 義士라 할만하다.)

휘권 문제를 고민했을 것이다. 그래서인지 리순신은 지휘일원화를 위한 합법적 권력을 요구했었다.

그러는 사이에 중앙조정에서부터 지휘에 관한 명령이 있었다.

> 4월 20일에 작성되어 26일 본영에서 접수한 좌부승지(민준)의 서장에, "… 이와 같이 신중을 기하는 것이 매우 좋은 방책이지만, 만일 형세가 유리한 데도 시행해야 할 것을 시행하지 않으면 기회를 놓치게 되는 바, 조정은 멀리서 지휘할 수 없으니, 도내에 있는 주장(主將)의 호령에 맡길 따름이다." … 1592년 4월 27일[856)]

중앙조정에서는 전투현장과의 거리가 멀기 때문에 적절히 조치할 수 없는 사정을 알고 있었으므로, 우선 중앙조정의 요구는 현장지휘의 불가능성을 염려하여 지휘권을 주장(主將), 즉 현장지휘관의 재량에 맡겼지만, 그 주장이 누구라고 명시되어 있지 않았다. 이것은 리순신의 요구한 의도와는 다르다.

리순신도 상부의 명령과 비슷한 지시를 예하 및 인근에 이미 전파했고, 출전명령을 기다렸다. 그런데 연이어 내려온 서장에도 출전의 기회를 놓치지 말라는 말뿐이었다.

> 신(리순신)은 다른 수사들과 마찬가지의 지휘관으로서 마음대로 처리하기 어려우므로, 겸관찰사 리광·방어사 곽영·병마절도사 최원 등에게도 분부하신 사연을 낱낱이 알렸습니다.[857)]

리순신은 이미 인근의 경상도로 출전해야 한다는 의견을 수렴해놓았고, 그런 결정을 굳힌 상태였지만, 중앙조정의 명확한 지휘권에 관한

---

856) 『임진장초』 장4 및 『리충무공전서』 권2 장계3 「赴援慶尙道狀(1)」. "今四月二十六日 在鎭祗受 同月二十日成貼 左副承旨書狀內 … 然後可以爲之 然此甚善策亦 若事勢可行而不行 則甚失事機 朝廷不可遙制 在道內主將號令而已 … 萬曆二十年四月二十七日."

857) 『임진장초』 장4 및 『리충무공전서』 권2 장계3 「赴援慶尙道狀(1)」. "以臣之一主將獨擅爲難 兼觀察使李光防禦使郭嶸兵馬節度使崔遠等處 有旨內辭緣 枚擧通諭爲白乎旀."

명시가 필요했던 것이다. 그래서 지휘의 어려움을 호소하였다.

> 4월 23일 작성된 것으로 오늘 27일 04:00에 본영에서 접수한 선전관 조명(趙銘)이 가져 온 좌부승지의 서장에, … 그대가 원균과 합세하여 적선을 쳐부순다면 적을 물리칠 수 있을 것이다. 그러므로 선전관을 급히 보내어 이르니, 그대는 각 고을과 포구의 병선들을 거느리고 급히 출전하여 기회를 놓치지 말도록 하라. 그러나 천리 밖이라 혹시 뜻밖의 일이 있을 것 같으면 그대의 판단대로 하고 너무 명령에 구애받지 말라.[858)]

이렇게 리순신은 4월 27일에야 출전명령과 상당한 지휘의 재량권을 위임받았는데, 주장(主將)이란 용어가 있음에도 동급부대를 지휘할 권한의 부여에 명확한 지시를 요구했던 것임에도, 끝내 "그대〔리순신〕의 판단대로 하라."는 것이었고, "명령에 구애받을 필요는 없다."는 것이었다. 중앙조정에서는 지휘권 일원화에 대한 중요성 내지 심각성을 인식하지 못한 것 같다.

리순신은 휫손의 강력한 법적 권한을 위해 무엇보다도 공식적 권한으로부터 나오는 합법력(legitimate power)을 당당하게 요구하였다. 이것은 현대 전쟁원칙 9개 중에서도[859)] '지휘계통의 일원화'에 해당하는 중요한 문제이기도 하다.

비록 정부로부터 리순신의 요구가 관철되지는 않았지만, 그래도 처음으로 출동하는 부대가 전투편성을 갖추어 이동을 시작하여 옥포해전부터 합동부대를 리순신이 실질적으로 지휘함으로써 지휘권을 유지하게 된 것은 역시 탁월한 휫손(leadership)의 발로였다.

휫손을 결정하는 원천이 아무리 많더라도 그 핵심은 리더 자신과 주변 상황으로 한정되며, 리더·부하·상황이라는 변인이 작용한다. 이

---

858)『임진장초』장4. "今四月二十七日寅時 在鎭祗受 同月二十三日成貼 宣傳官趙銘賚來 左副承旨書狀內 … 爾與元均合勢 攻破賊船 則賊不足平矣 故見宣傳官馳諭 爾其督率各浦兵船 急赴毋失機會 然千里之外 如或有意外之事 則不必拘此事."

859) William. E. Peacock ed., *Corporate Combat*,(Michigan: Berkley, 1984.);『企業指揮官을 위한 戰爭의 原則』(서울: 韓國工業標準協會, 1985), p. 36. "전쟁의 9대 원칙: 작전행동(maneuver)·목적(objective)·공격(offensive)·기습(surprise)·병력절약(economy of force)·집중(concentration/mass)·지휘계통의 일원화(unity of command)·간결(simplicity)·기밀유지(security)"

것은 그 어느 하나로써 휫손을 결정할 수 없으며, 세 변인이 모두 고려되어야 하며, 무엇보다도 리더 자신의 능력이 휫손에 큰 비중을 차지하는 원천이 된다.

그래서 리순신이 전시에 가장 유효하게 사용할 수 있는 권력은 강제적 권력으로, 이것은 합법적 권한의 바탕이 된다. 또 이것은 부하에 대한 처벌의 권한에 바탕을 둔 강압적 권력(coercive power)을 동시에 갖추는 것이기도 하며, 복잡하고도 혼잡한 상황에서 일사불란하게 이루어지게 할 수 있는 명령계통의 확립이다.

이리하여 리순신은 지휘의 일원화의 조건을 충족시켜 나갔으며, 지휘의 장애가 될 요소들을 제거한 뒤에 군사들이 실질적 행동에 나섰다. 다시 말하자면 승리를 확보했다는 자신감이 있을 때에 기동했던 것이다.

(6) 기습의 원칙

기습은[860] 적군이 예상치 못한 시간·장소·방법으로 그들을 강타함으로써 적아 군사력의 균형을 결정적으로 아군에게 유리하게 전환시키며, 주어진 노력 이상의 성과를 획득할 수 있게 하는 것이다.

그리고 기습이란 적이 아군의 행동을 모르도록 하는 것이 중요하지만, 이미 적이 알았다고 하더라도 그들이 효과적으로 대책을 마련하지 못하도록 하는 것도 가장 중요하다. 그래서 기습의 효과를 높이기 위하여 기동의 속도와 민첩성, 예상치 못한 전투력의 사용, 정보와 보안, 기만, 그리고 작전과 전술의 변화를 교묘히 집중하여야 한다.

임진왜란이 벌어지자 처음으로 벌인 전투가 옥포해전이다. 옥포로 진입하기 전에 군호(암호)를 써서 은밀기동을 함과 동시에 적의 기습에 대비하여 본영에 류수장(留守將)을 두어 본영을 지키게 하였으며, 왜선을 발견하면 신속히 보고케 하여 전투태세를 항상 조금도 늦추지

---

860) 『해군기본교리』 해교 0-1,(해군본부, 1996), p. 3-11.

않았다. 드디어 1592년 5월 4일 새벽 04:30에 출항한 것을 보면, 얼마나 비밀이 보장되어야 하며, 왜적 몰래 기동하여 기습하려 했던가 하는 것을 짐작할 수 있다.

그리고 두 번째 출동 때에는 예정일보다 먼저 출항하기도 했으며, 그 때에도 5월 29일 이른 새벽이었다. 새벽은 인시(寅時: 03:00~05:00)인데, 이른 새벽이라면 03:00~04:00이 된다.

이 두 전쟁 - 옥포·사천 해전에서 보듯이 리순신은 은밀히 기동하여 기습공격을 함으로써 왜적으로 하여금 허겁지겁 우왕좌왕 하도록 하면서 조선수군에 공격을 할 수 없게 했던 것이다. 유인하여 승리한 것도 있지만, 해전마다 거의 그랬다.

그런데 리순신은 경상도 쪽으로 출전하여 승리를 했지만, 그 지역을 계속 확보하지 않았고 본영(本營)으로 돌아가서 군수적재를 하였다. 이것은 현대 전략개념에서 봉쇄전략이 당시에 사용되지 않았음을 말해주며, 절약의 원칙과의 관계를 분석해볼 필요가 있는 부분이다.

전쟁물자는 한정되어 있다. 결코 무한정 사용할 수 있는 것이 아니다. 비록 국가에 많은 물자가 비축되어 있다고 하더라도 그것을 전투장소에까지 수송한다는 것도 쉽지 않으며, 적시에 수송하는 것도 어려울 뿐 아니라, 수송로마저 온전히 확보할 수 있는 것도 아니다. 한산도처럼 바다에 지휘본부를 두게 되면, 육상은 말할 것도 없고 해상보급로까지 확보되어야 한다.

리순신은 왜적과 싸워서 언제나 승리했어도 그 지역을 계속하여 확보하지 않고 본영으로 되돌아가는 전략을 폈었다. 그런데 이렇게 본영으로 귀환하는 패러다임의 전략에서 과감히 벗어나 기지를 옮겨 적의 활동을 압박할 수 있는 길목의 위치로 전진배치하는 전략으로 바꾸었다. 한산도를 수군기지로 삼았던 것이 바로 절약의 원칙과 아울러 길목차단 전략을 수행한 것이다.

(7) 준비와 이용의 원칙

준비(準備)는 유비무환(有備無患)이라는 말과 직결된다. 제대로 준비만 되어 있다면, 그것으로 이용(利用)만 한다면 성공을 기대할 만하다는 것이다.

특히 이 준비에 대해서 리순신은 아예 "만전지계(萬全之計)"라는 말을 하고 있다.

> 왜적선이 연일 배를 대고서 이미 험고한 곳에 거점을 마련하고 있었습니다. 그래서 우리들이 싸우고자 덤비면 저들이 싸우러 나오지 않을 것이고, 우리가 물러나 돌아가려 하면, 도리어 약점을 보이게 될 것입니다. 설령 부산으로 바로 향한다 하더라도 양산의 왜적들이 서로 호응하여 뒤를 둘러쌀 것이니, 지원하러 온 지방의 군사〔客兵〕로써 후원되는 군사도 없이 깊숙이 들어가서는 앞과 뒤로 적을 맞는다는 것은 실로 안전한 계책〔萬全之計〕이 아닙니다.[861)]

이 사료는 1592년 6월 14일에 보고한 것인데, 이때는 리순신이 사천·당포·당항포 등지에서 격전을 벌인 2차 출동 때의 일을 보고한 것이다. 물론 승리한 보고서이기에 다음의 전투할 계획을 말한 것이다. 이때에 만반의 준비를 다해놓아야 한다는 것이다.

> 여러 전선에서 용감한 군사들을 뽑아 육지로 가서 모조리 섬멸하려고 하였습니다. 그러나 무릇 성 안팎의 6~7개 소에서는 진치고 있는 왜적들이 있을 뿐 아니라, 말을 타고 용맹을 보이는 놈도 많았습니다.
> 그리고 말도 없어 힘이 약한 외로운 군사를 경솔하게 육지로 보낸다면, 이것은 온전히 지킬 수 있는 좋은 계획〔萬全之計〕이 아니며, 또 날도 저물어가니, 왜적의 소굴에 있다가는 앞뒤로 적을 맞게 될 재앙이 염려되어, 하는 수 없이 여러 장수들을 거느리고 배를 돌려 한밤중에 가덕도로 되돌아와서 밤을 지냈습니다.[862)]

---

861) 『리충무공전서』 권2　장계18「唐浦破倭兵狀」및 『임진장초』 장8「二度唐項浦等四處勝捷啓本」. "梁山江地勢隘狹　董容一舟　而賊船連泊　已得據險之勢爲白有去等　我欲與戰　則彼不出戰　我欲退還　則反爲示弱　設欲指向釜山　而梁山之賊　相應繞後　則他道客兵以　懸軍深入　腹背受敵　固非萬全之計是白沙餘良."

862) 『리충무공전서』 권2 장계45「釜山破倭兵狀」및 『임진장초』 장11「四度釜山浦勝捷啓本」. "凡城內外　六七處屯立之賊是白沙餘良　騎馬示勇者亦多爲白去等　無馬孤軍輕易下陸　亦非萬全之策是白乎旀　日且奄沒　留在賊藪　恐有腹背　受敵之患　勢不得已　領

이 사료는 부산포 해전을 마치고 1597년 9월 17일에 보고한 내용이다. 여기서 리순신은 상륙작전까지 계획하였다가 더 치밀하게 계획을 수립하지 않고 경솔하게 군사들을 상륙시켜 공격한다는 것은 준비의 부족으로 성공할 수 없다고 하였다. 그만큼 준비란 헛점이 보여서는 안 된다는 것이다. 리순신의 승리의 비결(秘訣) 속에는 바로 만전지계(萬全之計)가 있었던 것이다.

그래서 리순신은 언제나 온전하게 지킬 수 있는 계획을 수립하여 이용했던 것을 알 수 있다. 왜냐하면 전쟁에서 단 한번의 패배라도 있어서는 안 된다는 것을 말한 것이다. 전쟁의 패배는 죽음이요, 다시 도전하기 어려운 국가의 큰 사업〔國家之大事〕이기 때문이다.

이러한 만전(萬全)의 사상이 리순신에게 있었기 때문에 임진왜란이 터지고, 경상도 군사가 궤멸될 때에 경상우수사 원균의 군사지원 요청에 보름이나 늦게 출동되었던 이유를 여기서 찾을 수가 있다. 이길 수 있는 준비가 되지 않은 상태에서 섣불리 출전하여 싸웠다가는 승리를 기대할 수 없기 때문이다. 리순신은 언제나 이겨야 한다는 비결을 갖고 있었던 것이다.

(8) 사기의 원칙

사기는[863] 지휘관을 중심으로 모든 부대원들이 확고한 사명감으로 생사를 초월하여 합심하여 동일 목표로 지향하고 부여된 임무를 수행하려는 전투의지로 나타난다. 또한 이는 군인의 기본 정신자세요, 전투력을 극대화시켜 승리를 효과적으로 기여하는 요소다.

가장 왕성한 사기는 자신의 목숨을 아끼지 않고 최선을 다하는 모습이다. 그것은 자신의 죽음을 헛되지 않도록 배려해주는 행위에서 비롯되는데, 개인의 철학, 즉 국가관·사생관에서 발휘되기도 하지만, 특히

諸將回棹 三更量 還到加德島經夜爲白乎."

863) 『해군기본교리』 해교 0-1,(해군본부, 1996), p. 3-13.

국가에서 잊지 않고, 그 가족까지를 끝까지 챙겨줄 때에는 어김없이 사기는 왕성해진다.

그렇다면 리순신은 최악의 환경에서 어떤 마음가짐이었는가? 한마디로 "죽고자 하면 살리라〔必死則生〕"의 결단력이었다.

특히 삼도수군이 칠천량해전에서 일본수군에 거의 궤멸당하고 남아 있는 전선이 너무 고약(孤弱)하여 육군에 종사하라는 명령을 받고서 리순신이 장계했던 그 '尙有十二'의 이 '12척'은 숫적으로는 매우 무시될 만한 세력이었다. 그러나 그것이 존재하는 것만으로도 왜적의 기동에 엄청난 제한을 주었으며, 호남으로의 침범을 막을 수 있었기 때문에 의미가 있는 것이다.

중앙조정에서 지시한 대로 미약한 수군이라 하여 그 수군을 없앴다면[864] 현존함대전략마저 포기하는 것이 된다. 만약 그렇게 한다면, 그것은 왜적의 의도에 말려드는 것이 되며, 승리의 기회를 상실하게 된다는 의미가 내재되어 있는 것이다.

이러한 상황에서 리순신은 현대해양전략에서도 감히 실행하기도 힘든 현존함대전략임에도, 그 열악한 최악의 여건에서 그것도 패잔병·패잔선으로써도 2개월이 채 지나기도 전에 명량해전에서 오히려 결전을 벌여 커다란 승리를 거두었다. 즉 9월 17일의 명량해전은 왜적선 333척에[865] 비하여 조선수군은 13척이었고, 그것도 싸워서는 리순신이 단 1척도 잃지 않은 반면에, 왜적선 31척이나 쳐부수었으니,[866] 무한대의 승리, 완벽한 승리라고도 할 만하다. 이것은 현대의 숫적 우세에 의한 결전전략의 이론을 초월한, 아니 능가해버린 전략이었다.

---

864) 『리충무공전서』 권9 부록1 行錄 23면. "朝廷以舟師甚單 不可禦賊 命公陸戰." 『리충무공전서』 권10 부록2 諡狀 22면. "朝廷以公兵弱 使登陸進退."

865) 『리충무공전서』 권8 「난중일기」 에는 "賊船三百三十餘隻"으로, 권9 부록1 行錄엔 "三百三十三隻"으로, 『草書 亂中日記』 엔 "一百三十三隻/百三十餘隻"으로, 卷10 附錄2 碑文의 「鳴梁大捷碑」 엔 "五百隻"이라고 적혀 있다. 日本 資料인 海軍大佐(대령)가 쓴 有馬成甫, 『朝鮮役水軍史』 (日本: 海と空社, 1942年), p. 255엔 "日本水軍の主力約三百三十隻"이라고 하였다.

866) 『선조실록』 권94 선조30년 11월 정유(10일). "近來 朝鮮의 李舜臣이 戰船 13척·哨船 32척으로 倭賊船 333척 가운데 31척을 擊沈시켰다."

그리고 리순신이 부하들에게 사기 향상을 위해 노력했던 가장 좋은 예는 옥포해전 때의 일이다. 리순신은 처음 해전에서 상당히 두려웠을 것으로 보는 것이 더 합리적일 것이다. 옥포선창에 줄지어 정박해 있는 왜선을 보고는 당황하는 군사들을 무엇보다 먼저 안정시켜야 할 책임을 더욱 느끼지 않을 수 없었을 것이다.

그래서 리순신은 자신의 긴장을 풀고, 부하들의 동요를 막고, 사기를 높이기 위하여 "덤벙대지 말고, 산처럼 침착 하라.〔勿令妄動 靜重如山〕"고 호령하며, 부하들을 다독거렸던 것이다.

사기라는 것은 많이 먹이고, 잘 재워준다고 해서 승리에 결정적인 역할을 하는 것은 아니라는 것을 옥포해전을 통하여 알 수 있다. 부하들이 적진 앞에서 두려워한다면, 아무리 배가 부른들 아무런 소용이 없고, 싸워서 이길 수 있는 사기진작이 필요할 것이다.

(1)(1596년 5월 5일). 그대로 들어가 앉아서 위로하고 술을 네 순 배를 돌렸다. 경상수사가 술이 거나하게 취했으므로 씨름을 시켰더니, 낙안군수 림계형이 으뜸이다. 밤이 깊도록 이들로 하여금 즐겁게 마시고 뛰놀게 한 것은 내 스스로에게 즐겁고자 한 것이 아니라, 오랫동안 고생한 장병들의 노고를 풀어주고자 한 것이었다.[867)]

(2)(1593년 4월 6일). 이런 병들고 굶주린 군졸을 거느리고서는 도망가는 적들을 막고 섬멸하기가 어려울 형편이다. 그러므로 우선 번 차례로 돌아가 농사짓게 하며, 겸하여 병든 군사를 간호하고, 군량을 준비하고, 전선을 정비하면서… 기회를 타서 전쟁에 나가도록 약속하겠습니다.[868)]

위의 글 (1)에서 보듯이 리순신은 '사기'란 것이 무엇인지를 진정 아는 사람이었다. 자기 자신보다는 그가 거느린 부하들이 즐겁도록 여건을 만들어주었다는 것이 참으로 돋보인다.

그리고 위의 (2)는 웅포해전 결과를 써 올린 장계인데, 이 전라좌도

---

867) 『난중일기』 병신년 5월 5일(신미). "因以入坐, 慰勞盃四行, 慶尙水使行酒幾半, 使之角力, 則樂安林季亨爲魁, 夜深使之歡躍者, 非自爲樂也, 只使久苦將士暢申勞困之計也."

868) 『리충무공전서』 권3 장계2. "率此病餓之卒 謀截擧遁之賊 勢似難能 故先使相遞歸農 兼護病卒 鍊備兵糧整朔舟楫…乘機馳截次…約束."

의 장정들은 모두 수륙으로 전쟁에 나가고, 늙은이와 어린이들은 군량을 운반하느라고 경내(境內)에는 남은 일꾼이 없는데, 불행하게도 나라 전체에 유행병마저 번져 죽는 자가 줄을 잇듯이 많았다.

그래서 리순신은 이 열악한 상황을 못내 아파했고, 백성을 염려하고 근심해 하는 마음은 누구보다도 간절했다는 사실은 그가 부하들에게 술과 음식을 먹였다는 기록이 『난중일기』에 무려 21회나 나오는 데서도 알 수 있다.

〈표VI-10〉에서 보는 것처럼 부하들에게 여러 가지 많은 음식을 먹였다. 특히 술을 많이 먹였다는 것이 좀 특이하다. 예나 이제나 술이란 좋은 음식으로 취급되었으며, 리순신은 술을 혼자서 마신 것이 아니라, 술로써, 지나치지도 않고 부족하지도 않게 적절히 부하들을 잘 다스렸음을 알 수 있다.

그러나 무엇보다도 드높은 사기를 유지하는 데는 지휘관에 대한 신뢰감이 필요하다. 전쟁에서는 그 지휘관의 지휘에 따르고, 그로 말미암아 승리했을 때는 이보다 더 높은 사기는 없을 것이다. 물론 승리의 뒤에 공정한 논공행상이 있어야 한다는 것은 리순신의 보고서를 통해서 충분히 알 수 있다.

〈표VI-10〉 부하들에게 제공한 술과 음식

	술	죽	밥	떡	술/떡	술/음식	음식	술/고기	계
계사년(1593)	1								1
갑오년(1594)	3	1							
을미년(1595)	3		1	1					5
병신년(1596)	4				1	2	3	1	11
계	11	1	1	1	1	2	3	1	21

※ 출처: 최두환, 『리더십의 발견 忠武公 李舜臣의 훳손』 (충무공리더십센터, 2007), p. 67.

리순신은 백성들과 군사들을 위하여 사기를 높이는 일을 매우 많이 하였다. 다만 여기서는 그런 사료를 생략한다.

(9) 경계와 정보의 원칙

경계는[869] 적으로부터 기습을 예방하고 아군에 관한 적군의 정보활동을 거부하기 위하여 취해지는 여러 가지 대책으로 달성되며, 아군의 전투력을 보존하고 행동의 자유를 확보하는 데 반드시 필요하다.

특히 전쟁이란 지역마다의 전투와 더불어 본질적으로 위험을 갖고 있고, 안전・생존의 유지와는 서로 모순되기 때문에 이는 목숨을 초월하는 가치관의 제공과 실천이 필요하며, 경계의 가치가 전쟁 승패의 최소한의 보루임을 강조해야 한다.

리순신의 빼놓을 수 없는 전쟁 원칙의 한 가지는 정보의 수집과 그 처리다. 리순신은 전라도를 관할하였으므로, 경상도지역에 대해서는 잘 알지를 못했다. 그래도 조정에서 나가 싸워라는 명령이 내려올 때까지 그곳의 지리와 물길 등을 알려달라고 공문을 교환하였으며, 부하 장수들로 하여금 적정을 살펴서 빈틈없이 보고하게 하였다.

그리고 리순신이 얼마나 경계에 관심을 많이 가지고 있었는가 하는 것은 1594년 4월에 당항포해전이 있을 즈음에 적선의 동태를 파악하는데도 빈틈이 없었다는 것에서도 알 수 있다.

> 3도의 여러 장수들에게 명령하여 "배들을 정돈하고 무기들을 엄히 갖추고, 한편으로 각처 산봉우리 꼭대기를 다니면서 보도록 탐망장(探望將)을 파견하여, 멀리 적선을 살피고 즉시 달려와 보고하라."고 하였습니다.[870]

---

869) 『해군기본교리』 해교 0-1,(해군본부, 1996), pp. 3-11~3-12.
870) 『리충무공전서』 권4 狀啓20 「唐項浦破倭兵狀」. "令三道諸將 整勵舟楫 嚴鍊器具 一邊各處通望峯頭 望將定送 瞭察賊船 登時馳告."

바로 이것이 리순신이 적과 싸우면 이길 수 있는 비결중의 하나다. 그래서 강항(姜沆)의 말처럼 "리순신은 바다의 간성이다. 죄상이 나타나지도 않았는데, 마침내 감옥에 잡아넣고, 원균으로 그 임무를 대신하게 하였으니, 불가하다."고[871] 했던 것이다.

칠천량해전에서 패했던 원균은 경계의 원칙을 지키지 않고 소홀히 했기 때문에 도원수 권률에게서 곤장을 맞기까지 했던 것이다. 이것은 리순신과 너무도 다른 전쟁관이라 할 수 있다.

리순신은 왜적과 첫 싸움인 옥포해전에서부터 언제나 철저히 적의 정보를 수집하고 경계를 빈틈없이 했기 때문에 왜적에게서 단 한 번도 기습을 당하지 않았다. 특히 리순신은 언제나 왜적의 동태를 알아내기 위하여 정탐・견시 업무를 빈틈없이 하고, 또 신속히 보고하라고 하였던 것은 현대의 전쟁원칙 내지 군사업무에도 그대로 적용된다.

무엇보다도 리순신과 함께 처음으로 참전했던 모두는 전쟁・전투가 무엇인지를 모르면서 전투현장에 몸을 던진, 경험이 전혀 없는 사람들이었다.

옥포해전은 생소했지만, 왜적의 끔찍한 만행을 군사들이 눈으로 보면서 서로 우왕좌왕하며 어쩔 줄을 몰랐다. 물론 지휘관으로서 사전에 지리적 환경에 대한 정보를 경상우수사 원균에게서 듣고, 군사들에게 임무를 주었지만, 그것으로써 싸워서 이길 수 있다는 보장을 할 수 없다.

일단 리순신의 옥포해전의 전투결과보고서에서 승리한 휫손을 보자.

> 1592년 5월 7일. 왜선 26척을 모두 총통으로 쏘아 맞혀 깨뜨리고 불태우니, 넓은 바다에는 불꽃과 연기가 하늘을 덮었습니다. 산으로 올라간 왜적의 무리는 숲속으로 숨어 엎드려 겁내지 않는 놈이 없었습니다. … 8일 합하여 13척이 바다 어귀에 줄지어 대어 있었습니다. … 모두 총통으로 쏘아 깨뜨리고 불살랐습니다. … 9일 무릇 지금까지 40여 척을 불태워 없앴으나, 왜적의 머리를 벤 것이 다만 둘뿐입니다.[872]

---

871) 姜沆, 『看羊錄』 「倭國八道六六州國」. "李舜臣爲水路長城 罪狀未著 而卒從吏獄 以元均代其任 則不可也."

872) 『임진장초』 장7 「初度玉浦勝捷啓本」 및 『리충무공전서』 권2 장계9 「玉浦破倭兵

> 한창 싸울 때, 순천 대장선(代將船: 임시 지휘선)의 사부(射夫)이며 순천에 사는 정병(正兵) 리선지(李先枝)는 왼쪽 팔 한 곳에 화살을 맞아 조금 다친 것 이외에는 아무도 다친 사람은 없습니다.[873)]

여기서 리순신은 부하들이 힘을 합하여 처음 겪는 옥포해전에서 왜적선 42척(옥포 26, 합포 5, 적진포 11)을 모두 쳐부수었다고 했다. 이처럼 바람직한 목표결과의 여부를 전쟁에 적용한다면, 이는 최소의 피해로써 최다의 전과(戰果)를 획득하였던 것이다.

그리고 첫 출전에서 싸우다 죽은 사람이 1명도 없고, 겨우 경상자 1명뿐의 피해에 비하여, 전과는 왜적선을 모두 깨뜨리고 불살랐다.[874)] 이것은 완벽한 승리요, 목표를 100% 달성한 것이다.

이런 승리의 과정에는 그동안에 리순신의 빈틈없는 계획과 조치들이[875)] 있었다. 그리고 적과 싸움에 있어서 조선수군에게 가장 중요한 문제는 무엇보다 목표의식의 명확성과 필살의 적개심에서 나왔던 것이었다.

> 1592년 4월 30일. 바라옵건대 한번 죽을 것을 기약하고 곧 범의 굴〔虎穴: 敵陣〕을 바로 두들겨 요망한 적을 소탕하여 나라의 수치를 털끝만큼이나마 씻으려 합니다. 그러니 성공하거나 실패하거나, 잘되거나 못되는 것은 제가 미리 짐작할 바는 아닐 것입니다.[876)]

리순신은 이미 부하들에게 적개심을 밝히고, 나라의 수치〔國恥〕를 씻자고 다짐하였다. 이것은 상하동의(上下同意)의 사기이기 때문에 모두 죽고 삶을 초월하게 된다.

狀」. "初七日. … 幷倭船二十六隻爲等如 銃筒放中 撞破焚滅 一海大洋 煙焰漲天 登山賊徒 竄伏林藪 無不摧心. … 初八日 … 幷十三隻 海口列泊.…爲等如銃筒放中撞破焚滅爲白遣. … 初九日 … 凡前後四十餘隻 焚滅之際 所斬倭頭 只此二級而已."

873) 위의 책. "接戰時 順天代將船射夫 同府接正兵李先枝段 左臂一庫逢箭暫傷外 他無被傷之卒爲白在果."

874) 이「玉浦破倭兵狀」의 倭賊船 13척 중에 각자의 戰果를 헤아려 보니 11척이다.

875) 『임진장초』 장8「二度唐項浦等四處勝捷啓本」및　장11「四度釜山浦勝捷啓本」. "萬全之計."

876) 『임진장초』 장5 및 『리충무공전서』 권2 장계5「赴援慶尙道狀(2)」에서 재인용.

> 6일 08:00에 원균이 우수영 경내의 한산섬에서 단지 1척의 전선을 타고 왔습니다. 그래서 왜적선의 많고 적음과 현재 머물고 있는 곳과 접전할 절차 등을 상세히 묻곤 했습니다. … 8일. 적진포 근처에 사는 향화인 리신동(李信同)이란 자가 우리 수군을 바라보고 산꼭대기에서 아기를 업고 울부짖으면서 내려오므로, 작은 배로 실어와서 저가 직접 적도들의 소행을 물어 보았다. … 9일. 보성군수 김득광이 빼앗아 온 소녀 1명은 나이는 좀 들었으나, 머리를 깎아 왜인 같았는데 여러 상황을 심문해 봤더니, 임진년 5월 7일 동래 동면 응암리에 사는 백성 윤백련(尹百連)으로서 나이는 14살이며, 아무 날 아무 곳에서 왜인을 만나 누구누구와 같이 포로되었다가 그날 한창 싸울 때, 도로 붙잡혀 나오게 된 연유와 왜적들의 모든 소행을 비롯하여 생년월일과 신분 등을 아울러 진술하였습니다.[877)]

현장의 정보를 많이 수집하고, 정확히 파악하는 것이 매우 중요하다.[878)] 현대전이 첩보전·정보전이듯이, 옛날부터 "나를 알고 적을 알면 백 번 싸워도 위태롭지 않다."는[879)] 병법처럼, 적정, 즉 적의 강점과 약점을 안다는 것은 아군의 행동방향을 유리하게 정할 수 있게 한다. 리순신은 1592년 4월 30일에 보고한 내용에, "경상도의 우수사 원균에게도 '물길의 형편과 두 도의 수군이 모이기로 약속할 곳과 적선의 많고 적음과 정박해 있는 곳과 그 밖의 대책에 응할 여러 가지 기밀 사항을 아울러 긴급히 회답해 주시오.'라고 통고한 사유는 이미 장계하였습니다."는[880)] 것에서 보듯이, 전투현장에 있는 지휘관의 정보에 귀를

---

877) 『임진장초』 장7 「初度玉浦勝捷啓本」 및 『리충무공전서』 권2 장계9 「玉浦破倭兵狀」. "初六日辰時 同元均亦自同營境內閑山島 只乘一隻戰船來到爲白良在乙 賊船多寡時方留泊處 接戰節次詳問. … 初八日 … 赤珍浦近處居向化人 李信同稱號者 望見臣等舟師 自山頂負其兒子 呼泣以進爲白去乙 令小船載來 臣親問賊徒所爲. … 初九日 … 寶城郡守金得光 所擒兒女一人段 其年稍狀 斷髮爲倭 推問次 壬辰五月初七日 東萊東面鷹巖里接 百姓尹百連 年十四白等矣身亦 某日某處逢倭 某某人一時被擄 幾日次當日接戰時 被擒緣由及倭賊等 凡百所行是沙餘良 根脚役名 幷以現告亦."

878) 『孫子兵法』 用間篇 第13. "間事未發而先聞 聞者與所告者皆死. 凡軍之所欲擊 城之所欲攻 人之所欲殺 必先知其守將 左右謁者門者 舍人姓名 令吾間必索知之."
姜泳辰 編譯, 『리더쉽의 포인트』 鎌田勝 原作,(서울: 甲進出版社, 1988), p. 43. "실력을 분석: 年功: 지식이나 기술기능의 경험적 우위성; 경제적 우위성; 인격·인덕의 인간적 우위성; 체력적 우위성; 정보의 우선적·독점적 파악의 정보적 우위성"

879) 『孫子兵法』 謀攻篇 第3 "知彼知己 百戰不殆."

기울였을 뿐 아니라, 정보수집 출처는 어떤 것도 가리지 않았다.

그리고 전투를 하고 있으면서도 정보수집을 할 수 있는 경우에는 이를 빠뜨리지 않고 직접 확인하였으며, 전투가 끝난 뒤에도, 비록 나이가 어린 사람일지라도 그에게서 왜적의 동정을 파악해내려고 애썼음을 볼 수 있다.

그리고 리순신은 미래전에 대비한 새로운 작전구상으로서 전투결과 보고서에다 그 결과에 대한 평가와 아울러 앞으로는 어떻게 해야하겠다는 의지가 담긴 건의를 하였다.

> 1592년 4월 30일. 신의 생각으로는 오늘날 왜적의 세력이 이토록 우리를 업신여기는 것은 모두 수전〔海戰〕으로서 막아내지를 못했으니, 왜적들이 마음대로 상륙한 것입니다.[881)]
>
> 1592년 5월 10일. 신의 생각으로는 적을 막는 대책에서 수군으로써 작전하지 않고서 왜적을 따라 나아가거나 물러나더라도, 오로지 육전에만 힘을 다하여 성을 지켰기 때문에 나라의 수백년 기업이 하루아침에 왜적의 소굴로 변해버린 것입니다. 생각이 이에 미치니 목이 메어 말을 할 수 없습니다. 왜적이 만약 배를 타고 본도(전라도)로 침범해 온다면, 제가 수전으로써 목숨을 바쳐 이들을 막아내겠습니다. 그러나 육지로 침범해 오면, 본도의 군사들은 싸움말〔戰馬〕이 한 필도 없으니, 대응할 아무런 방법이 없습니다. 신의 생각으로는 순천의 돌산도·백야곶과 흥양의 도양장에서 기르는 말〔馬〕 가운데서 싸움에 쓸 만한 말들이 많이 있으므로, 넉넉하게 몰아내어 장수와 군사들에게 나누어 주어서 살지게 먹이고, 달리기를 훈련시켜서 전쟁터에서 쓴다면 승첩할 수 있을 것입니다. 이것은 신의 독단으로 말씀드릴 일이 아니나, 사태가 급급하여 겸관찰사 리광에게 감독관을 정해 보내게 하고, 말을 몰아내는 군사는 각 진포(鎭浦)에서 뽑혀 온 군사를 동원하여 하루·이틀 기한으로 잡아와서 훈련시키도록 공문을 보냈습니다.[882)]

---

880) 『임진장초』 장5. “同道右水使元均處 水路形勢　兩道會約之處 及賊船多寡 時方留泊之地 他餘策應諸機 幷以急急回答亦 移文爲白遣 緣由馳啓 爲白有如乎 … 萬曆二十年四月三十日.”

881) 『임진장초』 장5 및 『리충무공전서』 권2 장계5 「赴援慶尙道狀(2)」. “臣之妄意 今之賊勢憑凌 皆出於不與水戰 使賊恣意登陸. … 萬曆二十年四月三十日.”

882) 『임진장초』 장7 「初度玉浦勝捷啓本」 및 『리충무공전서』 권2 장계9 「玉浦破倭兵狀」. “臣之妄意 禦敵之策 不以舟師 作綜進退 而全務陸戰守城之備 使國家數百年

리순신은 임진왜란 초기의 패전원인이 중앙조정에서 수군의 중요성을 깨닫지 못한 정책·전략의 부재에서 빚어진 것이며, 그것으로 말미암아 바다에서 왜적을 미리 막아내지 못했기 때문에 왜적이 조선 땅에서 종횡무진으로 활보하였으며, 그들에게서 업신당하고 있음을 진단해 놓았다.

리순신은 그 뒤에 처음으로 출동하여 수전〔海戰〕을 직접 겪어보고 나서, 그동안에 국가에서 취해온 정책을 정면으로 비판하면서, 건의한 내용에 국토방위의 문제점이 육전위주로 전략을 펼친 것이 패배의 한 원인임을 지적하였다.

그래서 수전의 중요성과 수군의 전문적 역할을 평가하였으며, 아울러 그 수전만큼은 리순신 자신이 목숨바쳐 담당하겠다고 하였다. 이것은 무엇보다도 책임완수의 전형적인 자세요, 태도이며, 충성과 희생정신의 모범인 것이다.

바로 이런 부하·신하를 둔 소경왕은, 그가 아무리 잘못해도 국가의 위기를 건질 수 있도록 목숨바쳐 애써주는 사람이 있었기 때문에, 참으로 인덕이 있고, 행운의 지도자였다고 보아야 할 것이다.

그리고 지휘관으로서 싸워서 이겨야 할 수단·방법을 강구하면서, 그 한 방편으로써 싸움말〔戰馬〕의 사용을 들 수 있는데, 이를 기르고 훈련시키는 요령까지 부하에게 가르치듯 임금에게 낱낱이 보고하였다.

그리고 피난민에 대한 조치는 백성에 대한 직접적인 구호가 되지 않을지라도 끝까지 보살피며 정성을 다하는 모습에서 백성들은 리순신을 볼 때마다 심리적으로 이미 안심이 되었으며, 안정을 되찾을 수 있었을 것이다.

저가 이번에 연해안을 두루 돌아보니, 지나가는 산골짜기마다 피난민 없

基業 一朝變成賊藪 言念及此 哽塞無語 賊若乘船 移犯本道 則臣願以水戰 決死當之 而陸路移犯 則本道將士 一無戰馬 策應末由 臣意順天突山島白也串 興陽道陽場牧馬中 多有戰用可合馬 優數驅促 分給將士 肥養馴馳 用於戰場 則可致勝捷 此非臣之所可擅 啓事是白乎矣 事在急急乙仍于 兼觀察使李洸處 監捉官定送 驅馬軍乙良 各鎭浦奔赴軍以 限一二日捉出調習爲之爲 移牒爲白臥乎事是良尒 謹聞. 萬曆二十年 五月十日."

> 는 곳이 없으며, 우리 배를 한번 바라보고는 아이나 늙은이나 짐을 지고 서로 이끌며 흐느껴 울며 부르짖는 것이 다시 살아날 길을 얻은 것처럼 좋아하고, 혹은 왜적의 종적을 알려주는 자도 있었습니다. 이런 사람들은 보기에도 불쌍하고 가여워 곧 태워서 가고자 했으나, 너무나 많을 뿐 아니라, 전쟁에 나가는 배에 사람들을 가득 실으면, 배를 모는 데 편리하지 못함을 염려하여 그들에게, "돌아올 때에 데리고 갈 테니, 각각 잘 숨어서 왜적에게 들키지 않도록 조심하여 사로잡히는 일이 없도록 하라." 라고 알아듣도록 타이른 뒤에 왜적을 쫓으러 멀리 떠났습니다. … 이들 피난민이 집을 나온 지 오래되어 남은 곡식마저 바닥나서 굶어죽게 되었습니다. 그래서 그 도의 겸관찰사에게, "끝까지 물어서 찾아내어 떠돌이들을 데리고 돌아와 구호하기 바랍니다."라고 공문을 보냈습니다.[883)]

이렇게 리순신은 전쟁에서 승리할 방도를 강구하느라 정신없이 뛰어다니며, 조치하는 것만도 여념이 없을 텐데, 피난민 한 사람 한 사람에게까지 정성을 쏟으면서 보살펴주는 것을 보면, 백성들도 한결같이 리순신에게 호의와 신뢰를 가졌을 것임에 분명하다. 그러니 백성들은 한결같이 적정을 살펴서 리순신에게 스스로 와서 아는 데까지 그 정보를 알려주었을 것이다.

이러한 상호신뢰와 호혜로써 군대와 민간 모두가 전쟁에 승리를 도모하고, 안전한 생활을 영위할 수 있었던 것이다.

그리고 리순신은 치밀한 정보통제력으로 주도권을 장악하였다.

전쟁이 소강상태에서 들어가면서 심리전은 강화되고 유언비어는 더욱 증가하였다. 이런 상황에서는 첩보의 수집, 적정의 파악과 통제는 무엇보다 우선적으로 수행해야 할 임무이다.

이것은 정보의 권력(information power)이며, 다른 사람이 가치가 있다고 지각하는 정보를 가지고 있거나, 그 정보에 쉽게 접근할 수 있다는 것은 권력·세력·영향력(power to influence)의 원천으로 사용

---

883) 『임진장초』 장7 「初度玉浦勝捷啓本」 및 『리충무공전서』 권2 장계9 「玉浦破倭兵狀」. "臣今者歷行沿海 則所經山谷 避亂者無處無之 一望臣等之船 垂髫戴白 荷擔相牽 掩泣悲呼 如得再生之路 或有指示賊蹤者爲白去乙 所見慘惻 卽欲載去 而非但其類甚多 第以赴戰之船 滿載人物 慮有運舟難便乙仍于 回程時率去次以 各令幽隱 愼勿露形 毋致被擄之患亦 開諭後 追賊遠去爲白如可 … 此等之輩 分遷日久 贏粮必罄 餓斃丁寧乙仍于 同道兼觀察使處 終當探訪 刷還賑恤亦 移牒爲白置."

할 수가 있다.

리순신에게서 빼놓을 수 없는 훶손의 한 가지는 바로 정보의 수집과 그 처리다. 그것은 무엇보다, 처음 출전에서 리순신은 경상도지역에 대해서는 잘 알지를 못했으므로, 조정에서 나가 싸우라는 명령이 내려올 때까지 그곳의 지리와 물길 등을 알려달라는 공문을 교환하였으며, 부하 장수들로 하여금 적정을 살펴서 빈틈없이 보고받았다. 그리고 출동에 앞서서 군호(軍號: 暗號)로써[884] 약속하고 행동을 통제하면서 은밀히 기동함과 동시에 왜적의 기습에 대비하여 본영에 류수장을 두어 본영을 지키게 하였으며, 왜적선을 발견하면 신속히 보고케 하여 전투태세를 항상 조금도 늦추지 않았다. 또 정보수집 활동으로서 모든 요소의 정보에도 소홀히 하지 않았다. 1594년 4월에 당항포해전이 있을 즈음에 적선의 동태를 파악하는 데도 빈틈없었다.

> 3도의 여러 장수들에게 명령하여 "배들을 정돈하고 무기들을 엄히 갖추고, 한편으로 각처의 산봉우리 꼭대기를 다니면서 보도록 탐망장(探望將)을 파견하여, 멀리 왜적선을 살피고 즉시 달려와 보고하라."고 하였습니다.[885]

바로 이것이 "적군을 헤아려서 승리를 얻는다"는[886) 『손자병법』의 원칙에 따른 말과 같으며, 외적과 싸우면 이길 수 있는 비결의 하나였다. 그래서 강항(姜沆)의 말처럼 "리순신은 바다의 간성이다. 죄상이 나타나지도 않았는데, 마침내 감옥에 잡아넣고, 원균으로 그 임무를 대신하게 하였으니, 불가하다. … 이로써 봐도 원균의 작전이 형편없었던 것에 비하여, 리순신은 적은 수로써 많은 수를 당해낸 것을 대충 알 수 있다."고[887] 했던 것이다.

884) 『난중일기』 임진년 5월 2일. "軍號龍虎 伏兵則水山" 여기서 '水山'은 『리충무공전서』 권5 난중일기1 14면에는 '山水'이다.

885) 『리충무공전서』 권4 장계 20면. 「唐項浦破倭兵狀」 "令三道諸將 整勵舟楫 嚴鍊器具 一邊各處通望峯頭 望將定送 瞭察賊船 登時馳告."

886) 『孫子兵法』 地形篇 第10. "料敵制勝."

887) 姜沆, 『看羊錄』 「倭國八道六六州國」. "李舜臣爲水路長城 罪狀未著 而卒從吏獄

리순신이 치밀한 정보와 경계에 관심을 얼마나 많이 가지고 있었는지를 알 수 있다.

> 1594년 9월 3일. 새벽에 임금의 밀지가 들어왔는데, "수군과 육군의 여러 장병들이 팔짱만 끼고 서로 바라보면서 한 가지라도 계책을 세워 왜적을 치는 일이 없다."고 하였다. 3년 동안이나 바다에 나와 있는데 그럴 리가 만무하다. 여러 장수들과 맹세하여 죽음으로써 원수를 갚을 뜻을 결심하고 나날을 보내지마는, 적이 험고한 곳에 웅거하여 있으니, 경솔히 나아가 칠 수도 없다. 하물며 나를 알고 적을 알아야만 백 번 싸워도 위태하지 않다고 하지 않았던가!
> 11월 28일. 나를 알고 적을 알면, 백 번 싸워도 다 이긴다. 나를 알고 적을 모르면, 이기고 지는 것이 반반이다. 나를 모르고 적도 모르면, 싸워봐야 반드시 지게 된다. 이것은 만고의 바뀌지 않는 진리다.

1594년은 전쟁이 일어난 지 2년이나 경과되었고, 이미 강화회담은 깊이 진행되고 있었으며, 전쟁이라지만, 이미 소강상태에서 전투를 회피하기만 하는 왜적을 어떻게 할 도리가 없었을 것이다.

이런 시점에서 전과획득의 소식이 뜸해지자, 임금으로서는 리순신에 대한 불만이 있었을 것이다.

리순신은 임금으로부터 불신으로 느껴지자, 자신의 처지와 더불어 『손자병법』의 원칙에[888] 따라 행동하고 있음을 강변하고 있다. 다만 리순신은 글의 순서를 달리하여 "知彼知己→知己知彼"라 했고, 나중의 일기에서는 "百戰不殆→百戰百勝"이라고 한 것이 다르다.

이것은 병법(兵法)에 대한 소화력(消化力)을 보인 군사전문가(軍事專門家)다운 말이다.

그리고 리순신은 백의종군 과정에서 현장답사를 하면서 사흘 동안의 밤잠을 설쳤다고 해서 눈병이 생기기도 했고, 그로부터 1개월쯤 될 즈음에는 나흘 동안이나 몸이 불편하여 몸을 움직여 가누기조차 힘든 상

以元均代其任 則不可也. … 以此言觀之 則元均之馭軍無狀 舜臣之以過敵衆 槪可知矣."

888) 『孫子兵法』謀攻篇 第3. "百戰百勝 非善之善者也. … 知彼知己 百戰不殆 不知彼而知己 一勝一負 不知彼不知己 每戰必殆."

태가 되었다. 리순신에게는 신체적으로 최악의 상태에 이르렀을 뿐 아니라, 인사불성까지 된 그는 육체적 건강을 거의 상실하고도, 정신적으로만 겨우 버티고 있었던 셈이다.

이런 와중에서도 리순신은 왜적과 싸워서 이기기 위해서 조금도 늦추지 않고 적정수집과 전비태세 확보에도 여념이 없었다.

8월 26일. 저녁나절에 임준영(任俊英)이 말을 타고 와서 급히 보고하는데, "왜적선이 리진포(梨津浦)에 이르렀다."고 했다. 전라우수사가 왔다. 배의 격군과 기구를 갖추지 못했으니, 그 꼬락서니가 놀랍다.
9월 7일. 탐망하던 군관 림중형(林仲亨)이 와서 보고하기를, "왜적선 55척 가운데 13척이 이미 어란포 앞바다에 도착했습니다. 그 뜻이 우리 수군에 있는 것 같습니다."고 했다. 그래서 각 배들에게 엄중히 일러 경계하였다.
9월 9일. 저녁 나절에 왜적선 2척이 어란포에서 바로 감보도(甘甫島)로 들어와 우리 배의 많은지 적은지를 정탐했다. 영등포만호 조계종(趙繼宗)이 끝까지 따라 갔더니, 왜적들은 어리둥절하여 배에 실었던 물건을 몽땅 바다 가운데로 던져버리고 달아났다.
9월 14일. 임준영(任俊英)이 육지를 정탐하고 와서 말하기를, "왜적선 200여 척 가운데 55척이 이미 어란포 앞바다에 들어왔다."고 하였다.

이 때는 전투하기에 최악의 여건이었고, 명량해전이 있기 직전의 하루하루는 매우 긴박・절박하면서도 초조하게 돌아가는 초읽기 같은 순간이었으며, 왜적들도 조선수군의 동태를 파악하려고 무척 애쓰고 있음을 『난중일기』에서 볼 수 있다. 그리고 이틀 뒤 그런 왜적과 싸워 대첩을 거두었다. 정보의 원칙이 얼마나 중요한지 새삼 그 중요함을 알 수 있는 장면이다.

여기서 정보의 정확성 획득의 비결로서 중시선법(重視線法)을 활용한 것 같다. 그것은 수집된 첩보가 진실된 정보의 가치를 지녔는지를 검정해야 하는데, 그런 방법으로 두 사람 이상의 공통된 사실관계를 추출하였으며, 여기엔 남녀노소니, 신분의 귀천, 직위의 고하를 가리지 않았다. 최고의 정보, 정확한 정보의 획득이 작전을 수행하는 성공의 비결이었다.

그리고 이런 자세는 뱃사람의 자기 위치, 즉 선위(船位) 산출의 정확하고도 신속한 방법에서 흔히 중시선법(重視線法)을 사용하는 데서도 찾을 수 있다. 바다에서의 '重視線(transit line)'이란 두 물표(物標)가 1직선의 위에 겹쳐져 보이는 상태를 말하는데, 이때에 그 배는 그 일직선 위에 있고, 가까운 물표와의 거리나, 다른 1방위선에 의한 교차되는 위치는 매우 정확하다.[889)]

바다에 나가 있는 배의 위치는 다음 작전을 수행하거나, 얕은 수심이나, 암초를 피하여 항해하거나, 또 되돌아올 수 있는 시간을 결정하는 기본이 된다. 내가 어디에 있는지를 알지 못하면, 적선을 추적하더라도 함정에 빠질 가능성이 높기 때문에 선위의 산출과 확인은 뱃사람에겐 필수이다. 리순신은 싸움마다 다 이겼는데, 그 비결의 하나가 바로 신속하고도 정확한 선위의 산출에 있었다고 본다.

위치는 곧 두 직선이 만나는 점〔交叉點〕인데, 더 정확히 하려면 세 직선의 교차점을 쓰면 된다. 특히 두 섬의 봉우리 내지 해안선끼리의 중시선(重視線)과 그 섬과의 거리의 만나는 점의 산출이 배의 위치〔船位〕인데, 이 방법은 요즘도 많이 쓴다.

배위 위치와 더불어 정보의 신속정확성은 둘 이상의 첩보의 공통점을 산출하여 얻을 수 있다. 그래서 리순신은 어떤 정보든, 그것이 왜곡된 첩보인지, 아닌지를 꿰뚫어볼 수 있었고, 작전의 실수를 최소화할 수 있었던 것이다.

(10) 심리전 - 역정보의 원칙

처음 출전 일자는 4월 29일로 정해졌지만, 전라우수사 리억기(李億祺) 함대가 30일에 출항한다는 일정을 고려하여 리순신은 5월 4일 새벽에 출항한다고 변경했다.[890)] 그러자 군중에서는 출항 하루 전 날에

---

889) 航海科要諦編纂委員, 『航海科要諦』 上卷(韓國海洋大學海事圖書出版部, 1968), p. 1-47.

890) 『임진장초』 장6 및 『리충무공전서』 권2 장계9 赴援慶尙道狀(3).

유언비어를 퍼뜨리며 달아나기도 하였다.

> 1592년 5월 2일. 송한련(宋漢連)이 남해에서 돌아와서 하는 말이, "남해 현령 · 미조항첨사 · 상주포 · 곡포 · 평산포 만호 등이 하나같이 왜적의 소식을 듣고는 함부로 벌써 달아나 버렸고, 군기물 등도 흩어 없어져 남은 것이 거의 없다."고 한다. 놀랍고도 놀랄 일이다.
> 5월 3일. 이 날 여도 수군 황옥천(黃玉千)이 왜적의 소리를 듣고 달아났다. 자기 집에서 잡아와서 목을 베어 군중 앞에 높이 매달았다.

이렇게 경상우도에서는 지휘관을 비롯해서 군사들까지 도망가버린 상태로 파악되고, 휘하에서도 도망자가 발생하자, 이를 색출하여 불가피하게 효수(梟首)함으로써 군중을 안정시키고, 기강을 바로잡을 수 있었다.

그리고 직접 처음으로 왜적들을 조우하는 군사들이 왜적을 두려워하지 않고, 질서를 지키며, 용감하게 싸우도록 하기 위하여 리순신은 군사들에게 호령하기도 하고, 서로 격려하기도 하였다.

> 1596년 1월 19일. 부산에 들여 넣었던 사람 4명이 와서 전하기를, "심유경(沈惟敬)과 소서행장(小西行長) · 현소(玄蘇) · 정성(寺澤正成) · 소서비(小西飛: 內藤如安)와 함께 1월 16일 새벽에(일본으로) 바다를 건너갔다."는 소식이다. 그래서 양식 3말을 주어 보냈다.

리순신은 왜적의 정보를 알아내기 위하여 부산에 사람 4명을 보냈으며, 그 사람들이 1596년 1월 19일에 와서 소서행장 일행과 심유경의 정보에 대하여 보고해 주었던 사실에 대하여 그들에게 포상하여 주었다.

이들이 보고해온 정보는 사실인지의 여부는 전날 동래현감(정광좌)이 꼭 같은 내용을 보고해 왔었다.

> 1596년 4월 30일. 저녁나절에 부산의 허낸만(許乃隱萬)의 편지가 왔는데, 소서행장이 군사를 철수할 뜻이 있는 것 같다고 했다.

부산에서 허낸만이란 사람이 1596년 4월 30일에 편지를 보내 왔는데, 그 내용도 안부가 아닌 소서행장의 철수의도였다.

> 1594년 2월 5일. 원수(권률)의 회답 공문이 왔는데, 유격 심유경이 벌써 화친을 결정했다고 한다. 그러나 간사한 꾀와 교묘한 계책을 헤아릴 수 없다. 전에도 놈들의 꾀에 빠졌었는데, 또 이처럼 빠지려드니 한탄스럽다.

리순신이 보냈던 공문에 대하여 도원수에게서 1594년 2월 5일에 회답이 왔다. 일본과의 화친을 결정했다는 것인데, 리순신은 이런 결정이 왜적의 꾀임에 빠졌을 것이란 의심을 했다. 왜냐하면 전에도 그랬었기 때문이다. 적군의 심리와 의도를 미리 잘 파악하고 대처해야 함에도 그렇지 못함을 걱정하였다.

> 1597년 7월 29일. 중군장 리덕필(李德弼)과 심준(沈俊)이 와서 유격 심유경을 잡아가는데, 총병관 양원(楊元)이 삼가(三嘉)에 이르러 꽁꽁 묶어 보내더라고 전했다.

어떤 사실에 대한 판단의 결과는 시간이 경과되어 봐야 그 가치를 알 수 있는데, 심유경의 협상능력과 그의 판단에 대하여 리순신은 매우 걱정했던 것이며, 그런 우려했던 사실이 실제로 2년이 지난 1597년 6월 29일에 현실로 다가와 그가 체포되어 갔다.

> 1594년 7월 20일. 〔양력 9월 4일〕〈병신〉 맑다. 아침에 통역관〔通事〕이 와서 전하여 말하기를, 중국 장수〔天將: 장홍유〕가 남원에 있는 총병관 류정(劉綎)이 있는 곳에는 가지 않고 곧장 돌아갈 것이라고 했다. 그래서 나는 중국 장수에게 간절히 말을 전하기를, "처음에 파총(장홍유)이 남원으로 온다는 소식이 이미 총병관 류정에게 전해졌으니, 만약 가지 않는다면, 그 중간에 남의 말들이 있을 것이므로, 바라건대 가서 만나보고 돌아가는 것이 좋겠다."고 하였다. 그러니 파총(장홍유)이 나의 말을 전해 듣고, 과연 옳다고 하며, "내 말을 타고 혼자 가서 만나 본 뒤에 군산으로 가서 배를 타겠다."고 했다는 것이다.

파총 장홍유가 총병관 류정에게 가지 않고 바로 가겠다는 말을 통역관에게 듣고서, 리순신은 이미 류정과의 약속이 있었으니 만나보고 가야 한다고 하자, 그 파총이 리순신의 말이 옳고 그렇게 하겠다고 했다는 것이다.

> 1594년 2월 16일: 암행어사 류몽인(柳夢寅)은 나라의 위급함은 생각하지도 않고, 쓸데없이 눈앞의 임시 방편의 일에만 힘쓰고 있다. 남쪽 지방의 종작없는 말만 듣고서 나라를 그르치는 교활하고 간사한 말이 악무목(岳武穆)에 대한 진회(秦檜)의 짓거리와 다를 바가 없다.[891] 나라를 위하여 심히 통탄할 일이다.

암행어사는 정보가 가장 정확하고, 그 판단이 매우 바르고도 옳아야 하는데, 류몽인은 그렇지 않다는 사실을 지적한 것이다. 더구나 1594년 2월 16일이면 임진왜란도 만 2년이 지났으며, 이미 일본과 강화회담이 이루어져 전쟁이 소강상태에서 교착되어 있으며, 왜적들은 리순신과는 이미 전투를 하지 않고 있어 전과를 올릴 수도 없는 처지였다. 특히 남쪽 지방의 사람들이 하는 말이 종잡을 수 없음에도 그런 말에 놀아나며, 옳게 판단하지 못하고 있다는 사실에 대하여 리순신은 매우 분개하고 있다.

이것은 어떤 정보나, 행위에 대하여 리순신의 판단이 매우 예리하고 옳았던 것이다. 정보는 많을수록 좋고, 하나의 정보라도 정확하게 판단해내어 적군의 의도를 명확하게 파악해야 한다. 아군의 정보는 절대로 새어 나가지 않아야 하며, 적군의 정보는 어떻게 해서라도 캐내어야 하는 보물이다.

그래서 적군의 의도를 미리 파악해내기 위하여 적지에 사람을 보내어 알아오게 하며, 그렇게 알아온 사람들에게 적절한 포상을 해주었던 것이다. 이것은 리순신이 정보 수집에 얼마나 심혈을 기울였으며, 중요하게 여겼는지를 알 수 있다.

---

891) 진회(秦檜): 송조(宋朝)의 대표적 간신(奸臣). 적국 금나라에 항복하기를 주장하며, 충신 악무목을 무함하여 죽였다. 악무목(岳武穆): 송조의 충신. 악비(岳飛)가 죽은 뒤에 시호를 무목(武穆)이라 했다가, 뒤에 충무(忠武)라고 다시 고쳤다.

반대로 아군의 정보는 적군에게 반드시 유리하므로, 적에게 흘러들어가서는 절대로 안 된다. 그래서 일부러 어렵게 얻어낸 정보라는 것을 적군에게 슬쩍 흘려보낸다. 물론 이것은 거짓 정보이며, 이 거짓 정보는 적군이 알아서 이용하게 되면, 아군이 절대적으로 유리한 것이다. 이것이 정보전이며, 심리전이다. 리순신은 이미 정보전에서 누구도 따를 수 없는 으뜸가는 지휘관이었다.

정보 능력은 작전 지휘 능력의 두뇌다. 작전 지휘권은 정보수집 기능부터 확보해야 하며, 정보수집 기능에는 인적 · 물적 · 기술적 요소가 갖추어져야 한다. 그렇게 하여야 전쟁에서 겨우 이길 수 있을 것이다.

풍신수길의 군대는 육전에서는 상당한 전과를 올렸지만, 해전에서는 리순신에게 전투다운 전투를 해보지 못하고, 단 한 번도 이기지도 못했다. 풍신수길은 끝내 그 분한 마음을 참지 못하고, 임진왜란의 끝을 보지 못하고, 1598년 7월 17일에 죽었다. 조선에는 8월 18일에 죽었다고 소문이 났다.

리순신의 『난중일기』 속엔 이보다 훨씬 더 일찍이 이보다 2년 전에 죽었다는 소문이 나돌았다. 일본에서 이런 정보를 왜 흘렸을까? 왜란을 일으킨 장수들끼리의 내분인가?

리순신은 그런 소문에 정보로서의 가치가 있는지 없는지, 매우 신중하였다. 『난중일기』의 1596년(병신) 4월 19일 〔양력 5월 15일〕〈을묘〉에 다음의 글이 실려 있다.

> 맑다. 습열(濕熱: 습기 때문에 생기는 열)로 침 20곳 남짓을 맞았다. 몸에 번열(煩熱: 열이 나고 가슴이 답답함)이 나는 것 같아 종일 방에서 나가지 않았다. 어두울 무렵 영등포 만호가 와서 보고 돌아갔다. 종 목년(木年)과 금화(今花) · 풍진(風振) 등이 와서 인사했다. 이 날 아침에 난에몬〔南汝文〕 편에 풍신수길이 죽었다는 말을 들었다. 뛸 것처럼 기쁘긴 하지만, 믿을 수는 없다. 이 말은 진작부터 퍼졌었지만, 아직은 확실한 기별이 온 것은 아니다.

습열 · 번열 · 침〔20곳〕 · 방콕〔종일 집안에만 있음〕 … 이 장도면 요즘

말로 우울증은 없었을까? 걱정되는 건강이다.

그래도 풍신수길이 죽었다는 소식에 리순신은 기뻐하면서도 한편으로는 믿어지지 않는다는 모습에서 보듯이 오직 나라 걱정뿐이다.

임진왜란 당시의 총통/신기전 재현

임진왜란 당시의 총통을 1994년도에 실제 모형으로 만들어 발사 시험한 것은 무기체계의 우월성을 파악함에 있었다. 즉 대형 총통(大形銃筒: 天字・地字・玄字・黃字)은 대전(大箭: 大將軍箭・將軍箭・次大箭・皮翎箭)으로 쏠 경우, 사정거리는 800~1100보(1008~1386m; 1步=周尺6자=1.26m)이며, 복제품으로 실험을 해봤더니, 처음에 500m 안팎이었으나, 피사체와 격목(화약을 분리시키는 부분)과의 문제, 즉 공간을 없애주자 모두 1km까지 날아갔다.[892)]

이 정도의 사정거리는, 일본군의 무기인 조총의 사정거리가 최대 400보(유효 사정거리는 100~200m라고 함)라고 하더라도, 조선수군의 무기 총통의 최대 1100보와 비교할 때 상대가 되지 않음을 알 수 있다. 무기의 운용술에서 전투의 승리가 좌우되는 한 가지 원인을 여기서 찾을 수 있다.

이런 자료를 토대로 1999년 12월과 2000년 2월에 진해 덕산 사격장에서 천자・지자・현자・황자・별황자 총통 및 중승자 총통, 신기전(100발)과 총통기(사전 총통: 50문 200발), 중완구를 발사하였다. 여기에는 표적 가로×세로 3×2m 크기로 하여 맞추어 보았는데, 가장 재래식이라고 할 수 있는 포신이 짧은 중완구가 150m에서 거리에서 1발이 명중도 하였다. 다른 총통들은 모두 표적 주변에서 다 떨어졌다. 매우 흥분되는 순간은 마

---

892) 총통 발사시험은 시범을 포함하여 모두 6회 하였다. 1994.8.5에 해군사학교에서 천자・지자・현자・황자・별황자 총통(5종), 1994.10.23에 여천시 望馬祭에서 지자・현자・별황자 총통(3종), 1995.3.24에 해군사관학교에서 천자・지자・현자・별황자 총통(4종), 1995.7.26에 통영시 해양축제에서 천자・지자・현자・별황자 총통(4종), 1995.10. 1에 국군의 날 행사 한강수상제에서 천자・지자・현자・별황자 총통(4종)을, 1996.4.13에 해군사관학교에서 천자・지자・현자・별황자 총통(4종)과 더불어 佛狼機・中碗口・小碗口・勝字・次勝字・小勝字・別勝字銃筒 및 神機箭(12종) 發射시험하였으며, 국방부 국군홍보관리소 주관으로 2000.2.13에 四箭銃筒(200발)을 포함하여 모든 총통을 발사하였다.

치 임진왜란의 승리의 순간을 맞는 것 같았다.

※ 복원한 총통을 발사하는 장면(1994. 8. 5 해군사관학교). 우측상단의 물체가 대장군전임.

그리고 2002년 1월 12일에는 KBS-1TV이 력사스페셜의 '행주대첩과 첨단무기' 방영을 위해 웅동 사격장에서 천자·지자·현자·황자·별황자 총통에 대전 및 철환을, 중완구에 단석 및 비격진천뢰(飛擊震天雷)를 발사해 보았는데, 그 속에 든 마름쇠 조각들이 땅바닥에 꽂혀 있는 모습에서 적군들이 얼마나 피해를 입었을지를 충분히 짐작하고도 남음이 있었다. 특히 천자총통에 조란환 400개를 넣어 발사했을 때에는 한꺼번에 떨어지는 그 소리가 마치 우박이 함석 지붕 위에 쏟아지는 소리와 같아 매우 감격스러움을 느낄 수가 있었다.

대마도는 우리나라 땅

임진왜란이 있은 지 400여 년이 지난 지금, 일본은 다시 한국을 삼키려 하는 행동을 조금씩 보이고 있다.

이런 말은 오히려 일본사람이 하는 말을 들어보면 우리의 마음을 더 슬프게 할 것이다. 아니 우리를 더 놀라게 할 것이다.

『근세 일본국민사』를 펴내어 대일본제국의 위대한 영광을 노래했던 도쿠도미 소호는 그 책에서 "우리는 그때를 되돌아보건대, 고니시 유키나가 등이 한 번은 한성에, 다음에는 평양에 머물면서도 그만 조선국왕을 놓친 것을 매우 유감으로 생각하는 바다. 그야 선발대의 어려움이 있음은 짐작하나, 명나라 군사가 지원 출병하기 전에 추격을 했던들 필히 기공(奇功)을 얻었으리라 생각하노라."라고 서술하면서 이 의문의 고니시 유키나가를 비판하는 자료로 삼고 있다.[893)]

이 말은 곧 소서행장의 오랜 체류로써 침략전쟁의 목적지인 중국으로 쳐들어가지 않았다는 의문을 제기한 것이다. 그러나 그 속내는 조선 국왕 선조를 볼모로 항복을 받아 내지 못하고, 그로 말미암아 절호의 기회인 조선 점령을 하지 못한 데 대한 불만을 넌지시 끄집어낸 것이다. 이렇게 흘린 말을 정말 흘려 들어서는 안 될 것이다. 눈여겨보아야 한다.

이 불만은 아직도 일본사람들에게는 가시지 않고 있는 것 같다. 그것은 독도를 아직까지도 일본땅이라고 망언을 일삼고 있는 것에서 알 수 있다. 언젠가 다시 우리 한국에 조선점령의 망령이 번질 것이라 예측되는 말이기도 하다.

여기서 우리는 잊지 말아야 할 땅이 있다. 그것은 바로 '대마도'인데, 『세종실록지리지』에도 그렇게 말했지만, 임진왜란 기간에도 "우리나라 땅" "경상도에 소속된 지방"이라고 했다. 이런 말을 절대로 잊지 말아야 한다.

임금이 〔경리 양호(楊鎬)와〕 말하기를, "대마도는 우리나라 땅으로 왜노들의 소유가 된 것인데, 몰래 쳐들어와 소란을 피울 염려가 있으므로, 중앙조정〔天朝〕에서 서북방 사람〔韃子〕들에게 대우하는 것과 같이 위성국가〔羈縻〕의 술책을 썼던 것일 뿐이다."고 했다.[894)]

경리(양호)가 "요시라는 본디 대마도 사람으로서 당신네 나라에 포로된 것이 아닌가?" 하기에, 신(경리 도감 낭청)이 "대마도는 옛날에 경상도에 소속된 지방이었는데, 왜인에게 점령당한 지 이미 여러 해가 되었다."고 했다.[895)]

---

893) 小田實, 「民岩太閤記」 ; 김윤・강응천 옮김, 『소설 임진왜란』 상, (서울: 웅진출판사, 1992), p. 275.

894) 『선조실록』 권98 선조31년 3월 경자(15일). "上曰 對馬島 本是我土 而爲倭奴所有 未免竊發侵擾之患 故爲羈縻之術 如天朝之待韃子耳."

중군 팽우덕(彭友德)이 뒤에 있다가 "대마도는 예전에 경상도에 소속된 지방이었는데, 왜적에게 빼앗긴 지가 이미 수백 년이 지났다. 그런데 요시라는 대마도에서 태어났으니, 대마도를 잃기 전에는 그대 나라 사람이었다. 다만 대인〔老爺: 경리 양호〕께서는 그대 나라의 반적(叛賊: 자기 나라를 배반한 역적)이라고 불러주면 처치하기가 더욱 좋기 때문에 그렇게 말한 것이다."고 하였다.[896)]

결국은 대마도, 즉 대마주(對馬州)는 조선의 경상도의 지방에 소속된 땅이었음을 조선의 임금도, 동맹군으로 지원나온 경리도감(經理都監)·중군(中軍)도 모두 한결같이 그렇게 말했다. 그러니 두말할 것도 없이 대마도는 조선의 땅이다.

그래서 리순신이 그들 왜적이 있는 곳이 모두 우리 땅이라고 말했듯이, 지금의 일본이 있는 곳과는 다를지라도, 진실로 우리는 한치의 땅도 왜적들이 넘보지 못하게 해야 할 것이다. 예나 이제나 다를 게 전혀 없다.

〈대마도 사람들을 타이르는 글〔諭對馬州書〕〉

- 변계량(卞季良: 1369~1430)

대마도는 경상도의 계림에 예속되어 있고, 본디 우리나라 땅이며, 문적에 실려 있어 뚜렷하게 고증할 수 있다. 〔對馬爲島, 隷於慶尙道之鷄林, 本是我國之境, 載在文籍, 照然可考.〕

---

895) 『선조실록』 권100 선조31년 5월 계사(9일). "經理說道 要時羅乃對馬島人 元是爾國被擄人乎. 臣答稱 對馬島古時爲慶尙道所屬地方 爲倭所占 年代已久."

896) 『선조실록』 권101 선조31년 6월 병진(3일). "彭中軍在後說稱 對馬島古爲慶尙道所屬地方 爲倭賊所占 已過累百年. 但老爺以爾國叛賊爲名 則尤好處置故 云爾."

제 7 장

충무공 리순신의 전략 · 전술을 벤치마킹 하라!

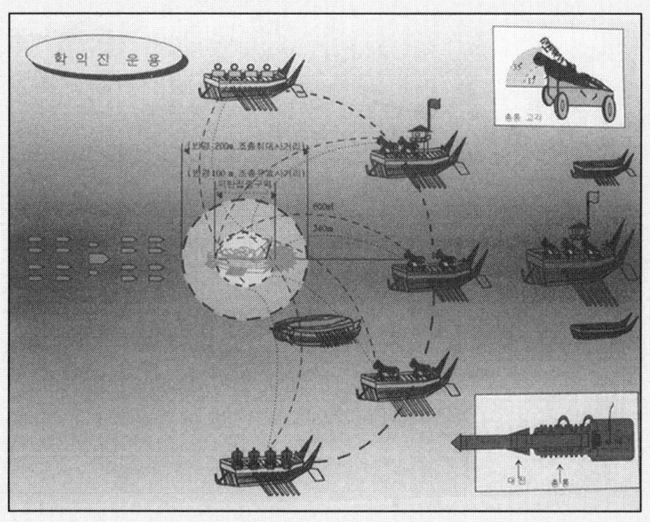

• 학익진 운용

제 7 장

충무공 리순신의 전략•전술을 벤치마킹 하라!

1. 수군과 육군, 그 어느 하나도 없어서는 안 된다

유사시는 언제나 평소보다 위급한 상황이다. 따라서 이러한 때의 위기관리는 무엇보다도 초기의 상황에 대처하는 전략의 선택에 따라 그 위기를 가장 효과적·효율적으로 극복할 수 있다.

왜란이 있을 것이라는 정보가 속속 들어오는 가운데 나라 안팎에서 나라를 걱정하는 사람들의 지혜가 중앙정부에 집중되면서 대응 방안이 설왕설래하였으며, 그 당시에 왜적을 육상 중심으로 방어해야 한다는 방왜육전론(防倭陸戰論)의 우세하였다.

이런 와중에 리순신은 탁월한 전략의 견해를 보고하였다.

> 정부에서 신립의 장계로 말미암아 수군을 없애고 육전에만 힘을 쏟자, 리순신이 곧 장계하되, "바다로 오는 적을 막는 데에는 수군만한 것이 없으니, 수군·육군의 어느 한 가지도 없앨 수는 없습니다."고 하니, 조정에서도 그 의견을 옳게 여겼다.[897)]

897) 『리충무공전서』 권9 부록1 행록1 9면. "朝廷因申砬啓辭 請罷舟師 專意陸戰, 公

이 말은 임진왜란이 일어나기 1년 전의 일이다. 리순신 같은 사람이 없었던들, 리순신의 이러한 수군과 육군의 중요성을 함께 지닌 전략적 사고가 없었던들, 조선은 정말로 희망이 없었을 것이다.

이렇게 육군(육전)도 수군(수전)도 어느 하나라도 없애서는 안 된다고 했고, 이 건의가 채택됨에 따라 수군이 그 역할을 어느 정도 할 수 있게 되었다. 하지만 조정에서는 여전히 육군 중심의 전략으로 일관했으며, 뒷날에 정유재란의 칠천량 패전으로 수군이 12척만 남게 되었을 때에도, "수군을 육군에 종사케 하라."는 조정의 명령 또한 육군 중심의 개념을 벗어나지 못했다.

그러나 리순신은 이런 낮은 수준의 전략에 대해, "아직도 12척이나 있고, 죽을힘을 내어 항거하여 싸우면 오히려 해낼 수 있다."는 절대절명의 카리스마로서 그 어느 누구도 불가능하다고 생각했던 수중철쇄의 장애물을 사용하여 명량대첩을 이루어냈던 것이다.

역시 임진왜란이 6년이나 지나는 시점에서도 리순신은 수군·육군 어느 하나라도 없애서는 안 된다는 전략에서 후퇴하지 않았으며, 거의 존재가치를 부여할 수 없는 전투력임에도 수군이 존재함의 가치를 강력히 부각시켰으며, 또 그렇게 하여 승리를 했다.

요즘에는 해군에 잠수함이 있고 없음에 따라 전투함들의 해상활동에 커다란 영향이 미친다. 게다가 핵추진 잠수함이라면 그 상황은 더욱 달라진다. 그리고 항공모함이 있고 없음에 따라 해상작전의 방향은 그 차원부터가 달라지는데, 여기에는 항공기가 탑재되어 있기 때문에 공중전까지 다양하게 전투를 펼칠 수 있다. 물론 조기경보 항공기도 있어야 한다.

이런 전투세력의 어느 하나라도 없다면, 현대전에서는 적군의 침략 의도를 이길 수 없을 것이다. 그러므로 400년도 훨씬 이전에 리순신이 수군도 육군도 모두 강력한 수준의 능력을 갖추어야 한다고 말한 것은 전략적 요소를 고려함에 있어서 우리들이 본받아야 할 좋은 교훈이 된다.

馳啓 以爲遮遏海寇 莫如舟師 水陸之戰 不可偏廢, 朝廷可其奏."

2. 우리나라 땅, 한 웅큼의 흙도 소홀히 하지 말라!

새삼스러울 게 없지만, 국방이란 나라를 지키는 일이다. 나라는 국토·국민·주권이 충족되어야 하며, 이것은 군인뿐만 아니라 그 나라에 사는 사람이면 모두 지켜야 할 지상명령(至上命令: supremacy)이며, 누구에게서도 짓밟혀서는 안 된다.

임진왜란 때에는 일본군의 침입으로 조선의 국토가 거의 모두 짓밟히고 백성들이 수없이 붙잡혀가고 죽기도 하였으며, 재물도 빼앗겼다. 그 왜적들이 짓밟고 있는 땅이 조선일진대, 리순신은 한치의 땅도 그들에게 양보해줄 수가 없었다.

그 당시 선유도사 담종인의 글은 남아 있지 않지만, 리순신의 답서를 보면, 그 내용을 짐작하고도 남음이 있다. 리순신이 조선을 얼마나 사랑했는지를 1594년 3월 10일에 보낸 이 '왜적을 치지 말라는 도사 담종인의 글에 답하는 글〔答譚都司宗仁禁討牌文〕'에서 알 수 있다. 그 전문을 보자.

> 조선의 신하 삼도수군통제사 리순신·원균·리억기는 삼가 선유도사 대인 앞에 답서를 올립니다. 왜적이 스스로 흔단을 일으켜 군사를 이끌고 바다를 건너 와, 죄없는 우리 백성들을 죽이고 또 서울〔京都〕로 쳐들어가 흉악한 짓들을 저지른 것이 말할 수 없으며, 온 나라 신하와 백성들의 통분함이 뼛속에 맺혀, 이들 왜적과는 같은 하늘 아래서 살지 않기로 맹세하였습니다. 각 도의 배들을 정비하여 곳곳에 주둔시키고 동서에서 호응하는 위에, 육지에 있는 장수들과도 의논하여 수륙으로 합동공격 해서, 남아 있는 왜적들을 한 척의 배도 못 돌아가게 함으로써 나라의 원수를 갚고자 하였습니다. 그래서 이 달 초사흗날 선봉선 200척 남짓을 거느리고 바로 거제도로 들어가 그들의 소굴을 무찔러 씨를 없애고자 하였던 바, 왜선 30척 남짓이 고성·진해 지경으로 들어와서 여염집들을 불태우고 우리 백성들을 죽이며, 또 사로잡아 가고, 기와를 나르며 대를 찍어 저희 배에 가득 실어갑니다. 이런 정상을 생각하면 통분하기 그지없습니다. 적들의 배를 쳐부수고 놈들의 뒤를 쫓아 도원수에게 보고하여 군사를 거느리고 합세하여 나서는 이때에, 도사대인의 타이르는 패문이 뜻밖

에 진중에 이르므로, 받들어 두 번 세 번 읽어봤습니다. 순순히 타이르신 말씀이 간절하고 곡진하기 그지없습니다. 그런데 다만 패문의 말씀 가운데, "일본 장수들이 마음을 돌려 귀화하지 않는 자가 없고 모두 병기를 거두어 우리나라로 돌아가려고 하니, 너희들 모든 병선들은 속히 각각 제 고장으로 돌아가고 일본 진영에 가까이 하여 트집을 일으키지 말도록 하라."고 하였는데, 왜인들이 거제·웅천·김해·동래 등지에 진을 치고 있는 바, 거기가 모두 다 우리 땅이거늘 우리더러 일본 진영에 가까이 가지 말라하심은 무슨 말씀이며, 또 우리더러 "속히 제 고장으로 돌아가라."고 하니, 제 고장이란 또한 어디 있는 것인지 알 길이 없고, 또 트집을 일으킨 자는 우리가 아닙니다. 왜적이라는 것은 일본에 있는 사람들인데, 간사스럽기 짝이 없어 예로부터 신의를 지켰다는 말을 들은 적이 없습니다. 흉악하고 교활한 적도들이 아직도 그 포악스러운 행동을 그만두지 아니하고, 바닷가에 진을 친 채, 해가 지나도 물러가지 아니하고, 여러 곳으로 쳐들어와 살인하고 약탈하기를 전일보다 갑절이나 더하니, 병기를 거두어 바다를 건너 돌아가려는 뜻이 과연 어디 있다 하오리까. 이제 강화한다는 것은 실로 속임과 거짓밖에는 아닙니다. 그러나 대인의 뜻을 감히 어기기 어려워 잠깐 얼마쯤 두고 보려 하며, 또 그대로 우리 임금께 아뢰려 하니, 대인은 이 뜻을 널리 타이르시어 놈들에게 역천(逆天)과 순천(順天)의 도리가 무엇인지를 알게 하시오면, 천만 다행이겠습니다. 삼가 죽음을 무릅쓰고 답서를 드립니다.[898]

이 패문은, 앞에서 주적개념의 문제에서 약간 언급했지만, 하루 전날(1594년 3월 6일)에 받은 패문을 손수 하루 만에 답한 글이며, 수군

898) 『임진장초』 66 및 『리충무공전서』 권1 잡저15~16면. 答譚都司宗仁禁討牌文. "朝鮮國陪臣等 謹答呈于天朝宣諭都司大人前 倭人者開釁 連兵渡海 殺我無辜生靈 又犯京都 行兇作惡 無所紀極 一國民臣(臣民) 痛入骨髓 誓不與此賊共戴一天 各道舟艦 無數整理 處處屯駐 東西策應 謀與陸地神將等 水陸合攻 使殘兇餘孽 隻櫓不反 擬雪國家讐怨 本月初三日 領先鋒二百餘隻 將欲直入巨濟 蕩滅巢穴 次次殲剿 俾無遺種 而倭船三十餘隻 闌入于固城鎭海之境 焚蕩閭家 殺戮遺民 又多擄去 輸瓦斫竹 滿載其船 原其情狀 極爲痛憤 撞破其船隻 追逐其兇徒 馳報于舟師都帥府 領大軍合勢直擣之際 都司大人宣諭牌文 不意到陣 奉讀再三 諄諄懇懇 極矣盡矣 但牌文曰 日本諸將 莫不傾心歸化 俱欲捲甲息兵 盡歸本國 爾各兵船 速回本處之方 毋得近駐日本營寨 以起釁端云 倭人屯據巨濟熊川金海東萊等地 是皆我土 而謂我近日本之營寨云者何也 謂我速回本處地方云 地方亦未知在何所耶 惹起釁端者 非我也倭也 日本之人 變詐萬端 自古未聞守信之義也 兇彼〔狡〕之徒 尙不稔惡 退據沿海 經年不退 豕突諸處 劫掠人物 有倍前日 捲甲渡海之意 果安在哉 今之講和 實涉詐僞 然大人之敎 不敢違越 姑寬程限 馳達國王 伏惟大人 遍諭此意 俾知逆順之道 千萬幸甚 謹昧死以復."

지휘관 3명이 함께 서명하여 올린 글이다. 그들 왜적이 있는 곳이 모두 우리나라 땅이라고 외치며, 그 잘못된 생각을 따졌다.

이때는 리순신의 건강이 무척 불편하였지만, 이 글이 얼마나 중요한 의미를 담고 있는지, 리순신이 얼마나 책임감이 강하며, 심혈을 기울여 썼는지를 『난중일기』에 그 경위가 짧게 적혀 있다.

> 3월 초7일(양력 4월 26일) 맑다. 몸이 극도로 불편하여 꼼짝하기조차 어렵다. 그래서 아랫사람으로 하여금 패문을 지으라고 하였더니 지어놓은 글이 꼴이 아니다. 또 경상우수사 원균이 손의갑(孫義甲)으로 하여금 작성했음에도 그것마저 못마땅했다. 나는 병을 무릅쓰고 억지로 일어나 앉아 글을 짓고, 정사립(鄭思立)에게 이를 쓰게 하여 보냈다. 오후 2시쯤에 출항하여 밤 10시쯤 한산도 진중에 이르렀다.

3. 길목을 차지하고 유리한 위치를 선점하라!

전략에서 봉쇄는 많은 자원과 병력의 지속적인 지원이 필요하다. 봉쇄전략의 가장 중요한 핵심은 길목을 지키는 것이며, 이것은 가장 작은 것으로써 가장 큰 것을 상대할 수 있는 효과가 있다. 더구나 나라를 지키는 일에서는 최소한의 투자로 최대한의 효과를 내는 일이라면 마다할 것이 아무것도 없다.

> 호남(湖南)은 나라의 울타리다. 만일 호남이 없어지면 나라도 그대로 없어지게 될 것이다. 그래서 어제 진을 한산도로 옮기고 바닷길을 가로막을 계획이다.[899)]

리순신은 한산도로 군사기지를 옮겨야 하는 까닭을 호남을 지켜야 한다고 지평(持平: 사헌부 정5품) 현덕승(玄德升)에게 보낸 편지에서 말했다. 이런 요충지를 지키지 않으면 나라가 보전될 수 없기 때문이었다.

이렇게 했을 경우에 어떤 효과가 있는지도 낱낱이 밝혀놓았다.

> 1593년 7월 15일 리순신은 본영이 전라도에 치우쳐 있기 때문에 해상을 막고 지휘하기가 어려우므로, 마침내 진을 한산도로 옮기기를 청하여 조정에서도 이를 허락하셨다. 그 섬은 거제 남쪽 30리에 있는데, 산이 바다 구비를 둘러싸서 안에서는 배를 감출 수 있고, 밖에서는 그 안을 들여다볼 수 없으며, 또 왜적선들이 전라도를 침범하려면 이 길을 거치게 되는 곳이므로, 리순신은 늘 승리를 이룰 수 있는 곳이라고 하더니, 이때에 이곳으로 와서 진을 치게 된 것이다.[900)]

899) 『리충무공전서』 속편 권15 書 12면. "湖南國家之保障 若無湖南 是無國家. 是以昨日進陣于閑山島 以爲遮遏海路之計耳."

900) 『리충무공전서』 권9 부록1 행록1. "(癸巳)七月十五日 公以本營僻在湖南 難於控制遂請移陣於閑山島 朝廷從之. 島在巨濟南三十里. 山包海曲 內可以藏船 外不得以窺中 而倭船之欲犯湖南者 必由是路 公每以爲形勝之地也 至是來陣."

리순신은 이미 한산대첩을 승리로 거둔 체험에서 이러한 지리적 위치의 유리한 점을 이용했다. 더구나 73척 가운데 47척을 격파하고 12척을 나포했으며, 도망간 14척마저도 이내 안골포에서 몰살시킨 대승의 현장을 수군의 핵심 기지로 사용함으로써 그 대첩의 정신을 영원히 간직하는 장소로 활용하였다.

그러나 아무리 좋은 전략적 기지이지만, 잘 사용하는 자에게만 유효한 것이다. 원균이 지휘한 수군이 1597년 7월 16일에 칠천량에서 패하자, 이내 한산도도 무너져 아무런 가치도 없어졌다.

그러나 리순신은 또 길목을 지켰다. 그것은 백의종군에서 대승한 후 다시 삼도수군통제사가 되어, 그것도 원균의 수군이 칠천량 해전에서 패한 지 겨우 두 달째 되는 9월 16일에, 벽파진에서 전라우수영으로 진을 옮겨 명량수로를 지킨 것이다.

이때는 리순신에게 최악의 조건이었고, 국가로 봐서도 최악의 상황이었다. 군사들은 패잔선의 패잔병으로서 많아야 12척 1560명(1척당 130명)이 남아있었고, 연안에서 모집한 군사들 120명을 합해봐야 겨우 13척 1680명뿐이었다. 반면에 왜적선은 333척이었다. 『난중일기』엔 133척이라고 적혀 있다.

이런 때에 우리가 이런 상황의 지휘관에 임명된다면 어떻게 하겠는가? 참으로 난감하지 않을 수 없다. 리순신은 부하들에게 다그치기만 한 것이 아니라, 승리를 다짐하면서 이길 수 있는 방법을 가르쳐 주었다.

> "죽고자 하면 살고, 살려고만 하면 죽게 된다."는 말이 있고, "한 사람이 길목을 지키면 1000명의 군사라도 두려워 떨게 할 수 있다."는 병법에 나와 있다. 너희 장수들은 살려는 생각을 하지 말라. 명령을 조금이라도 어긴다면 반드시 군법으로 다스릴 것이다.[901)]

이렇게 장병들의 마음을 다잡아놓고 명량해전에서 왜적과 싸우니 다

---

901) 『난중일기』 정유년 9월 15일. "兵法云 必死則生 必生則死, 又曰 一夫當逕 足懼千夫, 今我之謂矣. 爾各諸將 勿以生爲心 小有違令 卽當軍律."

친 사람은 2명뿐이었고, 왜적선을 31척이나 쳐부수었다. 리순신의 함대 13척에 비하여 2.4배나 되는 왜적선을 격침시켰고, 나머지 왜적선들은 더 이상 싸우지 못하고 모두 달아났으니, 이보다 더 큰 해전의 승리는 세계 해전사에서도 그 상대를 찾을 수 없다.

명량대첩은 진실로 완벽한 승리였다.

리순신은 전략적 지식을 갖고서 평소에 어떤 지형을 볼 때에도 요새의 길목을 찾고 있었다. 리순신은 백의종군을 하면서도 그냥 지나치지 않았다. 『난중일기』 1597년 6월 4일에 이런 글이 있다.

> 고갯길 모여곡(毛女谷)을 타고 오는데, 큰 바위가 1000길〔1680m: 丈=8尺=1.68m〕이나 되고, 굽이 도는 강물이 깊기도 하며, 길은 험하고 위태롭다. 만일 이 험고한 곳을 눌러 지킨다면 1만 명이라도 지나가기 어렵겠다.[902)]

리순신은 백의종군의 길에서 단계·삼가·초계를 지나갔다. 도원수 권률이 있는 초계로 가는 길인데, 원수진이 바라보이는 곳에 고갯길 모여곡이 있다.

가슴에 맺힌 설움도 채 씻지 못한 백의종군의 아픈 마음을 추스르며 꿋꿋하게 걸어가는 모습이 머릿속에 그려진다. 삼가 현감 신효업(申孝業)은 리순신을 직접 만나볼 수가 없어 위로의 문안 편지를 보내면서 노자까지 보내왔다. 가슴 뭉클한 인정을 느낄 수 있다.

이런 가운데서도 리순신은 그를 고마워하며, 왜적과 싸워 이길 수 있는 지형을 눈여겨보고 있었다. 승리는 그저 주어지는 것이 아니라, 리순신에겐 요새의 길목을 보는 눈, 바로 노력이었다.

임진왜란의 발발에 대비하여 리순신은 정보를 수집·평가하고, 거북함을 만들고, 교육·훈련·점검 등을 쉬지 않고 했다. 결과론적인 말이지만, 리순신이 해전마다 전승을 거두었던 비결에는 대포의 장점·단

---

902) 『난중일기』 정유년 6월 4일. "介峴行來 奇巖千丈 江水委曲且深 路險棧危 若扼此險 則萬夫難過矣."

점을 이용하여 해전술에서 학익진을 개발하여 운용한 것이 있다.

전투에서의 승리를 가져오는 전략은 적군의 의도를 사전에 파악하여 정곡을 치는 것에 있다. 그것은 무엇보다도 정보수집과 정확한 판단이 뒷받침되어야 한다.

> 7일. 고성땅 당포[903]에 이르자, … 피란하여 산으로 올랐던 그 섬의 목동 김천손(金千孫)이 우리 수군을 바라보고 급히 달려와서는 "적의 대선·중선·소선을 합하여 70척 남짓이 오늘 13:00~15:00쯤에 영등포[904] 앞바다에서 거제와 고성의 경계인 견내량에 이르러 머물고 있습니다."고 알려주었다.[905]

이것은 견내량해전이 있기 직전에 받은 보고로 왜적선의 척수와 위치에 대한 정확한 정보였다. 그 전투가 끝난 후에도 왜군에게서 풀려나온 사람들의 말을 리순신은 캐묻고, 또 그들의 말, 즉 첩보를 귀담아 들었다.

> 녹도 만호 정운이 잡아온 거제 오양포의 보자기 최필(崔必〔弼〕)을 문초하였습니다. … 순천부사 권준이 빼앗아온 서울 사는 보인 김덕종(金德宗)을 문초하였습니다. … 유군 오령장 최도전이 잡아온 서울에 사는 사삿집종 중남(仲男)과 사삿집종 룡이(龍伊) 및 경상지방의 비안에 사는 사삿집종 영락(永樂) 등을 문초하였습니다. … 웅천현감 허일이 거느린 웅천 기관 주귀생(朱貴生)이 말하였습니다. 그 내용에 …. 이들 여러 사람을 문초한 내용이 비록 하나같이 믿을 만한 것은 못된다 하더라도 "3개 부대로 나누어 배를 정비하여 전라도 지방으로 향한다."는 말만은 근거가 있는 것 같습니다.[906]

---

903) 이 '당포'는 당주(唐州)·당현(唐縣)에 포구(浦口)이므로, 이곳은 강소성 회하(淮河) 유역의 회안군(淮安郡)에 있는 포구이다.〔중국고금지명대사전, p. 684〕

904) '영등포영(永登浦營)'의 위치는 『신증 동국여지승람』 권32 거제현에서 "거제현 북쪽 49리에 있다."고 했고, 거제현이 산동성 관현이니, '영등포'는 하수(菏水), 즉 지금의 만복하(萬福河)의 강변〔북위 25.2° 동경 116.1°〕일 것이다.

905) 『임진장초』 장9 「三度閑山島勝捷啓本」 및 『리충무공전서』 권2 장계33 「見乃梁破倭兵狀」. "初七日 … 到固城地唐浦 日暮樵汲之際 避亂登山 同道牧子金千孫 望見臣等舟師 奔遑進告. 賊船大中小幷七十餘隻 當日未時量 自永登浦前洋 巨濟固城地境見乃梁到泊是如爲白去乙."

리순신의 정보분석 방법이 언급된 내용이다. 그 대상이 사삿집의 종이든, 벼슬아치들의 종이든, 문초하여 들은 많은 내용들 가운데서도, 그 첩보를 정보로서의 가치여부를 판단하고 종합결론을 내려 왜적의 예정행동 방향을 도출해냈다.

특히 그 정보의 정확성에 있어서는 리순신이 이미 파악하고 있었기 때문에 정보로서의 가치가 없는 것도 있었지만, 그런 것에 대해서도 사실 확인이었다는 점에서 앞으로 있을 왜적의 동향을 걱정하였던 것이다.

> 이들 가운데, 첫째부대의 왜적선 73척(14척 도주)은 거제도 견내량으로 와서 머물고 있다가, 이미 우리들에게 섬멸되었고, 둘째 부대의 왜적선 42척은 안골포 선창에 줄지어 진치고 있었으나, 역시 우리들에게 패하여 무수히 죽거나 다쳤으며, 겨우 밤에 달아났습니다. 만약 다시 그 무리를 끌고서 병력을 합세하여 멀리서 침범해오면, 마침내는 앞뒤로 적을 만나게 되는 것이니, 병력이 흩어져서 형세가 약해질까 그것이 극히 염려스럽습니다.[907]

리순신은 이렇게 정보를 정확한 사실에 기초하여 판단하였으며, 그로 말미암아 유리한 위치를 먼저 차지할 수 있었으므로, 실수나 실패가 없었던 것이다. 물론 이런 정보 판단의 정확성에는 스스로 후망군, 즉 탐망군을 보내어 인근의 적정을 보고받기도 하였다.

이를테면 "이날〔11일〕 20시쯤 금단곶으로 보냈던 후망군인 경상우수영 수군 허수광(許水光)이 와서 보고한 내용에, … 이는 왜적이 두려워서 도망친 꼴임을 짐작할 수 있습니다."는[908] 말도 정보의 중요성을 일깨워주는 장면이다.

---

906) 위의 장계. "鹿島萬戶鄭運所擒 巨濟烏陽浦鮑作崔必〔弼〕招內… 順天府使權俊所擒 京中接保人金德宗招內… 五領將崔道傳所擒 京中接私奴仲男私奴龍伊 慶尙道庇安接私奴永樂等招內… 熊川縣監許鎰所率 同縣記官朱貴生言內…. 招辭是白有亦 各人所供雖不可一一取信 而分三運粧船 指向全羅之言 則似有可據之路爲白置."

907) 위의 장계. "一運之倭七十三級段 巨濟島見乃量來泊爲白有如可 已爲臣等所滅 二運之倭四十二隻段 安骨浦船滄列陣 而亦爲臣等所敗 無數死傷 乘夜逃遁爲白有去等 更引其類 連兵合勢 長驅來犯 終至於腹背受敵爲白在如中 兵分勢弱 極爲可慮."

908) 위의 장계. "同日戌時量 金丹串定送望軍 慶尙右水營水軍許水光進告內 … 可知畏怖逃遁之狀是白齊."

왜적들은 마을에서 분탕질을 하고 있고, 일부는 배에서 지키고 있었다. 리순신은 이런 왜적을 유인하여 바다 가운데서 결전을 벌인다.

> 접전한 다음날 또다시 돌진하여 그 소굴을 분탕하고 그 배들을 모조리 깨뜨리려고 하였으나, 위로 올라간 왜적들이 여러 곳에 가득 찼는데, 그들의 돌아가는 길을 차단한다면, 모두 궁지에 빠진 도적들이 최후의 발악을 할 염려가 있으므로, 하는 수 없이 수군과 육군이 함께 진격하여야만 섬멸할 수 있을 것이며, 더구나 풍랑이 거슬러 전선이 서로 부딪쳐서 파손된 것이 많이 있으므로, 전선을 수리하고, 군량을 넉넉히 준비하고, 또 육전에서 크게 도망쳐 나오는 날을 기다려 경상도 관찰사 등과 수군과 육군이 함께 진격하여 남김없이 섬멸하려 합니다.[909)]

이것은 1592년 9월 1일 부산포(釜山浦) 해전에서 공격 시기의 끝 부분에 해당되며, 왜적을 섬멸하기 위하여 리순신은 병력을 부산포 내륙으로 투사하여 상륙작전까지 생각했으나, 실제로는 상륙작전을 실시하지 못하고 군사들을 철수하였다.

리순신은 부산포에 주둔하고 있는 일본군을 무찌르는 데는 "수군과 육군이 합세해야만 된다."는 전략을 주장했지만, 육군의 지원이 없었으므로 끝까지 공격이 이루어지지 않았다. 육군이 지원되지 않으면, 수군만으로써도 상륙작전을 수행할 수 있는 수륙합동공격을 고려했던 것이다.

그리고 육지전에서도 기동술로서 적용하기가 어려운 학익진을 해전에 적용하여 그 위력은 대단히 유효하여 매우 효과적이었다. 이것은 영국의 해전사가인 발라드(G.A. Ballard)가 앞에서 말했던 것처럼 리순신이 해군의 탁월한 전문가였기에 대승을 거두었다는 것일 뿐 아니라, 평소 훈련에서나 쓸 수 있는 학익진을 전시에 적용했으므로, 매우 경이로운 능력을 가졌던 것이다. 이를 두고 우리는 "훌륭한 지도자는 태어나는 것이다."는 말로 갈음할 수 있다.

그래서 리순신은 바다에 관한 한 최고의 전문가라고 볼 수 있다. 칠

---

909) 『리충무공전서』 권2 장계1 「釜山浦破倭兵狀」. "翌日又欲還突焚蕩其巢穴盡破其船隻 上之賊彌滿諸處 斷其歸路 則慮有盡成窮寇之患 不得已水陸俱擊庶可盡殲 而加之以風浪逆截 戰船相觸 多有破碎之處 修緝兵船 優備軍粮 又待陸戰大遁之日 擬與慶尙監司等水陸俱進殲討無餘."

천량해전에서 원균이 지휘한 삼도수군이 거의 궤멸되는 패전이 있자, 중앙조정에서는 수군을 없애고 리순신도 육군에 종사하라는 명령이 있었다. 리순신은 겨우 전투함이 12척만이 남아 있을 뿐인데도 불구하고, 현대 해군전략으로 말하면 현존함대전략(fleet-in-being strategy)으로써 대적해야 한다고[910] 자신감 있게 주장하였고, 그런 결단력의 결과로 명량해전에서 대승을 거두기도 했다. 400여 년 전에 이미 훌륭한 해군경영자로서 가져야 할 자질, 즉 결단력을 몸소 실천한 것이다.

이렇게 리순신이 엄청난 전과를 획득할 수 있었던 것은 두 말할 것도 없이 해양전략적 사상과 창조적 횟손에서 기인된 것이며, 해양전문가뿐 아니라, 국가의 최고지도자다운 성품과 능력을 가진 조선 최고의 신지식인이었기 때문에 가능했다고 볼 수 있다.

16세기말의 혼란한 국제정세 속에서 조선의 신뢰받는 지도자 리순신은 올바른 목표를 제시하고 그 목표를 달성할 수 있도록 구성원들의 역량을 배양하고 효과적으로 조직화함으로써 공동목표인 전쟁의 승리를 달성할 수가 있었다.

---

910) 『리충무공전서』 권9 부록1 行錄(서울: 成文閣, 1992. 再版), p. 269. "朝廷以舟師甚單 不可禦賊 命公陸戰 公啓曰 自壬辰至于五六年間 賊不敢直突於兩湖者 以舟師之扼其路也 今臣戰船尙有十二 出死力拒戰 則猶可爲也. 今若全廢舟師 則是賊之所以爲幸."

4. 파이를 키우고 상승효과를 노려라!

파이(pie)는 밀가루 반죽 위에 과일·고기를 넣고 다시 그 위에 밀가루 반죽을 덮어서 만든 음식이기도 하지만, 구성원들이 분배할 자원·수익의 전체 또는 총액을 말한다. 수익이 많아야 나누어 먹을 수 있는 것도 많아진다는 것이다.

리순신은 임진왜란이 벌어진 지 21달이 지나면서, 전쟁도 소강상태에 빠져 있던 1593년 윤11월 17일에, 어떻게 하면 백성들이 잘 살 수 있을지를 고민하고, 그 방안을 모색하였다.

> 신의 생각으로는 각 지방에 떠도는 피란민은 이미 머물러 살 곳이 없고, 또 먹고 살 생업도 없으므로, 보기에 참담하니, 이 섬으로 불러들여 살게 하면서 합력하여 경작하게 하고 절반씩 갈라 가지게 한다면 공사(公私) 간에 함께 편리할 것입니다.
> 흥양현 유방군은 도양장(道陽場)으로 들어가 농사짓게 하고, 그 나머지의 땅은 백성들에게 주어 배메기하고, 말들은 절이도(折爾島)로 옮겨 모으면, 말을 기르는 데도 손해가 없고, 군량에도 도움이 될 것입니다.
> 전라우도의 강진땅 고이도(古爾島)와 남해땅 황원 목장(黃原牧場)은 토지가 비옥하고, 농사지을 만한 땅도 무려 1000여 섬 종자를 뿌릴 수 있습니다. 만약 철 맞추어 씨부침하면, 그 소득이 무궁할 것인데, 농군을 뽑아낼 곳이 없으니, 백성에게 주어 배메기하여, 나라에서 절반만 거둬들여도 군사들의 식량을 보충할 수 있을 것입니다. 또 군사들에게 식량이 공급만 되면, 앞으로 닥쳐올 큰 일이라 할지라도, 군량이 없어서 다급한 일은 거의 없을 것이니, 이야말로 시기에 합당할 일입니다.
> 그러나 유방군에게 공사(工事)를 시키는 것은 신이 함부로 할 수 있는 일이 아닙니다. 감사나 병마사들이 제 시기에 나서서 해야 할 일입니다. 봄철의 농사가 멀지 않았건만, 아직 시행한다는 소식이 없으니, 참으로 민망하고 염려됩니다.[911)]

여기에 '배메기'라는 말이 나온다. 원문은 '竝作·打作'인데, 『난중일

---

911) 『임진장초』 장46 및 『리충무공전서』 권3 장계39 「請設屯田狀」.

기』의 1597년 11월 12일과 12월 4일에도 '배메기'한 것을 보면, 우리들이 일반적으로 알고 있는 '가을걷이〔秋收〕'는 아닌 것이다. 이때는 한겨울이기 때문에 '배메기'란 것은 땅의 임자와 농사지은 사람이 소출을 반반씩 나누어 가지는 것을 말한다.

이렇게 도양장・절이도・고이도・황원목장에서만 배메기를 한 것은 아니다. 리순신이 관할하는 지역 어디든 배메기를 하여 백성들이 농사짓고, 소출되는 것으로 서로 나누어 가짐으로써 넉넉하고도 행복하게 살 수 있었던 것이다.

이듬해 1594년 1월 10일에 보고한 내용을 보자.

> 돌산도에는 신의 군관인 훈련 주부 송성(宋晟)을, 도양장에는 훈련원 정자〔訓鍊正〕 리기남(李奇男)을 모두 농감관(農監官: 농사를 지도 감독하는 관리)으로 임명하여 보냈습니다., 농군(農軍)은 혹 백성들에게 주어 배메기하든지, 혹은 떠돌이(피란민)들을 들여서 농사짓게 하든지 하여 관청에서는 절반을 수확하도록 했습니다.
> 또 순천(順川) 및 흥양(興陽)의 유방군(留防軍)과 노약한 군사들을 제대시켜 배메기하되, 보습・영자(鍈子)・뇌사(耒耜: 따비와 쟁기) 등은 각각 자기네 고을에서 준비해 보내라고 이미 공문으로 통고하였습니다. 전라우도의 화이도(花尒島)와 황원곶(黃原串) 등에도 신의 종사관 정경달(丁景達)을 "둔전의 형편을 돌아다니면서 검사고 신칙하여 제 때에 맞추어 시행하도록 하라."고 이미 보내었습니다.
> 그런데 이번에 받은 호조(戶曹)의 공문에 따른 순찰사 리정암(李廷馣)의 공문 내용에 "위의 돌산도 등 감목관에게 이미 둔전관을 겸임시켰다."고 하거니와, 순천 감목관 조정(趙玎)은 벌써 전출되었고, 정식으로 후임이 아직 내려오지 않았으며, 흥양 감목관 차덕령(車德齡)은 도임한 지 벌써 오래되었다 하여, 멋대로 처리하여 목장에서 "말먹이는 사람들을 몹시 학대하여서 안심하고 살 수 없게 하기 때문에 경내의 모든 백성들이 꾸짖고 걱정하지 않는 이가 없다."고 합니다.
> 신도 멀지 않는 곳에 있기 때문에 벌써 그런 소문을 들었으므로, 이번에 농사짓는 모든 일을 이 사람에게 맡기게 되면, 그것만으로도 폐를 끼치게 되고, 백성들의 원성(怨聲)이 더욱 더할 것입니다. 그러니 위의 차덕령을 빨리 전출시키고, 다른 사람을 임명하여 며칠 안으로 보내어 농사짓는 감독에 같이 힘쓰고, 시기를 놓치지 않도록 하는 것이 좋을까 하여

생각합니다.[912)]

이때는 순천·흥양 지방에 있는 모든 관리들에게 농사짓는 일을 독려했으며, 오래된 관리가 목장의 일을 멋대로 하여 백성들에게 불편을 주자, 이를 교체하여 다른 사람으로 임명해 달라고도 하였다. 그만큼 백성들의 일자리를 만들어주고, 농사짓는 일을 독려하는 마음 씀씀이가 백성들에게 존경을 받고도 남을 만하다.

더구나 피란민들까지도 보살핌이야!

옛날부터 "곳간에서 인심 난다."는 말이 있다. 이렇게 당시에는 '농사짓는 일'이 당연한 일임에도 불구하고 리순신은 누구보다도 열성을 다했다. 백성들의 곳간부터 채웠다는 말이니, 요즘 말로 보면, '파이'를 키웠다는 말이다. 요즘 세상에도 가장 관심있는 단어들이다. 경제 파이, 시장 파이, 일자리 파이 ….

임진왜란 초기에는 전쟁준비에 소홀했다고 치더라도, 경상도 수군이 일본군에게 궤멸당한 것으로 보면, 조선수군의 존재는 일본군에게 중요 관심의 대상이 되지 않았고 거의 무시되었던 것 같다.

그래서 일본은 그 수군을 육상전투에 참가시켜, 적장 협판안치(脇坂安治)는 수군 1600명을 거느리고 육상경비를 맡고 있었는데, 그 주력 1000명은 한성(漢城)에 주둔하였으며, 나머지 600여 명은 부장인 협판좌병위(脇坂左兵衛)와 도변칠우위문(渡邊七右衛門) 등이 거느리고 룡인(龍仁) 부근의 북두문산(北斗門山)과 문소산(文小山) 등에서 지키고 있었다. 물론 그 룡인전투에서 협판안치 부대가 승리하기도 했다.

그러나 이 왜적들은 리순신의 출전이 있은 뒤로 7차례의 해전(옥포·합포·적진포·사천·당포·당항포·률포)에서 조선수군에 단 한 번도 이기지 못하였다.

그러자 리순신의 조선수군이 있는 한, 그들의 작전 성공이 불가하다는 사실을 알고, 한성까지 진격했던 일본수군의 협판안치 부대가 조선

---

912) 『임진장초』 장53 및 『리충무공서』 권4 장계10 「請改差興陽牧官狀」.

수군을 격멸하도록 작전목표를 변경하였으며, 협판안치는 73척으로 견내량으로 진입한다.

한성까지 갔던 수군 1600명의 협판안치 군사는 1592년 6월 5일 룡인전투를 마치고, 6월 14일에 부산에 도착하였으며, 19일에 웅천을 지나 7월 8일에는 조선의 삼도수군 전선 56척(리순신 24 · 원균 7 · 리억기 25)과 한산도 앞바다에서 결전을 벌렸는데, 리순신은 왜적선 73척 가운데 47척을 격침시키고 12척을 나포했다. 그런데 협판안치는 구귀가릉(九鬼嘉隆) · 가등가명(加藤嘉明)과 함께 전선 13척으로 견내량해전 보름 전인 5월 29일에 사천해전에서 패했던 장수다. 더구나 이들은 거의 동시에 5월 29일부터 6월 5일까지 룡인전투에 참가했었다. 그래서 이들의 활동은 지리적으로 검토해야 할 문제가 된다.

> 7월 8일. 그때 여러 장수와 군사와 벼슬아치들이 이기는 틈에 기뻐하면서 앞다투어 돌진하면서 대전과 철환을 마구 쏘니, 그 형세가 바람과 우레 같아, 왜적선을 불태우고, 왜놈을 죽이기를 한꺼번에 거의 다 해치워 버렸습니다. … 7월 10일. 이렇게 종일토록 하여 그 배들을 거의 다 쳐부수자, 살아남은 왜적들은 모두 육지로 내려갔는데, 육지로 내려간 왜적을 모조리 잡지는 못했습니다.[913)]

이 7월 8일의 견내량해전과 이틀 뒤에 벌인 7월 10일의 안골포해전을 통틀어 우리는 한산대첩(閑山大捷)이라고 부르는데, 이 해전에서 왜적을 리순신은 "거의 다 해치웠다/쳐부수었다."고 했다. 목표를 달성했으며, 그것도 '한꺼번[一時]에' 끝내버렸다는 말이다.

당시에 왜적선을 넓은 바다로 유인하여 거의 대등한 세력으로 싸운 것이므로, 이것은 결전전략(決戰戰略)의 실천이라 할 수 있으며, 그 결과로 일본수군은 큰 타격을 입었다.

일본쪽 사료『고려전선기(高麗戰船記)』와『근세 일본국민사(近世日本

913)『임진장초』장9「三度閑山島勝捷啓本」및『리충무공전서』권2 장계33「見乃梁破倭兵狀」. "初八日 … 而諸將軍吏 乘勝踴躍 爭先突進 箭丸交發 勢若風雷 焚船殺賊 一時殆盡. … 如是者終日 同船亦爲幾盡撞破 餘生倭賊等 盡爲下陸 而下陸之賊 未及盡捕爲白在如中. … 萬曆二十年七月十五日"

國民史)』에 의하면, 이 견내량 앞바다에서 싸운 왜장은 협판안치(와키자카 야스하루)였다. 이 자는 7월 7일(조선 달력 7월 8일) 김해를 출발하여 견내량에 이르렀으며, 그 밖의 장수들은 협판안치의 가신 협판좌병위(와키자카 사이헤이요)와 도변칠우위문(와타나베 시치에몬) 및 진과좌마윤(마나베 사이헤이요) 등이다. 이들 가운데 주장인 협판안치는 김해까지 구사일생으로 겨우 탈출하였으며, 협판좌병위와 도변칠우위문은 전사하였고, 진과좌마윤은 부하 200여 명과 함께 한산도에 하륙하였다가 "선장으로서 배가 불탔으니, … 무슨 낯으로 여러 사람을 대하겠는가." 하고 배를 갈라 자결하였다. 서양의 사료로서 에스파냐의 신부 세스뻬데스는 임진왜란 때 조선에 왔다가 쓴 글에는 "이 해전에서 꼬라이인은 70척의 일본 함대를 수중에 넣었고 대부분의 일본인을 죽였으며, 나머지 일본인은 도망을 가서 모두 궤멸되었다."고[914] 하였다.

이때 리순신(24척)은 리억기(25척)와 함께 전선 49척을 거느리고 7월 5일에 전라좌수영을 떠나 6일에 곤양과 남해의 어름인 노량에서 경상우수사 원균(7척)과 합세하여[915] 모두 56척이 되었다.

리순신은 일본의 대선단(73척)을[916] 맞아 견내량에서 한산도 앞바다로 유인하여 두루미의 날개를 펼친 모양의 학익진으로, 이어서 안골포에서는 장사진(長蛇陣)을 펼쳐 섬멸하였다. 적아의 세력이 73: 56으로 그 비율은 1.3: 1이다. 아군의 열세에서 우세한 적군과 대결했던 결전의 결과다.

> 7월 8일. 먼저 2~3척을 깨뜨렸고,… 그 나머지 왜적의 대선 20척·중선 17척·소선 5척(모두 42척) 등은 좌도·우도의 여러 장수들이 힘을 모아 불태워 버렸는데, 대전에 맞고 물에 빠져 죽은 자는 그 수를 헤아릴 수 없었습니다. 왜놈 400여 명은 형세가 아주 불리하고 힘이 빠져 도망하기 어려움을 알고서, 한산도에서 배를 버리고 육지로 올라갔습니다.

---

914) 박철, 『세스뻬데스』(서강대학교출판부, 1993), p. 297.

915) 『임진장초』 장9 「三度閑山島勝捷啓本」 및 『리충무공전서』 권2 장계33 「見乃梁破倭兵狀」. "初六日率舟師 一時發船 到昆陽南海境露梁 則慶尙右水使 修緝破頹戰船七隻 領率同處留泊爲白有口."

916) 위의 장계. "大船三十六隻中船二十四隻小船十三隻 列陣留泊."

> 그 나머지 대선 1척·중선 7척·소선 6척(모두 14척) 등은… 노를 바삐 저어 달아나 버렸습니다.[917)]
>
> 7월 10일. 안골포에 이르러 선창을 바라보니, 왜적의 대선 21척·중선 15척·소선 6척(모두 42척)이 머물고 있었습니다.… 그들의 엊그제 배 59척을 한산도 바다 가운데로 끌어내어 남김없이 불태우고 목을 베었습니다.[918)]

이 장계에 적힌 '그 나머지'(42척)는, 리순신의 함대가 나포하거나 깨뜨린 것을 헤아려보면, 왜적의 대선 내지 층각대선 17척으로서[919)] 모두 59척이다. 이 견내량해전을 지휘했던 협판안치는 14척으로 겨우 달아났지만, 사흘 뒤 10일에는 안골포에 정박해있던 왜적의 배(28척)를 합하여 모두 42척을 리순신 함대가 섬멸시켰던 것이다.[920)]

이 한산대첩에서 조선수군은 왜적선 101척을 쳐부수고 왜군 250급을 참획하여[921)] 전쟁이 벌어진 뒤로 가장 많은 전과를 거둠으로써 완전히 제해권을 장악하여 서해 쪽으로의 왜군 진출을 막을 수 있었다. 또한 이로 말미암아 일본의 풍신수길은 그들의 전략을 바꾸어, 구귀(九鬼)·협판(脇坂)·가등(加藤) 등의 장수들에게 안전한 포구에 주둔케 하여 조선수군과는 해전을 하지 말 것을 명령하였던 것이다.

'대첩'이란 적군으로 하여금 공격적 전략에 변화를 주어 아군의 활동이 자유롭게 된 결과에만 붙일 수 있는 이름이다.

---

917) 위의 장계. "初八日 … 先破其二三隻…其餘倭大船二十隻中船十七隻小船五隻等段 左右道諸將 同力焚破 逢箭投水溺死者 不可勝數是白乎於 倭人四百餘名量 勢窮力盡 自知難逃 閑山島良中 棄船登陸 其餘大船一隻中船七隻小船六隻等段 … 促櫓逃遁爲白乎矣."

918) 위의 장계. "十日 … 到安骨浦 望見船滄 倭大船二十一隻中船十五隻小船六隻來泊 … 其先運船五十九隻乙 閑山島海中引出 無遺焚船斬殺乙仍于."

919) 위의 장계. "先破層閣倭大船一隻 … 倭大船一隻 洋中全捕 …."

920) 安骨浦 海戰을 지휘한 왜장은 일본쪽 사료로 有馬成甫, 『朝鮮役水軍史』(東京: 海と空社, 1942, p. 101에 보면 『脇坂記』를 인용하여 "九鬼嘉明(구키 요시다카)과 加藤嘉明(가토 요시아키)이었다. … 이들은 終日의 전투에서 겨우 목숨을 건져 밤중에 番船을 타고 거제도〔唐島〕로 갔다."고 하였으나, 『高麗戰船記』에는 "釜山으로 돌아갔다."고 하였다.

921) 『임진장초』 장9 「三度閑山島勝捷啓本」 및 『리충무공전서』 권2 장계33 「見乃梁破倭兵狀」. "大槩臣矣諸將所斬 及慶尙右水使元均本道右水使李億祺等 所率諸將所斬 幷幾至二百五十餘級 而其間溺死洋中 或斬頭沈失者 亦不知其幾許是白齊."

반면에 아군의 피해를 보면, 전사자 19명, 부상자 115명이었으나, 단 1척도 손실을 입지 않았다. 이것은 전쟁에 있어서 완벽한 승리이며, 100% 목표달성이다.

이렇게 대승을 거둘 수 있었던 직접적인 비결이 바로 대형 총통의 화력집중을 통한 학익진 운용이며 리순신의 탁월한 카리스마적·발명가적 횟손의 결과였다.

어쨌든 이 견내량해전으로 말미암아 일본의 전쟁의지는 완전히 꺽어졌으며 그로부터 일본수군은 해전을 아예 회피하여 도망이나 가면서 육상에서 성을 쌓는 등 침략군이 오히려 방어전으로 돌입하여 버렸다. 또 8월 28일부터 9월 1일까지 조선수군은 삼도수군 협선(挾船)을 포함하여 모두 173척만으로 왜적선 470척 가운데 158척(부산포구에서만도 128척)을 격침시켰다. 부산포해전에서는 일본수군의 세력이 월등히 우세했음에도 불구하고 바깥 바다로 나와 싸우려 하지 않았던 것이다. 그래서 일본수군은 서해로의 진출이 좌절되어, 의도했던 수륙병진 전략이 무산되었던 것은 리순신의 결전전략이 적중하였기 때문이다.

임진년의 전투는 이 한산대첩으로 말미암아 실질적으로 대단원의 마지막을 장식케 했으며, 바로 뒤에 있었던 부산포해전에서도 일본수군은 위축되어 전쟁이 소강상태로 들어갔다. 1593년부터는 그들의 군사가 급격히 줄어들어 본격적인 강화회담이 진행되었다.

이후부터 왜군은 "조선의 8도를 분할하여 4도와 한성을 조선국왕에게 돌려준다."는[922] 등 7개 조항의 황당한 조건을 내세우며, 오로지 지연작전으로 나왔는데, 이유는 그들의 시간확보에 있었다. 그 당시에 전쟁을 일으킨 일본으로서는 내부에 큰 문제가 발생하였던 것이다.

이것은 일본군 봉행(奉行·bugyō: 민정 책임관) 3명(石田三成·增田長盛·大谷吉繼)이 3월 20일에 그들의 군사를 조사하니, 〈표Ⅶ-1〉에서 보

---

922) 李敏昊,「壬亂과 朝中日의 外交關係」『壬亂水軍活動硏究論叢』(海軍軍史硏究室, 1993), p. 32.
『선조실록』 권48 선조27년 2월 을묘(6일). "關白이 하고자 하는 바는 두 가지 일이다. 첫째는 天朝와 婚姻하는 것이며, 둘째는 漢江 以南의 땅을 割讓받는 일이다. 沈惟敬이 말하기를 '땅을 割讓하는 일은 石爺가 이미 許諾하였으니 너희의 封貢을 允許받은 다음에는 任意대로 하라.'고 하였다."

는 바와 같이, 무려 46.25%나 감소되었기 때문이다. 이런 이유로 일본으로서는 사실상 더 이상의 전쟁수행이 불가능하게 되어 전열을 다시 정비할 필요가 있었다.

이렇게 한산대첩은 리순신의 탁월한 전략·전술이 승리의 요인이었고, 그것은 400여 년이 지난 현재에도 해군에서는 결전전략(decisive battle)이라는 이름으로 적용되고 있다.

〈표VII-1〉 일본 침략군의 감소현황

구분	정원(명)	실원[현재원]	감소수(명)	감소율(%)
小西行長	1만 8700	6626	1만 2074	64.56 [64.57]
加藤清正	1만	5492	4508	45.06 [45.07]
鍋島直茂	1만 2000	7644	4356	36.30 [36.3]
黑田長政	5000	5269	(+)269	[+5.38]
大友吉統	6000	2052	3948	65.80 [65.8]
毛利吉成	2000	1425	575	28.75 [28.75]
島津忠豊 外	2000	1430	570	28.50 [28.5]
계	5만 5700명	2만 9938명	2만 5762명	46 [46.25]

※ 출처: 旧参謀本部,『朝鮮の役 日本の戰史』②,(東京: 德間書店, 1956), p. 236.

어쨌든 리순신이 전투를 시작하고서 연전연승하여 겨우 4주일 만에 일본군의 침략야욕을 분쇄하였으며, 일본군 전체에 사형선고를 내린 것이라 할 수 있다.

여기에 바로 견내량해전의 전략적 의의가 있다. 그 이후로 일본군은 완전히 수세적이고 방어적 전투태세를 취함으로써 그들의 공격전략이 바뀌게 되었던 것이다. 이로 말미암아 임진왜란은 사실상 막을 내린 것이나 다름없으며, 부산포해전에서도 왜적선들이 그토록 많았음에도 바다로 나오지 않은 것으로서도 알 수 있듯이, 리순신은 아군에게는 자신감을, 왜적에게는 패배감을 심어주었던 것이다.

5. 발명가 정신으로 개척하여 최고의 전문가가 되라!

어떤 상황에서 문제가 발생했을 때에 그 문제를 해결할 수 있는 사람은 많이 있을 수 있다. 그러나 그 문제를 가장 잘 해결하는 사람은 역시 그 분야에 최고 전문가다.

임진왜란은 아시아를 뒤흔든 대혼란의 반란이었다. 분명히 국제적 전쟁의 규모였다. 전쟁의 목표는 승리에 있다. 승리의 과정에는 온갖 잡음이 나올 수 있고, 지휘관끼리의 갈등도 일어날 수 있다.

리순신은 1592년부터 이미 원균에 대한 불만을 나타낸 것으로 보인다. 그 구체적인 내용은 일기 자체의 많은 누락으로 말미암아 잘 알 수는 없지만, 원균의 작전수행에 따른 전략·전술 측면에서 이미 의심했을 뿐 아니라, 임진왜란 초기전투에서 패전의 책임에 대한 작전권한을 언급하고 있다.

> 5월 29일. 원균은 마음이 급하여 화를 내면서 지금 당장 나가서 공격하면 이길 수 있다고 떼를 썼다. 그래서 나는 "선배님은 병법도 모릅니까? 그렇게 하면 반드시 패합니다."고 몰아붙였다.[923)]
>
> 6월 1일. 경상우수사 원균이 내게 말하기를, "어제 접전할 때, 짐짓 남겨둔 적선 2척이 도망쳤는지의 여부를 알아볼 겸하여 화살에 맞아 죽은 왜놈의 목을 베어 오겠다."고 했다. 원균은 처음에 패전한 뒤로는 군사 없는 장수로서 작전을 지휘할 수 없으므로, 교전하는 곳마다 화살이나 철환에 맞은 왜놈을 찾아내어 머리 베는 일을 담당한다 하여 그날 낮 8시에 그곳을 들르고서는 하는 말이, "왜적들은 육지를 경유하여 멀리 도망하였기 때문에 남겨두었던 배를 불태웠는데, 죽은 왜놈을 수색하여 목을

---

923) 申炅, 『再造藩邦志』 卷2 "均乘憤欲直搏戰 舜臣曰 公不知兵 如此必敗 遂鳴螺揮旗引退而走"
『懲毖錄』 卷1에는 위의 『再造藩邦志』에 있는 내용과 거의 같다. 그러나 『懲毖錄』에는 '見乃梁海戰'의 상황을 설명한 것이고, 『再造藩邦志』는 '泗川海戰'의 상황을 설명하면서도 '見乃梁'의 상황이 다소 포함되어 있다. 그런데 泗川海戰이 있었던 晉州灣에는 水深이 얕아서 설명이 附合되지만, 見乃梁 水路에는 水深이 얕아서 倭賊船을 誘引한다는 理由가 合當치 못하다. 이로 보아 『再造藩邦志』가 비록 後代의 資料이긴 해도 이에 따랐다.

벤 것이 3급이며, 그 나머지는 숲이 무성하여 끝까지 탐색할 수 없었다."고 했으므로, 정오에 출항하였다.[924)]

리순신은 사천해전에 임하면서 왜적의 공격방법에 대한 원균과의 의견교환에서 상당히 대립적이었다. 그 과정에서 원균이 5년 선배일지라도 언성이 높아졌을 것이고, 전투현장의 지리적 특성이 수심이 낮았으므로, 전투함 판옥선과 거북함에게는 적절하지 않아 유인하여 외양으로 끌어내어서 공격해야 한다고 하고서는[925)] 본인의 의도대로 작전하여 대첩을 거두었다.

그러나 원균은 임진왜란 초기 해전에서 패전했고 군사도 없기 때문에, 그런 처지에서는 군사들을 지휘할 수 없다고 지적하면서 이미 죽은 왜적의 목이나 베어오는 일을 담당했다. 사천해전에서 사용한 전략은 리순신이 왜적선을 유인하여 바다 한복판에서 결전하려고 꾸민 전략이었다. 이런 전략은 바다의 특성을 잘 알아야만 가능했던 것이다. 수심이 얕으면 큰 배는 좌초될 위험에 빠진다. 바닷사람들은 가장 먼저 이런 바다의 특성을 잘 이용한다.

이미 리순신은 왜적들의 심리를 꿰뚫어보고 있었고, 또 바다의 환경을 파악하고 있었으므로, 리순신의 유인술에 걸리어 왜적들이 그대로 바다 복판으로 나왔다.

그 결과는 리순신의 승리가 뻔하다. 그러나 리순신 자신도 적탄에 맞아 "어깨뼈까지 깊이 다쳐 진물이 줄줄 흘러 아직도 옷을 입을 수 없으며, 온갖 약으로 치료하지만, 아직 별로 차도가 없습니다."고[926)] 하면서

---

924) 『리충무공전서』 권2 장계1 「唐浦破倭兵狀」 20~21면. "六月初一日曉頭慶尚右水使元均謂臣昨日相戰時故留賊船二隻遁騎與否探審後兼爲搜斬逢箭致死之倭元均敗軍之後無軍將措制不得故交戰各處逢箭中丸倭人次知搜覓斬頭矣同日辰試徑還言內賊倭由陸遠遁之焚所留之船搜斬死倭三頭其餘林莽鬱密窮探不得云午時發船."

925) 申炅, 앞의 책. "是時早潮已退 港口水淺 海舟不得進. 舜臣曰 此地海狹水淺 難於回旋 不知如佯退誘賊 至海濶處 我以巨艦回擊 則可以取勝矣."(이때에 아침 潮水는 이미 밀려가고 港口의 물은 얕아서 前進할 수 없었다. 李舜臣이 말하기를, 이곳은 물이 얕고 바다가 좁아서 回旋하기 어려우니 짐짓 물러나는 척하고 倭賊을 誘引하여 바다의 넓은 곳에 이르면 큰 배로 돌아서서 치면 이길 수 있다.)

926) 李舜臣이 敵彈을 맞고서도 제 몸을 생각하지 않고 싸운 모습이 보이는 사료를 보면, 『리충무공전서』 권1 上某人書, 권9 行錄 및 『난중일기』 계사년 3월 22일 이

본인도 피해를 입었지만, 단 1척의 배도 잃지 않았다. 반면에 "꼬라이인들은 그들이 항상 사용하던 쇠갈고리와 쇠사슬을 가지고 일본인들의 배들을 붙들어서 도망가지 못하게 하면서 얼마동안은 공방전이 진행되면서 일본인들을 최악의 상태로 몰아넣고 끝내는 일본인들을 완전히 굴복시켰다."고[927] 에스파냐 신부 세스뻬데스(Gregorio de Céspedes)가 말했듯이 왜적선 13척을 전멸시켰다.

특히 리순신은 임진란 발발 초기해전에서 원균이 조치했던 것을 보고, "처음에 왜적이 상륙하였을 때에 원균은 적의 세력이 큰 것을 보고 감히 나가서 공격하지 못하고 그의 전선 100여 척과 화포와 병기를 죄다 바다 속에 침몰시켜 버리고 홀로 휘하 비장 리영남(李英男)·리운룡(李雲龍) 등과 더불어 배 4척에 타고 달아나 곤양의 바다 어귀에 이르러 육지에 올라가 적을 피하려고 하니, 이내 수군 1만여 명이 다 무너졌다."고[928] 말했다. 그 패배했던 사실에 대해 지휘관으로서의 책임과 역할에 대해 강한 불만을 가지고 있었으며,[929] 전투에서의 병법의 지식까지 문제시하고, "패전장수는 작전지휘가 불가능하다."는 도리를 들먹이면서 원균의 하는 역할이 지휘관답지 않게 못마땅하여, 전투가 끝난 뒤에 전과 획득에만 애쓰는 모습을 지적하였던 것이다.

원균이 리순신과 동급의 지휘관임에도 그의 작전의도를 무시해버린 것도 전투기량을 이미 수준 이하로 평가하고 있었기 때문일 것이다. 리순신은 이보다 훨씬 전부터 원균의 전략적 식견이 수준 이하임을 알고 있었던 것이다.

리순신의 전문가적 지식이 탁월했음을 알 수 있는 것은, 그의 전쟁수행 방법이 『병법』의 인용에서 쉽게 알 수 있으며, 최고의 전문가이

후에 10곳에 적혀 있다.

927) 박철, 『세스뻬데스』(서강대학교출판부, 1993), p. 297.

928) 柳成龍, 『懲毖錄』卷1,(서울: 玄岩社, 1978), p. 150. "初賊旣登陸 均見賊勢大不敢出擊 悉沈其戰船 百餘隻及火砲軍器於海中 獨與手下裨將李英男李雲龍等 乘四船奔至昆陽海丘 欲下陸避賊 於是水軍萬餘皆潰."

929) 『리충무공전서』 권2 장계2 「唐浦破倭兵狀」 20~21면. "六月初一日 … 元均敗軍之後無軍將措制" 및 『난중일기』 계사년 3월 22일 뒤의 別途의 章에 "爲剿滅事 … 同元均段 敗軍之後 無軍之將 以別無措制之事爲白在果."(적을 물리치는 일. … 慶尙右水使 元均은 敗軍한 뒤로 軍士 없는 將帥이니, 별로 指揮할 것이 없거니와).

기에 가능한 승리였다.

어떠한 과제를 수행할 때에 발휘되는 전문가적 권력이나 중요 문제를 해결할 때에 필요한 최선의 방법에 대한 독특한 지식은 부하·동료·상사에 대해 잠재적 영향력이 된다. 리순신의 권력도 해전에서의 직무경험과 전문성·기술·지식에 바탕을 둔 권위를 가졌으며, 이러한 영향력이 지도자 리순신에 대한 부하들의 존경과 복종으로 이어져서 왜적을 격파하는 데 큰 효과를 보았던 것이다.

리순신은 시간적·공간적으로 현대와는 비교할 수 없는 16세기 말의 매우 열악한 환경에 살았던 사람이다. 그리고 현대의 입장에서 지난날의 임진왜란을 승리로 이끈 영웅 리순신에게서 우리는 생존경쟁의 방편으로서 창조적 휫손을 배울 가치가 있다.

1차 출전에서 조선수군은 3번 싸워 모두 이겼으므로, 상당한 자신감에 찼고, 전투요령도 생겼으며, 사기도 매우 충천했다. 이제 조선수군은 왜적과의 전투에서 공포심이 없어졌다.

리순신은 가는 곳마다 운주관·진해루를 두었으며, 그런 곳에서 전략·전술을 토론하고, 연구하면서 승리를 다짐했을 것이다. 리순신의 전쟁준비에서 무엇보다도 중요한 것은 싸워서 이길 수 있는 물리적 힘의 증강, 즉 신무기의 개발에 있었다.

> 1592년 6월 14일. 저는 일찍이 왜적들의 침입이 있을 것을 염려하여 별도로 거북함을 만들었는데, … 적선이 수백 척이라도 쉽게 돌입하여 포를 쏘게 되어 있으므로, 이번 출전 때 돌격장이 그것을 타고 있었습니다.[930]

이 보고서에서 보듯이, 거북함의 첫 출전은 사천해전 때(1592년 5월 29일)인데, 그 배의 전투능력이 수백 척이라도 쉽게 무력화할 수 있는

---

930) 『임진장초』 장8 「二度唐項浦等四處勝捷啓本」 및 『리충무공전서』 권2 장계1 「唐浦破倭兵狀」 19~20면. "臣嘗慮島夷之變 別制龜船 前設龍頭 口放大砲 背植鐵尖 內能窺外 外不能窺內 雖賊船數百之中 可以突入放砲是白乎等用良 今行以爲突擊將所騎. … 萬曆二十年六月十四日."

능력을 가졌다는 것이다.

임진왜란이 일어나 처음 출전했을 때에는 거북함을 운용하지 않고, 한 달 보름이 지난 두 번째 출전에서 그 능력을 과시하고 있는데, 이렇게 늦게 참전시킨 데는 높은 수준의 전투력을 발휘하기 위해서 준비를 더 하였기 때문일 것이다. 왜란은 이미 예견했었기 때문에 거북함의 제작은 착착 진행되고 있었다.

> 2월 8일. 이 날 거북함에 쓸 돛베 29필을 받았다.
> 3월 27일. 일찍 아침밥을 먹은 뒤 배를 타고 소포(召浦)에 이르러 쇠사슬을 가로질러 건너 매는 것을 감독하고, 종일 나무기둥 세우는 것을 바라보았다. 겸하여 거북함에서 대포 쏘는 것도 시험했다.
> 4월 11일. 비로소 베로(거북함의) 돛을 만들었다. 12일. 식사를 한 뒤에 배를 타고 거북함에서 지자·현자 대포를 쏘았다. 순찰사의 군관 남한(南僩)이 살펴보고 갔다.

이 거북함에 관한 최초의 기록이 『난중일기』에서는 1592년 2월 8일이다. 임진왜란이 일어나기 겨우 두 달 전에 돛베를 받아서 돛을 만들었고, 임진왜란이 일어나기 하루 전에 거북함에서 대포(지자 총통·현자 총통)의 발사시험을 했다. 전쟁에서의 승리는 정신력과 무기체계의 우월이 결정적 역할을 하기 때문에 이렇게 전쟁을 예상하고서 거북함을 발명해내는 노력을 했다.

임진왜란의 국난을 극복하는 과정에서 중요한 역할을 한 것은 무엇보다도 거북함〔龜船·龜艦〕이다. 이것은 '신지식인'으로서의 리순신이 가시적으로 남긴 성과물이다. 리순신이 1591년 2월 13일에 전라좌수사(정3품)로 부임하자마자, 사업의 목표로 설정하고 의견수렴 과정을 거쳐 설계 및 건조에 착수하여 임진왜란이 발발하기 하루 전날인 1592년 4월 12일에는 시운전까지 마쳤다. 마치 일본의 조선 침략과 마치 선두 경쟁을 한 관계처럼 보이기도 한다.

이 밖에 조총을 본 떠서 만든 정철 총통(正鐵銃筒)이 있는데, 『난중일기』의 1593년 9월 14일 글을 보자.

> 정철 총통이 전쟁에 가장 긴요한 것인데도 우리나라 사람들은 그 만드는 법을 잘 알지 못하였다. 이제야 온갖 연구를 하여 조총을 만들어 내니, 왜의 총보다도 나았다. 중국 사람이 와서 진중에서 시험사격을 하고서는 잘 되었다고 칭찬하지 않는 이가 없다. 이미 그 묘법을 알았으니, 도내에서 같은 모양으로 넉넉히 만들어 내도록 순찰사와 병마사에게 견본을 보내고, 공문을 돌려서 알게 했다.[931)]

이것은 리순신이 밤낮없이 고민 끝에 새로 개발한 정철 총통이 왜군의 조총보다도 더 훌륭한 성능을 인정받았다는 것이며, 요즘으로 보면, 리순신은 신지식인으로서 지식경영을 했다는 증거이다.

이렇게 리순신은 새로운 지식을 창출하고, 무기를 개발하여 왜적과 싸워 이겼던 것이다. 나라를 살리는 길에는 여러 가지가 있겠지만, 전시나 평시를 가릴 것 없이 지식개발에 도전하지 않으면 결국은 패배하고 도태될 수밖에 없다는 결론에 이른다.

---

931) 『난중일기』 계사년 9월 14일. "正鐵銃筒最關於戰用而我國之人未詳其造作妙法今者百爾思得造出鳥銃則最妙於倭筒唐人到陣試放無不稱善焉已得其妙道內一様優造事見様輸送巡察使兵使處移牒知委."

6. 적을 가벼이 보지 말라!

상대에 대하여 업신여기거나, 거드름피우거나, 가벼이 보는 것은 자신의 자신감·우월감 때문일 것이다. 자신을 높이는 것은 중요하지만, 적을 가볍게 보는 것은 패배의 지름길이다. 그렇다고 하여 적을 존중하라는 말은 더더욱 아니다.

적과 대치하여 싸워 이기려면 적으로 하여금 방심케 하여 그들의 계획에 빈틈이 생기게 함으로써 아군의 공격에 휘말리도록 하여야 한다. 그래서 리순신은 자신의 부하들이 왜적을 가벼이 볼까봐 매우 우려하였다.

> 적을 가벼이 여기면 반드시 패하는 것이 전쟁원칙이라고 두 번 세 번 타일렀음에도, 오히려 경계하지 않더니, 마침내 통선(統船) 1척이 전복되어 사망자가 많이 생겼습니다. 이것은 신이 군사를 지휘하는 것〔用兵〕이 좋지 못하고, 지휘 방법이 잘못되었기 때문입니다. 지극히 잘못되었으니, 거적자리에 엎드려 죄 주기를 기다립니다.[932)]

1593년 2월 22일에 조선수군이 모두 웅천·안골포·제포에서 왜적을 맞아 공격전에 나섰다. 그러나 왜적들은 쉽사리 바다 밖으로 나오려 하지 않았다. 한 달 보름 뒤 4월 6일에 보고한 내용에 보면, 이때 전라좌도의 발포 통선장(統船將)이며 발포 군관인 리응개(李應漑)와 전라우도의 가리포 통선장 리경집(李慶集) 등이 그동안 이긴 기세를 몰아 앞 다투어 돌진하여 왜적선을 쳐부수었지만, 되돌아 나올 적에 두 배가 서로 부딪쳐 뱃전의 방패(防牌)가 깨져 떨어져 나가고, 사람들이 왜적의 철환을 피하려다가 한쪽으로 몰리게 되어 배가 그만 뒤집어졌다.

공로를 세웠지만, 일단 아군의 피해가 발생한 것에 대해 리순신은 자신의 지휘에 잘못을 시인하고 그에 따른 책임을 지겠다고 말했다.

---

932) 『리충무공전서』 권9 부록1 행록 15면. "輕敵 必敗之理 再三申飭 猶且不戒至 使一隻統船 終致傾覆多有死亡 此臣用兵不良指揮 乖方之故也 極爲惶恐伏藁待罪."

그 원인에 적을 가벼이 여기면 패한다는 사실을 강조한 것은 그것이 그만큼 승패를 좌우하는 전쟁원칙이기 때문이다.

대개 직위가 높은 사람들이 어떤 잘못, 특히 범죄적 행위를 지적받게 되면, 전혀 사실무근이라거나, 전혀 안면이 없다거나, 한 번도 만나본 적이 없다거나, 전혀 사실과 다르다는 말로 완강하게 변명하지만, 결국에는 조금씩 인정하는 파렴치를 보였던 것을 우리는 많이 보아왔다.

그러나 리순신은 그 잘잘못을 따진 뒤에 자신이 책임을 진다는 보고서를 낸 것은 매우 용기있는 태도이고, 지휘관으로서의 책임지는 자세 또한 매우 훌륭하다. 이것이 많은 부하·백성들에게서 존경을 받았던 요소의 하나라고 본다.

적에게 잠수함이 있고, 적에게 장거리 미사일이 있고, 적에게 핵무기가 있어도, 그들이 아군을 겨냥한 것이 아니라고 생각한다면, 그런 대응무기를 비록 가지고 있을지라도 그들과 싸워서 이긴다는 보장은 없다. 더구나 그런 대응무기를 보유하고 있지 않는 한에는 더더욱 어떻게 이길 수 있겠는가?

이런 상황이 우리들의 현실에 없는가? 우리는 현실을 직시하고 싸우지 않고 이기는 전략이 있다면 우리는 그것을 택해야 할 것이며, 또 그런 책임을 져야 할 것이다.

덤벙대지 마라! 가벼이 움직이지 마라! 당황하지 말라!
침착하라! 침착하라! 태산같이 침착하라!

이런 말은 뭔가 심각하고도 중대한 상황에 부닥쳤을 때에 그런 일을 하는 사람에게 "조심스럽게 행동하라!"는 경고를 주는 메시지일 것이다.

실제로 임진왜란 때에 처음으로 해전을 맞아보는 군사들은 심리적으로 매우 불안하고, 공포에 떨면서 당황스러워 이미 훈련된 절차라도 앞뒤 순서를 잘못하는 수도 있을 법한 상태였을 것이다. 이에 대해 리순신은 군사들에게 마음을 가다듬도록 용기를 주었던 말이다.

리순신이 거느린 함대가 처음으로 겪은 해전이 옥포대첩이다. 첫 출항 날짜를 몇 번이나 바꾸게 되었지만, 어쨌든 1592년 5월 4일에 여수의 본영을 출항하여 사흘째인 5월 7일에 옥포항 앞을 지날 무렵, 우척후장 김완(金浣)·좌척후장 김인영(金仁英)이 신기전을 쏘아 올린 신호를 보았다.

모두들 긴장할 수밖에 없는 처지였다. 이미 그 전에 경상우도의 수군과 육군이 모두 패했던 상황을 들은 상태에서의 장병들의 심리적 태도는 보지 않아도 뻔하다.

이때 리순신은 전투현장에서 가장 먼저 해야 할 일이 장병들에게 '용기'와 '자신감'을 주는 일이었다. "당황하지 말고 차분하게 훈련했던 때처럼 행동하라!"고 호령하였다.

포구에서 분탕질하는 왜적들을 향해서 대포에다 철환·조란환을 넣어 쏘니, 우박이 쏟아지는 듯하였고, 대장군전·장군전·차대전·피령전을 각각으로 쏘고, 일부는 살촉에 솜을 묶어 기름에 담가 불을 붙여 불화살〔火箭〕로 쏘아대니, 우레 같은 소리와 번개 같은 불빛이 옥포만을 가득 채웠다. 아마 불꽃놀이도 이와 같지는 않았을 것이다.

왜적들은 혼비백산하였고, 반면에 조선수군들은 용기백배하였다. 왜적선을 몽땅 불태워 버렸으니, 이가 첫 해전에서 거둔 옥포대첩이다. 역시 휫손이 훌륭한 지휘관은 군대를 지휘함에 있어 그 많은 병력을 한 사람을 부리는 것처럼 마음대로 지휘할 수 있어야 하며, 이렇게 하기 위해서는 결국 침착하고 냉철하며 엄정하고도 조리가 있어야 한다.

이런 호령이 이 옥포해전때뿐이겠는가. 리순신이 싸워 이긴 으뜸되는 비결이 무엇보다도 용기·자신감·침착성이 바탕되었던 것이다.

7. 적선을 멀리 보고 즉시 보고하라!

임진왜란이 시작되는 날, 왜적선 700척에 15만 8700명이 나누어 타고 왔으니, 1척에 227명 꼴이다. 왜적선에서 큰 배는 300명, 중간배는 200명, 작은 배는 100명을 태울 수 있다고 했으니, 그 평균 숫자에 근접한다. 그러나 말이 700척이지, 그 배들의 크기야 어쨌든, 이 숫자는 엄청나게 많은 것이다.

일본배는 큰 것이 안택선(安宅船)이며, 크기에 따라 3000섬〔石〕에서 500섬까지 실을 수 있고, 길이가 큰 것은 93.8자(=29.3m: 太一丸), 작은 것이 43.8자(=13.7m: 領田丸)인데,[933] 중간배의 길이가 1척에 21m라고 보면, 700척을 1줄로 늘어 세우면 14.7㎞가 되고, 2줄로 세우면 7.4㎞, 3줄이면 4.9㎞, 4줄이라도 3.7㎞가 된다. 여기에 두 배 사이의 거리를 100m로 잡더라도 4줄(1줄에 175척)의 경우라도 무려 17.4㎞나 된다.

이런 배들을 두고 벌떼나, 구름 같다고 할 수 있을 것이며, 그 많은 배들이 조선을 침략하러 이동해 왔으니, 적정 감시 및 정보 연락하는 곳에서는 낮잠을 자지 않은 한 눈에 띄지 않을 리가 없을 것이다.

아니나 다를까, 조기경보 기지에 해당되는 가덕의 응봉봉수 감고 리등(李登)과 연대 감고 서건(徐建) 등이 1592년 4월 13일 오후 4시쯤에 왜적선 90여 척이 일본에서 부산 쪽으로 이동하고 있다고 가덕진 첨사 전응린(田應麟)과 천성보 만호 황정(黃珽)에게 보고했고, 이들은 경상우수사 원균에게 즉시 보고했다.

이 왜적의 침입정보가 전라좌수사 리순신에게 전달이 된 때는 이틀이 지난 4월 15일이었다. 이때부터는 수시로 왜적의 동태가 도착되었다. 이런 보고가 만약 더 늦었더라면 조선은 어떻게 되었을까?

모든 정보는 즉시에 탐지되고 보고되어야 한다. 그런 정보를 수집·

---

933) 金在瑾, 「壬辰倭亂中 朝·日·明 軍船의 特性」 『壬亂水軍活動硏究論叢』 (海軍軍事硏究室, 1993), p. 257.

분석·평가하는 시스템이 중요한 것이다. 정보수집에 최첨단 수단이 있어야 효과적인 작전을 실시할 수 있다.

리순신은 이러한 정보를 받자마자, "방비와 망보는 일들에 정성을 다하여 정돈하고 경계하여 밤낮을 가리지 말고 사변에 대비하라!"고 예하부대에 신속하게 지시하고, 인근부대에도 전파하였다.

리순신은 정보의 관리를 매우 철저하게 했다.

> (1) 무릇 살피고 망보는 일들을 각별히 단속하고, 남아 있는 전쟁도구와 여러 가지 비품을 아울러 더욱 철저히 정비하여 사변에 대비하도록 하라.[934]
>
> (2) 배들을 정돈하고 무기들을 엄히 갖추는 한편, 각처에서는 망봉의 꼭대기에 망장을 파견하여 멀리 적선을 살피고 즉시 보고하라![935]

위의 (1)은 임진왜란이 일어났다는 정보를 받은 이튿날(1592년 4월 16일)에 조치하고 보고한 장계이며, 위의 (2)는 당항포대첩(1594년 3월 10일)을 보고한 내용에 적힌 말이다. 그 핵심은 "적의 동태를 잘 살펴서 보고하라!"는 것이다.

리순신의 승리의 비결은 결코 어렵지 않다. 이런 정보망을 갖추고서 경계하고 있었으니, 그 해 3월 5일에 당항포에서 왜적선 21척을 몽땅 쳐부술 수 있었던 것이다. 왜적선을 공격하는 것도 대포 울리는 소리가 하늘을 진동하였다고 했으니, 대형 총통의 함포 또한 그 위력을 유감없이 발휘했음이 짐작이 가고도 남는다.

이것은 평소의 유비무환(有備無患)이요, 상두주무(桑土綢繆)라는 말과 상통한다. "있을 때 잘해!"라는 말처럼, 평소에 준비를 잘 해두라는 말이다.

전쟁의 원칙에는 포함되어 있지 않지만, 리순신의 승리 요인을『난중일기』에서 찾는다면 무엇보다도 평소에 빈틈없는 과업을 했으며,

---

934)『리충무공전서』권2「因倭警待變狀」. "凡千瞭望等事 各別檢飭 他餘戰具諸備 幷以倍嚴措置待變."

935)『임진장초』장67 및『李忠武公全書』卷4 狀啓20「唐項浦破倭兵狀」. "整勵舟楫 嚴鍊器具 一邊各處 通望峯頭 望將定送 瞭察賊船 登時馳告."

언제나 전쟁이 일어날 것에 대비하여 과업 중심의 휫손을 발휘하였음을 볼 수 있다.

그렇다면 리순신이 어떤 과업을 했으며, 부하를 얼마큼 배려했는지를 살펴보지 않을 수 없다. 결론부터 말하자면, 리순신은 탁월한 관리 능력으로써 평소에 과업주도적(課業主導的) 업무를 수행했다. 특히 부임 초기부터 임진왜란이 일어났다는 소식을 처음으로 접했던 1592년 4월 15일까지 103일 간의 과업분석 〈표Ⅶ-2〉을 『난중일기』에서 보면, 리순신의 평소(평시)의 휫손 성향을 알 수 있다.

리순신이 평소의 과업은, 일상적 업무인 공문서 처리와 특별한 경우의 망궐례(望闕禮)를 빼고도, 거북함을 처음으로 건조하고, 군사훈련·활쏘기·대포쏘기 등의 군사적 과업(39.1%)이 부하에 대하여 배려하는(24.5%) 것보다 많을(1.6배)뿐 아니라, 공문서 처리(33.7%)를 포함

〈표Ⅶ-2〉 임진왜란 직전(1592.1.1~4.15)의 과업분석

<table>
<tr><th>구분</th><th>1월(30일)</th><th>2월(29일)</th><th>3월(29일)</th><th>4월(15일)</th><th colspan="2">계(103일)</th></tr>
<tr><td>공문서 처리</td><td>18</td><td>16</td><td>18</td><td>10</td><td colspan="2">62(33.7%)</td></tr>
<tr><td>망궐례</td><td>2</td><td>1</td><td>1</td><td>1</td><td colspan="2">5(2.7%)</td></tr>
<tr><td>군사훈련 및 전략전술 연구</td><td>2</td><td>6</td><td>3</td><td></td><td>11</td><td rowspan="6">72
(39.1%)</td></tr>
<tr><td>활쏘기</td><td>4</td><td>8</td><td>10</td><td>8</td><td>30</td></tr>
<tr><td>대포쏘기</td><td></td><td>2</td><td>1</td><td>1</td><td>4</td></tr>
<tr><td>거북함 건조 및 시운전</td><td></td><td>1</td><td>1</td><td>1</td><td>3</td></tr>
<tr><td>군사시설 및 인원점검 순시</td><td>2</td><td>10</td><td>7</td><td>1</td><td>20</td></tr>
<tr><td>비리조사 및 검열</td><td>1</td><td>2</td><td>1</td><td></td><td>4</td></tr>
<tr><td>곤장·구속 등 처벌</td><td>2</td><td>1</td><td>5</td><td></td><td>8</td><td rowspan="5">45
(24.5%)</td></tr>
<tr><td>부하격려(술마심 등) 및 포상</td><td></td><td>10</td><td>4</td><td></td><td>14</td></tr>
<tr><td>부하 및 외부인사 접견</td><td>5</td><td>1</td><td>3</td><td></td><td>9</td></tr>
<tr><td>어머니께 문안/문안 확인</td><td></td><td>1</td><td>2</td><td>1</td><td>4</td></tr>
<tr><td>기타(몸 불편 등)</td><td>2</td><td>2</td><td>3</td><td>3</td><td>10</td></tr>
<tr><td>계(13종)</td><td>38</td><td>61</td><td>59</td><td>26</td><td colspan="2">184</td></tr>
</table>

※ 출처: 최두환, 「충무공 이순신의 리더십에 관한 연구」(경남대학교대학원 박사학위논문, 2004), p. 94.

하면 거의 3배나 됨을 볼 수 있다. 즉 임진왜란이 일어나기 전의 103일 가운데서 75.54%가 과업 중심이며, 그 가운데 72일(39.1%)에 걸쳐 군사훈련·점검 등이 주로 이루어진 것에서도 충분히 알 수 있다.

이중에서 특히 활쏘기·점검·순시가 많이 나타난 것을 볼 때에, 리순신은 평시에도 전쟁에 대비한 과업을 게을리 하지 않았으며, 인간배려를 통해 부하들과 함께 역시 과업 중심의 업무를 수행하였다는 것을 알 수 있다.

출세의 기회는, 그때가 언제인지는 알 수 없지만, 인생에서 세 번 있다고 한다. 그런 기회를 어떻게 해서든지 놓치지 않으려고 노력해야 성공할 수 있게 된다는 말일 것이다.

그런데 전쟁에서는 승리할 수 있는 기회는 없다. 단지 승리할 수 있도록 준비하는 노력이 필요하고, 그런 기회를 만들어야 한다. 그래서 언제든지, 어디에서든지 그럴 기회가 될는지를 눈여겨 봐두어야 한다.

1594년 2월 12일에 임금으로부터 리순신에게 공격명령이 떨어졌다. 흉적들이 호남지방에 있으니 힘을 다하여 파수보고 형세를 보아 무찌르라는 것이었다.

리순신은 거제 적도(赤島)에 있다가 이튿날 오후 6시에 한산도로 돌아오는데, 경상우수사의 군관 제홍록(諸弘祿)이 삼봉현에서 와서 "왜적선 8척이 들어와 춘원포(春元浦)에 정박하였으므로, 들이칠 만하다."고 했다. 이때 리순신은 심각한 판단을 하고서 라대용을 시켜 원균에게 의견을 적어보냈다.

> 작은 이익을 보고 들이치다가 큰 이익을 이루지 못할 우려가 있으니, 아직은 가만히 두었다가 다시 적선이 많이 나오는 것을 보고 기회를 엿보아서 무찔러야 한다.[936)]

이 말만을 보더라도 리순신은 매우 용의주도하고 빈틈이 없이 작전을 구사했음을 알 수 있다.

---

936) 『난중일기』 갑오년 2월 13일 "見小利而入勦 大利不成 姑用停之 乘機勦滅事."

그리고 리순신이 구속되는 직접적인 동기는 왜적 가등청정이 재침입할 것이라는 정보를 조정에서 제공했고, 그 말대로 도원수 권률의 강요도 있었지만, 리순신은 왜적의 첩보를 믿을 수 없을 뿐 아니라, 함부로 군사를 움직일 수 없다고 주장을 굽히지 않았던 데 있다.

> 1597년 1월 21일. 조정에서 리순신에게 명령하여 기회를 엿보아 처치하라고 하였으나, 리순신은 놈들의 간사함을 알았으므로, 순리대로 하고 억지 일은 하지 않았더니, 원균이 그 틈을 타서 모략을 꾸몄다.[937)]
>
> 1596년 12월 21일. 황신(黃愼)이 리순신에게 달려가서 가만히 조정의 의견을 알리니, 리순신이 말하기를, "바닷길이 험난할 뿐 아니라, 왜적이 반드시 육지의 여러 곳에 복병을 설치하고 기다릴 것이니, 배를 많이 거느리고 가면 왜적이 알지 못할 리 없고, 배를 적게 거느리고 가다가는 도리어 습격당할 것이다."고 하면서 실행하지 않았다.[938)]

조정에서는 간첩 요시라의 말을 이렇게 철석같이 믿고, 도원수 권률이 한산도 진중에까지 직접 와서 "요시라의 말 그대로 하라!"고 명령하였던 것을[939)] 리순신은 정면으로 반대하였다. 이것이 지휘부와 현장과의 갈등이다. 물론 그 정보가 나중에는 이미 정보로서의 가치가 없음이 밝혀졌음에도 리순신의 구속절차는 그대로 진행되었고, 삼도수군통제사에서 파직되었다. 이런 행태는 조선에게 참으로 불행한 정치적 사건이었다.

이러한 반대의견을 주장한 리순신의 입장에서 보면, 상식에서 어긋난 지시에 대하여 고차원의 전략적 대응이기 때문에 이를 수용하거나, 인정하지 않는 한, 항명으로 취급될 수밖에 없지만, 과제를 수행하거나 중요한 문제를 해결하는 최선의 방법에 대한 독특한 지식은 부하·동료·상사에 대해 잠재적 영향력을 발휘할 수 있는 전문력(expertise)의

---

937) 『리충무공전서』 권10, 부록2 行狀 8면. "朝廷命公 因機制之 公知其詐 守便宜持難 元均從中媒蘖."

938) 『선조수정실록』 권31 선조30년 2월 임술(1일). "上遣黃愼密諭于舜臣 舜臣曰 海道艱險 賊必設伏以待 多發戰艦 則賊必無知之 小則反爲所襲 遂不行."

939) 『리충무공전서』 권9, 부록1 行錄 19면. "丁酉年正月二十一日 權元帥至閑山陣 謂公曰 淸賊近將再來 舟師當從要時羅之約 愼毋失機."

훗손이므로, 결코 항명에 해당될 수 없다.

그 당시에 아무도 리순신의 전략적 지식수준에 미치지 못하였으며, "그것이 실제로 왜놈들의 술책에 빠지는 것인 줄은 알지 못했다."는[940] 말에서 보듯이, 리순신만의 전략적 전문지식과 정보분석이 독특하고도 탁월했음을 알 수 있다.

이런 사실을 보면, 훗손, 즉 리더십의 본질은 카리스마가 특출해야 잘 발휘되는 것이라 여길만하다.

그래서 리순신은 구속될 줄을 뻔히 알면서도, 패전될 가능성이 높은 출전의 명령을 강력히 거부함으로써 자신을 희생하였다. 이런 카리스마를 보고 교훈삼아야 할 것이다. 그리고 전문적 지식이 부족한 사람들의 전략적 대응이 칠천량해전의 패전, 그것도 참패로 이어졌던 것을 우리는 뼈저리게 느껴야 한다.

940) 『리충무공전서』 권9, 부록1 行錄 19면. "而不知其實墮於計中也."

8. 꾀어내어 쳐부숴라!

작전의 제1원칙: 반드시 우리에게 유리하도록 유인하라!

여기는 바다가 좁고 수심이 얕아서 배를 돌리기에 어려우니, 짐짓 물러나는 척하여 적을 꾀어내어서 넓은 바다로 나오면 싸우는 것이 낫다.[941)]

이 상황은 1592년 5월 29일 사천대첩 때의 일이다. 왜적들이 사천항 선진리 포구 안에서 교만한 태도를 보이며 바다로 나오지 않자, 이들에게 다가가 쳐부수려고 했다. 그러나 수로가 좁고, 수심이 얕아서 크고 무거운 판옥선으로 진격해 들어갈 수가 없을 뿐 아니라, 처음으로 참전시킨 돌격임무를 띤 거북함의 활동에 매우 부적합하므로, 전장환경에서 아군에게 유리하도록 어떤 변화가 필요했다. 그것이 곧 유인술이며, 결국 유인술로 왜적선 13척을 몽땅 쳐부수었다.

유인술은, 미끼를 놓아 낚시질하는 것과 같아, 자칫하면 피해를 입으며, 잘해야 크게 이길 수 있다. 일부러 다가갔다가 달아나면서 잡힐 듯이 잡힐 듯이 하여 빠져 나오면서 그들을 아군에게 유리한 장소로 끌어내오는 것이다. 마치 그들이 이길 것 같아 스스로 나오는 형태가 된다. 고도의 심리전이 필요하다.

말을 부리기 위해 당근을 코앞에다 놓으면서 줄 듯 말 듯, 말의 혓바닥이 닿을 듯 말 듯 하면서 말의 식욕을 자극하는 것과 같다. 그러면 그 말은 먹고 싶어 발걸음을 떼게 되어 있다. 당근의 위치가 조금 멀면 말은 먹을 것을 포기해버리고, 너무 가까우면 혓바닥으로 낼름 집어 먹어버릴 것이다.

기묘한 상황에서는 유인의 기술이 승패의 관건이 된다. 만약 적군이 마구 덤벼든다면 그들이 불리하고 아군에게 유리한 방향으로 끌어들이기 위하여 쓰인다.

---

941) 류성룡, 『징비록』 권1. "此地海狹水淺 難於回旋 不如佯退誘賊 至海闊處相戰也."

이런 상황은 곧 한산대첩인데, 그동안에 일본은 육전에서는 연전연승했지만, 해전에서는 줄곧 패했던 때문에 육전에 참가했던 일본수군을 몽땅 조선수군 공격에 나서라고 명령이 떨어지자, 한성까지 갔던 협판안치의 부대 73척이 먼저 1592년 7월 8일에 견내량으로 진격하게 된다.

이때 리순신은 대여섯 척으로 유인작전을 실시했으며, 왜적의 조선수군 격멸 작전과 리순신의 유인작전이 동시에 이루어지는 상황이기에 오히려 유인작전은 쉽게 이루어졌다.

그러자 짐진 패한 것 같은 조선수군을 따라 마구 진격해 들어오는 왜적선은 기세등등하였다. 왜적선들이 넓은 바다에 왔을 즈음에 리순신은 독전기를 휘두르며, 북을 치며, 일제히 회전하여 학익진을 펴고서 적진을 향하면서 대포를 쏘아댔다. 대포소리는 마치 우레소리가 하늘을 진동케 하는 것 같았다.

대포와 불화살에 맞은 왜적선은 불타는 연기와 불꽃이 하늘을 뒤덮었고, 포연탄우 속의 바다는 온통 왜적의 피로 물들여졌다.

사천대첩과 한산대첩은 유인작전에 의한 대첩이었다. 유인은 결국 적의 입맛에 맞도록 연출해주는 것이다. 역시 이런 유인이야말로 우리에게 유리한 쪽으로 끌어들이는 솜씨는 우리들의 마음을 졸이면서도 통쾌한 기분을 만끽하게 해준다.

우리는 '학익진(鶴翼陣)'에 대해 몇 가지 오해하고 있는 것이 있다. 그것은 리순신이 처음으로 사용했던 전투진이라는 것이고, 해전에서만 쓰이는 것으로 잘못 알고 있다.

그러나 실제의 '학익진'은 본디 육지에서 썼으며 그 모양은 횡렬진(橫列陣)이었고, 이를 바다에서 활용하였는데, 반달모양(半月形)이었다. 임진왜란 때에 사용되었던 것은 이 후자다.

이 학익진에는 좌승함과 중군함의 위치에 따라 운용하는 방법도 달랐는데, 그 기동방법은 적진 쪽으로 전진하다가 각 배가 그 자리에서 역회전하여 진행방향을 180°로 바꾸어 적함을 유인하며, 다시 아군의 최대 사정거리에 오기 직전에 역회전하여 진행방향을 180°로 바꾸어 본래대로의 침로를 유지하여 적진을 향하게 하여 무기의 화력을 집중시킬 수 있게 기동하는 것이다.

이 학익진의 운용은 전투력을 가장 극대화하는 방법이었으며, 임진왜란으로부터 313년이 지난 1905년에는 일본의 동향평팔랑(東鄕平八郎)이 이 학익진을 모방하여 丁字전법, 즉 T-자 진형을 개발하여 러시아 발틱함대를 대마도 앞바다에서 싸워 이기기도 하였다. 이것이 일본이 지금까지도 가장 자랑하는 해전의 하나다.

그리고 그 공격방법은 짐짓 후퇴하는 척하다가 적들이 우리에게 유리한 위치에 오면, 그때에 재빨리 되돌아서 왼쪽에서 공격하고, 오른쪽에서도 공격하면서 타격력을 높이는 것이다. 바로 이것이 학익진이다. 이렇게 학익진을 운용한 결과에는 적선에게 치명적인 타격을 하므로, 우군에게는 약간의 피해가 있을 뿐, 거의 일방적 승리로 해전을 마무리지었다는 것이 가장 특징이기도 하다.

해전에서 학익진에 의한 공격의 특징은 일제히 집중공격을 한 것인데, 영국의 해전사가인 발라드(G. A. Ballard)는, 오래 전의 일이지만, 1921년에 견내량해전에 대해 다음과 같이 평가한 적이 있다.

> 그때의 위기에 처한 순간에 큰 노를 저어서 함선은 침로를 모두 16점(180°)으로 선회하여 일본의 추격선을 공격하였다. 전문가가 아닌 사람에게는 이 기동이 지상에서는 간단한 것으로 생각될지 모르나, 해군 전문가만이 이 기동은 훈련을 쌓은 숙련된 함대의 표준이라는 판단을 내릴 수 있을 것이다. … 이 선회작전에 있어서 많은 왜적의 함선은 침몰되었고, 전진해오는 조선군의 이물에 그들의 현측이 노출되고 있었다.[942)]

942) G. A. Ballard, op, cit. p. 56. "Then, being under sweeps, at the critical moment his ships suddenly altered course sixteen points together and fell on the leading chasers, a manoeuvre which may seem simple enough on paper to the unprofessional mind, but which only a naval officer can properly appreciate as a test of a well-trained flee t,… It is probable that may were caught in the act of turning, with their broadsides exposed to the stems of the advancing Koreans."

이런 학익진에 의한 공격으로 성공한 데 대한 평가는 오직 바다에서 펼치는 전술이 탁월한 전문가(리순신)였었기에 가능했다는 전문가(G. A. Ballard)의 말이다.

물론 이런 학익진의 운용은 한산대첩 때뿐만 아니라, 넓은 바다에서는 어김없이 거의 사용되었던 진형이다.

이것은 일단 적을 유인해야 하고, 가장 유리한 위치에서 공격하되, 적을 중앙에 두고 집중 공격을 할 수 있는 진형을 형성하며, 모든 화포를 모두 한꺼번에 사용하였다. 이런 요령을 요즘의 사회 현실 속에서도 적용한다면, 더 많이 활용될 수 있을 것이다. 예를 들어 경영의 마케팅 분야에서는 고객에 대한 진심의 공략이라야지, 한탕의 바가지 형태로 가서는 안 된다.

9. 신에겐 아직도 12척이나 남아 있습니다

우리에겐 12척뿐이다!
우리에겐 12척이나 있다!

우리는 이 두 글월 가운데 어느 것을 택할 것인가? 두 글에서 '12척'이라는 숫자는 같지만, "…뿐이다"라는 것과 "…이나 있다"는 말에는 엄청난 차이가 있다. 전자를 부정적·소극적 생각이라면, 후자는 긍정적·적극적 생각이라 할 수 있다.

리순신은 '尙有十二'라고 하여 "생각하는 것보다는 달리 12척이나 있다."고 하여 매우 적극적인 표현을 썼다. 그리고 리순신은 다음과 같이 말하였다.

> 죽을힘을 내어서 항거해 싸우면 오히려 할 수 있는 일입니다. 비록 전투함은 적지만, 저 또한 죽지 않았으니, 적이 감히 우리를 업신여기지 못할 것입니다.[943)]

이것은 1597년 8월 15일 임금에게서 받은 "수군을 폐하고 육군에 종사하라!"는 명령에 대한 리순신의 반론이다.

조선수군의 최상의 전투력을 유지하였던 시기에 리순신은 모함으로 옥살이하고, 원균이 지휘한 수군은 완패하여 남은 것이라곤 전투함이 겨우 12척밖에 되지 않았다. 그런 상황에서 누구든지 대안으로는 이런 지시를 내릴 수 있을 것이다.

그러나 리순신의 답변은 전혀 다르며, 자신의 존재를 가장 가치있게 평가했다.

존재한다는 것만으로 적군의 행동·기동에 거북스럽게 해준다는 리순신의 현존함대 전략은 전략적 차원을 뛰어넘어 주군에게 강력한 메

---

943) 『리충무공전서』 권9 부록1 행록 23면. "出死力拒戰 則猶可爲也. … 戰船雖寡 微臣不死 則賊不敢侮矣."

시지를 남겼다. "아직도 12척이나 있다. 이 정도나마 있는 것이 다행이니, 하면 해낼 수 있다."는 신념을 밝힌 것이다.

리순신의 마음 속 깊은 곳에는 이런 긍정적·도전적·비판적·적극적 신념이 자리하고 있었다. Impossible〔불가능〕에 부호〔'〕 하나를 붙여 언제나 I'm possible〔나는 가능하다〕의 도전적 정신이 깃든 것이다.

백의종군은 아무나 스스로 하는 것이 아니다. 이것은 본인이 죄가 있든, 없든, 정부에서 죄를 주어서 계급과 직위가 없이 보충역에 충당되는 '처벌'이다. 그러므로 우리는 종종 "애국적 관점에서 백의종군 정신으로"라거나, "모든 기득권을 포기하고 백의종군하겠다."는 말을 듣는데, 이런 말은 전혀 성립되지 않는 소리다. 이건 어불성설 그 자체이다.

력사에서 글을 보면, 교훈이 따른다. 그 교훈은 따를 것과 따르지 않아야 될 것이 선명하게 나타난다. 잘잘못의 명암이 나타나는 거울이다. 그 거울 속에 충신 리순신과 국가최고지도자 소경왕이 비친다.

리순신에게 가장 어려웠던 시기는 무엇보다도 삼도수군통제사(종2품)의 직책을 수행하고 있던 중에 구금되었던 시기였다. 일본 요시라의 간계에 중앙정부의 핵심 벼슬아치들과 군지휘부가 일본군사들의 정보분석 및 판단을 제대로 하지 못하고, 그들이 취했던 조치가 잘못되었음을 알지 못한 데 있었기 때문에 결국 리순신은 원균에게 그 직위를 1597년 2월 26일에 넘겨주고 함거(檻車)에 실려 서울로 가서 3월 4일에 의금부에 구속이 되었다.

리순신은 구속된 28일이 지난 4월 1일에야 겨우 석방은 되었지만, 무죄판명이 아니요, 오직 죽음만은 면해준다는 '免死'요, '백의종군(白衣從軍)'이었다. 공을 세우면 그때에 가서 감면해주겠다는 뜻이다.

정유재란의 징조는 진작부터 있었다. 1596년 12월 5일에 소경왕이 일본군이 다시 침범한다는 내용과 해상에서 요격하는 계획을 가지고 있었음을 승정원에 전교한 일이 있다.[944] 그만큼 조정에서도 왜군의 정

---

944) 『선조실록』 권83, 선조29년 12월 정묘(5일). "淸正正二月間出來云 預令統制使偵探候望 或厚賂倭人 俾告其期渡海之日 邀擊於海上 此上策也 但知其渡海之日爲難"

보를 캐내는 것이 중요하고도 급했던 것이다.

그래서 뇌물을 주어서라도 왜적정보를 빼내오라고 했던 것이다. 게다가 소경왕은 황신(黃愼)을 시켜 12월 21일 밤늦게(3更: 23:00~01:00)까지 해상요격에 관한 이야기를 하였고, 28일쯤에야 직접 리순신에게 조정의 의견을 전달했을 것이다.

> 리순신이 말하기를, "바닷길이 험난할 뿐 아니라, 왜적이 반드시 육지의 여러 곳에 복병을 설치하고 기다릴 것이니, 배를 많이 거느리고 가면 적이 알지 못할 리 없고, 배를 적게 거느리고 가다가는 도리어 습격을 당할 것이다."고 하면서 실행하지 않았다.[945)]

그 뒤에 도원수 권률(權慄)도 한산도에 있는 리순신에게 직접 가서 공격 기회를 놓치지 말라면서 단호하게 명령했지만, 리순신은 이 명령에 따라주지 않았다.

> 1월 21일(일본력 20일) 도원수 권률은 한산도 진영에 가서, 통제사 리순신에게 일본에서 건너오는 왜군을 바다에서 맞아 무찌르라고 명령하였다. 그러나 리순신은 일본군의 속임수를 두려워하여 출격하지 않았다. 권률은 리순신이 명령에 따르지 않아서 일본군을 뜻대로 상륙시켰다는 죄를 주어 조정에 보고하였다.[946)]

이것은 가등청정 부대가 상륙한 1월 15일보다 늦은 21일에야[947)] 권

(加藤淸正이 1~2월 사이에 나온다고 하니, 미리 統制使로 하여금 정탐꾼을 派遣하여 살피게 하고, 혹 왜놈에게 후한 뇌물을 주어 그가 나오는 기일을 말하게 하여, 바다를 건너오는 날 海上에서 邀擊하는 것이 上策이다. 다만 바다를 건너오는 날을 알아내기가 어려울 따름이다.)

945) 申炅, 『再造藩邦志』 4. "舜臣曰 海道難險。賊必多設伏兵以待。多率舡。賊無不知。小其船則反爲所襲矣。遂不行。"
『선조수정실록』 권31 선조30년 2월 임술(1일). "上遣黃愼密諭于舜臣 舜臣曰 海道難險 賊必設伏以待 多發戰艦 則賊必無知之 小則反爲所襲 遂不行"

946) 舊參謀本部, 『朝鮮役水軍史』 日本の戰史5, (日本: 德間書店, 昭和40年), p. 176. "正月二十日、都元帥權慄は閑山の水營に行って、統制使の李舜臣に日本から渡ってくる軍隊を海上で迎え討つように命じた。しかし舜臣は日本軍のはかりごとを恐れて出擊しなかった。慄は舜臣が命令に從わないで、日本軍に思うままに上陸させたことを罪として、朝鮮朝廷に報告した。"

률의 명령이 있었고, 이미 리순신의 판단으로는 그것이 잘못된 정보이므로 실행할 수가 없었을 뿐 아니라, "원수(권률)가 육지로 돌아간 지 겨우 하루 만에(1월 22일) 웅천에서 보고가 왔는데, '지난 1월 15일에 가등청정이 장문포에 와서 정박했습니다.'고 했다."는[948] 데서 알 수 있듯이, 이 일본측 사료에서는 2월 26일에 도원수 권률의 명령불복종이라는 보고서와 지휘부〔中央朝廷〕에서의 수군전략 인식부족과 전략부재 때문에 리순신이 구속되었다. 그만큼 권률은 최고군지휘관으로서 정보분석과 판단 능력이 뒤떨어졌던 것이다. 이것이야말로 "심각한 리더십의 위기라는 위협"인데,[949] 반면에 리순신의 판단이 매우 탁월하였음을 알 수 있다.

여기서 '충성'의 의미를 다시 새겨볼 필요가 있다. "명령을 따르면서 임금을 이롭게 하는 것을 '순종'이라고 하며, 명령을 어기면서까지 임금을 이롭게 하는 것을 '충성'이라고 한다."는[950] 고사가 있는데, 일단 그 명령에 다르지 않은 것만큼은 분명하다.

그리고 "길이라도 가서는 안 되는 길이 있고, 적군이라도 공격하지 않아야 할 적이 있고, 성(요새)이라도 공격해서는 안 될 것이 있고, 적지라고 해도 덮어놓고 빼앗아서는 안 될 땅이 있으며, 임금의 명령이 있더라도 받아들이지 않아야 할 것이 있다."는[951] 말이나, "도성〔朝廷·闊〕 안의 일은 임금이 다스리고, 도성 밖의 일은 출정한 장수가 다스린다."는[952] 말처럼, 고금을 막론하고 전장에는 승리를 위해 특수한 상황

---

947) 『리충무공전서』 권9 부록1 行錄.

948) 『리충무공전서』 권9 부록1 行錄 20면. "元帥回陸纔一日 熊川報 今正月十五日 淸正來泊于長門浦."

949) Warren Bennis, *Managing People Is Like Herding Cats*,(Provo Utah: Executive Excellence Publishing, 1997). 양영철 옮김, 『고양이를 길들이듯 사람들을 리드하라』(서울: 좋은책만들기, 2003), p. 26.

950) 『荀子』 卷9 臣道篇. "從命而利君 謂之順. … 逆命而利君 謂之忠."

951) 『孫子兵法』 九變篇 "途有所不由 軍有所不擊 城有所不攻 地有所不爭 君命有所不受."
車俊會 編著, 『古代戰爭論』(文化世界社, 1973), p. 93. "There are roads which must not be followed, armies which must not be attacked, towns which must not be besieged, positions which must not be contested, commands of sovereign which must not be obeyed."

이 언제나 존재하므로, 이를 현장 지휘관이 임기응변으로 대처하여 승리를 획득해야 한다는 말이다. 즉 임금의 명령도 현장 지휘관과 마찬가지로 사직의 존망을 좌우하는 승리에 있기 때문이다.

그러나 이러한 문제는 결국 지휘관으로서의 지휘부[중앙조정]에 대한 대응능력의 부족이라고 지적할 수 있다. 따라서 리순신이 구속되어 서울로 압송되어갈 때에, 인근 고을의 어른·아이 할 것 없이 많은 백성들이 나와서 울부짖었고, 백의종군 중에 남해연안을 답사하며, 군사들을 모집하는 과정에서 전라도 옥과현(玉果縣)에 이르자, 피란민들이 길이 메어지도록 찾아와서 기뻐하는 눈물겨운 장면이 있다.

> 사또! 어디로 가십니까? 우리는 이제부터 죽었습니다.[953)]
> 자! 우리 대감이 오셨다. 이제는 너희들도 안 죽을 게다. 천천히 찾아들오너라. 나는 먼저 대감 따라 가겠다.[954)]

백성들의 이러한 행동은 리순신이 지도자로서의 횟손을 훌륭히 발휘했기 때문에 백성들이 감동받은 결과로 나타난 것이다. 지도자의 길은 이런 것이다.

리순신은 당시에 구속상태에서 고문(拷問)이 동원된 수사를 받고, 고립무원의 상황에 부딪쳐서는 죽고 싶은 충동도 없지 않았을 것이지만, 그런 심리상태에서 이를 극복한 것은 더 높은 차원의 철학이 있었고, 살아서 불명예의 누명을 씻고자 했음이 분명하다.

> 이 리순신은 못난 목숨을 아직도 끌고 있으나, 해가 바뀌어 오므로, 천지에 울부짖어, 다만 스스로 피눈물로 울 따름입니다. 다행히 장사 모신 산소가 가까워 얼마쯤 정리에 맞으니, 이제는 죽어도 한이 없겠습니다. … 1585년 1월 13일[955)]

---

952) 司馬遷, 『史記』 卷102 馮唐列傳 第42 2758面 “閫以內者 寡人制之, 閫以外者 將軍制之, 軍功爵賞皆決於外 歸而奏之.”

953) 『리충무공전서』 권9 부록1 행록 20면. “二月二十六日 就途一路 民庶男女老幼 簇擁號慟曰 使道何之 我輩自此死矣.”

954) 위의 책, 22면. “至玉果 避亂士民 載盈道路 望見之 壯者皆告其妻孥曰 我公至 汝不死 徐徐訪來 我則先往從公.”

이 편지에는 리순신 자신이 2년 전 1583년 11월에 부친상을 입은 불효의 죄인임을 자책하고 있지만, 부친상을 입던 바로 직전에 오랑캐 니탕개(尼湯介)・울기내(于乙其乃)와 싸워 피해를 입었던 사실이 있다. 또한 발포 수군 만호(재직기간: 1580.6~1582.1)로 있으면서 1582년 초에 군기 경차관(軍器敬差官) 서익(徐益)의 무고로 파직된 죄명에 대한 작은 불만을 말한 것이라 할 수 있다.

이처럼 자신을 학대하는 듯한 이런 심정은 목숨을 담보로 하여 다투는 세상살이보다는, 차라리 대인관계에서 자신을 낮추는 소극적 태도로 바뀌었을 것이며, 신선처럼 은둔할 것임을 은연중에 나타내었다고도 볼 수 있다.

리순신은 백의종군 두 번을 포함하여, 파직을 세 번(38살/43살/53살)이나 했다. 그것도 정유재란이 시작되었음에도 리순신은 구속되어 죽음에 이를 수도 있을 국문(鞫問)까지 몇 차례나 받았다.

그러나 리순신이 정작 죽고 싶었던 마음을 가진 것은 언제부터인지는 알 수 없으나, 막내아들의 부음을 들은 날(1597년 10월 14일)의 《난중일기》에 보면 자신의 처지를 대변한 글이 있다.

> 저녁에 어떤 사람이 천안에서 와서 집안 편지를 전했다. 봉한 것을 뜯기 전에 뼈와 살이 먼저 떨리고 정신이 아찔하고 어지러웠다. … 겉에 '慟哭'(통곡) 두 글자가 씌어 있어 아들 면(葂)이 싸우다 죽었음을 짐작했다. 어느새 간담이 떨어져 목놓아 통곡하였다. 하늘이 어찌 이다지도 인자하지 못하는고! … 슬프다, 내 아들아! … 내 지은 죄가 네 몸에 미친 것이냐? 내 이제 세상에 살아 있어본들 앞으로 누구에게 의지할꼬! 너를 따라 같이 죽어 지하에서 같이 지내고 같이 울고 싶건마는, … 아직은 참으며 연명이야 한다마는 마음은 죽고 형상만 남아 있어 울부짖을 따름이다. 울부짖을 따름이다. 하룻밤 지내기가 일 년 같구나.

부모와 자식과의 관계에서 자식 잃은 부모의 마음을 리순신은 이렇게 글로 나타냈지만, 자식의 죽음이 자신의 행위에서 비롯되었다고 보

---

955) 『리충무공전서』 권15 書 10면. 「答玄監役健(1)」 "舜臣冥頑苟延 歲改叫天地 只自血泣而已 葬山便近 情理相愜 自此死(缺) 可以無恨矣 … 乙酉 正月十三日."

았고, 그 죄책감에서 울부짖으며, 거의 좌절감에 빠진 상태라고 보이며, 그런 슬픔을 이겨내는 모습은 이틀이 지난 그의 일기를 읽어보면 애처롭기까지 하다.

나는 내일이 막내아들의 죽음을 들은 지 나흘째가 된다. 마음놓고 통곡할 수도 없어, 염한(鹽干=鹽漢: 소금굽는 사람) 강막지(姜莫只) 집으로 갔다.

리순신은 리더로서 부하들이 있는 곳에서 눈물을 보일 수 없었기 때문에 아무도 보이지 않는 소금굽는 사람의 집에 가서 실컷 통곡했으며, 자살의 충동도 없지 않았을 것임에도, 사실 그럴 생각할 여유조차 없었겠지만, 이를 억제하는 모습이 역력하다.

리순신은 이런 정신적·육체적 피로·고통을 참고 견디면서까지 왜적에 대해 승리하려 도전하였던 것이다. 이런 교훈에서 앞으로 우리에게는 차라리 "리순신의 백의종군했던 그 심정으로 굳건히 참고 견디며 잘 하겠다."는 말이 더 필요할 것이다.

열악하고도 긴박한 최악의 전투상황에서도 리순신은 오직 민생(백성의 생명과 생활)에 바탕을 두고 전투를 수행하였다. 이런 최악의 상황에서는 일반적으로 사람마다 책임회피나 도망을 생각하게 되므로, 처벌과 공포에 기반을 두고 있는 강제적 권력과 보상적 권력을 서로 연관지어서 비슷한 속성을 적절히 이용한다. 말하자면 어떤 행위가 보상을 위한 것이었다면 보상적 권력이 작용한 것이고, 처벌이 두려워서라도 하도록 영향력이 행사되었다면 강제적 권력이 작용한 것이다.

이런 사례는 최악의 상황에서 명량해전을 수행한 리순신의 행위에서 돋보이는 횟손을 찾을 수 있다.

1597년 9월 16일. 나는 배 위에 서서 몸소 안위(安衛)를 불러 이르되, "안위야, 군법에 죽고 싶으냐? 도망간다고 해서 어디 가서 살 것 같으냐? 고 하니, 안위가 황급히 적선 속으로 돌입했다. 또 김응함(金應諴)을

> 불러 이르되, "너는 중군장으로서 멀리 피하고 대장을 구하지 않으니, 그 죄를 어찌 면할 것이냐? 당장 처형할 것이로되, 적세 또한 급하므로 우선 공을 세우게 한다."고 했다.

전쟁은 확실히 불확실성의 환경이다. 게다가 한 치 앞을 알 수 없는 전투의 급박하고도 매우 열악한 상황에서 공격의 시기를 놓치면 성공할 수 없다. 이때는 강제적·독재적이면서 처벌의 불이익을 이용한 훈손이 주효했다. 명령을 어기면 처형시킨다는 극약으로 처방되었다. 그러고 나서 그 또한 공을 세웠기 때문에 그 뒤에 처벌은 전혀 없었다. 이것이 군의 존재이유요, 멋이다.

> 그러자 두 배〔김응함·안위〕가 곧장 쳐들어가 … 죽을힘을 다하여 몽둥이로 치기도 하고, 긴 창으로 찌르기도 하고, 수마석(水磨石) 덩어리로 무수히 어지러이 싸우니, 배 위의 사람들은 기진맥진된 데다가, 안위의 격군 일고여덟 명이 물에 뛰어들어 헤엄치는데 거의 구하지 못할 것 같았다. 나는 배를 돌려 곧장 쳐들어가 빗발치듯 어지러이 쏘아대니, 왜적선 3척이 얼추 엎어지고 자빠지는데 녹도 만호 송여종(宋汝悰), 평산포대장〔임시 지휘관〕 정응두(丁應斗)의 배가 줄이어 와서 합력하여 왜적을 쏘아 한 놈도 몸을 움직이지 못하게 했다.

위의 글에서 보이는 바와 같이, 공격하는 장면이 마치 소설처럼 보이지만, 당시의 상황이 혼탁했기 때문에, 지휘의 어려움이 무척 컸을 것이다. 이런 상황에서 리순신은 강제적 권력과 보상적 권력을 동시에 적용하여 성공하였다.

이러한 카리스마가 바로 그 어려운 명량해전에서 대첩을 거두었다.

> 1597년 9월 16일. 우리 배들은 적이 다시 범하지 못할 것을 알고 일제히 북을 울리고 함성을 지르면서 쫓아 들어가 지자·현자 총통을 쏘니 그 소리가 산천을 뒤흔들었고, 화살을 빗발처럼 쏘아 왜적선 31척을 깨뜨리자, 왜적선이 당해내지 못하고 퇴각하여 다시는 우리 수군에 가까이 오지 못하였다.[956)]

---

956) 『난중일기』 정유년 9월 16일(갑진). "諸船知不可犯 一時鼓噪 齊進各放地玄字 聲

> 1597년 11월 10일. 리순신이 보고하기를, … 진도 벽파정 앞바다에서 … 대포로 왜적선 20여 척을 깨뜨리니 사살이 매우 많아 적들이 모두 바다 속으로 가라앉았으며, 머리를 벤 것도 8급이나 되었다. … 녹도 만호 송여종·영등 만호 정응두가 잇따라 와서 힘껏 싸워 또 왜적선 11척을 깨뜨리자, 왜적이 크게 꺾였고 나머지 적들도 멀리 물러갔다.[957)]

리순신은 왜적선과 싸워 31척을 쳐부수고, 나머지 왜적선은 물러가 다시는 가까지 오지 않았다고 했다. 당시 왜적선은 333척이었고,[958)] 리순신 함대는 겨우 전투함 13척, 초탐선 32척이었다.[959)] 이것은 전투함의 비율이 26: 1의 열세한 상황임에도 불구하고 대등한 세력으로 펼치는 결전전략 못지않은 타격력으로 공격하여 피해는 전사자 2명, 부상자 3명뿐이었다. 이렇게 그의 탁월한 휫손으로 대첩을 거두었음에도 리순신은 단지 "天幸(천행)이다."고 하여, 스스로도 매우 믿기 어려운 승리를 그저 하늘이 도와주었을 뿐이라고 하였으니, 리순신은 천성이 겸손한 사람이었음에 분명하다.

리순신의 승리의 비결은 무엇보다도 자신만만한 용기·자신감·결단력과 더불어 이렇게 수적인 열세를 '창의적 전술'로써 극복한 것은 무엇보다 무궁무진한 발명가답게 창조적 휫손에 있다고 볼 수 있다. 자신감이 있는 사람들은 자신의 의견이 도전받는 것을 두려워하지 않았던 리순신은 이렇게 어려운 상황에서도 두려움이 보이지 않았다. 이런 데서 신뢰가 한없이 쌓이고, 신화처럼 열정이 솟아오르게 된다.

리순신에겐 최악의 신체적 조건이었음에도 불구하고 이런 신뢰와 열

震河岳 射矢如雨 賊船三十一隻撞破 賊船不能抵當避退 更不來近."

957) 『선조실록』 권94 선조30년 11월 정유(10일). "李舜臣馳啓曰 … 於珍島碧波亭前洋 … 以大砲撞破賊船二十餘隻 射殺甚多 賊衆漂溺海中 斬首八級 … 鹿島萬戶宋汝宗 永登萬戶丁應斗繼至 力戰又破賊船一十一隻 賊大挫 餘賊遠退."

958) 『草書 亂中日記』 丁酉年(Ⅰ) "賊船一百三十三隻", 이 책,(Ⅱ) "賊船百三十餘隻". 『리충무공전서』 권8 「난중일기」 "賊船三百三十餘隻". 이 책, 李芬, 「行錄」 "三百三十三隻".
『선조실록』 권94 선조30년 11월 정유(10일) "戰船一百三十餘隻"
有馬成甫, 『朝鮮役水軍史』 (東京: 海と空社, 1942年), p. 255 "日本水軍の主力約三百三十隻."

959) 『선조실록』 권94 선조30년 11월 정유(10일). "李舜臣馳啓曰 … 臣與全羅右道水軍節度使金億秋等 收拾戰船一十三隻 哨探船三十二隻 … 而有戰船一百三十餘隻."

정에 가득 찬 창조적 횢손의 이면에는 바로 이웃 백성들의 동참이 있었기 때문에 그 효과가 훨씬 더 컸었다.

> 이때 배를 타고 피란해 있던 연해의 선비와 서민들이 리순신이 왔다는 말을 듣고는 기뻐하였다. 리순신은 길을 나누어 그들을 불러모아 군대 후면에 있으면서 군사의 형세를 돕도록 했다.[960)]

역시 리순신을 믿고 따르기만 하면 승리한다는 자신감이 부하들에게 심어져 있었다. 또 승리를 거듭함에 따라 리순신으로 하여금 더욱 강력한 카리스마로 작용하였기 때문에, 이웃 백성들도 덩달아 나와서 리순신의 그늘에서 위안을 받고, 안전을 도모하면서 그를 도와 군세를 확장시켜 수군의 명성을 드높였던 것이다.

---

960)『선조수정실록』권31 선조30년 9월 기축(1일). "時沿海士民之 乘船避亂者 聞舜臣至莫不喜悅 舜臣分道招集 使載軍後 以助兵勢."

10. 사람의 마음을 움직여라!

전쟁에서 승패의 확률은 일단 반반이다. 그래서 적을 모르고 나만 알면 이기기도 하고 지기도 하지만, 적을 모르고 나도 모르면 싸울 때마다 반드시 위태롭다는 말을 우리는 자주 쓴다.

전쟁은 국가 사이에서 의사소통을 하는 극단적 수단이다. 따라서 이를 극복하기 위한 병력의 운용과 지휘의 갈등 문제도 상대방과의 의사소통에서 단절이나 성격 갈등에 대한 신뢰와 태도에 달렸다.

이에 대해 해결방법을 찾으면, 첫째는 본보기를 보여주는 모델링(modeling), 둘째는 좋은 인간관계를 구축하는 것(relating), 셋째는 말과 교훈으로 가르치는 것(mentoring)이 있다.

이때에 리순신의 휫손의 시험대가 되기도 한 것은, 첫 번째가 1594년 7월의 파총 장홍유가 왔을 때이고, 두 번째가 중국 수군도독 진린과의 연합작전을 할 때였다.

그 첫 번째의 사례를 보자.

7월 17일 〔양력 9월 1일〕〈계사〉 맑다. 오전 10시쯤에 중국장수〔天將〕 파총 장홍유(張鴻儒)가 병호선(兵號船) 5척을 거느리고 돛을 달고 들어와서 곧장 영문에 이르러서는 육지에 내려서 이야기하자고 청했다. 그래서 나는 여러 수사들과 함께 활터 정자에 올라가서 올라오기를 청했더니, 파총이 배에서 내려 곧 왔다. 이들과 같이 앉아서 먼저 "바닷길 만리 먼 길을 어렵다 않으시고 여기까지 오신데 대하여 감사함을 비길 길이 없다"고 하였더니, 대답하기를, "작년(1593) 7월 절강에서 배를 타고 료동에 이르니, 료동사람들이 말하기를, '바닷길에는 돌섬과 암초가 많고, 또 앞으로 강화(講和)가 이루어질 것이니, 갈 필요가 없다'고 억지로 말리는데도 그대로 료동에 머물면서 시랑(侍郞) 손광(孫鑛)과 총병 양문(楊文)에게 보고하고, 올(1594) 3월초에 출항하여 들어왔으니, 무에 그리 수고라고 할 것이 있는가?" 했다. 그래서 나는 차를 마시라고 청하고 또 술잔을 권하니 감개무량하다. 또 적의 형세를 이야기하느라고 밤이 깊은 줄도 몰랐다.

7월 18일 〔양력 9월 2일〕〈갑오〉 맑다. 다락 위로 올라가자고 청하여 점

> 심을 먹은 뒤에 나가 앉아 술을 서너 차례 권했다. 대체로 내년 봄에 배를 거느리고 곧장 제주에 이르러, 공히 우리 수군과 합세하여 으시대면서 추악한 적들을 무찌르자고 성의 있게 이야기했다.[961)]

여기서 파총 장홍유가 절강(浙江) → 료동(遼東)을 거쳐오는 과정을 들으면서 리순신은 차와 술을 내놓으면서 권하면서 대화하며 마음을 사로잡았다. 이튿날도 그와 함께 대화하면서 '제주(濟州)'의 왜적까지 공격하겠다는 의지를 끌어냈다.

리순신에게 두 번째의 시험대는 진린이 1598년 7월 16일에 5000명을 거느리고 고금도에 와서 연합작전을 할 때였는데, 진린의 성격은 매우 난폭하고 거칠었다.

> 진린은 성질이 사나와서 남과 거스르는 일이 많으므로, 그를 꺼리는 이가 많았다. 임금께서 진린을 내보낼 때 청파(靑坡)의 들에서 전송했다.[962)]
>
> 애석하구나! 리순신의 군사가 또 패하게 되겠소. 진린과 더불어 같은 군중에 있으면 행동이 견제되고 의견이 서로 맞지 않을 것이고, 진린은 반드시 군사 지휘권을 침탈하고 군사들을 풀어서 함부로 횡포를 부릴 것이다. 이를 거스르면 더욱 성낼 것이고, 이를 따르면 끝도 없을 것이니, 군사가 어찌 패하지 않겠소.[963)]
>
> 진린은 사람 됨됨이가 사납고 오만하여 임금도 이를 걱정하여 공(=리순신)에게 "두터이 대접하여 도독에게 노엽게 하지 말도록 하라."는 분부〔유지〕까지 내렸다. 도독의 군사들이 처음 오던 날부터 자못 약탈을 일삼기 때문에 우리 군사와 백성들은 고통스러워했다.[964)]

동맹군으로서 지원나온 군사가 매우 비협조적이었으며, 게다가 진린의 난폭한 성격과 포악무도한 행동에 대해 류성룡은 무엇보다 리순신

---

961) 『난중일기』 갑오년 7월.

962) 柳成龍, 『懲毖錄』 卷2. "璘性暴猛 與人多忤 人多畏之 上餞送于靑坡野."

963) 위의 책. "可惜 李舜臣軍又將敗矣 與璘同在軍中 掣肘矛盾 必侵奪將權 縱暴軍士 逆之則增怒 順之則無厭 軍何由不敗."

964) 『리충무공전서』 권9 부록1 行錄 26면. "璘爲人桀驁 上憂之 有旨於公 令厚待毋怒都督 都督軍始至頗事 掠奪軍民苦之."

의 횟손 발휘에 장애가 될 것을 무척 걱정하였다. 그러나 리순신은 소경왕·류성룡이 그토록 걱정했던 것과는 달리 도리어 훌륭한 장수라며 그에게서 칭찬을 받았다.

> 공(=리순신)은 진린의 군사가 온다는 말을 듣고 술과 안주를 성대히 차리고, 군대의 위의를 갖추고서 멀리 나가 마중하여 큰 잔치를 베풀었다.[965]
>
> 대감은 중앙조정〔天朝〕의 대장으로 와서 해적들을 무찌르는 것이므로 진중의 모든 승첩이 바로 대감의 승첩입니다. 우리가 베어온 왜적의 머리를 모두 대감에게 드리는 것이니, 대감이 여기 온 지 몇 날도 안되어 황제에게 공로를 아뢰면 얼마나 좋겠습니까.[966]

이러한 리순신의 일련의 조치는 멀리 이동해온 거만하고도 비협조적인 동맹국의 지원군사들에 대해 흡족할 만한 동기부여가 되었으며, 그로 말미암아 호감을 사기에 충분하였다.

게다가 그들과의 연합작전에서도 1592년 6월 18일에 통수권자인 소경왕이 료동 유격에게 넘겨주었던 지휘권마저[967] 이때에 와서 리순신이 오히려 되찾았으며, 나머지 전투를 원만하게 지휘하여 승리를 거듭하게 되었다.

> 우리나라〔小國〕의 군사와 백성들은 귀국 장수〔天將〕가 온다는 말을 듣고 마치 어버이를 바라보듯 했는데, 이제 귀국 군사〔天兵〕들이 행패부리고 약탈하기만 하니, 백성들이 견딜 도리가 없어 모두 피하여 달아나려고만

---

965) 『리충무공전서』 권9 부록1 行錄 26면. "公聞璘軍將至 盛辨酒肉又備軍儀 遠延大享."
柳成龍, 『懲毖錄』 卷2. "舜臣聞璘將至 令軍人大畋漁 得鹿豕海物甚多 盛備酒醪而待之 璘船入海 舜臣備軍儀遠迎 旣到 大享其軍."

966) 『리충무공전서』 권9 부록1 行錄 27~28면. "老爺爲天朝大將來討海寇 陣中之捷卽老爺之捷也 我當以首級全付於老爺 老爺到陣未久 奏膚於皇朝 豈非善乎."
柳成龍, 『懲毖錄』 卷2. "不久 賊船犯近島 舜臣遣兵敗之 獲賊首四十級 悉以與璘爲功"

967) 『선조실록』 권27 선조25년 6월 병오(18일). "遼東遊擊史儒原任參將郭夢徵 領一千騎 到林畔館 … 上曰一國存亡係大人進退 凡所指揮願謹領受."(遼東遊擊 史儒와 原任參將 郭夢徵이 騎兵 1000명을 거느리고 林畔館에 到着하니, … 임금이 이르기를, "한 나라의 存亡이 大人들의 進退에 달렸으니, 指揮를 삼가 받겠소이다."고 하였다.)

> 한다. 그래서 나도 대장으로서 혼자 여기에 남을 수 없기 때문에 같이 배를 타고 다른 곳으로 가려는 것이라고 여쭈어라. … 귀국 군사〔天兵〕들이 나를 배신(陪臣: 諸侯의 臣下)이라 하여 조금도 꺼림이 없습니다. 그러니 만일 편의상 꾸짖고 못하게 할 권한을 내게 허락해 준다면 서로 보존할 수가 있겠습니다. … 대인이 만일 내 말대로 들어주면 그렇게 하겠습니다.[968]

전쟁에 지원나온 동맹군의 군사들의 불법적 만행이 아군을 무척 괴롭히고 있음을 리순신은 참을 수 없었던 것이다. 그래서 이런 작은 묘안을 내어 진린을 설득시키자. 진린이 "어찌 안 들을 리가 있겠소. 그렇게 하겠습니다."고[969] 하여 그의 마음을 움직이게 하여 협상에서 성공했으며, "그 뒤부터는 도독의 군사들이 범행하면 리순신이 법대로 다스리니 직할군사〔天兵〕들도 리순신을 도독보다 더 무섭게 알게 되어 온 군중이 편안해졌다."는[970] 것이다.

여기서 리순신이 스스로 '배신(陪臣)'이라 했는데, 이것은 리순신이 지방 제후의 신하였으므로 붙여진 호칭이며, 중앙정부 천자의 신하〔臣〕가 아니라는 말인데, 이것은 평소에는 배신(陪臣)이지만, 특별히 인정을 받게 되면 천자의 신하〔臣〕가 될 수 있다는 말과 같다. 다시 말하면 조선의 중앙에 천자가 있고, 지방에 제후가 있다는 말이다.

소경왕이나, 영의정 류성룡 등 조정 대신들도 무척이나 우려했던 사람이었음에도 리순신은 오히려 그들을 다스리는 능력을 보였다.

> 도독이 진중에 있은 지 오래되어 공(리순신)의 호령하고 지휘하는 범절을 익히 보고, 또 자기는 배가 비록 많다 해도 적을 막아내기 어려울 것을 짐작하고 매번 전투가 있을 적마다 우리 판옥선을 타고 공(리순신)의 지휘를 받기를 원하며 모든 호령과 지휘를 죄다 양보하는 것이었다.[971]

---

968) 『리충무공전서』 권9 부록1 行錄 27면. "小國軍民聞天將之來 如仰父母 今天兵專務暴掠 人將不堪 各欲避遁 我爲大將不可獨留 故亦欲浮海 而之他家丁歸 白之. … 天兵謂我陪臣少無忌憚 倘許以便宜訶禁則庶得相保. … 大人若從吾言 則可矣."

969) 위의 책. "都督曰 豈有不從之理. … 諾."

970) 위의 책. 27~28면. "諾是後都督軍有犯 公治之如法 天兵畏之過於都督 軍中賴安."

971) 위의 책, 28면. "都督在陣日久 熟見公之號令節制 且料其船 雖多而不可以禦賊 每

진린이 임금께 글을 올려 '리순신 통제사께서는 경천위지(經天緯地)의 재주가 있고, 보천욕일(補天浴日)의 공로가 있습니다.'고 하였다. 이는 모두 마음속으로 감복했기 때문이다.[972)]

작전지휘권의 유지는 전쟁의 승패를 좌우하는 매우 중요한 요소다. 그동안에 복잡한 지휘체계에서 연합작전의 지휘마저 겹쳐서 명령계통에 많은 혼선이 야기되었던 것을 리순신은 단일화하여 연합함대 자체를 온통 자신이 지휘하였다.

그리고 그 지휘능력이 탁월함을 지원군의 지휘관 진린이 스스로 임금에게 "하늘을 날로 하고 땅을 씨로 삼는, 즉 천하를 경륜할 만한 재주가 있고, 여와(女媧)가 5색 돌로써 뚫린 하늘을 깁고, 희화(羲和)가 해 10개를 낳아 감천(甘泉)에서 목욕시켰다는 고사만큼 공로가 있다."고[973)] 칭찬했다.

이것은 천지를 마음대로 주무르는 능력을 말한 것이며, 당대에는 누구도 따를 수 없는 휫손을 지닌 사람이 바로 리순신이라는 것이므로, 누구에게서도 들을 수 없는 극찬의 말이었다. 이 말은 아무리 들어도 리순신에게는 결코 과분하지 않을 것이다.

그만큼 리순신은 많은 사람들의 우려와 편견에서 벗어나 그들로 하여금 감복하도록 휫손을 유감없이 발휘하였으며, 이런 능력이 마지막 해전에서도 자신은 전쟁터의 이슬로 사라지면서까지 대첩을 거둔다. 소설로서도 이보다는 더 흥미로운 것이 없을 것이다.

자신이 살던 나라를 떠날 때에는 다 그 까닭이 있다. 그런 사람마다 '힘들고 지쳐서' 또는 '아무도 알아주지 않아서'라는 핑계를 댄다. 실컷 나라를 위해 싸워 목숨까지 바쳤지만, 돌아온 것은 냉대뿐이라면 그 나라를 떠날 수밖에 없을 것이다.

臨戰乘我板屋 願受制於公 凡軍號指揮皆讓之."

972) 柳成龍, 『懲毖錄』 卷2. "璘上書於上 言統制使有經天緯地之才 補天浴日之功 蓋心服也."

973) 南晩星 譯, 『懲毖錄』(玄岩社, 1975 4版), p. 274.

전투에서 공로자에 대한 공식적 인정은 왜적을 벤 머리 숫자로 정했다. 그러나 이것은 남이 죽인 사람의 목을 베어다 바쳐도 공로자로 인정해 주어야 되므로, 적의 전투력 무력화에는 영향이 없는 경우도 있을 수 있다. 이런 이유 때문에 리순신은 적에게 타격력을 증가시킬 수 있도록 부하들이 제 목숨을 바쳐서까지 최선의 전투를 위한 동기부여를 다음과 같이 약속함으로써, 제1공로자 인정방법을 차별화하였다.

> 저는 당초에 여러 장수와 군사들에게 약속할 때, "공로만을 바라는 생각으로 머리 베는 것을 서로 다투다가는 도리어 해를 입어 죽거나 다치는 예가 많으니, 이미 왜적을 죽이기만 했으면, 비록 머리를 베지 않더라도 마땅히 힘써 싸운 자를 제1의 공로자로 정한다."고 두세 번 거듭 강조하였기 때문에, 목을 벤 수는 많지 않을지라도, 경상지방의 공로를 세운 장수들은 소선을 타고 뒤에서 관망하던 자가, 왜적선 30여 척이나 쳐부수니, 떼를 지어 머리를 베었습니다.[974)]

리순신은 부하들의 공로를 인정해주는 방법을 새로이 제시했을 뿐 아니라, 그런 방법이 왜적을 더 많이 쳐부술 수 있었으며, 그로 말미암아 오히려 인근 부대원들까지도 앞다투어 나가 싸움으로써 결정적인 승기를 잡았다. 이렇게 하여 목숨걸고 싸워주었던 사람들의 공적을 낱낱이 신분의 고하를 막론하고 다 열거하여 보고했다.

> 중위장 순천부사 권준, … 등은 싸울 때마다 제 몸을 생각하지 않고, 먼저 돌진하여 승첩을 거두었으니, 참으로 칭찬할 만합니다. … 여러 장수와 군사 및 벼슬아치들이 분연히 제 몸을 돌아보지 않고, 처음부터 끝까지 힘껏 싸워 여러 번 승첩을 하였습니다.[975)]

---

974) 『임진장초』 장9 「三度閑山島勝捷啓本」 및 『리충무공전서』 권2 장계33 「見乃梁破倭兵狀」. "臣當初約束時 諸將軍卒等 要功設計 爭相斬頭 反被其害 死傷例多 旣爲殺賊 則雖未斬頭 當以力戰者 爲首論功亦 再三申令乙仍于 級數不多叱分不諭 慶尙道立功諸將等 乘小船在後觀望者 幾至三十餘隻 旣爲撞破 則雲集斬頭爲白有齊."

975) 『임진장초』 장9 「三度閑山島勝捷啓本」 및 『리충무공전서』 권2 장계33 「見乃梁破倭兵狀」. "中衛將順天府使權俊 … 等亦 每次接戰 忘身先赴 以致勝捷 極爲可嘉爲白齊. … 諸將軍吏等 舊不顧身 終始力戰 累度勝捷爲白有去等."

리순신은 부하들과의 약속한 대로 그들이 최선을 다하였고, 부하들이 한 행위의 내용을, 비천한 종들의 이름까지도 빠뜨리지 않고 그 공적을 인정해주며 칭찬도 아끼지 않으니, 모두 서로 믿음을 갖게 되었다. 그러자 리순신의 말에 따라 부하들은 모두 한결같이 자신들의 목숨을 아끼지 않았던 것이다.

이것은 하나의 보상적 권력에 따른 것인데, 그 방법은 조직마다 다를 수 있지만, 부하에 대하여 경제적으로 가치가 있는 급여인상, 상여금 등이나, 유형적으로 승진·승급 등의 혜택을 주어 동기〔incentive〕가 될 수 있게 함으로써 준거력을 높일 수 있다. 또 이것은 부하의 개인적 이익에 호소하며, 업적에 따른 보상〔contingent reward〕의 교환관계의 동기부여이므로, 반대급부를 이용한 거래적 리더십〔transactional leadership〕의 한 원인으로 작용된다. 많은 전투에서 이런 방법이 쓰였는데, 이 한산대첩에서 많은 전과획득을 이룬 것도 바로 이에 해당되는 효과라고 볼 수 있다.

이렇게 거래적 리더십을 보인 부하들의 활동내용을 적은 전투결과보고서는, 〈표Ⅶ-3〉에서 보는 바와 같이, 신분이 매우 미천한 사노(私奴)·절노〔寺奴〕·관노(官奴)들과, 보자기(鮑作: 漁夫)·무상(無上·舞上: 물 퍼내는 군사)·사공(沙工)들까지도 그 이름을 낱낱이 밝히며 보고하였다.

근세조선이 멸망하기까지 임금을 비롯한 지도자들은 다들 백성을 위한 제세안민(濟世安民)을 외쳤지만, 정작 신분이 낮은 서민들은 인격조차 대우받지 못했다.

이러한 사회환경 속에서 무지렁이로 취급받는 종들의 이름과 그들의 공적을 빠짐없이 드러내었다는 것은 국가최고지도자로서의 품성을 지녔다고 할 수 있다. 이것은 효율성과 결과를 중시하는 경영적 휫손(managemental leadership)을 능가하여, 그들의 행위를 보면서 등급을 매기는 것에서 보듯이 업무의 조정통제와 진행과정을 중시하는 정치적 휫손(political leadership)을 발휘하였던 가장 바람직한 지도자가 바로 리순신이었다.

〈표VII-3〉 한산대첩 참전 군사들의 신분과 그 역할( ): 인원수

소속	신분・역할	비고	소속	신분・역할	비고
本營 2호선	鎭撫 水軍(1)	戰死	呂島船	破陣軍(1) 土兵 水軍(2) 水軍(6) 放炮匠(3)	負傷
防踏 1호선	別軍(1)	戰死	本營 1호선	水軍(1) 鮑作(1) 土兵(1)	負傷
呂島船	格軍 水軍(3)	戰死	蛇渡 1호선	水軍(8) 沙工(2) 軍官(1)	負傷
蛇渡 1호선	甲士(1)	戰死	蛇渡 2호선	軍官 格軍(3)	負傷
鹿島 1호선	新選(1) 水軍(1)	戰死	鹿島 2호선	軍官(1) 新選(1) 水軍(3) 土兵 私奴(1) 射夫(1) 格軍 水軍(1)	負傷
康珍 2호선	格軍 水軍(1)	戰死	樂安 1호선	格軍 鮑作(4)	負傷
樂安船	射夫 私奴(1)	戰死	樂安 2호선	射夫(1) 鮑作(2) 私奴(1) 無上(1) 格軍(1)	負傷
本營 龜船	土兵 私奴(2)	戰死	興陽 1호선	鮑作(3) 官奴(1)	負傷
興陽 2호선	格軍 私奴(1) 寺奴(2)	戰死	興陽 2호선	放炮匠正兵(1) 射軍 私奴 (1) 格軍 私奴(7) 保人(2)	負傷
本營傳令船	水軍(1)	戰死	興陽 3호선	私奴(1) 鮑作(3)	負傷
鉢浦 1호선	水軍(2)	戰死	本營 龜船	格軍 土兵(1) 奴(5) 水軍(4)	負傷
興陽 3호선	私奴(1)	戰死	本營 3호선	鎭撫(4) 格軍 鮑作(1) 土兵(1) 奴(3)	負傷
座船	格軍 土兵(3) 鮑作(2)	負傷	鉢浦 1호선	土兵(2) 水軍(1)	負傷
防踏 1호선	格軍 土兵(3) 水軍(3)	負傷	鉢浦 2호선	水軍(3)	負傷
防踏 2호선	格軍 正兵(1) 水軍(2) 射夫 新選(1)	負傷	光陽船	都訓導(1) 無上(1) 格軍(1)	負傷
防踏鎭龜船	格軍 水軍(6)	負傷	[計]	水軍 41, 鮑作 16, 私奴・寺奴・奴・官奴 27, 無上 2, 沙工2, 기타 46	戰死 19 負傷115

※ 출처: 『임진장초』 장9 「三度閑山島勝捷啓本」 및 『리충무공전서』 권2 장계33 「見乃梁破倭兵狀」 에서 필자가 종합한 것임.

그리고 우리가 리순신에게서 발견할 수 있는 또 하나의 특징적인 것은 부하들이 감동받을 수 있게 해야 한다는 것이다. 말하자면 인간적 매력을 가진 감동의 횟손이다.

> 조정은 멀리 떨어져 있고 길이 막혔는데, 군사들의 공훈 등급을 만약 조정의 명령을 따를 것이라고 기다렸다가 나중에 결정한다면, 군사들의 심정을 감동시킬 수 없으므로, 우선 공로를 참작하여 1·2·3등으로 별지에 기록하였습니다.[976]
>
> 군사들의 심정을 감동시킬 수 없으므로, 우선 공로를 참작하여 1·2·3등으로 별지에 기록하였습니다. 당초의 약속대로 비록 머리를 베지 않았더라도 죽을힘으로 싸운 사람들은 제가 직접 본 그대로 등급을 나누어 결정하였음을 함께 기록하였습니다.[977]

이 보고는 지휘관으로서 부하들에게 약속한 것을 지킨 것이며, 자신들의 행위를 인정해주는 그런 신뢰 속에서 계속된 전투에서도 부하들이 리순신의 의사·지시·명령에 복종하면서 최선을 다할 수 있었던 것이다.

리순신의 말대로 이처럼 군사들의 심정을 감동시킨다는 자체가 요즘의 발전적 휫손의 수정이론에서는 영감고취에 의한 동기부여〔inspirational motivation〕라고 불리는 변환적 행동을 추가했는데, 이것은 매력적인 비전을 전달하고, 상징을 사용하여 부하의 노력을 집중시키며, 적합한 행동의 모델이 되는 것에 관계된다.

리순신의 부하들이 자신의 목숨을 생각지 않고 최선을 다할 수 있었던 것은 그들의 행위에 따라 무언가 결과가 그들에게 되돌아온다는 것을 알았기 때문이다. 그리고 리순신은 부하들의 그런 생각을 알고 있었기 때문에, 그 반대급부를 충족시킬 수 있는 최대한의 배려를 하였다.

이렇게 리순신의 휫손은 감동과 카리스마 그 자체였다. 이런 바탕은 아마도 "백성들을 기쁘게 하여 백성들에 앞장서면 백성들은 그 노고를 잊고 분발할 것이며, 백성들을 기쁘게 하여 위난에 부딪치면 백성들은

976) 『임진장초』 장9 「三度閑山島勝捷啓本」 및 『리충무공전서』 권2 장계33 「見乃梁破倭兵狀」. "行朝隔遠 道途阻塞 軍功等第 若待朝廷命令後磨鍊爲白在如中 無以感動軍情是白乎等用良 爲先參酌功勞 一二三等別狀開坐爲白乎旀."

977) 위의 책, "無以感動軍情是白乎等用良 爲先參酌功勞 一二三等別狀開坐爲白乎旀 當初約束貌如 雖未斬頭爲白良置 以死力戰人等乙 臣矣親見分秩磨鍊 一樣參錄爲白臥乎事是良尔 謹具啓聞."

목숨걸고 궐기한다."는[978] 『주역(周易)』의 대지(大旨)에 있었을 것이다.[979]

그래서 리순신은 무엇보다도 이런 결전을 수행하는 과정에서도 모두가 기쁨〔說(열)〕으로써 힘을 합하면 상승효과(synergy)를 낼 수 있다는 신념을 가졌다. 그리고 언제 자신들이 죽을지도 모르는 긴박한 상황에서도 자신의 능력을 믿고 여유를 가졌으며, 온 힘을 집중하여 적을 공격하였으며, 백성과 부하를 위하여 희생하는 마음을 가지고서 오직 국가만을 생각했기에 승리를 보장할 수 있었던 것이다.

이 한산대첩의 결과는 일본에게는 너무도 충격이 커서 이 뒤부터는 전쟁을 도발했던 풍신수길마저 "조선수군을 만나면 도망가라!"고까지[980] 했다.

일본군으로서는 이젠 리순신의 창의적인 발상과 감동의 횃손 그리고 독특한 카리스마를 도저히 감당할 수 없었던 것이다. 임진왜란은 이것으로 "풍신수길에게 사형선고를 내린 것과 같다. …"고[981] 했으니, 이것은 사실상의 전쟁종료를 의미한다.

이러한 승리의 요인으로서 리순신은 더욱 만전을 기하여, 『손자병법』에도 언급되었듯이, 우리에겐 유리하고 왜적에게는 불리한 환경으로 유도·유인함으로써[982] 전장 환경을 아군에게 유리하게 전환시켰다.

---

978) 『周易』崔完植 譯解,(惠園出版社, 1992), p. 222. "58 兌下☱兌上☱ 兌說也 … 說以先民 民忘其勞 說以犯難 民忘其死."

979) 『周易』에 나온 이 '기쁨〔說〕'에 의한 感動의 리더십은 戚繼光의《紀效新書》를 西厓 柳成龍과 天將 李如松 提督이 함께 笏記로 만든《兵學指南》과 1798년(正祖 22)에 刊行한 李迪의《武臣須知》및 李象鼎의《兵學指南演義》에도 잘 나타나 있다.

980) 北島万次,「壬辰丁酉倭亂の海戰と日本・朝鮮兩國の史料について」『94年度 國際심포지엄 壬辰倭亂海戰史의 歷史的 再照明과 海戰遺物發掘』(진해: 해군사관학교, 1994), pp. 73~74.

981) Jho Sung-do, *Yi Sun-shin A National Hero of Korea,*(Choongmoo-kong Society Naval Academy: Chinhae, Korea, 5th Ed., 1992), p. 125. "H. G. Hulbert says, It signed the death-warrant of the invasion. It frustrated the great motive of the invasion, the humbling of China; and thenceforth, although the war dragged through many a long year, it was carried on solely with a view to mitigating the disappointment of Hideyosi. A disappointment that must have been as keen as his thirst for conquest was unquenchable."

부하들의 전투행위를 전과로만 판단하면, 실제로 적을 무력화시키는 데는 부정적으로 작용할 수도 있다. 그리고 적선의 파괴 자체가 적의 무력화에 더 큰 영향을 주어 더 많은 전과획득을 할 수 있으므로, 지휘관이 직접 눈으로 확인한 결과를 인정해주니, 인근부대 경상도 수군들도 힘써 싸웠다는 말이다.[983] 이런 보상적 방법은 그 공로를 참작하여 등급을 매겨서 보고함으로써 부하들로 하여금 신뢰하도록 하였던 것이다.

이렇게 리순신은 휘하 장수들과의 약속을 통하여 전투력을 극대화시키고 있는데, 이는 한결같이 병법에 나오는 전쟁 원칙이다. 리순신은 이를 철저히 지켰으며, 아울러 이런 한산대첩 때에는 새로운 전략의 개념으로 도약하는 작전을 구상하였던 것이다.

> 1592년 7월 15일. 이 견내량은 지형이 매우 좁고, 또 암초가 많아서 판옥전선은 서로 부딪치게 될 것 같아서 싸움하기가 곤란할 뿐만 아니라, 왜적은 만약 형세가 궁지로 몰리면, 기슭을 타고 육지로 올라갈 것이므로, 한산도 바다 한가운데로 끌어내어 모조리 잡아버릴 계획을 세웠습니다. … 이렇게 종일토록 하여 그 배들을 거의 다 쳐부수자, 살아남은 왜적들은 모두 육지로 내려갔는데, 육지로 내려간 왜적을 모조리 잡지는 못했습니다. 그러나 그곳 백성들이 산골에 잠복해 있는 자가 매우 많은데, 다 타버린 왜적선이 궁지에 빠진 도둑으로 되면, 잠복해 있는 백성들도 아주 결딴이 날 재앙을 면치 못할 것이므로, 잠깐 1리쯤 물러 나와 밤을 지냈습니다.[984]

여기서 원문의 '窮寇'〔궁지로 몰리면〕는 『손자병법』에서 상황에 따라

---

982) 『孫子兵法』 第11 九地篇 "我得亦利 彼得亦利者 爲爭地."

983) 『임진장초』 장9 「三度閑山島勝捷啓本」 및 『리충무공전서』 권2 장계33 「見乃梁破倭兵狀」 에서 再引用. "臣當初約束時 諸將軍卒等 要功設計 爭相斬頭 反被其害 死傷例多 旣爲殺賊 則雖未斬頭 當以力戰者 爲首論功亦 再三申令乙仍于 級數不多叱分不諭."

984) 위의 장계. "見乃梁 地形俠〔狹〕隘 又多隱碘〔嶼〕 板屋戰船 自相觸搏 固難容戰叱分不諭 賊若勢窮 則依岸登陸絃如 閑山島洋中引出 以爲全捕之計 … 如是者終日 同船亦爲幾盡撞破 餘生倭賊等 盡爲下陸 而下陸之賊 未及盡捕爲白在如中 同境民居竄伏山谷者甚多 盡焚其船 致成窮寇 則竄伏之民 未免魚肉之禍爲白乎去 姑退一里許經夜 … 萬曆二十年七月十五日."

적절하게 바꾸면서 대응해야 한다는 9가지 변칙〔九變〕의 하나로 '窮寇勿逼'(궁구물핍)이란[985] 말이다.

리순신은 사소하다고 생각될 수 있는 것까지도 고려하면서 빈틈없는 작전을 했다. 이러한 작전은 더 이상의 일본군의 공격의지를 무력화시키기에도 충분하였다.

이 한산대첩뒤부터 일본군은 적극적 공세에서 수세적 방어전략으로 전환하여 해안에 성을 쌓는 등 장기전으로 들어갔다. 한산대첩은 임진왜란을 종전시키는 데 지대한 영향을 주었다. 그리하여 조선수군은 부산포해전에서부터 일방적 공격을 하면서 전장의 주도권을 확실히 장악하였다.

인물평가나 근무평정(=인사고과)에서 '충성심'이란 항목이 들어가지 않는 경우가 없다. 그만큼 조직을 운영하는 인간관계에서는 이 '충성심'이 매우 중요하다.

평소의 삶에서 충성심은 공치사〔功致辭(self-praise)·空致辭(lip-service)〕에서 놀아나 제대로 그 진심을 알아내기 힘들 때도 있지만, 성실성과 그 업적으로 보면 대번에 알아낼 수 있다. 그러나 전시에는 공치사로서는 결코 통하지 않으며, 전략·전술·휫손의 능력과 더불어 자신의 목숨을 내놓는 것으로써 판단을 하게 된다.

리순신의 마지막 기도문은 어땠을까? 아마 이랬을 것이다.

한 하늘 아래에서 결코 함께 살 수 없는 저 어리석은 풍신수길은 제 명대로 못 살고 죽었나이다. 그러나 이 침략자 무리들을 어찌하오리까? 뿌린 대로 거둔다 했으니, 저 침략자는 한 놈도 돌아가게 할 수 없고, 또 한 놈도 살려 둘 수도 없나이다.

나는 못나고 가난한 집안에서 태어났어도 후회하거나 원망하지 않았으며, 이 세상에 나보다 더 불행한 사람 짝을 찾을 수도 없겠지만, 지나간 그 많은 시련은 모두 나를 키운 밑거름이 되어, 하면 해낼 수 있다는 자신감을 얻었고, 줄곧 외진 변방을 떠돌았어도, 이 한 치의 땅, 한 줄기의

985) 『孫子兵法』 九變篇 第8.

물인들 나의 조국이니, 내가 지켜야 할 책임과 의무가 있음을 감사히 생각합니다.

그러나 이 7년의 세월 동안 해귀(海鬼)도, 불랑기(佛狼機: 포르투갈) 등등의 사람들도 왜놈들과 한 통속이 되어 그 숱한 목숨을 앗아간 그들에게, 그 많은 재물을 앗아간 그들에게까지 용서는 사치입니다.

짧은 머리로 전략·전술을 들먹이는 소인배들의 지지리도 못난 행태는, 나를 죽이려고 한 것까지도 그나마 용서할 수 있지만, 오로지 자신의 출세만을 위해 나를 무고하고, 어진 백성들을 내팽개친 저 못난이를, 왜놈들만큼이나 용서해줄 수 없나이다.

백성이 안전하게 지낼 수 있도록 내 나라를 굳건히 지키려고 노심초사 애써온 나날들을 어찌 헛되게 할 수 있겠나이까? 나는 죽어서도 나와 우리 백성들을 이토록 모질게 짓밟고 핍박한 저 원수들을 없애겠나이다.

이 원수를 무찌른다면 지금 죽어도 여한이 없겠나이다. 하늘이시여! 도와 주소서!

리순신의 피끓는 마음이 어땠는지, 충정이 어린 기도에서 살며시 마음을 담가보자!

리순신은 임진왜란 7년 동안에 이런 능력을 신화처럼 발휘했고, 목숨마저 아끼지 않았으며, 마지막 해전 때에는 광주 앞바다 노량에서부터 관음포까지 한창 전투하던 중에 1598년 11월 19일 오전 10:00쯤에 적탄에 맞아 임종하면서도 이런 말을 남겼다.

도독 진린의 편지: 내가 밤이면 천문을 보고 낮이면 인사를 살피는데, 동방의 대장별이 흐릿해지니 공(리순신)에게 화가 곧 닥치리라. 공이 어찌 모르리오. 어찌하여 무후 제갈량의 기도법(祈禱法)을 쓰지 않으시오?[986)]

지금 싸움이 한창 급하다. 내가 죽었단 말을 꺼내지 마라. 군사를 놀라게 해서는 안 된다.〔戰方急 愼勿言我死 勿令驚軍〕[987)]

전쟁의 현장 지휘관인 리순신에게 전사(戰死)는, 비록 예언된 충고도

986) 『리충무공전서』 권1 12~13면. "附原書: 吾夜觀乾象 晝察人事 東方將星病矣 公之禍不遠矣 公豈不知耶 何不用武侯之禳法乎."

987) 柳成龍, 『懲毖錄』. "戰方急 愼勿言我死 勿令驚軍."

있었지만, 우연일치의 운명이었으며, 승패에 무관하게 이루어졌다. 어떤 사람은 의도된 것이라고도 하지만, 이런 최후의 죽음은 의미가 있다.

그러나 그가 일상적 죽음이야 평소에 가졌었겠지만, "나는 충성이 무후(武侯: 제갈량)만 못하고, 덕이 무후만 못하고, 재주가 무후만 못하여 3가지 모두 무후만 못하니, 비록 무후의 기도법을 쓴다 한들 하늘이 어찌 들어주겠는가! 이튿날 과연 큰 별(대장별)이 바다에 떨어지는 이변이 있었다."는[988] 진린의 충고도 리순신은 받아들이지 않았다.

이렇게 리순신은 자신의 죽음 자체에 아예 초연했던 것이다. 그래서 이를 두고 선택적으로 전사한 자살이라고 볼 수 있는 가능성도 있지만, 죽는 순간까지도 리순신은 국가의 앞날을 걱정하며 충성을 다한 모습이 보인다. '충성(忠誠)'이란 글을 뜯어서 풀어보면, 마음〔心〕이 흔들림이 없이 바로잡아〔中〕 말하는 것〔言〕을 행동으로 일치시키는〔成〕 '언행일치(言行一致)'를 뜻하는 것이니, 이것이 곧 리순신 훳손의 진수요, 현대 모든 지도자들이 본받아야 할 점이라고 본다.

그리고 명량해전에서 지휘관인 삼도수군통제사 리순신이 전사하자, 그 전투현장을 답사하고서 수군의 활약을 좌의정 리덕형의 장계와 군문도감(軍門都監)에서 보고한 내용을 보면 리순신의 훳손이 한눈에 보인다.

리덕형: 11월 19일. 사천·남해·고성에 있던 왜적의 배 300여 척이 합세하여 노량도에 도착하자, 통제사 리순신이 수군을 거느리고 곧바로 나아가 맞이해 싸우고 중앙조정 군사도 합세하여 진격하니, 왜적이 대패하여 물에 빠져 죽은 자는 이루 헤아릴 수 없고, 왜적선 200여 척이 부서져 죽고 부상당한 자가 수천여 명입니다. 왜적의 시체와 부서진 배의 나무 판자·무기 또는 의복 등이 바다를 뒤덮고 떠 있어 물이 흐르지 못하였고 바닷물이 온통 붉었습니다. 통제사 리순신과 가리포 첨사 리영남(李英男), 낙안 군수 방덕룡(方德龍), 홍양 현감 고득장(高得蔣) 등 10명이 탄환에 맞아 죽었습니다. 남은 왜적선 100여 척은 남해로 도망쳤고

988) 위의 책, 12면. "答陳都督璘書: 吾忠不及於武侯 德不及於武侯 才不及於武侯 此三件事皆不及於武侯 而雖用武侯之法 天何應哉! 翌日果有大星墜海之異."

소굴에 머물러 있던 왜적은 왜선이 대패하는 것을 보고는 소굴을 버리고 왜교로 도망쳤으며, 남해의 강언덕에 옮겨 쌓아놓았던 식량도 모두 버리고 도망쳤습니다. 소서행장도 왜선이 대패하는 것을 바라보고 먼바다로 도망쳐 갔습니다.[989)]

군문도감: 11월 24일. 군문도감이 아뢰기를, "방금 진린 도독의 차관이 들어와서 말하기를, 왜적선 100척을 포획했고 200척을 분멸했으며, 500급을 참수하였고 180여 명을 사로잡았습니다. 물에 빠져 죽은 자는 아직까지 떠오르지 않아 그 숫자를 알 수 없습니다. 또 리총병〔리순신〕은 죽은 것이 분명하다고 하였습니다. 감히 아뢲니다."고 하였다.[990)]

리순신이 지휘한 연합군은 노량해전에서 왜적선 200여 척을 격침시켰고, 나머지 100여 척도 더 이상 싸우지 못하고 왜교로 달아났으니, 왜적선 300척을 모두 나포 내지 분멸했다는 것임에 비하여, 조선수군의 피해는 전사자가 겨우 10명에 지나지 않았다.

그런데 이 해전은 지휘관 리순신이 전투를 끝까지 지휘하지 못하고 적탄을 맞아 순국하였지만, 그의 유훈적 휫손은 유효하였고 승리까지 거두었으니 임진왜란의 대미를 크게 장식했다.

이렇게 리순신의 말 한마디는 승리를 향한 믿음 그 자체였다. 그의 말대로 믿고 따르면 반드시 승리할 수 있다는 카리스마의 결정판이었다. 그래서 리순신에겐 자신의 말과 행동에 대한 책임은 말할 것도 없이 본인 스스로 충성심을 보임으로서 무엇보다도 부하들의 마음속에 도덕적·인간적 신뢰와 신망을 쌓았던 것이 중요하다.

---

989) 『선조실록』 권106 선조31년 11월 무신(27일). "左議政李德馨馳啓曰 本月十九日泗川南海固城之賊 三百餘隻合勢來到露梁島 統制使李舜臣 領舟師直進逆戰 天兵亦合勢進戰 倭賊大敗溺水致死 不可勝計 倭船二百餘隻敗沒 死傷者累千名 倭屍及敗船木版兵器衣服蔽海 而浮水爲之不流 海水盡赤 統制使李舜臣及加里浦僉使李英男樂安郡守方德龍興陽縣監高得蔣等十人 中丸致死 餘賊百餘隻退遁 南海留窟之賊 見賊先大敗 棄窟遁歸倭橋 粮米移積於南海江岸 自並棄而遁去 行長亦望見倭船大敗 自外洋遁去事."

990) 『선조실록』 권106 선조31년 11월 을사(24일). "軍門都監啓曰 卽者陳提督差官入來曰 賊船一百隻捕捉 二百隻燒破 斬首五百急 生擒一百八十餘名. 溺死者 時未浮出故不知其數. 李總兵一定死了云. 敢啓."

조선의 차문화와 리순신

임진왜란 때의 사료를 보면, '茶' 문화가 리순신과 조선의 관리들에게는 익숙된 생활의 단면임을 보여준다. 그런데 '茶'에 대한 다른 관습을 잠시 보자. 다음은 임금이 류성룡 · 리덕형 · 리원익 · 리항복 · 윤두수 · 정탁 · 허성 · 조중립 · 최충원 · 한응인과 별전에서 1598년 6월 23일에 나눈 대화다.

양대인(楊大人): 귀국에는 차가 있는데 왜 채취하지 않는가?하고 (옆에 있던 사람들에게 차를 가져오라고 하여 보여주며) 이것은 남원에서 나는 것인데, 품질이 매우 좋다. 그런데 귀국 사람들은 무엇 때문에 차를 마시지 않는가?

임금〔上〕: 우리나라는 풍습이 차를 마시지 않는다.

양대인: 이 차를 채취해서 료동에 내다 판다면 10근에 은 1전을 받을 수 있으니, 그것만으로도 생활이 가능할 것이다. 서번(西蕃) 사람들은 기름기를 즐겨 먹기 때문에 하루라도 차를 마시지 않으면 죽을 지경이다. 그래서 중국에서는 차를 채취하여 팔아서 1년에 싸움말 1만 필 남짓을 산다.

임금: 이것은 륙안차(六安茶)의 종류가 아니고, 작설차(鵲舌茶)이다.

양대인: 그것은 마찬가지다. 귀국에서는 인삼차를 마시는데, 이것은 탕(湯)이지, 차가 아니다. 그것을 마시면 마음에 번열이 생기므로, 마음이 상쾌해지는 차를 마시는 것만 못하다.[991]

---

991) 『선조실록』 권101 선조31년 6월 병자(23일). "上曰… 前日言於予曰 貴國有茶何不採取. 使左右 取茶來示曰 此南原所產也. 厥品甚好. 貴邦人何不喫了. 予曰 小邦習俗 不喫茶矣. 此茶採取 賣諸遼東 則十斤當銀一錢 可以資生. 西蕃人喜喫膏油 一日不喫茶則死矣. 中國採茶賣之, 一年得戰馬一萬餘匹矣. 予曰 此非六安茶之流 乃鵲舌茶也. 對曰 此一般也. 貴國啜人蔘茶 此湯也 非茶也. 啜之中心煩熱 不如啜之爽快矣."

여기서 임금(소경왕)이 조선에서는 차를 마시지 않는 풍습이라고 했지만, '륙안차'니, '작설차'를 알고 있으며, 남원을 비롯하여 차가 생산되니, 차를 마시는 풍습이 있었음을 알 수 있다. 단지 그 남원 지방에서 차를 좋아하지 않은 모양이다. 그런데 『신증동국여지승람』의 남원에는 토산물에 차가 들어 있지 않다. 현재 한반도 남원에도 차는 생산되지 않는다. 이를 보면, 임금이 '우리나라는 차를 마시지 않는 풍습'이라는 말은 이래저래 앞뒤가 맞지 않는 말이다. 조선의 '차'에 대한 왜곡이라 할 수 있다.

어쨌든 리순신은 이런 '작설차'와 같은 차를 마시며, 파총 장홍유에게도 대접하였다.

다음은 『난중일기』 무술년(1598년) 1월 4일 뒤에 적힌 내용이다. 물론 초서체본에 있는 것이다.

> 명나라 계금(季金) 유격장(遊擊將)에게서 4월 26일에 받은 물건인데, 푸른 구름 비단(青雲絹) 1단, 쪽빛 구름 비단(藍雲絹) 1단, 비단버선(綾襪) 1쌍, 구름무늬 신(雲履) 1쌍, 향기(香棋) 1부, 향패(香牌) 1부, 절명(浙茗) 2근(36냥쭝), 향춘(香椿) 2근(36냥쭝), 사청차(四青茶) 사발 10개, 산닭(生鷄) 4마리다.
> 강인약(江鱗躍) 천총(千摠)에게서 받은 물건은 춘명(椿茗) 1봉, 화합(花盒) 1개, 등나무 부채(藤扇) 1발, 복리(服履) 1쌍이다.
> 주수겸(朱守謙) 천총(千摠)에게서 받은 것은 술잔(酒盞) 6개, 주사잔(硃箋) 2장, 소합(小盒) 1개, 찻잎(茶葉) 1봉, 신선로(神仙爐) 1, 응애(鷹埃) 2이다.
> 정문린(丁文麟) 천총(千摠)에게서 받은 것은 여름양말(暑襪) 1켤레, 영견(領絹) 1모, 양차(兩茶) 1봉, 호추(胡椒) 1봉이다.
> 진자수(陳子秀) 파총(把摠)에게서 받은 것은 수보(繡補) 1부 등받이고, 시 쓴 부채(詩扇) 1발, 향선(香線) 10가닥이다.
> 육경(陸卿)에게서 받은 것은 꽃수건(花帨) 1조다.
> 허(許) 파총(把總)에게서 받은 것은 청포와 홍포(青布紅布) 각 1, 금부채(金扇) 2, 꽃수건(花帨) 2다.
> 복일승(福日升) 유격(遊擊)에게서 10월 4일에 받은 것은 청포(青布) 1단, 남포(藍布) 1단, 금부채(金扇) 4자루, 젓가락(杭筯) 2모, 산닭(生鷄) 2마리, 소금에 절인 양(鹹羊) 1마리다.
> 왕원주(王元周) 유격(遊擊)에게서 받은 것은 금띠(金帶) 1, 양감도서갑

(鑲嵌圖書匣) 1, 향합(香盒) 1, 경대(鏡架) 1, 금부채(金扇) 2, 비단실(絲線) 1봉, 찻항아리(茶壺) 1, 빗(蘇梳) 2개다.

오유림(吳惟林) 천총(千總)에게서 받은 것은 양대(鑲帶) 1개, 배첩(拜帖) 20장이다.

진국경(陳國敬) 파총(把總)에게서 받은 것은 꽃차(花茶) 1봉, 꽃무늬술잔(花酒盃) 1대, 구리찻숟갈(銅茶匙) 2부, 찻숟갈(細茶匙) 1부, 홍례(紅禮帖) 1개, 전간첩(全柬帖) 5장, 서간첩(書柬帖) 10장, 고절간(古折柬) 8장, 붉은 주사 젓가락(硃紅筯) 10쌍이다.

계영천(季永荐)에게서 받은 것은 금부채(眞金扇) 1발, 땀수건(汗巾) 1모, 부들부채(蒲扇) 1자루, 수건(粗帨) 2장이다.

왕명(王明) 기패(旗牌)에게서 받은 것은 남포(藍布) 1단, 베개(枕頭花) 1부, 푸른 비단실(靑絹線) 약간이다.

공진(龔璡) 파총(把總)에게서 받은 것은 붉은 종이(紅紙) 1부, 절차(浙茶) 1봉, 찻숟갈(茶匙) 6개, 바늘(蘇針) 1포다.

왕계자(王啓子) 중군(中軍)에게서 받은 것은 쪽빛띠(藍帶) 1개, 빗(梳帶細) 2개다.

이것은 아마도 물품의 명세로 보아 리순신이 명량해전 또는 노량 관음포의 승첩에 따른 하사품 내지는 격려품이나 진상품이라고 보여진다. 또한 여기에서 충무공 리순신에게 선물을 준 명나라 장수는 모두 15명이다. 이들이 명량해전(1597년 9월 17일)에 함께 참여했든 아니했든 간에, 그들이 조선에 오자마자 리순신(삼도수군통제사)에게 선물을 했을 까닭은 없다. 분명 리순신에게 선물을 주려면 그만한 인간 관계가 형성되어 있거나, 연합작전의 조직 내제 편성에 관계가 있어야만 가능하다. 그런데 그들은 조선의 명량해전 이후에 선물을 했다고 한다. 그리고 그런 선물을 했던 그 시기 이전에 중국대륙의 어느 곳으로 갔다가 다시 조선 땅에 왔다는 기록도 없다.

만약 조선이 지리적으로 지금의 한반도였다면, 그런 먼 거리를 왔다 갔다가 할 시간적, 공간적 여유가 없다. 그도 그럴 것이 그 15명의 장수들에게서 받은 선물 가운데 곰곰이 생각해볼 것이 있다. 많은 것들을 하나하나 살펴봐야 하겠지만, 지금까지 많이 거론되었던 납득하기 쉬운 것을 찾아서 생각해보자.

선물한 장수별로 선물 명과 수량을 각각 살펴보면 계금(季金)은 절명

(浙茗) 2근(36냥쭝)과 사청차(四青茶) 사발 10개, 강인약(江鱗躍)은 춘명(椿茗) 1봉, 주수겸(朱守謙)은 찻잎(茶葉) 1봉, 신선로(神仙爐) 1개, 정문린(丁文麟)은 양차(兩茶) 1봉, 왕원주(王元周)는 찻항아리(茶壺) 1개, 진국경(陳國敬)은 꽃차(花茶) 1봉, 구리찻숟갈(銅茶匙) 2부, 찻숟갈(細茶匙) 1부, 공진(龔璡)은 절차(浙茶) 1봉, 찻숟갈(茶匙) 6개인데, 이 7명에게서 받은 특이한 선물은 차(茶)다.

여기서 '절명(浙茗)/절차(浙茶)'는 '절강성(浙江省)' 지역에서 생산되는 차다. 또 '청차(四青茶)/춘명(椿茗)/양차(兩茶)/꽃차(花茶)' 등은 어디에서 생산되든, 그것은 한반도에서는 생산되지 않는 차다. '신선로(神仙爐)/찻항아리(茶壺)/구리찻숟갈(銅茶匙)/찻숟갈(細茶匙)/찻숟갈(茶匙)' 등은 차를 끓여서 마시는 데 쓰이는 차구(茶具)다.

여기서 차와 관련되어 지리적 문제를 해결해볼 필요가 있을 것이다.

(1) 차와 차구를 선물한 사람이 임진왜란에 동원되어 조선에 지원될 때에 한반도로 가져 왔던 것을 리순신에게 주었던 것일까?

(2) 임진왜란에 일어난 곳에서 있으면서 그곳에서 생산되는 차들을 그곳에 있는 리순신에게 주었을까?

(3) 명나라 장수들이 전령을 시켜서, 또는 그들이 직접 중국대륙에 갔다가 가져왔던 물건 가운데서 리순신에게 이런 차들을 주었을까?

한반도에서도 차를 마실 수 없는 곳은 아니기에 차를(다른 선물을 포함하여) 선물했을 수 있다. 그러나 차를 마셔야 될 곳은, 그저 기호로서가 아니라, 생활필수품으로써 소용되는 그 차는 바로 조선의 지리적 위치가 중국대륙에 있었음을 말하는 것이다. 리순신은 늘 차를 마셔야 했다. 조선 사람 모두 그랬던 것이다. 위에서 내세운 가설 가운데서 (1)(3)은 가능성이 없다. 특히 (3)은 그럴 만한 시간적, 공간적 여유가 없고, 그런 기록도 없다. 한번 원정군이 한반도를 떠나면, 인원교체가 이루어지지 않고 그 사람들이 다시 돌아올 수는 없을 것이다. 그렇다면 (2)가 가장 합리적인 판단이 될 것이다. 그렇다면 임진왜란에서 리순신이 싸운 곳은 차들이 생산되는 중국대륙이며, 그것도 대륙의 동부지역(절강성/강소성 등지)이라고 볼 수 있다.

참고로 대만 차학과 교수인 陳文懷(진문회) 선생이 엄선한 현대 중국 10대 명차 중의 으뜸은 절강성의 항주(杭州)에서 생산되는 작설(鵲舌) 모양의 서호룡정(西湖龍井) 차이며, 이런 종류의 차를 리순신이 평소에 즐겨 마셨던 것이다.

리순신의 전사(戰死)에 대하여

리순신의 죽음에 대해서는 여러 이야기가 있는데, 여기서는 잠깐 리순신의 전사에 대한 간접적인 원인을 생각해볼 필요가 있다.

왜냐하면 근래에 리순신의 죽음에 대해 두 가지의 문제를 제기한 사람들이 있기 때문이다.

첫째, 적탄에 맞으면 죽게 됨을 알면서도 리순신은 투구와 갑옷을 고의로 벗었으므로 전사가 아니라 자살이라는 것이다.[992)]

둘째, 이상하게도 (리순신이) 죽은 지 80일이 지나서 장사지낸 이유가, 혹시 리순신이 살아있었기 때문이며, 그가 정착되기를 기다리다가 그렇게 된 것이 아닌가 여겨지기 때문이다.[993)]

즉 리순신의 죽음은 전사를 가장한 자살이었다거나, 그 당시에 죽지 않고 은둔했다는 문제가 제기되었다. 전자는 '투구'만 벗었지, '갑옷'은 벗지 않았으며, '免胄先登'(면주선등: 투구를 벗고 먼저 달려들었다)에서 알 수 있듯이 문제제기가 잘못 되었으며, 후자는 '죽음' 자체와는 전혀 관계가 없고 "죽지 않았다. 즉 살아 있었다."는 문제제기이다.

먼저 이 말이 제기된 문헌부터 보기로 하자.

> 공(리순신)이 가고 원균이 대신하자, 곧 그대로 패전하고, … 공의 공로는 더욱 더 나타난 바다. 그러므로 공의 옳고 그름은 구태여 변명할 것조차 없이 명확한 바라. 세상이 말하기를, 공이 죽음에서 벗어 나온 뒤로, 공로가 클수록 용납되기 어려울 것을 스스로 알고, 마침내 싸움에 다다라 자기 몸을 버렸으니, 공의 죽음은 본시부터 작정한 바라고들 하

---

992) 崔碩男, 『韓國水軍活動史』(鳴洋社, 1965), p. 277; 『救國의 名將 李舜臣』 下,(教學社, 1992), p. 489.

993) 남천우, 『긴칼 옆에 차고 수루에 홀로 앉아』(서울: 수문서관, 1992), pp. 352~353.

는데, 그때 경우와 처지로 보면, 혹시 그 말에 근사한 점도 있다 할런가. 어허! 슬픈 일이로다. 공이 돌아가신 114년이 되는 신묘(1711년)에 리여(李畬)가 쓰다.[994)]

이렇게 전사에 대한 문제제기를 리여(李畬: 1645~1718)가 말한 것인데, 이것은 리순신의 죽음에 대한 이의제기에 의미없는 것은 아니겠지만, 전사(戰死) 자체에 대한 의미부여에는 가치판단의 기준을 달리하는 비판적 시각으로 자살에 무게를 둘 필요가 전혀 없는 것이다. 력사의 한 단면이 시대적 정치환경에 악용되는 비판은 삼가야 하며, 이 글은 단지 그 당시 숙종 때에 례론(禮論)에 치우쳐 서인과 남인의 분쟁, 즉 당쟁이 극심한 폐해를 지적한 것이다.

그렇다면 투구를 벗고 싸우는 '면주'란 표현은 언제부터 썼고, 그 뜻이 무엇인지를 봐야겠다.

진(晉)나라의 선진(先軫)이 말하기를, 진(秦)나라는 우리나라〔晉〕 문공(文公)의 초상이 있었는데도 애도하지 않았고, 우리와 같은 성의 나라〔滑〕를 공격하였으니, 秦나라는 무례하므로, 은혜 따위는 필요조차 없다. … B.C. 627년(僖公33) 여름 4월 신사일에 晉나라(선진)는 秦나라 군대를 효(殽)에서 쳐부수고, 백리(百里)・맹명시(孟明視)・서걸술(西乞術)・백을병(白乙丙) 등을 사로잡아 서울로 돌아왔다. … 적(狄)나라가 진(晉)나라에 쳐들어가 기(箕) 지방에까지 들어갔다. 8월 22일에 진나라의 양공(襄公)은 狄나라의 군대를 箕에서 무찔렀다. 이때 각결(郤缺)은 백적(白狄: 오랑캐의 별종)의 임금〔子爵〕을 사로잡았다. 진나라 선진(先軫)은, "천한 이 몸이 임금께 제멋대로 행동했음에도 임금께서는 책망하지 않았습니다. 어찌 내 자신을 책망하지 않겠습니까."하고는, 투구를 벗어 던지고 狄나라 군대 속에 뛰어들어가 전사했다.[995)]

---

994) 『리충무공전서』 권12 부록 5. "及公去而均代之 立見敗衄 … 而公之功益著 然則公之是非 固不待辨而明矣 世稱公幾死得脫 自知功大難容 遂臨陣以隕其身 公之一死固所素定 而其所遭之境 所處之勢 殆亦有近於是言者 嗚呼可悲也 公卒後百十四年辛卯李畬書."

995) 『춘추좌씨전』 희공33년(서울: 삼성문화사, 1985), p. 430. "晉先軫曰 秦不哀吾喪. 而伐吾同姓. 秦則無禮. 何施之爲. … 夏四月辛巳. 敗秦師于殽. 獲百里孟明視西乞術白乙丙以歸. … 狄伐晉及箕. 八月戊子 晉侯敗狄于箕. 郤缺獲白狄子. 先軫曰 匹夫逞志於君 而無討. 敢不自討乎. 免胄入狄師死焉."

여기서 옛날 춘추전국 시대 진나라의 '선진'이란 사람이 했던 행위에서 '투구를 벗어 던지고〔免胄〕'라는 말이 나오며, 자신의 목숨을 생각하지 않고 적진으로 돌격해 나가는 용감한 모습을 형용한 말임을 알 수 있다.

그러나 이것은 전쟁이 종료된 상태에서 훨씬 뒷날에 정치가들에 의한 현실정치의 정쟁이 개입되어 정치가들의 영향을 받아 불이익을 받을 수 있는 우려 때문에 간접적 사인(死因)으로 볼 수도 있겠지만, "짧은 지식·지혜는 큰 지식·지혜에 미치지 못하고, 신출내기는 이골이 난 사람에게 미치지 못한다."는[996] 말처럼, 어쨌든 누가 뭐라고 해도 그의 죽음은 "리순신에게는 최선을 다한 죽음이었다. 현재 남아 있는 일기에서 그는 141일간이나 아팠으며, 증상으로 보면 무려 176회나 고통을 하소연했던, 거의 치료가 불가능한 중환자였음을 알 수 있다."는[997] 결론에서 보듯이, 악화된 건강에서도 최선을 다했다. 이것은 곧 리순신의 진충갈력의 국가관에서 나온 충성의 횃손이었다.

리순신의 가슴에는 오직 국가와 백성만을 생각한 충성심뿐이었기에 임종하는 순간까지 "국가를 위해 책임을 다 하라."고 강조했던 것이며, 그렇게 하면 누구든지 해낼 수 있다는 신념을 보여줬던 것이다.

그러므로 리순신의 죽음은 그의 인생을 마침과 동시에 해전의 대단원을 장식했고, 아울러 국난의 임진왜란을 종식시킴과 동시에 '생명'과 '명예'를 담보로 한 그의 최후의 활약을 했었기에 더욱 의미심장한 교훈을 찾을 수 있다. 그리고 그것은 하나의 진실된 력사적 사실이지만, 그 해석에 따라 정치적으로 다양한 의미를 생산해내는 것 또한 현실이다. 그래서 력사는 모든 분야에서 과거와의 끊임없는 대화가 되며, 미래의 설계가 구상되는 원천이 되는 것이다.

---

996) 『莊子』 內篇 第1 逍遙遊. "小知不及大知, 小年不及大年."
997) 崔斗煥, 앞의 책 5(하늘에 맹세하니 강산이 떨고—충무공의 海洋經營), (우석출판사, 1999), pp. 393~394.

제 8 장

밝은 미래를 위하여!

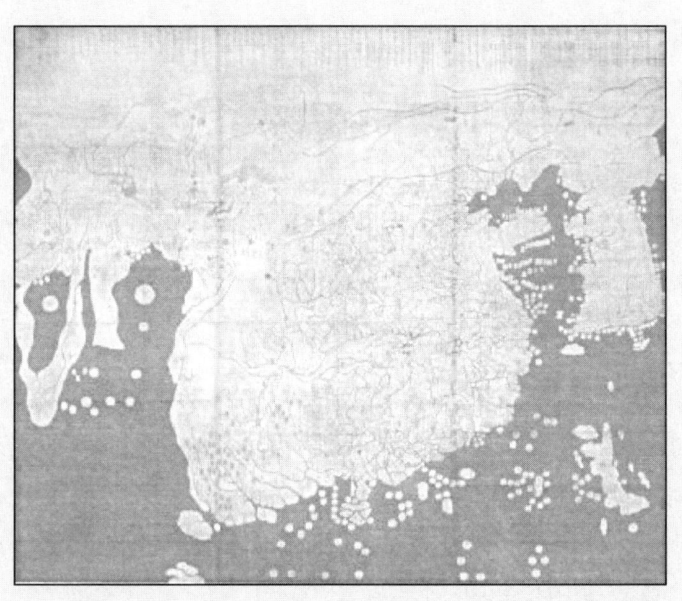

• 출처: 권근, 〈혼일강리력대국도지도(混一疆理歷代國都之圖)〉 (1402년), 리찬 소장.

제 8 장

밝은 미래를 위하여!

지금까지 임진왜란을 둘러싼 주변의 상황과 그 원인에 대하여 살펴보고, 전략・전술의 측면에서 충무공 리순신을 내면의 사상에 이르기까지 살펴보았다.

력사는 지나가버린 과거가 아니라, 오랜 옛날부터 끝없이 이어진 현재 진행형이다. 아직은 오지 않았지만, 과거로 질주하는 먼 미래도 어김없이 오늘을 지나갈 현재 진행형이다. 이것은 절대로 가벼이 할 수 없는, 그냥 지나치며 갈 수 없는 우리들의 초상(肖像)이다.

그래서 력사에서 교훈을 찾아내지도, 배우지도, 깨닫지도 못한다면, 지난날의 실패했던 과거를 오늘도 되풀이할 수밖에 없을 것이며, 미래의 비전마저도 어두울 수밖에 없다. 력사는 오직 인간에게만 교훈을 주기 위해 있는 거울이다. 그래서 자주 보고 삼가면서 희망의 미래를 설계해야 한다.

충무공 리순신에 관한 연구를 통하여 그동안 우리의 상식을 뒤엎는 새로운 사실을 밝혀냈다. 임진왜란은 일본의 조선침략과 아울러 중국대륙의 전국에서 일어난 반란이며, 그 원인이 정부의 부정부패・가렴주구의 심화와 해금(海禁)의 강화에 있었다. 녀진족 니탕개・누르하치의 녹둔도 등 두만강 유역 침범이 10년 이상이나 진행되었던 것은, 녕하 지역의 보바이 일당의 반란과 그 맥을 같이 한다. 파주 지역의 양응룡 반란이 일어난 곳이 곧 사천(四川)인데, 이를 진압한 류정 제독의 오간 행동으로 보면, 이곳이 같은 발음 소리의 조선 泗川과 동일 지역으로 분석되었다.

그리고 풍신수길과 그 일당을 체포하기 위하여 현상수배를 내린 지역이 하북성에서부터 남쪽으로 강소성·절강성·복건성·광동성·광서성이었다. 중국과 조선에 대한 왜적의 방어를 위해서 하북성 천진 이남에서부터 해남도 경주·애주에 객병(客兵) 3만 명을 배치해야 한다는 말은, 그 말을 누가 했든지 간에, 모두 중국대륙의 동부·동남부 지역인데, 바로 그곳이 왜란을 일으킨 왜적의 터전 - 소굴이라는 말이다.

특히 리순신은 양자강와 회하〔江淮〕 유역을 중심으로 왜적을 물리쳤으며, 그런 어려운 처지를 소경왕 리연이 걱정하며 위로를 해주었다. 그래서 리순신의 전략의 뿌리는 지리적 문제가 바탕이 되므로, 임진왜란의 시기를 전후하여 중국·조선·일본의 정치적·경제적·문화적 동일생활권의 공통되는 매우 어려운 지리적 문제까지 다루었다.

이것은 중국대륙 자체가 근세조선의 터전임을 전략·전술을 다룸으로써 이제야 밝혀진 것이다. 그동안의 우리의 지식은 거짓 기억(false memory)에서 진실을 외면하였음을『충무공 리순신의 전략·전술』을 체계화함으로써 알게 되었고, 부분적이긴 하지만, 이제야 제대로 력사적 사실을 밝힌 원형 기억 력사(original memory history)로서 다시 력사를 바라보아야 할 때가 왔다고 본다.

이제야 본론에서 다루지 못했던 력사적 사실을 전혀 새로운 패러다임 속에서 조선(The Corea)을 다시 생각해볼 때가 되었다.

1. 조선의 서쪽 끝은 독일의 '알레마니아' 지방

먼저 "선교사들이 한국에 대한 정보가 어두웠다는 증거"니, "일본인들은 포르투갈의 상선들이나 서구의 선교사들이 한국에 갈 수 없도록 하기 위하여 한국의 이미지를 왜곡시켰다"는[998] 것으로 파악된 력사적 사실이 과연 어떤 의미를 가지는지를 다시 생각해보고, 일본에서 16년간(1554~1570) 살았고, 동인도에서 몇 달을 지냈던, 예수회 신부이며, 포르투갈 사람 가스빠르 빌렐라(Gaspar Vilela) 신부가 1571년에 보내왔던 편지의[999] 내용을 새로운 력사적 패러다임으로 전환할 수 있는 빌미로서 다시 감상해보자.

(1) 2월 4일 코친(Kotschin: 交趾)에서 포르투갈 에보라(Evora) 신학교의 어떤 신부에게:

일본으로부터 배를 타고 10일쯤 가면 꼬라이(Coray: 고려)라고 부르는 나라가 있다. 나는 4년 전에 그곳으로 가고자 하였다. 그 나라는 큰 타타리아(Tartaria: 달단)에 들어가는 어귀에 있으며, 그곳에서 더 나아가면 알레마니아(Allemania: 독일)에 이른다. 그 나라 사람들은 백인종(白人種)이다. 나는 그곳에 가고자 하였으나, 길이 막혀 못 갔다. 그 나라로부터 중국 임금이 사는 빠낑(Pakin: 北京)에도 갈 수 있다.

(2) 10월 6일 인도 고아(Goa)에서 포르투갈 아비스(Avis) 수도원에:

일본에서 다른 방면으로 3일쯤 가면, 그 나라에서 꼬라이(Coray)라고 부르고, 우리는 타타리아(Tartaria)라고 부르는, 옛날부터 이름난 큰 나라[王國]가 있다. 이 나라에 더 내려가면, 중국의 국경에 이르며, 그 나라의 끝에 닿은 한 곳에 다다른다. 산의 저 쪽에 있는 나라는 북 알레마니아(=독일)라고 한다. 이 나라 사람들은 살결이 희고, 싸움을 좋아하

998) 朴哲, 『세스뻬데스 - 한국 방문 최초 서구인 -』(서강대출판부, 1993 재판), p. 224.

999) 柳洪烈, 『한국천주교회사』 上,(서울: 카톨릭출판사, 1984 4판), pp. 19~20. 朴哲, 위의 책, pp. 220~223.

며, 말타는 솜씨가 능숙하여 말 위에 서서 달리며, 활·창·칼 등을 써서 싸운다. 그들이 긴 수염을 기르며, 끊임없이 사자와 범의 사냥질을 하는데, 우리나라(=포르투갈)에서 사슴이나 토끼를 사냥하는 것과 같다. 나는 그 꼬라이 나라에 가고자 하였으나, 마침 그 무렵에 길목에서 전쟁이 벌어지고 있다 하여 가지 못했다.(하나님께서) 부르시는 날이 아직 오지 않은 듯 하니, 주여! 그들을 인도하사 빛을 주옵소서! 아멘. 이와 같이 많은 이교도가 그들이 믿는 것밖에는 아무것도 없는 줄로 알고, 그 잘못에 속아서 망해감을 본다는 것은 크게 슬픈 일이다.

(3) 11월 3일 인도 고아(Goa)에서 예수회 총장신부 프란시스코 데 보르하에게:

저는 총장신부님께 일본의 외곽, 그리 멀지 않는 어떤 나라에 관하여 알려드리려고 합니다. … 이틀 동안 가면 중국과 일본 사이의 꼬라이라 불리는 왕국이 있습니다. 저희들은 그들을 타타르라고 부르고 있습니다. 그들의 언어는 일본어도 중국어도 아닙니다. 그들은 중국인들이 사용하는 문자를 쓰고 있어서 그것을 이용하여 쉽게 서로 의사소통을 할 수 있습니다. 그들은 용맹스럽고 활을 잘 쏘며, 모든 종류의 무기를 가지고 있고, 특히 활로 무장하여 말을 타고 싸우는 데 매우 익숙해 있습니다. 이들과 교역을 하며 매년 그곳에 가는 일본인들은 그 왕국이 매우 크다고 말합니다.

제가 조사한 바에 따르면, 그 왕국은 매우 높은 산맥의 경계에까지 이르고 있으며, 반대편에는 백인종이 사는데, 산에 살고 있는 많은 맹수들이 위험하기 때문에 교역할 수가 없다고 합니다. 추측해보건대, 반대편에 있는 땅은 독일인 것 같습니다. 이 타타르인들은 심성이 매우 온순하다고 합니다.

그쪽에 사제를 보내 할 수 있는 일을 알아보는 것이 뜻깊은 일로 꼬스메 데 또레스 신부에게 받아들여지는 데 5년이 걸린 것 같으며, 제가 그같은 일을 해야 하는 사제로 임명되었습니다. 그런데 저는 그 나라로 가는 길목에서 일본인과 다른 사람들 간에 있는 많은 전쟁 때문에 장애를 받아 제 소망을 이룰 수가 없었습니다. 오히려 더 정확한 이유는 후에 저의 일본 체류로 인하여 그 계획이 중단되었기 때문에 아마도 주님 뜻이 아닌가 합니다. 그 보물 같은 땅은 그곳을 가치 있다고 여기는 누군가를 기다리고 있을 것입니다. 만일 사제들이 그곳으로 간다면 주님께 많은 봉사를 해야 할 것이라고 생각합니다. 그리고 일본 제후들의 도움으로 많은 노력 없이도 그곳에 쉽게 갈 수 있습니다. 저는 어떤 제후가 그곳을 알고 있기 때문에 서한을 보냈습니다. 따라서 그곳에 충분히 들어갈 수 있습니다. 그리고 일본으로부터 필요한 물품을 공급하면서 그곳에 거주할 사제들을 도울 수 있습니다. 왜냐하면 매년 일본 상인들이 그 땅을 방문하기 때문입니다. 또한 그 왕국의 항구를 통해서 중국의 황제가 살고 있는 북경이라 불리는 도시까지 갈 수 있습니다. 저희가 그곳에 들어간다면 적절한 시기가 될 때 많은 장애가 놓여 있지 않습니다.[1000)]

가스빠르 비렐라 신부의 이 세 차례의 편지에는 약간씩 다르긴 하지만, 여기엔 공통점이 있으며, 또 매우 특이한 내용이 덧붙여져 있다.

첫째, 꼬라이(Coray=Corea)가 타타르(Tartar)와 동일한 개념으로 쓰였다.

둘째, 그 서쪽 끝이 알레마니아(=독일)이다.

셋째, 그 왕국(=조선)이 매우 크며, 그 나라의 경계지역은 매우 높은 산맥이다.

넷째, 그 왕국(=조선)의 반대편(=서쪽)에는 백인종, 즉 독일인이 산다.

다섯째, 그들의 언어는 일본어도, 중국어도 아닌 글이며, 중국인이 쓰는 문자를 쓴다.

여섯째, 1570년을 전후하여 조선으로 가는 길목에 많은 전쟁이 있었다.

일곱째, 조선 땅에 가스빠르 비렐라 신부가 복음전파를 시도를 했으며, 조선에 관하여 직접 조사를 한 바도 있다.

이런 말들이 충족되는 지역이 꼬라이, 즉 고려(The Corea: 조선)가 될 수 있다.

여기에 '꼬라이(Coray)'는 당연히 '꼬레아(The Corea: 高麗)'이며, 이것은 조선의 서쪽 경계가 아시아의 서쪽 끝보다 더 먼 곳 독일의 남부 뮌헨(북위 48° 동경 12°)과 스위스 북부 취리히(북위 47° 동경 7°) 어름까지였다. 우리의 상식을 어리둥절케 한 것은 그 조선 사람들이 '백인

1000) 朴哲, 「16세기 한국 천주교회사 史料 硏究」 『外大史學』 第7輯, (한국외국어대학교, 1997), pp. 414~415.

종'과 같으며, 긴 수염을 기르며 사자(Lion)와 범(Tiger)의 사냥을 아주 쉽게 한다고 했다.

그런데 이것들은 모두 많은 정보를 가지고 있었던 믿을 만한 신부의 증언이며, 그가 조사했던 내용이다.

그렇다면 알레마니아까지니, 살결이 희다〔백인종〕니, 하는 이런 조선에 대한 인식은 언제까지였을까? 그것은 어디까지나 조선과 조선 사람들을 보았던 사람의 글에서 알 수밖에 없다. 영국인 화가요 여행가였던 새비지 랜도(Arnold Henry Savage-Landor: 1865~1924)가 1890년 12월에 조선에 왔다가 1895년에 지은 책 『Corea or Cho-sen』(고요한 아침의 나라 조선)의 제4장에 다음과 같은 글이 있다.

> 조선의 왕가를 살펴보면, 이를테면, 왕과 왕비 그리고 대군들, 특히 왕비쪽(민씨 가족)이 어떤 백인(caucasian)만큼 희고, 그들의 눈 모양도 전혀 치켜 올라가지 않으며, 어떤 때에는 우리와 마찬가지로 확실히 바르다는 것을 알게 될 것이다. 귀족들 가운데 몇 몇은 또한 유럽인으로 잘못 볼 수 있다. 물론 조선의 중류층은, 보통 다른 중국인이나 일본인의 전형보다 어느 정도 더 우아하고도 강인한 체격이지만, 몽고인(蒙古人)에 속한다. 그러나 그들은 북방 이웃의 만주인(滿洲人)만큼 전적으로 강인하거나 크지도 않다. 그럼에도 불구하고 만주인과 그들은 많은 공통점을 가지고 있다. 고구려(高句麗)와 부여(夫餘) 사람들의 대규모 침략들이 있었던 것은, 우리가 보고 알고 있듯이, 이런 것으로 설명이 가능하다.[1001)]

1001) Arnold Henry Savage-Landor, *Corea or Cho-sen: The Land of the Morning Calm,* London: William Heinemann, 1895, p. 45. "If you take the royal family of Corea, for instance, you will find that the king and queen, and all the royal princes, especially on the queen's side(the Min family), are as white as any Caucasian, and that their eyes are hardly slanting at all, and in some cases are quite as straight as ours. Members of some of the nobler families also might be taken for Europeans. Of course the middle classes are of the Mongolian type, though somewhat more refined and stronger built than the usual specimens of either Chinese or Japanese: they are, however, not quite so wiry and tall as their northern neighbours the Manchus, with whom, nevertheless, they have many points in common. The large invasions, as we have seen, of the Ko-korais and Fuyus may account for this."

이 외국인 보았던 조선의 인종을 동양계의 황인종으로 본 것이 아니라, 코카시안, 즉 백인종으로 보았다. 게다가 대개 몽골계의 사람의 특성으로 몰아붙인 말로써 눈꼬리가 치켜 올라간(slanting) 사람을 말하는데, 여기서는 전혀 그렇지 않고 유럽 사람들처럼 눈모양이 바르다(straight)고 하였다.

그렇다면 새비지 랜도가 보았던 몽골 사람도 황인종이 아닐 가능성이 있다. 왜냐하면 그들은 본디 투란(Turan) 지역의 사람들이고, 그곳이 바로 투르키스탄(Turkistan)이 있는 중앙아시아를 말하기 때문이며, 이곳 사람들은 사실 백인종에 가깝기 때문이다.

그런데 바로 여기서 새비지 랜도가 본 조선 사람을 백인종(caucasian)으로 보았으며, 몽골인과 만주인을 구별하였다. 설사 그 특질이 같았더라도 한반도에 사는 사람과는 인종 자체가 다르다. 그런데도 같다는 것이다.

이런 인종적 특성에 명성황후 민씨 가족의 핏줄이 언급되었고, 그것도 백인이라고 했는데, 그것도 그가 보았던 1890년이면 명성황후가 시해당하기 5년 전에 살아 계셨을 때의 일이며, 바로 그런 시기에 유럽 사람들조차도 조선사람을 유럽인으로 잘못 볼 수 있다고까지 하였다.

그 민씨 일가의 혈통이 동양인이 아니라는 말에 우리는 무엇이라고 말해야 될까? 그냥 상식에 어긋난 말이니, 그들이 우리를 잘못보고 쓴 글이라고 보기에는 너무도 충격적이다.

새비지 랜도가 말한 대로 이런 정보를 이제 다시 지리적으로 옮겨가 보면 중앙아시아의 서부지역에 해당된다. 이것이 요즘 말하고 있는 '중국(Sin)'의 지리적 위치로서, 앞에서 비정했던, 북위 50° 동경 75°를 중심한 반경 1500km의 지역, 즉 카스피해·아랄해·발하슈호가 있는 지역에 사는 사람들의 특질에 가깝다는 사실을 간과해서는 안 될 것이다.

이것은 많은 유럽 사람들이 관광 또는 조사 연구하러 조선에 왔었으며, 그들이 본 사람마다 다양한 사람들을 보고서 그 나름대로 기록을 남겼던 것인데, 거기에 조선사람의 눈동자가 엷은 갈색이나 회색, 혹은 푸른색(light brown, grey or blue eyes)이라는[1002] 말과, 피부도 백인처럼 희다는 말과도 부합되며, 그렇게도 천차만별의 다양하게 보이는 것은 그만큼 조선이 광활한 터, 즉 아시아 전역이 조선의 통치지역이었기 때문이라 생각한다.

그리고 위의 글에서 마지막 부분, 고구려·부여 사람들이 매우 호전적이라는 말은 우리에게 많은 생각을 하게 한다. 호전적이라면 말갈·글안, 즉 키타이들로 알고 있다. 이것은 곧 고구려·부여 사람들이 꼭 그런 부족은 아니었을지라도 그와 비슷한, 매우 가까운 곳에 있어야 그런 말이 더 설득력이 있을 것이다. 그곳이 곧 중앙아시아 지역이다.

그렇다면 지금까지 한국사에 나오는 고종·명성왕후와 많은 나인들의 사진과 그림들은 어떤 성격을 지니는 것인가?

이렇게 겨우 1890년에 보았던 120년이 아직 지나지 않은 시기의 새비지 랜도가 쓴 글을 보고서 결론을 내린다면, 력사의 조작은 그 책이 펴내진 1895년 이후에 이루어졌으며, 많은 내용들이 '한반도 조선사에 맞도록 만들어진 것'이라고밖에 더는 할 말이 없을 것 같다.

이와 마찬가지의 맥락에서, 비록 한반도에 맞도록 잘 꾸며져 있지만, 한국사의 뿌리라고 인식하고 있는 『택리지』의 「경상도」 편에 적힌 내용 한 가지를 보자.

> 신라 때에는 북쪽은 커다란 사막〔大漠〕과 글안〔契丹〕 때문에 길이 막혀 오로지 뱃길로 당조〔唐〕에 왕래하였다.[1003)]

이것은 그동안 지식을 형성·축적하는 과정에서 너무도 쉽게 넘겨버렸던 그토록 말도 되지 않던 사실이었지만, 이 사료의 지리적 사실을 파악하기 위해서는 천진시(天津市)가 있는 동경 117° 이동 지역에는 그 어디에도 사막이 존재하지 않으므로, 커다란 사막은 몽고의 고비, 신강성의 타클라마칸 사막, 중가리아가 쭉 뻗어 있는 그 남쪽이 모두 신라였던 것이다!

1002) William Franklin Sands, *Undiplomatic Memories – The Far East 1896-1904,*(London: John Hamilton, Ltd., 1905), pp.29~30.

1003) 李重煥, 앞의 책, p. 15. "慶尙道: 新羅時北阻大漠及契丹 專以海路朝唐."

그리고 이 문장의 뒷부분은 별도의 문제다. 그저 끼워 넣은 것일 뿐.

이런 사실을 바탕으로 하여 이젠 지금까지 우리들이 『조선왕조실록』 속의 사건을 력사적 사실로 다시 밝힐 필요가 있다.

2. 조선시대 “이오로(伊吾盧) 전투”의 력사적 의미

그것은 우리가 통상 “녀진족은 건주(建州) · 해서(海西) · 야인(野人)의 3부족으로 나뉘어 있었다. 누루하치는 먼저 가장 남쪽에 거주하는 건주녀진 부족을 장악한 후에 나머지 부족을 통합하여 1616년에 後金(뒷날의 청)을 건국하였다.”고[1004] 한 것을 익히고 있거나, “헤이룽강〔黑龍江〕 하류 야인녀진(野人女眞), 쑹화강(松花江) 유역의 해서녀진(海西女眞), 무단강(牧丹江) 유역의 건주녀진(建州女眞)으로 나눈다.”고[1005] 한 지식에서 살아가고 있다.

력사는 상상의 기억 속에서 맴돌고 있을 때는 아무런 가치를 느끼지 못하지만, 그 상상을 펼쳐 지도 위에 새로이 그려놓고, 경찰 · 검찰의 수사처럼, 지리적 공간으로 추적해가면, 그것은 과거가 현실로 다가와 현재와의 대화에 맞닥뜨려지게 된다. 그러면 그 현실 속의 수사를 그만둘 것인가? 수사망을 더 넓힐 것인가?

그런데 이런 박진감 넘치고 흥분을 감출 수 없는 력사적 사실임에도 우리가 좀더 지식을 넓힌 것이라고 한들, 이 사건에 대해서는 겨우 “성종 22년(1491)에도 許琮을 시켜 江 바깥의 女眞을 소탕하였다.”는[1006] 것뿐이며, 더 이상의 설명도 없고, 더 이상 다루고 있지 않을 뿐 아니라, 우리들은 더 이상 알고 있지도 않다.

이런 정도의 지식이 『성종실록』 권255 성종22년(1491) 7월 4일에 실린 오랑캐에 대한 군사작전을 벌인 것에 대하여 어떤 문제점이 있는지를 살펴볼 필요가 있다. 이 력사적 사실을 알고 나면 조선의 강역을 매우 서쪽으로 옮겨서 아시아로 넓혀야 함을 깨닫게 될 것이다.

첫째, 오랑캐를 무찌를 군사들의 행동 목표 지명이 이오로(伊吾盧)다. 이곳은 신강성 동부 이주(伊州) · 이오현(伊吾縣)이라고도 하는데, 『중국

1004) 신채식, 『동양사개론』(서울: 삼영사, 2003, 14쇄), p. 601.
1005) 신룡철 등 14명, 『東洋의 歷史와 文化』(서울: 탐구당, 1996 5판), p. 285.
1006) 李鉉淙, 『韓國의 歷史』(서울: 대왕사, 1991 10판), p. 256.

고금지명대사전』에서 보면, 지금의 신강성 합밀현(哈密縣)이라 했다. 그쪽 발음의 하미(哈密)는 천산산맥의 동쪽 끝 투르판[吐魯番]·류성(柳城: 柳中)의 동쪽, 돈황(敦煌)의 북쪽인 북위 42.8° 동경 93.5°이다.

둘째, 그 동원지역이 조선 8도 가운데서 실로 전국적이랄 수 있는 6도의 최고 지휘관 12명, 즉 개성부류수·경기도관찰사·강원도관찰사·충청도관찰사·충청도병마사·전라도관찰사·전라도병마사·경상도관찰사·경상좌도병마사·경상우도병마사·영안남도절도사·영안북도절도사에게 임금이 명령을 내렸다. 영안도는 지금의 평안도다.

셋째, 그 동원된 병력이 2만 명이라는 것인데, 도원수는 영안도 관찰사 허종(許琮: 1434~1494), 부원수 성준(成俊)·리계동(李季仝)을 지휘하여 1491년 10월에 2만 명의 군사를 거느리고 바로 오랑캐 소굴[窟穴]을 공격하여 무찔러 없애버리겠다고 했다.

넷째, 군사동원의 명분을 과거의 사례에서 찾아 '제왕의 성덕'과 '성인의 의병'임을 강조하였다. 즉 주나라 선왕 때의 남만의 형주[蠻荊]에 대한 채기(釆芑)의 군대, 당나라 태종 때의 투르크왕 힐리(頡利)에 대한 막북(漠北)을 토벌, 1419년(세종 원년 기해)의 왜구에 대한 대마도 동방정벌(東方征伐), 1433년(세종 15년 계축)의 건주야인 리만주(李滿住)에 대한 서방정벌(西方征伐), 1460년(세조 6년 경진)의 모련위(毛憐衛)야인 서방정벌이라는 5차례의 군사동원과 정벌을 언급했다. 그렇게 할 수밖에 없는 명분은 백성과 종묘사직을 위한 조치라는 것이다. 여기서 수·당 나라만이 아니라, 조선 초기 15세기 초에 3차례(1419/1433/1460)의 정벌사건이 있었던 지역이 서로 관련이 있는 지역임을 성종 때에 와서도 말한 것이다.

다섯째, 특히 야인들의 침범의 사례를 세부적으로 언급하면서 북쪽 오랑캐[北虜]의 1490년 무이보(撫夷堡) 침범, 1491년 조산보(造山堡) 침범을 지적하였다. 이것은 성종이 직접 군사를 동원하여 무찌르겠다는 직접적인 원인이 되었던 것이다.

<표Ⅷ-1> 전국 동원지역의 출발 및 집결지 도착

동원 지역	동원된 고을(수)	출발 일자	도착 일자	소요 일수	집결지
경기도 (24)	개성부(1)	9월 3일	9월 24일	21일간	길성
	남양 · 수원 · 양성 · 진위 · 룡인 · 안산 · 음죽 · 려주 · 리천 · 지평 · 양근 · 가평 · 영평 · 포천 · 양주 · 광주 · 과천 · 금천 · 죽산 · 양지 · 마전 · 련천 · 인천(23)	9월 2일	9월 24일	22일간	길성
충청도 (52)	서천 · 림천 · 한산 · 홍산 · 은진 · 니산 · 련산 · 부여 · 석성 · 진잠 · 정산 · 람포 · 태안 · 서산 · 면천 · 당진 · 아산 · 평택 · 직산 · 천안 · 신창 · 전의 · 목천 · 보녕 · 결성 · 홍주 · 대흥 · 덕산 · 례산 · 해미 · 온양(31)	8월 23일	9월 23일	30일간	길성
	공주 · 회덕 · 황간 · 영동 · 청산 · 옥천 · 연기 · 청주 · 문의 · 영풍 · 괴산 · 청안 · 보은 · 회인 · 진천(15)	8월 20일	9월 22일	30일간	길성
	단양 · 제천 · 영춘 · 청풍 · 충주 · 음성(6)	8월 22일	9월 23일	29일간	길성
강원도 (26)	원주 · 녕월 · 평창 · 정선 · 횡성 · 춘천 · 린제 · 랑천 · 홍천 · 금화 · 이천 · 양구 · 회양 · 금성 · 안협 · 철원 · 평강(17)	9월 8일	9월 25일	17일간	길성
	평해 · 울진 · 삼척 · 강릉 · 양양 · 간성 · 고성 · 통천 · 흡곡(9)	9월 4일	9월 21일	17일간	길성
전라도 (44)	령암 · 무안 · 함평 · 진원 · 장성 · 동복 · 화순 · 릉성 · 남평 · 광산 · 담양 · 순창 · 창평 · 옥과(14)	8월 12일	9월 18일	16일간	길성
	무주 · 운봉 · 장수 · 진안 · 룡담 · 금산 · 진산 · 고산 · 남원 · 임실 · 구례 · 곡성(12)	8월 9일	9월 18일	39일간	길성
	무장 · 흥덕 · 고부 · 전주 · 려산 · 령광 · 고창 · 정읍 · 부안 · 김제 · 만경 · 옥구 · 림피 · 함열 · 룡안 · 익산 · 태인 · 금구(18)	8월 14일	9월 19일	35일간	길성
경상도 (53)	함양 · 산음 · 단성 · 안음 · 진주 · 거창 · 합천 · 삼가 · 초계 · 의녕 · 지례 · 함안 · 함창 · 상주 · 문경 · 창원 · 칠원 · 령산 · 창녕 · 현풍 · 고령 · 성주 · 개녕 · 금산 · 김해 · 선산 · 룡궁(27)	8월 15일	9월 20일	35일간	길성
	경주 · 흥해 · 언양 · 청하 · 녕해 · 영천 · 영덕 · 신녕 · 하양 · 밀양 · 청도 · 경산 · 인동 · 대구(14)	8월 17일	9월 21일	34일간	길성
	안동 · 진보 · 청송 · 풍기 · 영천 · 봉화 · 례안 · 의성 · 례천 · 의흥 · 군위 · 비안(12)	8월 16일	9월 21일	35일간	길성
영안도	도원수 허종의 지시에 따름				
계(6도)	199 고을 이상	8/9~9/8	9/18~25	16~39일	길성

※ 출처: 『성종실록』 권255 성종22년(1491) 7월 4일의 내용을 정리한 것임.

여섯째, 〈표Ⅷ-1〉에서처럼 이오로 전투를 위한 동원지역 6도의 199 고을에서 2만 명을 13개로 구분하여 모두 함경도 길성(吉城)에 집결시켰다.

일곱째, 병력의 이동소요 기간이 최소 16일 간(전라도 일부)·17일 간(강원도)에서 최대 39일 간(전라도 일부 및 경상도)으로 평균 30일 간 걸리는 거리였다. 이것은 전라도 무안·함평(16일 간 소요)이 지리적으로 옥구·김제(35일 간 소요)보다 상대적으로 이오로와 가까운 거리에 있다는 말이다. 한반도에서는 전자는 전라남도에 있고, 후자는 전라북도에 있어 전자가 후자보다 훨씬 남쪽 멀리에 있어 이런 내용은 한반도 상황이 아님을 알 수 있다.

여기서 이 군사동원의 목표지 '이오로'는 사막의 언저리에 있으며, 서북쪽엔 중가리아(Dzungaria: 准噶爾盆地)가 있고, 서남쪽엔 타클라마칸 사막의 동쪽 끝인데, 정남 쪽엔 사주(沙州)·돈황(燉煌)이[1007] 있다.

그렇다면 우리들이 말하고 알고 있는, 전국 6개도의 2만 명을 동원하여 집결지로 삼은 함경도 길성(吉城)은 어딘가? 이곳이 한반도라면 북위 41도, 동경 129.5도 길주(吉州)이다. 『신증동국여지승람』 권50에 보면, "본디 고구려 땅이고, 吉州·海洋"이라 했다.

일단 한반도 길주(북위 41° 동경 129.5°)에서 신강성 하미(북위 42.8° 동경 93.5°)와의 거리는 지도 위에서 직선 거리가 3000km(=7936.5리)로서 산길을 고려하여 +20%한다면, 3600km(=9523.8리), 즉 1만 리나 되어 너무 너무 멀다.

이런 거리로서는 병력이동·군량보급·숙영지 등등의 군사작전은 불가능하다.

그렇다면 바로 이곳이 조선의 2만의 군사들이 집결한 길성인 것이다. 이 지역엔 위구르(Uighur: 回紇·回鶻)가 있는 곳이고, 서쪽엔 투르크족이 있으며, 북쪽엔 사타부(沙陀部)가 있는데, 많은 사람들이 투

1007) 小蓮, 「敦煌月牙泉的由來」 http://big5.zhengjian.org/articles/2008/3/6/51467.html. "說話在上一次文明被毁滅之後, 這茬人類剛剛開始發展的時候, 在現在的甘肅省敦煌縣的範圍內, 這裡的土地十分肥沃, 根本沒有大片的沙漠."〔말하자면, 지난번의 일차 문명에서 훼멸된 뒤로, 요 따위 사람들이 이제 막 발전할 때에, 현재의 감숙성 돈황현의 범위 안에서는 이곳의 토지는 매우 비옥했으며, 근본적으로 큰 사막은 없었다.〕

르크족이라고는 하지만, 실제로 녀진족이라야 될 것 같다. 이 지역의 부족들이 조선에 침범해와서 약탈을 일삼았던 것이다.

그렇다면 한반도 북동해안에 있는 함경도 길주의 서북쪽에 이오로(=하미)가 있든지, 신강성 하미〔哈密〕 근처에 길성(=길주)가 있든지, 이 둘 중에 하나여야 지리적 설명이 가능하다.

그렇다면 길성의 지명에서 찾아야 될 것이다. 그것은 달리 부르는 이름으로서 바로 '海洋'이라는 말인데, 이것은 결국 '바다〔海〕'다.

이 '海'로서의 지리적 상황에 맞는 지역이 한반도 북동부 지역에서는 일단은 없다. 그렇다면 이오(伊吾), 즉 하미〔哈密〕 주변에는 어떤가? 『중국력사지도집』(제5책 隋唐時期, p. 63-64)에 보면, 하미의 서쪽, 류중(柳中)의 남쪽에 "大沙海/大海道/瀚海"〔북위 42° 동경 90° 중심의 넓은 사막지대와 호수〕가 있다. 이 지역은 옛날에 엄청나게 비옥했단다. 비록 대륙의 중심이지만, '바다〔海〕'라는 말이 '길성'의 '海洋'에 어울리는 말이다.

그런데 니마거 우디거 등의 오랑캐들이 활동했던 지역은 이보다 훨씬 더 먼 서쪽으로 1500㎞나 되는 곳이다. 이 지역의 반란은 이미 6달 전부터 동태가 파악되었으며, 다카르〔Dakhar: 都骨(도골)〕·야르칸트〔Yarkand: 沙車/莎車(Socho)〕 등 칠성 우디거〔七姓兀狄哈〕 800명 남짓이 무이보(撫夷堡)에 틈을 타서 반란을 일으키려고 한다고 했고, 니마거 우디거〔尼麻車兀狄哈〕 실보개〔時乙甫介〕가 그들 무리 300명 남짓을 거느리고 반란을 일으키려 한다는 정보에 따라 영안북도 절도사 윤말손(尹末孫)이 군사 600명을 거느리고 급히 여섯 진〔六鎭: 경원(慶源)·온성(穩城)·종성(鐘城)·회녕(會寧)·부녕(富寧)·경흥(慶興)〕을 향하여 순행하며 변고에 대처하고 있었는데,[1008] 이에 대해 정부에서는 심각하게 대책을 수립하기 위한 논의가 진행되고 있었던 것이다.

이 여섯 진〔六鎭〕의 공통점은 『신증동국여지승람』 권50에 보면, "아

1008) 『성종실록』 권250 성종22년 2월 기유(3일). "永安北道節度使尹末孫馳啓 今正月 … 二十三日件加退城底野人金阿羅豆來告云 都骨沙車等七姓兀狄哈八百餘人 欲於撫夷堡 乘隙作耗. 鐘城僉節制使曹璒報云 野人巨應仇乃來告云 尼麻車兀狄哈時乙甫介率同類三百餘人 欲作賊. 臣卽率營屬軍六百 馳向六鎭 巡行待變."

무하(阿木河·斡木河·五音會)"라는 강의 유역에 있는 고을이다. 이 아무하는 『중국사』에서는 같은 소리로 "阿母河·阿姆河·烏滸河"라고도 하는데, 파미르고원 남쪽 곤륜산 서쪽 끝에서 서쪽으로 흘러 아랄해〔Aral Sea/鹽海〕로 들어가는 강, 곧 아무 다르여(Amu Dar′ya)이다. 다르여(Dar′ya)는 페르시아 말로 江이다.

여기에 영안북도 절도사가 이 지역의 오랑캐들의 변란에 대처하고 있었으니, 영안도 관찰사가 이를 지휘하고 있었음을 알 수 있으니, 숫제 이오로 전투의 발원지는 중앙아시아의 키르기스스탄·타지키스탄 지역이 된다.

그리고 조선이 건국된 지 100년째 되고, 임진왜란이 일어나기 꼭 100년 전에 있었던 이 1491년의 조선의 '이오로 전투'에 관하여 교과서에서는 거의 다루지 않는, 『조선왕조실록』에 꼭 한 번 실려 있는 성종 22년(1491) 7월 4일에 병력이동의 군사전략을 언급한 사건이어서 그 결과를 알 수 없다.

그런데 강효석(姜斅錫: 1869~1946)이 지은 『동국전란사』(외란편)에서는 "성종 22년 허종의 여진토벌에 6도 군사"를 다루었지만, 정작 중요한 지명 '伊吾'는 빠져 있으며, 관찰사 "허종의 군대가 출동하자 니마거 우디거(尼麻車兀狄哈)뿐만 아니라, 건주삼위(建州三衛)의 녀진족 모두 두려워서 피하였으므로, 허종은 한 번도 교전을 하지 않고 개선하였다."고[1009] 하였으니, 싸워보지도 않고 이긴 무혈개선이었던 것이다.

조선의 도원수 허종의 군사 2만 명의 위세에 눌려 북로〔北虜〕들이 달아나 버렸으니, 더 이상 다루지 않았던 것일까? 그래도 무엇보다 지리적으로는 매우 중요한 의미를 가지며, 한반도는 조선이란 력사에서는 그 어떤 설명도 불가능하다. 이것은 『조선왕조실록』에서 다루어진 가장 알기 쉬운 전투로서 가장 서쪽에 있는 중앙아시아 속의 조선의 오랑캐 반란진압 사건이다.

조선의 대륙 속의 오랑캐 진압사건을 오해할까봐 따로 있을 故事로서의 '伊吾'가 얼마나 되는지 찾아보자.

1009) 姜斅錫, 『東國戰亂史(外亂編)』(국방부전사편찬위원회, 1988), p. 28.

(1) 연주·운주에서 손바닥에 침을 뱉고 '이오로'의 북쪽에서 칼을 어루만진다.〔唾手燕雲 鳴劍伊吾之北〕[1010)]
(2) 아직 한 사람도 청해에 활을 걸고, '이오로'에서 칼을 어루만지는 뜻을 가졌단 말을 듣지 못했다.〔未聞有一人 掛弓青海 鳴劍伊吾之志者〕[1011)]

이렇게 '이오'에 관한 말이 딱 두 번 있기는 하지만, 공통적으로 '鳴劍伊吾'(명검이오)다. 이것은 역시 "국방을 굳건히 지키겠다는 의지와 용기"를 나타낸 말인데, 직접적인 지명과는 관계가 없을 수도 있다. 그러나 성종이 말한 '憤於伊吾'〔이오로에서 분풀이하다〕는 바로 그 지명에 직접 말한 것이며, 그곳에 대한 조치였음을 명심하지 않을 수 없다.

력사적 사건을 학계에서 어떤 학자도 다루지 않고 내버려두면, 조선의 어떤 지역도 조선의 것에서 사라지게 될 것이다. 분명 신강성 이오로 전투를 위한 조선의 전국 199개 고을의 병력 동원과 그 작전은 조선 강역 안에서의 오랑캐 토벌 작전이었다.

그렇다면 알타이산맥의 남서쪽이고, 신강성 우르무치〔烏魯木齊〕의 동쪽 이오로〔哈密〕 지역에 대하여 중국사에서는 어떻게 설명되어 있을까?

1491년〔孝宗成化4〕 8월 15일에 황제의 아우 우지(祐梼)를 수왕(壽王)으로, 우팽(祐榜)을 여왕(汝王)으로, 우순(祐橓)을 경왕(涇王)으로, 우추(祐樞)를 영왕(榮王)으로, 우개(祐楷)를 신왕(申王)으로 봉했다. … 12월 22일에 투르판〔土魯番: 吐魯番〕에서 합밀(哈密: 하미/이오로)과 금도장〔金印〕을 가지고 귀순하였다.[1012)]

이 1491년을 전후하여 황제가 누구에게도 제후로 봉하지 않았고, 어디에 반란이 일어났거나, 어디를 공격했는지에 대한 기록은 보이지 않는다. 그런데 오직 투르판 지역의 제후가 하미〔哈密〕, 즉 이오로(伊吾盧)와 금도장〔金印〕을 가지고 와서 귀순하였다. 이것은 그 이전에 전투

1010) 『숙종실록』 권7 숙종4년 5월 11일.
1011) 『선조실록』 권111 선조32년 4월 17일.
1012) 『明史』 卷15 本紀15 孝宗 "四年秋八月己未 封皇弟祐梼爲壽王, 祐榜 汝王, 祐橓 涇王, 祐樞榮王, 祐楷申王. … 十二月甲子 土魯番以哈密及金印來歸."

를 벌였으며, 항복하여 그 지역에 대한 지휘권을 도로 바친다는 뜻이다.

이 이오로 전투에 조선의 전국 군사들이 출발하는 날짜가 8월 9일부터 9월 8일 사이이다. 영안도(=평안도) 지역은 도원수의 별도의 지시에 따른다고 했고, 함경도 지역은 언급이 없는 것으로 보아, 이때 황제 우탱의 아우 5명, 우지·우팽·우순·우추·우개가 8월 15일에 제후로 임명되는 것은 서로 밀접한 관계가 있기 때문일 것이다.

더구나 『명사』(本紀)에서 적혀 있는 수왕(壽王)·여왕(汝王)·경왕(涇王)·영왕(榮王)·신왕(申王)이란 이름은 『명사』(권104 표5 제왕세표5)에서는 정왕(定王)·안왕(安王)·간왕(簡王)·장왕(莊王)·의왕(懿王)으로 되어 있으며, 이를 수정왕(壽定王)·여안왕(汝安王)·경영왕(涇簡王)·영장왕(榮莊王)·신의왕(申懿王)으로도 부르는데, '壽·汝·涇·榮·申'은 지명이며, 이를 『중국고금지명대사전』에서 선택적으로 찾아보면 다음과 같다.

壽는 壽州 = 壽昌郡이며, 지금의 감숙성 돈황현(燉煌縣) 서쪽 수창현(壽昌縣)이다.

汝는 汝州 = 伊州 = 伊吾 = 伊吾盧이며, 지금의 신강성 합밀현(哈密縣: 하미)이다.

涇은 涇州 = 涇川 = 安定郡이며, 지금의 감숙성 동쪽 경천현(涇川縣)이다.

榮은 榮州 = 旭州이며, 감숙성 경양부(慶陽府) 관할 땅에 있다.

申은 申州 = 義州 = 宜州 = 義縣 = 營州 = 永平府이며, 지금의 감숙성 녕하부(寧夏府)라 했으니, 고란현(皐蘭縣)일 것이다.[1013]

이런 지역은 한결같이 동경 108° 이서 쪽에 있으며, 섬서성 장안의 서북쪽에 세 곳과 그보다 더 먼 '하미' 지역에 두 곳이 있다. 이것은 분명 이오로 전투와 관련된 인사명령이고, 그 이오로 전투를 지휘하기 위한 조치이며, 근세조선의 전투지역 가운데 가장 서쪽이라 할 수 있다. 그렇다면 『명사』 속의 '우지·우팽·우순·우추·우개' 5명의 임금들은 효종 우탱(祐樘)의 아우〔弟〕일지라도, 효종 그는 황제가 아니며,

---

1013) 『중국고금지명대사전』(상해: 상무인서관, 1931), p. 1084.

조선의 성종(成宗)이 황제였고, 이 성종의 제후였던 것으로 풀이된다. 성종 리혈(李娎: 1457~1494)에겐 형 월산대군 리정(李婷: 1454~1488)은 병으로 죽고, 아우는 5명이 있으나, 그 이름이 전혀 남아 있지 않다.

그래서 이『명사』는 그 기록의 현상으로 보아, 분명『조선왕조실록』에서 발췌하여 엮은 책에 지나지 않으며,『조선왕조실록』또한 상당한 내용들이 한반도에 맞추어져 있지만, 많은 내용들이 대륙 속에 그대로 남아 있음을 알 수 있다.

3. 남지나해의 무역선을 조선수군이 포격하여 나포 (당포해전)

이제 여기서 임진왜란에 참전했다는 '해귀(海鬼)'의 성격에 대하여 언급해야 하겠다. 남만의 무역선이 표류한 사건의 시기가 『지봉류설(芝峰類說)』에 1603년〔癸卯〕라고 적혀 있지만, 이는 『등록류초(謄錄類抄)』에 따라 1604년〔甲辰〕으로 고쳐야 한다.[1014)] 이 사건이 어떤 력사적 사실을 말하고 있는지 알아볼 필요가 있다.

> 왜구의 침입은 국제 무역과 밀접한 관계가 있었다. 동남연해에서는 명조(明朝)가 법으로 금지하고 있는 국제 무역이 번창하고 있었으며, 여러 나라에서 투기적인 상인들이 모여들었다.[1015)]

16세기에 있었던 왜구의 침입의 배경에는 '국제무역'이 있었던 것이다. 그렇다면 그런 무역의 물적 교류에는 인적왕래의 복잡한 관계가 내포되어 있을 것이다. 더구나 투기적인 장사치라면 아마 전쟁도 마다하지도 않을 것이다.

이와 관련하여 조선에 표착(漂着)한 사람들의 심문조서를 확인해볼 필요가 있을 것이다.

먼저 리수광(李睟光)이 지은 『지봉류설』 속에 있는 내용을 보자.

> 남만국〔南番國〕 사람이 1603년쯤에 왜인의 배를 따라 우리나라(=조선)에 표착한 일이 있었다. 그 사람을 보니 눈썹이 속눈썹과 붙어 하나가 되었고, 수염은 염소 수염과 같으며, 그가 거느린 사람은 얼굴이 옻칠한 것처럼 검어서 몰골이 무척 징그럽고 우스꽝스럽다. 아마 해귀(海鬼)와 같은 사람일 것이다. 언어가 통하지 않았으므로, 왜인의 통역을 통하여 물으니, 자기네 나라는 바다 가운데 있는데, 중국에서 8만 리나 떨어진

1014) 박태근, 「李慶濬 將軍의 統營建設과 唐浦海戰」 『統營誕生 400주년 記念史料集』 (統營市, 2004), p. 64.
1015) 黃仁宇 著, 박상아 옮김, 『1587 만력15년 아무 일도 없었던 해』 (서울: 가지않은길, 1997 초판, 2000 개정판 2쇄), pp. 243~244.

곳이라고 하였다. 왜인들은 그곳에 진기한 보물이 많기 때문에 왕래하면서 장사를 하고 있는데, 본토를 떠난 지 8년 만에 비로소 그 나라에 도착한다고 하였으니, 아마 멀리 떨어진 외딴 나라인 모양이다.[1016)]

여기에 남만국〔南蠻國=南番國〕·해귀(海鬼)가 언급되며, 그들이 무역을 하다가 조선에 표류하였다고 했다. '해귀'라는 낱말은 임진왜란에 동원인원으로서 언급된다.

그런데 이 표류사건에 대하여 『조선왕조실록』 어디에도 언급되어 있지 않다. 『지봉류설』에 이렇게 기록된 것은 리수광 자신이 이런 표류 등의 사건을 직접 다루었던 고위 당국자 가운데 한 사람이었기 때문일 것이다. 이들에 대한 조사·심문은 1604년 7월 5일·6일에 이루어졌는데, 리수광은 바로 그 뒤 열흘이 지난 7월 16일에 병조참의로 전임된 것이 이 사건을 다룰 수 있는 좋은 계기가 되었다. 그때문에 상세한 내용을 알 수 있게 된 것은 매우 다행이라 생각한다. 자칫 조선의 력사에서 아예 실종될 뻔한 사건이었다.

그러나 『지봉류설』의 내용에 '국제무역'이라 했어도, 마치 무역선의 단순 표류사건처럼 보이며, 또 그 장소도 어딘지도, 력사적 사건으로서 어떤 상관관계를 알 수 없다.

그런데 『등록류초(謄錄類抄)』(各司謄錄66, 규장각 소장)에 이와 관련된 내용이 실려 있다. 여기에 우선 온진(溫進)이란 사람이 진술한 내용을 보자.

> 우리 비변사에서는 례조(禮曺)와 더불어 같은 의견이며 唐人·南蠻人·倭人을 공초하였다. 唐人의 공초 내용은 다음과 같다.
> 온진(溫進)은 나이 35살이며, 복건성 장주부(漳州府) 해징현(海澄縣)에 사는 평민이다. 지난해(1603년) 2월 28일에 사고 파는 일〔賣買〕로 황문천(黃文泉)의 배를 타고 그와 함께 출발하여 베트남〔交趾: 東京州〕 항구로 갔다. 아직 상륙하지도 않았는데, 갑자기 왜선 2척을 만났다. 적들은

1016) 李睟光, 『芝峰類說』 卷2 諸國部 外國. "南番國人 萬曆癸卯年間 隨倭舶漂抵我境. 見其人眉與上睫通爲一, 鬚似羊鬚 其率人面漆黑 形狀尤醜怪 盖海鬼類也. 言語不通 因倭譯問 則國在海中 距中國八萬里. 倭人以地多珍寶 故往來通商 離本土八年 方到此云 盖絶國也."

순식간에 몇 명인지 헤아릴 수 없을 정도였고, 우리들 100여 명이 모두 피살되었으며, 생존자는 겨우 28명이었다. 우리들은 모두 배에 실린 화물을 주어 살려달라고 했더니, 왜선 2척의 도적에게 넘겨져 모두 캄보디아〔柬浦寨=柬埔寨〕에 갔다. 왜선 2척의 도적은 또 우리들을 다른 왜인들에게 도로 팔아 캄보디아라는 곳에 이르렀다. 왜선 2척의 도적은 그대로 그곳에 머무르고서 객왜(客倭)가 싼값으로 사고서 우리들을 넘겨주어 우리들을 그 배에 함께 태워 일본으로 가다가 일본에 도착하기 너댓새 전에 거친 바람〔橫風=暴風〕을 만나 조선 지방에 떠다니다 대었는데, 조선의 변방 장수에게 붙잡혔다. 우리들이 베트남〔交趾: 東京州〕에서 왜적을 만난 것은 지난해(1603) 3월의 일인데 날짜는 기억할 수 없으며, 캄보디아에 배를 댄 것은 그해(1603) 5월 2일이었다. 캄보디아에서 배로 떠난 것은 올해(1604) 5월 20일이었다. 베트남에서 캄보디아로 가는 뱃길은 5일거리이며, 캄보디아에서 일본으로 가는 뱃길로는 30일 거리라고 하는데, 우리들이 붙잡힌 것은 올해(1604) 6월 14・15일이다.[1017)]

온진 일행이 "올해(1604년: 갑진) 5월 20일에 캄보디아를 떠났다. 베트남〔交趾〕에서 캄보디아까지 뱃길로 5일 거리이고, 캄보디아〔柬浦寨=柬埔寨: 캄푸치아〕에서 일본까지는 30일 거리인데, 6월 14일・15일에 조선수군에게 붙잡혔다."고 했으니, 캄보디아에서 일본으로 가는 길임을 알 수 있으며, 그 사이에 항해한 지 25일 만에 폭풍을 만나 표류되어 조선수군에게 발각되었다는 것이다.

여기서 문제는 왜인과 남반국 사람이 동행했다는 것과 그들이 무역을 했다는 것이다. 또한 베트남・캄보디아・일본・조선과의 지리적 상관관계이다. 그리고 그들의 역할이 과연 무엇이었는가 하는 것이다.

여기서 이동의 요점을 보자.

1017) 『謄錄類抄』(各司謄錄66, 규장각 소장). "本司與禮曹同議, 唐人南蠻人倭人供招. 唐人供招. 一名溫進 年三十五, 係福建漳州海澄縣白丁也. 上年二月二十八日, 以賣買事, 乘黃文泉船, 與文泉等起身, 往交趾港口. 未及下陸時, 猝遇倭船二隻. 賊衆則倉卒間不知其幾許, 而俺每百餘名, 盡爲被殺, 生存者只二十八名. 俺每盡以貨物求活, 仍與二船之賊, 偕到柬浦寨. 二船之賊, 又以俺每, 轉賣他倭之客, 到于柬浦寨者. 二船之賊 則仍留其地 而客倭之買得者與俺每, 同乘俺每之船, 發向日本, 未及日本, 只隔四五日, 而遇橫風漂到朝鮮地方, 爲邊將所捕. 交趾遇賊, 乃上年三月日不記, 而柬浦寨到泊, 則乃上年五月初二日也. 自柬浦寨發船, 乃今年五月二十日也. 交趾之於柬浦寨五日程, 而柬浦寨之於日本, 則三十日程云, 被捕乃今年六月十四五日矣.(甲辰七月初五日.)"

첫째, 1603년 2월 28일에 복건성 장주부 해징현을 떠나 베트남〔交趾〕 항구로 향하였다.

둘째, 1603년 3월에 베트남 항구에 상륙하기 전에 왜선 2척에게 100여 명이 피살되고 28명이 살아남았다.

셋째, 1603년 5월 2일에 캄보디아에 도착하여 다른 왜인에게 팔려갔다.

넷째, 1604년 5월 20일에 캄보디아에서 떠나 일본으로 향했다.

다섯째, 1604년 6월 14일·15일에 폭풍을 만나 조선의 변방 장수에게 붙잡혔다.

여섯째, 조선의 군함〔兵船〕에게 붙잡힌 위치는 일본 도착 너댓새 전이다.

일곱째, 중국배이면서 온진 등의 '우리들(=唐人)'이 포격당한 것을 보면, 이들은 조선수군에게 중국배나 중국인으로 인정될 수 없고, 포르투갈의 무장상선 - 적선으로, 포르투갈 사람들에 붙은 사람들로 인식·식별되었다.

여덟째, 베트남과 캄보디아까지 거리는 뱃길로 5일, 캄보디아에서 일본까지 거리는 뱃길로 30일이다.

이러한 조건을 지리적으로 풀어보자.

- 해징현 → 교지(海防: Haipong): 1400km
- 교지 → 캄보디아(柬埔寨: Bai Bung): 1645km
- 캄보디아(프놈펜) → 일본 장기(長崎·Nagasaki): 3832km

그리고 뱃길 거리를 보자. 옛날엔 노를 저어 다녔는데, 이것은 아무리 빨리 저어도 3노트(=5.556km/h)를 넘지 못했다. 이 시기에는 대개 돛대가 2개인 범노선이었는데, 이는 바람을 이용하여 대개 5노트(=9.26km/h)로 항해했으며, 바람이 셀수록 빨리 갈 수는 있지만, 위험하므로 8노트(=14.816km/h) 이상은 거의 다니지 않는다.

그리고 그 항해도 항해기술에 영향을 주며, 야간에는 다니지 않고 대개 주간에만 다녔다. 그렇다면 1일에 9.26km/h로 12시간을 항해한 것이 1일 뱃길 거리가 된다.

· 1일 뱃길 거리: 111.12km(=9.26km/h×12h)

· 5일 뱃길 거리: 555.6km(=9.26km/h×12h×5d)

베트남〔交趾: Cochinchine〕에서 캄보디아까지 5일 뱃길을 간 것이므로, 그 베트남은 12.6일이 걸리는 거리이므로, 지금의 하노이〔河內〕 하이퐁〔海防〕으로 볼 수 없으며, 캄보디아〔바이퐁 곶〕에서 5일 거리(=555.6km)가 되는 곳이면, 사이공〔柴棍: Saigon〕 동쪽, 캄란(Cam Ranh) 남쪽에 있는 판랑(Phan Rang) 지역일 것이다. 그렇다면 그 교지는 교지-지나(Chochinchine)라는 베트남의 최남부 지역임을 알 수 있다. 그래서 교지는 베트남 사람이 살고 있는 지방을 막연히 부르는 말로 쓰이기도 하는 모양이다.

그리고 복건성에서 출발했던 온진 등이 베트남 항구에 상륙하기 전에 왜선에게 붙잡혔으므로, 그 왜선의 활동 지역은 일본에서 멀지 않은 곳일 뿐 아니라, 그 일본이란 바로 지금의 베트남(Vietnam: 越南)의 동쪽이고, 통킹만〔東京灣: 北部灣〕의 해남도(海南島)가 있는 지역 근처임을 알 수 있다.

그리고 그들이 표류하여 조선 군함에게 붙잡힌 곳이 일본 도착 너댓새 못간 뱃길이라고 했으므로, 캄보디아〔바이붕/프놈펜〕에서 30일 뱃길 거리 3333.6km에서 5일이 모자라는 25일 거리 2778km 되는 곳이다. 이곳은 복건성 복주(福州)와 아모이〔廈門〕 사이의 천주(泉州: 북위 25° 동경 118.8°)다. 결국 일본이란 동경 120° 이동으로 벗어나지 않는 지역이요, 바로 그곳 연안에서 조선수군이 활동하였던 것이다.

그리고 실제 캄보디아에서 장기(長崎: 나가사키)까지 3832km는 뱃길로 계산하면 34.5일 거리이므로, 30일 뱃길보다 4.5일이 더 걸린다. 만일 목적지를 장기로 삼는다면, 이 10일 뱃길(1111.2km)에 미치지 못한 지역이 되는데, 바로 그 정도의 거리가 되는 곳이 복건성 천주이기도 하다. 그래서 캄보디아에서 일본까지 30일 뱃길의 일본이란 그 지역은 결국 복건성이 된다.

그러므로 온진이 말한 그 뱃길 개념의 거리는 항해술 측면에서 보았을 때 정확하다고 볼 수 있으며, 당시의 항해는 주간 12시간, 항속(航

速)은 9.26㎞/h(=5kts)임을 알 수 있다. 만약 이것을 항속을 14.816㎞/h(=8kts)로 보거나, 24시간 항해로 계산하게 되면, 그 거리가 1.6~2배로 늘어나기 때문에 지리적으로 전혀 맞지 않게 된다.

그리고 온진의 이어진 진술을 더 보기로 하자.

> 우리들이 전부터 왕래하며, 베트남〔交趾〕에서 장사한 것이 여러 번이었다. 베트남에는 임금과 관리가 있는데, 갓과 모자〔冠帽〕를 쓰지 않고, 댕기를 땋아 뒤로 늘어뜨리고 있었다. 캄보디아는 베트남과 섬라(暹羅: 태국) 사이에 있으며, 섬라에 속해 있다. 토산물은 짐승가죽·꿀·후추·소목·상아·무소뿔·대모·금·은 등이다. 바람결에 떠 흘러간〔漂風〕 뒤로 여러 날을 바다가 어두컴컴하였으며, 조선 지방에 닿은 날에는 비바람이 멎고 맑게 개었다. 그때 배 2척이 바다 가운데 나타나자, 왜인들이 서로 소리치며 말하기를, "이들은 조선 군함〔兵船〕이다."고 하면서 돛을 올리고 배를 돌리려고 했는데, 바람이 불지 않아 달아나지 못했다. 조선의 군함은 육지에서 잇달아 왔는데, 나는 나이가 같은 왕청(王淸: 33살)과 함께 말하기를, "우리들은 중앙조정〔天朝〕 사람이다."고 하니, 조선 사람들은 믿지도 않았다. 나는 쪽지를 물긷는 두레박에 넣어 띄워 보냈더니, 조선 사람이 말하기를, "만약 중앙조정〔天朝〕 사람이 맞다면 돛을 내려라!"라고 하자, 왜인은 듣지 않고 달아나려고 하였다. 그래서 우리들 가운데 2명이 억지로 돛을 내리다가 그 자리에서 왜인에게 살해되었다. 조선 사람은 배 1척을 보내와 소인과 왕청은 작은 배를 타고 나왔다. 내가 같이 가자, 모두 따라 나오려고 하여 왜인들이 가로막아 나오지를 못했다. 조선의 배들은 화살과 단석〔矢石〕을 마구 쏘고, 화포(火砲)로 공격하여 그 배는 불타버렸으며, 그 배 위에 숨었던 왜인이 항전하다가 거의 다 맞아 죽었으며, 배 밑창에 엎드려 있던 왜인 30명 남짓은 겨우 살아남았지만, 사로잡혔다. 우리들은 베트남 항구에서 죽음을 면한 자가 28명이었는데, 2명은 돛을 내리다가 살해되었고, 14명은 왜적과 함께 배 밑창에 엎드려 있다가 목숨을 건졌으니, 나와 왕청을 합쳐 모두 16명이 지금 살아남았다. 그 나머지 10명은 어디로 갔는지를 알 수 없다. 아마도 전투하는 사이에 죽었을 것이다. 이것은 믿을 만한 진술이다.[1018)]

1018) 위의 책, "俺每從前往來, 賣買於交趾者屢矣. 交趾有王有官, 而無冠帽, 編髮垂後. 柬浦寨則介於交趾暹羅之間, 而屬於暹羅. 物貨則有皮物蜂蠟胡椒蘇木象牙犀角玳瑁金銀等物矣. 漂風之後, 連日海暗, 而及至朝鮮地方之日, 風雨開霽. 有船二隻, 先出洋中, 倭等相與言曰, 此必朝鮮兵船也, 欲掛帆回船, 則無風不得發. 朝鮮兵船, 陸續而至, 俺同年王清呼謂曰, 我等乃天朝云, 則朝鮮人不以爲信. 俺以盡納諸汲水?漂送, 則朝鮮

이것은 분명 1604년 6월에 정체불명 선박〔황당선(荒唐船)〕과 조선 수군이 교전을 했던 것이고, 제6대 삼도수군통제사(1603. 2~1605. 9) 리경준(李慶濬)의 보고 내용에 해당되는데,[1019] 그는 그 뒤 "1604년 9월 9일에 고성(固城)에서 40리 되는 두룡포(頭龍浦)에 옮겨 통제영을 설치하여 오래 운영되었다."고[1020] 했지만, 황당선과 만난 그 위치가 전혀 상식을 벗어난 복건성 천주(泉州) 앞바다다. 이 무역선이라고 설명된 해전 상황은『조선왕조실록』에는 전혀 언급되어 있지 않다. 그렇다면 여기에는 지리적으로 문제가 크게 발생한다.

더구나 바람결에 떠 흘러간〔漂風〕 것은 폭풍이나, 태풍의 영향 때문일 것이며, 그렇다고 해서 복건성 천주 앞바다에서 떠밀려 한반도 남쪽 제주도도 아닌 무척도 깊숙한 당포 앞바다까지 1600㎞나 되는 거리에 도착한다는 것은 하늘이 도와줘도 거의 불가능한 거리다.

그렇다면 고성 두룡포와 복건 천주와는 어떤 관계일까? 이 1604년보다 10년전 1594년 6월에 발발했던 임진왜란(1592~1598년)의 고성땅 당포해전과는 혹시 연계된 행동은 아니었을까? 왜냐하면 그 임진왜란 중에 왜군과 함께 포르투갈 신부 세스뻬데스가 웅천에 왔었기 때문에 혹시 그런 역할과의 관계는 없는 걸까?

> 남만인의 진술은 다음과 같다.
> 이름은 주앙 멘데스〔之緩面第愁〕이고 나이는 34살이며, 사는 나라는 포르투갈〔寶東家流〕이며, 남만(南蠻)에 있는 여러 나라 중 하나다. 그 나라에는 옥과 비단이 많이 나며, 금과 은은 적게 난다. 일찍이 무역〔行商〕에 종사하여 본국(포르투갈)을 떠나 일본에 있은 지 거의 15년이나 된다. 지난해(1603)에 마카오〔甘河〕[1021]에서 캄보디아〔可普者: 캄푸치아〕에 갔

人曰, 若是天朝人, 則卽落帆云, 倭人不肯, 仍欲走去. 俺每中有二人, 强爲下帆, 卽爲倭所殺. 朝鮮送一船乙 小與王淸, 卽乘小船出來. 俺同行, 皆欲隨出, 而爲倭人所制, 不得自由. 朝鮮諸船, 矢石交發, 火攻其船盡燒, 其上藏倭人之抗戰者, 殺死殆盡, 其伏於莊下者三十餘名, 僅得生存被擄, 俺每免死於交趾港口者二十八名, 而二人則落帆時見殺, 十四人與倭賊伏於下莊而得生, 幷俺與王淸通共十六名, 時方上來, 而其餘十名, 不知去處. 恐是接戰時被死, 所供是實."

1019) 위의 책, "李慶濬書狀內 有荒唐船接戰 次下海事情. … 甲辰六月二十二日."

1020)『統營地圖』(규장각 소장 도서번호 10513) "古蹟: …(宣祖)三十二年甲辰九月九日 李等慶濬狀 聞後自固城移設于南距四十里頭龍浦 以爲永作老營 改稱春元面."

다가 이번에 중국인〔華人〕·왜인(倭人) 등에 같은 배를 타고 일본에 무역〔買賣〕하러 가다가 거친 바람〔橫風=暴風〕을 만나 표류되어 이곳에 이르러 붙잡혔다. 마카오〔甘河〕는 중국 땅인데 그가 태어난 나라〔포르투갈〕까지는 거의 18만 리 되며, 순풍을 타면 8~9달 걸린다. 캄보디아〔可普者〕는 마카오〔甘河〕에서 6000리이며, 섬라〔暹羅: 태국〕·베트남〔安南〕의 두 나라 사이에 있는데, 섬라의 속국이다. 중국인이 진술한 것과 같으며, 캄보디아〔浦寨=柬浦寨=柬埔寨: 캄푸치아〕가 곧 이것이다. 그가 데리고 온 1명은 몸뚱이가 검은 나라〔黑體國〕 사람, 즉 이른바 해귀(海鬼)인데, 돈을 주고 산 노예로서 따라왔다고 했다.〔1604. 7. 6〕[1022)]

이 글은 온통 남만국(南蠻國)에 해당되는 글이며, 여기에 포르투갈 사람 주앙 멘데스〔João Mendes: 之緩面第愁〕가[1023)] 데리고 온 '해귀(海鬼)'가 나오는데, 임진왜란에 투입된 '해귀'라는 이름이 바로 남만 지역에 따라온 이런 흑인들이 아닐까?

더구나 임진왜란이 끝난 지 겨우 5년째에 동남아시아 마카오·캄보디아·장기〔나가사키〕를 오가며 무역을 했다는데, 이것은 그 전부터 있어왔던 것으로 이미 무역의 순수성은 없었다고 보아야 할 것이다.

왜냐하면 그 전에 임진왜란이 있었고, 거기에 포르투갈의 세스뻬데스 같은 신부가 종군〔실제는 전투에 참가했을 것임〕하였으며, 단순한 무역선의 표류가 아닌, 의도된 무력도발의 세력이었기 때문이다. 그래서 조선수군이 포격으로 제압하고 나포했던 것이다.

조선에 첫발을 디딘 외국인이라면 포르투갈의 주앙 멘데스(1604년)이든, 네덜란드의 벨테브레(박연: 1627년)이든, 헨드릭 하멜(1653년)이든, 그런 의미부여에는 아무런 가치가 없다. 왜냐하면 이미 그 전부터

1021) '甘河'는 일본에서 '天川〔amakawa〕'이라고 하는데, 이 소리가 〔makawa〕〉〔makao〕〉〔macao〕로 되었다.

1022) 『謄錄類抄』(各司謄錄66, 규장각 소장). "南蠻人供稱. 一名之緩面弟愁 年三十四, 所居之國, 卽寶東家流, 乃南蠻諸國之一也. 其地多産玉帛, 金銀至少. 素以行商爲業, 離日本國幾至十五年. 往年自甘河往可普者, 因與今來華人倭人等, 同船將往日本買賣, 爲橫風所漂, 到此被付. 甘河卽中國地方, 而距其所生之國, 幾十八萬里. 順風八九月可到, 而可普者, 距甘河六千里, 乃暹羅安南兩國之間, 而屬於暹羅. 華人所供同 浦寨乃此也. 所率一名, 卽黑體國人, 乃所謂海鬼者也. 買而爲奴從行云. … 甲辰七月初六日"

1023) 박태근, 앞의 논문, p. 49.

조선이라는 나라는 하나의 아시아로서 유럽인들이 해상을 통한 세계질서를 재편하는 힘을 펼치려 마구 드나들었던 광활한 다민족·다언어·다문화의 공간이었기 때문이다. 이런 측면에서 보면, 일본을 앞장세워 조선을 무력 침공한 임진왜란이 성공하지 못하자, 그들의 선박에 무장한 것이 말해주듯이, 선교와 무역을 명분으로 내세운 유럽인들의 계속적인 도발의 느슨한 활동으로 보아야 할 것이다.

이렇게 조선의 력사의 흔적들은 고구려·백제·신라와 더불어 한반도로 올 수도, 올 필요도 없는 중앙아시아의 중심에서 서로의 힘을 겨루며 벌어진 력사적 사실이고, 또 포르투갈 사람이 은밀하게 가려진 복건성 → 마카오(광동성) → 베트남 → 캄보디아를 다니며 활동한 국제무역도 임진왜란을 배경으로 하여 그 연장선상에서 이루어진 포격전임이 이제야 밝혀졌다.

4. 풍신수길 일당을 현상수배한 지역과 왜적을 방어한 지역

이런 엄청난 새로운 력사적 지식의 바탕 위에서 보더라도, 임진왜란이라는 조선의 국난을 극복해낸 리순신의 전략·전술은 당시에는 한결같이 종래에 대륙적 전략 사고에 젖어 있었던 조정의 대신들이나 많은 장수들에 비하여, 한층 발전된 초현대적 해양 전략사상을 가지고서 이를 실천한 것임을 알 수 있었다.

임진왜란 당시 풍신수길과 그 일당들이 조선을 침략해온 처음 위치는 산동·절강·복건·광동 지방이었다. 이들 침략의 원흉 풍신수길과 그 일당을 체포하기 위하여 북쪽으로는 천진에서부터, 남쪽으로는 해남도〔경주·애주〕까지 중국대륙의 연해안에다 현상수배를 했고, 또 그곳에다 왜적의 침략을 방어할 많은 조선의 군사력을 배치하여 튼튼히 해야 한다고도 하였다.

현상 수배는 범죄인을 체포하기 위한 현장 중심의 현재진행형의 과업이며, 전단을 뿌린 바로 그곳에 범인들이 활동하고 있는 것이므로, 임진왜란을 일으킨 주범의 활동 근거지는 결코 일본렬도와는 상관이 없는 것이다.

그렇다면 일본의 지리적 위치를 잠시 짚어보자.

(1) 일본 땅은 강소성과 절강성〔江浙〕과 홍수(泓水: 하남성 귀덕부)를 사이에 두고 있으며, 강소성과 절강성은 옛날의 오(吳)·월(越)이다.[1024)]

(2) 조선과 일본이 비록 함께 바다에 있는 섬이지만, 하나는 남쪽에, 하나는 북쪽에 멀리 떨어져 있습니다. 만일 일본이 조선과 싸워 이긴다면 배가 잇따라 건너오는 것이 어찌 1천 리에 그칠 것이며, 위급함을 알리는 격문〔羽檄〕이 어찌 한마디도 없겠습니까. … 신이 어찌하여 불행하게도 복건〔閩〕과 광동·광서〔越〕 지방에서 이런 소리를 듣게 되었으며, 또 조정에까지 들리게 되었습니까?[1025)]

1024) 金綺秀, 『日東記游』 卷3 政法 22則.

1025) 『西崖先生文集』 권3, 왜의 정세를 진술하는 주문(1591, 선조24). "朝鮮日本, 雖幷居海島, 而一南一北, 相距甚遙. 若使日本戰勝朝鮮, 則舳艫之經涉者, 何至千里.

(3) 일본 살마주(薩摩州)의 북쪽은 비후(肥後)이고, 그 북쪽은 비전(肥前)이며, 비전의 서쪽은 바다에 평호(平戶)가 있고, 평호의 서쪽에 오도(五島)가 있다. … 일본의 살마주는 절강과 마주하며, …〔양조평양록(兩朝平攘錄)〕.《섭창하집(葉蒼霞集)》에 보면, "일본은 그 지역이 북쪽으로는 조선에 걸쳐 있고, 남쪽으로는 절강〔浙〕과 복건〔閩〕 지방에서 끝난다. 일본에서 조선으로 갈 적에는 대마도에서 바다로 나가 이틀 정도면 닿고, 복건〔閩〕과 절강〔浙〕 지방은 순풍에는 한 달쯤이면 도달한다."고 하였다.[1026)]

위의 (1)은『일동기유(日東記游)』에 실린 것인데, 그 저자는 조선이 일본과 강화도조약〔1876년〕을 맺은 뒤에 수신사로서 다녀온 당대의 학자 김기수(金綺秀: 1832~ ?)다. 그가 일본에 다녀오고 쓴 글에서 일본의 위치가 강소성·절강성과 하남성의 홍수(泓水) 사이에 있다고 했다. 이 홍수는 하남성 자성현(柘城縣) 북쪽에 있는 강 과수(濄水: 渦水)이다. 이 말은 동경 115° 이동의 중국대륙 동쪽지역임을 말하고 있다. 이것은 19세기 후반에 직접 그곳을 다녀온 사람의 글이니, 그 이전의 임진왜란은 더 말할 필요도 없다.

그리고 위의 (2)(3)에서 조선과 일본이 현재의 지리 구도라고 보더라도, 위의 (2)처럼 서애 류성룡이 들은 소문이 '복건과 광동'에서 있었던 것이니, 그 왜란은 곧 그곳임을 알 수 있다. 게다가 복건이 일본과 멀지 않다는 말은 일본이 일본렬도와는 상관이 없음도 알 수 있다.

게다가 조선말기에 한치윤이 지은『해동역사』에 적힌 위의 (3)〔崔南善藏本 655面〕에는 조선과 일본의 상대적 위치를 조선이 일본의 북쪽에 있고, 일본의 남쪽에 절강과 복건이 있다고 했다. 이 사료는 앞에서 설명한 바가 있지만, 류성룡의 한 말을 다시 보면, 절강은 중원〔=중국〕에 있어서 꼬리〔尾〕이고, 우리나라(=조선)는 그 중국에서의 머리〔首〕에 해당된다는[1027)] 말은, 절강을 기준하면, 그 북쪽에 조선이 있고, 또 일

羽檄之告急者, 豈無片詞. … 臣何不幸得此於閩越之間, 乃至上聞朝廷."

1026)『海東繹史』卷40 交聘志8 附通倭海路. "日本薩摩之北爲肥後 又其北爲肥前 肥前西懸海爲平戶 平戶之西爲五島. … 日本薩摩州與浙江相. … 兩朝平攘錄. 葉蒼霞集 日本其地北跨朝鮮 南盡浙閩 其往朝鮮也 自對馬島 開洋信宿至 閩浙順風旬月至."

1027)『선조실록』권53 선조27년 7월 병신(20일). "成龍曰 … 浙江於中國如尾 我國

본도 있다는 말이 되어 모순이 발생하는데, 이것은 조공이니, 봉왕의 문제를 함께 고려하면 일본이 '나라'가 아님을 말해주는 것이며, 그래서 일본에 대해 '봉왕(封王)'이니, '봉공(封貢)'이라는 말이 나오며, 풍신수길은 봉공을 허락해주지 않아서 왜란을 일으켰다고《선조실록》에 적혀 있는 까닭이 여기에 있다.

또 일본은 살마주의 북쪽에 '비후(肥後)'가 있고, 그 비후의 북쪽에 '비전(肥前)'이 있다고 했는데, 현재 지도 위에는 살마(사쓰마)는 큐슈〔九州〕의 남쪽 끝 반도에 있으며, 가고시마〔鹿兒島: 사슴(사ᄉᆞ미)섬, 북위 31.5° 동경 130°〕현이라고 한다. 그 북쪽엔 구마모토〔熊本〕현이 있고, 그 서쪽과 서북쪽에 나가사키〔長崎〕현과 사가〔佐賀〕현이 있다. 비후니, 비전이란 고을은 큐슈 지방에 없으며, 같은 발음의 '備前'이 혼슈〔本州〕지역의 오카야마〔岡山〕의 동북쪽 가까이〔북위 34.7° 동경 134°〕에 있을 뿐이며, 이곳에서 '備中・備後'가 서쪽으로 벌여 있다. 본디 '前〔앞/남쪽〕・後〔뒤/북쪽〕'의 의미를 알면, 備前・備中・備後의 지명은 억지로 갖다 붙여놓은 것임을 알 수 있으며, 또 이곳의 남쪽은 대마도의 남쪽 섬만한 크기의 쇼토섬〔小豆島〕이 있는 바다다. 또 일본 옛 지도라는 것에는 肥後・肥前이 살마주(薩摩州)의 서쪽에 그려져 있는데, 현재 일본렬도 큐슈의 살마〔사쓰마〕는 좁은 반도이므로, 그 서쪽에는 어떤 고을도 들어갈 공간이 없다. 그런 일본지도는 일본렬도와는 달리 지리적으로 전혀 다른 곳일 수 있다.

그러면 '비후・비전'은 어디에 있는가? 신숙주(申叔舟: 1417~1475)가 지은『해동제국기(海東諸國記)』(1471)에는「일본국서해도구주도(日本國西海道九州圖)」에 마치 큐슈와 비슷한 섬 안에 아래쪽에서부터 북쪽으로 '薩摩・肥後・肥前國'이라고 그려져 있지만, 그 지도는「일본국본도(日本國本圖)」에는 아래쪽에 '三佛齊(삼불제)・羅刹國(라찰국)'이 표시되어 있는데, '삼불제'는 말레이반도 남쪽에 있는 섬 '수마트라(Sumatra: 蘇門答剌)'이고,[1028] '라찰국'은 그 발음에서도 알 수 있듯이 'Lesser

---

如首."에서 "浙江於中國如尾 我國如首"의 완전한 문장은 "浙江於中國如尾 我國於中國如首"이다.

1028)『明史』卷324 列傳第212 外國6 三佛齊.

Sunda Islands'의 'Lesser'이며, '발리(Bali: 婆利)국의 동쪽에 있는 나라'〔남위 8.25° 동경 115.15°〕[1029]인데, 이곳은 자바〔爪哇: Java〕의 동쪽 바로 가까이에 있는 섬이므로,[1030] 이 수마트라·자바·발리·라찰의 북쪽 가까이에 그려져 있는 「일본국본도」는 틀림없이 말레이반도일 것이다.

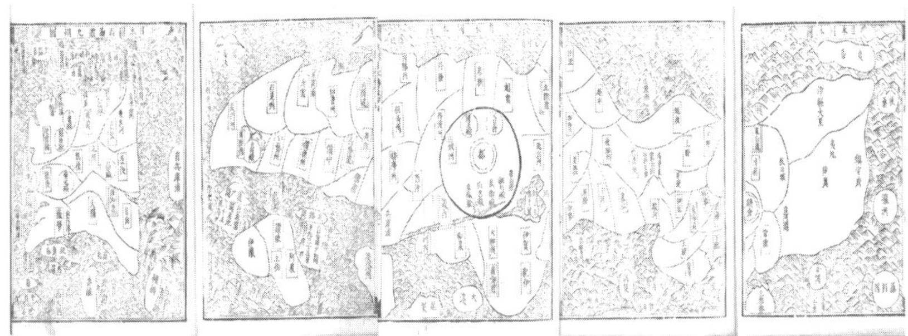

※ 출처: 신숙주, 『해동제국기』(1471)의 일본지도.

어쨌든 이 지역은 사실 열대지방으로서 임진왜란 지도에 왜적들의 복장이 거의 벌거벗은 모습으로 나오는 것은 바로 이때문인 것으로 생각된다.

이런 지리적 위치의 감각으로 1597년 8월 남원전투에서 왜군에 끌려갔다가 중국인 림진혁(林震虩)·진병산(陳屛山)·리원징(李源澄) 등과 배편으로 탈출하여 장주(漳州)·홍화(興化: 仙游)를 거쳐 복건(福建)에 도착하여 탄원서를 내고, 중국에게서 귀국허가를 받아 귀국하였다는 의병 로인(魯認: 1566~1624)의 『금계일기(錦溪日記)』(분량: 1599. 2. 22~6. 27)의 내용을 잠시 보자.

진병산(陳屛山)이 써서 보이기를, "우리 복건군문의 도어사는 나라에 떨친 훌륭한 전략이 있고, 만리를 보는 식견이 있습니다. … 그 말에 '일본은 까닭없이 군사를 동원하여 조선을 패망시켰을 뿐 아니라, 천자의 위엄을 염

1029) 『大漢和辭典』卷9, p. 36. "羅刹ラセツ: 國の名。婆利國の東にあり. … 〔通典、邊方四、南蠻下、羅刹〕羅刹國、在婆利之東."

1030) 『大漢和辭典』卷3, p. 721 "婆利バリ: 古の國名。今の爪哇の東にあるバリ(Bali)島."

두에 두지 않고 방자하였습니다. 때문에 황제께서는 잔뜩 노하여 특별히 병부상서에게 명하여 왜군을 토벌할 장수를 임명하고, 진(秦)·초(楚)·연(燕)·한(韓)·위(魏)·조(趙)와 서융(西戎)·북적(北狄) 등의 나라에서 갑옷을 갖춘 정예군사 100만을 통합케 하고, 산해관을 출발하여 압록강을 건너 부산을 수복한 뒤에, 대마도·일기도·서도 등의 여러 섬을 쳐 없애게 하였습니다. 또 도찰원 도어사에게 명하여 수군도통사를 임명하고, 복건성·절강성〔閩浙〕·호남·호북〔湖廣〕·운남(雲南)에서 오월(吳越)의 수군까지 1만 대군을 만들게 하고, 또 류구·섬라·안남·교지·불랑기(포르투갈)·서역(西域) 등의 나라 수병과 1만 척 남짓한 큰 배를 징발하여 곧바로 살마주로 들어가 일본을 멸하고, 그 죄를 심문·성토하여 천하가 한 집안이라는 진의를 엄중히 보이고, 모든 왜놈들로 하여금 천자의 지대한 위엄에 굴복케 하겠다."고 하였습니다. 림진혁(林震虩)은 과연 이러한 분부대로 허의후(許義厚)와 통했고, 또 많은 뇌물로 허의후에게 달콤한 말을 했습니다."[1031)]

이 로인의 말에서 복건성의 고기잡이 행상이었던 허의후가 살마주로 들어갔는데, 일본의 왜란 정보를 중국에 보고하였다. 여기서 천자가 화를 내며 동원한 병력이 진·초·연·한·위·조·서융·북적의 군사 100만 명과 복건성·절강성·호남성·호북성·운남성에서 오·월 지방의 수군까지 1만 대군과, 류구·섬라〔태국〕·안남·교지·불랑기(스페인·포르투갈)·서역 등 나라의 수병과 1만 척 남짓한 큰 배를 징발하겠다는 의도를 밝힌 것이다. 그 규모는 과히 중앙아시아에서 동남아시아를 포함한 그 동쪽 전체를 아우른다.

한반도가 조선이고 여기에서 왜란이 일어났다면 정말로 중국에서 이렇게 많은 병력과 광활한 지역의 군사들을 징집하여 징벌하려고 했을까?

1031) 魯認, 『錦溪日記』 선조32년(1599) 3월 16일. "陳屛山示之曰 吾福建軍門都爺 都爺乃都御史 鳴國偉略 明見萬里. … 日本無故起兵 非徒殘敗朝鮮. 不有天子之威 迢不宵遁 故聖皇帝赫然可怒. 特命兵部尙書 差定倭元帥 統合秦楚燕韓魏趙及西戎北狄等國 具甲精兵百萬. 出山海關渡鴨綠 蕩復釜山然後 因直搏對馬日岐西海等島. 又命都察院都御史 差水軍都統使 以閩浙湖廣雲南 沿至吳越舟師 爲一萬綜. 又徵琉球暹羅安南交趾佛狼機西域等國水兵萬餘艘 直入薩摩州 必蕩滅日本. 窮問討罪 嚴示以天下爲家之義 使日本諸倭 畏服天子之鴻威然後已云云. 林公果以此分付 通于許公. 且以厚賂 甘說許公."

물론 그럴 가능성이 전혀 없다고는 할 수 없지만, 로인과 그 일행이 일본에 붙잡혀 갔다가 탈출해오는 과정의 지명을 보면, 1599년 3월 26일 천태산(天台山), 4월 3일 장주(漳州), 4월 6일 안동현(安東縣), 그 뒤로 흥화현(興化縣), 복주(福州)를 거쳐서 왔다고 했다.

그러면 그 일본은 현재의 일본렬도는 아닌 것이다. 현재의 일본렬도를 일본이라 한다면 이들 일행이 붙잡혔다가 복건성 지역에서 한반도로 되돌아오는 이동로는 매우 불합리하다. 일본으로 이끌려가서 탈출이 시작된 곳이 복건성이라면 일본은 바로 그 지역에서 결코 멀지 않을 것이며, 전라도는 장강 남쪽 지역일 것이다.

그렇다면 과연 왜란의 싸움터가 어딘지를 이 로인의 말에서 찾아보자.

(1) 1599. 5. 20. 나〔=로인〕는 이렇게 말했다. 만약 우리나라 군사로 하여금 일본 땅으로 깊이 들어가 갑자기 궁한 도적이 되게 한다면, 강한 활과 독 있는 화살을 가져 사나운 정예가 될 것이니, 저 놈들이 어찌 당해낼 수 있겠습니까? 그러나 저 왜적들의 장점은 조총과 창검이 훌륭할 뿐 아니라, 비록 행군이나 야영을 하다가도 갑자기 싸우게 될 때에는, 반드시 순식간에 흙으로 보루를 쌓은 뒤에 접전합니다. 그러므로 왜놈의 진은 공격하여 깨뜨리기가 쉽지 않습니다. 대체로 저 놈들의 장점은 □□보루를 쌓는 법이 묘합니다. 수재들이 말했습니다. 천하에 강한 군대 군요. 절강의 군대라야 왜병을 당해 내겠습니다.[1032)]

(2) 〔1600. 11〕 왜적으로 말하면 조선과는 땅〔경계〕이 붙어 있어 범 같은 형세와 올빼미 같은 형세로 버티고 있으므로, 우리가 험한 곳을 의지하여 지키고 있다가 기발한 방법을 내어 이기려면 조선의 도로와 거리를 알지 못하면 안 됩니다.[1033)]

위의 (1)은 로인이 임진왜란에 있었던 일들을 복건성에서 한 대화인

1032) 『錦溪日記』 宣祖32年 5月 20日 "若使我國之兵 深入日本便作窮寇 則强弓毒矢 慓悍精銳 彼焉能當之哉. 但彼賊所長 非但鳥銃槍劍 雖行師野營蒼黃臨戰之時 必集土壘於瞬息然後接戰. 故倭陣未易攻破. 蓋彼賊長□□得壘法之妙矣. 秀才曰 天下强兵. 浙江當倭兵矣."

1033) 『재조번방지』 6. "至于倭奴 與朝鮮接壤 虎勢梟張 吾欲據險而守 出奇而勝 卽朝鮮之道理 不可不知."

데, 강한 왜적들을 이길 수 있는 방법이 절강 지역의 군대를 쓰는 것이라고 하였다. 이것은 역시 지난날 척계광의 병법에 익숙한 절강 지역 사람들을 동원해야 이길 수 있다는 말이다.

이런 일들이 가능한 것은 곧 위의 (2)에서 조선과 일본의 경계가 서로 땅으로 붙어 있다는 데서 알 수 있으며, 이것은 군문 형개(邢玠)가 1603년 11월에 만력의 왜란 - 임진왜란의 모든 일을 마치고 돌아가서 올린 '어왜도설(禦倭圖說)'에 적힌 글이니, 황제에게 한 말인만큼 결코 이것을 거짓이라고 볼 수 없다. 말하자면 조선과 일본은 같은 땅이었다.

(1) 제독(리승훈)이 말하기를, "왜인들이 지금 배를 만들고 있다는 데 사실입니까?"하자, 임금이 말하기를, "우리나라에서는 전혀 알지 못합니다. 이런 소문이 어디에서 나왔습니까?"하니, 제독이 말하기를, "복건이 일본과 가깝고, 왕래하는 상선들도 엄금하지 않기 때문에 소문이 쉽게 들립니다."고 하였다.〔1599. 12. 17〕[1034)]

(2) 복건(福建)이 일본과 멀지 않으니, 만일(중국에) 보고하는 것이 일본 사람의 귀에 들어간다면 의심을 사게 될지 모르니, 결코 중국에 알릴 필요가 없습니다.[1035)]

(3) 부제학 김수가 말하기를, "'중국〔上國〕에서 복건으로 가는 길은 일본과 바다 하나를 두고 있어 장사꾼이 통행하고 있습니다. …"고 하자, 임금이 말하기를, "복건은 일본과 가깝고 장사꾼이 통행하고 있으니, 일본이 우리에게 보낸 글을 중앙조정〔天朝〕에 전달했는지 어찌 알겠는가?"고 하였다.〔1591. 5. 1〕[1036)]

이 세 사료는 임진왜란이 끝난지 1년 뒤의 것과 일진왜란이 일어나기 1년 앞의 것인데, 서로 같은 말은 "복건은 일본과 가깝다."는 말이

1034)『선조실록』권120 선조32년 12월 임진(17일). "提督曰 倭子方爲造船云, 然乎. 上曰 小邦專未知之. 此言從何出乎. 提督曰 福建與日本相近, 故往來商船, 亦不嚴禁, 故聞之甚易."

1035)『燃藜室記述』권15 宣祖朝故事本末.

1036)『선조수정실록』권25 선조24년 5월 을축(1일). "睟曰 … 上國福建一路, 與日本只隔一海, 商賈通行. … 上曰 福建果近於日本, 而商賈又通, 則安知日本送我之書契, 已達於天朝乎."

다. 특히 위의 (1)는 임진왜란이 끝났던 시기임에도 일본이 배를 만드는 문제에 매우 심각하게 생각하고 있었음을 알 수 있다. 그리고 위의 (2)는 황윤길·김성일 등 통신사가 일본에 갔다가 돌아와서 김성일이 임금에게 보고했던 말인데, 류성룡과의 대화에서도 마찬가지로 말했으니, 이 또한 복건과 일본이 멀지 않은 곳이라면 일본렬도가 일본이라고 할 수 없다. 게다가 위의 (3)에서 복건과는 바다 하나를 사이에 두고 있는 일본이라면, 그 일본은 아무리 떨어져 있는 곳이라고 한들 대만을 떠날 수 없을 것이다.

이것은 역시 왜가 날뛰던 지역이 일본렬도가 아니고 중국대륙의 동부지역에 있었다는 사실을 말하고 있다.

그렇다면 과거에 일본 사람들이 일으킨 반란이 어디에서 있었는지를 보면 임진왜란의 관계를 아는 데 도움이 될 것이다.

(1) 1523년〔가정 계미〕에는 왜노가 녕파부에서 난을 일으켜 변방 장수를 죽이고 달아났다.[1037)]

(2) 임금이 말하기를, "왜적이 매양 절강의 소주·항주 등지에 쳐들어왔을 때, 이들 군대가 없지 않았을 터인데, 여러 차례 함락된 변이 있었던 까닭은 무엇인가?"하니, 리덕형이 아뢰기를, "중국〔中原〕의 토박이 려응주(呂應周)란 자가 글로 써서 보이기를, 가정(1522~1566) 년간에 왜적이 소주·항주를 함락했으나, 그 뒤에 방비를 잘했기 때문에 지금은 걱정이 없다."고 했습니다.〔1593. 2. 20〕[1038)]

(3) 류성룡이 아뢰었다. 전에 듣건대, 왜적이 절강에서 3년이나 떠나지 않고, 마치 땅을 나누어 차지할 듯하였는데, 천하의 막강한 군사를 쓰고서도 수십 명의 적도 죽이지 못하다가, 그 뒤에 척계광이 1561년〔신유〕 이후에야 비로소 이겼다고 합니다. 중앙조정〔中朝〕은 이 적을 어렵게 여기니, 심유경이 나온 것은 오로지 이 적들을 꾀어내기 위한 것인데, 이것은 하수의 꾀입니다.〔1593. 윤11. 14〕[1039)]

1037) 『國朝寶鑑』 卷33 宣祖朝10 宣祖31年(무술, 1598).

1038) 『선조실록』 권35 선조26년 2월 을사(20일). "上曰 倭賊每寇浙江蘇杭等處, 此等軍, 非不在矣, 而有累陷之患, 何耶. 德馨曰 有中原土人呂應周者, 以書示之曰 嘉靖年間, 倭賊陷蘇杭, 其後措備有方, 故今則無患."

1039) 『선조실록』 권45 선조26년 윤11월 갑오(14일). "成龍曰 前聞倭在浙江, 三年不去, 若割據者然, 至於用天下之兵, 不殺數十賊. 其後戚繼光於辛酉之後, 始乃勝捷云.

(4) 임금이 말했다. "적병이 중국의 남방을 침범할 세력이 있는가?" 하니, 류성룡이 아뢰기를, "남북으로 협공할 걱정이 반드시 없다고는 단언할 수 없습니다."고 하고, 리덕형이 아뢰기를, "중국〔上國〕의 남방은 지세가 매우 험난합니다. 1580년(경진)에 왜노가 거주하여 7년이나 머무르자, 척계광이 몰아낸 다음에 성과 해자〔城池〕를 쌓았는데, 매우 험고하다고 합니다."고 하였다. 임금이 말하기를, "풍신수길은 지금 어디에 있고, 군사들은 얼마나 되며, 앞으로 또 무엇을 하려고 하는가?" 하였다.〔1594. 2. 27〕[1040)]

왜란을 맞아 소강기에 접어들자, 왜란의 원인을 진단하면서 임금과 대신들 사이의 대화에서 보면, 이들은 분명 한반도와는 아무런 상관없는 말들이 오가고 있었다. 분명 임진왜란이 벌어져 3년이나 지난 시기에 과거에 왜적들이 침입해왔던 사례를 들춰내고 있다. 이것이 비유로서 본다 해도 한반도로써는 아무런 의미가 없고, 척계광이 왜적의 반란군들을 몰아낸 것이 또한 한반도와도 관련이 없다.

오직 왜노들이 절강성의 녕파・소주・항주 등지에서 3년 간・7년 간씩이나 집단으로 머물러 있었는데, 이를 척계광이 무찔렀다는 것을 왜란이 진행이 되고 있는 상황에서 어떤 의미로 받아들여야 옳을까?

임진왜란은 바로 그곳의 반란 상황을 말하고 있다고 보아야 마땅하다. 그래야 그런 반란의 교훈을 적용하기에 설득력을 가지는 것이며, 다음의 사건이 설명이 가능하게 된다.

호군 황신(黃愼)이 장계하였다. … 전일 복건에서 납치되었던 사람이 은밀하게 나에게 말하기를, "관백〔풍신수길〕의 말이 '나는 이미 일본국왕이 되었으니, 책봉은 필요가 없고, 큰일을 도모하고자 한다.'하며, 유격 심유경도 결박되어 항복을 강요당하고 있으나, 아직 항복하려고 하지는 않는다."고 하므로, 내가 부득이 몸을 빼어 왜영에서 빠져 나왔다.〔1596. 4. 13〕[1041)]

中朝難於此賊, 沈惟敬之出來, 專爲誘出此賊, 此出於下策也."

1040)『선조실록』권48 선조27년 2월 병자(27일). "上曰 … 賊兵有犯中國南邊之勢乎. 成龍曰 南北挾攻之患, 亦不可謂必無也. 德馨曰 上國南方, 地勢甚難. 庚辰年間, 倭奴居之, 七年留屯, 戚繼光逐之後, 築設城池, 甚爲險固云. 上曰 秀吉今在何處, 軍兵幾何."

이 사료는 왜란이 벌어진 지 4년이 지난 시점에서 왜적에게 복건 지역에서 붙잡혀갔던 사람이 호군 황신에게 몰래 알려준 사실을 보면, 왜란의 터전이 바로 그곳이어야 마땅하다. 더 이상의 설명은 사족에 지나지 않는다. 이런 때문에 "풍신수길이 지금 어디 있느냐?"고 임금이 물었던 대답이 어디에 나오는지도 이미 그 전에 언급되었었다. 잘 보자.

> 리덕형이 아뢰기를, "진신(陳信)이 … 답하기를, '내가 류구(琉球)에 갔다가 아주 후한 대접을 받았는데, 일본 사신을 보고 그런 줄을 알았다. 이른바 관백이란 자는 절강 사람인데 죄를 짓고 들어갔다고도 하고, 혹은 남방 사람인데 일본에 장가들어 성을 평(平)씨라고 하였다고도 하였습니다.'고 하였다."〔1593. 2. 20〕[1042)]

이 말에서 보면, 풍신수길이 '절강' 사람이든, '남방' 사람이든, 그는 결코 일본렬도의 사람은 아닌 것이다. 물론 지금까지 일본의 위치가 중국대륙의 동부지역으로 설명되었으니, 결코 일본렬도 사람일 수는 없는 것은 당연하다.

그러면 조선침략의 전쟁지휘 본부는 어디여야 하겠는가?

> (1) 왜장 소서행장이 장대선(張大膳)을 시켜서 청하기를, "중국군사〔天兵〕가 잠시 물러나 주면, 복건(福建)에서 표문을 받들고 공물을 바치겠다"고 하였다.〔1593. 1. 9〕[1043)]
>
> (2) 도사 주돈길(朱敦吉)이 말하기를, "소서행장이 꾀가 다하고, 힘이 모자라 밤을 틈타 달아났으니, 도독부의 공이 어찌 적다고 하겠습니까. 어제 복건의 통보에 따르면, 왜노가 흉계를 그만두지 않고 다시 움직이려

1041) 『선조실록』 권74 선조29년 4월 기유(13일). "護軍黃愼馳啓曰 … 前日福建被擄人, 潛言於我曰 關白云, 我已爲日本國王, 不須受封, 欲圖大事云. 沈遊擊亦被綁縛, 使降而時不肯降云, 故我不獲而挺身出營."

1042) 『선조실록』 권35 선조26년 2월 을사(20일). "德馨曰 陳信出來于提督軍中 … 則答曰 俺往琉球, 待之極厚, 得見日本使臣, 知其然矣. 所謂關白, 浙江地人, 有罪而逃入, 或言南方之人, 娶于日本, 托姓於平氏云矣."

1043) 『선조실록』 권34 선조26년 1월 갑자(1일). "倭將使張大膳請曰 願暫退天兵 奉表納貢于福建."

고 한다."고 하였습니다.〔1599. 2. 14〕[1044)]

평양성 전투에서나, 왜란이 막 끝난 시점에서 일본군들이 지휘를 받거나, 중국군들이 어떤 정보를 듣게 되는 곳이 다름 아닌 복건성이었으니, 그곳에 조선침략 지휘본부가 있었던 것이다. 바로 그곳에서 장사꾼 허의후가 왜란의 정보를 최초로 보고하기도 했었다.

그러므로 왜란이 일어나서 한창 전투가 벌여졌을 때에 복건지방에서 잡아온 '포로'들이 많았던 것이다.

(1) 해평부권군 윤근수가 말했다. … 총병이 말하기를, 왜적의 뜻은 봉공에 있는 것이 아니라, 실상은 혼인을 구하고, 땅을 할양받기를 바라는 것이다. 혼인을 구하는 것은 관백이 그 조카를 위해 중국에 혼인을 구함이고, 땅을 할양하라는 것은 한강 이남을 분할하여 왜적에게 부치고, 한강 이북은 중국〔天朝〕에 부치자는 것이다. 나의 병영에 항복한 왜인이 전후로 들어온 자가 매우 많은데, 그 말이 모두 같았고, 복건 지방에서 사로잡은 왜적의 말도 이와 같으므로, 그곳의 무안관(撫按官)이 이미 보고서를 올렸다.〔1594. 8. 15〕[1045)]

(2) 경리접대도감 낭청이 우의정의 뜻으로 아뢰기를, '… 또 절강성·복건성 근처의 사람들이 사로잡혀 왜영에 억류되어 있는 자가 많은데, 이런 말을 듣는다면 틀림없이 나오려던 그들의 마음을 막아버리게 될 것이다.〔1598. 5. 2〕[1046)]

이 사료에서는 분명 임진왜란의 진행이 한창이든, 막바지든, 포로들이 잡혀가고 도망해오는 중심지가 곧 복건성이다. 이 사료의 출처가 다름 아닌 바로『선조실록』이다. 그렇다면 이『선조실록』의 내용은

1044)『선조실록』권109 선조32년 2월 갑자(14일). "都司朱敦吉曰 … 行長智窮力竭, 乘夜而遁, 督部之功, 豈云少哉. 昨有福建之報, 倭奴兇謀未戢, 將欲再動云."

1045)『선조실록』권54 선조27년 8월 경신(15일). "海平府院君尹根壽啓曰, … 則總兵言, 倭賊之意, 不在於封貢, 實欲求親割地. 求親者關白爲其姪, 求婚於天朝, 割地者, 欲割漢江以南, 屬之倭奴, 以北屬之天朝. 俺營裏降倭, 前後出來者甚多, 其言皆一樣. 福建地方, 擒得倭奴所言, 亦如此, 其處撫按官, 已上本矣."

1046)『선조실록』권100 선조 31년 5월 병술(2일). "經理接待都監郎廳, 以右議政意啓曰, … 且浙江福建近處, 被擄人留在倭營者, 其數甚多, 若聞此言, 則必阻其出來之心."

상당한 부분이 한반도의 상황인 것처럼 실려 있으나, 그 본질은 중국대륙의 것이라는 사실을 알 수 있다.

이러한 지리적 상황에서 봐야만, 리여송·마귀가 녕하 지역의 반란군을 평정하자마자, 임진왜란에 투입되어 평양전투에서 승리할 수 있었으며, 형개·왕사기는 사천·귀주의 반란군 진압에 참가하고서도 정유재란에 참전하여 泗川〔=四川〕·光州洋〔=洞庭湖〕·露梁〔호북성 鷺梁(=鷺鷥陂+梁子湖)〕에서 전투할 수 있으며, 이내 류정·진린·동일원·마귀 등은 지리적 공간의 쉴 겨를도 없이 四川〔播州·光州〕의 묘족 양응룡 반란의 진압에 투입될 수 있었던 것은 바로 지리적으로 泗川이 곧 四川, 〔泗川=四川〕이듯이 근세조선이 하나의 같은 중국대륙 자체임을 말해준다.

그리고 리순신은 그런 류정·진린과 합동작전을 했으며, 소경왕 리연이 말했듯이, 아열대·열대에나[1047] 발생하는, 장무만연(瘴霧蠻烟)의 악조건을 극복하면서 적벽대전(赤壁大戰)의 현장인 장강(長江)과 그 북쪽의 회하(淮河)에서 왜적을 물리치는 데 큰 공로를 세웠다.

이것은 역시 '왜란(倭亂)'의 성격을 새롭게 살펴보아야 할 것 같다.

'亂'은 국내에서 일어난 배반의 반란으로서 그 상대를 '적(賊)'이라 하며, '전쟁(戰爭)'은 국가와 국가, 제후국과 제후국 사이에 침략의 무력투쟁으로서 그 상대를 '적(敵)'이라 하여 서로 구분이 된다.

賊과 敵의 구분에서도 확연히 드러나듯이, 조선의 통치를 받는 '왜(=일본)'가 하나의 조선 안에서 일으킨 반란이 왜란이며, 요즘의 개념으로 보면 내전(內戰)인 셈이다. 내전은 혁명전쟁이라고 하는데, 정부와 반정부 집단 사이의 싸움이며, 정부 입장에서는 내란(內亂), 즉 쿠데타(coup d'etat)에 해당된다. 다시 말해서 임진왜란의 명칭은 당시 조선의 반정부 집단 일본사람들이 조선에 대해 7년 동안 쿠데타를 벌였다가 실패한 쿠데타다.

1047) 조선이 '열대지방'을 포함하고 있다는 외국인의 체험기로는 헝가리의 민속학자 버라토시 벌로그 베네데크의『코리아, 조용한 아침의 나라』(초머 모세 역저, 서울: 집문당, 2005), p. 28에 "많은 비가 내리는 것은 사실이나, 한반도는 좌우로 폭이 넓고 산이 많아서 오히려 대륙성 기후에 가깝다. … 다양한 종류의 동식물이 서식하고 있으며, 만주와 마찬가지로 열대·한대·온대가 고루 분포되어 있다."고 했다.

이런 쿠데타의 발생원인에 대해서 대부분의 학자들이 풍신수길이가 그 신하들의 무력을 해외-조선으로 방출시키려는 과대망상으로 몰고 있지만, 이런 말은 그 사회조직의 인식부터 옳지 않다. 그 직접적인 원인은 조선의 중앙정부 중국이 조공(朝貢)을 강화하고, 외부세력과의 무역을 금지하는 해금(海禁)정책을 쓰자, 제후로 인정받지 못한 '왜'는 경제적으로 큰 타격을 받을 수밖에 없어 '조공'이 이루어지지 않은데 대한 불만의 표출이었다.

그래서 "풍신수길은 항상 중국이 그들의 조공을 허락하지 않는 것에 대해 앙심을 품고 일찍이 중 현소 등을 파견하여 조선이 길을 빌려주면 료동을 침범하겠다."고[1048] 요청했던 것이다. 소서행장이 복건에서 표문을 받아서 공물을 바치겠다고 했던 것에서 알 수 있듯이, 그들이 왜란을 일으킨 지역은 복건성에서부터 시작되어 양자강과 황하 사이의 지역에서 서쪽으로 진격해간 반란이었다.

결국 임진왜란의 원인은 '조공'의 대상에 끼지 못했던 왜의 부류들, 즉 풍신수길과 그들의 반란이었던 것이며, 이것은 하나의 통치권과 지리적으로 동일한 강토 속에서 벌어질 수 있는 상황임에 분명하다.[1049]

이런 지리적·정치적 상황 속에서 임진왜란은 녕하의 보바이 반란, 사천의 양응룡 반란 등과 더불어 중국대륙 전반에 걸친 '만력의 란'의 하나로써 그 과정과 영향이 매우 컸으며, 그 중심에 리순신이 있었다.

그래서 중국대륙에서의 리순신의 해양 전략 사상을 현대적 감각으로 분석해봤을 때에, 현대와도 거의 다를 바 없는 전략·전술·훶손이었음이 410년이 지난 지금에 와서도 거의 비슷한 논리로 군사 운영이 이루어지고 있음을 볼 때 참으로 탁월한 능력을 가졌으므로, 이에 진정 감격하지 않을 수 없다.

더구나 리순신의 전략·전술과 훶손은 동양에서 전래해온 병법으로서『무경칠서』,『병장설』,『진법』에 바탕을 둔 것이었으면서도 해전

1048)『선조실록』권26 선조25년 4월 13일. "賊酋平秀吉爲關白 … 常以天朝不許朝貢爲憤 嘗遣僧玄蘇等 乞假途犯遼."

1049) 최두환,「삼가 구원하러 출전하는 일을 아룁니다」『해군』통권제391호,(해군본부, 2008), pp. 43~44.

지역에 따라 유효하고도 적절하게 새로운 전술과 휫손이 발휘되었다. 특히 거북함의 발명과 더불어 해전에서 학익진의 변형 운용은 타격력을 집중시킬 수 있는 매우 특이한 능력을 발휘했음을 확인했다. 다만 임진왜란 당시에 운용되었던 척계광의『기효신서』의 전술은 비록 왜구를 물리치는 특수한 병법이었음에는 분명하고, 지리적으로도 거의 동일선상이지만, 리순신에게는 그것이 적용되었다고는 보이지 않는다.

물론 많은 사람들이 리순신더러 탁월한 전술가라고는 한결같이 주장하고는 있어도, 정작 훌륭한 전략가라고는 말을 아끼지만, 막상 현대 전략에 입각하여 분석한 결과는 판이하다. 즉 그동안 아꼈던 말들을 바꾸어서 이제는 '전략가'라느니, '전술가'라느니, '조선 최고의 CEO'라 하면서 아무리 훌륭하다고 강조하더라도 결코 지나친 말이 아님을 알았을 것이다.

5. 리순신의 전략・전술이 우리에게 주는 의미

나는 지금까지 오랫동안 임진왜란과 리순신을 연구해 오면서 그가 바로 이런 해양 전략가적 사상을 가지고 있었다는 점을 발견하고 이를 체계화하려고 노력하였다. 그 바람에 임진왜란을 좀 더 넓고 큰 틀에서 바라볼 수 있었다.

특히 첫 해전인 옥포해전을 현대적 해군전략 개념의 '마한(Mahan) 이론'으로 분석해 본다면, 리순신은 함대세력이 열세했지만, 일본 대함대(大艦隊)의 지대(支隊)에 대하여 과감히 공격하여 섬멸하면서 공세적 방어의 특징인 소모전략을 수행했다고 볼 수 있다. 함정(艦艇)은 기지 - 항구에 대기하고 있을 때가 가장 취약한데, 더구나 일본수군이 경상도 우수영 일대의 항구・포구에 정박하고 있을 때에 리순신이 기습하는 등 현대에서도 사용하고 있는 여러 가지의 전쟁 원칙을 적용한 것을 보더라도 훌륭한 전략가였으며, 전술가였음도 알 수 있다. 그 뒤로 해전마다 거의 같은 방법을 구사하여 모두 승리하였다.

그리고 리순신은 20세기 초에 정립된 꼬르베트(Corbett)의 이론인 『해양전략의 원칙(Some principles of Maritime Strategy)』에 비추어 보더라도, 그는 현대 해양전략의 요소라고 불리는 '현존함대전략'을 이미 수행하고 있었다. 그뿐 아니라 현대전략 개념을 초월하여 상대적으로 세력이 열세하더라도 결전전략을 수행하였다. 그것도 명량해전에서는 13척으로 333척이라는 엄청나게 많은 적군을 맞아 자기가 보유한 척수보다도 더 많은 31척을 격침시킬 수 있었고, 피해는 겨우 전사자 2명, 부상자 2명에 지나지 않은 완전하고도 완벽한 승리를 했다는 것은 현대의 최신 전략・전술로도 쉽지 않을 전과를 획득했던 것이다. 더구나 임진왜란은 모두 34회의 해전이 있었으며, 여기서 30회를 리순신이 지휘하여 모두 이겼다. 게다가 싸워서는 단 한 척도 잃지 않았다는 력사적 사실은, 현대의 원자핵폭탄으로 피해를 입힌 전쟁을 빼고는, 그토록 많은 전과를 획득하며 통쾌한 승리의 해전사(海戰史)로서 그 진수를 남긴 것이다.

이러한 전과를 획득할 수 있었던 비결은 그가 곧 전략 기획가요, 바다를 통한 전략가였기 때문이다. 리순신은 현대에 쓰이는 전쟁 원칙도 철저하게 이미 사용하고 있었던 전술가였다. 그는 또한 어떤 누구도 따르지 못할 백성을 섬기는 휫손을 발휘하였다. 그래서 리순신은 확실히 백성과 나라를 위하여 해양을 통한 전략의 선구자적 역할을 수행했던 세계적 해양전략 사상가라고 결론을 맺을 수 있다.

그리고 현대의 해양 강대국이라는 나라들도 해양전략에 입각하여 바다를 우선하는 정책을 수행했기 때문에 세계를 주도하고 있음을 볼 때, 리순신이 이미 수행했던 학익진의 운용과 군사기지를 전진 배치한 길목차단의 전략적 사상은 참으로 가볍게 여길 수 없는 신선한 착상이다. 그리고 거북함 발명과 무기의 개량은 실로 발명가다운 면을 엿볼 수 있기도 하다. 바로 이런 자질은 평소에 책임을 다하는 마음에서 비롯되었을 것이다.

이런 모든 분야는 앞으로도 많이 교훈삼을 수 있는 분야이기 때문에, 우리는 리순신의 전략·전술과 휫손을 모델로 삼아 밝은 미래를 펼쳐야 할 것이다. 진정 리순신은 구름 아래에까지 빛을 밝히는, 모든 생물을 소생시킬 수 있는 태양의 에너지를 가진, 태양을 닮은, 태양의 사나이였다.

이제까지 수수께끼처럼 존재했던 사실로서 리순신이 강회(江淮), 즉 양자강(楊子江)과 회하(淮河) 지역에서 풍토병〔습열(濕熱)과 장무만연(瘴霧蠻烟)〕에 시달려가면서 왜적을 무찔렀다는 전혀 새로운 사실을 찾긴 했다. 하지만 이미 『난중잡록』에 실린 정경세가 초유사 김성일에게 보낸 장계에도 똑같은 말로 나와 있고, 더욱이 명확한 지명을 언급한 것으로써 왜적을 막는 데 반드시 지켜야 할 곳이 '수양'(睢陽: 하남성 동부 회하의 상류)이라고 하였다. 또 중국의 급사중 오문재가 상소했던 말에서도 나와 있지만, 그래도 아직까지 밝히지 못한 문제가 더 많이 남아 있다. 앞으로 더 연구하여 밝혀야 할 것은 임진왜란의 세부적인 지리적 문제의 확인과 '만력의 란'을 좀더 체계적으로 연구하는 것만이 남아 있다.

지금까지 우리는 우리들이 늘 보아왔던『조선왕조실록』과 여러 유명한 인물들의 전기(傳記) 내지 문집(文集)을 대하면서, 임진왜란과 리순신의 력사를 가까이에서 보면서도 한반도의 지명에 맞는 사료들만을 인정했음을 부인할 수 없다.

그래서 어떤 지명과 관련된 내용이 조선의 위치를 어디로 잡든지, 그 강역・범위 속에 들어갈 수 없는 것이 있을 때는, 그것이 착각・착오・오기일 것이라고 쉽게 단정해 버리기보다는 단순한 잘못이 아닌 경우라면, 그것이 아무리 중국과 한국의 동일한 지명일지라도, 앞뒤의 문맥을 따져보아야 한다. 전혀 한반도에서 언급되지 않는 지명들을 찾고, 한반도로서 수용될 수 없는 사료를 찾아 끝까지 밝혀내는 작업은 우리의 사명이다. 반드시 명심할 것은 조선 문화의 수많은 흔적들이 중국대륙 내지 아시아 전체에 흩어져 있음을 간과해서는 안 될 것이다.

말하자면, 임진왜란 속에 있든, 아니든, 한반도와 관련이 전혀 없는 원숭이〔獼猴(미후)・飛猱(비노)・阿木河(아무하)・伊吾盧(이오로)・葫蘆河(호로하)・島山(도산)・酉浦(유포)・瘴霧蠻烟(장무만연)・山嵐瘴氣(산람장기)〕 등등이 그렇고, "절강(浙江) 지역이 중국의 꼬리이고, 조선의 머리에 해당된다."는 말을 '잘못된 비유(catachresis)'라고 보지 말고, 새로운 조선 력사, 즉 〔아시아=조선〕의 패러다임으로 전환시킬 수 있는 데릭(derrick: 배 따위에 화물을 옮기는 기중기)으로 인식해야 할 것이다.

혹시 우리들이 깨닫지 못하는 사이에 "력사를 조작하라."는 명령이 있다면, 그들은 실물학습(實物學習: Object lesson)을 들먹이며, 이기적이고 해로운 행동을 마다하지 않고 생각할 줄 모르는 짐승이 되어 거짓말로 혼란스럽게 하여 그들〔Agentur(세계를 지배하겠다는 소수의 특수그룹 장로의 대리인)의 Freemason(세계 단일정부를 세우려는, 세계사를 좌지우지하는 비밀조직)〕에게 불리한 전 세계의 기록을 모두 지워버리며, 오로지 그들에게 유리하도록 할 것이다.[1050)]

1050) 이리유카바 최,『시온의 칙훈서』(서울: 해냄출판사, 2006), pp. 245~246.

그래서 대개 사람들은 코앞의 생존문제 때문에 아무 말도, 어떤 문제제기도 하지 않고, 그저 하인노릇을 할 수밖에 없기도 하다. 정말 그렇게 따를 수밖에 없는가? 아니면 력사의 진실을 밝히기 위하여 목숨을 내놓을 것인가? 언제나 자유에 선택이 포함되어 있는 것 같지 않다.

최근에 와서는 그나마 임진왜란의 배경에 관하여 시각을 조금 더 넓히는 것 같다. 즉 "서세동점(西勢東漸)의 전개와 일본의 해양진출, 에스파냐·포르투갈 등 서구 해양 세력이 동아시아로 진출하기 시작하여 동아시아인의 전통적 세계관을 변화시키는 데 일조하여, … 일련의 국제상황의 변화는 중국 중심의 동아시아 세계질서의 기반을 붕괴시켰고, 그 외연에 소외되어 있던 일본은 동아시아 세계의 중심부로의 진입을 시도하게 되었다."고[1051] 하였다.

그러나 이런 발전적 시각에서도 그 력사의 전개는 아직도 결국 한반도 중심에서 전혀 벗어나지 못하는 아쉬움을 남기고 있다. 그 까닭은 무엇보다도 부분(ordnance)에만 매달려 전체 력사(total history)를 보는 통할(supervision)의 눈이 없기 때문이다.

임진왜란은 그 명칭을 이젠 '만력의 란'으로 일컬어야 마땅하며, 중국대륙에서 일어난 조선 동부지역의 전국적인 민중들의 봉기였고, 이와 더불어 유럽의 포르투갈·에스파냐·네덜란드가 선교활동과 무역을 한다는 명분을 내세웠고, 일본이 중국에 조공의 길을 트는 데 교묘히 그들을 앞세워 대대적으로 일으켰던 것으로서 국제적 전쟁의 성격을 가진 반란이었다. 이를 진압하기 위하여 지방 제후〔王府〕의 군사〔王師〕들로써는 불가하여 부랴부랴 중앙조정〔天府〕의 군사〔天師/天兵〕들이 직접 지원되었고, 남아시아·동남아시아 국가들의 군사들까지 동원되었던 것이며, 끝내 이 적들을 모두 물리쳤다.

전략의 문제는 전쟁에 관한 전체의 역학적 상관관계가 엮어지는 과학이다. 부분의 전략은 전술이 될 수 있으며, 수단과 방법을 아우르는

1051) 김한규, "임진왜란의 국제적 환경 — 중국적 세계질서의 붕괴" 『임진왜란 동아시아 삼국전쟁』 (서울: 휴머니스트, 2007), pp. 287~288.

전술의 전체는 전략이다. 이런 전략과 전술의 추구는 폭넓은 시야와 더불어 분석적 바탕이 뒷받침되어야 하며, 전체와 부분이 상대적 힘의 균형에서 맺고 끊는 물리적 계산이 가능한 지리 문제의 해결에서 전쟁의 승패가 달려있음을 리순신의 전략전술을 다루면서 새삼 깨닫게 되었다.

'임진왜란'이니, '분로쿠〔文祿〕・게이죠〔慶長〕 에키〔役〕'라고 일컫는 력사적 사건의 이름은 분명히 '만력의 란'이라 해야 반드시 옳고, 이를 통한 새로운 력사의 교훈은 '땅〔soil-land〕'도 중요하지만, '바다〔sea-land〕'의 중요성에 대한 인식과 선택이었다. 거기에 길이 있고, 거기에 영고성쇠(榮枯盛衰)의 열쇠가 있었다.

유럽 세력의 선택은 아예 바다로 나와 남만(南蠻)이라는 중국의 남쪽, 인도를 포함한 동남아시아에 교두보를 확보하여 무기의 힘에 의한 무역을 하고 있었다. 반면에 대륙에서의 조선은 지난날 바다를 선택했을 때에는 매우 번성했었지만, 전국적 반란의 이 16세기의 시기에는, 알고 보면, 바다를 선택하지 않았다. 그러나 리순신은 바로 그 바다를 선택했다. 그리고 이겼다.

우리는 어떤 길을 택할 것인가?

우리가 정신적・육체적으로 이길 수 있고, 학문적・물리적・지리적으로도 이길 수 있는 길은 바로 바다를 통하여 성공한 리순신의 긍지와 열정과 비전의 전략・전술・휫손의 교훈에서 찾아 배움에 있다. 그가 무엇을 어떻게 했는지를 살펴보아야 하고, 그런 정신으로써 그런 희망을 가지고 노력하면 언젠가, 어쩌면 더 빨리, 기대한 성공은 반드시 찾아올 것이라 생각한다.

일본은 1890년대부터 모든 대화의 중심에는 충무공 리순신이었으며, 많은 학자와 군인들 사이에선 심도 있는 연구가 계속되어 그로부터 결국 20년 만에 일본은 조선을 그들의 식민지로 만드는 데 성공하였다. 반면에 조선은 단재 신채호를 제외한 그 누구도 당시 '리순신(李舜臣)' 이름을 들먹이지 않았다.

일본 사람들의 리순신 연구는 그 목적이 명확했다. 그것은 조선을 빼앗기 위한 것이었다.

그렇다면 한국 사람들은 리순신 연구를 무엇에 쓰기 위하여 하는가? "빼앗긴 들에도 봄은 오는가?"하며 아무리 외쳐봐도, 노래해도 이미 때 늦은 고통뿐이다. 빼앗기기 전에, 잃어버리기 전에 무엇을 할 것인가? 우리는 무엇을 얻기 위하여 노력하고 있는가? 미래의 지도자가 되려는 사람은 반드시 깊이 있는 생각을 해야 하고, 또 실천해야 한다.

어느 누구도 성공할 수 없는 사람은 없다. 그러나 아무나 성공할 수 있는 것은 아니다. 누구든지 성공할 수 있지만, 성공하려는 사람에겐 무엇보다도 진정한 노력이 필요하다. 성공의 지름길로 가기 위한 안내를 여기 리순신에게서 받아보기를 권한다.

중앙아시아의 중심지가 고구려 · 백제 · 신라의 격전지!!

우리는 『삼국사기』의 내용을 믿고 처음부터 끝까지 한반도와 그 북쪽의 땅이 조선의 터전이라고 알고 있고, 백제 · 고구려도 철석같이 한반도라고 알고 있지만, 글안(키타이) · 말갈과의 관계나, 소정방 · 설인귀 · 류인궤 · 리근행 등의 중국 장수들의 작전지역의 이동을 보면 금방 알 수 있다.

(1) 643년(선덕왕12)에 황제는 "내가 변방에 있는 약간의 군사를 일으켜 글안(=키타이) · 말갈 군사를 거느리고 곧장 료동을 쳐들어가면(고구려 · 백제 군사가) 그대 나라(=신라)의 포위는 자연히 풀릴 것이다."[1052)]
(2) 655년(태종무렬왕2)에 고구려가 백제 · 말갈과 군사를 모아 우리(=신라) 북방경계를 침범하여 성을 33곳을 빼앗으니, 왕은 사신을 보내어 당조(唐朝)에 들어가 구원을 청하였다.[1053)]

이 사료는 우리들이 많이 보아왔던 『삼국사기』의 것이다. 고구려와 백제가 신라를 공격하니, 견디지 못한 신라는 당조(唐朝)와 련합하여 고구려와 백제를 각개 격파하는 력사이다.

그런데 그런 과정에 고구려가 백제와 말갈의 군사를 모아서 신라의 북방 지역을 공격하여 33개의 성을 빼앗아갔다는 것이다. 그때 당조는 또 동원할 군사가 글안(=키타이)과 말갈이었다.

키타이와 말갈이 어딘지는 보면, 흑해와 카스피해를 중심으로 북방이 말갈, 남쪽이 키타이였다. 그렇다면 이런 곳의 군사와 더불어 백제 군사가

1052) 『삼국사기』 신라본기5 선덕왕. "帝曰 我少發邊兵, 總契丹靺鞨直入遼東. 爾國之歸自解."
1053) 위의 책. "高句麗與百濟靺鞨連兵. 侵軼我北境, 取三十三城. 王遣使入唐求援."

합해져서 료동에 군사들을 풀어놓으면 신라의 걱정거리가 해결될 것이라고 했다.

이것을 한반도에 기반을 두고 보면 전혀 풀리지 않는다. 그래서 반도사관, 식민사관에서는 말갈을 한반도 북북동쪽에, 돌궐(=키타이)을 동경 120° 선상의 하북성·료녕성 지역에 끄집어들여 그려놓고서는 한반도 력사를 설명하고 있다.

이 내용은『자치통감』(唐紀13/15)에 보면 거의 글자들이 다르지 않고 거의 같게 쓰여 있다. 위의 내용으로서는 명확한 지명을 가리키기에는 분명치 않다. 그래서 하는 수없이 같은 시기의 같은 력사를 기록한 고구려 력사를 다시 봐야 한다.

> 여기에 이식쿨 호수 서남부의 노실필(弩失畢)과 그 호수 동북부의 돌륙(咄六)이 서로 항쟁하여 서로 약화되면서 수령 아사나하로(阿史那賀魯)가 서돌궐 전체를 통합하고서 당나라의 종주권에 반기를 들었다. 이에 대응하여 소정방(蘇定方)이 공략하게 된다. 이때가 657~658년이다.[1054)]

여기에 신라에 연합군으로 왔던 소정방(蘇定方)은 백제를 멸망시켰던 사람이며, 657~658년 사이에 이시쿨〔북위 43° 동경 77°〕근처에서 투르크〔Turk: 突厥〕족들과 전투를 벌였으며, 그 시기가 백제가 멸망하기 바로 10년 전의 일이다. 그가 몇 명의 군사를 거느리고 왔든지 군사적 이동의 가능성을 판단해보자.

소정방이 활동하던 그 당시에는 파미르고원〔북위 40° 동경 75°〕을 중심으로 한 사방의 지역에서는 오아시스 국가들의 군웅할거시대였다. 당조(唐朝)가 서방으로 교역로를 확보하기 위하여 진출하였으며, 많은 노력을 강구하고 있다. 그래서 군사를 동원하여 침략을 했으며, 장건의 중앙아시아 개척을 비롯하여 소정방·설인귀 등의 장수들이 돌궐〔Turk: 突厥〕족들과의 관계는 매우 복잡하게 돌아갔다. 아차하면 멸망에 이르는 상황이었다. 그런 긴박한 상황에 극동 아시아의 끝단에 있는 한반도에까지 그 고구려니, 백제를 침략하려고 거대병력을 보낼 수 있었겠는가? 그렇게 하여 아

1054) 고마츠 히사오(小松久男) 등 7명 지음, 이평래 옮김,『중앙유라시아의 역사』(서울: 소나무, 2005), p. 129.

무리 특수한 전략이라고 하더라도 전쟁이 가능할까?

그렇다면 소정방에는 어떤지 그 기록부터 보아야 할 것이다.

(1) 657년에 소정방이 아사나하로(阿史那賀魯)를 붙잡아 고종(高宗)에게 바쳤으며, 그런 공로로 좌효위대장군이 되어 형국공(邢國公)에 봉해졌고, 그 아들 소경절(蘇慶節)에게는 무읍현공(武邑縣公)이 되었다. 그리고 얼마 뒤에 소륵(疏勒)・주구반(朱俱般)・총령(蔥嶺)의 3국(三國)이 반란을 일으켰기 때문에 그곳으로 하루 밤낮을 꼬박 달렸는데 300리(=113.4km)씩을 갔다.[1055)]

(2) 657년 1월에 우둔위장군이었던 소정방을 다른 4명의 장수들과 함께 이리도(伊麗道) 장군에 임명되었으며, 이들이 하로(賀魯)를 토벌하였다. 이듬해 658년 2월에 소정방은 서돌궐(西突厥) 사발라 카한 하로 등을 붙잡았으며, 11월에는 홍로경 소사업(蕭嗣業)이 석국(石國)에서 하로를 잡아와서 소릉(昭陵)에게 바쳤다. 659년 3월에 좌효위장군 소정방과 성국공(郕國公) 계필하력(契苾何力)이 료동으로 가서 경략하였으며, 11월에 형국공 소정방이 신구도총관이 되었다고 했다.[1056)]

(3) 657년 설인귀(薛仁貴)에게 정명진(程名振)을 료동경략에 참모로 삼아 고구려 군사를 귀단성(貴端城)에서 무찔렀으며, 목을 3000급을 베었다. 658년에 고구려에서는 할 잘 쏘는 사람이 석성(石城) 아래에서 10명 남짓을 쏘아 죽였다. 얼마 뒤에 또 군사를 거느리고 구성(九姓) 돌궐(=투르크)을 천산(天山)에서 무찔렀다.[1057)]

1055) 『舊唐書』 卷83 列傳33 蘇定方. "(顯慶2年)明年, … . 高宗臨軒, 定方戎服操賀魯以獻, 列其地爲州縣, 極於西海. 定方以功遷左驍衛大將軍, 封邢國公, 又封子慶節爲武邑縣公. 俄有思結闕俟斤都曼先鎭諸胡, 擁其所部及疏勒・朱俱般・蔥嶺三國復叛, 詔定方爲安撫大使, 率兵討之. 至葉葉水, 而賊保馬頭川. 於是選精卒一萬人馬三千匹馳掩襲之, 一日一夜行三百里, 詰朝至城西十里. 都曼大驚率兵拒戰於城門之外, 賊師敗績, 退保馬保城, 王師進屯其門. 入夜, 諸軍漸至, 四面圍之, 伐木爲攻具布列城下. 都曼自知不免, 面縛蓋門出降. 俘囸至東都, 高宗御乾陽殿, 定方操都曼特勒獻之, 蔥嶺以西悉定. 以功加食邢州鉅鹿眞邑五百戶. 顯慶五年, 從幸太原, 制授熊津道大總管, 率師討百濟, 定方自城山百濟海, 至熊津江口, 賊屯據江. 定方乘東岸乘山而陣, 與之大戰, 揚帆蓋海, 相續而至. 賊師敗績, 死者數千人, 自餘奔散. 遇潮且上, 速舳入江, 定方於岸上擁陣, 水陸齊進, 飛楫鼓譟, 直趣眞都."

1056) 『舊唐書』 卷4 本紀4 高宗上 本紀. "顯慶二年正月庚寅, 幸洛陽. 命右屯衛將軍蘇定方等四將軍爲伊麗道將軍, 帥師以討賀魯. … 三年二月壬午, 蘇定方攻破西突厥沙鉢羅可汗賀魯及咥運闕啜. … 冬十一月戊子, … 鴻臚卿蕭嗣業於石國取賀魯至, 獻於昭陵. … 四年三月, 以左驍衛大將軍・郕國公契苾何力往遼東經略. 十一月癸亥, 以邢國公蘇定方爲神丘道總管, 劉伯英爲禺夷道總管."

1057) 『舊唐書』 卷5 本紀5 高宗下. "顯慶二年 詔(薛)仁貴副程名振於遼東經略 破高麗

위의 (1)은「열전」에 있는 것인데, '소륵·주구반·총령의 3국'이라는 지명만 봐도, 이곳은 중앙아시아의 중앙, 즉 파미르고원이다. 그렇다면 이곳에서 한반도까지는 직선거리(지도 위에서)가 얼마나 될까? 5000km이다. 밤잠 자지 않고 1일 밤낮으로 달려갔던 속도로 이동한다 해도 44일 걸린다. 이것은 물론 불가능하다.

그러면 철인 3총사가 아프리카 세네갈에서 이집트까지 6437km를 111일 만에 이동했던 속도로[1058] 이동했다고 한다면, 86.2일이 걸린다. 물론 이런 속도로도 불가능하다. 너무 빠르고 군사들이 쉴 여유가 없기 때문이며, 군사들이 철인이 아니기 때문이다. 이들 철인보다 적어도 3배의 여유를 준다면 258.6일, 4배의 여유를 주면 345일이 걸린다. 역시 이동만으로도 1년이 소요된다는 말이다. 이것은 소정방이 한반도로 오지 않았다는 말과 같다.

이 자료로서는 파미르고원에서의 전투가 657년이고, 백제 공략이 660년이니, 마치 3년의 시일이 있기 때문에 충분히 가능한 것으로 볼지도 모른다. 그러나 이것은 소정방의 전기〔蘇定方傳〕에만 있는 것이니, 시기별로 아주 소략하게 적혀 있다.

위의 (2)는『구당서』(권4) 본기(本紀)에 있는 내용이다. 이 말은 앞의「열전」에 한꺼번에 기록된 것과는 달리 해마다 구체적으로 행적이 나타나 있다. 즉 657/658/659년까지의 기록을 보면, 다 서돌궐(西突厥), 즉 투르크 서부 지역의 반란군을 토벌하였다. 더구나 소정방은 658년 11월까지 이리도(伊麗道: 伊犁道, 이식쿨 북쪽지역)와 석국, 즉 타슈켄트에서 작전하고 있었고, 659년 3월에 료동경략이 되었다. 이 자체로써도 동경 69.5°의 석국〔타슈켄트〕와 동경 120°의 료동과는 너무도 멀어 서너달만에 옮겨온다는 것은 전혀 불가능하다. 석국이 있는 그곳이 료동인 것이다.

위의 (3)에는 눈과 귀에 익은 사람으로 설인귀(薛仁貴)는 657~658년에 귀단성(貴端城)·석성(石城)·천산(天山)에서 싸웠다고 했다.

석성은 발하슈호 남쪽 강 이리하(伊犁河: Ili)에서 서쪽, 천산산맥의 서쪽의 석국(石國)이라 부르는 타슈켄트(Tashkent)이다. 바로 이 타슈켄트

於貴端城, 斬首三千級. 明年, … 高麗有善射者 於石城下射殺十餘人. … 尋又領兵擊九姓突厥於天山 將行 高宗內出甲 令仁貴試之."

1058)『조선일보』2007. 2. 22.

가 『세종실록 지리지』에 나오는 '석주(石州)'다.

게다가 여기에 본디 월씨(月氏) 사람들인 구성 돌궐(九姓突厥)의 구성, 즉 아홉 성씨들이 여기저기 사는 곳을 말하는데, 安國(안국: 부하라)・何國(하국: 카타 쿠르간)・曹國(조국: 시쉬트한)・康國(강국: 사마르칸트)・米國(미국: 샤크리시아브스)・史國(사국: 구자르)・石國(석국: 타쉬켄트)・火尋(화심: 우르겐지/화리즘/Khorazm)・戊地(무지: Betiko)를 말하며, 그 전의 穆國(목국: 차르조우)・那色波(나색파: 카르시)・烏那曷(오나갈: 안드쿠이)・鏺汗那(발한나: 페르가나) 등도 포함되며,[1059] 이들은 바로 아랄해 동남쪽 우즈베키스탄, 즉 옛날 우즈(Uzi/Ghouzz: 沃沮, 볼가강 유역에서 아무하 유역까지)가 있는 시르 다르여(Syr Dar'ya)와 아무 다르여(Amu Dar'ya) 유역의 지방 호족들이다. 이곳은 삼한(三韓) 때 마한(馬韓)의 월지국(月支國) 지역이다.

여기가 어딘데 고구려・백제・신라의 군사들이 당조(唐朝)를 불러들여 어우러져서 싸웠단 말인가. 그것도 투르크・말갈 군사들까지 끌어들여서 말이다. 바로 이 직전에 소정방・설인귀가 643~655까지 타쉬켄트・발하슈호・천산산맥에서 고구려를 치기 위하여 백제와 글안・말갈 군사들과 련합하여 전쟁을 벌였다. 그러니 이들은 한반도에 올 수도 없고 있지도 않았다.

> 659년 11월에, 사결(思結)・기근(俟斤)・도만(都曼)이 소륵(疏勒)・주구파(朱俱波)・알반타(謁般陀)의 세 나라를 거느리고 반란을 일으켜 우전(于闐)을 격파했다. 이에 좌효위대장군 소정방을 안무대사로 삼아 이를 토벌케 했다. … 우령군중랑장 설인귀(薛仁貴) 등은 고구려 장수 온사문(溫沙門)과 더불어 횡산에서 싸워 고구려군을 무찔렀다. 소정방의 군사가 업엽수(業葉水)에 이르자, 사결은 마두천(馬頭川)을 지키고 있었는데, 소정방은 정예군사 1만 명과 기병 3000필을 뽑아 달려가 이를 습격했다. 하루 밤낮으로 300리를 행군하여 새벽에 성 아래에 이르자, 도만은 매우 두려워했다. 성 밖에서 싸웠는데, 도만은 패하여 물러나 그 성을 지키려 했으나, 어두워질 때, 여러 군사들이 계속 와서 마침내 이를 에워싸니, 도만은 두려워서 항복했다.[1060]

1059) 『隋書』 卷83 列傳48 西域.
『新唐書』 卷221 列傳146下 西域.

이처럼 659년의 음력 11월·12월이면 한겨울이다.

게다가 곤륜산맥과 천산산맥이 만나는 지역의 산들은 해발 7200~7700m의 고원지대이며, 그곳은 그때쯤이면 눈이 펑펑 쏟아져 많이도 쌓였을 텐데, 그런 곳의 이동과 전투의 상황을 깊이 생각해볼 필요가 있다.

우선 여기에 나온 지명들은 소정방이 657년에도 작전했던 곳인데, 소륵국(疏勒國)은, 『중국고금지명대사전』에 보면, 소륵현(疏勒縣)이라 했는데, 이 곳은 신강성(新疆省)인 위구르 자치구에 있으며, 지금은 카시(Kashi: 喀什·喀實, 북위 39.5° 동경 76°)이다.

주구파국(朱俱波國)은 소륵현 남쪽 60㎞에 있는 옝기사르〔英吉沙: Yengisar〕이다. 『중국력사지도집』(제5책, p. 63~64)에서는 이 소륵현 동남쪽 240㎞에 있는 엽성(葉城: Yehcheng)을 "朱俱波"(주구파: 북위 37.5° 동경 77.3°)라고 표시되어 있다.

알반타(謁般陀·喝盤陀)는 소륵현 남서쪽 200㎞에 타쉬고르간〔塔什庫爾干: Tashikorgan〕, 옛날엔 사르고르(Sarkor: 撒里庫兒·色勒庫爾, 북위 37.5° 동경 75.2°)이다.

그리고 우전(于闐)은 곤륜산맥이 있는 서쪽의 화전(和田: 북위 37° 동경 80°)이다.

업엽수(業葉水)니, 마두천(馬頭川)은 우전(于闐·和田) 근처에 있는 강이라야 하므로, 아마도 우전 고을을 지나는 동쪽의 백옥하(白玉河: 玉龍喀什河) 및 오옥하(烏玉河: 喀拉喀什河)로 여겨진다.

이곳은 지도상 직선거리로도 호화호특(呼和浩特: Hohhot)에서 3000㎞(=8000리)가 넘는데, 동경 124° 선상의 료동반도까지 1000㎞(=2666.7리)나 더 먼 4000㎞(1만0666.7리)의 길이라면, 고려(高麗)의 강역이 동서쪽 길이가 1만리라는[1061] 것과 맞먹으니, 소정방의 군사 이동으로는 도

1060) 『資治通鑑』卷200 唐紀16 "顯慶四年十一月戊午, 思結俟斤都曼帥疏勒朱俱波謁般陀三國反, 擊破于闐. 癸亥 以左驍衛大將軍蘇定方爲安撫大使以討之.… 右領軍中郎將薛仁貴等 與高麗將溫沙門 戰于橫山, 破之. 蘇定方軍至業葉水, 思結保馬頭川, 定方選精兵萬人, 騎三千匹馳往襲之. 一日一夜行三百里, 詰旦, 至城下, 都曼大驚. 戰于城外, 都曼敗, 退保其城. 及暮諸軍繼至, 遂圍之, 都曼懼而出降."
『舊唐書』卷83 列傳 第33 蘇定方 "俄有思結闕俟斤都曼先鎭諸胡, 擁其所部及疏勒朱俱般葱嶺三國復叛, 詔蘇定方爲安撫大使, 率兵討之.至葉葉水, 而賊保馬頭川. 於是選精卒一萬人, 馬三千匹馳掩襲之. 一日一夜行三百里, 詰朝至城西十里, 都曼大驚, 率兵拒戰于城門之外, 賊師敗績, 退保馬保城, 王師進屯其門. 入夜, 諸軍漸至, 四面圍之, 伐木爲攻具, 布列城下. 都曼自知不免, 面縛開門出降."

무지 상상도 할 수 없는 일이다. 더구나 반란 사실을 무오(戊午)일에 알았고, 인사명령을 계해(癸亥)일에 냈으니, 걸린 시간은 5일 간이며, 이것도 11월 하순의 일일 뿐 아니라, 그 해 년말에 끝난 전투로 1달 남짓 걸린 것이었으니, 참으로 신출귀몰한 작전이라 하지 않을 수 없다.

이 소정방은 지난 657년 윤1월 경술에, 이리도(伊麗道) 행군총관으로 위구르(回紇) 지역의 반란군을 진압하러 나갔고,[1062] 12월 1일에 소사업(蕭嗣業)·임아상(任雅相) 등과 함께 알타이산〔金山〕 북쪽을 지나 서돌궐(西突闕)의 서북쪽 석국(石國)까지 가서 사발라칸(沙鉢羅可汗)을 토벌하였으며, 이 서돌궐 지역을 나누어 몽지(濛池)도호부와 곤릉(崑陵)도호부를 두었다.[1063]

여기서 이리(伊麗)는 신강성 서북쪽 이리(伊犁)요, 이녕(伊寧: 북위 44° 동경 81°)이다. 또 알타이산의 북쪽은 알타이(阿勒泰: 북위 47.5° 동경 88.1°)이고, 석국(石國)은 이보다 훨씬 서쪽으로 타쉬칸(Tashkent: 塔什干, 북위 41.2° 동경 69°)이다.[1064]

그리고 몽지도호부는 아랄해〔Aral skoye: 鹽海(염해)〕에서 동쪽으로 이시크호〔Issyk kul: 伊塞克湖(이새극호)〕에 이르는 카자흐스탄·우즈베키스탄·키르기스탄의 나라가 있는 지역이며, 곤릉(崑陵)도호부는 이시크호에서 동북쪽으로 알타이산맥이 있는 지역까지다. 이 지역은 크게는 안서도호부(安西都護府) 관할의 천산산맥 북쪽지역이다.

이렇게도 머나먼 지역까지 출전했던 군사들이 반년도 채 지나지 않아서 658년 6월에 정명진·설인귀 등이 고구려의 적봉현을 공격했고, 659년 11월에는 설인귀는 료동의 횡산(橫山)을, 소정방은 소륵(疏勒: Kashgar)·우전(于闐: Khotan)을 정벌했다.

1061) 『高麗史』卷56 志10 地理1, "惟我海東三面阻海一隅連陸輻員之廣幾於萬里."

1062) 『資治通鑑』卷200 唐紀16 "顯慶二年春正月閏月庚戌, 以左屯衛將軍蘇定方爲伊麗道行軍摠管, 帥燕然都護渭南任雅相, 副都護蕭嗣業發回紇等兵, 自北道討西突闕沙鉢羅可汗."

1063) 『資治通鑑』卷200 唐紀16 "顯慶二年冬十二月乙卯朔, 蘇定方擊西突闕沙鉢羅可汗, 至金山北. …沙鉢羅之石國西北蘇咄城. …蕭嗣業至石國, 石國人以沙鉢羅授之. 乙丑, 分西突闕置濛池崑陵都護府."

1064) 權德周 譯, 『大唐西域記』(일월서각, 1983), p.29 "타시켄트국(赭時國: 지금의 Tashkent)은 주위 1천여 리로, 서쪽으로 엽하(葉河: 지금의 Syr Darya, 지난날에는 Jaxartes)를 바라보고 있다. 동서는 좁고 남북은 길다."

그리고 이어서 그 이듬해가 라・당의 련합군으로써 백제 공격에도 들어간 660년이다.

> 660년 3월에 백제가 고구려의 원군을 믿고 신라를 자주 침범하자, 신라의 임금 김춘추는 글을 올려 원군을 청했다. 그러자 좌무위대장군 소정방을 신구도(神丘道)행군대총관으로 삼고, 김인문(金仁問)을 부총관으로 삼고, 좌효위장군 류백영(劉伯英)・방효공(龐孝公), 우무위장군 풍사귀(馮士貴) 등이 수군과 육군 13만 명을 거느리고, 백제를 치게 하고, 김춘추를 우이도(嵎夷道)행군총관으로 삼아 신라의 군사를 거느리고 합세하게 했다.[1065)]

위의 정명진・설인귀・소정방 등의 장수들은 앞에서 659년 11월까지 중앙아시아에서, 그것도 그 중심지에서 작전을 했는데, 기간으로 보아 5개월도 되지 않는 동안에 이루어진 그들의 이런 이동은 좌충우돌・신출귀몰의 행적이 아닐 수 없다. 더구나 이러한 지리적으로 멀고도 험한 상황에서 고구려를 한반도로 비정한다면 더더욱 불가능하다.

그리고 그 군사의 수는『자치통감』에서는 10만 명,『삼국사기』에서는 13만 명이라고 했다. 이들은 660년의 5개월째 되는 8월에 소정방은 군사들을 이끌고 백제를 공격했고,[1066)] 12월엔 고구려를 공격했다.[1067)]

1065)『資治通鑑』卷200 唐紀16 "顯慶五年三月, 百濟恃高麗之援, 數侵新羅. 新羅王春秋上表求救. 辛亥, 以左武衛大將軍蘇定方爲神丘道行軍大摠管, 帥左驍衛將軍劉伯英等水陸十萬以伐百濟. 以春秋爲嵎夷道行軍摠管, 將新羅之衆, 與之合勢."
『三國史』新羅本紀5 太宗王 "七年三月, 唐高宗命左武衛大將軍蘇定方, 爲神丘道行軍大摠管, 金仁問爲副大摠管, 帥左驍衛將軍劉伯英等水陸十三萬兵伐百濟. 勅王爲嵎夷道行軍摠管, 使將兵爲之聲援."

1066)『資治通鑑』卷200 唐紀16 "顯慶五年八月, 蘇定方引軍自成山濟海, 百濟據熊津江口以拒之. 定方進擊破之, 百濟死者數千人, 餘皆潰走. 定方水陸齊進, 直趣其都城. 未至二十餘里, 百濟傾國來戰, 大破之, 殺萬餘人, 追奔, 入其郭. 百濟王義慈及太子隆逃于北境, 定方進圍其城. 義慈次子泰自立爲王, 帥衆固守, 隆子文思曰 '王與太子皆在, 以叔遽擁兵自王, 借使能却唐兵, 我父子必不全矣.' 遂帥左右逾城來降, 百姓皆從之, 泰不能止. 定方命軍士登城立幟, 泰窘迫, 開門請命. 于是義慈隆及諸城主皆降. 百濟故有五部, 分統三十七郡二百城七十六萬戶, 詔以其地置熊津等五都督府, 以其酋長爲都督刺史."

1067)『資治通鑑』卷200 唐紀16 "十二月壬午, 以左驍衛大將軍契苾何力浿江道行軍大摠管, 左武衛大將軍蘇定方爲遼東道行軍大摠管, 左驍衛將軍劉伯英爲平壤道行軍大摠管, 蒲州刺史程名振爲鏤方道摠管, 將兵分道擊高麗. 靑州刺史劉仁軌左督海運覆船, 以白衣從軍自效."

이 정도의 전쟁으로 보면, 중국과 신라의 군사 13만 명으로 백제와 고구려를 넉 달의 시간적 간격을 두고 공격할 수 있었다는 말이다. 또 백제와 고구려는 군사력이 무인지경에 지나지 않았던 모양이다.

이 지역의 설명은 곧 643년부터 줄곧 우리들이 다 알고 있는 '서역(西域)' 지방이라는 중앙아시아에서 벌어졌던 전쟁이다. 이곳에서 글안·말갈의 전투가 있었고, 백제·고구려가 멸망하게 되는 계기가 된 곳이며, 몽고·글안의 전투가 있었던 곳이다.[1068)]

다시 말해서 글안·말갈과 고구려·백제·신라 등이 한바탕 싸움을 벌인 643~673년 사이의 전쟁은 우리들이 통상 서역이라는 중앙아시아의 타쉬켄트와 발하슈호와 천산산맥 사이의 북위 40° 동경 75°를 중심으로 반경 2000㎞ 이내의 지역에서 벌여진 것이었다. 그 지역이 고구려·백제·신라의 사귐의 교집합 지역이었고, 바로 그 중앙아시아의 중심지에서 백제도, 고구려도, 그리고 신라도 함께 한 홍망성쇠의 터였고, 고려·조선으로 이어졌다.

1068) 이런 력사적 사실에서 보면, 李丙燾,『新修 國史大觀』(서울: 普文閣, 檀紀 4293); 韓沽劤,『韓國通史』(서울: 乙酉文化社, 1970); 李基白,『韓國史新論』(서울: 一潮閣, 1996 重版); 尹乃鉉 등 3명,『새로운 한국사』(서울: 三光出版社, 1989); 이도상,『민족사 재해석』(서울: 형설출판사, 1994); 方東仁,『韓國의 國境劃定硏究』(서울: 一潮閣, 1997); 曺佐鎬,『世界文化史』(서울: 博英社, 1977) 등등 한국의 주류를 이루는 력사책에 설명되고 그려진 강역에는 한결같이 '거란/걸안〔契丹〕'이 북위 42° 동경 120° 중심으로 있는데, 그곳에 또 '수·당'으로 표시한 것은 '글안〔契丹〕'과 '수·당'의 강역이 동일 개념이 되므로, 전혀 잘못된 해석이다.

▌『산해경』로 본 조선의 지리적 위치

이제 좀더 넓은 시야로서 국사가 지리적으로 어떤 력사적 의미를 지니는지를 바라볼 때가 되었다. 신비한 전설, 신화로 여기던 책으로서『산해경(山海經)』을 함께 생각해보자.

이『산해경』의 지리적 구도에 대한 연구로서 미국의 저명한 학자 메이저(John S. Major)와 한국의 서경호(徐敬浩)를 들 수 있다. 이들은『산해경』의 각 지역 간의 지리적 관계를 네모꼴 도형으로 그려서 설명했는데, 그 〈산경(山經)〉과 〈해경(海經)〉의 중심지는 같으며, 가장 중앙이 되는 곳에 〈중산경(中山經)〉을 중심으로 동남서북의 〈산경〉을, 거기서부터 바깥으로 〈해외경(海外經)〉, 〈해내경(海內經)〉을, 가장 바깥에다 〈대황경(大荒經)〉으로 개념화하였다.[1069)]

여기서 특이한 것은 〈해외경〉이 〈해내경〉의 안쪽에 있는데, 서경호는 메이저와 의견을 약간 달리하여 중앙이 '海內(中)'이고, 그 바깥으로 '海外'와 '大荒'의 순으로 설명했다.[1070)] 즉 〈해외경〉이 〈해내경〉의 바깥에 있다고 했다.

결국 이런 도형의 개념은 근본적으로는 같은 구도에서 나온 것이며, 지리적으로 '중국'의 중심이 되는 공간 〈해내경〉에 조선이 있고, 대하(大夏)・월지국(月支國)을 포함한 많은 명칭들이 함께 들어 있다.

그러나 이런『산해경』의 지리적 개념의 구도를 그 구성된 내용에 의하여 다시 보고, 새롭게 정립해보면 전혀 새로운 의미가 살아날 것이다.

즉 오장산경(五藏山經)・해외경・해내경・대황경・해내경(中經)으로 구분하고 상대적 관계를 고려하여『천하도(天下圖)』와, 지리적 문제에서는『천하고금대총편람도(天下古今大摠便覽圖)』와『조선팔도고금총람도(朝鮮八道古今摠覽圖)』를 서로 비교하고, 地名・山名・水名들의 관계를 확인해볼 때, 지금까지의 〈해경〉을 중심으로 보면, 오히려 그 구조는『산해경』목차의 서

1069) 徐敬浩,『山海經 硏究』(서울대학교 출판부, 1996), p. 305; John S. Major, *Topography and Cosmology in Early Han Thought: Chapter Four of Huai-nan-tzu, Doctorial Dissertation,*(Harvard University, 1973), pp. 99~100.

1070) 徐敬浩,『山海經 硏究』(서울대학교 출판부, 1996), p. 310.

술된 순서와 마찬가지로 바깥에서부터 안쪽으로 해외경·해내경·대황경·해내경(中經)의 순으로 구성되어 있다.

여기서 '해내경(中經)'의 '海內'는 '중화(中華)'이며, '중주(中州)/신주(神州)/중원(中原)/중국(中國)'과 같다. 그렇다면 진정 그 지리적 위치는 어딘가? 무엇보다 '이슬람 중동 학과'를 연구하여 발표한 김정위 박사의 『중동사』 부록 '중동의 올바른 이해'에서 '중세 중동 문헌에 비친 한국상'에 명시된 글을 보자.

> 중국을 제7 키슈와르(Kishwar)에 소속시키고, 서쪽으로 제6 키슈와르의 '곡'〔Gog: 아랍어 Yajūj, Magog: 아랍어 Majūj; 흑해 지방에 있었던 스키타이〕 지역과 동쪽으로 '주위의 대양'에 접해 있고, 남쪽으로 제1 키슈와르의 인도 카슈미르(Kashmir)를, 서남쪽으로 중앙(제4) 키슈와르의 호라산(Khorāsān)과 옥수스(Oxus: Amu) 강을 각각 그 경계로 한다. 즉 현 인도의 동쪽과 북쪽 및 현 이란과 아프가니스탄의 동북쪽 전역을 'Sīn'이라 하였다. … 좁은 의미에서의 중국은 현 중앙아시아의 트란스옥시아나(Transoxiana) 지방을 뜻한다.[1071)]

여기에 '중국'의 위치를 "제7 키슈와르(Kishwar: 페르시아어 kaf·shin·vav·re〔keshvar〕: 나라·국가·一圓)"라고 했지만, 이를 지리적으로 그려보면, 카슈미르·호라산·스키타이를 각각 직선으로 그어 만나는 점이 중심지가 되는데, 크게는 북위 50° 동경 75°〔카라간다(Karaganda) 서쪽〕를 중심으로 반경 1500㎞ 이내이며, 좁게는 북위 45° 동경 65°〔크질 오르다(Kzyl Orda)〕를 중심으로 반경 1000㎞ 이내가 '중국(Sīn)'이 된다.

이 말에 대해서 좀더 신뢰성을 가질 수 있는 것은 바이루트 아랍 대학교와 이 대학원에서 사학과를 졸업한, 중앙아시아의 력사에 정통한 무함마드 깐수(Mohammad Kanso)가 "중국의 지리적 위치에 대해서는 대체로 정확하게 인식하고 있었다."고[1072)] 분명하게 지적하였다.

이와 같은 말에서 보듯이, 중국과 신라의 범위 안에는 '한반도'는 들어

1071) 김정위, 『중동사』(서울: 대한교과서주식회사, 2005 개정판), p. 451.
金定慰, 「中世中東文獻에 비친 韓國像」 『韓國史硏究』 제16호, 1977, p. 33.
무함마드 깐수, 『新羅·西域 交流史』(檀國大學校出版部, 1994 2쇄), p. 141.
1072) 무함마드 깐수, 위의 책.

가지 않는다. 그럼에도 불구하고, 여기에 "한반도도 이 '중국'의 개념에 포함되는 것이다,"라는[1073] 해석은 전혀 옳지 못하다. 여기서 "조선의 중심이 있다."는 말은 가능하며, 조선의 지리적 위치가 한반도가 아니라, 산이 많은 곳인 파미르고원 · 천산산맥의 동쪽 지역이 된다.

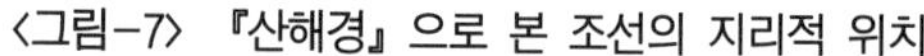
〈그림-7〉 『산해경』으로 본 조선의 지리적 위치

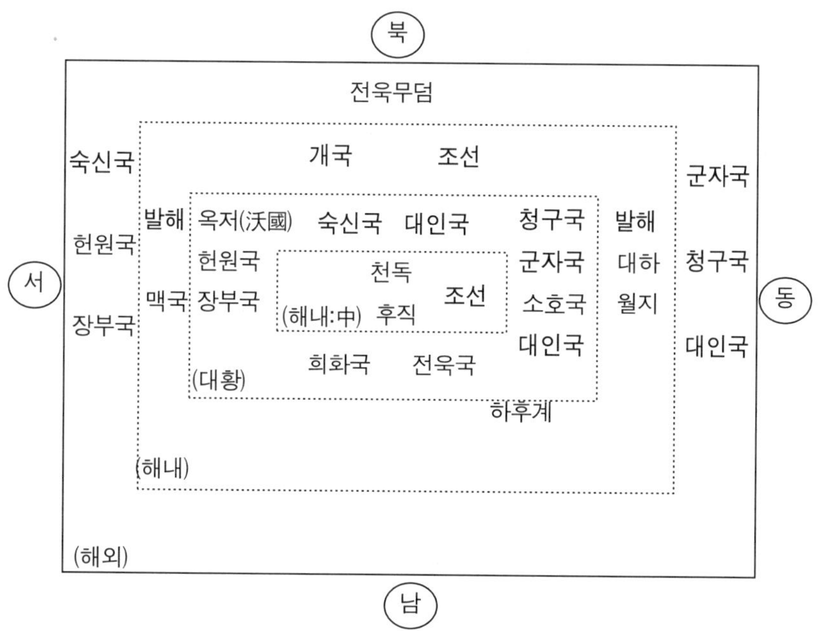

※ 근거: 『산해경(山海經)』에 따라 '조선' 과 관련된 것만을 골라 필자가 작성하였음.

여기서 '트란스옥시아나(Transoxiana)'의 지리적 위치도 명확히 알 필요가 있다.

파미르에서 아무 다르여(Amu dar′ya)와 시르 다르여(Syr Dar′ya) 두 개의 큰 강이 서쪽으로 흐른다. 두 강의 협곡은 하나의 커다란 오아시스 지역을 이루고 있다. 이곳은 역사상 중앙아시아 지역의 영유권에 있어서 초점이 되었다. 여기는 풍요로운 토지인 데다가 동서남북 어디에도 통하는 사통팔달의 이점이 있기 때문이다. 옛날에는 그리스 언어를 사용했던

1073) 위의 책.

사람들이 일찍이 이곳을 '옥수스(Oxus)를 넘었던 땅', 즉 '트란스옥시아나(Transoxiana)'라고 불렀다. 옥수스는 아무 다르여를 말한다. 그것은 고대 페르시아제국의 아케메네스조 동쪽이 이 아무 다르여에서 끝난다는 것에서 유래되었다. '문명의 땅'인 이란에서 보아 아무 다르여의 건너편은 '화외(化外)의 땅'으로 간주되었다. 이슬람이 동진하여 오자, 아라비아어로 '마 와르 알나흐르', 즉 '강 저편의 땅'이라 불렀다. 여기서 '강'이란 '아무 다르여'를 가리킨다.[1074)]

여기서 '아무 다르여', 즉 '아무하(阿木河/斡木河/阿姆河/阿母河/吾音會)'는 『신증동국여지승람』 권50에 나오는 함경도의 경흥·경원·온성·종성·회녕에 모두 도호부를 두었던 어머니〔阿母〕의 젖줄로서 그만한 비옥한 땅이었고, 사통팔달의 중심지였기 때문이었던 것이다.

여기서 '사통팔달(四通八達)의 중심지'라는 말은 그야말로 '중화(中華)·중국(中國)'이란 말과 같다. 여기에서 '중화', 즉 문명의 꽃을 피웠던 것이다. 그럼에도 불구하고 같은 책에서 앞뒤 맞지도 않게 "중화라는 문명의 핵심은 상당히 이른 시기에 황하의 중·하류에서 싹이 있었다."고[1075)] 한 말은 논리적 모순이 아닐 수 없다. 이 '황하'는 동아시아의 문화의 꽃을 피운 젖줄이기는 하겠지만, 이 력사지리에서는 곧 '아무 다르여'라야 만이 맞아떨어지게 된다.

그래서 '트란스옥시아나(Transoxiana)'의 지리적 위치가 천하를 다룬 『산해경』 속의 한가운데에 있는 〈해내경(中經)〉과의 동일한 위치에 해당된다고 보면 틀리지 않을 것이다.

그리고 무함마드 깐수가 인용한 이븐 쿠르다지바(Ibn Khurdādhibah: 820~912)의 『諸道路 및 諸王國志』에 적힌 글 '중국'과 '신라'가 지리적으로 어디를 가리키는지 그 의미를 알 수 있다.

깐수(Qansu)의 맞은편 중국의 맨 끝에 신라(al-Sila/Shila)라는 산이 많은 나라들이 있다.[1076)]

1074) 杉山正明(스기야마 마사아키) 지음, 이진복 옮김, 『유목민이 본 세계사』 (서울: 학민사, 2003 5쇄), p. 60.

1075) 위의 책, p. 366.

1076) 위의 책, p. 453; 이븐 쿠르다지바(Ibn Khurdādbih), *Kitābu'l Masālik wa'l*

중국의 맨 끝에 신라라는 나라가 있는데, 금이 풍부하다.[1077)]

여기서 이 '깐수'를 대개 'Qantu/강도현(江都縣)'으로 보기도 하지만, 신라의 국호가 '금성(金城)'인 것으로 보아 오히려 '금주(金州)'의 음역이라고 보는 것이 더 타당할 것이다. 특히 여기서 '나라들(mulūk: malik의 복수)'이란 말은 '많은 왕들(kings)'이든, '公國들(principautés)'이든,[1078)] 이것은 어디까지나 '제후(諸侯)'다. 즉 신라는 '제후'를 두었던 나라였고, 앞에서 '중국(Sīn)'의 위치에서 본 신라는 곧 천산산맥에서부터 그 동쪽임을 알 수 있다.

그리고 '중국'이 'Sīn'으로 불려지는 것도 대개 "진(秦: Chin)"나라에서 유래를 찾지만, '천자(天子)'가 있는 곳을 '신주(神州)'라고 했듯이 곧 이 '神'〔sin〕에서 비롯되었다고 본다.

또 "신라(al-Sila/Shila)"라는 말도 "斯盧·斯羅"의 소리가 『강희자전』에서 "斯": 〔息移切·相支切〕〔시〕〔si〕로, "羅": 〔魯何切·良何切·郎何切〕〔라〕〔la〕로 소리가 나므로, 〔sila〕가 되며, 뒷날에 "新羅"라고 한 것은 한자음으로 새기기보다는 뜻으로서 '새〔新〕'와 '시〔東〕', '땅·나라〔羅〕'의 표기가 페르시아어로도 sin·ye·lam·alef〔sila〕로 되어[1079)] 다 같은 소리다.

그리고 이 『산해경』의 지리적 구도는 지리적 관계를 네모꼴 도형으로 그려서 설명해보면, 그 지리적 가장 중심적 위치에 '곤륜허(昆侖墟)'와 '朝鮮'이 있으며, 거기서부터 바깥으로 조선〔The Corea〕의 이름으로 보이는 '청구국(靑丘國)·군자국(君子國)·대인국(大人國)·숙신국(肅愼國)·맥국(貊國)·발해(渤海)·개국(蓋國)' 등이 있다. 이렇게 하여 위에서 말한 '중국'이나, '신라'의 설명이 『산해경』의 지리적 구도 속에 그대로 들어맞게

Mamālik(諸道路 및 諸王國志),(Leoden: Brill, 1968), p. 70. 하트만(Hartmann)의 영어 번역, *Encyclopeadia of Islam* Vol. I, p. 842a "At the end of China, Opposite Kānsū, there are many mountains and many kongs, this is land of al-Shila, there is much gold."

1077) 위의 책; Ibid., p. 170.

1078) 무함마드 깐수, 위의 책, p. 189.

1079) 무함마드 깐수, 위의 책. p. 154. "신라의 음사는 無點字音 Sīn(s)과 下點子音 Yāu(i), 그리고 자모 Lām(L)과 接尾 Yāu(ā)로 구성되어 있다." 여기서 "接尾 Yāu(ā)"는 '接尾 Alef(ā)'로 해야 옳다.

되는 것이다.

그래서 조선과 관계된 이들 명칭을 그림으로 표시하여 보면, 설사 '대황'을 가장 바깥의 것이라고[1080] 한들, '조선'의 지리적 위치에는 전혀 영향이 미치지 않는다.

〈그림-8〉 『산해경』의 천하도

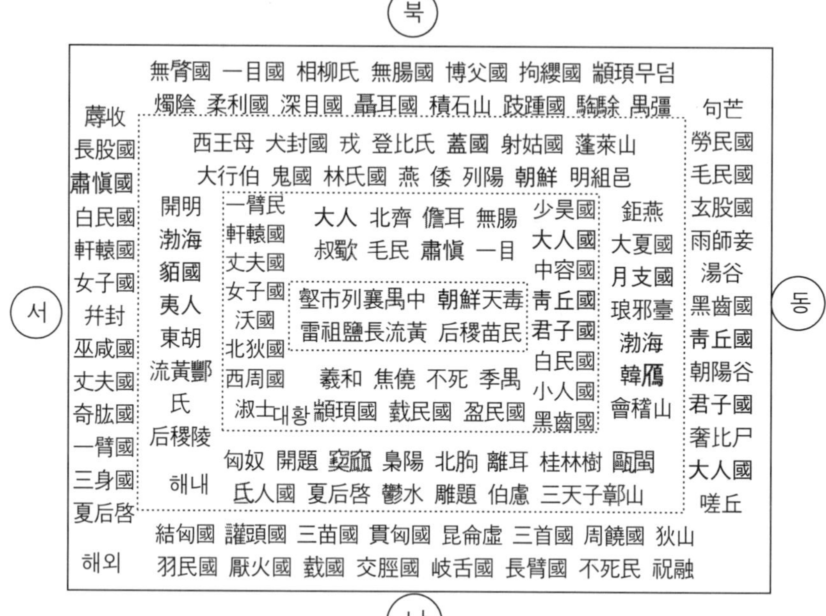

※ 출처: 『산해경』의 「해경」에서 필자가 종합한 표시한 것임.

이렇게 하나의 지리적 구도 속에 있는 조선을 현재의 지도 위에서 보면, 전혀 엉뚱하게 동경 120° 이동쪽으로 뚝 떨어져 나온 '한반도'로써 '조선'이라고 절대로 설명될 수 없다.

그리고 〈그림-8〉에서 보는 바와 같이 천하의 여러 나라들이 함께 표현된 것을 보더라도 거기엔 '중국'이란 나라로 볼 수 있는 나라는 없고, 특이한 명칭들만 있다. 특히 조선이 『산해경』의 지리적 구도에서 가장 중심지

1080) 吳尙學, 『朝鮮時代의 世界地圖와 世界認識』 (서울대학교대학원 박사학위논문, 2001), pp. 187~196.

에 들어 있고, 같은 이름이 북쪽에도 있으며, '발해'는 동쪽과 서쪽에 나뉘어 있고, 또 '숙신'은 북쪽과 서쪽에 흩어져 있다.

이런 것들은 왜곡의 흔적으로 볼 수 있지만, 좀더 긍정적으로 생각해준다면, 그만큼 그런 조선의 백성들이 아시아 전역에 많이 흩어져 살았었다고 볼 수 있다.

이제까지 매우 모호한 상황의 『산해경』 속의 지명·국명은, 애매하게 볼 것이 아니라, 조선 안에서 일어난 여러 제후국들의 특성을 나타낸 것으로서 전혀 새로운 의미를 부여받게 되며, 특히 '조선'이란 이름도 이제는 '고려(高麗: The Corea)'라는 큰 틀 속에 있는 하나의 지명에 지나지 않게 된다.

또 페르시아에서는 알파베트 'kaf·re·he'가 있는데, 〔kore〕라고 소리내면 '조선'이고, 〔kare〕라고 하면 '버터'라는 뜻인데, 소리내는 것은 다르지만 같은 글자를 쓴다. 버터는 우유에서 만들며, 말·양·염소 등의 목축업에서 생산되는 것이며, 이런 짐승들에게서 '가죽〔皮革〕'을 얻는데, 그 글자가 바로 '韓(한)'이며, 삼한(三韓: 진한·변한·마한)이니, 대한제국(大韓帝國)이니, 대한민국(大韓民國)의 뿌리가 된다. 본디 대한민국은 유목민에서 유래된다.

이렇게 '고려', 즉 '조선'은 '아시아(Asia)'라는 천하의 한복판에 있었고, 가장 중요한 것은 바로 거기 동쪽지역에서 임진왜란과 아울러 많은 반란이 일어났다. 그 왜란에서 리순신의 활약을 조명해야만 모든 사료와 군사적 활동이 제대로 해석이 가능하게 될 것이다.

그러므로 이제부터는 조선의 력사를 한반도에 억지로 맞추어 외우거나, 억지로 꾸며서 만든 거짓 기억에 담아 두려하지 말자. 정말로 조선의 력사는 고스란히 본디대로 되살아나는 원형 기억 력사(original memory history)로서 중앙아시아를 중심으로 하는 드넓은 아시아 전체에 살아 있다. 언제나 지나가버린 듯한 현재 진행형의 살아 있는 력사를 우리들의 미래를 위하여 우리들의 손으로 이제 제대로 살려보자.

그래서 "유라시아라는 표현은 유럽과 아시아를 대치시키고 있으나, 아시아에는 다양한 지역·문명권이 있고, 일괄적으로 하는 자체가 유럽 중심주의에 있다는 사고에 기초한다."는[1081] 말은 신세계의 사고를 전제로 하는 패러다

1081) 杉山正明 지음, 이진복 옮김, 『유목민이 본 세계사』 (서울: 학민사, 2003 5

임의 변화이지만, 이것은 잘못된 시도이며, 태양이 동쪽에서 떠서 서쪽으로 지는 자연법칙에 따라 '아시로파(Asiropa 〈Asia+Europa〉)'이라고 해야 마땅할 것이며, 유럽은 어디까지나 아시아의 종속일 따름이다. 더구나 민족이니, 국경이니 하는 개념은 19세기 말과 20세기 초에 현대문명이란 제국주의 힘의 틀로 만들어진 유럽 중심의 허구이며, 이 '아시로파'의 주인은 어디까지나 '고려(The Corea)'와 '이곳 사람들'이다.

이 '고려'라는 것은 무엇보다 지금까지 『고려사』에서 '동서 거리 1만 리'라고 적힌 규모의 공간보다 지리적으로 훨씬 더 광활한 땅과 더불어 다양한 민족, 다양한 언어로 이뤄진 다양한 문화가 꽃피운 세계였다.

여기서 력사에 대하는 자세를 밝힌 선현들의 글을 짚어보고 가자.

(1) 가만히 생각건대, 나라는 멸망할지언정 력사에 적힌 글〔史記〕은 멸할 수 없으니, 치안(治安)과 화란(禍亂)이 모두 력사책에 실려 있다.[1082)]

(2) 가만히 생각건대, 다스려짐과 함께 흥하고, 어지러움과 함께 망하니, 흥하거나 망하는 것은 지나간 일로 거울삼을 수 있으며, 아름다운 것을 헛되게 하지 않고, 악한 것을 숨기지 않아서, 아름답거나 악한 것을 마땅히 장래에 보여주어야 할 것이다.[1083)]

(3) 사람들이 말하기를, "후세의 왕들이 본받을 만하다는 것은 무엇인가 하면, 그것에 가깝게 한다는 것이다."고 하는데, 그렇다면 그 본받을 수가 없다는 것도 또한 마땅히 가깝게 하면 할수록 더욱 경계가 된다는 것이다. 어리석은 내가 이미 이러한 말들을 하면서 책의 첫머리에 열거하니, 진실로 느끼는 바가 많다.[1084)]

이 말들은 조선을 사랑한 사람들의 피끓는 외침이 이제 메아리로 돌아와 우리들을 사정없이 꾸짖는 말이다. 뉘우쳤을 때에야 잘못을 깨달은 것이 되며, 그 잘못이 고쳐지고 발전된 방향으로 나아가게 될 것이다.

쇄), p. 371.

1082) 盧思愼・徐居正・李坡, 「進三國史節要箋」 『三國史節要』(1476). "竊以 國可滅 史不可滅 惟治亂 具載於簡篇."

1083) 徐居正, 「進東國通鑑箋」 『東國通鑑』(1485). "竊以 與治興 與亂亡 興亡可鑑於旣往 不虛美 不隱惡 美惡當示於將來."

1084) 宋時烈, 「麗史提綱序」 『麗史提綱』(1677). "語曰 法後王何也 以其近也 然則其所不可法者 亦當愈近 而愈爲戒也 愚旣爲是說 而列篇者 而因有所感焉."

역시 이것은 력사가 국가 지도자들이나 한 개인을 위하여 그 조직에 다가올 흥망이나 행복과 불행의 거울이 된다는 말이며, 나라가 없어지더라도 그 력사는 없어지지 않는다고 하였으니, 결코 이를 소홀히 여겨서는 안 될 것이다. 아시아 조선의 력사가 남아 있듯이.

지난날 아시아를 호령했던 고려! 그 조선이 비록 망했을지라도 그 력사는 아시아 전역에 면면히 남아 있어 이제야 그동안 옴츠러졌던 마음을 움직여 끓어오르게 한다.

최근에 제목을 『국사 교과서의 통설을 뒤집은 문제작: 고조선은 대륙의 지배자였다』는[1085] 책이 나왔다. 그런데 정작 책의 내용과 '별지'의 "고조선 강역 지도"에는 대륙이라고 해야 흑룡강 남쪽으로, 북위 40° 이북으로, 동경 115° 이동으로 '고조선'을 한반도와 함께 그렸을 뿐인데, 이런 지도는 지금까지 평생동안 보고 들어왔던 잘못된 거짓의 내용과 전혀 다를 바가 없는 것이다. 어디까지나 '대륙의 지배'라는 말은 아시아를 통틀었다는 말이 들어가지 않는 한에는 식민사관의 반도조선과 다를 것이 없는 말장난으로써 독자들을 희롱하는 것이다. 이런 지식은 결국 거짓이다.

'아시아는 하나의 조선'이라는 패러다임에 접근하지 않는 한에는, 아무리 사료를 들이대더라도, 『삼국사기』와 『자치통감』과의 관계라든가, 『고려사』 『조선왕조실록』마저 제대로 내용을 파악하지 못하고 있다고밖에 볼 수 없다. 그 안에 들어 있는 어느 한 문장인들 정말 원문대로 똑바로 보면, 비록 한반도가 조선인 것으로 적힌 부분이 일부 있기는 하지만, 그 문맥을 조금만 더 앞뒤로 따져보면, 실로 거기에는 많은 흔적들이 상상을 초월하여 조선이 아시아 곳곳의 력사를 아우르고 있음을 깨닫게 될 것이다.

이제 조선이 아시아였다는 거시적 개념이 확인되었으니, 앞으로는 더욱 미시적 지리관계가 좀더 연역적으로 확인될 필요가 있다. 이런 력사적 사실의 지리적 위치가 한반도에서 중국대륙을 넘어 아시아로 확인됨에 따라 력사학의 패러다임은 새로운 전기를 맞아 앞으로 다시 정리되어야 한다.

이제야 영어 력사책 클라이드(Paul Hibbert Clyde)의 『The Far East』(1975)에서 왜 다음과 같은 말이 끼어 있는지를 알 만하다.

1085) 이덕일 · 김병기, 『고조선은 대륙의 지배자였다』(서울: 역사의 아침, 2006).

> 조선(Korea)의 정치사의 따분하고도 혼란스런 이야기는 그 나라의 지리적 위치에 대해 심사숙고하지 않으면 알기 어렵다. 19세기 말과 20세기 초 뿐만 아니라, 훨씬 그 이전의 시기에도 조선은 극동에서 정략적 분쟁 지역이었다. … 조선에 관한 지리학은 국제정치의 아버지다.[1086)]

비록 오래되지 않은 책이지만, 그 책에서 뽑아본 글 가운데서 이처럼 심사숙고하여 조선의 지리를 알지 않으면 조선을 알 수 없다는 것이 무엇을 뜻하겠는가. 지금은 '극동(The Far East)'이 한반도를 가리킬지라도, 그것은 오직 19세기 말과 20세기 초에 만들어진 관심거리의 지역이었으며, 그 훨씬 이전에는 전혀 다른 만리장성이 있고, 사막이 있고, 낙타를 타고 전쟁을 수행하는 광활한 지역까지가 조선이었음을 말한 것이다.

그래야만 '국제정치의 아버지'가 되는 지리가 바로 '조선'이 될 수 있는 것이다. 그 많은 유럽국가들이 앞다투어 중국대륙을 누비며 무역항을 조차지(租借地)로 만들어 조선의 주권이 미치지 못하는 치외법권의 특정구역이 되었던 것을 상기할 필요가 있다.

天將降大任於是人也	하늘이 큰 일을 이 사람에게 내리려 할 적에는
必先苦其心志	반드시 먼저 그 마음과 뜻을 괴롭히고
勞其筋骨	그의 살과 뼈를 지치게 만들고
餓其體膚	그의 몸과 살갗을 굶주려 마르게 하고
空乏其身	그의 생활을 궁핍하게 하여서
行拂亂其所爲	하는 일마다 그가 꼭 해야 할 일과는 어긋나게 만드니
所以動心忍性	이것은 마음을 움직이게 하여서 그 성질을 참게 하여
曾益其所不能	그가 해내지 못한 일을 더 잘할 수 있게 하기 위해서다.

- 『孟子』告子章句下15

1086) Paul Hibbert Clyde, *The Far East: A History of the Impact of the West on Eastern Asia*, 2nd ed.,(Prentice Hall, 1975), pp. 33~34. "The long and troubled story of Korea's political history is unintelligible without due consideration to the country's geographical position. Not only in the nineteenth and early twentieth centuries but also on many previous occasions, Korea has been a political hot spot of the Far East. … In Korea, geography is the father of international politics."

에필로그: 최두환 박사의 새롭게 용솟음치며 살아 있는 역사관을 보며

자은 최두환 박사님이 엮어낸『충무공 리순신, 대한민국에 告함 - 미래 지도자를 위한 李舜臣의 전략』은 우리들에게 가장 익숙한 위인을 그렸음에도 내용에 있어서는 완전히 새로운 것입니다. 최 박사님의 많은 충무공 관련 저서 가운데서 제목부터도 특이하다고 봅니다.

우선 최 박사님은 경영학을 전공하여「충무공 리순신의 리더십에 관한 연구」로써 박사학위를 받으셨고, 1996년 이전까지는 한반도가 조선이라는 제도권 학회의 틀에서 다르지 않게 '임진왜란' 내지 '충무공'의 국내 최고전문가로서 활약하셨으며, KBS-TV 역사 스페셜 등 여러 매체를 통하여 대중들에게는 많이 알려진 낯익은 분이기도 합니다.

그런데 최 박사님의 금번 저서의 핵심인 '충무공의 전략·전술 및 리더십'은 미래 지도자들에게 요구되는 충무공의 필수적 소양을 언급했으면서도, 지금까지와는 전혀 다르게 충무공이 활약한 전투현장이 한반도가 아닌 '중국대륙의 동부지역'이며, '임진왜란'을 '만력의 란'으로 고쳐 불러야 한다고 하셨습니다. 혹자는 임진왜란이 '동아시아를 뒤흔든 국제전쟁'이라고 하지만, 박사님께서는 왜적의 배후에서 유럽의 포르투갈·스페인·네덜란드 등이 참전하였으므로, 고선지 장군의 탈라스 전투(최초의 동서양 교전)를 능가하며, 임진왜란이야말로 진정 동양(明朝, 朝鮮)과 서양(신성로마제국, 일본)의 최대 왕조권력이 국운을 걸고 맞장을 뜬 '최초의 세계대전'이라고 하십니다. 그래서 언제나 임진왜란을 새롭게 보자면서 '대한민국에 告함'이라고 하신 것 같습니다.

1960년대까지는 아시아의 선진국이었다가 잊혀져 가는 국가, 필리핀은 그 국명이 아시다시피 포르투갈을 복속시킨 스페인의 왕 필립 2세(신성로마제국의 황제)의 이름을 딴 '필리피나스: 필립의 땅'에서 유래합니다. 1570년에 필립 2세는 그 유명한 스페인의 무적함대를 창설하고, 이듬해 이탈리아와 로마교황청과 연합하여 오스만투르크 제국을 대파하였으나, 1588년 엘리자베스 1세가 이끄는 영국 함대에 패배하여 대서양 해상무역의 주도권을 빼앗기고, 네덜란드의 독립을 보게 됩니다. 1590년 즈음에 탄광의 금과 은이 이미 고갈된 아메리카를 대신할 수 있는 새로운 식민지를 찾아 나선 스페인-포르투갈-로마교황청의 해상무역 세력은 최후의 몸부림으로 일본을 앞세워 아시아 대륙, 즉 조선정벌에 나섰으나, 충무공의 리더십으로 무장한 조선 연합군에 대패하면서 1596년에 제국파산을 선고하고, 이후부터 국운이 기울게 됩니다.

"조선이 대륙에 있었다"고 하는 새로운 세계사 관점에서 "임진왜란을 새롭게 보자"는 말은, 식민사학에 길들여져 있는 우리들에게는 광복 이후 60년 이상을 지나오면서도 전혀 들어보지 못한 기상천외의 청천벽력 같은 충격이요, 파천황이 아닐 수 없습니다. 우리는 학교에서의 무사고적 지식공급과 먼발치의 간접 경험으로부터 한반도만이 조선이요, 한국이라고 잘못 알고 있으며, 이것은 지금도 교과서나, 어떤 조직에서도 〈국사〉라는 이름의 '한국사'로서 자리하고 있습니다.

그런데 재야학자 가운데는 "한반도를 동신라, 중국대륙 동부지역을 서신라"라고 주장하는 이가 있는가 하면, "고려 때까지는 중국대륙에 존재했지만, 근세조선의 건국은 한반도에서 이루어졌다"는 문제제기도 있었고, 『고구려·백제·신라는 한반도에 없었다』는 책도 나왔습니다. 또 강단학자 가운데는 천문학자가 『삼국사기』, 『일본서기』에 나오는 일식의 최적 관측지역을 분석하여 고구려·백제·신라·일본을 중앙아시아(고구려), 중국대륙 동부(백제)와 동남부(신라·백제)라고 하였지만, 이 역시 역사적 서술이나 해석의 방법에서는 합리적 접근이 부족했다고 생각합니다.

이들 이론에 관한 공통적인 문제는 '조선의 중심지로서의 정체성'

에 한반도가 심각한 문제가 있으며, '지리적 연구의 필요성'이 중요하게 대두되었음에도 불구하고, 재야 학자들 사이의 이런저런 주장들은 학문적 접근으로 인정하기에는 부족하고, 체계적인 이론과 과학적인 논리를 갖춘 사람의 글이 나오지 못했다고 봅니다.

이러한 역사학의 정체성에 심각한 혼돈의 현실 속에서, 최 박사님께서는 재야학계와 강단학계의 사관을 뛰어넘어 2002년부터 저희 '대륙조선사연구회' 카페에 "중국대륙이 조선"이라고 줄기차게 글을 올리셨으며, 현재는 수천 명의 네티즌들의 상당한 공감대를 형성하게 되었습니다. 더불어 경영학 박사 및 국내 최고의 충무공 전문가로서 학문의 넓이와 깊이가 새로운 역사관을 정립하기에 충분하다는 평판을 받았으면서도, 춘추 60에 또 '동양사 박사과정'에 도전하여 마치셨으니, 그 학문적 열정은 누구보다 뛰어나다 하겠습니다.

그래서 일찍이 『대동여지도에서 낙타전쟁』이란 책에서 김정호의 대동여지도는 그 내용이 "조선의 터전은 중국대륙"이라고 밝혔으며, 이런 역사적 사실을 입증하기 위하여 17세기에 제주도에 왔다는 『하멜 표류기』의 네덜란드 원문을 번역하시어 "하멜 일행은 한반도에 한 발자국도 내딛지 않았고, 중국대륙 동남부에 표착했다."면서 『새롭게 고쳐 쓴 하멜 표류기』를 펴낸 바가 있습니다. 이런 연구 업적은 기존 상식에 너무 벗어나고, 엄청난 충격적 내용이라 도리어 사람들의 관심을 크게 받지 못했던 것이 사실입니다.

그럼에도 불구하고 우리들에게 또 다른 충격을 준 것은 『세종실록지리지』에 나오는 토산물을 토대로 『토산물로 본 조선』을 펴냈는데, 그 토산물의 11%가 한반도에서는 생존할 수가 없고, 한대·열대 및 사막 지대에서나 존재할 수 있는 것이라고 밝히면서 근세 조선의 강역은 파미르고원 및 천산산맥 동쪽의 대륙지역이라고 한 것입니다.

저는 '대륙조선사연구회'의 일원으로서 많은 관심을 가지면서 최 박사님과 가까워졌고, 이분의 역사관에 심취하여 연구실을 방문하기도 하였습니다. 그 연구실에는 옛 책들이 책꽂이 및 모든 벽면에 천정까지 높이 쌓여 있었고, 저는 헌책 고유의 냄새에 취하여 단번에 질려버렸습니다. 한밤을 새운 대화 속에서도, 어떤 역사적 사건이 나오면 어느새 한 구석에서 책을 꺼내 설명해주시는 박사님의 빈틈없는 박식함에 또 한 번 놀라버렸습니다.

이런 인간적 친분보다 더 마음을 끄는 것은 최 박사님이 고대부터 근세까지의 '조선통사(朝鮮通史)'가 필요하다면서『프랑스 신부 뒤 알드가 쓴 중국대륙의 조선통사』를 펴내신 것인데, 여기에서는 원문에는 없으나, 그 원문의 내용을 종합 판단하여, 아예 "아시아 자체가 조선"이라는 지도를 그려 넣었다는 것입니다. 이것이 곧 〔아시아〕=〔조선〕이라는 패러다임의 새로운 학설의 시작입니다.

세계 역사에서 이보다 더 큰 충격은 없을 것입니다. 〔아시아〕=〔조선〕이라면, 유럽사·세계사는 진실이겠습니까? 앞으로 더 밝혀보면 알게 되겠지만, 거짓이 아닐 수 없습니다.

역사는 '사관(史官)'과 '실록청(實錄廳)'에 의해 '왕조실록(王朝實錄)'이 이루어져야 존재할 수 있는 학문입니다. 유럽에는 어느 나라에도 이런 시스템이 없었지만, 조선에는 고대부터 조선이 멸망할 때까지 그 시스템이 존재했으며, 이것은 세계에서 유일무이한 제도였습니다.

이런 '실록'에 뿌리를 둔 해석의 하나가『충무공 리순신, 대한민국에 告함 - 미래 지도자를 위한 李舜臣의 전략』인데, 임진왜란을 평생사업으로 연구해오신 자은 선생님의 역사관은 한반도를 떠나, 중국대륙과 아시아 전체에 미치며, 그것을 조선이라고 하고 있습니다.

이런 역사관에 의한 글은 사실 현실적으로 대개 누구도 반겨주지 않을 것이며, 일본·중국·미국·영국의 어느 나라인들 관심은 있을지라도, 냉대할 수밖에 없는 패러다임의 글일 것입니다.

그러나 우리가 일단 〔아시아〕=〔조선〕이라는 패러다임으로 우리 역사를 새롭게 본다면, 머리끝까지 전율을 느낀 뒤에, 우리의 가슴

속에 진실이라는 '힘있는 자유'가 강하게 자리하고 있음을 깨닫게 됩니다.

경상도민요(좌수영 어방놀이, 통영 농요 등)에 나오는 "쾌지나 칭칭나네"는 임진왜란 당시 왜장 가등청정(加藤清正)이 패퇴하는 장면을 보고, "쾌재(快哉)라 청정(清正)이 나가네"라며 환호한 데서 유래합니다. 이 후렴구는 여러 지방의 민요에 널리 보급되면서 여러 변종도 나왔지만, 충무공이 오랑캐 무리를 물리친 드높은 기개와 승리의 기쁨을 노래하고 있습니다. 바로 이 '清'을 '칭(qing)'이라 한 것은 중국대륙 동부의 발음이며, 민요가 가지고 있는 대륙 코드가 아닐 수 없습니다.

정치 · 군사 · 경제적으로 많은 이슈들과 격변이 휩쓸고 있는 한반도의 현실을 보면, 역사를 도외시하고, 단순히 현상분석만을 해서는 어떤 문제도 해결할 수 없습니다. 임진왜란과 아편전쟁 이후 150여 년 만에, 홍콩반환에서부터 시작된 제3의 서세동점(IMF, FTA, 북핵문제 등) 위기를 맞는 우리는 충무공의 리더십을 중심으로 '우리 공동체의 역사 경쟁력'을 키우는 것이 21세기 新 '쾌지나 칭칭나네' 세상을 구가하는 것이 될 것입니다.

끝으로 최 박사님의 요청으로 에필로그를 대신하여 이 글을 쓰게 된 것을 영광스럽게 생각하며, 그리고 '대륙조선사연구회'의 일원으로서 조선의 역사에 관심 있는 많은 사람들이 이 책을 읽고, 새로운 패러다임의 역사를 인식하여 '세계의 중심'인 조선의 무한한 자부심과 긍지를 함께 공유하기를 기대해봅니다.

충무공께서 연안답사를 떠난 날(1597. 7.18)을 되새기며
2008년 8월 30일
대륙조선사연구회 회장 채윤기 삼가 올림

발문: 꿈과 희망을 주는 미래의 약속을 지금 실천하는 길잡이
- 자은 최두환 박사님의 조선 역사의 진실을 보며 -

이 책을 읽으면, "인재를 양성하는 것은 진실로 나라의 정치에 크게 관계되는 일이다."라는 말이 생각납니다. 이것은 서세동점이라는 유럽 열강의 거센 물결이 치는 시기에 100가지의 전략과 전술을 요약한 『백전기법』(1883년)의 발문에 실려 있는 정무공 김기석(金箕錫)의 글입니다. 이때는 1876년의 강화도조약이니, 병자수호조약이니, 몇 개의 이름을 가진 국제적 불평등 조약과 1882년에는 미국・영국・독일 등과도 같은 조건의 수호조약을 맺었으며, 명성황후가 변복하고 충주에 피난갔고, 대원군은 청군에게 납치되기도 했던 시기였습니다. 참으로 전략도, 전술도 없고, 리더십이랄 수 없는 지도층 때문에 어수선한 세상이었습니다.

그래도 지난날 조선에는 충무공이란 인재가 있어 그로 말미암아 조선 최악의 국난 임진왜란을 가장 슬기롭게 극복하여 조선 정치의 맥을 300년 이상 더 계속 유지할 수 있었습니다. 인재는 그만큼 국가의 중요 재산이요, 전략적 핵심 요소임을 모르는 사람은 없을 것입니다.

그리고 "정치를 하려면 먼저 시대를 잘 인식해야 한다."는 말도 생각납니다. 이것은 임진왜란이 일어나기 23년 전에 율곡 선생께서 구묘(九廟)의 전통을 이어가는 선조 임금께 성군이 되기를 충고한 말인데, 역시 '시대정신'을 잘 파악해야 한다는 것이었습니다. 충무공은 그 시대를 제대로 읽고, 왜적의 침입에 대비하여, 대적하여 싸움마다 모두 이겼던 조선 최고의 지휘관이요, CEO요, 지도자요, 세계 최고의 영웅이라는 찬사를 보내고 싶습니다.

세월은 많이 흘러 이제 21세기를 살아가는 이 시대에 우리에게 필요한 지도자는 곧 시대를 잘 인식하여 갈등과 모순의 어려운 국정을 잘 풀어나가는 인재여야 하며, 그런 미래의 지도자는 바로 '충무공의 전략·전술'에 익숙해야 한다고 자은 선생님께서는 강조하고 있습니다.

선생님께서는 이런 질문을 하셨습니다. "일본은 충무공의 전략·전술·리더십을 연구하여 20년도 채 못되어 그의 조국 조선을 일본의 식민지로 만들었는데, 한국에서는 충무공을 배워 어디에 쓰겠는가?"

이어진 말씀에는 "대마도가 경상도 계림 땅이라고『세종실록지리지』에도,『신증동국여지승람』에도 나와 있으니, 이를 되찾아야 하고, 일본이 36년 동안 조선을 식민지화했으니, 36년의 같은 기간만큼 그 일본을 한국의 식민지로 삼아야 한다."고 하셨고, 그래야 공정하다고 하셨습니다. 아마도 그런 정신이 필요하다는 말씀으로 이해했습니다.

선생님께서는 이미 충무공 연구의 거벽(巨擘: 엄지손가락/최고 전문가)으로서 이미『초서체 난중일기』를 처음으로 완역하시었고,『충무공 명언 88가지』를 펴내 '청소년 권장도서'에 선정되었고, 대작『충무공 전집』(1질6책)을 펴신 바 있습니다. 참군인을 만들어내는 해군사관학교와 해군대학을 졸업하시어 군사 전략·전술의 소양을 갖추셨고, 이제는 경영학 및 역사학에 두루 석사과정·박사과정을 거치신 대학자이시며, 군인의 길을 걷다가 학문에 뜻을 두고 평생을 충무공과 임진왜란을 연구하시다가 이제는 아시아가 조선이라는 새로운 패러다임을 설파하고 계십니다. 범인들로서는 그저 충격에 빠질 따름이며, 쉽게 알아듣거나, 수긍하기에 결코 쉽지 않는 선각자의 길을 걷고 계십니다.

지금 세계의 해군전략 수준은 지난날 충무공의 전략을 좀더 강화한 것은 아닐까요? 충무공 전략의 숨은 뜻이 바로 "반드시 이겨야 산다."는 강력한 메시지라고 생각합니다.

저는 이제까지 충무공에 대해서 잘 알지 못했지만, 자은 선생님의 한가족이 되고부터 자연스레 충무공에 관심을 가지게 되었고,

이제는 푸르덴셜 내에 최년소 지점장이 되어 라이프 플래너 여러분들과 함께 동고동락하며, 성장해가고 있는 것도 어쩌면 충무공의 리더십과 그의 전략·전술이 많은 도움이 된 덕분이라고 생각합니다. 이제는 전혀 새로운 역사관을 펼치시는 선생님의 패러다임에 심취하여 어떤 도전도 두려워하지 않게 되었습니다.

충무공이 강조한 말에서 보면, 빈틈없는 만전의 준비, 아직도 우리에겐 12척이나 있다고 외친 각오와 책임감, 1명이 길목을 지키면 1000명도 두렵게 할 수 있다는 용기와 사명감은 국가의 운명을 좌우하는 지도자에게도 필요하지만, 전국을 땀으로 누비며 발품으로 사는 사람들에게도 더 없이 힘을 솟게 하고, 용기를 주며, 꿈을 키우는 활력소라고 생각합니다.

오늘이 힘들고, 괴롭고, 슬프고, 우울하며, 절망에 빠진 사람들에겐 꼭 이 책을 권하고 싶습니다. 또 미래를 설계하며 큰 꿈을 키우며, 도전하는 사람에게도 꼭 이 책을 권합니다.

왜냐하면 충무공은 몇 차례의 파직과 구속, 그리고 백의종군까지, 이른바 파란만장의 인생을 살았고, 또 스스로는 이 세상에서 가장 불행했던 자였다고 한탄했던 사람이며, 그런 어려움을 견디고 이겨내어 끝내 성공한 사람이었습니다. 바로 그 성공의 비결이 이 책에 낱낱이 실려 있어 미래를 약속받을 수 있는 길잡이이기 때문입니다.

2008년 8월 15일 63주년 광복절을 맞아

푸르덴셜 생명보험(주) 세계지점장 리창욱 삼가 올림

• 참고문헌

· 단행본

『高麗史』.
『光海君日記』.
『舊唐書』.『新唐書』.
『謄錄類抄』各司謄錄66(奎章閣 所藏).
『李忠武公全書』. 奎章閣(1795).
『明史』.
「武經七書」『漢文大系』(13). 臺北: 新文豊出版公司, 1978.
『三國史記』.
『宣祖實錄』.『宣祖修正實錄』.
『成宗實錄』.
『新增 東國輿地勝覽』.
『英祖實錄』.
『仁祖實錄』.
『燃藜室記述』.
『資治通鑑』.
『再造藩邦志』.
『增補文獻備考』.

李象鼎.『兵學指南演義』國立中央圖書館 所藏本 古第20991號. 戊午(1798).
李睟光.『芝峰類說』仁祖11年(1633).
李舜臣.『亂中日記』國寶 第76號(顯忠祠 所藏).
李舜臣.『壬辰狀草』國寶 第76號(顯忠祠 所藏).
李蘊・崔國亮.『壇究捷錄』肅宗41年(1715). 國防部戰史硏究室, 1999.
李重煥.『擇里志』. 朝鮮光文會, 1911.
首陽大君 李瑈.『陣法』景泰2年(1451).
申炅.『再造藩邦志』肅宗19年(1693); 隆熙4年(1910).
申叔舟.『御製兵將說』成化2年(1466).
安邦俊.『隱峯全書』崇禎紀元後四甲子(1864).

尹行恁.『李忠武公全書』奎章閣. 乙卯 正祖19年(1795); 成文閣 影印, 1992.
趙慶男.『亂中雜錄』奎章閣. 萬曆戊午年(1618);『大東野乘』권26~34.
戚繼光.『紀效新書』萬曆23年(1595). 江都: 青藜閣梓, 寬政10年(1798).
徐榮輔・沈象奎.『萬機要覽』(1808).

강길중・박종현・정재훈.『中國 歷史의 理解』. 경상대학교출판부, 2003.
姜舞鶴.『忠武公兵法』. 서울: 가정문고사, 1979.
국사편찬위원회・국정도서편찬위원회.『고등학교 국사』. 교육인적자원부, 2003.
金大商.『壬辰倭亂과 李夢龜 將軍』. 서울: 글마당, 2001.
김영신.『대만의 역사』. 서울: 知永社, 2001.
金義煥.『人間 李舜臣』. 서울: 研文出版社, 1972.
金貞鎔・金永萬.『顯武公實紀』. 光州: 錦江閣, 檀紀4303年(1970).
김정위.『중동사』. 서울: 대한교과서주식회사, 2005. 개정판.
김종민.『전쟁과 해양전략』. 서울: 이성과 현실사, 1992.
金州植.『世界史와 海洋活動의 關係』. 海軍士官學校 博物館, 1992.
나일성・이정복.『일식과 월식』. 서울: 한국겨레문화연구원, 2002.
남천우.『긴칼 옆에 차고 수루에 홀로 앉아』. 서울: 수문서관, 1992.
東洋史學會 編.『概觀 東洋史』. 서울: 지식산업사, 1993. 18쇄.
류제현.『중국역사지리』. 서울: 문학과지성사, 1999.
柳洪烈.『한국천주교회사』. 서울: 카톨릭출판사, 1984. 4판.
李善浩.『이순신의 리더십』. 서울: 도서출판 팔복원, 2001.
李殷相.『忠武公의 生涯와 思想』. 서울: 三星文化財團, 1975.
李章熙.『郭再祐研究』. 서울: 養英社, 1983.
李在範.『元均正論』. 서울: 啓明社, 1983.
李在範.『원균을 위한 변명』. 서울: 학민사, 1997.
李鍾學.『現代戰略論』. 서울: 博英社, 1972.
李炯錫.『壬辰戰亂史』上・下. 서울大學校出版部, 1967.
馬郁.『韓國名將傳』. 서울: 梧谷文化社, 1980.
무함마드 깐수.『新羅・西域 交流史』. 檀國大學校出版部, 1994. 2쇄.
박기봉.『충무공 이순신 전서』. 서울: 비봉출판사, 2006.
박상길.『指揮統率』. 해군작전사령부 제8전비전단, 1991.
박용숙.『지중해 문명과 단군조선』. 서울: 집문당, 1996.
박창범.『하늘에 새긴 우리 역사』. 서울: 김영사, 2002.

朴哲.『세스뻬데스 - 한국 방문 최초 서구인』. 서강대학교 출판부, 1993. 재판.
朴現圭.『19세기 中國에서 본 韓國 資料』. 서울: 亞細亞文化社, 1999.
徐敬浩.『山海經 硏究』. 서울대학교출판부, 1996.
徐仁漢.『壬辰倭亂史』. 서울: 國防部戰史編纂委員會, 1987.
申炅.「再造藩邦志」『大東野乘』IX. 서울: 民族文化推進會, 1973.
申龍澈 등 14명.『東洋의 歷史와 文化』. 서울: 探究堂, 1996. 5판.
申採湜.『東洋史槪論』. 서울: 三英社, 2003. 14刷.
安邦俊.『隱峰全書』. 서울: 新潮社, 2002.
안상현.『우리 별자리』. 서울: 현암사, 2000.
연민수.『일본역사』. 서울: 도서출판 보고사, 1999. 3쇄.
元仁浩.『元均統制使』. 서울: 도서출판 公開公論社, 1995.
유성은.『이순신 장군의 리더십』. 서울: 평단문화사, 2001.
尹乃鉉·朴成壽·李炫熙.『새로운 한국사』. 서울: 삼광출판사, 1989.
이덕일.『설득과 통합의 리더 유성룡』. 서울: 력사의아침, 2007.
이덕일·김병기.『고조선은 대륙의 지배자였다』. 서울: 역사의 아침, 2006.
이덕일·이희근.『우리 력사의 수수께끼』. 서울: 김영사, 1999.
이정수.『大海戰』. 서울: 정음사, 1986. 3판.
任龍淳.『正統歷代 淸白吏 列傳』. 서울: 도서출판 문학창조사, 1993.
임원빈.『이순신 병법을 논하다』. 서울: 신서원, 2005.
정두희·이경순.『임진왜란 동아시아 삼국전쟁』. 서울: 휴머니스트, 2007.
丁若鏞.『牧民心書』. 서울: 창작과비평사, 1995.
제장명.『이순신 파워인맥』. 서울: 행복한나무, 2008.
趙敬男.『亂中雜錄』. 서울: 民族文化推進會, 1977.
趙成都.『忠武公의 生涯와 思想』. 서울: 明文堂, 1982.
趙成都.『忠武公 李舜臣』. 서울: 同元社, 1968; 南榮文化社, 1982.
趙仁福.『李舜臣戰史硏究』. 서울: 鳴洋社, 1964.
曺佐鎬.『東洋史大觀』. 서울: 廣曺出版社, 1984.
車俊會.『古代戰爭論』. 서울: 文化世界社, 1973.
蔡連錫.『韓國初期火器硏究』. 서울: 一志社, 1981.
崔斗煥.『강강수월래 연구』. 서울: 학민사, 1997.
崔斗煥 등 14명.『巨濟市誌』. 巨濟市誌編纂委員會, 2002.
崔斗煥.『대동여지도에서 낙타전쟁: 그 숨은 비밀을 찾아서』. 서울: 집문당, 2003.

崔斗煥.『리더십의 발견: 忠武公 李舜臣의 훗손』. 해군 충무공 리더십 센터, 2007.
崔斗煥.『오! 하늘이여 이 원수를!』. 마산: 도서출판 경남, 1998.
崔斗煥 등 18명.『鎭海市史』. 鎭海市史編纂委員會, 2006.
崔斗煥 등 4명.『충무공 리순신』. 서울: 대한출판협회, 1998.
崔斗煥.『죽고자 하면 살리라』. 마산: 도서출판 불휘, 1993;『忠武公 李舜臣의 겨레를 구한 名言 88가지: 죽고자 하면 살리라』. 서울: 學民社, 1998.
崔斗煥.『忠武公 李舜臣 全集』4(충무공 리순신의 생애). 서울: 宇石出版社, 1999.
崔斗煥.『忠武公 李舜臣 全集』5(하늘에 맹세하니 강산이 떨고: 충무공의 海洋經營). 서울: 友石出版社, 1999.
崔斗煥.『忠武公 李舜臣 全集』6(원형 거북선과 학익진의 비밀). 서울: 友石出版社, 1999.
崔洛哲.『都元帥 忠莊公 權慄將軍 實記』. 大田: 農經出版社, 1982.
崔碩男.『李舜臣과 그들』. 서울: 鳴洋社, 1965.
崔碩男.『救國의 名將 李舜臣』. 서울: 教學社, 1992.
崔碩男.『韓國水軍活動史』. 서울: 鳴洋社, 1965.
崔世寅.『指揮·統率 - 그 實際와 理論』. 國防部政訓局, 1979.
최영희.『임진왜란』. 서울: 세종대왕기념사업회, 1974; 1999.
崔完植.『國譯 周易』. 서울: 惠園出版社, 1992.
한국기독교사연구회.『한국 기독교의 역사Ⅰ』. 서울: 기독교문사, 1992.
한명기.『임진왜란과 한중관계』. 서울: 역사와비평, 1999.
航海科要諦編纂委員.『航海科要諦』上卷. 韓國海洋大學, 1968.
해군본부.『部隊管理訓』.해군본부, 2000.
해군본부.『지휘통솔』(해본지 4-14). 2004.
해군본부 정훈감실.『韓國海戰史』上·下. 해군본부, 1962.
해군본부 정훈감실.『韓國海洋史』. 해군본부, 1954.

· 論文

姜性文.『임진왜란 初期陸戰과 防禦戰略 연구』. 韓國學中央研究院 韓國學大學院 박사학위논문, 2006.
강영훈.「李忠武公의 軍法運用: 亂中日記를 中心으로」『趙成都敎授華甲紀念

忠武公 李舜臣 研究論叢』. 해군사관학교, 1991, pp. 1~43.
具敎鳳. 『知識經營시스템의 運用效果에 影響을 주는 要因에 관한 硏究』. 경남대학교대학원 박사학위논문, 2001.
金龍夏. 「危機管理側面에서의 李舜臣의 리더십 硏究」 『충무공 탄신 제458주년 이순신연구소 제5회 학술대회 21세기 한국의 비전과 이순신 리더쉽』. 순천향대학교, 2003, pp. 113~144.
김병주. 『명장의 리더십에 관한 연구 — 리더십이론을 중심으로』. 전남대학교 경영대학원 석사학위논문, 1996.
김선자. 『중국변형신화전설연구』. 연세대학교대학원 박사학위논문, 2000.
김성태. 「이순신 장군의 성격연구」 『행동과학연구』 I. 고려대학교 행동과학연구소, 1970.
金世昴. 『李舜臣 提督의 戰略戰術에 관한 硏究: 孫子兵法과 연관성을 중심으로』. 경남대학교행정대학원 석사학위논문, 1998.
金永淑. 『忠武公 李舜臣 硏究』. 경희대학교대학원 박사학위논문, 1993.
金榮治. 「기업환경의 변화와 새로운 경영관리의 모색」 『經濟經營硏究』 第31輯. 경남대학교 한국경제경영연구원, 2002. 2.
金榮治. 「리더십의 자질과 영향력의 개발에 관한 연구」 『經濟經營硏究』 第3輯. 경남대학교 한국경제경영연구원, 1997. 12.
김영치·최두환. 「亂中日記에 나타난 忠武公 李舜臣의 리더십 特性에 관한 硏究」 『産業經營』 제36집. 경남대학교 산업경영연구소, 2005, pp. 57~94.
金一相. 「壬辰倭亂과 李舜臣의 戰略」 『趙成都敎授華甲紀念 忠武公李舜臣 硏究論叢』. 해군사관학교, 1991, pp. 45~147.
金一相. 「鳴梁海戰의 戰術的 考察」 『壬亂水軍活動硏究論叢』. 海軍軍史硏究室, 1993, pp. 195~221.
金一相. 「忠武公 李舜臣과 넬슨 提督의 海戰 比較硏究」 『軍事論壇』 제8호(가을호). 1996.
金在瑾. 「임진왜란중의 조·일·명 軍船의 特性」 『壬亂水軍活動硏究論叢』. 海軍軍史硏究室, 1993, pp. 223~276.
金定慰. 「中世中東文獻에 비친 韓國像」 『韓國史硏究』 제16호, 1977.
金忠英. 「李舜臣 將軍의 戰略에 관한 硏究分析」 『敎授論叢』 제20집. n.p., n.d.
김현기. 「이순신의 군사적 리더십에 관한 현대적 조명」 『충무공 탄신 제458주년 이순신연구소 제5회 학술대회 21세기 한국의 비전과 이순신 리더십』. 순천향대학교, 2003, pp. 41~78.

金鍾洙. 『朝鮮後期 訓鍊都監의 設立과 運營』. 서울대학교대학원 박사학위논문, 1996.
金孝洙. 『李舜臣의 리더십에 대한 現代的 照明』. 경희대학교대학원 박사학위논문, 2003.
南廷集. 「李舜臣의 改革活動과 리더십」 『韓國行政史學誌』 제8호. 2000.
羅鐘宇. 「왜란의 발발과 조선의 청병외교」 『한・중국제학술회의 임진왜란기 조・명 연합작전』. 서울: 국방부군사편찬연구소, 2006.
羅鐘宇. 「忠武公 李舜臣 提督의 戰略戰術」 『壬亂水軍活動硏究論叢』. 海軍軍史硏究室, 1993, pp. 102~129.
李敏雄. 『壬辰倭亂 海戰史 硏究』. 서울대학교대학원 박사학위논문, 2002.
李載浩. 『忠武公誕辰 450周年紀念 學術大講演會 李忠武公의 救國精神』. 溫陽牙山文化祭委員會, 1995.
李貞一. 『壬辰倭亂 硏究』. 中央大學校大學院 博士學位論文, 1989. 6.
朴晳光・金大中・李在範. 『李忠武公 精神史 심층연구』. 海軍士官學校 忠武公海戰遺物發掘團, 1996.
박종대・최두환 등 10명. 『亂中日記 分析을 통한 거북선(龜船) 活動史』. 해군사관학교 충무공해전유물발굴단, 1994.
朴哲. 「16세기 한국 천주교회사 史料 硏究」 『外大史學』 第7輯. 한국외국어대학교, 1997, pp. 409~442.
박태근. 「李慶濬 將軍의 統營建設과 唐浦海戰」 『統營誕生 400주년 記念史料集』. 統營市, 2004, pp. 15~65.
徐敬浩. 「山海經의 內面體系에에 관한 연구 -地理的 觀念을 중심으로」 『中國文學』 21(1993. 12), pp. 21~50.
蘇在英. 『壬辰錄 硏究』. 고려대학교대학원 박사학위논문, 1980.
吳尙學. 『朝鮮時代의 世界地圖와 世界認識』. 서울대학교대학원 박사학위논문, 2001.
尹銀淑. 『蒙・元 帝國期 옷치긴家의 東北滿洲 支配』. 강원대학교대학원 박사학위논문, 2006.
임원빈. "명량해전 승리요인의 재조명" 『세계화시대, 이순신 리더십을 생각한다』. 순천향대학교 이순신연구소, 2008, pp. 83~108.
任元彬. 「忠武公 李舜臣의 兵法 硏究」 『海洋硏究論叢』 제18호. 해군사관학교, 1998.
任元彬. 「충무공 이순신의 병법과 근대해전」 『海洋硏究論叢』 제22호. 해군사관학교, 1999.
任元彬. 「충무공 이순신의 용병술 연구」 『海洋硏究論叢』 제24호. 해군사관학교, 2000, pp. 379~442.
張庚男.『壬辰倭亂 實記文學 硏究』. 숭실대학교대학원 박사학위논문, 1997.
제장명.「丁酉再亂期 朝·明 水軍의 聯合作戰에 관한 硏究」『海洋戰略』第117號. 해군대학, 2002, pp. 247~274.
崔斗煥.「慶尙·全羅水軍 最初合同作戰硏究」『敎育發展』제9호. 해군교육사령부, 1993, pp. 168~213.
崔斗煥.『거북선 논문집』. 해군교육사령부 충무공수련원, 2001.
崔斗煥.「高麗末期 火砲運用과 海戰」『海軍』제312호. 해군본부, 1993, pp. 31~48.
崔斗煥.「軍事敎育訓鍊의 生成發展論 - 敎育訓鍊의 本質과 效果要素를 중심으로」『海洋戰略』제37/38호. 해군대학, 1985, pp. 126~160/123~174.
崔斗煥.「노량해전이 임진왜란 종전에 미친 영향」『제2회 충무공 노량해전 승첩제 학술발표』. 남해군, 2002, pp. 39~54.
崔斗煥.「당개격전지(唐浦激戰地)의 영웅」『敎育發展』제3호. 海軍敎育司令部, 1990, pp. 107~132.
崔斗煥.「鳴梁海戰과 강강수월래」『忠武公 李舜臣 硏究論叢』. 해군사관학교, 1991, pp. 569~610.
崔斗煥.「飜譯되지 않은 草書 亂中日記 紹介와 忠武公 精神 再發見」『海洋硏究論叢』제17집. 해군사관학교 해군해양연구소, 1996, pp. 147~201.
崔斗煥.「山海經에 나타난 象徵의 歷史的 價値에 관한 考察」『慶尙史學』제23집. 2008, pp. 31~84.
崔斗煥.「心理學的 側面의 軍隊環境 造成論 — 軍事敎育訓鍊 管理를 中心으로」『海洋戰略』제35/36호. 해군대학, 1985, pp. 145~193/149~186.
崔斗煥.「壬亂時 강강수월래의 軍事的 意義」『海洋戰略』제55호. 해군대학, 1988, pp. 30~94.
崔斗煥.『壬亂時 軍船搭載火器의 性能 硏究』. 경남대학교 대학원 석사학위논문, 1996.
崔斗煥.「임란시 원형 거북선에 관한 연구」『海洋硏究論叢』제22호. 해군사관학교, 1999, pp. 57~154.
崔斗煥.「임란시 화기의 성능 연구」『海洋硏究論叢』제24호. 해군사관학교, 2000, pp. 57~108.
崔斗煥.「임진왜란과 거제지역, 전적지에 관한 고찰」『거제도내 임진왜란 전적지 연구포럼』. 거제관광포럼, 2007, pp. 6~30.
崔斗煥.「임진왜란 해전에서의 함포 운용술 연구」『學藝誌』제6집. 육군박물관, 1999, pp. 137~172.
崔斗煥.「충무공 리더십의 현대적 재조명」『해군 리더십 논총』창간호. 충무공리더십센터, 2007, pp 71~117.
崔斗煥.「충무공 리순신의 국가관과 목표관리」『해군』통권361호. 해군본부, 2003.
崔斗煥.「李舜臣의 꿈과 心理的 不安解消」『海洋戰略』제91호. 해군대학, 1996, pp. 37~78.
崔斗煥.「李舜臣의 心理的 不安解消 方法 - 占과 周易의 解釋과 自己診斷」『敎育發展』제14호. 해군교육사령부, 1995.
崔斗煥.「忠武公 李舜臣 拘束의 適否性 考察」『海洋戰略』제100호. 해군대학, 1998, pp. 169~248.
崔斗煥.「忠武公 李舜臣의 리더십 모델 硏究」『海洋戰略』제75호. 해군대학, 1992, pp. 73~105.
崔斗煥.『忠武公 李舜臣의 리더십에 관한 硏究』. 경남대학교대학원 박사학위논문, 2004.
崔斗煥.「忠武公 李舜臣의 리더십 13大 原則」『敎育發展』제24호. 해군교육사령부, 2001, pp. 110~134.
崔斗煥.「忠武公 李舜臣의 리더십과 知識經營」『敎育發展』제26호. 해군교육사령부, 2003, pp 1~42.
崔斗煥.「충무공 리순신의 여가 선용: 종정도 놀이 연구」『海洋戰略』제95호. 해군대학. 1997, pp. 174~202.
崔斗煥.「忠武公 李舜臣의 遵法精神」『敎育發展』제16호. 해군교육사령부, 1996, pp. 120~151.
崔斗煥.「충무공 리순신의 진법 운용과 신호체계」『리순신 장군 순국 400주년 기념학술회의 임진왜란과 리순신 장군의 전략전술』. 문화관광부·전쟁기념관, 1998, pp. 37~96.
崔斗煥.「忠武公 李舜臣의 天道思想 硏究」『海洋戰略』제98호. 해군대학, 1998, pp. 84~164.
崔斗煥.「충무공 리순신의 해양전략 사상에 관한 연구」『海洋硏究論叢』제26호. 해군사관학교, 2001, pp. 77~134.
崔斗煥.「충무공정신의 현대적 의의」『敎育發展』제17호. 해군교육사령부, 1997, pp. 298~328.
崔斗煥.「학익진의 비밀」『敎育發展』제20호, 해군교육사령부, 1998, pp.

282~321.
崔斗煥.「한산대첩이 임진왜란 종전에 미친 영향」『統營誕生 400주년 記念史料集』. 통영시, 2004, pp. 117~138.
崔斗煥.「해양전략 사상가로서의 리순신 고찰」『海洋戰略』제105호. 해군대학, 1999, pp. 217~255.
崔永禧.「壬辰倭亂에 대한 理解의 問題點」『韓國史論』22 - 壬辰倭亂의 再照明. 서울: 國史編纂委員會, 1992.
崔七鎬.「李舜臣將軍의 戰略構想과 作戰結果」『軍史』제2호. 軍史硏究所, 1981, pp. 170~191.

· 飜譯文獻

고려대 민족문화연구소 역.『만기요람』. 민족문화추진위원회, 1982. 재판.
權五惇 譯解.『新譯 禮記』. 서울: 홍신문화사, 1996. 2판 2쇄.
權德周 譯.『大唐西域記』. 서울: 일월서각, 1983.
金文淑 譯.『히데요시가 이기지 못하는 조선무장』. 부산: 도서출판 신안, 1997.
金炳益 譯, Michael Keon 지음.『내 일생 祖國과 民族을 위해』. 서울: 知識産業社, 1977.
김승일 옮김.『한중관계사』. 서울: 종합출판 범우, 2005.
김승일 옮김.『역사란 무엇인가?』. 서울: 범우사, 2003. 3쇄.
김태성·박종숙 옮김,『양자강을 가로질러 중국을 보다』. 서울: 효형출판사, 2005.
김한규·전용만·윤병남 옮김.『동양문화사』. 서울: 을유문화사, 1996. 9쇄.
김호동·유원수·정재훈 옮김.『유라시아 유목 제국사』. 서울: 사계절, 2002. 6쇄.
南晩星 譯.『芝峰類說』. 서울: 景仁文化社, 1998. 3쇄.
南晩星 譯.『懲毖錄』. 서울: 玄岩社, 1973.
柳在浩·成百曉·任弘彬 譯.『兵將說·陣法』. 國防部戰史編纂委員會, 1983.
李民樹 譯.『懲毖錄』. 서울: 乙酉文化社, 1975.
李錫浩 등 6명 譯.『국역 대동야승IX』「재조번방지」. 서울: 민족문화추진회, 1973.
李殷相 譯.『완역 난중일기』. 서울: 玄岩社, 1968.
李殷相 譯.『完譯 李忠武公全書』. 서울: 忠武社, 檀紀 4293/ 成文閣, 1989.

李載浩 譯.『懲毖錄』. 서울: 한국자유교육협회, 1972.
孟恩彬 譯.『클라우제비츠 전쟁론』. 서울: 일신서적출판사, 1990.
박계수 옮김, 베른하르트 카이 지음.『항해의 역사』. 서울: 북폴리오, 2006.
박상아 옮김, 黃仁宇 著.『1587 만력15년 아무 일도 없었던 해』. 서울: 가지않은길, 2000.
박성관 옮김, 스티븐 컨 지음.『시간과 공간의 문화사 1880~1918』. 서울: 휴머니스트, 2004.
서춘식 옮김, 케리 퍼듀 지음,『경영사령관의 리더십노트 Take Command』. 서울: 푸른솔, 2007.
成百曉 譯.『兵學指南演義』. 서울: 國防軍史研究所, 1995.
成百曉·柳在浩 譯.『東國戰亂史』. 서울: 國防部戰史編纂委員會, 1988.
시사영어사편집국 역.『What Is History? 역사란 무엇인가?』. 서울: YBM시사영어사, 1995.
辛鎬烈 譯.『遞菴 羅大用將軍 實記』. 서울: 遞菴 羅大用將軍記念事業會, 1976.
신복룡 譯, 새비지 랜도어 지음.『고요한 아침의 나라 조선』. 서울: 집문당, 1999.
安東教 譯.『國譯 隱峯全書』. 서울: 新潮社, 2002.
安應烈·崔奭佑 譯註.『韓國天主教會史』上. 서울: 분도출판사, 1979.
오만·장원철 옮김.『프로이스의「일본사」를 통해 다시 보는 임진왜란과 도요토미 히데요시』. 서울: 도서출판 부키, 2003.
이규조 옮김, 宮崎正勝 著.『정화의 남해 대원정』. 도서출판 일빛, 1999.
이상욱 옮김, 개리 유클 지음.『현대조직의 리더십 이론』. 서울: 시그마프레스(주), 2004.
이진복 옮김, 杉山正明 지음.『유목민이 본 세계사』. 서울: 학민사, 2003.
이평래 옮김, 고마츠 히사오(小松久男) 등 7명 지음.『중앙유라시아의 역사』. 서울: 소나무, 2005.
任弘彬·成百曉 옮김.『武經七書』. 서울: 國防部戰史編纂委員會, 1987.
장수철 옮김.『우리가 정말 알아야 할 산해경』. 서울: 현암사, 2005.
정재서 역주.『산해경 山海經』. 서울: 민음사, 1985; 1999.
全雄 편역.『地政學과 海洋勢力理論』. 서울: 韓國海洋戰略研究所, 1999.
조병한 옮김, 미야자키 이치시다 지음.『中國史』. 서울: 역민사, 1997. 17쇄.
조학제 번역.『해군 리더십 - 이론과 경험담』. 해군전투발전단, 2001.
趙成都 譯.『임진장초』. 서울: 同元社, 1973; 연경문화사, 1984.

지명관 옮김. 『웰스의 세계문화사』. 서울: 가람기획, 2003.
초머 모세 역저. 『코리아, 조용한 아침의 나라』. 서울: 집문당, 2005.
崔斗煥 譯註. 『새 번역 난중일기』. 서울: 학민사, 1996.
崔斗煥 譯註. 『새 번역 초서체 난중일기』. 해군사관학교, 1997.
최두환 역주해. 『프랑스 신부가 쓴 중국대륙의 조선왕국 조선통사』. 마산: 도서출판 경남, 2007.
崔斗煥 譯註解. 『忠武公 李舜臣 將軍의 完譯 亂中日記』. 해군사관학교, 1994.
崔斗煥 譯註. 『忠武公 李舜臣 全集』 1(완역 초서체 진중일기). 서울: 友石出版社, 1999.
崔斗煥 譯註. 『忠武公 李舜臣 全集』 3(완역 임진장초). 서울: 友石出版社, 1999.
최두환 역주해. 『화포식언해 火砲式諺解』. 해군사관학교, 1997.
崔亨柱 譯註. 『山海經』. 서울: 자유문고, 1996.
韓國工業標準協會 譯. 『企業指揮官을 위한 戰爭의 原則』. 서울: 韓國工業標準協會, 1985; William. E. Peacock ed., Corporate Combat. Michigan: Berkley, 1984.
Ha Tae-heung. 『Nanjung Ilgi 亂中日記 War Diary of Admiral Yi Sun-sin』. Seoul: Yonsei University Press, 3rd eds., 1995.

· 外國文獻

郭郛 注. 『山海經 注証』. 北京: 中國社會科學出版社, 2004.
呂景琳. 『中國封建社會經濟史』 第4卷第8編 明代(1368-1644年). 濟南: 齊魯書社·文津出版社, 1996.
劉慶. 「明軍第二次出兵與四路進攻作戰」 『韓中國際學術討會 壬辰抗倭戰爭期朝明聯合作戰』. 서울: 國防部軍史編纂研究所, 2006, pp. 75~84.
馬昌儀. 『古本 山海經』. 濟南市: 山東畵報出版社, 2001.
謝觀, 『中國醫學大辭典』. 臺北: 臺灣商務印書館, 中華民國 61年(1972) 5版.
楊通方. 「壬辰·丁酉再亂時 明軍的役割」 『國際海洋力 심포지움 發表文集 ― 壬辰倭亂과 海洋力』. 大韓民國海軍海洋研究所, 1991. pp. 113~126.
阮元. 『山海經 箋疏』. 海還讀樓校刊印行, 光緒12(1886); 서울: 弘益齋,

1997.
韋旭昇.『抗倭演義(壬辰錄)研究』. 中國: 北嶽文藝出版社, 1989; 서울: 亞細亞文化社, 1990.
臧勵龢 等.『中國古今地名大辭典』. 上海: 商務印書館, 1931.
蔣非非 等6名.『中韓關係史』古代卷. 北京: 社會科學文獻出版社, 1998.
張守軍.『中國古代的賦稅與勞役』. 北京: 商務印書館, 1998.
張志坤.「壬辰戰爭期間明朝內部和戰之爭」『韓中國際學術討會 壬辰抗倭戰爭期朝明聯合作戰』. 서울: 國防部軍史編纂硏究所, 2006, pp. 33~44.
鄭德坤.「山海經及其神話」『史學年報』第4期. 1932, pp. 127~151.
丁振宗.『破解 山海經』. 鄭州市: 中州古籍出版社, 2001.
曹操 等註. 郭化若 譯.『十一家注 孫子』. 香港: 中華書局, 1988.
中國地理學會.『中國國家地理』. 鄭州: 大象出版社, 2004.
陳文壽.「壬辰戰爭後的中韓日關係」『統制營開設四百周年紀念國際學術大會史料集』. 統營市, 2004, pp. 95~113.
畢沅 新校正.『山海經 圖說』. 上海會文堂書局, 丁巳(1917)冬.
郝維民・齊木德道爾吉.『內蒙古通史綱要』. 北京: 人民出版社, 2006.
漢語大詞典編輯委員會.『漢語大詞典』. 上海: 漢語大詞典出版社, 1994. 3刷.
胡月偉・錢法成・姚博初.『萬曆五十年』. 上海: 學林出版社, 2005.

旧參謀本部.『朝鮮の役 — 日本の戰史』⑤. 東京: 德間書店, 昭和40年(1935).
貫井正之.『秀吉と戰つた朝鮮武將』. 日本: 六興出版, 1992.
貫井正之.「豊臣秀吉の朝鮮侵略戰爭における朝鮮人民の動向について」『朝鮮史研究會論文集』2回大會特輯, 1965.
嶋岡晨.『豊臣秀吉』. 日本: 成美堂出版, 1989. 第33刷.
北島萬次.「秀吉の朝鮮侵略における神國意識」『歷史評論』438, 1986.
北島万次 譯註, 李舜臣著.『亂中日記』(全3冊). 東京: 平凡社, 2000.
北島萬次.『豊臣政權の對外認識と朝鮮侵略』. 日本: 校倉書房, 1990.
司馬遼太郎.『坂の上の雲)』. 東京: 文藝春秋, 昭和47年(1972).
石原道博.『文錄慶長の役』. 日本: 高書房, 1963.
松本愛重.『豊太閤征韓秘錄』. 日本: 成歡社, 1894.
須川英德.「十六・十七世紀東アジアにおける經濟秩序の變化」『이순신연구논총』통권 제4호. 순천향대학교 이순신연구소, 2005, pp. 73~123.

有馬成甫.『朝鮮役水軍史』. 東京: 海と空社, 昭和17年(1942).
田中義成.『豊臣時代史』. 日本: 明治書院, 1925.
佐藤銕太郎.『帝國國防史論』上・下. 日本: 原書房, 昭和54年(1979).
中邨榮孝.『文錄慶長の硏究』. 岩波講座 日本歷史. 日本: 岩波文庫, 1935.
中村榮孝.『日鮮關係史の硏究』中. 日本: 吉川弘文館, 昭和45年(1970).
青柳南冥 增補, 前韓國內閣編輯.『原文和釋對照, 李舜臣全集』上下, 京城: 朝鮮硏究會, 大正 5年(1916).
片野次雄.『李舜臣と秀吉』. 東京: 誠文堂, 1986.
『文錄・慶長の役』歷史群像シリズ 35. 日本: 學硏, 1998.
『要約 近世日本國民史』2 豊臣時代. 日本: 時事通信社, 昭和42年(1967).

Aston, W. G. *Hideyosh's Invasion of Korea*. Tokyo: Ryubun-Kwan, 1907.
Baráthosi Balogh Benedek. *Korea, a hajnalpir országa*, Budapest: Held János könyvnyomdája, 1929.
Bishop, I. B. *The Yangtze Valley and Beyond*, London: Virago Press Limited, 1899.
Carr, E. H. *What Is History*, 1961 revised edition edited by R. W. Davies, Harmondsworth: Penguin, 1986.
Clauzewitz, Carl von. *On War*, edited and translated by Michael Howard and Peter Paret, Princeton: Princeton University Press, 1984.
Clyde, Paul H. *The Far East: A History of the Impact of the West on Eastern Asia*, 2nd ed., Prentice Hall, 1975.
Du Halde. *The History of China, Empire of China*, Chinese-Tartary, Corea and Thibet. London: J. Watts, M DCC XLI(1741).
Eden, Charles H. *China: Historical & Descriptive with an Appendix on Corea*. London: Marcus Ward & Chandos Street, 1880.
Fairbank, John K. Reischaur, Edwin O. Craig, Albert M. *East Asia Tradition and Transformation*, Revised Edition. Houghton Mifflin Company: Harvard University, 1990.
Grousset, R. *The Empire of The Steppes: A History of Central asia*, Translated from the French by Naomi Walford. New Jersey: Rutgers University Press, 1970.
Hawley, Samuel. *The Imjin War: Japan's Sixteenth-Century Invasion*

of Korea and Attempt to Conquer China, Seoul: The Royal Asiatic Society Korea Branch, 2005.

MacDonnell, A. A. *A Practical Sanskrit Dictionary*, Oxford University Press, 1963.

Major, John S. *Topography and Cosmology in Early Han Thought: Chapter Four of Huai-nan-tzu, Doctorial Dissertation*. Harvard University, 1973.

Montor, K. et al. *Naval Leadership: Voice of Experience*, Naval Institute Press, 1987.

National Maritime Museum. *Nelson An Illustrated History*. London: National Maritime Museum, 1995.

Park Chul. *Testimonios Literarios de la Labor Cultural de las Misiones Españolas en el Extremo Oriente*: Gregorio de Céspedes, Madrid: Ministerio de Asuntos Exteriores, 1986.

Rang, William R. *Salt in His Blood the Life of Michael de Ruyter*. Inheritance Publication Neerlandia. Alberta Canada, Pella Iowa, U.S.A., 1996.

Ross, J. *History of Corea Ancient and Modern with Description of Manners and Customs*, Language and Geography. London: Elliot Stock, 62, Paternoster Row, 1891.

Savage-Landor, A. Henry. *Corea or Cho-sen: The Land of the Morning Calm*. London: William Heinemann, 1895.

Underwood, Horace H. *Korean Boats and Ships*. Read before the Society, 1933.

Yukl, Garry. A. *Leadership in Organizations*(4th ed.). N.J.: Prentice-Hall International, Inc., 1998.

Wells, H. G. *A Short History of the World*. New York: MacMillan, 1922.

Wells, H. G. *The Outline of History - Being a Plain History of Line and Mankind*. New York: Garden City Publishing Co., Inc., 1920.

http://www.kotenmon.com/star/emap/index.html

저자 최 두 환

1947년(丁亥) 경상남도 창원군 동면 남산리 303번지에서 출생

· 학력

신방초등학교 · 창덕중학교 · 마산고등학교 졸업, 해군사관학교 · 해군대학 졸업, 경남대학교 대학원 졸업(경영학 박사) · 국립 경상대학교 대학원 박사과정(동양사) 수료

· 경력

고속정 편대장 · 창원함장 · 경남함장 · 항만방어전대장, 22상륙전대 선임참모 · 21전투전대 작전참모 · 전투발전단 수상전담당관 · 교리연구처장, 해군대학 충무공교관 · 지휘통솔교관 · 충무공해전유물발굴단 관리부장, 해군해양연구소 역사부장, 해군 31년 복무하고 1999년에 중령으로 전역, 충무공 수련원 연구실장 · 충무공 리더십 센터 교수(현)

· 상

백상출판문화상(충무공 리순신 전집) · 청소년 추천도서(죽고자 하면 살리라) · 기관 추천도서(하멜표류기) · 리충무공선양회 대상(1회) · 정신전력강화 논문공모 최우수상(4회) · 부대지휘성공사례 우수상(1회) · 전비우수부대 표창(3회) · 대통령표창(1회) · 국방부장관표창(3회)

· 주요 번역 · 저서

『새번역 난중일기』, 학민사, 1996.
『완역 초서체 난중일기』, 해군사관학교, 1997.
『강강수월래 연구』, 학민사, 1997.
『리충무공의 리더십과 사상』, 해군충무공수련원, 1997.
『충무공 리순신의 명언집: 죽고자 하면 살리라』, 학민사, 1998.
『해군문화(공저): 충무공 리순신 편』, 해군본부, 1998.

『전설을 낳은 사람: 영웅 리순신』, 연경출판사, 1998.
『충무공 리순신』, 대한출판문화협회·문화관광부, 1998.
『충무공 리순신 전집』(1질 6책), 우석출판사, 1999.
『리더십의 발견: 충무공 리순신의 횟손』, 충무공리더십센터, 2007.
『대동여지도에서 낙타전쟁』, 집문당, 2003.
『새롭게 고쳐 쓴 신 하멜 표류기』, 우석출판사, 2003.
『토산물로 본 조선』, 도서출판 경남, 2006.
『프랑스 신부 뒤 알드가 쓴 중국대륙의 조선왕국 조선통사』, 도서출판 경남, 2007.

※ 연락처: 055)549-2972, 010-5078-2476
tchoydh@hanmail.net; http://chosunsa.org

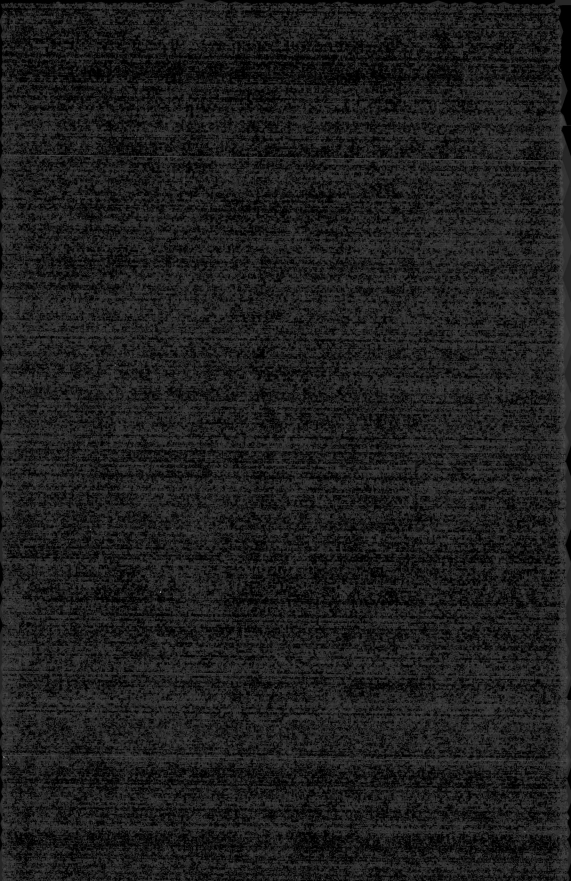